Platon | Politeia / Der Staat

Platon
Politeia
Der Staat

Griechisch / Deutsch

Herausgegeben und übersetzt
von Gernot Krapinger

Reclam

RECLAMS UNIVERSAL-BIBLIOTHEK Nr. 14373
2023 Philipp Reclam jun. Verlag GmbH,
Siemensstraße 32, 71254 Ditzingen
Gestaltung: Cornelia Feyll, Friedrich Forssman
Druck und Bindung: Druckerei C.H.Beck,
Bergerstraße 3–5, 86720 Nördlingen
Printed in Germany 2023
RECLAM, UNIVERSAL-BIBLIOTHEK und
RECLAMS UNIVERSAL-BIBLIOTHEK sind eingetragene Marken
der Philipp Reclam jun. GmbH & Co. KG, Stuttgart
ISBN 978-3-15-014373-5
www.reclam.de

FSC
www.fsc.org
MIX
Papier aus verantwortungsvollen Quellen
FSC® C019821

Πολιτεία
Der Staat[1]

Α

(Σώκρατες.) 1 [327a] Κατέβην χθὲς εἰς Πειραιᾶ μετὰ Γλαύκωνος τοῦ Ἀρίστωνος προσευξόμενός τε τῇ θεῷ καὶ ἅμα τὴν ἑορτὴν βουλόμενος θεάσασθαι τίνα τρόπον ποιήσουσιν ἅτε νῦν πρῶτον ἄγοντες. καλὴ μὲν οὖν μοι καὶ ἡ τῶν ἐπιχωρίων πομπὴ ἔδοξεν εἶναι, οὐ μέντοι ἧττον ἐφαίνετο πρέπειν ἣν οἱ Θρᾷκες ἔπεμπον. [b] προσευξάμενοι δὲ καὶ θεωρήσαντες ἀπῇμεν πρὸς τὸ ἄστυ. κατιδὼν οὖν πόρρωθεν ἡμᾶς οἴκαδε ὡρμημένους Πολέμαρχος ὁ Κεφάλου ἐκέλευσε δραμόντα τὸν παῖδα περιμεῖναί ἑ κελεῦσαι. καί μου ὄπισθεν ὁ παῖς λαβόμενος τοῦ ἱματίου, Κελεύει ὑμᾶς, ἔφη, Πολέμαρχος περιμεῖναι. Καὶ ἐγὼ μετεστράφην τε καὶ ἠρόμην ὅπου αὐτὸς εἴη. Οὗτος, ἔφη, ὄπισθεν προσέρχεται· ἀλλὰ περιμένετε. Ἀλλὰ περιμενοῦμεν, ἦ δ᾽ ὃς ὁ Γλαύκων.

[c] Καὶ ὀλίγῳ ὕστερον ὅ τε Πολέμαρχος ἧκε καὶ Ἀδείμαντος ὁ τοῦ Γλαύκωνος ἀδελφὸς καὶ Νικήρατος ὁ Νικίου καὶ ἄλλοι τινὲς ὡς ἀπὸ τῆς πομπῆς.

Ὁ οὖν Πολέμαρχος ἔφη· Ὦ Σώκρατες, δοκεῖτέ μοι πρὸς ἄστυ ὡρμῆσθαι ὡς ἀπιόντες.

Οὐ γὰρ κακῶς δοξάζεις, ἦν δ᾽ ἐγώ.

Ὁρᾷς οὖν ἡμᾶς, ἔφη, ὅσοι ἐσμέν;

Πῶς γὰρ οὔ;

Ἢ τοίνυν τούτων, ἔφη, κρείττους γένεσθε ἢ μένετ᾽ αὐτοῦ.

Οὐκοῦν, ἦν δ᾽ ἐγώ, ἔτι ἓν λείπεται, τὸ ἢν πείσωμεν ὑμᾶς ὡς χρὴ ἡμᾶς ἀφεῖναι;

Ἦ καὶ δύναισθ᾽ ἄν, ἦ δ᾽ ὅς, πεῖσαι μὴ ἀκούοντας;

Erstes Buch

(Erzählt wird aus der Perspektive des Sokrates.) 1 [327a] Gestern ging[1] ich mit Glaukon[2], dem Sohn des Ariston, in den Piräus hinunter, um zur Göttin[3] zu beten; zugleich wollte ich mir den Ablauf des Festes anschauen, das man ja jetzt zum ersten Mal feierte. Der Festzug der Einheimischen gefiel mir wirklich gut, nicht weniger aber gefiel mir der, den die Thraker veranstalteten. [b] Nachdem wir unser Gebet verrichtet und die Feier angesehen hatten, wandten wir uns wieder der Stadt zu. Da sah uns nun, wie wir auf dem Heimweg waren, von Weitem Polemarchos[4], der Sohn des Kephalos, und befahl seinem Sklaven, uns nachzulaufen und uns aufzufordern, auf ihn zu warten. Der Sklave fasste mich von hinten am Gewand und sprach: »Polemarchos heißt euch, auf ihn zu warten.« Ich wendete mich um und fragte, wo denn sein Herr[5] sei. »Dort hinten«, sagte er, »kommt er; wartet nur auf ihn.« »Nun gut, so wollen wir auf ihn warten«, sagte Glaukon.

[c] Und bald darauf kam Polemarchos und mit ihm Adeimantos, Glaukons Bruder, ferner Nikeratos[6], des Nikias Sohn, und einige andere, offenbar kamen auch sie gerade vom Festzug her.

Da sagte nun Polemarchos: »Wie mir scheint, Sokrates, seid ihr auf dem Rückweg zur Stadt.«

»Ganz richtig«, sagte ich.

»Siehst du«, sagte er, »wie viele wir sind?«

»Freilich.«

»Entweder ihr seid stärker als wir, oder ihr müsst hierbleiben.«

»Gibt es da nicht noch eine dritte Möglichkeit«, sagte ich, »nämlich dass wir euch überreden, uns gehen zu lassen?«[7]

»Könntet ihr uns auch überreden«, meinte er, »wenn wir euch nicht zuhören?«

Οὐδαμῶς, ἔφη ὁ Γλαύκων.

Ὡς τοίνυν μὴ ἀκουσομένων, οὕτω διανοεῖσθε.

[328a] Καὶ ὁ Ἀδείμαντος, Ἆρά γε, ἦ δ' ὅς, οὐδ' ἴστε ὅτι λαμπὰς ἔσται πρὸς ἑσπέραν ἀφ' ἵππων τῇ θεῷ;

Ἀφ' ἵππων; ἦν δ' ἐγώ· καινόν γε τοῦτο. λαμπάδια ἔχοντες διαδώσουσιν ἀλλήλοις ἁμιλλώμενοι τοῖς ἵπποις; ἢ πῶς λέγεις;

Οὕτως, ἔφη ὁ Πολέμαρχος. καὶ πρός γε παννυχίδα ποιήσουσιν, ἣν ἄξιον θεάσασθαι· ἐξαναστησόμεθα γὰρ μετὰ τὸ δεῖπνον καὶ τὴν παννυχίδα θεασόμεθα. καὶ συνεσόμεθά τε πολλοῖς τῶν νέων αὐτόθι καὶ διαλεξόμεθα. ἀλλὰ μένετε [b] καὶ μὴ ἄλλως ποιεῖτε.

Καὶ ὁ Γλαύκων, Ἔοικεν, ἔφη, μενετέον εἶναι.

Ἀλλ' εἰ δοκεῖ, ἦν δ' ἐγώ, οὕτω χρὴ ποιεῖν.

2 Ἦιμεν οὖν οἴκαδε εἰς τοῦ Πολεμάρχου, καὶ Λυσίαν τε αὐτόθι κατελάβομεν καὶ Εὐθύδημον, τοὺς τοῦ Πολεμάρχου ἀδελφούς, καὶ δὴ καὶ Θρασύμαχον τὸν Καλχηδόνιον καὶ Χαρμαντίδην τὸν Παιανιᾶ καὶ Κλειτοφῶντα τὸν Ἀριστωνύμου· ἦν δ' ἔνδον καὶ ὁ πατὴρ ὁ τοῦ Πολεμάρχου Κέφαλος. καὶ μάλα πρεσβύτης μοι ἔδοξεν εἶναι· διὰ χρόνου γὰρ καὶ [c] ἑωράκη αὐτόν. καθῆστο δὲ ἐστεφανωμένος ἐπί τινος προσκεφαλαίου τε καὶ δίφρου· τεθυκὼς γὰρ ἐτύγχανεν ἐν τῇ αὐλῇ. ἐκαθεζόμεθα οὖν παρ' αὐτόν· ἔκειντο γὰρ δίφροι τινὲς αὐτόθι κύκλῳ.

Εὐθὺς οὖν με ἰδὼν ὁ Κέφαλος ἠσπάζετό τε καὶ εἶπεν· Ὦ Σώκρατες, οὐ δὲ θαμίζεις ἡμῖν καταβαίνων εἰς τὸν Πειραιᾶ. χρῆν μέντοι. εἰ μὲν γὰρ ἐγὼ ἔτι ἐν δυνάμει ἦ τοῦ ῥᾳδίως πορεύεσθαι πρὸς τὸ ἄστυ, οὐδὲν ἂν σὲ ἔδει [d] δεῦρο ἰέναι, ἀλλ' ἡμεῖς ἂν παρὰ σὲ ᾖμεν· νῦν δέ σε χρὴ πυκνότερον δεῦρο ἰέναι. ὡς εὖ ἴσθι ὅτι ἔμοιγε ὅσον αἱ ἄλλαι αἱ κατὰ τὸ σῶμα ἡδοναὶ ἀπομαραίνονται, τοσοῦτον

»Gewiss nicht«, erwiderte Glaukon.

»So rechnet damit, dass wir euch nicht zuhören werden.«

[328a] Da sagte Adeimantos: »Ihr wisst womöglich nicht, dass am Abend zu Ehren der Göttin ein Fackellauf zu Pferde stattfinden soll?«

»Zu Pferde?«, sagte ich, »Das ist ja etwas ganz Neues. Sie halten Fackeln in den Händen und reichen sie während des Pferderennens untereinander weiter?[8] Oder wie meinst du das?«

»Genau so«, erwiderte Polemarchos, »und außerdem wird es noch eine Nachtfeier geben, die sehenswert ist. Wir wollen also nach dem Abendessen aufbrechen und uns diese Nachtfeier anschauen. Dort werden wir auch mit vielen jungen Leuten zusammenkommen und uns mit ihnen unterhalten.[9] Bleibt also [b] und kommt mit uns.«

Da sagte Glaukon: »Ich glaube, wir sollten doch bleiben.«

»Wenn du meinst«, sagte ich, »dann soll es so sein.«

2 Wir gingen also mit Polemarchos nach Hause und trafen dort seine beiden Brüder Lysias und Euthydemos[10], ferner auch Thrasymachos aus Chalkedon, Charmantides aus dem Demos Paiania und Kleitophon[11], den Sohn des Aristonymos. Im Haus war auch Polemarchos' Vater Kephalos[12]. Recht alt schien er mir geworden, hatte ich ihn doch lange Zeit nicht gesehen. [c] Er saß auf einem Stuhl mit Kopfpolster und war noch bekränzt, weil er eben im Hof ein Opfer dargebracht hatte. Wir setzten uns also zu ihm, denn es standen dort einige Stühle im Kreis herum.

Kaum hatte mich Kephalos erblickt, begrüßte er mich und sprach: »Sokrates, du kommst aber auch gar nicht oft zu uns in den Piräus herunter;[13] und doch solltest du es. Wäre ich noch kräftig genug, den Weg in die Stadt mühelos zurückzulegen, müsstest du nicht hierherkommen; [d] dann kämen wir zu dir. So aber solltest du öfter hierherkommen. Denn wisse wohl: Je mehr mir sonst die leiblichen Genüsse dahinschwinden, umso

αὔξονται αἱ περὶ τοὺς λόγους ἐπιθυμίαι τε καὶ ἡδοναί. μὴ οὖν ἄλλως ποίει, ἀλλὰ τοῖσδέ τε τοῖς νεανίσκοις σύνισθι καὶ δεῦρο παρ' ἡμᾶς φοίτα ὡς παρὰ φίλους τε καὶ πάνυ οἰκείους.

Καὶ μήν, ἦν δ' ἐγώ, ὦ Κέφαλε, χαίρω γε διαλεγόμενος [e] τοῖς σφόδρα πρεσβύταις· δοκεῖ γάρ μοι χρῆναι παρ' αὐτῶν πυνθάνεσθαι, ὥσπερ τινὰ ὁδὸν προεληλυθότων ἣν καὶ ἡμᾶς ἴσως δεήσει πορεύεσθαι, ποία τίς ἐστιν, τραχεῖα καὶ χαλεπή, ἢ ῥᾳδία καὶ εὔπορος. καὶ δὴ καὶ σοῦ ἡδέως ἂν πυθοίμην ὅτι σοι φαίνεται τοῦτο, ἐπειδὴ ἐνταῦθα ἤδη εἶ τῆς ἡλικίας ὃ δὴ »ἐπὶ γήραος οὐδῷ« φασιν εἶναι οἱ ποιηταί, πότερον χαλεπὸν τοῦ βίου, ἢ πῶς σὺ αὐτὸ ἐξαγγέλλεις.

3 [329a] Ἐγώ σοι, ἔφη, νὴ τὸν Δία ἐρῶ, ὦ Σώκρατες, οἷόν γέ μοι φαίνεται. πολλάκις γὰρ συνερχόμεθά τινες εἰς ταὐτὸν παραπλησίαν ἡλικίαν ἔχοντες, διασῴζοντες τὴν παλαιὰν παροιμίαν· οἱ οὖν πλεῖστοι ἡμῶν ὀλοφύρονται συνιόντες, τὰς ἐν τῇ νεότητι ἡδονὰς ποθοῦντες καὶ ἀναμιμνῃσκόμενοι περί τε τἀφροδίσια καὶ περὶ πότους τε καὶ εὐωχίας καὶ ἄλλ' ἄττα ἃ τῶν τοιούτων ἔχεται, καὶ ἀγανακτοῦσιν ὡς μεγάλων τινῶν ἀπεστερημένοι καὶ τότε μὲν εὖ ζῶντες, νῦν δὲ οὐδὲ ζῶντες. [b] ἔνιοι δὲ καὶ τὰς τῶν οἰκείων προπηλακίσεις τοῦ γήρως ὀδύρονται, καὶ ἐπὶ τούτῳ δὴ τὸ γῆρας ὑμνοῦσιν ὅσων κακῶν σφίσιν αἴτιον. ἐμοὶ δὲ δοκοῦσιν, ὦ Σώκρατες, οὗτοι οὐ τὸ αἴτιον αἰτιᾶσθαι. εἰ γὰρ ἦν τοῦτ' αἴτιον, κἂν ἐγὼ τὰ αὐτὰ ταῦτα ἐπεπόνθη, ἕνεκά γε γήρως, καὶ οἱ ἄλλοι πάντες ὅσοι ἐνταῦθα ἦλθον ἡλικίας. νῦν δ' ἔγωγε ἤδη ἐντετύχηκα οὐχ οὕτως ἔχουσιν καὶ ἄλλοις, καὶ δὴ καὶ Σοφοκλεῖ ποτε τῷ ποιητῇ παρεγενόμην ἐρωτωμένῳ ὑπό τινος· »Πῶς«, ἔφη, [c] »ὦ Σοφό-

größer wird mein Verlangen nach und die Lust an Gesprächen.[14] Darum tu uns doch den Gefallen und pflege nicht nur den Umgang mit diesen jungen Leuten[15], sondern geh auch hier bei uns ein und aus, wie bei Freunden und guten Bekannten.«

»Auch ich, Kephalos, unterhalte mich gern mit hochbetagten Männern«, entgegnete ich. [e] »Denn ich meine, man sollte sie, die uns gewissermaßen einen Weg vorausgegangen sind, den auch wir vielleicht noch zu gehen haben, fragen, wie dieser Weg ist, rau und beschwerlich oder leicht und bequem.[16] Und da du ja schon in dem Alter bist, möchte ich dich gern fragen, was du von dem hältst, was die Dichter ›an der Schwelle des Greisenalters‹[17] nennen, ob das der beschwerliche Teil des Lebens ist, oder wie du es sonst bezeichnen möchtest.«

3 [329a] »Beim Zeus, Sokrates«, erwiderte er, »ich will dir sagen, was ich davon halte. Oft treffen wir uns, einige in etwa gleichem Alter, getreu dem alten Sprichwort[18]. Bei diesen Treffen jammern dann die meisten von uns und sehnen sich zurück nach den Freuden der Jugend;[19] sie denken dabei an ihre Liebesabenteuer, ans Zechen und an die Gastmähler und was sonst noch dazugehört, und sind verdrießlich, als hätten sie weiß Gott was verloren; damals hätten sie ein herrliches Leben geführt, heute aber sei das kein Leben mehr. [b] Einige beschweren sich auch über die Kränkungen seitens ihrer Angehörigen wegen ihres hohen Alters und stimmen deshalb ein Klagelied darüber an, welche Leiden das Alter für sie mit sich bringe. Und doch, Sokrates, treffen sie mit ihren Anschuldigungen, wie mir scheint, nicht die eigentliche Ursache. Denn läge es wirklich am Alter, so hätte es ja auch mir und all den anderen in diesem Alter so ergehen müssen. Nun habe ich aber auch andere getroffen, denen es nicht so erging; vor allem war ich einmal mit dem Dichter Sophokles beisammen, als jemand ihn fragte: ›Sophokles, wie [c] steht es bei dir mit der Liebe?

κλεις, ἔχεις πρὸς τἀφροδίσια; ἔτι οἷός τε εἶ γυναικὶ συγγίγνεσθαι«; καὶ ὅς, »Εὐφήμει«, ἔφη, »ὦ ἄνθρωπε· ἁσμενέστατα μέντοι αὐτὸ ἀπέφυγον, ὥσπερ λυττῶντά τινα καὶ ἄγριον δεσπότην ἀποδράς.« εὖ οὖν μοι καὶ τότε ἔδοξεν ἐκεῖνος εἰπεῖν, καὶ νῦν οὐχ ἧττον. παντάπασι γὰρ τῶν γε τοιούτων ἐν τῷ γήρᾳ πολλὴ εἰρήνη γίγνεται καὶ ἐλευθερία· ἐπειδὰν αἱ ἐπιθυμίαι παύσωνται κατατείνουσαι καὶ χαλάσωσιν, παντάπασιν τὸ τοῦ Σοφοκλέους γίγνεται, [d] δεσποτῶν πάνυ πολλῶν ἐστι καὶ μαινομένων ἀπηλλάχθαι. ἀλλὰ καὶ τούτων πέρι καὶ τῶν γε πρὸς τοὺς οἰκείους μία τις αἰτία ἐστίν, οὐ τὸ γῆρας, ὦ Σώκρατες, ἀλλ᾽ ὁ τρόπος τῶν ἀνθρώπων. ἂν μὲν γὰρ κόσμιοι καὶ εὔκολοι ὦσιν, καὶ τὸ γῆρας μετρίως ἐστὶν ἐπίπονον· εἰ δὲ μή, καὶ γῆρας, ὦ Σώκρατες, καὶ νεότης χαλεπὴ τῷ τοιούτῳ συμβαίνει.

4 Καὶ ἐγὼ ἀγασθεὶς αὐτοῦ εἰπόντος ταῦτα, βουλόμενος ἔτι [e] λέγειν αὐτὸν ἐκίνουν καὶ εἶπον· Ὦ Κέφαλε, οἶμαί σου τοὺς πολλούς, ὅταν ταῦτα λέγῃς, οὐκ ἀποδέχεσθαι ἀλλ᾽ ἡγεῖσθαί σε ῥᾳδίως τὸ γῆρας φέρειν οὐ διὰ τὸν τρόπον ἀλλὰ διὰ τὸ πολλὴν οὐσίαν κεκτῆσθαι· τοῖς γὰρ πλουσίοις πολλὰ παραμύθιά φασιν εἶναι.

Ἀληθῆ, ἔφη, λέγεις· οὐ γὰρ ἀποδέχονται. καὶ λέγουσι μέν τι, οὐ μέντοι γε ὅσον οἴονται· ἀλλὰ τὸ τοῦ Θεμιστοκλέους εὖ ἔχει, ὃς τῷ Σεριφίῳ λοιδορουμένῳ καὶ λέγοντι [330a] ὅτι οὐ δι᾽ αὐτὸν ἀλλὰ διὰ τὴν πόλιν εὐδοκιμοῖ, ἀπεκρίνατο ὅτι οὔτ᾽ ἂν αὐτὸς Σερίφιος ὢν ὀνομαστὸς ἐγένετο οὔτ᾽ ἐκεῖνος Ἀθηναῖος. καὶ τοῖς δὴ μὴ πλουσίοις, χαλεπῶς δὲ τὸ γῆρας φέρουσιν, εὖ ἔχει ὁ αὐτὸς λόγος, ὅτι οὔτ᾽ ἂν ὁ ἐπιεικὴς πάνυ τι ῥᾳδίως γῆρας μετὰ πενίας

Kannst du noch mit einer Frau schlafen?‹ Da sagte jener: ›Gott bewahre,[20] Mensch! Ich bin herzlich froh, dass ich davon erlöst bin, wie ein Sklave, der seinem tollen und wilden Herrn entsprungen ist.‹[21] Schon damals schien mir das eine treffliche Antwort und heute nicht weniger. Denn diesbezüglich hat man im Alter wenigstens gänzlich Frieden und volle Freiheit. Wenn die Begierden aufhören, heftig zu sein, und nachlassen, dann bewahrheitet sich vollends das Wort des Sophokles: [d] Man ist von gar vielen rasenden Gebietern befreit.[22] Aber daran und auch an den Schwierigkeiten mit den Angehörigen ist nur eines schuld, und das ist nicht das Alter, Sokrates, sondern der Charakter der Menschen. Sind sie nämlich maßvoll und zufrieden, dann ist auch das Alter keine schwere Last; andernfalls, Sokrates, ist für einen solchen Menschen das Alter gleich wie die Jugend beschwerlich.«

4 Ich freute mich über seine Worte und wollte [e] von ihm noch Weiteres hören; daher sagte ich, um ihn dazu zu bewegen: »Kephalos, ich glaube, die meisten werden mit dem, was du da sagst, nicht einverstanden sein; sie glauben vielmehr, dass du das Alter nicht wegen deines Charakters so leicht erträgst, sondern weil du im Besitz eines großen Vermögens bist. Denn die Reichen, so sagen sie, können sich über vieles hinwegtrösten.«

»Da hast du recht«, sagte er, »sie sind in der Tat nicht einverstanden. An dem, was sie sagen, ist auch etwas dran, freilich nicht so viel, wie sie glauben. Da ist nun das Wort des Themistokles am Platze: Als ihn jener Mann aus Seriphos schmähte und sagte, [330a] er verdanke seinen guten Ruf nicht sich selbst, sondern seiner Heimatstadt, antwortete er, gewiss wäre er, wenn er aus Seriphos käme, nicht berühmt geworden, jener aber wäre es auch nicht, wenn er Athener wäre.[23] Dieser Ausspruch passt auch gut auf Leute, die nicht reich sind und das Alter schwer ertragen; denn weder wird der Vernünftige das

ἐνέγκοι οὔθ᾽ ὁ μὴ ἐπιεικὴς πλουτήσας εὔκολός ποτ᾽ ἂν ἑαυτῷ γένοιτο.

Πότερον δέ, ἦν δ᾽ ἐγώ, ὦ Κέφαλε, ὧν κέκτησαι τὰ πλείω παρέλαβες ἢ ἐπεκτήσω;

[b] Ποῖ᾽ ἐπεκτησάμην, ἔφη, ὦ Σώκρατες; μέσος τις γέγονα χρηματιστὴς τοῦ τε πάππου καὶ τοῦ πατρός. ὁ μὲν γὰρ πάππος τε καὶ ὁμώνυμος ἐμοὶ σχεδόν τι ὅσην ἐγὼ νῦν οὐσίαν κέκτημαι παραλαβὼν πολλάκις τοσαύτην ἐποίησεν, Λυσανίας δὲ ὁ πατὴρ ἔτι ἐλάττω αὐτὴν ἐποίησε τῆς νῦν οὔσης· ἐγὼ δὲ ἀγαπῶ ἐὰν μὴ ἐλάττω καταλίπω τούτοισιν, ἀλλὰ βραχεῖ γέ τινι πλείω ἢ παρέλαβον.

Οὗ τοι ἕνεκα ἠρόμην, ἦν δ᾽ ἐγώ, ὅτι μοι ἔδοξας οὐ σφόδρα [c] ἀγαπᾶν τὰ χρήματα, τοῦτο δὲ ποιοῦσιν ὡς τὸ πολὺ οἳ ἂν μὴ αὐτοὶ κτήσωνται· οἱ δὲ κτησάμενοι διπλῇ ἢ οἱ ἄλλοι ἀσπάζονται αὐτά. ὥσπερ γὰρ οἱ ποιηταὶ τὰ αὑτῶν ποιήματα καὶ οἱ πατέρες τοὺς παῖδας ἀγαπῶσιν, ταύτῃ τε δὴ καὶ οἱ χρηματισάμενοι περὶ τὰ χρήματα σπουδάζουσιν ὡς ἔργον ἑαυτῶν, καὶ κατὰ τὴν χρείαν ᾗπερ οἱ ἄλλοι. χαλεποὶ οὖν καὶ συγγενέσθαι εἰσίν, οὐδὲν ἐθέλοντες ἐπαινεῖν ἀλλ᾽ ἢ τὸν πλοῦτον.

Ἀληθῆ, ἔφη, λέγεις.

5 [d] Πάνυ μὲν οὖν, ἦν δ᾽ ἐγώ. ἀλλά μοι ἔτι τοσόνδε εἰπέ· τί μέγιστον οἴει ἀγαθὸν ἀπολελαυκέναι τοῦ πολλὴν οὐσίαν κεκτῆσθαι;

Ὅ, ἦ δ᾽ ὅς, ἴσως οὐκ ἂν πολλοὺς πείσαιμι λέγων. εὖ γὰρ ἴσθι, ἔφη, ὦ Σώκρατες, ὅτι, ἐπειδάν τις ἐγγὺς ᾖ τοῦ οἴεσθαι τελευτήσειν, εἰσέρχεται αὐτῷ δέος καὶ φροντὶς περὶ ὧν ἔμπροσθεν οὐκ εσῄει. οἵ τε γὰρ λεγόμενοι μῦθοι περὶ τῶν ἐν Ἅιδου, ὡς τὸν ἐνθάδε ἀδικήσαντα δεῖ ἐκεῖ διδόναι [e] δίκην, καταγελώμενοι τέως, τότε

Alter in Armut ganz leicht ertragen, noch wird der Unvernünftige, wenn er auch reich ist, mit sich je zufrieden sein.«[24]

»Hast du, Kephalos«, sagte ich, »den Großteil deines Vermögens geerbt oder hast du es selbst erworben?«

[b] »Was ich erworben habe, Sokrates?«, erwiderte er. »Mit meinem Vermögen halte ich etwa die Mitte zwischen meinem Großvater und meinem Vater. Mein Großvater, der wie ich Kephalos hieß, erbte etwa so viel, wie ich jetzt besitze, und vermehrte seinen Besitz um ein Vielfaches; mein Vater Lysanias verringerte das Vermögen, bis es zuletzt weniger war als heute. Ich aber bin zufrieden, wenn ich meinen Söhnen hier nicht weniger hinterlasse, sondern etwas mehr, als ich geerbt habe.«

»Ich fragte dich deshalb«, sagte ich, »weil ich den Eindruck hatte, dass du keinen [c] besonderen Wert auf Geld legst, das aber tun meistens die, die es nicht selbst erworben haben. Wer es selbst erworben hat, liebt es zweimal mehr als die anderen. Wie die Dichter ihre Werke und wie die Väter ihre Söhne lieben, so kümmern sich die, die ein Vermögen gemacht haben, ernsthaft um dasselbe, weil es ja ihr Werk ist;[25] sie tun dies aber auch, wie die anderen, weil es nützlich ist. Daher ist auch der Umgang mit ihnen schwierig, weil sie nichts billigen wollen als den Reichtum.«

»Wie wahr«, entgegnete er.

5 [d] »Gewiss«, erwiderte ich, »doch sage mir noch Folgendes: Was, meinst du, ist der größte Vorteil, den du aus deinem großen Reichtum gezogen hast?«

»Wenn ich das sage«, sprach er, »werde ich wohl nicht viele davon überzeugen. Wisse wohl, Sokrates: Wenn man sich dem Tod nahe fühlt, dann beschleichen einen Furcht und Sorge um Dinge, um die man sich früher nicht kümmerte. Bis dahin lacht man über die Mythen vom Hades, die man sich erzählt, dass nämlich, wer hier Unrecht getan hat, dort bestraft

δὴ στρέφουσιν αὐτοῦ τὴν ψυχὴν μὴ ἀληθεῖς ὦσιν· καὶ αὐτός – ἤτοι ὑπὸ τῆς τοῦ γήρως ἀσθενείας ἢ καὶ ὥσπερ ἤδη ἐγγυτέρω ὢν τῶν ἐκεῖ μᾶλλόν τι καθορᾷ αὐτά – ὑποψίας δ᾽ οὖν καὶ δείματος μεστὸς γίγνεται καὶ ἀναλογίζεται ἤδη καὶ σκοπεῖ εἴ τινά τι ἠδίκησεν. ὁ μὲν οὖν εὑρίσκων ἑαυτοῦ ἐν τῷ βίῳ πολλὰ ἀδικήματα καὶ ἐκ τῶν ὕπνων, ὥσπερ οἱ παῖδες, θαμὰ ἐγειρόμενος δειμαίνει [331a] καὶ ζῇ μετὰ κακῆς ἐλπίδος· τῷ δὲ μηδὲν ἑαυτῷ ἄδικον συνειδότι ἡδεῖα ἐλπὶς ἀεὶ πάρεστι καὶ ἀγαθὴ γηροτρόφος, ὡς καὶ Πίνδαρος λέγει. χαριέντως γάρ τοι, ὦ Σώκρατες, τοῦτ᾽ ἐκεῖνος εἶπεν, ὅτι ὃς ἂν δικαίως καὶ ὁσίως τὸν βίον διαγάγῃ,

γλυκεῖά οἱ καρδίαν
ἀτάλλοισα γηροτρόφος συναορεῖ
ἐλπὶς ἃ μάλιστα θνατῶν πολύστροφον
γνώμαν κυβερνᾷ.

εὖ οὖν λέγει θαυμαστῶς ὡς σφόδρα. πρὸς δὴ τοῦτ᾽ ἔγωγε τίθημι τὴν τῶν χρημάτων κτῆσιν πλείστου ἀξίαν εἶναι, οὔ [b] τι παντὶ ἀνδρὶ ἀλλὰ τῷ ἐπιεικεῖ καὶ κοσμίῳ. τὸ γὰρ μηδὲ ἄκοντά τινα ἐξαπατῆσαι ἢ ψεύσασθαι, μηδ᾽ αὖ ὀφείλοντα ἢ θεῷ θυσίας τινὰς ἢ ἀνθρώπῳ χρήματα ἔπειτα ἐκεῖσε ἀπιέναι δεδιότα, μέγα μέρος εἰς τοῦτο ἡ τῶν χρημάτων κτῆσις συμβάλλεται. ἔχει δὲ καὶ ἄλλας χρείας πολλάς· ἀλλὰ ἕν γε ἀνθ᾽ ἑνὸς οὐκ ἐλάχιστον ἔγωγε θείην ἂν εἰς τοῦτο ἀνδρὶ νοῦν ἔχοντι, ὦ Σώκρατες, πλοῦτον χρησιμώτατον εἶναι.

[c] Παγκάλως, ἦν δ᾽ ἐγώ, λέγεις, ὦ Κέφαλε. τοῦτο δ᾽ αὐτό, τὴν δικαιοσύνην, πότερα τὴν ἀλήθειαν αὐτὸ φήσομεν εἶναι ἁπλῶς

werde, [e] jetzt aber quält einem in der Seele, ob sie am Ende nicht doch wahr seien. Ist es nun die Schwäche des Alters oder weil man, der Unterwelt schon näher gekommen, ihr jetzt mehr Aufmerksamkeit schenkt, man wird voll Zweifel und Angst und überlegt hin und her, ob man jemandem Unrecht getan hat. Findet man in seinem Leben viele ungerechte Taten, schreckt man wie die Kinder oft aus dem Schlaf auf, fürchtet sich [331a] und lebt in schlimmen Erwartungen. Wer sich aber keines Unrechts bewusst ist, dem steht stets eine freudige und gute Erwartung zur Seite, die Pflegerin des Alters, wie auch Pindar sagt.[26] Denn fürwahr feinsinnig, mein Sokrates, sagte er:

Wer gerecht und fromm sein Leben verbracht hat,
den begleitet die süße Hoffnung,
die herzerfrischende Pflegerin des Alters,
die am meisten der Sterblichen schwankenden
Sinn lenkt.[27]

Schön sagt er das, ganz wunderbar. Dazu füge ich noch hinzu, dass der Besitz des Geldes sehr wertvoll ist, aber nicht [b] für jedermann, sondern für den Vernünftigen und Ordentlichen. Denn dass man ohne Furcht, jemanden auch nur unabsichtlich betrogen oder belogen zu haben und weder einem Gott ein Opfer noch einem Menschen Geld zu schulden, hinübergehen kann, dazu trägt der Besitz von Geld zum großen Teil bei. Er hat aber auch noch viele andere Vorteile. Jedoch eines gegen das andere aufgerechnet, möchte ich diesen Vorteil, Sokrates, für den größten halten, den der Reichtum einem vernünftigen Menschen bringt.«

[c] »Das hast du sehr schön gesagt, Kephalos«, erwiderte ich. »Doch was nun gerade dies, nämlich die Gerechtigkeit, betrifft, wollen wir behaupten, sie bestehe einfach in der Wahr-

οὕτως καὶ τὸ ἀποδιδόναι ἄν τίς τι παρά του λάβῃ, ἢ καὶ αὐτὰ ταῦτα ἔστιν ἐνίοτε μὲν δικαίως, ἐνίοτε δὲ ἀδίκως ποιεῖν; οἷον τοιόνδε λέγω· πᾶς ἄν που εἴποι, εἴ τις λάβοι παρὰ φίλου ἀνδρὸς σωφρονοῦντος ὅπλα, εἰ μανεὶς ἀπαιτοῖ, ὅτι οὔτε χρὴ τὰ τοιαῦτα ἀποδιδόναι, οὔτε δίκαιος ἂν εἴη ὁ ἀποδιδούς, οὐδ᾽ αὖ πρὸς τὸν οὕτως ἔχοντα πάντα ἐθέλων τἀληθῆ λέγειν.

[d] Ὀρθῶς, ἔφη, λέγεις.

Οὐκ ἄρα οὗτος ὅρος ἐστὶν δικαιοσύνης, ἀληθῆ τε λέγειν καὶ ἃ ἂν λάβῃ τις ἀποδιδόναι.

Πάνυ μὲν οὖν, ἔφη, ὦ Σώκρατες, ὑπολαβὼν ὁ Πολέμαρχος, εἴπερ γέ τι χρὴ Σιμωνίδῃ πείθεσθαι.

Καὶ μέντοι, ἔφη ὁ Κέφαλος, καὶ παραδίδωμι ὑμῖν τὸν λόγον· δεῖ γάρ με ἤδη τῶν ἱερῶν ἐπιμεληθῆναι.

Οὐκοῦν, ἔφη, ἐγώ, ὁ Πολέμαρχος, τῶν γε σῶν κληρονόμος;

Πάνυ γε, ἦ δ᾽ ὃς γελάσας, καὶ ἅμα ᾔει πρὸς τὰ ἱερά.

6 [e] Λέγε δή, εἶπον ἐγώ, σὺ ὁ τοῦ λόγου κληρονόμος, τί φῂς τὸν Σιμωνίδην λέγοντα ὀρθῶς λέγειν περὶ δικαιοσύνης;

Ὅτι, ἦ δ᾽ ὅς, τὸ τὰ ὀφειλόμενα ἑκάστῳ ἀποδιδόναι δίκαιόν ἐστι· τοῦτο λέγων δοκεῖ ἔμοιγε καλῶς λέγειν.

Ἀλλὰ μέντοι, ἦν δ᾽ ἐγώ, Σιμωνίδῃ γε οὐ ῥᾴδιον ἀπιστεῖν – σοφὸς γὰρ καὶ θεῖος ἀνήρ – τοῦτο μέντοι ὅτι ποτὲ λέγει, σὺ μέν, ὦ Πολέμαρχε, ἴσως γιγνώσκεις, ἐγὼ δὲ ἀγνοῶ· δῆλον γὰρ ὅτι οὐ τοῦτο λέγει, ὅπερ ἄρτι ἐλέγομεν, τό τινος παρακαταθεμένου τι

heit und dass man das, was man von jemandem empfangen hat, wieder zurückgibt, oder ist ein solches Handeln manchmal gerecht, ein andermal aber ungerecht? Ich meine damit beispielsweise: Wenn jemand von einem Freund, der ganz bei Sinnen ist, Waffen empfängt und dieser dann in Wahnsinn verfällt und sie wieder zurückfordert, so wird wohl jeder sagen, dass man sie nicht zurückgeben darf und dass derjenige, der es doch tun wollte, nicht gerecht wäre; auch dürfe man einem Wahnsinnigen gegenüber nicht immer die volle Wahrheit sagen.«[28]

[d] »Ganz richtig«, sagte er.

»Somit ist das keine Definition der Gerechtigkeit: die Wahrheit zu sagen und zurückzugeben, was man jeweils empfangen hat.«

»O doch, Sokrates«, warf Polemarchos ein, »wenigstens wenn man dem Simonides glauben darf.«

»Ich denke schon«, sagte Kephalos, »und hiermit überlasse ich euch das Gespräch; denn ich muss mich jetzt um die Opfer kümmern.«

»Soll jetzt nicht«, sagte ich, »Polemarchos dich in deiner Rolle beerben?«[29]

»Gewiss«, antwortete er lachend und ging damit zum Opfer.[30]

6 [e] »So sage denn du, da du ja sein Gesprächserbe bist«, begann ich, »was, meinst du, sagt Simonides ganz zutreffend über die Gerechtigkeit?«

»Dass es gerecht ist«, sagte er, »jedem zu geben, was man ihm schuldet;[31] damit scheint er mir durchaus recht zu haben.«

»Gewiss«, sagte ich, »dem Simonides nicht zu glauben fällt schwer, ist er doch ein weiser und göttlicher Mann.[32] Indessen, was er damit meint, verstehst vielleicht du, Polemarchos, ich jedenfalls nicht. Offenbar meint er nicht, wie wir soeben gesagt haben, jemandem, wenn er von Sinnen ist, ein anvertrau-

ὁτῳοῦν μὴ σωφρόνως ἀπαιτοῦντι [332a] ἀποδιδόναι. καίτοι γε ὀφειλόμενόν πού ἐστιν τοῦτο ὃ παρακατέθετο· ἦ γάρ;

Ναί.

Ἀποδοτέον δέ γε οὐδ' ὁπωστιοῦν τότε ὁπότε τις μὴ σωφρόνως ἀπαιτοῖ;

Ἀληθῆ, ἦ δ' ὅς.

Ἄλλο δή τι ἢ τὸ τοιοῦτον, ὡς ἔοικεν, λέγει Σιμωνίδης τὸ τὰ ὀφειλόμενα δίκαιον εἶναι ἀποδιδόναι.

Ἄλλο μέντοι νὴ Δί', ἔφη· τοῖς γὰρ φίλοις οἴεται ὀφείλειν τοὺς φίλους ἀγαθὸν μέν τι δρᾶν, κακὸν δὲ μηδέν.

Μανθάνω, ἦν δ' ἐγώ – ὅτι οὐ τὰ ὀφειλόμενα ἀποδίδωσιν ὃς ἄν τῳ χρυσίον ἀποδῷ παρακαταθεμένῳ, ἐάνπερ ἡ ἀπόδοσις [b] καὶ ἡ λῆψις βλαβερὰ γίγνηται, φίλοι δὲ ὦσιν ὅ τε ἀπολαμβάνων καὶ ὁ ἀποδιδούς – οὐχ οὕτω λέγειν φῄς τὸν Σιμωνίδην;

Πάνυ μὲν οὖν.

Τί δέ; τοῖς ἐχθροῖς ἀποδοτέον ὅτι ἂν τύχῃ ὀφειλόμενον;

Παντάπασι μὲν οὖν, ἔφη, ὅ γε ὀφείλεται αὐτοῖς, ὀφείλεται δέ γε οἶμαι παρά γε τοῦ ἐχθροῦ τῷ ἐχθρῷ ὅπερ καὶ προσήκει, κακόν τι.

7 Ἠινίξατο ἄρα, ἦν δ' ἐγώ, ὡς ἔοικεν, ὁ Σιμωνίδης ποιητικῶς [c] τὸ δίκαιον ὃ εἴη. διενοεῖτο μὲν γάρ, ὡς φαίνεται, ὅτι τοῦτ' εἴη δίκαιον, τὸ προσῆκον ἑκάστῳ ἀποδιδόναι, τοῦτο δὲ ὠνόμασεν ὀφειλόμενον.

Ἀλλὰ τί οἴει; ἔφη.

Ὦ πρὸς Διός, ἦν δ' ἐγώ, εἰ οὖν τις αὐτὸν ἤρετο· »Ὦ Σιμωνίδη, ἡ τίσιν οὖν τί ἀποδιδοῦσα ὀφειλόμενον καὶ προσῆκον τέχνη ἰατρικὴ καλεῖται;« τί ἂν οἴει ἡμῖν αὐτὸν ἀποκρίνασθαι;

tes Gut zurückzugeben, sobald er es verlangt. [332a] Und doch handelt es sich dabei um etwas, das man ihm schuldet. Oder nicht?«

»Ja.«

»Man darf es also keineswegs zurückgeben, wenn der, der es fordert, nicht bei Verstand ist?«

»Richtig«, sagte er.

»Es scheint also Simonides etwas anderes damit zu meinen, wenn er sagt, es sei gerecht, zurückzugeben, was man schuldet.«

»Beim Zeus, freilich meint er etwas anderes«, entgegnete er, »er meint nämlich, Freunde seien verpflichtet, ihren Freunden Gutes zu tun, aber niemals Schlechtes.«

»Verstehe«, sagte ich. »Wer etwa Gold anvertraut bekam und es zurückgibt, der stattet keine Schuld ab, wenn Rückgabe [b] und Empfang mit einem Schaden verbunden wären und Empfänger und Geber Freunde sind. Glaubst du nicht, dass Simonides es so meint?«

»Ganz gewiss.«

»Wie nun? Muss man den Feinden geben, was man ihnen schuldet?«

»Was man ihnen schuldig ist, ganz gewiss«, sagte er. »Ein Feind aber schuldet dem Feind, denke ich, was ihm gebührt, nämlich Böses.«

7 »Also sprach Simonides«, entgegnete ich, »über das Wesen der Gerechtigkeit in Rätselworten, wie bei Dichtern üblich. [c] Denn er meinte offenbar, gerecht sei, jedem das ihm Gebührende abzustatten,[33] das aber nannte er Schuld.«

»Was meinst du denn sonst?«, fragte er.

»Beim Zeus«, erwiderte ich, »wenn ihn nun einer fragte: Wie ist es nun mit der sogenannten Heilkunst? Wem stattet sie die gebührende Schuld ab und worin besteht diese? Was, glaubst du, würde er uns darauf antworten?«

Δῆλον ὅτι, ἔφη, ἡ σώμασιν φάρμακά τε καὶ σιτία καὶ ποτά.

Ἡ δὲ τίσιν τί ἀποδιδοῦσα ὀφειλόμενον καὶ προσῆκον τέχνη μαγειρικὴ καλεῖται;

[d] Ἡ τοῖς ὄψοις τὰ ἡδύσματα.

Εἶεν· ἡ οὖν δὴ τίσιν τί ἀποδιδοῦσα τέχνη δικαιοσύνη ἂν καλοῖτο;

Εἰ μέν τι, ἔφη, δεῖ ἀκολουθεῖν, ὦ Σώκρατες, τοῖς ἔμπροσθεν εἰρημένοις, ἡ τοῖς φίλοις τε καὶ ἐχθροῖς ὠφελίας τε καὶ βλάβας ἀποδιδοῦσα.

Τὸ τοὺς φίλους ἄρα εὖ ποιεῖν καὶ τοὺς ἐχθροὺς κακῶς δικαιοσύνην λέγει;

Δοκεῖ μοι.

Τίς οὖν δυνατώτατος κάμνοντας φίλους εὖ ποιεῖν καὶ ἐχθροὺς κακῶς πρὸς νόσον καὶ ὑγίειαν;

Ἰατρός.

[e] Τίς δὲ πλέοντας πρὸς τὸν τῆς θαλάττης κίνδυνον;

Κυβερνήτης.

Τί δὲ ὁ δίκαιος; ἐν τίνι πράξει καὶ πρὸς τί ἔργον δυνατώτατος φίλους ὠφελεῖν καὶ ἐχθροὺς βλάπτειν;

Ἐν τῷ προσπολεμεῖν καὶ ἐν τῷ συμμαχεῖν, ἔμοιγε δοκεῖ.

Εἶεν· μὴ κάμνουσί γε μήν, ὦ φίλε Πολέμαρχε, ἰατρὸς ἄχρηστος.

Ἀληθῆ.

Καὶ μὴ πλέουσι δὴ κυβερνήτης.

Ναί.

Ἆρα καὶ τοῖς μὴ πολεμοῦσιν ὁ δίκαιος ἄχρηστος;

Οὐ πάνυ μοι δοκεῖ τοῦτο.

Χρήσιμον ἄρα καὶ ἐν εἰρήνῃ δικαιοσύνη;

[333a] Χρήσιμον.

»Das ist klar«, sagte er, »sie gibt dem Körper Heilmittel, Speise und Trank.«

»Und wie steht's damit bei der sogenannten Kochkunst?«

[d] »Sie gibt den Speisen den Wohlgeschmack.«

»Gut! Was und wem gibt nun eine Kunst, die man Gerechtigkeit nennt?«

»Wenn man sich an das vorher Gesagte halten soll, Sokrates«, sagte er, »so bringt sie den Freunden Beistand und den Feinden Schaden.«[34]

»Also den Freunden Gutes und den Feinden Böses tun nennt er Gerechtigkeit?«

»Ich glaube schon.«

»Wer kann nun am meisten den kranken Freunden Gutes tun und den Feinden Böses im Hinblick auf Krankheit und Gesundheit?«[35]

»Der Arzt.«

[e] »Und wer den Seefahrern, was die Gefahren des Meeres betrifft?«

»Der Steuermann.«

»Wie ist's nun mit dem Gerechten? Bei welcher Handlung und zu welchem Werk kann er am meisten den Freunden nützen und den Feinden schaden?«

»Im Krieg und beim Waffenbündnis, glaube ich.«

»Gut. Für Gesunde, mein lieber Polemarchos, ist doch der Arzt überflüssig.«

»Allerdings.«

»Und für die, die nicht zur See fahren, der Steuermann.«

»Ja.«

»Also ist auch für Menschen, die nicht Krieg führen, der Gerechte überflüssig?«

»Das glaube ich keineswegs.«

»Dann ist die Gerechtigkeit auch im Frieden nützlich?«

[333a] »Gewiss.«

Καὶ γὰρ γεωργία· ἢ οὔ;

Ναί.

Πρός γε καρποῦ κτῆσιν;

Ναί.

Καὶ μὴν καὶ σκυτοτομική;

Ναί.

Πρός γε ὑποδημάτων ἂν οἶμαι φαίης κτῆσιν;

Πάνυ γε.

Τί δὲ δή; τὴν δικαιοσύνην πρὸς τίνος χρείαν ἢ κτῆσιν ἐν εἰρήνῃ φαίης ἂν χρήσιμον εἶναι;

Πρὸς τὰ συμβόλαια, ὦ Σώκρατες.

Συμβόλαια δὲ λέγεις κοινωνήματα ἤ τι ἄλλο;

Κοινωνήματα δῆτα.

[b] Ἆρ᾽ οὖν ὁ δίκαιος ἀγαθὸς καὶ χρήσιμος κοινωνὸς εἰς πεττῶν θέσιν, ἢ ὁ πεττευτικός;

Ὁ πεττευτικός.

Ἀλλ᾽ εἰς πλίνθων καὶ λίθων θέσιν ὁ δίκαιος χρησιμώτερός τε καὶ ἀμείνων κοινωνὸς τοῦ οἰκοδομικοῦ;

Οὐδαμῶς.

Ἀλλ᾽ εἰς τίνα δὴ κοινωνίαν ὁ δίκαιος ἀμείνων κοινωνὸς τοῦ οἰκοδομικοῦ τε καὶ κιθαριστικοῦ, ὥσπερ ὁ κιθαριστικὸς τοῦ δικαίου εἰς κρουμάτων;

Εἰς ἀργυρίου, ἔμοιγε δοκεῖ.

Πλήν γ᾽ ἴσως, ὦ Πολέμαρχε, πρὸς τὸ χρῆσθαι ἀργυρίῳ, ὅταν δέῃ ἀργυρίου κοινῇ πρίασθαι ἢ ἀποδόσθαι ἵππον· τότε [c] δέ, ὡς ἐγὼ οἶμαι, ὁ ἱππικός. ἢ γάρ;

Φαίνεται.

Καὶ μὴν ὅταν γε πλοῖον, ὁ ναυπηγὸς ἢ ὁ κυβερνήτης;

»Und auch der Ackerbau; oder nicht?«

»Ja.«

»Und zwar, um Feldfrüchte zu gewinnen?«

»Ja.«

»Und auch das Schusterhandwerk?«

»Ja.«

»Um Schuhe zu erwerben, wirst du vermutlich sagen?«

»Sicher.«

»Wie nun? Wozu braucht man im Frieden die Gerechtigkeit und wozu ist sie deiner Meinung nach nützlich?«

»Zum Verkehr miteinander.«

»Mit Verkehr miteinander meinst du das, was man gemeinsam tut[36], oder?«

»Natürlich.«

[b] »Ist also der Gerechte ein guter und nützlicher Genosse beim Setzen der Steine beim Brettspiel[37] oder ist das nicht vielmehr der geübte Brettspieler?«

»Natürlich ein geübter Brettspieler.«

»Oder beim Setzen von Ziegeln und Bausteinen, ist da der Gerechte ein nützlicherer und besserer Genosse als der Baumeister?«

»Gewiss nicht.«

»Aber für welches Gemeinschaftswerk ist nun der Gerechte in der Weise ein besserer Genosse als der Baumeister oder Zitherspieler, wie etwa umgekehrt Letzterer die Zither besser schlägt als der Gerechte?«

»Beim Geldverkehr, glaube ich.«

»Ausgenommen vielleicht, Polemarchos, beim Gebrauch des Geldes zum gemeinsamen Kauf oder Verkauf eines Pferdes. Da ist, [c] wie ich meine, der Pferdekenner besser, nicht wahr?«

»Offenbar.«

»Und wenn es um ein Schiff geht, der Schiffsbauer oder der Steuermann?«

Ἔοικεν.

Ὅταν οὖν τί δέῃ ἀργυρίῳ ἢ χρυσίῳ κοινῇ χρῆσθαι, ὁ δίκαιος χρησιμώτερος τῶν ἄλλων;

Ὅταν παρακαταθέσθαι καὶ σῶν εἶναι, ὦ Σώκρατες.

Οὐκοῦν λέγεις ὅταν μηδὲν δέῃ αὐτῷ χρῆσθαι ἀλλὰ κεῖσθαι;

Πάνυ γε.

Ὅταν ἄρα ἄχρηστον ᾖ ἀργύριον, τότε χρήσιμος ἐπ᾽ αὐτῷ [d] ἡ δικαιοσύνη;

Κινδυνεύει.

Καὶ ὅταν δὴ δρέπανον δέῃ φυλάττειν, ἡ δικαιοσύνη χρήσιμος καὶ κοινῇ καὶ ἰδίᾳ· ὅταν δὲ χρῆσθαι, ἡ ἀμπελουργική;

Φαίνεται.

Φήσεις δὲ καὶ ἀσπίδα καὶ λύραν ὅταν δέῃ φυλάττειν καὶ μηδὲν χρῆσθαι, χρήσιμον εἶναι τὴν δικαιοσύνην, ὅταν δὲ χρῆσθαι, τὴν ὁπλιτικὴν καὶ τὴν μουσικήν;

Ἀνάγκη.

Καὶ περὶ τἆλλα δὴ πάντα ἡ δικαιοσύνη ἑκάστου ἐν μὲν χρήσει ἄχρηστος, ἐν δὲ ἀχρηστίᾳ χρήσιμος;

Κινδυνεύει.

8 [e] Οὐκ ἂν οὖν, ὦ φίλε, πάνυ γέ τι σπουδαῖον εἴη ἡ δικαιοσύνη, εἰ πρὸς τὰ ἄχρηστα χρήσιμον ὂν τυγχάνει. τόδε δὲ σκεψώμεθα. ἆρ᾽ οὐχ ὁ πατάξαι δεινότατος ἐν μάχῃ εἴτε πυκτικῇ εἴτε τινὶ καὶ ἄλλῃ, οὗτος καὶ φυλάξασθαι;

Πάνυ γε.

Ἆρ᾽ οὖν καὶ νόσον ὅστις δεινὸς φυλάξασθαι, καὶ λαθεῖν οὗτος δεινότατος ἐμποιήσας;

»Es scheint so.«

»Bei welchem gemeinsamen Gebrauch von Gold oder Silber sollte nun der Gerechte nützlicher sein als alle anderen?«

»Wenn man es hinterlegen und sicherstellen will, Sokrates.«

»Meinst du damit, wenn man es nicht zu verwenden braucht, sondern einfach liegen lässt?«

»Allerdings.«

»Wenn man also das Geld nicht braucht, dann braucht man dafür [d] die Gerechtigkeit?«

»Es scheint so.«

»Und wenn man ein Rebmesser aufbewahren soll, dann ist die Gerechtigkeit von Nutzen, sowohl für die Öffentlichkeit als auch für den privaten Bereich. Sobald man es aber verwendet, dann ist die Kunst des Winzers nützlich?«

»Offenbar.«

»Willst du also sagen, wenn es darum geht, einen Schild und eine Leier aufzubewahren und nicht zu gebrauchen, ist die Gerechtigkeit nützlich, sobald man aber von ihnen Gebrauch macht, die Waffenkunde und die Musik?«

»Genauso ist es.«

»Ist es auch in allen anderen Bereichen so, dass die Gerechtigkeit beim Gebrauch eines jeden unnütz ist, beim Nichtgebrauch aber nützlich?«

»Es scheint so.«

8 [e] »Dann wäre also, mein Freund, die Gerechtigkeit nicht gar so erstrebenswert, wenn sie nur fürs Nichtgebrauchen nützlich ist. Wir wollen aber noch Folgendes in Betracht ziehen: Kann sich nicht im Kampf, sei es nun im Faustkampf oder auch in irgendeinem anderen, der am besten verteidigen, der am kräftigsten zuschlägt?«

»Sicher.«

»Und wer es versteht, sich vor einer Krankheit zu schützen, ist der nicht am ehesten imstande, andere heimlich anzustecken?«

Ἔμοιγε δοκεῖ.

[334a] Ἀλλὰ μὴν στρατοπέδου γε ὁ αὐτὸς φύλαξ ἀγαθός, ὅσπερ καὶ τὰ τῶν πολεμίων κλέψαι καὶ βουλεύματα καὶ τὰς ἄλλας πράξεις;

Πάνυ γε.

Ὅτου τις ἄρα δεινὸς φύλαξ, τούτου καὶ φὼρ δεινός.

Ἔοικεν.

Εἰ ἄρα ὁ δίκαιος ἀργύριον δεινὸς φυλάττειν, καὶ κλέπτειν δεινός.

Ὡς γοῦν ὁ λόγος, ἔφη, σημαίνει.

Κλέπτης ἄρα τις ὁ δίκαιος, ὡς ἔοικεν, ἀναπέφανται, καὶ κινδυνεύεις παρ᾽ Ὁμήρου μεμαθηκέναι αὐτό· καὶ γὰρ ἐκεῖνος [b] τὸν τοῦ Ὀδυσσέως πρὸς μητρὸς πάππον Αὐτόλυκον ἀγαπᾷ τε καί φησιν αὐτὸν πάντας ἀνθρώπους κεκάσθαι κλεπτοσύνῃ θ᾽ ὅρκῳ τε. ἔοικεν οὖν ἡ δικαιοσύνη καὶ κατὰ σὲ καὶ καθ᾽ Ὅμηρον καὶ κατὰ Σιμωνίδην κλεπτική τις εἶναι, ἐπ᾽ ὠφελίᾳ μέντοι τῶν φίλων καὶ ἐπὶ βλάβῃ τῶν ἐχθρῶν. οὐχ οὕτως ἔλεγες;

Οὐ μὰ τὸν Δί᾽, ἔφη, ἀλλ᾽ οὐκέτι οἶδα ἔγωγε ὅτι ἔλεγον· τοῦτο μέντοι ἔμοιγε δοκεῖ ἔτι, ὠφελεῖν μὲν τοὺς φίλους ἡ δικαιοσύνη, βλάπτειν δὲ τοὺς ἐχθρούς.

[c] Φίλους δὲ λέγεις εἶναι πότερον τοὺς δοκοῦντας ἑκάστῳ χρηστοὺς εἶναι, ἢ τοὺς ὄντας, κἂν μὴ δοκῶσι, καὶ ἐχθροὺς ὡσαύτως;

Εἰκὸς μέν, ἔφη, οὓς ἄν τις ἡγῆται χρηστοὺς φιλεῖν, οὓς δ᾽ ἂν πονηροὺς μισεῖν.

Ἆρ᾽ οὖν οὐχ ἁμαρτάνουσιν οἱ ἄνθρωποι περὶ τοῦτο, ὥστε δοκεῖν αὐτοῖς πολλοὺς μὲν χρηστοὺς εἶναι μὴ ὄντας, πολλοὺς δὲ τοὐναντίον;

Ἁμαρτάνουσιν.

»Ich denke schon.«

[334a] »Ein guter Beschützer seines Heeres ist doch wohl der, der heimlich ausspioniert, was die Feinde planen und tun?«

»Ja.«

»Wo einer ein tüchtiger Beschützer ist, dort ist er auch ein tüchtiger Dieb.«

»Es scheint so.«

»Wenn also der Gerechte geschickt ist, das Geld zu bewahren, dann ist er auch geschickt, es zu stehlen.«

»Das zeigt wenigstens unsere Untersuchung«, sagte er.

»Also hat sich, wie es scheint, der Gerechte als Dieb entpuppt. Offenbar hast du das bei Homer gelernt. Denn auch er [b] hat für Autolykos[38], den Großvater des Odysseus mütterlicherseits, eine Vorliebe und sagt, er habe sich in der Kunst des Stehlens und beim Wortbruch unter allen Menschen hervorgetan. Es scheint also die Gerechtigkeit nach dir, nach Homer und nach Simonides eine Art Kunst des Stehlens zu sein, allerdings zum Nutzen der Freunde und zum Schaden der Feinde. Meintest du es nicht so?«

»Beim Zeus, nein!«, sagte er. »Doch ich weiß gar nicht mehr, was ich gemeint habe. Eines jedoch meine ich immer noch: dass die Gerechtigkeit den Freunden nützt, den Feinden aber schadet.«

[c] »Verstehst du unter Freunden diejenigen, die ein jeder für brauchbar hält, oder jene, die es wirklich sind, auch wenn sie nicht als solche gelten? Und ebenso auch bei den Feinden?«

»Natürlich«, sagte er, »liebt man die, die man für brauchbar hält, und hasst die, die man für schlecht hält.«

»Täuschen sich die Menschen aber nicht darin, dass sie viele für brauchbar halten, die es aber gar nicht sind, und umgekehrt?«

»Allerdings.«

Τούτοις ἄρα οἱ μὲν ἀγαθοὶ ἐχθροί, οἱ δὲ κακοὶ φίλοι;

Πάνυ γε.

Ἀλλ᾽ ὅμως δίκαιον τότε τούτοις τοὺς μὲν πονηροὺς [d] ὠφελεῖν, τοὺς δὲ ἀγαθοὺς βλάπτειν;

Φαίνεται.

Ἀλλὰ μὴν οἵ γε ἀγαθοὶ δίκαιοί τε καὶ οἷοι μὴ ἀδικεῖν;

Ἀληθῆ.

Κατὰ δὴ τὸν σὸν λόγον τοὺς μηδὲν ἀδικοῦντας δίκαιον κακῶς ποιεῖν.

Μηδαμῶς, ἔφη, ὦ Σώκρατες· πονηρὸς γὰρ ἔοικεν εἶναι ὁ λόγος.

Τοὺς ἀδίκους ἄρα, ἦν δ᾽ ἐγώ, δίκαιον βλάπτειν, τοὺς δὲ δικαίους ὠφελεῖν;

Οὗτος ἐκείνου καλλίων φαίνεται.

Πολλοῖς ἄρα, ὦ Πολέμαρχε, συμβήσεται, ὅσοι διημαρτήκασιν [e] τῶν ἀνθρώπων, δίκαιον εἶναι τοὺς μὲν φίλους βλάπτειν – πονηροὶ γὰρ αὐτοῖς εἰσιν – τοὺς δ᾽ ἐχθροὺς ὠφελεῖν – ἀγαθοὶ γάρ· καὶ οὕτως ἐροῦμεν αὐτὸ τοὐναντίον ἢ τὸν Σιμωνίδην ἔφαμεν λέγειν.

Καὶ μάλα, ἔφη, οὕτω συμβαίνει. ἀλλὰ μεταθώμεθα· κινδυνεύομεν γὰρ οὐκ ὀρθῶς τὸν φίλον καὶ ἐχθρὸν θέσθαι.

Πῶς θέμενοι, ὦ Πολέμαρχε;

Τὸν δοκοῦντα χρηστόν, τοῦτον φίλον εἶναι.

Νῦν δὲ πῶς, ἦν δ᾽ ἐγώ, μεταθώμεθα;

Τὸν δοκοῦντά τε, ἦ δ᾽ ὅς, καὶ τὸν ὄντα χρηστὸν φίλον· [335a] τὸν δὲ δοκοῦντα μέν, ὄντα δὲ μή, δοκεῖν ἀλλὰ μὴ εἶναι φίλον. καὶ περὶ τοῦ ἐχθροῦ δὲ ἡ αὐτὴ θέσις.

»Sind dann diesen die Guten verhasst, die Schlechten aber lieb?«

»Ja.«

»Ist es gleichwohl dann für sie gerecht, den Schlechten [d] zu nützen, den Guten aber zu schaden?«

»Offenbar.«

»Aber gute Menschen sind doch gerecht und nicht imstande, Unrecht zu tun?«

»Richtig.«

»Und doch ist es nach deinen Worten gerecht, Menschen, die kein Unrecht begangen haben, schlecht zu behandeln.«

»Keineswegs, Sokrates«, sagte er. »Diese Überlegung ist offensichtlich falsch.«

»Also ist es gerecht«, sagte ich, »die Ungerechten zu schädigen, den Gerechten aber zu nützen.«

»Das ist offenbar besser als vorhin.«

»Dann, Polemarchos, ergibt sich für viele, nämlich für alle, die sich in den Menschen getäuscht haben, [e] dass es für sie gerecht ist, den Freunden[39] zu schaden – denn in Wahrheit sind sie ja schlecht für sie –, den Feinden aber zu nützen – denn tatsächlich sind sie ja gut. Somit behaupten wir gerade das Gegenteil von dem, was unserer Meinung nach Simonides sagt.«

»Gewiss«, sagte er, »das ergibt sich daraus. Aber wir wollen andersherum beginnen, denn wie es scheint, haben wir die Begriffe Freund und Feind nicht richtig gefasst.«

»Inwiefern, Polemarchos?«

»Wenn wir den, der uns brauchbar erscheint, für unseren Freund hielten.«

»Und wie wollen wir's jetzt angehen?«, fragte ich.

»Freund ist derjenige«, sagte er, »der uns brauchbar erscheint und es auch tatsächlich ist; [335a] wer uns aber nur so erscheint, ohne es tatsächlich zu sein, erscheint nur als Freund, ist es aber nicht. Entsprechendes gilt auch für den Feind.«

Φίλος μὲν δή, ὡς ἔοικε, τούτῳ τῷ λόγῳ ὁ ἀγαθὸς ἔσται, ἐχθρὸς δὲ ὁ πονηρός.

Ναί.

Κελεύεις δὴ ἡμᾶς προσθεῖναι τῷ δικαίῳ ἢ ὡς τὸ πρῶτον ἐλέγομεν, λέγοντες δίκαιον εἶναι τὸν μὲν φίλον εὖ ποιεῖν, τὸν δ᾽ ἐχθρὸν κακῶς· νῦν πρὸς τούτῳ ὧδε λέγειν, ὅτι ἔστιν δίκαιον τὸν μὲν φίλον ἀγαθὸν ὄντα εὖ ποιεῖν, τὸν δ᾽ ἐχθρὸν κακὸν ὄντα βλάπτειν;

[b] Πάνυ μὲν οὖν, ἔφη, οὕτως ἄν μοι δοκεῖ καλῶς λέγεσθαι.

9 Ἔστιν ἄρα, ἦν δ᾽ ἐγώ, δικαίου ἀνδρὸς βλάπτειν καὶ ὁντινοῦν ἀνθρώπων;

Καὶ πάνυ γε, ἔφη· τούς γε πονηρούς τε καὶ ἐχθροὺς δεῖ βλάπτειν.

Βλαπτόμενοι δ᾽ ἵπποι βελτίους ἢ χείρους γίγνονται;

Χείρους.

Ἆρα εἰς τὴν τῶν κυνῶν ἀρετήν, ἢ εἰς τὴν τῶν ἵππων;

Εἰς τὴν τῶν ἵππων.

Ἆρ᾽ οὖν καὶ κύνες βλαπτόμενοι χείρους γίγνονται εἰς τὴν τῶν κυνῶν ἀλλ᾽ οὐκ εἰς τὴν τῶν ἵππων ἀρετήν;

Ἀνάγκη.

[c] Ἀνθρώπους δέ, ὦ ἑταῖρε, μὴ οὕτω φῶμεν, βλαπτομένους εἰς τὴν ἀνθρωπείαν ἀρετὴν χείρους γίγνεσθαι;

Πάνυ μὲν οὖν.

Ἀλλ᾽ ἡ δικαιοσύνη οὐκ ἀνθρωπεία ἀρετή;

Καὶ τοῦτ᾽ ἀνάγκη.

Καὶ τοὺς βλαπτομένους ἄρα, ὦ φίλε, τῶν ἀνθρώπων ἀνάγκη ἀδικωτέρους γίγνεσθαι.

»Danach wäre also der Freund der Gute, Feind aber der Schlechte.«

»Ja.«

»Du verlangst also, dass wir unserer ersten Behauptung über das Gerechte, gerecht sei, den Freunden Gutes zu tun, den Feinden aber Schlechtes, noch etwas hinzufügen. Müssten wir jetzt außerdem noch sagen: Gerecht ist es, dem Freund, wenn er gut ist, Gutes zu tun, und dem Feind, wenn er schlecht ist, zu schaden?«

[b] »Jawohl«, entgegnete er, »so scheint es mir nun ganz richtig.«

9 »Darf aber wirklich«, fragte ich, »ein gerechter Mann auch nur irgendeinem Menschen schaden?«

»Gewiss«, sagte er, »den schlechten Menschen und Feinden muss er schaden.«

»Wenn man Pferden Schaden zufügt, werden sie dann besser oder schlechter?«

»Schlechter.«

»Verlieren sie dann ihre Tüchtigkeit[40] als Pferd oder etwa eine Tüchtigkeit, wie sie Hunden zukommt?«

»Natürlich ihre Tüchtigkeit als Pferd.«

»Also werden auch Hunde, wenn man ihnen Schaden zufügt, in ihrer Tüchtigkeit als Hunde schlechter und nicht in der als Pferde?«

»Notwendigerweise.«

[c] »Also, mein Freund, müssen wir nicht auch sagen, auch die Menschen werden in ihrer menschlichen Tüchtigkeit schlechter, wenn sie geschädigt werden?«

»Gewiss.«

»Ist die Gerechtigkeit nicht eine menschliche Tüchtigkeit?«

»Auch das ist unbestritten.«

»Also müssen auch Menschen, mein Freund, ungerechter werden, wenn sie geschädigt werden.«

Ἔοικεν.

Ἆρ᾽ οὖν τῇ μουσικῇ οἱ μουσικοὶ ἀμούσους δύνανται ποιεῖν;

Ἀδύνατον.

Ἀλλὰ τῇ ἱππικῇ οἱ ἱππικοὶ ἀφίππους;

Οὐκ ἔστιν.

Ἀλλὰ τῇ δικαιοσύνῃ δὴ οἱ δίκαιοι ἀδίκους; ἢ καὶ [d] συλλήβδην ἀρετῇ οἱ ἀγαθοὶ κακούς;

Ἀλλὰ ἀδύνατον.

Οὐ γὰρ θερμότητος οἶμαι ἔργον ψύχειν ἀλλὰ τοῦ ἐναντίου.

Ναί.

Οὐδὲ ξηρότητος ὑγραίνειν ἀλλὰ τοῦ ἐναντίου.

Πάνυ γε.

Οὐδὲ δὴ τοῦ ἀγαθοῦ βλάπτειν ἀλλὰ τοῦ ἐναντίου.

Φαίνεται.

Ὁ δέ γε δίκαιος ἀγαθός;

Πάνυ γε.

Οὐκ ἄρα τοῦ δικαίου βλάπτειν ἔργον, ὦ Πολέμαρχε, οὔτε φίλον οὔτ᾽ ἄλλον οὐδένα, ἀλλὰ τοῦ ἐναντίου, τοῦ ἀδίκου.

Παντάπασί μοι δοκεῖς ἀληθῆ λέγειν, ἔφη, ὦ Σώκρατες.

[e] Εἰ ἄρα τὰ ὀφειλόμενα ἑκάστῳ ἀποδιδόναι φησίν τις δίκαιον εἶναι, τοῦτο δὲ δὴ νοεῖ αὐτῷ τοῖς μὲν ἐχθροῖς βλάβην ὀφείλεσθαι παρὰ τοῦ δικαίου ἀνδρός, τοῖς δὲ φίλοις ὠφελίαν, οὐκ ἦν σοφὸς ὁ ταῦτα εἰπών. οὐ γὰρ ἀληθῆ ἔλεγεν· οὐδαμοῦ γὰρ δίκαιον οὐδένα ἡμῖν ἐφάνη ὂν βλάπτειν.

»So scheint es.«

»Können nun Musiker durch ihre Musik andere unmusikalisch machen?«

»Unmöglich.«

»Oder Reiter durch ihre Reitkunst andere zu schlechten Reitern?«

»Nein.«

»Können aber die Gerechten durch ihre Gerechtigkeit andere zu Ungerechten machen? Oder können, [d] kurz gesagt, Gute mit ihrer Tüchtigkeit andere schlecht machen?«

»Nein, auch das ist nicht möglich.«

»Denn ich meine, die Aufgabe der Wärme ist es nicht, zu kühlen, vielmehr ist das die Aufgabe ihres Gegenteils.«

»Ja.«

»Trockenheit benetzt nicht, sondern ihr Gegenteil.«

»Gewiss.«

»Ebenso wenig schädigt das Gute, sondern das Gegenteil davon.«

»Offenbar.«

»Der Gerechte ist aber doch gut?«

»Freilich.«

»Also ist es nicht die Aufgabe des Gerechten, zu schaden, mein Polemarchos, weder einem Freund noch sonst jemandem, sondern die seines Gegenteils, nämlich des Ungerechten.«

»Damit hast du, wie mir scheint, völlig recht, Sokrates«, sagte er.

[e] »Wenn also jemand sagt, jedem das Schuldige zu geben sei gerecht, und wenn er damit meint, der Gerechte schulde seinen Feinden Schaden, seinen Freunden aber Nutzen,[41] dann war der, der so sprach, nicht weise. Denn er hat nicht die Wahrheit gesagt. Uns ist nämlich klar geworden, dass der Gerechte niemals jemandem Schaden zufügt.«[42]

Συγχωρῶ, ἦ δ᾽ ὅς.

Μαχούμεθα ἄρα, ἦν δ᾽ ἐγώ, κοινῇ ἐγώ τε καὶ σύ, ἐάν τις αὐτὸ φῇ ἢ Σιμωνίδην ἢ Βίαντα ἢ Πιττακὸν εἰρηκέναι ἤ τιν᾽ ἄλλον τῶν σοφῶν τε καὶ μακαρίων ἀνδρῶν.

Ἐγὼ γοῦν, ἔφη, ἕτοιμός εἰμι κοινωνεῖν τῆς μάχης.

[336a] Ἀλλ᾽ οἶσθα, ἦν δ᾽ ἐγώ, οὗ μοι δοκεῖ εἶναι τὸ ῥῆμα, τὸ φάναι δίκαιον εἶναι τοὺς μὲν φίλους ὠφελεῖν, τοὺς δ᾽ ἐχθροὺς βλάπτειν;

Τίνος; ἔφη.

Οἶμαι αὐτὸ Περιάνδρου εἶναι ἢ Περδίκκου ἢ Ξέρξου ἢ Ἰσμηνίου τοῦ Θηβαίου ἤ τινος ἄλλου μέγα οἰομένου δύνασθαι πλουσίου ἀνδρός.

Ἀληθέστατα, ἔφη, λέγεις.

Εἶεν, ἦν δ᾽ ἐγώ· ἐπειδὴ δὲ οὐδὲ τοῦτο ἐφάνη ἡ δικαιοσύνη ὂν οὐδὲ τὸ δίκαιον, τί ἂν ἄλλο τις αὐτὸ φαίη εἶναι;

10 [b] Καὶ ὁ Θρασύμαχος πολλάκις μὲν καὶ διαλεγομένων ἡμῶν μεταξὺ ὥρμα ἀντιλαμβάνεσθαι τοῦ λόγου, ἔπειτα ὑπὸ τῶν παρακαθημένων διεκωλύετο βουλομένων διακοῦσαι τὸν λόγον· ὡς δὲ διεπαυσάμεθα καὶ ἐγὼ ταῦτ᾽ εἶπον, οὐκέτι ἡσυχίαν ἦγεν, ἀλλὰ συστρέψας ἑαυτὸν ὥσπερ θηρίον ἧκεν ἐφ᾽ ἡμᾶς ὡς διαρπασόμενος.

Καὶ ἐγώ τε καὶ ὁ Πολέμαρχος δείσαντες διεπτοήθημεν· ὁ δ᾽ εἰς τὸ μέσον φθεγξάμενος, Τίς, ἔφη, ὑμᾶς πάλαι φλυαρία [c] ἔχει, ὦ Σώκρατες; καὶ τί εὐηθίζεσθε πρὸς ἀλλήλους ὑποκατακλινόμενοι ὑμῖν αὐτοῖς; ἀλλ᾽ εἴπερ ὡς ἀληθῶς βούλει εἰδέναι τὸ δίκαιον ὅτι ἔστι, μὴ μόνον ἐρώτα μηδὲ φιλοτιμοῦ ἐλέγχων ἐπειδάν τίς τι ἀποκρίνηται, ἐγνωκὼς τοῦτο, ὅτι ῥᾷον ἐρωτᾶν ἢ ἀποκρίνεσθαι,

»Da stimme ich dir zu«, sagte er.

»Also wollen wir«, sagte ich, »gemeinsam, du und ich, dagegen ankämpfen, wenn einer sagt, Simonides oder Bias oder Pittakos[43] oder auch sonst einer von den weisen und seligen Männern habe so etwas behauptet.«

»Ich bin jedenfalls bereit, mich am Kampf zu beteiligen«, sagte er.

[336a] »Aber weißt du«, sagte ich, »von wem meiner Meinung nach dieser Ausspruch stammt, dass es gerecht sei, den Freunden zu nützen und den Feinden zu schaden?«

»Von wem denn?«, fragte er.

»Ich glaube, er stammt von Periander oder von Perdikkas, von Xerxes oder Ismenias aus Theben[44] oder sonst einem reichen Mann, der sich viel auf seine Macht einbildet.«[45]

»Ganz richtig«, entgegnete er.

»Nun gut«, sagte ich. »Da nun klar geworden ist, dass das nicht die Gerechtigkeit noch das Gerechte ist, was könnte es dann wohl sein?«

10 [b] Schon während wir redeten, hatte Thrasymachos mehrmals den Versuch unternommen, das Wort zu ergreifen, war aber von den Umsitzenden daran gehindert worden, weil diese unser Gespräch bis zum Ende verfolgen wollten. Als wir aber eine Pause machten und ich das gesagt hatte, konnte er nicht mehr an sich halten, sondern duckte sich wie ein Raubtier und ging auf uns los, als wollte er uns zerreißen.[46]

Polemarchos und ich fuhren erschreckt auseinander; er aber schrie mitten hinein in die Runde: »In welches Geschwätz habt ihr euch da so lange verstrickt, Sokrates? [c] Und wie einfältig und unterwürfig redet ihr da miteinander?[47] Wenn du wirklich wissen willst, was das Wesen des Gerechten ist, dann stelle nicht nur immer Fragen[48] und setze deinen Ehrgeiz nicht darein, die Antworten, die man gibt, zu widerlegen; du weißt ja wohl, dass Fragen leichter ist als Antworten; also antworte

ἀλλὰ καὶ αὐτὸς ἀπόκριναι καὶ εἰπὲ τί φῂς εἶναι τὸ δίκαιον. καὶ ὅπως μοι μὴ ἐρεῖς ὅτι τὸ [d] δέον ἐστὶν μηδ᾽ ὅτι τὸ ὠφέλιμον μηδ᾽ ὅτι τὸ λυσιτελοῦν μηδ᾽ ὅτι τὸ κερδαλέον μηδ᾽ ὅτι τὸ συμφέρον, ἀλλὰ σαφῶς μοι καὶ ἀκριβῶς λέγε ὅτι ἂν λέγῃς· ὡς ἐγὼ οὐκ ἀποδέξομαι ἐὰν ὕθλους τοιούτους λέγῃς.

Καὶ ἐγὼ ἀκούσας ἐξεπλάγην καὶ προσβλέπων αὐτὸν ἐφοβούμην, καί μοι δοκῶ, εἰ μὴ πρότερος ἑωράκη αὐτὸν ἢ ἐκεῖνος ἐμέ, ἄφωνος ἂν γενέσθαι. νῦν δὲ ἡνίκα ὑπὸ τοῦ λόγου ἤρχετο ἐξαγριαίνεσθαι, προσέβλεψα αὐτὸν πρότερος, [e] ὥστε αὐτῷ οἷός τ᾽ ἐγενόμην ἀποκρίνασθαι, καὶ εἶπον ὑποτρέμων· Ὦ Θρασύμαχε, μὴ χαλεπὸς ἡμῖν ἴσθι· εἰ γάρ τι ἐξαμαρτάνομεν ἐν τῇ τῶν λόγων σκέψει ἐγώ τε καὶ ὅδε, εὖ ἴσθι ὅτι ἄκοντες ἁμαρτάνομεν. μὴ γὰρ δὴ οἴου, εἰ μὲν χρυσίον ἐζητοῦμεν, οὐκ ἄν ποτε ἡμᾶς ἑκόντας εἶναι ὑποκατακλίνεσθαι ἀλλήλοις ἐν τῇ ζητήσει καὶ διαφθείρειν τὴν εὕρεσιν αὐτοῦ, δικαιοσύνην δὲ ζητοῦντας, πρᾶγμα πολλῶν χρυσίων τιμιώτερον, ἔπειθ᾽ οὕτως ἀνοήτως ὑπείκειν ἀλλήλοις καὶ οὐ σπουδάζειν ὅτι μάλιστα φανῆναι αὐτό. οἴου γε σύ, ὦ φίλε. ἀλλ᾽ οἶμαι οὐ δυνάμεθα· ἐλεεῖσθαι οὖν ἡμᾶς πολὺ [337a] μᾶλλον εἰκός ἐστίν που ὑπὸ ὑμῶν τῶν δεινῶν ἢ χαλεπαίνεσθαι.

11 Καὶ ὃς ἀκούσας ἀνεκάγχασέ τε μάλα σαρδάνιον καὶ εἶπεν· Ὦ Ἡράκλεις, ἔφη, αὕτη ᾽κείνη ἡ εἰωθυῖα εἰρωνεία Σωκράτους, καὶ ταῦτ᾽ ἐγὼ ἤδη τε καὶ τούτοις προὔλεγον, ὅτι σὺ ἀποκρίνασθαι μὲν οὐκ ἐθελήσοις, εἰρωνεύσοιο δὲ καὶ πάντα μᾶλλον ποιήσοις ἢ ἀποκρινοῖο, εἴ τίς τί σε ἐρωτᾷ.

Σοφὸς γὰρ εἶ, ἦν δ᾽ ἐγώ, ὦ Θρασύμαχε· εὖ οὖν ᾔδησθα ὅτι εἴ τινα ἔροιο ὁπόσα ἐστὶν τὰ δώδεκα, καὶ ἐρόμενος προείποις

auch selbst einmal und sag uns deine eigene Meinung über das Gerechte. Aber komme mir ja nicht mit der Antwort, das Gerechte sei das, [d] was nötig ist, oder was nützt, einträglich, ersprießlich oder zuträglich ist, sondern sage klar und deutlich, was du meinst, denn ein derartiges Geschwätz werde ich von dir nicht mehr hinnehmen.«

Als ich das hörte, erschrak ich und erbebte bei seinem Anblick, und ich glaube, wenn ich ihn nicht früher angesehen hätte, als er mich, es hätte mir die Rede verschlagen.[49] Nun aber hatte ich ihn, gleich als ihn wegen unseres Gesprächs die Wut zu packen begann, zuerst fest angesehen, [e] so dass ich imstande war, ihm zu antworten, und, noch ein wenig zitternd, sagte: »Thrasymachos, sei uns nicht böse! Wenn ich und dieser da[50] bei unserer Untersuchung etwa Fehler gemacht haben, so wisse wohl, es war nicht absichtlich.[51] Wenn wir nach Gold suchten, so würden wir doch bei der Suche niemals freiwillig unterwürfig einander nachgeben und das Auffinden des Goldes aufs Spiel setzen; glaube also ja nicht, dass wir bei der Suche nach der Gerechtigkeit, einer Sache, die ja viel kostbarer ist als alles Gold, so unvernünftig einander nachgeben und uns nicht ernstlich darum bemühen, sie ans Licht zu holen. Davon kannst du überzeugt sein, mein Freund. Doch ich fürchte, wir sind dazu nicht imstande. Ihr Klugen solltet [337a] vielmehr Mitleid mit uns haben, als uns zu schelten.«

11 Bei diesen Worten lachte Thrasymachos höhnisch und antwortete: »Beim Herakles, das ist wieder die berühmte Ironie des Sokrates.[52] Ich wusste es ja gleich und habe es diesen Männern hier vorausgesagt: Du würdest nicht antworten wollen, sondern in deiner Ironie alles eher tun als antworten, wenn einer dich fragt.«

»Du bist doch ein kluger Mann, Thrasymachos«, entgegnete ich. »Du wusstest es ja ganz genau: Wenn du jemand fragtest, wie viel zwölf sei, und ihm zugleich mit der Frage im Voraus

[b] αὐτῷ – »Ὅπως μοι, ὦ ἄνθρωπε, μὴ ἐρεῖς ὅτι ἔστιν τὰ δώδεκα δὶς ἓξ μηδ᾽ ὅτι τρὶς τέτταρα μηδ᾽ ὅτι ἑξάκις δύο μηδ᾽ ὅτι τετράκις τρία· ὡς οὐκ ἀποδέξομαί σου ἐὰν τοιαῦτα φλυαρῇς« – δῆλον οἶμαί σοι ἦν ὅτι οὐδεὶς ἀποκρινοῖτο τῷ οὕτως πυνθανομένῳ. ἀλλ᾽ εἴ σοι εἶπεν· »Ὦ Θρασύμαχε, πῶς λέγεις; μὴ ἀποκρίνωμαι ὧν προεῖπες μηδέν; πότερον, ὦ θαυμάσιε, μηδ᾽ εἰ τούτων τι τυγχάνει ὄν, ἀλλ᾽ ἕτερον εἴπω [c] τι τοῦ ἀληθοῦς; ἢ πῶς λέγεις;« τί ἂν αὐτῷ εἶπες πρὸς ταῦτα;

Εἶεν, ἔφη· ὡς δὴ ὅμοιον τοῦτο ἐκείνῳ.

Οὐδέν γε κωλύει, ἦν δ᾽ ἐγώ· εἰ δ᾽ οὖν καὶ μὴ ἔστιν ὅμοιον, φαίνεται δὲ τῷ ἐρωτηθέντι τοιοῦτον, ἧττόν τι αὐτὸν οἴει ἀποκρινεῖσθαι τὸ φαινόμενον ἑαυτῷ, ἐάντε ἡμεῖς ἀπαγορεύωμεν ἐάντε μή;

Ἄλλο τι οὖν, ἔφη, καὶ σὺ οὕτω ποιήσεις· ὧν ἐγὼ ἀπεῖπον, τούτων τι ἀποκρινῇ;

Οὐκ ἂν θαυμάσαιμι, ἦν δ᾽ ἐγώ· εἴ μοι σκεψαμένῳ οὕτω δόξειεν.

[d] Τί οὖν, ἔφη, ἂν ἐγὼ δείξω ἑτέραν ἀπόκρισιν παρὰ πάσας ταύτας περὶ δικαιοσύνης, βελτίω τούτων; τί ἀξιοῖς παθεῖν;

Τί ἄλλο, ἦν δ᾽ ἐγώ, ἢ ὅπερ προσήκει πάσχειν τῷ μὴ εἰδότι; προσήκει δέ που μαθεῖν παρὰ τοῦ εἰδότος· καὶ ἐγὼ οὖν τοῦτο ἀξιῶ παθεῖν.

Ἡδὺς γὰρ εἶ, ἔφη· ἀλλὰ πρὸς τῷ μαθεῖν καὶ ἀπότεισον ἀργύριον.

Οὐκοῦν ἐπειδάν μοι γένηται, εἶπον.

Ἀλλ᾽ ἔστιν, ἔφη ὁ Γλαύκων. ἀλλ᾽ ἕνεκα ἀργυρίου, ὦ Θρασύμαχε, λέγε· πάντες γὰρ ἡμεῖς Σωκράτει εἰσοίσομεν.

[e] Πάνυ γε οἶμαι, ἦ δ᾽ ὅς· ἵνα Σωκράτης τὸ εἰωθὸς διαπράξηται·

sagtest: [b] ›Mensch, sage mir nur ja nicht, zwölf ist zweimal sechs oder dreimal vier oder sechsmal zwei oder viermal drei, weil ich es nicht hinnehmen werde, wenn du so daherschwätzt‹, dann war dir wohl, glaube ich, von Anfang an klar, dass du auf eine solche Frage keine Antwort bekommst. Aber wenn man dir nun sagte: ›Thrasymachos, wie meinst du das? Ich darf keine der von dir vorher genannten Antworten geben? Auch nicht, wenn eine davon richtig ist, du wunderlicher Mensch, sondern soll etwas anderes sagen [c] als die Wahrheit? Oder wie meinst du das?‹ Was würdest du ihm darauf antworten?«

»Lass gut sein!«, sagte er. »Als ob das eine mit dem anderen zu vergleichen wäre.«

»Das macht nichts«, sagte ich. »Auch wenn es nicht damit zu vergleichen ist, es dem Gefragten aber so erscheint, glaubst du, er wird deshalb weniger offen seine Meinung äußern, ob wir es ihm nun verbieten oder nicht?«

»Also wirst du es auch so machen«, sagte er, »und wirst eine von den Antworten geben, die ich verboten habe?«

»Darüber würde ich mich nicht wundern«, antwortete ich, »wenn es sich nach reiflicher Überlegung als richtig erweist.«

[d] »Wie nun«, fuhr er fort, »wenn ich eine andere Antwort auf die Frage nach der Gerechtigkeit geben kann, die besser ist als all die bisherigen? Was soll dann mit dir geschehen?«[53]

»Nichts anderes, als was einem Unwissenden zukommt«, sagte ich, »nämlich vom Wissenden zu lernen. Das also soll auch mit mir geschehen.«

»Das ist ja ganz reizend von dir«, entgegnete er, »aber fürs Lernen musst du auch bezahlen.«

»Ja, wenn ich Geld habe«, sagte ich.

»Das hast du doch«, sagte Glaukon. »Wenn es ums Geld geht, dann sag es nur, Thrasymachos! Wir alle werden es schon für Sokrates aufbringen.«[54]

[e] »Das glaube ich wohl«, erwiderte er, »damit Sokrates wie

αὐτὸς μὲν μὴ ἀποκρίνηται, ἄλλου δ᾽ ἀποκρινομένου λαμβάνῃ λόγον καὶ ἐλέγχῃ.

Πῶς γὰρ ἄν, ἔφην ἐγώ, ὦ βέλτιστε, τὶς ἀποκρίναιτο πρῶτον μὲν μὴ εἰδὼς μηδὲ φάσκων εἰδέναι, ἔπειτα, εἴ τι καὶ οἴεται, περὶ τούτων ἀπειρημένον αὐτῷ εἴη ὅπως μηδὲν ἐρεῖ ὧν ἡγεῖται ὑπ᾽ ἀνδρὸς οὐ φαύλου; ἀλλὰ σὲ δὴ μᾶλλον [338a] εἰκὸς λέγειν· σὺ γὰρ δὴ φῂς εἰδέναι καὶ ἔχειν εἰπεῖν. μὴ οὖν ἄλλως ποίει, ἀλλὰ ἐμοί τε χαρίζου ἀποκρινόμενος καὶ μὴ φθονήσῃς καὶ Γλαύκωνα τόνδε διδάξαι καὶ τοὺς ἄλλους.

12 Εἰπόντος δέ μου ταῦτα, ὅ τε Γλαύκων καὶ οἱ ἄλλοι ἐδέοντο αὐτοῦ μὴ ἄλλως ποιεῖν. καὶ ὁ Θρασύμαχος φανερὸς μὲν ἦν ἐπιθυμῶν εἰπεῖν ἵν᾽ εὐδοκιμήσειεν, ἡγούμενος ἔχειν ἀπόκρισιν παγκάλην· προσεποιεῖτο δὲ φιλονικεῖν πρὸς τὸ ἐμὲ εἶναι τὸν ἀποκρινόμενον. τελευτῶν δὲ συνεχώρησεν, [b] κἄπειτα, Αὕτη δή, ἔφη, ἡ Σωκράτους σοφία· αὐτὸν μὲν μὴ ἐθέλειν διδάσκειν, παρὰ δὲ τῶν ἄλλων περιιόντα μανθάνειν καὶ τούτων μηδὲ χάριν ἀποδιδόναι.

Ὅτι μέν, ἦν δ᾽ ἐγώ, μανθάνω παρὰ τῶν ἄλλων, ἀληθῆ εἶπες, ὦ Θρασύμαχε, ὅτι δὲ οὔ με φῂς χάριν ἐκτίνειν, ψεύδῃ· ἐκτίνω γὰρ ὅσην δύναμαι. δύναμαι δὲ ἐπαινεῖν μόνον· χρήματα γὰρ οὐκ ἔχω. ὡς δὲ προθύμως τοῦτο δρῶ, ἐάν τίς μοι δοκῇ εὖ λέγειν, εὖ εἴσῃ αὐτίκα δὴ μάλα, ἐπειδὰν ἀποκρίνῃ· οἶμαι γάρ σε εὖ ἐρεῖν.

[c] Ἄκουε δή, ἦ δ᾽ ὅς. φημὶ γὰρ ἐγὼ εἶναι τὸ δίκαιον οὐκ ἄλλο τι ἢ τὸ τοῦ κρείττονος συμφέρον. ἀλλὰ τί οὐκ ἐπαινεῖς; ἀλλ᾽ οὐκ ἐθελήσεις.

Ἐὰν μάθω γε πρῶτον, ἔφην, τί λέγεις· νῦν γὰρ οὔπω οἶδα. τὸ τοῦ κρείττονος φῂς συμφέρον δίκαιον εἶναι. καὶ τοῦτο, ὦ Θρασύμαχε, τί ποτε λέγεις; οὐ γάρ που τό γε τοιόνδε φῄς· εἰ Πουλυδάμας ἡμῶν

gewohnt fortfahren kann: selbst nicht antworten, die Antwort eines anderen aufgreifen und widerlegen.«

»Wie sollte denn, mein Bester«, sagte ich, »jemand antworten, der erstens selbst nichts weiß und auch nicht behauptet, etwas zu wissen, und zweitens, wenn er eine Vermutung hat, diese nicht aussprechen darf, weil es ihm ein nicht geringer Mann verbietet? Da solltest schon eher du [338a] reden, denn du behauptest ja, du wüsstest es und könntest es auch sagen. Rede also und antworte mir zuliebe und ziere dich nicht, diesen Glaukon hier und die anderen zu belehren.«

12 Auf meine Worte hin baten ihn auch Glaukon und die anderen, er möge doch sprechen. Es war offensichtlich, dass Thrasymachos geradezu begierig war zu sprechen, um Beifall zu ernten, glaubte er doch, eine großartige Antwort zu haben. Er tat aber so, als bestünde er darauf, dass ich antworte. Schließlich gab er nach und sagte [b] dann: »Darin also besteht die Weisheit des Sokrates: Er selbst will nicht lehren; er will nur herumgehen und von den anderen lernen, ohne dafür Dank abzustatten.«

»Dass ich von den anderen lerne«, sagte ich, »damit hast du recht, Thrasymachos; dass ich aber dafür keinen Dank abstatte, darin täuscht du dich. Denn ich statte meinen Dank ab, so gut ich nur kann. Ich kann aber nur loben, denn Geld habe ich keines. Wie gerne ich aber lobe, wenn mir einer gut zu reden scheint, wirst du sogleich erfahren, wenn du antwortest. Denn ich glaube, du wirst gut sprechen.«

[c] »So höre denn«, sagte er. »Ich behaupte, das Gerechte ist nichts anderes als der Vorteil des Stärkeren.[55] Nun, wo bleibt dein Lob? Du willst mich nicht loben.«

»Ich muss erst verstehen, was du meinst«, entgegnete ich. »Noch weiß ich es nicht. Du sagst also, das Gerechte sei der Vorteil des Stärkeren. Was meinst du damit, Thrasymachos? Du willst doch wohl nicht Folgendes sagen: Wenn der Ringer

κρείττων ὁ παγκρατιαστὴς καὶ αὐτῷ συμφέρει τὰ βόεια κρέα πρὸς τὸ σῶμα, τοῦτο τὸ [d] σιτίον εἶναι καὶ ἡμῖν τοῖς ἥττοσιν ἐκείνου συμφέρον ἅμα καὶ δίκαιον.

Βδελυρὸς γὰρ εἶ, ἔφη, ὦ Σώκρατες, καὶ ταύτῃ ὑπολαμβάνεις ᾗ ἂν κακουργήσαις μάλιστα τὸν λόγον.

Οὐδαμῶς, ὦ ἄριστε, ἦν δ᾽ ἐγώ· ἀλλὰ σαφέστερον εἰπὲ τί λέγεις.

Εἶτ᾽ οὐκ οἶσθ᾽, ἔφη, ὅτι τῶν πόλεων αἱ μὲν τυραννοῦνται, αἱ δὲ δημοκρατοῦνται, αἱ δὲ ἀριστοκρατοῦνται;

Πῶς γὰρ οὔ;

Οὐκοῦν τοῦτο κρατεῖ ἐν ἑκάστῃ πόλει, τὸ ἄρχον;

Πάνυ γε.

[e] Τίθεται δέ γε τοὺς νόμους ἑκάστη ἡ ἀρχὴ πρὸς τὸ αὑτῇ συμφέρον, δημοκρατία μὲν δημοκρατικούς, τυραννὶς δὲ τυραννικούς, καὶ αἱ ἄλλαι οὕτως· θέμεναι δὲ ἀπέφηναν τοῦτο δίκαιον τοῖς ἀρχομένοις εἶναι, τὸ σφίσι συμφέρον, καὶ τὸν τούτου ἐκβαίνοντα κολάζουσιν ὡς παρανομοῦντά τε καὶ ἀδικοῦντα. τοῦτ᾽ οὖν ἔστιν, ὦ βέλτιστε, ὃ λέγω ἐν ἁπάσαις [339a] ταῖς πόλεσιν ταὐτὸν εἶναι δίκαιον, τὸ τῆς καθεστηκυίας ἀρχῆς συμφέρον· αὕτη δέ που κρατεῖ, ὥστε συμβαίνει τῷ ὀρθῶς λογιζομένῳ πανταχοῦ εἶναι τὸ αὐτὸ δίκαιον, τὸ τοῦ κρείττονος συμφέρον.

Νῦν, ἦν δ᾽ ἐγώ, ἔμαθον ὃ λέγεις· εἰ δὲ ἀληθὲς ἢ μή, πειράσομαι μαθεῖν. τὸ συμφέρον μὲν οὖν, ὦ Θρασύμαχε, καὶ σὺ ἀπεκρίνω δίκαιον εἶναι – καίτοι ἔμοιγε ἀπηγόρευες ὅπως μὴ τοῦτο ἀποκριναίμην – πρόσεστιν δὲ δὴ αὐτόθι τὸ »τοῦ κρείττονος«.

Pulydamas[56] stärker ist als wir und wenn ihm für seinen Körper das Rindfleisch von Vorteil ist,[57] dann ist diese [d] Speise auch für uns, die wir schwächer sind, vorteilhaft und damit gerecht?«

»Du bist wirklich unausstehlich, Sokrates«, sagte er. »Du legst meine Antwort so aus, wie du sie am besten verdrehen kannst.«

»Keineswegs, mein Bester«, sagte ich. »Doch sage deutlicher, was du meinst.«

»Weißt du nicht«, fuhr er fort, »dass von den Staaten die einen von Tyrannen regiert werden, während die anderen eine demokratische und wieder andere ein aristokratische Verfassung haben?«[58]

»Doch, natürlich!«

»Hat nicht in jedem Staat das, was regiert, die Macht inne?«

»Freilich.«

[e] »Jede Regierung erlässt die Gesetze zu ihrem eigenen Vorteil, die Demokratie demokratische, die Tyrannis tyrannische und so weiter.[59] Indem sie das tun, erklären sie das für sie Vorteilhafte zum Gerechten für die Untertanen und bestrafen jeden, der sich dagegen vergeht, als Gesetzesbrecher und als einen, der Unrecht tut. Das ist es also, mein Bester, von dem ich behaupte, es gelte in allen [339a] Staaten gleicherweise als gerecht, nämlich der Vorteil der bestehenden Regierung. Diese ist an der Macht, so dass bei richtiger Überlegung daraus folgt, dass überall das Recht dasselbe ist, nämlich der Vorteil des Stärkeren.«

»Jetzt habe ich erst verstanden, was du meinst«, sagte ich. »Ob es aber richtig ist oder nicht, das will ich noch versuchen in Erfahrung zu bringen. Das Vorteilhafte ist also, nach deiner Aussage, Thrasymachos, gerecht – gleichwohl hast du mir eine solche Antwort verboten. Allerdings machtest du den Zusatz: vorteilhaft ›für den Stärkeren‹.«

[b] Σμικρά γε ἴσως, ἔφη, προσθήκη.

Οὔπω δῆλον οὐδ᾽ εἰ μεγάλη· ἀλλ᾽ ὅτι μὲν τοῦτο σκεπτέον εἰ ἀληθῆ λέγεις, δῆλον. ἐπειδὴ γὰρ συμφέρον γέ τι εἶναι καὶ ἐγὼ ὁμολογῶ τὸ δίκαιον, σὺ δὲ προστιθεῖς καὶ αὐτὸ φῄς εἶναι τὸ τοῦ κρείττονος, ἐγὼ δὲ ἀγνοῶ, σκεπτέον δή.

Σκόπει, ἔφη.

13 Ταῦτ᾽ ἔσται, ἦν δ᾽ ἐγώ. καί μοι εἰπέ· οὐ καὶ πείθεσθαι μέντοι τοῖς ἄρχουσιν δίκαιον φῄς εἶναι;

Ἔγωγε.

[c] Πότερον δὲ ἀναμάρτητοί εἰσιν οἱ ἄρχοντες ἐν ταῖς πόλεσιν ἑκάσταις ἤ οἷοί τι καὶ ἁμαρτεῖν;

Πάντως που, ἔφη, οἷοί τι καὶ ἁμαρτεῖν.

Οὐκοῦν ἐπιχειροῦντες νόμους τιθέναι τοὺς μὲν ὀρθῶς τιθέασιν, τοὺς δέ τινας οὐκ ὀρθῶς;

Οἶμαι ἔγωγε.

Τὸ δὲ ὀρθῶς ἄρα τὸ τὰ συμφέροντά ἐστι τίθεσθαι ἑαυτοῖς, τὸ δὲ μὴ ὀρθῶς ἀσύμφορα; ἢ πῶς λέγεις;

Οὕτως.

Ἃ δ᾽ ἂν θῶνται ποιητέον τοῖς ἀρχομένοις, καὶ τοῦτό ἐστι τὸ δίκαιον;

Πῶς γὰρ οὔ;

[d] Οὐ μόνον ἄρα δίκαιόν ἐστιν κατὰ τὸν σὸν λόγον τὸ τοῦ κρείττονος συμφέρον ποιεῖν ἀλλὰ καὶ τοὐναντίον, τὸ μὴ συμφέρον.

Τί λέγεις σύ; ἔφη.

Ἃ σὺ λέγεις, ἔμοιγε δοκῶ· σκοπῶμεν δὲ βέλτιον. οὐχ ὡμολόγηται τοὺς ἄρχοντας τοῖς ἀρχομένοις προστάττοντας ποιεῖν ἅττα ἐνίοτε διαμαρτάνειν τοῦ ἑαυτοῖς βελτίστου, ἃ δ᾽ ἂν προστάττωσιν

[b] »Das ist vielleicht nur ein unbedeutender Zusatz«, sagte er.

»Noch ist nicht klar, ob er nicht bedeutend ist. Klar ist nur, dass man prüfen muss, ob du recht hast. Da auch ich dir zugebe, dass das Gerechte etwas Vorteilhaftes ist, du aber noch hinzufügst ›für den Stärkeren‹, was ich aber nicht verstehe, muss man auch das noch untersuchen.«

»Untersuche es nur«, sagte er.

13 »Das soll geschehen«, entgegnete ich. »Doch sage mir: Ist deiner Meinung nach auch Gehorsam gegenüber den Herrschenden gerecht?«

»Gewiss.«

[c] »Sind nun die Herrschenden in den Staaten unfehlbar oder können sie auch Fehler machen?«

»Sie können durchaus auch Fehler machen«, sagte er.

»Und bei der Gesetzgebung, erlassen sie da teils richtige Gesetze, teils nicht richtige?«

»Ich glaube schon.«

»Bedeutet richtig, wenn die Gesetze, die sie erlassen, für sie selbst vorteilhaft sind, nicht richtig aber, wenn sie unvorteilhaft sind? Oder wie meinst du das?«

»Genau so.«

»Was sie als Gesetz erlassen, müssen die Untertanen befolgen, und das ist dann das Gerechte?«

»Natürlich!«

[d] »Also ist es deiner Meinung nach nicht nur gerecht, das für den Mächtigeren Vorteilhafte zu tun, sondern auch das Gegenteil, das nicht Vorteilhafte.«

»Was behauptest du da?«, fragte er.

»Was auch du sagst, glaube ich. Doch überlegen wir es genauer: Sind wir uns nicht darüber einig, dass die Herrschenden, wenn sie ihren Untertanen befehlen, alles Mögliche zu tun, bisweilen ihr eigenes Bestes verfehlen, dass es aber für die

οἱ ἄρχοντες δίκαιον εἶναι τοῖς ἀρχομένοις ποιεῖν; ταῦτ᾽ οὐχ ὡμολόγηται;

Οἶμαι ἔγωγε, ἔφη.

[e] Οἴου τοίνυν, ἦν δ᾽ ἐγώ, καὶ τὸ ἀσύμφορα ποιεῖν τοῖς ἄρχουσί τε καὶ κρείττοσι δίκαιον εἶναι ὡμολογῆσθαί σοι, ὅταν οἱ μὲν ἄρχοντες ἄκοντες κακὰ αὑτοῖς προστάττωσιν, τοῖς δὲ δίκαιον εἶναι φῇς ταῦτα ποιεῖν ἃ ἐκεῖνοι προσέταξαν – ἆρα τότε, ὦ σοφώτατε Θρασύμαχε, οὐκ ἀναγκαῖον συμβαίνειν αὐτὸ οὑτωσί, δίκαιον εἶναι ποιεῖν τοὐναντίον ἢ ὃ σὺ λέγεις; τὸ γὰρ τοῦ κρείττονος ἀσύμφορον δήπου προστάττεται τοῖς ἥττοσιν ποιεῖν.

[340a] Ναὶ μὰ Δί᾽, ἔφη, ὦ Σώκρατες, ὁ Πολέμαρχος, σαφέστατά γε.

Ἐὰν σύ γ᾽, ἔφη, αὐτῷ μαρτυρήσῃς, ὁ Κλειτοφῶν ὑπολαβών.

Καὶ τί, ἔφη, δεῖται μάρτυρος; αὐτὸς γὰρ Θρασύμαχος ὁμολογεῖ τοὺς μὲν ἄρχοντας ἐνίοτε ἑαυτοῖς κακὰ προστάττειν, τοῖς δὲ δίκαιον εἶναι ταῦτα ποιεῖν.

Τὸ γὰρ τὰ κελευόμενα ποιεῖν, ὦ Πολέμαρχε, ὑπὸ τῶν ἀρχόντων δίκαιον εἶναι ἔθετο Θρασύμαχος.

Καὶ γὰρ τὸ τοῦ κρείττονος, ὦ Κλειτοφῶν, συμφέρον [b] δίκαιον εἶναι ἔθετο. ταῦτα δὲ ἀμφότερα θέμενος ὡμολόγησεν αὖ ἐνίοτε τοὺς κρείττους τὰ αὑτοῖς ἀσύμφορα κελεύειν τοὺς ἥττους τε καὶ ἀρχομένους ποιεῖν. ἐκ δὲ τούτων τῶν ὁμολογιῶν οὐδὲν μᾶλλον τὸ τοῦ κρείττονος συμφέρον δίκαιον ἂν εἴη ἢ τὸ μὴ συμφέρον.

Ἀλλ᾽, ἔφη ὁ Κλειτοφῶν, τὸ τοῦ κρείττονος συμφέρον ἔλεγεν ὃ ἡγοῖτο ὁ κρείττων αὑτῷ συμφέρειν· τοῦτο ποιητέον εἶναι τῷ ἥττονι, καὶ τὸ δίκαιον τοῦτο ἐτίθετο.

Ἀλλ᾽ οὐχ οὕτως, ἦ δ᾽ ὃς ὁ Πολέμαρχος, ἐλέγετο.

Untertanen gerecht ist, die Befehle der Herrschenden auszuführen? Darüber sind wir uns doch einig?«

»Ich glaube schon«, sagte er.

[e] »So glaube auch«, fuhr ich fort, »dass du damit zugegeben hast, es sei gerecht, etwas zu tun, was für die Herrschenden und Stärkeren von Nachteil ist, wenn diese nämlich unfreiwillig etwas befehlen, was für sie selbst schlecht ist, es aber für die Untertanen, wie du sagst, gerecht ist, ihre Befehle auszuführen. Ergibt sich daraus, mein weisester Thrasymachos, nicht zwangsläufig, dass es gerecht ist, das Gegenteil von dem zu tun, was du sagst? Denn den Schwächeren wird ja befohlen, das zu tun, was dem Stärkeren nicht vorteilhaft ist.«

[340a] »Beim Zeus, Sokrates«, sagte Polemarchos, »das ist vollkommen klar.«

»Zumal auch du es ihm bezeugst«, warf Kleitophon ein.

»Wozu bedarf es eines Zeugen?«, erwiderte jener. »Thrasymachos gibt ja selber zu, dass die Herrschenden bisweilen etwas befehlen, was für sie selbst schlecht ist, dass es aber für die Untertanen gerecht sei, diese Befehle auszuführen.«

»Den Befehlen der Herrschenden zu folgen, Polemarchos, das, behauptete Thrasymachos, sei eben gerecht.«

»Und ebenso behauptete er, mein Kleitophon, gerecht sei, was dem Mächtigeren zum Vorteil gereiche. [b] Nach diesen beiden Behauptungen gab er ferner zu, dass die Mächtigeren mitunter den Schwächeren und Untergebenen etwas befehlen, was für sie selbst nachteilig ist, und diese es ausführen. Aus diesen Zugeständnissen aber folgt, dass der Vorteil des Mächtigeren ebenso gerecht ist wie ihr Nachteil.«

»Aber«, entgegnete Kleitophon, »unter dem Vorteil des Mächtigeren verstand er doch, was dieser für sich selbst für vorteilhaft halte; das müsse der Schwächere tun, und das erklärte er zum Gerechten.«

»Davon war aber nicht die Rede«, erwiderte Polemarchos.

[c] Οὐδέν, ἦν δ' ἐγώ, ὦ Πολέμαρχε, διαφέρει, ἀλλ' εἰ νῦν οὕτω λέγει Θρασύμαχος, οὕτως αὐτοῦ ἀποδεχώμεθα.

14 Καί μοι εἰπέ, ὦ Θρασύμαχε· τοῦτο ἦν ὃ ἐβούλου λέγειν τὸ δίκαιον, τὸ τοῦ κρείττονος συμφέρον δοκοῦν εἶναι τῷ κρείττονι, ἐάντε συμφέρῃ ἐάντε μή; οὕτω σε φῶμεν λέγειν;

Ἥκιστά γε, ἔφη· ἀλλὰ κρείττω με οἴει καλεῖν τὸν ἐξαμαρτάνοντα ὅταν ἐξαμαρτάνῃ;

Ἔγωγε, εἶπον, ᾤμην σε τοῦτο λέγειν ὅτε τοὺς ἄρχοντας ὡμολόγεις οὐκ ἀναμαρτήτους εἶναι ἀλλά τι καὶ ἐξαμαρτάνειν.

[d] Συκοφάντης γὰρ εἶ, ἔφη, ὦ Σώκρατες, ἐν τοῖς λόγοις· ἐπεὶ αὐτίκα ἰατρὸν καλεῖς σὺ τὸν ἐξαμαρτάνοντα περὶ τοὺς κάμνοντας κατ' αὐτὸ τοῦτο ὃ ἐξαμαρτάνει; ἢ λογιστικόν, ὃς ἂν ἐν λογισμῷ ἁμαρτάνῃ, τότε ὅταν ἁμαρτάνῃ, κατὰ ταύτην τὴν ἁμαρτίαν; ἀλλ' οἶμαι λέγομεν τῷ ῥήματι οὕτως, ὅτι ὁ ἰατρὸς ἐξήμαρτεν καὶ ὁ λογιστὴς ἐξήμαρτεν καὶ ὁ γραμματιστής· τὸ δ' οἶμαι ἕκαστος τούτων, καθ' ὅσον τοῦτ' ἔστιν [e] ὃ προσαγορεύομεν αὐτόν, οὐδέποτε ἁμαρτάνει· ὥστε κατὰ τὸν ἀκριβῆ λόγον, ἐπειδὴ καὶ σὺ ἀκριβολογῇ, οὐδεὶς τῶν δημιουργῶν ἁμαρτάνει. ἐπιλειπούσης γὰρ ἐπιστήμης ὁ ἁμαρτάνων ἁμαρτάνει, ἐν ᾧ οὐκ ἔστι δημιουργός· ὥστε δημιουργὸς ἢ σοφὸς ἢ ἄρχων οὐδεὶς ἁμαρτάνει τότε ὅταν ἄρχων ᾖ, ἀλλὰ πᾶς γ' ἂν εἴποι ὅτι ὁ ἰατρὸς ἥμαρτεν καὶ ὁ ἄρχων ἥμαρτεν. τοιοῦτον οὖν δή σοι καὶ ἐμὲ ὑπόλαβε νυνδὴ ἀποκρίνεσθαι· τὸ δὲ ἀκριβέστατον ἐκεῖνο τυγχάνει ὄν, τὸν ἄρχοντα, καθ' [341a] ὅσον ἄρχων ἐστίν, μὴ ἁμαρτάνειν, μὴ ἁμαρτάνοντα δὲ τὸ αὑτῷ βέλτιστον τίθεσθαι, τοῦτο δὲ τῷ ἀρχομένῳ ποιητέον. ὥστε ὅπερ ἐξ ἀρχῆς ἔλεγον δίκαιον λέγω, τὸ τοῦ κρείττονος ποιεῖν συμφέρον.

[c] »Das macht nichts, mein Polemarchos«, sagte ich; »wenn Thrasymachos es jetzt so meint, wollen wir es auch so gelten lassen.

14 Aber sage mir, Thrasymachos: Wolltest du den vermeintlichen Vorteil des Mächtigeren als gerecht bezeichnen, egal ob es nun tatsächlich ein Vorteil für ihn ist oder nicht? Sollen wir dich so verstehen?«

»Keineswegs!«, antwortete er. »Glaubst du denn, ich bezeichne einen, der sich irrt, als den Stärkeren, gerade wenn er sich irrt?«

»Ich freilich«, sagte ich, »glaubte schon, dass du es so meinst, weil du ja zugegeben hast, die Herrschenden seien nicht unfehlbar, sondern könnten sich auch irren.«

[d] »Im Gespräch bist du ein übler Verleumder[60], Sokrates«, erwiderte er. »Denn um gleich ein Beispiel anzuführen, nennst du den einen Arzt, der sich bei den Kranken irrt, und zwar gerade deshalb, weil er sich irrt? Oder jenen, der sich beim Rechnen irrt, gerade dann einen Mathematiker, wenn er sich irrt und wegen seines Irrtums? Nein, ich glaube, wir sagen nur so leichthin, der Arzt habe sich geirrt, der Mathematiker, der Lehrer habe sich geirrt. Insofern aber ein jeder von ihnen das ist, [e] als was wir ihn bezeichnen, irrt er, glaube ich, nie. Genau genommen – und du nimmst es ja immer genau – irrt kein Fachmann. Wo ihn sein Wissen im Stich lässt, dort irrt der Irrende auf einem Gebiet, wo er eben kein Fachmann mehr ist. Kein Fachmann, kein Philosoph, kein Herrscher irrt, wenn er seiner Sache mächtig ist[61], aber jedermann sagt, der Arzt habe sich geirrt, der Herrscher habe sich geirrt. Fasse also meine Antwort in diesem Sinne auf: Genau genommen ist es so: [341a] Insofern er tatsächlich Herrscher ist, irrt der Herrscher nicht; da er nicht irrt, erlässt er das für ihn Beste als Gesetz und der Untertan muss dieses befolgen. Somit ist es für mich, wie ich von Anfang an sagte, gerecht, den Vorteil des Mächtigeren auszuführen.«

15 Εἶεν, ἦν δ' ἐγώ, ὦ Θρασύμαχε· δοκῶ σοι συκοφαντεῖν;

Πάνυ μὲν οὖν, ἔφη.

Οἴει γάρ με ἐξ ἐπιβουλῆς ἐν τοῖς λόγοις κακουργοῦντά σε ἐρέσθαι ὡς ἠρόμην;

Εὖ μὲν οὖν οἶδα, ἔφη. καὶ οὐδέν γέ σοι πλέον ἔσται· [b] οὔτε γὰρ ἄν με λάθοις κακουργῶν, οὔτε μὴ λαθὼν βιάσασθαι τῷ λόγῳ δύναιο.

Οὐδέ γ' ἂν ἐπιχειρήσαιμι, ἦν δ' ἐγώ, ὦ μακάριε. ἀλλ' ἵνα μὴ αὖθις ἡμῖν τοιοῦτον ἐγγένηται, διόρισαι ποτέρως λέγεις τὸν ἄρχοντά τε καὶ τὸν κρείττονα, τὸν ὡς ἔπος εἰπεῖν ἢ τὸν ἀκριβεῖ λόγῳ, ὃ νυνδὴ ἔλεγες, οὗ τὸ συμφέρον κρείττονος ὄντος δίκαιον ἔσται τῷ ἥττονι ποιεῖν.

Τὸν τῷ ἀκριβεστάτῳ, ἔφη, λόγῳ ἄρχοντα ὄντα. πρὸς ταῦτα κακούργει καὶ συκοφάντει, εἴ τι δύνασαι – οὐδέν σου παρίεμαι – ἀλλ' οὐ μὴ οἷός τ' ᾖς.

[c] Οἴει γὰρ ἄν με, εἶπον, οὕτω μανῆναι ὥστε ξυρεῖν ἐπιχειρεῖν λέοντα καὶ συκοφαντεῖν Θρασύμαχον;

Νῦν γοῦν, ἔφη, ἐπεχείρησας, οὐδὲν ὢν καὶ ταῦτα.

Ἅδην, ἦν δ' ἐγώ, τῶν τοιούτων. ἀλλ' εἰπέ μοι· ὁ τῷ ἀκριβεῖ λόγῳ ἰατρός, ὃν ἄρτι ἔλεγες, πότερον χρηματιστής ἐστιν ἢ τῶν καμνόντων θεραπευτής; καὶ λέγε τὸν τῷ ὄντι ἰατρὸν ὄντα.

Τῶν καμνόντων, ἔφη, θεραπευτής.

Τί δὲ κυβερνήτης; ὁ ὀρθῶς κυβερνήτης ναυτῶν ἄρχων ἐστὶν ἢ ναύτης;

Ναυτῶν ἄρχων.

15 »Nun gut, Thrasymachos«, sagte ich. »Du meinst, ich sei ein übler Verleumder?«

»Durchaus«, erwiderte er.

»Du glaubst also, ich habe meine Frage absichtlich so gestellt, um dich damit reinzulegen?«

»Da bin ich mir ganz sicher«, sagte er. »Doch das wird dir nicht gelingen. [b] Ob es mir nun entgeht oder nicht, dass du mich reinlegen willst, du kannst mich in der Rede nicht übertreffen.«

»Das würde ich auch nicht versuchen, mein Bester«, erwiderte ich. »Doch damit es uns nicht wieder so geht, bestimme genau, ob du unter dem Herrscher und Stärkeren jenen verstehst, den man landläufig so bezeichnet, oder den im genauen Sinn des Wortes, wie du gerade sagtest, nämlich den, zu dessen Vorteil, als des Stärkeren, zu handeln für den Schwächeren gerecht ist.«

»Ich meine den Herrschenden im genauesten Sinn des Wortes«, sagte er. »Dagegen wende nun deine verleumderische Bosheit an, wenn du kannst. Du hast freie Hand. Aber du wirst nichts ausrichten.«

[c] »Hältst du mich für so verrückt, dass ich einen Löwen scheren[62] und einen Thrasymachos überlisten will?«

»Eben hast du es noch versucht«, entgegnete er, »aber auch darin bist du nur ein Nichts.«

»Genug davon!«, sagte ich. Sage mir lieber: Ist der Arzt im genauen Sinn des Wortes, von dem du eben sprachst, ein Geschäftsmann oder ein Therapeut der Kranken? Sprich aber von dem wirklichen Arzt.«

»Ein Therapeut der Kranken«, antwortete er.

»Und was ist mit dem Steuermann? Ist der wahre Steuermann der Gebieter über die Seeleute oder ein einfacher Seemann?«

»Der Gebieter über die Seeleute.«[63]

[d] Οὐδὲν οἶμαι τοῦτο ὑπολογιστέον, ὅτι πλεῖ ἐν τῇ νηί, οὐδ᾽ ἐστὶν κλητέος ναύτης· οὐ γὰρ κατὰ τὸ πλεῖν κυβερνήτης καλεῖται, ἀλλὰ κατὰ τὴν τέχνην καὶ τὴν τῶν ναυτῶν ἀρχήν.

Ἀληθῆ, ἔφη.

Οὐκοῦν ἑκάστῳ τούτων ἔστιν τι συμφέρον;

Πάνυ γε.

Οὐ καὶ ἡ τέχνη, ἦν δ᾽ ἐγώ, ἐπὶ τούτῳ πέφυκεν, ἐπὶ τῷ τὸ συμφέρον ἑκάστῳ ζητεῖν τε καὶ ἐκπορίζειν;

Ἐπὶ τούτῳ, ἔφη.

Ἆρ᾽ οὖν καὶ ἑκάστῃ τῶν τεχνῶν ἔστιν τι συμφέρον ἄλλο ἢ ὅτι μάλιστα τελέαν εἶναι;

[e] Πῶς τοῦτο ἐρωτᾷς;

Ὥσπερ, ἔφην ἐγώ, εἴ με ἔροιο εἰ ἐξαρκεῖ σώματι εἶναι σώματι ἢ προσδεῖταί τινος, εἴποιμ᾽ ἂν ὅτι »Παντάπασι μὲν οὖν προσδεῖται. διὰ ταῦτα καὶ ἡ τέχνη ἐστὶν ἡ ἰατρικὴ νῦν ηὑρημένη, ὅτι σῶμά ἐστιν πονηρὸν καὶ οὐκ ἐξαρκεῖ αὐτῷ τοιούτῳ εἶναι. τούτῳ οὖν ὅπως ἐκπορίζῃ τὰ συμφέροντα, ἐπὶ τούτῳ παρεσκευάσθη ἡ τέχνη.« ἢ ὀρθῶς σοι δοκῶ, ἔφην, ἂν εἰπεῖν οὕτω λέγων, ἢ οὔ;

Ὀρθῶς, ἔφη.

[342a] Τί δὲ δή; αὐτὴ ἡ ἰατρική ἐστιν πονηρά, ἢ ἄλλη τις τέχνη ἔσθ᾽ ὅτι προσδεῖταί τινος ἀρετῆς – ὥσπερ ὀφθαλμοὶ ὄψεως καὶ ὦτα ἀκοῆς καὶ διὰ ταῦτα ἐπ᾽ αὐτοῖς δεῖ τινος τέχνης τῆς τὸ συμφέρον εἰς αὐτὰ ταῦτα σκεψομένης τε καὶ ἐκποριούσης – ἆρα καὶ ἐν αὐτῇ τῇ τέχνῃ ἔνι τις πονηρία, καὶ δεῖ ἑκάστῃ τέχνῃ ἄλλης τέχνης ἥτις αὐτῇ τὸ συμφέρον σκέψεται, καὶ τῇ σκοπουμένῃ ἑτέρας αὖ τοιαύτης, καὶ τοῦτ᾽ ἔστιν ἀπέραντον; [b] ἢ αὐτὴ αὑτῇ τὸ συμφέρον σκέψεται; ἢ οὔτε αὑτῆς οὔτε ἄλλης προσδεῖται ἐπὶ τὴν αὑτῆς

[d] »Es kommt, glaube ich, nicht darauf an, dass er gerade in einem Schiff fährt, und man darf ihn deshalb[64] nicht einen einfachen Seemann nennen; denn nicht weil er zur See fährt, wird er Steuermann genannt, sondern wegen seiner Kunst und weil er das Kommando über die Seeleute hat.«

»Richtig«, sagte er.

»Also gibt es für jeden von ihnen etwas Vorteilhaftes?«

»Gewiss.«

»Und ist nicht ihre Kunst«, fragte ich, »dazu da, jedem seinen Vorteil zu suchen und zu verschaffen?«

»Ja, dazu ist sie da«, erwiderte er.

»Gibt es nun für jede Kunst noch etwas anderes, das für sie vorteilhaft ist, außer dass sie möglichst vollendet ist?«

[e] »Was soll diese Frage?«

»Wenn du mich etwa fragtest, ob es dem Körper genüge, Körper zu sein, oder ob er noch etwas brauche, würde ich antworten: ›Natürlich braucht er noch etwas. Deswegen ist ja auch die moderne[65] Heilkunst erfunden worden, weil der Körper mangelhaft ist und sich selbst nicht genügt. Um ihm das zu verschaffen, was ihm nützlich ist, dazu wurde die Heilkunst geschaffen.‹ Habe ich deiner Meinung nach damit recht oder nicht?«, fragte ich.

»Du hast recht«, sagte er.

[342a] »Aber nun weiter: Ist die Heilkunst an sich mangelhaft oder braucht überhaupt irgendeine andere Kunst noch eine weitere Tüchtigkeit – wie etwa die Augen die Sehkraft, die Ohren das Gehör – und ist daher bei ihnen noch eine weitere Kunst erforderlich, welche das, was für ihre Zwecke zuträglich ist, ausforscht und verschafft? Wohnt denn der Kunst an sich eine Art Mangel inne und bedarf sie einer anderen Kunst, die für sie untersucht, was vorteilhaft ist, und diese wieder bedarf einer weiteren und so fort bis ins Unendliche? [b] Oder sucht sich jede selbst das für sie Vorteilhafte? Oder aber bedarf sie

πονηρίαν τὸ συμφέρον σκοπεῖν· οὔτε γὰρ πονηρία οὔτε ἁμαρτία οὐδεμία οὐδεμιᾷ τέχνῃ πάρεστιν, οὐδὲ προσήκει τέχνῃ ἄλλῳ τὸ συμφέρον ζητεῖν ἢ ἐκείνῳ οὗ τέχνη ἐστίν, αὐτὴ δὲ ἀβλαβὴς καὶ ἀκέραιός ἐστιν ὀρθὴ οὖσα, ἕωσπερ ἂν ᾖ ἑκάστη ἀκριβὴς ὅλη ἥπερ ἐστίν; καὶ σκόπει ἐκείνῳ τῷ ἀκριβεῖ λόγῳ· οὕτως ἢ ἄλλως ἔχει;

Οὕτως, ἔφη, φαίνεται.

[c] Οὐκ ἄρα, ἦν δ᾽ ἐγώ, ἰατρικὴ ἰατρικῇ τὸ συμφέρον σκοπεῖ ἀλλὰ σώματι.

Ναί, ἔφη.

Οὐδὲ ἱππικὴ ἱππικῇ ἀλλ᾽ ἵπποις· οὐδὲ ἄλλη τέχνη οὐδεμία ἑαυτῇ – οὐδὲ γὰρ προσδεῖται – ἀλλ᾽ ἐκείνῳ οὗ τέχνη ἐστίν.

Φαίνεται, ἔφη, οὕτως.

Ἀλλὰ μήν, ὦ Θρασύμαχε, ἄρχουσί γε αἱ τέχναι καὶ κρατοῦσιν ἐκείνου οὗπέρ εἰσιν τέχναι.

Συνεχώρησεν ἐνταῦθα καὶ μάλα μόγις.

Οὐκ ἄρα ἐπιστήμη γε οὐδεμία τὸ τοῦ κρείττονος συμφέρον σκοπεῖ οὐδ᾽ ἐπιτάττει, ἀλλὰ τὸ τοῦ ἥττονός τε καὶ ἀρχομένου [d] ὑπὸ ἑαυτῆς.

Συνωμολόγησε μὲν καὶ ταῦτα τελευτῶν, ἐπεχείρει δὲ περὶ αὐτὰ μάχεσθαι· ἐπειδὴ δὲ ὡμολόγησεν, Ἄλλο τι οὖν, ἦν δ᾽ ἐγώ, οὐδὲ ἰατρὸς οὐδείς, καθ᾽ ὅσον ἰατρός, τὸ τῷ ἰατρῷ συμφέρον σκοπεῖ οὐδ᾽ ἐπιτάττει, ἀλλὰ τὸ τῷ κάμνοντι; ὡμολόγηται γὰρ ὁ ἀκριβὴς ἰατρὸς σωμάτων εἶναι ἄρχων ἀλλ᾽ οὐ χρηματιστής. ἢ οὐχ ὡμολόγηται;

Συνέφη.

Οὐκοῦν καὶ ὁ κυβερνήτης ὁ ἀκριβὴς ναυτῶν εἶναι ἄρχων ἀλλ᾽ οὐ ναύτης;

[e] Ὡμολόγηται.

Οὐκ ἄρα ὅ γε τοιοῦτος κυβερνήτης τε καὶ ἄρχων τὸ τῷ κυβερ-

weder ihrer selbst noch einer anderen Kunst, um herauszufinden, was gegen ihren Mangel von Vorteil ist, denn keiner Kunst haftet irgendein Mangel oder Fehler an? Und kommt es keiner Kunst zu, für etwas anderes den Vorteil zu suchen als für ihren eigenen Gegenstand? Sie ist doch selbst als richtige Kunst ohne Mangel und Fehler, solange nur jede ganz genau sie selbst ist? Überlege das in jenem[66] genauen Wortsinn. Ist es nicht so?«

»Offenbar ist es so«, erwiderte er.

[c] »Also sucht die Heilkunst«, sagte ich, »nicht ihren eigenen Vorteil, sondern den für den Körper.«

»Ja«, sagte er.

»Und ebenso die Kunst der Pferdehaltung den Vorteil für die Pferde. Überhaupt sucht keine Kunst ihren eigenen Vorteil – denn sie bedarf ja weiter nichts –, sondern den für den Gegenstand, dessen Kunst sie ist.«

»So scheint es«, sagte er.

»Die Künste, Thrasymachos, herrschen und regieren also jeweils über den Gegenstand, dessen Kunst sie sind.«

Dem stimmte er, wenn auch widerwillig, zu.

»Somit sucht und befiehlt keine Wissenschaft den Vorteil des Stärkeren, sondern den des Schwächeren und [d] ihr Untergebenen.«

Auch dem stimmte er schließlich zu, versuchte aber noch, es zu bestreiten. Als er dann nachgegeben hatte, sagte ich: »Kein Arzt also, sofern er Arzt ist, sucht seinen Vorteil und verordnet ihn, sondern den des Kranken? Wir waren uns ja einig, dass der Arzt im strengen Sinne Gebieter der Körper ist und kein Geschäftsmann. Oder nicht?«

Das gab er zu.

»Und auch, dass der Steuermann im strengen Sinne Kommandant der Seeleute ist, und nicht ein einfacher Seemann?«

[e] »Zugegeben.«

»Ein solcher Steuermann und Kommandant wird also nicht

νήτῃ συμφέρον σκέψεταί τε καὶ προστάξει, ἀλλὰ τὸ τῷ ναύτῃ τε καὶ ἀρχομένῳ.

Συνέφησε μόγις.

Οὐκοῦν, ἦν δ᾽ ἐγώ, ὦ Θρασύμαχε, οὐδὲ ἄλλος οὐδεὶς ἐν οὐδεμιᾷ ἀρχῇ, καθ᾽ ὅσον ἄρχων ἐστίν, τὸ αὑτῷ συμφέρον σκοπεῖ οὐδ᾽ ἐπιτάττει, ἀλλὰ τὸ τῷ ἀρχομένῳ καὶ ᾧ ἂν αὐτὸς δημιουργῇ, καὶ πρὸς ἐκεῖνο βλέπων καὶ τὸ ἐκείνῳ συμφέρον καὶ πρέπον, καὶ λέγει ἃ λέγει καὶ ποιεῖ ἃ ποιεῖ ἅπαντα.

16 [343a] Ἐπειδὴ οὖν ἐνταῦθα ἦμεν τοῦ λόγου καὶ πᾶσι καταφανὲς ἦν ὅτι ὁ τοῦ δικαίου λόγος εἰς τοὐναντίον περιειστήκει, ὁ Θρασύμαχος ἀντὶ τοῦ ἀποκρίνεσθαι, Εἰπέ μοι, ἔφη, ὦ Σώκρατες, τίτθη σοι ἔστιν;

Τί δέ; ἦν δ᾽ ἐγώ· οὐκ ἀποκρίνεσθαι χρῆν μᾶλλον ἢ τοιαῦτα ἐρωτᾶν;

Ὅτι τοί σε, ἔφη, κορυζῶντα περιορᾷ καὶ οὐκ ἀπομύττει δεόμενον, ὅς γε αὐτῇ οὐδὲ πρόβατα οὐδὲ ποιμένα γιγνώσκεις.

Ὅτι δὴ τί μάλιστα; ἦν δ᾽ ἐγώ.

[b] Ὅτι οἴει τοὺς ποιμένας ἢ τοὺς βουκόλους τὸ τῶν προβάτων ἢ τὸ τῶν βοῶν ἀγαθὸν σκοπεῖν καὶ παχύνειν αὐτοὺς καὶ θεραπεύειν πρὸς ἄλλο τι βλέποντας ἢ τὸ τῶν δεσποτῶν ἀγαθὸν καὶ τὸ αὑτῶν, καὶ δὴ καὶ τοὺς ἐν ταῖς πόλεσιν ἄρχοντας, οἳ ὡς ἀληθῶς ἄρχουσιν, ἄλλως πως ἡγῇ διανοεῖσθαι πρὸς τοὺς ἀρχομένους ἢ ὥσπερ ἄν τις πρὸς πρόβατα διατεθείη, καὶ ἄλλο τι σκοπεῖν αὐτοὺς διὰ νυκτὸς καὶ ἡμέρας ἢ τοῦτο, [c] ὅθεν αὐτοὶ ὠφελήσονται. καὶ οὕτω πόρρω εἶ περί τε τοῦ δικαίου καὶ δικαιοσύνης καὶ ἀδίκου τε καὶ ἀδικίας, ὥστε ἀγνοεῖς ὅτι ἡ μὲν δικαιοσύνη καὶ τὸ δίκαιον ἀλ-

den eigenen Vorteil im Auge haben und ihn anordnen, sondern was für den einfachen Seemann und Untergebenen vorteilhaft ist.«

Nur ungern gab er das zu.

»Nicht wahr, Thrasymachos«, sagte ich, »auch kein anderer in irgendeiner Machtposition wird, soweit er ein wirklicher Herrscher ist, seinen eigenen Vorteil suchen und anordnen, sondern den des Untergebenen und dessen, für den er seinen Beruf ausübt; und im Hinblick darauf und auf das, was für diesen zuträglich und angemessen ist, redet er alles, was er redet, und tut alles, was er tut.«

16 [343a] Als wir nun in unserem Gespräch hier angelangt waren und es allen klar war, dass sich der Satz über das Gerechte in sein Gegenteil verkehrt hatte, stellte Thrasymachos eine Frage, statt zu antworten: »Sage mir, Sokrates, hast du eine Amme?«

»Wieso?«, sagte ich. »Solltest du nicht lieber antworten, als solche Fragen stellen?«

»Weil sie nicht sieht, dass dir die Nase läuft, und dich nicht schnäuzt, obwohl du es nötig hättest, da du ihr Schafe und Hirten nicht unterscheiden kannst.«

»Wieso denn das?«, fragte ich.

[b] »Weil du glaubst, die Schaf- und Rinderhirten schauen nur auf das Wohl ihrer Schafe und Rinder und mästen und pflegen sie mit Hinblick auf etwas anderes als auf den Vorteil ihrer Herren und ihren eigenen; und ebenso glaubst du auch, die Herrscher in den Staaten, und zwar die wahren Herrscher, würden an ihre Untergebenen irgendwie anders denken als ein Hirte an seine Schafe[67] und sie wären Tag und Nacht auf etwas anderes bedacht als auf ihren eigenen Nutzen. [c] Und so bist du in der Frage nach Recht und Gerechtigkeit, nach Unrecht und Ungerechtigkeit so weit vom Ziel entfernt, dass du nicht weißt: Gerechtigkeit und das Gerechte kommen in Wahrheit

λότριον ἀγαθὸν τῷ ὄντι, τοῦ κρείττονός τε καὶ ἄρχοντος συμφέρον, οἰκεία δὲ τοῦ πειθομένου τε καὶ ὑπηρετοῦντος βλάβη, ἡ δὲ ἀδικία τοὐναντίον, καὶ ἄρχει τῶν ὡς ἀληθῶς εὐηθικῶν τε καὶ δικαίων, οἱ δ᾽ ἀρχόμενοι ποιοῦσιν τὸ ἐκείνου συμφέρον κρείττονος ὄντος, καὶ εὐδαίμονα ἐκεῖνον ποιοῦσιν ὑπηρετοῦντες [d] αὐτῷ, ἑαυτοὺς δὲ οὐδ᾽ ὁπωστιοῦν. σκοπεῖσθαι δέ, ὦ εὐηθέστατε Σώκρατες, οὑτωσὶ χρή, ὅτι δίκαιος ἀνὴρ ἀδίκου πανταχοῦ ἔλαττον ἔχει. πρῶτον μὲν ἐν τοῖς πρὸς ἀλλήλους συμβολαίοις, ὅπου ἂν ὁ τοιοῦτος τῷ τοιούτῳ κοινωνήσῃ, οὐδαμοῦ ἂν εὕροις ἐν τῇ διαλύσει τῆς κοινωνίας πλέον ἔχοντα τὸν δίκαιον τοῦ ἀδίκου ἀλλ᾽ ἔλαττον· ἔπειτα ἐν τοῖς πρὸς τὴν πόλιν, ὅταν τέ τινες εἰσφοραὶ ὦσιν, ὁ μὲν δίκαιος ἀπὸ τῶν ἴσων πλέον εἰσφέρει, ὁ δ᾽ ἔλαττον, ὅταν τε λήψεις, [e] ὁ μὲν οὐδέν, ὁ δὲ πολλὰ κερδαίνει. καὶ γὰρ ὅταν ἀρχήν τινα ἄρχῃ ἑκάτερος, τῷ μὲν δικαίῳ ὑπάρχει, καὶ εἰ μηδεμία ἄλλη ζημία, τά γε οἰκεῖα δι᾽ ἀμέλειαν μοχθηροτέρως ἔχειν, ἐκ δὲ τοῦ δημοσίου μηδὲν ὠφελεῖσθαι διὰ τὸ δίκαιον εἶναι, πρὸς δὲ τούτοις ἀπεχθέσθαι τοῖς τε οἰκείοις καὶ τοῖς γνωρίμοις, ὅταν μηδὲν ἐθέλῃ αὐτοῖς ὑπηρετεῖν παρὰ τὸ δίκαιον· τῷ δὲ ἀδίκῳ πάντα τούτων τἀναντία ὑπάρχει. λέγω γὰρ [344a] ὅνπερ νυνδὴ ἔλεγον, τὸν μεγάλα δυνάμενον πλεονεκτεῖν· τοῦτον οὖν σκόπει, εἴπερ βούλει κρίνειν ὅσῳ μᾶλλον συμφέρει ἰδίᾳ αὐτῷ ἄδικον εἶναι ἢ τὸ δίκαιον. πάντων δὲ ῥᾷστα μαθήσῃ, ἐὰν ἐπὶ τὴν τελεωτάτην ἀδικίαν ἔλθῃς, ἣ τὸν μὲν ἀδικήσαντα εὐδαιμονέστατον ποιεῖ, τοὺς δὲ ἀδικηθέντας καὶ ἀδικῆσαι οὐκ ἂν ἐθέλοντας ἀθλιωτάτους. ἔστιν δὲ τοῦτο

dem anderen zugute, als Vorteil des Stärkeren und Herrschers, aber zum eigenen Schaden des Gehorchenden und Dienenden; umgekehrt die Ungerechtigkeit: Sie herrscht über die wahrhaft Einfältigen und Gerechten; vom Stärkeren beherrscht, tun sie, was diesem nützt, und machen ihn durch ihre Dienstbarkeit glücklich, [d] sich selbst aber ganz und gar nicht. So muss man also die Sache betrachten, mein einfältiger Sokrates, weil ein gerechter Mann in allem dem Ungerechten unterlegen ist. Einmal im gegenseitigen Geschäftsverkehr: Wo solche Menschen eine Geschäftsverbindung eingehen, wirst du bei der Auflösung derselben nirgends feststellen können, dass der Gerechte gegenüber dem Ungerechten einen Vorteil davonträgt, sondern im Gegenteil. Sodann im öffentlichen Leben: Wenn es sich um irgendwelche Steuern handelt, dann zahlt der Gerechte vom gleichen Vermögen mehr, der andere aber weniger; wenn es um staatliche Zuschüsse geht, [e] dann erhält der eine nichts, der andere hingegen viel. Und wenn beide irgendein Amt bekleiden, dann wird der Gerechte, wenn er schon keinen anderen Schaden erleidet, so doch wegen der Vernachlässigung seiner Privatangelegenheiten in Schwierigkeiten geraten;[68] der Staatsdienst bringt ihm wegen seiner Gerechtigkeit keinen Gewinn; dazu macht er sich noch bei Freunden und Bekannten unbeliebt, wenn er ihnen nicht widerrechtlich etwas zukommen lassen will. Beim Ungerechten ist es in alledem gerade umgekehrt. Ich meine damit [344a] den, von dem ich eben gesprochen habe, der imstande ist, sich große Vorteile zu verschaffen.[69] Ihn musst du im Auge behalten, wenn du beurteilen willst, um wie viel vorteilhafter es für ihn persönlich ist, ungerecht zu sein als gerecht. Am allerleichtesten aber wirst du es begreifen, wenn du die vollkommenste Ungerechtigkeit hernimmst[70], die den, der Unrecht begangen hat, zum glücklichsten, doch den, der Unrecht erleidet und selbst es nicht einmal begehen will, zum unseligsten Menschen macht.[71] Das ist

τυραννίς, ἣ οὐ κατὰ σμικρὸν τἀλλότρια καὶ λάθρᾳ καὶ βίᾳ ἀφαιρεῖται, καὶ ἱερὰ καὶ ὅσια καὶ ἴδια καὶ δημόσια, ἀλλὰ [b] συλλήβδην· ὧν ἐφ᾽ ἑκάστῳ μέρει ὅταν τις ἀδικήσας μὴ λάθῃ, ζημιοῦταί τε καὶ ὀνείδη ἔχει τὰ μέγιστα – καὶ γὰρ ἱερόσυλοι καὶ ἀνδραποδισταὶ καὶ τοιχωρύχοι καὶ ἀποστερηταὶ καὶ κλέπται οἱ κατὰ μέρη ἀδικοῦντες τῶν τοιούτων κακουργημάτων καλοῦνται – ἐπειδὰν δέ τις πρὸς τοῖς τῶν πολιτῶν χρήμασιν καὶ αὐτοὺς ἀνδραποδισάμενος δουλώσηται, ἀντὶ τούτων τῶν αἰσχρῶν ὀνομάτων εὐδαίμονες καὶ μακάριοι [c] κέκληνται, οὐ μόνον ὑπὸ τῶν πολιτῶν ἀλλὰ καὶ ὑπὸ τῶν ἄλλων ὅσοι ἂν πύθωνται αὐτὸν τὴν ὅλην ἀδικίαν ἠδικηκότα· οὐ γὰρ τὸ ποιεῖν τὰ ἄδικα ἀλλὰ τὸ πάσχειν φοβούμενοι ὀνειδίζουσιν οἱ ὀνειδίζοντες τὴν ἀδικίαν. οὕτως, ὦ Σώκρατες, καὶ ἰσχυρότερον καὶ ἐλευθεριώτερον καὶ δεσποτικώτερον ἀδικία δικαιοσύνης ἐστὶν ἱκανῶς γιγνομένη, καὶ ὅπερ ἐξ ἀρχῆς ἔλεγον, τὸ μὲν τοῦ κρείττονος συμφέρον τὸ δίκαιον τυγχάνει ὄν, τὸ δ᾽ ἄδικον ἑαυτῷ λυσιτελοῦν τε καὶ συμφέρον.

17 [d] Ταῦτα εἰπὼν ὁ Θρασύμαχος ἐν νῷ εἶχεν ἀπιέναι, ὥσπερ βαλανεὺς ἡμῶν καταντλήσας κατὰ τῶν ὤτων ἁθρόον καὶ πολὺν τὸν λόγον· οὐ μὴν εἴασάν γε αὐτὸν οἱ παρόντες, ἀλλ᾽ ἠνάγκασαν ὑπομεῖναί τε καὶ παρασχεῖν τῶν εἰρημένων λόγον. καὶ δὴ ἔγωγε καὶ αὐτὸς πάνυ ἐδεόμην τε καὶ εἶπον· Ὦ δαιμόνιε Θρασύμαχε, οἷον ἐμβαλὼν λόγον ἐν νῷ ἔχεις ἀπιέναι πρὶν διδάξαι ἱκανῶς ἢ μαθεῖν εἴτε οὕτως εἴτε ἄλλως [e] ἔχει; ἢ σμικρὸν οἴει ἐπιχειρεῖν πρᾶγμα διορίζεσθαι ὅλου βίου διαγωγήν, ᾗ ἂν διαγόμενος ἕκαστος ἡμῶν λυσιτελεστάτην ζωὴν ζῴη;

der Fall bei der Tyrannis, die fremdes Gut, ob es nun heilig oder profan, privat oder öffentlich ist, nicht verstohlen und Stück für Stück, sondern mit offener Gewalt und alles auf einmal an sich reißt. [b] Wenn sonst jemand auch nur bei einem einzelnen dieser Vergehen ertappt wird, wird er bestraft und sieht sich höchster Schande ausgesetzt; denn man nennt diejenigen Tempelräuber, Sklavenhändler, Einbrecher, Räuber und Diebe, welche auch nur eine dieser Untaten begehen; wer aber seinen Mitbürgern nicht nur den Besitz, sondern auch seine Freiheit raubt und sie zu Sklaven macht, der wird nicht mit derlei Schimpfnamen bedacht, sondern glücklich und selig [c] gepriesen, und zwar nicht nur von seinen Mitbürgern, sondern auch von allen anderen, die von seinem ganzen Unrecht Kenntnis haben.[72] Man schmäht die Ungerechtigkeit ja nicht aus Furcht, Unrecht zu tun, sondern aus Furcht, Unrecht zu erleiden. So ist also, Sokrates, die Ungerechtigkeit, wenn sie nur groß genug ist, stärker, edler und mächtiger als die Gerechtigkeit; und wie ich anfangs sagte, der Vorteil des Mächtigeren ist das Gerechte, das Ungerechte aber ist das, was sich selbst nützt und vorteilhaft ist.«

17 [d] Nach diesen Worten wollte Thrasymachos weggehen, nachdem er uns wie ein Bademeister seinen gewaltigen Redeschwall über die Ohren gegossen hatte.[73] Doch die Anwesenden ließen ihn nicht fort, sondern nötigten ihn zu bleiben und Rede und Antwort zu stehen. Auch ich bat ihn inständig und sprach: »Unseliger Thrasymachos, welche Rede hast du uns da hingeworfen und beabsichtigst jetzt fortzugehen, ehe du uns hinlänglich gezeigt oder dich selbst vergewissert hast, ob es sich wirklich so oder doch anders [e] verhält? Oder glaubst du, es handle sich um eine geringe Sache, die du da zu bestimmen suchst, und nicht vielmehr um ein ganzes Lebensprinzip, das einem jeden von uns, wenn er sich nur daran hält, das gewinnbringendste Leben verschaffen könnte?«

Ἐγὼ γὰρ οἶμαι, ἔφη ὁ Θρασύμαχος, τουτὶ ἄλλως ἔχειν;

Ἔοικας, ἦν δ' ἐγώ – ἤτοι ἡμῶν γε οὐδὲν κήδεσθαι, οὐδέ τι φροντίζειν εἴτε χεῖρον εἴτε βέλτιον βιωσόμεθα ἀγνοοῦντες ὃ σὺ φῂς εἰδέναι. ἀλλ', ὠγαθέ, προθυμοῦ καὶ ἡμῖν ἐνδείξασθαι – οὔτοι [345a] κακῶς σοι κείσεται ὅτι ἂν ἡμᾶς τοσούσδε ὄντας εὐεργετήσῃς – ἐγὼ γὰρ δή σοι λέγω τό γ' ἐμόν, ὅτι οὐ πείθομαι οὐδ' οἶμαι ἀδικίαν δικαιοσύνης κερδαλεώτερον εἶναι, οὐδ' ἐὰν ἐᾷ τις αὐτὴν καὶ μὴ διακωλύῃ πράττειν ἃ βούλεται. ἀλλ', ὠγαθέ, ἔστω μὲν ἄδικος, δυνάσθω δὲ ἀδικεῖν ἢ τῷ λανθάνειν ἢ τῷ διαμάχεσθαι, ὅμως ἐμέ γε οὐ πείθει ὡς ἔστι τῆς δικαιοσύνης κερδαλεώτερον. ταῦτ' οὖν [b] καὶ ἕτερος ἴσως τις ἡμῶν πέπονθεν, οὐ μόνος ἐγώ· πεῖσον οὖν, ὦ μακάριε, ἱκανῶς ἡμᾶς ὅτι οὐκ ὀρθῶς βουλευόμεθα δικαιοσύνην ἀδικίας περὶ πλείονος ποιούμενοι.

Καὶ πῶς, ἔφη, σὲ πείσω; εἰ γὰρ οἷς νυνδὴ ἔλεγον μὴ πέπεισαι, τί σοι ἔτι ποιήσω; ἢ εἰς τὴν ψυχὴν φέρων ἐνθῶ τὸν λόγον;

Μὰ Δί', ἦν δ' ἐγώ, μὴ σύ γε· ἀλλὰ πρῶτον μέν, ἃ ἂν εἴπῃς, ἔμμενε τούτοις, ἢ ἐὰν μετατιθῇ, φανερῶς μετατίθεσο καὶ ἡμᾶς μὴ ἐξαπάτα. νῦν δὲ ὁρᾷς, ὦ Θρασύμαχε – ἔτι [c] γὰρ τὰ ἔμπροσθεν ἐπισκεψώμεθα – ὅτι τὸν ὡς ἀληθῶς ἰατρὸν τὸ πρῶτον ὁριζόμενος τὸν ὡς ἀληθῶς ποιμένα οὐκέτι ᾤου δεῖν ὕστερον ἀκριβῶς φυλάξαι, ἀλλὰ πιαίνειν οἴει αὐτὸν τὰ πρόβατα, καθ' ὅσον ποιμήν ἐστιν, οὐ πρὸς τὸ τῶν προβάτων βέλτιστον βλέποντα ἀλλ', ὥσπερ δαι-

»Ja bin ich denn anderer Meinung darüber?«, sprach Thrasymachos.

»Es scheint so«, sagte ich. »Denn fürwahr, um uns kümmerst und sorgst du dich nicht, ob wir schlechter oder besser leben, wenn wir deine Worte nicht verstehen. Sei doch so gut, mein Bester, und erkläre sie uns. [345a] Es wird dein Schaden nicht sein,[74] wenn du uns, die wir doch so zahlreich sind, diesen Gefallen erweist. Was mich betrifft, so sage ich dir jedenfalls: Ich bin weder davon überzeugt, noch glaube ich daran, dass die Ungerechtigkeit mehr Gewinn bringt als die Gerechtigkeit, selbst dann nicht, wenn man sie gewähren ließe und sie nicht daran hinderte, zu tun, was sie will. Nein, mein Bester, mag einer ungerecht sein, mag er imstande sein, im Geheimen oder ganz offen Unrecht zu tun, gleichwohl wird er mich nicht davon überzeugen, dass das mehr Gewinn bringt als die Gerechtigkeit. Und so [b] empfindet es vielleicht auch manch anderer unter uns, nicht nur ich alleine. Überzeuge uns also, mein Bester, dass wir uns im Irrtum befinden, wenn wir die Gerechtigkeit höher schätzen als die Ungerechtigkeit.«

»Und wie soll ich dich überzeugen?«, fragte er. »Wenn du durch meine bisherigen Worte nicht überzeugt bist, was soll ich da noch mit dir machen? Soll ich dir etwa meine Lehre in die Seele eintrichtern?«[75]

»Nein, beim Zeus«, antwortete ich, »nur das nicht! Aber fürs Erste bleibe bei dem, was du gesagt hast, oder wenn du es abändern willst, dann tue es offen und täusche uns nicht. Du siehst doch, Thrasymachos – [c] und damit wollen wir noch einmal auf unsere früheren Überlegungen zurückkommen –, wie du zuerst den wahren Arzt definiert hast, es dann aber nicht mehr für nötig hieltest, dich beim wahren Hirten an diese genaue Bestimmung zu halten; vielmehr glaubtest du, er mäste als wahrer Hirte die Schafe nicht im Hinblick auf das Beste für die Schafe, sondern wie einer, der eine Mahlzeit

τυμόνα τινὰ καὶ μέλλοντα ἑστιάσεσθαι, πρὸς τὴν εὐωχίαν, ἢ αὖ πρὸς τὸ [d] ἀποδόσθαι, ὥσπερ χρηματιστὴν ἀλλ᾽ οὐ ποιμένα. τῇ δὲ ποιμενικῇ οὐ δήπου ἄλλου του μέλει ἢ ἐφ᾽ ᾧ τέτακται, ὅπως τούτῳ τὸ βέλτιστον ἐκποριεῖ – ἐπεὶ τά γε αὑτῆς ὥστ᾽ εἶναι βελτίστη ἱκανῶς δήπου ἐκπεπόρισται, ἕως γ᾽ ἂν μηδὲν ἐνδέῃ τοῦ ποιμενικὴ εἶναι – οὕτω δὲ ᾤμην ἔγωγε νυνδὴ ἀναγκαῖον εἶναι ἡμῖν ὁμολογεῖν πᾶσαν ἀρχήν, καθ᾽ ὅσον ἀρχή, μηδενὶ ἄλλῳ τὸ βέλτιστον σκοπεῖσθαι ἢ ἐκείνῳ, τῷ [e] ἀρχομένῳ τε καὶ θεραπευομένῳ, ἔν τε πολιτικῇ καὶ ἰδιωτικῇ ἀρχῇ. σὺ δὲ τοὺς ἄρχοντας ἐν ταῖς πόλεσιν, τοὺς ὡς ἀληθῶς ἄρχοντας, ἑκόντας οἴει ἄρχειν;

Μὰ Δί᾽ οὔκ, ἔφη, ἀλλ᾽ εὖ οἶδα.

18 Τί δέ, ἦν δ᾽ ἐγώ, ὦ Θρασύμαχε; τὰς ἄλλας ἀρχὰς οὐκ ἐννοεῖς ὅτι οὐδεὶς ἐθέλει ἄρχειν ἑκών, ἀλλὰ μισθὸν αἰτοῦσιν, ὡς οὐχὶ αὐτοῖσιν ὠφελίαν ἐσομένην ἐκ τοῦ ἄρχειν ἀλλὰ [346a] τοῖς ἀρχομένοις; ἐπεὶ τοσόνδε εἰπέ· οὐχὶ ἑκάστην μέντοι φαμὲν ἑκάστοτε τῶν τεχνῶν τούτῳ ἑτέραν εἶναι, τῷ ἑτέραν τὴν δύναμιν ἔχειν; καί, ὦ μακάριε, μὴ παρὰ δόξαν ἀποκρίνου, ἵνα τι καὶ περαίνωμεν.

Ἀλλὰ τούτῳ, ἔφη, ἑτέρα.

Οὐκοῦν καὶ ὠφελίαν ἑκάστη τούτων ἰδίαν τινὰ ἡμῖν παρέχεται ἀλλ᾽ οὐ κοινήν, οἷον ἰατρικὴ μὲν ὑγίειαν, κυβερνητικὴ δὲ σωτηρίαν ἐν τῷ πλεῖν, καὶ αἱ ἄλλαι οὕτω;

Πάνυ γε.

[b] Οὐκοῦν καὶ μισθωτικὴ μισθόν; αὕτη γὰρ αὐτῆς ἡ δύναμις· ἢ τὴν ἰατρικὴν σὺ καὶ τὴν κυβερνητικὴν τὴν αὐτὴν καλεῖς; ἢ ἐάνπερ βούλῃ ἀκριβῶς διορίζειν, ὥσπερ ὑπέθου, οὐδέν τι μᾶλλον, ἐάν τις

halten und einen Festschmaus geben will, oder im Hinblick auf einen guten Verkauf, [d] wie ein Geschäftsmann und nicht wie ein Hirte. Die Tätigkeit des Hirten hat doch nur die eine Aufgabe, nämlich für das, was ihr anvertraut ist, aufs Beste zu sorgen. Denn für ihr eigenes Wohl, dafür ist ja hinreichend gesorgt, solange sie es an ihrer ureigensten Bestimmung nicht fehlen lässt; und so war ich nun der Meinung, wir müssten uns darin einig sein, dass jede Regierung, sofern sie eine Regierung ist, einzig und allein das Beste für den [e] Beherrschten und für den ihrer Sorge Anvertrauten im Auge hat, und zwar im öffentlichen wie im privaten Leben. Glaubst du, die Herrscher in den Staaten, die wahrhaften Herrscher, üben ihr Amt freiwillig aus?«

»Beim Zeus«, sagte er, »das glaube ich nicht nur, das weiß ich.«

18 »Wie nun, Thrasymachos«, sagte ich, »denkst du nicht an die anderen Ämter, die niemand freiwillig übernehmen will?[76] Da fordern sie noch einen Lohn,[77] weil aus ihrer Amtsausübung nicht sie selbst, sondern die Untergebenen einen Nutzen ziehen. [346a] Sag mir noch Folgendes: Behaupten wir nicht, dass sich jede einzelne Kunst von der anderen dadurch unterscheidet, dass sie ein besonderes Vermögen hat? Antworte nicht gegen deine Überzeugung, mein Bester, sonst kommen wir nicht weiter.«

»Ja, darin liegt ihr Unterschied«, erwiderte er.

»Und jede Kunst bietet uns einen besonderen, nicht etwa einen allen Künsten gemeinsamen Nutzen, so etwa die Heilkunst die Gesundheit, die Kunst des Steuermanns die Sicherheit bei der Seefahrt, und so auch die anderen?«

»Gewiss.«

[b] »Und die Erwerbskunst den Lohn? Denn das ist ja ihr Vermögen. Oder bezeichnest du die Heilkunst und die Kunst des Steuermannes als ein und dieselbe Kunst? Oder bezeichnest du, wenn du, wie du dir ja vorgenommen hast, ganz genau

κυβερνῶν ὑγιὴς γίγνηται διὰ τὸ συμφέρον αὐτῷ πλεῖν ἐν τῇ θαλάττῃ, ἕνεκα τούτου καλεῖς μᾶλλον αὐτὴν ἰατρικήν;

Οὐ δῆτα, ἔφη.

Οὐδέ γ', οἶμαι, τὴν μισθωτικήν, ἐὰν ὑγιαίνῃ τις μισθαρνῶν.

Οὐ δῆτα.

Τί δέ; τὴν ἰατρικὴν μισθαρνητικήν, ἐὰν ἰώμενός τις μισθαρνῇ;

[c] Οὐκ ἔφη.

Οὐκοῦν τήν γε ὠφελίαν ἑκάστης τῆς τέχνης ἰδίαν ὡμολογήσαμεν εἶναι;

Ἔστω, ἔφη.

Ἥντινα ἄρα ὠφελίαν κοινῇ ὠφελοῦνται πάντες οἱ δημιουργοί, δῆλον ὅτι κοινῇ τινι τῷ αὐτῷ προσχρώμενοι ἀπ' ἐκείνου ὠφελοῦνται.

Ἔοικεν, ἔφη.

Φαμὲν δέ γε τὸ μισθὸν ἀρνυμένους ὠφελεῖσθαι τοὺς δημιουργοὺς ἀπὸ τοῦ προσχρῆσθαι τῇ μισθωτικῇ τέχνῃ γίγνεσθαι αὐτοῖς.

Συνέφη μόγις.

[d] Οὐκ ἄρα ἀπὸ τῆς αὑτοῦ τέχνης ἑκάστῳ αὕτη ἡ ὠφελία ἐστίν, ἡ τοῦ μισθοῦ λῆψις, ἀλλ', εἰ δεῖ ἀκριβῶς σκοπεῖσθαι, ἡ μὲν ἰατρικὴ ὑγίειαν ποιεῖ, ἡ δὲ μισθαρνητικὴ μισθόν, καὶ ἡ μὲν οἰκοδομικὴ οἰκίαν, ἡ δὲ μισθαρνητικὴ αὐτῇ ἑπομένη μισθόν, καὶ αἱ ἄλλαι πᾶσαι οὕτως τὸ αὑτῆς ἑκάστη ἔργον ἐργάζεται καὶ ὠφελεῖ ἐκεῖνο ἐφ' ᾧ τέτακται. ἐὰν δὲ μὴ μισθὸς αὐτῇ προσγίγνηται, ἔσθ' ὅτι ὠφελεῖται ὁ δημιουργὸς ἀπὸ τῆς τέχνης;

Οὐ φαίνεται, ἔφη.

[e] Ἆρ' οὖν οὐδ' ὠφελεῖ τότε, ὅταν προῖκα ἐργάζηται;

sein willst, wenn einer als Steuermann gesund wird, weil ihm die Seefahrt gut bekommt, deshalb seine Kunst als Heilkunst?«

»Nein«, sagte er.

»Ebenso wenig, glaube ich, die Erwerbskunst, wenn einer beim Lohnerwerb gesund wird.«

»Auch nicht.«

»Wie nun? Nennst du die Heilkunst eine Erwerbskunst, wenn einer durch Heilen Geld verdient?«

[c] »Nein«, sagte er.

»Sind wir uns also darin einig, dass jede einzelne Kunst ihren besonderen Nutzen hat?«

»Meinetwegen«, entgegnete er.

»Den Nutzen, den alle Handwerker gemeinsam haben, haben sie offenbar davon, dass sie gemeinsam zusätzlich dazu noch etwas in Anwendung bringen.«

»So scheint es«, sagte er.

»Wir stellen also fest, dass der Lohn, den die Handwerker erwerben, daher rührt, dass sie zusätzlich noch die Kunst des Gelderwerbs anwenden.«

Dem stimmte er, wenn auch ungern, zu.

[d] »Demnach hat ein jeder diesen Nutzen, nämlich den Empfang des Lohnes, nicht von seiner eigentlichen Kunst, sondern genau genommen schafft die Heilkunst die Gesundheit, die Erwerbskunst den Lohn und die Baukunst das Haus, die mit ihr verbundene Erwerbskunst aber den Lohn; ebenso vollbringen auch alle anderen Künste ihr jeweils eigenes Werk und bringen den Nutzen, für den sie bestimmt sind. Wenn aber kein Lohn damit verbunden ist, hat dann der Handwerker einen Nutzen von seiner Kunst?«

»Offensichtlich nicht«, erwiderte er.

[e] »Schafft er dann keinen Nutzen, wenn er unentgeltlich arbeitet?«

Οἶμαι ἔγωγε.

Οὐκοῦν, ὦ Θρασύμαχε, τοῦτο ἤδη δῆλον, ὅτι οὐδεμία τέχνη οὐδὲ ἀρχὴ τὸ αὑτῇ ὠφέλιμον παρασκευάζει, ἀλλ', ὅπερ πάλαι ἐλέγομεν, τὸ τῷ ἀρχομένῳ καὶ παρασκευάζει καὶ ἐπιτάττει, τὸ ἐκείνου συμφέρον ἥττονος ὄντος σκοποῦσα, ἀλλ' οὐ τὸ τοῦ κρείττονος. διὰ δὴ ταῦτα ἔγωγε, ὦ φίλε Θρασύμαχε, καὶ ἄρτι ἔλεγον μηδένα ἐθέλειν ἑκόντα ἄρχειν καὶ τὰ ἀλλότρια κακὰ μεταχειρίζεσθαι ἀνορθοῦντα, [347a] ἀλλὰ μισθὸν αἰτεῖν, ὅτι ὁ μέλλων καλῶς τῇ τέχνῃ πράξειν οὐδέποτε αὑτῷ τὸ βέλτιστον πράττει οὐδ' ἐπιτάττει κατὰ τὴν τέχνην ἐπιτάττων, ἀλλὰ τῷ ἀρχομένῳ· ὧν δὴ ἕνεκα, ὡς ἔοικε, μισθὸν δεῖν ὑπάρχειν τοῖς μέλλουσιν ἐθελήσειν ἄρχειν, ἢ ἀργύριον ἢ τιμήν, ἢ ζημίαν ἐὰν μὴ ἄρχῃ.

19 Πῶς τοῦτο λέγεις, ὦ Σώκρατες; ἔφη ὁ Γλαύκων· τοὺς μὲν γὰρ δύο μισθοὺς γιγνώσκω, τὴν δὲ ζημίαν ἥντινα λέγεις καὶ ὡς ἐν μισθοῦ μέρει εἴρηκας, οὐ συνῆκα.

Τὸν τῶν βελτίστων ἄρα μισθόν, ἔφην, οὐ συνιεῖς, δι' ὃν [b] ἄρχουσιν οἱ ἐπιεικέστατοι, ὅταν ἐθέλωσιν ἄρχειν. ἢ οὐκ οἶσθα ὅτι τὸ φιλότιμόν τε καὶ φιλάργυρον εἶναι ὄνειδος λέγεταί τε καὶ ἔστιν;

Ἔγωγε, ἔφη.

Διὰ ταῦτα τοίνυν, ἦν δ' ἐγώ, οὔτε χρημάτων ἕνεκα ἐθέλουσιν ἄρχειν οἱ ἀγαθοὶ οὔτε τιμῆς· οὔτε γὰρ φανερῶς πραττόμενοι τῆς ἀρχῆς ἕνεκα μισθὸν μισθωτοὶ βούλονται κεκλῆσθαι, οὔτε λάθρᾳ αὐτοὶ ἐκ τῆς ἀρχῆς λαμβάνοντες κλέπται. οὐδ' αὖ τιμῆς ἕνεκα· οὐ γάρ εἰσι φιλότιμοι. δεῖ δὴ [c] αὐτοῖς ἀνάγκην προσεῖναι καὶ ζημίαν, εἰ μέλλουσιν ἐθέλειν ἄρχειν – ὅθεν κινδυνεύει τὸ ἑκόντα ἐπὶ τὸ ἄρχειν ἰέναι ἀλλὰ μὴ ἀνάγκην περιμένειν αἰσχρὸν νενομίσθαι – τῆς

»Ich glaube doch.«

»Dann ist jetzt also klar, Thrasymachos, dass keine Kunst, keine Regentschaft ihren eigenen Nutzen schafft, sondern, wie wir ja schon früher gesagt haben, sie schafft und gebietet, was für den Untergebenen vorteilhaft ist, indem sie den Vorteil des Schwächeren im Auge hat und nicht den des Stärkeren. Deshalb, mein lieber Thrasymachos, sagte ich soeben, niemand wolle freiwillig ein Amt ausüben und sich mit der Behebung der Missstände anderer Leute befassen; [347a] vielmehr verlange er dafür einen Lohn; denn wer nach seiner Kunst richtig handeln will, handelt und befiehlt nie zu seinem eigenen Besten, wenn er seiner Kunst gemäß befiehlt, sondern zum Vorteil des Untergebenen. Aus diesem Grund muss es, wie ich glaube, für alle, die ein Amt übernehmen sollen, einen Lohn geben, sei es Geld oder Ehre oder auch eine Strafe, wenn einer nicht will.«

19 »Wie meinst du das, Sokrates?«, fragte Glaukon. »Die beiden Arten des Lohnes verstehe ich; was du aber mit Strafe meinst und wieso du sie in einem Atemzug mit dem Lohn genannt hast, das habe ich nicht begriffen.«

»Dann verstehst du also den Lohn der Besten nicht, um dessentwillen [b] die angesehensten Männer ein Amt ausüben, wenn sie dazu bereit sind. Oder weißt du nicht, dass Ehrgeiz und Geldgier als Schande gelten und es auch sind?«

»Doch, das weiß ich sehr wohl«, sagte er.

»Daher wollen die Guten weder des Geldes noch der Ehre wegen ein Amt ausüben. Denn sie wollen weder, wenn sie offen wegen ihres Amtes einen Lohn erhalten, Lohnarbeiter genannt werden, noch Diebe, wenn sie sich in ihrem Amt heimlich bereichern. Aber auch der Ehre wegen wollen sie es nicht machen; denn sie sind nicht ehrgeizig. Es muss also [c] bei ihnen ein Zwang und eine Strafe hinzukommen, wenn sie mit der Übernahme eines Amtes zögern. Daher gilt es offenbar als Schande, freiwillig ein Amt anzutreten und nicht darauf zu

δὲ ζημίας μεγίστη τὸ ὑπὸ πονηροτέρου ἄρχεσθαι, ἐὰν μὴ αὐτὸς ἐθέλῃ ἄρχειν· ἣν δείσαντές μοι φαίνονται ἄρχειν, ὅταν ἄρχωσιν, οἱ ἐπιεικεῖς, καὶ τότε ἔρχονται ἐπὶ τὸ ἄρχειν οὐχ ὡς ἐπ᾽ ἀγαθόν τι ἰόντες οὐδ᾽ ὡς εὐπαθήσοντες ἐν αὐτῷ, ἀλλ᾽ [d] ὡς ἐπ᾽ ἀναγκαῖον καὶ οὐκ ἔχοντες ἑαυτῶν βελτίοσιν ἐπιτρέψαι οὐδὲ ὁμοίοις. ἐπεὶ κινδυνεύει πόλις ἀνδρῶν ἀγαθῶν εἰ γένοιτο, περιμάχητον ἂν εἶναι τὸ μὴ ἄρχειν ὥσπερ νυνὶ τὸ ἄρχειν, καὶ ἐνταῦθ᾽ ἂν καταφανὲς γενέσθαι ὅτι τῷ ὄντι ἀληθινὸς ἄρχων οὐ πέφυκε τὸ αὑτῷ συμφέρον σκοπεῖσθαι ἀλλὰ τὸ τῷ ἀρχομένῳ· ὥστε πᾶς ἂν ὁ γιγνώσκων τὸ ὠφελεῖσθαι μᾶλλον ἕλοιτο ὑπ᾽ ἄλλου ἢ ἄλλον ὠφελῶν πράγματα ἔχειν. τοῦτο μὲν οὖν ἔγωγε οὐδαμῇ συγχωρῶ [e] Θρασυμάχῳ, ὡς τὸ δίκαιόν ἐστιν τὸ τοῦ κρείττονος συμφέρον. ἀλλὰ τοῦτο μὲν δὴ καὶ εἰς αὖθις σκεψόμεθα· πολὺ δέ μοι δοκεῖ μεῖζον εἶναι ὃ νῦν λέγει Θρασύμαχος, τὸν τοῦ ἀδίκου βίον φάσκων εἶναι κρείττω ἢ τὸν τοῦ δικαίου. σὺ οὖν ποτέρως, ἦν δ᾽ ἐγώ, ὦ Γλαύκων, αἱρῇ; καὶ πότερον ἀληθεστέρως δοκεῖ σοι λέγεσθαι;

Τὸν τοῦ δικαίου ἔγωγε λυσιτελέστερον βίον εἶναι.

[348a] Ἤκουσας, ἦν δ᾽ ἐγώ, ὅσα ἄρτι Θρασύμαχος ἀγαθὰ διῆλθεν τῷ τοῦ ἀδίκου;

Ἤκουσα, ἔφη, ἀλλ᾽ οὐ πείθομαι.

Βούλει οὖν αὐτὸν πείθωμεν, ἂν δυνώμεθά πῃ ἐξευρεῖν, ὡς οὐκ ἀληθῆ λέγει;

Πῶς γὰρ οὐ βούλομαι; ἦ δ᾽ ὅς.

Ἂν μὲν τοίνυν, ἦν δ᾽ ἐγώ, ἀντικατατείναντες λέγωμεν αὐτῷ λόγον παρὰ λόγον, ὅσα αὖ ἀγαθὰ ἔχει τὸ δίκαιον εἶναι, καὶ αὖθις

warten, dass man dazu genötigt wird. Die größte Strafe aber ist es, von einem Schlechteren regiert zu werden, wenn man selbst nicht herrschen will. Aus Furcht davor, glaube ich, übernehmen die angesehenen Männer, wenn sie regieren, ein Amt, und dann gehen sie ans Regieren, nicht weil sie dabei etwas Gutes oder Annehmlichkeiten erwarten, sondern [d] weil es notwendig ist, da sie das Amt keinem übertragen können, der besser wäre als sie oder zumindest gleichwertig. Wenn es einen Staat von lauter guten Männern gäbe, so wäre dort das Nicht-Regieren genauso umstritten wie jetzt das Regieren; und dann würde sich klar zeigen, dass in der Tat der wahre Herrscher nicht dazu da ist, um auf seinen eigenen Vorteil zu schauen, sondern auf den des Untergebenen. Jeder Vernünftige würde es daher vorziehen, von einem anderen einen Vorteil zu erlangen, statt sich zu bemühen, einem anderen einen Vorteil zu verschaffen. Darin stimme ich [e] dem Thrasymachos niemals zu, dass das Gerechte der Vorteil des Stärkeren sei. Das aber wollen wir ein andermal[78] untersuchen. Viel wichtiger scheint mir, was Thrasymachos jetzt behauptet; er sagt nämlich, das Leben des Ungerechten sei besser als das des Gerechten. Wofür entscheidest du dich, Glaukon?«, fragte ich. »Welche Behauptung hältst du für richtiger?«

»Ich für meinen Teil halte das Leben des Gerechten für gewinnbringender.«

[348a] »Du hast doch gehört«, sagte ich, »wie viele positive Seiten im Leben des Ungerechten Thrasymachos eben aufgezählt hat?«

»Ich hörte es«, sagte er, »aber es überzeugt mich nicht.«

»Willst du, dass wir ihn davon überzeugen, dass er nicht recht hat, falls uns das irgendwie gelingt?«

»Natürlich will ich das«, sagte er.

»Wenn wir nun«, fuhr ich fort, »seinen Argumenten unsere gegenüberstellen und ihm sagen, wie viele Vorteile das Ge-

οὗτος, καὶ ἄλλον ἡμεῖς, ἀριθμεῖν δεήσει [b] τἀγαθὰ καὶ μετρεῖν ὅσα ἑκάτεροι ἐν ἑκατέρῳ λέγομεν, καὶ ἤδη δικαστῶν τινων τῶν διακρινούντων δεησόμεθα· ἂν δὲ ὥσπερ ἄρτι ἀνομολογούμενοι πρὸς ἀλλήλους σκοπῶμεν, ἅμα αὐτοί τε δικασταὶ καὶ ῥήτορες ἐσόμεθα.

Πάνυ μὲν οὖν, ἔφη.

Ὁποτέρως οὖν σοι, ἦν δ᾽ ἐγώ, ἀρέσκει.

Οὕτως, ἔφη.

20 Ἴθι δή, ἦν δ᾽ ἐγώ, ὦ Θρασύμαχε, ἀπόκριναι ἡμῖν ἐξ ἀρχῆς. τὴν τελέαν ἀδικίαν τελέας οὔσης δικαιοσύνης λυσιτελεστέραν φῂς εἶναι;

[c] Πάνυ μὲν οὖν καὶ φημί, ἔφη, καὶ δι᾽ ἅ, εἴρηκα.

Φέρε δή, τὸ τοιόνδε περὶ αὐτῶν πῶς λέγεις; τὸ μέν που ἀρετὴν αὐτοῖν καλεῖς, τὸ δὲ κακίαν;

Πῶς γὰρ οὔ;

Οὐκοῦν τὴν μὲν δικαιοσύνην ἀρετήν, τὴν δὲ ἀδικίαν κακίαν;

Εἰκός γ᾽, ἔφη, ὦ ἥδιστε, ἐπειδή γε καὶ λέγω ἀδικίαν μὲν λυσιτελεῖν, δικαιοσύνην δ᾽ οὔ.

Ἀλλὰ τί μήν;

Τοὐναντίον, ἦ δ᾽ ὅς.

Ἦ τὴν δικαιοσύνην κακίαν;

Οὔκ, ἀλλὰ πάνυ γενναίαν εὐήθειαν.

[d] Τὴν ἀδικίαν ἄρα κακοήθειαν καλεῖς;

Οὔκ, ἀλλ᾽ εὐβουλίαν, ἔφη.

Ἦ καὶ φρόνιμοί σοι, ὦ Θρασύμαχε, δοκοῦσιν εἶναι καὶ ἀγαθοὶ οἱ ἄδικοι;

Οἵ γε τελέως, ἔφη, οἷοί τε ἀδικεῖν, πόλεις τε καὶ ἔθνη δυνάμενοι ἀνθρώπων ὑφ᾽ ἑαυτοὺς ποιεῖσθαι· σὺ δὲ οἴει με ἴσως τοὺς τὰ βαλ-

rechtsein hat, und wir dann abwechselnd unsere Gründe dafür vorbringen, dann werden wir zählen und messen müssen, [b] wie viele Vorteile jeder in seiner Rede anführt, und um das zu entscheiden, werden wir etliche Richter brauchen. Wenn wir aber wie früher bei unseren Überlegungen zu einer Übereinstimmung kommen, dann sind wir selbst zugleich Richter und Anwalt.«

»Ja, gewiss«, sagte er.

»Welche Methode ist dir also lieber?«, fragte ich.

»Die zweite«, sagte er.[79]

20 »Nun denn, Thrasymachos«, fuhr ich fort, »antworte uns noch einmal von Anfang an. Du behauptest also, die vollendete Ungerechtigkeit sei gewinnbringender als die vollendete Gerechtigkeit?«

[c] »Ja, das behaupte ich«, sagte er; »ich habe auch gesagt, warum.«

»Wie denkst du nun darüber? Nennst du die eine Tugend, die andere aber Laster?«

»Natürlich.«

»Die Gerechtigkeit also Tugend, die Ungerechtigkeit Laster?«

»Ja, natürlich, mein Bester«, sagte er, »wo ich doch der Meinung bin, die Ungerechtigkeit sei nützlich, die Gerechtigkeit aber nicht.«

»Was also?«

»Gerade umgekehrt«, sagte er.

»Die Gerechtigkeit ist also ein Laster?«

»Nein, aber eine gutmütige Einfalt.«

[d] »Die Ungerechtigkeit nennst du dann also Böswilligkeit?«

»Nein, sondern Klugheit«, sagte er.

»Dann hältst du also, mein Thrasymachos, die Ungerechten für klug und gut?«

»Wenigstens die, die imstande sind, vollkommen Unrecht zu tun, und sich Staaten und Völker unterwerfen können. Du

λάντια ἀποτέμνοντας λέγειν. λυσιτελεῖ μὲν οὖν, ἦ δ' ὅς, καὶ τὰ τοιαῦτα, ἐάνπερ λανθάνῃ· ἔστι δὲ οὐκ ἄξια λόγου, ἀλλ' ἃ νυνδὴ ἔλεγον.

[e] Τοῦτο μέν, ἔφην, οὐκ ἀγνοῶ ὃ βούλει λέγειν, ἀλλὰ τόδε ἐθαύμασα, εἰ ἐν ἀρετῆς καὶ σοφίας τιθεῖς μέρει τὴν ἀδικίαν, τὴν δὲ δικαιοσύνην ἐν τοῖς ἐναντίοις.

Ἀλλὰ πάνυ οὕτω τίθημι.

Τοῦτο, ἦν δ' ἐγώ, ἤδη στερεώτερον, ὦ ἑταῖρε, καὶ οὐκέτι ῥᾴδιον ἔχειν ὅτι τις εἴπῃ. εἰ γὰρ λυσιτελεῖν μὲν τὴν ἀδικίαν ἐτίθεσο, κακίαν μέντοι ἢ αἰσχρὸν αὐτὸ ὡμολόγεις εἶναι ὥσπερ ἄλλοι τινές, εἴχομεν ἄν τι λέγειν κατὰ τὰ νομιζόμενα λέγοντες· νῦν δὲ δῆλος εἶ ὅτι φήσεις αὐτὸ καὶ καλὸν καὶ ἰσχυρὸν εἶναι καὶ τἆλλα αὐτῷ πάντα προσθήσεις [349a] ἃ ἡμεῖς τῷ δικαίῳ προσετίθεμεν, ἐπειδή γε καὶ ἐν ἀρετῇ αὐτὸ καὶ σοφίᾳ ἐτόλμησας θεῖναι.

Ἀληθέστατα, ἔφη, μαντεύῃ.

Ἀλλ' οὐ μέντοι, ἦν δ' ἐγώ, ἀποκνητέον γε τῷ λόγῳ ἐπεξελθεῖν σκοπούμενον, ἕως ἄν σε ὑπολαμβάνω λέγειν ἅπερ διανοῇ. ἐμοὶ γὰρ δοκεῖς σύ, ὦ Θρασύμαχε, ἀτεχνῶς νῦν οὐ σκώπτειν, ἀλλὰ τὰ δοκοῦντα περὶ τῆς ἀληθείας λέγειν.

Τί δέ σοι, ἔφη, τοῦτο διαφέρει, εἴτε μοι δοκεῖ εἴτε μή, ἀλλ' οὐ τὸν λόγον ἐλέγχεις;

[b] Οὐδέν, ἦν δ' ἐγώ. ἀλλὰ τόδε μοι πειρῶ ἔτι πρὸς τούτοις ἀποκρίνασθαι· ὁ δίκαιος τοῦ δικαίου δοκεῖ τί σοι ἂν ἐθέλειν πλέον ἔχειν;

Οὐδαμῶς, ἔφη· οὐ γὰρ ἂν ἦν ἀστεῖος, ὥσπερ νῦν, καὶ εὐήθης.

glaubst vielleicht, ich rede da von Beutelschneidern. Auch das hat seinen Nutzen«, sagte er, »wenn man dabei nicht erwischt wird. Aber das ist nicht der Rede wert, wohl aber jenes, was ich soeben gemeint habe.«

[e] »Ich verstehe schon, was du sagen willst«, erwiderte ich, »aber ich wundere mich, wenn du die Ungerechtigkeit auf die Seite der Tugend und Weisheit stellst, die Gerechtigkeit aber auf die Gegenseite.«

»Allerdings, das tue ich.«

»Das ist schon recht stark, mein Freund«, sagte ich, »und es ist nicht leicht, was man dazu sagen soll. Denn hättest du nur behauptet, die Ungerechtigkeit sei nützlich, aber – wie das andere auch tun – zugegeben, dass sie ein Laster und etwas Schimpfliches ist, dann wüssten wir gemäß der allgemeinen Meinung einiges darauf zu antworten. Nun aber willst du offenbar behaupten, sie sei etwas Schönes und Starkes, und willst ihr all das zuschreiben, [349a] was wir dem Gerechten zuschreiben, da du es sogar gewagt hast, sie zur Tugend und Weisheit zu rechnen.«

»Deine Vermutung ist ganz richtig«, sagte er.

»Und doch darf man nicht zögern«, sagte ich, »deine Behauptung genau zu prüfen, solange ich annehmen darf, dass du sagst, was du wirklich denkst. Denn ich habe den Eindruck, dass du jetzt durchaus nicht scherzt, sondern sagst, was du in Wahrheit meinst.«

»Was macht es dir denn aus«, entgegnete er, »ob es meine wahre Meinung ist oder nicht, und was widerlegst du nicht einfach meine Behauptung?«[80]

[b] »Es macht mir gar nichts aus«, fuhr ich fort. »Doch versuche mir noch auf Folgendes eine Antwort zu geben: Glaubst du, der Gerechte will einen anderen Gerechten irgendwie übertreffen?«

»Sicher nicht«, sagte er, »sonst wäre er ja nicht so vornehm und einfältig, wie er nun ist.«

Τί δέ; τῆς δικαίας πράξεως;

Οὐδὲ τῆς δικαίας, ἔφη.

Τοῦ δὲ ἀδίκου πότερον ἀξιοῖ ἂν πλεονεκτεῖν καὶ ἡγοῖτο δίκαιον εἶναι, ἢ οὐκ ἂν ἡγοῖτο;

Ἡγοῖτ' ἄν, ἦ δ' ὅς, καὶ ἀξιοῖ, ἀλλ' οὐκ ἂν δύναιτο.

Ἀλλ' οὐ τοῦτο, ἦν δ' ἐγώ, ἐρωτῶ, ἀλλ' εἰ τοῦ μὲν [c] δικαίου μὴ ἀξιοῖ πλέον ἔχειν μηδὲ βούλεται ὁ δίκαιος, τοῦ δὲ ἀδίκου;

Ἀλλ' οὕτως, ἔφη, ἔχει.

Τί δὲ δὴ ὁ ἄδικος; ἆρα ἀξιοῖ τοῦ δικαίου πλεονεκτεῖν καὶ τῆς δικαίας πράξεως;

Πῶς γὰρ οὔκ; ἔφη, ὅς γε πάντων πλέον ἔχειν ἀξιοῖ;

Οὐκοῦν καὶ ἀδίκου γε ἀνθρώπου τε καὶ πράξεως ὁ ἄδικος πλεονεκτήσει καὶ ἁμιλλήσεται ὡς ἁπάντων πλεῖστον αὐτὸς λάβῃ;

Ἔστι ταῦτα.

21 Ὧδε δὴ λέγωμεν, ἔφην· ὁ δίκαιος τοῦ μὲν ὁμοίου οὐ πλεονεκτεῖ, τοῦ δὲ ἀνομοίου, ὁ δὲ ἄδικος τοῦ τε ὁμοίου καὶ [d] τοῦ ἀνομοίου;

Ἄριστα, ἔφη, εἴρηκας.

Ἔστιν δέ γε, ἔφην, φρόνιμός τε καὶ ἀγαθὸς ὁ ἄδικος, ὁ δὲ δίκαιος οὐδέτερα;

Καὶ τοῦτ', ἔφη, εὖ.

Οὐκοῦν, ἦν δ' ἐγώ, καὶ ἔοικε τῷ φρονίμῳ καὶ τῷ ἀγαθῷ ὁ ἄδικος, ὁ δὲ δίκαιος οὐκ ἔοικεν;

Πῶς γὰρ οὐ μέλλει, ἔφη, ὁ τοιοῦτος ὢν καὶ ἐοικέναι τοῖς τοιούτοις, ὁ δὲ μὴ ἐοικέναι;

»Wie ist es nun bei gerechten Handlungen, möchte er ihn da übertreffen?«

»Auch da nicht«, erwiderte er.

»Aber dem Ungerechten möchte er überlegen sein und hält dies für gerecht oder nicht?«

»Ja, das würde er für gerecht halten, und er möchte es auch sein, aber er wäre dazu nicht imstande«, sagte er.

»Danach frage ich dich nicht«, fuhr ich fort, »sondern ob [c] der Gerechte den Gerechten nicht zu übertreffen verlangt und es auch gar nicht will, wohl aber den Ungerechten?«

»So ist es«, sagte er.

»Wie steht es nun mit dem Ungerechten? Möchte er den Gerechten übertreffen und bei gerechten Handlungen überlegen sein?«

»Natürlich«, entgegnete er, »möchte er doch in allem überlegen sein.«

»Also wird der Ungerechte auch den Ungerechten und das ungerechte Handeln überbieten und wird danach streben, von allem das Meiste zu bekommen?«

»So ist es.«

21 »Wir können also sagen«, fuhr ich fort, »der Gerechte will nicht seinesgleichen übertreffen, sondern nur den Ungleichartigen, [d] der Ungerechte aber beide.«

»Sehr richtig«, erwiderte er.

»Der Ungerechte aber«, sprach ich, »ist vernünftig und gut, der Gerechte aber keines von beidem?«

»Auch das ist richtig«, sagte er.

»Dann gleicht also auch«, setzte ich fort, »der Ungerechte dem Vernünftigen und Guten, der Gerechte dagegen nicht?«

»Wie sollte derjenige«, sagte er, »denen nicht gleichen, die dieselben Eigenschaften haben? Der Gerechte aber gleicht ihnen nicht.«

Καλῶς. τοιοῦτος ἄρα ἐστὶν ἑκάτερος αὐτῶν οἷσπερ ἔοικεν;

Ἀλλὰ τί μέλλει; ἔφη.

Εἶεν, ὦ Θρασύμαχε· μουσικὸν δέ τινα λέγεις, ἕτερον δὲ [e] ἄμουσον;

Ἔγωγε.

Πότερον φρόνιμον καὶ πότερον ἄφρονα;

Τὸν μὲν μουσικὸν δήπου φρόνιμον, τὸν δὲ ἄμουσον ἄφρονα.

Οὐκοῦν καὶ ἅπερ φρόνιμον, ἀγαθόν, ἃ δὲ ἄφρονα, κακόν;

Ναί.

Τί δὲ ἰατρικόν; οὐχ οὕτως;

Οὕτως.

Δοκεῖ ἂν οὖν τίς σοι, ὦ ἄριστε, μουσικὸς ἀνὴρ ἁρμοττόμενος λύραν ἐθέλειν μουσικοῦ ἀνδρὸς ἐν τῇ ἐπιτάσει καὶ ἀνέσει τῶν χορδῶν πλεονεκτεῖν ἢ ἀξιοῦν πλέον ἔχειν;

Οὐκ ἔμοιγε.

Τί δέ; ἀμούσου;

Ἀνάγκη, ἔφη.

[350a] Τί δὲ ἰατρικός; ἐν τῇ ἐδωδῇ ἢ πόσει ἐθέλειν ἄν τι ἰατρικοῦ πλεονεκτεῖν ἢ ἀνδρὸς ἢ πράγματος;

Οὐ δῆτα.

Μὴ ἰατρικοῦ δέ;

Ναί.

Περὶ πάσης δὴ ὅρα ἐπιστήμης τε καὶ ἀνεπιστημοσύνης εἴ τίς σοι δοκεῖ ἐπιστήμων ὁστισοῦν πλείω ἂν ἐθέλειν αἱρεῖσθαι ἢ ὅσα ἄλλος ἐπιστήμων ἢ πράττειν ἢ λέγειν, καὶ οὐ ταὐτὰ τῷ ὁμοίῳ ἑαυτῷ εἰς τὴν αὐτὴν πρᾶξιν.

»Schön. Also ist jeder von beiden so wie diejenigen, denen er gleicht?«

»Natürlich«, versetzte er.

»Also gut, Thrasymachos; du sprichst doch auch von musikalischen Menschen und von [e] unmusikalischen?«

»Ja.«

»Wen von beiden nennst du verständig und wen unverständig?«

»Den musikalischen natürlich verständig, den unmusikalischen unverständig.«

»Was er versteht, darin ist er gut, was er aber nicht versteht, darin schlecht, oder?«

»Ja.«

»Und beim Arzt, ist es da ebenso?«

»Gewiss.«

»Glaubst du nun, mein Bester, dass ein musikalischer Mensch beim Stimmen seiner Lyra das Spannen und Nachlassen der Saiten besser machen will als ein anderer musikalischer Mensch und dass er für sich beansprucht, ihn zu übertreffen?«

»Das glaube ich nicht.«

»Und den unmusikalischen, will er den übertreffen?«

»Ganz gewiss«, sagte er.

[350a] »Und wie ist das nun beim Arzt? Will er mit seinen Vorschriften für Speise und Trank einen anderen Arzt und dessen Behandlung übertreffen?«

»Keineswegs.«

»Wohl aber einen Laien?«

»Ja.«

»Sieh dich um bei jedem Wissen und Nichtwissen, ob du glaubst, dass irgendein Fachkundiger einen anderen Fachkundigen in seinem Tun oder in seiner Rede übertreffen will, oder ob er nicht dasselbe will, wie derjenige, der auf seinem Gebiet genauso gut ist wie er.«

Ἀλλ᾽ ἴσως, ἔφη, ἀνάγκη τοῦτό γε οὕτως ἔχειν.

Τί δὲ ὁ ἀνεπιστήμων; οὐχὶ ὁμοίως μὲν ἐπιστήμονος [b] πλεονεκτήσειεν ἄν, ὁμοίως δὲ ἀνεπιστήμονος;

Ἴσως.

Ὁ δὲ ἐπιστήμων σοφός;

Φημί.

Ὁ δὲ σοφὸς ἀγαθός;

Φημί.

Ὁ ἄρα ἀγαθός τε καὶ σοφὸς τοῦ μὲν ὁμοίου οὐκ ἐθελήσει πλεονεκτεῖν, τοῦ δὲ ἀνομοίου τε καὶ ἐναντίου.

Ἔοικεν, ἔφη.

Ὁ δὲ κακός τε καὶ ἀμαθὴς τοῦ τε ὁμοίου καὶ τοῦ ἐναντίου.

Φαίνεται.

Οὐκοῦν, ὦ Θρασύμαχε, ἦν δ᾽ ἐγώ, ὁ ἄδικος ἡμῖν τοῦ ἀνομοίου τε καὶ ὁμοίου πλεονεκτεῖ; ἢ οὐχ οὕτως ἔλεγες;

Ἔγωγε, ἔφη.

[c] Ὁ δέ γε δίκαιος τοῦ μὲν ὁμοίου οὐ πλεονεκτήσει, τοῦ δὲ ἀνομοίου;

Ναί.

Ἔοικεν ἄρα, ἦν δ᾽ ἐγώ, ὁ μὲν δίκαιος τῷ σοφῷ καὶ ἀγαθῷ, ὁ δὲ ἄδικος τῷ κακῷ καὶ ἀμαθεῖ.

Κινδυνεύει.

Ἀλλὰ μὴν ὡμολογοῦμεν, ᾧ γε ὅμοιος ἑκάτερος εἴη, τοιοῦτον καὶ ἑκάτερον εἶναι.

Ὡμολογοῦμεν γάρ.

Ὁ μὲν ἄρα δίκαιος ἡμῖν ἀναπέφανται ὢν ἀγαθός τε καὶ σοφός, ὁ δὲ ἄδικος ἀμαθής τε καὶ κακός.

22 Ὁ δὴ Θρασύμαχος ὡμολόγησε μὲν πάντα ταῦτα, οὐχ [d] ὡς

»Letzteres muss wohl der Fall sein«, sagte er.

»Wie aber ist es mit dem Nichtfachmann? Will der nicht den Fachmann genauso [b] übertreffen wie den Nichtfachmann?«

»Vermutlich.«

»Ist der Fachkundige weise?«

»Ja.«

»Und der Weise gut?«

»Ja.«

»Der Gute und Weise wird also seinesgleichen nicht übertreffen wollen, wohl aber den, der ihm ungleich und sein Gegenteil ist.«

»So scheint es«, sagte er.

»Der Schlechte und Unwissende aber will seinesgleichen und sein Gegenteil übertreffen.«

»Offenbar.«

»Also, mein Thrasymachos«, fuhr ich fort, »der Ungerechte will den Ungleichen und seinesgleichen übertreffen, so sagtest du doch?«

»Ja«, erwiderte er.

[c] »Der Gerechte dagegen nur den, der ihm nicht gleicht, nicht aber seinesgleichen?«

»Ja.«

»Somit gleicht also«, sagte ich, »der Gerechte dem Weisen und Guten, der Ungerechte aber dem Schlechten und Unwissenden.«

»Es wird wohl so sein.«

»Wir waren uns doch darin einig, dass jeder von beiden so ist wie der, dem er gleicht.«

»Ja, darin waren wir uns einig.«

»Somit hat sich uns der Gerechte als gut und weise erwiesen, der Ungerechte dagegen als unwissend und schlecht.«

22 Thrasymachos gab das alles zu, freilich nicht [d] so leicht,

ἐγὼ νῦν ῥᾳδίως λέγω, ἀλλ᾽ ἑλκόμενος καὶ μόγις, μετὰ ἱδρῶτος θαυμαστοῦ ὅσου, ἅτε καὶ θέρους ὄντος – τότε καὶ εἶδον ἐγώ, πρότερον δὲ οὔπω, Θρασύμαχον ἐρυθριῶντα – ἐπειδὴ δὲ οὖν διωμολογησάμεθα τὴν δικαιοσύνην ἀρετὴν εἶναι καὶ σοφίαν, τὴν δὲ ἀδικίαν κακίαν τε καὶ ἀμαθίαν, Εἶεν, ἦν δ᾽ ἐγώ, τοῦτο μὲν ἡμῖν οὕτω κείσθω, ἔφαμεν δὲ δὴ καὶ ἰσχυρὸν εἶναι τὴν ἀδικίαν. ἢ οὐ μέμνησαι, ὦ Θρασύμαχε;

Μέμνημαι, ἔφη· ἀλλ᾽ ἔμοιγε οὐδὲ ἃ νῦν λέγεις ἀρέσκει, καὶ ἔχω περὶ αὐτῶν λέγειν. εἰ οὖν λέγοιμι, εὖ οἶδ᾽ ὅτι [e] δημηγορεῖν ἄν με φαίης. ἢ οὖν ἔα με εἰπεῖν ὅσα βούλομαι, ἤ, εἰ βούλει ἐρωτᾶν, ἐρώτα· ἐγὼ δέ σοι, ὥσπερ ταῖς γραυσὶν ταῖς τοὺς μύθους λεγούσαις, »εἶεν« ἐρῶ καὶ κατανεύσομαι καὶ ἀνανεύσομαι.

Μηδαμῶς, ἦν δ᾽ ἐγώ, παρά γε τὴν σαυτοῦ δόξαν.

Ὥστε σοί, ἔφη, ἀρέσκειν, ἐπειδήπερ οὐκ ἐᾷς λέγειν. καίτοι τί ἄλλο βούλει;

Οὐδὲν μὰ Δία, ἦν δ᾽ ἐγώ, ἀλλ᾽ εἴπερ τοῦτο ποιήσεις, ποίει· ἐγὼ δὲ ἐρωτήσω.

Ἐρώτα δή.

Τοῦτο τοίνυν ἐρωτῶ, ὅπερ ἄρτι, ἵνα καὶ ἑξῆς διασκεψώμεθα [351a] τὸν λόγον, ὁποῖόν τι τυγχάνει ὂν δικαιοσύνη πρὸς ἀδικίαν. ἐλέχθη γάρ που ὅτι καὶ δυνατώτερον καὶ ἰσχυρότερον εἴη ἀδικία δικαιοσύνης· νῦν δέ γ᾽, ἔφην, εἴπερ σοφία τε καὶ ἀρετή ἐστιν δικαιοσύνη, ῥᾳδίως οἶμαι φανήσεται καὶ ἰσχυρότερον ἀδικίας, ἐπειδήπερ ἐστὶν ἀμαθία ἡ ἀδικία – οὐδεὶς ἂν ἔτι τοῦτο ἀγνοήσειεν – ἀλλ᾽ οὔ τι οὕτως ἁπλῶς, ὦ Θρασύμαχε, ἔγωγε ἐπιθυμῶ, ἀλλὰ τῇδέ πῃ σκέψασθαι· [b] πόλιν φαίης ἂν ἄδικον εἶναι καὶ ἄλλας πόλεις ἐπι-

wie ich es jetzt erzähle, sondern nur widerwillig und ungern, wobei er gewaltig schwitzte, zumal es ja Sommer war; und damals sah ich, was vorher nie der Fall gewesen war, dass Thrasymachos errötete.[81] Nachdem wir uns nun darüber geeinigt hatten, dass Gerechtigkeit eine Tugend und Wissen sei, die Ungerechtigkeit aber Schlechtigkeit und Nichtwissen, setzte ich also fort: »Gut, das ist also erledigt; wir sagten aber auch, Ungerechtigkeit sei Stärke. Oder erinnerst du dich nicht mehr, Thrasymachos?«

»Ich erinnere mich sehr wohl«, entgegnete er, »aber was du jetzt sagst, gefällt mir nicht, und ich könnte dazu einiges sagen. Wenn ich's täte, würdest du mich, ich weiß es wohl, [e] einen Demagogen nennen. Lass mich also sprechen, wie ich will, oder frage, wenn du lieber fragen willst. Dann werde ich dir wie den alten Weibern, die Märchen erzählen, nur ›gut, gut‹ antworten und nicken oder den Kopf schütteln.«

»Aber nie gegen deine eigene Überzeugung«, sagte ich.

»Ich will dir den Gefallen tun«, sagte er, »da du mich ja doch nicht reden lässt. Was willst du sonst noch?«

»Nichts, beim Zeus«, erwiderte ich, »mach's nur, wie du willst, ich werde fragen.«

»Dann frage also.«

»Um die Untersuchung der Reihe nach genau durchzuführen, frage ich dich nochmals wie vorhin: [351a] Wie verhält sich die Gerechtigkeit zur Ungerechtigkeit? Es wurde ja behauptet, die Ungerechtigkeit sei mächtiger und stärker als die Gerechtigkeit. Wenn nun«, so fuhr ich fort, »die Gerechtigkeit ein Wissen und eine Tugend ist, dann wird sie sich, glaube ich, auch leicht als stärker erweisen als die Ungerechtigkeit, zumal diese ja Unwissenheit ist.[82] Das wird wohl jeder jetzt einsehen. Allein so einfach will ich das nicht abtun, mein Thrasymachos, sondern etwa folgende Überlegung anstellen: [b] Du behauptest doch wohl, ein Staat könne ungerecht sein und versuchen,

χειρεῖν δουλοῦσθαι ἀδίκως καὶ καταδεδουλῶσθαι, πολλὰς δὲ καὶ ὑφ᾽ ἑαυτῇ ἔχειν δουλωσαμένην;

Πῶς γὰρ οὔκ; ἔφη. καὶ τοῦτό γε ἡ ἀρίστη μάλιστα ποιήσει καὶ τελεώτατα οὖσα ἄδικος.

Μανθάνω, ἔφην, ὅτι σὸς οὗτος ἦν ὁ λόγος. ἀλλὰ τόδε περὶ αὐτοῦ σκοπῶ· πότερον ἡ κρείττων γιγνομένη πόλις πόλεως ἄνευ δικαιοσύνης τὴν δύναμιν ταύτην ἕξει, ἢ ἀνάγκη αὐτῇ μετὰ δικαιοσύνης;

[c] Εἰ μέν, ἔφη, ὡς σὺ ἄρτι ἔλεγες ἔχει – ἡ δικαιοσύνη σοφία – μετὰ δικαιοσύνης· εἰ δ᾽ ὡς ἐγὼ ἔλεγον, μετὰ ἀδικίας.

Πάνυ ἄγαμαι, ἦν δ᾽ ἐγώ, ὦ Θρασύμαχε, ὅτι οὐκ ἐπινεύεις μόνον καὶ ἀνανεύεις, ἀλλὰ καὶ ἀποκρίνῃ πάνυ καλῶς.

Σοὶ γάρ, ἔφη, χαρίζομαι.

23 Εὖ γε σὺ ποιῶν· ἀλλὰ δὴ καὶ τόδε μοι χάρισαι καὶ λέγε· δοκεῖς ἂν ἢ πόλιν ἢ στρατόπεδον ἢ λῃστὰς ἢ κλέπτας ἢ ἄλλο τι ἔθνος, ὅσα κοινῇ ἐπί τι ἔρχεται ἀδίκως, πρᾶξαι ἄν τι δύνασθαι, εἰ ἀδικοῖεν ἀλλήλους;

[d] Οὐ δῆτα, ἦ δ᾽ ὅς.

Τί δ᾽ εἰ μὴ ἀδικοῖεν; οὐ μᾶλλον;

Πάνυ γε.

Στάσεις γάρ που, ὦ Θρασύμαχε, ἥ γε ἀδικία καὶ μίση καὶ μάχας ἐν ἀλλήλοις παρέχει, ἡ δὲ δικαιοσύνη ὁμόνοιαν καὶ φιλίαν· ἦ γάρ;

Ἔστω, ἦ δ᾽ ὅς, ἵνα σοι μὴ διαφέρωμαι.

Ἀλλ᾽ εὖ γε σὺ ποιῶν, ὦ ἄριστε. τόδε δέ μοι λέγε· ἆρα εἰ τοῦτο ἔργον ἀδικίας, μῖσος ἐμποιεῖν ὅπου ἂν ἐνῇ, οὐ καὶ ἐν ἐλευθέροις τε καὶ δούλοις ἐγγιγνομένη μισεῖν ποιήσει ἀλλήλους καὶ στασιάζειν καὶ ἀδυνάτους εἶναι κοινῇ μετ᾽ [e] ἀλλήλων πράττειν;

andere Staaten wider jedes Recht zu unterwerfen, und viele nach ihrer Unterwerfung unter seiner Botmäßigkeit halten?«

»Natürlich«, sagte er, »und das wird besonders der tüchtigste Staat tun, einer, der auf vollkommenste Art ungerecht ist.«

»Ich verstehe«, sagte ich, »das war ja deine Meinung. Aber ich überlege dabei noch Folgendes: Wird der Staat, der einen anderen unterworfen hat, diese seine Macht ohne Gerechtigkeit erhalten können, oder bedarf es dazu der Gerechtigkeit?«

[c] »Wenn es so ist, wie du eben gesagt hast«, erwiderte er, »und die Gerechtigkeit Weisheit ist, dann bedarf es dazu der Gerechtigkeit; wenn aber ich recht habe, dann braucht es Ungerechtigkeit.«

»Ich wundere mich sehr«, sagte ich, »dass du nicht nur nickst und den Kopf schüttelst, sondern eine durchaus gute Antwort gibst.«

»Das mache ich eben dir zuliebe.«

23 »Das ist schön von dir. Aber tu mir noch den Gefallen und sage mir: Glaubst du, ein Staat, ein Heer, Räuber oder Diebe oder sonst ein Haufen[83], die gemeinsam auf ein Unrecht aus sind, können etwas ausrichten, wenn sie einander Unrecht tun?«

[d] »Sicher nicht«, antwortete er.

»Wenn sie es nicht tun, dann eher?«

»Gewiss.«

»Die Ungerechtigkeit, Thrasymachos, führt doch zu Zwiespalt, Hass und Kämpfen miteinander, die Gerechtigkeit aber zu Eintracht und Liebe.[84] Oder nicht?«

»Meinetwegen, um nicht mit dir zu streiten«, sagte er.

»Schön von dir, mein Bester. Aber sag mir noch Folgendes: Wenn sich die Ungerechtigkeit so auswirkt, dass sie überall, wo sie auftritt, Hass erregt, dann wird sie doch bei Freien gleichwie bei Sklaven dazu führen, dass sie einander hassen und sich entzweien und unfähig sind, etwas gemeinsam [e] zu tun?«

Πάνυ γε.

Τί δὲ ἂν ἐν δυοῖν ἐγγένηται; οὐ διοίσονται καὶ μισήσουσιν καὶ ἐχθροὶ ἔσονται ἀλλήλοις τε καὶ τοῖς δικαίοις;

Ἔσονται, ἔφη.

Ἐὰν δὲ δή, ὦ θαυμάσιε, ἐν ἑνὶ ἐγγένηται ἀδικία, μῶν μὴ ἀπολεῖ τὴν αὑτῆς δύναμιν, ἢ οὐδὲν ἧττον ἕξει;

Μηδὲν ἧττον ἐχέτω, ἔφη.

Οὐκοῦν τοιάνδε τινὰ φαίνεται ἔχουσα τὴν δύναμιν, οἵαν, ᾧ ἂν ἐγγένηται, εἴτε πόλει τινὶ εἴτε γένει εἴτε στρατοπέδῳ εἴτε [352a] ἄλλῳ ὁτῳοῦν, πρῶτον μὲν ἀδύνατον αὐτὸ ποιεῖν πράττειν μεθ' αὑτοῦ διὰ τὸ στασιάζειν καὶ διαφέρεσθαι, ἔτι δ' ἐχθρὸν εἶναι ἑαυτῷ τε καὶ τῷ ἐναντίῳ παντὶ καὶ τῷ δικαίῳ; οὐχ οὕτως;

Πάνυ γε.

Καὶ ἐν ἑνὶ δὴ οἶμαι ἐνοῦσα ταὐτὰ ταῦτα ποιήσει ἅπερ πέφυκεν ἐργάζεσθαι· πρῶτον μὲν ἀδύνατον αὐτὸν πράττειν ποιήσει στασιάζοντα καὶ οὐχ ὁμονοοῦντα αὐτὸν ἑαυτῷ, ἔπειτα ἐχθρὸν καὶ ἑαυτῷ καὶ τοῖς δικαίοις· ἦ γάρ;

Ναί.

Δίκαιοι δέ γ' εἰσίν, ὦ φίλε, καὶ οἱ θεοί;

Ἔστω, ἔφη.

[b] Καὶ θεοῖς ἄρα ἐχθρὸς ἔσται ὁ ἄδικος, ὦ Θρασύμαχε, ὁ δὲ δίκαιος φίλος.

Εὐωχοῦ τοῦ λόγου, ἔφη, θαρρῶν· οὐ γὰρ ἔγωγέ σοι ἐναντιώσομαι, ἵνα μὴ τοῖσδε ἀπέχθωμαι.

Ἴθι δή, ἦν δ' ἐγώ, καὶ τὰ λοιπά μοι τῆς ἑστιάσεως ἀποπλήρωσον ἀποκρινόμενος ὥσπερ καὶ νῦν. ὅτι μὲν γὰρ καὶ σοφώτεροι καὶ ἀμείνους καὶ δυνατώτεροι πράττειν οἱ δίκαιοι φαίνονται, οἱ δὲ ἄδικοι οὐδὲ πράττειν μετ' ἀλλήλων οἷοί [c] τε – ἀλλὰ δὴ καὶ οὓς

»Gewiss.«

»Was, wenn sie nur unter zwei Menschen auftritt? Werden sie sich nicht zerstreiten, hassen und sowohl untereinander als auch mit den Gerechten verfeindet sein?«[85]

»So ist es«, sagte er.

»Wenn aber, du wunderlicher Mensch, die Ungerechtigkeit nur bei einem auftritt, wird sie dann ihre Wirkung verlieren oder unvermindert behalten?«

»Sie soll sie nur behalten«, erwiderte er.

»Ihre Wirkung besteht also offenbar, egal wo sie auftritt, ob im Staat, in einem Volk, im Heer oder [352a] sonst wo, darin, dass sie zunächst durch Zweitracht und Uneinigkeit unfähig macht, gemeinsam zu handeln, und ferner dass sie den Ungerechten mit sich selbst und jedem Gegner, somit auch mit dem Gerechten, verfeindet. Ist es nicht so?«

»Ja, gewiss.«

»Und wenn sie in einem Einzelnen auftritt, dann bewirkt sie, glaube ich, das alles ebenso, weil es ja ihre Natur ist. Zunächst macht sie ihn unfähig zu handeln, weil er mit sich selbst entzweit und uneins ist, ferner wird sie ihn sich selbst und den Gerechten zum Feind machen. Nicht wahr?«

»Ja.«

»Gerecht, mein Freund, sind doch auch die Götter?«

»Meinetwegen«, sagte er.

[b] »Also wird der Ungerechte auch den Göttern ein Feind sein, mein Thrasymachos, der Gerechte hingegen ein Freund.«

»Lass dir deine Rede nur getrost schmecken«, entgegnete er. »Ich werde dir nicht widersprechen, um mich nicht mit diesen hier anzulegen.«

»Wohlan, lass mich auch den Rest der Mahlzeit noch genießen und antworte mir wie bisher. Dass nämlich die Gerechten offenbar weiser, besser und fähiger zum Handeln sind, die Ungerechten dagegen auch gemeinsam nichts ausrichten kön-

φαμεν ἐρρωμένως πώποτέ τι μετ᾽ ἀλλήλων κοινῇ πρᾶξαι ἀδίκους ὄντας, τοῦτο οὐ παντάπασιν ἀληθὲς λέγομεν· οὐ γὰρ ἂν ἀπείχοντο ἀλλήλων κομιδῇ ὄντες ἄδικοι, ἀλλὰ δῆλον ὅτι ἐνῆν τις αὐτοῖς δικαιοσύνη, ἣ αὐτοὺς ἐποίει μήτοι καὶ ἀλλήλους γε καὶ ἐφ᾽ οὓς ᾖσαν ἅμα ἀδικεῖν, δι᾽ ἣν ἔπραξαν ἃ ἔπραξαν, ὥρμησαν δὲ ἐπὶ τὰ ἄδικα ἀδικίᾳ ἡμιμόχθηροι ὄντες, ἐπεὶ οἵ γε παμπόνηροι καὶ τελέως ἄδικοι τελέως εἰσὶ καὶ πράττειν ἀδύνατοι – ταῦτα [d] μὲν οὖν ὅτι οὕτως ἔχει μανθάνω, ἀλλ᾽ οὐχ ὡς σὺ τὸ πρῶτον ἐτίθεσο· εἰ δὲ καὶ ἄμεινον ζῶσιν οἱ δίκαιοι τῶν ἀδίκων καὶ εὐδαιμονέστεροί εἰσιν, ὅπερ τὸ ὕστερον προυθέμεθα σκέψασθαι, σκεπτέον. φαίνονται μὲν οὖν καὶ νῦν, ὥς γέ μοι δοκεῖ, ἐξ ὧν εἰρήκαμεν· ὅμως δ᾽ ἔτι βέλτιον σκεπτέον. οὐ γὰρ περὶ τοῦ ἐπιτυχόντος ὁ λόγος, ἀλλὰ περὶ τοῦ ὅντινα τρόπον χρὴ ζῆν.

Σκόπει δή, ἔφη.

Σκοπῶ, ἦν δ᾽ ἐγώ. καί μοι λέγε· δοκεῖ τί σοι εἶναι ἵππου ἔργον;

[e] Ἔμοιγε.

Ἆρ᾽ οὖν τοῦτο ἂν θείης καὶ ἵππου καὶ ἄλλου ὁτουοῦν ἔργον, ὃ ἂν ἢ μόνῳ ἐκείνῳ ποιῇ τις ἢ ἄριστα;

Οὐ μανθάνω, ἔφη.

Ἀλλ᾽ ὧδε· ἔσθ᾽ ὅτῳ ἂν ἄλλῳ ἴδοις ἢ ὀφθαλμοῖς;

Οὐ δῆτα.

Τί δέ; ἀκούσαις ἄλλῳ ἢ ὠσίν;

Οὐδαμῶς.

Οὐκοῦν δικαίως [ἂν] ταῦτα τούτων φαμὲν ἔργα εἶναι;

nen – [c] freilich sagen wir, auch ungerechte Leute hätten einmal etwas gemeinsam und miteinander tüchtig vollbracht, aber dann sagen wir durchaus nicht die Wahrheit; denn wenn sie ganz und gar ungerecht wären, hätten sie sich gegenseitig nicht verschont; offenbar war doch noch etwas von Gerechtigkeit in ihnen, das sie hindert, gegen sich selbst so ungerecht zu handeln wie gegen die, auf die sie losgingen, und dadurch brachten sie zuwege, was sie erreichten, waren sie doch, als sie sich an ihre ungerechten Taten machten, nur halbe Verbrecher; denn wären sie ganz schlecht und völlig ungerecht, dann wären sie zum Handeln völlig unfähig –, dass also dies [d] so ist und nicht so, wie du es zuerst behauptet hast, sehe ich ein. Ob aber die Gerechten auch besser leben als die Ungerechten und ob sie glücklicher sind, ist eine Überlegung, die wir uns für später aufgespart haben, das gilt es jetzt noch zu untersuchen.[86] Nach dem, was wir bisher sagten, scheint mir das auch jetzt der Fall zu sein. Gleichwohl muss man es noch genauer prüfen, schließlich geht es dabei nicht um irgendeine belanglose Frage, sondern darum, wie man leben soll.«[87]

»So prüfe es nur«, sagte er.

»Das werde ich tun«, sprach ich. »Sage mir also: Glaubst du, dass das Pferd eine bestimmte Aufgabe hat?«[88]

[e] »Ja.«

»Verstehst du unter der Aufgabe des Pferdes oder eines anderen Wesens das, was man nur mit ihm oder doch eher am besten mit ihm durchführen kann?«

»Das begreife ich nicht«, entgegnete er.

»Ich meine das so: Könntest du mit etwas anderem sehen als mit den Augen?«

»Gewiss nicht.«

»Und mit etwas anderem hören als mit den Ohren?«

»Natürlich nicht.«

»So nennen wir das mit Recht ihre besondere Aufgabe?«

Πάνυ γε.

[353a] Τί δέ; μαχαίρᾳ ἂν ἀμπέλου κλῆμα ἀποτέμοις καὶ σμίλῃ καὶ ἄλλοις πολλοῖς;

Πῶς γὰρ οὔ;

Ἀλλ᾽ οὐδενί γ᾽ ἂν οἶμαι οὕτω καλῶς ὡς δρεπάνῳ τῷ ἐπὶ τούτῳ ἐργασθέντι.

Ἀληθῆ.

Ἆρ᾽ οὖν οὐ τοῦτο τούτου ἔργον θήσομεν;

Θήσομεν μὲν οὖν.

24 Νῦν δὴ οἶμαι ἄμεινον ἂν μάθοις ὃ ἄρτι ἠρώτων, πυνθανόμενος εἰ οὐ τοῦτο ἑκάστου εἴη ἔργον ὃ ἂν ἢ μόνον τι ἢ κάλλιστα τῶν ἄλλων ἀπεργάζηται.

Ἀλλά, ἔφη, μανθάνω τε καί μοι δοκεῖ τοῦτο ἑκάστου [b] πράγματος ἔργον εἶναι.

Εἶεν, ἦν δ᾽ ἐγώ. οὐκοῦν καὶ ἀρετὴ δοκεῖ σοι εἶναι ἑκάστῳ ᾧπερ καὶ ἔργον τι προστέτακται; ἴωμεν δὲ ἐπὶ τὰ αὐτὰ πάλιν· ὀφθαλμῶν, φαμέν, ἔστι τι ἔργον;

Ἔστιν.

Ἆρ᾽ οὖν καὶ ἀρετὴ ὀφθαλμῶν ἔστιν;

Καὶ ἀρετή.

Τί δέ; ὤτων ἦν τι ἔργον;

Ναί.

Οὐκοῦν καὶ ἀρετή;

Καὶ ἀρετή.

Τί δὲ πάντων πέρι τῶν ἄλλων; οὐχ οὕτω;

Οὕτω.

Ἔχε δή· ἆρ᾽ ἄν ποτε ὄμματα τὸ αὑτῶν ἔργον καλῶς [c] ἀπεργάσαιντο μὴ ἔχοντα τὴν αὑτῶν οἰκείαν ἀρετήν, ἀλλ᾽ ἀντὶ τῆς ἀρετῆς κακίαν;

»Jawohl.«

[353a] »Wie nun? Kann man mit einem Schwert, mit einem Messer oder mit manch anderem Werkzeug einen Rebenschössling beschneiden?«

»Natürlich.«

»Aber mit nichts so gut, denke ich, wie mit einem Winzermesser, das eigens dazu angefertigt wurde.«

»Richtig.«

»Werden wir also das als seine eigentliche Aufgabe bezeichnen?«

»Ja, das werden wir.«

24 »Nun verstehst du, denke ich, besser den Sinn meiner vorherigen Frage, ob nicht die besondere Aufgabe jedes Dinges das sei, was es allein oder am besten von allen verrichten kann.«

»Ja«, erwiderte er, »jetzt verstehe ich es, und ich glaube, dass das die [b] Aufgabe eines jeden Dinges ist.«

»Gut«, fuhr ich fort. »Du bist also auch der Meinung, dass jedes Ding, dem eine besondere Aufgabe zugewiesen ist, auch eine entsprechende Fähigkeit besitzt? Kommen wir noch einmal auf dieselben Beispiele zurück. Die Augen, sagen wir, haben eine besondere Aufgabe?«

»So ist es.«

»Also haben die Augen auch eine besondere Fähigkeit?«

»Auch das.«

»Und die Ohren, haben auch sie eine besondere Aufgabe?«

»Ja.«

»Also auch eine Fähigkeit?«

»Auch das.«

»Ist das nicht auch bei allen anderen Dingen so?«

»Ja.«

»Jetzt pass auf! Könnten die Augen ihre Aufgabe je gut [c] erfüllen, wenn sie nicht die ihnen eigene Fähigkeit hätten, sondern stattdessen eine Unfähigkeit?«

Καὶ πῶς ἄν; ἔφη· τυφλότητα γὰρ ἴσως λέγεις ἀντὶ τῆς ὄψεως.

Ἥτις, ἦν δ᾽ ἐγώ, αὐτῶν ἡ ἀρετή· οὐ γάρ πω τοῦτο ἐρωτῶ, ἀλλ᾽ εἰ τῇ οἰκείᾳ μὲν ἀρετῇ τὸ αὑτῶν ἔργον εὖ ἐργάσεται τὰ ἐργαζόμενα, κακίᾳ δὲ κακῶς.

Ἀληθές, ἔφη, τοῦτό γε λέγεις.

Οὐκοῦν καὶ ὦτα στερόμενα τῆς αὑτῶν ἀρετῆς κακῶς τὸ αὑτῶν ἔργον ἀπεργάσεται;

Πάνυ γε.

[d] Τίθεμεν οὖν καὶ τἆλλα πάντα εἰς τὸν αὐτὸν λόγον;

Ἔμοιγε δοκεῖ.

Ἴθι δή, μετὰ ταῦτα τόδε σκέψαι. ψυχῆς ἔστιν τι ἔργον ὃ ἄλλῳ τῶν ὄντων οὐδ᾽ ἂν ἑνὶ πράξαις, οἷον τὸ τοιόνδε· τὸ ἐπιμελεῖσθαι καὶ ἄρχειν καὶ βουλεύεσθαι καὶ τὰ τοιαῦτα πάντα, ἔσθ᾽ ὅτῳ ἄλλῳ ἢ ψυχῇ δικαίως ἂν αὐτὰ ἀποδοῖμεν καὶ φαῖμεν ἴδια ἐκείνης εἶναι;

Οὐδενὶ ἄλλῳ.

Τί δ᾽ αὖ τὸ ζῆν; οὐ ψυχῆς φήσομεν ἔργον εἶναι;

Μάλιστά γ᾽, ἔφη.

Οὐκοῦν καὶ ἀρετήν φαμέν τινα ψυχῆς εἶναι;

Φαμέν.

[e] Ἆρ᾽ οὖν ποτε, ὦ Θρασύμαχε, ψυχὴ τὰ αὑτῆς ἔργα εὖ ἀπεργάσεται στερομένη τῆς οἰκείας ἀρετῆς, ἢ ἀδύνατον;

Ἀδύνατον.

Ἀνάγκη ἄρα κακῇ ψυχῇ κακῶς ἄρχειν καὶ ἐπιμελεῖσθαι, τῇ δὲ ἀγαθῇ πάντα ταῦτα εὖ πράττειν.

»Ja wie denn!«, erwiderte er. »Du meinst wohl Blindheit statt Sehkraft.«

»Was immer die Fähigkeit der Augen ist«, sagte ich. »Danach frage ich noch nicht, sondern nur, ob alles, was eine Wirkung hat, seine Aufgabe mit der ihm eigenen Fähigkeit gut erfüllt, mit Unfähigkeit aber schlecht.«

»Da hast du vollkommen recht«, sagte er.

»Werden also auch die Ohren, wenn sie ihrer Fähigkeit beraubt sind, ihre Aufgabe schlecht erfüllen?«

»Gewiss.«

[d] »Dasselbe nehmen wir auch bei allen anderen Dingen an?«

»Ich glaube, ja.«

»Überlege hierauf noch Folgendes: Gibt es eine besondere Aufgabe der Seele, die du einzig und allein mit ihr erfüllen kannst, wie etwa dich um etwas sorgen, herrschen, beraten und derlei mehr? Könnten wir das gerechterweise irgendeiner anderen Instanz anvertrauen als der Seele und sagen, es sei ihre eigene Aufgabe?«

»Nein, keiner anderen Instanz.«

»Wie ist es mit dem Leben? Werden wir es nicht als Aufgabe der Seele bezeichnen?«

»Ganz recht«, sagte er.

»Also werden wir auch eine Fähigkeit der Seele annehmen müssen?«

»Ja.«

[e] »Wird die Seele, mein Thrasymachos, ihre Aufgabe je gut erfüllen, wenn sie ihrer eigenen Fähigkeit beraubt ist, oder ist das unmöglich?«

»Unmöglich.«

»Die schlechte Seele wird also notwendigerweise schlecht herrschen und sich schlecht um etwas kümmern, während eine gute Seele all das gut macht.«[89]

Ἀνάγκη.

Οὐκοῦν ἀρετήν γε συνεχωρήσαμεν ψυχῆς εἶναι δικαιοσύνην, κακίαν δὲ ἀδικίαν;

Συνεχωρήσαμεν γάρ.

Ἡ μὲν ἄρα δικαία ψυχὴ καὶ ὁ δίκαιος ἀνὴρ εὖ βιώσεται, κακῶς δὲ ὁ ἄδικος.

Φαίνεται, ἔφη, κατὰ τὸν σὸν λόγον.

[354a] Ἀλλὰ μὴν ὅ γε εὖ ζῶν μακάριός τε καὶ εὐδαίμων, ὁ δὲ μὴ τἀναντία.

Πῶς γὰρ οὔ;

Ὁ μὲν δίκαιος ἄρα εὐδαίμων, ὁ δ᾿ ἄδικος ἄθλιος.

Ἔστω, ἔφη.

Ἀλλὰ μὴν ἄθλιόν γε εἶναι οὐ λυσιτελεῖ, εὐδαίμονα δέ.

Πῶς γὰρ οὔ;

Οὐδέποτ᾿ ἄρα, ὦ μακάριε Θρασύμαχε, λυσιτελέστερον ἀδικία δικαιοσύνης.

Ταῦτα δή σοι, ἔφη, ὦ Σώκρατες, εἱστιάσθω ἐν τοῖς Βενδιδίοις.

Ὑπὸ σοῦ γε, ἦν δ᾿ ἐγώ, ὦ Θρασύμαχε, ἐπειδή μοι πρᾶος ἐγένου καὶ χαλεπαίνων ἐπαύσω. οὐ μέντοι καλῶς γε [b] εἱστίαμαι, δι᾿ ἐμαυτὸν ἀλλ᾿ οὐ διὰ σέ· ἀλλ᾿ ὥσπερ οἱ λίχνοι τοῦ ἀεὶ παραφερομένου ἀπογεύονται ἁρπάζοντες, πρὶν τοῦ προτέρου μετρίως ἀπολαῦσαι, καὶ ἐγώ μοι δοκῶ οὕτω, πρὶν ὃ τὸ πρῶτον ἐσκοποῦμεν εὑρεῖν, τὸ δίκαιον ὅτι ποτ᾿ ἐστίν, ἀφέμενος ἐκείνου ὁρμῆσαι ἐπὶ τὸ σκέψασθαι περὶ αὐτοῦ εἴτε κακία ἐστὶν καὶ ἀμαθία, εἴτε σοφία καὶ ἀρετή, καὶ ἐμπεσόντος αὖ ὕστερον λόγου, ὅτι λυσιτελέστερον ἡ ἀδικία τῆς δικαιοσύνης, οὐκ ἀπεσχόμην τὸ μὴ οὐκ ἐπὶ τοῦτο ἐλ-

»Notwendigerweise.«

»Haben wir nicht zugegeben, dass die Gerechtigkeit die Fähigkeit der Seele ist, die Ungerechtigkeit aber ihre Unfähigkeit?«

»Ja, das haben wir.«

»Somit werden eine gerechte Seele und ein gerechter Mensch gut leben, der ungerechte aber schlecht.«

»Das folgt offenbar aus deinen Worten«, sagte er.

[354a] »Wer aber gut lebt, ist doch selig und glücklich, wer jedoch nicht, das Gegenteil davon.«

»Wie denn nicht?«

»Der Gerechte ist also glücklich, der Ungerechte aber nicht.«

»Zugegeben«, sagte er.

»Unglücklichsein bringt aber keinen Vorteil, glücklich sein jedoch sehr wohl.«

»Natürlich.«

»Dann ist also, mein bester Thrasymachos, die Ungerechtigkeit niemals nützlicher als die Gerechtigkeit.«

»Das soll dir also, mein Sokrates, als Festschmaus zu den Bendideen aufgetischt sein«,[90] sagte er.

»Und zwar von dir, Thrasymachos«, versetzte ich, »nachdem du sanft geworden bist und aufgehört hast, mir zu zürnen. Und doch ist mir das Festmahl nicht gut bekommen, [b] aber daran bin ich selber schuld, nicht du. Wie Naschsüchtige, die gierig von jeder aufgetragenen Speise kosten, ehe sie noch die vorhergehende richtig genossen haben, so komme auch ich mir vor, indem ich, ehe wir noch herausgefunden hatten, was das Gerechte sei – das wollten wir ja zuerst untersuchen –, diese Frage fallen ließ und mich auf die Betrachtung stürzte, ob das Gerechte Schlechtigkeit und Unwissenheit sei oder Wissen und Tüchtigkeit; und als dann später der Satz fiel, die Ungerechtigkeit sei nützlicher als die Gerechtigkeit, konnte ich mich nicht davor zurückhalten, von jener Frage[91] zu dieser überzu-

θεῖν ἀπ᾽ ἐκείνου, ὥστε μοι νυνὶ γέγονεν ἐκ τοῦ διαλόγου μηδὲν [c] εἰδέναι· ὁπότε γὰρ τὸ δίκαιον μὴ οἶδα ὅ ἐστιν, σχολῇ εἴσομαι εἴτε ἀρετή τις οὖσα τυγχάνει εἴτε καὶ οὔ, καὶ πότερον ὁ ἔχων αὐτὸ οὐκ εὐδαίμων ἐστὶν ἢ εὐδαίμων.

gehen, so dass sich für mich aus diesem Gespräch nun ergeben hat, dass ich nichts weiß.[92] [c] Denn wenn ich nicht weiß, was das Gerechte ist, werde ich schwerlich wissen können, ob sie eine Tüchtigkeit ist oder nicht und ob, wer sie besitzt, unglücklich oder glücklich ist.

B

1 [357a] Ἐγὼ μὲν οὖν ταῦτα εἰπὼν ᾤμην λόγου ἀπηλλάχθαι· τὸ δ᾽ ἦν ἄρα, ὡς ἔοικε, προοίμιον. ὁ γὰρ Γλαύκων ἀεί τε δὴ ἀνδρειότατος ὢν τυγχάνει πρὸς ἅπαντα, καὶ δὴ καὶ τότε τοῦ Θρασυμάχου τὴν ἀπόρρησιν οὐκ ἀπεδέξατο, ἀλλ᾽ ἔφη· Ὦ Σώκρατες, πότερον ἡμᾶς βούλει δοκεῖν πεπεικέναι ἢ ὡς [b] ἀληθῶς πεῖσαι ὅτι παντὶ τρόπῳ ἄμεινόν ἐστιν δίκαιον εἶναι ἢ ἄδικον;

Ὡς ἀληθῶς, εἶπον, ἔγωγ᾽ ἂν ἑλοίμην, εἰ ἐπ᾽ ἐμοὶ εἴη.

Οὐ τοίνυν, ἔφη, ποιεῖς ὃ βούλει. λέγε γάρ μοι· ἆρά σοι δοκεῖ τοιόνδε τι εἶναι ἀγαθόν, ὃ δεξαίμεθ᾽ ἂν ἔχειν οὐ τῶν ἀποβαινόντων ἐφιέμενοι, ἀλλ᾽ αὐτὸ αὑτοῦ ἕνεκα ἀσπαζόμενοι, οἷον τὸ χαίρειν καὶ αἱ ἡδοναὶ ὅσαι ἀβλαβεῖς καὶ μηδὲν εἰς τὸν ἔπειτα χρόνον διὰ ταύτας γίγνεται ἄλλο ἢ χαίρειν ἔχοντα;

Ἔμοιγε, ἦν δ᾽ ἐγώ, δοκεῖ τι εἶναι τοιοῦτον.

[c] Τί δέ; ὃ αὐτό τε αὑτοῦ χάριν ἀγαπῶμεν καὶ τῶν ἀπ᾽ αὐτοῦ γιγνομένων, οἷον αὖ τὸ φρονεῖν καὶ τὸ ὁρᾶν καὶ τὸ ὑγιαίνειν; τὰ γὰρ τοιαῦτά που δι᾽ ἀμφότερα ἀσπαζόμεθα.

Ναί, εἶπον.

Τρίτον δὲ ὁρᾷς τι, ἔφη, εἶδος ἀγαθοῦ, ἐν ᾧ τὸ γυμνάζεσθαι καὶ τὸ κάμνοντα ἰατρεύεσθαι καὶ ἰάτρευσίς τε καὶ ὁ ἄλλος χρηματισμός; ταῦτα γὰρ ἐπίπονα φαῖμεν ἄν, ὠφελεῖν δὲ ἡμᾶς, καὶ αὐτὰ μὲν ἑαυτῶν ἕνεκα οὐκ ἂν δεξαίμεθα ἔχειν, [d] τῶν δὲ μισθῶν τε χάριν καὶ τῶν ἄλλων ὅσα γίγνεται ἀπ᾽ αὐτῶν.

Ἔστιν γὰρ οὖν, ἔφην, καὶ τοῦτο τρίτον. ἀλλὰ τί δή;

Zweites Buch

1 [357a] Mit diesen Worten glaubte ich der weiteren Rede enthoben zu sein; doch, wie es schien, war das erst ein Vorspiel gewesen. Denn Glaukon, der wie immer der Hartnäckigste in allen Dingen ist, wollte auch diesmal Thrasymachos'[1] Rückzug nicht so einfach hinnehmen, sondern sagte: »Sokrates, willst du dich mit dem bloßen Anschein, uns überzeugt zu haben, begnügen, oder willst du uns [b] wirklich davon überzeugen, dass gerecht zu sein auf jeden Fall besser ist, als ungerecht zu sein?«

»Ich würde es vorziehen«, sagte ich, »euch wirklich zu überzeugen, wenn es mir nur gelingt.«

»Dann tust du aber nicht«, versetzte er, »was du willst. Denn sage mir: Gibt es deiner Meinung nach ein Gut, das wir besitzen möchten, nicht aus Verlangen nach seinen Folgen, sondern nur weil es uns um seiner selbst willen willkommen ist,[2] wie etwa die Freude und alle harmlosen Vergnügungen, die weiter keine Folgen haben, als dass man sich eben daran erfreut?«

»Ich glaube schon«, sagte ich, »dass es so etwas gibt.«

[c] »Und gibt es ferner ein Gut, das wir sowohl um seiner selbst willen lieben als auch wegen seiner Folgen, wie etwa die Einsicht, das Sehen und die Gesundheit? Solches lieben wir doch aus beiden Gründen.«

»Ja«, sagte ich.

»Siehst du auch noch eine dritte Art des Guten«, fragte er, »wozu die Gymnastik, die Krankenpflege, die Ausübung der Heilkunst und andere Erwerbsberufe[3] gehören? Denn von diesen könnten wir sagen, dass sie zwar mühevoll, aber auch nützlich sind; wir würden sie um ihrer selbst willen nicht haben wollen, sondern nur wegen [d] ihres Lohnes und ihrer anderen Folgen.«[4]

»Auch diese dritte Art gibt es«, sagte ich. »Aber was weiter?«

Ἐν ποίῳ, ἔφη, τούτων τὴν δικαιοσύνην τιθεῖς;

[358a] Ἐγὼ μὲν οἶμαι, ἦν δ᾽ ἐγώ, ἐν τῷ καλλίστῳ, ὃ καὶ δι᾽ αὑτὸ καὶ διὰ τὰ γιγνόμενα ἀπ᾽ αὐτοῦ ἀγαπητέον τῷ μέλλοντι μακαρίῳ ἔσεσθαι.

Οὐ τοίνυν δοκεῖ, ἔφη, τοῖς πολλοῖς, ἀλλὰ τοῦ ἐπιπόνου εἴδους, ὃ μισθῶν θ᾽ ἕνεκα καὶ εὐδοκιμήσεων διὰ δόξαν ἐπιτηδευτέον, αὐτὸ δὲ δι᾽ αὑτὸ φευκτέον ὡς ὂν χαλεπόν.

2 Οἶδα, ἦν δ᾽ ἐγώ, ὅτι δοκεῖ οὕτω καὶ πάλαι ὑπὸ Θρασυμάχου ὡς τοιοῦτον ὂν ψέγεται, ἀδικία δ᾽ ἐπαινεῖται· ἀλλ᾽ ἐγώ τις, ὡς ἔοικε, δυσμαθής.

[b] Ἴθι δή, ἔφη, ἄκουσον καὶ ἐμοῦ, ἐάν σοι ἔτι ταὐτὰ δοκῇ. Θρασύμαχος γάρ μοι φαίνεται πρῳαίτερον τοῦ δέοντος ὑπὸ σοῦ ὥσπερ ὄφις κηληθῆναι, ἐμοὶ δὲ οὔπω κατὰ νοῦν ἡ ἀπόδειξις γέγονεν περὶ ἑκατέρου· ἐπιθυμῶ γὰρ ἀκοῦσαι τί τ᾽ ἔστιν ἑκάτερον καὶ τίνα ἔχει δύναμιν αὐτὸ καθ᾽ αὑτὸ ἐνὸν ἐν τῇ ψυχῇ, τοὺς δὲ μισθοὺς καὶ τὰ γιγνόμενα ἀπ᾽ αὐτῶν ἐᾶσαι χαίρειν. οὑτωσὶ οὖν ποιήσω, ἐὰν καὶ σοὶ δοκῇ· ἐπανανεώσομαι [c] τὸν Θρασυμάχου λόγον, καὶ πρῶτον μὲν ἐρῶ δικαιοσύνην οἷον εἶναί φασιν καὶ ὅθεν γεγονέναι, δεύτερον δὲ ὅτι πάντες αὐτὸ οἱ ἐπιτηδεύοντες ἄκοντες ἐπιτηδεύουσιν ὡς ἀναγκαῖον ἀλλ᾽ οὐχ ὡς ἀγαθόν, τρίτον δὲ ὅτι εἰκότως αὐτὸ δρῶσι· πολὺ γὰρ ἀμείνων ἄρα ὁ τοῦ ἀδίκου ἢ ὁ τοῦ δικαίου βίος, ὡς λέγουσιν. ἐπεὶ ἔμοιγε, ὦ Σώκρατες, οὔ τι δοκεῖ οὕτως· ἀπορῶ μέντοι διατεθρυλημένος τὰ ὦτα ἀκούων Θρασυμάχου καὶ μυρίων ἄλλων, τὸν δὲ ὑπὲρ τῆς δικαιοσύνης λόγον, ὡς [d] ἄμεινον ἀδικίας, οὐδενός πω ἀκήκοα ὡς βούλομαι – βούλομαι δὲ αὐτὸ

»Zu welcher Art davon zählst du die Gerechtigkeit?«, fragte er.

[358a] »Ich denke«, sagte ich, »zur schönsten, die man an sich und wegen ihrer Folgen lieben muss, wenn man glücklich sein will.«

»Die breite Masse ist da anderer Meinung«, erwiderte er; »für sie gehört sie zur mühevollen Art, die man wegen des Gelderwerbs und des guten Rufes pflegen muss; an sich aber sollte man sie meiden, weil sie beschwerlich ist.«

2 »Ich weiß«, sagte ich, »dass man das so sieht. Deswegen wird sie auch von Thrasymachos seit Langem getadelt, während er die Ungerechtigkeit lobt. Aber ich bin da offenbar nur schwer zu belehren.«

[b] »Nun denn, so höre auch mich«, fuhr er fort, »ob du mir zustimmen kannst. Es kommt mir nämlich vor, als hätte sich Thrasymachos früher als notwendig wie eine Schlange von dir beschwören[5] lassen; für mich aber war die Erörterung dieser beiden Begriffe[6] noch nicht befriedigend. Ich möchte nämlich hören, was beides eigentlich ist und welche Bedeutung ein jedes an und für sich hat, wenn es der Seele innewohnt,[7] ohne Rücksicht auf Lohn und Folgen. Wenn es dir recht ist, will ich so vorgehen: Ich werde [c] Thrasymachos' Gedanken wieder aufnehmen und zuerst sagen, was nach der allgemeinen Meinung Wesen und Ursprung der Gerechtigkeit ist; zweitens dann, dass alle, die sie ausüben, dies nur widerwillig tun als etwas Notwendiges, aber nicht als etwas Gutes; und drittens, dass sie recht daran tun, denn das Leben des Ungerechten ist, wie sie sagen, viel besser als das des Gerechten. Ich freilich bin nicht dieser Ansicht, mein Sokrates, allerdings weiß ich mir nicht zu helfen, weil mir Thrasymachos und unzählige andere[8] die Ohren vollgeschwatzt haben,[9] während ich ein Argument zugunsten der Gerechtigkeit, dass sie [d] besser sei als die Ungerechtigkeit, noch von niemandem, so wie ich es

καθ᾽ αὑτὸ ἐγκωμιαζόμενον ἀκοῦσαι – μάλιστα δ᾽ οἶμαι ἂν σοῦ πυθέσθαι. διὸ κατατείνας ἐρῶ τὸν ἄδικον βίον ἐπαινῶν, εἰπὼν δὲ ἐνδείξομαί σοι ὃν τρόπον αὖ βούλομαι καὶ σοῦ ἀκούειν ἀδικίαν μὲν ψέγοντος, δικαιοσύνην δὲ ἐπαινοῦντος. ἀλλ᾽ ὅρα εἴ σοι βουλομένῳ ἃ λέγω.

Πάντων μάλιστα, ἦν δ᾽ ἐγώ· περὶ γὰρ τίνος ἂν μᾶλλον πολλάκις τις νοῦν ἔχων χαίροι λέγων καὶ ἀκούων;

[e] Κάλλιστα, ἔφη, λέγεις· καὶ ὃ πρῶτον ἔφην ἐρεῖν, περὶ τούτου ἄκουε, τί ὄν τε καὶ ὅθεν γέγονε δικαιοσύνη.

Πεφυκέναι γὰρ δή φασιν τὸ μὲν ἀδικεῖν ἀγαθόν, τὸ δὲ ἀδικεῖσθαι κακόν, πλέονι δὲ κακῷ ὑπερβάλλειν τὸ ἀδικεῖσθαι ἢ ἀγαθῷ τὸ ἀδικεῖν, ὥστ᾽ ἐπειδὰν ἀλλήλους ἀδικῶσί τε καὶ ἀδικῶνται καὶ ἀμφοτέρων γεύωνται, τοῖς μὴ δυναμένοις τὸ [359a] μὲν ἐκφεύγειν τὸ δὲ αἱρεῖν δοκεῖ λυσιτελεῖν συνθέσθαι ἀλλήλοις μήτ᾽ ἀδικεῖν μήτ᾽ ἀδικεῖσθαι· καὶ ἐντεῦθεν δὴ ἄρξασθαι νόμους τίθεσθαι καὶ συνθήκας αὑτῶν, καὶ ὀνομάσαι τὸ ὑπὸ τοῦ νόμου ἐπίταγμα νόμιμόν τε καὶ δίκαιον· καὶ εἶναι δὴ ταύτην γένεσίν τε καὶ οὐσίαν δικαιοσύνης, μεταξὺ οὖσαν τοῦ μὲν ἀρίστου ὄντος, ἐὰν ἀδικῶν μὴ διδῷ δίκην, τοῦ δὲ κακίστου, ἐὰν ἀδικούμενος τιμωρεῖσθαι ἀδύνατος ᾖ· τὸ δὲ δίκαιον ἐν μέσῳ ὂν τούτων ἀμφοτέρων ἀγαπᾶσθαι οὐχ ὡς [b] ἀγαθόν, ἀλλ᾽ ὡς ἀρρωστίᾳ τοῦ ἀδικεῖν τιμώμενον· ἐπεὶ τὸν δυνάμενον αὐτὸ ποιεῖν καὶ ὡς ἀληθῶς ἄνδρα οὐδ᾽ ἂν ἑνί ποτε συνθέσθαι τὸ μήτε ἀδικεῖν μήτε ἀδικεῖσθαι· μαίνεσθαι γὰρ ἄν. ἡ μὲν

wünschte, gehört habe; ich wünsche mir, sie um ihrer selbst willen gelobt zu hören, und am liebsten möchte ich das von dir hören. Darum will ich jetzt das ungerechte Leben ausführlich loben und dir damit zeigen, wie ich andererseits von dir die Ungerechtigkeit getadelt, die Gerechtigkeit hingegen gelobt hören möchte. Sieh zu, ob du mit meinem Vorschlag einverstanden bist.«

»Ganz und gar«, antwortete ich. »Denn was könnte einem vernünftigen Menschen mehr Freude bereiten, als darüber immer wieder zu sprechen und davon zu hören?«

[e] »Sehr schön!«, erwiderte er. »So höre denn, worüber ich, wie gesagt, als Erstes sprechen wollte, nämlich über das Wesen und den Ursprung der Gerechtigkeit.

Man behauptet, Unrechttun sei von Natur aus ein Gut, Unrechtleiden aber ein Übel; allerdings sei das Unrechtleiden ein größeres Übel, als das Unrechttun ein Gut ist; wenn daher die Menschen einander Unrecht tun und voneinander Unrecht erleiden und somit beides ausgekostet haben, so sehen diejenigen, die diesem [359a] nicht entgehen, das andere aber nicht wählen können, es als nützlich an, vertraglich untereinander festzulegen, weder Unrecht zu tun noch Unrecht zu erleiden. Und daher habe man begonnen, Gesetze zu geben und untereinander Verträge zu schließen;[10] und was das Gesetz bestimmt, habe man gesetzlich und gerecht genannt. Das sei also Ursprung und Wesen der Gerechtigkeit, die in der Mitte zwischen dem höchsten Gut (wenn man nämlich für sein Unrecht nicht bestraft wird) und dem größten Übel (wenn man sich für erlittenes Unrecht nicht rächen kann) gelegen sei. Das Gerechte, das in der Mitte zwischen diesen beiden liege, liebe man nicht als ein [b] Gut, sondern schätze es, weil man nicht die Kraft besitze, Unrecht zu tun. Denn wer als wirklicher Mann dazu die Kraft besitze, würde nie mit jemandem einen Vertrag über Unrechttun und Unrechtleiden abschließen; er

οὖν δὴ φύσις δικαιοσύνης, ὦ Σώκρατες, αὕτη τε καὶ τοιαύτη, καὶ ἐξ ὧν πέφυκε τοιαῦτα, ὡς ὁ λόγος.

3 Ὡς δὲ καὶ οἱ ἐπιτηδεύοντες ἀδυναμίᾳ τοῦ ἀδικεῖν ἄκοντες αὐτὸ ἐπιτηδεύουσι, μάλιστ᾽ ἂν αἰσθοίμεθα, εἰ τοιόνδε ποιήσαιμεν [c] τῇ διανοίᾳ· δόντες ἐξουσίαν ἑκατέρῳ ποιεῖν ὅτι ἂν βούληται, τῷ τε δικαίῳ καὶ τῷ ἀδίκῳ, εἶτ᾽ ἐπακολουθήσαιμεν θεώμενοι ποῖ ἡ ἐπιθυμία ἑκάτερον ἄξει. ἐπ᾽ αὐτοφώρῳ οὖν λάβοιμεν ἂν τὸν δίκαιον τῷ ἀδίκῳ εἰς ταὐτὸν ἰόντα διὰ τὴν πλεονεξίαν, ὃ πᾶσα φύσις διώκειν πέφυκεν ὡς ἀγαθόν, νόμῳ δὲ βίᾳ παράγεται ἐπὶ τὴν τοῦ ἴσου τιμήν. εἴη δ᾽ ἂν ἡ ἐξουσία ἣν λέγω τοιάδε μάλιστα, εἰ αὐτοῖς γένοιτο οἵαν [d] ποτέ φασιν δύναμιν τῷ [Γύγου] τοῦ Λυδοῦ προγόνῳ γενέσθαι. εἶναι μὲν γὰρ αὐτὸν ποιμένα θητεύοντα παρὰ τῷ τότε Λυδίας ἄρχοντι, ὄμβρου δὲ πολλοῦ γενομένου καὶ σεισμοῦ ῥαγῆναί τι τῆς γῆς καὶ γενέσθαι χάσμα κατὰ τὸν τόπον ᾗ ἔνεμεν. ἰδόντα δὲ καὶ θαυμάσαντα καταβῆναι καὶ ἰδεῖν ἄλλα τε δὴ ἃ μυθολογοῦσιν θαυμαστὰ καὶ ἵππον χαλκοῦν, κοῖλον, θυρίδας ἔχοντα, καθ᾽ ἃς ἐγκύψαντα ἰδεῖν ἐνόντα νεκρόν, ὡς φαίνεσθαι μείζω ἢ κατ᾽ ἄνθρωπον, τοῦτον δὲ ἄλλο μὲν οὐδέν, περὶ δὲ [e] τῇ χειρὶ χρυσοῦν δακτύλιον ὄν⟨τα⟩ περιελόμενον ἐκβῆναι. συλλόγου δὲ γενομένου τοῖς ποιμέσιν εἰωθότος, ἵν᾽ ἐξαγγέλλοιεν κατὰ μῆνα τῷ βασιλεῖ τὰ περὶ τὰ ποίμνια, ἀφικέσθαι καὶ ἐκεῖνον ἔχοντα τὸν δακτύλιον· καθήμενον οὖν μετὰ τῶν ἄλλων τυχεῖν τὴν σφενδόνην τοῦ δακτυλίου περιαγαγόντα πρὸς ἑαυτὸν εἰς τὸ εἴσω τῆς χειρός, τούτου δὲ γενομένου [360a] ἀφανῆ αὐτὸν γενέσθαι τοῖς παρακαθημένοις, καὶ διαλέγεσθαι ὡς περὶ οἰχομένου. καὶ τὸν θαυμάζειν τε

wäre ja ein Narr. Dies also ist nach landläufiger Meinung Wesen und Art der Gerechtigkeit und das ihr Ursprung, mein Sokrates.

3 Dass aber Menschen, die Gerechtigkeit üben, dies nur aus Unvermögen, Unrecht zu begehen, und unfreiwillig tun, das können wir am besten aus folgender Annahme erkennen: [c] Wir geben beiden, dem Gerechten gleichwie dem Ungerechten, die Freiheit zu tun, was er will, und folgen ihnen dann und beobachten, wohin einen jeden die Begierde führen wird. Da würden wir den Gerechten dabei ertappen, wie er aus Habgier denselben Weg geht wie der Ungerechte, den ja jedes Wesen von Natur aus als den guten verfolgt, während es nur gewaltsam durch das Gesetz zur Anerkennung der Gleichheit gebracht wird. Diese Freiheit, von der ich spreche, wäre am ehesten dann gegeben, wenn sie die Macht hätten, [d] wie sie etwa Gyges[11], der Ahnherr Lydiens,[12] besessen haben soll. Der sei nämlich als Hirte im Dienst des damaligen Herrschers von Lydien gestanden. Bei einem gewaltigen Unwetter und Erdbeben soll ein Riss in der Erde entstanden sein, und dort, wo er seine Herde weidete, tat sich eine Kluft auf. Voll Staunen sah er das, er stieg hinunter[13] und erblickte dort nebst anderen wunderbaren Dingen, die man sich erzählt, ein hohles ehernes Pferd mit kleinen Öffnungen, durch die er sich hineinbeugte; drinnen sah er einen offenbar toten Mann, überlebensgroß, der nichts an sich trug als einen [e] goldenen Ring am Finger; den zog er ihm ab und stieg wieder hinauf. Als die Hirten in gewohnter Weise zusammenkamen, um dem König den monatlichen Bericht über die Herden zu erstatten, kam auch er mit dem Ring am Finger. Da er nun so unter den anderen dasaß, drehte er zufällig den Stein des Ringes zu sich ins Innere der Hand. Kaum hatte er das getan, da wurde er auch schon [360a] für seine Sitznachbarn unsichtbar, und sie redeten über ihn, als wäre er nicht da. Er wunderte sich, fasste abermals

καὶ πάλιν ἐπιψηλαφῶντα τὸν δακτύλιον στρέψαι ἔξω τὴν σφενδόνην, καὶ στρέψαντα φανερὸν γενέσθαι. καὶ τοῦτο ἐννοήσαντα ἀποπειρᾶσθαι τοῦ δακτυλίου εἰ ταύτην ἔχοι τὴν δύναμιν, καὶ αὐτῷ οὕτω συμβαίνειν, στρέφοντι μὲν εἴσω τὴν σφενδόνην ἀδήλῳ γίγνεσθαι, ἔξω δὲ δήλῳ· αἰσθόμενον δὲ εὐθὺς διαπράξασθαι τῶν ἀγγέλων γενέσθαι τῶν παρὰ τὸν βασιλέα, ἐλθόντα [b] δὲ καὶ τὴν γυναῖκα αὐτοῦ μοιχεύσαντα, μετ᾽ ἐκείνης ἐπιθέμενον τῷ βασιλεῖ ἀποκτεῖναι καὶ τὴν ἀρχὴν οὕτω κατασχεῖν. εἰ οὖν δύο τοιούτω δακτυλίω γενοίσθην, καὶ τὸν μὲν ὁ δίκαιος περιθεῖτο, τὸν δὲ ὁ ἄδικος, οὐδεὶς ἂν γένοιτο, ὡς δόξειεν, οὕτως ἀδαμάντινος, ὃς ἂν μείνειεν ἐν τῇ δικαιοσύνῃ καὶ τολμήσειεν ἀπέχεσθαι τῶν ἀλλοτρίων καὶ μὴ ἅπτεσθαι, ἐξὸν αὐτῷ καὶ ἐκ τῆς ἀγορᾶς ἀδεῶς ὅτι βούλοιτο λαμβάνειν, [c] καὶ εἰσιόντι εἰς τὰς οἰκίας συγγίγνεσθαι ὅτῳ βούλοιτο, καὶ ἀποκτεινύναι καὶ ἐκ δεσμῶν λύειν οὕστινας βούλοιτο, καὶ τἆλλα πράττειν ἐν τοῖς ἀνθρώποις ἰσόθεον ὄντα. οὕτω δὲ δρῶν οὐδὲν ἂν διάφορον τοῦ ἑτέρου ποιοῖ, ἀλλ᾽ ἐπὶ ταὐτ᾽ ἂν ἴοιεν ἀμφότεροι. καίτοι μέγα τοῦτο τεκμήριον ἂν φαίη τις ὅτι οὐδεὶς ἑκὼν δίκαιος ἀλλ᾽ ἀναγκαζόμενος, ὡς οὐκ ἀγαθοῦ ἰδίᾳ ὄντος, ἐπεὶ ὅπου γ᾽ ἂν οἴηται ἕκαστος οἷός τε ἔσεσθαι ἀδικεῖν, ἀδικεῖν. λυσιτελεῖν γὰρ δὴ οἴεται πᾶς ἀνὴρ πολὺ [d] μᾶλλον ἰδίᾳ τὴν ἀδικίαν τῆς δικαιοσύνης, ἀληθῆ οἰόμενος, ὡς φήσει ὁ περὶ τοῦ τοιούτου λόγου λέγων· ἐπεὶ εἴ τις τοιαύτης ἐξουσίας ἐπιλαβόμενος μηδέν ποτε ἐθέλοι ἀδικῆσαι μηδὲ ἅψαιτο τῶν ἀλλοτρίων, ἀθλιώτατος μὲν ἂν δόξειεν εἶναι τοῖς αἰσθανομένοις καὶ ἀνοητότατος, ἐπαινοῖεν δ᾽

den Ring an, drehte den Stein nach außen, und schon war er wieder zu sehen. Als er das bemerkte, stellte er den Ring auf die Probe, ob er wirklich diese Kraft hätte, und dabei ergab sich Folgendes: Drehte er den Stein nach innen, wurde er unsichtbar, drehte er ihn nach außen, konnte man ihn sehen. Nach dieser Entdeckung setzte er es bald durch, dass er unter die Boten aufgenommen wurde, die zum König geschickt wurden; dort angekommen, [b] verführte er dessen Gemahlin zum Ehebruch, verschwor sich mit ihr gegen den König, tötete ihn und gelangte so an die Macht.[14] Wenn es nun zwei solcher Ringe gäbe, und sich den einen der Gerechte, den anderen aber der Ungerechte ansteckte, dann wäre wohl keiner so charakterfest, dass er bei der Gerechtigkeit bliebe und es über sich brächte, sich fremden Gutes zu enthalten und es nicht anzurühren, wo es ihm doch möglich wäre, auf dem Markt ohne Angst an sich zu nehmen, was er nur wollte, [c] und in die Häuser zu gehen, mit jeder beliebigen Frau zu verkehren, zu töten und aus dem Gefängnis zu befreien, wen er nur wollte, und alles andere zu tun, als wäre er ein Gott unter Menschen.[15] Bei solchen Taten würde er sich in nichts von dem Ungerechten unterscheiden, sondern beide würden denselben Weg gehen. Dies dürfte man wohl für einen sicheren Beweis dafür halten, dass niemand freiwillig gerecht ist,[16] sondern nur aus Zwang, weil das Gerechte für den Einzelnen kein Gut ist; wo ein jeder glaubt, dass er Unrecht tun kann, dort tut er es auch. Denn jedermann ist der Meinung, dass die Ungerechtigkeit [d] für den Einzelnen weit mehr Nutzen bringt als die Gerechtigkeit, und damit hat er auch recht, wie jeder zugeben wird, der sich zu diesem Thema äußert. Denn wenn einer bei solcher Freiheit kein Unrecht begehen wollte und sich nicht an fremdem Gut vergreifen würde, dann wäre er in den Augen derer, die das merkten, ein höchst jämmerlicher und einfältiger Mensch; aber voreinander würden sie ihn loben und sich belügen, weil

ἂν αὐτὸν ἀλλήλων ἐναντίον ἐξαπατῶντες ἀλλήλους διὰ τὸν τοῦ ἀδικεῖσθαι φόβον. ταῦτα μὲν οὖν δὴ οὕτω.

4 [e] Τὴν δὲ κρίσιν αὐτὴν τοῦ βίου πέρι ὧν λέγομεν, ἐὰν διαστησώμεθα τόν τε δικαιότατον καὶ τὸν ἀδικώτατον, οἷοί τ' ἐσόμεθα κρῖναι ὀρθῶς· εἰ δὲ μή, οὔ. τίς οὖν δὴ ἡ διάστασις; ἥδε· μηδὲν ἀφαιρῶμεν μήτε τοῦ ἀδίκου ἀπὸ τῆς ἀδικίας, μήτε τοῦ δικαίου ἀπὸ τῆς δικαιοσύνης, ἀλλὰ τέλεον ἑκάτερον εἰς τὸ ἑαυτοῦ ἐπιτήδευμα τιθῶμεν. πρῶτον μὲν οὖν ὁ ἄδικος ὥσπερ οἱ δεινοὶ δημιουργοὶ ποιείτω – οἷον κυβερνήτης ἄκρος ἢ ἰατρὸς τά τε ἀδύνατα ἐν τῇ τέχνῃ καὶ τὰ δυνατὰ διαισθάνεται, [361a] καὶ τοῖς μὲν ἐπιχειρεῖ, τὰ δὲ ἐᾷ· ἔτι δὲ ἐὰν ἄρα πῃ σφαλῇ, ἱκανὸς ἐπανορθοῦσθαι – οὕτω καὶ ὁ ἄδικος ἐπιχειρῶν ὀρθῶς τοῖς ἀδικήμασιν λανθανέτω, εἰ μέλλει σφόδρα ἄδικος εἶναι. τὸν ἁλισκόμενον δὲ φαῦλον ἡγητέον· ἐσχάτη γὰρ ἀδικία δοκεῖν δίκαιον εἶναι μὴ ὄντα. δοτέον οὖν τῷ τελέως ἀδίκῳ τὴν τελεωτάτην ἀδικίαν, καὶ οὐκ ἀφαιρετέον ἀλλ' ἐατέον τὰ μέγιστα ἀδικοῦντα τὴν μεγίστην δόξαν αὑτῷ [b] παρεσκευακέναι εἰς δικαιοσύνην, καὶ ἐὰν ἄρα σφάλληταί τι, ἐπανορθοῦσθαι δυνατῷ εἶναι, λέγειν τε ἱκανῷ ὄντι πρὸς τὸ πείθειν, ἐάν τι μηνύηται τῶν ἀδικημάτων, καὶ βιάσασθαι ὅσα ἂν βίας δέηται, διά τε ἀνδρείαν καὶ ῥώμην καὶ διὰ παρασκευὴν φίλων καὶ οὐσίας. τοῦτον δὲ τοιοῦτον θέντες τὸν δίκαιον αὖ παρ' αὐτὸν ἱστῶμεν τῷ λόγῳ, ἄνδρα ἁπλοῦν καὶ γενναῖον, κατ' Αἰσχύλον οὐ δοκεῖν ἀλλ' εἶναι

sie Angst haben, sonst ein Unrecht zu erleiden. So verhält es sich also damit.

4 [e] Das Leben der beiden, von denen wir sprechen, werden wir erst dann richtig beurteilen können, wenn wir den gerechtesten Menschen dem ungerechtesten gegenüberstellen, anders aber nicht. Wie sieht nun diese Gegenüberstellung aus? Etwa so: Wir lassen dem Ungerechten seine Ungerechtigkeit und dem Gerechten seine Gerechtigkeit, allerdings wollen wir uns beide als vollkommen in ihrer Art vorstellen. Zunächst der Ungerechte: Er handle wie die tüchtigen Fachleute, wie etwa ein hervorragender Steuermann oder Arzt, und ist imstande, in seinem Fach das Unmögliche vom Möglichen zu unterscheiden; [361a] das eine unternimmt er, das andere lässt er bleiben; ferner ist er in der Lage, einen eventuellen Fehler wieder auszubessern. Ebenso geschickt soll auch der Ungerechte, wenn er wirklich ganz ungerecht sein soll, seine ungerechten Taten in Angriff nehmen und dabei nicht entdeckt werden. Wer sich aber dabei erwischen lässt, soll als Stümper gelten, denn die äußerste Ungerechtigkeit bedeutet, gerecht zu scheinen, ohne es zu sein. Dem vollkommen Ungerechten muss man also die vollkommene Ungerechtigkeit[17] zuweisen und darf nichts davon wegnehmen, vielmehr muss man es zulassen, dass er trotz der größten Ungerechtigkeiten, die er begeht, sich den Ruf der größten Gerechtigkeit erwirbt. [b] Und wenn er einmal einen Fehler begeht, soll er imstande sein, ihn wiedergutzumachen, und soll geeignet sein, mit seiner Rede zu überzeugen, wenn eines seiner Vergehen zur Anzeige kommt; er soll, wo immer Gewalt erforderlich ist, Gewalt ausüben können, sei es mit eigener Tapferkeit und Kraft, sei es mithilfe von Freunden und Geld. Nachdem wir diesen nun so bestimmt haben, wollen wir ihm in unserer Betrachtung den Gerechten gegenüberstellen, einen einfachen und edlen Mann, der nach Aischylos[18] nicht gut scheinen, sondern gut sein will. Den Schein der Gerechtig-

ἀγαθὸν ἐθέλοντα. ἀφαιρετέον δὴ τὸ δοκεῖν. εἰ γὰρ δόξει δίκαιος [c] εἶναι, ἔσονται αὐτῷ τιμαὶ καὶ δωρεαὶ δοκοῦντι τοιούτῳ εἶναι· ἄδηλον οὖν εἴτε τοῦ δικαίου εἴτε τῶν δωρεῶν τε καὶ τιμῶν ἕνεκα τοιοῦτος εἴη. γυμνωτέος δὴ πάντων πλὴν δικαιοσύνης καὶ ποιητέος ἐναντίως διακείμενος τῷ προτέρῳ· μηδὲν γὰρ ἀδικῶν δόξαν ἐχέτω τὴν μεγίστην ἀδικίας, ἵνα ᾖ βεβασανισμένος εἰς δικαιοσύνην τῷ μὴ τέγγεσθαι ὑπὸ κακοδοξίας καὶ τῶν ὑπ᾽ αὐτῆς γιγνομένων, ἀλλὰ ἴτω ἀμετάστατος μέχρι [d] θανάτου, δοκῶν μὲν εἶναι ἄδικος διὰ βίου, ὢν δὲ δίκαιος, ἵνα ἀμφότεροι εἰς τὸ ἔσχατον ἐληλυθότες, ὁ μὲν δικαιοσύνης, ὁ δὲ ἀδικίας, κρίνωνται ὁπότερος αὐτοῖν εὐδαιμονέστερος.

5 Βαβαῖ, ἦν δ᾽ ἐγώ, ὦ φίλε Γλαύκων, ὡς ἐρρωμένως ἑκάτερον ὥσπερ ἀνδριάντα εἰς τὴν κρίσιν ἐκκαθαίρεις τοῖν ἀνδροῖν.

Ὡς μάλιστ᾽, ἔφη, δύναμαι. ὄντοιν δὲ τοιούτοιν, οὐδὲν ἔτι, ὡς ἐγᾦμαι, χαλεπὸν ἐπεξελθεῖν τῷ λόγῳ οἷος ἑκάτερον [e] βίος ἐπιμένει. λεκτέον οὖν· καὶ δὴ κἂν ἀγροικοτέρως λέγηται, μὴ ἐμὲ οἴου λέγειν, ὦ Σώκρατες, ἀλλὰ τοὺς ἐπαινοῦντας πρὸ δικαιοσύνης ἀδικίαν. ἐροῦσι δὲ τάδε, ὅτι οὕτω διακείμενος ὁ δίκαιος μαστιγώσεται, στρεβλώσεται, δεδήσεται, [362a] ἐκκαυθήσεται τὠφθαλμώ, τελευτῶν πάντα κακὰ παθὼν ἀνασχινδυλευθήσεται καὶ γνώσεται ὅτι οὐκ εἶναι δίκαιον ἀλλὰ δοκεῖν δεῖ ἐθέλειν. τὸ δὲ τοῦ Αἰσχύλου πολὺ ἦν ἄρα ὀρθότερον λέγειν κατὰ τοῦ ἀδίκου. τῷ ὄντι γὰρ φήσουσι τὸν ἄδικον, ἅτε ἐπιτηδεύοντα πρᾶγμα ἀληθείας ἐχόμενον καὶ οὐ πρὸς δόξαν ζῶντα, οὐ δοκεῖν ἄδικον ἀλλ᾽ εἶναι ἐθέλειν,

keit muss man ihm also nehmen. Denn scheint er gerecht, [c] dann werden ihm nur deshalb Ehren und Geschenke zuteil, und so wäre es ungewiss, ob er wegen der Gerechtigkeit oder um der Geschenke und Ehren willen gerecht ist. Man muss ihm alles wegnehmen, nur nicht die Gerechtigkeit, und ihn in die umgekehrte Lage von jenem versetzen. Ohne ein Unrecht zu tun, soll er im Ruf größter Ungerechtigkeit stehen, ein Prüfstein seiner Gerechtigkeit, wenn er sich durch üble Nachrede und deren Folgen nicht rühren lässt. Ohne sich je zu ändern, gehe er so durchs Leben bis [d] zum Tod, gerecht, aber im Ruf des Ungerechten; wenn beide bis zum Äußersten gelangt sind, der eine in der Gerechtigkeit, der andere in der Ungerechtigkeit, dann erst soll beurteilt werden, welcher von beiden der Glücklichere ist.«

5 »Potz Blitz, mein lieber Glaukon!«, sagte ich, »wie tüchtig hast du die beiden Männer da herausgeputzt, wie Bildsäulen zur Beurteilung.«

»So gut ich es eben kann«, sagte er. »Wenn sie so dastehen, ist es, glaube ich, nicht mehr schwer, das Leben zu beschreiben, das sie beide erwartet. [e] Das muss man jetzt tun. Und wenn meine Beschreibung zu derb ausfällt, dann denk daran, Sokrates, dass nicht ich es bin, der hier spricht, sondern die, welche die Ungerechtigkeit mehr loben als die Gerechtigkeit. Diese werden nämlich sagen: Wenn der Gerechte so gesinnt ist, wird man ihn geißeln, foltern und in Ketten legen; [362a] man wird ihn blenden und zuletzt nach all diesen Misshandlungen noch ans Kreuz schlagen.[19] Und jetzt wird er einsehen, dass man nicht danach streben soll, gerecht zu sein, sondern gerecht zu scheinen. Jenes Wort des Aischylos wäre viel richtiger auf den Ungerechten anzuwenden. Vom Ungerechten wird man in der Tat sagen, er wolle, da er sich bei seinen Handlungen an die Wahrheit hält und nicht nach dem Schein lebt, nicht ungerecht scheinen, sondern es sein,

βαθεῖαν ἄλοκα διὰ φρενὸς καρπούμενον,
[b] ἐξ ἧς τὰ κεδνὰ βλαστάνει βουλεύματα,

πρῶτον μὲν ἄρχειν ἐν τῇ πόλει δοκοῦντι δικαίῳ εἶναι, ἔπειτα γαμεῖν ὁπόθεν ἂν βούληται, ἐκδιδόναι εἰς οὓς ἂν βούληται, συμβάλλειν, κοινωνεῖν οἷς ἂν ἐθέλῃ, καὶ παρὰ ταῦτα πάντα ὠφελεῖσθαι κερδαίνοντα τῷ μὴ δυσχεραίνειν τὸ ἀδικεῖν· εἰς ἀγῶνας τοίνυν ἰόντα καὶ ἰδίᾳ καὶ δημοσίᾳ περιγίγνεσθαι καὶ πλεονεκτεῖν τῶν ἐχθρῶν, πλεονεκτοῦντα δὲ πλουτεῖν καὶ [c] τούς τε φίλους εὖ ποιεῖν καὶ τοὺς ἐχθροὺς βλάπτειν, καὶ θεοῖς θυσίας καὶ ἀναθήματα ἱκανῶς καὶ μεγαλοπρεπῶς θύειν τε καὶ ἀνατιθέναι, καὶ θεραπεύειν τοῦ δικαίου πολὺ ἄμεινον τοὺς θεοὺς καὶ τῶν ἀνθρώπων οὓς ἂν βούληται, ὥστε καὶ θεοφιλέστερον αὐτὸν εἶναι μᾶλλον προσήκειν ἐκ τῶν εἰκότων ἢ τὸν δίκαιον. οὕτω φασίν, ὦ Σώκρατες, παρὰ θεῶν καὶ παρ᾽ ἀνθρώπων τῷ ἀδίκῳ παρεσκευάσθαι τὸν βίον ἄμεινον ἢ τῷ δικαίῳ.

6 [d] Ταῦτ᾽ εἰπόντος τοῦ Γλαύκωνος ἐγὼ μὲν αὖ ἐν νῷ εἶχόν τι λέγειν πρὸς ταῦτα, ὁ δὲ ἀδελφὸς αὐτοῦ Ἀδείμαντος, Οὔ τί που οἴει, ἔφη, ὦ Σώκρατες, ἱκανῶς εἰρῆσθαι περὶ τοῦ λόγου;

Ἀλλὰ τί μήν; εἶπον.

Αὐτό, ἦ δ᾽ ὅς, οὐκ εἴρηται ὃ μάλιστα ἔδει ῥηθῆναι.

Οὐκοῦν, ἦν δ᾽ ἐγώ, τὸ λεγόμενον, ἀδελφὸς ἀνδρὶ παρείη· ὥστε καὶ σύ, εἴ τι ὅδε ἐλλείπει, ἐπάμυνε. καίτοι ἐμέ γε ἱκανὰ καὶ τὰ ὑπὸ τούτου ῥηθέντα καταπαλαῖσαι καὶ ἀδύνατον ποιῆσαι βοηθεῖν δικαιοσύνῃ.

[e] Καὶ ὅς, Οὐδέν, ἔφη, λέγεις· ἀλλ᾽ ἔτι καὶ τάδε ἄκουε. δεῖ γὰρ διελθεῖν ἡμᾶς καὶ τοὺς ἐναντίους λόγους ὧν ὅδε εἶπεν, οἳ δικαιο-

von des Geistes tiefer Furche Früchte erntend,
[b] aus dem emporsprießt guter Rat.[20]

Erstens kann, wer gerecht scheint, im Staat regieren, dann kann er heiraten, wen er will, und seine Töchter, wem er will, zur Frau geben; er kann Verträge schließen und verkehren, mit wem er will, und sich überdies noch Vorteile und Gewinn verschaffen, da ihm das Unrechttun keine Schwierigkeiten bereitet. Im privaten und öffentlichen Wettstreit ist er seinen Feinden überlegen, übervorteilt sie und wird dadurch reich; so kann er [c] seinen Freunden Gutes tun und seinen Feinden schaden, den Göttern kann er reichlich Opfer darbringen und prächtige Weihegeschenke aufstellen und ihnen und den Menschen, denen er eben will, viel besser dienen als der Gerechte; daher ist es nur recht und billig, dass ihn die Götter mehr lieben als den Gerechten. Und so, Sokrates, sagt man, würden Götter und Menschen dem Ungerechten ein besseres Leben bereiten als dem Gerechten.«

6 [d] Auf diese Worte des Glaukon wollte ich etwas erwidern, aber sein Bruder Adeimantos kam mir zuvor und sagte: »Sokrates, du bist doch nicht der Meinung, dass die Frage nun hinreichend erörtert ist?«

»Warum nicht?«, fragte ich.

»Gerade das, was vor allem gesagt werden sollte, ist ja noch nicht gesagt.«

»Das Sprichwort sagt doch«, entgegnete ich, »dem Manne stehe der Bruder bei.[21] Daher hilf auch du ihm, wenn er etwas ausgelassen hat. Und doch mögen seine bisherigen Worte schon genügen, mich niederzuringen und unfähig zu machen, der Gerechtigkeit hilfreich beizuspringen.«[22]

[e] »Das will nichts bedeuten«, sagte er. »Doch höre noch Folgendes: Wir müssen auch noch die Gegenargumente zu dem, was er gesagt hat, durchgehen, die die Gerechtigkeit loben, die

σύνην μὲν ἐπαινοῦσιν, ἀδικίαν δὲ ψέγουσιν, ἵν' ᾖ σαφέστερον ὅ μοι δοκεῖ βούλεσθαι Γλαύκων. λέγουσι δέ που καὶ παρακελεύονται πατέρες τε ὑέσιν, καὶ πάντες οἱ [363a] τινῶν κηδόμενοι, ὡς χρὴ δίκαιον εἶναι, οὐκ αὐτὸ δικαιοσύνην ἐπαινοῦντες ἀλλὰ τὰς ἀπ' αὐτῆς εὐδοκιμήσεις, ἵνα δοκοῦντι δικαίῳ εἶναι γίγνηται ἀπὸ τῆς δόξης ἀρχαί τε καὶ γάμοι καὶ ὅσαπερ Γλαύκων διῆλθεν ἄρτι, ἀπὸ τοῦ εὐδοκιμεῖν ὄντα τῷ δικαίῳ. ἐπὶ πλέον δὲ οὗτοι τὰ τῶν δοξῶν λέγουσιν. τὰς γὰρ παρὰ θεῶν εὐδοκιμήσεις ἐμβάλλοντες ἄφθονα ἔχουσι λέγειν ἀγαθά, τοῖς ὁσίοις ἅ φασι θεοὺς διδόναι· ὥσπερ ὁ γενναῖος Ἡσίοδός τε καὶ Ὅμηρός φασιν, ὁ μὲν τὰς δρῦς [b] τοῖς δικαίοις τοὺς θεοὺς ποιεῖν

ἄκρας μέν τε φέρειν βαλάνους, μέσσας δὲ μελίσσας·
εἰροπόκοι δ' ὄιες, φησίν, μαλλοῖς καταβεβρίθασι,

καὶ ἄλλα δὴ πολλὰ ἀγαθὰ τούτων ἐχόμενα. παραπλήσια δὲ καὶ ὁ ἕτερος· ὥς τέ τευ γάρ φησιν

ἤ βασιλῆος ἀμύμονος ὅς τε θεουδὴς
εὐδικίας ἀνέχῃσι, φέρῃσι δὲ γαῖα μέλαινα
[c] πυροὺς καὶ κριθάς, βρίθῃσι δὲ δένδρεα καρπῷ,
τίκτῃ δ' ἔμπεδα μῆλα, θάλασσα δὲ παρέχῃ ἰχθῦς.

Μουσαῖος δὲ τούτων νεανικώτερα τἀγαθὰ καὶ ὁ ὑὸς αὐτοῦ παρὰ θεῶν διδόασιν τοῖς δικαίοις· εἰς Ἅιδου γὰρ ἀγαγόντες τῷ λόγῳ καὶ κατακλίναντες καὶ συμπόσιον τῶν ὁσίων κατασκευάσαντες ἐστε-

Ungerechtigkeit aber tadeln, damit deutlicher wird, was, wie mir scheint, Glaukons Absicht ist. Väter ermahnen doch ihre Söhne und sagen, man müsse gerecht sein, [363a] desgleichen tun auch die Erzieher; dabei loben sie aber nicht die Gerechtigkeit als solche, sondern das Ansehen, das aus ihr erwächst; denn was dem scheinbar Gerechten aufgrund seines guten Rufes zuteil wird, Ämter, vornehme Heiraten und was Glaukon sonst noch eben aufgezählt hat, all das ergibt sich für den wirklich Gerechten aus seinem guten Ruf. Sie gehen sogar noch weiter in dem, was sie über den guten Ruf sagen; denn sie führen die Wertschätzung der Götter ins Treffen und können unzählige Güter aufzählen, die nach ihrer Angabe die Götter den Frommen verleihen, wie das der treffliche Hesiod und Homer sagen; der eine sagt, dass die Götter für [b] die Gerechten Eichen wachsen lassen,

> die in den Wipfeln Eicheln tragen, im Stamm aber Bienen;
> zottige Schafe tragen schwer die flockige Wolle,[23]

und zählt im Anschluss daran noch viele andere Güter auf. Ganz ähnlich auch der andere, wenn er sagt:

> Wie ein untadeliger König, den Göttern gleich,
> Recht und Gerechtigkeit hochhält; ihm trägt die dunkle Erde
> [c] Weizen und Gerste, von Früchten schwer sind die Bäume,
> fleißig werfen die Schafe, und Fische bietet das Meer ihm.[24]

Musaios und sein Sohn[25] verheißen den Gerechten noch herrlichere Gaben der Götter. Sie führen sie nämlich in ihrer Dichtung in den Hades, lassen sie dort bei Tisch ruhen und laden sie zum Gastmahl der Frommen; mit Kränzen geschmückt,

φανωμένους ποιοῦσιν τὸν ἅπαντα χρόνον [d] ἤδη διάγειν μεθύοντας, ἡγησάμενοι κάλλιστον ἀρετῆς μισθὸν μέθην αἰώνιον. οἱ δ᾽ ἔτι τούτων μακροτέρους ἀποτείνουσιν μισθοὺς παρὰ θεῶν· παῖδας γὰρ παίδων φασὶ καὶ γένος κατόπισθεν λείπεσθαι τοῦ ὁσίου καὶ εὐόρκου. ταῦτα δὴ καὶ ἄλλα τοιαῦτα ἐγκωμιάζουσιν δικαιοσύνην· τοὺς δὲ ἀνοσίους αὖ καὶ ἀδίκους εἰς πηλόν τινα κατορύττουσιν ἐν Ἅιδου καὶ κοσκίνῳ ὕδωρ ἀναγκάζουσι φέρειν, ἔτι τε ζῶντας [e] εἰς κακὰς δόξας ἄγοντες, ἅπερ Γλαύκων περὶ τῶν δικαίων δοξαζομένων δὲ ἀδίκων διῆλθε τιμωρήματα, ταῦτα περὶ τῶν ἀδίκων λέγουσιν, ἄλλα δὲ οὐκ ἔχουσιν. ὁ μὲν οὖν ἔπαινος καὶ ὁ ψόγος οὗτος ἑκατέρων.

7 Πρὸς δὲ τούτοις σκέψαι, ὦ Σώκρατες, ἄλλο αὖ εἶδος λόγων περὶ δικαιοσύνης τε καὶ ἀδικίας ἰδίᾳ τε λεγόμενον [364a] καὶ ὑπὸ ποιητῶν. πάντες γὰρ ἐξ ἑνὸς στόματος ὑμνοῦσιν ὡς καλὸν μὲν ἡ σωφροσύνη τε καὶ δικαιοσύνη, χαλεπὸν μέντοι καὶ ἐπίπονον, ἀκολασία δὲ καὶ ἀδικία ἡδὺ μὲν καὶ εὐπετὲς κτήσασθαι, δόξῃ δὲ μόνον καὶ νόμῳ αἰσχρόν· λυσιτελέστερα δὲ τῶν δικαίων τὰ ἄδικα ὡς ἐπὶ τὸ πλῆθος λέγουσι, καὶ πονηροὺς πλουσίους καὶ ἄλλας δυνάμεις ἔχοντας εὐδαιμονίζειν καὶ τιμᾶν εὐχερῶς ἐθέλουσιν δημοσίᾳ τε καὶ ἰδίᾳ, τοὺς δὲ ἀτιμάζειν καὶ ὑπερορᾶν, οἳ ἄν πῃ ἀσθενεῖς τε [b] καὶ πένητες ὦσιν, ὁμολογοῦντες αὐτοὺς ἀμείνους εἶναι τῶν ἑτέρων. τούτων δὲ πάντων οἱ περὶ θεῶν τε λόγοι καὶ ἀρετῆς θαυμασιώτατοι λέγονται, ὡς ἄρα καὶ θεοὶ πολλοῖς μὲν ἀγαθοῖς δυστυχίας τε καὶ βίον κακὸν ἔνειμαν, τοῖς δ᾽ ἐναντίοις ἐναντίαν μοῖραν. ἀγύρται δὲ καὶ μάντεις ἐπὶ πλουσίων θύρας ἰόντες πείθουσιν ὡς ἔστι παρὰ σφίσι δύναμις ἐκ θεῶν ποριζομένη θυσίαις τε καὶ ἐπ-

lassen sie sie all die Zeit [d] mit Zechen verbringen, als ob ewiger Rausch der schönste Lohn der Tugend sei. Andere wieder dehnen die Belohnung der Götter noch weiter aus als sie. Denn nach ihnen würden Kindeskinder und das nachfolgende Geschlecht des frommen und eidgetreuen Mannes niemals aussterben.[26] Das und anderes mehr preist man an der Gerechtigkeit. Die Gottlosen und Ungerechten aber versenken sie im Schlamm des Hades[27] und zwingen sie, mit einem Sieb Wasser zu tragen;[28] noch zu Lebzeiten [e] verleihen sie ihnen einen üblen Ruf, und die Strafen, die Glaukon für die Gerechten, die als ungerecht gelten, angeführt hat, die nennen sie für den Ungerechten; andere aber kennen sie nicht. So steht es also mit Lob und Tadel für beide.

7 Zudem betrachte, Sokrates, noch eine andere Art von Aussagen über die Gerechtigkeit und Ungerechtigkeit, die man sowohl von gewöhnlichen Leuten [364a] als auch von Dichtern hört. Alle preisen wie aus einem Mund, wie schön Besonnenheit und Gerechtigkeit sind, aber auch wie beschwerlich und mühevoll; Zuchtlosigkeit und Ungerechtigkeit hingegen seien angenehm und leicht zu erwerben und nur der allgemeinen Meinung und dem Gesetz nach verpönt. Gewinnbringender als das Gerechte sei meistens das Ungerechte, sagt man, und Schurken ist man schnell bereit, glücklich zu preisen und im öffentlichen gleichwie im privaten Leben zu ehren, wenn sie nur reich sind oder sonst wie Macht besitzen, die Schwachen und Armen aber lässt man ungeehrt und unbeachtet, [b] obwohl sie zugegebenermaßen besser sind als die anderen. Am wunderlichsten aber sind dabei ihre Reden über die Götter und über die Tugend, dass nämlich auch die Götter vielen guten Menschen Unglück und ein elendes Leben zuteil werden lassen, den Schlechten hingegen das Gegenteil. Bettelpriester und Wahrsager gehen bei den Reichen[29] von Tür zu Tür und reden ihnen ein, durch Opfer und Beschwörungen sei ihnen

ᾠδαῖς, εἴτε τι [c] ἀδίκημά του γέγονεν αὐτοῦ ἢ προγόνων, ἀκεῖσθαι μεθ᾽ ἡδονῶν τε καὶ ἑορτῶν, ἐάν τέ τινα ἐχθρὸν πημῆναι ἐθέλῃ, μετὰ σμικρῶν δαπανῶν ὁμοίως δίκαιον ἀδίκῳ βλάψει ἐπαγωγαῖς τισιν καὶ καταδέσμοις, τοὺς θεούς, ὥς φασιν, πείθοντές σφισιν ὑπηρετεῖν. τούτοις δὲ πᾶσιν τοῖς λόγοις μάρτυρας ποιητὰς ἐπάγονται οἱ μὲν κακίας πέρι, εὐπετείας διδόντες, ὡς

τὴν μὲν κακότητα καὶ ἰλαδὸν ἔστιν ἑλέσθαι
[d] ῥηϊδίως· λείη μὲν ὁδός, μάλα δ᾽ ἐγγύθι ναίει·
τῆς δ᾽ ἀρετῆς ἱδρῶτα θεοὶ προπάροιθεν ἔθηκαν

καί τινα ὁδὸν μακράν τε καὶ τραχεῖαν καὶ ἀνάντη· οἱ δὲ τῆς τῶν θεῶν ὑπ᾽ ἀνθρώπων παραγωγῆς τὸν Ὅμηρον μαρτύρονται, ὅτι καὶ ἐκεῖνος εἶπεν –

λιστοὶ δέ τε καὶ θεοὶ αὐτοί,
καὶ τοὺς μὲν θυσίαισι καὶ εὐχωλαῖς ἀγαναῖσιν
[e] λοιβῇ τε κνίσῃ τε παρατρωπῶσ᾽ ἄνθρωποι
λισσόμενοι, ὅτε κέν τις ὑπερβήῃ καὶ ἁμάρτῃ.

βίβλων δὲ ὅμαδον παρέχονται Μουσαίου καὶ Ὀρφέως, Σελήνης τε καὶ Μουσῶν ἐκγόνων, ὥς φασι, καθ᾽ ἃς θυηπολοῦσιν, πείθοντες οὐ μόνον ἰδιώτας ἀλλὰ καὶ πόλεις, ὡς ἄρα λύσεις τε καὶ καθαρμοὶ ἀδικημάτων διὰ θυσιῶν καὶ [365a] παιδιᾶς ἡδονῶν εἰσι μὲν ἔτι ζῶσιν, εἰσὶ δὲ καὶ τελευτήσασιν, ἃς δὴ τελετὰς καλοῦ-

von den Göttern die Macht verliehen worden, [c] Untaten, die sie selbst oder ihre Vorfahren begangen hätten, mit Lustbarkeiten und Festen zu sühnen;[30] mit wenig Geld könnten sie, wenn sie wollten, ihrem Feind Schaden zufügen, gleich ob dieser gerecht oder ungerecht sei, da sie, wie sie behaupten, durch gewisse Beschwörungen und Zaubersprüche die Götter dazu bringen könnten, ihnen dienstbar zu sein.[31] Als Zeugen für ihre Behauptungen führen sie Dichter an; so zitieren die einen für den bequemen Weg zur Schlechtigkeit:

Leicht kann man das Schlechte in großem Maße erlangen;
[d] glatt ist der Weg zu ihm, wohnt es doch nahe bei uns.
Doch vor die Tugend setzten die Götter den Schweiß[32]

und einen langen, beschwerlichen und steilen Weg. Andere wieder führen für die Beeinflussung der Götter durch die Menschen Homer als Zeugen an, weil auch er gesagt hat:

Selbst Götter kann man durch Bitten erweichen;
diese vermag der Mensch mit Opfern und demutsvollen Gelübden,
[e] mit Spenden des Weins und Fettdampf bittend günstig zu
stimmen, wenn er Sünden und Fehler begangen hat.[33]

Sie haben auch jede Menge von Büchern des Musaios und Orpheus,[34] der angeblichen Nachkommen der Selene und der Musen,[35] bei der Hand, nach denen sie ihre Opfer verrichten, und wollen damit nicht nur einzelne Menschen, sondern ganze Staaten davon überzeugen, dass man durch Opfer und [365a] kindische Lustbarkeiten seine Vergehen sühnen und sich von ihnen reinigen kann, und das nicht nur bei Lebzeiten, sondern auch nach dem Tod;[36] Letztere nennen sie Weihen, die

σιν, αἳ τῶν ἐκεῖ κακῶν ἀπολύουσιν ἡμᾶς, μὴ θύσαντας δὲ δεινὰ περιμένει.

8 Ταῦτα πάντα, ἔφη, ὦ φίλε Σώκρατες, τοιαῦτα καὶ τοσαῦτα λεγόμενα ἀρετῆς πέρι καὶ κακίας, ὡς ἄνθρωποι καὶ θεοὶ περὶ αὐτὰ ἔχουσι τιμῆς, τί οἰόμεθα ἀκουούσας νέων ψυχὰς ποιεῖν, ὅσοι εὐφυεῖς καὶ ἱκανοὶ ἐπὶ πάντα τὰ λεγόμενα ὥσπερ ἐπιπτόμενοι συλλογίσασθαι ἐξ αὐτῶν ποῖός τις ἂν [b] ὢν καὶ πῇ πορευθεὶς τὸν βίον ὡς ἄριστα διέλθοι; λέγοι γὰρ ἂν ἐκ τῶν εἰκότων πρὸς αὑτὸν κατὰ Πίνδαρον ἐκεῖνο τὸ

Πότερον δίκᾳ τεῖχος ὕψιον
ἢ σκολιαῖς ἀπάταις ἀναβὰς

καὶ ἐμαυτὸν οὕτω περιφράξας διαβιῶ; τὰ μὲν γὰρ λεγόμενα δικαίῳ μὲν ὄντι μοι, ἐὰν μὴ καὶ δοκῶ ὄφελος οὐδέν φασιν εἶναι, πόνους δὲ καὶ ζημίας φανεράς· ἀδίκῳ δὲ δόξαν δικαιοσύνης παρεσκευασμένῳ θεσπέσιος βίος λέγεται. [c] οὐκοῦν, ἐπειδὴ τὸ δοκεῖν, ὡς δηλοῦσί μοι οἱ σοφοί, καὶ τὰν ἀλάθειαν βιᾶται καὶ κύριον εὐδαιμονίας, ἐπὶ τοῦτο δὴ τρεπτέον ὅλως· πρόθυρα μὲν καὶ σχῆμα κύκλῳ περὶ ἐμαυτὸν σκιαγραφίαν ἀρετῆς περιγραπτέον, τὴν δὲ τοῦ σοφωτάτου Ἀρχιλόχου ἀλώπεκα ἑλκτέον ἐξόπισθεν κερδαλέαν καὶ ποικίλην. »Ἀλλὰ γάρ, φησί τις, οὐ ῥᾴδιον ἀεὶ λανθάνειν κακὸν ὄντα.« Οὐδὲ γὰρ ἄλλο οὐδὲν εὐπετές, [d] φήσομεν, τῶν μεγάλων· ἀλλ᾽ ὅμως, εἰ μέλλομεν εὐδαιμονήσειν, ταύτῃ ἰτέον, ὡς τὰ ἴχνη τῶν λόγων φέρει. ἐπὶ γὰρ τὸ λανθάνειν συνωμοσίας τε καὶ ἑταιρίας συνάξομεν, εἰσίν τε πειθοῦς διδάσκαλοι σοφίαν δημηγορικήν

uns von den Strafen im Jenseits befreien sollen; wer aber diese Opfer nicht darbringe, habe Furchtbares zu erwarten.

8 All dies und Ähnliches, mein lieber Sokrates«, fuhr er fort, »was man über Tugend und Schlechtigkeit zu hören bekommt und wie Menschen und Götter sie einschätzen, wie wird das wohl auf die Seelen junger Menschen wirken, die begabt und imstande sind, aus all diesen Worten flugs ihre Schlüsse zu ziehen, wie man sein [b] und welchen Weg man einschlagen solle, um am besten durchs Leben zu kommen? Natürlich fragt sich dann manch einer mit Pindar[37]:

> Soll ich, wie es rechtens ist, die hohe Mauer erklimmen
> oder mit krummer List

und mich so selbst verschanzend durchs Leben gehen? Denn wie gesagt: Gerecht zu sein, aber nicht im Ruf der Gerechtigkeit zu stehen bringt mir, wie sie behaupten, keinen Vorteil, nur Mühen und offensichtlichen Schaden. Dem Ungerechten aber, der sich den Schein der Gerechtigkeit verschafft hat, wird ein göttliches Leben verheißen. [c] Da somit der Schein, wie mir die Weisen offenbaren[38], auch die Wahrheit bezwingt und Herr des Glückes ist, muss ich mich ihm gänzlich zuwenden. Als Vorhof und Fassade muss ich also rings um mich das Trugbild[39] der Tugend malen, aber den listigen und verschlagenen Fuchs des weisen Archilochos[40] hinter mir herziehen. ›Aber es ist nicht leicht‹, sagt jemand, ›seine Schlechtigkeit immer zu verbergen.‹ Etwas Großes ist eben nie leicht, werden wir darauf sagen. [d] Aber gleichwohl müssen wir, wenn wir glücklich sein wollen, diesen Weg gehen, auf den uns die Spuren jener Lehren führen. Um nicht entdeckt zu werden, werden wir uns verschwören und verbünden;[41] schließlich gibt es Meister der Überredungskunst, die uns das Wissen vermitteln, vor dem Volk und vor Gericht zu sprechen, wodurch

τε καὶ δικανικὴν διδόντες, ἐξ ὧν τὰ μὲν πείσομεν, τὰ δὲ βιασόμεθα, ὡς πλεονεκτοῦντες δίκην μὴ διδόναι. »Ἀλλὰ δὴ θεοὺς οὔτε λανθάνειν οὔτε βιάσασθαι δυνατόν.« Οὐκοῦν, εἰ μὲν μὴ εἰσὶν ἢ μηδὲν αὐτοῖς τῶν ἀνθρωπίνων μέλει, τί καὶ ἡμῖν [e] μελητέον τοῦ λανθάνειν; εἰ δὲ εἰσί τε καὶ ἐπιμελοῦνται, οὐκ ἄλλοθέν τοι αὐτοὺς ἴσμεν ἢ ἀκηκόαμεν ἢ ἔκ τε τῶν νόμων καὶ τῶν γενεαλογησάντων ποιητῶν, οἱ δὲ αὐτοὶ οὗτοι λέγουσιν ὡς εἰσὶν οἷοι θυσίαις τε καὶ εὐχωλαῖς ἀγανῇσιν καὶ ἀναθήμασιν παράγεσθαι ἀναπειθόμενοι, οἷς ἢ ἀμφότερα ἢ οὐδέτερα πειστέον. εἰ δ᾽ οὖν πειστέον, ἀδικητέον καὶ θυτέον [366a] ἀπὸ τῶν ἀδικημάτων. δίκαιοι μὲν γὰρ ὄντες ἀζήμιοι μόνον ὑπὸ θεῶν ἐσόμεθα, τὰ δ᾽ ἐξ ἀδικίας κέρδη ἀπωσόμεθα· ἄδικοι δὲ κερδανοῦμέν τε καὶ λισσόμενοι ὑπερβαίνοντες καὶ ἁμαρτάνοντες, πείθοντες αὐτοὺς ἀζήμιοι ἀπαλλάξομεν. »Ἀλλὰ γὰρ ἐν Ἅιδου δίκην δώσομεν ὧν ἂν ἐνθάδε ἀδικήσωμεν, ἢ αὐτοὶ ἢ παῖδες παίδων.« Ἀλλ᾽, ὦ φίλε, φήσει λογιζόμενος, αἱ τελεταὶ αὖ μέγα δύνανται καὶ οἱ λύσιοι θεοί, ὡς αἱ [b] μέγισται πόλεις λέγουσι καὶ οἱ θεῶν παῖδες ποιηταὶ καὶ προφῆται τῶν θεῶν γενόμενοι, οἳ ταῦτα οὕτως ἔχειν μηνύουσιν.

9 Κατὰ τίνα οὖν ἔτι λόγον δικαιοσύνην ἂν πρὸ μεγίστης ἀδικίας αἱροίμεθ᾽ ἄν, ἣν ἐὰν μετ᾽ εὐσχημοσύνης κιβδήλου κτησώμεθα, καὶ παρὰ θεοῖς καὶ παρ᾽ ἀνθρώποις πράξομεν κατὰ νοῦν ζῶντές τε καὶ τελευτήσαντες, ὡς ὁ τῶν πολλῶν τε καὶ ἄκρων λεγόμενος λόγος; ἐκ δὴ πάντων τῶν εἰρημένων [c] τίς μηχανή, ὦ Σώκρατες, δι-

wir teils durch Überredung, teils mit Gewalt uns Vorteile verschaffen können, ohne deshalb bestraft zu werden.[42] ›Aber vor den Göttern kann man sich nicht verbergen, noch ihnen Gewalt antun.‹ Doch wenn sie gar nicht existieren oder wenn sie sich nicht um die Menschen kümmern,[43] was sollen wir uns dann darum kümmern, ob wir uns vor ihnen nicht verbergen können? [e] Existieren sie aber und kümmern sie sich um uns, so wissen und hören wir von ihnen nur durch Überlieferungen und die Dichter, die uns ihre Stammbäume nennen; und diese behaupten ja, die Götter ließen sich durch Opfer, besänftigende Bitten[44] und Weihegaben gewinnen und umstimmen.[45] Ihnen muss man entweder beides glauben oder nichts. Glaubt man ihnen, kann man Unrecht tun und aus dem Gewinn des Unrechts dann Opfer darbringen. [366a] Denn wenn wir gerecht sind, trifft uns zwar keine Strafe der Götter, wir berauben uns aber des Gewinns aus unserer Ungerechtigkeit. Sind wir aber ungerecht, so haben wir den Gewinn, flehen dann zu den Göttern wegen unserer Übertretungen und Fehler und kommen, wenn wir bei ihnen Gehör finden, ohne Strafe davon. ›Aber im Hades werden wir für unser Unrecht hier büßen, entweder wir selbst oder unsere Kindeskinder.‹[46] Doch da, mein Freund, so wird man mit einiger Überlegung sagen, haben die Weihen und Sühnegötter großen Einfluss,[47] wie ja die [b] größten Staaten und Göttersöhne behaupten, die als Dichter und Propheten der Götter[48] verkünden, dass es sich so verhält.

9 Welchen Grund also hätten wir noch, die Gerechtigkeit der größten Ungerechtigkeit vorzuziehen, wenn wir diese mit geheuchelter Anständigkeit erwerben und uns vor den Göttern und Menschen im Leben gleichwie im Tod nach Lust und Laune verhalten können? Das bezeugen schließlich sowohl die breite Masse als auch die bedeutendsten Menschen. Wie wäre es nach all dem Gesagten [c] noch möglich, mein Sokrates, dass

καιοσύνην τιμᾶν ἐθέλειν ᾧ τις δύναμις ὑπάρχει ψυχῆς ἢ χρημάτων ἢ σώματος ἢ γένους, ἀλλὰ μὴ γελᾶν ἐπαινουμένης ἀκούοντα; ὡς δή τοι εἴ τις ἔχει ψευδῆ μὲν ἀποφῆναι ἃ εἰρήκαμεν, ἱκανῶς δὲ ἔγνωκεν ὅτι ἄριστον δικαιοσύνη, πολλήν που συγγνώμην ἔχει καὶ οὐκ ὀργίζεται τοῖς ἀδίκοις, ἀλλ᾿ οἶδεν ὅτι πλὴν εἴ τις θείᾳ φύσει δυσχεραίνων τὸ ἀδικεῖν ἢ ἐπιστήμην λαβὼν [d] ἀπέχεται αὐτοῦ, τῶν γε ἄλλων οὐδεὶς ἑκὼν δίκαιος, ἀλλ᾿ ὑπὸ ἀνανδρίας ἢ γήρως ἤ τινος ἄλλης ἀσθενείας ψέγει τὸ ἀδικεῖν, ἀδυνατῶν αὐτὸ δρᾶν. ὡς δέ, δῆλον· ὁ γὰρ πρῶτος τῶν τοιούτων εἰς δύναμιν ἐλθὼν πρῶτος ἀδικεῖ, καθ᾿ ὅσον ἂν οἷός τ᾿ ᾖ. καὶ τούτων ἁπάντων οὐδὲν ἄλλο αἴτιον ἢ ἐκεῖνο, ὅθενπερ ἅπας ὁ λόγος οὗτος ὥρμησεν καὶ τῷδε καὶ ἐμοὶ πρὸς σέ, ὦ Σώκρατες, εἰπεῖν, ὅτι »Ὦ θαυμάσιε, πάντων [e] ὑμῶν, ὅσοι ἐπαινέται φατὲ δικαιοσύνης εἶναι, ἀπὸ τῶν ἐξ ἀρχῆς ἡρώων ἀρξάμενοι, ὅσων λόγοι λελειμμένοι, μέχρι τῶν νῦν ἀνθρώπων οὐδεὶς πώποτε ἔψεξεν ἀδικίαν οὐδ᾿ ἐπῄνεσεν δικαιοσύνην ἄλλως ἢ δόξας τε καὶ τιμὰς καὶ δωρεὰς τὰς ἀπ᾿ αὐτῶν γιγνομένας· αὐτὸ δ᾿ ἑκάτερον τῇ αὑτοῦ δυνάμει τί δρᾷ, τῇ τοῦ ἔχοντος ψυχῇ ἐνόν, καὶ λανθάνον θεούς τε καὶ ἀνθρώπους, οὐδεὶς πώποτε οὔτ᾿ ἐν ποιήσει οὔτ᾿ ἐν ἰδίοις λόγοις ἐπεξῆλθεν ἱκανῶς τῷ λόγῳ ὡς τὸ μὲν μέγιστον κακῶν ὅσα ἴσχει ψυχὴ ἐν αὑτῇ, δικαιοσύνη δὲ μέγιστον ἀγαθόν. [367a] εἰ γὰρ οὕτως ἐλέγετο ἐξ ἀρχῆς ὑπὸ πάντων ὑμῶν καὶ ἐκ νέων ἡμᾶς ἐπείθετε, οὐκ ἂν ἀλλήλους ἐφυλάττομεν

jemand die Gerechtigkeit ehren wollte, wenn er über Macht verfügt, Macht des Geistes, des Geldes, des Körpers oder der Familie?[49] Müsste er da nicht eher lachen, wenn er hört, wie die Gerechtigkeit gelobt wird? Denn selbst wenn jemand beweisen kann, dass unsere Worte falsch sind, und wenn er klar erkannt hat, dass die Gerechtigkeit das Beste ist, so hat er doch große Nachsicht mit den Ungerechten und zürnt ihnen nicht, weiß er doch, dass mit Ausnahme derjenigen, die dank ihrer begnadeten Natur das Unrechttun verabscheuen oder aus Erkenntnis [d] sich seiner enthalten,[50] sonst niemand freiwillig gerecht ist, sondern er nur aus Feigheit, wegen seines Alters oder wegen einer anderen Schwäche das Unrechttun tadelt, weil er dazu nicht imstande ist.[51] Dass dem so ist, ist klar; denn sobald einer von diesen an die Macht kommt, ist er der Erste, der Unrecht tut, so viel er nur kann. Und schuld an alledem ist nur das, wovon ja dieses ganze Gespräch zwischen uns beiden und dir, Sokrates, seinen Ausgang genommen hat, nämlich die Aussage: ›Mein Bester, von euch allen, [e] die ihr Lobredner der Gerechtigkeit zu sein behauptet, angefangen bei den Heroen der Vorzeit[52], soweit ihre Worte erhalten sind, bis zu den heutigen Menschen, hat niemand je die Ungerechtigkeit aus einem anderen Grund getadelt und die Gerechtigkeit gelobt als wegen des guten Rufes, wegen der Ehre und wegen der Geschenke, die aus ihr erwachsen. Was beide [Gerechtigkeit und Ungerechtigkeit] aus eigener Kraft in der Seele dessen, der sie besitzt, bewirken, auch dann, wenn sie Göttern und Menschen verborgen sind, das hat noch niemand in Versen oder in einfacher Prosa befriedigend dargelegt und klargemacht, dass das eine das größte Übel ist, das die Seele in sich birgt, die Gerechtigkeit aber das größte Gut. [367a] Denn hättet ihr alle von Anfang an so gesprochen und uns von Kindesbeinen an davon überzeugt, dann müssten wir uns nicht gegenseitig bewachen, dass wir kein Unrecht tun, sondern ein jeder

μὴ ἀδικεῖν, ἀλλ᾽ αὐτὸς αὑτοῦ ἦν ἕκαστος ἄριστος φύλαξ, δεδιὼς μὴ ἀδικῶν τῷ μεγίστῳ κακῷ σύνοικος ᾖ.«

Ταῦτα, ὦ Σώκρατες, ἴσως δὲ καὶ ἔτι τούτων πλείω Θρασύμαχός τε καὶ ἄλλος πού τις ὑπὲρ δικαιοσύνης τε καὶ ἀδικίας λέγοιεν ἄν, μεταστρέφοντες αὐτοῖν τὴν δύναμιν φορτικῶς, ὥς γέ μοι δοκεῖ. ἀλλ᾽ ἐγώ, οὐδὲν γάρ σε [b] δέομαι ἀποκρύπτεσθαι, σοῦ ἐπιθυμῶν ἀκοῦσαι τἀναντία, ὡς δύναμαι μάλιστα κατατείνας λέγω. μὴ οὖν ἡμῖν μόνον ἐνδείξῃ τῷ λόγῳ ὅτι δικαιοσύνη ἀδικίας κρεῖττον, ἀλλὰ τί ποιοῦσα ἑκατέρα τὸν ἔχοντα αὐτὴ δι᾽ αὑτὴν ἡ μὲν κακόν, ἡ δὲ ἀγαθόν ἐστιν· τὰς δὲ δόξας ἀφαίρει, ὥσπερ Γλαύκων διεκελεύσατο. εἰ γὰρ μὴ ἀφαιρήσεις ἑκατέρωθεν τὰς ἀληθεῖς, τὰς δὲ ψευδεῖς προσθήσεις, οὐ τὸ δίκαιον φήσομεν ἐπαινεῖν σε ἀλλὰ τὸ δοκεῖν, οὐδὲ τὸ ἄδικον εἶναι [c] ψέγειν ἀλλὰ τὸ δοκεῖν, καὶ παρακελεύεσθαι ἄδικον ὄντα λανθάνειν, καὶ ὁμολογεῖν Θρασυμάχῳ ὅτι τὸ μὲν δίκαιον ἀλλότριον ἀγαθόν, συμφέρον τοῦ κρείττονος, τὸ δὲ ἄδικον αὑτῷ μὲν συμφέρον καὶ λυσιτελοῦν, τῷ δὲ ἥττονι ἀσύμφορον. ἐπειδὴ οὖν ὡμολόγησας τῶν μεγίστων ἀγαθῶν εἶναι δικαιοσύνην, ἃ τῶν τε ἀποβαινόντων ἀπ᾽ αὐτῶν ἕνεκα ἄξια κεκτῆσθαι, πολὺ δὲ μᾶλλον αὐτὰ αὑτῶν, οἷον ὁρᾶν, [d] ἀκούειν, φρονεῖν, καὶ ὑγιαίνειν δή, καὶ ὅσ᾽ ἄλλα ἀγαθὰ γόνιμα τῇ αὑτῶν φύσει ἀλλ᾽ οὐ δόξῃ ἐστίν, τοῦτ᾽ οὖν αὐτὸ ἐπαίνεσον δικαιοσύνης, ὃ αὐτὴ δι᾽ αὑτὴν τὸν ἔχοντα ὀνίνησιν καὶ ἀδικία βλάπτει, μισθοὺς δὲ καὶ δόξας πάρες ἄλλοις ἐπαινεῖν· ὡς ἐγὼ τῶν μὲν ἄλλων ἀποδεχοίμην

wäre selbst sein bester Wächter, weil er Angst davor hätte, wenn er Unrecht tut, mit dem größten Übel unter einem Dach zu hausen.‹

Dies vielleicht und Ähnliches mehr, mein Sokrates, könnten Thrasymachos und manch anderer über Gerechtigkeit und Ungerechtigkeit sagen und damit die Bedeutung beider auf plumpe Art und Weise, wie mir scheint, umkehren. Ich aber – ich brauche es vor dir ja nicht zu verheimlichen – [b] habe diese Ansicht so ausführlich, wie ich nur konnte, dargelegt, weil ich von dir das Gegenteil hören will. Zeige uns nun in deiner Antwort nicht nur, dass die Gerechtigkeit besser ist als die Ungerechtigkeit, sondern auch, wie jede an sich auf den wirkt, der sie hat, und wie daher die eine ein Übel, die andere aber ein Gut ist. Den äußeren Schein aber lass beiseite, wie es schon Glaukon verlangt hat. Denn wenn du nicht auf beiden Seiten den wahren Ruf weglässt, den falschen aber hinzufügst, dann werden wir sagen, du lobst nicht das Gerechte, sondern nur den Schein des Gerechten und [c] tadelst nicht das Ungerechtsein, sondern das Ungerechtscheinen, und du forderst dazu auf, im Verborgenen ungerecht zu sein, und stimmst mit Thrasymachos darin überein, dass das Gerechte dem anderen zugute kommt, vorteilhaft für den Stärkeren, während das Ungerechte einem selbst vorteilhaft und nützlich ist und unvorteilhaft für den Schwächeren. Da du nun zugegeben hast, dass die Gerechtigkeit zu den höchsten Gütern gehört, die wegen ihrer Folgen, aber viel mehr noch um ihrer selbst willen es wert sind, dass man sie besitzt, so wie das Sehen, [d] Hören, Denken und die Gesundheit und was es sonst noch an Gütern gibt, die aufgrund ihrer eigenen Natur und nicht wegen ihres äußeren Scheins entscheidend sind, so lobe nun an der Gerechtigkeit auch den Nutzen, den sie an sich dem bringt, der sie besitzt, während die Ungerechtigkeit ihm schadet; Lohn und Ehren aber lass andere loben. Bei den anderen könnte ich es noch hin-

ἂν οὕτως ἐπαινούντων δικαιοσύνην καὶ ψεγόντων ἀδικίαν, δόξας τε περὶ αὐτῶν καὶ μισθοὺς ἐγκωμιαζόντων καὶ λοιδορούντων, σοῦ δὲ οὐκ ἄν, εἰ μὴ σὺ κελεύοις, διότι πάντα τὸν βίον [e] οὐδὲν ἄλλο σκοπῶν διελήλυθας ἢ τοῦτο. μὴ οὖν ἡμῖν ἐνδείξῃ μόνον τῷ λόγῳ ὅτι δικαιοσύνη ἀδικίας κρεῖττον, ἀλλὰ καὶ τί ποιοῦσα ἑκατέρα τὸν ἔχοντα αὐτὴ δι᾽ αὑτήν, ἐάντε λανθάνῃ ἐάντε μὴ θεούς τε καὶ ἀνθρώπους, ἡ μὲν ἀγαθόν, ἡ δὲ κακόν ἐστι.

10 Καὶ ἐγὼ ἀκούσας, ἀεὶ μὲν δὴ τὴν φύσιν τοῦ τε Γλαύκωνος καὶ τοῦ Ἀδειμάντου ἠγάμην, ἀτὰρ οὖν καὶ τότε πάνυ γε [368a] ἥσθην καὶ εἶπον· Οὐ κακῶς εἰς ὑμᾶς, ὦ παῖδες ἐκείνου τοῦ ἀνδρός, τὴν ἀρχὴν τῶν ἐλεγείων ἐποίησεν ὁ Γλαύκωνος ἐραστής, εὐδοκιμήσαντας περὶ τὴν Μεγαροῖ μάχην, εἰπών

παῖδες Ἀρίστωνος, κλεινοῦ θεῖον γένος ἀνδρός·

τοῦτό μοι, ὦ φίλοι, εὖ δοκεῖ ἔχειν· πάνυ γὰρ θεῖον πεπόνθατε, εἰ μὴ πέπεισθε ἀδικίαν δικαιοσύνης ἄμεινον εἶναι, οὕτω δυνάμενοι εἰπεῖν ὑπὲρ αὐτοῦ. δοκεῖτε δή μοι ὡς [b] ἀληθῶς οὐ πεπεῖσθαι – τεκμαίρομαι δὲ ἐκ τοῦ ἄλλου τοῦ ὑμετέρου τρόπου, ἐπεὶ κατά γε αὐτοὺς τοὺς λόγους ἠπίστουν ἂν ὑμῖν – ὅσῳ δὲ μᾶλλον πιστεύω, τοσούτῳ μᾶλλον ἀπορῶ ὅτι χρήσωμαι. οὔτε γὰρ ὅπως βοηθῶ ἔχω· δοκῶ γάρ μοι ἀδύνατος εἶναι – σημεῖον δέ μοι, ὅτι ἃ πρὸς Θρασύμαχον λέγων ᾤμην ἀποφαίνειν ὡς ἄμεινον δικαιοσύνη ἀδικίας, οὐκ ἀπεδέξασθέ μου – οὔτ᾽ αὖ ὅπως μὴ βοηθήσω ἔχω· δέδοικα γὰρ

nehmen, wenn sie auf diese Weise die Gerechtigkeit lobten und die Ungerechtigkeit tadelten, indem sie an ihnen Ehren und Lohn preisen oder schmähen, nicht aber bei dir, es sei denn, du würdest es selbst verlangen, weil du dein ganzes Leben lang [e] nichts anderes im Auge hattest als dies. Zeige uns also durch deine Rede nicht nur, dass die Gerechtigkeit besser ist als die Ungerechtigkeit, sondern auch, wie sich jede von beiden an sich auf den auswirkt, der sie besitzt, ob sie nun vor den Göttern und Menschen verborgen bleibt oder nicht, und dass die eine ein Gut, die andere aber ein Übel ist.«

10 Schon immer hatte ich das Talent des Glaukon und Adeimantos bewundert, doch als ich dies hörte, da freute ich mich besonders [368a] und sagte: »Nicht schlecht hat der Liebhaber des Glaukon[53] auf euch, ihr Söhne jenes Mannes,[54] den Anfang seiner Elegie gedichtet, als ihr euch in der Schlacht bei Megara[55] ausgezeichnet hattet, indem er sagte:

Söhne Aristons, göttliches Geschlecht des gepriesenen Mannes.

Dies, meine Freunde, scheint mir treffend zu sein; denn etwas wahrhaft Göttliches ist euch widerfahren, wenn ihr euch nicht davon habt überzeugen lassen, dass die Ungerechtigkeit besser ist als die Gerechtigkeit, da ihr doch imstande seid, so darüber zu sprechen. Ja, ihr scheint [b] mir tatsächlich nicht davon überzeugt zu sein; ich schließe das aus eurem sonstigen Charakter, denn nach euren Worten allein würde ich euch nicht trauen. Doch je mehr ich euch traue, umso weniger weiß ich, was ich tun soll. Denn weder weiß ich, wie ich der Gerechtigkeit helfen soll – dazu scheine ich nicht imstande zu sein; das beweist mir, dass ihr mir meine Worte zu Thrasymachos, mit denen ich zu zeigen glaubte, dass die Gerechtigkeit besser sei als die Ungerechtigkeit, nicht abgenommen habt –, noch kann ich der Ge-

μὴ οὐδ᾽ ὅσιον ᾖ παραγενόμενον δικαιοσύνῃ κακηγορουμένῃ [c] ἀπαγορεύειν καὶ μὴ βοηθεῖν ἔτι ἐμπνέοντα καὶ δυνάμενον φθέγγεσθαι. κράτιστον οὖν οὕτως ὅπως δύναμαι ἐπικουρεῖν αὐτῇ.

Ὅ τε οὖν Γλαύκων καὶ οἱ ἄλλοι ἐδέοντο παντὶ τρόπῳ βοηθῆσαι καὶ μὴ ἀνεῖναι τὸν λόγον, ἀλλὰ διερευνήσασθαι τί τέ ἐστιν ἑκάτερον καὶ περὶ τῆς ὠφελίας αὐτοῖν τἀληθὲς ποτέρως ἔχει. εἶπον οὖν ὅπερ ἐμοὶ ἔδοξεν, ὅτι Τὸ ζήτημα ᾧ ἐπιχειροῦμεν οὐ φαῦλον ἀλλ᾽ ὀξὺ βλέποντος, ὡς ἐμοὶ [d] φαίνεται. ἐπειδὴ οὖν ἡμεῖς οὐ δεινοί, δοκῶ μοι, ἦν δ᾽ ἐγώ, τοιαύτην ποιήσασθαι ζήτησιν αὐτοῦ, οἵανπερ ἂν εἰ προσέταξέ τις γράμματα σμικρὰ πόρρωθεν ἀναγνῶναι μὴ πάνυ ὀξὺ βλέπουσιν, ἔπειτά τις ἐνενόησεν, ὅτι τὰ αὐτὰ γράμματα ἔστι που καὶ ἄλλοθι μείζω τε καὶ ἐν μείζονι, ἕρμαιον ἂν ἐφάνη οἶμαι ἐκεῖνα πρῶτον ἀναγνόντας οὕτως ἐπισκοπεῖν τὰ ἐλάττω, εἰ τὰ αὐτὰ ὄντα τυγχάνει.

Πάνυ μὲν οὖν, ἔφη ὁ Ἀδείμαντος· ἀλλὰ τί τοιοῦτον, ὦ [e] Σώκρατες, ἐν τῇ περὶ τὸ δίκαιον ζητήσει καθορᾷς;

Ἐγώ σοι, ἔφην, ἐρῶ. δικαιοσύνη, φαμέν, ἔστι μὲν ἀνδρὸς ἑνός, ἔστι δέ που καὶ ὅλης πόλεως;

Πάνυ γε, ἦ δ᾽ ὅς.

Οὐκοῦν μεῖζον πόλις ἑνὸς ἀνδρός;

Μεῖζον, ἔφη.

Ἴσως τοίνυν πλείων ἂν δικαιοσύνη ἐν τῷ μείζονι ἐνείη καὶ ῥᾴων

rechtigkeit meine Hilfe versagen. Ich fürchte nämlich, es wäre gottlos, mit anzuhören, wie sie geschmäht wird, [c] und ihr die Hilfe zu verweigern, solange man noch atmen und sprechen kann. Am besten ist es daher, ich kämpfe für sie, so gut ich nur kann.«

Da baten mich nun Glaukon und die anderen, mit allen Mitteln der Gerechtigkeit beizustehen und die Untersuchung nicht aufzugeben,[56] sondern weiter zu forschen, was denn das Wesen der Gerechtigkeit und Ungerechtigkeit sei und wie es sich in Wahrheit mit dem Nutzen beider verhalte. So äußerte ich also meine Meinung darüber: »Die Untersuchung, an die wir uns jetzt machen wollen, ist keine geringe, sondern erfordert, wie mir scheinen mag, einen scharfen Blick. [d] Da wir nun einmal dazu nicht fähig sind«, sagte ich, »sollten wir, glaube ich, diese Untersuchung darüber so durchführen, wie wenn man einem Kurzsichtigen aufträgt, kleine Buchstaben aus der Ferne zu lesen; dann bemerkt einer, dass dieselben Buchstaben auch anderswo größer und auf einer größeren Fläche sich befinden, was ja, glaube ich, ein besonderer Glücksfall wäre, denn so könnte man zuerst diese Buchstaben lesen und dann bei den kleineren schauen, ob sie nicht zufällig dieselben sind.«[57]

»Ganz recht«, sagte Adeimantos, »aber wo siehst du da eine Parallele [e] zu unserer Untersuchung über die Gerechtigkeit, Sokrates?«

»Das will ich dir sagen«, entgegnete ich. »Gerechtigkeit, so sagen wir, ist doch die Sache des einzelnen Menschen, sie ist aber auch Sache des ganzen Staates?«[58]

»Gewiss«, sagte er.

»Ist nicht der Staat etwas Größeres als ein einzelner Mensch?«

»Freilich«, antwortete er.

»Vielleicht ist in einem größeren Gebilde auch eine größere

καταμαθεῖν. εἰ οὖν βούλεσθε, πρῶτον ἐν ταῖς [369a] πόλεσι ζητήσωμεν ποῖόν τί ἐστιν· ἔπειτα οὕτως ἐπισκεψώμεθα καὶ ἐν ἑνὶ ἑκάστῳ, τὴν τοῦ μείζονος ὁμοιότητα ἐν τῇ τοῦ ἐλάττονος ἰδέᾳ ἐπισκοποῦντες.

Ἀλλά μοι δοκεῖς, ἔφη, καλῶς λέγειν.

Ἆρ᾽ οὖν, ἦν δ᾽ ἐγώ, εἰ γιγνομένην πόλιν θεασαίμεθα λόγῳ, καὶ τὴν δικαιοσύνην αὐτῆς ἴδοιμεν ἂν γιγνομένην καὶ τὴν ἀδικίαν;

Τάχ᾽ ἄν, ἦ δ᾽ ὅς.

Οὐκοῦν γενομένου αὐτοῦ ἐλπὶς εὐπετέστερον ἰδεῖν ὃ ζητοῦμεν;

[b] Πολύ γε.

Δοκεῖ οὖν χρῆναι ἐπιχειρῆσαι περαίνειν; οἶμαι μὲν γὰρ οὐκ ὀλίγον ἔργον αὐτὸ εἶναι· σκοπεῖτε οὖν.

Ἔσκεπται, ἔφη ὁ Ἀδείμαντος· ἀλλὰ μὴ ἄλλως ποίει.

11 Γίγνεται τοίνυν, ἦν δ᾽ ἐγώ, πόλις, ὡς ἐγῷμαι, ἐπειδὴ τυγχάνει ἡμῶν ἕκαστος οὐκ αὐτάρκης, ἀλλὰ πολλῶν ⟨ὧν⟩ ἐνδεής· ἢ τίν᾽ οἴει ἀρχὴν ἄλλην πόλιν οἰκίζειν;

Οὐδεμίαν, ἦ δ᾽ ὅς.

[c] Οὕτω δὴ ἄρα παραλαμβάνων ἄλλος ἄλλον, ἐπ᾽ ἄλλου, τὸν δ᾽ ἐπ᾽ ἄλλου χρείᾳ, πολλῶν δεόμενοι, πολλοὺς εἰς μίαν οἴκησιν ἀγείραντες κοινωνούς τε καὶ βοηθούς, ταύτῃ τῇ συνοικίᾳ ἐθέμεθα πόλιν ὄνομα· ἦ γάρ;

Πάνυ μὲν οὖν.

Μεταδίδωσι δὴ ἄλλος ἄλλῳ, εἴ τι μεταδίδωσιν, ἢ μεταλαμβάνει, οἰόμενος αὐτῷ ἄμεινον εἶναι;

Πάνυ γε.

Gerechtigkeit, die leichter zu erkennen ist. Wenn es euch recht ist, wollen wir zuerst ihr Wesen in den Staaten untersuchen, [369a] später wollen wir sie dann in den einzelnen Menschen betrachten, indem wir die Ähnlichkeit mit dem Größeren in der Gestalt des Kleineren herausfinden wollen.«

»Dein Vorschlag scheint mir richtig«, sagte er.

»Wenn wir nun«, sprach ich, »in Gedanken die Entstehung eines Staates betrachten,[59] dann würden wir doch auch sehen, wie in ihm Gerechtigkeit und Ungerechtigkeit entstehen?«

»Durchaus möglich«, sagte er.

»Und wenn das, wonach wir suchen, einmal entstanden ist, dürfen wir dann hoffen, es auch leichter zu verstehen?«

[b] »Ganz gewiss.«

»Meint ihr wohl, wir sollten versuchen, so zu verfahren? Ich glaube freilich, dass das keine leichte Aufgabe ist. Überlegt es euch also!«

»Das haben wir schon«, sagte Adeimantos, »fang nur an damit!«

11 »Ein Staat entsteht, wie ich glaube«, begann ich, »weil keiner von uns sich selbst genügt, sondern viele andere nötig hat. Oder meinst du, die Staatengründung habe einen anderen Ursprung?«

»Nein, keineswegs«, sagte er.

[c] »So nimmt also einer den anderen bald bei dieser bald bei jener Hilfeleistung in Anspruch, und weil wir vieler Dinge bedürfen, so haben wir viele als Mitbürger und Helfer an einem einzigen Wohnort versammelt und dieser Wohngemeinschaft den Namen Staat gegeben, nicht wahr?«[60]

»Ja, gewiss.«

»Einer gibt dem anderen von seiner Habe, wenn er etwas zu geben hat, oder er empfängt etwas vom anderen, wenn er meint, das sei für ihn besser?«

»Ja.«

Ἴθι δή, ἦν δ᾽ ἐγώ, τῷ λόγῳ ἐξ ἀρχῆς ποιῶμεν πόλιν· ποιήσει δὲ αὐτήν, ὡς ἔοικεν, ἡ ἡμετέρα χρεία.

Πῶς δ᾽ οὔ;

[d] Ἀλλὰ μὴν πρώτη γε καὶ μεγίστη τῶν χρειῶν ἡ τῆς τροφῆς παρασκευὴ τοῦ εἶναί τε καὶ ζῆν ἕνεκα.

Παντάπασί γε.

Δευτέρα δὴ οἰκήσεως, τρίτη δὲ ἐσθῆτος καὶ τῶν τοιούτων.

Ἔστι ταῦτα.

Φέρε δή, ἦν δ᾽ ἐγώ, πῶς ἡ πόλις ἀρκέσει ἐπὶ τοσαύτην παρασκευήν; ἄλλο τι γεωργὸς μὲν εἷς, ὁ δὲ οἰκοδόμος, ἄλλος δέ τις ὑφάντης; ἦ καὶ σκυτοτόμον αὐτόσε προσθήσομεν ἤ τιν᾽ ἄλλον τῶν περὶ τὸ σῶμα θεραπευτήν;

Πάνυ γε.

Εἴη δ᾽ ἂν ἥ γε ἀναγκαιοτάτη πόλις ἐκ τεττάρων ἢ πέντε ἀνδρῶν.

[e] Φαίνεται.

12 Τί δὴ οὖν; ἕνα ἕκαστον τούτων δεῖ τὸ αὑτοῦ ἔργον ἅπασι κοινὸν κατατιθέναι, οἷον τὸν γεωργὸν ἕνα ὄντα παρασκευάζειν σιτία τέτταρσιν καὶ τετραπλάσιον χρόνον τε καὶ πόνον ἀναλίσκειν ἐπὶ σίτου παρασκευῇ καὶ ἄλλοις κοινωνεῖν, ἢ ἀμελήσαντα ἑαυτῷ μόνον τέταρτον μέρος ποιεῖν τούτου τοῦ [370a] σίτου ἐν τετάρτῳ μέρει τοῦ χρόνου, τὰ δὲ τρία, τὸ μὲν ἐπὶ τῇ τῆς οἰκίας παρασκευῇ διατρίβειν, τὸ δὲ ἱματίου, τὸ δὲ ὑποδημάτων, καὶ μὴ ἄλλοις κοινωνοῦντα πράγματα ἔχειν, ἀλλ᾽ αὐτὸν δι᾽ αὑτὸν τὰ αὑτοῦ πράττειν;

Καὶ ὁ Ἀδείμαντος ἔφη· Ἀλλ᾽ ἴσως, ὦ Σώκρατες, οὕτω ῥᾷον ἢ ᾽κείνως.

Οὐδέν, ἦν δ᾽ ἐγώ, μὰ Δία ἄτοπον. ἐννοῶ γὰρ καὶ αὐτὸς εἰπόν-

»Nun gut«, sagte ich, »versetzen wir uns also in Gedanken an den Beginn eines Staates. Offenbar werden also unsere Bedürfnisse die Ursache seiner Entstehung sein.«

»Ohne Zweifel.«

[d] »Das erste und größte Bedürfnis aber ist die Beschaffung von Nahrung, damit man existieren und leben kann.«

»Ganz gewiss.«

»Dann kommt die Beschaffung einer Wohnung und als drittes die von Kleidung und Ähnlichem.«[61]

»So ist es.«

»Nun sag«, fuhr ich fort, »wie wird der Staat damit zurechtkommen, all das zu beschaffen? Doch wohl so, dass der eine ein Bauer ist, der zweite ein Baumeister und wieder ein anderer ein Weber? Oder sollen wir noch einen Schuster hinzunehmen und andere für die leiblichen Bedürfnisse?«

»Ja, freilich.«

»Dann würde also ein Staat, wenn wir ihn auf das Notwendigste beschränken, aus vier bis fünf Männern bestehen.«[62]

[e] »Offenbar.«

12 »Doch weiter! Soll nun ein jeder von ihnen seine Arbeit für alle gemeinsam tun? Soll zum Beispiel der eine Bauer für alle vier die Nahrung beschaffen und dafür die vierfache Zeit und Mühe aufwenden und den anderen ihren Anteil geben? Oder soll er sich um die anderen nicht kümmern und für sich allein in einem Viertel der Zeit nur ein Viertel der Nahrung herstellen, [370a] die verbliebenen drei Viertel der Zeit aber für den Hausbau, die Herstellung von Kleidung und von Schuhen verwenden? Soll er sich also keine Mühe damit machen, den anderen etwas zu geben, sondern nur für sich selbst das Seine tun?«[63]

Darauf entgegnete Adeimantos: »Auf erstere Art und Weise, Sokrates, geht es wohl leichter als so.«

»Beim Zeus«, sagte ich, »das ist in der Tat kein Wunder. Denn während deiner Worte kam mir in den Sinn, dass zunächst von

τος σοῦ, ὅτι πρῶτον μὲν ἡμῶν φύεται ἕκαστος οὐ πάνυ [b] ὅμοιος ἑκάστῳ, ἀλλὰ διαφέρων τὴν φύσιν, ἄλλος ἐπ᾽ ἄλλου ἔργου πράξει. ἢ οὐ δοκεῖ σοι;

Ἔμοιγε.

Τί δέ; πότερον κάλλιον πράττοι ἄν τις εἷς ὢν πολλὰς τέχνας ἐργαζόμενος, ἢ ὅταν μίαν εἷς;

Ὅταν, ἦ δ᾽ ὅς, εἷς μίαν.

Ἀλλὰ μὴν οἶμαι καὶ τόδε δῆλον, ὡς, ἐάν τίς τινος παρῇ ἔργου καιρόν, διόλλυται.

Δῆλον γάρ.

Οὐ γὰρ οἶμαι ἐθέλει τὸ πραττόμενον τὴν τοῦ πράττοντος σχολὴν περιμένειν, ἀλλ᾽ ἀνάγκη τὸν πράττοντα τῷ πραττομένῳ [c] ἐπακολουθεῖν μὴ ἐν παρέργου μέρει.

Ἀνάγκη.

Ἐκ δὴ τούτων πλείω τε ἕκαστα γίγνεται καὶ κάλλιον καὶ ῥᾷον, ὅταν εἷς ἓν κατὰ φύσιν καὶ ἐν καιρῷ, σχολὴν τῶν ἄλλων ἄγων, πράττῃ.

Παντάπασι μὲν οὖν.

Πλειόνων δή, ὦ Ἀδείμαντε, δεῖ πολιτῶν ἢ τεττάρων ἐπὶ τὰς παρασκευὰς ὧν ἐλέγομεν. ὁ γὰρ γεωργός, ὡς ἔοικεν, οὐκ αὐτὸς ποιήσεται ἑαυτῷ τὸ ἄροτρον, εἰ μέλλει καλὸν εἶναι, [d] οὐδὲ σμινύην, οὐδὲ τἆλλα ὄργανα ὅσα περὶ γεωργίαν. οὐδ᾽ αὖ ὁ οἰκοδόμος· πολλῶν δὲ καὶ τούτῳ δεῖ. ὡσαύτως δ᾽ ὁ ὑφάντης τε καὶ ὁ σκυτοτόμος· ἢ οὔ;

Ἀληθῆ.

Τέκτονες δὴ καὶ χαλκῆς καὶ τοιοῦτοί τινες πολλοὶ δημιουργοί, κοινωνοὶ ἡμῖν τοῦ πολιχνίου γιγνόμενοι, συχνὸν αὐτὸ ποιοῦσιν.

Natur aus keiner von uns dem anderen völlig gleicht, [b] sondern verschiedene Anlagen hat, jeder für eine andere Tätigkeit. Glaubst du nicht auch?«

»Doch.«

»Ferner: Würde jemand Schöneres zustande bringen, wenn er viele Künste ausübt oder nur eine einzige?«

»Wenn es nur eine einzige ist«, sagte er.

»Aber auch das ist, denke ich, klar: Wenn jemand den richtigen Augenblick für eine Arbeit verpasst, dann wird aus ihr nichts.«

»Ja, das ist klar.«

»Denn die Arbeit will, glaube ich, nicht darauf warten, bis der Ausführende Zeit dafür hat, sondern dieser muss sich nach der Arbeit [c] richten und darf sie nicht als Nebensache betrachten.«

»So muss es sein.«

»Und in der Folge werden mehr Werke geschaffen, alles wird schöner und geht leichter von der Hand, wenn jeder nur eines gemäß seiner Veranlagung und zur rechten Zeit schafft und sich um die anderen Dinge nicht kümmert.«

»Ganz gewiss.«

»Es braucht wohl mehr Bürger als nur die vier, mein Adeimantos, um all das zu beschaffen, was wir erwähnten. Denn der Bauer wird sich offensichtlich seinen Pflug nicht selber herstellen, wenn er gut sein soll, [d] auch nicht den Karst oder die anderen Werkzeuge zur Landarbeit. Ebenso wenig der Baumeister, denn auch er braucht vieles, desgleichen aber auch der Weber und Schuster. Ist es nicht so?«

»Richtig.«

»Zimmerleute und Schmiede und viele andere solche Handwerker, die nun Mitbürger in unserem kleinen Staatengebilde geworden sind, lassen seine Bevölkerung immer mehr wachsen.

Πάνυ μὲν οὖν.

Ἀλλ᾽ οὐκ ἄν πω πάνυ γε μέγα τι εἴη, εἰ αὐτοῖς βουκόλους τε καὶ ποιμένας τούς τε ἄλλους νομέας προσθεῖμεν, ἵνα οἵ τε [e] γεωργοὶ ἐπὶ τὸ ἀροῦν ἔχοιεν βοῦς, οἵ τε οἰκοδόμοι πρὸς τὰς ἀγωγὰς μετὰ τῶν γεωργῶν χρῆσθαι ὑποζυγίοις, ὑφάνται δὲ καὶ σκυτοτόμοι δέρμασίν τε καὶ ἐρίοις.

Οὐδέ γε, ἦ δ᾽ ὅς, σμικρὰ πόλις ἂν εἴη ἔχουσα πάντα ταῦτα.

Ἀλλὰ μήν, ἦν δ᾽ ἐγώ, κατοικίσαι γε αὐτὴν τὴν πόλιν εἰς τοιοῦτον τόπον οὗ ἐπεισαγωγίμων μὴ δεήσεται, σχεδόν τι ἀδύνατον.

Ἀδύνατον γάρ.

Προσδεήσει ἄρα ἔτι καὶ ἄλλων, οἳ ἐξ ἄλλης πόλεως αὐτῇ κομιοῦσιν ὧν δεῖται.

Δεήσει.

Καὶ μὴν κενὸς ἂν ἴῃ ὁ διάκονος, μηδὲν ἄγων ὧν ἐκεῖνοι [371a] δέονται παρ᾽ ὧν ἂν κομίζωνται ὧν ἂν αὐτοῖς χρεία, κενὸς ἄπεισιν. ἦ γάρ;

Δοκεῖ μοι.

Δεῖ δὴ τὰ οἴκοι μὴ μόνον ἑαυτοῖς ποιεῖν ἱκανά, ἀλλὰ καὶ οἷα καὶ ὅσα ἐκείνοις ὧν ἂν δέωνται.

Δεῖ γάρ.

Πλειόνων δὴ γεωργῶν τε καὶ τῶν ἄλλων δημιουργῶν δεῖ ἡμῖν τῇ πόλει.

Πλειόνων γάρ.

Καὶ δὴ καὶ τῶν ἄλλων διακόνων που τῶν τε εἰσαξόντων καὶ ἐξαξόντων ἕκαστα. οὗτοι δέ εἰσιν ἔμποροι· ἦ γάρ;

Ναί.

Καὶ ἐμπόρων δὴ δεησόμεθα.

»Gewiss.«

»Und unser Staat dürfte auch dann noch nicht besonders groß sein, wenn wir ihnen noch Hirten für Rinder, Schafe und sonstiges Vieh hinzufügen, damit die [e] Bauern Rinder zum Pflügen haben und die Baumeister für ihre Fuhren zusammen mit den Bauern das Zugvieh benützen können, Weber und Schuster aber Häute und Wolle bekommen.«

»Das wäre freilich kein kleiner Staat mehr, wenn er all das umfasst«, entgegnete er.

»Ferner wird es kaum möglich sein«, fuhr ich fort, »diesen Staat an einem solchen Ort zu gründen, wo er keiner Importe bedarf.«

»Das ist unmöglich.«

»Er wird also außerdem noch Leute brauchen, die ihm aus anderen Staaten das herbeischaffen, was ihm fehlt.«

»Das wird nötig sein.«

»Wenn aber der Beauftragte mit leeren Händen kommt und nichts mit sich führt, was jene brauchen, [371a] von denen man das holen will, was man selbst braucht, dann wird er auch mit leeren Händen wieder abziehen. Nicht wahr?«

»Ich glaube schon.«

»Man muss also zu Hause Erzeugnisse nicht nur für sich selbst in ausreichender Menge herstellen, sondern auch solche und so viele, wie jene brauchen, von denen man etwas will.«

»Ja, das muss man.«

»Wir brauchen also für unseren Staat noch mehr Bauern und sonstige Handwerker.«

»Ja, noch mehr.«

»Und ganz besonders noch weitere Beauftragte, die Ein- und Ausfuhr all dieser Dinge besorgen, und das sind die Handelsherren, nicht wahr?«

»Ja.«

»Also werden wir auch Handelsherren brauchen.«

Πάνυ γε.

Καὶ ἐὰν μέν γε κατὰ θάλατταν ἡ ἐμπορία γίγνηται, συχνῶν [b] καὶ ἄλλων προσδεήσεται τῶν ἐπιστημόνων τῆς περὶ τὴν θάλατταν ἐργασίας.

Συχνῶν μέντοι.

Τί δὲ δή; ἐν αὐτῇ τῇ πόλει πῶς ἀλλήλοις μεταδώσουσιν ὧν ἂν ἕκαστοι ἐργάζωνται; ὧν δὴ ἕνεκα καὶ κοινωνίαν ποιησάμενοι πόλιν ᾠκίσαμεν.

Δῆλον δή, ἦ δ᾽ ὅς, ὅτι πωλοῦντες καὶ ὠνούμενοι.

Ἀγορὰ δὴ ἡμῖν καὶ νόμισμα σύμβολον τῆς ἀλλαγῆς ἕνεκα γενήσεται ἐκ τούτου.

Πάνυ μὲν οὖν.

[c] Ἂν οὖν κομίσας ὁ γεωργὸς εἰς τὴν ἀγοράν τι ὧν ποιεῖ, ἤ τις ἄλλος τῶν δημιουργῶν, μὴ εἰς τὸν αὐτὸν χρόνον ἥκῃ τοῖς δεομένοις τὰ παρ᾽ αὐτοῦ ἀλλάξασθαι, ἀργήσει τῆς αὑτοῦ δημιουργίας καθήμενος ἐν ἀγορᾷ;

Οὐδαμῶς, ἦ δ᾽ ὅς, ἀλλὰ εἰσὶν οἳ τοῦτο ὁρῶντες ἑαυτοὺς ἐπὶ τὴν διακονίαν τάττουσιν ταύτην, ἐν μὲν ταῖς ὀρθῶς οἰκουμέναις πόλεσι σχεδόν τι οἱ ἀσθενέστατοι τὰ σώματα καὶ ἀχρεῖοί τι ἄλλο ἔργον πράττειν. αὐτοῦ γὰρ δεῖ μένοντας [d] αὐτοὺς περὶ τὴν ἀγορὰν τὰ μὲν ἀντ᾽ ἀργυρίου ἀλλάξασθαι τοῖς τι δεομένοις ἀποδόσθαι, τοῖς δὲ ἀντὶ αὖ ἀργυρίου διαλλάττειν ὅσοι τι δέονται πρίασθαι.

Αὕτη ἄρα, ἦν δ᾽ ἐγώ, ἡ χρεία καπήλων ἡμῖν γένεσιν ἐμποιεῖ τῇ πόλει. ἢ οὐ καπήλους καλοῦμεν τοὺς πρὸς ὠνήν τε καὶ πρᾶσιν διακονοῦντας ἱδρυμένους ἐν ἀγορᾷ, τοὺς δὲ πλανήτας ἐπὶ τὰς πόλεις ἐμπόρους;

Πάνυ μὲν οὖν.

[e] Ἔτι δή τινες, ὡς ἐγᾦμαι, εἰσὶ καὶ ἄλλοι διάκονοι, οἳ ἂν τὰ μὲν τῆς διανοίας μὴ πάνυ ἀξιοκοινώνητοι ὦσιν, τὴν δὲ τοῦ σώματος

»Gewiss.«

»Und wenn der Handel übers Meer erfolgt, werden wir auch noch viele [b] andere Leute brauchen, die etwas von der Seefahrt verstehen.«

»Ziemlich viele freilich.«

»Doch weiter! Wie verteilen sie im Staat selbst ihre Produkte untereinander? Das war ja der Grund, weshalb wir die Gemeinschaft gestiftet und den Staat gegründet haben.«

»Offenbar durch Kauf und Verkauf«, erwiderte er.

»Somit werden wir einen Markt und Geld als Tauschwährung bekommen.«[64]

»Allerdings.«

[c] »Wenn nun ein Bauer oder ein Handwerker seine Produkte auf den Markt bringt und nicht zur gleichen Zeit wie seine Abnehmer kommt, wird er dann auf dem Markt herumsitzen und seine eigentliche Arbeit im Stich lassen?«

»Auf keinen Fall«, antwortete er, »vielmehr gibt es dann Leute, die sich für diesen Dienst zur Verfügung stellen, wenn sie das sehen; in den richtig verwalteten Staaten werden das meistens die körperlich Schwächsten sein, die zu keiner anderen Arbeit zu brauchen sind. Ihre Aufgabe ist es, [d] dort auf dem Markt zu bleiben, den Leuten, die etwas verkaufen wollen, ihre Waren gegen Geld abzukaufen und sie wiederum gegen Geld an die Kauflustigen weiterzuverkaufen.«

»Aus dieser Beschäftigung«, sagte ich, »entstehen in unserem Staat die Händler. So nennen wir doch die Leute, die auf dem Markt sitzen und Kauf und Verkauf besorgen, während die, die den zwischenstaatlichen Handel betreiben, Handelsherren sind?«[65]

»Gewiss.«

[e] »Es gibt aber auch noch andere Diener des Staates, glaube ich, die zwar kaum genug Verstand haben, um als würdige Mitglieder der Gesellschaft zu gelten, dafür aber über genügend

ἰσχὺν ἱκανὴν ἐπὶ τοὺς πόνους ἔχωσιν· οἳ δὴ πωλοῦντες τὴν τῆς ἰσχύος χρείαν, τὴν τιμὴν ταύτην μισθὸν καλοῦντες, κέκληνται, ὡς ἐγῷμαι, μισθωτοί· ἦ γάρ;

Πάνυ μὲν οὖν.

Πλήρωμα δὴ πόλεώς εἰσιν, ὡς ἔοικε, καὶ μισθωτοί.

Δοκεῖ μοι.

Ἆρ᾽ οὖν, ὦ Ἀδείμαντε, ἤδη ἡμῖν ηὔξηται ἡ πόλις, ὥστ᾽ εἶναι τελέα;

Ἴσως.

Ποῦ οὖν ἄν ποτε ἐν αὐτῇ εἴη ἥ τε δικαιοσύνη καὶ ἡ ἀδικία; καὶ τίνι ἅμα ἐγγενομένη ὧν ἐσκέμμεθα;

[372a] Ἐγὼ μέν, ἔφη, οὐκ ἐννοῶ, ὦ Σώκρατες, εἰ μή που ἐν αὐτῶν τούτων χρείᾳ τινὶ τῇ πρὸς ἀλλήλους.

Ἀλλ᾽ ἴσως, ἦν δ᾽ ἐγώ, καλῶς λέγεις· καὶ σκεπτέον γε καὶ οὐκ ἀποκνητέον.

Πρῶτον οὖν σκεψώμεθα τίνα τρόπον διαιτήσονται οἱ οὕτω παρεσκευασμένοι. ἄλλο τι ἢ σῖτόν τε ποιοῦντες καὶ οἶνον καὶ ἱμάτια καὶ ὑποδήματα; καὶ οἰκοδομησάμενοι οἰκίας, θέρους μὲν τὰ πολλὰ γυμνοί τε καὶ ἀνυπόδητοι ἐργάσονται, τοῦ δὲ [b] χειμῶνος ἠμφιεσμένοι τε καὶ ὑποδεδεμένοι ἱκανῶς· θρέψονται δὲ ἐκ μὲν τῶν κριθῶν ἄλφιτα σκευαζόμενοι, ἐκ δὲ τῶν πυρῶν ἄλευρα, τὰ μὲν πέψαντες, τὰ δὲ μάξαντες, μάζας γενναίας καὶ ἄρτους ἐπὶ κάλαμόν τινα παραβαλλόμενοι ἢ φύλλα καθαρά, κατακλινέντες ἐπὶ στιβάδων ἐστρωμένων μίλακί τε καὶ μυρρίναις, εὐωχήσονται αὐτοί τε καὶ τὰ παιδία, ἐπιπίνοντες τοῦ οἴνου, ἐστεφανωμένοι καὶ ὑμνοῦντες τοὺς θεούς, ἡδέως συνόντες ἀλλήλοις, οὐχ ὑπὲρ τὴν οὐσίαν ποιούμενοι [c] τοὺς παῖδας, εὐλαβούμενοι πενίαν ἢ πόλεμον.

13 Καὶ ὁ Γλαύκων ὑπολαβών, Ἄνευ ὄψου, ἔφη, ὡς ἔοικας, ποιεῖς τοὺς ἄνδρας ἑστιωμένους.

Körperkraft für schwere Arbeiten verfügen. Diese verkaufen bei Bedarf ihre Körperkraft und werden, glaube ich, da sie den Preis dafür Lohn nennen, Lohnarbeiter[66] genannt. Oder?«

»Ja, gewiss.«

»Die Lohnarbeiter sind also offenbar ein weiterer Zuwachs für unseren Staat.«

»Ich glaube, ja.«

»Ist nun, mein Adeimantos, unser Staat so weit angewachsen, dass ihm nichts mehr fehlt?«

»Vielleicht.«

»Wo ist nun in ihm die Gerechtigkeit und die Ungerechtigkeit? Und mit welchem Teil, den wir betrachtet haben, ist sie entstanden?«

[372a] »Ich weiß es nicht, Sokrates«, sagte er, »es sei denn, sie beruht auf dem Bedürfnis, das diese Menschen zueinander führt.«[67]

»Vielleicht hast du damit recht«, erwiderte ich. »Wir sollten das unverzüglich prüfen.[68]

Zunächst wollen wir überlegen, wie die Menschen unter diesen Verhältnissen leben. Doch wohl indem sie Brot herstellen, Wein, Kleider und Schuhe und Häuser bauen? Im Sommer werden sie hauptsächlich nackt und barfuß arbeiten, im [b] Winter aber hinreichend bekleidet und mit Schuhen. Ernähren werden sie sich, indem sie aus Gerste Schrot und aus Weizen Mehl erzeugen, es kneten und backen und schöne Kuchen und Weizenbrote auf Binsen oder sauberen Blättern servieren;[69] dann lagern sie sich auf Taxus- und Myrtenstreu, schmausen zusammen mit ihren Kindern und trinken dazu Wein; bekränzt singen sie ein Loblied auf die Götter und verkehren fröhlich miteinander, zeugen aber nicht mehr Kinder, als sie sich leisten können, [c] aus Angst vor Armut und Krieg.«

13 Da warf Glaukon ein und sagte: »Wie es scheint, lässt du die Leute ohne Zukost schmausen.«

Ἀληθῆ, ἦν δ᾽ ἐγώ, λέγεις. ἐπελαθόμην ὅτι καὶ ὄψον ἕξουσιν, ἅλας τε δῆλον ὅτι καὶ ἐλάας καὶ τυρόν, καὶ βολβοὺς καὶ λάχανά γε, οἷα δὴ ἐν ἀγροῖς ἑψήματα, ἑψήσονται. καὶ τραγήματά που παραθήσομεν αὐτοῖς τῶν τε σύκων καὶ ἐρεβίνθων καὶ κυάμων, καὶ μύρτα καὶ φηγοὺς σποδιοῦσιν [d] πρὸς τὸ πῦρ, μετρίως ὑποπίνοντες· καὶ οὕτω διάγοντες τὸν βίον ἐν εἰρήνῃ μετὰ ὑγιείας, ὡς εἰκός, γηραιοὶ τελευτῶντες ἄλλον τοιοῦτον βίον τοῖς ἐκγόνοις παραδώσουσιν.

Καὶ ὅς, Εἰ δὲ ὑῶν πόλιν, ὦ Σώκρατες, ἔφη, κατεσκεύαζες, τί ἂν αὐτὰς ἄλλο ἢ ταῦτα ἐχόρταζες;

Ἀλλὰ πῶς χρή, ἦν δ᾽ ἐγώ, ὦ Γλαύκων;

Ἅπερ νομίζεται, ἔφη· ἐπί τε κλινῶν κατακεῖσθαι οἶμαι τοὺς μέλλοντας μὴ ταλαιπωρεῖσθαι, καὶ ἀπὸ τραπεζῶν [e] δειπνεῖν, καὶ ὄψα ἅπερ καὶ οἱ νῦν ἔχουσι καὶ τραγήματα.

Εἶεν, ἦν δ᾽ ἐγώ· μανθάνω. οὐ πόλιν, ὡς ἔοικε, σκοποῦμεν μόνον ὅπως γίγνεται, ἀλλὰ καὶ τρυφῶσαν πόλιν. ἴσως οὖν οὐδὲ κακῶς ἔχει· σκοποῦντες γὰρ καὶ τοιαύτην τάχ᾽ ἂν κατίδοιμεν τήν τε δικαιοσύνην καὶ ἀδικίαν ὅπῃ ποτὲ ταῖς πόλεσιν ἐμφύονται. ἡ μὲν οὖν ἀληθινὴ πόλις δοκεῖ μοι εἶναι ἣν διεληλύθαμεν, ὥσπερ ὑγιής τις· εἰ δ᾽ αὖ βούλεσθε, καὶ φλεγμαίνουσαν πόλιν θεωρήσωμεν· οὐδὲν ἀποκωλύει. [373a] ταῦτα γὰρ δή τισιν, ὡς δοκεῖ, οὐκ ἐξαρκέσει, οὐδὲ αὕτη ἡ δίαιτα, ἀλλὰ κλῖναί τε προσέσονται καὶ τράπεζαι καὶ τἆλλα σκεύη, καὶ ὄψα δὴ καὶ μύρα καὶ θυμιάματα καὶ ἑταῖραι καὶ πέμματα, καὶ ἕκαστα τούτων παντοδαπά. καὶ δὴ καὶ ἃ τὸ πρῶτον

»Richtig«, erwiderte ich. »Ich vergaß, dass sie auch Zukost haben wollen: natürlich Salz, Oliven und Käse. Sie werden auch Zwiebeln und Gemüse kochen, und was man sonst noch auf dem Land kocht. Auch einen Nachtisch wollen wir ihnen vorsetzen mit Feigen, Erbsen und Bohnen; Myrten und Eicheln werden sie auf dem Feuer rösten [d] und dazu mäßig trinken. So verbringen sie ihr Leben in Frieden und bei guter Gesundheit, und wenn sie, wahrscheinlich im hohen Alter, sterben, hinterlassen sie ihren Nachkommen wieder ein ebensolches Leben.«

Da sagte jener: »Wenn du, Sokrates, einen Staat für Schweine einrichten wolltest, was würdest du ihnen anderes zu fressen geben als das?«

»Aber wie sollte es denn sonst sein, mein Glaukon?«, fragte ich.

»Wie es eben üblich ist«, sagte er. »Sie müssten, meine ich, auf Polstern ruhen, wenn sie nicht ein elendes Leben führen sollen und von Tischen [e] essen, und zwar Zukost und Nachtisch, wie man es heute hat.«

»Gut«, sagte ich, »ich verstehe. Wir betrachten nicht nur die Entstehung irgendeines Staates, sondern gleich die eines üppigen Staates. Vielleicht ist das gar nicht schlecht so. Denn wenn wir einen solchen betrachten, können wir vielleicht erkennen, wie Gerechtigkeit und Ungerechtigkeit in den Staaten entstehen. Der wahre Staat, sozusagen ein gesunder Staat, scheint mir der zu sein, den wir eben beschrieben haben. Doch wenn ihr wollt, können wir auch den üppig ausschweifenden Staat betrachten. Dagegen ist nichts einzuwenden. [373a] Denn ich glaube, dass jenes, nämlich diese einfache Lebensweise, manchem nicht genügen wird, vielmehr müssen noch Polster, Tische und der übrige Hausrat hinzukommen, auch Zukost, Salben und Räucherwerk, ferner auch Freudenmädchen[70], Bäckereien und all das in großer Auswahl. Jetzt geht es nicht mehr

ἐλέγομεν οὐκέτι τἀναγκαῖα θετέον, οἰκίας τε καὶ ἱμάτια καὶ ὑποδήματα, ἀλλὰ τήν τε ζωγραφίαν κινητέον καὶ τὴν ποικιλίαν, καὶ χρυσὸν καὶ ἐλέφαντα καὶ πάντα τὰ τοιαῦτα κτητέον. ἦ γάρ;

[b] Ναί, ἔφη.

Οὐκοῦν μείζονά τε αὖ τὴν πόλιν δεῖ ποιεῖν· ἐκείνη γὰρ ἡ ὑγιεινὴ οὐκέτι ἱκανή, ἀλλ᾽ ἤδη ὄγκου ἐμπληστέα καὶ πλήθους, ἃ οὐκέτι τοῦ ἀναγκαίου ἕνεκά ἐστιν ἐν ταῖς πόλεσιν, οἷον οἵ τε θηρευταὶ πάντες οἵ τε μιμηταί, πολλοὶ μὲν οἱ περὶ τὰ σχήματά τε καὶ χρώματα, πολλοὶ δὲ οἱ περὶ μουσικήν, ποιηταί τε καὶ τούτων ὑπηρέται, ῥαψῳδοί, ὑποκριταί, χορευταί, ἐργολάβοι, σκευῶν τε παντοδαπῶν δημιουργοί, τῶν τε ἄλλων [c] καὶ τῶν περὶ τὸν γυναικεῖον κόσμον. καὶ δὴ καὶ διακόνων πλειόνων δεησόμεθα· ἢ οὐ δοκεῖ δεήσειν παιδαγωγῶν, τιτθῶν, τροφῶν, κομμωτριῶν, κουρέων, καὶ αὖ ὀψοποιῶν τε καὶ μαγείρων; ἔτι δὲ καὶ συβωτῶν προσδεησόμεθα· τοῦτο γὰρ ἡμῖν ἐν τῇ προτέρᾳ πόλει οὐκ ἐνῆν – ἔδει γὰρ οὐδέν – ἐν δὲ ταύτῃ καὶ τούτου προσδεήσει. δεήσει δὲ καὶ τῶν ἄλλων βοσκημάτων παμπόλλων, εἴ τις αὐτὰ ἔδεται· ἦ γάρ;

Πῶς γὰρ οὔ;

[d] Οὐκοῦν καὶ ἰατρῶν ἐν χρείαις ἐσόμεθα πολὺ μᾶλλον οὕτω διαιτώμενοι ἢ ὡς τὸ πρότερον;

Πολύ γε.

14 Καὶ ἡ χώρα γέ που, ἡ τότε ἱκανὴ τρέφειν τοὺς τότε, σμικρὰ δὴ ἐξ ἱκανῆς ἔσται. ἢ πῶς λέγομεν;

Οὕτως, ἔφη.

Οὐκοῦν τῆς τῶν πλησίον χώρας ἡμῖν ἀποτμητέον, εἰ μέλλομεν ἱκανὴν ἕξειν νέμειν τε καὶ ἀροῦν, καὶ ἐκείνοις αὖ τῆς ἡμετέρας, ἐὰν

nur um das Notwendige, das wir anfangs erwähnten, wie Haus, Bekleidung und Schuhe, sondern man muss überdies die Malerei bemühen und mannigfache Verzierungen und muss Gold und Elfenbein erwerben und anderes dieser Art. Nicht wahr?«

[b] »Ja«, sagte er.

»Dann muss man den Staat wieder vergrößern; denn der gesunde Staat von vorhin genügt nicht mehr, sondern er muss mit einer Menge von Menschen aufgefüllt werden, die nun nicht mehr wegen der notwendigen Bedürfnisse im Staat leben; das sind zum Beispiel alle Jäger, nachahmende Künstler, Zeichner und Maler in großer Zahl, viele Musiker,[71] Dichter und ihre Gehilfen, ebenso Rhapsoden und Schauspieler, Tänzer, Theaterdirektoren,[72] Handwerker für allerlei Gegenstände, insbesondere [c] für den weiblichen Schmuck. Wir werden auch mehr Dienstkräfte brauchen. Oder glaubst du, dass man keine Knabenaufseher, Ammen, Kinderfrauen,[73] Zofen, Friseure, Bäcker und Köche brauchen wird? Auch Schweinehirten werden wir noch brauchen; so etwas gab es in unserem ursprünglichen Staat nicht; das war auch nicht notwendig. In diesem Staat aber wird man auch sie brauchen, ferner noch viel anderes Vieh, wenn einer es essen will. Nicht wahr?«

»Gewiss.«

[d] »Bei einer solchen Lebensweise werden wir auch die Ärzte viel mehr benötigen als früher?«

»Allerdings.«

14 »Und das Land, das damals alle ernähren konnte, wird nicht mehr genügen und zu klein sein. Oder wie denken wir uns das?«

»So ist es«, sagte er.

»Müssen wir uns nicht etwas vom Gebiet der Nachbarn abtrennen, wenn wir genügend Land zum Weiden und Bebauen

καὶ ἐκεῖνοι ἀφῶσιν αὐτοὺς ἐπὶ χρημάτων κτῆσιν ἄπειρον, ὑπερβάντες τὸν τῶν ἀναγκαίων ὅρον;

[e] Πολλὴ ἀνάγκη, ἔφη, ὦ Σώκρατες.

Πολεμήσομεν δὴ τὸ μετὰ τοῦτο, ὦ Γλαύκων; ἢ πῶς ἔσται;

Οὕτως, ἔφη.

Καὶ μηδέν γέ πω λέγωμεν, ἦν δ᾽ ἐγώ, μήτ᾽ εἴ τι κακὸν μήτ᾽ εἰ ἀγαθὸν ὁ πόλεμος ἐργάζεται, ἀλλὰ τοσοῦτον μόνον, ὅτι πολέμου αὖ γένεσιν ηὑρήκαμεν, ἐξ ὧν μάλιστα ταῖς πόλεσιν καὶ ἰδίᾳ καὶ δημοσίᾳ κακὰ γίγνεται, ὅταν γίγνηται.

Πάνυ μὲν οὖν.

Ἔτι δή, ὦ φίλε, μείζονος τῆς πόλεως δεῖ οὔ τι σμικρῷ, [374a] ἀλλ᾽ ὅλῳ στρατοπέδῳ, ὃ ἐξελθὸν ὑπὲρ τῆς οὐσίας ἁπάσης καὶ ὑπὲρ ὧν νυνδὴ ἐλέγομεν διαμαχεῖται τοῖς ἐπιοῦσιν.

Τί δέ; ἦ δ᾽ ὅς· αὐτοὶ οὐχ ἱκανοί;

Οὔκ, εἰ σύ γε, ἦν δ᾽ ἐγώ, καὶ ἡμεῖς ἅπαντες ὡμολογήσαμεν καλῶς, ἡνίκα ἐπλάττομεν τὴν πόλιν· ὡμολογοῦμεν δέ που, εἰ μέμνησαι, ἀδύνατον ἕνα πολλὰς καλῶς ἐργάζεσθαι τέχνας.

Ἀληθῆ λέγεις, ἔφη.

[b] Τί οὖν; ἦν δ᾽ ἐγώ· ἡ περὶ τὸν πόλεμον ἀγωνία οὐ τεχνικὴ δοκεῖ εἶναι;

Καὶ μάλα, ἔφη.

Ἦ οὖν τι σκυτικῆς δεῖ μᾶλλον κήδεσθαι ἢ πολεμικῆς;

Οὐδαμῶς.

Ἀλλ᾽ ἄρα τὸν μὲν σκυτοτόμον διεκωλύομεν μήτε γεωργὸν ἐπι-

haben wollen, und die Nachbarn werden wiederum dasselbe mit unserem Land machen, wenn auch sie über die Grenze des Notwendigen hinausgehen und sich dem grenzenlosen Erwerb von Gütern hingeben?«

[e] »Zwangsläufig, Sokrates«, erwiderte er.

»Dann werden wir also Krieg führen, Glaukon? Oder wie wird das sein?«

»Genau so«, antwortete er.

»Noch wollen wir nicht sagen«, sprach ich, »ob der Krieg Schlechtes oder Gutes bewirkt, sondern nur so viel, dass wir den Ursprung des Krieges gefunden haben, und zwar in den Umständen[74], aus denen für die Staaten das meiste private und öffentliche Übel entsteht, wenn sie eintreten.«

»Allerdings.«

»Schließlich muss unser Staat noch beträchtlich vergrößert werden, mein Freund, [374a] nämlich um ein ganzes Heer, das auszieht und für das gesamte Hab und Gut und all das, was wir aufgezählt haben, mit den anrückenden Feinden kämpft.«

»Wieso?«, fragte er. »Sind denn die Bürger selbst dazu nicht imstande?«

»Nein«, sagte ich, »wenn das richtig ist, worüber du und wir alle uns geeinigt haben, als wir unseren Staat gründeten. Wir einigten uns ja, wenn du dich erinnerst, darauf, dass ein einziger Mensch unmöglich viele verschiedene Fertigkeiten beherrschen kann.«

»Da hast du recht«, sagte er.

[b] »Ist nun«, fuhr ich fort, »die Kriegsführung keine Fertigkeit?«

»Doch, gewiss«, antwortete er.

»Bedarf etwa die Herstellung von Schuhen einer größeren Sorgfalt als das Kriegshandwerk?«

»Keineswegs.«

»Dem Schuster aber haben wir es verwehrt, zugleich Bauer,

χειρεῖν εἶναι ἅμα μήτε ὑφάντην μήτε οἰκοδόμον ἀλλὰ σκυτοτόμον, ἵνα δὴ ἡμῖν τὸ τῆς σκυτικῆς ἔργον καλῶς γίγνοιτο, καὶ τῶν ἄλλων ἑνὶ ἑκάστῳ ὡσαύτως ἓν ἀπεδίδομεν, πρὸς ὃ ἐπεφύκει ἕκαστος καὶ ἐφ᾽ ᾧ ἔμελλε τῶν ἄλλων [c] σχολὴν ἄγων διὰ βίου αὐτὸ ἐργαζόμενος οὐ παριεὶς τοὺς καιροὺς καλῶς ἀπεργάσεσθαι· τὰ δὲ δὴ περὶ τὸν πόλεμον πότερον οὐ περὶ πλείστου ἐστὶν εὖ ἀπεργασθέντα; ἢ οὕτω ῥᾴδιον, ὥστε καὶ γεωργῶν τις ἅμα πολεμικὸς ἔσται καὶ σκυτοτομῶν καὶ ἄλλην τέχνην ἡντινοῦν ἐργαζόμενος, πεττευτικὸς δὲ ἢ κυβευτικὸς ἱκανῶς οὐδ᾽ ἂν εἷς γένοιτο μὴ αὐτὸ τοῦτο ἐκ παιδὸς ἐπιτηδεύων, ἀλλὰ παρέργῳ χρώμενος; [d] καὶ ἀσπίδα μὲν λαβὼν ἤ τι ἄλλο τῶν πολεμικῶν ὅπλων τε καὶ ὀργάνων αὐθημερὸν ὁπλιτικῆς ἤ τινος ἄλλης μάχης τῶν κατὰ πόλεμον ἱκανὸς ἔσται ἀγωνιστής, τῶν δὲ ἄλλων ὀργάνων οὐδὲν οὐδένα δημιουργὸν οὐδὲ ἀθλητὴν ληφθὲν ποιήσει, οὐδ᾽ ἔσται χρήσιμον τῷ μήτε τὴν ἐπιστήμην ἑκάστου λαβόντι μήτε τὴν μελέτην ἱκανὴν παρασχομένῳ;

15 Πολλοῦ γὰρ ἄν, ἦ δ᾽ ὅς, τὰ ὄργανα ἦν ἄξια.

Οὐκοῦν, ἦν δ᾽ ἐγώ, ὅσῳ μέγιστον τὸ τῶν φυλάκων ἔργον, [e] τοσούτῳ σχολῆς τε τῶν ἄλλων πλείστης ἂν εἴη καὶ αὖ τέχνης τε καὶ ἐπιμελείας μεγίστης δεόμενον.

Οἶμαι ἔγωγε, ἦ δ᾽ ὅς.

Ἆρ᾽ οὖν οὐ καὶ φύσεως ἐπιτηδείας εἰς αὐτὸ τὸ ἐπιτήδευμα;

Πῶς δ᾽ οὔ;

Ἡμέτερον δὴ ἔργον ἂν εἴη, ὡς ἔοικεν, εἴπερ οἷοί τ᾽ ἐσμέν, ἐκλέξασθαι τίνες τε καὶ ποῖαι φύσεις ἐπιτήδειαι εἰς πόλεως φυλακήν.

Ἡμέτερον μέντοι.

Weber und Baumeister sein zu wollen; er sollte nur Schuster sein, damit wir gute Schusterarbeit bekommen, und ebenso haben wir jedem Einzelnen von den anderen Berufen nur eine einzige Aufgabe zugeteilt, für die er von Natur aus geeignet ist und die er sein Leben lang, [c] unter Verzicht auf alle anderen, ausüben sollte, ohne den rechten Augenblick, seine Arbeit gut zu machen, zu versäumen. Ist es denn nicht überaus wichtig, dass gerade im Krieg gute Arbeit geleistet wird? Oder kann irgendein Bauer, ein Schuster und sonst ein Handwerker so mir nichts dir nichts zugleich Krieger sein, während niemand ein guter Brett- oder Würfelspieler werden kann, wenn er sich darin nicht von klein auf übt, sondern es nur gelegentlich betreibt? [d] Braucht man einen Schild oder sonst eine Waffe oder ein Kriegsgerät nur ergreifen und ist sofort ein guter Kämpfer bei den Schwerbewaffneten oder bei einer anderen Waffengattung, während bei den anderen Werkzeugen das bloße Ergreifen noch keinen zum Werkmeister oder Wettkämpfer macht? Diese haben für den keinen Nutzen, der sich nicht von jedem eine ausreichende Kenntnis und Übung im Umgang verschafft hat.«

15 »Sonst wären die Werkzeuge ja viel wert«,[75] sagte er.

»Je wichtiger also«, fuhr ich fort, »die Aufgabe der Wächter ist, [e] desto mehr müssen sie von allen anderen Tätigkeiten frei sein, zumal diese Aufgabe höchster Kunstfertigkeit und Sorgfalt bedarf.«

»Das glaube ich auch«, erwiderte er.

»Und bedarf es nicht auch einer natürlichen Begabung[76] für diese Aufgabe?«

»Natürlich.«

»Unsere Aufgabe wäre es nun offenbar, wenn wir dazu imstande sind, jene Anlagen und ihre Art auszuwählen, die für die Bewachung des Staates erforderlich sind.«

»Freilich, das müssen wir.«

Μὰ Δία, ἦν δ᾽ ἐγώ, οὐκ ἄρα φαῦλον πρᾶγμα ἠράμεθα· ὅμως δὲ οὐκ ἀποδειλιατέον, ὅσον γ᾽ ἂν δύναμις παρείκῃ.

[375a] Οὐ γὰρ οὖν, ἔφη.

Οἴει οὖν τι, ἦν δ᾽ ἐγώ, διαφέρειν φύσιν γενναίου σκύλακος εἰς φυλακὴν νεανίσκου εὐγενοῦς;

Τὸ ποῖον λέγεις;

Οἷον ὀξύν τέ που δεῖ αὐτοῖν ἑκάτερον εἶναι πρὸς αἴσθησιν καὶ ἐλαφρὸν πρὸς τὸ αἰσθανόμενον διωκάθειν, καὶ ἰσχυρὸν αὖ, ἐὰν δέῃ ἑλόντα διαμάχεσθαι.

Δεῖ γὰρ οὖν, ἔφη, πάντων τούτων.

Καὶ μὴν ἀνδρεῖόν γε, εἴπερ εὖ μαχεῖται.

Πῶς δ᾽ οὔ;

Ἀνδρεῖος δὲ εἶναι ἆρα ἐθελήσει ὁ μὴ θυμοειδὴς εἴτε ἵππος εἴτε κύων ἢ ἄλλο ὁτιοῦν ζῷον; ἢ οὐκ ἐννενόηκας ὡς [b] ἄμαχόν τε καὶ ἀνίκητον θυμός, οὗ παρόντος ψυχὴ πᾶσα πρὸς πάντα ἄφοβός τέ ἐστι καὶ ἀήττητος;

Ἐννενόηκα.

Τὰ μὲν τοίνυν τοῦ σώματος οἷον δεῖ τὸν φύλακα εἶναι, δῆλα.

Ναί.

Καὶ μὴν καὶ τὰ τῆς ψυχῆς, ὅτι γε θυμοειδῆ.

Καὶ τοῦτο.

Πῶς οὖν, ἦν δ᾽ ἐγώ, ὦ Γλαύκων, οὐκ ἄγριοι ἀλλήλοις τε ἔσονται καὶ τοῖς ἄλλοις πολίταις, ὄντες τοιοῦτοι τὰς φύσεις;

Μὰ Δία, ἦ δ᾽ ὅς, οὐ ῥᾳδίως.

[c] Ἀλλὰ μέντοι δεῖ γε πρὸς μὲν τοὺς οἰκείους πρᾴους αὐτοὺς εἶναι, πρὸς δὲ τοὺς πολεμίους χαλεπούς· εἰ δὲ μή, οὐ περιμε-

»Beim Zeus«, sagte ich, »da haben wir uns keine leichte Aufgabe auferlegt, gleichwohl dürfen wir nicht verzagen, soweit es unsere Kraft erlaubt.«

[375a] »Nein, gewiss nicht«, entgegnete er.

»Gibt es«, sagte ich, »deiner Meinung nach einen Unterschied zwischen einem guten Hund und einem edlen Jüngling, wenn es ums Bewachen geht?«

»Wie meinst du das?«

»Beide müssen zum Beispiel wachsam sein, schnell beim Verfolgen, wenn sie etwas entdeckt haben, und ferner kräftig, wenn es darum geht, zuzupacken und zu kämpfen.«

»All das ist notwendig«, erwiderte er.

»Sie müssen auch tapfer sein, wenn sie erfolgreich kämpfen wollen.«

»Natürlich.«

»Wird ein Pferd, ein Hund oder irgendein anderes Lebewesen tapfer sein können, wenn es nicht mutvoll ist?[77] Oder ist dir noch nicht aufgefallen, wie [b] unwiderstehlich und unbesiegbar der Mut ist, und dass jede Seele, der er innewohnt, allem gegenüber furchtlos und unbesiegbar ist?«

»Das habe ich wohl bemerkt.«

»Somit ist klar, wie ein Wächter körperlich beschaffen sein soll.«

»Ja.«

»Auch wie er in seiner Seele sein soll, nämlich mutvoll.«

»Auch das.«

»Wie nun? Werden, mein Glaukon«, sagte ich, »die Wächter, wenn sie solche Anlagen besitzen, nicht auch untereinander und zu den übrigen Bürgern unbarmherzig sein?«

»Beim Zeus«, antwortete er, »das wird sich nur schwer vermeiden lassen.«

[c] »Freilich sollten sie zu ihren eigenen Leuten sanftmütig sein, gegen die Feinde aber hart;[78] andernfalls brauchen sie

νοῦσιν ἄλλους σφᾶς διολέσαι, ἀλλ᾽ αὐτοὶ φθήσονται αὐτὸ δράσαντες.

Ἀληθῆ, ἔφη.

Τί οὖν, ἦν δ᾽ ἐγώ, ποιήσομεν; πόθεν ἅμα πρᾷον καὶ μεγαλόθυμον ἦθος εὑρήσομεν; ἐναντία γάρ που θυμοειδεῖ πρᾳεῖα φύσις.

Φαίνεται.

Ἀλλὰ μέντοι τούτων γε ὁποτέρου ἂν στέρηται, φύλαξ ἀγαθὸς οὐ μὴ γένηται· ταῦτα δὲ ἀδυνάτοις ἔοικεν, καὶ οὕτω [d] δὴ συμβαίνει ἀγαθὸν φύλακα ἀδύνατον γενέσθαι.

Κινδυνεύει, ἔφη.

Καὶ ἐγὼ ἀπορήσας τε καὶ ἐπισκεψάμενος τὰ ἔμπροσθεν, Δικαίως γε, ἦν δ᾽ ἐγώ, ὦ φίλε, ἀποροῦμεν· ἧς γὰρ προυθέμεθα εἰκόνος ἀπελείφθημεν.

Πῶς λέγεις;

Οὐκ ἐννενοήκαμεν ὅτι εἰσὶν ἄρα φύσεις οἵας ἡμεῖς οὐκ ᾠήθημεν, ἔχουσαι τἀναντία ταῦτα.

Ποῦ δή;

Ἴδοι μὲν ἄν τις καὶ ἐν ἄλλοις ζῴοις, οὐ μεντἂν ἥκιστα [e] ἐν ᾧ ἡμεῖς παρεβάλλομεν τῷ φύλακι. οἶσθα γάρ που τῶν γενναίων κυνῶν, ὅτι τοῦτο φύσει αὐτῶν τὸ ἦθος, πρὸς μὲν τοὺς συνήθεις τε καὶ γνωρίμους ὡς οἷόν τε πρᾳοτάτους εἶναι, πρὸς δὲ τοὺς ἀγνῶτας τοὐναντίον.

Οἶδα μέντοι.

Τοῦτο μὲν ἄρα, ἦν δ᾽ ἐγώ, δυνατόν, καὶ οὐ παρὰ φύσιν ζητοῦμεν τοιοῦτον εἶναι τὸν φύλακα.

Οὐκ ἔοικεν.

16 Ἆρ᾽ οὖν σοι δοκεῖ ἔτι τοῦδε προσδεῖσθαι ὁ φυλακικὸς ἐσόμενος, πρὸς τῷ θυμοειδεῖ ἔτι προσγενέσθαι φιλόσοφος τὴν φύσιν;

[376a] Πῶς δή; ἔφη· οὐ γὰρ ἐννοῶ.

nicht zu warten, bis die anderen sie vernichten, sondern werden es vorher selbst tun.«

»Richtig«, sagte er.

»Was sollen wir da tun?«, fragte ich. »Wo werden wir einen Charakter finden, der zugleich sanft und draufgängerisch ist? Denn die sanfte Natur ist doch der mutvollen geradezu entgegengesetzt.«

»Ja, offenbar.«

»Welche der beiden Eigenschaften auch immer jemand entbehrt, er wird kein guter Wächter sein; beide zusammen aber scheinen nicht möglich, und daraus [d] folgt, dass es keinen guten Wächter geben kann.«

»So scheint es«, entgegnete er.

Da war ich in Verlegenheit und überdachte das bisher Gesagte nochmals. Dann sprach ich: »Zu Recht, mein Freund, sind wir ratlos, haben wir uns doch von dem Bild, das wir zuvor gewählt haben, entfernt.«

»Wie soll ich das verstehen?«

»Wir haben nicht beachtet, dass es entgegen unserer Annahme Naturen gibt, die diese Gegensätze in sich vereinen.«

»Wo denn?«

»Man kann sie auch unter den anderen Lebewesen finden, nicht zuletzt bei dem, [e] das wir mit unserem Wächter verglichen haben.[79] Wie du weißt, liegt es von Natur aus im Wesen edler Hunde, Vertrauten und Bekannten gegenüber denkbar sanft zu sein, gegenüber Unbekannten aber das Gegenteil.«

»Ich weiß.«

»Es ist also doch möglich«, fuhr ich fort, »und nicht wider die Natur, wenn wir einen solchen Wächter haben wollen.«

»Offenbar nicht.«

16 »Glaubst du nicht, dass ein angehender Wächter zu seinem Mut auch noch eine philosophische Natur braucht?«

[376a] »Wieso?«, fragte er. »Das verstehe ich nicht.«

Καὶ τοῦτο, ἦν δ᾽ ἐγώ, ἐν τοῖς κυσὶν κατόψει, ὃ καὶ ἄξιον θαυμάσαι τοῦ θηρίου.

Τὸ ποῖον;

Ὅτι ὃν μὲν ἂν ἴδῃ ἀγνῶτα, χαλεπαίνει, οὐδὲ ἓν κακὸν προπεπονθώς· ὃν δ᾽ ἂν γνώριμον, ἀσπάζεται, κἂν μηδὲν πώποτε ὑπ᾽ αὐτοῦ ἀγαθὸν πεπόνθῃ. ἢ οὔπω τοῦτο ἐθαύμασας;

Οὐ πάνυ, ἔφη, μέχρι τούτου προσέσχον τὸν νοῦν· ὅτι δέ που δρᾷ ταῦτα, δῆλον.

Ἀλλὰ μὴν κομψόν γε φαίνεται τὸ πάθος αὐτοῦ τῆς [b] φύσεως καὶ ὡς ἀληθῶς φιλόσοφον.

Πῇ δή;

Ἧι, ἦν δ᾽ ἐγώ, ὄψιν οὐδενὶ ἄλλῳ φίλην καὶ ἐχθρὰν διακρίνει ἢ τῷ τὴν μὲν καταμαθεῖν, τὴν δὲ ἀγνοῆσαι. καίτοι πῶς οὐκ ἂν φιλομαθὲς εἴη συνέσει τε καὶ ἀγνοίᾳ ὁριζόμενον τό τε οἰκεῖον καὶ τὸ ἀλλότριον;

Οὐδαμῶς, ἦ δ᾽ ὅς, ὅπως οὔ.

Ἀλλὰ μέντοι, εἶπον ἐγώ, τό γε φιλομαθὲς καὶ φιλόσοφον ταὐτόν;

Ταὐτὸν γάρ, ἔφη.

Οὐκοῦν θαρροῦντες τιθῶμεν καὶ ἐν ἀνθρώπῳ, εἰ μέλλει [c] πρὸς τοὺς οἰκείους καὶ γνωρίμους πρᾷός τις ἔσεσθαι, φύσει φιλόσοφον καὶ φιλομαθῆ αὐτὸν δεῖν εἶναι;

Τιθῶμεν, ἔφη.

Φιλόσοφος δὴ καὶ θυμοειδὴς καὶ ταχὺς καὶ ἰσχυρὸς ἡμῖν τὴν φύσιν ἔσται ὁ μέλλων καλὸς κἀγαθὸς ἔσεσθαι φύλαξ πόλεως.

Παντάπασι μὲν οὖν, ἔφη.

Οὗτος μὲν δὴ ἂν οὕτως ὑπάρχοι. θρέψονται δὲ δὴ ἡμῖν οὗτοι καὶ παιδευθήσονται τίνα τρόπον; καὶ ἆρά τι προὔργου ἡμῖν ἐστιν αὐτὸ

»Auch das«, sagte ich, »kannst du an den Hunden beobachten, was ja bei diesem Tier besonders bewundernswert ist.«

»Und zwar?«

»Dass er knurrt, wenn er einen Unbekannten sieht, ohne auch nur das geringste Übel von ihm erfahren zu haben; einen Bekannten aber begrüßt er freundlich, auch wenn ihm dieser nie etwas Gutes erwiesen hat. Hast du dich noch nie darüber gewundert?«

»So genau«, sagte er, »habe ich bisher nicht darauf geachtet; aber offenbar ist es so.«

»Sein natürliches Empfinden ist offenbar sehr fein und wahrhaft philosophisch.«

[b] »Wieso?«

»Nun, weil er ein freundliches und feindliches Gesicht einzig und allein danach unterscheidet, ob er es kennt oder nicht. Ist es nicht Erkenntnisliebe, wenn er Vertrautes und Fremdes nach Erkennen und Nichterkennen unterscheidet?«

»Das muss es freilich sein«, entgegnete er.[80]

»Ist nun erkenntnisliebend und philosophisch dasselbe?«[81] fragte ich weiter.

»Ja, es ist dasselbe«, antwortete er.

»Also können wir getrost auch beim Menschen annehmen, wenn er [c] gegenüber Angehörigen und Bekannten sanft sein soll, dann muss er von Natur philosophisch und erkenntnisliebend sein?«

»Ja, das können wir«, sagte er.

»Philosophisch und mutvoll, schnell und stark wird also von Natur aus der sein, der ein guter und tüchtiger[82] Wächter des Staates sein soll.«

»Ja, auf alle Fälle«, sagte er.

»So müsste er also aussehen. Wie aber sollen sie erzogen und herangebildet werden? Und nützt uns diese Betrachtung bei der Erkenntnis, wie Gerechtigkeit und Ungerechtigkeit im

σκοποῦσι πρὸς τὸ κατιδεῖν οὗπερ ἕνεκα [d] πάντα σκοποῦμεν, δικαιοσύνην τε καὶ ἀδικίαν τίνα τρόπον ἐν πόλει γίγνεται; ἵνα μὴ ἐῶμεν ἱκανὸν λόγον ἢ συχνὸν διεξίωμεν.

Καὶ ὁ τοῦ Γλαύκωνος ἀδελφός, Πάνυ μὲν οὖν, ἔφη, ἔγωγε προσδοκῶ προὔργου εἶναι εἰς τοῦτο ταύτην τὴν σκέψιν.

Μὰ Δία, ἦν δ᾽ ἐγώ, ὦ φίλε Ἀδείμαντε, οὐκ ἄρα ἀφετέον, οὐδ᾽ εἰ μακροτέρα τυγχάνει οὖσα.

Οὐ γὰρ οὖν.

Ἴθι οὖν, ὥσπερ ἐν μύθῳ μυθολογοῦντές τε καὶ σχολὴν ἄγοντες λόγῳ παιδεύωμεν τοὺς ἄνδρας.

[e] Ἀλλὰ χρή.

17 Τίς οὖν ἡ παιδεία; ἢ χαλεπὸν εὑρεῖν βελτίω τῆς ὑπὸ τοῦ πολλοῦ χρόνου ηὑρημένης; ἔστιν δέ που ἡ μὲν ἐπὶ σώμασι γυμναστική, ἡ δ᾽ ἐπὶ ψυχῇ μουσική.

Ἔστιν γάρ.

Ἆρ᾽ οὖν οὐ μουσικῇ πρότερον ἀρξόμεθα παιδεύοντες ἢ γυμναστικῇ;

Πῶς δ᾽ οὔ;

Μουσικῆς δ᾽, εἶπον, τιθεῖς λόγους, ἢ οὔ;

Ἔγωγε.

Λόγων δὲ διττὸν εἶδος, τὸ μὲν ἀληθές, ψεῦδος δ᾽ ἕτερον;

Ναί.

[377a] Παιδευτέον δ᾽ ἐν ἀμφοτέροις, πρότερον δ᾽ ἐν τοῖς ψευδέσιν;

Οὐ μανθάνω, ἔφη, πῶς λέγεις.

Οὐ μανθάνεις, ἦν δ᾽ ἐγώ, ὅτι πρῶτον τοῖς παιδίοις μύθους λέγομεν; τοῦτο δέ που ὡς τὸ ὅλον εἰπεῖν ψεῦδος, ἔνι δὲ καὶ

Staat entstehen, was ja der eigentliche Grund [d] unserer ganzen Untersuchung war? Wir wollen ja dabei keinen wichtigen Punkt übersehen, aber auch nicht allzu weit ausholen.«

Da sagte Glaukons Bruder: »Ich erwarte mir ganz sicher, dass diese Betrachtung uns dabei von Nutzen ist.«

»Beim Zeus, mein lieber Adeimantos«, fuhr ich fort, »dann dürfen wir sie nicht beiseite lassen, auch wenn sie etwas länger dauern sollte.«

»Allerdings nicht.«

»Nun gut, dann wollen wir, wie wenn wir uns in aller Ruhe Geschichten erzählten,[83] die Männer in Gedanken erziehen.«

[e] »Ja, so soll es sein.«

17 »Wie schaut nun diese Erziehung aus? Es lässt sich wohl schwerlich eine bessere finden, als die, die man im Laufe langer Zeit gefunden hat? Für den Körper ist dies die Gymnastik, für die Seele aber die Kunst der Musen.«[84]

»So ist es.«

»Werden wir nicht mit der musischen Erziehung früher beginnen als mit der gymnastischen?«

»Gewiss.«

»Zur musischen Erziehung rechnet man doch auch die Erzählungen, oder nicht?«

»Doch.«

»Es gibt zwei Arten von Erzählungen, wahre und erdichtete.«

»Ja.«

[377a] »Die Erziehung muss in beiden erfolgen, zuerst aber in den erdichteten?«

»Ich verstehe nicht, was du meinst«, sagte er.

»Verstehst du nicht«, entgegnete ich, »dass wir zuerst den Kindern Märchen erzählen? Diese sind doch, aufs Ganze gesehen, erdichtet, wenn auch etwas Wahres in ihnen steckt.

ἀληθῆ. πρότερον δὲ μύθοις πρὸς τὰ παιδία ἢ γυμνασίοις χρώμεθα.

Ἔστι ταῦτα.

Τοῦτο δὴ ἔλεγον, ὅτι μουσικῆς πρότερον ἁπτέον ἢ γυμναστικῆς.

Ὀρθῶς, ἔφη.

Οὐκοῦν οἶσθ᾽ ὅτι ἀρχὴ παντὸς ἔργου μέγιστον, ἄλλως [b] τε δὴ καὶ νέῳ καὶ ἁπαλῷ ὁτῳοῦν; μάλιστα γὰρ δὴ τότε πλάττεται, καὶ ἐνδύεται τύπος ὃν ἄν τις βούληται ἐνσημήνασθαι ἑκάστῳ.

Κομιδῇ μὲν οὖν.

Ἆρ᾽ οὖν ῥᾳδίως οὕτω παρήσομεν τοὺς ἐπιτυχόντας ὑπὸ τῶν ἐπιτυχόντων μύθους πλασθέντας ἀκούειν τοὺς παῖδας καὶ λαμβάνειν ἐν ταῖς ψυχαῖς ὡς ἐπὶ τὸ πολὺ ἐναντίας δόξας ἐκείναις ἅς, ἐπειδὰν τελεωθῶσιν, ἔχειν οἰησόμεθα δεῖν αὐτούς;

Οὐδ᾽ ὁπωστιοῦν παρήσομεν.

Πρῶτον δὴ ἡμῖν, ὡς ἔοικεν, ἐπιστατητέον τοῖς μυθοποιοῖς, [c] καὶ ὃν μὲν ἂν καλὸν [μῦθον] ποιήσωσιν, ἐγκριτέον, ὃν δ᾽ ἂν μή, ἀποκριτέον. τοὺς δ᾽ ἐγκριθέντας πείσομεν τὰς τροφούς τε καὶ μητέρας λέγειν τοῖς παισίν, καὶ πλάττειν τὰς ψυχὰς αὐτῶν τοῖς μύθοις πολὺ μᾶλλον ἢ τὰ σώματα ταῖς χερσίν· ὧν δὲ νῦν λέγουσι τοὺς πολλοὺς ἐκβλητέον.

Ποίους δή; ἔφη.

Ἐν τοῖς μείζοσιν, ἦν δ᾽ ἐγώ, μύθοις ὀψόμεθα καὶ τοὺς ἐλάττους. δεῖ γὰρ δὴ τὸν αὐτὸν τύπον εἶναι καὶ ταὐτὸν [d] δύνασθαι τούς τε μείζους καὶ τοὺς ἐλάττους. ἢ οὐκ οἴει;

Ἔγωγ᾽, ἔφη· ἀλλ᾽ οὐκ ἐννοῶ οὐδὲ τοὺς μείζους τίνας λέγεις.

Mit den Märchen fangen wir bei den Kindern doch früher an als mit der Gymnastik?«

»So ist es.«

»Das meinte ich, wenn ich sagte, die musische Erziehung müsse früher beginnen als die gymnastische.«

»Damit hast du recht«, sagte er.

»Nun weißt du ja, dass bei jeder Sache der Anfang das Wichtigste ist, zumal [b] für ein junges und zartes Wesen. Denn da wird ein jeder am meisten geformt und geprägt[85], wie man ihn eben haben will.«

»Allerdings.«

»Dürfen wir es dann so ohne Weiteres zulassen, dass die Kinder die erstbesten Märchen von den erstbesten Dichtern zu hören bekommen und in ihrer Seele Anschauungen aufnehmen, die größtenteils geradezu das Gegenteil von denen sind, die sie unserer Meinung nach haben sollten, wenn sie erwachsen sind?«

»Das dürfen wir gewiss nicht.«

»Dann müssen wir fürs Erste offensichtlich die Märchendichter beaufsichtigen; [c] ist das, was sie dichten, gut, nehmen wir es an, andernfalls verwerfen wir es. Was wir gebilligt haben, sollen die Ammen und Mütter den Kindern erzählen und so mit den Geschichten ihre Seelen weit mehr bilden, als sie mit ihren Händen für deren körperliches Wohl tun können. Von den heutigen Erzählungen aber müssen wir die meisten verwerfen.«

»Nämlich welche?«, fragte er.

»An den größeren Erzählungen«, sagte ich, »werden wir auch die kleineren erkennen; denn beide, die größeren und die kleineren, müssen ja nach demselben Muster sein und dasselbe [d] bewirken. Glaubst du nicht?«

»Ja«, sagte er, »aber ich weiß nicht, was du mit den größeren meinst.«

Οὓς Ἡσίοδός τε, εἶπον, καὶ Ὅμηρος ἡμῖν ἐλεγέτην καὶ οἱ ἄλλοι ποιηταί. οὗτοι γάρ που μύθους τοῖς ἀνθρώποις ψευδεῖς συντιθέντες ἔλεγόν τε καὶ λέγουσι.

Ποίους δή, ἦ δ᾽ ὅς, καὶ τί αὐτῶν μεμφόμενος λέγεις;

Ὅπερ, ἦν δ᾽ ἐγώ, χρὴ καὶ πρῶτον καὶ μάλιστα μέμφεσθαι, ἄλλως τε καὶ ἐάν τις μὴ καλῶς ψεύδηται.

Τί τοῦτο;

[e] Ὅταν εἰκάζῃ τις κακῶς [οὐσίαν] τῷ λόγῳ, περὶ θεῶν τε καὶ ἡρώων οἷοί εἰσιν, ὥσπερ γραφεὺς μηδὲν ἐοικότα γράφων οἷς ἂν ὅμοια βουληθῇ γράψαι.

Καὶ γάρ, ἔφη, ὀρθῶς ἔχει τά γε τοιαῦτα μέμφεσθαι. ἀλλὰ πῶς δὴ λέγομεν καὶ ποῖα;

Πρῶτον μέν, ἦν δ᾽ ἐγώ, τὸ μέγιστον καὶ περὶ τῶν μεγίστων ψεῦδος ὁ εἰπὼν οὐ καλῶς ἐψεύσατο ὡς Οὐρανός τε ἠργάσατο ἅ φησι δρᾶσαι αὐτὸν Ἡσίοδος, ὅ τε αὖ Κρόνος [378a] ὡς ἐτιμωρήσατο αὐτόν. τὰ δὲ δὴ τοῦ Κρόνου ἔργα καὶ πάθη ὑπὸ τοῦ ὑέος, οὐδ᾽ ἂν εἰ ἦν ἀληθῆ ᾤμην δεῖν ῥᾳδίως οὕτως λέγεσθαι πρὸς ἄφρονάς τε καὶ νέους, ἀλλὰ μάλιστα μὲν σιγᾶσθαι, εἰ δὲ ἀνάγκη τις ἦν λέγειν, δι᾽ ἀπορρήτων ἀκούειν ὡς ὀλιγίστους, θυσαμένους οὐ χοῖρον ἀλλά τι μέγα καὶ ἄπορον θῦμα, ὅπως ὅτι ἐλαχίστοις συνέβη ἀκοῦσαι.

Καὶ γάρ, ἦ δ᾽ ὅς, οὗτοί γε οἱ λόγοι χαλεποί.

[b] Καὶ οὐ λεκτέοι γ᾽, ἔφην, ὦ Ἀδείμαντε, ἐν τῇ ἡμετέρᾳ πόλει. οὐδὲ λεκτέον νέῳ ἀκούοντι ὡς ἀδικῶν τὰ ἔσχατα οὐδὲν ἂν θαυμα-

»Diejenigen«, erwiderte ich, »die uns Hesiod und Homer und die anderen Dichter erzählten. Denn diese erzählten und erzählen den Menschen erfundene, unwahre Geschichten.«[86]

»Welche meinst du denn«, fragte er, »und was tadelst du an ihnen?«

»Was man von Anfang an und aufs Schärfste tadeln muss, zumal wenn diese Lügenmärchen nicht gut erfunden sind.«

»Und das wäre?«

[e] »Wenn einer in seiner Darstellung ein schlechtes Bild vom Wesen der Götter und Heroen zeichnet, wie ein Maler, dessen Bilder dem Original, das er abbilden will, nicht ähnlich sehen.«[87]

»Das kann man mit Recht tadeln«, sagte er. »Aber wie sollen wir das verstehen, und wovon reden wir da?«

»Zunächst einmal«, antwortete ich, »ist es die größte Unwahrheit von den bedeutendsten Dingen, die ihr Erzähler auf unschöne Art und Weise erfunden hat, und zwar dass Uranos das begangen haben soll, was Hesiod von ihm behauptet, und wie sich Kronos wieder [378a] an ihm gerächt haben soll. Was Kronos getan und was er durch seinen Sohn erlitten hat,[88] dürfte man, selbst wenn es wahr wäre, meiner Meinung nach nicht so ohne Weiteres unverständigen[89] und jungen Menschen erzählen, sondern sollte es am besten verschweigen. Wenn es aber nötig ist, darüber zu reden, dann sollte man es im Geheimen tun und vor möglichst wenigen Zuhörern; zuvor sollte man ein Opfer darbringen, aber nicht ein Schwein, sondern ein großes und schwer zu beschaffendes Opfertier, damit es nur die Wenigsten zu hören bekommen.«[90]

»Das sind allerdings arge Geschichten«, sagte er.

[b] »Die man in unserem Staat nicht erzählen sollte,[91] mein Adeimantos«, fuhr ich fort. »Man darf auch einem jugendlichen Zuhörer nicht sagen, er tue nichts Verwunderliches, wenn er schwerstes Unrecht begehe, oder wenn er seinen Vater, der ihn

στὸν ποιοῖ, οὐδ' αὖ ἀδικοῦντα πατέρα κολάζων παντὶ τρόπῳ, ἀλλὰ δρῴη ἂν ὅπερ θεῶν οἱ πρῶτοί τε καὶ μέγιστοι.

Οὐ μὰ τὸν Δία, ἦ δ' ὅς, οὐδὲ αὐτῷ μοι δοκεῖ ἐπιτήδεια εἶναι λέγειν.

Οὐδέ γε, ἦν δ' ἐγώ, τὸ παράπαν ὡς θεοὶ θεοῖς πολεμοῦσί [c] τε καὶ ἐπιβουλεύουσι καὶ μάχονται – οὐδὲ γὰρ ἀληθῆ – εἴ γε δεῖ ἡμῖν τοὺς μέλλοντας τὴν πόλιν φυλάξειν αἴσχιστον νομίζειν τὸ ῥᾳδίως ἀλλήλοις ἀπεχθάνεσθαι – πολλοῦ δεῖ γιγαντομαχίας τε μυθολογητέον αὐτοῖς καὶ ποικιλτέον, καὶ ἄλλας ἔχθρας πολλὰς καὶ παντοδαπὰς θεῶν τε καὶ ἡρώων πρὸς συγγενεῖς τε καὶ οἰκείους αὐτῶν – ἀλλ' εἴ πως μέλλομεν πείσειν ὡς οὐδεὶς πώποτε πολίτης ἕτερος ἑτέρῳ ἀπήχθετο οὐδ' ἔστιν τοῦτο ὅσιον, τοιαῦτα λεκτέα μᾶλλον πρὸς [d] τὰ παιδία εὐθὺς καὶ γέρουσι καὶ γραυσί, καὶ πρεσβυτέροις γιγνομένοις καὶ τοὺς ποιητὰς ἐγγὺς τούτων ἀναγκαστέον λογοποιεῖν. Ἥρας δὲ δεσμοὺς ὑπὸ ὑέος καὶ Ἡφαίστου ῥίψεις ὑπὸ πατρός, μέλλοντος τῇ μητρὶ τυπτομένῃ ἀμυνεῖν, καὶ θεομαχίας ὅσας Ὅμηρος πεποίηκεν οὐ παραδεκτέον εἰς τὴν πόλιν, οὔτ' ἐν ὑπονοίαις πεποιημένας οὔτε ἄνευ ὑπονοιῶν. ὁ γὰρ νέος οὐχ οἷός τε κρίνειν ὅτι τε ὑπόνοια καὶ ὃ μή, ἀλλ' ἃ ἂν τηλικοῦτος ὢν λάβῃ ἐν ταῖς δόξαις δυσέκνιπτά [e] τε καὶ ἀμετάστατα φιλεῖ γίγνεσθαι· ὧν δὴ ἴσως ἕνεκα περὶ παντὸς ποιητέον ἃ πρῶτα ἀκούουσιν ὅτι κάλλιστα μεμυθολογημένα πρὸς ἀρετὴν ἀκούειν.

18 Ἔχει γάρ, ἔφη, λόγον. ἀλλ' εἴ τις αὖ καὶ ταῦτα ἐρωτῴη ἡμᾶς, ταῦτα ἅττα τ' ἐστὶν καὶ τίνες οἱ μῦθοι, τίνας ἂν φαῖμεν;

beleidigt, auf jede nur erdenkliche Weise züchtige, vielmehr tue er ja nur das, was die ersten und größten Götter getan haben.«[92]

»Nein, beim Zeus«, entgegnete er, »auch ich halte solche Reden für höchst unpassend.«

»Überhaupt, dass Götter einander bekriegen, dass sie einander [c] nachstellen und bekämpfen«,[93] fuhr ich fort. »Denn auch das ist nicht wahr. Sollen doch die zukünftigen Wächter unseres Staates es für die größte Schande halten, sich leichtfertig untereinander zu verfeinden. Unter keinen Umständen darf man ihnen[94] die Kämpfe der Giganten in bunten Farben schildern und die vielen anderen mannigfachen Feindschaften der Götter und Heroen mit ihren Verwandten und Angehörigen. Wenn wir sie aber davon überzeugen wollen, dass sich nie ein Bürger mit einem anderen verfeindet hat und dass dies auch gegen alles göttliche Recht wäre, dann müssen [d] Greise und Greisinnen eher Geschichten in diesem Sinne den Kindern von klein auf erzählen; auch müssen die Dichter gezwungen werden, ihre Geschichten für die älter Gewordenen in ähnlicher Art zu verfassen.[95] Geschichten wie die Fesselung der Hera durch ihren Sohn, der Sturz des Hephaistos durch seinen Vater, weil er seiner misshandelten Mutter beistehen wollte,[96] oder die Götterkämpfe, wie sie Homer dichtete,[97] dürfen in unserem Staat nicht zugelassen werden, egal ob sie nun allegorisch zu verstehen sind oder nicht.[98] Denn ein junger Mensch kann nicht unterscheiden, was allegorisch gemeint ist und was nicht, vielmehr ist gewöhnlich das, was er in diesem Alter in seine Anschauungen aufnimmt, unauslöschlich [e] und unveränderlich. Darum ist es wohl von größter Wichtigkeit, dass die ersten Geschichten, die er zu hören bekommt, besonders sittlich schön und tugendhaft sind.«

18 »Das ist logisch«, sagte er. »Würde uns aber nochmals[99] jemand fragen, was für Dichtungen das sein sollen, welche würden wir dann nennen?«

Καὶ ἐγὼ εἶπον· Ὦ Ἀδείμαντε, οὐκ ἐσμὲν ποιηταὶ ἐγώ τε [379a] καὶ σὺ ἐν τῷ παρόντι, ἀλλ᾽ οἰκισταὶ πόλεως· οἰκισταῖς δὲ τοὺς μὲν τύπους προσήκει εἰδέναι ἐν οἷς δεῖ μυθολογεῖν τοὺς ποιητάς, παρ᾽ οὓς ἐὰν ποιῶσιν οὐκ ἐπιτρεπτέον, οὐ μὴν αὐτοῖς γε ποιητέον μύθους.

Ὀρθῶς, ἔφη· ἀλλ᾽ αὐτὸ δὴ τοῦτο, οἱ τύποι περὶ θεολογίας τίνες ἂν εἶεν;

Τοιοίδε πού τινες, ἦν δ᾽ ἐγώ· οἷος τυγχάνει ὁ θεὸς ὤν, ἀεὶ δήπου ἀποδοτέον, ἐάντέ τις αὐτὸν ἐν ἔπεσιν ποιῇ ἐάντε ἐν μέλεσιν ἐάντε ἐν τραγῳδίᾳ.

Δεῖ γάρ.

[b] Οὐκοῦν ἀγαθὸς ὅ γε θεὸς τῷ ὄντι τε καὶ λεκτέον οὕτω;

Τί μήν;

Ἀλλὰ μὴν οὐδέν γε τῶν ἀγαθῶν βλαβερόν· ἦ γάρ;

Οὔ μοι δοκεῖ.

Ἆρ᾽ οὖν ὃ μὴ βλαβερὸν βλάπτει;

Οὐδαμῶς.

Ὃ δὲ μὴ βλάπτει κακόν τι ποιεῖ;

Οὐδὲ τοῦτο.

Ὃ δέ γε μηδὲν κακὸν ποιεῖ οὐδ᾽ ἄν τινος εἴη κακοῦ αἴτιον;

Πῶς γάρ;

Τί δέ; ὠφέλιμον τὸ ἀγαθόν;

Ναί.

Αἴτιον ἄρα εὐπραγίας;

Ναί.

Οὐκ ἄρα πάντων γε αἴτιον τὸ ἀγαθόν, ἀλλὰ τῶν μὲν εὖ ἐχόντων αἴτιον, τῶν δὲ κακῶν ἀναίτιον.

[c] Παντελῶς γ᾽, ἔφη.

Οὐδ᾽ ἄρα, ἦν δ᾽ ἐγώ, ὁ θεός, ἐπειδὴ ἀγαθός, πάντων ἂν εἴη αἴτι-

Darauf antwortete ich: »Mein lieber Adeimantos, wir sind jetzt keine Dichter, weder ich noch du, [379a] sondern Gründer eines Staates. Staatengründer aber sollen die Richtlinien kennen, nach denen die Dichter ihre Werke schaffen müssen und gegen die sie bei ihrem Schaffen nicht verstoßen dürfen, sie selber aber brauchen nicht zu dichten.«

»Richtig«, sagte er. »Doch was sind die Richtlinien für die Götterlehre?«[100]

»Etwa folgende«, erwiderte ich. »Der Gott muss immer so dargestellt werden, wie er wirklich ist, und das gilt für das Epos, für das Lied und ebenso für die Tragödie.«

»Ja, das ist notwendig.«

[b] »Gott ist doch in Wirklichkeit gut,[101] und so muss man ihn auch schildern?«

»Gewiss.«

»Das Gute ist aber nicht schädlich, oder?«

»Ich glaube nicht.«

»Schadet etwas, was nicht schädlich ist?«

»Keineswegs.«

»Und was nicht schadet, tut auch nichts Schlechtes?«

»Auch das nicht.«

»Was aber nichts Schlechtes tut, kann doch auch nicht Ursache für etwas Schlechtes sein?«

»Wie sollte es?«

»Wie nun – ist das Gute nützlich?«[102]

»Ja.«

»Also ist es auch die Ursache von Wohlergehen?«

»Ja.«

»Das Gute ist also nicht die Ursache von allem, sondern nur von dem, was sich wohl verhält, an dem Schlechten ist es unschuldig?«

[c] »Durchaus«, sagte er.

»Da Gott nun gut ist«, fuhr ich fort, »kann er nicht an allem

ος, ὡς οἱ πολλοὶ λέγουσιν, ἀλλὰ ὀλίγων μὲν τοῖς ἀνθρώποις αἴτιος, πολλῶν δὲ ἀναίτιος· πολὺ γὰρ ἐλάττω τἀγαθὰ τῶν κακῶν ἡμῖν, καὶ τῶν μὲν ἀγαθῶν οὐδένα ἄλλον αἰτιατέον, τῶν δὲ κακῶν ἄλλ' ἄττα δεῖ ζητεῖν τὰ αἴτια, ἀλλ' οὐ τὸν θεόν.

Ἀληθέστατα, ἔφη, δοκεῖς μοι λέγειν.

Οὐκ ἄρα, ἦν δ' ἐγώ, ἀποδεκτέον οὔτε Ὁμήρου οὔτ' ἄλλου [d] ποιητοῦ ταύτην τὴν ἁμαρτίαν περὶ τοὺς θεοὺς ἀνοήτως ἁμαρτάνοντος καὶ λέγοντος

ὡς δοιοί τε πίθοι κατακείαται ἐν Διὸς οὔδει
κηρῶν ἔμπλειοι, ὁ μὲν ἐσθλῶν, αὐτὰρ ὃ δειλῶν·
καὶ ᾧ μὲν ἂν μείξας ὁ Ζεὺς δῷ ἀμφοτέρων,
ἄλλοτε μέν τε κακῷ ὅ γε κύρεται, ἄλλοτε δ' ἐσθλῷ·
ᾧ δ' ἂν μή, ἀλλ' ἄκρατα τὰ ἕτερα,
τὸν δὲ κακὴ βούβρωστις ἐπὶ χθόνα δῖαν ἐλαύνει·
[e] οὐδ' ὡς ταμίας ἡμῖν Ζεὺς –
ἀγαθῶν τε κακῶν τε τέτυκται.

19 τὴν δὲ τῶν ὅρκων καὶ σπονδῶν σύγχυσιν, ἣν ὁ Πάνδαρος συνέχεεν, ἐάν τις φῇ δι' Ἀθηνᾶς τε καὶ Διὸς γεγονέναι, οὐκ ἐπαινεσόμεθα, οὐδὲ θεῶν ἔριν τε καὶ κρίσιν [380a] διὰ Θέμιτός τε καὶ Διός, οὐδ' αὖ, ὡς Αἰσχύλος λέγει, ἐατέον ἀκούειν τοὺς νέους, ὅτι

θεὸς μὲν αἰτίαν φύει βροτοῖς,
ὅταν κακῶσαι δῶμα παμπήδην θέλῃ.

schuld sein, wie die meisten behaupten; vielmehr ist er für die Menschen nur an wenigem schuld, an vielem ist er unschuldig. Denn für uns gibt es viel weniger Gutes als Schlechtes; für das Gute brauchen wir niemand anderen verantwortlich machen, für das Schlechte aber alles andere, nur nicht ihn.«

»Ich glaube, damit hast du völlig recht«, sagte er.

»Also darf man es«, sprach ich, »weder von Homer noch von einem anderen [d] Dichter hinnehmen, wenn er diesen törichten Fehler begeht und von den Göttern sagt:

Auf der Schwelle des Zeus stehen zwei Urnen,
gefüllt mit Losen, die eine mit guten, die andere mit schlechten,[103]
und wem Zeus aus beiden gemischt die Lose zuteilt,
den trifft mitunter ein schlechtes, mitunter ein gutes;[104]
wem er aber nur die einen unvermischt zuteilt,
den treibt schlimme Not über die göttliche Erde;[105]
[e] und auch das darf man nicht hinnehmen, dass Zeus für uns
der Hüter des Guten und Bösen sei.[106]

19 Wenn aber jemand behauptet, der Bruch der Eide und Verträge, den Pandoros beging, sei durch Athene und Zeus veranlasst worden, so werden wir das nicht gutheißen; ebenso wenig auch den Streit der Götter und seine Schlichtung [380a] durch Themis und Zeus;[107] auch solche Worte, wie sie Aischylos sagt, darf man unsere jungen Leute nicht hören lassen:

Gott lässt die Menschen schuldig werden,
wenn er ein Haus ganz und gar vernichten will.[108]

ἀλλ᾽ ἐάν τις ποιῇ ἐν οἷς ταῦτα τὰ ἰαμβεῖα ἔνεστιν, τὰ τῆς Νιόβης πάθη, ἢ τὰ Πελοπιδῶν ἢ τὰ Τρωικὰ ἤ τι ἄλλο τῶν τοιούτων, ἢ οὐ θεοῦ ἔργα ἐατέον αὐτὰ λέγειν, ἢ εἰ θεοῦ, ἐξευρετέον αὐτοῖς σχεδὸν ὃν νῦν ἡμεῖς λόγον ζητοῦμεν, καὶ [b] λεκτέον ὡς ὁ μὲν θεὸς δίκαιά τε καὶ ἀγαθὰ ἠργάζετο, οἱ δὲ ὠνίναντο κολαζόμενοι· ὡς δὲ ἄθλιοι μὲν οἱ δίκην διδόντες, ἦν δὲ δὴ ὁ δρῶν ταῦτα θεός, οὐκ ἐατέον λέγειν τὸν ποιητήν. ἀλλ᾽ εἰ μὲν ὅτι ἐδεήθησαν κολάσεως λέγοιεν ὡς ἄθλιοι οἱ κακοί, διδόντες δὲ δίκην ὠφελοῦντο ὑπὸ τοῦ θεοῦ, ἐατέον· κακῶν δὲ αἴτιον φάναι θεόν τινι γίγνεσθαι ἀγαθὸν ὄντα, διαμαχετέον παντὶ τρόπῳ μήτε τινὰ λέγειν ταῦτα ἐν τῇ αὑτοῦ πόλει, εἰ μέλλει εὐνομήσεσθαι, μήτε τινὰ ἀκούειν, [c] μήτε νεώτερον μήτε πρεσβύτερον, μήτ᾽ ἐν μέτρῳ μήτε ἄνευ μέτρου μυθολογοῦντα, ὡς οὔτε ὅσια ἂν λεγόμενα εἰ λέγοιτο, οὔτε σύμφορα ἡμῖν οὔτε σύμφωνα αὐτὰ αὑτοῖς.

Σύμψηφός σοί εἰμι, ἔφη, τούτου τοῦ νόμου, καί μοι ἀρέσκει.

Οὗτος μὲν τοίνυν, ἦν δ᾽ ἐγώ, εἷς ἂν εἴη τῶν περὶ θεοὺς νόμων τε καὶ τύπων, ἐν ᾧ δεήσει τούς τε λέγοντας λέγειν καὶ τοὺς ποιοῦντας ποιεῖν, μὴ πάντων αἴτιον τὸν θεὸν ἀλλὰ τῶν ἀγαθῶν.

Καὶ μάλ᾽, ἔφη, ἀπόχρη.

[d] Τί δὲ δὴ ὁ δεύτερος ὅδε; ἆρα γόητα τὸν θεὸν οἴει εἶναι καὶ οἷον ἐξ ἐπιβουλῆς φαντάζεσθαι ἄλλοτε ἐν ἄλλαις ἰδέαις τοτὲ μὲν αὐτὸν γιγνόμενον, [καὶ] ἀλλάττοντα τὸ αὑτοῦ εἶδος εἰς πολλὰς μορφάς, τοτὲ δὲ ἡμᾶς ἀπατῶντα καὶ ποιοῦντα περὶ αὑτοῦ τοιαῦτα δοκεῖν, ἢ ἁπλοῦν τε εἶναι καὶ πάντων ἥκιστα τῆς ἑαυτοῦ ἰδέας ἐκβαίνειν;

Wenn ein Dichter die Leiden der Niobe, wo diese Verse stehen, oder die der Pelopiden[109] oder das Schicksal von Troja oder anderes dieser Art schildern will, dann darf er entweder all das nicht als die Werke Gottes bezeichnen, oder aber er muss, wenn er es doch tut, eine ähnliche Erklärung finden, wie wir sie jetzt suchen, und [b] sagen, dass Gott Gerechtes und Gutes bewirkte, die Menschen aber durch ihre Züchtigung einen Nutzen erfahren haben.[110] Dass die Bestraften unglücklich seien und dass es doch ein Gott gewesen sei, der das bewirkte, das darf man den Dichter nicht sagen lassen. Wenn sie aber sagten, dass die Schlechten in ihrem Unglück die Bestrafung nötig und eben dadurch einen Nutzen seitens des Gottes erfahren hätten, dann kann man das zulassen. Gegen die Behauptung aber, Gott, der doch gut ist, sei für jemanden die Ursache seines Übels, muss man mit allen Mitteln ankämpfen; niemand darf solches in seinem Staat, wenn dieser eine gute Verfassung haben soll, äußern, und niemand, [c] weder jung noch alt, darf solches hören, weder in der Dichtung noch in der Prosa, wäre es doch gottlos, das zu sagen, schädlich für uns und mit sich selbst im Widerspruch.«

»Für ein solches Gesetz bekommst du auch meine Stimme, denn es gefällt mir«, sagte er.

»Das also wäre das eine der Gesetze und der eine Grundsatz für die Göttersagen«, fuhr ich fort, »nach dem sich die Erzähler und Dichter zu richten haben: Gott ist nicht an allem schuld, sondern nur am Guten.«

»Damit bin ich durchaus zufrieden«, sagte er.

[d] »Wie steht es nun mit dem folgenden zweiten Grundsatz? Hältst du Gott für einen Gaukler, der in böser Absicht immer wieder in anderer Gestalt erscheint, indem er bald sein eigenes Aussehen wirklich in vielerlei Gestalten verwandelt, bald uns nur täuscht und uns solches von sich nur glauben machen will, oder meinst du, er ist ein einheitliches[111] Wesen, das am allerwenigsten seine eigene Gestalt verändert?«

Οὐκ ἔχω, ἔφη, νῦν γε οὕτως εἰπεῖν.

Τί δὲ τόδε; οὐκ ἀνάγκη, εἴπερ τι ἐξίσταιτο τῆς αὑτοῦ [e] ἰδέας, ἢ αὐτὸ ὑφ᾽ ἑαυτοῦ μεθίστασθαι ἢ ὑπ᾽ ἄλλου;

Ἀνάγκη.

Οὐκοῦν ὑπὸ μὲν ἄλλου τὰ ἄριστα ἔχοντα ἥκιστα ἀλλοιοῦταί τε καὶ κινεῖται; οἷον σῶμα ὑπὸ σιτίων τε καὶ ποτῶν καὶ πόνων, καὶ πᾶν φυτὸν ὑπὸ εἱλήσεών τε καὶ ἀνέμων καὶ τῶν τοιούτων παθημάτων, οὐ τὸ ὑγιέστατον καὶ ἰσχυρότατον [381a] ἥκιστα ἀλλοιοῦται;

Πῶς δ᾽ οὔ;

Ψυχὴν δὲ οὐ τὴν ἀνδρειοτάτην καὶ φρονιμωτάτην ἥκιστ᾽ ἄν τι ἔξωθεν πάθος ταράξειέν τε καὶ ἀλλοιώσειεν;

Ναί.

Καὶ μὴν που καὶ τά γε σύνθετα πάντα σκεύη τε καὶ οἰκοδομήματα καὶ ἀμφιέσματα κατὰ τὸν αὐτὸν λόγον τὰ εὖ εἰργασμένα καὶ εὖ ἔχοντα ὑπὸ χρόνου τε καὶ τῶν ἄλλων παθημάτων ἥκιστα ἀλλοιοῦται.

Ἔστι δὴ ταῦτα.

[b] Πᾶν δὴ τὸ καλῶς ἔχον ἢ φύσει ἢ τέχνῃ ἢ ἀμφοτέροις ἐλαχίστην μεταβολὴν ὑπ᾽ ἄλλου ἐνδέχεται.

Ἔοικεν.

Ἀλλὰ μὴν ὁ θεός γε καὶ τὰ τοῦ θεοῦ πάντῃ ἄριστα ἔχει.

Πῶς δ᾽ οὔ;

Ταύτῃ μὲν δὴ ἥκιστα ἂν πολλὰς μορφὰς ἴσχοι ὁ θεός.

Ἥκιστα δῆτα.

20 Ἀλλ᾽ ἆρα αὐτὸς αὑτὸν μεταβάλλοι ἂν καὶ ἀλλοιοῖ;

»Darauf kann ich nicht sogleich antworten«, sagte er.

»Wie steht es mit Folgendem: Wenn ein Wesen aus seiner Gestalt heraustritt, muss es dann [e] entweder durch sich selbst oder durch ein anderes Wesen verwandelt werden?«

»Das muss wohl so sein.«

»Wird nicht, was sich im besten Zustand befindet, am wenigsten von etwas anderem verändert und bewegt? Zum Beispiel der Körper durch Speise, Trank und Mühen oder jede Pflanze durch Sonnenhitze, Winde und derartige Einflüsse – je gesünder und stärker sie sind, [381a] umso weniger werden sie doch verändert?«

»Gewiss.«

»Wird dann nicht auch die tapferste und verständigste Seele durch äußeren Einfluss am wenigsten erschüttert und verändert?«

»Sicher.«

»Und entsprechend auch alles, was zusammengefügt ist, Geräte, Bauten und Kleider; wenn sie gut gearbeitet sind und sich in gutem Zustand befinden, werden sie sich durch die Zeit und andere Einflüsse am wenigsten verändern.«

»So ist es.«

[b] »Alles, was sich also in gutem Zustand befindet, sei es von Natur aus, sei es durch Kunst oder auch durch beides, lässt eine Veränderung durch etwas anderes am wenigsten zu.«

»Offenbar.«

»Nun aber befindet sich Gott und das, was Gottes ist, in jeder Weise im besten Zustand.«

»Natürlich.«

»Daher wird wohl Gott am wenigsten vielerlei Gestalten annehmen.«

»Gewiss, am wenigsten.«

20 »Aber vielleicht verändert und verwandelt er sich selbst?«

Δῆλον, ἔφη, ὅτι, εἴπερ ἀλλοιοῦται.

Πότερον οὖν ἐπὶ τὸ βέλτιόν τε καὶ κάλλιον μεταβάλλει ἑαυτὸν ἢ ἐπὶ τὸ χεῖρον καὶ τὸ αἴσχιον ἑαυτοῦ;

[c] Ἀνάγκη, ἔφη, ἐπὶ τὸ χεῖρον, εἴπερ ἀλλοιοῦται· οὐ γάρ που ἐνδεᾶ γε φήσομεν τὸν θεὸν κάλλους ἢ ἀρετῆς εἶναι.

Ὀρθότατα, ἦν δ' ἐγώ, λέγεις. καὶ οὕτως ἔχοντος δοκεῖ ἄν τίς σοι, ὦ Ἀδείμαντε, ἑκὼν αὑτὸν χείρω ποιεῖν ὁπῃοῦν ἢ θεῶν ἢ ἀνθρώπων;

Ἀδύνατον, ἔφη.

Ἀδύνατον ἄρα, ἔφην, καὶ θεῷ ἐθέλειν αὑτὸν ἀλλοιοῦν, ἀλλ' ὡς ἔοικε, κάλλιστος καὶ ἄριστος ὢν εἰς τὸ δυνατὸν ἕκαστος αὐτῶν μένει ἀεὶ ἁπλῶς ἐν τῇ αὑτοῦ μορφῇ.

Ἅπασα, ἔφη, ἀνάγκη ἔμοιγε δοκεῖ.

[d] Μηδεὶς ἄρα, ἦν δ' ἐγώ, ὦ ἄριστε, λεγέτω ἡμῖν τῶν ποιητῶν, ὡς

θεοὶ ξείνοισιν ἐοικότες ἀλλοδαποῖσι,
παντοῖοι τελέθοντες, ἐπιστρωφῶσι πόληας·

μηδὲ Πρωτέως καὶ Θέτιδος καταψευδέσθω μηδείς, μηδ' ἐν τραγῳδίαις μηδ' ἐν τοῖς ἄλλοις ποιήμασιν εἰσαγέτω Ἥραν ἠλλοιωμένην, ὡς ἱέρειαν ἀγείρουσαν –

Ἰνάχου Ἀργείου ποταμοῦ παισὶν βιοδώροις·

[e] καὶ ἄλλα τοιαῦτα πολλὰ μὴ ἡμῖν ψευδέσθων. μηδ' αὖ ὑπὸ τούτων ἀναπειθόμεναι αἱ μητέρες τὰ παιδία ἐκδειματούντων, λέγουσαι τοὺς μύθους κακῶς, ὡς ἄρα θεοί τινες περιέρχονται νύκτωρ

»Klar«, sagte er, »wenn er sich überhaupt verwandelt, dann so.«

»Wandelt er sich nun zum Besseren und Schöneren, oder zum Schlechteren und Hässlicheren, als er eigentlich ist?«

[c] »Notwendigerweise zum Schlechteren«, antwortete er, »wenn er sich überhaupt verändert. Denn wir können doch nicht sagen, dass Gott noch schöner und tugendvoller werden könnte.«

»Sehr richtig«, erwiderte ich. »Und glaubst du, mein lieber Adeimantos, wenn dem so ist, jemand könnte sich freiwillig selbst irgendwie schlechter machen, egal ob Gott oder Mensch?«

»Unmöglich«, sagte er.

»Also ist es auch für einen Gott unmöglich«, fuhr ich fort, »sich selbst verwandeln zu wollen, vielmehr bleibt jeder Gott, da er doch offenbar so schön und gut wie nur möglich ist, einfach in seiner eigenen Gestalt.«

»Das scheint mir durchaus zwingend«, sagte er.

[d] »Daher soll uns, mein Bester, keiner der Dichter sagen:

> Götter, den fremden Menschen gleich aus anderen Landen,
> streifen in mancher Gestalt umher in den Städten.[112]

Auch soll uns keiner Lügengeschichten von Proteus[113] und Thetis[114] erzählen oder in Tragödien und anderen Dichtungen Hera in Gestalt einer Priesterin auftreten lassen, wie sie Gaben sammelt für die

> lebensspendenden Söhne des Inachosstromes in Argos.[115]

[e] Auch mit anderen solchen Lügenmärchen, deren es ja eine Menge gibt, verschone man uns. Auch sollten die Mütter nicht an solche Dinge glauben und die Kinder mit derlei üblen Erzählungen in Schrecken versetzen, dass manche Götter näch-

πολλοῖς ξένοις καὶ παντοδαποῖς ἰνδαλλόμενοι, ἵνα μὴ ἅμα μὲν εἰς θεοὺς βλασφημῶσιν, ἅμα δὲ τοὺς παῖδας ἀπεργάζωνται δειλοτέρους.

Μὴ γάρ, ἔφη.

Ἀλλ' ἆρα, ἦν δ' ἐγώ, αὐτοὶ μὲν οἱ θεοί εἰσιν οἷοι μὴ μεταβάλλειν, ἡμῖν δὲ ποιοῦσιν δοκεῖν σφᾶς παντοδαποὺς φαίνεσθαι, ἐξαπατῶντες καὶ γοητεύοντες;

Ἴσως, ἔφη.

[382a] Τί δέ; ἦν δ' ἐγώ· ψεύδεσθαι θεὸς ἐθέλοι ἂν ἢ λόγῳ ἢ ἔργῳ φάντασμα προτείνων;

Οὐκ οἶδα, ἦ δ' ὅς.

Οὐκ οἶσθα, ἦν δ' ἐγώ, ὅτι τό γε ὡς ἀληθῶς ψεῦδος, εἰ οἷόν τε τοῦτο εἰπεῖν, πάντες θεοί τε καὶ ἄνθρωποι μισοῦσιν;

Πῶς, ἔφη, λέγεις;

Οὕτως, ἦν δ' ἐγώ, ὅτι τῷ κυριωτάτῳ που ἑαυτῶν ψεύδεσθαι καὶ περὶ τὰ κυριώτατα οὐδεὶς ἑκὼν ἐθέλει, ἀλλὰ πάντων μάλιστα φοβεῖται ἐκεῖ αὐτὸ κεκτῆσθαι.

Οὐδὲ νῦν πω, ἦ δ' ὅς, μανθάνω.

[b] Οἴει γάρ τί με, ἔφην, σεμνὸν λέγειν· ἐγὼ δὲ λέγω ὅτι τῇ ψυχῇ περὶ τὰ ὄντα ψεύδεσθαί τε καὶ ἐψεῦσθαι καὶ ἀμαθῆ εἶναι καὶ ἐνταῦθα ἔχειν τε καὶ κεκτῆσθαι τὸ ψεῦδος πάντες ἥκιστα ἂν δέξαιντο, καὶ μισοῦσι μάλιστα αὐτὸ ἐν τῷ τοιούτῳ.

Πολύ γε, ἔφη.

Ἀλλὰ μὴν ὀρθότατά γ' ἄν, ὃ νυνδὴ ἔλεγον, τοῦτο ὡς ἀληθῶς ψεῦδος καλοῖτο, ἡ ἐν τῇ ψυχῇ ἄγνοια ἡ τοῦ ἐψευσμένου· ἐπεὶ τό γε ἐν τοῖς λόγοις μίμημά τι τοῦ ἐν τῇ ψυχῇ ἐστὶν παθήματος καὶ ὕστερον γεγονὸς εἴδωλον, οὐ πάνυ [c] ἄκρατον ψεῦδος. ἢ οὐχ οὕτω;

tens in allerlei fremden Gestalten umherwandelten;[116] denn das wäre Gotteslästerung und würde die Kinder noch schreckhafter machen.«

»Nein, das sollte man nicht tun«, sagte er.

»Aber vielleicht«, fuhr ich fort, »machen uns die Götter, wenn sie sich schon selbst nicht verwandeln, glauben, sie würden in mancherlei Gestalt erscheinen, indem sie uns täuschen und uns etwas vorgaukeln?«

»Vielleicht«, antwortete er.

[382a] »Warum«, fragte ich, »sollte uns ein Gott täuschen wollen und uns mit Wort und Tat ein Trugbild vorspiegeln?«

»Das weiß ich nicht«, entgegnete er.

»Weißt du denn nicht«, sprach ich weiter, »dass eine wahre Lüge – wenn man das so sagen kann – von allen Göttern und Menschen gehasst wird?«

»Wie meinst du das?«, fragte er.

»So«, antwortete ich, »dass niemand mit seinem eigentlichsten Wesen und über sein eigentlichstes Wesen absichtlich lügen will,[117] sondern gerade hier die Unwahrheit am allermeisten fürchtet.«

»Ich verstehe es noch immer nicht«, sagte er.

[b] »Weil du glaubst«, erwiderte ich, »ich sage etwas Besonderes. Ich meine aber damit nur: Sich in seiner Seele über die Wahrheit zu täuschen und getäuscht und unwissend zu bleiben, die Unwahrheit in der Seele wie einen Besitz zu hegen, das will doch keiner, denn hier hasst man die Unwahrheit am meisten.«

»Allerdings«, sagte er.

»Mit vollem Recht wird man das, wie ich soeben sagte, eine wahre Lüge nennen, eine Unwissenheit, die der Seele des Getäuschten innewohnt. Denn die Lüge mit Worten ist ja nur eine Art Nachahmung eines Vorganges in der Seele und ein nachträglich entstandenes Abbild, also nicht [c] die reine Unwahrheit. Ist es nicht so?«

Πάνυ μὲν οὖν.

21 Τὸ μὲν δὴ τῷ ὄντι ψεῦδος οὐ μόνον ὑπὸ θεῶν ἀλλὰ καὶ ὑπ᾽ ἀνθρώπων μισεῖται.

Δοκεῖ μοι.

Τί δὲ δὴ τὸ ἐν τοῖς λόγοις [ψεῦδος]; πότε καὶ τῷ χρήσιμον, ὥστε μὴ ἄξιον εἶναι μίσους; ἆρ᾽ οὐ πρός τε τοὺς πολεμίους καὶ τῶν καλουμένων φίλων, ὅταν διὰ μανίαν ἤ τινα ἄνοιαν κακόν τι ἐπιχειρῶσιν πράττειν, τότε ἀποτροπῆς ἕνεκα ὡς φάρμακον χρήσιμον γίγνεται; καὶ ἐν αἷς νυνδὴ [d] ἐλέγομεν ταῖς μυθολογίαις, διὰ τὸ μὴ εἰδέναι ὅπῃ τἀληθὲς ἔχει περὶ τῶν παλαιῶν, ἀφομοιοῦντες τῷ ἀληθεῖ τὸ ψεῦδος ὅτι μάλιστα, οὕτω χρήσιμον ποιοῦμεν;

Καὶ μάλα, ἦ δ᾽ ὅς, οὕτως ἔχει.

Κατὰ τί δὴ οὖν τούτων τῷ θεῷ τὸ ψεῦδος χρήσιμον; πότερον διὰ τὸ μὴ εἰδέναι τὰ παλαιὰ ἀφομοιῶν ἂν ψεύδοιτο;

Γελοῖον μεντἂν εἴη, ἔφη.

Ποιητὴς μὲν ἄρα ψευδὴς ἐν θεῷ οὐκ ἔνι.

Οὔ μοι δοκεῖ.

Ἀλλὰ δεδιὼς τοὺς ἐχθροὺς ψεύδοιτο;

[e] Πολλοῦ γε δεῖ.

Ἀλλὰ δι᾽ οἰκείων ἄνοιαν ἢ μανίαν;

Ἀλλ᾽ οὐδείς, ἔφη, τῶν ἀνοήτων καὶ μαινομένων θεοφιλής.

Οὐκ ἄρα ἔστιν οὗ ἕνεκα ἂν θεὸς ψεύδοιτο.

Οὐκ ἔστιν.

Πάντῃ ἄρα ἀψευδὲς τὸ δαιμόνιόν τε καὶ τὸ θεῖον.

Παντάπασι μὲν οὖν, ἔφη.

Κομιδῇ ἄρα ὁ θεὸς ἁπλοῦν καὶ ἀληθὲς ἔν τε ἔργῳ καὶ λόγῳ, καὶ οὔτε αὐτὸς μεθίσταται οὔτε ἄλλους ἐξαπατᾷ, οὔτε κατὰ φαντασί-

»Gewiss doch.«

21 »Die wahre Lüge wird also nicht nur von den Göttern, sondern auch von den Menschen verabscheut.«

»Ich glaube ja.«

»Wie ist es nun aber mit der Lüge in Worten? Wann und für wen ist sie nützlich, so dass sie nicht verabscheuenswürdig ist? Ist sie nicht Feinden und sogenannten Freunden gegenüber, wenn sie aus Wahnsinn oder Unvernunft ein Unheil anrichten wollen, als Abwehrmittel nützlich?[118] Und dann auch in den Sagen, von denen wir eben [d] gesprochen haben: Wenn wir aus Unwissenheit, wie es sich in Wahrheit mit diesen uralten Dingen verhält, die Unwahrheit[119] der Wahrheit möglichst angleichen, tun wir dann etwas Nützliches?«

»Sicher, so ist es«, sagte er.

»Aus welchem dieser Gründe sollte nun dem Gott die Unwahrheit nützlich sein? Wird er etwa, weil er diese uralten Dinge nicht kennt, ähnliche Geschichten erfinden?«

»Das wäre ja lächerlich«, entgegnete er.

»Ein Lügendichter steckt also nicht im Gott.«

»Ich glaube nicht.«

»Aber sollte er aus Furcht vor den Feinden lügen?«

[e] »Weit gefehlt.«

»Oder wegen der Unvernunft und des Wahnsinns seiner Freunde?«

»Kein Unvernünftiger oder Wahnsinniger ist ein Freund Gottes«, sagte er.

»Es gibt also keinen Grund, weshalb Gott lügen sollte.«

»Nein.«

»Ganz frei von Lüge ist die Gottheit und das Göttliche.«

»Ganz und gar«, entgegnete er.

»Der Gott ist also ein ganz einfaches und wahres Wesen in Wort und Tat; er verwandelt sich weder selbst noch täuscht

ας οὔτε κατὰ λόγους οὔτε κατὰ σημείων πομπάς, οὔθ' ὕπαρ οὐδ' ὄναρ.

[383a] Οὕτως, ἔφη, ἔμοιγε καὶ αὐτῷ φαίνεται σοῦ λέγοντος.

Συγχωρεῖς ἄρα, ἔφην, τοῦτον δεύτερον τύπον εἶναι ἐν ᾧ δεῖ περὶ θεῶν καὶ λέγειν καὶ ποιεῖν, ὡς μήτε αὐτοὺς γόητας ὄντας τῷ μεταβάλλειν ἑαυτοὺς μήτε ἡμᾶς ψεύδεσι παράγειν ἐν λόγῳ ἢ ἐν ἔργῳ;

Συγχωρῶ.

Πολλὰ ἄρα Ὁμήρου ἐπαινοῦντες, ἀλλὰ τοῦτο οὐκ ἐπαινεσόμεθα, τὴν τοῦ ἐνυπνίου πομπὴν ὑπὸ Διὸς τῷ Ἀγαμέμνονι· οὐδὲ Αἰσχύλου, ὅταν φῇ ἡ Θέτις τὸν Ἀπόλλω ἐν τοῖς αὑτῆς [b] γάμοις ᾄδοντα ἐνδατεῖσθαι τὰς ἑὰς εὐπαιδίας

νόσων τ' ἀπείρους καὶ μακραίωνας βίους,
ξύμπαντά τ' εἰπὼν θεοφιλεῖς ἐμὰς τύχας
παιᾶν' ἐπηυφήμησεν, εὐθυμῶν ἐμέ.
κἀγὼ τὸ Φοίβου θεῖον ἀψευδὲς στόμα
ἤλπιζον εἶναι, μαντικῇ βρύον τέχνῃ·
ὁ δ', αὐτὸς ὑμνῶν, αὐτὸς ἐν θοίνῃ παρών,
αὐτὸς τάδ' εἰπών, αὐτός ἐστιν ὁ κτανὼν
τὸν παῖδα τὸν ἐμόν

[c] ὅταν τις τοιαῦτα λέγῃ περὶ θεῶν, χαλεπανοῦμέν τε καὶ χορὸν οὐ δώσομεν, οὐδὲ τοὺς διδασκάλους ἐάσομεν ἐπὶ παιδείᾳ χρῆσθαι τῶν νέων, εἰ μέλλουσιν ἡμῖν οἱ φύλακες θεοσεβεῖς τε καὶ θεῖοι γίγνεσθαι, καθ' ὅσον ἀνθρώπῳ ἐπὶ πλεῖστον οἷόν τε.

Παντάπασιν, ἔφη, ἔγωγε τοὺς τύπους τούτους συγχωρῶ, καὶ ὡς νόμοις ἂν χρῴμην.

er andere, nicht durch Trugbilder, Worte und Zeichen, die er sendet, weder im Wachen noch im Traum.«

[383a] »Jetzt, wo du es sagst, scheint es auch mir so«, erwiderte er.

»Du stimmst also auch dem zweiten Grundsatz zu«, fuhr ich fort, »nach dem man über die Götter so reden und sie so darstellen soll, dass sie keine Gaukler sind, die sich verwandeln, und uns nicht durch Lügen in die Irre führen, weder durch Worte noch durch Taten.«

»Dem stimme ich zu.«

»Wenn wir auch vieles an Homer loben, so werden wir den Traum nicht gutheißen, den Zeus dem Agamemnon schickt,[120] ebenso wenig bei Aischylos, wenn Thetis sagt, [b] Apollon habe bei ihrer Hochzeit gesungen und ihr eine reiche Kinderzahl verheißen,

> von Krankheit frei und langes Leben;
> den Göttern lieb in allem nannte er mein Los,
> er pries es laut und so erfreut er mich.
> Da hoffte ich, des Phoibos göttlich Mund sei ohne Trug,
> der überströmt vor lauter Seherkunst.
> Doch er, der dieses sang, beim Gastmahl selber war,
> der dieses sprach, ist selbst der Mörder
> meines Sohns.[121]

[c] Wenn einer solches von den Göttern sagt, dann werden wir ihm zürnen und ihm keinen Chor bewilligen;[122] wir werden auch nicht gestatten, dass die Lehrer es bei der Erziehung junger Menschen verwenden, da unsere Wächter gottesfürchtig und göttlich werden sollen, soweit dies für einen Menschen überhaupt möglich ist.«[123]

»Ich bin mit deinen Richtlinien völlig einverstanden«, sagte er, »und würde sie zum Gesetz erheben.«

Γ

1 [386a] Τὰ μὲν δὴ περὶ θεούς, ἦν δ᾽ ἐγώ, τοιαῦτ᾽ ἄττα, ὡς ἔοικεν, ἀκουστέον τε καὶ οὐκ ἀκουστέον εὐθὺς ἐκ παίδων τοῖς θεούς τε τιμήσουσιν καὶ γονέας τήν τε ἀλλήλων φιλίαν μὴ περὶ σμικροῦ ποιησομένοις.

Καὶ οἶμαί γ᾽, ἔφη, ὀρθῶς ἡμῖν φαίνεσθαι.

Τί δὲ δὴ εἰ μέλλουσιν εἶναι ἀνδρεῖοι; ἆρα οὐ ταῦτά τε λεκτέον καὶ οἷα αὐτοὺς ποιῆσαι ἥκιστα τὸν θάνατον δεδιέναι; [b] ἢ ἡγῇ τινά ποτ᾽ ἂν γενέσθαι ἀνδρεῖον ἔχοντα ἐν αὑτῷ τοῦτο τὸ δεῖμα;

Μὰ Δία, ἦ δ᾽ ὅς, οὐκ ἔγωγε.

Τί δέ; τἀν Ἅιδου ἡγούμενον εἶναί τε καὶ δεινὰ εἶναι οἴει τινὰ θανάτου ἀδεῆ ἔσεσθαι καὶ ἐν ταῖς μάχαις αἱρήσεσθαι πρὸ ἥττης τε καὶ δουλείας θάνατον;

Οὐδαμῶς.

Δεῖ δή, ὡς ἔοικεν, ἡμᾶς ἐπιστατεῖν καὶ περὶ τούτων τῶν μύθων τοῖς ἐπιχειροῦσιν λέγειν, καὶ δεῖσθαι μὴ λοιδορεῖν ἁπλῶς οὕτως τὰ ἐν Ἅιδου ἀλλὰ μᾶλλον ἐπαινεῖν, ὡς οὔτε ἀληθῆ [c] ἂν λέγοντας οὔτε ὠφέλιμα τοῖς μέλλουσιν μαχίμοις ἔσεσθαι.

Δεῖ μέντοι, ἔφη.

Ἐξαλείψομεν ἄρα, ἦν δ᾽ ἐγώ, ἀπὸ τοῦδε τοῦ ἔπους ἀρξάμενοι πάντα τὰ τοιαῦτα

βουλοίμην κ᾽ ἐπάρουρος ἐὼν θητευέμεν ἄλλῳ
ἀνδρὶ παρ᾽ ἀκλήρῳ, ᾧ μὴ βίοτος πολὺς εἴη
ἢ πᾶσιν νεκύεσσι καταφθιμένοισιν ἀνάσσειν

καὶ τὸ

Drittes Buch

1 [386a] »Solches etwa«, fuhr ich fort, »müssen[1] gleich von Kindheit an[2] diejenigen über die Götter hören und nicht hören, die später Götter und Eltern ehren und gegenseitige Freundschaft hochhalten sollen.«

»Ich meine«, versetzte er, »dass wir damit recht haben.«

»Doch weiter: Wenn sie tapfer werden sollen, muss man ihnen dann nicht auch Dinge erzählen, die sie möglichst resistent machen gegen die Todesangst? [b] Oder glaubst du, jemand könne tapfer sein, wenn er diese Angst in sich verspürt?«[3]

»Nein, beim Zeus«, entgegnete er.

»Wie nun? Meinst du, jemand könne frei von Todesfurcht sein, wenn er an die Geschichten vom Hades und seine Schrecken glaubt, und im Kampf den Tod der Niederlage und Knechtschaft vorziehen?«

»Auf keinen Fall.«

»Also müssen wir offenbar auch die beaufsichtigen, die diese Geschichten erzählen wollen, und sie auffordern, nicht einfach so über den Hades herzuziehen, sondern ihn eher zu loben, da sie sonst nur Lügenmärchen verbreiten, die den [c] heranwachsenden Kriegern schaden.«

»Gewiss, das müssen wir«, sagte er.

»Wir werden also«, fuhr ich fort, »bei den Dichtern, beginnend mit der folgenden, alle ähnlichen Stellen streichen:

> Lieber wollte ich als Taglöhner am Land bei einem anderen
> armen und bescheidenen Manne dienen,
> als über alle hingeschiedenen Toten zu herrschen;[4]

und ebenso diese:

[d] οἰκία δὲ θνητοῖσι καὶ ἀθανάτοισι φανείη
σμερδαλέ᾽, εὐρώεντα, τά τε στυγέουσι θεοί περ

καὶ

ὢ πόποι, ἦ ῥά τις ἔστι καὶ εἰν Ἀΐδαο δόμοισιν
ψυχὴ καὶ εἴδωλον, ἀτὰρ φρένες οὐκ ἔνι πάμπαν

καὶ τὸ

οἴῳ πεπνῦσθαι, ταὶ δὲ σκιαὶ ἀΐσσουσι

καὶ

ψυχὴ δ᾽ ἐκ ῥεθέων πταμένη Ἄϊδόσδε βεβήκει,
ὃν πότμον γοόωσα, λιποῦσ᾽ ἀνδροτῆτα καὶ ἥβην

[387a] καὶ τὸ

ψυχὴ δὲ κατὰ χθονός, ἠΰτε καπνός,
ᾤχετο τετριγυῖα

καὶ

ὡς δ᾽ ὅτε νυκτερίδες μυχῷ ἄντρου θεσπεσίοιο
τρίζουσαι ποτέονται, ἐπεί κέ τις ἀποπέσῃσιν
ὁρμαθοῦ ἐκ πέτρης, ἀνά τ᾽ ἀλλήλῃσιν ἔχονται,
ὣς αἳ τετριγυῖαι ἅμ᾽ ᾔεσαν.

[d] Dass sein Haus den Menschen und Göttern sich zeigte
grässlich und voll von Moder, abscheulich selbst für die Götter;[5]

ferner:

Wehe! So gibt es fürwahr in den Häusern des Hades
Seele und Schattengestalt, jedoch das Bewusstsein fehlt gänzlich;[6]

ferner:

Er allein hat Verstand, die andern sind flüchtige Schatten;[7]

ferner:

Aus den Gliedern entfloh die Seele und schritt zum Hades,
beklagte ihr Los und verließ die Stärke der Jugend;[8]

[387a] ferner:

Dem Rauch gleich eilte die Seele schwirrend
unter die Erde;[9]

und dann noch:

Wie wenn Fledermäuse im Winkel der schaurigen Höhle
schwirrend flattern, sobald eine herabstürzt
aus der Reihe vom Felsen, und dicht beieinander sich halten,
so gingen die Seelen schwirrend gemeinsam von dannen.[10]

[b] ταῦτα καὶ τὰ τοιαῦτα πάντα παραιτησόμεθα Ὅμηρόν τε καὶ τοὺς ἄλλους ποιητὰς μὴ χαλεπαίνειν ἂν διαγράφωμεν, οὐχ ὡς οὐ ποιητικὰ καὶ ἡδέα τοῖς πολλοῖς ἀκούειν, ἀλλ᾿ ὅσῳ ποιητικώτερα, τοσούτῳ ἧττον ἀκουστέον παισὶ καὶ ἀνδράσιν οὓς δεῖ ἐλευθέρους εἶναι, δουλείαν θανάτου μᾶλλον πεφοβημένους.

Παντάπασι μὲν οὖν.

2 Οὐκοῦν ἔτι καὶ τὰ περὶ ταῦτα ὀνόματα πάντα τὰ δεινά τε καὶ φοβερὰ ἀποβλητέα, Κωκυτούς τε καὶ Στύγας καὶ [c] ἐνέρους καὶ ἀλίβαντας, καὶ ἄλλα ὅσα τούτου τοῦ τύπου ὀνομαζόμενα φρίττειν δὴ ποιεῖ ὡς οἴεται† πάντας τοὺς ἀκούοντας. καὶ ἴσως εὖ ἔχει πρὸς ἄλλο τι· ἡμεῖς δὲ ὑπὲρ τῶν φυλάκων φοβούμεθα μὴ ἐκ τῆς τοιαύτης φρίκης θερμότεροι καὶ μαλακώτεροι τοῦ δέοντος γένωνται ἡμῖν.

Καὶ ὀρθῶς γ᾿, ἔφη, φοβούμεθα.

Ἀφαιρετέα ἄρα;

Ναί.

Τὸν δὲ ἐναντίον τύπον τούτοις λεκτέον τε καὶ ποιητέον;

Δῆλα δή.

[d] Καὶ τοὺς ὀδυρμοὺς ἄρα ἐξαιρήσομεν καὶ τοὺς οἴκτους τοὺς τῶν ἐλλογίμων ἀνδρῶν;

Ἀνάγκη, ἔφη, εἴπερ καὶ τὰ πρότερα.

Σκόπει δή, ἦν δ᾿ ἐγώ, εἰ ὀρθῶς ἐξαιρήσομεν ἢ οὔ. φαμὲν δὲ δὴ ὅτι ὁ ἐπιεικὴς ἀνὴρ τῷ ἐπιεικεῖ, οὗπερ καὶ ἑταῖρός ἐστιν, τὸ τεθνάναι οὐ δεινὸν ἡγήσεται.

Φαμὲν γάρ.

Οὐκ ἄρα ὑπέρ γ᾿ ἐκείνου ὡς δεινόν τι πεπονθότος ὀδύροιτ᾿ ἄν.

Οὐ δῆτα.

[b] Wir werden Homer und die anderen Dichter bitten, uns nicht zu zürnen, wenn wir diese und ähnliche Stellen streichen, nicht weil sie unpoetisch und für die breite Masse nicht angenehm anzuhören wären, sondern weil sie, je poetischer sie sind, umso weniger von Knaben und Männern, die frei gesinnt sein und die Knechtschaft mehr fürchten sollen als den Tod, gehört werden dürfen.«

»Ganz gewiss.«

2 »Ferner müssen wir auch alle schrecklichen und furchterregenden Namen verwerfen, also Kokytos und Styx,[11] [c] ›Unterirdische‹ und ›Blutlose‹ und die anderen Bezeichnungen dieser Art, die ja alle, die es hören, (wie man meint,)[12] schaudern machen. Das mag vielleicht für etwas anderes gut sein; für die Wächter aber befürchten wir, sie könnten durch solchen Schauder aufgeregter und weichlicher werden, als sie sein sollten.«

»Und mit Recht fürchten wir das«, erwiderte er.

»Also weg damit?«

»Ja.«

»Also muss man auf die entgegengesetzte Art reden und dichten?«

»Klar.«

[d] »Dann werden wir auch das Wehklagen und Jammern der berühmten Helden beseitigen?«

»Notwendigerweise ebenso wie das Frühere.«

»Bedenke«, fuhr ich fort, »ob wir es zu Recht beseitigen oder nicht. Wir sagen doch, für einen rechten Mann ist das Sterben eines ebensolchen Mannes nichts Schreckliches, auch wenn er sein Freund ist.«

»Jawohl, das sagen wir.«

»Dann sollte er auch nicht darüber jammern, als ob jenem etwas Schreckliches widerfahren sei.«[13]

»Keineswegs.«

Ἀλλὰ μὴν καὶ τόδε λέγομεν, ὡς ὁ τοιοῦτος μάλιστα αὐτὸς αὑτῷ αὐτάρκης πρὸς τὸ εὖ ζῆν καὶ διαφερόντως τῶν [e] ἄλλων ἥκιστα ἑτέρου προσδεῖται.

Ἀληθῆ, ἔφη.

Ἥκιστα ἄρ᾽ αὐτῷ δεινὸν στερηθῆναι ὑέος ἢ ἀδελφοῦ ἢ χρημάτων ἢ ἄλλου του τῶν τοιούτων.

Ἥκιστα μέντοι.

Ἥκιστ᾽ ἄρα καὶ ὀδύρεσθαι, φέρειν δὲ ὡς πρᾳότατα, ὅταν τις αὐτὸν τοιαύτη συμφορὰ καταλάβῃ.

Πολύ γε.

Ὀρθῶς ἄρ᾽ ἂν ἐξαιροῖμεν τοὺς θρήνους τῶν ὀνομαστῶν ἀνδρῶν, γυναιξὶ δὲ ἀποδιδοῖμεν, καὶ οὐδὲ ταύταις σπουδαίαις, [388a] καὶ ὅσοι κακοὶ τῶν ἀνδρῶν, ἵνα ἡμῖν δυσχεραίνωσιν ὅμοια τούτοις ποιεῖν οὓς δή φαμεν ἐπὶ φυλακῇ τῆς χώρας τρέφειν.

Ὀρθῶς, ἔφη.

Πάλιν δὴ Ὁμήρου τε δεησόμεθα καὶ τῶν ἄλλων ποιητῶν μὴ ποιεῖν Ἀχιλλέα θεᾶς παῖδα

ἄλλοτ᾽ ἐπὶ πλευρᾶς κατακείμενον, ἄλλοτε δ᾽ αὖτε
ὕπτιον, ἄλλοτε δὲ πρηνῆ,

τοτὲ δ᾽ ὀρθὸν ἀναστάντα

πλάζοντ᾽ ἀλύοντ᾽ ἐπὶ [b] θῖν᾽ ἁλὸς ἀτρυγέτοιο,

μηδὲ

ἀμφοτέραισιν χερσὶν ἑλόντα κόνιν αἰθαλόεσσαν χευάμενον κὰκ κεφαλῆς,

»Wir sagen aber auch, besonders ein solcher Mann sei sich selbst genug, um glücklich zu leben, und brauche im Unterschied zu allen [e] anderen gar keinen anderen Menschen.«[14]

»Richtig«, sagte er.

»Für ihn ist der Verlust eines Sohnes, eines Bruders, des Vermögens oder von sonst etwas Ähnlichem am wenigsten schrecklich.«

»Freilich, am wenigsten.«

»Daher jammert er auch am wenigsten und trägt es am gelassensten, wenn ihn ein solches Schicksal trifft.«

»Gewiss.«

»Mit Recht werden wir also das Wehklagen namhafter Helden abschaffen und es den Frauen überlassen[15] – aber auch unter ihnen nicht den vortrefflichen[16] – [388a] sowie den feigen Männern, damit es die, die wir, wie gesagt, zu Wächtern des Landes erziehen, entrüstet zurückweisen, es ihnen gleichzutun.«

»Richtig«, sagte er.

»Wir werden also abermals Homer und die anderen Dichter bitten, von Achilleus, dem Sohn einer Göttin, nicht zu sagen:

Bald nun lag er auf der Seite, bald wieder
auf dem Rücken, bald auf dem Antlitz,[17]

dann stand er wieder auf und

irrte[18] vom Weh gepeitscht umher am [b] Strand des rastlos wogenden Meeres;

und auch nicht:

Mit beiden Händen ergreift er rußigen Staub und streut ihn sich übers Haupt;[19]

μηδὲ ἄλλα κλαίοντά τε καὶ ὀδυρόμενον ὅσα καὶ οἷα ἐκεῖνος ἐποίησε, μηδὲ Πρίαμον ἐγγὺς θεῶν γεγονότα λιτανεύοντά τε καὶ

κυλινδόμενον κατὰ κόπρον,
ἐξονομακλήδην ὀνομάζοντ᾽ ἄνδρα ἕκαστον.

πολὺ δ᾽ ἔτι τούτων μᾶλλον δεησόμεθα μήτοι θεούς γε ποιεῖν ὀδυρομένους καὶ λέγοντας

[c] ὤμοι ἐγὼ δειλή, ὤμοι δυσαριστοτόκεια·

εἰ δ᾽ οὖν θεούς, μήτοι τόν γε μέγιστον τῶν θεῶν τολμῆσαι οὕτως ἀνομοίως μιμήσασθαι, ὥστε

ὢ πόποι, φάναι, ἦ φίλον ἄνδρα διωκόμενον περὶ ἄστυ
ὀφθαλμοῖσιν ὁρῶμαι, ἐμὸν δ᾽ ὀλοφύρεται ἦτορ·

καὶ

αἲ αἲ ἐγών, ὅ τέ μοι Σαρπηδόνα φίλτατον ἀνδρῶν
[d] μοῖρ᾽ ὑπὸ Πατρόκλοιο Μενοιτιάδαο δαμῆναι.

3 εἰ γάρ, ὦ φίλε Ἀδείμαντε, τὰ τοιαῦτα ἡμῖν οἱ νέοι σπουδῇ ἀκούοιεν καὶ μὴ καταγελῷεν ὡς ἀναξίως λεγομένων, σχολῇ ἂν ἑαυτόν γέ τις ἄνθρωπον ὄντα ἀνάξιον ἡγήσαιτο τούτων καὶ ἐπιπλήξειεν, εἰ

auch nicht klagend und jammernd ihn zu nennen, wie es jener[20] getan hat. Auch von Priamos, der doch den Göttern verwandt ist, soll er nicht erzählen, wie er fleht und

> wie er im Staube sich wälzt
> und bittend jeden Mann namentlich beschwor.[21]

Noch viel mehr werden wir sie[22] bitten, die Götter nicht so darzustellen, dass sie klagen und sprechen:

> [c] Weh mir, zum Unglück habe ich den besten Helden
> geboren.[23]

Und wenn sie schon die Götter darstellen, dann sollen sie es nicht wagen, den höchsten der Götter so verfälscht wiederzugeben, dass dieser sagt:

> Weh mir, rings um die Stadt gejagt seh ich den geliebten
> Mann
> mit eigenen Augen und es jammert mich
> im Herzen;[24]

und:

> Wehe mir, wenn das Schicksal Sarpedon, den liebsten unter
> den Mannen,
> [d] durch Patroklos, den Sohn des Menoitios,
> bezwingt.[25]

3 Denn wenn unsere jungen Leute, mein Adeimantos, Derartiges ernst nähmen, und nicht darüber wie über unwürdiges Geschwätz lachten, dann würde kaum jemand solche Dinge als seiner unwürdig erachten, zumal er ja nur ein Mensch ist;[26] er

καὶ ἐπίοι αὐτῷ τι τοιοῦτον ἢ λέγειν ἢ ποιεῖν, ἀλλ᾽ οὐδὲν αἰσχυνόμενος οὐδὲ καρτερῶν πολλοὺς ἐπὶ σμικροῖσιν παθήμασιν θρήνους ἂν ᾄδοι καὶ ὀδυρμούς.

[e] Ἀληθέστατα, ἔφη, λέγεις.

Δεῖ δέ γε οὔχ, ὡς ἄρτι ἡμῖν ὁ λόγος ἐσήμαινεν· ᾧ πειστέον, ἕως ἄν τις ἡμᾶς ἄλλῳ καλλίονι πείσῃ.

Οὐ γὰρ οὖν δεῖ.

Ἀλλὰ μὴν οὐδὲ φιλογέλωτάς γε δεῖ εἶναι. σχεδὸν γὰρ ὅταν τις ἐφιῇ ἰσχυρῷ γέλωτι, ἰσχυρὰν καὶ μεταβολὴν ζητεῖ τὸ τοιοῦτον.

Δοκεῖ μοι, ἔφη.

Οὔτε ἄρα ἀνθρώπους ἀξίους λόγου κρατουμένους ὑπὸ [389a] γέλωτος ἄν τις ποιῇ, ἀποδεκτέον, πολὺ δὲ ἧττον, ἐὰν θεούς.

Πολὺ μέντοι, ἦ δ᾽ ὅς.

Οὐκοῦν Ὁμήρου οὐδὲ τὰ τοιαῦτα ἀποδεξόμεθα περὶ θεῶν

ἄσβεστος δ᾽ ἄρ᾽ ἐνῶρτο γέλως μακάρεσσι θεοῖσιν,
ὡς ἴδον Ἥφαιστον διὰ δώματα ποιπνύοντα·

οὐκ ἀποδεκτέον κατὰ τὸν σὸν λόγον.

Εἰ σύ, ἔφη, βούλει ἐμὸν τιθέναι· οὐ γὰρ οὖν δὴ [b] ἀποδεκτέον.

Ἀλλὰ μὴν καὶ ἀλήθειάν γε περὶ πολλοῦ ποιητέον. εἰ γὰρ ὀρθῶς ἐλέγομεν ἄρτι, καὶ τῷ ὄντι θεοῖσι μὲν ἄχρηστον ψεῦδος, ἀνθρώποις δὲ χρήσιμον ὡς ἐν φαρμάκου εἴδει, δῆλον ὅτι τό γε τοιοῦτον ἰατροῖς δοτέον, ἰδιώταις δὲ οὐχ ἁπτέον.

würde sich auch keine Vorwürfe machen, wenn es ihm in den Sinn käme, solches zu sagen oder zu tun, vielmehr wird er sich nicht schämen noch zurückhalten, selbst bei geringen Leiden lautes Jammern und Wehklagen zu erheben.«[27]

[e] »Da hast du ganz recht«, sagte er.

»Das darf aber nicht sein, wie unsere Untersuchung eben[28] gezeigt hat; an sie müssen wir uns halten, bis uns jemand von etwas anderem, Besserem überzeugt.«

»Nein, so weit darf es nicht kommen.«

»Aber auch das Lachen dürfen die jungen Leute nicht lieben.[29] Denn wenn sich jemand heftigem Lachen hingibt, strebt auch das schon nach einer starken Veränderung.«

»Ich glaube, ja«, erwiderte er.

»Es ist also abzulehnen, verehrungswürdige Menschen vom Lachen überwältigt [389a] darzustellen, erst recht Götter.«

»Ja, das erst recht«, sagte er.

»Also werden wir auch bei Homer das Folgende über die Götter nicht akzeptieren:

> Nicht enden wollendes Lachen erhob sich unter den seligen Göttern,
> als sie sahen, wie Hephaistos im Palast schnaufend umherging;[30]

Das darf man also deiner Meinung nach nicht akzeptieren.«

»Wenn du es als meine Meinung hinstellen willst«,[31] sagte er, »nein, so darf man es nicht [b] hinnehmen.«

Aber auch die Wahrheit muss man durchaus ernst nehmen.[32] Wenn es richtig ist, was wir eben sagten, dass die Götter die Lüge tatsächlich nicht brauchen, während sie für die Menschen wie eine Art Arznei nützlich ist,[33] dann muss man sie offenbar den Ärzten in die Hand geben, die Laien aber sollten ihre Finger davon lassen.«[34]

Δῆλον, ἔφη.

Τοῖς ἄρχουσιν δὴ τῆς πόλεως, εἴπερ τισὶν ἄλλοις, προσήκει ψεύδεσθαι ἢ πολεμίων ἢ πολιτῶν ἕνεκα ἐπ᾽ ὠφελίᾳ τῆς πόλεως, τοῖς δὲ ἄλλοις πᾶσιν οὐχ ἁπτέον τοῦ τοιούτου· [c] ἀλλὰ πρός γε δὴ τοὺς τοιούτους ἄρχοντας ἰδιώτῃ ψεύσασθαι ταὐτὸν καὶ μεῖζον ἁμάρτημα φήσομεν ἢ κάμνοντι πρὸς ἰατρὸν ἢ ἀσκοῦντι πρὸς παιδοτρίβην περὶ τῶν τοῦ αὑτοῦ σώματος παθημάτων μὴ τἀληθῆ λέγειν, ἢ πρὸς κυβερνήτην περὶ τῆς νεώς τε καὶ τῶν ναυτῶν μὴ τὰ ὄντα λέγοντι ὅπως ἢ αὐτὸς ἤ τις τῶν συνναυτῶν πράξεως ἔχει.

Ἀληθέστατα, ἔφη.

[d] Ἂν ἄρ᾽ ἄλλον τινὰ λαμβάνῃ ψευδόμενον ἐν τῇ πόλει τῶν οἳ
δημιοεργοὶ ἔασι,
μάντιν ἢ ἰητῆρα κακῶν ἢ τέκτονα δούρων,

κολάσει ὡς ἐπιτήδευμα εἰσάγοντα πόλεως ὥσπερ νεὼς ἀνατρεπτικόν τε καὶ ὀλέθριον.

Ἐάνπερ, ἦ δ᾽ ὅς, ἐπί γε λόγῳ ἔργα τελῆται.

Τί δέ; σωφροσύνης ἆρα οὐ δεήσει ἡμῖν τοῖς νεανίαις;

Πῶς δ᾽ οὔ;

Σωφροσύνης δὲ ὡς πλήθει οὐ τὰ τοιάδε μέγιστα, ἀρχόντων [e] μὲν ὑπηκόους εἶναι, αὐτοὺς δὲ ἄρχοντας τῶν περὶ πότους καὶ ἀφροδίσια καὶ περὶ ἐδωδὰς ἡδονῶν;

Ἔμοιγε δοκεῖ.

»Das ist klar«, entgegnete er.

»Wenn überhaupt jemandem, dann steht es nur den Herrschern des Staates zu, wegen der Feinde oder der eigenen Bürger zum Nutzen des Staates zu lügen. Alle anderen aber sollen die Finger davon lassen. [c] Wenn aber ein gewöhnlicher Bürger solche Herrscher belügt, dann halten wir das für denselben oder einen noch größeren Fehler, wie wenn ein Kranker seinem Arzt, ein Turner seinem Trainer über den Zustand seines Körpers nicht die Wahrheit sagt oder wenn ein Seemann dem Steuermann gegenüber über den Zustand des Schiffes und der Mannschaft falsche Angaben macht oder darüber, wie es mit ihm selbst oder irgendeinem der mitfahrenden Matrosen steht.«

»Sehr richtig«, sagte er.

[d] »Wenn aber der Herrscher einen anderen im Staat beim
Lügen ertappt, einen der Handwerker
oder einen Seher, einen Arzt, der Krankheiten heilt, oder
einen Zimmermann,[35]

dann wird er ihn bestrafen, weil er ein Verhalten einführt, das den Staat, gleichwie ein Schiff,[36] zugrunde richtet und verdirbt.«

»Sofern«, sagte er, »zu den Worten auch noch vollendete Taten hinzukommen.«

»Wie nun, werden unsere jungen Leute nicht auch Besonnenheit brauchen?«

»Durchaus.«

»Für die breite Masse besteht doch Besonnenheit vor allem darin, dass man den Herrschenden [e] untertan ist, sich selbst aber bei den Freuden des Trinkens, der Liebe und des Essens beherrscht?«

»Ich glaube schon.«

Τὰ δὴ τοιάδε φήσομεν οἶμαι καλῶς λέγεσθαι, οἷα καὶ Ὁμήρῳ Διομήδης λέγει

τέττα, σιωπῇ ἧσο, ἐμῷ δ᾽ ἐπιπείθεο μύθῳ,

καὶ τὰ τούτων ἐχόμενα, τὰ

ἴσαν μένεα πνείοντες Ἀχαιοί,
σιγῇ δειδιότες σημάντορας,

καὶ ὅσα ἄλλα τοιαῦτα.
Καλῶς.
Τί δέ; τὰ τοιάδε

οἰνοβαρές, κυνὸς ὄμματ᾽ ἔχων, κραδίην δ᾽ ἐλάφοιο

[390a] καὶ τὰ τούτων ἑξῆς ἆρα καλῶς, καὶ ὅσα ἄλλα τις ἐν λόγῳ ἢ ἐν ποιήσει εἴρηκε νεανιεύματα ἰδιωτῶν εἰς ἄρχοντας;
Οὐ καλῶς.
Οὐ γὰρ οἶμαι εἴς γε σωφροσύνην νέοις ἐπιτήδεια ἀκούειν· εἰ δέ τινα ἄλλην ἡδονὴν παρέχεται, θαυμαστὸν οὐδέν. ἢ πῶς σοι φαίνεται;
Οὕτως, ἔφη.
4 Τί δέ; ποιεῖν ἄνδρα τὸν σοφώτατον λέγοντα ὡς δοκεῖ αὐτῷ κάλλιστον εἶναι πάντων, ὅταν

παρὰ πλεῖαι ὦσι τράπεζαι
[b] σίτου καὶ κρειῶν, μέθυ δ᾽ ἐκ κρητῆρος ἀφύσσων
οἰνοχόος φορέῃσι καὶ ἐγχείῃ δεπάεσσι,

»Dann werden wir, glaube ich, die Worte gutheißen, die auch Diomedes bei Homer sagt:

Väterchen, sitze nur still und sei meinem Worte gehorsam,[37]

und was dann folgt:

Wutschnaubend marschierten die Achaier,
schweigend aus Furcht vor ihren Anführern,[38]

und Ähnliches mehr.«

»Schön.«

»Wie aber ist's mit Folgendem:

Trunkenbold, mit den Augen des Hundes und dem Mut
einer Hindin,[39]

[390a] und wie es weiter heißt – ist das auch schön? Und all die übrigen leichtsinnigen Worte in Versen und Prosa von einfachen Bürgern gegenüber den Herrschenden?«

»Nein, die sind nicht schön.«

»Ich denke, solches zu hören ist für die Besonnenheit der jungen Leute nicht zuträglich. Man braucht sich aber nicht zu wundern, wenn es ihnen dennoch ein Vergnügen bereitet. Oder was meinst du dazu?«

»Dasselbe«, sagte er.

4 »Wie nun, wenn man den weisesten Mann sagen lässt, er halte es für das Allerschönste, wenn

Tische bereitstehen, voll
[b] von Brot und von Fleisch, und der Mundschenk aus dem
Mischkrug den Wein schöpft, ihn herumträgt und die
Becher füllt;[40]

δοκεῖ σοι ἐπιτήδειον εἶναι πρὸς ἐγκράτειαν ἑαυτοῦ ἀκούειν νέῳ; ἢ τὸ

λιμῷ δ᾽ οἴκτιστον θανέειν καὶ πότμον ἐπισπεῖν;

ἢ Δία, καθευδόντων τῶν ἄλλων θεῶν τε καὶ ἀνθρώπων ὡς, μόνος ἐγρηγορὼς ἃ ἐβουλεύσατο, τούτων πάντων ῥᾳδίως [c] ἐπιλανθανόμενον διὰ τὴν τῶν ἀφροδισίων ἐπιθυμίαν, καὶ οὕτως ἐκπλαγέντα ἰδόντα τὴν Ἥραν, ὥστε μηδ᾽ εἰς τὸ δωμάτιον ἐθέλειν ἐλθεῖν, ἀλλ᾽ αὐτοῦ βουλόμενον χαμαὶ συγγίγνεσθαι, λέγοντα ὡς οὕτως ὑπὸ ἐπιθυμίας ἔχεται, ὡς οὐδ᾽ ὅτε τὸ πρῶτον ἐφοίτων πρὸς ἀλλήλους

φίλους λήθοντε τοκῆας·

οὐδὲ Ἄρεώς τε καὶ Ἀφροδίτης ὑπὸ Ἡφαίστου δεσμὸν δι᾽ ἕτερα τοιαῦτα.

Οὐ μὰ τὸν Δία, ἦ δ᾽ ὅς, οὔ μοι φαίνεται ἐπιτήδειον.

[d] Ἀλλ᾽ εἴ πού τινες, ἦν δ᾽ ἐγώ, καρτερίαι πρὸς ἅπαντα καὶ λέγονται καὶ πράττονται ὑπὸ ἐλλογίμων ἀνδρῶν, θεατέον τε καὶ ἀκουστέον, οἷον καὶ τὸ

στῆθος δὲ πλήξας κραδίην ἠνίπαπε μύθῳ·
τέτλαθι δή, κραδίη· καὶ κύντερον ἄλλο ποτ᾽ ἔτλης.

Παντάπασι μὲν οὖν, ἔφη.

Οὐ μὲν δὴ δωροδόκους γε ἐατέον εἶναι τοὺς ἄνδρας οὐδὲ φιλοχρημάτους.

meinst du, solche Worte fördern die Selbstbeherrschung junger Leute? Oder:

> Hungers zu sterben, ist wahrlich das schlimmste Verderben.[41]

Oder dass Zeus alleine wacht, während die anderen Götter und Menschen schlafen, und alles, was er dabei beschlossen hat, aus Liebesverlangen leichtfertig [c] vergisst und so vom Anblick der Hera hingerissen ist, dass er nicht einmal ins Schlafgemach gehen, sondern sich ihr auf dem Boden gleich beigesellen will und sagt, er sei von solcher Begierde gepackt wie nicht einmal damals, als sie zum ersten Mal zusammenkamen,

> geheim vor den liebenden Eltern.[42]

Ebenso unpassend ist auch die Geschichte, wie Ares und Aphrodite aus ähnlichen Gründen von Hephaistos gefesselt wurden.«[43]

»Nein, beim Zeus«, erwiderte er, »das scheint mir gar nicht förderlich.«

[d] »Wenn dagegen«, fuhr ich fort, »Standhaftigkeit in allem gepriesen und von berühmten Männern an den Tag gelegt wird, dann sollen die jungen Leute das hören und sehen, wie zum Beispiel Folgendes:

> Doch er schlug an die Brust und schalt sein Herz mit den Worten:
> ›Harre nur aus mein Herz, schon Hündischeres hast du erduldet.‹«[44]

»Allerdings«, entgegnete er.

»Man darf aber auch nicht zulassen, dass die Männer bestechlich oder habgierig werden.«

[e] Οὐδαμῶς.

Οὐδ᾽ ᾀστέον αὐτοῖς ὅτι

δῶρα θεοὺς πείθει, δῶρ᾽ αἰδοίους βασιλῆας·

οὐδὲ τὸν τοῦ Ἀχιλλέως παιδαγωγὸν Φοίνικα ἐπαινετέον ὡς μετρίως ἔλεγε συμβουλεύων αὐτῷ δῶρα μὲν λαβόντι ἐπαμύνειν τοῖς Ἀχαιοῖς, ἄνευ δὲ δώρων μὴ ἀπαλλάττεσθαι τῆς μήνιος. οὐδ᾽ αὐτὸν τὸν Ἀχιλλέα ἀξιώσομεν οὐδ᾽ ὁμολογήσομεν οὕτω φιλοχρήματον εἶναι, ὥστε παρὰ τοῦ Ἀγαμέμνονος δῶρα λαβεῖν, καὶ τιμὴν αὖ λαβόντα νεκροῦ [391a] ἀπολύειν, ἄλλως δὲ μὴ 'θέλειν.

Οὔκουν δίκαιόν γε, ἔφη, ἐπαινεῖν τὰ τοιαῦτα.

Ὀκνῶ δέ γε, ἦν δ᾽ ἐγώ, δι᾽ Ὅμηρον λέγειν ὅτι οὐδ᾽ ὅσιον ταῦτά γε κατὰ Ἀχιλλέως φάναι καὶ ἄλλων λεγόντων πείθεσθαι, καὶ αὖ ὡς πρὸς τὸν Ἀπόλλω εἶπεν

ἔβλαψάς μ᾽ ἑκάεργε, θεῶν ὀλοώτατε πάντων·
ἦ σ᾽ ἂν τισαίμην, εἴ μοι δύναμίς γε παρείη·

[b] καὶ ὡς πρὸς τὸν ποταμόν, θεὸν ὄντα, ἀπειθῶς εἶχεν καὶ μάχεσθαι ἕτοιμος ἦν, καὶ αὖ τὰς τοῦ ἑτέρου ποταμοῦ Σπερχειοῦ ἱερὰς τρίχας

Πατρόκλῳ ἥρωϊ, ἔφη, κόμην ὀπάσαιμι φέρεσθαι,

[e] »Gewiss nicht.«

»Man darf ihnen auch nicht vorsingen:

> Gaben gewinnen die Götter, Gaben die ehrsamen
> Herrscher;[45]

auch darf man Phoinix, den Lehrer des Achilleus, nicht loben; denn der Rat, den er ihm gab, war keineswegs richtig, wenn er sagte, er solle die Geschenke nehmen und den Achaiern zu Hilfe kommen, ohne Geschenke aber nicht von seinem Groll ablassen.[46] Und auch von Achilleus selbst wollen wir nicht zugeben, dass er aus lauter Geldgier Geschenke von Agamemnon annimmt und dann wieder nur gegen Geld bereit ist, einen Leichnam[47] [391a] freizugeben.«

»Solches zu loben wäre gewiss nicht recht«, erwiderte er.

»Homer zuliebe«, fuhr ich fort, »scheue ich mich zu sagen, dass derartige Worte über Achilleus frevelhaft sind, auch es zu glauben, wenn andere es sagen; und ebenso, dass er zu Apollon gesagt habe:

> Täuschtest du mich, Ferntreffer, du grausamster unter
> den Göttern;
> wahrlich, ich rächte mich, wenn ich die Macht
> dazu hätte;[48]

[b] oder wenn er dem Fluss, der doch ein Gott ist, nicht gehorchte, sondern bereit war, gegen ihn zu kämpfen;[49] ferner wenn er von den Haaren, die dem anderen Fluss, dem Spercheios, geweiht waren, sagte:

> gerne gäbe ich die Locke dem Helden Patroklos
> zu tragen

νεκρῷ ὄντι, καὶ ὡς ἔδρασεν τοῦτο, οὐ πειστέον· τάς τε αὖ Ἕκτορος ἕλξεις περὶ τὸ σῆμα τὸ Πατρόκλου καὶ τὰς τῶν ζωγρηθέντων σφαγὰς εἰς τὴν πυράν, σύμπαντα ταῦτα οὐ φήσομεν ἀληθῆ εἰρῆσθαι, οὐδ᾽ ἐάσομεν [c] πείθεσθαι τοὺς ἡμετέρους ὡς Ἀχιλλεύς, θεᾶς ὢν παῖς καὶ Πηλέως, σωφρονεστάτου τε καὶ τρίτου ἀπὸ Διός, καὶ ὑπὸ τῷ σοφωτάτῳ Χείρωνι τεθραμμένος, τοσαύτης ἦν ταραχῆς πλέως, ὥστ᾽ ἔχειν ἐν αὐτῷ νοσήματε δύο ἐναντίω ἀλλήλοιν, ἀνελευθερίαν μετὰ φιλοχρηματίας καὶ αὖ ὑπερηφανίαν θεῶν τε καὶ ἀνθρώπων.

Ὀρθῶς, ἔφη, λέγεις.

5 Μὴ τοίνυν, ἦν δ᾽ ἐγώ, μηδὲ τάδε πειθώμεθα μηδ᾽ ἐῶμεν λέγειν, ὡς Θησεὺς Ποσειδῶνος ὑὸς Πειρίθους τε Διὸς [d] ὥρμησαν οὕτως ἐπὶ δεινὰς ἁρπαγάς, μηδέ τιν᾽ ἄλλον θεοῦ παῖδά τε καὶ ἥρω τολμῆσαι ἂν δεινὰ καὶ ἀσεβῆ ἐργάσασθαι, οἷα νῦν καταψεύδονται αὐτῶν· ἀλλὰ προσαναγκάζωμεν τοὺς ποιητὰς ἢ μὴ τούτων αὐτὰ ἔργα φάναι ἢ τούτους μὴ εἶναι θεῶν παῖδας, ἀμφότερα δὲ μὴ λέγειν, μηδὲ ἡμῖν ἐπιχειρεῖν πείθειν τοὺς νέους ὡς οἱ θεοὶ κακὰ γεννῶσιν, καὶ ἥρωες ἀνθρώπων οὐδὲν βελτίους· ὅπερ γὰρ ἐν τοῖς πρόσθεν ἐλέγομεν, [e] οὔθ᾽ ὅσια ταῦτα οὔτε ἀληθῆ· ἐπεδείξαμεν γάρ που ὅτι ἐκ θεῶν κακὰ γίγνεσθαι ἀδύνατον.

Πῶς γὰρ οὔ;

Καὶ μὴν τοῖς γε ἀκούουσιν βλαβερά· πᾶς γὰρ ἑαυτῷ συγγνώμην ἕξει κακῷ ὄντι, πεισθεὶς ὡς ἄρα τοιαῦτα πράττουσίν τε καὶ ἔπραττον καὶ

im Tod;[50] dass er das dann auch tat, ist nicht zu glauben. Auch dass er Hektor um das Grabmal des Patroklos schleifte[51] und die Gefangenen am Scheiterhaufen hinschlachtete,[52] all das werden wir nicht für wahre Erzählungen halten; wir werden es auch nicht zulassen, [c] dass man unseren Leuten glaubhaft machen will, Achilleus, der ein Sohn einer Göttin und des Peleus, eines so besonnenen Mannes und Enkels des Zeus,[53] war und von dem weisen Chiron erzogen wurde, sei so verwirrt gewesen, dass er in sich zwei einander widersprechende Krankheiten trug, nämlich Habgier, wie sie eines freien Mannes unwürdig ist, und andererseits Hochmut gegenüber Göttern und Menschen.«

»Da hast du recht«, entgegnete er.

5 »Des Weiteren wollen wir auch nicht glauben«, sagte ich, »und nicht zulassen, dass man erzählt, Theseus, der Sohn des Poseidon, und Peirithoos, der Sohn des Zeus, [d] hätten so fürchterliche Raubzüge unternommen;[54] noch dass ein anderer Göttersohn oder Held es gewagt hätte, so Schlimmes und Gottloses zu tun, wie man ihnen nun andichtet. Vielmehr wollen wir die Dichter dazu nötigen, solches entweder nicht als deren Taten oder jene selbst nicht als Göttersöhne zu bezeichnen; beides zusammen aber dürfen sie nicht behaupten; sie dürfen unsere jungen Leute nicht glauben machen, die Götter würden Böses hervorbringen und Heroen seien um nichts besser als gewöhnliche Menschen. Denn das wäre, wie wir ja schon vorher sagten,[55] [e] ein Frevel und die Unwahrheit. Dass nämlich von den Göttern nichts Schlechtes kommen kann, haben wir ja schon gezeigt.«[56]

»Natürlich.«

»Noch dazu wäre es auch schädlich für die, die es hören. Denn jeder wird sich seine eigene Schlechtigkeit verzeihen, wenn er davon überzeugt ist, dass Ähnliches auch begehen und begangen haben

οἱ θεῶν ἀγχίσποροι,
⟨οἱ⟩ Ζηνὸς ἐγγύς, ὧν κατ᾽ Ἰδαῖον πάγον
Διὸς πατρῴου βωμός ἐστ᾽ ἐν αἰθέρι,
καὶ οὔ πώ σφιν ἐξίτηλον αἷμα δαιμόνων.

ὧν ἕνεκα παυστέον τοὺς τοιούτους μύθους, μὴ ἡμῖν πολλὴν [392a] εὐχέρειαν ἐντίκτωσι τοῖς νέοις πονηρίας.

Κομιδῇ μὲν οὖν, ἔφη.

Τί οὖν, ἦν δ᾽ ἐγώ, ἡμῖν ἔτι λοιπὸν εἶδος λόγων πέρι ὁριζομένοις οἵους τε λεκτέον καὶ μή; περὶ γὰρ θεῶν ὡς δεῖ λέγεσθαι εἴρηται, καὶ περὶ δαιμόνων τε καὶ ἡρώων καὶ τῶν ἐν Ἅιδου.

Πάνυ μὲν οὖν.

Οὐκοῦν καὶ περὶ ἀνθρώπων τὸ λοιπὸν εἴη ἄν;

Δῆλα δή.

Ἀδύνατον δή, ὦ φίλε, ἡμῖν τοῦτό γε ἐν τῷ παρόντι τάξαι.

Πῶς;

Ὅτι οἶμαι ἡμᾶς ἐρεῖν ὡς ἄρα καὶ ποιηταὶ καὶ λογοποιοὶ [b] κακῶς λέγουσιν περὶ ἀνθρώπων τὰ μέγιστα, ὅτι εἰσὶν ἄδικοι μὲν εὐδαίμονες πολλοί, δίκαιοι δὲ ἄθλιοι, καὶ ὡς λυσιτελεῖ τὸ ἀδικεῖν, ἐὰν λανθάνῃ, ἡ δὲ δικαιοσύνη ἀλλότριον μὲν ἀγαθόν, οἰκεία δὲ ζημία· καὶ τὰ μὲν τοιαῦτα ἀπερεῖν λέγειν, τὰ δ᾽ ἐναντία τούτων προστάξειν ᾄδειν τε καὶ μυθολογεῖν. ἢ οὐκ οἴει;

Εὖ μὲν οὖν, ἔφη, οἶδα.

Οὐκοῦν ἐὰν ὁμολογῇς ὀρθῶς με λέγειν, φήσω σε ὡμολογηκέναι ἃ πάλαι ζητοῦμεν;

die Göttersprösslinge,
die Verwandten des Zeus, denen auf des Ida Höhen
des väterlichen Zeus Altar im Äther steht,
und immer noch ist ihnen das Götterblut nicht versiegt.[57]

Darum muss man mit solchen Geschichten Schluss machen, [392a] sonst machen sie unseren jungen Leuten den Weg zum Bösen nur allzu leicht.«

»Ganz richtig«, sagte er.

»Welche Gattung von Erzählungen«, fuhr ich fort, »bleibt uns noch übrig, um zu bestimmen, welche man vortragen darf und welche nicht? Wie man von den Göttern reden soll und von Dämonen, von Heroen und vom Hades, das ist ja schon gesagt worden.«

»Ja, gewiss.«

»Dann bliebe nur noch, wie man von Menschen reden soll.«

»Offenbar.«

»Doch das, mein Freund, können wir jetzt unmöglich bestimmen.«

»Wie das?«

»Weil ich glaube, wir müssten dann sagen, Dichter und Erzähler [b] stellen die Menschen im Wesentlichen ganz falsch dar, da nämlich die Mehrzahl der Ungerechten glücklich sei, die Gerechten aber unglücklich, und das Unrechttun vorteilhaft sei, wenn es verborgen bliebe, die Gerechtigkeit aber ein Vorteil für den anderen sei, eine Strafe hingegen für den, der sie erhält.[58] Derartiges zu sagen, werden wir ihnen verbieten, und wir werden ihnen auftragen, das Gegenteil davon zu besingen und zu erzählen.[59] Oder meinst du nicht?«

»Davon bin ich fest überzeugt«, sagte er.

»Wenn du also zugibst, dass ich damit recht habe, darf ich dann nicht sagen, dass du auch mit allem anderen einverstanden bist, was wir die ganze Zeit untersuchen?«

Ὀρθῶς, ἔφη, ὑπέλαβες.

[c] Οὐκοῦν περί γε ἀνθρώπων ὅτι τοιούτους δεῖ λόγους λέγεσθαι, τότε διομολογησόμεθα, ὅταν εὕρωμεν οἷόν ἐστιν δικαιοσύνη καὶ ὡς φύσει λυσιτελοῦν τῷ ἔχοντι, ἐάντε δοκῇ ἐάντε μὴ τοιοῦτος εἶναι;

Ἀληθέστατα, ἔφη.

6 Τὰ μὲν δὴ λόγων πέρι ἐχέτω τέλος· τὸ δὲ λέξεως, ὡς ἐγὼ οἶμαι, μετὰ τοῦτο σκεπτέον, καὶ ἡμῖν ἅ τε λεκτέον καὶ ὡς λεκτέον παντελῶς ἐσκέψεται.

Καὶ ὁ Ἀδείμαντος, Τοῦτο, ἦ δ᾿ ὅς, οὐ μανθάνω ὅτι λέγεις.

[d] Ἀλλὰ μέντοι, ἦν δ᾿ ἐγώ, δεῖ γε· ἴσως οὖν τῇδε μᾶλλον εἴσῃ. ἆρ᾿ οὐ πάντα ὅσα ὑπὸ μυθολόγων ἢ ποιητῶν λέγεται διήγησις οὖσα τυγχάνει ἢ γεγονότων ἢ ὄντων ἢ μελλόντων;

Τί γάρ, ἔφη, ἄλλο;

Ἆρ᾿ οὖν οὐχὶ ἤτοι ἁπλῇ διηγήσει ἢ διὰ μιμήσεως γιγνομένῃ ἢ δι᾿ ἀμφοτέρων περαίνουσιν;

Καὶ τοῦτο, ἦ δ᾿ ὅς, ἔτι δέομαι σαφέστερον μαθεῖν.

Γελοῖος, ἦν δ᾿ ἐγώ, ἔοικα διδάσκαλος εἶναι καὶ ἀσαφής· ὥσπερ οὖν οἱ ἀδύνατοι λέγειν, οὐ κατὰ ὅλον ἀλλ᾿ ἀπολαβὼν [e] μέρος τι πειράσομαί σοι ἐν τούτῳ δηλῶσαι ὃ βούλομαι. καί μοι εἰπέ· ἐπίστασαι τῆς Ἰλιάδος τὰ πρῶτα, ἐν οἷς ὁ ποιητής φησι τὸν μὲν Χρύσην δεῖσθαι τοῦ Ἀγαμέμνονος ἀπολῦσαι τὴν θυγατέρα, τὸν δὲ χαλεπαίνειν, τὸν δέ, ἐπειδὴ [393a] οὐκ ἐτύγχανεν, κατεύχεσθαι τῶν Ἀχαιῶν πρὸς τὸν θεόν;

Ἔγωγε.

Οἶσθ᾿ οὖν ὅτι μέχρι μὲν τούτων τῶν ἐπῶν

»Deine Vermutung ist richtig«, entgegnete er.

[c] »Also werden wir über die Art und Weise, wie man über den Menschen reden soll, uns erst dann verständigen können, wenn wir herausgefunden haben, wie beschaffen die Gerechtigkeit ist und dass sie ihrem Wesen nach dem von Nutzen ist, der sie besitzt, egal, ob er jetzt gerecht erscheint oder nicht?«

»Ganz richtig«, sagte er.

6 »So viel also über den Inhalt der Erzählungen. Jetzt aber, glaube ich, gilt es noch ihre Form zu untersuchen; dann dürften wir zur Gänze geklärt haben, was man sagen darf und wie man es sagen soll.«

Da sagte Adeimantos: »Ich verstehe nicht, wie du das meinst.«

[d] »Das solltest du aber«, erwiderte ich. »Vielleicht verstehst du es so besser: Ist nicht alles, was von Erzählern und Dichtern berichtet wird, eine Darstellung von Vergangenem, Gegenwärtigem oder Zukünftigem?«

»Was denn sonst?«, sagte er.

»Und erreichen sie das nicht entweder durch eine einfache Darstellung oder durch eine, die auf Nachahmung beruht, oder durch beide?«

»Auch das«, warf er ein, »möchte ich erst noch besser verstehen.«

»Was bin ich doch für ein lächerlicher Lehrer, der sich nicht klar auszudrücken versteht«, sagte ich. »So werde ich nun, wie die Leute, die sich nicht ausdrücken können, versuchen, dir die Sache, um die es mir geht, nicht im Ganzen, sondern stückweise [e] darzulegen. Sag mir also: Du kennst doch den Anfang der Ilias, wo der Dichter erzählt, wie Chryses Agamemnon bittet, er möge seine Tochter freilassen? Der aber gerät in Zorn, worauf der Priester, da seine Bitte [393a] kein Gehör fand, von Gott Unheil für die Achaier erfleht.«[60]

»Gewiss.«

»Du weißt aber, dass bis zu den Worten:

καὶ ἐλίσσετο πάντας Ἀχαιούς,
Ἀτρείδα δὲ μάλιστα δύω, κοσμήτορε λαῶν

λέγει τε αὐτὸς ὁ ποιητὴς καὶ οὐδὲ ἐπιχειρεῖ ἡμῶν τὴν διάνοιαν ἄλλοσε τρέπειν ὡς ἄλλος τις ὁ λέγων ἢ αὐτός· τὰ δὲ μετὰ ταῦτα ὥσπερ αὐτὸς ὢν ὁ Χρύσης λέγει καὶ πειρᾶται [b] ἡμᾶς ὅτι μάλιστα ποιῆσαι μὴ Ὅμηρον δοκεῖν εἶναι τὸν λέγοντα ἀλλὰ τὸν ἱερέα, πρεσβύτην ὄντα. καὶ τὴν ἄλλην δὴ πᾶσαν σχεδόν τι οὕτω πεποίηται διήγησιν περί τε τῶν ἐν Ἰλίῳ καὶ περὶ τῶν ἐν Ἰθάκῃ καὶ ὅλῃ Ὀδυσσείᾳ παθημάτων.

Πάνυ μὲν οὖν, ἔφη.

Οὐκοῦν διήγησις μέν ἐστιν καὶ ὅταν τὰς ῥήσεις ἑκάστοτε λέγῃ καὶ ὅταν τὰ μεταξὺ τῶν ῥήσεων;

Πῶς γὰρ οὔ;

[c] Ἀλλ᾽ ὅταν γέ τινα λέγῃ ῥῆσιν ὥς τις ἄλλος ὤν, ἆρ᾽ οὐ τότε ὁμοιοῦν αὐτὸν φήσομεν ὅτι μάλιστα τὴν αὑτοῦ λέξιν ἑκάστῳ ὃν ἂν προείπῃ ὡς ἐροῦντα;

Φήσομεν· τί γάρ;

Οὐκοῦν τό γε ὁμοιοῦν ἑαυτὸν ἄλλῳ ἢ κατὰ φωνὴν ἢ κατὰ σχῆμα μιμεῖσθαί ἐστιν ἐκεῖνον ᾧ ἄν τις ὁμοιοῖ;

Τί μήν;

Ἐν δὴ τῷ τοιούτῳ, ὡς ἔοικεν, οὗτός τε καὶ οἱ ἄλλοι ποιηταὶ διὰ μιμήσεως τὴν διήγησιν ποιοῦνται.

Πάνυ μὲν οὖν.

Εἰ δέ γε μηδαμοῦ ἑαυτὸν ἀποκρύπτοιτο ὁ ποιητής, πᾶσα [d] ἂν αὐτῷ ἄνευ μιμήσεως ἡ ποίησίς τε καὶ διήγησις γεγονυῖα εἴη. ἵνα δὲ μὴ εἴπῃς ὅτι οὐκ αὖ μανθάνεις, ὅπως ἂν τοῦτο γένοιτο ἐγὼ φράσω. εἰ γὰρ Ὅμηρος εἰπὼν ὅτι ἦλθεν ὁ Χρύσης τῆς τε θυγατρὸς λύτρα

›und innig bat er all die Achaier,
besonders aber die beiden Atreiden, die Ordner
der Mannen,‹

der Dichter selbst spricht und auch nicht versucht, unsere Gedanken anderswohin zu lenken, als spräche ein anderer als er selbst. Das Folgende aber spricht er, als wäre er selbst Chryses, und möchte [b] uns möglichst glauben machen, dass hier nicht Homer redete, sondern der alte Priester. Etwa auf diese Weise ist er auch bei der übrigen Erzählung der Ereignisse vor Ilion, auf Ithaka und in der ganzen Odyssee verfahren.«

»Ja, gewiss«, sagte er.

»Ist nicht beides Erzählung, sowohl die Reden, die er jeweils wiedergibt, als auch das, was er zwischen den Reden sagt?«

»Natürlich.«

[c] »Wenn er aber eine Rede einem anderen in den Mund legt, dann werden wir doch sagen, er gleicht seine Redeweise nach Möglichkeit jeweils der Redeweise dessen an, den er als Sprecher angekündigt hat?«

»Ja, was denn sonst?«

»Sich einem anderen in Sprache und Haltung anzugleichen bedeutet doch, jenen nachzuahmen, dem man sich angleicht?«

»Natürlich.«

»In solchen Fällen bedienen sich, wie es scheint, Homer und die anderen Dichter bei der Erzählung des Mittels der Nachahmung.«[61]

»Allerdings.«

»Wenn sich hingegen der Dichter nirgends versteckt, [d] dann wäre seine Dichtung oder Erzählung ganz ohne Nachahmung. Damit du nun nicht wieder sagst, du verstehst nicht, wie das gemeint sei, will ich's dir erklären: Wenn nämlich Homer nach seiner Schilderung, wie Chryses mit dem Lösegeld für seine Tochter als Bittsteller zu den Achaiern, namentlich zu

φέρων καὶ ἱκέτης τῶν Ἀχαιῶν, μάλιστα δὲ τῶν βασιλέων, μετὰ τοῦτο μὴ ὡς Χρύσης γενόμενος ἔλεγεν ἀλλ᾽ ἔτι ὡς Ὅμηρος, οἶσθ᾽ ὅτι οὐκ ἂν μίμησις ἦν ἀλλὰ ἁπλῆ διήγησις. εἶχε δ᾽ ἂν ὧδε πως – φράσω δὲ ἄνευ μέτρου· οὐ γάρ εἰμι ποιητικός – Ἐλθὼν [e] ὁ ἱερεὺς ηὔχετο ἐκείνοις μὲν τοὺς θεοὺς δοῦναι ἑλόντας τὴν Τροίαν αὐτοὺς σωθῆναι, τὴν δὲ θυγατέρα οἱ λῦσαι δεξαμένους ἄποινα καὶ τὸν θεὸν αἰδεσθέντας. ταῦτα δὲ εἰπόντος αὐτοῦ οἱ μὲν ἄλλοι ἐσέβοντο καὶ συνῄνουν, ὁ δὲ Ἀγαμέμνων ἠγρίαινεν ἐντελλόμενος νῦν τε ἀπιέναι καὶ αὖθις μὴ ἐλθεῖν, μὴ αὐτῷ τό τε σκῆπτρον καὶ τὰ τοῦ θεοῦ στέμματα οὐκ ἐπαρκέσοι· πρὶν δὲ λυθῆναι αὐτοῦ τὴν θυγατέρα, ἐν Ἄργει ἔφη γηράσειν μετὰ οὗ· ἀπιέναι δ᾽ ἐκέλευεν καὶ μὴ ἐρεθίζειν, [394a] ἵνα σῶς οἴκαδε ἔλθοι. ὁ δὲ πρεσβύτης ἀκούσας ἔδεισέν τε καὶ ἀπῄει σιγῇ, ἀποχωρήσας δὲ ἐκ τοῦ στρατοπέδου πολλὰ τῷ Ἀπόλλωνι ηὔχετο, τάς τε ἐπωνυμίας τοῦ θεοῦ ἀνακαλῶν καὶ ὑπομιμνῄσκων καὶ ἀπαιτῶν, εἴ τι πώποτε ἢ ἐν ναῶν οἰκοδομήσεσιν ἢ ἐν ἱερῶν θυσίαις κεχαρισμένον δωρήσαιτο· ὧν δὴ χάριν κατηύχετο τεῖσαι τοὺς Ἀχαιοὺς τὰ ἃ δάκρυα τοῖς ἐκείνου βέλεσιν. οὕτως, ἦν δ᾽ ἐγώ, ὦ ἑταῖρε, ἄνευ [b] μιμήσεως ἁπλῆ διήγησις γίγνεται.

Μανθάνω, ἔφη.

7 Μάνθανε τοίνυν, ἦν δ᾽ ἐγώ, ὅτι ταύτης αὖ ἐναντία γίγνεται, ὅταν τις τὰ τοῦ ποιητοῦ τὰ μεταξὺ τῶν ῥήσεων ἐξαιρῶν τὰ ἀμοιβαῖα καταλείπῃ.

Καὶ τοῦτο, ἔφη, μανθάνω, ὅτι ἔστιν τὸ περὶ τὰς τραγῳδίας τοιοῦτον.

Ὀρθότατα, ἔφην, ὑπέλαβες, καὶ οἶμαί σοι ἤδη δηλοῦν ὃ ἔμπρο-

den Königen, kam, dann nicht so fortfahren würde, als wäre er Chryses, sondern immer noch Homer, so wäre das, wie du siehst, nicht Nachahmung, sondern einfache Erzählung. Das würde dann etwa so lauten – ich will es dir in Prosa sagen, denn ich bin ja kein Dichter:[62] Der Priester kam [e] und betete, die Götter mögen jenen[63] gewähren, Troja zu erobern und selbst mit heiler Haut davonzukommen; ihm aber sollten sie die Tochter freigeben, gegen Lösegeld und aus Scheu vor seinem Gott. Auf diese seine Worte hin fühlten die anderen fromme Scheu und stimmten ihm zu; Agamemnon aber packte die Wut, und er befahl ihm, sofort zu gehen und ja nicht wieder zu kommen, sonst würden ihm auch sein Priesterstab und die Binden des Gottes keinen Schutz gewähren; ehe seine Tochter freigelassen würde, sollte sie an seiner Seite in Argos alt werden. Er hieß ihn wegzugehen und ihn nicht zu reizen, [394a] damit er heil nach Hause komme. Wie der Greis das hörte, erschrak er und entfernte sich schweigend; kaum aus dem Lager, flehte er inständig zu Apollon, rief den Gott mit seinen Beinamen an und erinnerte und gemahnte ihn an die Geschenke, die er ihm zuliebe je beim Tempelbau oder bei Opfern dargebracht hatte. Zum Dank dafür, so bat er, möge er jetzt die Achaier mit seinen Pfeilen für seine Tränen bestrafen. So also, mein Freund«, sagte ich, [b] »entsteht eine einfache Erzählung ohne Nachahmung.«

»Ich verstehe«, entgegnete er.

7 »Dann musst auch du verstehen«, fuhr ich fort, »dass gerade das Gegenteil davon der Fall ist, wenn man die Schilderungen des Dichters zwischen den Reden herausnimmt und nur die Wechselreden übriglässt.«

»Auch das verstehe ich«, sagte er; »so ist es ja bei den Tragödien.«

»Ganz richtig!«, erwiderte ich. »Jetzt kann ich dir, glaube ich, auch klarmachen, wozu ich vorhin nicht imstande war, dass

σθεν οὐχ οἷός τ᾽ ἦ, ὅτι τῆς ποιήσεώς τε καὶ μυθολογίας [c] ἡ μὲν διὰ μιμήσεως ὅλη ἐστίν, ὥσπερ σὺ λέγεις, τραγῳδία τε καὶ κωμῳδία, ἡ δὲ δι᾽ ἀπαγγελίας αὐτοῦ τοῦ ποιητοῦ – εὕροις δ᾽ ἂν αὐτὴν μάλιστά που ἐν διθυράμβοις – ἡ δ᾽ αὖ δι᾽ ἀμφοτέρων ἔν τε τῇ τῶν ἐπῶν ποιήσει, πολλαχοῦ δὲ καὶ ἄλλοθι, εἴ μοι μανθάνεις.

Ἀλλὰ συνίημι, ἔφη, ὃ τότε ἐβούλου λέγειν.

Καὶ τὸ πρὸ τούτου δὴ ἀναμνήσθητι, ὅτι ἔφαμεν ἃ μὲν λεκτέον ἤδη εἰρῆσθαι, ὡς δὲ λεκτέον ἔτι σκεπτέον εἶναι.

Ἀλλὰ μέμνημαι.

[d] Τοῦτο τοίνυν αὐτὸ ἦν ὃ ἔλεγον, ὅτι χρείη διομολογήσασθαι πότερον ἐάσομεν τοὺς ποιητὰς μιμουμένους ἡμῖν τὰς διηγήσεις ποιεῖσθαι ἢ τὰ μὲν μιμουμένους, τὰ δὲ μή, καὶ ὁποῖα ἑκάτερα, ἢ οὐδὲ μιμεῖσθαι.

Μαντεύομαι, ἔφη, σκοπεῖσθαί σε εἴτε παραδεξόμεθα τραγῳδίαν τε καὶ κωμῳδίαν εἰς τὴν πόλιν, εἴτε καὶ οὔ.

Ἴσως, ἦν δ᾽ ἐγώ, ἴσως δὲ καὶ πλείω ἔτι τούτων· οὐ γὰρ δὴ ἔγωγέ πω οἶδα, ἀλλ᾽ ὅπῃ ἂν ὁ λόγος ὥσπερ πνεῦμα φέρῃ, ταύτῃ ἰτέον.

Καὶ καλῶς γ᾽, ἔφη, λέγεις.

[e] Τόδε τοίνυν, ὦ Ἀδείμαντε, ἄθρει, πότερον μιμητικοὺς ἡμῖν δεῖ εἶναι τοὺς φύλακας ἢ οὔ· ἢ καὶ τοῦτο τοῖς ἔμπροσθεν ἕπεται, ὅτι εἷς ἕκαστος ἓν μὲν ἂν ἐπιτήδευμα καλῶς ἐπιτηδεύοι, πολλὰ δ᾽ οὔ, ἀλλ᾽ εἰ τοῦτο ἐπιχειροῖ, πολλῶν ἐφαπτόμενος πάντων ἀποτυγχάνοι ἄν, ὥστ᾽ εἶναί που ἐλλόγιμος;

nämlich die eine Art von Dichtung und [c] Erzählung zur Gänze auf Nachahmung beruht – das sind, wie du ja selbst sagst, die Tragödie und die Komödie –, die andere aber auf dem Bericht des Dichters selbst; Letztere findet man wohl am ehesten in den Dithyramben; eine Kombination aus beiden liegt in der epischen Dichtung vor und auch sonst vielfach, wenn du verstehst, was ich meine.«

»Jetzt erst begreife ich, was du vorhin sagen wolltest«, entgegnete er.

»Denke aber auch daran, was wir noch davor gesagt haben; wir stellten ja fest, wir hätten bereits geklärt, was man sagen solle, müssten aber noch untersuchen, wie man es sagen sollte.«

»Ja, ich erinnere mich.«

[d] »Damit meinte ich: Wir müssen uns darüber klar werden, ob wir es zulassen, dass die Dichter für alle ihre Erzählungen die Nachahmung verwenden, oder nur für einen Teil davon, für andere aber nicht, und für welche dann und für welche nicht, oder ob sie überhaupt nicht nachahmen sollen.«

»Ich vermute«, sagte er, »du überlegst, ob wir Tragödie und Komödie in unseren Staat aufnehmen sollen oder nicht.«

»Vielleicht«, sagte ich, »vielleicht aber auch noch mehr als das, weiß ich es doch selbst noch nicht; indes, wohin uns unser Gespräch, dem Wind gleich, trägt, dorthin müssen wir gehen.«

»Das hast du schön gesagt«, meinte er.

[e] »Überlege nun, Adeimantos, ob unsere Wächter sich auf Nachahmung verstehen sollen oder nicht. Oder ergibt sich nicht die Antwort ohnehin aus dem vorher Gesagten, dass nämlich jeder nur eine einzige Beschäftigung mit Erfolg betreiben könne und nicht viele? Versucht er es dennoch und nimmt vielerlei in Angriff, misslingt ihm alles, und er wird nirgends Beachtung finden.«[64]

Τί δ' οὐ μέλλει;

Οὐκοῦν καὶ περὶ μιμήσεως ὁ αὐτὸς λόγος, ὅτι πολλὰ ὁ αὐτὸς μιμεῖσθαι εὖ ὥσπερ ἓν οὐ δυνατός;

Οὐ γὰρ οὖν.

[395a] Σχολῇ ἄρα ἐπιτηδεύσει γέ τι ἅμα τῶν ἀξίων λόγου ἐπιτηδευμάτων καὶ πολλὰ μιμήσεται καὶ ἔσται μιμητικός, ἐπεί που οὐδὲ τὰ δοκοῦντα ἐγγὺς ἀλλήλων εἶναι δύο μιμήματα δύνανται οἱ αὐτοὶ ἅμα εὖ μιμεῖσθαι, οἷον κωμῳδίαν καὶ τραγῳδίαν ποιοῦντες. ἢ οὐ μιμήματε ἄρτι τούτω ἐκάλεις;

Ἔγωγε· καὶ ἀληθῆ γε λέγεις, ὅτι οὐ δύνανται οἱ αὐτοί.

Οὐδὲ μὴν ῥαψῳδοί γε καὶ ὑποκριταὶ ἅμα.

Ἀληθῆ.

Ἀλλ' οὐδέ τοι ὑποκριταὶ κωμῳδοῖς τε καὶ τραγῳδοῖς οἱ [b] αὐτοί· πάντα δὲ ταῦτα μιμήματα. ἢ οὔ;

Μιμήματα.

Καὶ ἔτι γε τούτων, ὦ Ἀδείμαντε, φαίνεταί μοι εἰς σμικρότερα κατακεκερματίσθαι ἡ τοῦ ἀνθρώπου φύσις, ὥστε ἀδύνατος εἶναι πολλὰ καλῶς μιμεῖσθαι ἢ αὐτὰ ἐκεῖνα πράττειν ὧν δὴ καὶ τὰ μιμήματά ἐστιν ἀφομοιώματα.

Ἀληθέστατα, ἦ δ' ὅς.

8 Εἰ ἄρα τὸν πρῶτον λόγον διασώσομεν, τοὺς φύλακας ἡμῖν τῶν ἄλλων πασῶν δημιουργιῶν ἀφειμένους δεῖν εἶναι [c] δημιουργοὺς ἐλευθερίας τῆς πόλεως πάνυ ἀκριβεῖς καὶ μηδὲν ἄλλο ἐπιτηδεύειν ὅτι μὴ εἰς τοῦτο φέρει, οὐδὲν δὴ δέοι ἂν αὐτοὺς ἄλλο πράττειν οὐδὲ μιμεῖσθαι· ἐὰν δὲ μιμῶνται, μιμεῖσθαι τὰ τούτοις προσήκοντα εὐθὺς ἐκ παίδων, ἀνδρείους, σώφρονας, ὁσίους,

»Wie sollte es anders sein!«

»Gilt dasselbe nicht auch für die Nachahmung, dass ein und derselbe nicht vieles so gut nachahmen kann wie eines?«

»Natürlich.«

[395a] »Er wird also schwerlich etwas Nennenswertes in seinem Beruf erreichen und zugleich vieles nachahmen können und geschickt im Nachahmen sein; denn nicht einmal die beiden Arten der Nachahmung, die offenbar einander so nahestehen wie die Komödie und die Tragödie, werden von ein und demselben Dichter erfolgreich beherrscht.[65] Hast du sie nicht beide eben als Beispiele für Nachahmung genannt?«

»Ja. Und du hast recht, dass ein und derselbe Dichter nicht beide zugleich beherrscht.«

»Es kann auch nicht einer zugleich Rhapsode[66] und Schauspieler sein.«

»Nein.«

»Ja sogar Schauspieler für Komödien und Tragödien sind nicht dieselben, [b] und doch ist all das Gegenstand der Nachahmung, oder nicht?«

»Freilich.«

»In noch kleinere Teile scheint mir, mein Adeimantos, die menschliche Natur aufgespalten zu sein, so dass der Mensch unfähig ist, vieles gut nachzuahmen und das zu verwirklichen, wovon seine Nachahmungen Abbild sind.«

»Sehr richtig«, sagte er.

8 »Wenn wir unserem ersten Grundsatz treu bleiben wollen, dass unsere Wächter von allen anderen Berufen frei sein sollen und mit aller Hingabe [c] das Geschäft der Freiheit des Staates betreiben müssen und keiner anderen Beschäftigung nachgehen dürfen, die nicht dazu gehört, dann dürfen sie eben weder anderes tun noch nachahmen. Wenn sie schon etwas nachahmen, dann von klein auf nur das, was ihnen angemessen ist, nämlich tapfere, besonnene, fromme und freie

ἐλευθέρους, καὶ τὰ τοιαῦτα πάντα, τὰ δὲ ἀνελεύθερα μήτε ποιεῖν μήτε δεινοὺς εἶναι μιμήσασθαι, μηδὲ ἄλλο μηδὲν τῶν αἰσχρῶν, ἵνα μὴ ἐκ τῆς μιμήσεως τοῦ εἶναι [d] ἀπολαύσωσιν. ἢ οὐκ ᾔσθησαι ὅτι αἱ μιμήσεις, ἐὰν ἐκ νέων πόρρω διατελέσωσιν, εἰς ἔθη τε καὶ φύσιν καθίστανται καὶ κατὰ σῶμα καὶ φωνὰς καὶ κατὰ τὴν διάνοιαν;

Καὶ μάλα, ἦ δ᾽ ὅς.

Οὐ δὴ ἐπιτρέψομεν, ἦν δ᾽ ἐγώ, ὧν φαμὲν κήδεσθαι καὶ δεῖν αὐτοὺς ἄνδρας ἀγαθοὺς γενέσθαι, γυναῖκα μιμεῖσθαι ἄνδρας ὄντας, ἢ νέαν ἢ πρεσβυτέραν, ἢ ἀνδρὶ λοιδορουμένην ἢ πρὸς θεοὺς ἐρίζουσάν τε καὶ μεγαλαυχουμένην, οἰομένην [e] εὐδαίμονα εἶναι, ἢ ἐν συμφοραῖς τε καὶ πένθεσιν καὶ θρήνοις ἐχομένην· κάμνουσαν δὲ ἢ ἐρῶσαν ἢ ὠδίνουσαν, πολλοῦ καὶ δεήσομεν.

Παντάπασι μὲν οὖν, ἦ δ᾽ ὅς.

Οὐδέ γε δούλας τε καὶ δούλους πράττοντας ὅσα δούλων.

Οὐδὲ τοῦτο.

Οὐδέ γε ἄνδρας κακούς, ὡς ἔοικεν, δειλούς τε καὶ τὰ ἐναντία πράττοντας ὧν νυνδὴ εἴπομεν, κακηγοροῦντάς τε καὶ κωμῳδοῦντας ἀλλήλους καὶ αἰσχρολογοῦντας, μεθύοντας [396a] ἢ καὶ νήφοντας, ἢ καὶ ἄλλα ὅσα οἱ τοιοῦτοι καὶ ἐν λόγοις καὶ ἐν ἔργοις ἁμαρτάνουσιν εἰς αὑτούς τε καὶ εἰς ἄλλους, οἶμαι δὲ οὐδὲ μαινομένοις ἐθιστέον ἀφομοιοῦν αὑτοὺς ἐν λόγοις οὐδὲ ἐν ἔργοις· γνωστέον μὲν γὰρ καὶ μαινομένους καὶ πονηροὺς ἄνδρας τε καὶ γυναῖκας, ποιητέον δὲ οὐδὲν τούτων οὐδὲ μιμητέον.

Ἀληθέστατα, ἔφη.

Männer und dergleichen mehr; was eines freien Mannes unwürdig ist, das dürfen sie weder tun, noch fähig sein, es nachzuahmen, und auch nichts anderes Schimpfliches, damit sie nicht durch die Nachahmung daran [d] Gefallen finden, so zu sein wie das Nachgeahmte. Oder hast du nicht bemerkt, wie die Nachahmung, wenn sie von Kindheit an dauernd geübt wird, zur Gewohnheit und zur zweiten Natur wird, sowohl in der Körperhaltung und bei der Stimme als auch im Denken?«[67]

»Ja freilich«, sagte er.

»Wir können also nicht zugeben«, fuhr ich fort, »dass diejenigen, denen, wie wir sagen, unsere ganze Sorge gilt und die tüchtige Männer werden sollen, dass sie also als Männer eine Frau nachahmen, eine junge oder ältere, eine, die mit ihrem Mann zankt oder mit den Göttern streitet und prahlt, weil sie sich [e] für glücklich hält, oder eine, die vor lauter Unglück und Leid ständig heult, und schon gar nicht eine kranke, liebende oder eine, die in Wehen liegt.«[68]

»Ganz gewiss nicht«, entgegnete er.

»Auch nicht Mägde und Knechte bei ihren Frondiensten.«

»Auch das nicht.«

»Offenbar auch nicht schlechte und feige Männer und solche, die das Gegenteil von dem machen, was wir vorhin gesagt haben: die einander verleumden und verspotten und beschimpfen, egal ob im Rausch [396a] oder auch nüchtern, und die all das tun, was sich solche Leute mit Worten und Taten gegen sich und andere zuschulden kommen lassen; ich glaube, man darf auch nicht zulassen, dass sie sich daran gewöhnen, es in Worten und Taten Wahnsinnigen gleichzutun. Sie[69] sollen zwar die Wahnsinnigen und Schlechten, Männer gleichwie Frauen, kennen, doch dürfen sie nicht handeln wie sie, noch sie nachahmen.«

»Ganz richtig«, sagte er.

Τί δέ; ἦν δ᾽ ἐγώ· χαλκεύοντας ἤ τι ἄλλο δημιουργοῦντας, [b] ἢ ἐλαύνοντας τριήρεις ἢ κελεύοντας τούτοις, ἤ τι ἄλλο τῶν περὶ ταῦτα μιμητέον;

Καὶ πῶς; ἔφη, οἷς γε οὐδὲ προσέχειν τὸν νοῦν τούτων οὐδενὶ ἐξέσται;

Τί δέ; ἵππους χρεμετίζοντας καὶ ταύρους μυκωμένους καὶ ποταμοὺς ψοφοῦντας καὶ θάλατταν κτυποῦσαν καὶ βροντὰς καὶ πάντα αὖ τὰ τοιαῦτα ἦ μιμήσονται;

Ἀλλ᾽ ἀπείρηται αὐτοῖς, ἔφη, μήτε μαίνεσθαι μήτε μαινομένοις ἀφομοιοῦσθαι.

Εἰ ἄρα, ἦν δ᾽ ἐγώ, μανθάνω ἃ σὺ λέγεις, ἔστιν τι εἶδος λέξεώς τε καὶ διηγήσεως ἐν ᾧ ἂν διηγοῖτο ὁ τῷ ὄντι καλὸς [c] κἀγαθός, ὁπότε τι δέοι αὐτὸν λέγειν, καὶ ἕτερον αὖ ἀνόμοιον τούτῳ εἶδος, οὗ ἂν ἔχοιτο ἀεὶ καὶ ἐν ᾧ διηγοῖτο ὁ ἐναντίως ἐκείνῳ φύς τε καὶ τραφείς.

Ποῖα δή, ἔφη, ταῦτα;

Ὁ μέν μοι δοκεῖ, ἦν δ᾽ ἐγώ, μέτριος ἀνήρ, ἐπειδὰν ἀφίκηται ἐν τῇ διηγήσει ἐπὶ λέξιν τινὰ ἢ πρᾶξιν ἀνδρὸς ἀγαθοῦ, ἐθελήσειν ὡς αὐτὸς ὢν ἐκεῖνος ἀπαγγέλλειν καὶ οὐκ αἰσχυνεῖσθαι ἐπὶ τῇ τοιαύτῃ μιμήσει, μάλιστα μὲν μιμούμενος [d] τὸν ἀγαθὸν ἀσφαλῶς τε καὶ ἐμφρόνως πράττοντα, ἐλάττω δὲ καὶ ἧττον ἢ ὑπὸ νόσων ἢ ὑπὸ ἐρώτων ἐσφαλμένον ἢ καὶ ὑπὸ μέθης ἤ τινος ἄλλης συμφορᾶς· ὅταν δὲ γίγνηται κατά τινα ἑαυτοῦ ἀνάξιον, οὐκ ἐθελήσειν σπουδῇ ἀπεικάζειν ἑαυτὸν τῷ χείρονι, εἰ μὴ ἄρα κατὰ βραχύ, ὅταν τι χρηστὸν ποιῇ, ἀλλ᾽ αἰσχυνεῖσθαι, ἅμα μὲν ἀγύμναστος ὢν τοῦ μιμεῖσθαι τοὺς τοιούτους, ἅμα δὲ καὶ δυσχεραίνων αὐτὸν ἐκμάττειν τε

»Wie nun?«, fuhr ich fort, »Sollen sie Schmiede, andere Handwerker oder [b] Ruderknechte und ihre Antreiber oder ähnliche Leute nachahmen?«

»Ja, wie denn«, antwortete er, »wo sie doch mit all dem nichts zu tun haben sollen?«

»Wie, sollen sie das Wiehern der Pferde, das Brüllen der Stiere, das Rauschen der Flüsse und das Tosen des Meeres, den Donner und Ähnliches nachahmen?«[70]

»Nein«, sagte er, »wir hatten ihnen doch verboten, rasend zu sein und sich wie Rasende zu gebärden.«

»Wenn ich also recht verstehe, was du meinst«, fuhr ich fort, »dann gibt es zwei Arten von Ausdrucksweisen bei der Darstellung; der einen bedient sich der wahrhaft gute [c] und tüchtige Mann, wenn er etwas zu sagen hat, an die zweite, die dieser unähnlich ist, hält sich stets der, der seinem Wesen und seiner Erziehung nach jenem entgegengesetzt ist, und in ihr drückt er sich aus.«

»Was sind das für zwei Arten?«, fragte er.

»Ich glaube«, antwortete ich, »wenn der rechtschaffene Dichter im Laufe seiner Erzählung zur Rede oder Tat eines tüchtigen Mannes kommt, wird er reden wollen, als wäre er dieser selbst, und wird sich solcher Nachahmung nicht schämen, besonders wenn er [d] den Tüchtigen in seinen sicheren und besonnenen Handlungen nachahmt; weniger und schwächer wird er ihn nachahmen, wenn dieser durch Krankheit oder Liebe zu Schaden kommt, oder auch durch Trunksucht oder ein anderes Unglück. Kommt der Dichter aber zu einem, der seiner unwürdig ist, wird er sich dem Geringeren nicht ernstlich angleichen wollen, außer für kurze Zeit, wenn dieser gerade etwas Gutes tut; vielmehr wird er sich schämen, zumal er ja nicht darin geübt ist, solche Leute nachzuahmen, außerdem ist es ihm zutiefst zuwider, sich zum Abbild der Schlechteren zu machen und [e] sich in deren Wesen hineinzuversetzen, da er

καὶ [e] ἐνιστάναι εἰς τοὺς τῶν κακιόνων τύπους, ἀτιμάζων τῇ διανοίᾳ, ὅτι μὴ παιδιᾶς χάριν.

Εἰκός, ἔφη.

9 Οὐκοῦν διηγήσει χρήσεται οἵᾳ ἡμεῖς ὀλίγον πρότερον διήλθομεν περὶ τὰ τοῦ Ὁμήρου ἔπη, καὶ ἔσται αὐτοῦ ἡ λέξις μετέχουσα μὲν ἀμφοτέρων, μιμήσεώς τε καὶ τῆς ἁπλῆς διηγήσεως, σμικρὸν δέ τι μέρος ἐν πολλῷ λόγῳ τῆς μιμήσεως; ἢ οὐδὲν λέγω;

Καὶ μάλα, ἔφη, οἷόν γε ἀνάγκη τὸν τύπον εἶναι τοῦ τοιούτου ῥήτορος.

[397a] Οὐκοῦν, ἦν δ᾽ ἐγώ, ὁ μὴ τοιοῦτος αὖ, ὅσῳ ἂν φαυλότερος ᾖ, πάντα τε μᾶλλον διηγήσεται καὶ οὐδὲν ἑαυτοῦ ἀνάξιον οἰήσεται εἶναι, ὥστε πάντα ἐπιχειρήσει μιμεῖσθαι σπουδῇ τε καὶ ἐναντίον πολλῶν, καὶ ἃ νυνδὴ ἐλέγομεν, βροντάς τε καὶ ψόφους ἀνέμων τε καὶ χαλαζῶν καὶ ἀξόνων τε καὶ τροχιλιῶν, καὶ σαλπίγγων καὶ αὐλῶν καὶ συρίγγων καὶ πάντων ὀργάνων φωνάς, καὶ ἔτι κυνῶν καὶ προβάτων καὶ ὀρνέων φθόγγους· [b] καὶ ἔσται δὴ ἡ τούτου λέξις ἅπασα διὰ μιμήσεως φωναῖς τε καὶ σχήμασιν, ἢ σμικρόν τι διηγήσεως ἔχουσα;

Ἀνάγκη, ἔφη, καὶ τοῦτο.

Ταῦτα τοίνυν, ἦν δ᾽ ἐγώ, ἔλεγον τὰ δύο εἴδη τῆς λέξεως.

Καὶ γὰρ ἔστιν, ἔφη.

Οὐκοῦν αὐτοῖν τὸ μὲν σμικρὰς τὰς μεταβολὰς ἔχει, καὶ ἐάν τις ἀποδιδῷ πρέπουσαν ἁρμονίαν καὶ ῥυθμὸν τῇ λέξει, ὀλίγου πρὸς τὴν αὐτὴν γίγνεται λέγειν τῷ ὀρθῶς λέγοντι καὶ ἐν μιᾷ ἁρμονίᾳ – σμικραὶ γὰρ αἱ μεταβολαί – καὶ δὴ καὶ ἐν [c] ῥυθμῷ ὡσαύτως παραπλησίῳ τινί;

Κομιδῇ μὲν οὖν, ἔφη, οὕτως ἔχει.

Τί δὲ τὸ τοῦ ἑτέρου εἶδος; οὐ τῶν ἐναντίων δεῖται, πασῶν μὲν

das in seinem Innersten verachtet, es sei denn, er machte das im Scherz.«

»Natürlich«, erwiderte er.

9 »Er wird also eine Darstellung verwenden, wie wir sie soeben anhand der Epen Homers erklärt haben, und seine Ausdrucksweise wird an beiden teilhaben, an der Nachahmung und an der einfachen Erzählweise[71], doch so, dass in einem umfangreichen Werk die Nachahmung nur einen geringen Teil ausmacht. Oder habe ich nicht recht?«

»Doch, doch!«, sagte er, »das muss typisch sein für einen solchen Dichter.«

[397a] »Wer aber nicht so ist«,[72] fuhr ich fort, »wird umso eher alles erzählen wollen, je schlechter er ist, und wird nichts für unter seiner Würde erachten; daher wird er versuchen, alles eifrig und vor vielen Zuhörern nachzuahmen, so auch, was wir eben nannten, den Donner, das Geräusch der Winde, des Hagels, der Achsen und Räder, den Klang der Trompeten, Flöten, Schalmeien und aller Instrumente, ferner die Stimmen der Hunde, Schafe und Vögel. [b] Seine Ausdrucksweise wird also ganz Nachahmung von Stimmen und Gebärden sein, oder doch nur wenig von einer Erzählung haben.«[73]

»Auch das ergibt sich notwendigerweise«, sagte er.

»Das also«, fuhr ich fort, »sind die zwei Arten der Darstellung, die ich meinte.«

»Einverstanden«, erwiderte er.

»Die eine von ihnen[74] lässt nur geringe Veränderungen zu, und wenn man der Darstellung die passende Tonart und den passenden Rhythmus gibt, dann wird der gute Vortragende fast immer in eben dieser einen harmonischen Tonart sprechen – denn sie lässt ja nur wenig Veränderungen zu – und ebenso [c] in einem ungefähr gleichen Rhythmus.«[75]

»Genau so ist es«, sagte er.

»Wie ist das nun bei der zweiten Art? Verlangt sie nicht im

ἁρμονιῶν, πάντων δὲ ῥυθμῶν, εἰ μέλλει αὖ οἰκείως λέγεσθαι, διὰ τὸ παντοδαπὰς μορφὰς τῶν μεταβολῶν ἔχειν;

Καὶ σφόδρα γε οὕτως ἔχει.

Ἆρ᾽ οὖν πάντες οἱ ποιηταὶ καὶ οἵ τι λέγοντες ἢ τῷ ἑτέρῳ τούτων ἐπιτυγχάνουσιν τύπῳ τῆς λέξεως ἢ τῷ ἑτέρῳ ἢ ἐξ ἀμφοτέρων τινὶ συγκεραννύντες;

Ἀνάγκη, ἔφη.

[d] Τί οὖν ποιήσομεν; ἦν δ᾽ ἐγώ· πότερον εἰς τὴν πόλιν πάντας τούτους παραδεξόμεθα ἢ τῶν ἀκράτων τὸν ἕτερον ἢ τὸν κεκραμένον;

Ἐὰν ἡ ἐμή, ἔφη, νικᾷ, τὸν τοῦ ἐπιεικοῦς μιμητὴν ἄκρατον.

Ἀλλὰ μήν, ὦ Ἀδείμαντε, ἡδύς γε καὶ ὁ κεκραμένος, πολὺ δὲ ἥδιστος παισί τε καὶ παιδαγωγοῖς ὁ ἐναντίος οὗ σὺ αἱρῇ καὶ τῷ πλείστῳ ὄχλῳ.

Ἥδιστος γάρ.

Ἀλλ᾽ ἴσως, ἦν δ᾽ ἐγώ, οὐκ ἂν αὐτὸν ἁρμόττειν φαίης τῇ [e] ἡμετέρᾳ πολιτείᾳ, ὅτι οὐκ ἔστιν διπλοῦς ἀνὴρ παρ᾽ ἡμῖν οὐδὲ πολλαπλοῦς, ἐπειδὴ ἕκαστος ἓν πράττει.

Οὐ γὰρ οὖν ἁρμόττει.

Οὐκοῦν διὰ ταῦτα ἐν μόνῃ τῇ τοιαύτῃ πόλει τόν τε σκυτοτόμον σκυτοτόμον εὑρήσομεν καὶ οὐ κυβερνήτην πρὸς τῇ σκυτοτομίᾳ, καὶ τὸν γεωργὸν γεωργὸν καὶ οὐ δικαστὴν πρὸς τῇ γεωργίᾳ, καὶ τὸν πολεμικὸν πολεμικὸν καὶ οὐ χρηματιστὴν πρὸς τῇ πολεμικῇ, καὶ πάντας οὕτω;

Ἀληθῆ, ἔφη.

[398a] Ἄνδρα δή, ὡς ἔοικε, δυνάμενον ὑπὸ σοφίας παντοδαπὸν γίγνεσθαι καὶ μιμεῖσθαι πάντα χρήματα, εἰ ἡμῖν ἀφίκοιτο εἰς τὴν πόλιν αὐτός τε καὶ τὰ ποιήματα βουλόμενος ἐπιδείξασθαι, προσκυνοῖμεν ἂν αὐτὸν ὡς ἱερὸν καὶ θαυμαστὸν καὶ ἡδύν, εἴποιμεν δ᾽

Gegensatz zur ersteren alle Tonarten und alle Rhythmen, wenn man sie artgerecht vortragen soll, da sie ja vielerlei Formen von Veränderungen in sich birgt?«

»Sicher ist es so.«

»Gebrauchen nun alle Dichter und Vortragende eine dieser beiden Ausdrucksweisen oder auch eine Mischung aus ihnen?«

»Notwendigerweise«, entgegnete er.

[d] »Wie werden wir es nun machen?«, setzte ich fort. »Werden wir in unserem Staat alle drei aufnehmen oder nur eine von den ungemischten oder die gemischte?«

»Wenn es nach mir geht«, erwiderte er, »dann nur die ungemischte, die das Geziemende nachahmt.«

»Aber, mein Adeimantos, auch die gemischte hat ihren Reiz; am weitaus reizvollsten freilich für die Kinder, für die Erzieher und für die breite Masse ist die, die der von dir gewählten entgegengesetzt ist.«

»Gewiss ist sie am reizvollsten.«

»Aber vielleicht«, fuhr ich fort, »passt sie deiner Meinung nach nicht in [e] unsere Verfassung[76], weil es bei uns keine zwie- oder vielfältigen Menschen gibt, da jeder nur eine Aufgabe hat.«[77]

»Dazu würde sie freilich nicht passen.«

»Daher werden wir nur in einem solchen Staat den Schuster als Schuster finden und nicht als Steuermann neben seinem Schusterhandwerk, den Bauern als Bauern und nicht als Richter neben seiner Landwirtschaft, den Krieger als Krieger und nicht als Geschäftsmann neben seinem Kriegshandwerk[78] und alle anderen ebenso.«

»Richtig«, sagte er.

[398a] »Käme nun ein Mann in unseren Staat, der dank seiner Schlauheit[79] alles Mögliche sein und alles nachahmen kann, und wollte selbst seine Dichtungen vorführen, dann würden wir ihn als heiligen, wunderbaren und angenehmen Menschen

ἂν ὅτι οὐκ ἔστιν τοιοῦτος ἀνὴρ ἐν τῇ πόλει παρ' ἡμῖν οὔτε θέμις ἐγγενέσθαι, ἀποπέμποιμέν τε εἰς ἄλλην πόλιν μύρον κατὰ τῆς κεφαλῆς καταχέαντες καὶ ἐρίῳ στέψαντες, αὐτοὶ δ' ἂν τῷ αὐστηροτέρῳ καὶ ἀηδεστέρῳ ποιητῇ [b] χρῴμεθα καὶ μυθολόγῳ ὠφελίας ἕνεκα, ὃς ἡμῖν τὴν τοῦ ἐπιεικοῦς λέξιν μιμοῖτο καὶ τὰ λεγόμενα λέγοι ἐν ἐκείνοις τοῖς τύποις οἷς κατ' ἀρχὰς ἐνομοθετησάμεθα, ὅτε τοὺς στρατιώτας ἐπεχειροῦμεν παιδεύειν.

Καὶ μάλ', ἔφη, οὕτως ἂν ποιοῖμεν, εἰ ἐφ' ἡμῖν εἴη.

Νῦν δή, εἶπον ἐγώ, ὦ φίλε, κινδυνεύει ἡμῖν τῆς μουσικῆς τὸ περὶ λόγους τε καὶ μύθους παντελῶς διαπεπεράνθαι· ἅ τε γὰρ λεκτέον καὶ ὡς λεκτέον εἴρηται.

Καὶ αὐτῷ μοι δοκεῖ, ἔφη.

10 [c] Οὐκοῦν μετὰ τοῦτο, ἦν δ' ἐγώ, τὸ περὶ ᾠδῆς τρόπου καὶ μελῶν λοιπόν;

Δῆλα δή.

Ἆρ' οὖν οὐ πᾶς ἤδη ἂν εὕροι ἃ ἡμῖν λεκτέον περὶ αὐτῶν οἷα δεῖ εἶναι, εἴπερ μέλλομεν τοῖς προειρημένοις συμφωνήσειν;

Καὶ ὁ Γλαύκων ἐπιγελάσας, Ἐγὼ τοίνυν, ἔφη, ὦ Σώκρατες, κινδυνεύω ἐκτὸς τῶν πάντων εἶναι· οὔκουν ἱκανῶς γε ἔχω ἐν τῷ παρόντι συμβαλέσθαι ποῖα ἄττα δεῖ ἡμᾶς λέγειν· ὑποπτεύω μέντοι.

Πάντως δήπου, ἦν δ' ἐγώ, πρῶτον μὲν τόδε ἱκανῶς ἔχεις [d] λέγειν, ὅτι τὸ μέλος ἐκ τριῶν ἐστιν συγκείμενον, λόγου τε καὶ ἁρμονίας καὶ ῥυθμοῦ.

Ναί, ἔφη, τοῦτό γε.

Οὐκοῦν ὅσον γε αὐτοῦ λόγος ἐστίν, οὐδὲν δήπου διαφέρει τοῦ

verehren; wir würden ihm aber sagen, für einen solchen Menschen sei kein Platz in unserem Staat, er dürfe sich also hier nicht niederlassen; dann würden wir ihm Salböl auf sein Haupt gießen, es mit Wolle bekränzen[80] und ihn in einen anderen Staat geleiten; selbst aber wollten wir uns, zu unserem Vorteil, mit einem strengeren und reizloseren Dichter und Erzähler [b] begnügen, der uns die Ausdrucksweise des Schicklichen nachahmt und seine Worte nach den Grundsätzen zu formulieren weiß, wie wir sie zu Beginn festgelegt haben, als wir von der Erziehung der Krieger sprachen.«

»Ganz gewiss, so würden wir es tun, wenn es nach uns ginge«, erklärte er.

»Reden und Erzählungen als Teil der musischen Bildung haben wir, mein Freund, zur Genüge behandelt«, sagte ich, »denn was man erzählen soll und wie man es erzählen soll, ist damit gesagt.«

»Das glaube ich auch«, entgegnete er.

10 [c] »Offen ist jetzt nur noch die Besprechung von Gesang und Lied«, fuhr ich fort.

»Klar.«

»Es wird wohl jeder selbst herausfinden, was wir dazu zu sagen haben, wenn wir mit dem früher Gesagten in Einklang bleiben wollen?«

Da lachte Glaukon und sprach: »Für mich gilt das offenbar nicht, Sokrates. Wenigstens kann ich mir im Augenblick nicht vorstellen, was wir dazu zu sagen haben; ich habe allerdings eine Vermutung.«

»Zunächst kannst du«, versetzte ich, »auf alle Fälle mit Sicherheit [d] sagen, dass das Lied dreierlei Bestandteile hat, nämlich Text, Tonart und Rhythmus.«[81]

»Ja freilich«, sagte er.

»Was nun den Text betrifft: er unterscheidet sich in keiner Weise von einem nicht gesungenen Text, das heißt, er muss

μὴ ᾀδομένου λόγου πρὸς τὸ ἐν τοῖς αὐτοῖς δεῖν τύποις λέγεσθαι οἷς ἄρτι προείπομεν καὶ ὡσαύτως;

Ἀληθῆ, ἔφη.

Καὶ μὴν τήν γε ἁρμονίαν καὶ ῥυθμὸν ἀκολουθεῖν δεῖ τῷ λόγῳ.

Πῶς δ᾽ οὔ;

Ἀλλὰ μέντοι θρήνων γε καὶ ὀδυρμῶν ἔφαμεν ἐν λόγοις οὐδὲν προσδεῖσθαι.

Οὐ γὰρ οὖν.

[e] Τίνες οὖν θρηνώδεις ἁρμονίαι; λέγε μοι· σὺ γὰρ μουσικός.

Μειξολυδιστί, ἔφη, καὶ συντονολυδιστὶ καὶ τοιαῦταί τινες.

Οὐκοῦν αὗται, ἦν δ᾽ ἐγώ, ἀφαιρετέαι; ἄχρηστοι γὰρ καὶ γυναιξὶν ἃς δεῖ ἐπιεικεῖς εἶναι, μὴ ὅτι ἀνδράσι.

Πάνυ γε.

Ἀλλὰ μὴν μέθη γε φύλαξιν ἀπρεπέστατον καὶ μαλακία καὶ ἀργία.

Πῶς γὰρ οὔ;

Τίνες οὖν μαλακαί τε καὶ συμποτικαὶ τῶν ἁρμονιῶν;

Ἰαστί, ἦ δ᾽ ὅς, καὶ λυδιστὶ αὖ τινες χαλαραὶ καλοῦνται.

[399a] Ταύταις οὖν, ὦ φίλε, ἐπὶ πολεμικῶν ἀνδρῶν ἔσθ᾽ ὅτι χρήσῃ;

Οὐδαμῶς, ἔφη· ἀλλὰ κινδυνεύει σοι δωριστὶ λείπεσθαι καὶ φρυγιστί.

Οὐκ οἶδα, ἔφην ἐγώ, τὰς ἁρμονίας, ἀλλὰ κατάλειπε ἐκείνην τὴν ἁρμονίαν, ἣ ἔν τε πολεμικῇ πράξει ὄντος ἀνδρείου καὶ ἐν πάσῃ βιαίῳ ἐργασίᾳ πρεπόντως ἂν μιμήσαιτο φθόγγους τε καὶ προσῳδίας, καὶ ἀποτυχόντος ἢ εἰς τραύματα ἢ εἰς [b] θανάτους ἰόντος ἢ εἴς τι-

nach denselben Grundsätzen und auf dieselbe Art vorgetragen werden, wie wir es soeben besprochen haben.«

»Richtig«, sagte er.

»Und Tonart und Rhythmus müssen sich nach dem Text richten.«

»Natürlich.«

»Nun haben wir aber gesagt, wir können Klagen und Jammern mit Worten nicht brauchen.«[82]

»Freilich nicht.«

[e] »Welche sind nun die klagenden Tonarten? Sag mir das, du bist doch Musiker.«

»Die mixolydische, die syntonolydische und einige ähnliche«, antwortete er.[83]

»Diese müssen wir also ausscheiden«, sagte ich, »denn sie sind unbrauchbar, selbst für Frauen, wenn sie tüchtig sein sollen, und erst recht für Männer.«

»Gewiss.«

»Für die Wächter sind ferner Trunkenheit, Verweichlichung und Müßiggang etwas höchst Unschickliches.«

»Natürlich.«

»Welche sind nun die weichlichen Tonarten, die sich für Trinkgelage eignen?«

»Die ionische«, gab er zur Antwort, »und die lydische; sie werden manchmal auch als schlaff bezeichnet.«

[399a] »Wird man diese, mein Freund, für Krieger gebrauchen können?«

»Keineswegs«, sagte er. »So bleibt uns offenbar nur noch die dorische und die phrygische übrig.«

»Ich kenne mich bei den Tonarten nicht aus«, sagte ich, »aber lass mir jene Tonart über, die in angemessener Weise Klang und Betonung eines tapferen Mannes nachahmen[84] könnte, der sich im Krieg und bei sonst einer Ausübung von Gewalt, selbst wenn ihm das Unglück droht, Wunden und [b] Tod

να ἄλλην συμφορὰν πεσόντος, ἐν πᾶσι τούτοις παρατεταγμένως καὶ καρτερούντως ἀμυνομένου τὴν τύχην· καὶ ἄλλην αὖ ἐν εἰρηνικῇ τε καὶ μὴ βιαίῳ ἀλλ᾽ ἐν ἑκουσίᾳ πράξει ὄντος, ἢ τινά τι πείθοντός τε καὶ δεομένου, ἢ εὐχῇ θεὸν ἢ διδαχῇ καὶ νουθετήσει ἄνθρωπον, ἢ τοὐναντίον ἄλλῳ δεομένῳ ἢ διδάσκοντι ἢ μεταπείθοντι ἑαυτὸν ἐπέχοντα, καὶ ἐκ τούτων πράξαντα κατὰ νοῦν, καὶ μὴ ὑπερηφάνως ἔχοντα, ἀλλὰ σωφρόνως τε καὶ μετρίως ἐν πᾶσι τούτοις [c] πράττοντά τε καὶ τὰ ἀποβαίνοντα ἀγαπῶντα. ταύτας δύο ἁρμονίας, βίαιον, ἑκούσιον, δυστυχούντων, εὐτυχούντων, σωφρόνων, ἀνδρείων [ἁρμονίας] αἵτινες φθόγγους μιμήσονται κάλλιστα, ταύτας λεῖπε.

Ἀλλ᾽, ἦ δ᾽ ὅς, οὐκ ἄλλας αἰτεῖς λείπειν ἢ ἃς νυνδὴ ἐγὼ ἔλεγον.

Οὐκ ἄρα, ἦν δ᾽ ἐγώ, πολυχορδίας γε οὐδὲ παναρμονίου ἡμῖν δεήσει ἐν ταῖς ᾠδαῖς τε καὶ μέλεσιν.

Οὔ μοι, ἔφη, φαίνεται.

Τριγώνων ἄρα καὶ πηκτίδων καὶ πάντων ὀργάνων ὅσα [d] πολύχορδα καὶ πολυαρμόνια, δημιουργοὺς οὐ θρέψομεν.

Οὐ φαινόμεθα.

Τί δέ; αὐλοποιοὺς ἢ αὐλητὰς παραδέξῃ εἰς τὴν πόλιν; ἢ οὐ τοῦτο πολυχορδότατον, καὶ αὐτὰ τὰ παναρμόνια αὐλοῦ τυγχάνει ὄντα μίμημα;

Δῆλα δή, ἦ δ᾽ ὅς.

Λύρα δή σοι, ἦν δ᾽ ἐγώ, καὶ κιθάρα λείπεται [καὶ] κατὰ πόλιν χρήσιμα· καὶ αὖ κατ᾽ ἀγροὺς τοῖς νομεῦσι σύριγξ ἄν τις εἴη.

entgegenzugehen oder in sonst ein Unheil zu geraten, der sich also in all diesen Situationen standhaft und unerschütterlich gegen sein Schicksal wehrt; und dann eine andere Tonart für den Mann, der in Frieden und ohne Gewalt, in ungezwungenem Tun lebt, sei es, dass er einen anderen überredet und bittet, einen Gott mit seinen Gebeten oder einen Menschen mit Belehrung und Zurechtweisung, oder dass er umgekehrt den Bitten, den Belehrungen und dem Zureden eines anderen Gehör schenkt und demgemäß vernünftig ist in seinem Tun; Hochmut kennt er nicht, sondern er handelt in allem klug und maßvoll [c] und ist mit dem zufrieden, was er damit erreicht. Diese beiden Tonarten, die gewalttätige und die zwanglose, die die Stimme der Männer in Unglück und Glück, der besonnenen gleichwie der tapferen, am besten nachahmen, die lass mir übrig.«

»Damit«, sagte er, »verlangst du, dass ich dir eben jene übriglasse, die ich gerade genannt habe.«

»Wir werden also bei Lied und Gesang nicht viele Saiten und nicht alle Tonarten brauchen.«

»Ich glaube nicht«, sagte er.

»Daher werden wir den Herstellern von Harfen und Zimbeln und all den anderen Instrumenten [d] mit vielen Saiten und vielen Tonarten keinen Unterhalt gewähren in unserem Staat.«

»Offenbar nicht.«

»Wie nun, nimmst du auch keine Flötenerzeuger und Flötenspieler in deinen Staat auf? Ist nicht die Flöte das Instrument mit den meisten Tönen, und ahmen nicht die Instrumente, die alle Tonarten wiedergeben, die Flöte nach?«[85]

»Das ist klar«, erwiderte er.

»So bleiben dir also«, sagte ich, »Lyra und Kithara als brauchbare Instrumente in unserem Staat; und auf dem Land mag es noch eine Syrinx für die Hirten geben.«[86]

Ὡς γοῦν, ἔφη, ὁ λόγος ἡμῖν σημαίνει.

[e] Οὐδέν γε, ἦν δ᾽ ἐγώ, καινὸν ποιοῦμεν, ὦ φίλε, κρίνοντες τὸν Ἀπόλλω καὶ τὰ τοῦ Ἀπόλλωνος ὄργανα πρὸ Μαρσύου τε καὶ τῶν ἐκείνου ὀργάνων.

Μὰ Δία, ἦ δ᾽ ὅς, οὔ μοι φαινόμεθα.

Καὶ νὴ τὸν κύνα, εἶπον, λελήθαμέν γε διακαθαίροντες πάλιν ἣν ἄρτι τρυφᾶν ἔφαμεν πόλιν.

Σωφρονοῦντές γε ἡμεῖς, ἦ δ᾽ ὅς.

11 Ἴθι δή, ἔφην, καὶ τὰ λοιπὰ καθαίρωμεν. ἑπόμενον γὰρ δὴ ταῖς ἁρμονίαις ἂν ἡμῖν εἴη τὸ περὶ ῥυθμούς, μὴ ποικίλους αὐτοὺς διώκειν μηδὲ παντοδαπὰς βάσεις, ἀλλὰ βίου ῥυθμοὺς ἰδεῖν κοσμίου τε καὶ ἀνδρείου τίνες εἰσίν· οὓς ἰδόντα τὸν [400a] πόδα τῷ τοῦ τοιούτου λόγῳ ἀναγκάζειν ἕπεσθαι καὶ τὸ μέλος, ἀλλὰ μὴ λόγον ποδί τε καὶ μέλει. οἵτινες δ᾽ ἂν εἶεν οὗτοι οἱ ῥυθμοί, σὸν ἔργον, ὥσπερ τὰς ἁρμονίας, φράσαι.

Ἀλλὰ μὰ Δί᾽, ἔφη, οὐκ ἔχω λέγειν. ὅτι μὲν γὰρ τρί᾽ ἄττα ἐστὶν εἴδη ἐξ ὧν αἱ βάσεις πλέκονται, ὥσπερ ἐν τοῖς φθόγγοις τέτταρα, ὅθεν αἱ πᾶσαι ἁρμονίαι, τεθεαμένος ἂν εἴποιμι· ποῖα δὲ ὁποίου βίου μιμήματα, λέγειν οὐκ ἔχω.

[b] Ἀλλὰ ταῦτα μέν, ἦν δ᾽ ἐγώ, καὶ μετὰ Δάμωνος βουλευσόμεθα, τίνες τε ἀνελευθερίας καὶ ὕβρεως ἢ μανίας καὶ ἄλλης κακίας πρέπουσαι βάσεις, καὶ τίνας τοῖς ἐναντίοις λειπτέον ῥυθμούς· οἶμαι δέ με ἀκηκοέναι οὐ σαφῶς ἐνόπλιόν τέ τινα ὀνομάζοντος αὐτοῦ σύνθετον καὶ δάκτυλον καὶ ἡρῷόν γε, οὐκ οἶδα ὅπως διακοσμοῦντος καὶ ἴσον ἄνω καὶ κάτω τιθέντος, εἰς βραχύ τε καὶ

»Das zeigt wenigstens unsere Untersuchung«, sagte er.

[e] »Wir tun im Übrigen gar nichts Neues, mein Freund«, fuhr ich fort, »wenn wir Apollon und seinen Instrumenten den Vorzug geben vor Marsyas und den seinen.«[87]

»Nein, beim Zeus«, entgegnete er, »ich glaube nicht.«

»Und beim Hund«[88], fuhr ich fort, »da haben wir unseren Staat, den wir eben noch als üppig bezeichnet haben, unversehens wieder gereinigt.«

»Da haben wir gut daran getan«, sagte er.

11 »Wohlan«, sprach ich weiter, »so wollen wir auch noch das Übrige reinigen. Nach den Tonarten stellt sich uns wohl die Frage nach den Rhythmen; auch hier dürfen wir nicht den mannigfaltigen Rhythmen und verschiedenen Taktarten nachgehen, sondern müssen auf den Lebensrhythmus eines ordentlichen und tapferen Mannes sehen, wie dieser sein soll. Hat man diesen einmal gefunden, [400a] muss man Versfuß und Melodie zwingen, diesem zu folgen, aber nicht umgekehrt. Es ist nun deine Aufgabe zu sagen, welches diese Rhythmen sind, so wie es bei den Tonarten der Fall war.«

»Beim Zeus«, erwiderte er, »ich kann es nicht sagen. Freilich, dass es etwa drei Grundformen gibt, aus denen sich die Taktarten zusammensetzen,[89] so wie es bei den Tönen vier sind, aus denen alle Tonarten gebildet werden, das kann ich aus eigener Anschauung sagen. Welche Lebensweise sie aber nachahmen, kann ich nicht sagen.«

[b] »Das wollen wir«, entgegnete ich, »mit Damon[90] beraten, welche Taktarten für niedrige Gesinnung und Hochmut oder für Tollheit und sonstige Schlechtigkeit angemessen sind und welche Rhythmen man für das Gegenteil davon aufsparen muss.[91] Ich glaube, mich noch dunkel zu erinnern, wie er von einem zusammengesetzten Enhoplier[92], von einem Daktylos und einem Heroos[93] sprach und sie – ich weiß nicht wie – anordnete, Hebungen und Senkungen ausglich und sie mit einer

μακρὸν γιγνόμενον, καί, ὡς ἐγὼ οἶμαι, ἴαμβον καί τιν᾽ ἄλλον τροχαῖον ὠνόμαζε, μήκη δὲ καὶ [c] βραχύτητας προσῆπτε. καὶ τούτων τισὶν οἶμαι τὰς ἀγωγὰς τοῦ ποδὸς αὐτὸν οὐχ ἧττον ψέγειν τε καὶ ἐπαινεῖν ἢ τοὺς ῥυθμοὺς αὐτούς – ἤτοι συναμφότερόν τι· οὐ γὰρ ἔχω λέγειν – ἀλλὰ ταῦτα μέν, ὥσπερ εἶπον, εἰς Δάμωνα ἀναβεβλήσθω· διελέσθαι γὰρ οὐ σμικροῦ λόγου. ἢ σὺ οἴει;

Μὰ Δί᾽, οὐκ ἔγωγε.

Ἀλλὰ τόδε γε, ὅτι τὸ τῆς εὐσχημοσύνης τε καὶ ἀσχημοσύνης τῷ εὐρύθμῳ τε καὶ ἀρρύθμῳ ἀκολουθεῖ, δύνασαι διελέσθαι;

Πῶς δ᾽ οὔ;

[d] Ἀλλὰ μὴν τὸ εὔρυθμόν γε καὶ τὸ ἄρρυθμον τὸ μὲν τῇ καλῇ λέξει ἕπεται ὁμοιούμενον, τὸ δὲ τῇ ἐναντίᾳ, καὶ τὸ εὐάρμοστον καὶ ἀνάρμοστον ὡσαύτως, εἴπερ ῥυθμός γε καὶ ἁρμονία λόγῳ, ὥσπερ ἄρτι ἐλέγετο, ἀλλὰ μὴ λόγος τούτοις.

Ἀλλὰ μήν, ἦ δ᾽ ὅς, ταῦτά γε λόγῳ ἀκολουθητέον.

Τί δ᾽ ὁ τρόπος τῆς λέξεως, ἦν δ᾽ ἐγώ, καὶ ὁ λόγος; οὐ τῷ τῆς ψυχῆς ἤθει ἕπεται;

Πῶς γὰρ οὔ;

Τῇ δὲ λέξει τὰ ἄλλα;

Ναί.

Εὐλογία ἄρα καὶ εὐαρμοστία καὶ εὐσχημοσύνη καὶ εὐρυθμία [e] εὐηθείᾳ ἀκολουθεῖ, οὐχ ἣν ἄνοιαν οὖσαν ὑποκοριζόμενοι καλοῦμεν [ὡς εὐήθειαν], ἀλλὰ τὴν ὡς ἀληθῶς εὖ τε καὶ καλῶς τὸ ἦθος κατεσκευασμένην διάνοιαν.

Παντάπασι μὲν οὖν, ἔφη.

Ἆρ᾽ οὖν οὐ πανταχοῦ ταῦτα διωκτέα τοῖς νέοις, εἰ μέλλουσι τὸ αὑτῶν πράττειν;

Διωκτέα μὲν οὖν.

Kürze oder Länge enden ließ; die eine Taktart nannte er, glaube ich, Iambos, eine andere Trochaios und fügte ihnen Längen und [c] Kürzen hinzu. Und an einigen von ihnen tadelte und lobte er, glaube ich, das Tempo des Versfußes nicht weniger als den Rhythmus selbst – oder beides zugleich, ich kann es nicht sagen. Doch das wollen wir, wie gesagt, dem Damon anheimstellen. Um dies darzulegen, bedürfte es einer längeren Untersuchung. Oder bist du anderer Meinung?«

»Nein, beim Zeus.«

»Aber dass gute Haltung und schlechte Haltung die Folge eines guten bzw. schlechten Rhythmus sind, das kannst du doch auseinanderhalten?«

»Natürlich.«

[d] »Guter und schlechter Rhythmus ergeben sich aufgrund ihrer Ähnlichkeit einerseits aus einem guten Stil, andererseits aus dessen Gegenteil, genauso wie das Harmonische und das Unharmonische, wenn Rhythmus und Tonart, wie wir eben sagten, sich nach dem Text richten und nicht umgekehrt.«

»Sicher«, sagte er, »müssen sie sich nach dem Text richten.«

»Wie steht es nun«, fuhr ich fort, »mit Stilart und Text? Ergibt sich dieser nicht aus dem Charakter der Seele?«

»Natürlich.«

»Und alles andere aus dem Stil?«

»Ja.«

»Guter Text und gute Melodie, gute Form und guter Rhythmus [e] sind also die Folge der Einfalt[94] – Einfalt nicht in dem Sinne, wie wir Torheit beschönigend nennen, sondern als eine dem Charakter nach wahrhaftig schön und gut gestaltete Denkungsart.«

»Ganz richtig«, entgegnete er.

»Müssen die jungen Menschen nicht überall danach streben, wenn sie ihrer Aufgabe gerecht werden wollen?«

»Ja, das müssen sie.«

[401a] Ἔστιν δέ γέ που πλήρης μὲν γραφικὴ αὐτῶν καὶ πᾶσα ἡ τοιαύτη δημιουργία, πλήρης δὲ ὑφαντικὴ καὶ ποικιλία καὶ οἰκοδομία καὶ πᾶσα αὖ ἡ τῶν ἄλλων σκευῶν ἐργασία, ἔτι δὲ ἡ τῶν σωμάτων φύσις καὶ ἡ τῶν ἄλλων φυτῶν· ἐν πᾶσι γὰρ τούτοις ἔνεστιν εὐσχημοσύνη ἢ ἀσχημοσύνη. καὶ ἡ μὲν ἀσχημοσύνη καὶ ἀρρυθμία καὶ ἀναρμοστία κακολογίας καὶ κακοηθείας ἀδελφά, τὰ δ᾽ ἐναντία τοῦ ἐναντίου, σώφρονός τε καὶ ἀγαθοῦ ἤθους, ἀδελφά τε καὶ μιμήματα.

Παντελῶς μὲν οὖν, ἔφη.

12 [b] Ἆρ᾽ οὖν τοῖς ποιηταῖς ἡμῖν μόνον ἐπιστατητέον καὶ προσαναγκαστέον τὴν τοῦ ἀγαθοῦ εἰκόνα ἤθους ἐμποιεῖν τοῖς ποιήμασιν ἢ μὴ παρ᾽ ἡμῖν ποιεῖν, ἢ καὶ τοῖς ἄλλοις δημιουργοῖς ἐπιστατητέον καὶ διακωλυτέον τὸ κακόηθες τοῦτο καὶ ἀκόλαστον καὶ ἀνελεύθερον καὶ ἄσχημον μήτε ἐν εἰκόσι ζῴων μήτε ἐν οἰκοδομήμασι μήτε ἐν ἄλλῳ μηδενὶ δημιουργουμένῳ ἐμποιεῖν, ἢ ὁ μὴ οἷός τε ὢν οὐκ ἐατέος παρ᾽ ἡμῖν δημιουργεῖν, ἵνα μὴ ἐν κακίας εἰκόσι τρεφόμενοι ἡμῖν οἱ [c] φύλακες ὥσπερ ἐν κακῇ βοτάνῃ, πολλὰ ἑκάστης ἡμέρας κατὰ σμικρὸν ἀπὸ πολλῶν δρεπόμενοί τε καὶ νεμόμενοι, ἕν τι συνιστάντες λανθάνωσιν κακὸν μέγα ἐν τῇ αὑτῶν ψυχῇ, ἀλλ᾽ ἐκείνους ζητητέον τοὺς δημιουργοὺς τοὺς εὐφυῶς δυναμένους ἰχνεύειν τὴν τοῦ καλοῦ τε καὶ εὐσχήμονος φύσιν, ἵνα ὥσπερ ἐν ὑγιεινῷ τόπῳ οἰκοῦντες οἱ νέοι ἀπὸ παντὸς ὠφελῶνται, ὁπόθεν ἂν αὐτοῖς ἀπὸ τῶν καλῶν ἔργων ἢ πρὸς ὄψιν ἢ πρὸς ἀκοήν τι προσβάλῃ, ὥσπερ αὔρα φέρουσα ἀπὸ [d] χρηστῶν τόπων ὑγίειαν, καὶ εὐθὺς ἐκ παίδων λανθάνῃ εἰς ὁμοιότητά τε καὶ φιλίαν καὶ συμφωνίαν τῷ καλῷ λόγῳ ἄγουσα;

[401a] »Auch die Malerei und jegliche Kunst dieser Art ist voll von all dem, voll davon sind auch die Weberei, die Stickerei und die Baukunst und jede andere handwerkliche Arbeit, ferner auch die Natur des Leibes und alles Gewachsenen; in all dem zeigen sich gute und schlechte Haltung. Und schlechte Haltung, schlechter Rhythmus und schlechte Harmonie sind verwandt mit schlechter Rede und schlechtem Charakter, das Gegenteil davon aber verwandt mit dem Gegenteil, nämlich mit einem besonnenen und guten Charakter, und ist dessen Abbild.«

»Ja, durchaus«, sagte er.

12 [b] »Müssen wir daher nur die Dichter beaufsichtigen und zwingen, in ihre Werke das Abbild eines guten Charakters hineinzulegen, widrigenfalls aber nicht bei uns zu dichten? Oder müssen wir auch die anderen Künstler beaufsichtigen und daran hindern, das Charakterlose, Zuchtlose, Niedrige und Hässliche in die Bilder von Lebewesen, in die Bauwerke und in ihre sonstigen Kunstprodukte hineinzulegen? Sollen wir dem, der dazu nicht imstande ist, verbieten, bei uns künstlerisch tätig zu sein, damit unsere Wächter nicht unter Bildern der Schlechtigkeit heranwachsen und [c] wie auf einer schlechten Weide Tag für Tag ein wenig von dem großen Haufen des Schlechten gleichsam abpflücken und abweiden und so in ihrer Seele unbemerkt zu einem einzigen großen Übel anhäufen? Müssen wir nicht eher jene Künstler suchen, die dank ihrer guten Anlagen imstande sind, dem Wesen des Schönen und Edlen nachzuspüren, damit unsere Jugend gleichsam in gesunder Gegend wohnt und von allen Seiten gefördert wird, von wo auch immer etwas von den schönen Werken ihre Augen und Ohren berührt, wie ein Hauch, der aus [d] der heilsamen Gegend Gesundheit zuträgt und sie schon von klein auf, ohne dass sie es merken, zur Ähnlichkeit, Freundschaft und Übereinstimmung mit dem schönen Wort bringt?«

Πολὺ γὰρ ἄν, ἔφη, κάλλιστα οὕτω τραφεῖεν.

Ἆρ᾽ οὖν, ἦν δ᾽ ἐγώ, ὦ Γλαύκων, τούτων ἕνεκα κυριωτάτη ἐν μουσικῇ τροφή, ὅτι μάλιστα καταδύεται εἰς τὸ ἐντὸς τῆς ψυχῆς ὅ τε ῥυθμὸς καὶ ἁρμονία, καὶ ἐρρωμενέστατα ἅπτεται αὐτῆς φέροντα τὴν εὐσχημοσύνην, καὶ ποιεῖ εὐσχήμονα, [e] ἐάν τις ὀρθῶς τραφῇ, εἰ δὲ μή, τοὐναντίον; καὶ ὅτι αὖ τῶν παραλειπομένων καὶ μὴ καλῶς δημιουργηθέντων ἢ μὴ καλῶς φύντων ὀξύτατ᾽ ἂν αἰσθάνοιτο ὁ ἐκεῖ τραφεὶς ὡς ἔδει, καὶ ὀρθῶς δὴ δυσχεραίνων τὰ μὲν καλὰ ἐπαινοῖ καὶ χαίρων καὶ καταδεχόμενος εἰς τὴν ψυχὴν τρέφοιτ᾽ ἂν ἀπ᾽ αὐτῶν καὶ [402a] γίγνοιτο καλός τε κἀγαθός, τὰ δ᾽ αἰσχρὰ ψέγοι τ᾽ ἂν ὀρθῶς καὶ μισοῖ ἔτι νέος ὤν, πρὶν λόγον δυνατὸς εἶναι λαβεῖν, ἐλθόντος δὲ τοῦ λόγου ἀσπάζοιτ᾽ ἂν αὐτὸν γνωρίζων δι᾽ οἰκειότητα μάλιστα ὁ οὕτω τραφείς;

Ἐμοὶ γοῦν δοκεῖ, ἔφη, τῶν τοιούτων ἕνεκα ἐν μουσικῇ εἶναι ἡ τροφή.

Ὥσπερ ἄρα, ἦν δ᾽ ἐγώ, γραμμάτων πέρι τότε ἱκανῶς εἴχομεν, ὅτε τὰ στοιχεῖα μὴ λανθάνοι ἡμᾶς ὀλίγα ὄντα ἐν ἅπασιν οἷς ἔστιν περιφερόμενα, καὶ οὔτ᾽ ἐν σμικρῷ οὔτ᾽ ἐν [b] μεγάλῳ ἠτιμάζομεν αὐτά, ὡς οὐ δέοι αἰσθάνεσθαι, ἀλλὰ πανταχοῦ προυθυμούμεθα διαγιγνώσκειν, ὡς οὐ πρότερον ἐσόμενοι γραμματικοὶ πρὶν οὕτως ἔχοιμεν –

Ἀληθῆ.

Οὐκοῦν καὶ εἰκόνας γραμμάτων, εἴ που ἢ ἐν ὕδασιν ἢ ἐν κατόπτροις ἐμφαίνοιντο, οὐ πρότερον γνωσόμεθα, πρὶν ἂν αὐτὰ γνῶμεν, ἀλλ᾽ ἔστιν τῆς αὐτῆς τέχνης τε καὶ μελέτης;

Παντάπασι μὲν οὖν.

»Ja«, sagte er, »das wäre bei Weitem die beste Erziehung.«

»Daher ist also, mein Glaukon«, fuhr ich fort, »die Erziehung durch die Musik so überaus wichtig, weil Rhythmus und Harmonie am tiefsten in das Innere der Seele eindringen, sie am stärksten ergreifen und ihr eine edle Haltung vermitteln und sie anständig machen, [e] wenn man richtig erzogen wird; wo aber nicht, ist das Gegenteil der Fall.[95] Und weil wiederum derjenige, der in der Musik richtig erzogen ist, das Fehlerhafte und Unschöne in der Kunst wie in der Natur am schärfsten wahrnimmt und aus berechtigtem Abscheu davor das Schöne lobt und sich an ihm erfreut, wird er es wohl in seine Seele aufnehmen, sich davon nähren und selbst [402a] gut und edel werden; das Schimpfliche aber wird er mit Recht tadeln und schon in früher Jugend verabscheuen, bevor er noch imstande ist, den Grund dafür zu begreifen; wenn dann die Vernunft hinzukommt, begrüßt er sie freudig, erkennt er doch, dass sie mit ihm verwandt ist, besonders, wenn er so erzogen wurde.«

»Freilich«, sagte er, »auch ich bin der Meinung, dass aus diesen Gründen die ganze Erziehung auf der Musik beruht.«

»Wie wir auch«, fuhr ich fort, »erst dann mit der Schrift hinreichend vertraut waren, als uns klar war, dass die Buchstaben, die ja nur wenige sind, in allem Geschriebenen immer wiederkehren, und als wir sie, egal ob klein oder groß, [b] gleichermaßen nicht gering schätzten, als brauchten wir uns darum nicht zu kümmern, sondern uns bemühten, sie überall zu erkennen, da wir nicht eher würden lesen können, bevor wir das erreicht hatten ...«

»Richtig.«

»Wir würden auch die Abbilder der Buchstaben, wenn sie sich uns irgendwo im Wasser oder in einem Spiegel zeigten, nicht früher erkennen, bevor wir nicht die Buchstaben selbst kennen. Gehört das nicht zur selben Kunst und Übung?«

»Durchaus.«

Ἀρ᾽ οὖν, ὃ λέγω, πρὸς θεῶν, οὕτως οὐδὲ μουσικοὶ πρότερον [c] ἐσόμεθα, οὔτε αὐτοὶ οὔτε οὓς φαμεν ἡμῖν παιδευτέον εἶναι τοὺς φύλακας, πρὶν ἂν τὰ τῆς σωφροσύνης εἴδη καὶ ἀνδρείας καὶ ἐλευθεριότητος καὶ μεγαλοπρεπείας καὶ ὅσα τούτων ἀδελφὰ καὶ τὰ τούτων αὖ ἐναντία πανταχοῦ περιφερόμενα γνωρίζωμεν καὶ ἐνόντα ἐν οἷς ἔνεστιν αἰσθανώμεθα καὶ αὐτὰ καὶ εἰκόνας αὐτῶν, καὶ μήτε ἐν σμικροῖς μήτε ἐν μεγάλοις ἀτιμάζωμεν, ἀλλὰ τῆς αὐτῆς οἰώμεθα τέχνης εἶναι καὶ μελέτης;

Πολλὴ ἀνάγκη, ἔφη.

[d] Οὐκοῦν, ἦν δ᾽ ἐγώ, ὅτου ἂν συμπίπτῃ ἔν τε τῇ ψυχῇ καλὰ ἤθη ἐνόντα καὶ ἐν τῷ εἴδει ὁμολογοῦντα ἐκείνοις καὶ συμφωνοῦντα, τοῦ αὐτοῦ μετέχοντα τύπου, τοῦτ᾽ ἂν εἴη κάλλιστον θέαμα τῷ δυναμένῳ θεᾶσθαι;

Πολύ γε.

Καὶ μὴν τό γε κάλλιστον ἐρασμιώτατον;

Πῶς δ᾽ οὔ;

Τῶν δὴ ὅτι μάλιστα τοιούτων ἀνθρώπων ὅ γε μουσικὸς ἐρῴη ἄν· εἰ δὲ ἀσύμφωνος εἴη, οὐκ ἂν ἐρῴη.

Οὐκ ἄν, εἴ γέ τι, ἔφη, κατὰ τὴν ψυχὴν ἐλλείποι· εἰ μέντοι τι κατὰ τὸ σῶμα, ὑπομείνειεν ἂν ὥστε ἐθέλειν [e] ἀσπάζεσθαι.

Μανθάνω, ἦν δ᾽ ἐγώ· ὅτι ἔστιν σοι ἢ γέγονεν παιδικὰ τοιαῦτα, καὶ συγχωρῶ. ἀλλὰ τόδε μοι εἰπέ· σωφροσύνῃ καὶ ἡδονῇ ὑπερβαλλούσῃ ἔστι τις κοινωνία;

Καὶ πῶς; ἔφη, ἥ γε ἔκφρονα ποιεῖ οὐχ ἧττον ἢ λύπη;

Ἀλλὰ τῇ ἄλλῃ ἀρετῇ;

»So werden wir auch – bei den Göttern, das behaupte ich –, nicht eher musisch gebildet sein, [c] weder wir selbst noch jene, die wir, wie gesagt, zu Wächtern erziehen müssen, ehe wir nicht das Wesen der Besonnenheit, der Tapferkeit, des Edelmutes, der Hochherzigkeit und all dessen, was mit ihnen verwandt ist, aber auch das ihres Gegenteiles, wo es nur vorkommen mag, erkennen und sehen, wo sie überall drinstecken, und zwar sie selbst, aber auch ihre Abbilder, und sie, ob klein oder groß, nicht missachten, sondern davon überzeugt sind, dass sie zur selben Kunst und Übung gehören. Oder?«

»Das ist durchaus notwendig«, sagte er.

[d] »Wenn nun«, so fuhr ich fort, »ein schöner Charakter in der Seele und ihm Entsprechendes und Passendes in der äußeren Gestalt bei einem Menschen zusammentreffen, beide vom gleichen Gepräge, so ist das wohl der schönste Anblick für jeden, der das sehen kann.«

»Gewiss.«

»Das Schönste ist doch auch am liebenswertesten?«

»Natürlich.«

»Der Gebildete wird wohl Menschen, die dem möglichst nahekommen, lieben; Menschen ohne diese Übereinstimmung aber wird er nicht lieben.«

»Nein«, sagte er, »wenigstens den nicht, bei dem der Fehler in der Seele liegt;[96] liegt der Fehler im Körperlichen, dann wird er es ertragen und versuchen, ihn dennoch [e] zu lieben.«

»Ich verstehe schon«, entgegnete ich. »Du hast oder hattest einen solchen Liebling, ich habe nichts dagegen. Aber sage mir Folgendes: Haben Besonnenheit und überschwängliche Lust etwas Gemeinsames?«

»Wie denn«, sagte er, »raubt uns doch die Lust nicht weniger die Sinne als der Schmerz?«

»Gibt es aber etwas Gemeinsames zwischen Lust und einer anderen Tugend?«

[403a] Οὐδαμῶς.

Τί δέ; ὕβρει τε καὶ ἀκολασίᾳ;

Πάντων μάλιστα.

Μείζω δέ τινα καὶ ὀξυτέραν ἔχεις εἰπεῖν ἡδονὴν τῆς περὶ τὰ ἀφροδίσια;

Οὐκ ἔχω, ἦ δ' ὅς, οὐδέ γε μανικωτέραν.

Ὁ δὲ ὀρθὸς ἔρως πέφυκε κοσμίου τε καὶ καλοῦ σωφρόνως τε καὶ μουσικῶς ἐρᾶν;

Καὶ μάλα, ἦ δ' ὅς.

Οὐδὲν ἄρα προσοιστέον μανικὸν οὐδὲ συγγενὲς ἀκολασίας τῷ ὀρθῷ ἔρωτι;

Οὐ προσοιστέον.

[b] Οὐ προσοιστέον ἄρα αὕτη ἡ ἡδονή, οὐδὲ κοινωνητέον αὐτῆς ἐραστῇ τε καὶ παιδικοῖς ὀρθῶς ἐρῶσί τε καὶ ἐρωμένοις;

Οὐ μέντοι μὰ Δί', ἔφη, ὦ Σώκρατες, προσοιστέον.

Οὕτω δή, ὡς ἔοικε, νομοθετήσεις ἐν τῇ οἰκιζομένῃ πόλει φιλεῖν μὲν καὶ συνεῖναι καὶ ἅπτεσθαι ὥσπερ ὑέος παιδικῶν ἐραστήν, τῶν καλῶν χάριν, ἐὰν πείθῃ, τὰ δ' ἄλλα οὕτως ὁμιλεῖν πρὸς ὅν τις σπουδάζοι, ὅπως μηδέποτε δόξει μακρότερα [c] τούτων συγγίγνεσθαι· εἰ δὲ μή, ψόγον ἀμουσίας καὶ ἀπειροκαλίας ὑφέξοντα.

Οὕτως, ἔφη.

Ἆρ' οὖν, ἦν δ' ἐγώ, καὶ σοὶ φαίνεται τέλος ἡμῖν ἔχειν ὁ περὶ μουσικῆς λόγος; οἷ γοῦν δεῖ τελευτᾶν, τετελεύτηκεν· δεῖ δέ που τελευτᾶν τὰ μουσικὰ εἰς τὰ τοῦ καλοῦ ἐρωτικά.

Σύμφημι, ἦ δ' ὅς.

13 Μετὰ δὴ μουσικὴν γυμναστικῇ θρεπτέοι οἱ νεανίαι.

Τί μήν;

[403a] »Auf keinen Fall.«

»Aber zwischen Lust und frevelhaftem Hochmut?«

»Das allerdings.«

»Kannst du eine größere und heftigere Lust nennen als die Liebeslust?«

»Nein, auch keine, die mehr in Raserei versetzt.«[97]

»Das Wesen der echten Liebe ist es doch, das Geordnete und Schöne auf besonnene und musische Art und Weise zu lieben?«

»Ja gewiss«, erwiderte er.

»Man darf also mit der echten Liebe weder Raserei noch etwas mit Zuchtlosigkeit Verwandtes in Verbindung bringen?«

»Nein, das darf man nicht.«

[b] »Also auch keine sinnliche Lust, und Liebhaber und Liebling dürfen an ihr nicht teilhaben, wenn sie richtig lieben und geliebt werden?«

»Nein, beim Zeus, mein Sokrates«, entgegnete er.

»So wirst du offenbar in dem Staat, den wir gründen, als Gesetz erlassen: Der Liebhaber liebe den Knaben, wenn er ihn für sich gewinnt, verkehre mit ihm und streichle ihn wie einen Sohn, um des Schönen willen;[98] im Übrigen aber soll das Zusammensein mit dem, um den er sich bemüht, so sein, dass er niemals den Anschein erweckt, [c] es geschehe dabei mehr; andernfalls wird er sich den Vorwurf zuziehen, es mangle ihm an Bildung und Sinn für das Schöne.«

»So ist es«, sagte er.

»Bist du nun der Meinung«, fragte ich, »unsere Untersuchung über die musische Bildung habe ihr Ziel erreicht? Sie endete dort, wo sie enden sollte, denn alles Musische muss in der Liebe zum Schönen enden.«

»Da stimme ich dir zu«, sagte er.

13 »Auf die musische Erziehung hat bei den Jünglingen die gymnastische zu folgen.«

»Ja.«

Δεῖ μὲν δὴ καὶ ταύτῃ ἀκριβῶς τρέφεσθαι ἐκ παίδων διὰ [d] βίου. ἔχει δέ πως, ὡς ἐγῷμαι, ὧδε· σκόπει δὲ καὶ σύ. ἐμοὶ μὲν γὰρ οὐ φαίνεται, ὃ ἂν χρηστὸν ᾖ σῶμα, τοῦτο τῇ αὑτοῦ ἀρετῇ ψυχὴν ἀγαθὴν ποιεῖν, ἀλλὰ τοὐναντίον ψυχὴ ἀγαθὴ τῇ αὑτῆς ἀρετῇ σῶμα παρέχειν ὡς οἷόν τε βέλτιστον· σοὶ δὲ πῶς φαίνεται;

Καὶ ἐμοί, ἔφη, οὕτως.

Οὐκοῦν εἰ τὴν διάνοιαν ἱκανῶς θεραπεύσαντες παραδοῖμεν αὐτῇ τὰ περὶ τὸ σῶμα ἀκριβολογεῖσθαι, ἡμεῖς δὲ ὅσον τοὺς [e] τύπους ὑφηγησαίμεθα, ἵνα μὴ μακρολογῶμεν, ὀρθῶς ἂν ποιοῖμεν;

Πάνυ μὲν οὖν.

Μέθης μὲν δὴ εἴπομεν ὅτι ἀφεκτέον αὐτοῖς· παντὶ γάρ που μᾶλλον ἐγχωρεῖ ἢ φύλακι μεθυσθέντι μὴ εἰδέναι ὅπου γῆς ἐστιν.

Γελοῖον γάρ, ἦ δ᾽ ὅς, τόν γε φύλακα φύλακος δεῖσθαι.

Τί δὲ δὴ σίτων πέρι; ἀθληταὶ μὲν γὰρ οἱ ἄνδρες τοῦ μεγίστου ἀγῶνος. ἢ οὐχί;

Ναί.

[404a] Ἆρ᾽ οὖν ἡ τῶνδε τῶν ἀσκητῶν ἕξις προσήκουσ᾽ ἂν εἴη τούτοις;

Ἴσως.

Ἀλλ᾽, ἦν δ᾽ ἐγώ, ὑπνώδης αὕτη γέ τις καὶ σφαλερὰ πρὸς ὑγίειαν. ἢ οὐχ ὁρᾷς ὅτι καθεύδουσί τε τὸν βίον καί, ἐὰν σμικρὰ ἐκβῶσιν τῆς τεταγμένης διαίτης, μεγάλα καὶ σφόδρα νοσοῦσιν οὗτοι οἱ ἀσκηταί;

Ὁρῶ.

Κομψοτέρας δή τινος, ἦν δ᾽ ἐγώ, ἀσκήσεως δεῖ τοῖς πολεμικοῖς

»Auch darin müssen sie von Kindheit an das ganze Leben lang sorgfältig erzogen werden. [d] Dabei verhält es sich meiner Meinung nach etwa so. Überlege das auch selbst: Ich glaube nicht, dass ein tüchtiger Körper durch seine Tüchtigkeit auch die Seele gut macht, sondern im Gegenteil, eine gute Seele macht durch ihre eigene Tüchtigkeit den Körper so gut wie möglich.[99] Was meinst du dazu?«

»Ich bin ganz deiner Meinung«, sagte er.

»Wenn wir nun, nachdem wir den Geist hinreichend ausgebildet haben, es diesem überlassen, genaue Bestimmungen für den Körper zu treffen, während wir, um nicht allzu weitschweifig zu werden, nur die [e] allgemeinen Grundsätze dafür festlegen, würden wir dann richtig handeln?«

»Durchaus.«

»Vor Trunkenheit, sagten wir, sollten sie sich hüten;[100] denn jedem anderen ist es eher zu verzeihen als einem Wächter, wenn er in seinem Rausch nicht mehr weiß, wo er sich befindet.«

»Es wäre ja zum Lachen«, erwiderte er, »wenn der Wächter selbst wieder einen Wächter bräuchte.«

»Wie steht es nun mit dem Essen? Diese Männer[101] sind doch Wettkämpfer im schwersten Kampf, oder nicht?«

»Ja.«

[404a] »Wäre dann die Lebensweise unserer Athleten auch für sie die richtige?«

»Vielleicht.«

»Aber diese«, so fuhr ich fort, »macht sie ja nur schläfrig und krankheitsanfällig. Oder siehst du nicht, dass diese Athleten ihr ganzes Leben lang schlafen und ernsthaft und schwer krank werden, wenn sie nur ein wenig von ihrer verordneten Lebensweise abweichen?«

»Doch, das sehe ich.«

»Dann brauchen also«, setzte ich fort, »unsere kriegerischen

ἀθληταῖς, οὕς γε ὥσπερ κύνας ἀγρύπνους τε ἀνάγκη εἶναι καὶ ὅτι μάλιστα ὀξὺ ὁρᾶν καὶ ἀκούειν καὶ πολλὰς μεταβολὰς ἐν ταῖς στρατείαις μεταβάλλοντας ὑδάτων [b] τε καὶ τῶν ἄλλων σίτων καὶ εἱλήσεων καὶ χειμώνων μὴ ἀκροσφαλεῖς εἶναι πρὸς ὑγίειαν.

Φαίνεταί μοι.

Ἆρ᾽ οὖν ἡ βελτίστη γυμναστικὴ ἀδελφή τις ἂν εἴη τῆς ἁπλῆς μουσικῆς ἣν ὀλίγον πρότερον διῇμεν;

Πῶς λέγεις;

Ἁπλῆ που καὶ ἐπιεικὴς γυμναστική, καὶ μάλιστα ἡ τῶν περὶ τὸν πόλεμον.

Πῇ δή;

Καὶ παρ᾽ Ὁμήρου, ἦν δ᾽ ἐγώ, τά γε τοιαῦτα μάθοι ἄν τις. οἶσθα γὰρ ὅτι ἐπὶ στρατιᾶς ἐν ταῖς τῶν ἡρώων ἑστιάσεσιν οὔτε ἰχθύσιν αὐτοὺς ἑστιᾷ, καὶ ταῦτα ἐπὶ [c] θαλάττῃ ἐν Ἑλλησπόντῳ ὄντας, οὔτε ἑφθοῖς κρέασιν ἀλλὰ μόνον ὀπτοῖς, ἃ δὴ μάλιστ᾽ ἂν εἴη στρατιώταις εὔπορα· πανταχοῦ γὰρ ὡς ἔπος εἰπεῖν αὐτῷ τῷ πυρὶ χρῆσθαι εὐπορώτερον ἢ ἀγγεῖα συμπεριφέρειν.

Καὶ μάλα.

Οὐδὲ μὴν ἡδυσμάτων, ὡς ἐγῷμαι, Ὅμηρος πώποτε ἐμνήσθη. ἢ τοῦτο μὲν καὶ οἱ ἄλλοι ἀσκηταὶ ἴσασιν, ὅτι τῷ μέλλοντι σώματι εὖ ἕξειν ἀφεκτέον τῶν τοιούτων ἁπάντων;

Καὶ ὀρθῶς γε, ἔφη, ἴσασί τε καὶ ἀπέχονται.

[d] Συρακοσίαν δέ, ὦ φίλε, τράπεζαν καὶ Σικελικὴν ποικιλίαν ὄψου, ὡς ἔοικας, οὐκ αἰνεῖς, εἴπερ σοι ταῦτα δοκεῖ ὀρθῶς ἔχειν.

Οὔ μοι δοκῶ.

Ψέγεις ἄρα καὶ Κορινθίαν κόρην φίλην εἶναι ἀνδράσιν μέλλουσιν εὖ σώματος ἕξειν.

Wettkämpfer eine bessere Schulung, müssen sie doch wie Hunde stets wachsam sein, möglichst scharf sehen und hören und dürfen im Feld bei allem Wechsel von Trank [b] und Speise, von Hitze und Kälte für Krankheiten nicht anfällig sein.«

»Ich glaube, ja.«

»Ist nicht die beste gymnastische Erziehung irgendwie eng verwandt mit der musischen, die wir gerade vorhin besprochen haben?«

»Wie meinst du das?«

»Einfach und angemessen soll die Gymnastik sein, besonders die, die sich auf den Krieg bezieht.«

»Und wie?«

»Schon bei Homer«, sagte ich, »kann man das lernen. Wie du weißt, bewirtet er im Feld bei den Mahlzeiten seine Helden nicht mit Fischen, und das, obwohl sie sich doch beim Hellespont nahe am Meer befinden;[102] [c] er bewirtet sie auch nicht mit gekochtem Fleisch, sondern nur mit gebratenem, was ja für die Krieger am leichtesten zuzubereiten ist. Denn es ist allenthalben bequemer, sozusagen das Feuer selbst zu benutzen, als überall das Kochgeschirr mitzuschleppen.«

»Gewiss.«

»Aber auch Gewürze hat Homer, soviel ich weiß, nie erwähnt. Und das wissen auch die anderen Athleten, dass man auf all das verzichten muss, wenn man körperlich fit bleiben will.«

»Zu Recht wissen sie das«, sagte er, »und verzichten daher darauf.«

[d] »Syrakusanische Küche und sizilische Speisenvielfalt[103] lobst du offenbar nicht, mein Freund, wenn du das für richtig hältst.«

»Keineswegs.«

»Dann tadelst du auch eine korinthische[104] Freundin für Männer, die sich körperlich fit halten wollen.«

Παντάπασι μὲν οὖν.

Οὐκοῦν καὶ Ἀττικῶν πεμμάτων τὰς δοκούσας εἶναι εὐπαθείας;

Ἀνάγκη.

Ὅλην γὰρ οἶμαι τὴν τοιαύτην σίτησιν καὶ δίαιταν τῇ μελοποιίᾳ τε καὶ ᾠδῇ τῇ ἐν τῷ παναρμονίῳ καὶ ἐν πᾶσι [e] ῥυθμοῖς πεποιημένῃ ἀπεικάζοντες ὀρθῶς ἂν ἀπεικάζοιμεν.

Πῶς γὰρ οὔ;

Οὐκοῦν ἐκεῖ μὲν ἀκολασίαν ἡ ποικιλία ἐνέτικτεν, ἐνταῦθα δὲ νόσον, ἡ δὲ ἁπλότης κατὰ μὲν μουσικὴν ἐν ψυχαῖς σωφροσύνην, κατὰ δὲ γυμναστικὴν ἐν σώμασιν ὑγίειαν;

Ἀληθέστατα, ἔφη.

[405a] Ἀκολασίας δὲ καὶ νόσων πληθυουσῶν ἐν πόλει ἆρ᾿ οὐ δικαστήριά τε καὶ ἰατρεῖα πολλὰ ἀνοίγεται, καὶ δικανική τε καὶ ἰατρικὴ σεμνύνονται, ὅταν δὴ καὶ ἐλεύθεροι πολλοὶ καὶ σφόδρα περὶ αὐτὰ σπουδάζωσιν;

Τί γὰρ οὐ μέλλει;

14 Τῆς δὲ κακῆς τε καὶ αἰσχρᾶς παιδείας ἐν πόλει ἆρα μή τι μεῖζον ἕξεις λαβεῖν τεκμήριον ἢ τὸ δεῖσθαι ἰατρῶν καὶ δικαστῶν ἄκρων μὴ μόνον τοὺς φαύλους τε καὶ χειροτέχνας, ἀλλὰ καὶ τοὺς ἐν ἐλευθέρῳ σχήματι προσποιουμένους τεθράφθαι; [b] ἢ οὐκ αἰσχρὸν δοκεῖ καὶ ἀπαιδευσίας μέγα τεκμήριον τὸ ἐπακτῷ παρ᾿ ἄλλων, ὡς δεσποτῶν τε καὶ κριτῶν, τῷ δικαίῳ ἀναγκάζεσθαι χρῆσθαι, καὶ ἀπορίᾳ οἰκείων;

Πάντων μὲν οὖν, ἔφη, αἴσχιστον.

Ἦ δοκεῖ σοι, ἦν δ᾿ ἐγώ, τούτου αἴσχιον εἶναι τοῦτο, ὅταν δή τις

»Durchaus.«

»Und auch den berühmten Wohlgeschmack des attischen Backwerkes?«

»Unbedingt.«

»Wir könnten, glaube ich, eine solche Ernährung und Lebensführung mit jener Liederkomposition und jenem Gesang vergleichen, der sich in allen Tonarten und [e] Rhythmen bewegt, und hätten mit diesem Vergleich recht.«

»Ohne Zweifel.«

»Die Mannigfaltigkeit führte dort zur Zuchtlosigkeit, hier zur Krankheit; die Einfachheit in der Musik aber zur Besonnenheit der Seele, in der Gymnastik wiederum zur Gesundheit des Körpers.«[105]

»Sehr richtig«, sagte er.

[405a] »Wenn Zuchtlosigkeit und Krankheiten im Staat überhandnehmen, öffnen sich dann nicht Gerichte und Krankenhäuser, werden dann nicht Rechts- und Heilkunde aufblühen, namentlich, wenn sich freie Männer in großer Zahl eifrig damit beschäftigen?«

»Ja natürlich.«

14 »Kannst du einen besseren Beweis für den schlechten und erbärmlichen Zustand der Erziehung in einem Staat finden, als wenn das Verlangen nach Spitzenärzten und -juristen laut wird, und das nicht nur bei den einfachen Leuten und Handwerkern, sondern auch bei denen, die sich auf ihre Erziehung als freie Bürger etwas einbilden? [b] Oder hältst du es nicht für eine Schande und für einen deutlichen Beweis mangelnder Bildung, wenn man gezwungen ist, sich eines Rechts, das man sich erst von anderen, wie von Herrschern und Richtern, herholen muss, zu bedienen, weil man selber darüber nicht verfügt?«

»Das ist freilich die allergrößte Schande«, sagte er.

»Ist es deiner Meinung nach nicht eine noch größere Schan-

μὴ μόνον τὸ πολὺ τοῦ βίου ἐν δικαστηρίοις φεύγων τε καὶ διώκων κατατρίβηται, ἀλλὰ καὶ ὑπὸ ἀπειροκαλίας ἐπ᾽ αὐτῷ δὴ τούτῳ πεισθῇ καλλωπίζεσθαι, ὡς δεινὸς [c] ὢν περὶ τὸ ἀδικεῖν καὶ ἱκανὸς πάσας μὲν στροφὰς στρέφεσθαι, πάσας δὲ διεξόδους διεξελθὼν ἀποστραφῆναι λυγιζόμενος, ὥστε μὴ παρασχεῖν δίκην, καὶ ταῦτα σμικρῶν τε καὶ οὐδενὸς ἀξίων ἕνεκα, ἀγνοῶν ὅσῳ κάλλιον καὶ ἄμεινον τὸ παρασκευάζειν τὸν βίον αὑτῷ μηδὲν δεῖσθαι νυστάζοντος δικαστοῦ;

Οὔκ, ἀλλὰ τοῦτ᾽, ἔφη, ἐκείνου ἔτι αἴσχιον.

Τὸ δὲ ἰατρικῆς, ἦν δ᾽ ἐγώ, δεῖσθαι ὅτι μὴ τραυμάτων ἕνεκα ἤ τινων ἐπετείων νοσημάτων ἐπιπεσόντων, ἀλλὰ δι᾽ [d] ἀργίαν τε καὶ δίαιταν οἵαν διήλθομεν, ῥευμάτων τε καὶ πνευμάτων ὥσπερ λίμνας ἐμπιμπλαμένους φύσας τε καὶ κατάρρους νοσήμασιν ὀνόματα τίθεσθαι ἀναγκάζειν τοὺς κομψοὺς Ἀσκληπιάδας, οὐκ αἰσχρὸν δοκεῖ;

Καὶ μάλ᾽, ἔφη· ὡς ἀληθῶς καινὰ ταῦτα καὶ ἄτοπα νοσημάτων ὀνόματα.

Οἷα, ἦν δ᾽ ἐγώ, ὡς οἶμαι, οὐκ ἦν ἐπ᾽ Ἀσκληπιοῦ. [e] τεκμαίρομαι δέ, ὅτι αὐτοῦ οἱ ὑεῖς ἐν Τροίᾳ Εὐρυπύλῳ τετρωμένῳ ἐπ᾽ οἶνον Πράμνειον ἄλφιτα πολλὰ ἐπιπασθέντα [406a] καὶ τυρὸν ἐπιξυσθέντα, ἃ δὴ δοκεῖ φλεγματώδη εἶναι, οὐκ ἐμέμψαντο τῇ δούσῃ πιεῖν, οὐδὲ Πατρόκλῳ τῷ ἰωμένῳ ἐπετίμησαν.

Καὶ μὲν δή, ἔφη, ἄτοπόν γε τὸ πῶμα οὕτως ἔχοντι.

Οὔκ, εἴ γ᾽ ἐννοεῖς, εἶπον, ὅτι τῇ παιδαγωγικῇ τῶν νοσημάτων

de«, fragte ich, »wenn einer den größten Teil seines Lebens ausschließlich als Angeklagter oder Kläger bei Gericht verbringt, dann aber aus lauter Unkenntnis des Schönen noch glaubt, sich damit brüsten zu können, wie groß er [c] im Unrechttun ist, wie fähig, alle Schliche anzuwenden, durch alle Hintertürchen zu entschlüpfen, indem er sich dreht und wendet, um ja nicht bestraft zu werden, und das alles wegen geringer und nichtiger Dinge? Er weiß ja nicht, wie viel schöner und besser es ist, sein Leben so einzurichten, dass er keinen verschlafenen Richter braucht.«

»Ja, das ist allerdings eine noch größere Schande«, gab er zu.

»Ebenso, dass man die Heilkunst braucht«, fuhr ich fort, »und zwar nicht nur bei Verwundungen oder einigen Krankheiten, die uns jahreszeitlich bedingt heimsuchen, sondern weil man sich infolge von [d] Müßiggang und einer Lebensführung, wie wir sie beschrieben haben, wie ein Sumpf mit Säften und Winden vollgepumpt hat, so dass die klugen Jünger des Asklepios sich genötigt sehen, bei diesen Krankheiten von Blähungen und Katarrhen zu sprechen. Hältst du das nicht auch für eine Schande?«

»Durchaus«, sagte er, »das sind in der Tat neue und ungewöhnliche Namen für Krankheiten.«

»Wie es sie, glaube ich, zur Zeit des Asklepios nicht gab«, ergänzte ich. [e] »Das schließe ich daraus, dass seine Söhne[106] vor Troja keinen Anstoß nahmen, als die Dienerin dem verwundeten Eurypylos pramnesischen Wein[107] vermischt mit viel Gerste [406a] und geriebenem Käse zu trinken gab, obgleich das doch entzündungserregend[108] sein soll; auch Patroklos, der diese Behandlung anordnete, machten sie keinen Vorwurf.«

»Freilich ein eigenartiges Getränk für einen Kranken«, sagte er.

»Nicht, wenn du bedenkst«, erwiderte ich, »dass die damaligen Asklepios-Jünger die heutige Heilkunst, die über den

ταύτῃ τῇ νῦν ἰατρικῇ πρὸ τοῦ Ἀσκληπιάδαι οὐκ ἐχρῶντο, ὥς φασι, πρὶν Ἡρόδικον γενέσθαι· Ἡρόδικος δὲ παιδοτρίβης ὢν καὶ νοσώδης γενόμενος, μείξας γυμναστικὴν [b] ἰατρικῇ, ἀπέκναισε πρῶτον μὲν καὶ μάλιστα ἑαυτόν, ἔπειτ᾽ ἄλλους ὕστερον πολλούς.

Πῇ δή; ἔφη.

Μακρόν, ἦν δ᾽ ἐγώ, τὸν θάνατον αὑτῷ ποιήσας. παρακολουθῶν γὰρ τῷ νοσήματι θανασίμῳ ὄντι οὔτε ἰάσασθαι οἶμαι οἷός τ᾽ ἦν ἑαυτόν, ἐν ἀσχολίᾳ τε πάντων ἰατρευόμενος διὰ βίου ἔζη, ἀποκναιόμενος εἴ τι τῆς εἰωθυίας διαίτης ἐκβαίη, δυσθανατῶν δὲ ὑπὸ σοφίας εἰς γῆρας ἀφίκετο.

Καλὸν ἄρα τὸ γέρας, ἔφη, τῆς τέχνης ἠνέγκατο.

[c] Οἷον εἰκός, ἦν δ᾽ ἐγώ, τὸν μὴ εἰδότα ὅτι Ἀσκληπιὸς οὐκ ἀγνοίᾳ οὐδὲ ἀπειρίᾳ τούτου τοῦ εἴδους τῆς ἰατρικῆς τοῖς ἐκγόνοις οὐ κατέδειξεν αὐτό, ἀλλ᾽ εἰδὼς ὅτι πᾶσι τοῖς εὐνομουμένοις ἔργον τι ἑκάστῳ ἐν τῇ πόλει προστέτακται, ὃ ἀναγκαῖον ἐργάζεσθαι, καὶ οὐδενὶ σχολὴ διὰ βίου κάμνειν ἰατρευομένῳ. ὃ ἡμεῖς γελοίως ἐπὶ μὲν τῶν δημιουργῶν αἰσθανόμεθα, ἐπὶ δὲ τῶν πλουσίων τε καὶ εὐδαιμόνων δοκούντων εἶναι οὐκ αἰσθανόμεθα.

Πῶς; ἔφη.

15 [d] Τέκτων μέν, ἦν δ᾽ ἐγώ, κάμνων ἀξιοῖ παρὰ τοῦ ἰατροῦ φάρμακον πιὼν ἐξεμέσαι τὸ νόσημα, ἢ κάτω καθαρθεὶς ἢ καύσει ἢ τομῇ χρησάμενος ἀπηλλάχθαι· ἐὰν δέ τις αὐτῷ μακρὰν δίαιταν προστάττῃ, πιλίδιά τε περὶ τὴν κεφαλὴν περιτιθεὶς καὶ τὰ τούτοις ἑπόμενα, ταχὺ εἶπεν ὅτι οὐ σχολὴ κάμνειν οὐδὲ λυσιτελεῖ οὕτω

Verlauf der Krankheiten wacht, nicht kannten, bis dann, wie es heißt, Herodikos[109] kam. Herodikos war ein Turnlehrer; da er kränklich war, verband er die Gymnastik [b] mit der Heilkunst und quälte damit zuerst und vor allem sich selbst, dann aber auch viele andere.«

»Wieso?«, fragte er.

»Indem er sein Sterben in die Länge zog«,[110] entgegnete ich. »Er verfolgte nämlich seine Krankheit, die tödlich war, ganz genau, konnte sie aber, wie ich glaube, nicht heilen; er kümmerte sich um nichts anderes mehr, kurierte sein ganzes Leben lang nur an sich herum und quälte sich damit ab, sowie er nur ein wenig von seiner gewohnten Lebensweise abwich; so rang er mit dem Tod, erreichte aber durch sein Wissen ein hohes Alter.«

»Also hat er doch einen schönen Lohn[111] für seine Kunst davongetragen«, sagte er.

[c] »Wie ihn der verdient«, versetzte ich, »der nicht weiß, dass Asklepios seinen Nachfahren diese Art von Heilkunst nicht aus Unwissenheit oder Unkenntnis nicht vermittelt hat, sondern weil er wusste, dass in einem wohlgeordneten Staat jedem eine Aufgabe zugewiesen ist, die er zu erfüllen hat; daher hat niemand Zeit, sein Leben lang krank zu sein und sich kurieren zu lassen. Lächerlicherweise sehen wir das bei den Handwerkern ein, bei den Reichen und scheinbar Glücklichen aber nicht.«

»Wieso?«, fragte er.

15 [d] »Wenn ein Zimmermann krank ist«, antwortete ich, »verlangt er vom Arzt ein Brech- oder Abführmittel, um die Krankheit loszuwerden[112], oder er will das durch Brennen oder Schneiden erreichen. Wenn man ihm aber eine lange Diät verschreibt, ihm einen Wickel um den Kopf legt und dergleichen mehr, dann würde er bald sagen, er habe keine Zeit, krank zu sein;[113] es nütze ihm nicht, so zu leben, immer nur auf seine

ζῆν, νοσήματι τὸν νοῦν προσέχοντα, τῆς δὲ προκειμένης ἐργασίας ἀμελοῦντα. καὶ μετὰ ταῦτα χαίρειν [e] εἰπὼν τῷ τοιούτῳ ἰατρῷ, εἰς τὴν εἰωθυῖαν δίαιταν ἐμβάς, ὑγιὴς γενόμενος ζῇ τὰ ἑαυτοῦ πράττων· ἐὰν δὲ μὴ ἱκανὸν ᾖ τὸ σῶμα ὑπενεγκεῖν, τελευτήσας πραγμάτων ἀπηλλάγη.

Καὶ τῷ τοιούτῳ μέν γ', ἔφη, δοκεῖ πρέπειν οὕτω ἰατρικῇ χρῆσθαι.

[407a] Ἆρα, ἦν δ' ἐγώ, ὅτι ἦν τι αὐτῷ ἔργον, ὃ εἰ μὴ πράττοι, οὐκ ἐλυσιτέλει ζῆν;

Δῆλον, ἔφη.

Ὁ δὲ δὴ πλούσιος, ὥς φαμεν, οὐδὲν ἔχει τοιοῦτον ἔργον προκείμενον, οὗ ἀναγκαζομένῳ ἀπέχεσθαι ἀβίωτον.

Οὔκουν δὴ λέγεταί γε.

Φωκυλίδου γάρ, ἦν δ' ἐγώ, οὐκ ἀκούεις πῶς φησι δεῖν, ὅταν τῳ ἤδη βίος ᾖ, ἀρετὴν ἀσκεῖν.

Οἶμαι δέ γε, ἔφη, καὶ πρότερον.

Μηδέν, εἶπον, περὶ τούτου αὐτῷ μαχώμεθα, ἀλλ' ἡμᾶς αὐτοὺς διδάξωμεν πότερον μελετητέον τοῦτο τῷ πλουσίῳ [b] καὶ ἀβίωτον τῷ μὴ μελετῶντι, ἢ νοσοτροφία τεκτονικῇ μὲν καὶ ταῖς ἄλλαις τέχναις ἐμπόδιον τῇ προσέξει τοῦ νοῦ, τὸ δὲ Φωκυλίδου παρακέλευμα οὐδὲν ἐμποδίζει.

Ναὶ μὰ τὸν Δία, ἦ δ' ὅς. σχεδόν γέ τι πάντων μάλιστα ἥ γε περαιτέρω γυμναστικῆς ἡ περιττὴ αὕτη ἐπιμέλεια τοῦ σώματος· καὶ γὰρ πρὸς οἰκονομίας καὶ πρὸς στρατείας καὶ πρὸς ἑδραίους ἐν πόλει ἀρχὰς δύσκολος.

Τὸ δὲ δὴ μέγιστον, ὅτι καὶ πρὸς μαθήσεις ἀστινασοῦν καὶ [c] ἐννοήσεις τε καὶ μελέτας πρὸς ἑαυτὸν χαλεπή, κεφαλῆς τινας ἀεὶ διατάσεις καὶ ἰλίγγους ὑποπτεύουσα καὶ αἰτιωμένη ἐκ φιλοσοφίας

Krankheit zu achten und die anstehende Arbeit zu vernachlässigen. Dann würde er einem solchen Arzt [e] Lebewohl sagen, seine gewohnte Lebensweise wieder aufnehmen und, gesund geworden, seinen Geschäften nachgehen. Wenn das sein Körper nicht aushält, stirbt er eben und ist alle Schwierigkeiten los.«

»Für einen solchen Menschen«, versetzte er, »ist das offenbar der richtige Weg, sich der Heilkunst zu bedienen.«

[407a] »Und das doch wohl deshalb«, fuhr ich fort, »weil er eine Aufgabe hatte, für die zu leben es sich lohnte?«

»Offenbar«, sagte er.

»Der Reiche aber, könnten wir sagen, hat keine solche Aufgabe vor sich, ohne die er nicht leben könnte.«

»Wenigstens heißt es so.«

»Du hörst aber nicht auf den Spruch des Phokylides«, warf ich ein, »wo er erklärt, wer schon genug zu leben habe, der müsse Tugend üben.«[114]

»Das muss er, glaube ich, auch schon vorher«, sagte er.

»Darüber wollen wir uns nicht streiten«, fuhr ich fort, »vielmehr wollen wir uns klarmachen, ob sich der Reiche um die Tugend bemühen muss und [b] ohne sie nicht leben kann oder ob die Pflege des kranken Körpers[115] den Zimmermann und die anderen Handwerker daran hindert, auf ihren Beruf zu achten, der Mahnung des Phokylides aber nicht entgegensteht.«

»Ja, beim Zeus«, sagte er, »diese übertriebene Sorge um den Körper, die über die Gymnastik hinausgeht, ist fast am allermeisten hinderlich; denn sie ist störend bei der Verwaltung des Hauswesens, im Krieg und bei der Verwaltung von Ämtern zu Hause.«

»Das Wichtigste aber ist, dass sie auch jedes Lernen, [c] das Nachdenken und das Besinnen auf sich selbst[116] erschwert, weil sie stets irgendeine Überanstrengung des Kopfes und Schwindel befürchtet und das Philosophieren dafür verant-

ἐγγίγνεσθαι, ὥστε, ὅπῃ ταύτῃ ἀρετὴ ἀσκεῖται καὶ δοκιμάζεται, πάντῃ ἐμπόδιος· κάμνειν γὰρ οἴεσθαι ποιεῖ ἀεὶ καὶ ὠδίνοντα μήποτε λήγειν περὶ τοῦ σώματος.

Εἰκός γε, ἔφη.

Οὐκοῦν ταῦτα γιγνώσκοντα φῶμεν καὶ Ἀσκληπιὸν τοὺς μὲν φύσει τε καὶ διαίτῃ ὑγιεινῶς ἔχοντας τὰ σώματα, [d] νόσημα δέ τι ἀποκεκριμένον ἴσχοντας ἐν αὑτοῖς, τούτοις μὲν καὶ ταύτῃ τῇ ἕξει καταδεῖξαι ἰατρικήν, φαρμάκοις τε καὶ τομαῖς τὰ νοσήματα ἐκβάλλοντα αὐτῶν τὴν εἰωθυῖαν προστάττειν δίαιταν, ἵνα μὴ τὰ πολιτικὰ βλάπτοι, τὰ δ᾽ εἴσω διὰ παντὸς νενοσηκότα σώματα οὐκ ἐπιχειρεῖν διαίταις κατὰ σμικρὸν ἀπαντλοῦντα καὶ ἐπιχέοντα μακρὸν καὶ κακὸν βίον ἀνθρώπῳ ποιεῖν, καὶ ἔκγονα αὐτῶν, ὡς τὸ εἰκός, ἕτερα τοιαῦτα φυτεύειν, ἀλλὰ τὸν μὴ δυνάμενον ἐν τῇ καθεστηκυίᾳ [e] περιόδῳ ζῆν μὴ οἴεσθαι δεῖν θεραπεύειν, ὡς οὔτε αὑτῷ οὔτε πόλει λυσιτελῆ;

Πολιτικόν, ἔφη, λέγεις Ἀσκληπιόν.

Δῆλον, ἦν δ᾽ ἐγώ· καὶ οἱ παῖδες αὐτοῦ, ὅτι τοιοῦτος ἦν, [408a] οὐχ ὁρᾷς ὡς καὶ ἐν Τροίᾳ ἀγαθοὶ πρὸς τὸν πόλεμον ἐφάνησαν, καὶ τῇ ἰατρικῇ, ὡς ἐγὼ λέγω, ἐχρῶντο; ἢ οὐ μέμνησαι ὅτι καὶ τῷ Μενέλεῳ ἐκ τοῦ τραύματος οὗ ὁ Πάνδαρος ἔβαλεν –

αἷμ᾽ ἐκμυζήσαντες ἐπ᾽ ἤπια φάρμακ᾽ ἔπασσον,

wortlich macht; wo sie also waltet, da verhindert sie mit allen Mitteln die Übung der Tugend und die Bewährung in ihr; denn sie bewirkt, dass man sich immer krank fühlt, und ständig körperliche Schmerzen hat.«

»Natürlich«, sagte er.

»Sollen wir also sagen, dass auch Asklepios das erkannt hat und dass er für solche Menschen, die von Natur aus und infolge ihrer Lebensweise körperlich an sich gesund waren, [d] sich aber eine ganz bestimmte Krankheit zugezogen hatten – dass er also für solche Menschen und für einen solchen Zustand seine Heilkunst gelehrt hat? Mit Arzneien und Operationen wollte er ihre Krankheiten vertreiben und verordnete ihnen danach wieder ihre gewohnte Lebensweise, um dem öffentlichen Leben keinen Schaden zuzufügen; er versuchte jedoch nicht, die innerlich ganz und gar kranken Körper mit Diätvorschriften zu behandeln, indem er ihnen da ein wenig entzog, um es dann wieder zuzusetzen, und dadurch dem Menschen ein langes, aber elendes Leben zu bereiten, damit sie sogar noch Nachkommen in die Welt setzten, die ihnen natürlich ähnlich sein würden; vielmehr war er der Meinung, den nicht behandeln zu dürfen, der nicht [e] so lange zu leben vermochte, wie es ihm eigentlich bestimmt wäre, weil das weder für ihn selbst noch für den Staat von Nutzen wäre.«

»Also hältst du Asklepios für einen klugen Staatsmann«, sagte er.

»Sicher«, erwiderte ich. »Du siehst ja auch an seinen Söhnen, dass er es war. [408a] Vor Troja haben sie ihre Tüchtigkeit sowohl als Krieger bewiesen als auch in der Heilkunst, die sie so ausübten, wie ich es sage. Oder erinnerst du dich nicht, wie sie auch Menelaos aus der Wunde, die ihm Pandaros geschlagen hatte,

> das Blut aussaugten und darauf lindernde Salben strichen.[117]

ὅτι δ᾽ ἐχρῆν μετὰ τοῦτο ἢ πιεῖν ἢ φαγεῖν οὐδὲν μᾶλλον ἢ τῷ Εὐρυπύλῳ προσέταττον, ὡς ἱκανῶν ὄντων τῶν φαρμάκων ἰάσασθαι ἄνδρας πρὸ τῶν τραυμάτων ὑγιεινούς τε καὶ [b] κοσμίους ἐν διαίτῃ, κἂν εἰ τύχοιεν ἐν τῷ παραχρῆμα κυκεῶνα πιόντες, νοσώδη δὲ φύσει τε καὶ ἀκόλαστον οὔτε αὐτοῖς οὔτε τοῖς ἄλλοις ᾤοντο λυσιτελεῖν ζῆν, οὐδ᾽ ἐπὶ τούτοις τὴν τέχνην δεῖν εἶναι, οὐδὲ θεραπευτέον αὐτούς, οὐδ᾽ εἰ Μίδου πλουσιώτεροι εἶεν.

Πάνυ κομψούς, ἔφη, λέγεις Ἀσκληπιοῦ παῖδας.

16 Πρέπει, ἦν δ᾽ ἐγώ, καίτοι ἀπειθοῦντές γε ἡμῖν οἱ τραγῳδοποιοί τε καὶ Πίνδαρος Ἀπόλλωνος μέν φασιν Ἀσκληπιὸν εἶναι, ὑπὸ δὲ χρυσοῦ πεισθῆναι πλούσιον ἄνδρα θανάσιμον [c] ἤδη ὄντα ἰάσασθαι, ὅθεν δὴ καὶ κεραυνωθῆναι αὐτόν. ἡμεῖς δὲ κατὰ τὰ προειρημένα οὐ πεισόμεθα αὐτοῖς ἀμφότερα, ἀλλ᾽ εἰ μὲν θεοῦ ἦν, οὐκ ἦν, φήσομεν, αἰσχροκερδής· εἰ δ᾽ αἰσχροκερδής, οὐκ ἦν θεοῦ.

Ὀρθότατα, ἦ δ᾽ ὅς, ταῦτά γε. ἀλλὰ περὶ τοῦδε τί λέγεις, ὦ Σώκρατες; ἆρ᾽ οὐκ ἀγαθοὺς δεῖ ἐν τῇ πόλει κεκτῆσθαι ἰατρούς; εἶεν δ᾽ ἄν που μάλιστα τοιοῦτοι ὅσοι [d] πλείστους μὲν ὑγιεινούς, πλείστους δὲ νοσώδεις μετεχειρίσαντο, καὶ δικασταὶ αὖ ὡσαύτως οἱ παντοδαπαῖς φύσεσιν ὡμιληκότες.

Καὶ μάλα, εἶπον, ἀγαθοὺς λέγω. ἀλλ᾽ οἶσθα οὓς ἡγοῦμαι τοιούτους;

Ἂν εἴπῃς, ἔφη.

Ἀλλὰ πειράσομαι, ἦν δ᾽ ἐγώ· σὺ μέντοι οὐχ ὅμοιον πρᾶγμα τῷ αὐτῷ λόγῳ ἤρου.

Πῶς; ἔφη.

Was er dann essen und trinken sollte, darüber machten sie ihm ebenso wenig Vorschriften wie dem Eurypylos, weil ihre Heilmittel genügten, um Männer zu heilen, die vor der Verwundung gesund und [b] mäßig gelebt hatten, auch wenn sie sogleich einen Mischtrank trinken sollten.[118] Ein von Natur aus kränklicher und zügelloser Mensch hingegen nütze ihrer Meinung nach mit seinem Leben weder ihnen noch den anderen; für solche Menschen dürfe ihre Heilkunst nicht da sein, noch dürfte man sie behandeln, wären sie auch reicher als Midas.«

»Als kluge Leute schilderst du die Söhne des Asklepios«, sagte er.

16 »Und das mit Recht«, erwiderte ich, »auch wenn die Tragödiendichter und Pindar mit uns nicht einer Meinung sind; sie sagen zwar, Asklepios sei ein Sohn des Apollo, habe sich aber durch Geld bewegen lassen, einen reichen Mann, der schon im Sterben lag, [c] zu heilen, weshalb er auch vom Blitz erschlagen wurde.[119] Wir aber glauben ihnen aufgrund unserer früheren Ausführungen[120] nicht beides zugleich, sondern behaupten: War er der Sohn eines Gottes, dann war er nicht geldgierig; wenn er aber geldgierig war, so war er nicht der Sohn eines Gottes.«[121]

»Sehr richtig«, sagte er. »Doch was meinst du zu Folgendem, Sokrates? Muss man im Staat nicht gute Ärzte haben? Das aber wären doch wohl am ehesten jene, die [d] möglichst viele Gesunde und möglichst viele Kranke unter ihren Händen gehabt haben, wie auch bei den Richtern diejenigen die besten sind, die mit allen möglichen Typen zu tun hatten.«

»Gewiss«, entgegnete ich, »auch ich glaube, dass der Staat gute Ärzte braucht. Aber weißt du, welche ich damit meine?«

»Wenn du es mir sagst«, antwortete er.

»Ich will es versuchen«, sagte ich. »Du hast allerdings nach zwei verschiedenen Dingen gefragt.«

»Wieso?«, fragte er.

Ἰατροὶ μέν, εἶπον, δεινότατοι ἂν γένοιντο, εἰ ἐκ παίδων ἀρξάμενοι πρὸς τῷ μανθάνειν τὴν τέχνην ὡς πλείστοις τε καὶ πονηροτάτοις σώμασιν ὁμιλήσειαν καὶ αὐτοὶ πάσας [e] νόσους κάμοιεν καὶ εἶεν μὴ πάνυ ὑγιεινοὶ φύσει. οὐ γὰρ οἶμαι σώματι σῶμα θεραπεύουσιν – οὐ γὰρ ἂν αὐτὰ ἐνεχώρει κακὰ εἶναί ποτε καὶ γενέσθαι – ἀλλὰ ψυχῇ σῶμα, ᾗ οὐκ ἐγχωρεῖ κακὴν γενομένην τε καὶ οὖσαν εὖ τι θεραπεύειν.

Ὀρθῶς, ἔφη.

[409a] Δικαστὴς δέ γε, ὦ φίλε, ψυχῇ ψυχῆς ἄρχει, ᾗ οὐκ ἐγχωρεῖ ἐκ νέας ἐν πονηραῖς ψυχαῖς τεθράφθαι τε καὶ ὡμιληκέναι καὶ πάντα ἀδικήματα αὐτὴν ἠδικηκυῖαν διεξεληλυθέναι, ὥστε ὀξέως ἀφ᾽ αὑτῆς τεκμαίρεσθαι τὰ τῶν ἄλλων ἀδικήματα οἷον κατὰ σῶμα νόσους· ἀλλ᾽ ἄπειρον αὐτὴν καὶ ἀκέραιον δεῖ κακῶν ἠθῶν νέαν οὖσαν γεγονέναι, εἰ μέλλει καλὴ κἀγαθὴ οὖσα κρινεῖν ὑγιῶς τὰ δίκαια. διὸ δὴ καὶ εὐήθεις νέοι ὄντες οἱ ἐπιεικεῖς φαίνονται καὶ εὐεξαπάτητοι [b] ὑπὸ τῶν ἀδίκων, ἅτε οὐκ ἔχοντες ἐν ἑαυτοῖς παραδείγματα ὁμοιοπαθῆ τοῖς πονηροῖς.

Καὶ μὲν δή, ἔφη, σφόδρα γε αὐτὸ πάσχουσι.

Τῷ τοι, ἦν δ᾽ ἐγώ, οὐ νέον ἀλλὰ γέροντα δεῖ τὸν ἀγαθὸν δικαστὴν εἶναι, ὀψιμαθῆ γεγονότα τῆς ἀδικίας οἷόν ἐστιν, οὐκ οἰκείαν ἐν τῇ αὑτοῦ ψυχῇ ἐνοῦσαν ᾐσθημένον, ἀλλ᾽ ἀλλοτρίαν ἐν ἀλλοτρίαις μεμελετηκότα ἐν πολλῷ χρόνῳ διαισθάνεσθαι οἷον πέφυκε κακόν, ἐπιστήμῃ, οὐκ [c] ἐμπειρίᾳ οἰκείᾳ κεχρημένον.

Γενναιότατος γοῦν, ἔφη, ἔοικεν εἶναι ὁ τοιοῦτος δικαστής.

Καὶ ἀγαθός γε, ἦν δ᾽ ἐγώ, ὃ σὺ ἠρώτας· ὁ γὰρ ἔχων ψυχὴν ἀγα-

»Zu einem tüchtigen Arzt«, antwortete ich, »wird man, wenn man sich von Kindheit an neben dem Erlernen der Heilkunst mit möglichst vielen Schwerkranken abgibt, auch selbst alle [e] Krankheiten durchgemacht hat und von Natur aus nicht besonders gesund ist. Denn man heilt ja, glaube ich, den Körper nicht mit dem Körper, der[122] ja dann nicht krank sein noch werden dürfte, sondern mit der Seele; diese kann freilich nicht gut etwas heilen, wenn man zulässt, dass sie schlecht wird oder ist.«

»Richtig«, sagte er.

[409a] »Der Richter hingegen, mein Freund, herrscht mit der Seele über Seelen;[123] diese darf aber nicht von klein auf unter schlechten Seelen herangewachsen sein und mit schlechten Seelen Umgang gehabt haben, noch alle Verbrechen selbst begangen und durchgemacht haben, so dass sie aus eigener Erfahrung die Verbrechen der anderen schnell[124] beurteilen kann, wie der Arzt vom eigenen Körper her die Krankheiten. Vielmehr muss sie in ihrer Jugend von schlechten Sitten unberührt und rein sein, wenn sie selbst, gut und edel, ein gesundes Urteilsvermögen für das Gerechte haben soll. Daher hat es auch den Anschein, dass die Anständigen in ihrer Jugend einfältig sind und sich von den Ungerechten leicht betrügen lassen, [b] weil sie ja in sich keine Muster für das Böse haben.«

»Ja, gerade so ergeht es ihnen«, sagte er.

»Daher soll ein guter Richter nicht jung, sondern alt sein; er soll erst spät erfahren haben, was Ungerechtigkeit eigentlich ist, die er nicht als etwas Eigenes, seiner Seele Innewohnendes erfährt, sondern als etwas Fremdes an anderen lange Zeit sorgfältig beobachtet und so die Erkenntnis gewonnen hat, was das Wesen des Bösen ist, freilich ohne deshalb eine [c] persönliche Erfahrung damit gemacht zu haben.«

»Ein solcher Richter«, erwiderte er, »scheint von edelster Gesinnung zu sein.«

»Er ist auch gut«, fuhr ich fort. »Nach einem solchen hast du

θὴν ἀγαθός. ὁ δὲ δεινὸς ἐκεῖνος καὶ καχύποπτος, ὁ πολλὰ αὐτὸς ἠδικηκὼς καὶ πανοῦργός τε καὶ σοφὸς οἰόμενος εἶναι, ὅταν μὲν ὁμοίοις ὁμιλῇ, δεινὸς φαίνεται ἐξευλαβούμενος, πρὸς τὰ ἐν αὑτῷ παραδείγματα ἀποσκοπῶν· ὅταν δὲ ἀγαθοῖς καὶ πρεσβυτέροις ἤδη πλησιάσῃ, ἀβέλτερος [d] αὖ φαίνεται, ἀπιστῶν παρὰ καιρὸν καὶ ἀγνοῶν ὑγιὲς ἦθος, ἅτε οὐκ ἔχων παράδειγμα τοῦ τοιούτου. πλεονάκις δὲ πονηροῖς ἢ χρηστοῖς ἐντυγχάνων σοφώτερος ἢ ἀμαθέστερος δοκεῖ εἶναι αὑτῷ τε καὶ ἄλλοις.

Παντάπασι μὲν οὖν, ἔφη, ἀληθῆ.

17 Οὐ τοίνυν, ἦν δ᾽ ἐγώ, τοιοῦτον χρὴ τὸν δικαστὴν ζητεῖν τὸν ἀγαθόν τε καὶ σοφόν, ἀλλὰ τὸν πρότερον· πονηρία μὲν γὰρ ἀρετήν τε καὶ αὑτὴν οὔποτ᾽ ἂν γνοίη, ἀρετὴ δὲ φύσεως παιδευομένης χρόνῳ ἅμα αὑτῆς τε καὶ πονηρίας ἐπιστήμην [e] λήψεται. σοφὸς οὖν οὗτος, ὥς μοι δοκεῖ, ἀλλ᾽ οὐχ ὁ κακὸς γίγνεται.

Καὶ ἐμοί, ἔφη, συνδοκεῖ.

Οὐκοῦν καὶ ἰατρικήν, οἵαν εἴπομεν, μετὰ τῆς τοιαύτης δικαστικῆς κατὰ πόλιν νομοθετήσεις, αἳ τῶν πολιτῶν σοι [410a] τοὺς μὲν εὐφυεῖς τὰ σώματα καὶ τὰς ψυχὰς θεραπεύσουσι, τοὺς δὲ μή, ὅσοι μὲν κατὰ σῶμα τοιοῦτοι, ἀποθνῄσκειν ἐάσουσιν, τοὺς δὲ κατὰ τὴν ψυχὴν κακοφυεῖς καὶ ἀνιάτους αὐτοὶ ἀποκτενοῦσιν;

Τὸ γοῦν ἄριστον, ἔφη, αὐτοῖς τε τοῖς πάσχουσιν καὶ τῇ πόλει οὕτω πέφανται.

Οἱ δὲ δὴ νέοι, ἦν δ᾽ ἐγώ, δῆλον ὅτι εὐλαβήσονταί σοι δικαστι-

ja gefragt. Denn wer eine gute Seele hat, ist auch gut. Doch jener andere, der durchtrieben und argwöhnisch ist, der selbst viel Unrecht begangen hat und glaubt, schlau und klug zu sein, der zeigt sich im Verkehr mit seinesgleichen durchtrieben und vorsichtig, weil er immer ihr Muster vor seinem inneren Auge hat. Sobald er aber mit edlen und schon älteren Menschen näher Kontakt hat, erweckt er einen recht ungeschickten Eindruck; [d] denn er ist zur Unzeit misstrauisch und weiß nicht, was ein unverdorbener Charakter ist, weil er in sich davon kein Muster hat. Da er aber häufiger mit schlechten als mit guten Menschen zusammentrifft, kommt er sich und den anderen eher weise als töricht vor.«

»Das ist durchaus richtig«, sagte er.

17 »So einer«, fuhr ich fort, »ist nicht der gute und weise Richter, den wir suchen müssen, vielmehr ist es der vorher Beschriebene. Denn Schlechtigkeit könnte nie Tugend und sich selbst erkennen, die Tugend hingegen wird bei richtiger Erziehung der natürlichen Anlagen mit der Zeit zur Erkenntnis ihrer selbst und zugleich der Schlechtigkeit[125] gelangen. [e] Weise wird, wie ich meine, nur ein solcher Mensch, niemals ein schlechter.«

»Da bin ich ganz deiner Meinung«, sagte er.

»Also wirst du nebst einer derartigen Rechtspflege auch eine Heilkunst, wie besprochen, in unseren Staat per Gesetz einführen? Beide sollen sich der Bürger, [410a] die an Leib und Seele wohlgeraten sind, annehmen, der anderen aber nicht. Wer körperlich nicht wohlgeraten ist, den sollen sie sterben lassen, wer seelisch missraten und unheilbar ist, den sollen sie sogar töten.«[126]

»So ist es offensichtlich am besten für sie«, sagte er, »sowohl für die Betroffenen als auch für den Staat.«

»Die Jungen«, fuhr ich fort, »werden sich klarerweise hüten, die Gerichte in Anspruch zu nehmen, wenn sie jene einfache

κῆς εἰς χρείαν ἰέναι, τῇ ἁπλῇ ἐκείνῃ μουσικῇ χρώμενοι ἣν δὴ ἔφαμεν σωφροσύνην ἐντίκτειν.

Τί μήν; ἔφη.

[b] Ἆρ᾽ οὖν οὐ κατὰ ταὐτὰ ἴχνη ταῦτα ὁ μουσικὸς γυμναστικὴν διώκων, ἐὰν ἐθέλῃ, αἱρήσει, ὥστε μηδὲν ἰατρικῆς δεῖσθαι ὅτι μὴ ἀνάγκη;

Ἔμοιγε δοκεῖ.

Αὐτά γε μὴν τὰ γυμνάσια καὶ τοὺς πόνους πρὸς τὸ θυμοειδὲς τῆς φύσεως βλέπων κἀκεῖνο ἐγείρων πονήσει μᾶλλον ἢ πρὸς ἰσχύν, οὐχ ὥσπερ οἱ ἄλλοι ἀθληταὶ ῥώμης ἕνεκα σιτία καὶ πόνους μεταχειριεῖται.

Ὀρθότατα, ἦ δ᾽ ὅς.

Ἆρ᾽ οὖν, ἦν δ᾽ ἐγώ, ὦ Γλαύκων, καὶ οἱ καθιστάντες [c] μουσικῇ καὶ γυμναστικῇ παιδεύειν οὐχ οὗ ἕνεκά τινες οἴονται καθιστᾶσιν, ἵνα τῇ μὲν τὸ σῶμα θεραπεύοιντο, τῇ δὲ τὴν ψυχήν;

Ἀλλὰ τί μήν; ἔφη.

Κινδυνεύουσιν, ἦν δ᾽ ἐγώ, ἀμφότερα τῆς ψυχῆς ἕνεκα τὸ μέγιστον καθιστάναι.

Πῶς δή;

Οὐκ ἐννοεῖς, εἶπον, ὡς διατίθενται αὐτὴν τὴν διάνοιαν οἳ ἂν γυμναστικῇ μὲν διὰ βίου ὁμιλήσωσιν, μουσικῆς δὲ μὴ ἅψωνται; ἢ αὖ ὅσοι ἂν τοὐναντίον διατεθῶσιν;

Τίνος δέ, ἦ δ᾽ ὅς, πέρι λέγεις;

[d] Ἀγριότητός τε καὶ σκληρότητος, καὶ αὖ μαλακίας τε καὶ ἡμερότητος, ἦν δ᾽ ἐγώ –

Ἔγωγε, ἔφη· ὅτι οἱ μὲν γυμναστικῇ ἀκράτῳ χρησάμενοι ἀγριώτεροι τοῦ δέοντος ἀποβαίνουσιν, οἱ δὲ μουσικῇ μαλακώτεροι αὖ γίγνονται ἢ ὡς κάλλιον αὐτοῖς.

musische Bildung erfahren, die, wie wir sagten, Besonnenheit erzeugt.«

»Allerdings«, sagte er.

[b] »Wird nicht der musisch Gebildete, der auf denselben Spuren der Gymnastik nachgeht, wenn er nur will, erreichen, dass er die Heilkunst nicht braucht, außer im Notfall?«

»Ich glaube schon.«

»Die gymnastischen Übungen und Anstrengungen wird er eher im Hinblick auf das Muthafte seiner Natur und dessen Erweckung auf sich nehmen als wegen der Körperkraft, nicht so also wie die Athleten sonst, die ihre Ernährung und Übungen ganz auf ihre Muskelkraft abstimmen.«

»Ganz richtig«, sagte er.

»Wer nun, mein lieber Glaukon«, bemerkte ich, »bei der Erziehung ganz auf die [c] musische und gymnastische Bildung setzt, tut der es, wie manche glauben, deswegen, damit durch die eine der Körper, durch die andere aber die Seele ausgebildet wird?«

»Warum denn sonst?«, sagte er.

»Wahrscheinlich tun sie beides vor allem wegen der Seele«, erwiderte ich.

»Wie das?«

»Merkst du nicht«, entgegnete ich, »wie es um den Geisteszustand derjenigen bestellt ist, die sich ihr ganzes Leben lang nur mit Gymnastik beschäftigen, aber mit musischer Bildung nichts zu tun haben? Oder wie ist es bei jenen, bei denen das Umgekehrte der Fall ist?«

»In welcher Beziehung meinst du?«, fragte er.

[d] »In Beziehung auf Rohheit und Härte, und andererseits auf Schlaffheit und Sanftmut«, antwortete ich.

»Freilich«, erwiderte er, »wer sich ausschließlich der Gymnastik hingibt, wird über die Maßen roh, bei der musischen Bildung wird er wieder schlaffer, als für ihn gut ist.«[127]

Καὶ μήν, ἦν δ᾽ ἐγώ, τό γε ἄγριον τὸ θυμοειδὲς ἂν τῆς φύσεως παρέχοιτο, καὶ ὀρθῶς μὲν τραφὲν ἀνδρεῖον ἂν εἴη, μᾶλλον δ᾽ ἐπιταθὲν τοῦ δέοντος σκληρόν τε καὶ χαλεπὸν γίγνοιτ᾽ ἄν, ὡς τὸ εἰκός.

Δοκεῖ μοι, ἔφη.

[e] Τί δέ; τὸ ἥμερον οὐχ ἡ φιλόσοφος ἂν ἔχοι φύσις, καὶ μᾶλλον μὲν ἀνεθέντος αὐτοῦ μαλακώτερον εἴη τοῦ δέοντος, καλῶς δὲ τραφέντος ἥμερόν τε καὶ κόσμιον;

Ἔστι ταῦτα.

Δεῖν δέ γέ φαμεν τοὺς φύλακας ἀμφοτέρα ἔχειν τούτω τὼ φύσει.

Δεῖ γάρ.

Οὐκοῦν ἡρμόσθαι δεῖ αὐτὰς πρὸς ἀλλήλας;

Πῶς δ᾽ οὔ;

Καὶ τοῦ μὲν ἡρμοσμένου σώφρων τε καὶ ἀνδρεία ἡ [411a] ψυχή;

Πάνυ γε.

Τοῦ δὲ ἀναρμόστου δειλὴ καὶ ἄγροικος;

Καὶ μάλα.

18 Οὐκοῦν ὅταν μέν τις μουσικῇ παρέχῃ καταυλεῖν καὶ καταχεῖν τῆς ψυχῆς διὰ τῶν ὤτων ὥσπερ διὰ χώνης ἃς νυνδὴ ἡμεῖς ἐλέγομεν τὰς γλυκείας τε καὶ μαλακὰς καὶ θρηνώδεις ἁρμονίας, καὶ μινυρίζων τε καὶ γεγανωμένος ὑπὸ τῆς ᾠδῆς διατελῇ τὸν βίον ὅλον, οὗτος τὸ μὲν πρῶτον, εἴ τι θυμοειδὲς εἶχεν, ὥσπερ σίδηρον ἐμάλαξεν καὶ χρήσιμον [b] ἐξ ἀχρήστου καὶ σκληροῦ ἐποίησεν· ὅταν δ᾽ ἐπέχων μὴ ἀνιῇ ἀλλὰ κηλῇ, τὸ δὴ μετὰ τοῦτο ἤδη τήκει καὶ λείβει,

»Und doch«, fuhr ich fort, »würde diese Rohheit den natürlichen Mut gewährleisten, was bei richtiger Erziehung ja Tapferkeit wäre; wird sie jedoch überzogen,[128] also mehr als notwendig, dann kommt es wahrscheinlich zu Härte und Grausamkeit.«

»Das scheint mir auch so«, sagte er.

[e] »Wie nun, liegt die Milde nicht in jeder philosophischen Natur? Lässt man aber nach, wird sie nur allzu weichlich, mehr als sie es sein sollte, bei guter Erziehung aber sanft und maßvoll.«

»So ist es.«

»Wir sagen aber, dass unsere Wächter diese beiden Naturanlagen in sich vereinigen müssen.«[129]

»Das müssen sie.«

»Also müssen sie harmonisch aufeinander abgestimmt sein?«

»Natürlich.«

»Wenn das der Fall ist, dann ist die Seele eines solchen Menschen besonnen und tapfer?«

[411a] »Gewiss.«

»Ist das nicht der Fall, dann ist sie feige und roh?«

»Ja.«

18 »Wenn nun jemand der Musenkunst gestattet, dass sie ihn mit Flötenklängen betört und seiner Seele durch die Ohren wie durch einen Trichter die süßen, weichlichen und klagenden Harmonien, von denen wir zuvor gesprochen haben,[130] einflößt, und wenn er dann sein ganzes Leben klagend und verzückt von dem Gesang verbringt, dann hat er fürs Erste das Mutvolle, soweit er es in sich hatte, wie ein Eisen erweicht und aus etwas Unbrauchbarem und Hartem etwas Brauchbares [b] gemacht; fährt er aber unablässig damit fort und lässt sich weiter von der Musik berauschen, dann bringt er bald darauf das Mutvolle zum Schmelzen und Zerfließen, bis er schließlich allen Mut herausgeschmolzen und damit gleichsam die Sehnen

ἕως ἂν ἐκτήξῃ τὸν θυμὸν καὶ ἐκτέμῃ ὥσπερ νεῦρα ἐκ τῆς ψυχῆς καὶ ποιήσῃ »μαλθακὸν αἰχμητήν«.

Πάνυ μὲν οὖν, ἔφη.

Καὶ ἐὰν μέν γε, ἦν δ᾽ ἐγώ, ἐξ ἀρχῆς φύσει ἄθυμον λάβῃ, ταχὺ τοῦτο διεπράξατο· ἐὰν δὲ θυμοειδῆ, ἀσθενῆ ποιήσας τὸν θυμὸν ὀξύρροπον ἀπηργάσατο, ἀπὸ σμικρῶν ταχὺ ἐρεθιζόμενόν [c] τε καὶ κατασβεννύμενον. ἀκράχολοι οὖν καὶ ὀργίλοι ἀντὶ θυμοειδοῦς γεγένηνται, δυσκολίας ἔμπλεῳ.

Κομιδῇ μὲν οὖν.

Τί δὲ ἂν αὖ γυμναστικῇ πολλὰ πονῇ καὶ εὐωχῆται εὖ μάλα, μουσικῆς δὲ καὶ φιλοσοφίας μὴ ἅπτηται; οὐ πρῶτον μὲν εὖ ἴσχων τὸ σῶμα φρονήματός τε καὶ θυμοῦ ἐμπίμπλαται καὶ ἀνδρειότερος γίγνεται αὐτὸς αὑτοῦ;

Καὶ μάλα γε.

Τί δὲ ἐπειδὰν ἄλλο μηδὲν πράττῃ μηδὲ κοινωνῇ Μούσης [d] μηδαμῇ; οὐκ εἴ τι καὶ ἐνῆν αὐτοῦ φιλομαθὲς ἐν τῇ ψυχῇ, ἅτε οὔτε μαθήματος γευόμενον οὐδενὸς οὔτε ζητήματος, οὔτε λόγου μετίσχον οὔτε τῆς ἄλλης μουσικῆς, ἀσθενές τε καὶ κωφὸν καὶ τυφλὸν γίγνεται, ἅτε οὐκ ἐγειρόμενον οὐδὲ τρεφόμενον οὐδὲ διακαθαιρομένων τῶν αἰσθήσεων αὐτοῦ;

Οὕτως, ἔφη.

Μισόλογος δὴ οἶμαι ὁ τοιοῦτος γίγνεται καὶ ἄμουσος, καὶ πειθοῖ μὲν διὰ λόγων οὐδὲν ἔτι χρῆται, βίᾳ δὲ καὶ [e] ἀγριότητι ὥσπερ θηρίον πρὸς πάντα διαπράττεται, καὶ ἐν ἀμαθίᾳ καὶ σκαιότητι μετὰ ἀρρυθμίας τε καὶ ἀχαριστίας ζῇ.

Παντάπασιν, ἦ δ᾽ ὅς, οὕτως ἔχει.

Ἐπὶ δὴ δύ᾽ ὄντε τούτω, ὡς ἔοικε, δύο τέχνα θεὸν ἔγωγ᾽ ἄν τινα φαίην δεδωκέναι τοῖς ἀνθρώποις, μουσικήν τε καὶ γυμναστικὴν

aus der Seele geschnitten und sich zu einem ›verweichlichten Kämpfer‹[131] gemacht hat.«

»Ja, freilich«, sagte er.

»War er nun«, so setzte ich fort, »von Anfang an eine mutlose Natur, so hat er das bald erreicht. Hatte er aber eine mutvolle Natur, so schwächt er seinen Mut und macht ihn überempfindlich, so dass er schon beim geringsten Anlass schnell aufbraust, [c] sich aber auch schnell wieder beruhigt. Statt mutig werden solche Leute heftig und jähzornig, durch und durch unwirsch.«

»Genau so ist es.«

»Wie aber, wenn er sich ganz der Gymnastik hingibt und so richtig darin schwelgt, mit Musik aber und Philosophie nichts zu tun haben will? Wird er dann nicht zunächst in guter körperlicher Verfassung sein, von Selbstvertrauen und Mut strotzen und sich selbst an Tapferkeit übertreffen?«

»Ganz recht.«

»Wie nun, wenn er dann nichts anderes treibt und mit der Muse nichts zu tun haben will? [d] Wenn auch in seiner Seele das Verlangen nach Bildung wohnte, wird dieses dann nicht schwach, taub und blind werden, weil es weder mit Wissenschaft und Forschung in Berührung kam, noch an einem ernsten Gespräch oder sonst einer musischen Bildung Anteil hatte, und weil dieses Verlangen nie geweckt und genährt wurde und seine Empfindungen nicht verfeinert wurden?«

»So ist es«, sagte er.

»Ein solcher Mensch wird, glaube ich, ein Feind des Geistes[132] und der Bildung; er überzeugt nicht mehr mit Worten, sondern setzt alles, [e] wie ein wildes Tier, mit roher Gewalt durch und lebt unwissend und unbeholfen, ohne Ebenmaß und ohne Anmut.«

»Genau so ist es«, sagte er.

»Für diese beiden, so möchte ich sagen, für das Muthafte und für das Philosophische, hat ein Gott dem Menschen zwei

ἐπὶ τὸ θυμοειδὲς καὶ τὸ φιλόσοφον, οὐκ ἐπὶ ψυχὴν καὶ σῶμα, εἰ μὴ εἰ πάρεργον, ἀλλ᾽ ἐπ᾽ ἐκείνω, ὅπως [412a] ἂν ἀλλήλοιν συναρμοσθῆτον ἐπιτεινομένω καὶ ἀνιεμένω μέχρι τοῦ προσήκοντος.

Καὶ γὰρ ἔοικεν, ἔφη.

Τὸν κάλλιστ᾽ ἄρα μουσικῇ γυμναστικὴν κεραννύντα καὶ μετριώτατα τῇ ψυχῇ προσφέροντα, τοῦτον ὀρθότατ᾽ ἂν φαῖμεν εἶναι τελέως μουσικώτατον καὶ εὐαρμοστότατον, πολὺ μᾶλλον ἢ τὸν τὰς χορδὰς ἀλλήλαις συνιστάντα.

Εἰκότως γ᾽, ἔφη, ὦ Σώκρατες.

Οὐκοῦν καὶ ἐν τῇ πόλει ἡμῖν, ὦ Γλαύκων, δεήσει τοῦ τοιούτου τινὸς ἀεὶ ἐπιστάτου, εἰ μέλλει ἡ πολιτεία σῴζεσθαι;

[b] Δεήσει μέντοι ὡς οἷόν τέ γε μάλιστα.

19 Οἱ μὲν δὴ τύποι τῆς παιδείας τε καὶ τροφῆς οὗτοι ἂν εἶεν. χορείας γὰρ τί ἄν τις διεξίοι τῶν τοιούτων καὶ θήρας τε καὶ κυνηγέσια καὶ γυμνικοὺς ἀγῶνας καὶ ἱππικούς; σχεδὸν γάρ τι δῆλα δὴ ὅτι τούτοις ἑπόμενα δεῖ αὐτὰ εἶναι, καὶ οὐκέτι χαλεπὰ εὑρεῖν.

Ἴσως, ἦ δ᾽ ὅς, οὐ χαλεπά.

Εἶεν, ἦν δ᾽ ἐγώ· τὸ δὴ μετὰ τοῦτο τί ἂν ἡμῖν διαιρετέον εἴη; ἆρ᾽ οὐκ αὐτῶν τούτων οἵτινες ἄρξουσί τε καὶ ἄρξονται;

[c] Τί μήν;

Οὐκοῦν ὅτι μὲν πρεσβυτέρους τοὺς ἄρχοντας δεῖ εἶναι, νεωτέρους δὲ τοὺς ἀρχομένους, δῆλον;

Δῆλον.

Καὶ ὅτι γε τοὺς ἀρίστους αὐτῶν;

Καὶ τοῦτο.

Künste verliehen, nämlich die Musik und die Gymnastik, nicht aber die eine für die Bildung der Seele und die andere für die Ausbildung des Körpers – das nur nebenbei –, sondern für beide gemeinsam, damit sie [412a] durch Anspannen und Nachlassen aufeinander abgestimmt werden bis zur passenden Harmonie.«

»Das glaube ich auch«, sagte er.

»Wer also Gymnastik mit der Musik am besten miteinander verbindet und im richtigen Maß der Seele zuführt, von dem könnten wir wohl mit vollstem Recht sagen, dass er ein vollkommen gebildeter und harmonischer[133] Mensch sei, weit mehr als einer, der nur die Saiten aufeinander abstimmt.«

»Natürlich, mein Sokrates«, erwiderte er.

»Demnach werden wir, mein Glaukon, in unserem Staat einen solchen Mann als Vorsteher brauchen,[134] wenn die Verfassung Bestand haben soll?«

[b] »Ein solcher wird dringend notwendig sein.«

19 »Das also dürften die Grundsätze für Bildung und Erziehung sein. Wozu sollte man noch von den Reigentänzen dieser Jugend sprechen und von der Jagd und den Tierhetzen, von ihren Wettkämpfen zu Fuß und zu Pferd? Es ist klar, dass sie diesen Grundsätzen folgen müssen; daher ist es nicht schwer herauszufinden, wie sie sein sollen.«

»Vermutlich nicht«, bemerkte er.

»Gut!«, sagte ich. »Was müssen wir jetzt noch klären? Doch wohl die Frage, wer von ihnen[135] Herrscher und wer Untergebener sein soll?«

[c] »Gewiss.«

»Ist nicht klar, dass die Herrscher älter sein müssen,[136] die Untergebenen aber jünger?«

»Das ist klar.«

»Und dass es nur die Besten unter ihnen sein sollen?«

»Auch das ist klar.«

Οἱ δὲ γεωργῶν ἄριστοι ἆρ᾽ οὐ γεωργικώτατοι γίγνονται;

Ναί.

Νῦν δ᾽, ἐπειδὴ φυλάκων αὐτοὺς ἀρίστους δεῖ εἶναι, ἆρ᾽ οὐ φυλακικωτάτους πόλεως;

Ναί.

Οὐκοῦν φρονίμους τε εἰς τοῦτο δεῖ ὑπάρχειν καὶ δυνατοὺς καὶ ἔτι κηδεμόνας τῆς πόλεως;

[d] Ἔστι ταῦτα.

Κήδοιτο δέ γ᾽ ἄν τις μάλιστα τούτου ὃ τυγχάνοι φιλῶν.

Ἀνάγκη.

Καὶ μὴν τοῦτό γ᾽ ἂν μάλιστα φιλοῖ, ᾧ συμφέρειν ἡγοῖτο τὰ αὐτὰ καὶ ἑαυτῷ καὶ [ὅταν μάλιστα] ἐκείνου μὲν εὖ πράττοντος οἴοιτο συμβαίνειν καὶ ἑαυτῷ εὖ πράττειν, μὴ δέ, τοὐναντίον.

Οὕτως, ἔφη.

Ἐκλεκτέον ἄρ᾽ ἐκ τῶν ἄλλων φυλάκων τοιούτους ἄνδρας, οἳ ἂν σκοποῦσιν ἡμῖν μάλιστα φαίνωνται παρὰ πάντα τὸν [e] βίον, ὃ μὲν ἂν τῇ πόλει ἡγήσωνται συμφέρειν, πάσῃ προθυμίᾳ ποιεῖν, ὃ δ᾽ ἂν μή, μηδενὶ τρόπῳ πρᾶξαι ἂν ἐθέλειν.

Ἐπιτήδειοι γάρ, ἔφη.

Δοκεῖ δή μοι τηρητέον αὐτοὺς εἶναι ἐν ἁπάσαις ταῖς ἡλικίαις, εἰ φυλακικοί εἰσι τούτου τοῦ δόγματος καὶ μήτε γοητευόμενοι μήτε βιαζόμενοι ἐκβάλλουσιν ἐπιλανθανόμενοι δόξαν τὴν τοῦ ποιεῖν δεῖν ἃ τῇ πόλει βέλτιστα.

Τίνα, ἔφη, λέγεις τὴν ἐκβολήν;

Ἐγώ σοι, ἔφην, ἐρῶ. φαίνεταί μοι δόξα ἐξιέναι ἐκ διανοίας ἢ ἑκουσίως ἢ ἀκουσίως, ἑκουσίως μὲν ἡ ψευδὴς [413a] τοῦ μεταμανθάνοντος, ἀκουσίως δὲ πᾶσα ἡ ἀληθής.

»Sind nicht die besten Bauern jene, die vom Ackerbau am meisten verstehen?«

»Ja.«

»Da nun die besten Wächter Herrscher sein sollen, sind es dann nicht jene, die den Staat am besten bewachen können?«

»Ja.«

»Müssen sie dazu nicht Einsicht haben, fähig sein und dazu noch Verantwortungsbewusstsein[137] haben für den Staat?«

[d] »So ist es.«

»Verantwortlich fühlt man sich doch vor allem für das, was man liebt?«

»Zwangsläufig.«

»Am meisten lieben wir doch das, von dem wir annehmen, sein Vorteil sei auch unser Vorteil, und glauben, sein Wohlergehen gehe Hand in Hand mit dem unseren, ebenso wie umgekehrt.«

»So ist es«, erwiderte er.

»Wir müssen also unter allen Wächtern diejenigen Männer auswählen, bei denen wir beobachten, dass sie offensichtlich ihr ganzes Leben lang [e] mit allem Eifer tun, was ihrer Meinung nach für den Staat vorteilhaft ist, aber nie bereit sind, zu seinem Nachteil zu handeln.«

»Ja, das sind die Geeigneten«, sagte er.

»Ich meine also, wir müssen sie in jedem Lebensalter beobachten, ob sie an diesem Grundsatz festhalten und sich nicht betören oder zwingen lassen, den Glauben, dass man das Beste für den Staat tun müsse, zu vergessen und über Bord zu werfen.«

»Wie meinst du das mit dem Überbordwerfen?«, fragte er.

»Das will ich dir sagen«, antwortete ich. »Eine Meinung entschwindet unserem Denken entweder freiwillig oder unfreiwillig; freiwillig eine falsche Meinung, [413a] wenn wir sie als solche erkannt haben, unfreiwillig dagegen jede richtige.«

Τὸ μὲν τῆς ἑκουσίου, ἔφη, μανθάνω, τὸ δὲ τῆς ἀκουσίου δέομαι μαθεῖν.

Τί δέ; οὐ καὶ σὺ ἡγῇ, ἔφην ἐγώ, τῶν μὲν ἀγαθῶν ἀκουσίως στέρεσθαι τοὺς ἀνθρώπους, τῶν δὲ κακῶν ἑκουσίως; ἢ οὐ τὸ μὲν ἐψεῦσθαι τῆς ἀληθείας κακόν, τὸ δὲ ἀληθεύειν ἀγαθόν; ἢ οὐ τὸ τὰ ὄντα δοξάζειν ἀληθεύειν δοκεῖ σοι εἶναι;

Ἀλλ᾽, ἦ δ᾽ ὅς, ὀρθῶς λέγεις, καί μοι δοκοῦσιν ἄκοντες ἀληθοῦς δόξης στερίσκεσθαι.

[b] Οὐκοῦν κλαπέντες ἢ γοητευθέντες ἢ βιασθέντες τοῦτο πάσχουσιν;

Οὐδὲ νῦν, ἔφη, μανθάνω.

Τραγικῶς, ἦν δ᾽ ἐγώ, κινδυνεύω λέγειν. κλαπέντας μὲν γὰρ τοὺς μεταπεισθέντας λέγω καὶ τοὺς ἐπιλανθανομένους, ὅτι τῶν μὲν χρόνος, τῶν δὲ λόγος ἐξαιρούμενος λανθάνει· νῦν γάρ που μανθάνεις;

Ναί.

Τοὺς τοίνυν βιασθέντας λέγω οὓς ἂν ὀδύνη τις ἢ ἀλγηδὼν μεταδοξάσαι ποιήσῃ.

Καὶ τοῦτ᾽, ἔφη, ἔμαθον, καὶ ὀρθῶς λέγεις.

[c] Τοὺς μὴν γοητευθέντας, ὡς ἐγῷμαι, κἂν σὺ φαίης εἶναι οἳ ἂν μεταδοξάσωσιν ἢ ὑφ᾽ ἡδονῆς κηληθέντες ἢ ὑπὸ φόβου τι δείσαντες.

Ἔοικε γάρ, ἦ δ᾽ ὅς, γοητεύειν πάντα ὅσα ἀπατᾷ.

20 Ὃ τοίνυν ἄρτι ἔλεγον, ζητητέον τίνες ἄριστοι φύλακες τοῦ παρ᾽ αὑτοῖς δόγματος, τοῦτο ὡς ποιητέον ὃ ἂν τῇ πόλει ἀεὶ δοκῶ-

»Das Erstere verstehe ich, das Zweite möchte ich noch genauer erfahren.«

»Wieso?«, fragte ich. »Glaubst du nicht auch, dass die Menschen sich das Gute nur ungern wegnehmen lassen, das Schlechte aber gern? Oder ist es nicht ein Übel, sich in der Wahrheit zu täuschen, sie zu besitzen aber etwas Gutes? Oder meinst du nicht, die Wahrheit zu besitzen sei, zu glauben, was wirklich ist?«

»Da hast du recht«, antwortete er, »auch ich glaube, dass man sich von einer wahren Meinung nur gegen seinen Willen trennt.«

[b] »Das widerfährt einem nur, wenn man bestohlen, bezaubert oder gewaltsam dazu gezwungen wird, nicht wahr?«

»Auch das verstehe ich nicht«, sagte er.

»Ich fürchte, ich rede wie ein Tragödiendichter. Mit ›bestohlen‹ meine ich jene, die sich umstimmen lassen oder die etwas vergessen, weil den einen die Zeit, den anderen wieder Worte ihre Meinung raubten, ohne dass sie es merkten. Verstehst du es jetzt?«

»Ja.«

»Mit ›gewaltsam dazu gezwungen‹ meine ich die, die ein Schmerz oder ein Leid dazu brachte, ihre Meinung zu ändern.«

»Auch das habe ich jetzt verstanden«, sagte er, »und du hast recht damit.«

[c] »Als ›bezaubert‹ wirst wohl auch du, glaube ich, jene bezeichnen, die von Lust berückt oder von Furcht ergriffen ihre Meinung ändern.«

»Es scheint doch alles zu bezaubern, was einen täuscht«, entgegnete er.

20 »Man muss also, wie ich eben sagte, jene Männer suchen, die die besten Hüter ihrer Meinung sind, nämlich der, dass sie immer tun müssen, was ihrer Meinung nach das Beste für den

σι βέλτιστον εἶναι [αὐτοῖς ποιεῖν]. τηρητέον δὴ εὐθὺς ἐκ παίδων προθεμένοις ἔργα ἐν οἷς ἄν τις τὸ τοιοῦτον μάλιστα ἐπιλανθάνοιτο καὶ ἐξαπατῷτο, καὶ τὸν μὲν μνήμονα [d] καὶ δυσεξαπάτητον ἐγκριτέον, τὸν δὲ μὴ ἀποκριτέον. ἦ γάρ;

Ναί.

Καὶ πόνους γε αὖ καὶ ἀλγηδόνας καὶ ἀγῶνας αὐτοῖς θετέον, ἐν οἷς ταὐτὰ ταῦτα τηρητέον.

Ὀρθῶς, ἔφη.

Οὐκοῦν, ἦν δ᾽ ἐγώ, καὶ τρίτου εἴδους τούτοις γοητείας ἅμιλλαν ποιητέον, καὶ θεατέον – ὥσπερ τοὺς πώλους ἐπὶ τοὺς ψόφους τε καὶ θορύβους ἄγοντες σκοποῦσιν εἰ φοβεροί, οὕτω νέους ὄντας εἰς δείματ᾽ ἄττα κομιστέον καὶ εἰς ἡδονὰς [e] αὖ μεταβλητέον, βασανίζοντας πολὺ μᾶλλον ἢ χρυσὸν ἐν πυρί – εἰ δυσγοήτευτος καὶ εὐσχήμων ἐν πᾶσι φαίνεται, φύλαξ αὑτοῦ ὢν ἀγαθὸς καὶ μουσικῆς ἧς ἐμάνθανεν, εὔρυθμόν τε καὶ εὐάρμοστον ἑαυτὸν ἐν πᾶσι τούτοις παρέχων, οἷος δὴ ἂν ὢν καὶ ἑαυτῷ καὶ πόλει χρησιμώτατος εἴη. καὶ τὸν ἀεὶ ἔν τε παισὶ καὶ νεανίσκοις καὶ ἐν ἀνδράσι βασανιζόμενον [414a] καὶ ἀκήρατον ἐκβαίνοντα καταστατέον ἄρχοντα τῆς πόλεως καὶ φύλακα, καὶ τιμὰς δοτέον καὶ ζῶντι καὶ τελευτήσαντι, τάφων τε καὶ τῶν ἄλλων μνημείων μέγιστα γέρα λαγχάνοντα· τὸν δὲ μὴ τοιοῦτον ἀποκριτέον. τοιαύτη τις, ἦν δ᾽ ἐγώ, δοκεῖ μοι, ὦ Γλαύκων, ἡ ἐκλογὴ εἶναι καὶ κατάστασις τῶν ἀρχόντων τε καὶ φυλάκων, ὡς ἐν τύπῳ, μὴ δι᾽ ἀκριβείας, εἰρῆσθαι.

Καὶ ἐμοί, ἦ δ᾽ ὅς, οὕτως πῃ φαίνεται.

Staat ist. Man muss sie also von klein auf beobachten und ihnen Aufgaben geben, bei denen sie am ehesten diese Meinung vergessen und sich täuschen lassen könnten; wer sie nun nicht vergisst [d] und sich nicht täuschen lässt, den muss man auswählen, bei wem das aber nicht der Fall ist, den muss man aussondern. Nicht wahr?«

»Ja.«

»Man muss sie vor schwere Aufgaben stellen, ihnen Schmerzen und Wettkämpfe auferlegen und dabei immer auf dasselbe achten.«[138]

»Richtig«, sagte er.

»Auch für die dritte Art, die der Bezauberung, muss man sie auf die Probe stellen und sie dabei beobachten. Wie man junge Pferde an Lärm und Getöse heranführt und dabei beobachtet, ob sie schreckhaft sind, so muss man sie schon in ihrer Jugend in furchterregende Situationen bringen und ihnen dann [e] wieder zur Abwechslung sinnliches Vergnügen bereiten; so prüft man noch weit genauer, als man es mit Gold im Feuer tut, ob sich einer schwer betören lässt und in allen Situationen gute Haltung beweist, als guter Wächter seiner selbst und der Bildung, die er genossen hat, indem er überall zeigt, dass er über die gehörige Disposition und Harmonie verfügt, wie eben ein Mann, der sich selbst und dem Staat von größtem Nutzen ist. Wer als Knabe, als Jüngling und als Mann aus all diesen Prüfungen [414a] makellos hervorgeht, den muss man zum Herrscher und Wächter des Staates machen; man soll ihm zu Lebzeiten und nach seinem Tod Ehren erweisen, durch seine Grabstätte und sonstige Denkmäler soll er die höchste Auszeichnung erlangen. Wer aber nicht so ist, muss ausscheiden. So, mein lieber Glaukon«, schloss ich, »stelle ich mir die Auswahl und Einsetzung der Herrscher und Wächter vor, um es in groben Zügen, ohne ins Detail zu gehen, zu sagen.«

»Auch ich denke sie mir ungefähr so«, sagte er.

[b] Ἆρ᾽ οὖν ὡς ἀληθῶς ὀρθότατον καλεῖν τούτους μὲν φύλακας παντελεῖς τῶν τε ἔξωθεν πολεμίων τῶν τε ἐντὸς φιλίων, ὅπως οἱ μὲν μὴ βουλήσονται, οἱ δὲ μὴ δυνήσονται κακουργεῖν, τοὺς δὲ νέους, οὓς δὴ νῦν φύλακας ἐκαλοῦμεν, ἐπικούρους τε καὶ βοηθοὺς τοῖς τῶν ἀρχόντων δόγμασιν;

Ἔμοιγε δοκεῖ, ἔφη.

21 Τίς ἂν οὖν ἡμῖν, ἦν δ᾽ ἐγώ, μηχανὴ γένοιτο τῶν ψευδῶν τῶν ἐν δέοντι γιγνομένων, ὧν δὴ νῦν ἐλέγομεν, γενναῖόν [c] τι ἓν ψευδομένους πεῖσαι μάλιστα μὲν καὶ αὐτοὺς τοὺς ἄρχοντας, εἰ δὲ μή, τὴν ἄλλην πόλιν;

Ποῖόν τι; ἔφη.

Μηδὲν καινόν, ἦν δ᾽ ἐγώ, ἀλλὰ Φοινικικόν τι, πρότερον μὲν ἤδη πολλαχοῦ γεγονός, ὥς φασιν οἱ ποιηταὶ καὶ πεπείκασιν, ἐφ᾽ ἡμῶν δὲ οὐ γεγονὸς οὐδ᾽ οἶδα εἰ γενόμενον ἄν, πεῖσαι δὲ συχνῆς πειθοῦς.

Ὡς ἔοικας, ἔφη, ὀκνοῦντι λέγειν.

Δόξω δέ σοι, ἦν δ᾽ ἐγώ, καὶ μάλ᾽ εἰκότως ὀκνεῖν, ἐπειδὰν εἴπω.

Λέγ᾽, ἔφη, καὶ μὴ φοβοῦ.

[d] Λέγω δή – καίτοι οὐκ οἶδα ὁποίᾳ τόλμῃ ἢ ποίοις λόγοις χρώμενος ἐρῶ – καὶ ἐπιχειρήσω πρῶτον μὲν αὐτοὺς τοὺς ἄρχοντας πείθειν καὶ τοὺς στρατιώτας, ἔπειτα δὲ καὶ τὴν ἄλλην πόλιν, ὡς ἄρ᾽ ἃ ἡμεῖς αὐτοὺς ἐτρέφομέν τε καὶ ἐπαιδεύομεν, ὥσπερ ὀνείρατα ἐδόκουν ταῦτα πάντα πάσχειν τε καὶ γίγνεσθαι περὶ αὐτούς, ἦσαν δὲ τότε τῇ ἀληθείᾳ ὑπὸ γῆς ἐντὸς πλαττόμενοι καὶ τρεφόμενοι καὶ αὐτοὶ καὶ τὰ [e] ὅπλα αὐτῶν καὶ ἡ ἄλλη σκευὴ δημιουργου-

[b] »Wir nennen also diese in der Tat mit vollem Recht die vollkommenen Wächter gegenüber den auswärtigen Feinden und gegenüber den Freunden im Inneren, damit diese nicht Lust, jene aber nicht die Macht haben, Unheil anzurichten; die Jünglinge aber, die wir bisher Wächter genannt haben, wollen wir als Gehilfen und Vollstrecker für die Beschlüsse der Herrscher bezeichnen. Oder nicht?«

»Ich glaube auch«, sagte er.

21 »Welches Mittel«, fuhr ich fort, »haben wir nun, um einer Lüge in edler Absicht[139] – also einer von den notwendigen Lügen, von denen wir oben gesprochen haben[140] –, [c] wenn schon nicht beim Herrscher selbst, dann wenigstens beim übrigen Volk Glauben zu verschaffen?«

»Was für eine Lüge meinst du?«, fragte er.

»Nichts Neues«, antwortete ich, »sondern etwas aus Phönikien, das sich in früheren Zeiten schon mancherorts abgespielt hat, wie die Dichter glaubhaft berichten; zu unserer Zeit gab es so etwas nicht, und ich weiß nicht, ob es sich überhaupt zutragen könnte, wohl aber bedarf es großer Überzeugungskraft, es glaubhaft zu machen.«

»Du zögerst offenbar, davon zu reden«, sagte er.

»Mein Zögern wird dir nur allzu berechtigt scheinen, wenn du mich gehört hast«, erwiderte ich.

»Keine Angst, sprich nur«, sagte er.

[d] »So will ich es denn erzählen, wiewohl ich nicht weiß, woher ich den Mut nehmen und welche Worte ich gebrauchen soll. Ich werde also versuchen, zuerst die Herrscher selbst und die Soldaten, dann aber auch das übrige Volk davon zu überzeugen, dass sie unsere ganze Erziehung und Bildung, die wir ihnen angedeihen ließen, nur wie einen Traum erlebt haben, in dem das mit ihnen geschah. In Wahrheit aber waren sie damals unter der Erde, wo sie geformt und erzogen wurden, sie selbst und ihre [e] Waffen, und wo auch ihre übrige Aus-

μένη, ἐπειδὴ δὲ παντελῶς ἐξειργασμένοι ἦσαν, καὶ ἡ γῆ αὐτοὺς μήτηρ οὖσα ἀνῆκεν, καὶ νῦν δεῖ ὡς περὶ μητρὸς καὶ τροφοῦ τῆς χώρας ἐν ᾗ εἰσι βουλεύεσθαί τε καὶ ἀμύνειν αὐτούς, ἐάν τις ἐπ᾽ αὐτὴν ἴῃ, καὶ ὑπὲρ τῶν ἄλλων πολιτῶν ὡς ἀδελφῶν ὄντων καὶ γηγενῶν διανοεῖσθαι.

Οὐκ ἐτός, ἔφη, πάλαι ᾐσχύνου τὸ ψεῦδος λέγειν.

[415a] Πάνυ, ἦν δ᾽ ἐγώ, εἰκότως· ἀλλ᾽ ὅμως ἄκουε καὶ τὸ λοιπὸν τοῦ μύθου. ἐστὲ μὲν γὰρ δὴ πάντες οἱ ἐν τῇ πόλει ἀδελφοί, ὡς φήσομεν πρὸς αὐτοὺς μυθολογοῦντες, ἀλλ᾽ ὁ θεὸς πλάττων, ὅσοι μὲν ὑμῶν ἱκανοὶ ἄρχειν, χρυσὸν ἐν τῇ γενέσει συνέμειξεν αὐτοῖς, διὸ τιμιώτατοί εἰσιν· ὅσοι δ᾽ ἐπίκουροι, ἄργυρον· σίδηρον δὲ καὶ χαλκὸν τοῖς τε γεωργοῖς καὶ τοῖς ἄλλοις δημιουργοῖς. ἅτε οὖν συγγενεῖς ὄντες πάντες τὸ μὲν πολὺ ὁμοίους ἂν ὑμῖν αὐτοῖς γεννῷτε, [b] ἔστι δ᾽ ὅτε ἐκ χρυσοῦ γεννηθείη ἂν ἀργυροῦν καὶ ἐξ ἀργύρου χρυσοῦν ἔκγονον καὶ τἆλλα πάντα οὕτως ἐξ ἀλλήλων. τοῖς οὖν ἄρχουσι καὶ πρῶτον καὶ μάλιστα παραγγέλλει ὁ θεός, ὅπως μηδενὸς οὕτω φύλακες ἀγαθοὶ ἔσονται μηδ᾽ οὕτω σφόδρα φυλάξουσι μηδὲν ὡς τοὺς ἐκγόνους, ὅτι αὐτοῖς τούτων ἐν ταῖς ψυχαῖς παραμέμεικται, καὶ ἐάν τε σφέτερος ἔκγονος ὑπόχαλκος ἢ ὑποσίδηρος γένηται, μηδενὶ [c] τρόπῳ κατελεήσουσιν, ἀλλὰ τὴν τῇ φύσει προσήκουσαν τιμὴν ἀποδόντες ὤσουσιν εἰς δημιουργοὺς ἢ εἰς γεωργούς, καὶ ἂν αὖ ἐκ τούτων τις ὑπόχρυσος ἢ ὑπάργυρος φυῇ, τιμήσαντες ἀνάξουσι τοὺς μὲν εἰς φυλακήν, τοὺς δὲ εἰς ἐπικουρίαν, ὡς χρησμοῦ ὄντος τότε τὴν πόλιν διαφθαρῆναι, ὅταν αὐτὴν ὁ σιδηροῦς φύλαξ ἢ ὁ χαλκοῦς φυλάξῃ. τοῦτον οὖν τὸν μῦθον ὅπως ἂν πεισθεῖεν, ἔχεις τινὰ μηχανήν;

rüstung gefertigt wurde.[141] Als sie aber ganz fertig waren, schickte sie die Erde, die ja ihre Mutter war, herauf, und jetzt müssen sie für das Land, in dem sie leben, wie für eine Mutter und Ernährerin sorgen und es schützen, wenn es jemand angreift, und den anderen Bürgern gegenüber dieselbe Gesinnung an den Tag legen wie gegenüber ihren erdgeborenen Brüdern.«[142]

»Nicht ohne Grund«, sagte er, »hast du dich so lange gescheut, diese Lügengeschichte vorzubringen.«

[415a] »Vollkommen zu Recht«, erwiderte ich, »gleichwohl höre noch den Rest der Geschichte.[143] Ihr alle im Staat seid Brüder, so werden wir es ihnen als Mythenerzähler sagen; Gott aber, der euch schuf, hat denen unter euch, die zu herrschen befähigt sind, bei der Erschaffung Gold beigemischt, und deshalb seid ihr die Geehrtesten. Den Gehilfen aber Silber, den Bauern und allen Handwerkern Eisen und Erz. Weil ihr nun alle miteinander verwandt seid, zeugt ihr meist Kinder, die euch gleichen; [b] doch kommt es auch vor, dass von einem goldenen Vater ein silberner Sprössling abstammt und von einem silbernen ein goldener und ähnlich auch bei den anderen. Den Herrschern befiehlt Gott zuerst und vor allem, über nichts so gut zu wachen wie über ihre Kinder und sorgfältig darauf zu achten, welches Metall ihren Seelen beigemischt ist, und wenn einer ihrer Sprösslinge Erz oder Eisen in sich hat, dann sollen sie ihn [c] keineswegs bedauern, sondern ihn dem seiner Natur zukommenden Stand zuweisen und ihn fortstoßen zu den Handwerkern oder Bauern; wächst aber einer von diesen Ständen mit Gold oder Silber in sich heran, dann sollen sie ihn ehren und ihn in den Stand der Wächter oder Gehilfen emporführen,[144] denn ein Götterspruch besagt: Ein Staat wird dann zugrunde gehen, wenn ein eiserner oder eherner Wächter ihn bewacht. Weißt du irgendein Mittel, den Menschen diesen Mythos glaubhaft zu machen?«

[d] Οὐδαμῶς, ἔφη, ὅπως γ᾽ ἂν αὐτοὶ οὗτοι· ὅπως μεντἂν οἱ τούτων ὑεῖς καὶ οἱ ἔπειτα οἵ τ᾽ ἄλλοι ἄνθρωποι οἱ ὕστερον.

Ἀλλὰ καὶ τοῦτο, ἦν δ᾽ ἐγώ, εὖ ἂν ἔχοι πρὸς τὸ μᾶλλον αὐτοὺς τῆς πόλεώς τε καὶ ἀλλήλων κήδεσθαι· σχεδὸν γάρ τι μανθάνω ὃ λέγεις.

22 Καὶ τοῦτο μὲν δὴ ἕξει ὅπῃ ἂν αὐτὸ ἡ φήμη ἀγάγῃ· ἡμεῖς δὲ τούτους τοὺς γηγενεῖς ὁπλίσαντες προάγωμεν ἡγουμένων τῶν ἀρχόντων. ἐλθόντες δὲ θεασάσθων τῆς πόλεως ὅπου κάλλιστον στρατοπεδεύσασθαι, ὅθεν τούς τε [e] ἔνδον μάλιστ᾽ ἂν κατέχοιεν, εἴ τις μὴ ἐθέλοι τοῖς νόμοις πείθεσθαι, τούς τε ἔξωθεν ἀπαμύνοιεν, εἰ πολέμιος ὥσπερ λύκος ἐπὶ ποίμνην τις ἴοι· στρατοπεδευσάμενοι δέ, θύσαντες οἷς χρή, εὐνὰς ποιησάσθων. ἢ πῶς;

Οὕτως, ἔφη.

Οὐκοῦν τοιαύτας, οἵας χειμῶνός τε στέγειν καὶ θέρους ἱκανὰς εἶναι;

Πῶς γὰρ οὐχί; οἰκήσεις γάρ, ἔφη, δοκεῖς μοι λέγειν.

Ναί, ἦν δ᾽ ἐγώ, στρατιωτικάς γε, ἀλλ᾽ οὐ χρηματιστικάς.

[416a] Πῶς, ἔφη, αὖ τοῦτο λέγεις διαφέρειν ἐκείνου;

Ἐγώ σοι, ἦν δ᾽ ἐγώ, πειράσομαι εἰπεῖν. δεινότατον γάρ που πάντων καὶ αἴσχιστον ποιμέσι τοιούτους γε καὶ οὕτω τρέφειν κύνας ἐπικούρους ποιμνίων, ὥστε ὑπὸ ἀκολασίας ἢ λιμοῦ ἤ τινος ἄλλου κακοῦ ἔθους αὐτοὺς τοὺς κύνας ἐπιχειρῆσαι τοῖς προβάτοις κακουργεῖν καὶ ἀντὶ κυνῶν λύκοις ὁμοιωθῆναι.

Δεινόν, ἦ δ᾽ ὅς· πῶς δ᾽ οὔ;

[b] Οὐκοῦν φυλακτέον παντὶ τρόπῳ μὴ τοιοῦτον ἡμῖν οἱ ἐπίκου-

[d] »Keineswegs«, sagte er, »zumindest nicht bei den heutigen Menschen. Vielleicht bei ihren Söhnen und den späteren Generationen.«

»Aber auch das wäre schon gut«, erwiderte ich, »sie würden sich dann mehr um den Staat und umeinander kümmern; ich verstehe in etwa, was du meinst.

22 Nun, es soll sein, wie es die Stimme des Volkes will. Wir aber wollen diese Erdensöhne nun bewaffnen und unter Führung der Herrscher vorrücken lassen. Wenn sie kommen, sollen sie sich um den besten Lagerplatz umsehen, von wo aus sie [e] die Bürger am besten niederhalten können, wenn einer den Gesetzen nicht gehorchen will, und die äußeren Feinde abwehren können, wenn einer wie ein Wolf die Herde überfällt. Wenn sie ihr Lager errichtet und die gebührenden Opfer dargebracht haben, sollen sie ihre Schlafstätten einrichten. Oder?«

»Genau so«, sagte er.

»Und zwar solche, die im Winter wie im Sommer genügend Schutz bieten.«

»Natürlich, du meinst damit wohl Behausungen«, versetzte er.

»Ja«, erwiderte ich, »aber solche für Soldaten und nicht für Kaufleute.«

[416a] »Worin besteht für dich da der Unterschied?«, fragte er.

»Ich will versuchen, dir das zu erklären«, fuhr ich fort. »Die allergrößte Schmach und Schande ist es doch für die Hirten, wenn sie ihre Hunde zu solchen Wächtern der Herden abrichten, dass sie aus Disziplinlosigkeit, aus Hunger oder aus sonst einer schlechten Angewohnheit ihre eigenen Herden anfallen und nicht Hunden, sondern Wölfen gleichen.«

»Das ist wirklich schlimm«, sagte er.

[b] »Also müssen wir mit allen Mitteln verhindern, dass unsere Gehilfen es mit den Bürgern genauso machen, die sie ja an

ροι ποιήσωσι πρὸς τοὺς πολίτας, ἐπειδὴ αὐτῶν κρείττους εἰσίν, ἀντὶ συμμάχων εὐμενῶν δεσπόταις ἀγρίοις ἀφομοιωθῶσιν;

Φυλακτέον, ἔφη.

Οὐκοῦν τὴν μεγίστην τῆς εὐλαβείας παρεσκευασμένοι ἂν εἶεν, εἰ τῷ ὄντι καλῶς πεπαιδευμένοι εἰσίν;

Ἀλλὰ μὴν εἰσίν γ', ἔφη.

Καὶ ἐγὼ εἶπον· Τοῦτο μὲν οὐκ ἄξιον διισχυρίζεσθαι, ὦ φίλε Γλαύκων· ὃ μέντοι ἄρτι ἐλέγομεν, ἄξιον, ὅτι δεῖ [c] αὐτοὺς τῆς ὀρθῆς τυχεῖν παιδείας, ἥτις ποτέ ἐστιν, εἰ μέλλουσι τὸ μέγιστον ἔχειν πρὸς τὸ ἥμεροι εἶναι αὑτοῖς τε καὶ τοῖς φυλαττομένοις ὑπ' αὐτῶν.

Καὶ ὀρθῶς γε, ἦ δ' ὅς.

Πρὸς τοίνυν τῇ παιδείᾳ ταύτῃ φαίη ἄν τις νοῦν ἔχων δεῖν καὶ τὰς οἰκήσεις καὶ τὴν ἄλλην οὐσίαν τοιαύτην αὐτοῖς παρεσκευάσθαι, ἥτις μήτε τοῦ φύλακας ὡς ἀρίστους εἶναι παύσει [d] αὐτούς, κακουργεῖν τε μὴ ἐπαρεῖ περὶ τοὺς ἄλλους πολίτας.

Καὶ ἀληθῶς γε φήσει.

Ὅρα δή, εἶπον ἐγώ, εἰ τοιόνδε τινὰ τρόπον δεῖ αὐτοὺς ζῆν τε καὶ οἰκεῖν, εἰ μέλλουσι τοιοῦτοι ἔσεσθαι· πρῶτον μὲν οὐσίαν κεκτημένον μηδεμίαν μηδένα ἰδίαν, ἂν μὴ πᾶσα ἀνάγκη· ἔπειτα οἴκησιν καὶ ταμιεῖον μηδενὶ εἶναι μηδὲν τοιοῦτον, εἰς ὃ οὐ πᾶς ὁ βουλόμενος εἴσεισι· τὰ δ' ἐπιτήδεια, ὅσων δέονται ἄνδρες ἀθληταὶ πολέμου σώφρονές τε καὶ [e] ἀνδρεῖοι, ταξαμένους παρὰ τῶν ἄλλων πολιτῶν δέχεσθαι μισθὸν τῆς φυλακῆς τοσοῦτον ὅσον μήτε περιεῖναι αὐτοῖς εἰς τὸν ἐνιαυτὸν μήτε ἐνδεῖν· φοιτῶντας δὲ εἰς συσσίτια ὥσπερ ἐστρατοπεδευμένους κοινῇ ζῆν· χρυσίον δὲ καὶ ἀργύριον εἰπεῖν αὐτοῖς ὅτι θεῖον παρὰ θεῶν ἀεὶ ἐν τῇ ψυχῇ ἔχουσι καὶ οὐδὲν προσδέονται τοῦ ἀνθρωπείου, οὐδὲ ὅσια τὴν ἐκείνου κτῆσιν τῇ

Stärke übertreffen, sonst gleichen sie nicht wohlmeinenden Bundesgenossen, sondern wilden Despoten.«[145]

»Ja, das muss man verhindern«, sagte er.

»Die beste Maßnahme, das zu verhindern, ist doch eine wirklich gute Erziehung?«

»Aber die haben sie doch«, bemerkte er.

Da sagte ich: »Ganz so sicher darf man das nicht behaupten, mein lieber Glaukon. Sicher ist nur, dass wir eben sagten, [c] sie müssten die richtige Erziehung bekommen – worin immer diese auch besteht –, wenn sie die wesentlichste Vorbedingung erfüllen sollen, um gegen sich selbst und gegen ihre Schützlinge von milder Gesinnung zu sein.«

»Ganz richtig«, sagte er.

»Außer dieser Erziehung, würde ein vernünftiger Mensch sagen, müsse man ihnen auch Wohnstätten und sonstigen Besitz zu Verfügung stellen, der stets gewährleistet, dass sie möglichst gute Wächter sind, [d] und sie nicht dazu verleitet, sich an den anderen Bürgern zu vergreifen.«

»Da hat er freilich recht.«

»Sieh zu«, fuhr ich fort, »ob sie nicht etwa auf folgende Art und Weise leben und wohnen müssen, wenn sie ihrem Wächteramt gerecht werden sollen. Zunächst einmal darf keiner einen eigenen Besitz haben, nur das, was unbedingt nötig ist. Ferner soll niemand eine Wohnstätte und eine Vorratskammer besitzen, wohin nicht jeder nach Belieben Zutritt hat. Die Lebensmittel, die sie als tapfere, aber mäßige Soldaten brauchen, [e] empfangen sie nach fester Vereinbarung von den anderen Bürgern als Lohn für ihr Wächteramt, und zwar gerade so viel, dass sie aufs Jahr gesehen keinen Überschuss, aber auch keinen Mangel haben. Sie kommen zu gemeinsamen Mahlzeiten zusammen und leben gemeinsam wie im Feld. Gold und Silber, das muss man ihnen sagen, tragen sie als Gabe der Götter stets in ihrer Seele; daher brauchen sie nicht auch noch das Gold der

τοῦ θνητοῦ χρυσοῦ κτήσει συμμειγνύντας μιαίνειν, διότι πολλὰ καὶ ἀνόσια περὶ τὸ τῶν [417a] πολλῶν νόμισμα γέγονεν, τὸ παρ᾽ ἐκείνοις δὲ ἀκήρατον· ἀλλὰ μόνοις αὐτοῖς τῶν ἐν τῇ πόλει μεταχειρίζεσθαι καὶ ἅπτεσθαι χρυσοῦ καὶ ἀργύρου οὐ θέμις, οὐδ᾽ ὑπὸ τὸν αὐτὸν ὄροφον ἰέναι οὐδὲ περιάψασθαι οὐδὲ πίνειν ἐξ ἀργύρου ἢ χρυσοῦ. καὶ οὕτω μὲν σῴζοιντό τ᾽ ἂν καὶ σῴζοιεν τὴν πόλιν· ὁπότε δ᾽ αὐτοὶ γῆν τε ἰδίαν καὶ οἰκίας καὶ νομίσματα κτήσονται, οἰκονόμοι μὲν καὶ γεωργοὶ ἀντὶ φυλάκων ἔσονται, [b] δεσπόται δ᾽ ἐχθροὶ ἀντὶ συμμάχων τῶν ἄλλων πολιτῶν γενήσονται, μισοῦντες δὲ δὴ καὶ μισούμενοι καὶ ἐπιβουλεύοντες καὶ ἐπιβουλευόμενοι διάξουσι πάντα τὸν βίον, πολὺ πλείω καὶ μᾶλλον δεδιότες τοὺς ἔνδον ἢ τοὺς ἔξωθεν πολεμίους, θέοντες ἤδη τότε ἐγγύτατα ὀλέθρου αὐτοί τε καὶ ἡ ἄλλη πόλις. τούτων οὖν πάντων ἕνεκα, ἦν δ᾽ ἐγώ, φῶμεν οὕτω δεῖν κατεσκευάσθαι τοὺς φύλακας οἰκήσεώς τε πέρι καὶ τῶν ἄλλων, καὶ ταῦτα νομοθετήσωμεν, ἢ μή;

Πάνυ γε, ἦ δ᾽ ὃς ὁ Γλαύκων.

Menschen; auch wäre es ein Frevel, den Besitz des göttlichen Goldes mit dem der Menschen zu vermischen und so zu besudeln, [417a] zumal ja schon viel Unheil rund um das gemünzte Gold der breiten Masse geschehen ist, während ihr eigenes Gold rein bleibt. Für sie allein unter den Leuten im Staat ist es verboten, Gold und Silber in die Hand zu nehmen und es zu berühren, mit ihm unter einem Dach sich aufzuhalten, es sich umzuhängen und aus Silber- oder Goldgeschirr zu trinken.[146] Nur so können sie sich selbst und den Staat bewahren. Sobald sie aber eigenes Land, ein eigenes Haus und eigenes Geld erwerben, werden sie nicht mehr Wächter sein, sondern Hausverwalter und Bauern, [b] feindselige Despoten und nicht mehr Bundesgenossen ihrer Mitbürger; sie hassen und werden gehasst, lauern anderen auf und werden selbst belauert, und so geht es ihr ganzes Leben lang; die Feinde im Innern fürchten sie mehr als die äußeren Feinde, und dann bewegen sie sich schon hart am Rand des Verderbens, genauso wie der ganze Staat. Aus all diesen Gründen«, schloss ich, »wollen wir verlangen, dass die Wächter ihre Wohnstätten und alles andere so einrichten müssen, und das wollen wir auch gesetzlich festlegen, oder nicht?«

»Gewiss«, sagte Glaukon.

Δ

1 [419a] Καὶ ὁ Ἀδείμαντος ὑπολαβών, Τί οὖν, ἔφη, ὦ Σώκρατες, ἀπολογήσῃ, ἐάν τίς σε φῇ μὴ πάνυ τι εὐδαίμονας ποιεῖν τούτους τοὺς ἄνδρας, καὶ ταῦτα δι᾽ ἑαυτούς, ὧν ἔστι μὲν ἡ πόλις τῇ ἀληθείᾳ, οἱ δὲ μηδὲν ἀπολαύουσιν ἀγαθὸν τῆς πόλεως, οἷον ἄλλοι ἀγρούς τε κεκτημένοι καὶ οἰκίας οἰκοδομούμενοι καλὰς καὶ μεγάλας, καὶ ταύταις πρέπουσαν κατασκευὴν κτώμενοι, καὶ θυσίας θεοῖς ἰδίας θύοντες, καὶ ξενοδοκοῦντες, καὶ δὴ καὶ ἃ νυνδὴ σὺ ἔλεγες, χρυσόν τε καὶ ἄργυρον κεκτημένοι καὶ πάντα ὅσα νομίζεται τοῖς μέλλουσιν μακαρίοις εἶναι; ἀλλ᾽ ἀτεχνῶς, φαίη ἄν, ὥσπερ ἐπίκουροι μισθωτοὶ ἐν [420a] τῇ πόλει φαίνονται καθῆσθαι οὐδὲν ἄλλο ἢ φρουροῦντες.

Ναί, ἦν δ᾽ ἐγώ, καὶ ταῦτά γε ἐπισίτιοι καὶ οὐδὲ μισθὸν πρὸς τοῖς σιτίοις λαμβάνοντες ὥσπερ οἱ ἄλλοι, ὥστε οὐδ᾽ ἂν ἀποδημῆσαι βούλωνται ἰδίᾳ, ἐξέσται αὐτοῖς, οὐδ᾽ ἑταίραις διδόναι, οὐδ᾽ ἀναλίσκειν ἄν ποι βούλωνται ἄλλοσε, οἷα δὴ οἱ εὐδαίμονες δοκοῦντες εἶναι ἀναλίσκουσι. ταῦτα καὶ ἄλλα τοιαῦτα συχνὰ τῆς κατηγορίας ἀπολείπεις.

Ἀλλ᾽, ἦ δ᾽ ὅς, ἔστω καὶ ταῦτα κατηγορημένα.

[b] Τί οὖν δὴ ἀπολογησόμεθα, φῄς;

Ναί.

Τὸν αὐτὸν οἶμον, ἦν δ᾽ ἐγώ, πορευόμενοι εὑρήσομεν, ὡς ἐγᾦμαι, ἃ λεκτέα. ἐροῦμεν γὰρ ὅτι θαυμαστὸν μὲν ἂν οὐδὲν εἴη εἰ καὶ οὗτοι οὕτως εὐδαιμονέστατοί εἰσιν, οὐ μὴν πρὸς τοῦτο βλέποντες

Viertes Buch

1 [419a] Da ergriff Adeimantos das Wort und sprach: »Wie, Sokrates, wirst du dich nun rechtfertigen, wenn jemand sagte, du würdest diese Männer nicht gerade glücklich machen? Und doch seien sie daran selber schuld, da ja der Staat in Wahrheit in ihren Händen ist, ohne dass sie selbst einen Vorteil davon hätten, so wie andere[1], die Äcker besitzen, sich schöne und große Häuser bauen und für diese einen angemessenen Hausrat erwerben, die aus eigenen Mitteln den Göttern Opfer bereiten,[2] Gäste bewirten und die, wovon du eben sprachst, Gold und Silber besitzen und all das, was man nach gängiger Meinung haben muss, wenn man glücklich sein will. Allem Anschein nach, so könnte er sagen, sitzen sie nur wie eine gemietete Söldnertruppe [420a] im Staat herum und tun nichts anderes als Wache halten.«

»Ja«, sagte ich, »und das nur gegen Verpflegung, ohne dazu noch einen Sold zu bekommen wie sonst die Söldner, so dass sie auf eigene Kosten nicht einmal ins Ausland reisen können, wenn sie wollen;[3] sie können auch ihren Mädchen keine Geschenke machen[4] oder nach Belieben sonstige Ausgaben tätigen, wie es die anderen tun, die man für glücklich hält. Das und noch viel anderes dieser Art übersiehst du bei deiner Anklage.«

»Gut, dann seien auch diese Anklagepunkte noch hinzugefügt«, erwiderte er.

[b] »Wie wir uns also dagegen rechtfertigen wollen, fragst du?«

»Ja!«

»Wir brauchen nur denselben Weg weiterzugehen, dann werden wir vermutlich die Antwort auf deine Frage finden. Wir werden nämlich sagen, es wäre keineswegs verwunderlich, wenn unsere Wächter auch so die glücklichsten Menschen

τὴν πόλιν οἰκίζομεν, ὅπως ἕν τι ἡμῖν ἔθνος ἔσται διαφερόντως εὔδαιμον, ἀλλ᾽ ὅπως ὅτι μάλιστα ὅλη ἡ πόλις. ᾠήθημεν γὰρ ἐν τῇ τοιαύτῃ μάλιστα ἂν εὑρεῖν δικαιοσύνην καὶ αὖ ἐν τῇ κάκιστα οἰκουμένῃ [c] ἀδικίαν, κατιδόντες δὲ κρῖναι ἂν ὃ πάλαι ζητοῦμεν. νῦν μὲν οὖν, ὡς οἰόμεθα, τὴν εὐδαίμονα πλάττομεν οὐκ ἀπολαβόντες ὀλίγους ἐν αὐτῇ τοιούτους τινὰς τιθέντες, ἀλλ᾽ ὅλην· αὐτίκα δὲ τὴν ἐναντίαν σκεψόμεθα. ὥσπερ οὖν ἂν εἰ ἡμᾶς ἀνδριάντα γράφοντας προσελθών τις ἔψεγε λέγων ὅτι οὐ τοῖς καλλίστοις τοῦ ζῴου τὰ κάλλιστα φάρμακα προστίθεμεν – οἱ γὰρ ὀφθαλμοὶ κάλλιστον ὂν οὐκ ὀστρείῳ ἐναληλιμμένοι εἶεν ἀλλὰ μέλανι – μετρίως ἂν ἐδοκοῦμεν [d] πρὸς αὐτὸν ἀπολογεῖσθαι λέγοντες· »Ὦ θαυμάσιε, μὴ οἴου δεῖν ἡμᾶς οὕτω καλοὺς ὀφθαλμοὺς γράφειν, ὥστε μηδὲ ὀφθαλμοὺς φαίνεσθαι, μηδ᾽ αὖ τἆλλα μέρη, ἀλλ᾽ ἄθρει εἰ τὰ προσήκοντα ἑκάστοις ἀποδιδόντες τὸ ὅλον καλὸν ποιοῦμεν·« καὶ δὴ καὶ νῦν μὴ ἀνάγκαζε ἡμᾶς τοιαύτην εὐδαιμονίαν τοῖς φύλαξι προσάπτειν, ἣ ἐκείνους πᾶν μᾶλλον [e] ἀπεργάσεται ἢ φύλακας. ἐπιστάμεθα γὰρ καὶ τοὺς γεωργοὺς ξυστίδας ἀμφιέσαντες καὶ χρυσὸν περιθέντες πρὸς ἡδονὴν ἐργάζεσθαι κελεύειν τὴν γῆν, καὶ τοὺς κεραμέας κατακλίναντες ἐπὶ δεξιὰ πρὸς τὸ πῦρ διαπίνοντάς τε καὶ εὐωχουμένους, τὸν τροχὸν παραθεμένους, ὅσον ἂν ἐπιθυμῶσι κεραμεύειν, καὶ τοὺς ἄλλους πάντας τοιούτῳ τρόπῳ μακαρίους ποιεῖν, ἵνα δὴ ὅλη ἡ πόλις εὐδαιμονῇ. ἀλλ᾽ ἡμᾶς μὴ οὕτω νουθέτει· ὡς, ἂν σοι πειθώμεθα, οὔτε ὁ γεωργὸς γεωργὸς [421a] ἔσται

wären. Indes gründen wir unseren Staat nicht in der Absicht, dass ein einzelner Stand besonders glücklich sei, sondern womöglich der ganze Staat. Denn in einem solchen Staat glaubten wir am ehesten Gerechtigkeit zu finden,[5] wie umgekehrt in dem am schlechtesten verwalteten [c] Ungerechtigkeit, und im Hinblick darauf zu einer Antwort auf unsere alte Frage zu kommen. Im Augenblick sind wir noch bei der Ausformung des unserer Meinung nach glücklichen Staates; dabei greifen wir nicht einige wenige Bürger heraus und machen sie glücklich, sondern wollen den ganzen Staat glücklich machen. Hernach werden wir sein Gegenteil untersuchen.[6] Es wäre geradezu so, wie wenn jemand an uns beim Bemalen einer Statue heranträte und uns tadelte, dass wir für den schönsten Teil des Körpers nicht auch die schönsten Farben verwendeten; denn die Augen, die ja das Schönste seien, hätten wir nicht mit Purpur bemalt, sondern mit schwarzer Farbe; wir aber würden uns mit [d] Recht verteidigen und zu ihm sagen: ›Du wunderlicher Mensch, glaube doch nicht, wir müssten die Augen so schön malen, dass sie nicht mehr wie Augen aussehen und ebenso wenig die übrigen Teile. Sieh lieber zu, ob wir jeden Teil in gebührender Weise wiedergeben und so das Ganze schön machen.‹[7] Ebenso nötige auch du uns jetzt nicht, den Wächtern ein Glück anzuhängen[8], das sie zu allem anderen eher [e] machen würde als zu Wächtern. Wir könnten ja auch den Bauern Prunkgewänder anziehen, ihnen Gold umhängen und sie das Land zu ihrem Vergnügen bebauen lassen; und die Töpfer könnten wir einladen, sich hübsch der Reihe nach ums Feuer zu lagern und zu zechen und zu schmausen, die Töpferscheibe beiseite zu stellen und nur nach Lust und Laune zu töpfern, und auch alle anderen könnten wir auf diese Weise glücklich machen, bis der ganze Staat glücklich ist. Aber rate uns das ja nicht! Denn wenn wir dir folgten, dann wäre der Bauer kein Bauer mehr, [421a] der Töpfer kein Töpfer, und niemand würde

οὔτε ὁ κεραμεὺς κεραμεὺς οὔτε ἄλλος οὐδεὶς οὐδὲν ἔχων σχῆμα ἐξ ὧν πόλις γίγνεται. ἀλλὰ τῶν μὲν ἄλλων ἐλάττων λόγος· νευρορράφοι γὰρ φαῦλοι γενόμενοι καὶ διαφθαρέντες καὶ προσποιησάμενοι εἶναι μὴ ὄντες πόλει οὐδὲν δεινόν, φύλακες δὲ νόμων τε καὶ πόλεως μὴ ὄντες ἀλλὰ δοκοῦντες ὁρᾷς δὴ ὅτι πᾶσαν ἄρδην πόλιν ἀπολλύασιν, καὶ αὖ τοῦ εὖ οἰκεῖν καὶ εὐδαιμονεῖν μόνοι τὸν καιρὸν ἔχουσιν. εἰ μὲν οὖν ἡμεῖς μὲν φύλακας ὡς ἀληθῶς [b] ποιοῦμεν ἥκιστα κακούργους τῆς πόλεως, ὁ δ᾽ ἐκεῖνο λέγων γεωργούς τινας καὶ ὥσπερ ἐν πανηγύρει ἀλλ᾽ οὐκ ἐν πόλει ἑστιάτορας εὐδαίμονας, ἄλλο ἄν τι ἢ πόλιν λέγοι. σκεπτέον οὖν πότερον πρὸς τοῦτο βλέποντες τοὺς φύλακας καθιστῶμεν, ὅπως ὅτι πλείστη αὐτοῖς εὐδαιμονία ἐγγενήσεται, ἢ τοῦτο μὲν εἰς τὴν πόλιν ὅλην βλέποντας θεατέον εἰ ἐκείνῃ ἐγγίγνεται, τοὺς δ᾽ ἐπικούρους τούτους καὶ τοὺς [c] φύλακας ἐκεῖνο ἀναγκαστέον ποιεῖν καὶ πειστέον, ὅπως ὅτι ἄριστοι δημιουργοὶ τοῦ ἑαυτῶν ἔργου ἔσονται, καὶ τοὺς ἄλλους ἅπαντας ὡσαύτως, καὶ οὕτω συμπάσης τῆς πόλεως αὐξανομένης καὶ καλῶς οἰκιζομένης ἐατέον ὅπως ἑκάστοις τοῖς ἔθνεσιν ἡ φύσις ἀποδίδωσι τοῦ μεταλαμβάνειν εὐδαιμονίας.

2 Ἀλλ᾽, ἦ δ᾽ ὅς, καλῶς μοι δοκεῖς λέγειν.

Ἆρ᾽ οὖν, ἦν δ᾽ ἐγώ, καὶ τὸ τούτου ἀδελφὸν δόξω σοι μετρίως λέγειν;

Τί μάλιστα;

[d] Τοὺς ἄλλους αὖ δημιουργοὺς σκόπει εἰ τάδε διαφθείρει, ὥστε καὶ κακοὺς γίγνεσθαι.

Τὰ ποῖα δὴ ταῦτα;

Πλοῦτος, ἦν δ᾽ ἐγώ, καὶ πενία.

Πῶς δή;

mehr an dem Stand festhalten, aus deren Summe ja der Staat entsteht. Bei den anderen Ständen ist das freilich kein so großes Problem; denn wenn die Flickschuster nichts mehr taugen und verkommen und nur so tun, als wären sie Flickschuster, obwohl sie das gar nicht mehr sind, dann ist das für den Staat nicht weiter schlimm; Wächter der Gesetze und des Staates hingegen, die das nur noch scheinbar sind, vernichten, wie du einsehen wirst, den ganzen Staat von Grund auf und haben es andererseits allein in der Hand, dass er gut verwaltet und glücklich wird. Wenn wir sie zu wahren Wächtern machen, werden sie [b] dem Staat keinerlei Schaden zufügen. Wenn aber der obige Redner einige als Bauern und Gastgeber glücklich machen will, als handle es sich um ein Volksfest und nicht um den Staat, dann kann von einem Staat eben nicht mehr die Rede sein. Wir müssen also bedenken, ob wir die Wächter einsetzen in der Absicht, dass ihnen möglichst großes Glück zuteil wird, oder ob wir den Staat als Ganzes im Auge haben und darauf achten sollen, dass ihm das größte Glück zuteil wird; dann müssen wir diese Gehilfen und [c] Wächter notfalls mit Gewalt davon überzeugen, so zu handeln, dass sie möglichst vollendete Meister in ihrem Beruf werden, und ebenso auch alle anderen; wenn so der ganze Staat heranwächst und gut verwaltet ist, dann dürfen wir es der Natur überlassen, jedem Stand seinen Anteil am Glück zu geben.«

2 »Ja«, sagte er, »damit hast du offensichtlich recht.«

»Glaubst du«, fuhr ich fort, »dass ich auch mit dem Folgenden recht habe, das ja eng damit verwandt ist?«

»Was ist das?«

[d] »Überlege, ob das nicht auch andere Handwerker verdirbt und schlecht macht.«

»Was denn?«

»Reichtum«,[9] sagte ich, »und Armut.«

»Wieso?«

Ὧδε. πλουτήσας χυτρεὺς δοκεῖ σοι ἔτ᾽ ἐθελήσειν ἐπιμελεῖσθαι τῆς τέχνης;

Οὐδαμῶς, ἔφη.

Ἀργὸς δὲ καὶ ἀμελὴς γενήσεται μᾶλλον αὐτὸς αὑτοῦ;

Πολύ γε.

Οὐκοῦν κακίων χυτρεὺς γίγνεται;

Καὶ τοῦτο, ἔφη, πολύ.

Καὶ μὴν καὶ ὄργανά γε μὴ ἔχων παρέχεσθαι ὑπὸ πενίας ἤ τι ἄλλο τῶν εἰς τὴν τέχνην τά τε ἔργα πονηρότερα [e] ἐργάσεται καὶ τοὺς ὑεῖς ἢ ἄλλους οὓς ἂν διδάσκῃ χείρους δημιουργοὺς διδάξεται.

Πῶς δ᾽ οὔ;

Ὑπ᾽ ἀμφοτέρων δή, πενίας τε καὶ πλούτου, χείρω μὲν τὰ τῶν τεχνῶν ἔργα, χείρους δὲ αὐτοί.

Φαίνεται.

Ἕτερα δή, ὡς ἔοικε, τοῖς φύλαξιν ηὑρήκαμεν, ἃ παντὶ τρόπῳ φυλακτέον ὅπως μήποτε αὐτοὺς λήσει εἰς τὴν πόλιν παραδύντα.

Τὰ ποῖα ταῦτα;

[422a] Πλοῦτός τε, ἦν δ᾽ ἐγώ, καὶ πενία· ὡς τοῦ μὲν τρυφὴν καὶ ἀργίαν καὶ νεωτερισμὸν ἐμποιοῦντος, τῆς δὲ ἀνελευθερίαν καὶ κακοεργίαν πρὸς τῷ νεωτερισμῷ.

Πάνυ μὲν οὖν, ἔφη. τόδε μέντοι, ὦ Σώκρατες, σκόπει, πῶς ἡμῖν ἡ πόλις οἵα τ᾽ ἔσται πολεμεῖν, ἐπειδὰν χρήματα μὴ κεκτημένη ᾖ, ἄλλως τε κἂν πρὸς μεγάλην τε καὶ πλουσίαν ἀναγκασθῇ πολεμεῖν.

Δῆλον, ἦν δ᾽ ἐγώ, ὅτι πρὸς μὲν μίαν χαλεπώτερον, [b] πρὸς δὲ δύο τοιαύτας ῥᾷον.

»Nun, glaubst du, wird sich ein Töpfer, wenn er reich geworden ist, noch um seine Kunst kümmern wollen?«[10]

»Keineswegs«, sagte er.

»Wird er träger werden und sich mehr und mehr vernachlässigen?«

»Ja, immer mehr.«

»Wird er also ein schlechterer Töpfer werden?«

»Auch das«, sagte er, »ein viel schlechterer.«

»Wenn er aber aus Armut nicht mehr sein Werkzeug oder, was er sonst für seine Kunst braucht, anschaffen kann, dann wird er seine Arbeit schlechter [e] ausführen und seine Söhne und sonstigen Lehrlinge zu schlechteren Handwerkern ausbilden.«

»Natürlich.«

»Durch beides also, durch Armut und durch Reichtum, werden die Erzeugnisse seines Gewerbes schlechter und die Handwerker selbst auch.«

»Offenbar.«

»Es scheint also, wir haben wieder eine neue Aufgabe für unsere Wächter gefunden: Sie müssen unter allen Umständen verhüten, dass dies in die Stadt eindringe, ohne dass sie es merkten.«

»Was?«

[422a] »Reichtum und Armut«, antwortete ich. »Denn das eine bewirkt Luxus, Trägheit und Neuerungssucht[11], das andere neben der Neuerungssucht auch noch niedere Gesinnung[12] und schlechte Leistungen.«

»Ganz richtig«, stimmte er zu. »Bedenke aber auch das noch, Sokrates: Wie wird unser Staat imstande sein, Krieg zu führen, wenn er über keine Geldmittel verfügt, zumal wenn er gezwungen ist, gegen einen großen und reichen Staat zu kämpfen?«

»Gegen einen einzigen solchen Staat ist es offenbar schwieriger, [b] gegen zwei aber leichter.«

Πῶς εἶπες; ἦ δ᾽ ὅς.

Πρῶτον μέν που, εἶπον, ἐὰν δέῃ μάχεσθαι, ἆρα οὐ πλουσίοις ἀνδράσι μαχοῦνται αὐτοὶ ὄντες πολέμου ἀθληταί;

Ναὶ τοῦτό γε, ἔφη.

Τί οὖν, ἦν δ᾽ ἐγώ, ὦ Ἀδείμαντε; εἷς πύκτης ὡς οἷόν τε κάλλιστα ἐπὶ τοῦτο παρεσκευασμένος δυοῖν μὴ πύκταιν, πλουσίοιν δὲ καὶ πιόνοιν, οὐκ ἂν δοκεῖ σοι ῥᾳδίως μάχεσθαι;

Οὐκ ἂν ἴσως, ἔφη, ἅμα γε.

Οὐδ᾽ εἰ ἐξείη, ἦν δ᾽ ἐγώ, ὑποφεύγοντι τὸν πρότερον ἀεὶ [c] προσφερόμενον ἀναστρέφοντα κρούειν, καὶ τοῦτο ποιοῖ πολλάκις ἐν ἡλίῳ τε καὶ πνίγει; ἆρά γε οὐ καὶ πλείους χειρώσαιτ᾽ ἂν τοιούτους ὁ τοιοῦτος;

Ἀμέλει, ἔφη, οὐδὲν ἂν γένοιτο θαυμαστόν.

Ἀλλ᾽ οὐκ οἴει πυκτικῆς πλέον μετέχειν τοὺς πλουσίους ἐπιστήμῃ τε καὶ ἐμπειρίᾳ ἢ πολεμικῆς;

Ἔγωγ᾽, ἔφη.

Ῥᾳδίως ἄρα ἡμῖν οἱ ἀθληταὶ ἐκ τῶν εἰκότων διπλασίοις τε καὶ τριπλασίοις αὑτῶν μαχοῦνται.

Συγχωρήσομαί σοι, ἔφη· δοκεῖς γάρ μοι ὀρθῶς λέγειν.

[d] Τί δ᾽ ἂν πρεσβείαν πέμψαντες εἰς τὴν ἑτέραν πόλιν τἀληθῆ εἴπωσιν, ὅτι »Ἡμεῖς μὲν οὐδὲν χρυσίῳ οὐδ᾽ ἀργυρίῳ χρώμεθα, οὐδ᾽ ἡμῖν θέμις, ὑμῖν δέ· συμπολεμήσαντες οὖν μεθ᾽ ἡμῶν ἔχετε τὰ τῶν ἑτέρων;« οἴει τινὰς ἀκούσαντας ταῦτα αἱρήσεσθαι κυσὶ πολεμεῖν στερεοῖς τε καὶ ἰσχνοῖς μᾶλλον ἢ μετὰ κυνῶν προβάτοις πίοσί τε καὶ ἁπαλοῖς;

Οὔ μοι δοκεῖ. ἀλλ᾽ ἐὰν εἰς μίαν, ἔφη, πόλιν συναθροισθῇ

»Wie meinst du das?«, fragte er.

»Erstens«, antwortete ich, »wenn es schon zum Kampf kommen muss, werden dann nicht unsere kampferprobten Krieger gegen reiche Männer kämpfen?«[13]

»Ja gewiss«, sagte er.

»Wie nun, mein Adeimantos«, fuhr ich fort, »glaubst du nicht, dass ein Boxer, der dafür bestens trainiert ist, es leicht mit zwei Gegnern aufnimmt, die im Faustkampf nicht geübt, dafür aber reich und fett sind?«

»Aber doch nicht mit beiden zugleich«, sagte er.

»Auch dann nicht«, erwiderte ich, »wenn es ihm gelänge, einen Rückzug vorzutäuschen, [c] sich umzudrehen und zuzuschlagen, wenn der frühere Gegner auf ihn losgeht, und das immer wieder, zumal bei praller Sonne und bei drückender Hitze? Könnte da so ein Kämpfer nicht auch mit noch mehr solchen Gegnern fertig werden?«

»Gewiss«, sagte er, »das wäre kein Wunder.«

»Glaubst du nicht, dass die Reichen noch eher Kenntnis und Erfahrung vom Faustkampf haben als vom Krieg?«

»Ich glaube schon«, sagte er.

»Also werden es unsere Kämpfer aller Wahrscheinlichkeit nach leicht mit einer doppelten und dreifachen Übermacht aufnehmen können.«

»Da stimme ich dir zu«, entgegnete er, »wahrscheinlich hast du recht.«

[d] »Wie nun, wenn sie eine Gesandtschaft in einen anderen Staat schickten und wahrheitsgemäß sagten: ›Wir brauchen kein Gold und Silber, das ist uns strikt verboten, euch aber nicht; verbündet euch also mit uns, dann könnt ihr das Gold und Silber der Feinde haben.‹ Glaubst du, jemand, der das hört, möchte lieber gegen starke und magere Hunde kämpfen als mit ihnen gegen fette und zarte Schafe?«[14]

»Das glaube ich nicht«, sagte er. »Aber wenn die Reichtümer

[e] τὰ τῶν ἄλλων χρήματα, ὅρα μὴ κίνδυνον φέρῃ τῇ μὴ πλουτούσῃ.

Εὐδαίμων εἶ, ἦν δ' ἐγώ, ὅτι οἴει ἄξιον εἶναι ἄλλην τινὰ προσειπεῖν πόλιν ἢ τὴν τοιαύτην οἵαν ἡμεῖς κατεσκευάζομεν.

Ἀλλὰ τί μήν; ἔφη.

Μειζόνως, ἦν δ' ἐγώ, χρὴ προσαγορεύειν τὰς ἄλλας· ἑκάστη γὰρ αὐτῶν πόλεις εἰσὶ πάμπολλαι ἀλλ' οὐ πόλις, τὸ τῶν παιζόντων. δύο μέν, κἂν ὁτιοῦν ᾖ, πολεμία ἀλλήλαις, [423a] ἡ μὲν πενήτων, ἡ δὲ πλουσίων· τούτων δ' ἐν ἑκατέρᾳ πάνυ πολλαί, αἷς ἐὰν μὲν ὡς μιᾷ προσφέρῃ, παντὸς ἂν ἁμάρτοις, ἐὰν δὲ ὡς πολλαῖς, διδοὺς τὰ τῶν ἑτέρων τοῖς ἑτέροις χρήματά τε καὶ δυνάμεις ἢ καὶ αὐτούς, συμμάχοις μὲν ἀεὶ πολλοῖς χρήσῃ, πολεμίοις δ' ὀλίγοις. καὶ ἕως ἂν ἡ πόλις σοι οἰκῇ σωφρόνως ὡς ἄρτι ἐτάχθη, μεγίστη ἔσται, οὐ τῷ εὐδοκιμεῖν λέγω, ἀλλ' ὡς ἀληθῶς μεγίστη, καὶ ἐὰν μόνον ᾖ χιλίων τῶν προπολεμούντων· οὕτω γὰρ μεγάλην πόλιν μίαν οὐ ῥᾳδίως οὔτε ἐν Ἕλλησιν οὔτε ἐν βαρβάροις [b] εὑρήσεις, δοκούσας δὲ πολλὰς καὶ πολλαπλασίας τῆς τηλικαύτης. ἢ ἄλλως οἴει;

Οὐ μὰ τὸν Δί', ἔφη.

3 Οὐκοῦν, ἦν δ' ἐγώ, οὗτος ἂν εἴη καὶ κάλλιστος ὅρος τοῖς ἡμετέροις ἄρχουσιν, ὅσην δεῖ τὸ μέγεθος τὴν πόλιν ποιεῖσθαι καὶ ἡλίκῃ οὔσῃ ὅσην χώραν ἀφορισαμένους τὴν ἄλλην χαίρειν ἐᾶν.

Τίς, ἔφη, ὅρος;

Οἶμαι μέν, ἦν δ' ἐγώ, τόνδε· μέχρι οὗ ἂν ἐθέλῃ αὐξομένη εἶναι μία, μέχρι τούτου αὔξειν, πέρα δὲ μή.

aller anderen in einem einzigen Staat gesammelt würden, [e] dann sieh zu, ob das nicht für den armen Staat gefährlich wäre.«

»Wie naiv bist du«, erwiderte ich, »dass du andere Staaten außer dem, den wir gegründet haben, für würdig hältst, Staat zu heißen.«

»Warum das?«, fragte er.

»Man muss ihnen einen umfassenderen Namen geben. Denn jeder von ihnen ist nicht ein Staat, sondern besteht aus einer Vielzahl von Staaten, wie das auch bei dem Spiel[15] der Fall ist. Mindestens zwei stehen einander feindlich gegenüber, [423a] der Staat der Reichen und der der Armen,[16] und in beiden gibt es wieder viele Staaten; wenn du gegen diese wie gegen einen einzigen Staat vorgehst, hast du schon verloren; wenn du aber gegen sie wie gegen viele vorgehst und die Geld- und Machtmittel der einen, ja auch die Menschen selbst den anderen gibst, wirst du immer viele Bundesgenossen haben und nur wenige Feinde. Solange unser Staat vernünftig verwaltet wird, wie wir es eben festgelegt haben, wird er der größte sein, nicht nur dem guten Ruf nach, meine ich, sondern tatsächlich der stärkste, auch wenn er nur 1000 Krieger hat. Denn einen so starken, geeinten Staat wirst du weder bei den Griechen noch bei den Barbaren leicht [b] finden, wohl aber viele, die den Anschein erwecken, noch vielmal stärker zu sein als er. Oder bist du anderer Meinung?«

»Nein, beim Zeus«, sagte er.

3 »Das wäre dann wohl«, fuhr ich fort, »auch das beste Maß für unsere Herrscher, wie groß sie den Staat machen sollen und welches Gebiet sie für einen solchen Staat abgrenzen sollen; vom restlichen Land aber sollten sie die Finger lassen.«

»Welches Maß meinst du damit?«, fragte er.

»Ich meine damit Folgendes«, antwortete ich. »Der Staat soll wachsen, solange er dabei nicht seine innere Einheit verliert; darüber hinaus aber nicht.«

[c] Καὶ καλῶς γ', ἔφη.

Οὐκοῦν καὶ τοῦτο αὖ ἄλλο πρόσταγμα τοῖς φύλαξι προστάξομεν, φυλάττειν παντὶ τρόπῳ ὅπως μήτε σμικρὰ ἡ πόλις ἔσται μήτε μεγάλη δοκοῦσα, ἀλλά τις ἱκανὴ καὶ μία.

Καὶ φαῦλόν γ', ἔφη, ἴσως αὐτοῖς προστάξομεν.

Καὶ τούτου γε, ἦν δ' ἐγώ, ἔτι φαυλότερον τόδε, οὗ καὶ ἐν τῷ πρόσθεν ἐπεμνήσθημεν λέγοντες ὡς δέοι, ἐάντε τῶν φυλάκων τις φαῦλος ἔκγονος γένηται, εἰς τοὺς ἄλλους [d] αὐτὸν ἀποπέμπεσθαι, ἐάντ' ἐκ τῶν ἄλλων σπουδαῖος, εἰς τοὺς φύλακας. τοῦτο δ' ἐβούλετο δηλοῦν ὅτι καὶ τοὺς ἄλλους πολίτας, πρὸς ὅ τις πέφυκεν, πρὸς τοῦτο ἕνα πρὸς ἓν ἕκαστον ἔργον δεῖ κομίζειν, ὅπως ἂν ἓν τὸ αὑτοῦ ἐπιτηδεύων ἕκαστος μὴ πολλοὶ ἀλλ' εἷς γίγνηται, καὶ οὕτω δὴ σύμπασα ἡ πόλις μία φύηται ἀλλὰ μὴ πολλαί.

Ἔστι γάρ, ἔφη, τοῦτο ἐκείνου σμικρότερον.

Οὔτοι, ἦν δ' ἐγώ, ὦ ἀγαθὲ Ἀδείμαντε, ὡς δόξειεν ἄν τις, ταῦτα πολλὰ καὶ μεγάλα αὐτοῖς προστάττομεν ἀλλὰ [e] πάντα φαῦλα, ἐὰν τὸ λεγόμενον ἓν μέγα φυλάττωσι, μᾶλλον δ' ἀντὶ μεγάλου ἱκανόν.

Τί τοῦτο; ἔφη.

Τὴν παιδείαν, ἦν δ' ἐγώ, καὶ τροφήν· ἐὰν γὰρ εὖ παιδευόμενοι μέτριοι ἄνδρες γίγνωνται, πάντα ταῦτα ῥᾳδίως διόψονται, καὶ ἄλλα γε ὅσα νῦν ἡμεῖς παραλείπομεν, τήν τε τῶν γυναικῶν κτῆσιν καὶ γάμων καὶ παιδοποιίας, ὅτι [424a] δεῖ ταῦτα κατὰ τὴν παροιμίαν πάντα ὅτι μάλιστα κοινὰ τὰ φίλων ποιεῖσθαι.

Ὀρθότατα γάρ, ἔφη, γίγνοιτ' ἄν.

[c] »Sehr gut«, sagte er.

»Damit werden wir den Wächtern auch noch diesen Auftrag geben, auf jede Weise darüber zu wachen, dass der Staat weder zu klein noch allem Anschein nach zu groß wird, sondern dass er die richtige Größe besitzt und einheitlich bleibt.«[17]

»Da geben wir ihnen vermutlich eine leichte[18] Aufgabe«, entgegnete er.

»Noch leichter«, erwiderte ich, »ist das Folgende, was wir früher erwähnten;[19] wir sagten nämlich, sie müssten die schwachen Kinder der Wächter unter die anderen Stände [d] versetzen, die tüchtigen aus den anderen Ständen aber unter die Wächter. Damit sollte gezeigt werden, dass man auch von den anderen Bürgern einen jeden einzig und allein zu der Aufgabe heranziehen soll, für die er von Natur aus geeignet ist, damit er sich mit einer einzigen, und zwar seiner eigenen, Aufgabe beschäftigt und zu einer Einheit wird und sich nicht in viele aufspaltet; und so soll auch der ganze Staat zu einer Einheit heranwachsen, und nicht zu einer Vielheit.«

»Dieser Auftrag ist freilich noch leichter als jener«, sagte er.[20]

»Mein guter Adeimantos«, fuhr ich fort, »damit geben wir den Wächtern nicht, wie man glauben könnte, viele großartige Aufträge, sondern [e] ganz einfache, sofern sie nur die eine große Aufgabe, oder besser gesagt, nicht die große, sondern die angemessene Aufgabe, von der wir sprachen, beachten.«

»Und die wäre?«, fragte er.

»Die Bildung und Erziehung«, antwortete ich. »Wenn sie nämlich eine gute Erziehung erhalten und ordentliche Männer werden, so werden sie sich leicht über all das klar werden und auch noch über anderes, was wir jetzt unerwähnt lassen:[21] den Besitz von Frauen, die Ehe und Kinderzeugung, [424a] dass alles, was Freunden gehört, wie es im Sprichwort[22] heißt, möglichst gemeinsam sein soll.«

»Das wäre freilich ganz richtig«, sagte er.

Καὶ μήν, εἶπον, πολιτεία ἐάνπερ ἅπαξ ὁρμήσῃ εὖ, ἔρχεται ὥσπερ κύκλος αὐξανομένη· τροφὴ γὰρ καὶ παίδευσις χρηστὴ σῳζομένη φύσεις ἀγαθὰς ἐμποιεῖ, καὶ αὖ φύσεις χρησταὶ τοιαύτης παιδείας ἀντιλαμβανόμεναι ἔτι βελτίους τῶν προτέρων φύονται, εἴς τε τἆλλα καὶ εἰς τὸ [b] γεννᾶν, ὥσπερ καὶ ἐν τοῖς ἄλλοις ζῴοις.

Εἰκός γ᾽, ἔφη.

Ὡς τοίνυν διὰ βραχέων εἰπεῖν, τούτου ἀνθεκτέον τοῖς ἐπιμεληταῖς τῆς πόλεως, ὅπως ἂν αὐτοὺς μὴ λάθῃ διαφθαρὲν ἀλλὰ παρὰ πάντα αὐτὸ φυλάττωσι, τὸ μὴ νεωτερίζειν περὶ γυμναστικήν τε καὶ μουσικὴν παρὰ τὴν τάξιν, ἀλλ᾽ ὡς οἷόν τε μάλιστα φυλάττειν, φοβουμένους ὅταν τις λέγῃ ὡς τὴν

ἀοιδὴν μᾶλλον ἐπιφρονέουσ᾽ ἄνθρωποι,
ἥτις ἀειδόντεσσι νεωτάτη ἀμφιπέληται,

[c] μὴ πολλάκις τὸν ποιητήν τις οἴηται λέγειν οὐκ ᾄσματα νέα ἀλλὰ τρόπον ᾠδῆς νέον, καὶ τοῦτο ἐπαινῇ. δεῖ δ᾽ οὔτ᾽ ἐπαινεῖν τὸ τοιοῦτον οὔτε ὑπολαμβάνειν. εἶδος γὰρ καινὸν μουσικῆς μεταβάλλειν εὐλαβητέον ὡς ἐν ὅλῳ κινδυνεύοντα· οὐδαμοῦ γὰρ κινοῦνται μουσικῆς τρόποι ἄνευ πολιτικῶν νόμων τῶν μεγίστων, ὥς φησί τε Δάμων καὶ ἐγὼ πείθομαι.

Καὶ ἐμὲ τοίνυν, ἔφη ὁ Ἀδείμαντος, θὲς τῶν πεπεισμένων.

4 [d] Τὸ δὴ φυλακτήριον, ἦν δ᾽ ἐγώ, ὡς ἔοικεν, ἐνταῦθά που οἰκοδομητέον τοῖς φύλαξιν, ἐν μουσικῇ.

»Und wenn ein Staat einmal«, fuhr ich fort, »so richtig in Schwung ist, dann wächst er fort und fort im Kreis. Denn eine gute Erziehung und Bildung bringt, wenn sie erhalten bleibt, tüchtige Naturen hervor, und diese tüchtigen Naturen wiederum werden, wenn ihnen eine solche Erziehung zuteil wird, noch besser als die früheren; so ist es bei allem und auch bei der [b] Fortpflanzung, wie man ja auch bei den anderen Lebewesen sehen kann.«

»Natürlich«, sagte er.

»Um es nun kurz zu sagen: An dieser Erziehung müssen die Hüter des Staates festhalten, damit sie ihnen nicht unversehens verdorben wird; sie müssen bei jeder Gelegenheit darauf achten, dass in der gymnastischen und musischen Bildung keine Neuerungen einreißen,[23] die die früher festgelegte Ordnung stören, sondern dass diese möglichst gewahrt bleibe; denn wenn einer sagt:

Am liebsten achten die Menschen auf jenen Gesang,
der als neuester die Sänger umtönt,[24]

dann müssen sie befürchten, [c] man meine, der Dichter spreche vielleicht nicht von neuen Liedern, sondern von einer neuen Sangesweise und lobe diese. Solches darf man nicht loben noch annehmen, dass ihm der Dichter zustimmt. Man muss sich nämlich davor hüten, eine neue Art der Musik einzuführen, sonst gefährdet man das Ganze;[25] denn nirgends rüttelt man an den Regeln der Musik, ohne dass auch die wichtigsten Gesetze des Staates erschüttert werden, sagt Damon[26], und ich glaube ihm.«

»Auch mich«, sagte Adeimantos, »darfst du zu denen zählen, die ihm glauben.«

4 [d] »Hier also«, setzte ich fort, »müssen die Wächter offenbar ihr Wächterhaus errichten, hier in der Musik.«

Ἡ γοῦν παρανομία, ἔφη, ῥᾳδίως αὕτη λανθάνει παραδυομένη.

Ναί, ἔφην, ὡς ἐν παιδιᾶς γε μέρει καὶ ὡς κακὸν οὐδὲν ἐργαζομένη.

Οὐδὲ γὰρ ἐργάζεται, ἔφη, ἄλλο γε ἢ κατὰ σμικρὸν εἰσοικισαμένη ἠρέμα ὑπορρεῖ πρὸς τὰ ἤθη τε καὶ τὰ ἐπιτηδεύματα· ἐκ δὲ τούτων εἰς τὰ πρὸς ἀλλήλους συμβόλαια μείζων ἐκβαίνει, ἐκ δὲ δὴ τῶν συμβολαίων ἔρχεται ἐπὶ [e] τοὺς νόμους καὶ πολιτείας σὺν πολλῇ, ὦ Σώκρατες, ἀσελγείᾳ, ἕως ἂν τελευτῶσα πάντα ἰδίᾳ καὶ δημοσίᾳ ἀνατρέψῃ.

Εἶεν, ἦν δ᾽ ἐγώ· οὕτω τοῦτ᾽ ἔχει;

Δοκεῖ μοι, ἔφη.

Οὐκοῦν, ὃ ἐξ ἀρχῆς ἐλέγομεν, τοῖς ἡμετέροις παισὶν ἐννομωτέρου εὐθὺς παιδιᾶς μεθεκτέον, ὡς παρανόμου γιγνομένης αὐτῆς καὶ παίδων τοιούτων ἐννόμους τε καὶ σπουδαίους [425a] ἐξ αὐτῶν ἄνδρας αὐξάνεσθαι ἀδύνατον ὄν;

Πῶς δ᾽ οὐχί; ἔφη.

Ὅταν δὴ ἄρα καλῶς ἀρξάμενοι παῖδες παίζειν εὐνομίαν διὰ τῆς μουσικῆς εἰσδέξωνται, πάλιν τοὐναντίον ἢ ᾽κείνοις εἰς πάντα συνέπεταί τε καὶ αὔξει, ἐπανορθοῦσα εἴ τι καὶ πρότερον τῆς πόλεως ἔκειτο.

Ἀληθῆ μέντοι, ἔφη.

Καὶ τὰ σμικρὰ ἄρα, εἶπον, δοκοῦντα εἶναι νόμιμα ἐξευρίσκουσιν οὗτοι, ἃ οἱ πρότερον ἀπώλλυσαν πάντα.

⟨Τὰ⟩ ποῖα;

[b] Τὰ τοιάδε· σιγάς τε τῶν νεωτέρων παρὰ πρεσβυτέροις ἃς πρέπει, καὶ κατακλίσεις καὶ ὑπαναστάσεις καὶ γονέων θεραπείας,

»Allerdings schleicht sich hier die Ungesetzlichkeit[27] leicht ein, ohne dass man es merkt«, sagte er.

»Ja«, entgegnete ich, »ganz spielerisch, als ob sie nichts Böses anstellen wollte.«[28]

»Sie tut ja auch nichts anderes«, sagte er, »als sich nach und nach einzunisten und still und heimlich die Sitten und Lebensgewohnheiten zu untergraben. Von da breitet sie sich dann, größer geworden, auf den Verkehr der Menschen untereinander aus, und von hier dringt sie mit größter Frechheit, mein Sokrates, in [e] die Gesetze und Verfassungen ein, bis sie schließlich das ganze private und öffentliche Leben umgestürzt hat.«[29]

»Gut«, erwiderte ich, »aber verhält es sich wirklich so?«

»Ich glaube schon«, antwortete er.

»Unsere Kinder müssen sich also, wie wir schon eingangs sagten, gleich an Spielen beteiligen,[30] die nach strengeren Gesetzen geregelt sind; denn wenn diese und mit ihnen die Kinder ohne Gesetze sind, dann können [425a] aus Letzteren keine gesetzestreuen und rechtschaffenen Männer werden.«

»Gewiss nicht«, sagte er.

»Wenn aber die Kinder von allem Anfang an richtig spielen und durch ihre musische Erziehung Gesetzestreue in sich aufnehmen, dann begleitet sie diese wiederum, im Gegensatz zu jenen anderen,[31] überallhin und fördert sie; ja sie richtet auch wieder auf, was vorher im Staat darniederlag.«

»Sehr richtig«, bemerkte er.

»Und diese Menschen«, so fuhr ich fort, »finden dann auch die scheinbar unwesentlichen Umgangsregeln wieder, die ihre Vorfahren samt und sonders verloren haben.«

»Und das wären?«

[b] »Etwa folgende: das gebührende Schweigen der Jüngeren im Beisein von Älteren, das Platzmachen und Aufstehen, die Ehrerbietung vor den Eltern, Frisur, Bekleidung, Schuhe, über-

καὶ κουράς γε καὶ ἀμπεχόνας καὶ ὑποδέσεις καὶ ὅλον τὸν τοῦ σώματος σχηματισμὸν καὶ τἆλλα ὅσα τοιαῦτα. ἢ οὐκ οἴει;

Ἔγωγε.

Νομοθετεῖν δ᾽ αὐτὰ οἶμαι εὔηθες· οὔτε γάρ που γίγνεται οὔτ᾽ ἂν μείνειεν λόγῳ τε καὶ γράμμασιν νομοθετηθέντα.

Πῶς γάρ;

Κινδυνεύει γοῦν, ἦν δ᾽ ἐγώ, ὦ Ἀδείμαντε, ἐκ τῆς παιδείας [c] ὅποι ἄν τις ὁρμήσῃ, τοιαῦτα καὶ τὰ ἑπόμενα εἶναι. ἢ οὐκ ἀεὶ τὸ ὅμοιον ὂν ὅμοιον παρακαλεῖ;

Τί μήν;

Καὶ τελευτῶν δὴ οἶμαι φαῖμεν ἂν εἰς ἕν τι τέλεον καὶ νεανικὸν ἀποβαίνειν αὐτὸ ἢ ἀγαθὸν ἢ καὶ τοὐναντίον.

Τί γὰρ οὔκ; ἦ δ᾽ ὅς.

Ἐγὼ μὲν τοίνυν, εἶπον, διὰ ταῦτα οὐκ ἂν ἔτι τὰ τοιαῦτα ἐπιχειρήσαιμι νομοθετεῖν.

Εἰκότως γ᾽, ἔφη.

Τί δέ, ὦ πρὸς θεῶν, ἔφην, τάδε τὰ ἀγοραῖα, συμβολαίων τε πέρι κατ᾽ ἀγορὰν ἕκαστοι ἃ πρὸς ἀλλήλους συμβάλλουσιν, [d] εἰ δὲ βούλει, καὶ χειροτεχνικῶν περὶ συμβολαίων καὶ λοιδοριῶν καὶ αἰκίας καὶ δικῶν λήξεως καὶ δικαστῶν καταστάσεως, καὶ εἴ που τελῶν τινες ἢ πράξεις ἢ θέσεις ἀναγκαῖοί εἰσιν ἢ κατ᾽ ἀγορὰς ἢ λιμένας, ἢ καὶ τὸ παράπαν ἀγορανομικὰ ἄττα ἢ ἀστυνομικὰ ἢ ἐλλιμενικὰ ἢ ὅσα ἄλλα τοιαῦτα, τούτων τολμήσομέν τι νομοθετεῖν;

Ἀλλ᾽ οὐκ ἄξιον, ἔφη, ἀνδράσι καλοῖς κἀγαθοῖς ἐπιτάττειν· [e] τὰ πολλὰ γὰρ αὐτῶν, ὅσα δεῖ νομοθετήσασθαι, ῥᾳδίως που εὑρήσουσιν.

haupt die ganze äußere Erscheinung und dergleichen mehr.[32] Oder glaubst du nicht?«

»Doch!«

»Das alles gesetzlich zu regeln, halte ich für einfältig. Einerseits ist das gar nicht möglich, andererseits hätte es auch keinen Bestand, wenn man es als Gesetz in Wort und Schrift festlegte.«

»Wie denn auch?«

»Es scheint doch so, mein lieber Adeimantos«, versetzte ich, [c] »wohin sich ein Mensch aufgrund seiner Erziehung bewegt, dem entspricht auch seine folgende Entwicklung. Oder ruft nicht immer Gleiches Gleiches hervor?«[33]

»Natürlich.«

»Und zu guter Letzt können wir, glaube ich, sagen, kommt dabei ein vollendetes kräftiges Ganzes heraus, sei es etwas Gutes oder sein Gegenteil.«

»Ja, gewiss«, erwiderte er.

»Daher möchte ich«, sagte ich, »gar nicht versuchen, solche Dinge gesetzlich festzulegen.«

»Und das mit Recht«, entgegnete er.

»Doch, bei den Göttern«, rief ich, »wie ist das erst beim Marktwesen, bei den Handelsgeschäften, die die Menschen auf dem Markt, [d] wenn du so willst, miteinander treiben, und bei den Geschäften der Handwerker, wie mit den Schmähungen und Misshandlungen, mit den Klageerhebungen, der Einsetzung von Richtern und etwa der Frage, ob das Anordnen und Eintreiben von Markt- und Hafenzöllen notwendig ist, oder überhaupt mit den Markt-, Stadt- und Hafenrechten und ähnlichem, werden wir es wagen, das alles gesetzlich zu regeln?«

»Es wäre unwürdig«, antwortete er, »edlen und tüchtigen Menschen[34] diesbezüglich Vorschriften zu machen; [e] denn das meiste von dem, was man gesetzlich regeln müsste, werden sie von selbst herausfinden.«

Ναί, ὦ φίλε, εἶπον, ἐάν γε θεὸς αὐτοῖς διδῷ σωτηρίαν τῶν νόμων ὧν ἔμπροσθεν διήλθομεν.

Εἰ δὲ μή γε, ἦ δ' ὅς, πολλὰ τοιαῦτα τιθέμενοι ἀεὶ καὶ ἐπανορθούμενοι τὸν βίον διατελέσουσιν, οἰόμενοι ἐπιλήψεσθαι τοῦ βελτίστου.

Λέγεις, ἔφην ἐγώ, βιώσεσθαι τοὺς τοιούτους ὥσπερ τοὺς κάμνοντάς τε καὶ οὐκ ἐθέλοντας ὑπὸ ἀκολασίας ἐκβῆναι πονηρᾶς διαίτης.

Πάνυ μὲν οὖν.

[426a] Καὶ μὴν οὗτοί γε χαριέντως διατελοῦσιν· ἰατρευόμενοι γὰρ οὐδὲν περαίνουσιν, πλήν γε ποικιλώτερα καὶ μείζω ποιοῦσι τὰ νοσήματα, καὶ ἀεὶ ἐλπίζοντες, ἐάν τις φάρμακον συμβουλεύσῃ, ὑπὸ τούτου ἔσεσθαι ὑγιεῖς.

Πάνυ γάρ, ἔφη, τῶν οὕτω καμνόντων τὰ τοιαῦτα πάθη.

Τί δέ; ἦν δ' ἐγώ· τόδε αὐτῶν οὐ χαρίεν, τὸ πάντων ἔχθιστον ἡγεῖσθαι τὸν τἀληθῆ λέγοντα, ὅτι πρὶν ἂν μεθύων καὶ ἐμπιμπλάμενος καὶ ἀφροδισιάζων καὶ ἀργῶν παύσηται, [b] οὔτε φάρμακα οὔτε καύσεις οὔτε τομαὶ οὐδ' αὖ ἐπῳδαὶ αὐτὸν οὐδὲ περίαπτα οὐδὲ ἄλλο τῶν τοιούτων οὐδὲν ὀνήσει;

Οὐ πάνυ χαρίεν, ἔφη· τὸ γὰρ τῷ εὖ λέγοντι χαλεπαίνειν οὐκ ἔχει χάριν.

Οὐκ ἐπαινέτης εἶ, ἔφην ἐγώ, ὡς ἔοικας, τῶν τοιούτων ἀνδρῶν.

Οὐ μέντοι μὰ Δία.

5 Οὐδ' ἂν ἡ πόλις ἄρα, ὅπερ ἄρτι ἐλέγομεν, ὅλη τοιοῦτον ποιῇ, οὐκ ἐπαινέσῃ. ἢ οὐ φαίνονταί σοι ταὐτὸν ἐργάζεσθαι τούτοις τῶν πόλεων ὅσαι κακῶς πολιτευόμεναι προαγορεύουσι [c] τοῖς πολίταις τὴν μὲν κατάστασιν τῆς πόλεως ὅλην μὴ κινεῖν, ὡς ἀποθανουμένους, ὃς ἂν τοῦτο δρᾷ· ὃς δ' ἂν σφᾶς οὕτω πολιτευομένους ἥδιστα θεραπεύῃ καὶ χαρίζηται ὑποτρέχων καὶ προγιγνώσκων τὰς

»Ja, mein Freund«, sagte ich, »wenn Gott ihnen gewährt, dass die Gesetze erhalten bleiben, die wir vorher besprochen haben.«

»Andernfalls«, entgegnete er, »werden sie ihr ganzes Leben lang derartige Gesetze erlassen,[35] sie immer wieder verbessern und glauben, so das Beste zu erreichen.«

»Du meinst also«, fuhr ich fort, »solche Leute lebten wie die Kranken, die, zügellos wie sie sind, ihre falsche Lebensweise nicht ändern wollen.«

»Ganz genau.«

[426a] »Und doch leben sie ganz angenehm. Von Ärzten stets betreut, erreichen sie nichts anderes, als dass sie ihre Krankheiten noch vermehren und verschlimmern; und doch hoffen sie stets, wenn ihnen jemand ein neues Heilmittel rät, durch dieses gesund zu werden.«

»Durchaus«, sagte er, »so ergeht es jenen Kranken.«

»Wie nun, ist es nicht lachhaft«, setzte ich fort, »dass sie den für ihren ärgsten Feind halten, der ihnen die Wahrheit sagt, nämlich dass ihnen [b] kein Heilmittel, kein Brennen oder Schneiden, keine Zaubersprüche oder Amulette noch sonst etwas dieser Art helfen werden, bevor sie nicht aufhörten zu fressen und zu saufen, die Liebe zu genießen und zu faulenzen?«

»Das ist gar nicht lachhaft«, sagte er, »denn einem wohlmeinenden Ratgeber zu zürnen ist kein Scherz.«

»Ein Lobredner solcher Leute bist du offenbar nicht«, entgegnete ich.

»Beim Zeus, nein.«

5 »Also wirst du es auch nicht gutheißen, wenn ein ganzer Staat es so macht, wie wir es eben beschrieben haben. Oder tun deiner Meinung nach nicht alle schlecht verwalteten Staaten dasselbe wie jene Kranken, wenn sie [c] den Bürgern bei Todesstrafe verbieten, an der Gesamtverfassung des Staates zu rühren? Wer einer solchen Politik aber freundlichst dient, sich mit Gefälligkeiten einschmeichelt, ihre Wünsche schon im Voraus

σφετέρας βουλήσεις καὶ ταύτας δεινὸς ᾖ ἀποπληροῦν, οὗτος ἄρα ἀγαθός τε ἔσται ἀνὴρ καὶ σοφὸς τὰ μεγάλα καὶ τιμήσεται ὑπὸ σφῶν;

Ταὐτὸν μὲν οὖν, ἔφη, ἔμοιγε δοκοῦσι δρᾶν, καὶ οὐδ᾽ ὁπωστιοῦν ἐπαινῶ.

[d] Τί δ᾽ αὖ τοὺς ἐθέλοντας θεραπεύειν τὰς τοιαύτας πόλεις καὶ προθυμουμένους; οὐκ ἄγασαι τῆς ἀνδρείας τε καὶ εὐχερείας;

Ἔγωγ᾽, ἔφη, πλήν γ᾽ ὅσοι ἐξηπάτηνται ὑπ᾽ αὐτῶν καὶ οἴονται τῇ ἀληθείᾳ πολιτικοὶ εἶναι, ὅτι ἐπαινοῦνται ὑπὸ τῶν πολλῶν.

Πῶς λέγεις; οὐ συγγιγνώσκεις, ἦν δ᾽ ἐγώ, τοῖς ἀνδράσιν; ἢ οἴει οἷόν τ᾽ εἶναι ἀνδρὶ μὴ ἐπισταμένῳ μετρεῖν, ἑτέρων [e] τοιούτων πολλῶν λεγόντων ὅτι τετράπηχύς ἐστιν, αὐτὸν ταῦτα μὴ ἡγεῖσθαι περὶ αὑτοῦ;

Οὐκ αὖ, ἔφη, τοῦτό γε.

Μὴ τοίνυν χαλέπαινε· καὶ γάρ πού εἰσι πάντων χαριέστατοι οἱ τοιοῦτοι, νομοθετοῦντές τε οἷα ἄρτι διήλθομεν καὶ ἐπανορθοῦντες, ἀεὶ οἰόμενοί τι πέρας εὑρήσειν περὶ τὰ ἐν τοῖς συμβολαίοις κακουργήματα καὶ περὶ ἃ νυνδὴ ἐγὼ ἔλεγον, ἀγνοοῦντες ὅτι τῷ ὄντι ὥσπερ Ὕδραν τέμνουσιν.

[427a] Καὶ μήν, ἔφη, οὐκ ἄλλο γέ τι ποιοῦσιν.

Ἐγὼ μὲν τοίνυν, ἦν δ᾽ ἐγώ, τὸ τοιοῦτον εἶδος νόμων πέρι καὶ πολιτείας οὔτ᾽ ἐν κακῶς οὔτ᾽ ἐν εὖ πολιτευομένῃ πόλει ᾤμην ἂν δεῖν τὸν ἀληθινὸν νομοθέτην πραγματεύεσθαι, ἐν τῇ μὲν ὅτι ἀνωφελῆ καὶ πλέον οὐδέν, ἐν δὲ τῇ ὅτι τὰ μὲν αὐτῶν κἂν ὁστισοῦν εὕροι, τὰ δὲ ὅτι αὐτόματα ἔπεισιν ἐκ τῶν ἔμπροσθεν ἐπιτηδευμάτων.

[b] Τί οὖν, ἔφη, ἔτι ἂν ἡμῖν λοιπὸν τῆς νομοθεσίας εἴη;

errät und auch imstande ist, sie zu erfüllen, der wird als tüchtiger Mann gelten, als weise in den wichtigsten Dingen und als hoch geehrt. Oder?«

»Ich glaube, es ist dasselbe wie bei den Kranken«, sagte er, »und ich billige es keineswegs.«

[d] »Was ist nun mit denen, die bereit und gewillt sind, solchen Staaten zu dienen? Bewunderst du sie nicht wegen ihrer Tapferkeit und Geschicklichkeit?«

»Das schon, aber nicht die, die sich von ihnen täuschen lassen und sich einbilden, wahre Staatsmänner zu sein, weil sie von der Menge gelobt werden.«

»Wie meinst du das?«, fragte ich. »Verstehst du diese Männer nicht? Oder hältst du es für möglich, dass ein Mensch, der des Messens unkundig ist, wenn ihm [e] viele ebenso Unkundige sagen, er sei vier Ellen[36] groß, das von sich nicht glaubt?«

»Wohl kaum«, erwiderte er.

»Also zürne ihnen nicht. Sie sind doch ganz reizende Menschen; sie geben Gesetze, wie wir sie oben beschrieben haben, erneuern sie, weil sie stets glauben, sie könnten dem Betrug im Handelsverkehr und ähnlichen Betrügereien, die ich soeben aufgezählt habe, ein Ende setzen, und merken dabei nicht, dass sie in Wahrheit gleichsam eine Hydra köpfen.«[37]

[427a] »Wahrlich, genau das tun sie«, sagte er.

»Meiner Meinung nach«, so fuhr ich fort, »sollte sich ein wahrer Gesetzgeber mit dieser Art von Gesetzen und Verfassungsfragen nicht abgeben, weder in einem schlecht, noch in einem gut verwalteten Staat, in dem einen Fall, weil es nutzlos ist und nichts dabei herauskommt, im andern, weil manches davon auch jeder selbst herausfinden kann, das Übrige aber sich ganz von selbst aus der früher geschilderten Lebensweise ergibt.«

[b] »Was bleibt uns dann für die Gesetzgebung noch übrig?«, fragte er.

Καὶ ἐγὼ εἶπον ὅτι Ἡμῖν μὲν οὐδέν, τῷ μέντοι Ἀπόλλωνι τῷ ἐν Δελφοῖς τά γε μέγιστα καὶ κάλλιστα καὶ πρῶτα τῶν νομοθετημάτων.

Τὰ ποῖα; ἦ δ᾽ ὅς.

Ἱερῶν τε ἱδρύσεις καὶ θυσίαι καὶ ἄλλαι θεῶν τε καὶ δαιμόνων καὶ ἡρώων θεραπεῖαι· τελευτησάντων ⟨τε⟩ αὖ θῆκαι καὶ ὅσα τοῖς ἐκεῖ δεῖ ὑπηρετοῦντας ἵλεως αὐτοὺς ἔχειν. τὰ γὰρ δὴ τοιαῦτα οὔτ᾽ ἐπιστάμεθα ἡμεῖς οἰκίζοντές τε πόλιν [c] οὐδενὶ ἄλλῳ πεισόμεθα, ἐὰν νοῦν ἔχωμεν, οὐδὲ χρησόμεθα ἐξηγητῇ ἀλλ᾽ ἢ τῷ πατρίῳ· οὗτος γὰρ δήπου ὁ θεὸς περὶ τὰ τοιαῦτα πᾶσιν ἀνθρώποις πάτριος ἐξηγητὴς [ἐν μέσῳ] τῆς γῆς ἐπὶ τοῦ ὀμφαλοῦ καθήμενος ἐξηγεῖται.

Καὶ καλῶς γ᾽, ἔφη, λέγεις· καὶ ποιητέον οὕτω.

6 Ὠικισμένη μὲν τοίνυν, ἦν δ᾽ ἐγώ, ἤδη ἄν σοι εἴη, ὦ παῖ [d] Ἀρίστωνος, ἡ πόλις· τὸ δὲ δὴ μετὰ τοῦτο σκόπει ἐν αὐτῇ, φῶς ποθὲν πορισάμενος ἱκανόν, αὐτός τε καὶ τὸν ἀδελφὸν παρακάλει καὶ Πολέμαρχον καὶ τοὺς ἄλλους, ἐάν πως ἴδωμεν ποῦ ποτ᾽ ἂν εἴη ἡ δικαιοσύνη καὶ ποῦ ἡ ἀδικία, καὶ τί ἀλλήλοιν διαφέρετον, καὶ πότερον δεῖ κεκτῆσθαι τὸν μέλλοντα εὐδαίμονα εἶναι, ἐάντε λανθάνῃ ἐάντε μὴ πάντας θεούς τε καὶ ἀνθρώπους.

Οὐδὲν λέγεις, ἔφη ὁ Γλαύκων· σὺ γὰρ ὑπέσχου ζητήσειν, [e] ὡς οὐχ ὅσιόν σοι ὂν μὴ οὐ βοηθεῖν δικαιοσύνῃ εἰς δύναμιν παντὶ τρόπῳ.

Ἀληθῆ, ἔφην ἐγώ, ὑπομιμνῄσκεις, καὶ ποιητέον μέν γε οὕτως, χρὴ δὲ καὶ ὑμᾶς συλλαμβάνειν.

Ἀλλ᾽, ἔφη, ποιήσομεν οὕτω.

Ἐλπίζω τοίνυν, ἦν δ᾽ ἐγώ, εὑρήσειν αὐτὸ ὧδε. οἶμαι ἡμῖν τὴν πόλιν, εἴπερ ὀρθῶς γε ᾤκισται, τελέως ἀγαθὴν εἶναι.

Darauf erwiderte ich: »Uns gar nichts, dem Apollon in Delphi[38] allerdings die wichtigsten, schönsten und ersten Gesetze.«

»Und welche sind das?«, fragte er.

»Die für den Bau von Tempeln, für Opfer und für den sonstigen Kult der Götter, Dämonen und Heroen, ferner für die Bestattung der Toten und für alles, was man denen dort[39] erweisen muss, um sie gnädig zu stimmen. Denn davon verstehen wir nichts; darin werden wir also bei der Staatsgründung, wenn wir vernünftig sind, [c] keinem anderen folgen, und wir werden uns dabei keines anderen Führers bedienen als des Gottes unserer Väter.[40] Denn dieser Gott ist von unseren Vorfahren her für alle Menschen Berater in diesen Dingen und gibt, auf dem Nabel der Erde sitzend, seine Deutungen.«[41]

»Sehr schön«, sagte er, »so wollen wir es halten.«

6 »Somit wäre nun«, fuhr ich fort, »dein Staat gegründet, Sohn [d] des Ariston. Und jetzt sieh dich um in diesem Staat – nimm dir aber ein ordentliches Licht mit und rufe auch deinen Bruder und Polemarchos und die anderen herbei –, ob wir irgendwo die Gerechtigkeit und die Ungerechtigkeit finden können, wodurch sie sich voneinander unterscheiden, und welche von beiden man besitzen muss, um glücklich zu sein, ob man nun damit vor allen Göttern und Menschen verborgen bleibt oder nicht.«

»O nein«, warf Glaukon ein, »du bist es doch, der versprochen hat, selbst nach ihr zu suchen,[42] [e] weil es nicht fromm von dir wäre, der Gerechtigkeit nicht mit all deinen Kräften beizustehen.«

»Du erinnerst mich zu Recht«, sagte ich, »so soll es also geschehen, ihr aber müsst dabei mit anpacken.«

»Gut, dann machen wir es so«, sagte er.

»Ich hoffe, es auf folgende Weise zu finden«, fuhr ich fort. »Unser Staat ist, glaube ich, wenn er nur richtig gegründet ist, vollkommen gut.«

Ἀνάγκη γ᾿, ἔφη.

Δῆλον δὴ ὅτι σοφή τ᾿ ἐστὶ καὶ ἀνδρεία καὶ σώφρων καὶ δικαία.

Δῆλον.

Οὐκοῦν ὅτι ἂν αὐτῶν εὕρωμεν ἐν αὐτῇ, τὸ ὑπόλοιπον ἔσται τὸ οὐχ ηὑρημένον;

[428a] Τί μήν;

Ὥσπερ τοίνυν ἄλλων τινῶν τεττάρων, εἰ ἕν τι ἐζητοῦμεν αὐτῶν ἐν ὁτῳοῦν, ὁπότε πρῶτον ἐκεῖνο ἔγνωμεν, ἱκανῶς ἂν εἶχεν ἡμῖν, εἰ δὲ τὰ τρία πρότερον ἐγνωρίσαμεν, αὐτῷ ἂν τούτῳ ἐγνώριστο τὸ ζητούμενον· δῆλον γὰρ ὅτι οὐκ ἄλλο ἔτι ἦν ἢ τὸ ὑπολειφθέν.

Ὀρθῶς, ἔφη, λέγεις.

Οὐκοῦν καὶ περὶ τούτων, ἐπειδὴ τέτταρα ὄντα τυγχάνει, ὡσαύτως ζητητέον;

Δῆλα δή.

Καὶ μὲν δὴ πρῶτόν γέ μοι δοκεῖ ἐν αὐτῷ κατάδηλον εἶναι [b] ἡ σοφία· καί τι ἄτοπον περὶ αὐτὴν φαίνεται.

Τί; ἦ δ᾿ ὅς.

Σοφὴ μὲν τῷ ὄντι δοκεῖ μοι ἡ πόλις εἶναι ἣν διήλθομεν· εὔβουλος γάρ, οὐχί;

Ναί.

Καὶ μὴν τοῦτό γε αὐτό, ἡ εὐβουλία, δῆλον ὅτι ἐπιστήμη τίς ἐστιν· οὐ γάρ που ἀμαθίᾳ γε ἀλλ᾿ ἐπιστήμῃ εὖ βουλεύονται.

Δῆλον.

Πολλαὶ δέ γε καὶ παντοδαπαὶ ἐπιστῆμαι ἐν τῇ πόλει εἰσίν.

Πῶς γὰρ οὔ;

Ἆρ᾿ οὖν διὰ τὴν τῶν τεκτόνων ἐπιστήμην σοφὴ καὶ εὔβουλος ἡ πόλις προσρητέα;

»Notwendigerweise«, sagte er.

»Somit ist klar, dass er auch weise, tapfer, besonnen und gerecht ist.«

»Klar.«

»Wenn wir eine dieser Eigenschaften in ihm gefunden haben, dann wird der Rest doch das sein, was wir noch nicht gefunden haben?«

[428a] »Natürlich.«

»Es ist wie mit vier beliebigen anderen Dingen: Suchen wir eines davon, so sind wir zufrieden, wenn wir es irgendwo als Erstes erkannt haben; wenn wir aber die drei anderen zuerst erkannt haben, dann haben wir eben dadurch auch das Gesuchte erkannt, denn es ist klar, dass es nichts anderes sein kann als das, was noch übrig ist.«

»Da hast du recht«, sagte er.

»Können wir also auf dieselbe Weise unsere Suche vornehmen, da es ja gerade auch vier Eigenschaften sind?«

»Natürlich.«

»Als erstes zeigt sich dabei, glaube ich, [b] die Weisheit; bei ihr tritt etwas Sonderbares in Erscheinung.«

»Was denn?«, fragte er.

»Weise scheint mir in der Tat der Staat zu sein, den wir beschrieben haben, denn er ist wohlberaten, nicht?«

»Ja.«

»Und eben diese Wohlberatenheit ist doch offenbar eine Art Wissen; denn wohlberaten ist man nicht aufgrund von Unwissenheit, sondern aufgrund von Wissen.«

»Klar.«

»In einem Staat gibt es aber viele verschiedene Wissensgebiete.«

»Natürlich.«

»Kann man den Staat wegen des Wissens der Baumeister weise und wohlberaten nennen?«

[c] Οὐδαμῶς, ἔφη, διά γε ταύτην, ἀλλὰ τεκτονική.

Οὐκ ἄρα διὰ τὴν ὑπὲρ τῶν ξυλίνων σκευῶν ἐπιστήμην, βουλευομένη ὡς ἂν ἔχοι βέλτιστα, σοφὴ κλητέα πόλις.

Οὐ μέντοι.

Τί δέ; τὴν ὑπὲρ τῶν ἐκ τοῦ χαλκοῦ ἤ τινα ἄλλην τῶν τοιούτων;

Οὐδ᾽ ἡντινοῦν, ἔφη.

Οὐδὲ τὴν ὑπὲρ τοῦ καρποῦ τῆς γενέσεως ἐκ τῆς γῆς, ἀλλὰ γεωργική.

Δοκεῖ μοι.

Τί δ᾽; ἦν δ᾽ ἐγώ· ἔστι τις ἐπιστήμη ἐν τῇ ἄρτι ὑφ᾽ ἡμῶν οἰκισθείσῃ παρά τισι τῶν πολιτῶν, ᾗ οὐχ ὑπὲρ τῶν [d] ἐν τῇ πόλει τινὸς βουλεύεται, ἀλλ᾽ ὑπὲρ αὐτῆς ὅλης, ὅντινα τρόπον αὐτή τε πρὸς αὑτὴν καὶ πρὸς τὰς ἄλλας πόλεις ἄριστα ὁμιλοῖ;

Ἔστι μέντοι.

Τίς, ἔφην ἐγώ, καὶ ἐν τίσιν;

Αὕτη, ἦ δ᾽ ὅς, ἡ φυλακική, καὶ ἐν τούτοις τοῖς ἄρχουσιν οὓς νυνδὴ τελέους φύλακας ὠνομάζομεν.

Διὰ ταύτην οὖν τὴν ἐπιστήμην τί τὴν πόλιν προσαγορεύεις;

Εὔβουλον, ἔφη, καὶ τῷ ὄντι σοφήν.

Πότερον οὖν, ἦν δ᾽ ἐγώ, ἐν τῇ πόλει οἴει ἡμῖν χαλκέας [e] πλείους ἐνέσεσθαι ἢ τοὺς ἀληθινοὺς φύλακας τούτους;

Πολύ, ἔφη, χαλκέας.

Οὐκοῦν, ἔφην, καὶ τῶν ἄλλων ὅσοι ἐπιστήμας ἔχοντες ὀνομάζονταί τινες εἶναι, πάντων τούτων οὗτοι ἂν εἶεν ὀλίγιστοι;

Πολύ γε.

Τῷ σμικροτάτῳ ἄρα ἔθνει καὶ μέρει ἑαυτῆς καὶ τῇ ἐν τούτῳ ἐπι-

[c] »Deswegen gewiss nicht, sondern höchstens geschickt im Bauwesen«, sagte er.

»Auch wegen des Wissens in der Holzverarbeitung kann man den Staat nicht weise nennen, auch wenn er darin bestens beraten ist.«

»Nein.«

»Wie ist's nun beim Wissen in der Metallverarbeitung oder auf einem ähnlichen Gebiet?«

»Nein, auch deswegen nicht«, sagte er.

»Auch nicht wegen der Erzeugung von Feldfrüchten? Dann wäre er höchstens geschickt im Ackerbau.«

»Ich glaube, ja.«

»Wie nun?«, fragte ich. »Gibt es in unserem soeben gegründeten Staat bei irgendwelchen Bürgern ein Wissen, das sich nicht auf die Beratung auf einem Teilgebiet [d] im Staat bezieht, sondern auf ihn als Ganzes, nämlich wie er am besten mit sich selbst und mit den anderen Staaten umgeht?«[43]

»Freilich gibt es das.«

»Was ist das für ein Wissen und wer besitzt es?«, fragte ich.

»Das ist das Wissen der Wächter«, antwortete er, »das die Regenten besitzen, die wir vorhin[44] die vollendeten Wächter genannt haben.«

»Wie nennst du jetzt den Staat wegen eines solchen Wissens?«

»Wohlberaten und wirklich weise«, sagte er.

»Wird es deiner Meinung nach in unserem Staat mehr Schmiede geben [e] als solche wahren Wächter?«[45] fragte ich.

»Viel mehr Schmiede«, antwortete er.

»Und auch unter all den anderen«, fuhr ich fort, »die ein Fachwissen besitzen, von dem sie ihren Namen herleiten, sind die Wächter wohl zahlenmäßig die wenigsten?«

»Weitaus.«

»Also wäre der Staat durch seinen kleinsten Stand und Be-

στήμη, τῷ προεστῶτι καὶ ἄρχοντι, ὅλη σοφὴ ἂν εἴη κατὰ φύσιν οἰκισθεῖσα πόλις· καὶ τοῦτο, ὡς ἔοικε, φύσει [429a] ὀλίγιστον γίγνεται γένος, ᾧ προσήκει ταύτης τῆς ἐπιστήμης μεταλαγχάνειν ἣν μόνην δεῖ τῶν ἄλλων ἐπιστημῶν σοφίαν καλεῖσθαι.

Ἀληθέστατα, ἔφη, λέγεις.

Τοῦτο μὲν δὴ ἓν τῶν τεττάρων οὐκ οἶδα ὅντινα τρόπον ηὑρήκαμεν, αὐτό τε καὶ ὅπου τῆς πόλεως ἵδρυται.

Ἐμοὶ γοῦν δοκεῖ, ἔφη, ἀποχρώντως ηὑρῆσθαι.

7 Ἀλλὰ μὴν ἀνδρεία γε αὐτή τε καὶ ἐν ᾧ κεῖται τῆς πόλεως, δι' ὃ τοιαύτη κλητέα ἡ πόλις, οὐ πάνυ χαλεπὸν ἰδεῖν.

Πῶς δή;

[b] Τίς ἄν, ἦν δ' ἐγώ, εἰς ἄλλο τι ἀποβλέψας ἢ δειλὴν ἢ ἀνδρείαν πόλιν εἴποι ἀλλ' ἢ εἰς τοῦτο τὸ μέρος ὃ προπολεμεῖ τε καὶ στρατεύεται ὑπὲρ αὐτῆς;

Οὐδ' ἂν εἷς, ἔφη, εἰς ἄλλο τι.

Οὐ γὰρ οἶμαι, εἶπον, οἵ γε ἄλλοι ἐν αὐτῇ ἢ δειλοὶ ἢ ἀνδρεῖοι ὄντες κύριοι ἂν εἶεν ἢ τοίαν αὐτὴν εἶναι ἢ τοίαν.

Οὐ γάρ.

Καὶ ἀνδρεία ἄρα πόλις μέρει τινὶ ἑαυτῆς ἐστι, διὰ τὸ ἐν ἐκείνῳ ἔχειν δύναμιν τοιαύτην ἣ διὰ παντὸς σώσει τὴν περὶ [c] τῶν δεινῶν δόξαν, ταὐτά τε αὐτὰ εἶναι καὶ τοιαῦτα, ἅ τε καὶ οἷα ὁ νομοθέτης παρήγγελλεν ἐν τῇ παιδείᾳ. ἢ οὐ τοῦτο ἀνδρείαν καλεῖς;

Οὐ πάνυ, ἔφη, ἔμαθον ὃ εἶπες, ἀλλ' αὖθις εἰπέ.

völkerungsanteil, der dank seinem Wissen in ihm die Leitung und Herrschaft innehat,[46] in seiner Gesamtheit weise, wenn er naturgemäß angelegt ist. Und es ist offenbar auch ganz natürlich, [429a] dass dieser Stand der kleinste ist, der dazu berufen ist, an diesem Wissen teilzuhaben, das allein unter allen Arten des Fachwissens den Namen Weisheit verdient.«

»Da hast du ganz recht«, sagte er.

»Somit haben wir ganz von ungefähr eine der vier Eigenschaften gefunden, nicht nur sie selbst, sondern auch den Platz im Staat, an dem sie sich befindet.«

»Wenigstens mir scheint das Ergebnis unserer Suche hinlänglich sicher«, erwiderte er.

7 »Die Tapferkeit selbst und wo im Staat sie ihren Platz hat, so dass man einen solchen Staat tapfer nennen muss, das herauszufinden ist nicht schwer.«

»Wieso?«

[b] »Wer möchte«, so fragte ich, »einen Staat feige oder tapfer nennen, ohne dabei sein Augenmerk auf den Teil der Bürger zu richten, der für den Staat kämpft und für ihn ins Feld zieht?«

»Gewiss, gerade darauf würde ein jeder achten«, antwortete er.

»Denn ob die anderen Bürger feige oder tapfer sind«, fuhr ich fort, »wäre, denke ich, nicht entscheidend dafür, ob der Staat so ist oder so.«

»Nein.«

»Auch tapfer ist also ein Staat durch einen seiner Teile, weil er in diesem jene Kraft besitzt, die in jeder Lage die [c] Vorstellung von dem, was man zu fürchten hat, bewahren wird, genauso wie es der Gesetzgeber in der Erziehung festgelegt hat. Oder nennst du das nicht Tapferkeit?«

»Ich habe nicht ganz verstanden, was du meinst«, entgegnete er, »erkläre es mir noch einmal.«

Σωτηρίαν ἔγωγ', εἶπον, λέγω τινὰ εἶναι τὴν ἀνδρείαν.

Ποίαν δὴ σωτηρίαν;

Τὴν τῆς δόξης τῆς ὑπὸ νόμου διὰ τῆς παιδείας γεγονυίας περὶ τῶν δεινῶν ἅ τέ ἐστι καὶ οἷα· διὰ παντὸς δὲ ἔλεγον αὐτῆς σωτηρίαν τὸ ἔν τε λύπαις ὄντα διασῴζεσθαι αὐτὴν καὶ ἐν [d] ἡδοναῖς καὶ ἐν ἐπιθυμίαις καὶ ἐν φόβοις καὶ μὴ ἐκβάλλειν. ᾧ δέ μοι δοκεῖ ὅμοιον εἶναι ἐθέλω ἀπεικάσαι, εἰ βούλει.

Ἀλλὰ βούλομαι.

Οὐκοῦν οἶσθα, ἦν δ' ἐγώ, ὅτι οἱ βαφῆς, ἐπειδὰν βουληθῶσι βάψαι ἔρια ὥστ' εἶναι ἁλουργά, πρῶτον μὲν ἐκλέγονται ἐκ τοσούτων χρωμάτων μίαν φύσιν τὴν τῶν λευκῶν, ἔπειτα προπαρασκευάζουσιν, οὐκ ὀλίγῃ παρασκευῇ θεραπεύσαντες ὅπως δέξεται ὅτι μάλιστα τὸ ἄνθος, καὶ οὕτω δὴ βάπτουσι. [e] καὶ ὃ μὲν ἂν τούτῳ τῷ τρόπῳ βαφῇ, δευσοποιὸν γίγνεται τὸ βαφέν, καὶ ἡ πλύσις οὔτ' ἄνευ ῥυμμάτων οὔτε μετὰ ῥυμμάτων δύναται αὐτῶν τὸ ἄνθος ἀφαιρεῖσθαι· ἃ δ' ἂν μή, οἶσθα οἷα δὴ γίγνεται, ἐάντέ τις ἄλλα χρώματα βάπτῃ ἐάντε καὶ ταῦτα μὴ προθεραπεύσας.

Οἶδα, ἔφη, ὅτι καὶ ἔκπλυτα καὶ γελοῖα.

Τοιοῦτον τοίνυν, ἦν δ' ἐγώ, ὑπόλαβε κατὰ δύναμιν ἐργάζεσθαι καὶ ἡμᾶς, ὅτε ἐξελεγόμεθα τοὺς στρατιώτας καὶ [430a] ἐπαιδεύομεν μουσικῇ καὶ γυμναστικῇ· μηδὲν οἴου ἄλλο μηχανᾶσθαι ἢ ὅπως ἡμῖν ὅτι κάλλιστα τοὺς νόμους πεισθέντες δέξοιντο ὥσπερ βαφήν, ἵνα δευσοποιὸς αὐτῶν ἡ δόξα γίγνοιτο καὶ περὶ δεινῶν καὶ περὶ τῶν ἄλλων διὰ τὸ τήν τε φύσιν καὶ τὴν τροφὴν ἐπιτηδείαν ἐσχηκέναι, καὶ μὴ αὐτῶν ἐκπλύναι τὴν βαφὴν τὰ ῥύμματα ταῦτα, δεινὰ ὄντα ἐκκλύζειν, ἥ τε ἡδονή, παντὸς χαλεστραίου δεινοτέρα οὖσα

»Ich meine«, sagte ich, »die Tapferkeit ist eine Art von Bewahren.«

»Was für ein Bewahren?«

»Das Bewahren der Vorstellung, was und wie beschaffen das ist, was man zu fürchten hat, einer Vorstellung, die vom Gesetz her durch die Erziehung vermittelt worden ist. Sie in jeder Lage zu bewahren, damit meinte ich, an ihr festzuhalten in Leiden und [d] in Freuden[47], in der Lust und in der Angst, und sie niemals über Bord zu werfen. Wenn du willst, kann ich dir durch einen Vergleich deutlich machen, was ich meine.«

»Bitte!«

»Du weißt doch«, begann ich, »dass die Färber, wenn sie Wolle purpurn färben wollen, zunächst unter den verschiedenfarbigen Wollen eine Art auswählen, nämlich die weiße; dann präparieren sie diese mit aller Sorgfalt, damit sie die Farbe möglichst gut aufnimmt, und dann erst machen sie sich ans Färben. [e] Was auf diese Art gefärbt worden ist, behält seine Farbe, und kein Waschen, mit oder ohne Lauge, kann ihm seine Farbe nehmen. Andernfalls weißt du ja, was passiert, wenn man ohne diese Vorbereitung färbt, egal ob mit einer anderen Farbe oder mit dieser[48].«

»Ich weiß«, sagte er, »die Farbe wäscht sich aus, und es sieht lächerlich aus.«

»Nimm an«, fuhr ich fort, »dass auch wir mit allen Kräften etwas Ähnliches betrieben haben, als wir die Soldaten auswählten und [430a] sie in Musik und Gymnastik ausbildeten.[49] Und glaube, nichts anderes beabsichtigten wir, als dass sie die Gesetze aus Überzeugung bestens annähmen, wie eine Farbe, damit ihre Vorstellung von dem, was zu fürchten ist, und auch von allem anderen, dank ihrer Natur und der erforderlichen Erziehung,[50] die sie genossen haben, waschecht bleibe und die Lauge, die sonst so kräftig wirkt, ihrer Farbe nichts anhaben kann, wie es die Lust vermag, die kräftiger ist als jedes Erdsalz

τοῦτο δρᾶν [b] καὶ κονίας, λύπη τε καὶ φόβος καὶ ἐπιθυμία, παντὸς ἄλλου ῥύμματος. τὴν δὴ τοιαύτην δύναμιν καὶ σωτηρίαν διὰ παντὸς δόξης ὀρθῆς τε καὶ νομίμου δεινῶν τε πέρι καὶ μὴ ἀνδρείαν ἔγωγε καλῶ καὶ τίθεμαι, εἰ μή τι σὺ ἄλλο λέγεις.

Ἀλλ᾿ οὐδέν, ἦ δ᾿ ὅς, λέγω· δοκεῖς γάρ μοι τὴν ὀρθὴν δόξαν περὶ τῶν αὐτῶν τούτων ἄνευ παιδείας γεγονυῖαν, τήν τε θηριώδη καὶ ἀνδραποδώδη, οὔτε πάνυ νόμιμον ἡγεῖσθαι, ἄλλο τέ τι ἢ ἀνδρείαν καλεῖν.

[c] Ἀληθέστατα, ἦν δ᾿ ἐγώ, λέγεις.

Ἀποδέχομαι τοίνυν τοῦτο ἀνδρείαν εἶναι.

Καὶ γὰρ ἀποδέχου, ἦν δ᾿ ἐγώ, πολιτικήν γε, καὶ ὀρθῶς ἀποδέξῃ· αὖθις δὲ περὶ αὐτοῦ, ἐὰν βούλῃ, ἔτι κάλλιον δίιμεν. νῦν γὰρ οὐ τοῦτο ἐζητοῦμεν, ἀλλὰ δικαιοσύνην· πρὸς οὖν τὴν ἐκείνου ζήτησιν, ὡς ἐγᾦμαι, ἱκανῶς ἔχει.

Ἀλλὰ καλῶς, ἔφη, λέγεις.

8 Δύο μήν, ἦν δ᾿ ἐγώ, ἔτι λοιπὰ ἃ δεῖ κατιδεῖν ἐν τῇ [d] πόλει, ἥ τε σωφροσύνη καὶ οὗ δὴ ἕνεκα πάντα ζητοῦμεν, δικαιοσύνη.

Πάνυ μὲν οὖν.

Πῶς οὖν ἂν τὴν δικαιοσύνην εὕροιμεν, ἵνα μηκέτι πραγματευώμεθα περὶ σωφροσύνης;

Ἐγὼ μὲν τοίνυν, ἔφη, οὔτε οἶδα οὔτ᾿ ἂν βουλοίμην αὐτὸ πρότερον φανῆναι, εἴπερ μηκέτι ἐπισκεψόμεθα σωφροσύνην· ἀλλ᾿ εἰ ἔμοιγε βούλει χαρίζεσθαι, σκόπει πρότερον τοῦτο ἐκείνου.

[e] Ἀλλὰ μέντοι, ἦν δ᾿ ἐγώ, βούλομαί γε, εἰ μὴ ἀδικῶ.

[b] und jede Aschenlauge, und das Leid und die Furcht und die Begierde, die ja stärker sind als jede Lauge. Diese Kraft und das bedingungslose Bewahren der richtigen und gesetzmäßigen Vorstellung von dem, was zu fürchten ist und was nicht, das bezeichne und bestimme ich als Tapferkeit, sofern du nicht anderer Meinung bist.«

»Durchaus nicht«, erwiderte er. »Wie mir scheint, hältst du eine richtige Vorstellung von all diesen Dingen, wenn sie wie bei den Tieren oder Sklaven ohne Erziehung zustande gekommen ist, durchaus nicht für gesetzmäßig und nennst sie auch nicht Tapferkeit.«

[c] »Ganz richtig«, sagte ich.

»Nun, so übernehme ich also deine Definition der Tapferkeit.«

»Ja, übernimm sie nur«, sagte ich, »wenigstens als Tapferkeit, soweit sie den Staat betrifft; da tust du gut daran. Doch wenn du willst, können wir das ein andermal noch genauer besprechen.[51] Im Augenblick untersuchen wir ja nicht die Tapferkeit, sondern die Gerechtigkeit; für jene Untersuchung,[52] glaube ich, reicht das.«

»Da hast du recht«, sagte er.

8 »Es bleiben noch zwei Eigenschaften übrig«, fuhr ich fort, »die wir im Staat betrachten müssen, [d] die Besonnenheit und das, weswegen wir ja die ganze Untersuchung anstellen, die Gerechtigkeit.«

»Richtig.«

»Doch wie könnten wir die Gerechtigkeit finden, ohne uns bei der Besonnenheit aufzuhalten?«

»Das weiß ich nicht«, sagte er, »ich möchte aber auch nicht, dass sich die Gerechtigkeit früher zeigte, falls wir dann auf die Untersuchung der Besonnenheit verzichten müssten. Also tu mir den Gefallen und untersuche zuerst die Besonnenheit.«

[e] »Gewiss, das will ich«, erwiderte ich, »es wäre ja sonst nicht recht von mir.«

Σκόπει δή, ἔφη.

Σκεπτέον, εἶπον· καὶ ὥς γε ἐντεῦθεν ἰδεῖν, συμφωνίᾳ τινὶ καὶ ἁρμονίᾳ προσέοικεν μᾶλλον ἢ τὰ πρότερον.

Πῶς;

Κόσμος πού τις, ἦν δ᾽ ἐγώ, ἡ σωφροσύνη ἐστὶν καὶ ἡδονῶν τινων καὶ ἐπιθυμιῶν ἐγκράτεια, ὥς φασι κρείττω δὴ αὑτοῦ ἀποφαίνοντες οὐκ οἶδ᾽ ὅντινα τρόπον, καὶ ἄλλα ἄττα τοιαῦτα ὥσπερ ἴχνη αὐτῆς λέγεται. ἦ γάρ;

Πάντων μάλιστα, ἔφη.

Οὐκοῦν τὸ μὲν κρείττω αὑτοῦ γελοῖον; ὁ γὰρ ἑαυτοῦ κρείττων καὶ ἥττων δήπου ἂν αὑτοῦ εἴη καὶ ὁ ἥττων κρείττων· [431a] ὁ αὐτὸς γὰρ ἐν ἅπασιν τούτοις προσαγορεύεται.

Τί δ᾽ οὔ;

Ἀλλ᾽, ἦν δ᾽ ἐγώ, φαίνεταί μοι βούλεσθαι λέγειν οὗτος ὁ λόγος ὥς τι ἐν αὐτῷ τῷ ἀνθρώπῳ περὶ τὴν ψυχὴν τὸ μὲν βέλτιον ἔνι, τὸ δὲ χεῖρον, καὶ ὅταν μὲν τὸ βέλτιον φύσει τοῦ χείρονος ἐγκρατὲς ᾖ, τοῦτο λέγειν τὸ κρείττω αὑτοῦ – ἐπαινεῖ γοῦν – ὅταν δὲ ὑπὸ τροφῆς κακῆς ἤ τινος ὁμιλίας κρατηθῇ ὑπὸ πλήθους τοῦ χείρονος σμικρότερον τὸ βέλτιον [b] ὄν, τοῦτο δὲ ὡς ἐν ὀνείδει ψέγειν τε καὶ καλεῖν ἥττω ἑαυτοῦ καὶ ἀκόλαστον τὸν οὕτω διακείμενον.

Καὶ γὰρ ἔοικεν, ἔφη.

Ἀπόβλεπε τοίνυν, ἦν δ᾽ ἐγώ, πρὸς τὴν νέαν ἡμῖν πόλιν, καὶ εὑρήσεις ἐν αὐτῇ τὸ ἕτερον τούτων ἐνόν· κρείττω γὰρ αὐτὴν αὑτῆς δικαίως φήσεις προσαγορεύεσθαι, εἴπερ οὗ τὸ ἄμεινον τοῦ χείρονος ἄρχει σῶφρον κλητέον καὶ κρεῖττον αὑτοῦ.

»So untersuche sie nun«, sagte er.

»So soll es sein«, begann ich. »Soviel ich jetzt schon sehen kann, gleicht die Besonnenheit mehr als die früheren Eigenschaften[53] einem harmonischen Zusammenklang.«

»Wieso?«

»Besonnenheit«, fuhr ich fort, »ist doch eine Art Ordnung und Beherrschung gewisser Lüste und Begierden, wie man sagt; man behauptet auch, jemand sei sich selbst überlegen, auf welche Weise auch immer; und dazu werden noch weitere Merkmale der Besonnenheit genannt, nicht wahr?«

»Allerdings«, sagte er.

»Ist der Ausdruck ›sich selbst überlegen‹ nicht lächerlich? Denn wer sich selbst überlegen ist, müsste schließlich auch sich selbst unterlegen sein und wäre somit der unterlegene Sieger. [431a] Denn in beiden Fällen ist ja von ein und derselben Person die Rede.«

»Natürlich.«

»Mir scheint allerdings«, sagte ich, »dieser Ausdruck will nur besagen, dass es in der Seele des Menschen einen besseren und einen schlechteren Teil gibt, und wenn der von Natur aus bessere Teil über den schlechteren die Oberhand hat, dann nennt man das ›sich selbst überlegen‹ und lobt es auch; wird hingegen infolge der schlechten Erziehung oder eines schlechten Umgangs der kleinere, aber bessere Teil von der Menge des schlechteren beherrscht, [b] dann tadelt man das als Schande und nennt es ›sich selbst unterlegen‹; einen solchen Menschen bezeichnet man als zügellos.«

»Ja, so scheint es«, sagte er.

»Richte deinen Blick jetzt«, so fuhr ich fort, »auf unseren neuen Staat, und du wirst in ihm nur das eine von beiden finden. Denn mit Recht wirst du von ihm sagen, er sei sich selbst überlegen; denn wo das Bessere über das Schlechtere herrscht, dort spricht man von Besonnenheit.«

Ἀλλ᾽ ἀποβλέπω, ἔφη, καὶ ἀληθῆ λέγεις.

Καὶ μὴν καὶ τάς γε πολλὰς καὶ παντοδαπὰς ἐπιθυμίας καὶ [c] ἡδονάς τε καὶ λύπας ἐν παισὶ μάλιστα ἄν τις εὕροι καὶ γυναιξὶ καὶ οἰκέταις καὶ τῶν ἐλευθέρων λεγομένων ἐν τοῖς πολλοῖς τε καὶ φαύλοις.

Πάνυ μὲν οὖν.

Τὰς δέ γε ἁπλᾶς τε καὶ μετρίας, αἳ δὴ μετὰ νοῦ τε καὶ δόξης ὀρθῆς λογισμῷ ἄγονται, ἐν ὀλίγοις τε ἐπιτεύξῃ καὶ τοῖς βέλτιστα μὲν φῦσιν, βέλτιστα δὲ παιδευθεῖσιν.

Ἀληθῆ, ἔφη.

Οὐκοῦν καὶ ταῦτα ὁρᾷς ἐνόντα σοι ἐν τῇ πόλει καὶ κρατουμένας αὐτόθι τὰς ἐπιθυμίας τὰς ἐν τοῖς πολλοῖς τε [d] καὶ φαύλοις ὑπό τε τῶν ἐπιθυμιῶν καὶ τῆς φρονήσεως τῆς ἐν τοῖς ἐλάττοσί τε καὶ ἐπιεικεστέροις;

Ἔγωγ᾽, ἔφη.

9 Εἰ ἄρα δεῖ τινα πόλιν προσαγορεύειν κρείττω ἡδονῶν τε καὶ ἐπιθυμιῶν καὶ αὐτὴν αὑτῆς, καὶ ταύτην προσρητέον.

Παντάπασιν μὲν οὖν, ἔφη.

Ἆρ᾽ οὖν οὐ καὶ σώφρονα κατὰ πάντα ταῦτα;

Καὶ μάλα, ἔφη.

Καὶ μὴν εἴπερ αὖ ἐν ἄλλῃ πόλει ἡ αὐτὴ δόξα ἔνεστι τοῖς [e] τε ἄρχουσι καὶ ἀρχομένοις περὶ τοῦ οὕστινας δεῖ ἄρχειν, καὶ ἐν ταύτῃ ἂν εἴη τοῦτο ἐνόν. ἢ οὐ δοκεῖ;

Καὶ μάλα, ἔφη, σφόδρα.

Ἐν ποτέροις οὖν φήσεις τῶν πολιτῶν τὸ σωφρονεῖν ἐνεῖναι ὅταν οὕτως ἔχωσιν; ἐν τοῖς ἄρχουσιν ἢ ἐν τοῖς ἀρχομένοις;

Ἐν ἀμφοτέροις που, ἔφη.

Ὁρᾷς οὖν, ἦν δ᾽ ἐγώ, ὅτι ἐπιεικῶς ἐμαντευόμεθα ἄρτι ὡς ἁρμονίᾳ τινὶ ἡ σωφροσύνη ὡμοίωται;

»Mit Blick auf unseren Staat gebe ich dir recht«, sagte er.

»Gewiss wird man auch zahlreiche und mannigfaltige Leidenschaften und [c] Lüste besonders bei den Kindern, Frauen und Sklaven finden, aber auch bei der großen Zahl von Minderwertigen unter den sogenannten freien Leuten.«[54]

»Gewiss.«

»Den einfachen und maßvollen Leidenschaften aber, die vom Verstand und der richtigen Vorstellung gelenkt werden,[55] begegnet man nur bei wenigen, und zwar bei den von Natur aus und ihrer Erziehung nach Besten.«

»Das ist wahr«, sagte er.

»Auch das kannst du in deinem Staat sehen, dass die Leidenschaften bei der großen Zahl von [d] Minderwertigen hier von den Leidenschaften und von der Klugheit der wenigen Anständigeren beherrscht werden.«

»Ja, das sehe ich«, sagte er.

9 »Wenn man also von irgendeinem Staat sagen darf, dass er stärker als die Lüste und Leidenschaften und sich selbst überlegen sei, dann wohl von unserem.«

»Ganz gewiss«, entgegnete er.

»Kann man ihn auch besonnen in allem nennen?«

»Sicher«, sagte er.

»Und wenn sich je in einem Staat [e] Herrscher und Beherrschte in der Frage einig sind, wer regieren soll, dann wird es wohl in unserem so sein. Glaubst du nicht?«

»Doch, ganz gewiss«, antwortete er.

»In welchem Teil der Bürger wird nun deiner Meinung nach die Besonnenheit wohnen, wenn sie sich so verhalten, in den Herrschern oder in den Beherrschten?«

»Wohl in beiden«, gab er zur Antwort.

»Siehst du jetzt«, fragte ich, »wie richtig unsere Vermutung eben war, die Besonnenheit gleiche einer Art von Harmonie?«

Τί δή;

Ὅτι οὐχ ὥσπερ ἡ ἀνδρεία καὶ ἡ σοφία ἐν μέρει τινὶ [432a] ἑκατέρα ἐνοῦσα ἡ μὲν σοφήν, ἡ δὲ ἀνδρείαν τὴν πόλιν παρείχετο, οὐχ οὕτω ποιεῖ αὕτη, ἀλλὰ δι᾽ ὅλης ἀτεχνῶς τέταται διὰ πασῶν παρεχομένη συνᾴδοντας τούς τε ἀσθενεστάτους ταὐτὸν καὶ τοὺς ἰσχυροτάτους καὶ τοὺς μέσους, εἰ μὲν βούλει, φρονήσει, εἰ δὲ βούλει, ἰσχύι, εἰ δέ, καὶ πλήθει ἢ χρήμασιν ἢ ἄλλῳ ὁτῳοῦν τῶν τοιούτων· ὥστε ὀρθότατ᾽ ἂν φαῖμεν ταύτην τὴν ὁμόνοιαν σωφροσύνην εἶναι, χείρονός τε καὶ ἀμείνονος κατὰ φύσιν συμφωνίαν ὁπότερον δεῖ ἄρχειν καὶ ἐν πόλει καὶ ἐν ἑνὶ ἑκάστῳ.

[b] Πάνυ μοι, ἔφη, συνδοκεῖ.

Εἶεν, ἦν δ᾽ ἐγώ· τὰ μὲν τρία ἡμῖν ἐν τῇ πόλει κατῶπται, ὥς γε οὑτωσὶ δόξαι· τὸ δὲ δὴ λοιπὸν εἶδος, δι᾽ ὃ ἂν ἔτι ἀρετῆς μετέχοι πόλις, τί ποτ᾽ ἂν εἴη; δῆλον γὰρ ὅτι τοῦτ᾽ ἐστὶν ἡ δικαιοσύνη.

Δῆλον.

Οὐκοῦν, ὦ Γλαύκων, νῦν δὴ ἡμᾶς δεῖ ὥσπερ κυνηγέτας τινὰς θάμνον κύκλῳ περιίστασθαι προσέχοντας τὸν νοῦν, μή πῃ διαφύγῃ ἡ δικαιοσύνη καὶ ἀφανισθεῖσα ἄδηλος γένηται. [c] φανερὸν γὰρ δὴ ὅτι ταύτῃ πῃ ἔστιν· ὅρα οὖν καὶ προθυμοῦ κατιδεῖν, ἐάν πως πρότερος ἐμοῦ ἴδῃς καὶ ἐμοὶ φράσῃς.

Εἰ γὰρ ὤφελον, ἔφη. ἀλλὰ μᾶλλον, ἐάν μοι ἑπομένῳ χρῇ καὶ τὰ δεικνύμενα δυναμένῳ καθορᾶν, πάνυ μοι μετρίως χρήσῃ.

Ἕπου, ἦν δ᾽ ἐγώ, εὐξάμενος μετ᾽ ἐμοῦ.

Ποιήσω ταῦτα, ἀλλὰ μόνον, ἦ δ᾽ ὅς, ἡγοῦ.

Καὶ μήν, εἶπον ἐγώ, δύσβατός γέ τις ὁ τόπος φαίνεται καὶ ἐπίσκιος· ἔστι γοῦν σκοτεινὸς καὶ δυσδιερεύνητος. ἀλλὰ γὰρ ὅμως ἰτέον.

»Wieso?«

»Weil es sich bei ihr nicht so verhält wie bei der Tapferkeit und Weisheit, die nur jeweils einem Teil der Bürger [432a] innewohnt, wobei die eine den Staat weise macht, die andere aber tapfer; vielmehr erstreckt sich die Besonnenheit schlechthin über den ganzen Staat und vereinigt die an Einsicht, Kraft, oder auch an Zahl, Geld und dergleichen Schwächsten und Stärksten und die in der Mitte, wenn du so willst, zu einem vollen Akkord. Diese Einmütigkeit könnten wir mit vollem Recht als Besonnenheit bezeichnen, als eine natürliche Übereinstimmung des schwächeren Teils mit dem stärkeren Teil, im Staat gleichwie in jedem selbst, bei der Frage, welcher von beiden herrschen soll.«

[b] »Damit bin ich ganz einverstanden«, sagte er.

»Nun gut!«, fuhr ich fort. »Diese drei Eigenschaften im Staat haben wir also erkannt, wie es den Anschein hat. Jetzt noch die letzte, durch die ein Staat Anteil nimmt an der Tugend. Was könnte das wohl sein? Klarerweise die Gerechtigkeit.«

»Offenbar.«

»Nun müssen wir, mein Glaukon, wie die Jäger[56] das Gebüsch umstellen und Acht geben, dass uns die Gerechtigkeit nicht entwischt und verschwindet. [c] Denn offenbar ist sie hier irgendwo. Pass auf und bemühe dich, ob du sie etwa vor mir siehst, und sag es mir dann.«

»Wenn ich das nur könnte«, sagte er. »Besser ist's, ich folge dir und kann deine Anweisungen sehen, so werde ich dir viel eher nützlich sein.«

»So folge mir«, entgegnete ich, »und bete mit mir.«[57]

»Das will ich tun«, sagte er, »aber geh nur du voran.«

»Das Gelände erweist sich freilich«, fuhr ich fort, »als schwer zugänglich und dunkel. Finster ist es hier, und die Suche wird schwierig sein. Dennoch müssen wir vorwärts.«

[d] Ἰτέον γάρ, ἔφη.

Καὶ ἐγὼ κατιδών, Ἰοὺ ἰού, εἶπον, ὦ Γλαύκων· κινδυνεύομέν τι ἔχειν ἴχνος, καί μοι δοκεῖ οὐ πάνυ τι ἐκφευξεῖσθαι ἡμᾶς.

Εὖ ἀγγέλλεις, ἦ δ᾽ ὅς.

Ἦ μήν, ἦν δ᾽ ἐγώ, βλακικόν γε ἡμῶν τὸ πάθος.

Τὸ ποῖον;

Πάλαι, ὦ μακάριε, φαίνεται πρὸ ποδῶν ἡμῖν ἐξ ἀρχῆς κυλινδεῖσθαι, καὶ οὐχ ἑωρῶμεν ἄρ᾽ αὐτό, ἀλλ᾽ ἦμεν καταγελαστότατοι· ὥσπερ οἱ ἐν ταῖς χερσὶν ἔχοντες ζητοῦσιν [e] ἐνίοτε ὃ ἔχουσιν, καὶ ἡμεῖς εἰς αὐτὸ μὲν οὐκ ἀπεβλέπομεν, πόρρω δέ ποι ἀπεσκοποῦμεν, ᾗ δὴ καὶ ἐλάνθανεν ἴσως ἡμᾶς.

Πῶς, ἔφη, λέγεις;

Οὕτως, εἶπον, ὡς δοκοῦμέν μοι καὶ λέγοντες αὐτὸ καὶ ἀκούοντες πάλαι οὐ μανθάνειν ἡμῶν αὐτῶν, ὅτι ἐλέγομεν τρόπον τινὰ αὐτό.

Μακρόν, ἔφη, τὸ προοίμιον τῷ ἐπιθυμοῦντι ἀκοῦσαι.

10 [433a] Ἀλλ᾽, ἦν δ᾽ ἐγώ, ἄκουε εἴ τι ἄρα λέγω. ὃ γὰρ ἐξ ἀρχῆς ἐθέμεθα δεῖν ποιεῖν διὰ παντός, ὅτε τὴν πόλιν κατῳκίζομεν, τοῦτό ἐστιν, ὡς ἐμοὶ δοκεῖ, ἤτοι τούτου τι εἶδος ἡ δικαιοσύνη. ἐθέμεθα δὲ δήπου καὶ πολλάκις ἐλέγομεν, εἰ μέμνησαι, ὅτι ἕνα ἕκαστον ἓν δέοι ἐπιτηδεύειν τῶν περὶ τὴν πόλιν, εἰς ὃ αὐτοῦ ἡ φύσις ἐπιτηδειοτάτη πεφυκυῖα εἴη.

Ἐλέγομεν γάρ.

Καὶ μὴν ὅτι γε τὸ τὰ αὑτοῦ πράττειν καὶ μὴ πολυπραγμονεῖν δικαιοσύνη ἐστί, καὶ τοῦτο ἄλλων τε πολλῶν [b] ἀκηκόαμεν καὶ αὐτοὶ πολλάκις εἰρήκαμεν.

Εἰρήκαμεν γάρ.

[d] »Also vorwärts!«, sagte er.

»Und als ich näher hinsah, rief ich: ›Hurra,[58] Glaukon! Es sieht ganz so aus, als hätten wir eine Spur, und wie ich glaube, sollte sie[59] uns jetzt ganz gewiss nicht mehr entwischen‹.«

»Eine frohe Botschaft!«, rief er.

»Zu dumm, was uns da passiert ist«, sagte ich.

»Was denn?«

»Schon längst, mein Bester, ja von allem Anfang an, treibt sie sich offenbar vor unseren Füßen herum;[60] nur haben wir es nicht gesehen, sondern machten uns ganz und gar zum Gespött. Wie Leute, die [e] bisweilen etwas suchen, was sie gerade in den Händen halten, so schauten auch wir nicht darauf, sondern richteten unseren Blick in die Ferne, wodurch es uns natürlich entgangen ist.«

»Wie meinst du das?«, fragte er.

»Ich glaube«, antwortete ich, »dass wir schon lange darüber reden und hören, ohne dass wir selbst merkten, dass wir irgendwie davon sprechen.«

»Eine lange Vorrede«, sagte er, »für einen, der darauf brennt, es zu hören.«

10 [433a] »Höre also«, fuhr ich fort, »ob ich recht habe. Was wir von Anfang an bei unserer Staatsgründung als notwendigen Grundsatz allen Handelns festgelegt haben, das – oder doch eine Form davon – ist offenbar die Gerechtigkeit. Wir haben ja festgelegt und immer wieder gesagt, wenn du dich erinnerst, dass ein jeder nur eine einzige Aufgabe im Staat übernehmen soll, nämlich die, zu der seine Natur am besten geeignet ist.«[61]

»Das sagten wir.«

»Und dass es Gerechtigkeit ist, wenn jeder seine Aufgabe erfüllt und nicht alles Mögliche treibt;[62] das hörten wir auch von vielen anderen [b] und sagten es selbst oft genug.«

»Ja, das sagten wir.«

Τοῦτο τοίνυν, ἦν δ' ἐγώ, ὦ φίλε, κινδυνεύει τρόπον τινὰ γιγνόμενον ἡ δικαιοσύνη εἶναι, τὸ τὰ αὑτοῦ πράττειν. οἶσθα ὅθεν τεκμαίρομαι;

Οὔκ, ἀλλὰ λέγ', ἔφη.

Δοκεῖ μοι, ἦν δ' ἐγώ, τὸ ὑπόλοιπον ἐν τῇ πόλει ὧν ἐσκέμμεθα, σωφροσύνης καὶ ἀνδρείας καὶ φρονήσεως, τοῦτο εἶναι, ὃ πᾶσιν ἐκείνοις τὴν δύναμιν παρέσχεν ὥστε ἐγγενέσθαι, καὶ ἐγγενομένοις γε σωτηρίαν παρέχειν, ἕωσπερ ἂν [c] ἐνῇ. καίτοι ἔφαμεν δικαιοσύνην ἔσεσθαι τὸ ὑπολειφθὲν ἐκείνων, εἰ τὰ τρία εὕροιμεν.

Καὶ γὰρ ἀνάγκη, ἔφη.

Ἀλλὰ μέντοι, ἦν δ' ἐγώ, εἰ δέοι γε κρῖναι τί τὴν πόλιν ἡμῖν τούτων μάλιστα ἀγαθὴν ἀπεργάσεται ἐγγενόμενον, δύσκριτον ἂν εἴη πότερον ἡ ὁμοδοξία τῶν ἀρχόντων τε καὶ ἀρχομένων, ἢ ἡ περὶ δεινῶν τε καὶ μή, ἅττα ἐστί, δόξης ἐννόμου σωτηρία ἐν τοῖς στρατιώταις ἐγγενομένη, ἢ ἡ ἐν [d] τοῖς ἄρχουσι φρόνησίς τε καὶ φυλακὴ ἐνοῦσα, ἢ τοῦτο μάλιστα ἀγαθὴν αὐτὴν ποιεῖ ἐνὸν καὶ ἐν παιδὶ καὶ ἐν γυναικὶ καὶ δούλῳ καὶ ἐλευθέρῳ καὶ δημιουργῷ καὶ ἄρχοντι καὶ ἀρχομένῳ, ὅτι τὸ αὑτοῦ ἕκαστος εἷς ὢν ἔπραττε καὶ οὐκ ἐπολυπραγμόνει.

Δύσκριτον, ἔφη· πῶς δ' οὔ;

Ἐνάμιλλον ἄρα, ὡς ἔοικε, πρὸς ἀρετὴν πόλεως τῇ τε σοφίᾳ αὐτῆς καὶ τῇ σωφροσύνῃ καὶ τῇ ἀνδρείᾳ ἡ τοῦ ἕκαστον ἐν αὐτῇ τὰ αὑτοῦ πράττειν δύναμις.

Καὶ μάλα, ἔφη.

Οὐκοῦν δικαιοσύνην τό γε τούτοις ἐνάμιλλον ἂν εἰς ἀρετὴν [e] πόλεως θείης;

»Gerade das, mein Freund, nämlich seine Aufgabe zu erfüllen«, sprach ich, »scheint, wenn es auf eine bestimmte Art und Weise geschieht, Gerechtigkeit zu sein. Weißt du, woraus ich das schließe?«

»Nein, aber sag es mir«, erwiderte er.

»Es scheint mir«, versetzte ich, »was in unserem Staat noch übrig bleibt – Besonnenheit, Tapferkeit und Einsicht haben wir ja bereits behandelt –, ist das, was all den genannten Eigenschaften die Kraft verliehen hat, sich zu entwickeln und danach Bestand zu haben, solange es ihnen [c] innewohnt. Doch haben wir auch gesagt, Gerechtigkeit bliebe noch übrig, wenn wir die drei anderen Eigenschaften gefunden hätten.«[63]

»Ja, notwendigerweise«, sagte er.

»Wenn wir nun beurteilen müssten«, fuhr ich fort, »welche dieser vier Eigenschaften durch ihr Vorhandensein den Staat in erster Linie gut macht, dann wäre es wohl schwer zu entscheiden, ob es die Einmütigkeit der Herrscher und Beherrschten ist oder das Festhalten an der gesetzmäßigen Vorstellung, was man fürchten soll und was nicht, was ja den Kriegern eigen ist, oder aber [d] die den Herrschern innewohnende Einsicht und Wachsamkeit. Oder macht das den Staat in erster Linie gut, wenn im Kind, in der Frau, im Sklaven[64] und im Freien, im Handwerker und im Herrscher und Beherrschten verankert ist, dass jeder Einzelne für sich seine Aufgabe erfüllt und sich nicht mit anderem verzettelt?«

»Das ist freilich schwer zu entscheiden«, sagte er.

»So wetteifert offenbar das Vermögen, dass jeder im Staat das Seine tut, mit der Weisheit, Besonnenheit und Tapferkeit um die Vollendung des Staates.«

»Durchaus«, sagte er.

»Die Gerechtigkeit also willst du mit diesen zum Wettkampf um die Vollendung [e] des Staates antreten lassen?«

Παντάπασι μὲν οὖν.

Σκόπει δὴ καὶ τῇδε εἰ οὕτω δόξει· ἆρα τοῖς ἄρχουσιν ἐν τῇ πόλει τὰς δίκας προστάξεις δικάζειν;

Τί μήν;

Ἦ ἄλλου οὑτινοσοῦν μᾶλλον ἐφιέμενοι δικάσουσιν ἢ τούτου, ὅπως ἂν ἕκαστοι μήτ᾽ ἔχωσι τἀλλότρια μήτε τῶν αὑτῶν στέρωνται;

Οὔκ, ἀλλὰ τούτου.

Ὡς δικαίου ὄντος;

Ναί.

Καὶ ταύτῃ ἄρα πῃ ἡ τοῦ οἰκείου τε καὶ ἑαυτοῦ ἕξις τε καὶ [434a] πρᾶξις δικαιοσύνη ἂν ὁμολογοῖτο.

Ἔστι ταῦτα.

Ἰδὲ δὴ ἐὰν σοὶ ὅπερ ἐμοὶ συνδοκῇ. τέκτων σκυτοτόμου ἐπιχειρῶν ἔργα ἐργάζεσθαι ἢ σκυτοτόμος τέκτονος, ἢ τὰ ὄργανα μεταλαμβάνοντες τἀλλήλων ἢ τιμάς, ἢ καὶ ὁ αὐτὸς ἐπιχειρῶν ἀμφότερα πράττειν, πάντα τἆλλα μεταλλαττόμενα, ἆρά σοι ἄν τι δοκεῖ μέγα βλάψαι πόλιν;

Οὐ πάνυ, ἔφη.

Ἀλλ᾽ ὅταν γε οἶμαι δημιουργὸς ὢν ἤ τις ἄλλος χρηματιστὴς [b] φύσει, ἔπειτα ἐπαιρόμενος ἢ πλούτῳ ἢ πλήθει ἢ ἰσχύι ἢ ἄλλῳ τῳ τοιούτῳ εἰς τὸ τοῦ πολεμικοῦ εἶδος ἐπιχειρῇ ἰέναι, ἢ τῶν πολεμικῶν τις εἰς τὸ τοῦ βουλευτικοῦ καὶ φύλακος ἀνάξιος ὤν, καὶ τὰ ἀλλήλων οὗτοι ὄργανα μεταλαμβάνωσι καὶ τὰς τιμάς, ἢ ὅταν ὁ αὐτὸς πάντα ταῦτα ἅμα ἐπιχειρῇ πράττειν, τότε οἶμαι καὶ σοὶ δο-

»Ganz richtig.«

»Stelle noch folgende Überlegung an, ob du auch damit einverstanden bist: Wirst du den Herrschern im Staat die Rechtsprechung übertragen?«

»Natürlich.«

»Werden sie bei ihren Entscheidungen nicht am meisten danach trachten, dass sich weder jemand fremdes Gut aneignet noch des Seinen beraubt wird?«

»Gewiss werden sie das.«

»Weil es gerecht ist?«

»Ja.«

»Auch auf diese Weise [434a] würde man also bestätigen, dass es Gerechtigkeit ist, wenn man das Eigene besitzt und das Seine tut.«

»So ist es.«

»Sieh nun, ob du auch bei Folgendem so denkst wie ich: Wenn ein Zimmermann sich anschickte, die Arbeit eines Schusters zu verrichten, oder ein Schuster die eines Zimmermanns, und wenn sie ihre Werkzeuge und ihre Stellung untereinander tauschten oder wenn ein und derselbe beide Berufe ausüben wollte und auch alles Übrige vertauscht würde, glaubst du, das wäre ein großer Schaden für den Staat?«

»Nicht so sehr«, sagte er.

»Wenn aber einer, der – ich nehme einmal an – seiner Anlage nach ein Handwerker oder Geschäftsmann ist, [b] später aber durch Reichtum, durch Unterstützung der Volksmenge, durch Körperkraft oder durch etwas anderes dieser Art emporgekommen ist, nun danach strebte, in den Kriegerstand überzuwechseln, oder wenn einer der Krieger in den Stand der Berater und Wächter aufsteigen wollte, ohne dafür würdig zu sein, wenn diese also ihre Werkzeuge und Stellungen untereinander tauschten, oder aber ein Einziger versuchte, alles zugleich zu machen, dann, glaube ich, bist du auch der Meinung, dass ein

κεῖν ταύτην τὴν τούτων μεταβολὴν καὶ πολυπραγμοσύνην ὄλεθρον εἶναι τῇ πόλει.

Παντάπασι μὲν οὖν.

Ἡ τριῶν ἄρα ὄντων γενῶν πολυπραγμοσύνη καὶ μεταβολὴ [c] εἰς ἄλληλα μεγίστη τε βλάβη τῇ πόλει καὶ ὀρθότατ᾽ ἂν προσαγορεύοιτο μάλιστα κακουργία.

Κομιδῇ μὲν οὖν.

Κακουργίαν δὲ τὴν μεγίστην τῆς ἑαυτοῦ πόλεως οὐκ ἀδικίαν φήσεις εἶναι;

Πῶς δ᾽ οὔ;

11 Τοῦτο μὲν ἄρα ἀδικία. πάλιν δὲ ὧδε λέγωμεν· χρηματιστικοῦ, ἐπικουρικοῦ, φυλακικοῦ γένους οἰκειοπραγία, ἑκάστου τούτων τὸ αὑτοῦ πράττοντος ἐν πόλει, τοὐναντίον ἐκείνου δικαιοσύνη τ᾽ ἂν εἴη καὶ τὴν πόλιν δικαίαν παρέχοι;

[d] Οὐκ ἄλλῃ ἔμοιγε δοκεῖ, ἦ δ᾽ ὅς, ἔχειν ἢ ταύτῃ.

Μηδέν, ἦν δ᾽ ἐγώ, πω πάνυ παγίως αὐτὸ λέγωμεν, ἀλλ᾽ ἐὰν μὲν ἡμῖν καὶ εἰς ἕνα ἕκαστον τῶν ἀνθρώπων ἰὸν τὸ εἶδος τοῦτο ὁμολογῆται καὶ ἐκεῖ δικαιοσύνη εἶναι, συγχωρησόμεθα ἤδη – τί γὰρ καὶ ἐροῦμεν; – εἰ δὲ μή, τότε ἄλλο τι σκεψόμεθα. νῦν δ᾽ ἐκτελέσωμεν τὴν σκέψιν ἣν ᾠήθημεν, εἰ ἐν μείζονί τινι τῶν ἐχόντων δικαιοσύνην πρότερον ἐκεῖ ἐπιχειρήσαιμεν θεάσασθαι, ῥᾷον ἂν ἐν ἑνὶ ἀνθρώπῳ κατιδεῖν οἷόν ἐστιν. καὶ [e] ἔδοξε δὴ ἡμῖν τοῦτο εἶναι πόλις, καὶ οὕτω ᾠκίζομεν ὡς ἐδυνάμεθα ἀρίστην, εὖ εἰδότες ὅτι ἔν γε τῇ ἀγαθῇ ἂν εἴη. ὃ οὖν ἡμῖν ἐκεῖ ἐφάνη, ἐπαναφέρωμεν εἰς τὸν ἕνα,

solcher Tausch unter ihnen und eine solche Vielgeschäftigkeit den Untergang des Staates bedeuten würde.«

»Ganz gewiss.«

»Die Vielgeschäftigkeit und ein Tausch unter diesen drei Ständen wären also der [c] schwerste Schaden für den Staat, und man könnte ihn mit Fug und Recht als das größte Verbrechen bezeichnen.«

»Jawohl.«

»Dass das größte Verbrechen am eigenen Staat die Ungerechtigkeit ist, das wirst du doch zugeben?«

»Natürlich.«

11 »Das wäre also die Ungerechtigkeit. Umgekehrt aber wollen wir sagen: Wenn der Stand des Geschäftsmannes, des Gehilfen und des Wächters das Seine tut und ein jeder von ihnen seine Aufgabe im Staat erfüllt, dann wäre das im Gegenteil davon Gerechtigkeit und würde den Staat gerecht machen.«

[d] »Genau so scheint es auch mir«, erwiderte er.

»Wir wollen das noch nicht ganz so sicher behaupten«, wandte ich ein, »sondern erst, wenn sich diese Art von Gerechtigkeit auch auf jeden einzelnen Menschen übertragen lässt und wir einhellig der Meinung sind, dass es sich auch hier um Gerechtigkeit handelt, erst dann wollen wir uns damit einverstanden erklären. Denn was könnten wir sonst noch sagen? Andernfalls müsste unsere Untersuchung einen anderen Weg einschlagen. Jetzt aber wollen wir sie so zu Ende führen: Wir glaubten doch, wenn wir uns anschickten, die Gerechtigkeit zuerst in einem größeren Rahmen zu beobachten, dann würden wir ihr Wesen leichter beim einzelnen Menschen erkennen.[65] Und [e] dieser größere Rahmen schien uns der Staat zu sein; und so gründeten wir den möglichst besten Staat, wohl wissend, dass sich die Gerechtigkeit in diesem finden würde. Was sich uns dort zeigte, wollen wir auf den Einzelnen übertragen; kommt es da zu einer Übereinstimmung, dann ist es

κἂν μὲν ὁμολογῆται, καλῶς ἕξει· ἐὰν δέ τι ἄλλο ἐν τῷ ἑνὶ ἐμφαίνηται, πάλιν ἐπανιόντες ἐπὶ τὴν πόλιν βασανιοῦμεν, καὶ [435a] τάχ᾽ ἂν παρ᾽ ἄλληλα σκοποῦντες καὶ τρίβοντες, ὥσπερ ἐκ πυρείων ἐκλάμψαι ποιήσαιμεν τὴν δικαιοσύνην· καὶ φανερὰν γενομένην βεβαιωσόμεθα αὐτὴν παρ᾽ ἡμῖν αὐτοῖς.

Ἀλλ᾽, ἔφη, καθ᾽ ὁδόν τε λέγεις καὶ ποιεῖν χρὴ οὕτως.

Ἆρ᾽ οὖν, ἦν δ᾽ ἐγώ, ὅ γε ταὐτὸν ἄν τις προσείποι μεῖζόν τε καὶ ἔλαττον, ἀνόμοιον τυγχάνει ὂν ταύτῃ ᾗ ταὐτὸν προσαγορεύεται, ἢ ὅμοιον;

Ὅμοιον, ἔφη.

[b] Καὶ δίκαιος ἄρα ἀνὴρ δικαίας πόλεως κατ᾽ αὐτὸ τὸ τῆς δικαιοσύνης εἶδος οὐδὲν διοίσει, ἀλλ᾽ ὅμοιος ἔσται.

Ὅμοιος, ἔφη.

Ἀλλὰ μέντοι πόλις γε ἔδοξεν εἶναι δικαία ὅτε ἐν αὐτῇ τριττὰ γένη φύσεων ἐνόντα τὸ αὑτῶν ἕκαστον ἔπραττεν, σώφρων δὲ αὖ καὶ ἀνδρεία καὶ σοφὴ διὰ τῶν αὐτῶν τούτων γενῶν ἄλλ᾽ ἄττα πάθη τε καὶ ἕξεις.

Ἀληθῆ, ἔφη.

Καὶ τὸν ἕνα ἄρα, ὦ φίλε, οὕτως ἀξιώσομεν, τὰ αὐτὰ ταῦτα [c] εἴδη ἐν τῇ αὑτοῦ ψυχῇ ἔχοντα, διὰ τὰ αὐτὰ πάθη ἐκείνοις τῶν αὐτῶν ὀνομάτων ὀρθῶς ἀξιοῦσθαι τῇ πόλει.

Πᾶσα ἀνάγκη, ἔφη.

Εἰς φαῦλόν γε αὖ, ἦν δ᾽ ἐγώ, ὦ θαυμάσιε, σκέμμα ἐμπεπτώκαμεν περὶ ψυχῆς, εἴτε ἔχει τὰ τρία εἴδη ταῦτα ἐν αὑτῇ εἴτε μή.

Οὐ πάνυ μοι δοκοῦμεν, ἔφη, εἰς φαῦλον· ἴσως γάρ, ὦ Σώκρατες, τὸ λεγόμενον ἀληθές, ὅτι χαλεπὰ τὰ καλά.

gut. Zeigt sich die Gerechtigkeit aber beim Einzelnen als etwas anderes, dann kehren wir mit unserer Überprüfung wieder zum Staat zurück, und [435a] wenn wir beide nebeneinander betrachten und wie Feuerhölzer aneinander reiben, werden wir bald die Gerechtigkeit aufleuchten lassen.[66] Ist sie einmal sichtbar geworden, können wir sie so fest in uns selbst verankern.«

»Ja«, versetzte er, »das ist der richtige Weg, so müssen wir es machen.«

»Wenn man nun«, so fuhr ich fort, »etwas Größeres und etwas Kleineres als gleich bezeichnet, sind sie dann einander darin, worin man sie als gleich bezeichnet, unähnlich oder ähnlich?«

»Ähnlich«, sagte er.

[b] »Und ein gerechter Mann wird sich von einem gerechten Staat im Hinblick auf die Gerechtigkeit nicht unterscheiden, sondern ihm ähnlich sein?«[67]

»Natürlich wird er ihm ähnlich sein«, sagte er.

»Ein Staat erschien uns doch gerecht, wenn in ihm drei Klassen von Menschen sind und jede ihre Aufgabe erfüllt; besonnen, tapfer und weise jedoch ist ein solcher Staat aufgrund anderer Eigenschaften und Haltungen dieser drei Klassen.«

»Richtig«, sagte er.

»Wenn nun der Einzelne, mein Freund, – und das forderten wir ja – dieselbe [c] Beschaffenheit in seiner Seele hat, dann werden wir diesen wegen derselben Eigenschaften auch zu Recht desselben Namens würdigen wie den Staat.«

»Ja, unbedingt«, erwiderte er.

»Mein Bester«, sprach ich weiter, »da sind wir ja wieder in eine ganz einfache[68] Untersuchung über die Seele geraten, ob sie nämlich diese drei Eigenschaften[69] in sich hat oder nicht.«

»Gar so einfach«, entgegnete er, »ist das, glaube ich, nicht; vielleicht, mein Sokrates, hat das Sprichwort recht, dass das Schöne schwer ist.«[70]

Φαίνεται, ἦν δ᾽ ἐγώ. καὶ εὖ γ᾽ ἴσθι, ὦ Γλαύκων, ὡς ἡ [d] ἐμὴ δόξα, ἀκριβῶς μὲν τοῦτο ἐκ τοιούτων μεθόδων, οἵαις νῦν ἐν τοῖς λόγοις χρώμεθα, οὐ μή ποτε λάβωμεν – ἄλλη γὰρ μακροτέρα καὶ πλείων ὁδὸς ἡ ἐπὶ τοῦτο ἄγουσα – ἴσως μέντοι τῶν γε προειρημένων τε καὶ προεσκεμμένων ἀξίως.

Οὐκοῦν ἀγαπητόν; ἔφη· ἐμοὶ μὲν γὰρ ἔν γε τῷ παρόντι ἱκανῶς ἂν ἔχοι.

Ἀλλὰ μέντοι, εἶπον, ἔμοιγε καὶ πάνυ ἐξαρκέσει.

Μὴ τοίνυν ἀποκάμῃς, ἔφη, ἀλλὰ σκόπει.

[e] Ἆρ᾽ οὖν ἡμῖν, ἦν δ᾽ ἐγώ, πολλὴ ἀνάγκη ὁμολογεῖν ὅτι γε τὰ αὐτὰ ἐν ἑκάστῳ ἔνεστιν ἡμῶν εἴδη τε καὶ ἤθη ἅπερ ἐν τῇ πόλει; οὐ γάρ που ἄλλοθεν ἐκεῖσε ἀφῖκται. γελοῖον γὰρ ἂν εἴη εἴ τις οἰηθείη τὸ θυμοειδὲς μὴ ἐκ τῶν ἰδιωτῶν ἐν ταῖς πόλεσιν ἐγγεγονέναι, οἳ δὴ καὶ ἔχουσι ταύτην τὴν αἰτίαν, οἷον οἱ κατὰ τὴν Θρᾴκην τε καὶ Σκυθικὴν καὶ σχεδόν τι κατὰ τὸν ἄνω τόπον, ἢ τὸ φιλομαθές, ὃ δὴ τὸν παρ᾽ ἡμῖν [436a] μάλιστ᾽ ἄν τις αἰτιάσαιτο τόπον, ἢ τὸ φιλοχρήματον τὸ περὶ τούς τε Φοίνικας εἶναι καὶ τοὺς κατὰ Αἴγυπτον φαίη τις ἂν οὐχ ἥκιστα.

Καὶ μάλα, ἔφη.

Τοῦτο μὲν δὴ οὕτως ἔχει, ἦν δ᾽ ἐγώ, καὶ οὐδὲν χαλεπὸν γνῶναι.

Οὐ δῆτα.

12 Τόδε δὲ ἤδη χαλεπόν, εἰ τῷ αὐτῷ τούτῳ ἕκαστα πράττομεν ἢ τρισὶν οὖσιν ἄλλο ἄλλῳ· μανθάνομεν μὲν ἑτέρῳ, θυμούμεθα δὲ ἄλλῳ τῶν ἐν ἡμῖν, ἐπιθυμοῦμεν δ᾽ αὖ τρίτῳ τινὶ τῶν περὶ τὴν τρο-

»Offenbar«, sagte ich. »Doch sei davon überzeugt, mein Glaukon, [d] meiner Meinung nach werden wir mit der Methode, deren wir uns jetzt bei der Untersuchung bedienen, das nie genau erfassen; der Weg, der dazu führt, ist nämlich länger und weiter.[71] Doch vielleicht werden wir es auf eine unserer früheren Überlegungen und Betrachtungen würdige Weise erfassen.«

»Sollen wir uns damit zufriedengeben?«, fragte er. »Mir wenigstens genügt es für den Augenblick.«

»Auch ich werde mich damit völlig begnügen«, sagte ich.

»Werde nur nicht müde, sondern setze die Untersuchung fort«, entgegnete er.

[e] »Müssen wir nicht zwangsläufig zugeben«, fuhr ich fort, »dass sich in jedem von uns dieselben Eigenschaften und Charakterzüge befinden wie auch im Staat? Denn anderswoher können sie ja nicht dorthin gekommen sein. Es wäre ja zum Lachen, wenn jemand meinte, das Mutvolle sei nicht von den einzelnen Bürgern her in den Staat gelangt, die ja eben dafür verantwortlich sind, wie etwa die Bewohner von Thrakien oder Skythien oder fast des ganzen Nordens, oder die Wissbegierde, für die man vor allem unsere Gegend verantwortlich macht, [436a] oder die Liebe zum Gelderwerb, die man wohl nicht zuletzt den Phönikern und Ägyptern zusprechen könnte.«[72]

»Ja, gewiss«, sagte er.

»So ist es eben«, erwiderte ich, »das lässt sich unschwer erkennen.«

»Ja.«

12 »Schwierig ist hingegen die Frage, ob wir mit demselben Vermögen alle unsere Handlungen ausüben, oder mit jedem der drei eine andere. Mit dem einen lernen wir, mit dem anderen in uns sind wir mutig, mit dem dritten wieder begehren wir nach den Freuden des Essens und der Fortpflanzung und

φήν τε καὶ γέννησιν ἡδονῶν καὶ ὅσα τούτων [b] ἀδελφά, ἢ ὅλῃ τῇ ψυχῇ καθ' ἕκαστον αὐτῶν πράττομεν, ὅταν ὁρμήσωμεν. ταῦτ' ἔσται τὰ χαλεπὰ διορίσασθαι ἀξίως λόγου.

Καὶ ἐμοὶ δοκεῖ, ἔφη.

Ὧδε τοίνυν ἐπιχειρῶμεν αὐτὰ ὁρίζεσθαι, εἴτε τὰ αὐτὰ ἀλλήλοις εἴτε ἕτερά ἐστι.

Πῶς;

Δῆλον ὅτι ταὐτὸν τἀναντία ποιεῖν ἢ πάσχειν κατὰ ταὐτόν γε καὶ πρὸς ταὐτὸν οὐκ ἐθελήσει ἅμα, ὥστε ἄν που εὑρίσκωμεν ἐν αὐτοῖς ταῦτα γιγνόμενα, εἰσόμεθα ὅτι οὐ ταὐτὸν [c] ἦν ἀλλὰ πλείω.

Εἶεν.

Σκόπει δὴ ὃ λέγω.

Λέγε, ἔφη.

Ἑστάναι, εἶπον, καὶ κινεῖσθαι τὸ αὐτὸ ἅμα κατὰ τὸ αὐτὸ ἆρα δυνατόν;

Οὐδαμῶς.

Ἔτι τοίνυν ἀκριβέστερον ὁμολογησώμεθα, μή πῃ προϊόντες ἀμφισβητήσωμεν. εἰ γάρ τις λέγοι ἄνθρωπον ἑστηκότα, κινοῦντα δὲ τὰς χεῖράς τε καὶ τὴν κεφαλήν, ὅτι ὁ αὐτὸς ἕστηκέ τε καὶ κινεῖται ἅμα, οὐκ ἂν οἶμαι ἀξιοῖμεν οὕτω [d] λέγειν δεῖν, ἀλλ' ὅτι τὸ μέν τι αὐτοῦ ἕστηκε, τὸ δὲ κινεῖται. οὐχ οὕτω;

Οὕτω.

Οὐκοῦν καὶ εἰ ἔτι μᾶλλον χαριεντίζοιτο ὁ ταῦτα λέγων, κομψευόμενος ὡς οἵ γε στρόβιλοι ὅλοι ἑστᾶσί τε ἅμα καὶ κινοῦνται, ὅταν ἐν τῷ αὐτῷ πήξαντες τὸ κέντρον περιφέρωνται, ἢ καὶ ἄλλο τι κύκλῳ περιιὸν ἐν τῇ αὐτῇ ἕδρᾳ τοῦτο δρᾷ, οὐκ ἂν ἀποδεχοίμεθα,

[b] Ähnlichem, oder führen wir ein jedes davon mit der ganzen Seele aus, sobald wir uns dazu aufraffen. Dies genau zu bestimmen wird schwierig sein.«

»Das scheint mir auch so«, sagte er.

»Also wollen wir auf folgende Art und Weise feststellen, ob es immer dasselbe ist oder jeweils etwas anderes.«

»Wie soll das gehen?«

»Es ist klar, dass ein und dasselbe in derselben Lage und Beziehung nicht gleichzeitig Entgegengesetztes tun oder erleiden will; wenn wir daher so etwas in uns vorfinden, dann wissen wir, dass nicht nur eines dafür in Betracht kommt, [c] sondern mehreres.«

»Gut.«

»Überlege, was ich nun sage.«

»Sprich«, sagte er.

»Kann ein und derselbe Gegenstand mit dem gleichen Teil gleichzeitig stillstehen und sich bewegen?«[73]

»Auf keinen Fall.«

»Wir wollen uns noch genauer darüber verständigen, damit wir im weiteren Verlauf nicht in einen Widerspruch geraten. Wenn nämlich jemand von einem Menschen, der stillsteht, aber die Hände und den Kopf bewegt, sagt, dass ein und derselbe zugleich stillsteht und sich bewegt, so würden wir, glaube ich, eine solche Aussage nicht für richtig halten; [d] vielmehr müsste es heißen, dass ein Teil von ihm stillsteht, ein anderer aber sich bewegt. Ist es nicht so?«

»Gewiss.«

»Und wenn nun der, der solches sagte, seinen Spaß und Scherz noch weiter treiben wollte und behauptete: Die Kreisel stehen doch auch als Ganze zugleich still und bewegen sich, wenn sie sich, mit der Spitze auf einer Stelle, herumdrehen, und auch jeder andere Gegenstand, der eine Drehbewegung an Ort und Stelle durchführe, mache das, so würden wir das nicht

ὡς οὐ κατὰ ταὐτὰ ἑαυτῶν [e] τὰ τοιαῦτα τότε μενόντων τε καὶ φερομένων, ἀλλὰ φαῖμεν ἂν ἔχειν αὐτὰ εὐθύ τε καὶ περιφερὲς ἐν αὑτοῖς, καὶ κατὰ μὲν τὸ εὐθὺ ἑστάναι – οὐδαμῇ γὰρ ἀποκλίνειν – κατὰ δὲ τὸ περιφερὲς κύκλῳ κινεῖσθαι, καὶ ὅταν δὲ τὴν εὐθυωρίαν ἢ εἰς δεξιὰν ἢ εἰς ἀριστερὰν ἢ εἰς τὸ πρόσθεν ἢ εἰς τὸ ὄπισθεν ἐγκλίνῃ ἅμα περιφερόμενον, τότε οὐδαμῇ [ἔστιν] ἑστάναι.

Καὶ ὀρθῶς γε, ἔφη.

Οὐδὲν ἄρα ἡμᾶς τῶν τοιούτων λεγόμενον ἐκπλήξει, οὐδὲ μᾶλλόν τι πείσει ὥς ποτέ τι ἂν τὸ αὐτὸ ὂν ἅμα κατὰ [437a] τὸ αὐτὸ πρὸς τὸ αὐτὸ τἀναντία πάθοι ἢ καὶ εἴη ἢ καὶ ποιήσειεν.

Οὔκουν ἐμέ γε, ἔφη.

Ἀλλ᾽ ὅμως, ἦν δ᾽ ἐγώ, ἵνα μὴ ἀναγκαζώμεθα πάσας τὰς τοιαύτας ἀμφισβητήσεις ἐπεξιόντες καὶ βεβαιούμενοι ὡς οὐκ ἀληθεῖς οὔσας μηκύνειν, ὑποθέμενοι ὡς τούτου οὕτως ἔχοντος εἰς τὸ πρόσθεν προΐωμεν, ὁμολογήσαντες, ἐάν ποτε ἄλλῃ φανῇ ταῦτα ἢ ταύτῃ, πάντα ἡμῖν τὰ ἀπὸ τούτου συμβαίνοντα λελυμένα ἔσεσθαι.

Ἀλλὰ χρή, ἔφη, ταῦτα ποιεῖν.

13 [b] Ἆρ᾽ ⟨ἂν⟩ οὖν, ἦν δ᾽ ἐγώ, τὸ ἐπινεύειν τῷ ἀνανεύειν καὶ τὸ ἐφίεσθαί τινος λαβεῖν τῷ ἀπαρνεῖσθαι καὶ τὸ προσάγεσθαι τῷ ἀπωθεῖσθαι, πάντα τὰ τοιαῦτα τῶν ἐναντίων ἀλλήλοις θείης εἴτε ποιημάτων εἴτε παθημάτων; οὐδὲν γὰρ ταύτῃ διοίσει.

Ἀλλ᾽, ἦ δ᾽ ὅς, τῶν ἐναντίων.

Τί οὖν; ἦν δ᾽ ἐγώ· διψῆν καὶ πεινῆν καὶ ὅλως τὰς ἐπιθυμίας, καὶ αὖ τὸ ἐθέλειν καὶ τὸ βούλεσθαι, οὐ πάντα ταῦτα [c] εἰς ἐκεῖνά ποι ἂν θείης τὰ εἴδη τὰ νυνδὴ λεχθέντα; οἷον ἀεὶ τὴν τοῦ ἐπιθυμοῦν-

akzeptieren, weil dort [e] Stillstand und Bewegung nicht dieselben Teile davon betreffen; vielmehr würden wir sagen, diese Gegenstände hätten einen aufrecht stehenden und einen bewegten Teil an sich, mit dem einen stünden sie aufrecht – sie neigen sich ja nach keiner Seite – mit dem anderen aber bewegen sie sich im Kreis; sobald sich aber der aufrecht stehende Teil unter Beibehaltung der Drehbewegung nach rechts oder links, nach vorn oder nach hinten neigt, dann steht der Gegenstand keineswegs mehr still.«

»Ganz richtig«, erwiderte er.

»Solche Einwände werden uns also nicht irremachen, noch uns gar davon überzeugen, dass ein und dasselbe Ding gleichzeitig, im gleichen [437a] Teil und in gleicher Beziehung Entgegengesetztes erleiden, sein oder tun könnte.«

»Mich gewiss nicht«, sagte er.

»Gleichwohl«, fuhr ich fort, »damit wir nicht gezwungen sind, all diesen Widersprüchen nachzugehen und sie des Langen und Breiten als falsch zu erweisen, wollen wir einmal annehmen, dass es sich wie oben besprochen verhält, und fortfahren, allerdings unter der gemeinsamen Voraussetzung: Sollte es dabei zu einem Widerspruch mit dem vorher Gesagten kommen, dann sollen alle daraus gezogenen Schlussfolgerungen hinfällig sein.«

»Ja«, sagte er, »so müssen wir es machen.«

13 [b] »Nun wirst du«, setzte ich fort, »das Bejahen und Verneinen, das Verlangen und Ablehnen, das Anziehen und Abstoßen doch als Gegensätze betrachten, sei es beim Tun oder beim Erleiden? Denn das spielt hier keine Rolle.«

»Natürlich sind das Gegensätze«, sagte er.

»Und wie ist es weiter«, fragte ich, »mit Hunger und Durst, und mit den Begierden überhaupt, mit dem Wollen und Wünschen? Würdest du das alles nicht [c] zu den eben genannten Arten rechnen? Wirst du zum Beispiel nicht sagen, die Seele

τος ψυχὴν οὐχὶ ἤτοι ἐφίεσθαι φήσεις ἐκείνου οὗ ἂν ἐπιθυμῇ, ἢ προσάγεσθαι τοῦτο ὃ ἂν βούληταί οἱ γενέσθαι, ἢ αὖ, καθ᾽ ὅσον ἐθέλει τί οἱ πορισθῆναι, ἐπινεύειν τοῦτο πρὸς αὑτὴν ὥσπερ τινὸς ἐρωτῶντος, ἐπορεγομένην αὐτοῦ τῆς γενέσεως;

Ἔγωγε.

Τί δέ; τὸ ἀβουλεῖν καὶ μὴ ἐθέλειν μηδ᾽ ἐπιθυμεῖν οὐκ εἰς τὸ ἀπωθεῖν καὶ ἀπελαύνειν ἀπ᾽ αὑτῆς καὶ εἰς ἅπαντα τἀναντία ἐκείνοις θήσομεν;

[d] Πῶς γὰρ οὔ;

Τούτων δὴ οὕτως ἐχόντων ἐπιθυμιῶν τι φήσομεν εἶναι εἶδος, καὶ ἐναργεστάτας αὐτῶν τούτων ἥν τε δίψαν καλοῦμεν καὶ ἣν πεῖναν;

Φήσομεν, ἦ δ᾽ ὅς.

Οὐκοῦν τὴν μὲν ποτοῦ, τὴν δ᾽ ἐδωδῆς;

Ναί.

Ἆρ᾽ οὖν, καθ᾽ ὅσον δίψα ἐστί, πλέονος ἄν τινος ἢ οὗ λέγομεν ἐπιθυμία ἐν τῇ ψυχῇ εἴη, οἷον δίψα ἐστὶ δίψα ἆρά γε θερμοῦ ποτοῦ ἢ ψυχροῦ, ἢ πολλοῦ ἢ ὀλίγου, ἢ καὶ ἑνὶ λόγῳ ποιοῦ τινος πώματος; ἢ ἐὰν μέν τις θερμότης τῷ [e] δίψει προσῇ, τὴν τοῦ ψυχροῦ ἐπιθυμίαν προσπαρέχοιτ᾽ ἄν, ἐὰν δὲ ψυχρότης, τὴν τοῦ θερμοῦ; ἐὰν δὲ διὰ πλήθους παρουσίαν πολλὴ ἡ δίψα ᾖ, τὴν τοῦ πολλοῦ παρέξεται, ἐὰν δὲ ὀλίγη, τὴν τοῦ ὀλίγου; αὐτὸ δὲ τὸ διψῆν οὐ μή ποτε ἄλλου γένηται ἐπιθυμία ἢ οὗπερ πέφυκεν, αὐτοῦ πώματος, καὶ αὖ τὸ πεινῆν βρώματος;

Οὕτως, ἔφη, αὐτή γε ἡ ἐπιθυμία ἑκάστη αὐτοῦ μόνον ἑκάστου οὗ πέφυκεν, τοῦ δὲ τοίου ἢ τοίου τὰ προσγιγνόμενα.

des Begehrenden strebt immer nach dem, was sie begehrt, oder sie zieht das an, was sie zu haben wünscht, und sie bejaht bei sich die Erfüllung ihrer Wünsche, wie wenn sie jemand danach fragen würde, trachtet sie doch nach deren Verwirklichung?«

»Gewiss.«

»Wie nun? Das Nichtwollen, das Nichtwünschen und das Nichtbegehren, werden wir das nicht zu dem rechnen, was von der Seele weggestoßen und vertrieben werden muss, und zu allem, was dem oben Genannten entgegengesetzt ist?«

[d] »Natürlich.«

»Da dies nun so ist, werden wir unter der Gattung der Begierden als ihre hervorstechendsten Durst und Hunger nennen?«

»Ja, das werden wir«, sagte er.

»Und zwar die eine als Begierde nach Trank, die andere nach Speise?«

»Ja.«

»Gibt es nun in unserer Seele, soweit es sich um Durst handelt, noch ein weiteres Verlangen, das über das Gesagte hinausgeht? Ist Durst zum Beispiel der Durst nach einem warmen oder kalten Getränk, nach viel oder wenig oder auch, kurz gesagt, der Durst nach einem ganz bestimmten Getränk? Oder wird, wenn Hitze zum [e] Durst dazukommt, diese das Verlangen der Seele nach Kaltem wecken, wenn Kälte, diese aber das Verlangen nach Warmem? Wird der Durst groß sein, wenn viele Getränke vorhanden sind, wenn aber wenige, dann nur gering? Das Dürsten selbst aber ist nie etwas anderes als das natürliche Verlangen nach Trinken, und beim Hungern wiederum ist's das Verlangen nach Speise, oder?«

»So ist«, sagte er, »jedes Verlangen an sich nur auf sein jeweils natürliches Objekt gerichtet und wird erst durch das Hinzutreten von etwas, wie eben beschrieben, zu einem bestimmten Verlangen.«

[438a] Μήτοι τις, ἦν δ᾽ ἐγώ, ἀσκέπτους ἡμᾶς ὄντας θορυβήσῃ, ὡς οὐδεὶς ποτοῦ ἐπιθυμεῖ ἀλλὰ χρηστοῦ ποτοῦ, καὶ οὐ σίτου ἀλλὰ χρηστοῦ σίτου. πάντες γὰρ ἄρα τῶν ἀγαθῶν ἐπιθυμοῦσιν· εἰ οὖν ἡ δίψα ἐπιθυμία ἐστί, χρηστοῦ ἂν εἴη εἴτε πώματος εἴτε ἄλλου ὅτου ἐστὶν ἐπιθυμία, καὶ αἱ ἄλλαι οὕτω.

Ἴσως γὰρ ἄν, ἔφη, δοκοῖ τι λέγειν ὁ ταῦτα λέγων.

Ἀλλὰ μέντοι, ἦν δ᾽ ἐγώ, ὅσα γ᾽ ἐστὶ τοιαῦτα οἷα εἶναί [b] του, τὰ μὲν ποιὰ ἄττα ποιοῦ τινός ἐστιν, ὡς ἐμοὶ δοκεῖ, τὰ δ᾽ αὐτὰ ἕκαστα αὐτοῦ ἑκάστου μόνον.

Οὐκ ἔμαθον, ἔφη.

Οὐκ ἔμαθες, ἔφην, ὅτι τὸ μεῖζον τοιοῦτόν ἐστιν οἷον τινὸς εἶναι μεῖζον;

Πάνυ γε.

Οὐκοῦν τοῦ ἐλάττονος;

Ναί.

Τὸ δέ γε πολὺ μεῖζον πολὺ ἐλάττονος. ἦ γάρ;

Ναί.

Ἆρ᾽ οὖν καὶ τὸ ποτὲ μεῖζον ποτὲ ἐλάττονος, καὶ τὸ ἐσόμενον μεῖζον ἐσομένου ἐλάττονος;

Ἀλλὰ τί μήν; ἦ δ᾽ ὅς.

[c] Καὶ τὰ πλείω δὴ πρὸς τὰ ἐλάττω καὶ τὰ διπλάσια πρὸς τὰ ἡμίσεα καὶ πάντα τὰ τοιαῦτα, καὶ αὖ βαρύτερα πρὸς κουφότερα καὶ θάττω πρὸς τὰ βραδύτερα, καὶ ἔτι γε τὰ θερμὰ πρὸς τὰ ψυχρὰ καὶ πάντα τὰ τούτοις ὅμοια ἆρ᾽ οὐχ οὕτως ἔχει;

[438a] »Dass uns da nicht jemand«, so fuhr ich fort, »unversehens mit dem Einwand irremacht, niemand verlange einfach zu trinken, sondern etwas Gutes zu trinken, und nicht einfach zu essen, sondern etwas Gutes zu essen. Denn alle Menschen verlangen ja nach dem Guten. Wenn nun der Durst ein Verlangen ist, dann ist er das Verlangen nach einem guten Getränk oder Ähnlichem, und ebenso ist es bei auch bei jedem anderen Verlangen.«

»Mit diesem Einwand könnte er wohl recht haben«, sagte er.

»Aber«, setzte ich fort, »alles, was so beschaffen ist, dass es sich auf etwas anderes bezieht, [b] das bezieht sich, denke ich, mit seiner bestimmten Beschaffenheit auf etwas mit derselben Beschaffenheit, während jedes Ding an sich nur mit einem anderen Ding an sich in Beziehung gesetzt werden kann.«

»Das habe ich nicht verstanden«, sagte er.

»Verstehst du nicht«, erwiderte ich, »dass das Größere größer ist in Beziehung zu irgendetwas anderem?«

»Doch.«

»Doch wohl in Beziehung zu etwas Kleinerem?«

»Ja.«

»Und das viel Größere in Beziehung zu etwas viel Kleinerem, nicht wahr?«

»Ja.«

»Und ebenso das, was einmal größer war, in Beziehung zu dem, was einmal kleiner war, und das, was größer sein wird, zu dem, was kleiner sein wird?«

»Selbstverständlich«, erwiderte er.

[c] »Und was mehr ist, bezogen auf das, was weniger ist, das Doppelte bezogen auf die Hälfte und dergleichen mehr; ferner das Schwerere bezogen auf das Leichtere, das Schnellere auf das Langsamere, ebenso das Warme bezogen auf das Kalte, und alles Ähnliche ebenso; ist es nicht so?«

Πάνυ μὲν οὖν.

Τί δὲ τὰ περὶ τὰς ἐπιστήμας; οὐχ ὁ αὐτὸς τρόπος; ἐπιστήμη μὲν αὐτὴ μαθήματος αὐτοῦ ἐπιστήμη ἐστὶν ἢ ὅτου δὴ δεῖ θεῖναι τὴν ἐπιστήμην, ἐπιστήμη δέ τις καὶ ποιά τις [d] ποιοῦ τινος καὶ τινός. λέγω δὲ τὸ τοιόνδε· οὐκ ἐπειδὴ οἰκίας ἐργασίας ἐπιστήμη ἐγένετο, διήνεγκε τῶν ἄλλων ἐπιστημῶν, ὥστε οἰκοδομικὴ κληθῆναι;

Τί μήν;

Ἆρ᾽ οὐ τῷ ποιά τις εἶναι, οἵα ἑτέρα οὐδεμία τῶν ἄλλων;

Ναί.

Οὐκοῦν ἐπειδὴ ποιοῦ τινος, καὶ αὐτὴ ποιά τις ἐγένετο; καὶ αἱ ἄλλαι οὕτω τέχναι τε καὶ ἐπιστῆμαι;

Ἔστιν οὕτω.

14 Τοῦτο τοίνυν, ἦν δ᾽ ἐγώ, φάθι με τότε βούλεσθαι λέγειν, εἰ ἄρα νῦν ἔμαθες, ὅτι ὅσα ἐστὶν οἷα εἶναί του, αὐτὰ μὲν μόνα αὐτῶν μόνων ἐστίν, τῶν δὲ ποιῶν τινων ποιὰ ἄττα. [e] καὶ οὔ τι λέγω, ὡς, οἵων ἂν ᾖ, τοιαῦτα καὶ ἔστιν, ὡς ἄρα καὶ τῶν ὑγιεινῶν καὶ νοσωδῶν ἡ ἐπιστήμη ὑγιεινὴ καὶ νοσώδης καὶ τῶν κακῶν καὶ τῶν ἀγαθῶν κακὴ καὶ ἀγαθή· ἀλλ᾽ ἐπειδὴ οὐκ αὐτοῦ οὗπερ ἐπιστήμη ἐστὶν ἐγένετο ἐπιστήμη, ἀλλὰ ποιοῦ τινος, τοῦτο δ᾽ ἦν ὑγιεινὸν καὶ νοσῶδες, ποιὰ δή τις συνέβη καὶ αὐτὴ γενέσθαι, καὶ τοῦτο αὐτὴν ἐποίησεν μηκέτι ἐπιστήμην ἁπλῶς καλεῖσθαι, ἀλλὰ τοῦ ποιοῦ τινος προσγενομένου ἰατρικήν.

Ἔμαθον, ἔφη, καί μοι δοκεῖ οὕτως ἔχειν.

»Gewiss.«

»Und wie schaut das nun in den Wissensgebieten aus? Ist es da nicht genauso? Das Wissen an sich ist einfach das Wissen von Gelerntem, oder wovon man es sonst als Wissen betrachten muss; ein bestimmtes Wissen bezieht sich aber auch auf einen bestimmten Gegenstand. [d] Ich meine das so: Sobald einmal das Wissen vom Hausbau entstanden war, trennte es sich von dem anderen Wissen ab und wurde Baukunst genannt.«

»Natürlich.«

»Doch wohl, weil es ein bestimmtes Wissen war, wie sonst kein anderes?«

»Ja.«

»Weil es sich auf etwas Bestimmtes bezog, wurde es selbst auch etwas Bestimmtes? Und so ist es auch mit den anderen Künsten und Wissenschaften?«

»So ist es.«

14 »Das also war es, was ich vorher[74] sagen wollte«, fuhr ich fort. »Vielleicht hast du mich jetzt verstanden. Alles, was mit etwas anderem in Beziehung steht, das bezieht sich an sich nur auf ein anderes Ding an sich, das Besondere aber auf das Besondere des anderen. [e] Damit behaupte ich aber keineswegs, dass es so ist wie das, worauf es sich bezieht, dass also die Wissenschaft vom Gesunden und Kranken selbst gesund und krank wäre[75] und das Wissen vom Bösen und Guten selbst böse und gut; da aber diese Wissenschaft nicht eine Wissenschaft von ihrem Gegenstand an sich geworden ist, sondern von etwas Bestimmtem – das war ja das Gesunde und Kranke –, so musste sie auch selbst etwas Bestimmtes werden, und deshalb nannte man sie nicht mehr einfach Wissenschaft, sondern infolge des Besonderen, das noch dazukam, Heilkunde.«

»Jetzt habe ich es verstanden«, sagte er, »und bin derselben Meinung.«

[439a] Τὸ δὲ δὴ δίψος, ἦν δ᾽ ἐγώ, οὐ τούτων θήσεις τῶν τινὸς εἶναι τοῦτο ὅπερ ἐστίν; ἔστι δὲ δήπου δίψος –

Ἔγωγε, ἦ δ᾽ ὅς· πώματός γε.

Οὐκοῦν ποιοῦ μέν τινος πώματος ποιόν τι καὶ δίψος, δίψος δ᾽ οὖν αὐτὸ οὔτε πολλοῦ οὔτε ὀλίγου, οὔτε ἀγαθοῦ οὔτε κακοῦ, οὐδ᾽ ἑνὶ λόγῳ ποιοῦ τινος, ἀλλ᾽ αὐτοῦ πώματος μόνον αὐτὸ δίψος πέφυκεν;

Παντάπασι μὲν οὖν.

Τοῦ διψῶντος ἄρα ἡ ψυχή, καθ᾽ ὅσον διψῇ, οὐκ ἄλλο [b] τι βούλεται ἢ πιεῖν, καὶ τούτου ὀρέγεται καὶ ἐπὶ τοῦτο ὁρμᾷ.

Δῆλον δή.

Οὐκοῦν εἴ ποτέ τι αὐτὴν ἀνθέλκει διψῶσαν, ἕτερον ἄν τι ἐν αὐτῇ εἴη αὐτοῦ τοῦ διψῶντος καὶ ἄγοντος ὥσπερ θηρίον ἐπὶ τὸ πιεῖν; οὐ γὰρ δή, φαμέν, τό γε αὐτὸ τῷ αὐτῷ ἑαυτοῦ περὶ τὸ αὐτὸ ἅμ᾽ ἂ⟨ν⟩ τἀναντία πράττοι.

Οὐ γὰρ οὖν.

Ὥσπερ γε οἶμαι τοῦ τοξότου οὐ καλῶς ἔχει λέγειν ὅτι αὐτοῦ ἅμα αἱ χεῖρες τὸ τόξον ἀπωθοῦνταί τε καὶ προσέλκονται, ἀλλ᾽ ὅτι ἄλλη μὲν ἡ ἀπωθοῦσα χείρ, ἑτέρα δὲ ἡ προσαγομένη.

[c] Παντάπασι μὲν οὖν, ἔφη.

Πότερον δὴ φῶμέν τινας ἔστιν ὅτε διψῶντας οὐκ ἐθέλειν πιεῖν;

Καὶ μάλα γ᾽, ἔφη, πολλοὺς καὶ πολλάκις.

Τί οὖν, ἔφην ἐγώ, φαίη τις ἂν τούτων πέρι; οὐκ ἐνεῖναι μὲν ἐν τῇ ψυχῇ αὐτῶν τὸ κελεῦον, ἐνεῖναι δὲ τὸ κωλῦον πιεῖν, ἄλλο ὂν καὶ κρατοῦν τοῦ κελεύοντος;

Ἔμοιγε, ἔφη, δοκεῖ.

Ἆρ᾽ οὖν οὐ τὸ μὲν κωλῦον τὰ τοιαῦτα ἐγγίγνεται, ὅταν [d] ἐγγέ-

[439a] »Nun aber der Durst«, so sprach ich weiter, »wirst du ihn nicht zu dem rechnen, das sich auf etwas bezieht? Es gibt doch wohl Durst nach …«

»Ich würde sagen«, fiel er mir ins Wort, »nach einem Getränk.«

»Der Durst nach einem bestimmten Getränk ist doch wohl ein bestimmter Durst, der Durst an sich aber bezieht sich weder auf viel oder wenig, noch auf Gutes oder Schlechtes, kurz gesagt, nicht auf etwas Bestimmtes, vielmehr ist er naturgemäß nur auf das Trinken an sich aus.«[76]

»Ganz gewiss.«

»Die Seele des Dürstenden will, wenn sie Durst hat, nichts anderes als [b] trinken; nur danach verlangt und trachtet sie.«

»Natürlich.«

»Wenn sie aber etwas trotz ihrem Durst zurückhält, dann gibt es etwas anderes in ihr als das Dürstende, das sie wie ein Tier zum Trinken treibt; denn ein und dasselbe, so sagten wir ja, könne nicht mit demselben Teil von sich, in Bezug auf dasselbe, gleichzeitig das Entgegengesetzte tun.«

»Nein.«

»So ist es, glaube ich, auch nicht richtig, wenn man vom Bogenschützen sagt, seine Hände würden den Bogen gleichzeitig von sich wegstoßen und anziehen,[77] sondern die eine Hand stößt ihn weg, die andere aber zieht ihn an.«

[c] »Ganz richtig«, sagte er.

»Gibt es auch Dürstende, die nicht trinken wollen?«

»Ja«, erwiderte er, »viele und gar nicht so selten.«

»Wie soll man sich das erklären?«, fragte ich. »Doch wohl so, dass in ihrer Seele etwas ist, das ihnen zu trinken befiehlt, und etwas anderes, das es ihnen verbietet, und Letzteres ist anders und stärker als das Befehlende[78].«

»Ich glaube, ja«, sagte er.

»Entspringt nicht das Verbietende, wenn es auftritt, der ver-

νηται, ἐκ λογισμοῦ, τὰ δὲ ἄγοντα καὶ ἕλκοντα διὰ παθημάτων τε καὶ νοσημάτων παραγίγνεται;

Φαίνεται.

Οὐ δὴ ἀλόγως, ἦν δ᾽ ἐγώ, ἀξιώσομεν αὐτὰ διττά τε καὶ ἕτερα ἀλλήλων εἶναι, τὸ μὲν ᾧ λογίζεται λογιστικὸν προσαγορεύοντες τῆς ψυχῆς, τὸ δὲ ᾧ ἐρᾷ τε καὶ πεινῇ καὶ διψῇ καὶ περὶ τὰς ἄλλας ἐπιθυμίας ἐπτόηται ἀλόγιστόν τε καὶ ἐπιθυμητικόν, πληρώσεών τινων καὶ ἡδονῶν ἑταῖρον.

[e] Οὔκ, ἀλλ᾽ εἰκότως, ἔφη, ἡγοίμεθ᾽ ἂν οὕτως.

Ταῦτα μὲν τοίνυν, ἦν δ᾽ ἐγώ, δύο ἡμῖν ὡρίσθω εἴδη ἐν ψυχῇ ἐνόντα· τὸ δὲ δὴ τοῦ θυμοῦ καὶ ᾧ θυμούμεθα πότερον τρίτον, ἢ τούτων ποτέρῳ ἂν εἴη ὁμοφυές;

Ἴσως, ἔφη, τῷ ἑτέρῳ, τῷ ἐπιθυμητικῷ.

Ἀλλ᾽, ἦν δ᾽ ἐγώ, ποτὲ ἀκούσας τι† πιστεύω τούτῳ· ὡς ἄρα Λεόντιος ὁ Ἀγλαΐωνος ἀνιὼν ἐκ Πειραιῶς ὑπὸ τὸ βόρειον τεῖχος ἐκτός, αἰσθόμενος νεκροὺς παρὰ τῷ δημίῳ κειμένους, ἅμα μὲν ἰδεῖν ἐπιθυμοῖ, ἅμα δὲ αὖ δυσχεραίνοι καὶ ἀποτρέποι ἑαυτόν, καὶ τέως μὲν μάχοιτό τε καὶ παρακαλύπτοιτο, [440a] κρατούμενος δ᾽ οὖν ὑπὸ τῆς ἐπιθυμίας, διελκύσας τοὺς ὀφθαλμούς, προσδραμὼν πρὸς τοὺς νεκρούς, »Ἰδοὺ ὑμῖν«, ἔφη, »ὦ κακοδαίμονες, ἐμπλήσθητε τοῦ καλοῦ θεάματος.«

Ἤκουσα, ἔφη, καὶ αὐτός.

Οὗτος μέντοι, ἔφην, ὁ λόγος σημαίνει τὴν ὀργὴν πολεμεῖν ἐνίοτε ταῖς ἐπιθυμίαις ὡς ἄλλο ὂν ἄλλῳ.

Σημαίνει γάρ, ἔφη.

nünftigen Überlegung, [d] während das, was zu trinken antreibt und verlockt, durch Leidenschaften und Krankheiten[79] entsteht?«

»Es scheint so.«

»Logischerweise«, fuhr ich fort, »werden wir also zwei voneinander verschiedene Teile der Seele annehmen; den Teil, mit dem sie überlegt, nennen wir den vernünftigen, jenen aber, mit dem sie liebt, hungert und dürstet oder sonst etwas leidenschaftlich verlangt, den unvernünftigen und begehrenden, den Freund lustvoller Befriedigung.«

[e] »So wollen wir es mit Recht annehmen«, sagte er.

»Diese zwei Teile seien also«, sagte ich, »von uns in unserer Seele voneinander abgegrenzt; was nun den Mut betrifft und das, wodurch wir zornig werden, ist das ein Drittes oder ist es seiner Natur nach mit einem der beiden anderen verwandt?«[80]

»Vielleicht mit dem zweiten, mit dem Begehrenden«, erwiderte er.

»Aber«, warf ich ein, »ich habe einmal etwas gehört, das ich auch für wahr halte: Leontios[81], der Sohn des Aglaion, kam einmal von Peiraieus herauf, außen entlang der nördlichen Mauer[82]; da sah er, dass beim Scharfrichter Leichen lagen, und empfand zugleich das Verlangen, sie anzuschauen, zugleich aber wandte er sich voll Unwillen ab; eine Weile kämpfte er mit sich und verhüllte seinen Blick; [440a] als aber sein Verlangen siegte, tat er die Augen weit auf, lief zu den Leichen hin und rief: ›Da, ihr verfluchten Augen, genießt den schönen Anblick!‹«

»Das habe ich auch schon gehört«, sagte er.

»Diese Geschichte beweist doch«, bemerkte ich, »wie bisweilen der Unmut mit den Begierden streitet, als wäre er von diesen verschieden.«

»Das beweist sie«, sagte er.

15 Οὐκοῦν καὶ ἄλλοθι, ἔφην, πολλαχοῦ αἰσθανόμεθα, ὅταν [b] βιάζωνταί τινα παρὰ τὸν λογισμὸν ἐπιθυμίαι, λοιδοροῦντά τε αὑτὸν καὶ θυμούμενον τῷ βιαζομένῳ ἐν αὑτῷ, καὶ ὥσπερ δυοῖν στασιαζόντοιν σύμμαχον τῷ λόγῳ γιγνόμενον τὸν θυμὸν τοῦ τοιούτου; ταῖς δ᾽ ἐπιθυμίαις αὐτὸν κοινωνήσαντα, αἱροῦντος λόγου μὴ δεῖν ἀντιπράττειν, οἶμαί σε οὐκ ἂν φάναι γενομένου ποτὲ ἐν σαυτῷ τοῦ τοιούτου αἰσθέσθαι, οἶμαι δ᾽ οὐδ᾽ ἐν ἄλλῳ.

Οὐ μὰ τὸν Δία, ἔφη.

[c] Τί δέ, ἦν δ᾽ ἐγώ, ὅταν τις οἴηται ἀδικεῖν; οὐχ ὅσῳ ἂν γενναιότερος ᾖ, τοσούτῳ ἧττον δύναται ὀργίζεσθαι καὶ πεινῶν καὶ ῥιγῶν καὶ ἄλλο ὁτιοῦν τῶν τοιούτων πάσχων ὑπ᾽ ἐκείνου ὃν ἂν οἴηται δικαίως ταῦτα δρᾶν, καί, ὃ λέγω, οὐκ ἐθέλει πρὸς τοῦτον αὐτοῦ ἐγείρεσθαι ὁ θυμός;

Ἀληθῆ, ἔφη.

Τί δὲ ὅταν ἀδικεῖσθαί τις ἡγῆται; οὐκ ἐν τούτῳ ζεῖ τε καὶ χαλεπαίνει καὶ συμμαχεῖ τῷ δοκοῦντι δικαίῳ καί, διὰ τὸ πεινῆν καὶ διὰ τὸ ῥιγοῦν καὶ πάντα τὰ τοιαῦτα πάσχειν, [d] ὑπομένων καὶ νικᾷ καὶ οὐ λήγει τῶν γενναίων, πρὶν ἂν ἢ διαπράξηται ἢ τελευτήσῃ ἢ ὥσπερ κύων ὑπὸ νομέως ὑπὸ τοῦ λόγου τοῦ παρ᾽ αὐτῷ ἀνακληθεὶς πραϋνθῇ;

Πάνυ μὲν οὖν, ἔφη, ἔοικε τούτῳ ᾧ λέγεις· καίτοι γ᾽ ἐν τῇ ἡμετέρᾳ πόλει τοὺς ἐπικούρους ὥσπερ κύνας ἐθέμεθα ὑπηκόους τῶν ἀρχόντων ὥσπερ ποιμένων πόλεως.

Καλῶς γάρ, ἦν δ᾽ ἐγώ, νοεῖς ὃ βούλομαι λέγειν. ἀλλ᾽ ἦ πρὸς τούτῳ καὶ τόδε ἐνθυμῇ;

[e] Τὸ ποῖον;

Ὅτι τοὐναντίον ἢ ἀρτίως ἡμῖν φαίνεται περὶ τοῦ θυμοειδοῦς.

15 »Machen wir nicht auch sonst«, fuhr ich fort, »immer wieder diese Beobachtung, wenn [b] Begierden einen Menschen gegen seine vernünftige Überlegung bedrängen, wie er sich dann selber schilt und über dieses Drängen, das er in sich verspürt, in Zorn gerät, und dass, wie wenn zwei Parteien miteinander streiten, sein Zorn sich dann mit der Vernunft verbündet? Doch dass er sich mit den Begierden verbündet und gegen die Vernunft handelt, wenn diese etwas verbietet, das hast du, glaube ich, weder an dir selbst beobachtet noch bei einem anderen.«

»Nein, beim Zeus«, sagte er.

[c] »Wie nun«, setzte ich fort, »wenn jemand glaubt, Unrecht zu tun? Wird er nicht, je edler er ist, umso weniger in Zorn geraten können, auch wenn er Hunger, Kälte und Ähnliches von jemandem erleidet, von dem er glaubt, er handle mit Fug und Recht so? Sein Zorn will sich, wie ich meine, nicht gegen ihn erregen.«

»Das ist wahr«, sagte er.

»Und was, wenn jemand nun glaubt, Unrecht zu erleiden? Kocht dann nicht der Zorn in ihm hoch, grollt und kämpft für das, was ihm recht erscheint?[83] Harrt er nicht trotz Hungerns, Frierens und aller anderen Qualen [d] bis zum Sieg aus und lässt nicht ab vom Edlen, bis er es erreicht hat oder stirbt, oder bis er von der eigenen Vernunft, wie ein Hund vom Hirten, zurückgerufen und besänftigt wird?«[84]

»Dein Vergleich ist treffend«, sagte er, »wo wir doch in unserem Staat die Gehilfen gleichsam als Hunde einsetzten, als Untergebene der Herrscher, die wieder gleichsam die Hirten des Staates sind.«

»Du verstehst also ganz richtig, was ich sagen will«, erwiderte ich. »Aber bedenkst du auch noch Folgendes?«

[e] »Was denn?«

»Dass wir jetzt offenbar zur entgegengesetzten Ansicht über

τότε μὲν γὰρ ἐπιθυμητικόν τι αὐτὸ ᾠόμεθα εἶναι, νῦν δὲ πολλοῦ δεῖν φαμεν, ἀλλὰ πολὺ μᾶλλον αὐτὸ ἐν τῇ τῆς ψυχῆς στάσει τίθεσθαι τὰ ὅπλα πρὸς τὸ λογιστικόν.

Παντάπασιν, ἔφη.

Ἆρ᾽ οὖν ἕτερον ὂν καὶ τούτου, ἢ λογιστικοῦ τι εἶδος, ὥστε μὴ τρία ἀλλὰ δύο εἴδη εἶναι ἐν ψυχῇ, λογιστικὸν καὶ ἐπιθυμητικόν; ἢ καθάπερ ἐν τῇ πόλει συνεῖχεν αὐτὴν τρία [441a] ὄντα γένη, χρηματιστικόν, ἐπικουρητικόν, βουλευτικόν, οὕτως καὶ ἐν ψυχῇ τρίτον τοῦτό ἐστι τὸ θυμοειδές, ἐπίκουρον ὂν τῷ λογιστικῷ φύσει, ἐὰν μὴ ὑπὸ κακῆς τροφῆς διαφθαρῇ;

Ἀνάγκη, ἔφη, τρίτον.

Ναί, ἦν δ᾽ ἐγώ, ἄν γε τοῦ λογιστικοῦ ἄλλο τι φανῇ, ὥσπερ τοῦ ἐπιθυμητικοῦ ἐφάνη ἕτερον ὄν.

Ἀλλ᾽ οὐ χαλεπόν, ἔφη, φανῆναι· καὶ γὰρ ἐν τοῖς παιδίοις τοῦτό γ᾽ ἄν τις ἴδοι, ὅτι θυμοῦ μὲν εὐθὺς γενόμενα μεστά ἐστι, λογισμοῦ δ᾽ ἔνιοι μὲν ἔμοιγε δοκοῦσιν οὐδέποτε μεταλαμβάνειν, [b] οἱ δὲ πολλοὶ ὀψέ ποτε.

Ναὶ μὰ Δί᾽, ἦν δ᾽ ἐγώ, καλῶς γε εἶπες. ἔτι δὲ ἐν τοῖς θηρίοις ἄν τις ἴδοι ὃ λέγεις, ὅτι οὕτως ἔχει. πρὸς δὲ τούτοις καὶ ὃ ἄνω που [ἐκεῖ] εἴπομεν, τὸ τοῦ Ὁμήρου μαρτυρήσει, τὸ –

στῆθος δὲ πλήξας κραδίην ἠνίπαπε μύθῳ·

ἐνταῦθα γὰρ δὴ σαφῶς ὡς ἕτερον ἑτέρῳ ἐπιπλῆττον πεποίηκεν [c] Ὅμηρος τὸ ἀναλογισάμενον περὶ τοῦ βελτίονός τε καὶ χείρονος τῷ ἀλογίστως θυμουμένῳ.

das Mutvolle gelangt sind wie vorher. Denn vorher hielten wir es für etwas Begehrendes, jetzt aber sagen wir, das sei bei Weitem nicht so; vielmehr erhebe es beim Streit in unserer Seele die Waffen zugunsten des Vernünftigen.«

»Allerdings«, sagte er.

»Ist es nun auch von diesem verschieden, oder ist es eine Form des Vernünftigen, so dass es nicht drei, sondern nur zwei Seelenteile gibt, nämlich das Vernünftige und das Begehrende? Oder ist es wie im Staat? Wie diesen drei [441a] Stände bilden, der gelderwerbende, der helfende und ratgebende, so gibt es auch in der Seele das Mutvolle als dritten Teil, seiner Natur nach ein Helfer der Vernunft, wenn er nicht durch schlechte Erziehung verdorben ist?«

»Unbedingt gibt es diesen dritten Teil«, sagte er.

»Ja«, fuhr ich fort, »sofern er sich von dem vernünftigen Teil als verschieden erweist, wie er sich ja auch vom begehrenden Teil unterschied.«

»Das lässt sich ohne Weiteres nachweisen«, sagte er. »Schon bei den Kindern kann man ja sehen, dass sie, kaum geboren, voll von Zorn sind,[85] zur Vernunft aber kommen, wie mir scheint, einige gar nicht,[86] [b] die meisten aber doch erst spät.«

»Ja, beim Zeus«, entgegnete ich, »das hast du schön gesagt. Dass es sich so verhält, wie du sagst, könnte man auch bei den Tieren beobachten. Außerdem bezeugt es uns auch das Wort des Homer, das wir schon oben angeführt haben:[87]

> doch er schlug an die Brust und schalt sein Herz mit
> den Worten.

Hier lässt Homer doch deutlich das eine mit dem anderen schelten, [c] nämlich die Vernunft, die über das Bessere und Schlechtere nachdenkt, mit dem unvernünftig zürnenden Herzen.«

Κομιδῇ, ἔφη, ὀρθῶς λέγεις.

16 Ταῦτα μὲν ἄρα, ἦν δ᾽ ἐγώ, μόγις διανενεύκαμεν, καὶ ἡμῖν ἐπιεικῶς ὡμολόγηται τὰ αὐτὰ μὲν ἐν πόλει, τὰ αὐτὰ δ᾽ ἐν ἑνὸς ἑκάστου τῇ ψυχῇ γένη ἐνεῖναι καὶ ἴσα τὸν ἀριθμόν.

Ἔστι ταῦτα.

Οὐκοῦν ἐκεῖνό γε ἤδη ἀναγκαῖον, ὡς πόλις ἦν σοφὴ καὶ ᾧ, οὕτω καὶ τὸν ἰδιώτην καὶ τούτῳ σοφὸν εἶναι;

Τί μήν;

[d] Καὶ ᾧ δὴ ἀνδρεῖος ἰδιώτης καὶ ὥς, τούτῳ καὶ πόλιν ἀνδρείαν καὶ οὕτως, καὶ τἆλλα πάντα πρὸς ἀρετὴν ὡσαύτως ἀμφότερα ἔχειν;

Ἀνάγκη.

Καὶ δίκαιον δή, ὦ Γλαύκων, οἶμαι φήσομεν ἄνδρα εἶναι τῷ αὐτῷ τρόπῳ ᾧπερ καὶ πόλις ἦν δικαία.

Καὶ τοῦτο πᾶσα ἀνάγκη.

Ἀλλ᾽ οὔ πῃ μὴν τοῦτό γε ἐπιλελήσμεθα, ὅτι ἐκείνη γε τῷ τὸ ἑαυτοῦ ἕκαστον ἐν αὐτῇ πράττειν τριῶν ὄντων γενῶν δικαία ἦν.

Οὔ μοι δοκοῦμεν, ἔφη, ἐπιλελῆσθαι.

Μνημονευτέον ἄρα ἡμῖν ὅτι καὶ ἡμῶν ἕκαστος, ὅτου ἂν [e] τὰ αὑτοῦ ἕκαστον τῶν ἐν αὐτῷ πράττῃ, οὗτος δίκαιός τε ἔσται καὶ τὰ αὑτοῦ πράττων.

Καὶ μάλα, ἦ δ᾽ ὅς, μνημονευτέον.

Οὐκοῦν τῷ μὲν λογιστικῷ ἄρχειν προσήκει, σοφῷ ὄντι καὶ ἔχοντι τὴν ὑπὲρ ἁπάσης τῆς ψυχῆς προμήθειαν, τῷ δὲ θυμοειδεῖ ὑπηκόῳ εἶναι καὶ συμμάχῳ τούτου;

Πάνυ γε.

Ἆρ᾽ οὖν οὐχ, ὥσπερ ἐλέγομεν, μουσικῆς καὶ γυμναστικῆς κρᾶσις σύμφωνα αὐτὰ ποιήσει, τὸ μὲν ἐπιτείνουσα καὶ [442a] τρέφου-

»Ganz richtig«, sagte er.

16 »Damit sind wir glücklich ans Ziel gelangt«,[88] fuhr ich fort. »Wir sind uns also mit Recht darüber einig, dass es dieselben und gleich viele Teile im Staat gibt wie in der Seele eines jeden Einzelnen.«

»So ist es.«

»Daraus ergibt sich doch zwangsläufig, wie und wodurch der Staat weise ist, auf dieselbe Weise und eben dadurch ist auch der Einzelne weise.«

»Natürlich.«

[d] »Und wodurch und wie der Einzelne tapfer ist, dadurch und auf diese Weise ist auch der Staat tapfer, und auch in allem anderen, was die Tüchtigkeit betrifft, verhalten sich beide entsprechend.«

»Notwendigerweise.«

»Dann, mein Glaukon, können wir, glaube ich, sagen, dass der Mensch auf die gleiche Weise gerecht ist, wie der Staat.«

»Auch das ist zwingend.«

»Wir haben doch nicht vergessen, dass der Staat dadurch gerecht ist, dass jeder der drei Stände in ihm seine Aufgabe erfüllt.«

»Das haben wir, glaube ich, nicht vergessen«, sagte er.

»Wir müssen also daran festhalten, dass auch ein jeder von uns, bei dem [e] jeder Seelenteil seine Aufgabe erfüllt, gerecht ist und seine Aufgabe erfüllt.«

»Ja, das müssen wir«, sagte er.

»Also kommt dem vernünftigen Seelenteil das Herrschen zu, da er weise ist und die Obsorge für die ganze Seele hat, dem mutvollen Teil aber, jenem zu gehorchen und beizustehen.«

»Gewiss.«

»Wird nun nicht, wie wir gesagt haben,[89] eine Mischung aus musischer und gymnastischer Erziehung diese beiden Seelenteile zum Einklang bringen, indem sie den einen[90] anspannt

σα λόγοις τε καλοῖς καὶ μαθήμασιν, τὸ δὲ ἀνιεῖσα παραμυθουμένη, ἡμεροῦσα ἁρμονίᾳ τε καὶ ῥυθμῷ;

Κομιδῇ γε, ἦ δ' ὅς.

Καὶ τούτω δὴ οὕτω τραφέντε καὶ ὡς ἀληθῶς τὰ αὐτῶν μαθόντε καὶ παιδευθέντε προστήσεσθον τοῦ ἐπιθυμητικοῦ – ὃ δὴ πλεῖστον τῆς ψυχῆς ἐν ἑκάστῳ ἐστὶ καὶ χρημάτων φύσει ἀπληστότατον – ὃ τηρήσετον μὴ τῷ πίμπλασθαι τῶν περὶ τὸ σῶμα καλουμένων ἡδονῶν πολὺ καὶ ἰσχυρὸν γενόμενον [b] οὐκ αὖ τὰ αὐτοῦ πράττῃ, ἀλλὰ καταδουλώσασθαι καὶ ἄρχειν ἐπιχειρήσῃ ὧν οὐ προσῆκον αὐτῷ γένει, καὶ σύμπαντα τὸν βίον πάντων ἀνατρέψῃ.

Πάνυ μὲν οὖν, ἔφη.

Ἆρ' οὖν, ἦν δ' ἐγώ, καὶ τοὺς ἔξωθεν πολεμίους τούτω ἂν κάλλιστα φυλαττοίτην ὑπὲρ ἁπάσης τῆς ψυχῆς τε καὶ τοῦ σώματος, τὸ μὲν βουλευόμενον, τὸ δὲ προπολεμοῦν, ἑπόμενον [δὲ] τῷ ἄρχοντι καὶ τῇ ἀνδρείᾳ ἐπιτελοῦν τὰ βουλευθέντα;

Ἔστι ταῦτα.

Καὶ ἀνδρεῖον δὴ οἶμαι τούτῳ τῷ μέρει καλοῦμεν ἕνα [c] ἕκαστον, ὅταν αὐτοῦ τὸ θυμοειδὲς διασῴζῃ διά τε λυπῶν καὶ ἡδονῶν τὸ ὑπὸ τῶν λόγων παραγγελθὲν δεινόν τε καὶ μή.

Ὀρθῶς γ', ἔφη.

Σοφὸν δέ γε ἐκείνῳ τῷ σμικρῷ μέρει, τῷ ὃ ἦρχέν τ' ἐν αὐτῷ καὶ ταῦτα παρήγγελλεν, ἔχον αὖ κἀκεῖνο ἐπιστήμην ἐν αὐτῷ τὴν τοῦ συμφέροντος ἑκάστῳ τε καὶ ὅλῳ τῷ κοινῷ σφῶν αὐτῶν τριῶν ὄντων.

Πάνυ μὲν οὖν.

Τί δέ; σώφρονα οὐ τῇ φιλίᾳ καὶ συμφωνίᾳ τῇ αὐτῶν τούτων,

und [442a] durch schöne Worte und Lehren nährt, den anderen[91] aber durch gutes Zureden entspannt und durch Harmonie und Rhythmus mildert?«

»Ganz gewiss«, sagte er.

»Wenn diese beiden Seelenteile einmal so herangebildet und wahrhaftig das Ihre durch Erziehung gelernt haben, dann werden sie den begehrenden Seelenteil beherrschen, der ja wohl in jedem Menschen der größte und, was den Besitz betrifft, der von Natur aus unersättlichste ist. Sie werden ihn überwachen, damit er sich nicht an den sogenannten Sinneslüsten sättigt, groß und stark wird [b] und seine Aufgabe nicht mehr erfüllt, sondern die anderen Seelenteile zu unterwerfen und zu beherrschen sucht, was ihm seiner Art nach nicht zusteht, und so das ganze Leben aller in Unordnung bringt.«

»Ganz richtig«, sagte er.

»Könnten nicht diese beiden Seelenteile«, fuhr ich fort, »auch am besten für die ganze Seele und den Leib die Wächterfunktion gegen die äußeren Feinde übernehmen, der eine mit seinem Rat, der andere im Kampf, wobei er aber dem Herrscher folgt und seine Beschlüsse tapfer ausführt?«

»So ist es.«

»Und tapfer, glaube ich, nennen wir dank diesem Seelenteil einen [c] jeden, wenn sein Mut in Leiden und Freuden an dem festhält, was ihm von der Vernunft als furchtbar oder nicht furchtbar verkündet worden ist.«

»Richtig«, sagte er.

»Weise aber nennen wir ihn dank jenem kleinen Teil, der in ihm herrscht[92] und das[93] verkündet; er trägt ja das Wissen in sich, was jedem einzelnen Teil und was der ganzen Gemeinschaft der drei Teile zuträglich ist.«

»Freilich.«

»Wie nun? Besonnen nennen wir ihn doch wohl dank der Freundschaft und der Harmonie dieser drei Teile,[94] wenn der

ὅταν τό τε ἄρχον καὶ τὼ ἀρχομένω τὸ λογιστικὸν [d] ὁμοδοξῶσι δεῖν ἄρχειν καὶ μὴ στασιάζωσιν αὐτῷ;

Σωφροσύνη γοῦν, ἦ δ᾽ ὅς, οὐκ ἄλλο τί ἐστιν ἢ τοῦτο, πόλεώς τε καὶ ἰδιώτου.

Ἀλλὰ μὲν δὴ δίκαιός γε, ᾧ πολλάκις λέγομεν, τούτῳ καὶ οὕτως ἔσται.

Πολλὴ ἀνάγκη.

Τί οὖν; εἶπον ἐγώ· μή πῃ ἡμῖν ἀπαμβλύνεται ἄλλο τι δικαιοσύνη δοκεῖν εἶναι ἢ ὅπερ ἐν τῇ πόλει ἐφάνη;

Οὐκ ἔμοιγε, ἔφη, δοκεῖ.

Ὧδε γάρ, ἦν δ᾽ ἐγώ, παντάπασιν ἂν βεβαιωσαίμεθα [e] εἴ τι ἡμῶν ἔτι ἐν τῇ ψυχῇ ἀμφισβητεῖ, τὰ φορτικὰ αὐτῷ προσφέροντες.

Ποῖα δή;

Οἷον εἰ δέοι ἡμᾶς ἀνομολογεῖσθαι περί τε ἐκείνης τῆς πόλεως καὶ τοῦ ἐκείνῃ ὁμοίως πεφυκότος τε καὶ τεθραμμένου ἀνδρός, εἰ δοκεῖ ἂν παρακαταθήκην χρυσίου ἢ ἀργυρίου δεξάμενος ὁ τοιοῦτος ἀποστερῆσαι, τίν᾽ ἂν οἴει οἰηθῆναι [443a] τοῦτον αὐτὸ δρᾶσαι μᾶλλον ἢ ὅσοι μὴ τοιοῦτοι;

Οὐδέν᾽ ἄν, ἔφη.

Οὐκοῦν καὶ ἱεροσυλιῶν καὶ κλοπῶν καὶ προδοσιῶν, ἢ ἰδίᾳ ἑταίρων ἢ δημοσίᾳ πόλεων, ἐκτὸς ἂν οὗτος εἴη;

Ἐκτός.

Καὶ μὴν οὐδ᾽ ὁπωστιοῦν γ᾽ ἂν ἄπιστος ἢ κατὰ ὅρκους ἢ κατὰ τὰς ἄλλας ὁμολογίας.

Πῶς γὰρ ἄν;

Μοιχεῖαί γε μὴν καὶ γονέων ἀμέλειαι καὶ θεῶν ἀθεραπευσίαι παντὶ ἄλλῳ μᾶλλον ἢ τῷ τοιούτῳ προσήκουσι.

herrschende und die beiden beherrschten Teile darin [d] übereinstimmen, dass die Vernunft regieren muss, und wenn sie sich nicht gegen sie auflehnen?«

»Besonnenheit«, stimmte er zu, »ist genau das, im Staat wie auch in jedem einzelnen Bürger.«

»Also ist er auch nur gerecht dank dem, was wir schon oft gesagt haben, und auf diese Weise.«

»Unbedingt.«

»Wie nun?«, warf ich ein. »Dass sich uns nur ja nicht das Bild der Gerechtigkeit verfinstert und diese sich beim Einzelnen als etwas anderes erweist als im Staat.«

»Ich glaube nicht«, sagte er.

»Auf folgende Weise«, so fuhr ich fort, »könnten wir uns ein für allemal darüber Sicherheit verschaffen, [e] wenn in unserer Seele noch irgendein Zweifel zurückbleibt: Ziehen wir doch auch die landläufigen Meinungen darüber heran.«

»Und zwar welche?«

»Angenommen, wir müssten uns über jenen Staat und den ihm gleich gearteten und erzogenen Menschen auf ein Urteil einigen, ob er Gold oder Silber, das ihm anvertraut wurde, unterschlagen würde – wer, glaubst du, würde da meinen, dass [443a] dieser Mensch dies eher tun könnte als alle anderen, die nicht so beschaffen sind?«

»Niemand«, sagte er.

»Auch mit Tempelraub, Diebstahl und Verrat, sei es im privaten Bereich, begangen an Freunden, sei es im öffentlichen, begangen am Staat, wird dieser wohl nichts zu tun haben?«

»Nein, gewiss nicht.«

»Er wird auch niemals treulos sein, weder bei dem, was er geschworen hat, noch bei seinen sonstigen Übereinkünften.«

»Wie sollte er?«

»Ehebruch, Missachtung der Eltern und Vernachlässigung der Götter sind wohl jedem anderen eher zuzutrauen als ihm.«

Παντὶ μέντοι, ἔφη.

[b] Οὐκοῦν τούτων πάντων αἴτιον ὅτι αὐτοῦ τῶν ἐν αὐτῷ ἕκαστον τὰ αὑτοῦ πράττει ἀρχῆς τε πέρι καὶ τοῦ ἄρχεσθαι;

Τοῦτο μὲν οὖν, καὶ οὐδὲν ἄλλο.

Ἔτι τι οὖν ἕτερον ζητεῖς δικαιοσύνην εἶναι ἢ ταύτην τὴν δύναμιν ἣ τοὺς τοιούτους ἄνδρας τε παρέχεται καὶ πόλεις;

Μὰ Δία, ἦ δ᾽ ὅς, οὐκ ἔγωγε.

17 Τέλεον ἄρα ἡμῖν τὸ ἐνύπνιον ἀποτετέλεσται, ὃ ἔφαμεν ὑποπτεῦσαι ὡς εὐθὺς ἀρχόμενοι τῆς πόλεως οἰκίζειν κατὰ [c] θεόν τινα εἰς ἀρχήν τε καὶ τύπον τινὰ τῆς δικαιοσύνης κινδυνεύομεν ἐμβεβηκέναι.

Παντάπασιν μὲν οὖν.

Τὸ δέ γε ἦν ἄρα, ὦ Γλαύκων – δι᾽ ὃ καὶ ὠφελεῖ – εἴδωλόν τι τῆς δικαιοσύνης, τὸ τὸν μὲν σκυτοτομικὸν φύσει ὀρθῶς ἔχειν σκυτοτομεῖν καὶ ἄλλο μηδὲν πράττειν, τὸν δὲ τεκτονικὸν τεκταίνεσθαι, καὶ τἆλλα δὴ οὕτως.

Φαίνεται.

Τὸ δέ γε ἀληθές, τοιοῦτόν τι ἦν, ὡς ἔοικεν, ἡ δικαιοσύνη ἀλλ᾽ οὐ περὶ τὴν ἔξω πρᾶξιν τῶν αὑτοῦ, ἀλλὰ περὶ τὴν [d] ἐντός, ὡς ἀληθῶς περὶ ἑαυτὸν καὶ τὰ ἑαυτοῦ, μὴ ἐάσαντα τἀλλότρια πράττειν ἕκαστον ἐν αὑτῷ μηδὲ πολυπραγμονεῖν πρὸς ἄλληλα τὰ ἐν τῇ ψυχῇ γένη, ἀλλὰ τῷ ὄντι τὰ οἰκεῖα εὖ θέμενον καὶ ἄρξαντα αὐτὸν αὑτοῦ καὶ κοσμήσαντα καὶ φίλον γενόμενον ἑαυτῷ καὶ συναρμόσαντα τρία ὄντα, ὥσπερ ὅρους τρεῖς ἁρμονίας ἀτεχνῶς, νεάτης τε καὶ ὑπάτης καὶ μέσης, καὶ εἰ ἄλλα ἄττα μεταξὺ τυγχάνει ὄντα, πάντα ταῦτα [e] συνδήσαντα καὶ παντάπασιν ἕνα γενόμενον ἐκ πολλῶν, σώφρονα καὶ ἡρμοσμένον, οὕτω δὴ πράττειν ἤδη, ἐάν τι πράττῃ ἢ περὶ χρημάτων κτῆσιν ἢ περὶ σώματος θεραπείαν ἢ καὶ

»Freilich, jedem anderen«, sagte er.

[b] »Und der Grund für all das liegt doch darin, dass jeder Seelenteil in ihm seine Aufgabe erfüllt, sei es nun herrschen oder gehorchen?«

»Darin und in nichts anderem.«

»Suchst du die Gerechtigkeit noch in etwas anderem als in dieser Kraft, die solche Männer und Staaten hervorbringt?«

»Beim Zeus, nein«, sagte er.

17 »So hat sich unser Traum[95] vollkommen erfüllt, der uns, wie wir sagten,[96] ahnen ließ, dass wir gleich bei Beginn der Staatsgründung [c] mit Gottes Hilfe auch auf den Ursprung und das Muster der Gerechtigkeit stoßen würden.«[97]

»In jeder Hinsicht hat sich der Traum erfüllt.«

»Das war also, mein Glaukon, nur ein Abbild der Gerechtigkeit, freilich ein nützliches, nämlich dass es richtig ist, wenn der von Natur aus zum Schuster Geborene Schuhe verfertigt und nichts anderes tut, der Zimmermann zimmert und Ähnliches mehr.«

»So scheint es.«

»Darin also zeigte sich das wahre Wesen der Gerechtigkeit und nicht in Bezug auf das äußere Handeln des Menschen, sondern auf [d] seine innere Tüchtigkeit, wo es wirklich um ihn selbst und das Seine geht. Ein solcher Mensch erlaubt keinem seiner Seelenteile, Fremdartiges zu tun und sich mit den Aufgaben der anderen Seelenteile zu verzetteln, sondern hat sein Hauswesen wohl bestellt, herrscht über sich, schafft Ordnung und Freundschaft zu sich selbst und stimmt die drei Seelenteile harmonisch aufeinander ab wie die drei Hauptsaiten der Lyra, die oberste, die unterste und die mittlere und was sonst noch dazwischen liegt; all das [e] verbindet er miteinander und wird so aus vielen Teilen eine vollkommene Einheit, besonnen und harmonisch; dem entsprechen auch all seine Handlungen, sei es beim Gelderwerb, bei der Pflege seines Körpers, in der

πολιτικόν τι ἢ περὶ τὰ ἴδια συμβόλαια, ἐν πᾶσι τούτοις ἡγούμενον καὶ ὀνομάζοντα δικαίαν μὲν καὶ καλὴν πρᾶξιν ἣ ἂν ταύτην τὴν ἕξιν σῴζῃ τε καὶ συναπεργάζηται, σοφίαν δὲ τὴν ἐπιστατοῦσαν ταύτῃ τῇ πράξει ἐπιστήμην, ἄδικον δὲ [444a] πρᾶξιν ἣ ἂν ἀεὶ ταύτην λύῃ, ἀμαθίαν δὲ τὴν ταύτῃ αὖ ἐπιστατοῦσαν δόξαν.

Παντάπασιν, ἦ δ' ὅς, ὦ Σώκρατες, ἀληθῆ λέγεις.

Εἶεν, ἦν δ' ἐγώ· τὸν μὲν δίκαιον καὶ ἄνδρα καὶ πόλιν καὶ δικαιοσύνην, ὃ τυγχάνει ἐν αὐτοῖς ὄν, εἰ φαῖμεν ηὑρηκέναι, οὐκ ἂν πάνυ τι οἶμαι δόξαιμεν ψεύδεσθαι.

Μὰ Δία οὐ μέντοι, ἔφη.

Φῶμεν ἄρα;

Φῶμεν.

18 Ἔστω δή, ἦν δ' ἐγώ· μετὰ γὰρ τοῦτο σκεπτέον οἶμαι ἀδικίαν.

Δῆλον.

[b] Οὐκοῦν στάσιν τινὰ αὖ τριῶν ὄντων τούτων δεῖ αὐτὴν εἶναι καὶ πολυπραγμοσύνην καὶ ἀλλοτριοπραγμοσύνην καὶ ἐπανάστασιν μέρους τινὸς τῷ ὅλῳ τῆς ψυχῆς, ἵν' ἄρχῃ ἐν αὐτῇ οὐ προσῆκον, ἀλλὰ τοιούτου ὄντος φύσει οἵου πρέπειν αὐτῷ δουλεύειν, τῷ δ' οὐ δουλεύειν ἀρχικοῦ γένους ὄντι; τοιαῦτ' ἄττα οἶμαι φήσομεν καὶ τὴν τούτων ταραχὴν καὶ πλάνην εἶναι τήν τε ἀδικίαν καὶ ἀκολασίαν καὶ δειλίαν καὶ ἀμαθίαν καὶ συλλήβδην πᾶσαν κακίαν.

Αὐτὰ μὲν οὖν ταῦτα, ἔφη.

[c] Οὐκοῦν, ἦν δ' ἐγώ, καὶ τὸ ἄδικα πράττειν καὶ τὸ ἀδικεῖν καὶ αὖ τὸ δίκαια ποιεῖν, ταῦτα πάντα τυγχάνει ὄντα κατάδηλα ἤδη σαφῶς, εἴπερ καὶ ἡ ἀδικία τε καὶ δικαιοσύνη;

Πῶς δή;

Politik oder auch bei Privatgeschäften; bei alledem betrachtet und bezeichnet er eine Handlung als gerecht und schön, die diese Haltung hervorruft und bewahrt; als Weisheit bezeichnet er das Wissen, das solche Handlungen leitet, als ungerecht aber ein Handeln, [444a] das diese Haltung zerstört,[98] als Unwissenheit schließlich die bloße Meinung, die dieses Handeln lenkt.«

»Damit hast du vollkommen recht, Sokrates«, sagte er.

»Nun gut«, erwiderte ich. »Wenn wir behaupten, den gerechten Mann, den gerechten Staat und die Gerechtigkeit in ihnen gefunden zu haben, dann liegen wir, glaube ich, nicht ganz falsch.«

»Beim Zeus, nein«, sagte er.

»Wollen wir es also behaupten?«

»Ja, das wollen wir.«

18 »So sei es«, fuhr ich fort. »Jetzt müssen wir, glaube ich, noch die Ungerechtigkeit betrachten.«

»Offenbar.«

[b] »Sie muss doch so etwas wie ein Streit unter den drei Seelenteilen sein, eine Vielgeschäftigkeit, ein Einmischen in fremde Dinge, ein Auflehnen eines Seelenteiles gegen die ganze Seele, um in ihr zu herrschen, was ihm gar nicht zukommt, da er seiner Natur nach dazu bestimmt ist, dem herrschenden Teil zu dienen? Das etwa und die Unordnung und das Durcheinander der Seelenteile werden wir, glaube ich, Ungerechtigkeit, Zügellosigkeit, Feigheit und Unwissenheit, kurz alle Schlechtigkeit nennen.«[99]

»Ja, all das ist wohl ein und dasselbe«, sagte er.

[c] »Sind wir uns damit auch über das ungerechte Handeln, das Unrechttun und andererseits auch über das gerechte Handeln, also über all dies völlig im Klaren, wenn auch Ungerechtigkeit und Gerechtigkeit klar sind?«

»Wieso das?«

Ὅτι, ἦν δ᾽ ἐγώ, τυγχάνει οὐδὲν διαφέροντα τῶν ὑγιεινῶν τε καὶ νοσωδῶν, ὡς ἐκεῖνα ἐν σώματι, ταῦτα ἐν ψυχῇ.

Πῇ; ἔφη.

Τὰ μέν που ὑγιεινὰ ὑγίειαν ἐμποιεῖ, τὰ δὲ νοσώδη νόσον.

Ναί.

Οὐκοῦν καὶ τὸ μὲν δίκαια πράττειν δικαιοσύνην ἐμποιεῖ, [d] τὸ δ᾽ ἄδικα ἀδικίαν;

Ἀνάγκη.

Ἔστι δὲ τὸ μὲν ὑγίειαν ποιεῖν τὰ ἐν τῷ σώματι κατὰ φύσιν καθιστάναι κρατεῖν τε καὶ κρατεῖσθαι ὑπ᾽ ἀλλήλων, τὸ δὲ νόσον παρὰ φύσιν ἄρχειν τε καὶ ἄρχεσθαι ἄλλο ὑπ᾽ ἄλλου.

Ἔστι γάρ.

Οὐκοῦν αὖ, ἔφην, τὸ δικαιοσύνην ἐμποιεῖν τὰ ἐν τῇ ψυχῇ κατὰ φύσιν καθιστάναι κρατεῖν τε καὶ κρατεῖσθαι ὑπ᾽ ἀλλήλων, τὸ δὲ ἀδικίαν παρὰ φύσιν ἄρχειν τε καὶ ἄρχεσθαι ἄλλο ὑπ᾽ ἄλλου;

Κομιδῇ, ἔφη.

Ἀρετὴ μὲν ἄρα, ὡς ἔοικεν, ὑγίειά τέ τις ἂν εἴη καὶ [e] κάλλος καὶ εὐεξία ψυχῆς, κακία δὲ νόσος τε καὶ αἶσχος καὶ ἀσθένεια.

Ἔστιν οὕτω.

Ἆρ᾽ οὖν οὐ καὶ τὰ μὲν καλὰ ἐπιτηδεύματα εἰς ἀρετῆς κτῆσιν φέρει, τὰ δ᾽ αἰσχρὰ εἰς κακίας;

Ἀνάγκη.

19 Τὸ δὴ λοιπὸν ἤδη, ὡς ἔοικεν, ἡμῖν ἐστι σκέψασθαι [445a] πότερον αὖ λυσιτελεῖ δίκαιά τε πράττειν καὶ καλὰ ἐπιτηδεύειν καὶ εἶναι δίκαιον, ἐάντε λανθάνῃ ἐάντε μὴ τοιοῦτος ὤν, ἢ ἀδικεῖν τε καὶ ἄδικον εἶναι, ἐάνπερ μὴ διδῷ δίκην μηδὲ βελτίων γίγνηται κολαζόμενος.

Ἀλλ᾽, ἔφη, ὦ Σώκρατες, γελοῖον ἔμοιγε φαίνεται τὸ σκέμμα

»Weil sie«, antwortete ich, »genauso in der Seele wohnen wie das Gesunde und Kranke im Körper.«[100]

»Inwiefern?«, fragte er.

»Das Gesunde schafft Gesundheit, das Kranke Krankheit.«

»Ja.«

»Schafft dann nicht auch gerechtes Tun Gerechtigkeit, [d] ungerechtes aber Ungerechtigkeit?«[101]

»Zwangsläufig.«

»Gesundheit zu bewirken heißt doch so viel wie die Teile des Körpers so anzuordnen, dass sie ihrer Natur gemäß herrschen und voneinander beherrscht werden, Krankheit hingegen, dass dies gegen die Natur der Fall ist.«

»So ist es.«

»So heißt auch«, fuhr ich fort, »Gerechtigkeit zu bewirken so viel wie die Seelenteile so anzuordnen, dass sie ihrer Natur gemäß herrschen und voneinander beherrscht werden, Ungerechtigkeit hingegen, dass dies gegen die Natur der Fall ist.«

»Natürlich«, sagte er.

»Tugend wäre dann offenbar so etwas wie Gesundheit, [e] Schönheit und edle Haltung der Seele, Schlechtigkeit aber Krankheit, Hässlichkeit und Schwäche.«[102]

»So ist es.«

»Führt nicht edles Streben zum Besitz der Tugend, schändliches aber zu dem der Schlechtigkeit?«

»Notwendigerweise.«

19 »Somit bleibt uns offenbar nur noch zu betrachten, [445a] ob es vorteilhafter ist, rechtschaffen zu handeln und das Edle zu erstreben, also gerecht zu sein, egal ob im Verborgenen oder nicht, oder Unrecht zu tun und ungerecht zu sein, vorausgesetzt, man wird dafür nicht bestraft und nicht durch Züchtigung gebessert.«[103]

»Aber, mein Sokrates«, wandte er ein, »diese Überlegung scheint mir nun schon ins Lächerliche abzugleiten. Wenn ei-

γίγνεσθαι ἤδη, εἰ τοῦ μὲν σώματος τῆς φύσεως διαφθειρομένης δοκεῖ οὐ βιωτὸν εἶναι οὐδὲ μετὰ πάντων σιτίων τε καὶ ποτῶν καὶ παντὸς πλούτου καὶ πάσης ἀρχῆς, τῆς δὲ αὐτοῦ τούτου ᾧ ζῶμεν φύσεως ταραττομένης καὶ [b] διαφθειρομένης βιωτὸν ἄρα ἔσται, ἐάνπερ τις ποιῇ ὃ ἂν βουληθῇ ἄλλο πλὴν τοῦτο ὁπόθεν κακίας μὲν καὶ ἀδικίας ἀπαλλαγήσεται, δικαιοσύνην δὲ καὶ ἀρετὴν κτήσεται, ἐπειδήπερ ἐφάνη γε ὄντα ἑκάτερα οἷα ἡμεῖς διεληλύθαμεν.

Γελοῖον γάρ, ἦν δ᾽ ἐγώ· ἀλλ᾽ ὅμως ἐπείπερ ἐνταῦθα ἐληλύθαμεν, ὅσον οἷόν τε σαφέστατα κατιδεῖν ὅτι ταῦτα οὕτως ἔχει οὐ χρὴ ἀποκάμνειν.

Ἥκιστα, νὴ τὸν Δία, ἔφη, πάντων ἀποκμητέον.

[c] Δεῦρό νυν, ἦν δ᾽ ἐγώ, ἵνα καὶ ἴδῃς ὅσα καὶ εἴδη ἔχει ἡ κακία, ὥς ἐμοὶ δοκεῖ, ἅ γε δὴ καὶ ἄξια θέας.

Ἕπομαι, ἔφη· μόνον λέγε.

Καὶ μήν, ἦν δ᾽ ἐγώ, ὥσπερ ἀπὸ σκοπιᾶς μοι φαίνεται, ἐπειδὴ ἐνταῦθα ἀναβεβήκαμεν τοῦ λόγου, ἓν μὲν εἶναι εἶδος τῆς ἀρετῆς, ἄπειρα δὲ τῆς κακίας, τέτταρα δ᾽ ἐν αὐτοῖς ἄττα ὧν καὶ ἄξιον ἐπιμνησθῆναι.

Πῶς λέγεις; ἔφη.

Ὅσοι, ἦν δ᾽ ἐγώ, πολιτειῶν τρόποι εἰσὶν εἴδη ἔχοντες, τοσοῦτοι κινδυνεύουσι καὶ ψυχῆς τρόποι εἶναι.

Πόσοι δή;

[d] Πέντε μέν, ἦν δ᾽ ἐγώ, πολιτειῶν, πέντε δὲ ψυχῆς.

Λέγε, ἔφη, τίνες.

Λέγω, εἶπον, ὅτι εἷς μὲν οὗτος ὃν ἡμεῖς διεληλύθαμεν πολιτείας εἴη ἂν τρόπος, ἐπονομασθείη δ᾽ ἂν καὶ διχῇ· ἐγγενομένου μὲν γὰρ

nem schon beim Verlust der körperlichen Gesundheit das Leben nicht mehr lebenswert scheint, auch nicht mit allen Speisen und Getränken, mit allem Reichtum und aller Macht, dann sollte man noch leben wollen, wenn gerade die Natur dessen, wodurch wir leben,[104] zerrüttet und [b] verdorben ist, wenn also jemand tun kann, was er nur will, nur nicht das, wodurch er von Schlechtigkeit und Ungerechtigkeit frei wird, dafür aber Gerechtigkeit und Tugend erwirbt?[105] Beides hat sich ja so erwiesen, wie wir es in unserer Untersuchung festgestellt haben.«

»Das wäre freilich lächerlich«, erwiderte ich. »Aber da wir nun einmal so weit gekommen sind, aufs Genaueste erkannt zu haben, dass es sich so verhält, dürfen wir jetzt nicht müde werden.«

»Beim Zeus«, sagte er, »nur ja nicht müde werden!«

[c] »Dann komm nur«, fuhr ich fort, »damit du siehst, wie viele Arten der Schlechtigkeit es meiner Meinung nach gibt, soweit sie überhaupt der Betrachtung wert sind.«

»Ich bin bereit«,[106] sagte er, »sprich nur.«

»Wahrhaftig«, sagte ich, »wie von einer Warte herab, auf die wir gleichsam in unserer Untersuchung gestiegen sind, zeigt sich mir, dass es nur eine Art der Tugend gibt, aber unzählige Arten der Schlechtigkeit, darunter vier, die erwähnenswert sind.«

»Wie meinst du das?«, fragte er.

»Offenbar«, antwortete ich, »gibt es ebenso viele eigenständige Formen von Staatsverfassungen, wie es Arten der Seele gibt.«

»Wie viele denn?«

[d] »Fünf Formen des Staates und fünf der Seele«, antwortete ich.

»Sag, welche sind das?«, fragte er.

»Ich meine«, erwiderte ich, »dass die eine Staatsform die ist, die wir eben behandelt haben; man könnte ihr aber auch

ἀνδρὸς ἑνὸς ἐν τοῖς ἄρχουσι διαφέροντος βασιλεία ἂν κληθείη, πλειόνων δὲ ἀριστοκρατία.

Ἀληθῆ, ἔφη.

Τοῦτο μὲν τοίνυν, ἦν δ᾽ ἐγώ, ἓν εἶδος λέγω· οὔτε γὰρ ἂν [e] πλείους οὔτε εἷς ἐγγενόμενοι κινήσειεν ἂν τῶν ἀξίων λόγου νόμων τῆς πόλεως, τροφῇ τε καὶ παιδείᾳ χρησάμενος ᾗ διήλθομεν.

Οὐ γὰρ εἰκός, ἔφη.

zwei Namen geben: Wenn unter den Herrschern ein einzelner Mann hervorragt, könnte sie Königtum heißen, wenn mehrere, Aristokratie.«

»Richtig«, sagte er.

»Das also ist«, fuhr ich fort, »die eine Form, die ich meine. Denn egal ob es [e] mehrere sind oder nur einer, keiner würde an den wichtigen Gesetzen des Staates rütteln, wenn er die Erziehung und Bildung genossen hat, wie wir sie dargelegt haben.«

»Nein, das ist nicht wahrscheinlich«, sagte er.

E

1 [449a] Ἀγαθὴν μὲν τοίνυν τὴν τοιαύτην πόλιν τε καὶ πολιτείαν καὶ ὀρθὴν καλῶ, καὶ ἄνδρα τὸν τοιοῦτον· κακὰς δὲ τὰς ἄλλας καὶ ἡμαρτημένας, εἴπερ αὕτη ὀρθή, περί τε πόλεων διοικήσεις καὶ περὶ ἰδιωτῶν ψυχῆς τρόπου κατασκευήν, ἐν τέτταρσι πονηρίας εἴδεσιν οὔσας.

Ποίας δὴ ταύτας; ἔφη.

Καὶ ἐγὼ μὲν ᾖα τὰς ἐφεξῆς ἐρῶν, ὥς μοι ἐφαίνοντο [b] ἕκασται ἐξ ἀλλήλων μεταβαίνειν· ὁ δὲ Πολέμαρχος – σμικρὸν γὰρ ἀπωτέρω τοῦ Ἀδειμάντου καθῆστο – ἐκτείνας τὴν χεῖρα καὶ λαβόμενος τοῦ ἱματίου ἄνωθεν αὐτοῦ παρὰ τὸν ὦμον, ἐκεῖνόν τε προσηγάγετο καὶ προτείνας ἑαυτὸν ἔλεγεν ἄττα προσκεκυφώς, ὧν ἄλλο μὲν οὐδὲν κατηκούσαμεν, τόδε δέ· Ἀφήσομεν οὖν, ἔφη, ἢ τί δράσομεν;

Ἥκιστά γε, ἔφη ὁ Ἀδείμαντος μέγα ἤδη λέγων.

Καὶ ἐγώ, Τί μάλιστα, ἔφην, ὑμεῖς οὐκ ἀφίετε;

Σέ, ἦ δ' ὅς.

[c] Ὅτι, ἐγὼ εἶπον, τί μάλιστα;

Ἀπορρᾳθυμεῖν ἡμῖν δοκεῖς, ἔφη, καὶ εἶδος ὅλον οὐ τὸ ἐλάχιστον ἐκκλέπτειν τοῦ λόγου ἵνα μὴ διέλθῃς, καὶ λήσειν οἰηθῆναι εἰπὼν αὐτὸ φαύλως, ὡς ἄρα περὶ γυναικῶν τε καὶ παίδων παντὶ δῆλον ὅτι κοινὰ τὰ φίλων ἔσται.

Οὐκοῦν ὀρθῶς, ἔφην, ὦ Ἀδείμαντε;

Ναί, ἦ δ' ὅς. ἀλλὰ τὸ ὀρθῶς τοῦτο, ὥσπερ τἆλλα, λόγου δεῖται τίς ὁ τρόπος τῆς κοινωνίας· πολλοὶ γὰρ ἂν γένοιντο. [d] μὴ οὖν παρῇς ὅντινα σὺ λέγεις· ὡς ἡμεῖς πάλαι περιμένομεν οἰόμενοί σέ

Fünftes Buch

1 [449a] »Gut und richtig nenne ich also solch einen Staat und solch eine Verfassung und ebenso auch solch einen Menschen; und wenn diese richtig sind, dann nenne ich die anderen schlecht und verfehlt, sowohl was die Einrichtungen der Staaten als auch was die seelische Verfassung des Einzelnen betrifft; dabei gibt es vier schlechte Formen.«[1]

»Und zwar?«, fragte er.

Eben wollte ich sie der Reihe nach nennen, wie sie sich meiner Meinung nach [b] auseinanderentwickeln, da streckte Polemarchos – er saß ein wenig weiter weg von Adeimantos – seine Hand aus, ergriff ihn oben an der Schulter bei seinem Gewand und zog ihn zu sich; und während er sich nach vorne beugte, sagte er so vorgeneigt einiges, von dem wir nur Folgendes verstehen konnten: »Sollen wir nun loslassen oder was sollen wir machen?«[2]

»Keinesfalls«, antwortete Adeimantos, jetzt aber mit lauter Stimme.

Darauf ich: »Was wollt ihr denn nicht loslassen?«

»Dich«, erwiderte er.

[c] »Warum denn nicht?«, versetzte ich.

»Ich glaube, du machst es dir zu leicht«, antwortete er, »und willst uns einen ganzen, nicht unwichtigen Teil deiner Untersuchung unterschlagen und nicht behandeln; du meinst wohl, wir hätten es überhört, wie du so leichthin sagtest, es sei jedem klar, dass Freunde Frauen und Kinder gemeinsam haben sollten.«[3]

»Ist das etwa nicht richtig, mein Adeimantos?«, fragte ich.

»Doch«, sagte er. »Aber wenn es auch richtig ist, so bedarf es wie alles andere einer Erklärung, welcher Art denn diese Gemeinschaft ist, gibt es doch viele Arten von Gemeinschaft.[4] [d] Sag uns doch bitte, welche du meinst. Wir warten ja schon

που μνησθήσεσθαι παιδοποιίας τε πέρι, πῶς παιδοποιήσονται, καὶ γενομένους πῶς θρέψουσιν, καὶ ὅλην ταύτην ἣν λέγεις κοινωνίαν γυναικῶν τε καὶ παίδων· μέγα γάρ τι οἰόμεθα φέρειν καὶ ὅλον εἰς πολιτείαν ὀρθῶς ἢ μὴ ὀρθῶς γιγνόμενον. νῦν οὖν, ἐπειδὴ ἄλλης ἐπιλαμβάνῃ πολιτείας πρὶν ταῦτα ἱκανῶς διελέσθαι, δέδοκται ἡμῖν τοῦτο [450a] ὃ σὺ ἤκουσας, τὸ σὲ μὴ μεθιέναι πρὶν ἂν ταῦτα πάντα ὥσπερ τἆλλα διέλθῃς.

Καὶ ἐμὲ τοίνυν, ὁ Γλαύκων ἔφη, κοινωνὸν τῆς ψήφου ταύτης τίθετε.

Ἀμέλει, ἔφη ὁ Θρασύμαχος, πᾶσι ταῦτα δεδογμένα ἡμῖν νόμιζε, ὦ Σώκρατες.

2 Οἷον, ἦν δ᾽ ἐγώ, εἰργάσασθε ἐπιλαβόμενοί μου. ὅσον λόγον πάλιν, ὥσπερ ἐξ ἀρχῆς, κινεῖτε περὶ τῆς πολιτείας· ἣν ὡς ἤδη διεληλυθὼς ἔγωγε ἔχαιρον, ἀγαπῶν εἴ τις ἐάσοι ταῦτα ἀποδεξάμενος ὡς τότε ἐρρήθη. ἃ νῦν ὑμεῖς παρακαλοῦντες [b] οὐκ ἴστε ὅσον ἑσμὸν λόγων ἐπεγείρετε· ὃν ὁρῶν ἐγὼ παρῆκα τότε, μὴ παράσχοι πολὺν ὄχλον.

Τί δέ; ἦ δ᾽ ὃς ὁ Θρασύμαχος· χρυσοχοήσοντας οἴει τούσδε νῦν ἐνθάδε ἀφῖχθαι, ἀλλ᾽ οὐ λόγων ἀκουσομένους;

Ναί, εἶπον, μετρίων γε.

Μέτρον δέ γ᾽, ἔφη, ὦ Σώκρατες, ὁ Γλαύκων, τοιούτων λόγων ἀκούειν ὅλος ὁ βίος νοῦν ἔχουσιν. ἀλλὰ τὸ μὲν ἡμέτερον ἔα· σὺ δὲ περὶ ὧν ἐρωτῶμεν μηδαμῶς ἀποκάμῃς ᾗ [c] σοι δοκεῖ διεξιών, τίς ἡ κοινωνία τοῖς φύλαξιν ἡμῖν παίδων τε πέρι καὶ γυναικῶν ἔσται καὶ

lange darauf und hofften, du würdest irgendwann darauf zu sprechen kommen, wie das mit der Zeugung von Kindern vor sich gehen soll, wie, wenn sie einmal auf der Welt sind, mit ihrer Erziehung und wie du dir überhaupt die Gemeinschaft von Frauen und Kindern vorstellst. Wir sind nämlich der Meinung, dass all das für den Staat von großer, ja ausschließlicher Bedeutung ist, ob es richtig geschieht oder nicht. Da du dich jetzt aber mit einer anderen Staatsform befassen willst, ehe du dies hinlänglich erörtert hast, haben wir uns zu dem entschlossen, [450a] was du soeben gehört hast, nämlich dich nicht loszulassen, ehe du auch dies erklärt hast, so wie alles andere.«

»Rechnet auch mich zu denen, die diesem Beschluss zustimmen[5]«, sagte Glaukon.

»Du kannst ruhig annehmen, Sokrates, dass wir alle dieser Meinung sind«, sagte Thrasymachos.

2 »Was habt ihr da angerichtet, dass ihr so über mich herfallt«, entgegnete ich. »Welch langen Disput über die Staatsverfassung bringt ihr da ins Rollen, als ob wir wieder von Neuem beginnen müssten. Ich freute mich schon, ihn beendet zu haben, und war damit zufrieden, wenn man sich mit dem vorher Gesagten begnügen würde. [b] Ihr wisst nicht, welchen Redenschwarm ihr da mit eurer Aufforderung aufstöbert. Den habe ich vorausgesehen und bin vorher darüber hinweggegangen, damit er uns nicht allzu sehr belästigt.«

»Wieso denn?«, erwiderte er. »Glaubst du, diese Leute sind jetzt hierhergekommen, um Gold zu gießen,[6] und nicht um deine Erörterungen zu hören?«

»Ja«, antwortete ich, »aber mit Maß.«

»Das Maß[7], mein Sokrates«, versetzte Glaukon, »nach dem man solche Erörterungen anhören soll, ist für vernünftige Menschen das ganze Leben. Mach dir also keine Sorgen um uns. Werde nur du nicht müde, [c] deine Meinung auf unsere Fragen darzulegen und uns zu sagen, was denn bei unseren

τροφῆς νέων ἔτι ὄντων, τῆς ἐν τῷ μεταξὺ χρόνῳ γιγνομένης γενέσεώς τε καὶ παιδείας, ἣ δὴ ἐπιπονωτάτη δοκεῖ εἶναι. πειρῶ οὖν εἰπεῖν τίνα τρόπον δεῖ γίγνεσθαι αὐτήν.

Οὐ ῥᾴδιον, ὦ εὔδαιμον, ἦν δ᾽ ἐγώ, διελθεῖν· πολλὰς γὰρ ἀπιστίας ἔχει ἔτι μᾶλλον τῶν ἔμπροσθεν ὧν διήλθομεν. καὶ γὰρ ὡς δυνατὰ λέγεται, ἀπιστοῖτ᾽ ἄν, καὶ εἰ ὅτι μάλιστα γένοιτο, ὡς ἄριστ᾽ ἂν εἴη ταῦτα, καὶ ταύτῃ ἀπιστήσεται. [d] διὸ δὴ καὶ ὄκνος τις αὐτῶν ἅπτεσθαι, μὴ εὐχὴ δοκῇ εἶναι ὁ λόγος, ὦ φίλε ἑταῖρε.

Μηδέν, ἦ δ᾽ ὅς, ὄκνει· οὔτε γὰρ ἀγνώμονες οὔτε ἄπιστοι οὔτε δύσνοι οἱ ἀκουσόμενοι.

Καὶ ἐγὼ εἶπον· Ὦ ἄριστε, ἦ που βουλόμενός με παραθαρρύνειν λέγεις;

Ἔγωγ᾽, ἔφη.

Πᾶν τοίνυν, ἦν δ᾽ ἐγώ, τοὐναντίον ποιεῖς. πιστεύοντος μὲν γὰρ ἐμοῦ ἐμοὶ εἰδέναι ἃ λέγω, καλῶς εἶχεν ἡ παραμυθία· ἐν γὰρ φρονίμοις τε καὶ φίλοις περὶ τῶν μεγίστων τε καὶ [e] φίλων τἀληθῆ εἰδότα λέγειν ἀσφαλὲς καὶ θαρραλέον, ἀπιστοῦντα δὲ καὶ ζητοῦντα ἅμα τοὺς λόγους ποιεῖσθαι, ὃ δὴ [451a] ἐγὼ δρῶ, φοβερόν τε καὶ σφαλερόν, οὔ τι γέλωτα ὀφλεῖν – παιδικὸν γὰρ τοῦτό γε – ἀλλὰ μὴ σφαλεὶς τῆς ἀληθείας οὐ μόνον αὐτὸς ἀλλὰ καὶ τοὺς φίλους συνεπισπασάμενος κείσομαι περὶ ἃ ἥκιστα δεῖ σφάλλεσθαι. προσκυνῶ δὲ Ἀδράστειαν, ὦ Γλαύκων, χάριν οὗ μέλλω λέγειν· ἐλπίζω γὰρ οὖν ἔλαττον ἁμάρτημα ἀκουσίως τινὸς φονέα γενέσθαι ἢ ἀπατεῶ-

Wächtern die Gemeinschaft der Kinder und Frauen sein wird und was die gemeinsame Erziehung der kleinen Kinder in der Zeit zwischen der Geburt und dem Beginn des Unterrichts[8], die ja offenbar die mühevollste ist. Versuche also zu erklären, wie das vor sich gehen soll.«

»Das zu erklären ist nicht leicht, mein Bester«, sagte ich. »Da gibt es noch viel mehr Zweifel als bei unseren Untersuchungen vorhin. Man könnte ja schon daran zweifeln, dass man das überhaupt für möglich halten kann, und wenn doch, ob es das Beste ist, auch daran wird man zweifeln. [d] Daher mein Zaudern, dieses Thema zu berühren, damit meine Rede nicht den Anschein erweckt, sie sei bloß ein frommer Wunsch, mein lieber Freund.«

»Zaudere nicht«, entgegnete er, »deine Zuhörer sind weder unvernünftig, noch ungläubig oder übel gesinnt.«

Darauf erwiderte ich: »Mein Bester, sagst du das, um mir Mut zu machen?«

»Ja«, sagte er.

»Damit erreichst du gerade das Gegenteil«, sagte ich. »Würde ich mir nämlich zutrauen, das, was ich sage, genau zu wissen, dann wäre dieser Zuspruch angebracht; denn unter vernünftigen Freunden kann man, wenn man die Wahrheit weiß, getrost und ohne Gefahr über Dinge reden, die einem am wichtigsten sind [e] und am Herzen liegen; wenn man aber, selbst unsicher und noch am Suchen, gleichzeitig schon seine Meinung darüber äußert, wie [451a] ich es jetzt tue, dann ist das gefährlich und trügerisch, nicht weil man sich lächerlich machen könnte – das wäre ja kindisch –, sondern weil ich, wenn man bei der Wahrheit stolpert, nicht nur selbst am Boden liegen, sondern auch noch die Freunde mitreißen würde, und zwar in Sachen, wo man am wenigsten straucheln darf. Ich bete inständig zu Adrasteia[9], Glaukon, für das, was ich sagen will; denn ich erachte es für ein geringeres Verbrechen, unabsicht-

να καλῶν τε καὶ ἀγαθῶν καὶ δικαίων νομίμων πέρι. τοῦτο οὖν τὸ κινδύνευμα κινδυνεύειν ἐν ἐχθροῖς κρεῖττον ἢ [b] φίλοις, ὥστε εὖ με παραμυθῇ.

Καὶ ὁ Γλαύκων γελάσας, Ἀλλ᾽, ὦ Σώκρατες, ἔφη, ἐάν τι πάθωμεν πλημμελὲς ὑπὸ τοῦ λόγου, ἀφίεμέν σε ὥσπερ φόνου καὶ καθαρὸν εἶναι καὶ μὴ ἀπατεῶνα ἡμῶν. ἀλλὰ θαρρήσας λέγε.

Ἀλλὰ μέντοι, εἶπον, καθαρός γε καὶ ἐκεῖ ὁ ἀφεθείς, ὡς ὁ νόμος λέγει· εἰκὸς δέ γε, εἴπερ ἐκεῖ, κἀνθάδε.

Λέγε τοίνυν, ἔφη, τούτου γ᾽ ἕνεκα.

Λέγειν δή, ἔφην ἐγώ, χρὴ ἀνάπαλιν αὖ νῦν, ἃ τότε ἴσως [c] ἔδει ἐφεξῆς λέγειν· τάχα δὲ οὕτως ἂν ὀρθῶς ἔχοι, μετὰ ἀνδρεῖον δρᾶμα παντελῶς διαπερανθὲν τὸ γυναικεῖον αὖ περαίνειν, ἄλλως τε καὶ ἐπειδὴ σὺ οὕτω προκαλῇ.

3 Ἀνθρώποις γὰρ φῦσι καὶ παιδευθεῖσιν ὡς ἡμεῖς διήλθομεν, κατ᾽ ἐμὴν δόξαν οὐκ ἔστ᾽ ἄλλη ὀρθὴ παίδων τε καὶ γυναικῶν κτῆσίς τε καὶ χρεία ἢ κατ᾽ ἐκείνην τὴν ὁρμὴν ἰοῦσιν, ἥνπερ τὸ πρῶτον ὡρμήσαμεν· ἐπεχειρήσαμεν δέ που ὡς ἀγέλης φύλακας τοὺς ἄνδρας καθιστάναι τῷ λόγῳ.

Ναί.

[d] Ἀκολουθῶμεν τοίνυν καὶ τὴν γένεσιν καὶ τροφὴν παραπλησίαν ἀποδιδόντες, καὶ σκοπῶμεν εἰ ἡμῖν πρέπει ἢ οὔ.

Πῶς; ἔφη.

Ὧδε. τὰς θηλείας τῶν φυλάκων κυνῶν πότερα συμφυλάττειν οἰόμεθα δεῖν ἅπερ ἂν οἱ ἄρρενες φυλάττωσι καὶ συνθηρεύειν καὶ τἆλλα κοινῇ πράττειν, ἢ τὰς μὲν οἰκουρεῖν ἔνδον ὡς ἀδυνάτους

lich irgendeinen zu töten, als ehrenwerte und gerechte Menschen in rechtlichen Belangen zu betrügen. Diese Gefahr kann man eher bei Feinden als bei Freunden auf sich nehmen, [b] so dass mir deine Worte ein schöner Trost sind.«

Da sagte Glaukon lachend: »Nun, Sokrates, sollten wir durch deine Worte wirklich in die Irre geführt werden, dann lassen wir dich laufen und sprechen dich gleichsam frei wie von Mord und vom Betrug an uns. Sprich also getrost.«

»Allerdings«, sprach ich, »wer in diesem freigesprochen worden ist, ist nach dem Gesetz auch unschuldig.[10] Wenn das dort gilt, dann wohl auch hier.«

»Darum rede also«, sagte er.

»So muss ich jetzt denn wieder bei dem beginnen, was man vielleicht schon damals [c] der Reihe nach hätte behandeln sollen.[11] Möglicherweise ist es aber auch gut so, nach dem Ende des Männerdramas nun auch das Weiberdrama[12] zu vollenden, zumal du mich so dazu aufforderst.«

3 »Männer von solcher Natur und Erziehung, wie wir sie geschildert haben, können meiner Meinung nach nur so richtig zu Frauen und Kindern kommen und mit ihnen zusammensein, wenn sie in jene Richtung weitergehen, in die wir sie von Anfang an gehen ließen. Wir versuchten doch in unserer Betrachtung, die Männer gleichsam als Wächter einer Herde darzustellen.«

»Ja.«

[d] »Lass uns also bei diesem Vergleich bleiben und Geburt und Erziehung mit ihm in Einklang bringen; dann wollen wir sehen, ob es uns passt oder nicht.«

»Wie soll das gehen?«, fragte er.

»So: Müssen unserer Meinung nach die weiblichen Wachhunde genauso wachen wie die männlichen, mit auf die Jagd gehen und alles andere gemeinsam mit den Rüden tun, oder sollen sie zu Hause bleiben, weil sie wegen der Geburt und

διὰ τὸν τῶν σκυλάκων τόκον τε καὶ τροφήν, τοὺς δὲ πονεῖν τε καὶ πᾶσαν ἐπιμέλειαν ἔχειν περὶ τὰ ποίμνια;

[e] Κοινῇ, ἔφη, πάντα· πλὴν ὡς ἀσθενεστέραις χρώμεθα, τοῖς δὲ ὡς ἰσχυροτέροις.

Οἷόν τ' οὖν, ἔφην ἐγώ, ἐπὶ τὰ αὐτὰ χρῆσθαί τινι ζῴῳ, ἂν μὴ τὴν αὐτὴν τροφήν τε καὶ παιδείαν ἀποδιδῷς;

Οὐχ οἷόν τε.

Εἰ ἄρα ταῖς γυναιξὶν ἐπὶ ταὐτὰ χρησόμεθα καὶ τοῖς ἀνδράσι, ταὐτὰ καὶ διδακτέον αὐτάς.

[452a] Ναί.

Μουσικὴ μὴν ἐκείνοις γε καὶ γυμναστικὴ ἐδόθη.

Ναί.

Καὶ ταῖς γυναιξὶν ἄρα τούτω τὼ τέχνα καὶ τὰ περὶ τὸν πόλεμον ἀποδοτέον καὶ χρηστέον κατὰ ταὐτά.

Εἰκὸς ἐξ ὧν λέγεις, ἔφη.

Ἴσως δή, εἶπον, παρὰ τὸ ἔθος γελοῖα ἂν φαίνοιτο πολλὰ περὶ τὰ νῦν λεγόμενα, εἰ πράξεται ᾗ λέγεται.

Καὶ μάλα, ἔφη.

Τί, ἦν δ' ἐγώ, γελοιότατον αὐτῶν ὁρᾷς; ἢ δῆλα δὴ ὅτι γυμνὰς τὰς γυναῖκας ἐν ταῖς παλαίστραις γυμναζομένας μετὰ [b] τῶν ἀνδρῶν, οὐ μόνον τὰς νέας, ἀλλὰ καὶ ἤδη τὰς πρεσβυτέρας, ὥσπερ τοὺς γέροντας ἐν τοῖς γυμνασίοις, ὅταν ῥυσοὶ καὶ μὴ ἡδεῖς τὴν ὄψιν ὅμως φιλογυμναστῶσιν;

Νὴ τὸν Δία, ἔφη· γελοῖον γὰρ ἄν, ὥς γε ἐν τῷ παρεστῶτι, φανείη.

Aufzucht der Welpen zu einer solchen Tätigkeit nicht imstande sind, während die Rüden sich abmühen und die ganze Sorge um die Herden tragen?«

[e] »Sie sollen alles gemeinsam tun«, sagte er, »nur nehmen wir darauf Rücksicht, dass die Weibchen schwächer, die Rüden aber stärker sind.«

»Ist es nun möglich«, fuhr ich fort, »irgendein Lebewesen zu denselben Zwecken zu gebrauchen, wenn man ihm nicht auch dieselbe Erziehung und Ausbildung zuteil werden lässt?«

»Nein, das ist nicht möglich.«

»Wenn wir also die Frauen für dasselbe verwenden wie die Männer, müssen wir sie auch dasselbe lehren.«

[452a] »So ist es.«

»Die Männer erhielten eine musische und eine gymnastische Erziehung.«

»Ja.«

»Also müssen wir auch die Frauen auf diesen beiden Gebieten ausbilden und dazu noch im Kriegswesen, um sie entsprechend einsetzen zu können?«

»Natürlich«, sagte er, »nach dem, was du sagst.«

»Vieles von dem, was ich jetzt sage«, so fuhr ich fort, »mag vielleicht, weil es ungewohnt ist, lächerlich erscheinen, wenn man es so, wie ich es sage, in die Tat umsetzt.«

»Ganz gewiss«, entgegnete er.

»Was«, fragte ich, »findest du dabei am lächerlichsten? Offenbar doch, dass die Frauen nackt in der Palästra gemeinsam mit [b] den Männern trainieren, und zwar nicht nur die jungen, sondern auch die schon älteren, so wie die Greise in den Gymnasien, auch wenn sie schon voller Runzeln sind und keinen erfreulichen Anblick mehr bieten, aber dennoch ihre Freude an den Leibesübungen haben?«

»Ja, beim Zeus«, sagte er, »so wie die Dinge heute sind, würde uns das freilich lächerlich erscheinen.«

Οὐκοῦν, ἦν δ᾽ ἐγώ, ἐπείπερ ὡρμήσαμεν λέγειν, οὐ φοβητέον τὰ τῶν χαριέντων σκώμματα, ὅσα καὶ οἷα ἂν εἴποιεν εἰς τὴν τοιαύτην μεταβολὴν γενομένην καὶ περὶ τὰ γυμνάσια [c] καὶ περὶ μουσικὴν καὶ οὐκ ἐλάχιστα περὶ τὴν τῶν ὅπλων σχέσιν καὶ ἵππων ὀχήσεις.

Ὀρθῶς, ἔφη, λέγεις.

Ἀλλ᾽ ἐπείπερ λέγειν ἠρξάμεθα, πορευτέον πρὸς τὸ τραχὺ τοῦ νόμου, δεηθεῖσίν τε τούτων μὴ τὰ αὑτῶν πράττειν ἀλλὰ σπουδάζειν, καὶ ὑπομνήσασιν ὅτι οὐ πολὺς χρόνος ἐξ οὗ τοῖς Ἕλλησιν ἐδόκει αἰσχρὰ εἶναι καὶ γελοῖα ἅπερ νῦν τοῖς πολλοῖς τῶν βαρβάρων, γυμνοὺς ἄνδρας ὁρᾶσθαι, καὶ ὅτε ἤρχοντο τῶν γυμνασίων πρῶτοι μὲν Κρῆτες, ἔπειτα Λακεδαιμόνιοι, [d] ἐξῆν τοῖς τότε ἀστείοις πάντα ταῦτα κωμῳδεῖν. ἢ οὐκ οἴει;

Ἔγωγε.

Ἀλλ᾽ ἐπειδὴ οἶμαι χρωμένοις ἄμεινον τὸ ἀποδύεσθαι τοῦ συγκαλύπτειν πάντα τὰ τοιαῦτα ἐφάνη, καὶ τὸ ἐν τοῖς ὀφθαλμοῖς δὴ γελοῖον ἐξερρύη ὑπὸ τοῦ ἐν τοῖς λόγοις μηνυθέντος ἀρίστου· καὶ τοῦτο ἐνεδείξατο, ὅτι μάταιος ὃς γελοῖον ἄλλο τι ἡγεῖται ἢ τὸ κακόν, καὶ ὁ γελωτοποιεῖν ἐπιχειρῶν πρὸς ἄλλην τινὰ ὄψιν ἀποβλέπων ὡς γελοίου ἢ τὴν τοῦ ἄφρονός [e] τε καὶ κακοῦ, καὶ καλοῦ αὖ σπουδάζει πρὸς ἄλλον τινὰ σκοπὸν στησάμενος ἢ τὸν τοῦ ἀγαθοῦ.

Παντάπασι μὲν οὖν, ἔφη.

4 Ἆρ᾽ οὖν οὐ πρῶτον μὲν τοῦτο περὶ αὐτῶν ἀνομολογητέον, εἰ δυνατὰ ἢ οὔ, καὶ δοτέον ἀμφισβήτησιν εἴτε τις φιλοπαίσμων εἴτε σπουδαστικὸς ἐθέλει ἀμφισβητῆσαι, πότερον [453a] δυνατὴ φύσις ἡ ἀνθρωπίνη ἡ θήλεια τῇ τοῦ ἄρρενος γένους κοινωνῆσαι εἰς ἅπαντα τὰ ἔργα ἢ οὐδ᾽ εἰς ἕν, ἢ εἰς τὰ μὲν οἵα τε, εἰς δὲ τὰ οὔ, καὶ

»Doch da wir nun einmal«, setzte ich fort, »mit unseren Betrachtungen begonnen haben, dürfen wir den Spott der Spaßvögel[13] nicht scheuen, was und wie viel sie auch zu diesen Neuerungen in den Gymnasien, [c] bei der musischen Bildung und nicht zuletzt beim Waffenbesitz und Reiten sagen mögen.«

»Da hast du recht«, sagte er.

»Doch da wir nun einmal zu reden begonnen haben, müssen wir auch zu den Härten des Gesetzes kommen und die Spötter bitten, jetzt ihr spöttisches Treiben einzustellen und ernst zu sein; sie sollen sich daran erinnern, dass es noch gar nicht so lange her ist, dass der Anblick nackter Männer bei den Griechen, wie übrigens auch jetzt noch bei den meisten Barbaren,[14] als anstößig und lächerlich galt; als dann zuerst die Kreter und hernach die Lakedaimonier mit dem Nacktturnen begannen, [d] da stand es den damaligen Spöttern frei, über all das ihre Witze zu reißen. Oder meinst du nicht?«

»Gewiss.«

»Nachdem es sich aber in der Praxis als besser erwiesen hatte, die Kleidung abzulegen statt alles zu verhüllen, da verschwand die Vorstellung des Lächerlichen in ihren Augen, weil sich die Nacktheit mit guten Gründen als das Beste herausgestellt hatte. Und damit war bewiesen, dass nur ein Tor etwas anderes lächerlich findet als das Schlechte; und wer versucht, seine Witze zu reißen, indem er einen anderen Anblick als lächerlich betrachtet als den des Unvernünftigen [e] und Schlechten, der strebt andererseits auch nach dem Schönen, hat aber ein anderes Ziel vor Augen als das des Guten.«

»Ganz richtig«, sagte er.

4 »Müssen wir uns nicht zuerst darüber einigen, ob all das überhaupt möglich ist oder nicht, und den Zweifel zulassen, sei er nun im Spaß oder im Ernst erhoben, ob [453a] die weibliche Natur des Menschen fähig ist, alle Arbeiten genauso wie der Mann zu verrichten oder keine einzige, oder einzelne schon,

τοῦτο δὴ τὸ περὶ τὸν πόλεμον ποτέρων ἐστίν; ἆρ᾽ οὐχ οὕτως ἂν κάλλιστά τις ἀρχόμενος ὡς τὸ εἰκὸς καὶ κάλλιστα τελευτήσειεν;

Πολύ γε, ἔφη.

Βούλει οὖν, ἦν δ᾽ ἐγώ, ἡμεῖς πρὸς ἡμᾶς αὐτοὺς ὑπὲρ τῶν ἄλλων ἀμφισβητήσωμεν, ἵνα μὴ ἔρημα τὰ τοῦ ἑτέρου λόγου πολιορκῆται;

[b] Οὐδέν, ἔφη, κωλύει.

Λέγωμεν δὴ ὑπὲρ αὐτῶν ὅτι »Ὦ Σώκρατές τε καὶ Γλαύκων, οὐδὲν δεῖ ὑμῖν ἄλλους ἀμφισβητεῖν· αὐτοὶ γὰρ ἐν ἀρχῇ τῆς κατοικίσεως, ἣν ᾠκίζετε πόλιν, ὡμολογεῖτε δεῖν κατὰ φύσιν ἕκαστον ἕνα ἓν τὸ αὑτοῦ πράττειν.«

Ὡμολογήσαμεν οἶμαι· πῶς γὰρ οὔ;

»Ἔστιν οὖν ὅπως οὐ πάμπολυ διαφέρει γυνὴ ἀνδρὸς τὴν φύσιν;«

Πῶς δ᾽ οὐ διαφέρει;

»Οὐκοῦν ἄλλο καὶ ἔργον ἑκατέρῳ προσήκει προστάττειν [c] τὸ κατὰ τὴν αὑτοῦ φύσιν;«

Τί μήν;

»Πῶς οὖν οὐχ ἁμαρτάνετε νυνὶ καὶ τἀναντία ὑμῖν αὐτοῖς λέγετε φάσκοντες αὖ τοὺς ἄνδρας καὶ τὰς γυναῖκας δεῖν τὰ αὐτὰ πράττειν, πλεῖστον κεχωρισμένην φύσιν ἔχοντας;« ἕξεις τι, ὦ θαυμάσιε, πρὸς ταῦτ᾽ ἀπολογεῖσθαι;

Ὡς μὲν ἐξαίφνης, ἔφη, οὐ πάνυ ῥᾴδιον· ἀλλὰ σοῦ δεήσομαί τε καὶ δέομαι καὶ τὸν ὑπὲρ ἡμῶν λόγον, ὅστις ποτ᾽ ἐστίν, ἑρμηνεῦσαι.

Ταῦτ᾽ ἐστίν, ἦν δ᾽ ἐγώ, ὦ Γλαύκων, καὶ ἄλλα πολλὰ [d] τοιαῦτα, ἃ ἐγὼ πάλαι προορῶν ἐφοβούμην τε καὶ ὤκνουν ἅπτεσθαι τοῦ νόμου τοῦ περὶ τὴν τῶν γυναικῶν καὶ παίδων κτῆσιν καὶ τροφήν.

andere aber nicht, und wem von beiden das Kriegshandwerk zukommt? Wird nicht, wer so am besten beginnt, wahrscheinlich auch am besten zum Ziel gelangen?«[15]

»Sicher«, sagte er.

»Willst du«, fragte ich, »dass wir für die anderen Zweifel gegen uns selbst anmelden, damit die Festung der Gegenpartei nicht ohne Verteidiger belagert wird?«[16]

[b] »Dem steht nichts im Wege«, sagte er.

»Sagen wir also in ihrem Namen: ›Sokrates und Glaukon, es ist gar nicht nötig, dass euch andere widersprechen. Ihr selbst seid ja gleich bei Beginn eurer Staatsgründung darin übereingekommen,[17] dass ein jeder nur eine Aufgabe erfüllen dürfe, und zwar die, die ihm gemäß seiner Natur zukommt.‹

›Darin waren wir uns, glaube ich, einig. Warum auch nicht?‹

›Ist es nun so, dass die Frau ihrer Natur nach völlig verschieden ist vom Mann?‹

›Natürlich unterscheidet sie sich.‹

›Sollte man dann nicht jedem eine andere Aufgabe zuweisen, [c] die seiner Natur entspricht?«

›Natürlich.‹

›Wie, macht ihr jetzt nicht einen Fehler und widersprecht euch selbst, wenn ihr sagt, Männer und Frauen sollten dasselbe tun, wiewohl sie doch ihrer Natur nach ganz verschieden sind?‹«

»Mein Lieber, wirst du dich dagegen verteidigen können?«

»So im Augenblick ist das ganz und gar nicht leicht«, sagte er. Ich werde dich aber bitten, und ich tue es auch jetzt schon, alle Gegenargumente, die für uns sprechen, vorzubringen.«

»Das ist es ja«, entgegnete ich, »und vieles andere [d] dieser Art, das ich, mein lieber Glaukon, schon längst voraussah; daher scheute ich mich und zauderte, mich mit dem Gesetz über den Besitz von Frauen und die Erziehung der Kinder zu befassen.«

Οὐ μὰ τὸν Δία, ἔφη· οὐ γὰρ εὐκόλῳ ἔοικεν.

Οὐ γάρ, εἶπον. ἀλλὰ δὴ ὧδ᾽ ἔχει· ἄντε τις εἰς κολυμβήθραν μικρὰν ἐμπέσῃ ἄντε εἰς τὸ μέγιστον πέλαγος μέσον, ὅμως γε νεῖ οὐδὲν ἧττον.

Πάνυ μὲν οὖν.

Οὐκοῦν καὶ ἡμῖν νευστέον καὶ πειρατέον σῴζεσθαι ἐκ τοῦ λόγου, ἤτοι δελφῖνά τινα ἐλπίζοντας ἡμᾶς ὑπολαβεῖν ἄν ἤ τινα ἄλλην ἄπορον σωτηρίαν.

[e] Ἔοικεν, ἔφη.

Φέρε δή, ἦν δ᾽ ἐγώ, ἐάν πῃ εὕρωμεν τὴν ἔξοδον. ὁμολογοῦμεν γὰρ δὴ ἄλλην φύσιν ἄλλο δεῖν ἐπιτηδεύειν, γυναικὸς δὲ καὶ ἀνδρὸς ἄλλην εἶναι· τὰς δὲ ἄλλας φύσεις τὰ αὐτά φαμεν νῦν δεῖν ἐπιτηδεῦσαι. ταῦτα ἡμῶν κατηγορεῖται;

Κομιδῇ γε.

[454a] Ἦ γενναία, ἦν δ᾽ ἐγώ, ὦ Γλαύκων, ἡ δύναμις τῆς ἀντιλογικῆς τέχνης.

Τί δή;

Ὅτι, εἶπον, δοκοῦσί μοι εἰς αὐτὴν καὶ ἄκοντες πολλοὶ ἐμπίπτειν καὶ οἴεσθαι οὐκ ἐρίζειν ἀλλὰ διαλέγεσθαι, διὰ τὸ μὴ δύνασθαι κατ᾽ εἴδη διαιρούμενοι τὸ λεγόμενον ἐπισκοπεῖν, ἀλλὰ κατ᾽ αὐτὸ τὸ ὄνομα διώκειν τοῦ λεχθέντος τὴν ἐναντίωσιν, ἔριδι, οὐ διαλέκτῳ πρὸς ἀλλήλους χρώμενοι.

Ἔστι γὰρ δή, ἔφη, περὶ πολλοὺς τοῦτο τὸ πάθος· ἀλλὰ μῶν καὶ πρὸς ἡμᾶς τοῦτο τείνει ἐν τῷ παρόντι;

[b] Παντάπασι μὲν οὖν, ἦν δ᾽ ἐγώ· κινδυνεύομεν γοῦν ἄκοντες ἀντιλογίας ἅπτεσθαι.

»Nein, beim Zeus«, sagte er, »das scheint wirklich nicht einfach zu sein.«

»Sicher nicht«, erwiderte ich. »Aber es ist doch so: Egal ob einer in einen kleinen Teich fällt oder mitten ins größte Meer, schwimmen muss er da wie dort.«

»Ja, gewiss.«

»Also müssen auch wir schwimmen und versuchen, uns aus dem Gespräch zu retten, gleichviel ob wir dabei auf einen Delphin hoffen, der uns auf den Rücken nimmt,[18] oder auf eine andere wunderbare Errettung.«

[e] »So scheint es«, sagte er.

»Wohlan«, fuhr ich fort, »vielleicht finden wir einen Ausweg. Wir sind uns doch darüber einig, dass verschiedene Naturen auch verschiedene Aufgaben haben müssen und dass die Natur der Frau eine andere ist als die des Mannes. Und doch behaupten wir jetzt, dass die verschiedenen Naturen dieselbe Aufgabe übernehmen sollen. Das ist es doch, was man uns vorwirft?«

»Allerdings.«

[454a] »Wie herrlich ist doch die Macht der Kunst des Widerspruchs, mein Glaukon«, sagte ich.

»Wieso?«

»Weil meiner Meinung nach viele«, antwortete ich, »auch gegen ihren Willen auf sie hereinfallen und glauben, sie würden nicht bloß streiten, sondern echte Dialektik treiben; sie sind nämlich nicht imstande, das Gesagte in seine Artbegriffe zu zerlegen und es dann zu betrachten, sondern sie halten sich[19] bei der Widerlegung bloß an den Wortlaut des Gesagten und begnügen sich mit bloßen Streitereien, statt ein dialektisches Gespräch miteinander zu führen.«

»So ergeht es freilich vielen, aber trifft dies auch auf uns in der vorliegenden Frage zu?«

[b] »Durchaus«, entgegnete ich, »laufen wir doch Gefahr, ohne es zu wollen, in einen Widerspruch zu geraten.«

Πῶς;

Τὸ ⟨μὴ⟩ τὴν αὐτὴν φύσιν ὅτι οὐ τῶν αὐτῶν δεῖ ἐπιτηδευμάτων τυγχάνειν πάνυ ἀνδρείως τε καὶ ἐριστικῶς κατὰ τὸ ὄνομα διώκομεν, ἐπεσκεψάμεθα δὲ οὐδ᾽ ὁπῃοῦν τί εἶδος τὸ τῆς ἑτέρας τε καὶ τῆς αὐτῆς φύσεως καὶ πρὸς τί τεῖνον ὡριζόμεθα τότε, ὅτε τὰ ἐπιτηδεύματα ἄλλῃ φύσει ἄλλα, τῇ δὲ αὐτῇ τὰ αὐτὰ ἀπεδίδομεν.

Οὐ γὰρ οὖν, ἔφη, ἐπεσκεψάμεθα.

[c] Τοιγάρτοι, εἶπον, ἔξεστιν ἡμῖν, ὡς ἔοικεν, ἀνερωτᾶν ἡμᾶς αὐτοὺς εἰ ἡ αὐτὴ φύσις φαλακρῶν καὶ κομητῶν καὶ οὐχ ἡ ἐναντία, καὶ ἐπειδὰν ὁμολογῶμεν ἐναντίαν εἶναι, ἐὰν φαλακροὶ σκυτοτομῶσιν, μὴ ἐᾶν κομήτας, ἐὰν δ᾽ αὖ κομῆται, μὴ τοὺς ἑτέρους.

Γελοῖον μεντἂν εἴη, ἔφη.

Ἆρα κατ᾽ ἄλλο τι, εἶπον ἐγώ, γελοῖον, ἢ ὅτι τότε οὐ πάντως τὴν αὐτὴν καὶ τὴν ἑτέραν φύσιν ἐτιθέμεθα, ἀλλ᾽ ἐκεῖνο τὸ εἶδος τῆς ἀλλοιώσεώς τε καὶ ὁμοιώσεως μόνον [d] ἐφυλάττομεν τὸ πρὸς αὐτὰ τεῖνον τὰ ἐπιτηδεύματα; οἷον ἰατρικὸν μὲν καὶ ἰατρικὴν τὴν ψυχὴν [ὄντα] τὴν αὐτὴν φύσιν ἔχειν ἐλέγομεν· ἢ οὐκ οἴει;

Ἔγωγε.

Ἰατρικὸν δέ γε καὶ τεκτονικὸν ἄλλην;

Πάντως που.

5 Οὐκοῦν, ἦν δ᾽ ἐγώ, καὶ τὸ τῶν ἀνδρῶν καὶ τὸ τῶν γυναικῶν γένος, ἐὰν μὲν πρὸς τέχνην τινὰ ἢ ἄλλο ἐπιτήδευμα διαφέρον φαίνηται, τοῦτο δὴ φήσομεν ἑκατέρῳ δεῖν ἀποδιδόναι· ἐὰν δ᾽ αὐτῷ

»Wieso?«

»Dass verschiedenen Naturen nicht dieselbe Aufgabe zukommen darf, daran hielten wir gar tapfer und streitbar dem Wortlaut nach fest; wir ließen aber völlig außer Acht, um welche Art von Verschiedenheit und Gleichheit der Natur es sich dabei handelt und in Bezug auf was wir sie damals bestimmt hatten, als wir die einen Aufgaben dieser Natur, die anderen aber jener, derselben Natur aber immer dieselben Aufgaben zuwiesen.«

»Darauf haben wir wirklich nicht geachtet«, sagte er.

[c] »Wir könnten uns also offenbar auch fragen«, fuhr ich fort, »ob Kahlköpfige und Langhaarige dieselbe Natur haben oder eine entgegengesetzte; und wenn wir uns darauf einigten, dass ihre Natur entgegengesetzt ist, dann dürfen wir, wenn Kahlköpfige schustern, das den Langhaarigen nicht erlauben und umgekehrt.«

»Das wäre ja lächerlich«, sagte er.

»Aber lächerlich wäre es nur«, setzte ich fort, »weil wir damals nicht schlechthin an Gleichheit und Verschiedenheit der Naturen gedacht haben, sondern nur jene Art von Verschiedenheit und Gleichheit [d] im Auge hatten, die sich gerade auf die Beschäftigung selbst bezieht; wir sagten zum Beispiel, der Arzt und die ärztliche Seele hätten dieselbe Natur;[20] oder glaubst du nicht?«

»Doch.«

»Arzt und Zimmermann hingegen haben eine andere Natur?«

»Sicher.«

5 »Wenn sich nun zeigt«, fuhr ich fort, »dass das männliche und das weibliche Geschlecht für eine Kunst oder eine andere Beschäftigung verschieden begabt sind, dann werden wir natürlich sagen, man müsse jedem das Seine zuweisen. Wenn sich aber herausstellt, dass der Unterschied bloß darin besteht,

τούτῳ φαίνηται διαφέρειν, τῷ τὸ μὲν θῆλυ τίκτειν, [e] τὸ δὲ ἄρρεν ὀχεύειν, οὐδέν τί πω φήσομεν μᾶλλον ἀποδεδεῖχθαι ὡς πρὸς ὃ ἡμεῖς λέγομεν διαφέρει γυνὴ ἀνδρός, ἀλλ᾽ ἔτι οἰησόμεθα δεῖν τὰ αὐτὰ ἐπιτηδεύειν τούς τε φύλακας ἡμῖν καὶ τὰς γυναῖκας αὐτῶν.

Καὶ ὀρθῶς γ᾽, ἔφη.

Οὐκοῦν μετὰ τοῦτο κελεύομεν τὸν τὰ ἐναντία λέγοντα [455a] τοῦτο αὐτὸ διδάσκειν ἡμᾶς, πρὸς τίνα τέχνην ἢ τί ἐπιτήδευμα τῶν περὶ πόλεως κατασκευὴν οὐχ ἡ αὐτὴ ἀλλὰ ἑτέρα φύσις γυναικός τε καὶ ἀνδρός;

Δίκαιον γοῦν.

Τάχα τοίνυν ἄν, ὅπερ σὺ ὀλίγον πρότερον ἔλεγες, εἴποι ἂν καὶ ἄλλος, ὅτι ἐν μὲν τῷ παραχρῆμα ἱκανῶς εἰπεῖν οὐ ῥᾴδιον, ἐπισκεψαμένῳ δὲ οὐδὲν χαλεπόν.

Εἴποι γὰρ ἄν.

Βούλει οὖν δεώμεθα τοῦ τὰ τοιαῦτα ἀντιλέγοντος ἀκολουθῆσαι [b] ἡμῖν, ἐάν πως ἡμεῖς ἐκείνῳ ἐνδειξώμεθα ὅτι οὐδέν ἐστιν ἐπιτήδευμα ἴδιον γυναικὶ πρὸς διοίκησιν πόλεως;

Πάνυ γε.

Ἴθι δή, φήσομεν πρὸς αὐτόν, ἀποκρίνου· ἆρα οὕτως ἔλεγες τὸν μὲν εὐφυῆ πρός τι εἶναι, τὸν δὲ ἀφυῆ, ἐν ᾧ ὁ μὲν ῥᾳδίως τι μανθάνοι, ὁ δὲ λαλεπῶς; καὶ ὁ μὲν ἀπὸ βραχείας μαθήσεως ἐπὶ πολὺ εὑρετικὸς εἴη οὗ ἔμαθεν, ὁ δὲ πολλῆς μαθήσεως τυχὼν καὶ μελέτης μηδ᾽ ἃ ἔμαθε σῴζοιτο; καὶ τῷ μὲν τὰ τοῦ σώματος ἱκανῶς ὑπηρετοῖ τῇ διανοίᾳ, τῷ [c] δὲ ἐναντιοῖτο; ἆρ᾽ ἄλλα ἄττα ἐστὶν ἢ ταῦτα, οἷς τὸν εὐφυῆ πρὸς ἕκαστα καὶ τὸν μὴ ὡρίζου;

dass die Frau gebiert, [e] der Mann aber zeugt, so werden wir nicht sagen, es sei damit schon bewiesen, dass die Frau sich auch darin, wovon wir sprechen, vom Mann unterscheidet, sondern wir werden weiterhin bei unserer Meinung bleiben, dass unsere Wächter und ihre Frauen dieselben Aufgaben zu erfüllen haben.«

»Und das mit Recht«, sagte er.

»Werden wir dann nicht den Verfechter der gegenteiligen Meinung auffordern, [455a] uns eben darüber zu belehren, für welche Kunst oder für welche Beschäftigung im Dienst des Staates die Natur der Frau und die des Mannes nicht gleich, sondern verschieden sind?«

»Das wäre nur recht und billig.«

»Vielleicht würde uns da auch ein anderer sagen, so wie du es kurz zuvor getan hast,[21] im Augenblick sei es nicht leicht, darüber hinreichend Auskunft zu geben, wenn man aber darüber nachgedacht habe, sei es gar nicht so schwierig.«

»Das könnte er freilich sagen.«

»Dann könnten wir unseren Widersacher bitten, er möge unseren Überlegungen ein wenig folgen; [b] vielleicht können wir ihm zeigen, dass es bei der Verwaltung des Staates keine Beschäftigung gibt, die allein der Frau vorbehalten ist.«

»Gewiss.«

»›Wohlan‹, werden wir zu ihm sagen: ›Antworte uns: Sagtest du nicht, der eine sei für eine Aufgabe von Natur aus begabt, der andere aber nicht, da der eine es leicht lernt, der andere aber nur schwer? Und dass der eine nach kurzer Lehrzeit äußerst findig ist auf dem Gebiet, das er erlernt hat, während der andere trotz vieler Unterweisung und Übung nicht einmal behält, was er gelernt hat? Und dass bei dem einen der Körper den Verstand hinreichend unterstützt, beim anderen aber ihn behindert? [c] Oder gibt es darüber hinaus noch anderes, nach dem du den jeweils Begabten von dem, der es nicht ist, unterscheidest?‹«

Οὐδείς, ἦ δ᾽ ὅς, ἄλλα φήσει.

Οἶσθά τι οὖν ὑπὸ ἀνθρώπων μελετώμενον, ἐν ᾧ οὐ πάντα ταῦτα τὸ τῶν ἀνδρῶν γένος διαφερόντως ἔχει ἢ τὸ τῶν γυναικῶν; ἢ μακρολογῶμεν τήν τε ὑφαντικὴν λέγοντες καὶ τὴν τῶν ποπάνων τε καὶ ἑψημάτων θεραπείαν, ἐν οἷς δή τι δοκεῖ τὸ γυναικεῖον γένος εἶναι, οὗ καὶ καταγελαστότατόν [d] ἐστι πάντων ἡττώμενον;

Ἀληθῆ, ἔφη, λέγεις, ὅτι πολὺ κρατεῖται ἐν ἅπασιν ὡς ἔπος εἰπεῖν τὸ γένος τοῦ γένους. γυναῖκες μέντοι πολλαὶ πολλῶν ἀνδρῶν βελτίους εἰς πολλά· τὸ δὲ ὅλον ἔχει ὡς σὺ λέγεις.

Οὐδὲν ἄρα ἐστίν, ὦ φίλε, ἐπιτήδευμα τῶν πόλιν διοικούντων γυναικὸς διότι γυνή, οὐδ᾽ ἀνδρὸς διότι ἀνήρ, ἀλλ᾽ ὁμοίως διεσπαρμέναι αἱ φύσεις ἐν ἀμφοῖν τοῖν ζῴοιν, καὶ πάντων μὲν μετέχει γυνὴ ἐπιτηδευμάτων κατὰ [e] φύσιν, πάντων δὲ ἀνήρ, ἐπὶ πᾶσι δὲ ἀσθενέστερον γυνὴ ἀνδρός.

Πάνυ γε.

Ἦ οὖν ἀνδράσι πάντα προστάξομεν, γυναικὶ δ᾽ οὐδέν;

Καὶ πῶς;

Ἀλλ᾽ ἔστι γὰρ οἶμαι, ὡς φήσομεν, καὶ γυνὴ ἰατρική, ἡ δ᾽ οὔ, καὶ μουσική, ἡ δ᾽ ἄμουσος φύσει.

Τί μήν;

[456a] [Καὶ] γυμναστικὴ δ᾽ ἄρα οὔ, οὐδὲ πολεμική, ἡ δὲ ἀπόλεμος καὶ οὐ φιλογυμναστική;

Οἶμαι ἔγωγε.

»Niemand wird noch anderes nennen können«, antwortete er.

»Kennst du irgendeine menschliche Beschäftigung, bei der das männliche Geschlecht nicht in allem sich verschieden von dem weiblichen verhält? Oder wollen wir des Langen und Breiten über die Webkunst reden und über das Backen und Kochen, in dem das weibliche Geschlecht doch offenbar zu Hause ist und wo es doch höchst lächerlich [d] wäre, wenn es darin von allen anderen übertroffen würde?«

»Da hast du recht«, sagte er. »Auf geradezu allen Gebieten wird das (eine) Geschlecht sozusagen vom (anderen) Geschlecht bei Weitem übertroffen. Freilich gibt es viele Frauen, die viele Männer in mancherlei Hinsicht übertreffen. Aber im Großen und Ganzen ist es so, wie du sagst.«

»Es gibt also, mein Freund, bei der Verwaltung des Staates keine Tätigkeit speziell für die Frau, noch eine speziell für den Mann, sondern die Begabungen sind bei beiden Geschlechtern gleich verteilt, und die Frau hat ihrer [e] Natur nach an allen Tätigkeiten Anteil, genauso wie der Mann, nur ist die Frau in allem schwächer als der Mann.«[22]

»Gewiss.«

»Werden wir also alle Tätigkeiten dem Mann zuweisen, der Frau aber keine?«

»Wieso denn?«

»Es gibt also auch Frauen, so werden wir, glaube ich, sagen können, die sich ihrer Natur nach für die Heilkunst eignen, andere aber nicht, und solche, die musikalisch sind, während es andere nicht sind.«

»Natürlich.«

[456a] »Ebenso auch solche, die sich für Gymnastik und Kriegskunst eignen, und solche, die sich dafür nicht eignen?«

»Ich denke schon.«

Τί δέ; φιλόσοφός τε καὶ μισόσοφος; καὶ θυμοειδής, ἡ δ' ἄθυμός ἐστι;

Καὶ ταῦτα.

Ἔστιν ἄρα καὶ φυλακικὴ γυνή, ἡ δ' οὔ. ἢ οὐ τοιαύτην καὶ τῶν ἀνδρῶν τῶν φυλακικῶν φύσιν ἐξελεξάμεθα;

Τοιαύτην μὲν οὖν.

Καὶ γυναικὸς ἄρα καὶ ἀνδρὸς ἡ αὐτὴ φύσις εἰς φυλακὴν πόλεως, πλὴν ὅσα ἀσθενεστέρα, ἡ δὲ ἰσχυροτέρα ἐστίν.

Φαίνεται.

6 [b] Καὶ γυναῖκες ἄρα αἱ τοιαῦται τοῖς τοιούτοις ἀνδράσιν ἐκλεκτέαι συνοικεῖν τε καὶ συμφυλάττειν, ἐπείπερ εἰσὶν ἱκαναὶ καὶ συγγενεῖς αὐτοῖς τὴν φύσιν.

Πάνυ γε.

Τὰ δ' ἐπιτηδεύματα οὐ τὰ αὐτὰ ἀποδοτέα ταῖς αὐταῖς φύσεσιν;

Τὰ αὐτά.

Ἥκομεν ἄρα εἰς τὰ πρότερα περιφερόμενοι, καὶ ὁμολογοῦμεν μὴ παρὰ φύσιν εἶναι ταῖς τῶν φυλάκων γυναιξὶ μουσικήν τε καὶ γυμναστικὴν ἀποδιδόναι.

Παντάπασιν μὲν οὖν.

Οὐκ ἄρα ἀδύνατά γε οὐδὲ εὐχαῖς ὅμοια ἐνομοθετοῦμεν, [c] ἐπείπερ κατὰ φύσιν ἐτίθεμεν τὸν νόμον· ἀλλὰ τὰ νῦν παρὰ ταῦτα γιγνόμενα παρὰ φύσιν μᾶλλον, ὡς ἔοικε, γίγνεται.

Ἔοικεν.

Οὐκοῦν ἡ ἐπίσκεψις ἡμῖν ἦν εἰ δυνατά γε καὶ βέλτιστα λέγοιμεν;

»Gibt es also auch Frauen, die philosophisch veranlagt sind, während andere die Philosophie hassen? Und Frauen, die mutig sind, während andere es an Mut fehlen lassen?«

»Auch das gibt es.«

»Dann ist auch die eine zum Wächterberuf geeignet, die andere aber nicht. Oder haben wir nicht auch bei den Männern die Wächter im Hinblick auf diese Veranlagung ausgewählt?«[23]

»Ja, gewiss.«

»Also unterscheidet sich die Natur der Frau im Hinblick auf den Wächterdienst im Staat nicht von der des Mannes, außer dass jene schwächer, dieser aber stärker ist.«

»Offenbar.«

6 [b] »Solche Frauen müssen wir also für diese Männer aussuchen, damit sie mit ihnen zusammenleben und das Wächteramt versehen, da sie dazu geeignet und ihrem Wesen nach mit ihnen verwandt sind.«

»Gewiss.«

»Gleichen Naturen muss man doch gleiche Tätigkeiten zuweisen?«

»Sicher.«

»So sind wir also im Kreis wieder auf das vorher Gesagte zurückgekommen und sind uns nun darüber einig, dass es nicht wider die Natur ist, den Frauen der Wächter eine musische und gymnastische Ausbildung zu vermitteln.«

»Ganz und gar nicht.«

»So war also, was wir als Gesetz verordnet haben, weder undurchführbar, noch glich es bloß einem frommen Wunsch, [c] da es sich ja mit der Natur in Einklang befindet. Vielmehr ist das, was heute abweichend davon geschieht, ganz offensichtlich gegen die Natur.«

»Offenbar.«

»Wir wollten doch untersuchen, ob unser Vorschlag überhaupt durchführbar und ob er der beste ist?«

Ἦν γάρ.

Καὶ ὅτι μὲν δὴ δυνατά, διωμολόγηται;

Ναί.

Ὅτι δὲ δὴ βέλτιστα, τὸ μετὰ τοῦτο δεῖ διομολογηθῆναι;

Δῆλον.

Οὐκοῦν πρός γε τὸ φυλακικὴν γυναῖκα γενέσθαι, οὐκ ἄλλη μὲν ἡμῖν ἄνδρας ποιήσει παιδεία, ἄλλη δὲ γυναῖκας, ἄλλως [d] τε καὶ τὴν αὐτὴν φύσιν παραλαβοῦσα;

Οὐκ ἄλλη.

Πῶς οὖν ἔχεις δόξης τοῦ τοιοῦδε πέρι;

Τίνος δή;

Τοῦ ὑπολαμβάνειν παρὰ σεαυτῷ τὸν μὲν ἀμείνω ἄνδρα, τὸν δὲ χείρω· ἢ πάντας ὁμοίους ἡγῇ;

Οὐδαμῶς.

Ἐν οὖν τῇ πόλει ἣν ᾠκίζομεν, πότερον οἴει ἡμῖν ἀμείνους ἄνδρας ἐξειργάσθαι τοὺς φύλακας, τυχόντας ἧς διήλθομεν παιδείας, ἢ τοὺς σκυτοτόμους, τῇ σκυτικῇ παιδευθέντας;

Γελοῖον, ἔφη, ἐρωτᾷς.

Μανθάνω, ἔφην. τί δέ; τῶν ἄλλων πολιτῶν οὐχ οὗτοι [e] ἄριστοι;

Πολύ γε.

Τί δέ; αἱ γυναῖκες τῶν γυναικῶν οὐχ αὗται ἔσονται βέλτισται;

Καὶ τοῦτο, ἔφη, πολύ.

Ἔστι δέ τι πόλει ἄμεινον ἢ γυναῖκάς τε καὶ ἄνδρας ὡς ἀρίστους ἐγγίγνεσθαι;

Οὐκ ἔστιν.

Τοῦτο δὲ μουσική τε καὶ γυμναστικὴ παραγιγνόμεναι, ὡς [457a] ἡμεῖς διήλθομεν, ἀπεργάσονται;

Πῶς δ᾽ οὔ;

»Ja, das wollten wir.«

»Dass er durchführbar ist, darüber sind wir uns einig.«

»Ja.«

»Dass er auch der beste ist, darüber müssen wir uns noch einigen?«

»Klar.«

»Dass eine Frau eine tüchtige Wächterin wird, dazu braucht es doch keine andere Erziehung als bei den Männern, [d] zumal sie ja über dieselben Anlagen verfügt?«

»Nein, keine andere.«

»Wie denkst du nun über das Folgende?«

»Worüber?«

»Hältst du den einen Mann für besser, den anderen aber für schlechter, oder sind deiner Meinung nach alle gleich?«

»Keineswegs.«

»Sind in dem Staat, den wir gegründet haben, deiner Meinung nach die Wächter durch die geschilderte Erziehung bessere Männer geworden als die Schuster, die im Schusterhandwerk ausgebildet worden sind?«

»Eine lächerliche Frage, die du da stellst«, sagte er.

»Ich verstehe«, erwiderte ich. »Wie nun? Sind die Wächter nicht die [e] besten unter allen Bürgern?«

»Ja, bei Weitem.«

»Wie nun? Werden nicht auch die entsprechenden Frauen die besten unter den Frauen sein?«

»Auch das bei Weitem«, sagte er.

»Gibt es aber für einen Staat etwas Besseres, als über möglichst gute Frauen und Männer zu verfügen?«

»Nein.«

»Das aber wird die musische und gymnastische Ausbildung bewirken, wenn sie so herangezogen wird, [457a] wie wir es geschildert haben?«

»Natürlich.«

Οὐ μόνον ἄρα δυνατὸν ἀλλὰ καὶ ἄριστον πόλει νόμιμον ἐτίθεμεν.

Οὕτως.

Ἀποδυτέον δὴ ταῖς τῶν φυλάκων γυναιξίν, ἐπείπερ ἀρετὴν ἀντὶ ἱματίων ἀμφιέσονται, καὶ κοινωνητέον πολέμου τε καὶ τῆς ἄλλης φυλακῆς τῆς περὶ τὴν πόλιν, καὶ οὐκ ἄλλα πρακτέον· τούτων δ' αὐτῶν τὰ ἐλαφρότερα ταῖς γυναιξὶν ἢ τοῖς ἀνδράσι δοτέον διὰ τὴν τοῦ γένους ἀσθένειαν. ὁ [b] δὲ γελῶν ἀνὴρ ἐπὶ γυμναῖς γυναιξί, τοῦ βελτίστου ἕνεκα γυμναζομέναις, ἀτελῆ τοῦ γελοίου σοφίας δρέπων καρπόν, οὐδὲν οἶδεν, ὡς ἔοικεν, ἐφ' ᾧ γελᾷ οὐδ' ὅτι πράττει· κάλλιστα γὰρ δὴ τοῦτο καὶ λέγεται καὶ λελέξεται, ὅτι τὸ μὲν ὠφέλιμον καλόν, τὸ δὲ βλαβερὸν αἰσχρόν.

Παντάπασι μὲν οὖν.

7 Τοῦτο μὲν τοίνυν ἓν ὥσπερ κῦμα φῶμεν διαφεύγειν τοῦ γυναικείου πέρι νόμου λέγοντες, ὥστε μὴ παντάπασι κατακλυσθῆναι τιθέντας ὡς δεῖ κοινῇ πάντα ἐπιτηδεύειν τούς τε [c] φύλακας ἡμῖν καὶ τὰς φυλακίδας, ἀλλά πῃ τὸν λόγον αὐτὸν αὑτῷ ὁμολογεῖσθαι ὡς δυνατά τε καὶ ὠφέλιμα λέγει;

Καὶ μάλα, ἔφη, οὐ σμικρὸν κῦμα διαφεύγεις.

Φήσεις γε, ἦν δ' ἐγώ, οὐ μέγα αὐτὸ εἶναι, ὅταν τὸ μετὰ τοῦτο ἴδῃς.

Λέγε δή, ἴδω, ἔφη.

Τούτῳ, ἦν δ' ἐγώ, ἕπεται νόμος καὶ τοῖς ἔμπροσθεν τοῖς ἄλλοις, ὡς ἐγᾦμαι, ὅδε.

Τίς;

Τὰς γυναῖκας ταύτας τῶν ἀνδρῶν τούτων πάντων πάσας [d] εἶναι κοινάς, ἰδίᾳ δὲ μηδενὶ μηδεμίαν συνοικεῖν· καὶ τοὺς παῖδας αὖ κοινούς, καὶ μήτε γονέα ἔκγονον εἰδέναι τὸν αὑτοῦ μήτε παῖδα γονέα.

»Somit war unsere Anordnung nicht nur durchführbar, sondern auch die beste für den Staat.«

»So ist es.«

»Also müssen die Frauen der Wächter ihre Kleider ablegen und sich stattdessen mit Tüchtigkeit bekleiden; sie müssen teilhaben am Krieg und allem, was zum Wächteramt im Staat gehört, und dürfen sonst nichts tun. Doch sollte man den Frauen wegen der Schwäche ihres Geschlechts leichtere Aufgaben zuweisen als den Männern. Wer aber [b] über nackte Frauen lacht, deren gymnastische Übungen ja dem Besten dienen, pflückt eine unreife Weisheitsfrucht des Lachens[24] und weiß offenbar nicht, worüber er lacht und was er tut. Denn das ist und bleibt das schönste Wort: Das Nützliche ist schön,[25] das Schädliche aber hässlich.«

»Ganz gewiss.«

7 »Das wäre nun gleichsam die eine Woge,[26] von der wir sagen könnten, wir wären ihr in unserem Gespräch über die Gesetzgebung für die Frauen[27] entronnen, ohne dass sie uns mit unserem Grundsatz, Wächter und Wächterinnen müssten gemeinsam alle Aufgaben erfüllen, völlig überschwemmt hat; [c] vielmehr bestätigt die in sich stimmige Erörterung, dass es durchführbar und nützlich ist.«

»Einer gewaltigen Woge bist du da entronnen«, sagte er.

»Als klein wirst du sie bezeichnen«, entgegnete ich, »wenn du erst die folgende siehst.«

»Sprich nur, ich will sie sehen«, sagte er.

»Auf dieses und die früheren Gesetze«, fuhr ich fort, »folgt, wie ich meine, noch das folgende.«

»Welches?«

»Dass alle diese Frauen allen diesen Männern gemeinsam gehören sollen [d] und dass keine mit einem allein zusammenleben darf; ebenso sollen auch die Kinder gemeinsam sein; kein Vater darf sein Kind und kein Kind seinen Vater kennen.«

Πολύ, ἔφη, τοῦτο ἐκείνου μεῖζον πρὸς ἀπιστίαν καὶ τοῦ δυνατοῦ πέρι καὶ τοῦ ὠφελίμου.

Οὐκ οἶμαι, ἦν δ᾽ ἐγώ, περί γε τοῦ ὠφελίμου ἀμφισβητεῖσθαι ἄν, ὡς οὐ μέγιστον ἀγαθὸν κοινὰς μὲν τὰς γυναῖκας εἶναι, κοινοὺς δὲ τοὺς παῖδας, εἴπερ οἷόν τε· ἀλλ᾽ οἶμαι περὶ τοῦ εἰ δυνατὸν ἢ μὴ πλείστην ἂν ἀμφισβήτησιν γενέσθαι.

[e] Περὶ ἀμφοτέρων, ἦ δ᾽ ὅς, εὖ μάλ᾽ ἂν ἀμφισβητηθείη.

Λέγεις, ἦν δ᾽ ἐγώ, λόγων σύστασιν· ἐγὼ δ᾽ ᾤμην ἔκ γε τοῦ ἑτέρου ἀποδράσεσθαι, εἴ σοι δόξειεν ὠφέλιμον εἶναι, λοιπὸν δὲ δή μοι ἔσεσθαι περὶ τοῦ δυνατοῦ καὶ μή.

Ἀλλ᾽ οὐκ ἔλαθες, ἦ δ᾽ ὅς, ἀποδιδράσκων, ἀλλ᾽ ἀμφοτέρων πέρι δίδου λόγον.

Ὑφεκτέον, ἦν δ᾽ ἐγώ, δίκην. τοσόνδε μέντοι χάρισαί [458a] μοι· ἔασόν με ἑορτάσαι, ὥσπερ οἱ ἀργοὶ τὴν διάνοιαν εἰώθασιν ἑστιᾶσθαι ὑφ᾽ ἑαυτῶν, ὅταν μόνοι πορεύωνται. καὶ γὰρ οἱ τοιοῦτοί που, πρὶν ἐξευρεῖν τίνα τρόπον ἔσται τι ὧν ἐπιθυμοῦσι, τοῦτο παρέντες, ἵνα μὴ κάμνωσι βουλευόμενοι περὶ τοῦ δυνατοῦ καὶ μή, θέντες ὡς ὑπάρχον εἶναι ὃ βούλονται, ἤδη τὰ λοιπὰ διατάττουσιν καὶ χαίρουσιν διεξιόντες οἷα δράσουσι γενομένου, ἀργὸν καὶ ἄλλως ψυχὴν ἔτι [b] ἀργοτέραν ποιοῦντες. ἤδη οὖν καὶ αὐτὸς μαλθακίζομαι, καὶ ἐκεῖνα μὲν ἐπιθυμῶ ἀναβαλέσθαι καὶ ὕστερον ἐπισκέψασθαι, ᾗ δυνατά, νῦν δὲ ὡς δυνατῶν ὄντων θεὶς σκέψομαι, ἄν μοι παριῇς, πῶς διατάξουσιν αὐτὰ οἱ ἄρχοντες γιγνόμενα, καὶ ὅτι πάντων συμφορώτατ᾽ ἂν εἴη πραχθέντα τῇ τε πόλει καὶ τοῖς φύλαξιν.

»Das ist«, sagte er, »noch viel unglaublicher als das Frühere und scheint weder durchführbar noch nützlich zu sein.«

»Was den Nutzen betrifft, kann man, glaube ich«, so setzte ich fort, »nicht bestreiten, dass die Gemeinsamkeit der Frauen und Kinder das größte Gut ist, vorausgesetzt, so etwas sei möglich. Aber über die Durchführbarkeit wird es meiner Meinung nach einen gewaltigen Streit geben.«

[e] »Über beides«,[28] sagte er, »könnte man recht wohl streiten.«

»Du verbindest also«, erwiderte ich, »beide Fragen miteinander. Ich hoffte schon, der einen zu entgehen, wenn du den Nutzen zugegeben hättest, so dass mir nur noch übrig bliebe, über die Durchführbarkeit zu sprechen.«

»Es ist mir nicht entgangen«, sagte er, »dass du mir entwischen wolltest; darum gib mir nun über beides Rechenschaft.«

»So muss ich denn«, fuhr ich fort, »die Strafe auf mich nehmen. Tu mir nur einen Gefallen: [458a] Gönne mir das Vergnügen, das sich auch geistig träge Menschen selbst zu bereiten pflegen, wenn sie alleine wandern. Denn auch diese Leute geben, bevor sie noch herausgefunden haben, wie sie ihre Wünsche verwirklichen können, den Gedanken daran auf, um nicht beim Überlegen, ob es durchführbar ist oder nicht, schon zu ermüden, vielmehr nehmen sie ihre Wünsche einfach als verwirklicht an; danach treffen sie schon ihre Dispositionen für die Zukunft und haben ihre wahre Freude daran, sich auszumalen, was sie alles machen werden, wenn es wirklich so kommt; und so machen sie ihre an sich schon träge Seele noch träger. [b] So bin auch ich schon schlaff geworden und möchte mir gerne die Frage nach der Durchführbarkeit für später aufheben; jetzt aber nehme ich es als durchführbar an[29] und möchte, wenn du gestattest, überlegen, welche Anordnungen die Herrscher für diesen Fall treffen werden, und darlegen, dass die Verwirklichung für den Staat und für die Wächter von

ταῦτα πειράσομαί σοι πρότερα συνδιασκοπεῖσθαι, ὕστερα δ᾽ ἐκεῖνα, εἴπερ παριεῖς.

Ἀλλὰ παρίημι, ἔφη, καὶ σκόπει.

Οἶμαι τοίνυν, ἦν δ᾽ ἐγώ, εἴπερ ἔσονται οἱ ἄρχοντες ἄξιοι [c] τούτου τοῦ ὀνόματος, οἵ τε τούτοις ἐπίκουροι κατὰ ταὐτά, τοὺς μὲν ἐθελήσειν ποιεῖν τὰ ἐπιταττόμενα, τοὺς δὲ ἐπιτάξειν, τὰ μὲν αὐτοὺς πειθομένους τοῖς νόμοις, τὰ δὲ καὶ μιμουμένους, ὅσα ἂν ἐκείνοις ἐπιτρέψωμεν.

Εἰκός, ἔφη.

Σὺ μὲν τοίνυν, ἦν δ᾽ ἐγώ, ὁ νομοθέτης αὐτοῖς, ὥσπερ τοὺς ἄνδρας ἐξέλεξας, οὕτω καὶ τὰς γυναῖκας ἐκλέξας παραδώσεις καθ᾽ ὅσον οἷόν τε ὁμοφυεῖς· οἱ δέ, ἅτε οἰκίας τε καὶ συσσίτια κοινὰ ἔχοντες, ἰδίᾳ δὲ οὐδενὸς οὐδὲν τοιοῦτον κεκτημένου, [d] ὁμοῦ δὴ ἔσονται, ὁμοῦ δὲ ἀναμεμειγμένων καὶ ἐν γυμνασίοις καὶ ἐν τῇ ἄλλῃ τροφῇ ὑπ᾽ ἀνάγκης οἶμαι τῆς ἐμφύτου ἄξονται πρὸς τὴν ἀλλήλων μεῖξιν. ἢ οὐκ ἀναγκαῖά σοι δοκῶ λέγειν;

Οὐ γεωμετρικαῖς γε, ἦ δ᾽ ὅς, ἀλλ᾽ ἐρωτικαῖς ἀνάγκαις, αἳ κινδυνεύουσιν ἐκείνων δριμύτεραι εἶναι πρὸς τὸ πείθειν τε καὶ ἕλκειν τὸν πολὺν λεών.

8 Καὶ μάλα, εἶπον. ἀλλὰ μετὰ δὴ ταῦτα, ὦ Γλαύκων, ἀτάκτως μὲν μείγνυσθαι ἀλλήλοις ἢ ἄλλο ὁτιοῦν ποιεῖν οὔτε [e] ὅσιον ἐν εὐδαιμόνων πόλει οὔτ᾽ ἐάσουσιν οἱ ἄρχοντες.

Οὐ γὰρ δίκαιον, ἔφη.

Δῆλον δὴ ὅτι γάμους τὸ μετὰ τοῦτο ποιήσομεν ἱεροὺς εἰς δύναμιν ὅτι μάλιστα· εἶεν δ᾽ ἂν ἱεροὶ οἱ ὠφελιμώτατοι.

Παντάπασι μὲν οὖν.

[459a] Πῶς οὖν δὴ ὠφελιμώτατοι ἔσονται; τόδε μοι λέγε, ὦ

allergrößtem Nutzen wäre. Das will ich zuerst mit dir gemeinsam überlegen, das andere später, wenn du gestattest.«

»Damit bin ich einverstanden«, sagte er, »beginne nur mit deinen Überlegungen.«

»Ich glaube«, fing ich an, »wenn die Herrscher und die Wächter ihren Namen zu Recht verdienen, [c] und ihre Helfer ebenso, dann werden die einen bereit sein, Befehle auszuführen, die anderen aber Befehle zu erteilen, wobei sie einerseits den Gesetzen gehorchen, andererseits sich diese zum Vorbild nehmen, wo wir es ihrem Ermessen anheimgestellt haben.«

»Wahrscheinlich«, sagte er.

»Du aber«, so fuhr ich fort, »wirst als ihr Gesetzgeber, wie du die Männer ausgewählt hast, so auch die Frauen auswählen und jenen möglichst gleichartige beigeben. Da sie aber gemeinsame Wohnsitze und Mahlzeiten haben und keiner über einen Privatbesitz verfügt, [d] so werden sie gemeinsam leben, und da sie im Gymnasium und bei der übrigen Ausbildung beisammen sind, wird es, denke ich, durch den angeborenen Sexualtrieb zur geschlechtlichen Vereinigung kommen. Oder hältst du, was ich sage, nicht für eine notwendige Folge?«

»Notwendig freilich«, sagte er, »nicht im mathematischen, sondern im erotischen Sinne, was die breite Masse noch zwingender überzeugen und mitreißen dürfte.«

8 »Allerdings«, entgegnete ich. »Doch nun weiter, mein Glaukon. Wahllos miteinander zu verkehren oder dergleichen zu tun, entspricht weder [e] der frommen Gesinnung im Staat der Glücklichen, noch werden es die Herrscher zulassen.«

»Es wäre auch nicht gerecht«, bemerkte er.

»Also werden wir klarerweise in der Folge Hochzeiten einführen, so heilig[30] wie nur möglich; heilig aber wären sie nur, wenn sie auch möglichst nützlich sind.«

»Ganz gewiss.«

[459a] »Wie aber werden sie am nützlichsten sein? Sag mir

Γλαύκων· ὁρῶ γάρ σου ἐν τῇ οἰκίᾳ καὶ κύνας θηρευτικοὺς καὶ τῶν γενναίων ὀρνίθων μάλα συχνούς· ἆρ' οὖν, ὦ πρὸς Διός, προσέσχηκάς τι τοῖς τούτων γάμοις τε καὶ παιδοποιίᾳ;

Τὸ ποῖον; ἔφη.

Πρῶτον μὲν αὐτῶν τούτων, καίπερ ὄντων γενναίων, ἆρ' οὐκ εἰσί τινες καὶ γίγνονται ἄριστοι;

Εἰσίν.

Πότερον οὖν ἐξ ἁπάντων ὁμοίως γεννᾷς, ἢ προθυμῇ ὅτι μάλιστα ἐκ τῶν ἀρίστων;

Ἐκ τῶν ἀρίστων.

[b] Τί δ'; ἐκ τῶν νεωτάτων ἢ ἐκ τῶν γεραιτάτων ἢ ἐξ ἀκμαζόντων ὅτι μάλιστα;

Ἐξ ἀκμαζόντων.

Καὶ ἂν μὴ οὕτω γεννᾶται, πολύ σοι ἡγῇ χεῖρον ἔσεσθαι τό τε τῶν ὀρνίθων καὶ τὸ τῶν κυνῶν γένος;

Ἔγωγ', ἔφη.

Τί δὲ ἵππων οἴει, ἦν δ' ἐγώ, καὶ τῶν ἄλλων ζῴων; ἦ ἄλλῃ πῃ ἔχειν;

Ἄτοπον μεντἄν, ἦ δ' ὅς, εἴη.

Βαβαῖ, ἦν δ' ἐγώ, ὦ φίλε ἑταῖρε, ὡς ἄρα σφόδρα ἡμῖν δεῖ ἄκρων εἶναι τῶν ἀρχόντων, εἴπερ καὶ περὶ τὸ τῶν ἀνθρώπων γένος ὡσαύτως ἔχει.

[c] Ἀλλὰ μὲν δὴ ἔχει, ἔφη· ἀλλὰ τί δή;

Ὅτι ἀνάγκη αὐτοῖς, ἦν δ' ἐγώ, φαρμάκοις πολλοῖς χρῆσθαι. ἰατρὸν δέ που μὴ δεομένοις μὲν σώμασι φαρμάκων, ἀλλὰ διαίτῃ ἐθελόντων ὑπακούειν, καὶ φαυλότερον ἐξαρκεῖν ἡγούμεθα εἶναι· ὅταν δὲ δὴ καὶ φαρμακεύειν δέῃ, ἴσμεν ὅτι ἀνδρειοτέρου δεῖ τοῦ ἰατροῦ.

Ἀληθῆ· ἀλλὰ πρὸς τί λέγεις;

Πρὸς τόδε, ἦν δ' ἐγώ· συχνῷ τῷ ψεύδει καὶ τῇ ἀπάτῃ κινδυνεύει

das, mein Glaukon. Ich sehe in deinem Haus Jagdhunde und edles Geflügel in großer Zahl. Hast du, beim Zeus, bei ihrer Begattung und Fortpflanzung irgendetwas beachtet?«

»Was denn?«, fragte er.

»Zunächst einmal: Gibt es nicht, obwohl sie ja alle edel sind, einige unter ihnen, die die Besten sind und als solche in Erscheinung treten?«

»Natürlich.«

»Lässt du nun alle gleich zur Zucht zu oder bevorzugst du dafür nur die Besten?«

»Nur die Besten.«

[b] »Wie nun? Die Jüngsten oder die Ältesten, oder die, die im besten Alter sind?«

»Die im besten Alter.«

»Und wenn man sich bei der Zucht nicht daran hält, glaubst du, dass sich dann die Nachkommenschaft der Vögel und Hunde bedeutend verschlechtert?«

»Ich denke schon«, sagte er.

»Und wie, meinst du, ist das bei Pferden«, fragte ich, »und bei den anderen Lebewesen? Verhält es sich da etwa anders?«

»Das wäre ja sonderbar«, sagte er.

»Bist du jetzt überrascht, mein lieber Freund«, rief ich aus, »wie notwendig wir scharfsinnige Herrscher brauchen, wenn es sich auch beim Menschengeschlecht so verhält.«

[c] »Gewiss verhält es sich auch hier so«, sagte er, »aber warum brauchst du sie?«

»Weil sie viele Heilmittel anwenden müssen«, antwortete ich. »Für einen Körper, der keine Heilmittel braucht, sondern sich nur einer Diät unterziehen will, genügt schon ein mittelmäßiger Arzt; wo aber eine Medizin notwendig ist, da braucht es, wie wir wissen, auch einen tüchtigeren Arzt.«

»Richtig; doch wozu sagst du das?«

»Aus folgendem Grund«, entgegnete ich: »Unsere Herrscher

ἡμῖν δεήσειν χρῆσθαι τοὺς ἄρχοντας ἐπ᾽ ὠφελίᾳ [d] τῶν ἀρχομένων. ἔφαμεν δέ που ἐν φαρμάκου εἴδει πάντα τὰ τοιαῦτα χρήσιμα εἶναι.

Καὶ ὀρθῶς γε, ἔφη.

Ἐν τοῖς γάμοις τοίνυν καὶ παιδοποιίαις ἔοικε τὸ ὀρθὸν τοῦτο γίγνεσθαι οὐκ ἐλάχιστον.

Πῶς δή;

Δεῖ μέν, εἶπον, ἐκ τῶν ὡμολογημένων τοὺς ἀρίστους ταῖς ἀρίσταις συγγίγνεσθαι ὡς πλειστάκις, τοὺς δὲ φαυλοτάτους ταῖς φαυλοτάταις τοὐναντίον, καὶ τῶν μὲν τὰ ἔκγονα τρέφειν, [e] τῶν δὲ μή, εἰ μέλλει τὸ ποίμνιον ὅτι ἀκρότατον εἶναι, καὶ ταῦτα πάντα γιγνόμενα λανθάνειν πλὴν αὐτοὺς τοὺς ἄρχοντας, εἰ αὖ ἡ ἀγέλη τῶν φυλάκων ὅτι μάλιστα ἀστασίαστος ἔσται.

Ὀρθότατα, ἔφη.

Οὐκοῦν δὴ ἑορταί τινες νομοθετητέαι ἐν αἷς συνάξομεν τάς τε νύμφας καὶ τοὺς νυμφίους καὶ θυσίαι, καὶ ὕμνοι [460a] ποιητέοι τοῖς ἡμετέροις ποιηταῖς πρέποντες τοῖς γιγνομένοις γάμοις· τὸ δὲ πλῆθος τῶν γάμων ἐπὶ τοῖς ἄρχουσι ποιήσομεν, ἵν᾽ ὡς μάλιστα διασῴζωσι τὸν αὐτὸν ἀριθμὸν τῶν ἀνδρῶν, πρὸς πολέμους τε καὶ νόσους καὶ πάντα τὰ τοιαῦτα ἀποσκοποῦντες, καὶ μήτε μεγάλη ἡμῖν ἡ πόλις κατὰ τὸ δυνατὸν μήτε σμικρὰ γίγνηται.

Ὀρθῶς, ἔφη.

Κλῆροι δή τινες οἶμαι ποιητέοι κομψοί, ὥστε τὸν φαῦλον ἐκεῖνον αἰτιᾶσθαι ἐφ᾽ ἑκάστης συνέρξεως τύχην ἀλλὰ μὴ τοὺς ἄρχοντας.

Καὶ μάλα, ἔφη.

9 [b] Καὶ τοῖς ἀγαθοῖς γέ που τῶν νέων ἐν πολέμῳ ἢ ἄλλοθί που γέρα δοτέον καὶ ἆθλα ἄλλα τε καὶ ἀφθονεστέρα ἡ ἐξουσία τῆς τῶν

werden wahrscheinlich viel Betrug und Täuschung anwenden müssen zum Nutzen [d] der Beherrschten. Und all das ist, wir sagten es ja bereits,[31] eine Art Heilmittel und somit nützlich.«

»Ja, richtig«, sagte er.

»Bei Heirat und Kinderzeugung scheint mir diese Richtigkeit besonders zum Tragen zu kommen.«

»Wieso?«

»Nach dem«, setzte ich fort, »was wir übereinstimmend festgestellt haben, müssen die besten Männer und die besten Frauen möglichst oft zusammenkommen, die schlechtesten dagegen möglichst selten; die Kinder der einen muss man aufziehen, [e] die der anderen nicht,[32] wenn man die Herde auf einem möglichst hohen Niveau halten will. Das alles darf nur den Herrschern bekannt sein, soll die Herde der Wächter möglichst ohne inneren Zwist bleiben.«[33]

»Sehr richtig«, sagte er.

»Wir müssen also gesetzlich bestimmte Feste und Opfer einführen, bei denen wir Braut und Bräutigam zusammenführen, [460a] und unsere Dichter sollen für die Eheschließung passende Lieder dichten. Die Menge der Eheschließungen werden wir den Herrschern überlassen, damit unter Berücksichtigung von Kriegen, Seuchen und dergleichen mehr die Zahl der Männer möglichst gleich bleibt; denn unser Staat soll ja nach Möglichkeit weder zu groß noch zu klein werden.«[34]

»Richtig«, sagte er.

»Es sollte, denke ich, eine fein durchdachte Auslosung stattfinden, damit jener, der minderwertig ist, bei jeder Zusammenführung dem Zufall und nicht den Herrschern die Schuld gibt.«

»Ja, sicher«, sagte er.

9 [b] »Den besten unter den jungen Männern im Krieg oder auch sonst soll man neben Ehrengeschenken und anderen Belohnungen auch öfter die Gelegenheit zum Verkehr mit Frauen

γυναικῶν συγκοιμήσεως, ἵνα καὶ ἅμα μετὰ προφάσεως ὡς πλεῖστοι τῶν παίδων ἐκ τῶν τοιούτων σπείρωνται.

Ὀρθῶς.

Οὐκοῦν καὶ τὰ ἀεὶ γιγνόμενα ἔκγονα παραλαμβάνουσαι αἱ ἐπὶ τούτων ἐφεστηκυῖαι ἀρχαὶ εἴτε ἀνδρῶν εἴτε γυναικῶν εἴτε ἀμφότερα – κοιναὶ μὲν γάρ που καὶ ἀρχαὶ γυναιξί τε καὶ ἀνδράσιν –

Ναί.

[c] Τὰ μὲν δὴ τῶν ἀγαθῶν, δοκῶ, λαβοῦσαι εἰς τὸν σηκὸν οἴσουσιν παρά τινας τροφοὺς χωρὶς οἰκούσας ἔν τινι μέρει τῆς πόλεως· τὰ δὲ τῶν χειρόνων, καὶ ἐάν τι τῶν ἑτέρων ἀνάπηρον γίγνηται, ἐν ἀπορρήτῳ τε καὶ ἀδήλῳ κατακρύψουσιν ὡς πρέπει.

Εἴπερ μέλλει, ἔφη, καθαρὸν τὸ γένος τῶν φυλάκων ἔσεσθαι.

Οὐκοῦν καὶ τροφῆς οὗτοι ἐπιμελήσονται τάς τε μητέρας ἐπὶ τὸν σηκὸν ἄγοντες ὅταν σπαργῶσι, πᾶσαν μηχανὴν [d] μηχανώμενοι ὅπως μηδεμία τὸ αὑτῆς αἰσθήσεται, καὶ ἄλλας γάλα ἐχούσας ἐκπορίζοντες, ἐὰν μὴ αὐταὶ ἱκαναὶ ὦσι, καὶ αὐτῶν τούτων ἐπιμελήσονται ὅπως μέτριον χρόνον θηλάσονται, ἀγρυπνίας δὲ καὶ τὸν ἄλλον πόνον τίτθαις τε καὶ τροφοῖς παραδώσουσιν;

Πολλὴν ῥᾳστώνην, ἔφη, λέγεις τῆς παιδοποιίας ταῖς τῶν φυλάκων γυναιξίν.

Πρέπει γάρ, ἦν δ᾽ ἐγώ. τὸ δ᾽ ἐφεξῆς διέλθωμεν ὃ προυθέμεθα. ἔφαμεν γὰρ δὴ ἐξ ἀκμαζόντων δεῖν τὰ ἔκγονα γίγνεσθαι.

Ἀληθῆ.

[e] Ἆρ᾽ οὖν σοι συνδοκεῖ μέτριος χρόνος ἀκμῆς τὰ εἴκοσι ἔτη γυναικί, ἀνδρὶ δὲ τὰ τριάκοντα;

geben, damit zugleich auch unter diesem Vorwand möglichst viele Kinder von ihnen gezeugt werden.«[35]

»Richtig.«

»Die jeweils geborenen Kinder übernehmen dann eigens dazu bestellte Behörden, die aus Männern, Frauen oder gemischt aus beiden bestehen; denn auch in Ämtern sitzen Männer und Frauen gemeinsam.«

»Ja.«

[c] »Diese übernehmen also, so stelle ich es mir vor, die Kinder der Tüchtigen und bringen sie in eine Kinderkrippe[36] zu Pflegerinnen, die abseits in einem Stadtteil wohnen; die Kinder der Schlechtern aber, oder auch etwaige gebrechliche Kinder der anderen, verbergen sie, wie sich's gebührt, an einem geheimen und unbekannten Ort.«[37]

»So also soll«, sagte er, »das Geschlecht der Wächter rein erhalten bleiben.«

»Sie werden sich auch um die Ernährung kümmern und die Mütter, wenn sie Milch haben, zur Kinderkrippe führen; dabei werden sie aber alles [d] daransetzen, dass keine ihr Kind erkennt, und wenn diese nicht ausreichen, werden sie auch andere Frauen dorthin bringen, die Milch haben; auch werden sie sich darum kümmern, dass die Mütter ihre Kinder nur eine angemessene Zeit stillen; die Nachtwachen aber und die anderen Mühen werden sie den Ammen und Pflegerinnen überlassen.«

»Du machst die Mutterschaft den Frauen der Wächter leicht«, sagte er.

»Das gehört sich auch«, erwiderte ich. »Aber verfolgen wir weiter, was wir uns vorgenommen haben. Wir sagten ja, Kinder sollten von Eltern im besten Alter gezeugt werden.«[38]

»Richtig.«

[e] »Bist du damit einverstanden, dass die durchschnittliche Blütezeit bei der Frau zwanzig und beim Mann dreißig Jahre beträgt?«

Τὰ ποῖα αὐτῶν; ἔφη.

Γυναικὶ μέν, ἦν δ᾽ ἐγώ, ἀρξαμένῃ ἀπὸ εἰκοσιέτιδος μέχρι τετταρακονταέτιδος τίκτειν τῇ πόλει· ἀνδρὶ δέ, ἐπειδὰν τὴν ὀξυτάτην δρόμου ἀκμὴν παρῇ, τὸ ἀπὸ τούτου γεννᾶν τῇ πόλει μέχρι πεντεκαιπεντηκονταέτους.

[461a] Ἀμφοτέρων γοῦν, ἔφη, αὕτη ἀκμὴ σώματός τε καὶ φρονήσεως.

Οὐκοῦν ἐάντε πρεσβύτερος τούτων ἐάντε νεώτερος τῶν εἰς τὸ κοινὸν γεννήσεων ἅψηται, οὔτε ὅσιον οὔτε δίκαιον φήσομεν τὸ ἁμάρτημα, ὡς παῖδα φιτύοντος τῇ πόλει, ὅς, ἂν λάθῃ, γεννήσεται οὐχ ὑπὸ θυσιῶν οὐδ᾽ ὑπὸ εὐχῶν φύς, ἃς ἐφ᾽ ἑκάστοις τοῖς γάμοις εὔξονται καὶ ἱέρειαι καὶ ἱερεῖς καὶ σύμπασα ἡ πόλις ἐξ ἀγαθῶν ἀμείνους καὶ ἐξ ὠφελίμων [b] ὠφελιμωτέρους ἀεὶ τοὺς ἐκγόνους γίγνεσθαι, ἀλλ᾽ ὑπὸ σκότου μετὰ δεινῆς ἀκρατείας γεγονώς.

Ὀρθῶς, ἔφη.

Ὁ αὐτὸς δέ γ᾽, εἶπον, νόμος, ἐάν τις τῶν ἔτι γεννώντων μὴ συνέρξαντος ἄρχοντος ἅπτηται τῶν ἐν ἡλικίᾳ γυναικῶν· νόθον γὰρ καὶ ἀνέγγυον καὶ ἀνίερον φήσομεν αὐτὸν παῖδα τῇ πόλει καθιστάναι.

Ὀρθότατα, ἔφη.

Ὅταν δὲ δὴ οἶμαι αἵ τε γυναῖκες καὶ οἱ ἄνδρες τοῦ γεννᾶν ἐκβῶσι τὴν ἡλικίαν, ἀφήσομέν που ἐλευθέρους αὐτοὺς συγγίγνεσθαι [c] ᾧ ἂν ἐθέλωσι, πλὴν θυγατρὶ καὶ μητρὶ καὶ ταῖς τῶν θυγατέρων παισὶ καὶ ταῖς ἄνω μητρός, καὶ γυναῖκας αὖ πλὴν ὑεῖ καὶ πατρὶ καὶ τοῖς τούτων εἰς τὸ κάτω καὶ ἐπὶ τὸ ἄνω, καὶ ταῦτά γ᾽ ἤδη πάντα

»Was meinst du damit?«, fragte er.

»Für die Frau beginnt die Zeit«, fuhr ich fort, »in der sie für den Staat Kinder gebären soll, beim zwanzigsten und reicht bis zum dreißigsten Lebensjahr; für den Mann aber beginnt sie erst, wenn der hitzigste Höhepunkt seines Lebenslaufs[39] vorbei ist; von da an soll er bis zu seinem fünfundfünfzigsten Jahr für den Staat Kinder zeugen.«[40]

[461a] »Das ist für beide die Zeit ihrer körperlichen und geistigen Blüte«, sagte er.

»Wenn nun ein Älterer oder Jüngerer sich an die Zeugung für das Gemeinwesen macht, dann wollen wir das als ein Vergehen gegen göttliches und menschliches Recht bezeichnen; denn er erzeugt dem Staat ein Kind, das, wenn die Sache geheim bleibt, ohne Opfer und ohne Weihen gezeugt und geboren wird, die sonst bei allen Eheschließungen von Priesterinnen und Priestern, ja auch vom ganzen Staat verrichtet werden, damit aus guten bessere und aus nützlichen [b] immer noch nützlichere Nachkommen hervorgehen; dieses Kind jedoch ist im Dunkel mit frevelhafter Unbeherrschtheit gezeugt.«[41]

»Ganz richtig«, sagte er.

»Dasselbe Gesetz«, fuhr ich fort, »gilt aber auch, wenn ein Mann im noch zeugungsfähigen Alter sich an einer Frau in ihrer Blütezeit vergreift, ohne dass der Herrscher sie zusammengeführt hat. Denn er setzt dem Staat ein Kind in die Welt, das wir einen Bastard nennen werden, unehelich und ungeweiht.«

»Sehr richtig«, sagte er.

»Wenn aber die Frauen und Männer das zeugungsfähige Alter überschritten haben, dann lassen wir, denke ich, den Männern die Freiheit zu verkehren, [c] mit wem sie wollen, außer mit Tochter, Mutter, ihren Enkelinnen und den Töchtern ihrer Großmutter, und ebenso den Frauen, außer mit dem Sohn, dem Vater und deren Vorfahren und Nachkommen; und dies alles erst, nachdem wir ihnen aufgetragen haben, bestens dafür

διακελευσάμενοι προθυμεῖσθαι μάλιστα μὲν μηδ᾽ εἰς φῶς ἐκφέρειν κύημα μηδέ γ᾽ ἕν, ἐὰν γένηται, ἐὰν δέ τι βιάσηται, οὕτω τιθέναι, ὡς οὐκ οὔσης τροφῆς τῷ τοιούτῳ.

Καὶ ταῦτα μέν γ᾽, ἔφη, μετρίως λέγεται· πατέρας δὲ καὶ [d] θυγατέρας καὶ ἃ νυνδὴ ἔλεγες πῶς διαγνώσονται ἀλλήλων;

Οὐδαμῶς, ἦν δ᾽ ἐγώ· ἀλλ᾽ ἀφ᾽ ἧς ἂν ἡμέρας τις αὐτῶν νυμφίος γένηται, μετ᾽ ἐκείνην δεκάτῳ μηνὶ καὶ ἑβδόμῳ δὴ ἃ ἂν γένηται ἔκγονα, ταῦτα πάντα προσερεῖ τὰ μὲν ἄρρενα ὑεῖς, τὰ δὲ θήλεα θυγατέρας, καὶ ἐκεῖνα ἐκεῖνον πατέρα, καὶ οὕτω δὴ τὰ τούτων ἔκγονα παίδων παῖδας, καὶ ἐκεῖν᾽ αὖ ἐκείνους πάππους τε καὶ τηθάς, τὰ δ᾽ ἐν ἐκείνῳ τῷ χρόνῳ γεγονότα, ἐν ᾧ αἱ μητέρες καὶ οἱ πατέρες αὐτῶν ἐγέννων, [e] ἀδελφάς τε καὶ ἀδελφούς, ὥστε, ὃ νυνδὴ ἐλέγομεν, ἀλλήλων μὴ ἅπτεσθαι. ἀδελφοὺς δὲ καὶ ἀδελφὰς δώσει ὁ νόμος συνοικεῖν, ἐὰν ὁ κλῆρος ταύτῃ συμπίπτῃ καὶ ἡ Πυθία προσαναιρῇ.

Ὀρθότατα, ἦ δ᾽ ὅς.

10 Ἡ μὲν δὴ κοινωνία, ὦ Γλαύκων, αὕτη τε καὶ τοιαύτη γυναικῶν τε καὶ παίδων τοῖς φύλαξί σοι τῆς πόλεως· ὡς δὲ ἑπομένη τε τῇ ἄλλῃ πολιτείᾳ καὶ μακρῷ βελτίστη, δεῖ δὴ τὸ μετὰ τοῦτο βεβαιώσασθαι παρὰ τοῦ λόγου. ἢ πῶς ποιῶμεν;

[462a] Οὕτω νὴ Δία, ἦ δ᾽ ὅς.

Ἆρ᾽ οὖν οὐχ ἥδε ἀρχὴ τῆς ὁμολογίας, ἐρέσθαι ἡμᾶς αὐτοὺς τί ποτε τὸ μέγιστον ἀγαθὸν ἔχομεν εἰπεῖν εἰς πόλεως κατασκευήν, οὗ δεῖ στοχαζόμενον τὸν νομοθέτην τιθέναι τοὺς νόμους, καὶ τί μέγιστον κακόν, εἶτα ἐπισκέψασθαι ἆρα ἃ νυνδὴ διήλθομεν εἰς μὲν τὸ τοῦ ἀγαθοῦ ἴχνος ἡμῖν ἁρμόττει, τῷ δὲ τοῦ κακοῦ ἀναρμοστεῖ;

zu sorgen, dass keine einzige solche Leibesfrucht ausgetragen wird und das Licht der Welt erblickt;[42] sollte sich die Geburt aber nicht verhindern lassen, dann dürfe ein solches Kind nicht aufgezogen werden.«[43]

»Auch das ist in Ordnung«, sagte er. »Aber wie werden sie Väter und [d] Töchter und die anderen Verwandten, die du eben nanntest, auseinanderhalten können?«[44]

»Gar nicht«, erwiderte ich. »Vielmehr wird jemand alle Kinder, die zwischen dem siebenten und zehnten Monat nach seiner Vermählung zur Welt kommen, Söhne und Töchter nennen und sie ihn Vater; und ebenso wird er deren Nachkommen Enkelkinder nennen, und diese wieder werden die Bezeichnungen Großvater und Großmutter gebrauchen; diejenigen aber, die zu der Zeit geboren werden, als ihre Mütter und Väter sich fortpflanzten, [e] werden sich Brüder und Schwestern nennen und sich daher, wie wir eben sagten, voneinander fern halten. Brüdern und Schwestern kann das Gesetz nur dann ein Zusammenleben gewähren, wenn es das Los so bestimmt und Pythia dem zustimmt.«

»Ganz recht«, sagte er.

10 »Solcherart ist nun, mein Glaukon, die Gemeinschaft der Frauen und Kinder bei den Wächtern deines Staates. Dass sie aber zu der übrigen Staatsverfassung passt und so die beste ist,[45] muss die weitere Untersuchung erst bestätigen. Oder wie wollen wir vorgehen?«

[462a] »Beim Zeus, gerade so«, erwiderte er.

»Wäre das nicht der Beginn zu einer Verständigung, wenn wir uns selbst fragen, was wir denn bei der Einrichtung unseres Staates als das höchste Gut bezeichnen können, auf das der Gesetzgeber mit seinen Gesetzen abzielen muss, und was das größte Übel ist? Dann wollen wir prüfen, ob unsere bisherigen Überlegungen der Spur[46] des Guten folgen, von der des Schlechten aber abweichen.«

Πάντων μάλιστα, ἔφη.

Ἔχομεν οὖν τι μεῖζον κακὸν πόλει ἢ ἐκεῖνο ὃ ἂν αὐτὴν [b] διασπᾷ καὶ ποιῇ πολλὰς ἀντὶ μιᾶς; ἢ μεῖζον ἀγαθὸν τοῦ ὃ ἂν συνδῇ τε καὶ ποιῇ μίαν;

Οὐκ ἔχομεν.

Οὐκοῦν ἡ μὲν ἡδονῆς τε καὶ λύπης κοινωνία συνδεῖ, ὅταν ὅτι μάλιστα πάντες οἱ πολῖται τῶν αὐτῶν γιγνομένων τε καὶ ἀπολλυμένων παραπλησίως χαίρωσι καὶ λυπῶνται;

Παντάπασι μὲν οὖν, ἔφη.

Ἡ δέ γε τῶν τοιούτων ἰδίωσις διαλύει, ὅταν οἱ μὲν περιαλγεῖς, οἱ δὲ περιχαρεῖς γίγνωνται ἐπὶ τοῖς αὐτοῖς [c] παθήμασι τῆς πόλεώς τε καὶ τῶν ἐν τῇ πόλει;

Τί δ' οὔ;

Ἆρ' οὖν ἐκ τοῦδε τὸ τοιόνδε γίγνεται, ὅταν μὴ ἅμα φθέγγωνται ἐν τῇ πόλει τὰ τοιάδε ῥήματα, τό τε ἐμὸν καὶ τὸ οὐκ ἐμόν; καὶ περὶ τοῦ ἀλλοτρίου κατὰ ταὐτά;

Κομιδῇ μὲν οὖν.

Ἐν ᾗτινι δὴ πόλει πλεῖστοι ἐπὶ τὸ αὐτὸ κατὰ ταὐτὰ τοῦτο λέγουσι τὸ ἐμὸν καὶ τὸ οὐκ ἐμόν, αὕτη ἄριστα διοικεῖται;

Πολύ γε.

Καὶ ἥτις δὴ ἐγγύτατα ἑνὸς ἀνθρώπου ἔχει; οἷον ὅταν που ἡμῶν δάκτυλός του πληγῇ, πᾶσα ἡ κοινωνία ἡ κατὰ τὸ σῶμα πρὸς τὴν ψυχὴν τεταμένη εἰς μίαν σύνταξιν τὴν τοῦ ἄρχοντος [d] ἐν αὐτῇ ᾔσθετό τε καὶ πᾶσα ἅμα συνήλγησεν μέρους πονήσαντος ὅλη, καὶ οὕτω δὴ λέγομεν ὅτι ὁ ἄνθρωπος τὸν δάκτυλον ἀλγεῖ· καὶ περὶ ἄλλου ὁτουοῦν τῶν τοῦ ἀνθρώπου ὁ αὐτὸς λόγος, περί τε λύπης πονοῦντος μέρους καὶ περὶ ἡδονῆς ῥαΐζοντος;

»Ausgezeichnet«, sagte er.

»Kennen wir ein schlimmeres Übel für den Staat als jenes, das ihn [b] zerreißt und ihn aus seiner Einheit in viele Teile aufsplittert? Oder ein größeres Gut als das, was ihn zusammenbindet[47] und zu einer Einheit macht?«

»Nein.«

»Verbindet nicht die Gemeinschaft von Freud und Leid, wenn möglichst alle Bürger[48] beim Werden und Vergehen derselben Dinge sich gleichermaßen freuen und darunter leiden?«

»Auf jeden Fall«, sagte er.

»Sonderinteressen in diesen Dingen aber führen zur Auflösung des Staates, wenn nämlich über dieselben [c] Ereignisse im Staat und unter den Bürgern die einen großen Schmerz, die anderen aber große Freude empfinden.«

»Natürlich.«

»Ist das nicht dann der Fall, wenn im Staat solche Begriffe wie ›mein‹ oder ›nicht mein‹ nicht einhellig gebraucht werden? Dasselbe gilt wohl auch für ›fremd‹?«

»Allerdings.«

»Jener Staat, in dem die meisten[49] bei den gleichen Dingen übereinstimmend von ›mein‹ und ›nicht mein‹ sprechen, ist wohl am besten verwaltet?«

»Weitaus.«

»Und das ist zugleich auch der Staat, der dem einzelnen Menschen am nächsten kommt? Wenn zum Beispiel ein Finger von uns verletzt wird, dann merkt das die ganze Gemeinschaft, angefangen beim Körper bis in die Seele hinein,[50] in ihrer einheitlichen Anordnung unter dem in ihr herrschenden Teil, [d] und empfindet als Ganzes gleichzeitig überall den Schmerz, wenn auch nur ein Glied leidet; daher sagen wir, der Mensch leidet an seinem Finger. Und dasselbe gilt auch sonst beim Menschen, für Schmerz, wenn ein Teil von ihm leidet, und für die Freude, wenn er sich wieder erholt?«

Ὁ αὐτὸς γάρ, ἔφη· καὶ τοῦτο ὃ ἐρωτᾷς, τοῦ τοιούτου ἐγγύτατα ἡ ἄριστα πολιτευομένη πόλις οἰκεῖ.

Ἑνὸς δὴ οἶμαι πάσχοντος τῶν πολιτῶν ὁτιοῦν ἢ ἀγαθὸν [e] ἢ κακὸν ἡ τοιαύτη πόλις μάλιστά τε φήσει ἑαυτῆς εἶναι τὸ πάσχον, καὶ ἢ συνησθήσεται ἅπασα ἢ συλλυπήσεται.

Ἀνάγκη, ἔφη, τήν γε εὔνομον.

11 Ὥρα ἂν εἴη, ἦν δ᾽ ἐγώ, ἐπανιέναι ἡμῖν ἐπὶ τὴν ἡμετέραν πόλιν, καὶ τὰ τοῦ λόγου ὁμολογήματα σκοπεῖν ἐν αὐτῇ, εἰ αὐτὴ μάλιστ᾽ ἔχει εἴτε καὶ ἄλλη τις μᾶλλον.

Οὐκοῦν χρή, ἔφη.

[463a] Τί οὖν; ἔστι μέν που καὶ ἐν ταῖς ἄλλαις πόλεσιν ἄρχοντές τε καὶ δῆμος, ἔστι δὲ καὶ ἐν ταύτῃ;

Ἔστι.

Πολίτας μὲν δὴ πάντες οὗτοι ἀλλήλους προσεροῦσι;

Πῶς δ᾽ οὔ;

Ἀλλὰ πρὸς τῷ πολίτας τί ὁ ἐν ταῖς ἄλλαις δῆμος τοὺς ἄρχοντας προσαγορεύει;

Ἐν μὲν ταῖς πολλαῖς δεσπότας, ἐν δὲ ταῖς δημοκρατουμέναις αὐτὸ τοὔνομα τοῦτο, ἄρχοντας.

Τί δ᾽ ὁ ἐν τῇ ἡμετέρᾳ δῆμος; πρὸς τῷ πολίτας τί τοὺς ἄρχοντάς φησιν εἶναι;

[b] Σωτῆράς τε καὶ ἐπικούρους, ἔφη.

Τί δ᾽ οὗτοι τὸν δῆμον;

Μισθοδότας τε καὶ τροφέας.

Οἱ δ᾽ ἐν ταῖς ἄλλαις ἄρχοντες τοὺς δήμους;

Δούλους, ἔφη.

Τί δ᾽ οἱ ἄρχοντες ἀλλήλους;

Συνάρχοντας, ἔφη.

»Ja, dasselbe«, antwortete er. »Und um auf deine Frage zurückzukommen: Ja, einem solchen Menschen kommt der bestens verwaltete Staat offenbar am nächsten.«

»Wenn nun einem einzelnen Bürger etwas Gutes oder Böses widerfährt, [e] dann wird ein solcher Staat, glaube ich, das am ehesten auf sich selbst beziehen und wird als Ganzer sich mitfreuen oder mitleiden.«

»Sicher«, sagte er, »wenigstens wenn er wohlgeordnet ist.«

11 »Es ist nun an der Zeit«, fuhr ich fort, »wieder auf unseren Staat zurückzukommen und zu prüfen, ob die übereinstimmenden Ergebnisse unserer Untersuchung in ihm bestens verwirklicht sind oder eher in einem anderen.«

»Ja, das müssen wir«, sagte er.

[463a] »Wie nun? Gibt es auch in anderen Staaten Herrscher und Volk so wie in unserem?«

»Gewiss.«

»Und alle diese bezeichnen sich doch gegenseitig als Bürger?«

»Natürlich.«

»Doch abgesehen von dieser Bezeichnung, wie nennt das Volk in den anderen Staaten die Herrscher?«

»In den meisten Staaten ›Despoten‹, in den Demokratien aber lautet die Bezeichnung eben ›Herrscher‹[51].«

»Wie nennt sie das Volk in unserem Staat? Was, sagen sie, sind sie außer Bürger noch?«

[b] »Retter und Helfer«, sagte er.

»Und wie nennen diese das Volk?«

»Lohngeber und Ernährer.«

»Und wie nennen die Herrscher in den anderen Staaten das Volk?«

»Sklaven«, antwortete er.

»Wie bezeichnen sich die Herrscher untereinander?«

»Mitherrscher«,[52] sagte er.

Τί δ᾽ οἱ ἡμέτεροι;

Συμφύλακας.

Ἔχεις οὖν εἰπεῖν τῶν ἀρχόντων τῶν ἐν ταῖς ἄλλαις πόλεσιν, εἴ τίς τινα ἔχει προσειπεῖν τῶν συναρχόντων τὸν μὲν ὡς οἰκεῖον, τὸν δ᾽ ὡς ἀλλότριον;

Καὶ πολλούς γε.

Οὐκοῦν τὸν μὲν οἰκεῖον ὡς ἑαυτοῦ νομίζει τε καὶ λέγει, [c] τὸν δ᾽ ἀλλότριον ὡς οὐχ ἑαυτοῦ;

Οὕτω.

Τί δὲ οἱ παρὰ σοὶ φύλακες; ἔσθ᾽ ὅστις αὐτῶν ἔχοι ἂν τῶν συμφυλάκων νομίσαι τινὰ ἢ προσειπεῖν ὡς ἀλλότριον;

Οὐδαμῶς, ἔφη· παντὶ γὰρ ᾧ ἂν ἐντυγχάνῃ, ἢ ὡς ἀδελφῷ ἢ ὡς ἀδελφῇ ἢ ὡς πατρὶ ἢ ὡς μητρὶ ἢ ὑεῖ ἢ θυγατρὶ ἢ τούτων ἐκγόνοις ἢ προγόνοις νομιεῖ ἐντυγχάνειν.

Κάλλιστα, ἦν δ᾽ ἐγώ, λέγεις, ἀλλ᾽ ἔτι καὶ τόδε εἰπέ· πότερον αὐτοῖς τὰ ὀνόματα μόνον οἰκεῖα νομοθετήσεις, ἢ [d] καὶ τὰς πράξεις πάσας κατὰ τὰ ὀνόματα πράττειν, περί τε τοὺς πατέρας, ὅσα νόμος περὶ πατέρας αἰδοῦς τε πέρι καὶ κηδεμονίας καὶ τοῦ ὑπήκοον δεῖν εἶναι τῶν γονέων, ἢ μήτε πρὸς θεῶν μήτε πρὸς ἀνθρώπων αὐτῷ ἄμεινον ἔσεσθαι, ὡς οὔτε ὅσια οὔτε δίκαια πράττοντος ἄν, εἰ ἄλλα πράττοι ἢ ταῦτα; αὗταί σοι ἢ ἄλλαι φῆμαι ἐξ ἁπάντων τῶν πολιτῶν ὑμνήσουσιν εὐθὺς περὶ τὰ τῶν παίδων ὦτα καὶ περὶ πατέρων, οὓς ἂν αὐτοῖς τις ἀποφήνῃ, καὶ περὶ τῶν ἄλλων συγγενῶν;

[e] Αὗται, ἔφη· γελοῖον γὰρ ἂν εἴη εἰ ἄνευ ἔργων οἰκεῖα ὀνόματα διὰ τῶν στομάτων μόνον φθέγγοιντο.

Πασῶν ἄρα πόλεων μάλιστα ἐν αὐτῇ συμφωνήσουσιν ἑνός τι-

»Und wie bei uns?«

»Mitwächter[53].«

»Kannst du mir unter den Herrschern in anderen Staaten einen nennen, der einen seiner Mitherrscher als Verwandten bezeichnet, einen anderen aber als Fremden?«

»Ja, sogar viele.«

»Den Verwandten also hält er für einen, der zu ihm gehört, [c] den Fremden aber nicht?«[54]

»So ist es.«

»Und wie ist es bei deinen Wächtern? Gibt es da einen, der irgendeinen seiner Mitwächter für einen Fremden halten und ihn so bezeichnen könnte?«

»Keineswegs«, sagte er, »denn bei jedem, den er trifft, wird er glauben, einen Bruder, eine Schwester, einen Vater, eine Mutter, einen Sohn, einer Tochter oder einen Nachkommen oder Vorfahren von sich zu treffen.«

»Sehr schön, was du da sagst«, erwiderte ich, aber beantworte mir noch Folgendes: Wirst du ihnen bloß die Verwendung dieser Verwandtschaftsbezeichnungen vorschreiben, oder auch dass sie [d] stets diesen gemäß zu handeln haben, dass sie also den Vätern gegenüber alles tun, was das Gesetz an Ehrfurcht, Fürsorge und an schuldigem Gehorsam gegen die Eltern fordert? Oder soll einer weder von den Göttern noch von den Menschen Gutes erlangen, weil er, wenn er sich nicht daran hält, gegen göttliches und menschliches Recht verstößt? Werden schon die Kinder solche und ähnliche Reden über diejenigen, die man als ihre Väter ausgibt, und über die anderen Verwandten ständig von allen Bürgern zu hören bekommen?«

[e] »Allerdings«, sagte er. »Es wäre ja lächerlich, würde man ohne die entsprechenden Taten bloß die Verwandtschaftsbezeichnungen gebrauchen.«

»Hat also ein Bürger Glück oder Unglück mit seinen Taten, so wird es, wie wir eben sagten, in keinem Staat so sehr wie in

νος ἢ εὖ ἢ κακῶς πράττοντος ὃ νυνδὴ ἐλέγομεν τὸ ῥῆμα, τὸ ὅτι τὸ ἐμὸν εὖ πράττει ἢ ὅτι τὸ ἐμὸν κακῶς.

Ἀληθέστατα αὖ, ἦ δ᾿ ὅς.

[464a] Οὐκοῦν μετὰ τούτου τοῦ δόγματός τε καὶ ῥήματος ἔφαμεν συνακολουθεῖν τάς τε ἡδονὰς καὶ τὰς λύπας κοινῇ;

Καὶ ὀρθῶς γε ἔφαμεν.

Οὐκοῦν μάλιστα τοῦ αὐτοῦ κοινωνήσουσιν ἡμῖν οἱ πολῖται, ὃ δὴ ἐμὸν ὀνομάσουσιν; τούτου δὲ κοινωνοῦντες οὕτω δὴ λύπης τε καὶ ἡδονῆς μάλιστα κοινωνίαν ἕξουσιν;

Πολύ γε.

Ἆρ᾿ οὖν τούτων αἰτία πρὸς τῇ ἄλλῃ καταστάσει ἡ τῶν γυναικῶν τε καὶ παίδων κοινωνία τοῖς φύλαξιν;

Πολὺ μὲν οὖν μάλιστα, ἔφη.

12 [b] Ἀλλὰ μὴν μέγιστόν γε πόλει αὐτὸ ὡμολογήσαμεν ἀγαθόν, ἀπεικάζοντες εὖ οἰκουμένην πόλιν σώματι πρὸς μέρος αὐτοῦ λύπης τε πέρι καὶ ἡδονῆς ὡς ἔχει.

Καὶ ὀρθῶς γ᾿, ἔφη, ὡμολογήσαμεν.

Τοῦ μεγίστου ἄρα ἀγαθοῦ τῇ πόλει αἰτία ἡμῖν πέφανται ἡ κοινωνία τοῖς ἐπικούροις τῶν τε παίδων καὶ τῶν γυναικῶν.

Καὶ μάλ᾿, ἔφη.

Καὶ μὲν δὴ καὶ τοῖς πρόσθεν γε ὁμολογοῦμεν· ἔφαμεν γάρ που οὔτε οἰκίας τούτοις ἰδίας δεῖν εἶναι οὔτε γῆν οὔτε [c] τι κτῆμα, ἀλλὰ παρὰ τῶν ἄλλων τροφὴν λαμβάνοντας, μισθὸν τῆς φυλακῆς, κοινῇ πάντας ἀναλίσκειν, εἰ μέλλοιεν ὄντως φύλακες εἶναι.

Ὀρθῶς, ἔφη.

unserem bei allen Bürgern einmütig heißen: Das ist mein Glück oder das ist mein Unglück.

»Sehr richtig«, sagte er.

[464a] »Nun sagten wir doch, mit einer solchen Art zu denken und zu reden würden gemeinsame Freuden und gemeinsames Leid einhergehen?«[55]

»Und damit hatten wir recht.«

»Da nun unsere Bürger die innigste Gemeinschaft in dem haben, was sie als ›mein‹ bezeichnen, so werden sie eben deswegen auch die innigste Gemeinschaft in Leid und Freud haben?«

»Sicher.«

»Liegt nicht die Ursache dafür, abgesehen von den sonstigen Einrichtungen des Staates, in der Gemeinschaft der Frauen und Kinder bei den Wächtern?«

»Ja, ganz entschieden«, sagte er.

12 [b] »Wir waren uns also einig, dass eben diese Gemeinschaft das höchste Gut für den Staat ist, wobei wir den gut verwalteten Staat mit einem Körper verglichen haben und mit dessen Verhalten, wenn ein Teil von ihm Leid oder Freude empfindet.«

»Mit Recht waren wir uns darin einig«, sagte er.

»Als Ursache des höchsten Gutes für den Staat hat sich uns die Gemeinschaft der Frauen und Kinder bei den Helfern erwiesen.«

»Ja, gewiss«, sagte er.

»Und auch bei dem früher Gesagten sind wir einer Meinung; wir sagten nämlich, sie dürften keine eigenen Häuser haben, noch Land oder sonstigen [c] Besitz, sondern sie empfangen ihre Nahrung von den anderen als Lohn für ihren Wächterdienst und verzehren diese gemeinsam, wenn sie wirkliche Wächter sein wollen.«[56]

»Richtig«, sagte er.

Ἀρ᾽ οὖν οὐχ, ὅπερ λέγω, τά τε πρόσθεν εἰρημένα καὶ τὰ νῦν λεγόμενα ἔτι μᾶλλον ἀπεργάζεται αὐτοὺς ἀληθινοὺς φύλακας, καὶ ποιεῖ μὴ διασπᾶν τὴν πόλιν τὸ ἐμὸν ὀνομάζοντας μὴ τὸ αὐτὸ ἀλλ᾽ ἄλλον ἄλλο, τὸν μὲν εἰς τὴν ἑαυτοῦ οἰκίαν ἕλκοντα ὅτι ἂν δύνηται χωρὶς τῶν ἄλλων κτήσασθαι, [d] τὸν δὲ εἰς τὴν ἑαυτοῦ ἑτέραν οὖσαν, καὶ γυναῖκά τε καὶ παῖδας ἑτέρους, ἡδονάς τε καὶ ἀλγηδόνας ἐμποιοῦντας ἰδίων ὄντων ἰδίας, ἀλλ᾽ ἑνὶ δόγματι τοῦ οἰκείου πέρι ἐπὶ τὸ αὐτὸ τείνοντας πάντας εἰς τὸ δυνατὸν ὁμοπαθεῖς λύπης τε καὶ ἡδονῆς εἶναι;

Κομιδῇ μὲν οὖν, ἔφη.

Τί δέ; δίκαι τε καὶ ἐγκλήματα πρὸς ἀλλήλους οὐκ οἰχήσεται ἐξ αὐτῶν ὡς ἔπος εἰπεῖν διὰ τὸ μηδὲν ἴδιον ἐκτῆσθαι πλὴν τὸ σῶμα, τὰ δ᾽ ἄλλα κοινά; ὅθεν δὴ ὑπάρχει [e] τούτοις ἀστασιάστοις εἶναι, ὅσα γε διὰ χρημάτων ἢ παίδων καὶ συγγενῶν κτῆσιν ἄνθρωποι στασιάζουσιν;

Πολλὴ ἀνάγκη, ἔφη, ἀπηλλάχθαι.

Καὶ μὴν οὐδὲ βιαίων γε οὐδ᾽ αἰκίας δίκαι δικαίως ἂν εἶεν ἐν αὐτοῖς· ἥλιξι μὲν γὰρ ἥλικας ἀμύνεσθαι καλὸν καὶ δίκαιόν που φήσομεν, ἀνάγκην σωμάτων ἐπιμελείᾳ τιθέντες.

Ὀρθῶς, ἔφη.

[465a] Καὶ γὰρ τόδε ὀρθὸν ἔχει, ἦν δ᾽ ἐγώ, οὗτος ὁ νόμος· εἴ πού τίς τῳ θυμοῖτο, ἐν τῷ τοιούτῳ πληρῶν τὸν θυμὸν ἧττον ἐπὶ μείζους ἂν ἴοι στάσεις.

Πάνυ μὲν οὖν.

Πρεσβυτέρῳ μὴν νεωτέρων πάντων ἄρχειν τε καὶ κολάζειν προστετάξεται.

Δῆλον.

»Macht sie nicht, wie ich sage, das früher Besprochene und das, wovon ich jetzt rede, noch viel mehr zu wahren Wächtern, und hindert es sie nicht daran, den Staat zu spalten, was dann geschieht, wenn nicht jeder dasselbe als ›das Seine‹ bezeichnet, sondern jeder etwas anderes, und wenn jeder alles, was er getrennt von den anderen erraffen kann, in sein Haus schleppt [d] und sich mit eigenen Frauen und Kindern eigene Freuden und Leiden verschafft? Bewirkt es nicht vielmehr, dass es nur eine Auffassung von Eigentum gibt und dass alle nur das eine Ziel vor Augen haben, so weit wie möglich Schmerz und Freude miteinander zu teilen?«

»Natürlich«, sagte er.

»Wie nun? Werden dann Prozesse und gegenseitige Anklagen aus ihrer Mitte sozusagen verschwinden, da sie alles außer ihren Körper gemeinsam haben? Daher werden sie [e] ohne alle Zwistigkeiten leben, die die Menschen wegen des Geldes oder der Kinder und Verwandten auseinanderbringen.«[57]

»Gezwungenermaßen«, sagte er, »wird es all das nicht mehr geben.«

»Aber auch Prozesse wegen Gewalttaten oder Beleidigungen wird es billigerweise bei ihnen nicht mehr geben. Denn ein Altersgenosse wird dem anderen beistehen, was wir nur richtig und schön finden, da wir ja körperliche Übung für notwendig halten.«

»Richtig«, sagte er.

[465a] »Auch darin verhält sich unser Gesetz recht«, fuhr ich fort: »Wenn einer über einen anderen erzürnt ist, wird er seinen Zorn an ihm gleich auslassen, so dass es zu keinen größeren Streitigkeiten kommen kann.«

»Allerdings.«

»Der Ältere wird damit beauftragt, alle Jüngeren zu lenken und sie gegebenenfalls auch zu züchtigen.«

»Klar.«

Καὶ μὴν ὅτι γε νεώτερος πρεσβύτερον, ἂν μὴ ἄρχοντες προστάττωσιν, οὔτε ἄλλο βιάζεσθαι ἐπιχειρήσει ποτὲ οὔτε τύπτειν, ὡς τὸ εἰκός. οἶμαι δ' οὐδὲ ἄλλως ἀτιμάσει· ἱκανὼ γὰρ τὼ φύλακε κωλύοντε, δέος τε καὶ αἰδώς, αἰδὼς μὲν ὡς [b] γονέων μὴ ἅπτεσθαι εἴργουσα, δέος δὲ τὸ τῷ πάσχοντι τοὺς ἄλλους βοηθεῖν, τοὺς μὲν ὡς ὑεῖς, τοὺς δὲ ὡς ἀδελφούς, τοὺς δὲ ὡς πατέρας.

Συμβαίνει γὰρ οὕτως, ἔφη.

Πανταχῇ δὴ ἐκ τῶν νόμων εἰρήνην πρὸς ἀλλήλους οἱ ἄνδρες ἄξουσι;

Πολλήν γε.

Τούτων μὴν ἐν ἑαυτοῖς μὴ στασιαζόντων οὐδὲν δεινὸν μή ποτε ἡ ἄλλη πόλις πρὸς τούτους ἢ πρὸς ἀλλήλους διχοστατήσῃ.

Οὐ γὰρ οὖν.

Τά γε μὴν σμικρότατα τῶν κακῶν δι' ἀπρέπειαν ὀκνῶ [c] καὶ λέγειν, ὧν ἀπηλλαγμένοι ἂν εἶεν, κολακείας τε πλουσίων πένητες ἀπορίας τε καὶ ἀλγηδόνας ὅσας ἐν παιδοτροφίᾳ καὶ χρηματισμοῖς διὰ τροφὴν οἰκετῶν ἀναγκαίαν ἴσχουσι, τὰ μὲν δανειζόμενοι, τὰ δ' ἐξαρνούμενοι, τὰ δὲ πάντως πορισάμενοι θέμενοι παρὰ γυναῖκάς τε καὶ οἰκέτας, ταμιεύειν παραδόντες, ὅσα τε, ὦ φίλε, περὶ αὐτὰ καὶ οἷα πάσχουσι, δῆλά τε δὴ καὶ ἀγεννῆ καὶ οὐκ ἄξια λέγειν.

[d] Δῆλα γάρ, ἔφη, καὶ τυφλῷ.

13 Πάντων τε δὴ τούτων ἀπαλλάξονται, ζήσουσί τε τοῦ μακαριστοῦ βίου ὃν οἱ ὀλυμπιονῖκαι ζῶσι μακαριώτερον.

Πῇ;

Διὰ σμικρόν που μέρος εὐδαιμονίζονται ἐκεῖνοι ὧν τούτοις

»Selbstredend darf ein Jüngerer einem Älteren gegenüber keine Gewalt ausüben oder ihn schlagen, es sei denn im Auftrag der Herrscher. Er wird ihn auch nicht sonstwie schmähen, denke ich. Das zu verhindern reichen zwei Wächter aus, nämlich Furcht und Ehrfurcht; die Ehrfurcht verhindert, sich an ihnen als [b] seinen Eltern zu vergreifen, und die Furcht, es könnten die anderen dem Betroffenen zu Hilfe kommen, sei es als seine Söhne, Brüder oder Väter.«

»Darauf läuft es hinaus«, sagte er.

»Dank dieser Gesetze werden die Männer doch untereinander allenthalben Frieden halten?«

»Gewiss.«

»Wenn diese nicht untereinander streiten, besteht auch keine Gefahr, dass die übrigen Bürger sich mit ihnen oder auch untereinander je entzweien könnten.«

»Gewiss nicht.«

»Die kleinsten Übel, von denen sie befreit sind, nenne ich nur ungern, [c] weil sie ja unschicklich sind: Schmeichelei der Armen gegenüber den Reichen, Schwierigkeiten und all die Unannehmlichkeiten, die man bei der Erziehung der Kinder und beim Gelderwerb für den notwendigen Unterhalt der Familie hat; bald macht man Schulden, bald leugnet man sie ab, verschafft sich Geld auf jede nur erdenkliche Weise, um es Frauen und Haussklaven zur Verwaltung zu übergeben; all diese unschönen Sachen, mein Freund, die man da auszustehen hat, sind ja bekannt und verdienen keine weitere Erwähnung.«

[d] »Das sieht ja selbst ein Blinder«, sagte er.

13 »Von all dem werden sie befreit sein und sie werden das glücklichste Leben führen, glücklicher noch als das der Olympioniken.«[58]

»Wieso?«

»Diese preist man glücklich, und doch haben sie nur einen geringen Teil von dem, was unsere Wächter haben. Denn ihr

ὑπάρχει. ἥ τε γὰρ τῶνδε νίκη καλλίων, ἥ τ᾽ ἐκ τοῦ δημοσίου τροφὴ τελεωτέρα. νίκην τε γὰρ νικῶσι συμπάσης τῆς πόλεως σωτηρίαν, τροφῇ τε καὶ τοῖς ἄλλοις πᾶσιν ὅσων βίος δεῖται αὐτοί τε καὶ παῖδες ἀναδοῦνται, καὶ γέρα δέχονται [e] παρὰ τῆς αὐτῶν πόλεως ζῶντές τε καὶ τελευτήσαντες ταφῆς ἀξίας μετέχουσιν.

Καὶ μάλα, ἔφη, καλά.

Μέμνησαι οὖν, ἦν δ᾽ ἐγώ, ὅτι ἐν τοῖς πρόσθεν οὐκ οἶδα ὅτου λόγος ἡμῖν ἐπέπληξεν ὅτι τοὺς φύλακας οὐκ εὐδαίμονας [466a] ποιοῖμεν, οἷς ἐξὸν πάντα ἔχειν τὰ τῶν πολιτῶν οὐδὲν ἔχοιεν; ἡμεῖς δέ που εἴπομεν ὅτι τοῦτο μέν, εἴ που παραπίπτοι, εἰς αὖθις σκεψοίμεθα, νῦν δὲ τοὺς μὲν φύλακας φύλακας ποιοῖμεν, τὴν δὲ πόλιν ὡς οἷοί τ᾽ εἶμεν εὐδαιμονεστάτην, ἀλλ᾽ οὐκ εἰς ἓν ἔθνος ἀποβλέποντες ἐν αὐτῇ τοῦτο εὔδαιμον πλάττοιμεν;

Μέμνημαι, ἔφη.

Τί οὖν; νῦν ἡμῖν ὁ τῶν ἐπικούρων βίος, εἴπερ τοῦ γε τῶν ὀλυμπιονικῶν πολύ τε καλλίων καὶ ἀμείνων φαίνεται, [b] μή πῃ κατὰ τὸν τῶν σκυτοτόμων φαίνεται βίον ἤ τινων ἄλλων δημιουργῶν ἢ τὸν τῶν γεωργῶν;

Οὔ μοι δοκεῖ, ἔφη.

Ἀλλὰ μέντοι, ὅ γε καὶ ἐκεῖ ἔλεγον, δίκαιον καὶ ἐνταῦθα εἰπεῖν, ὅτι εἰ οὕτως ὁ φύλαξ ἐπιχειρήσει εὐδαίμων γίγνεσθαι, ὥστε μηδὲ φύλαξ εἶναι, μηδ᾽ ἀρκέσει αὐτῷ βίος οὕτω μέτριος καὶ βέβαιος καὶ ὡς ἡμεῖς φαμεν ἄριστος, ἀλλ᾽ ἀνόητός τε καὶ μειρακιώδης δόξα ἐμπεσοῦσα εὐδαιμονίας πέρι ὁρμήσει [c] αὐτὸν διὰ δύναμιν ἐπὶ τὸ ἅπαντα τὰ ἐν τῇ πόλει οἰκειοῦσθαι, γνώσεται τὸν Ἡσίοδον ὅτι τῷ ὄντι ἦν σοφὸς λέγων πλέον εἶναί πως ἥμισυ παντός.

Sieg ist schöner[59] und ihr Unterhalt durch das Gemeinwesen noch vollständiger; der Sieg, den sie erringen, gilt der Rettung des ganzen Staates, und dafür werden sie und ihre Kinder mit Nahrung und mit allem anderen, was man zum Leben braucht, beschenkt; und Ehrengaben erhalten sie [e] von ihrem Staat ihr ganzes Leben lang, und nach dem Tod wird ihnen noch ein würdiges Begräbnis zuteil.«

»Das sind wahrlich schöne Gaben«, sagte er.

»Erinnerst du dich«, fuhr ich fort, »dass uns vorher im Gespräch ich weiß nicht wer den Vorwurf machte, wir würden unsere Wächter nicht glücklich [466a] machen,[60] weil sie nichts besitzen dürften, obwohl sie doch alles haben könnten wie auch die anderen Bürger? Wir sagten damals, wir würden das später bei passender Gelegenheit prüfen, jetzt aber wollten wir die Wächter zu wahren Wächtern und den Staat zu einem möglichst glücklichen machen; dabei wollten wir nicht nur einen einzelnen Stand in ihm ins Auge fassen und ihn glücklich machen.«

»Ich erinnere mich«, sagte er.

»Wie nun? Wenn uns jetzt das Leben der Helfer[61] viel schöner und besser erscheint als das der Olympioniken, [b] scheint es uns dann vergleichbar mit dem Leben der Schuster und der anderen Handwerker oder der Bauern?«

»Ich glaube nicht«, antwortete er.

»Was ich damals schon sagte,[62] muss ich billigerweise auch hier wiederholen: Wenn ein Wächter so glücklich zu werden trachtet, dass er dabei kein Wächter mehr ist und sich nicht mit dem maßvollen, sicheren und unserer Meinung nach besten Leben begnügt, sondern auf eine unvernünftige und kindische Vorstellung vom Glück hereinfällt und sich dazu hinreißen lässt, [c] durch seine Macht sich alles im Staat anzueignen, dann wird er erkennen, dass Hesiod wahrhaft weise war, als er sagte: Die Hälfte ist mehr als das Ganze.«[63]

Ἐμοὶ μέν, ἔφη, συμβούλῳ χρώμενος μενεῖ ἐπὶ τούτῳ τῷ βίῳ.

Συγχωρεῖς ἄρα, ἦν δ᾽ ἐγώ, τὴν τῶν γυναικῶν κοινωνίαν τοῖς ἀνδράσιν, ἣν διεληλύθαμεν, παιδείας τε πέρι καὶ παίδων καὶ φυλακῆς τῶν ἄλλων πολιτῶν, κατά τε πόλιν μενούσας εἰς πόλεμόν τε ἰούσας καὶ συμφυλάττειν δεῖν καὶ [d] συνθηρεύειν ὥσπερ κύνας, καὶ πάντα πάντῃ κατὰ τὸ δυνατὸν κοινωνεῖν, καὶ ταῦτα πραττούσας τά τε βέλτιστα πράξειν καὶ οὐ παρὰ φύσιν τὴν τοῦ θήλεος πρὸς τὸ ἄρρεν, ᾗ πεφύκατον πρὸς ἀλλήλω κοινωνεῖν;

Συγχωρῶ, ἔφη.

14 Οὐκοῦν, ἦν δ᾽ ἐγώ, ἐκεῖνο λοιπὸν διελέσθαι, εἰ ἄρα καὶ ἐν ἀνθρώποις δυνατόν, ὥσπερ ἐν ἄλλοις ζῴοις, ταύτην τὴν κοινωνίαν ἐγγενέσθαι, καὶ ὅπῃ δυνατόν;

Ἔφθης, ἔφη, εἰπὼν ᾗ ἔμελλον ὑπολήψεσθαι.

[e] Περὶ μὲν γὰρ τῶν ἐν τῷ πολέμῳ οἶμαι, ἔφην, δῆλον ὃν τρόπον πολεμήσουσιν.

Πῶς; ἦ δ᾽ ὅς.

Ὅτι κοινῇ στρατεύσονται, καὶ πρός γε ἄξουσι τῶν παίδων εἰς τὸν πόλεμον ὅσοι ἁδροί, ἵν᾽ ὥσπερ οἱ τῶν ἄλλων δημιουργῶν θεῶνται ταῦτα ἃ τελεωθέντας δεήσει δημιουργεῖν· [467a] πρὸς δὲ τῇ θέᾳ διακονεῖν καὶ ὑπηρετεῖν πάντα τὰ περὶ τὸν πόλεμον, καὶ θεραπεύειν πατέρας τε καὶ μητέρας. ἢ οὐκ ᾔσθησαι τὰ περὶ τὰς τέχνας, οἷον τοὺς τῶν κεραμέων παῖδας, ὡς πολὺν χρόνον διακονοῦντες θεωροῦσι πρὶν ἅπτεσθαι τοῦ κεραμεύειν;

Καὶ μάλα.

Ἦ οὖν ἐκείνοις ἐπιμελέστερον παιδευτέον ἢ τοῖς φύλαξι τοὺς αὑτῶν ἐμπειρίᾳ τε καὶ θέᾳ τῶν προσηκόντων;

»Wenn er meinem Rat folgt«, sagte er, »wird er bei diesem seinem Leben bleiben.«

»Du stimmst also der Gemeinschaft der Frauen mit den Männern, wie wir sie besprochen haben, zu, in Fragen der Erziehung, der Kinder und des Wächteramtes für die anderen Bürger, dass sie zu Hause und im Krieg zusammen wachen müssen und [d] wie Hunde[64] gemeinsam auf die Jagd gehen und in jeder Hinsicht nach Möglichkeit alles gemeinsam tun? Und dass ein solches Tun das Beste ist und nicht im Widerspruch zur natürlichen Beziehung zwischen Mann und Frau steht? Denn die Natur hat beide zur gegenseitigen Gemeinschaft bestimmt.«

»Dem stimme ich zu«, sagte er.

14 »Nun bleibt also noch die Frage«, fuhr ich fort, »ob und wie eine solche Gemeinschaft auch beim Menschen, wie bei den anderen Lebewesen, zu verwirklichen ist.«

»Du nimmst mir das Wort aus dem Mund«, sagte er.

[e] »Was den Krieg betrifft«, entgegnete ich, »ist, glaube ich, doch klar, wie sie ihn führen werden.«

»Wie denn?«, fragte er.

»Dass sie gemeinsam ins Feld ziehen und die Kinder, soweit sie erwachsen sind, mitnehmen werden, damit sie wie bei den anderen Handwerksberufen sehen, was sie alles leisten müssen, sobald sie einmal zum Einsatz kommen.[65] [467a] Sie sollen aber nicht nur zuschauen, sondern auch bei allem, was zum Krieg gehört, mithelfen und sich um ihre Väter und Mütter kümmern. Oder hast du nicht schon gesehen, wie das bei den anderen Handwerksberufen ist, wie etwa die Kinder der Töpfer lange Zeit nur zuschauen und Hilfsdienste verrichten, bevor sie sich selbst ans Töpfern machen?«

»Ja, freilich.«

»Und sollen diese ihre Kinder etwa durch Erfahrung und Zuschauen sorgfältiger erziehen als die Wächter die ihren?«[66]

Καταγέλαστον μεντἄν, ἔφη, εἴη.

Ἀλλὰ μὴν καὶ μαχεῖταί γε πᾶν ζῷον διαφερόντως [b] παρόντων ὧν ἂν τέκῃ.

Ἔστιν οὕτω. κίνδυνος δέ, ὦ Σώκρατες, οὐ σμικρὸς σφαλεῖσιν, οἷα δὴ ἐν πολέμῳ φιλεῖ, πρὸς ἑαυτοῖς παῖδας ἀπολέσαντας ποιῆσαι καὶ τὴν ἄλλην πόλιν ἀδύνατον ἀναλαβεῖν.

Ἀληθῆ, ἦν δ᾽ ἐγώ, λέγεις. ἀλλὰ σὺ πρῶτον μὲν ἡγῇ παρασκευαστέον τὸ μή ποτε κινδυνεῦσαι;

Οὐδαμῶς.

Τί δ᾽; εἴ που κινδυνευτέον, οὐκ ἐν ᾧ βελτίους ἔσονται κατορθοῦντες;

Δῆλον δή.

[c] Ἀλλὰ σμικρὸν οἴει διαφέρειν καὶ οὐκ ἄξιον κινδύνου θεωρεῖν ἢ μὴ τὰ περὶ τὸν πόλεμον παῖδας τοὺς ἄνδρας πολεμικοὺς ἐσομένους;

Οὔκ, ἀλλὰ διαφέρει πρὸς ὃ λέγεις.

Τοῦτο μὲν ἄρα ὑπαρκτέον, θεωροὺς πολέμου τοὺς παῖδας ποιεῖν, προσμηχανᾶσθαι δ᾽ αὐτοῖς ἀσφάλειαν, καὶ καλῶς ἕξει· ἦ γάρ;

Ναί.

Οὐκοῦν, ἦν δ᾽ ἐγώ, πρῶτον μὲν αὐτῶν οἱ πατέρες, ὅσα ἄνθρωποι, οὐκ ἀμαθεῖς ἔσονται ἀλλὰ γνωμονικοὶ τῶν [d] στρατειῶν ὅσαι τε καὶ μὴ ἐπικίνδυνοι;

Εἰκός, ἔφη.

Εἰς μὲν ἄρα τὰς ἄξουσιν, εἰς δὲ τὰς εὐλαβήσονται.

Ὀρθῶς.

»Das wäre ja lächerlich«, sagte er.

»Im Übrigen kämpft jedes Lebewesen besonders tapfer, [b] wenn seine Jungen dabei sind.«

»So ist es. Es besteht aber die nicht geringe Gefahr, Sokrates, dass sie bei einem Misserfolg, was ja im Krieg gar nicht so selten ist, auch ihre Kinder mit sich ins Verderben stürzen und es dem Staat so unmöglich machen, sich wieder zu erholen.«

»Damit hast du recht«, erwiderte ich. »Aber hältst du es für das Wichtigste, Vorsorge zu treffen, dass man niemals in Gefahr gerät?«

»Keineswegs.«

»Wie aber? Wenn man sich schon in Gefahr begeben muss, dann doch so, dass man tüchtiger daraus hervorgeht, wenn man sie bestanden hat?«

»Natürlich.«

[c] »Glaubst du, es mache nicht viel aus und wiege die Gefahr nicht auf, ob Leute, die einst Krieger werden sollen, schon als Kinder sehen, wie es im Krieg zugeht, oder nicht?«

»Im Hinblick auf das, was du sagst, macht es schon etwas aus.«

»Es soll also möglich sein, dass wir die Kinder zu Zuschauern im Krieg machen, freilich muss man dabei auf ihre Sicherheit bedacht sein; dann wird alles in Ordnung sein, nicht wahr?«

»Ja.«

»Werden nicht in erster Linie ihre Väter«, fuhr ich fort, »soweit es menschenmöglich ist, genügend Erfahrung haben, um die Gefahren [d] auf den Feldzügen richtig einschätzen zu können?«

»Natürlich«, erwiderte er.

»Zu den ungefährlichen werden sie die Kinder also mitnehmen, bei den gefährlichen aber werden sie es bleiben lassen.«

»Richtig.«

Καὶ ἄρχοντάς γέ που, ἦν δ᾽ ἐγώ, οὐ τοὺς φαυλοτάτους αὐτοῖς ἐπιστήσουσιν ἀλλὰ τοὺς ἐμπειρίᾳ τε καὶ ἡλικίᾳ ἱκανοὺς ἡγεμόνας τε καὶ παιδαγωγοὺς εἶναι.

Πρέπει γάρ.

Ἀλλὰ γάρ, φήσομεν, καὶ παρὰ δόξαν πολλὰ πολλοῖς δὴ ἐγένετο.

Καὶ μάλα.

Πρὸς τοίνυν τὰ τοιαῦτα, ὦ φίλε, πτεροῦν χρὴ παιδία ὄντα εὐθύς, ἵν᾽, ἄν τι δέῃ, πετόμενοι ἀποφεύγωσιν.

[e] Πῶς λέγεις; ἔφη.

Ἐπὶ τοὺς ἵππους, ἦν δ᾽ ἐγώ, ἀναβιβαστέον ὡς νεωτάτους, καὶ διδαξαμένους ἱππεύειν ἐφ᾽ ἵππων ἀκτέον ἐπὶ τὴν θέαν, μὴ θυμοειδῶν μηδὲ μαχητικῶν, ἀλλ᾽ ὅτι ποδωκεστάτων καὶ εὐηνιωτάτων. οὕτω γὰρ κάλλιστά τε θεάσονται τὸ αὑτῶν ἔργον, καὶ ἀσφαλέστατα, ἄν τι δέῃ, σωθήσονται μετὰ πρεσβυτέρων ἡγεμόνων ἑπόμενοι.

Ὀρθῶς, ἔφη, μοι δοκεῖς λέγειν.

[468a] Τί δὲ δή, εἶπον, τὰ περὶ τὸν πόλεμον; πῶς ἑκτέον σοι τοὺς στρατιώτας πρὸς αὑτούς τε καὶ τοὺς πολεμίους; ἆρ᾽ ὀρθῶς μοι καταφαίνεται ἢ οὔ;

Λέγ᾽, ἔφη, ποῖ᾽ ἄν.

Αὐτῶν μέν, εἶπον, τὸν λιπόντα τάξιν ἢ ὅπλα ἀποβαλόντα ἤ τι τῶν τοιούτων ποιήσαντα διὰ κάκην ἆρα οὐ δημιουργόν τινα δεῖ καθιστάναι ἢ γεωργόν;

Πάνυ μὲν οὖν.

Τὸν δὲ ζῶντα εἰς τοὺς πολεμίους ἁλόντα ἆρ᾽ οὐ δωρεὰν διδόναι τοῖς ἑλοῦσι χρῆσθαι τῇ ἄγρᾳ ὅτι ἂν βούλωνται;

»Und als Vorgesetzte für sie«, sprach ich weiter, »werden sie nicht die Schlechtesten einsetzen, sondern diejenigen, die dank ihrer Erfahrung und ihrem Alter geeignet sind, Führer und Erzieher zu sein.«

»Ja, so gehört es sich.«

»Jedoch, so werden wir einwenden, so manches ging schon anders aus, als man es erwartet hatte.«

»Sicher.«

»Für solche Fälle, mein Freund, muss man ihnen schon als Kindern Flügel geben, damit sie nötigenfalls wegfliegen und entkommen können.«

[e] »Wie meinst du das?«, fragte er.

»Indem man sie«, antwortete ich, »so jung wie möglich aufs Pferd setzt und sie, sobald sie reiten können, als Zuschauer zu Pferd mitführt, freilich nicht auf wilden Schlachtrossen, sondern auf möglichst schnellen und fügsamen Pferden. So werden sie am besten ihr späteres Handwerk aus eigener Anschauung kennenlernen und sich am sichersten im Notfall im Gefolge ihrer älteren Anführer retten können.«[67]

»Da hast du, glaube ich, ganz recht«, sagte er.

[468a] »Wie aber steht es nun«, fuhr ich fort, »im Krieg? Wie müssen sich deine Krieger untereinander und zu den Feinden verhalten? Habe ich da die richtigen Vorstellungen oder nicht?«

»Sprich, welche?«, fragte er.

»Wenn einer von ihnen«, sagte ich, »seinen Posten verlässt oder die Waffen wegwirft oder sonst etwas Derartiges aus Feigheit begeht, muss der nicht zu den Handwerkern oder Bauern versetzt werden?«[68]

»Ganz gewiss.«

»Und wer sich lebend den Feinden gefangen gibt, der soll denen, die ihn gefangen genommen haben, als Geschenk überlassen werden, damit sie mit ihrer Beute nach Belieben verfahren?«

[b] Κομιδῇ γε.

Τὸν δὲ ἀριστεύσαντά τε καὶ εὐδοκιμήσαντα οὐ πρῶτον μὲν ἐπὶ στρατιᾶς ὑπὸ τῶν συστρατευομένων μειρακίων τε καὶ παίδων ἐν μέρει ὑπὸ ἑκάστου δοκεῖ σοι χρῆναι στεφανωθῆναι; ἢ οὔ;

Ἔμοιγε.

Τί δέ; δεξιωθῆναι;

Καὶ τοῦτο.

Ἀλλὰ τόδ' οἶμαι, ἦν δ' ἐγώ, οὐκέτι σοι δοκεῖ.

Τὸ ποῖον;

Τὸ φιλῆσαί τε καὶ φιληθῆναι ὑπὸ ἑκάστου.

Πάντων, ἔφη, μάλιστα· καὶ προστίθημί γε τῷ νόμῳ, [c] ἕως ἂν ἐπὶ ταύτης ὦσι τῆς στρατιᾶς, καὶ μηδενὶ ἐξεῖναι ἀπαρνηθῆναι ὃν ἂν βούληται φιλεῖν, ἵνα καί, ἐάν τίς του τύχῃ ἐρῶν ἢ ἄρρενος ἢ θηλείας, προθυμότερος ᾖ πρὸς τὸ τἀριστεῖα φέρειν.

Καλῶς, ἦν δ' ἐγώ. ὅτι μὲν γὰρ ἀγαθῷ ὄντι γάμοι τε ἕτοιμοι πλείους ἢ τοῖς ἄλλοις καὶ αἱρέσεις τῶν τοιούτων πολλάκις παρὰ τοὺς ἄλλους ἔσονται, ἵν' ὅτι πλεῖστοι ἐκ τοῦ τοιούτου γίγνωνται, εἴρηται ἤδη.

Εἴπομεν γάρ, ἔφη.

15 Ἀλλὰ μὴν καὶ καθ' Ὅμηρον τοῖς τοιοῖσδε δίκαιον τιμᾶν [d] τῶν νέων ὅσοι ἀγαθοί. καὶ γὰρ Ὅμηρος τὸν εὐδοκιμήσαντα ἐν τῷ πολέμῳ νώτοισιν Αἴαντα ἔφη διηνεκέεσσι γεραίρεσθαι, ὡς ταύτην οἰκείαν οὖσαν τιμὴν τῷ ἡβῶντί τε καὶ ἀνδρείῳ, ἐξ ἧς ἅμα τῷ τιμᾶσθαι καὶ τὴν ἰσχὺν αὐξήσει.

Ὀρθότατα, ἔφη.

Πεισόμεθα ἄρα, ἦν δ' ἐγώ, ταῦτά γε Ὁμήρῳ. καὶ γὰρ ἡμεῖς ἔν τε θυσίαις καὶ τοῖς τοιούτοις πᾶσι τοὺς ἀγαθούς, καθ' ὅσον ἂν ἀγαθοὶ φαίνωνται, καὶ ὕμνοις καὶ οἷς νυνδὴ ἐλέγομεν τιμήσομεν, πρὸς

[b] »Natürlich.«

»Wenn sich einer aber auszeichnet und Ruhm erwirbt, dann sollte er doch gleich noch im Feld reihum von jedem der mitziehenden Jünglinge und Knaben bekränzt werden. Oder meinst du nicht?«

»Gewiss.«

»Und soll er nicht auch mit Handschlag geehrt werden?«[69]

»Auch das.«

»Aber mit dem Folgenden«, so fuhr ich fort, »wirst du, glaube ich, nicht mehr einverstanden sein.«

»Womit?«

»Dass er jeden küssen und von jedem geküsst werden darf.«

»Ganz im Gegenteil«,[70] sagte er, »und ich füge dem Gesetz noch hinzu: [c] Solange sie noch im Feld sind, darf keiner, den er küssen will, ihm das verwehren; und so wird einer, egal ob er gerade einen Knaben oder ein Mädchen liebt, sich umso eifriger um den Kampfpreis bemühen.«[71]

»Schön«, entgegnete ich, »denn dass dem Tüchtigen mehr Ehen offenstehen als den anderen und dass die Wahl öfter auf ihn fallen wird als auf die anderen, damit er möglichst viele Kinder zeugen kann, das haben wir ja schon gesagt.«[72]

»Ja, das haben wir gesagt«, meinte er.

15 »Auch nach Homer verdienen tüchtige Jünglinge solche Ehren. [d] Homer berichtet[73] nämlich von Aias, er sei, nachdem er sich im Kampf ausgezeichnet hatte, mit einem besonders langen Rückenstück geehrt worden; denn das sei für einen jungen Helden die passende Ehrung, die darüber hinaus auch noch seine Kraft vermehren würde.«

»Ganz richtig«, sagte er.

»Folgen wir also darin Homer«, fuhr ich fort. »Auch wir wollen bei Festen und allen ähnlichen Gelegenheiten die Tüchtigen entsprechend ihrer Leistung mit Hymnen und all dem, was wir eben nannten, ehren und außerdem mit Ehrensitzen,

δὲ τούτοις ἕδραις τε καὶ κρέασιν [e] ἰδὲ πλείοις δεπάεσσιν, ἵνα ἅμα τῷ τιμᾶν ἀσκῶμεν τοὺς ἀγαθοὺς ἄνδρας τε καὶ γυναῖκας.

Κάλλιστα, ἔφη, λέγεις.

Εἶεν· τῶν δὲ δὴ ἀποθανόντων ἐπὶ στρατιᾶς ὃς ἂν εὐδοκιμήσας τελευτήσῃ ἆρ᾽ οὐ πρῶτον μὲν φήσομεν τοῦ χρυσοῦ γένους εἶναι;

Πάντων γε μάλιστα.

Ἀλλ᾽ οὐ πεισόμεθα Ἡσιόδῳ, ἐπειδάν τινες τοῦ τοιούτου γένους τελευτήσωσιν, ὡς ἄρα

[469a] οἱ μὲν δαίμονες ἁγνοὶ ἐπιχθόνιοι τελέθουσιν,
ἐσθλοί, ἀλεξίκακοι, φύλακες μερόπων ἀνθρώπων;

Πεισόμεθα μὲν οὖν.

Διαπυθόμενοι ἄρα τοῦ θεοῦ πῶς χρὴ τοὺς δαιμονίους τε καὶ θείους τιθέναι καὶ τίνι διαφόρῳ, οὕτω καὶ ταύτῃ θήσομεν ᾗ ἂν ἐξηγῆται;

Τί δ᾽ οὐ μέλλομεν;

Καὶ τὸν λοιπὸν δὴ χρόνον ὡς δαιμόνων, οὕτω θεραπεύσομέν [b] τε καὶ προσκυνήσομεν αὐτῶν τὰς θήκας; ταὐτὰ δὲ ταῦτα νομιοῦμεν ὅταν τις γήρᾳ ἤ τινι ἄλλῳ τρόπῳ τελευτήσῃ τῶν ὅσοι ἂν διαφερόντως ἐν τῷ βίῳ ἀγαθοὶ κριθῶσιν;

Δίκαιον γοῦν, ἔφη.

Τί δέ; πρὸς τοὺς πολεμίους πῶς ποιήσουσιν ἡμῖν οἱ στρατιῶται;

Τὸ ποῖον δή;

Πρῶτον μὲν ἀνδραποδισμοῦ πέρι, δοκεῖ δίκαιον Ἕλληνας Ἑλληνίδας πόλεις ἀνδραποδίζεσθαι, ἢ μηδ᾽ ἄλλῃ ἐπιτρέπειν κατὰ τὸ

Fleisch [e] und vollen Bechern,[74] um so die tüchtigen Männer und Frauen neben der Ehrung auch noch körperlich zu kräftigen.«

»Sehr schön, was du da sagst«, meinte er.

»Nun gut. Wer im Feld als Held gefallen ist, werden wir nicht vor allem von dem sagen, dass er zum goldenen Geschlecht[75] gehört?«

»Unbedingt.«

»Und Hesiod Glauben schenken, wenn Menschen aus diesem Geschlecht sterben, dass sie dann

[469a] Götter werden auf Erden, heilig und edel,
das Böse abwehrend und Wächter der sterblichen
Menschen?«[76]

»Gewiss werden wir ihm das glauben.«

»Wir werden den Gott[77] um Rat fragen, wie und auf welche besondere Art man diese heiligen und göttlichen Wesen bestatten soll, und wir werden es nach seiner Weisung ausführen.«

»Warum auch nicht?«

»Und für alle Zeit werden wir ihre Gräber pflegen [b] und verehren? Und genauso wollen wir es halten, wenn einer von denen, die sich in ihrem Leben durch besondere Tüchtigkeit hervorgetan haben, an Altersschwäche oder aus sonst einem Grund gestorben ist?«

»Das ist nur recht und billig«, sagte er.

»Und wie werden sich nun unsere Soldaten den Feinden gegenüber verhalten?«

»In welcher Hinsicht denn?«

»Zuerst was die Sklaverei betrifft: Scheint es dir gerecht, wenn griechische Staaten Griechen zu Sklaven machen? Oder sollte man es, wenn möglich, überhaupt verbieten und sich zur

δυνατὸν καὶ τοῦτο ἐθίζειν, τοῦ Ἑλληνικοῦ [c] γένους φείδεσθαι, εὐλαβουμένους τὴν ὑπὸ τῶν βαρβάρων δουλείαν;

Ὅλῳ καὶ παντί, ἔφη, διαφέρει τὸ φείδεσθαι.

Μηδὲ Ἕλληνα ἄρα δοῦλον ἐκτῆσθαι μήτε αὐτούς, τοῖς τε ἄλλοις Ἕλλησιν οὕτω συμβουλεύειν;

Πάνυ μὲν οὖν, ἔφη· μᾶλλόν γ' ἂν οὖν οὕτω πρὸς τοὺς βαρβάρους τρέποιντο, ἑαυτῶν δ' ἀπέχοιντο.

Τί δέ; σκυλεύειν, ἦν δ' ἐγώ, τοὺς τελευτήσαντας πλὴν ὅπλων, ἐπειδὰν νικήσωσιν, ἦ καλῶς ἔχει; ἢ οὐ πρόφασιν [d] μὲν τοῖς δειλοῖς ἔχει μὴ πρὸς τὸν μαχόμενον ἰέναι, ὥς τι τῶν δεόντων δρῶντας ὅταν περὶ τὸν τεθνεῶτα κυπτάζωσι, πολλὰ δὲ ἤδη στρατόπεδα διὰ τὴν τοιαύτην ἁρπαγὴν ἀπώλετο;

Καὶ μάλα.

Ἀνελεύθερον δὲ οὐ δοκεῖ καὶ φιλοχρήματον νεκρὸν συλᾶν, καὶ γυναικείας τε καὶ σμικρᾶς διανοίας τὸ πολέμιον νομίζειν τὸ σῶμα τοῦ τεθνεῶτος ἀποπταμένου τοῦ ἐχθροῦ, λελοιπότος δὲ ᾧ ἐπολέμει; ἢ οἴει τι διάφορον δρᾶν τοὺς τοῦτο [e] ποιοῦντας τῶν κυνῶν, αἳ τοῖς λίθοις οἷς ἂν βληθῶσι χαλεπαίνουσι, τοῦ βάλλοντος οὐχ ἁπτόμεναι;

Οὐδὲ σμικρόν, ἔφη.

Ἐατέον ἄρα τὰς νεκροσυλίας καὶ τὰς τῶν ἀναιρέσεων διακωλύσεις;

Ἐατέον μέντοι, ἔφη, νὴ Δία.

16 Οὐδὲ μήν που πρὸς τὰ ἱερὰ τὰ ὅπλα οἴσομεν ὡς ἀναθήσοντες, ἄλλως τε καὶ τὰ τῶν Ἑλλήνων, ἐάν τι ἡμῖν μέλῃ [470a] τῆς

Gewohnheit machen, einen griechischen [c] Stamm zu verschonen, und sich davor hüten, in die Knechtschaft der Barbaren zu geraten?«[78]

»Auf alle Fälle ist es besser«, sagte er, »wenn sie einander verschonen.«

»Sie[79] sollten also selbst keine griechischen Sklaven haben und das auch den anderen Griechen raten.«

»Gewiss«, entgegnete ich. »Sie würden sich dann eher gegen die Barbaren wenden und einander in Ruhe lassen.«[80]

»Wie nun?«, fuhr ich fort. »Die Gefallenen nach dem Sieg auszurauben, einmal abgesehen von den Waffen, ist das schön? Oder liefert das [d] den Feiglingen einen Vorwand, sich am Kampfgetümmel nicht zu beteiligen, als ob sie schon ihre Pflicht erfüllten, wenn sie sich mit den Gefallenen beschäftigen? Viele Heere sind wegen solcher Plünderei schon zugrunde gegangen.«

»Ja, gewiss.«

»Einen Toten zu berauben, scheint das nicht eines Freien unwürdig und habgierig? Zeugt das nicht von einer weibischen und kleinlichen Gesinnung, wenn man noch den Leichnam für einen Feind hält? Der wirkliche Feind ist ja schon davongeflogen,[81] zurückgeblieben ist ja nur das, womit er kämpfte. Oder meinst du, Menschen, die solches [e] tun, unterscheiden sich von den Hunden, die den Steinen zürnen, von denen sie getroffen werden, während sie sich um den nicht kümmern, der sie warf?«[82]

»Nicht im Geringsten«, sagte er.

»Leichenplünderung muss man also unterlassen und alles, was die Bergung der Toten verhindert?«

»Beim Zeus, ja«, sagte er.

16 »Wir werden auch die Waffen nicht als Weihegeschenke in die Tempel tragen,[83] besonders nicht die der Griechen, wenn uns etwas an dem guten Einvernehmen [470a] mit den anderen

πρὸς τοὺς ἄλλους Ἕλληνας εὐνοίας· μᾶλλον δὲ καὶ φοβησόμεθα μή τι μίασμα ᾖ πρὸς ἱερὸν τὰ τοιαῦτα ἀπὸ τῶν οἰκείων φέρειν, ἐὰν μή τι δὴ ὁ θεὸς ἄλλο λέγῃ.

Ὀρθότατα, ἔφη.

Τί δὲ γῆς τε τμήσεως τῆς Ἑλληνικῆς καὶ οἰκιῶν ἐμπρήσεως; ποῖόν τί σοι δράσουσιν οἱ στρατιῶται πρὸς τοὺς πολεμίους;

Σοῦ, ἔφη, δόξαν ἀποφαινομένου ἡδέως ἂν ἀκούσαιμι.

Ἐμοὶ μὲν τοίνυν, ἦν δ' ἐγώ, δοκεῖ τούτων μηδέτερα ποιεῖν, [b] ἀλλὰ τὸν ἐπέτειον καρπὸν ἀφαιρεῖσθαι. καὶ ὧν ἕνεκα, βούλει σοι λέγω;

Πάνυ γε.

Φαίνεταί μοι, ὥσπερ καὶ ὀνομάζεται δύο ταῦτα ὀνόματα, πόλεμός τε καὶ στάσις, οὕτω καὶ εἶναι δύο, ὄντα ἐπὶ δυοῖν τινοιν διαφοραῖν. λέγω δὲ τὰ δύο τὸ μὲν οἰκεῖον καὶ συγγενές, τὸ δὲ ἀλλότριον καὶ ὀθνεῖον. ἐπὶ μὲν οὖν τῇ τοῦ οἰκείου ἔχθρᾳ στάσις κέκληται, ἐπὶ δὲ τῇ τοῦ ἀλλοτρίου πόλεμος.

Καὶ οὐδέν γε, ἔφη, ἀπὸ τρόπου λέγεις.

[c] Ὅρα δὴ καὶ εἰ τόδε πρὸς τρόπου λέγω. φημὶ γὰρ τὸ μὲν Ἑλληνικὸν γένος αὐτὸ αὑτῷ οἰκεῖον εἶναι καὶ συγγενές, τῷ δὲ βαρβαρικῷ ὀθνεῖόν τε καὶ ἀλλότριον.

Καλῶς γε, ἔφη.

Ἕλληνας μὲν ἄρα βαρβάροις καὶ βαρβάρους Ἕλλησι πολεμεῖν μαχομένους τε φήσομεν καὶ πολεμίους φύσει εἶναι, καὶ πόλεμον τὴν ἔχθραν ταύτην κλητέον· Ἕλληνας δὲ Ἕλλησιν, ὅταν τι τοιοῦτον δρῶσιν, φύσει μὲν φίλους εἶναι, νοσεῖν δ' ἐν τῷ τοιούτῳ τὴν Ἑλλάδα καὶ στασιάζειν, [d] καὶ στάσιν τὴν τοιαύτην ἔχθραν κλητέον.

Ἐγὼ μέν, ἔφη, συγχωρῶ οὕτω νομίζειν.

Griechen gelegen ist. Vielmehr werden wir fürchten, es könnte eine Entweihung des Tempels sein, wenn wir die Waffen von den eigenen Verwandten dorthin bringen, es sei denn, der Gott würde es anders anordnen.«

»Ganz recht«, sagte er.

»Was die Plünderung griechischen Landes und das Niederbrennen von Häusern betrifft, wie werden sich da deine Soldaten den Feinden gegenüber verhalten?«

»Dazu möchte ich gerne deine Meinung hören«, sagte er.

»Mir scheint«, fuhr ich fort, »man sollte beides nicht tun, [b] sondern nur die Jahresernte mitnehmen. Soll ich dir sagen, warum?«

»Gewiss.«

»Wie ›Krieg‹ und ›Zwist‹ zwei verschiedene Wörter sind, so scheinen sie auch zweierlei zu bedeuten, indem sie sich auf zwei verschiedene Dinge beziehen. Ich meine damit einerseits das Eigene und Verwandte, andererseits aber das Fremde und Ausländische. Feindschaft mit Verwandtem heißt Zwist, mit Fremdem aber Krieg.«[84]

»Was du sagst, ist durchaus richtig«, meinte er.

[c] »Überlege, ob auch das Folgende richtig ist. Ich behaupte nämlich, das Volk der Griechen ist untereinander befreundet und verwandt, den Barbaren gegenüber aber ausländisch und fremd.«[85]

»Schön«, sagte er.

»Wenn Griechen mit Barbaren und Barbaren mit Griechen kämpfen, so führen sie, sagen wir, Krieg und sind natürliche Feinde; und diese Feindschaft muss man als Krieg bezeichnen. Wenn aber Griechen mit Griechen kämpfen, die ja von Natur aus Freunde sein sollen, dann ist Griechenland in dieser Hinsicht krank und lebt in Zwietracht; [d] eine solche Feindschaft muss man Zwist nennen.«

»Da stimme ich dir durchaus zu«, sagte er.

Σκόπει δή, εἶπον, ὅτι ἐν τῇ νῦν ὁμολογουμένῃ στάσει, ὅπου ἄν τι τοιοῦτον γένηται καὶ διαστῇ πόλις, ἐὰν ἑκάτεροι ἑκατέρων τέμνωσιν ἀγροὺς καὶ οἰκίας ἐμπιμπρῶσιν, ὡς ἀλιτηριώδης τε δοκεῖ ἡ στάσις εἶναι καὶ οὐδέτεροι αὐτῶν φιλοπόλιδες – οὐ γὰρ ἄν ποτε ἐτόλμων τὴν τροφόν τε καὶ μητέρα κείρειν – ἀλλὰ μέτριον εἶναι τοὺς καρποὺς ἀφαιρεῖσθαι [e] τοῖς κρατοῦσι τῶν κρατουμένων, καὶ διανοεῖσθαι ὡς διαλλαγησομένων καὶ οὐκ ἀεὶ πολεμησόντων.

Πολὺ γάρ, ἔφη, ἡμερωτέρων αὕτη ἡ διάνοια ἐκείνης.

Τί δὲ δή; ἔφην· ἣν σὺ πόλιν οἰκίζεις, οὐχ Ἑλληνὶς ἔσται;

Δεῖ γ᾽ αὐτήν, ἔφη.

Οὐκοῦν καὶ ἀγαθοί τε καὶ ἥμεροι ἔσονται;

Σφόδρα γε.

Ἀλλ᾽ οὐ φιλέλληνες; οὐδὲ οἰκείαν τὴν Ἑλλάδα ἡγήσονται, οὐδὲ κοινωνήσουσιν ὧνπερ οἱ ἄλλοι ἱερῶν;

Καὶ σφόδρα γε.

[471a] Οὐκοῦν τὴν πρὸς τοὺς Ἕλληνας διαφοράν, ὡς οἰκείους, στάσιν ἡγήσονται καὶ οὐδὲ ὀνομάσουσιν πόλεμον;

Οὐ γάρ.

Καὶ ὡς διαλλαγησόμενοι ἄρα διοίσονται;

Πάνυ μὲν οὖν.

Εὐμενῶς δὴ σωφρονιοῦσιν, οὐκ ἐπὶ δουλείᾳ κολάζοντες οὐδ᾽ ἐπ᾽ ὀλέθρῳ, σωφρονισταὶ ὄντες, οὐ πολέμιοι.

Οὕτως, ἔφη.

»Stell dir vor«, fuhr ich fort, »es würde irgendwo so ein Zwist, wie wir ihn eben übereinstimmend angenommen haben, entstehen und ein Staat würde mit sich selbst entzweit; beide Parteien würden einander die Äcker verwüsten und die Häuser niederbrennen. Wie verderblich erscheint doch so ein Zwist, wie unpatriotisch sind beide Parteien! Niemals hätten sie es sonst gewagt, die Ernährerin[86] und Mutter zu verwüsten. Maßvoll aber wäre es, [e] wenn die Sieger den Besiegten nur die Ernte wegnehmen und erwägen würden, sich wieder zu versöhnen und nicht ewig Krieg zu führen.«

»Das ist freilich eine viel mildere Gesinnung als jene«, sagte er.

»Wie nun«, entgegnete ich, »ist der Staat, den du gründest, nicht ein griechischer?«

»Natürlich«, sagte er.

»Werden seine Bürger nicht eine edle und milde Gesinnung haben?«

»Ganz gewiss.«

»Und sind sie nicht auch Griechenfreunde? Werden sie Griechenland nicht als ihre Heimat betrachten und ihre Heiligtümer mit den anderen Griechen teilen?«

»Ganz gewiss.«

[471a] »Werden sie die Auseinandersetzung mit den anderen Griechen, die ja mit ihnen verwandt sind, für einen Zwist halten und nicht als Krieg bezeichnen?«

»Nein, nicht als Krieg.«

»Werden sie bei ihrem Streit immer zur Versöhnung bereit sein?«

»Gewiss«.

»Sie werden wohlwollend und vernünftig sein und nicht zur Strafe auf Unterjochung und Verderben aus sein, als maßvolle Zuchtmeister und nicht als Feinde.«

»So ist es«, sagte er.

Οὐδ᾽ ἄρα τὴν Ἑλλάδα Ἕλληνες ὄντες κεροῦσιν, οὐδὲ οἰκήσεις ἐμπρήσουσιν, οὐδὲ ὁμολογήσουσιν ἐν ἑκάστῃ πόλει πάντας ἐχθροὺς αὐτοῖς εἶναι, καὶ ἄνδρας καὶ γυναῖκας καὶ παῖδας, ἀλλ᾽ ὀλίγους ἀεὶ ἐχθροὺς τοὺς αἰτίους τῆς διαφορᾶς. [b] καὶ διὰ ταῦτα πάντα οὔτε τὴν γῆν ἐθελήσουσιν κείρειν αὐτῶν, ὡς φίλων τῶν πολλῶν, οὔτε οἰκίας ἀνατρέπειν, ἀλλὰ μέχρι τούτου ποιήσονται τὴν διαφοράν, μέχρι οὗ ἂν οἱ αἴτιοι ἀναγκασθῶσιν ὑπὸ τῶν ἀναιτίων ἀλγούντων δοῦναι δίκην.

Ἐγὼ μέν, ἔφη, ὁμολογῶ οὕτω δεῖν πρὸς τοὺς ἐναντίους τοὺς ἡμετέρους πολίτας προσφέρεσθαι· πρὸς δὲ τοὺς βαρβάρους, ὡς νῦν οἱ Ἕλληνες πρὸς ἀλλήλους.

Τιθῶμεν δὴ καὶ τοῦτον τὸν νόμον τοῖς φύλαξι, μήτε γῆν [c] τέμνειν μήτε οἰκίας ἐμπιμπράναι;

Θῶμεν, ἔφη, καὶ ἔχειν γε καλῶς ταῦτά τε καὶ τὰ πρόσθεν.

17 Ἀλλὰ γάρ μοι δοκεῖς, ὦ Σώκρατες, ἐάν τίς σοι τὰ τοιαῦτα ἐπιτρέπῃ λέγειν, οὐδέποτε μνησθήσεσθαι ὃ ἐν τῷ πρόσθεν παρωσάμενος πάντα ταῦτα εἴρηκας, τὸ ὡς δυνατὴ αὕτη ἡ πολιτεία γενέσθαι καὶ τίνα τρόπον ποτὲ δυνατή· ἐπεὶ ὅτι γε, εἰ γένοιτο, πάντ᾽ ἂν εἴη ἀγαθὰ πόλει ᾗ γένοιτο, καὶ ἃ σὺ παραλείπεις ἐγὼ λέγω, ὅτι καὶ τοῖς πολεμίοις [d] ἄριστ᾽ ἂν μάχοιντο τῷ ἥκιστα ἀπολείπειν ἀλλήλους, γιγνώσκοντές τε καὶ ἀνακαλοῦντες ταῦτα τὰ ὀνόματα ἑαυτούς, ἀδελφούς, πατέρας, ὑεῖς· εἰ δὲ καὶ τὸ θῆλυ συστρατεύοιτο, εἴτε καὶ ἐν τῇ αὐτῇ τάξει εἴτε καὶ ὄπισθεν ἐπιτεταγμένον, φόβων τε ἕνεκα τοῖς ἐχθροῖς καὶ εἴ ποτέ τις ἀνάγκη βοηθείας γένοιτο, οἶδ᾽

»Als Griechen werden sie also Griechenland nicht verwüsten und nicht die Siedlungen niederbrennen, noch in jedem Staat alle Einwohner, Männer, Frauen und Kinder, für ihre Feinde halten, sondern immer nur die wenigen, die für den Streit verantwortlich sind.[87] [b] Aus all diesen Gründen werden sie nicht bereit sein, ihr Land zu verwüsten, denn die meisten sind ja ihre Freunde; sie werden auch nicht die Häuser zerstören, sondern ihre Auseinandersetzung nur so lange fortführen, bis die Schuldigen von den Unschuldigen, die ja leiden mussten, bestraft werden.«

»Da bin ich ganz deiner Meinung«, sagte er, »so müssen sich unsere Bürger ihren griechischen Widersachern gegenüber verhalten; den Barbaren gegenüber aber so, wie es die Griechen jetzt[88] untereinander tun.«

»Wollen wir also auch dieses Gesetz den Wächtern geben, weder griechisches Land zu verwüsten, [c] noch die Häuser dort niederzubrennen?«

»Das wollen wir«, sagte er, »und wir wollen es ebenso gutheißen wie das Frühere.«

17 »Aber, mein Sokrates, mir scheint, wenn man dich weiter so reden ließe, würdest du die Frage ganz vergessen, die du vorher[89] aufgeschoben hast, um zuerst all das hier zu sagen, nämlich die Frage, ob und auf welche Weise es möglich sei, eine solche Verfassung zu verwirklichen. Auch ich sage freilich, dass in einem Staat mit einer solchen Verfassung, wenn sie sich verwirklichte, alles gut wäre, ich füge aber noch hinzu, was du übergangen hast, nämlich dass die Bürger hier sich aufs Tapferste mit den Feinden schlagen werden, [d] weil sie einander gewiss nicht im Stich lassen, kennen sie sich doch und nennen einander Brüder, Väter und Söhne. Wenn aber auch das weibliche Geschlecht mit ins Feld zieht und entweder in derselben Schlachtreihe oder auch dahinter aufgestellt wird, um den Gegnern Angst zu machen und, wenn nötig, Hilfe zu leisten, so

ὅτι ταύτῃ πάντῃ ἄμαχοι ἂν εἶεν· καὶ οἴκοι γε ἃ παραλείπεται ἀγαθά, ὅσα ἂν εἴη αὐτοῖς, ὁρῶ. [e] ἀλλ᾽ ὡς ἐμοῦ ὁμολογοῦντος πάντα ταῦτα ὅτι εἴη ἂν καὶ ἄλλα γε μυρία, εἰ γένοιτο ἡ πολιτεία αὕτη, μηκέτι πλείω περὶ αὐτῆς λέγε, ἀλλὰ τοῦτο αὐτὸ ἤδη πειρώμεθα ἡμᾶς αὐτοὺς πείθειν, ὡς δυνατὸν καὶ ᾗ δυνατόν, τὰ δ᾽ ἄλλα χαίρειν ἐῶμεν.

[472a] Ἐξαίφνης γε σύ, ἦν δ᾽ ἐγώ, ὥσπερ καταδρομὴν ἐποιήσω ἐπὶ τὸν λόγον μου, καὶ οὐ συγγιγνώσκεις στραγγευομένῳ. ἴσως γὰρ οὐκ οἶσθα ὅτι μόγις μοι τὼ δύο κύματε ἐκφυγόντι νῦν τὸ μέγιστον καὶ χαλεπώτατον τῆς τρικυμίας ἐπάγεις, ὃ ἐπειδὰν ἴδῃς τε καὶ ἀκούσῃς, πάνυ συγγνώμην ἕξεις, ὅτι εἰκότως ἄρα ὤκνουν τε καὶ ἐδεδοίκη οὕτω παράδοξον λόγον λέγειν τε καὶ ἐπιχειρεῖν διασκοπεῖν.

Ὅσῳ ἄν, ἔφη, τοιαῦτα πλείω λέγῃς, ἧττον ἀφεθήσῃ [b] ὑφ᾽ ἡμῶν πρὸς τὸ μὴ εἰπεῖν πῇ δυνατὴ γίγνεσθαι αὕτη ἡ πολιτεία. ἀλλὰ λέγε καὶ μὴ διάτριβε.

Οὐκοῦν, ἦν δ᾽ ἐγώ, πρῶτον μὲν τόδε χρὴ ἀναμνησθῆναι, ὅτι ἡμεῖς ζητοῦντες δικαιοσύνην οἷόν ἐστι καὶ ἀδικίαν δεῦρο ἥκομεν.

Χρή· ἀλλὰ τί τοῦτο; ἔφη.

Οὐδέν· ἀλλ᾽ ἐὰν εὕρωμεν οἷόν ἐστι δικαιοσύνη, ἆρα καὶ ἄνδρα τὸν δίκαιον ἀξιώσομεν μηδὲν δεῖν αὐτῆς ἐκείνης διαφέρειν, ἀλλὰ πανταχῇ τοιοῦτον εἶναι οἷον δικαιοσύνη [c] ἐστίν; ἢ ἀγαπήσομεν ἐὰν ὅτι ἐγγύτατα αὐτῆς ᾖ καὶ πλεῖστα τῶν ἄλλων ἐκείνης μετέχῃ;

Οὕτως, ἔφη· ἀγαπήσομεν.

Παραδείγματος ἄρα ἕνεκα, ἦν δ᾽ ἐγώ, ἐζητοῦμεν αὐτό τε δικαιοσύνην οἷόν ἐστι, καὶ ἄνδρα τὸν τελέως δίκαιον εἰ γένοιτο, καὶ

weiß ich, dass sie durch all dies unbesiegbar wären. Aber auch zu Hause sehe ich viele Vorteile, die du stillschweigend übergangen hast. [e] Da ich nun all das und tausenderlei mehr zugebe für den Fall, dass diese Verfassung verwirklicht wird, so sprich nicht weiter über sie; vielmehr wollen wir versuchen, uns davon zu überzeugen, ob und wie ein solcher Staat möglich ist, alles andere aber wollen wir beiseitelassen.«

[472a] »Ganz unvermutet hast du«, entgegnete ich, »einen Angriff auf meine Rede gemacht[90] und schonst mich nicht, sosehr ich mich auch drehe und wende. Du weißt vielleicht nicht, dass du jetzt, wo ich kaum den beiden ersten Wogen entkommen bin, den dritten Wogenschwall gegen mich heranwälzt, der ja der größte und schwerste ist. Wenn du diesen erst siehst und hörst, wirst du mir sicher verzeihen, dass ich zu Recht zögerte und mich scheute, einen so paradoxen Vorschlag zu machen und ihn näher untersuchen zu wollen.«[91]

»Je mehr du so redest«, sagte er, »umso weniger wird es dir erspart bleiben, [b] uns zu sagen, wie eine solche Verfassung verwirklicht werden kann. Sprich also und zier dich nicht!«

»Zuerst«, so begann ich, »müssen wir uns daran erinnern, dass wir auf der Suche nach dem Wesen der Gerechtigkeit und der Ungerechtigkeit hierhergelangt sind.«

»Freilich«, sagte er, »aber was soll das?«

»Nichts. Aber wenn wir das Wesen der Gerechtigkeit gefunden haben, werden wir dann fordern, dass der Gerechte sich in nichts von ihr unterscheidet, sondern in jeder Hinsicht so ist wie sie? [c] Oder werden wir uns damit begnügen, wenn er ihr möglichst nahekommt und am meisten unter allen an ihr teilhat?«

»Damit werden wir uns begnügen«, sagte er.

»Um ein Musterbild zu erhalten, suchten wir«, fuhr ich fort, »die Gerechtigkeit an sich und den vollkommen gerechten Menschen, wenn es einen geben sollte, und wie er beschaffen

οἷος ἂν εἴη γενόμενος, καὶ ἀδικίαν αὖ καὶ τὸν ἀδικώτατον, ἵνα εἰς ἐκείνους ἀποβλέποντες, οἷοι ἂν ἡμῖν φαίνωνται εὐδαιμονίας τε πέρι καὶ τοῦ ἐναντίου, ἀναγκαζώμεθα καὶ περὶ ἡμῶν αὐτῶν ὁμολογεῖν, ὃς ἂν ἐκείνοις ὅτι [d] ὁμοιότατος ᾖ, τὴν ἐκείνης μοῖραν ὁμοιοτάτην ἕξειν, ἀλλ' οὐ τούτου ἕνεκα, ἵν' ἀποδείξωμεν ὡς δυνατὰ ταῦτα γίγνεσθαι.

Τοῦτο μέν, ἔφη, ἀληθὲς λέγεις.

Οἴει ἂν οὖν ἧττόν τι ἀγαθὸν ζωγράφον εἶναι ὃς ἂν γράψας παράδειγμα οἷον ἂν εἴη ὁ κάλλιστος ἄνθρωπος καὶ πάντα εἰς τὸ γράμμα ἱκανῶς ἀποδοὺς μὴ ἔχῃ ἀποδεῖξαι ὡς καὶ δυνατὸν γενέσθαι τοιοῦτον ἄνδρα;

Μὰ Δί' οὐκ ἔγωγ', ἔφη.

Τί οὖν; οὐ καὶ ἡμεῖς, φαμέν, παράδειγμα ἐποιοῦμεν [e] λόγῳ ἀγαθῆς πόλεως;

Πάνυ γε.

Ἧττόν τι οὖν οἴει ἡμᾶς εὖ λέγειν τούτου ἕνεκα, ἐὰν μὴ ἔχωμεν ἀποδεῖξαι ὡς δυνατὸν οὕτω πόλιν οἰκῆσαι ὡς ἐλέγετο;

Οὐ δῆτα, ἔφη.

Τὸ μὲν τοίνυν ἀληθές, ἦν δ' ἐγώ, οὕτω· εἰ δὲ δὴ καὶ τοῦτο προθυμηθῆναι δεῖ σὴν χάριν, ἀποδεῖξαι πῇ μάλιστα καὶ κατὰ τί δυνατώτατ' ἂν εἴη, πάλιν μοι πρὸς τὴν τοιαύτην ἀπόδειξιν τὰ αὐτὰ διομολόγησαι.

Τὰ ποῖα;

[473a] Ἆρ' οἷόν τέ τι πραχθῆναι ὡς λέγεται, ἢ φύσιν ἔχει πρᾶξιν λέξεως ἧττον ἀληθείας ἐφάπτεσθαι, κἂν εἰ μή τῳ δοκεῖ; ἀλλὰ σὺ πότερον ὁμολογεῖς οὕτως ἢ οὔ;

sein sollte, und ebenso die Ungerechtigkeit und den völlig ungerechten Menschen, damit wir uns, wenn wir diese vor Augen haben und wie sie sich uns im Glück und Unglück zeigen, zu dem Zugeständnis bezüglich unserer eigenen Person gezwungen sehen: Wer ihnen am [d] ähnlichsten ist, wird auch das ähnlichste Schicksal haben. Wir hatten aber dabei nicht die Absicht zu beweisen, dass dies auch möglich sei.«[92]

»Da hast du freilich recht«, sagte er.

»Ist deiner Meinung nach ein Maler deshalb weniger gut, wenn er zwar das Idealbild des schönsten Menschen malen und alles passend im Bild wiedergeben kann, aber nicht imstande ist, den Nachweis zu erbringen, dass es einen solchen Menschen auch geben kann?«[93]

»Beim Zeus, nein«, sagte er.

»Wie nun? Behaupten nicht auch wir, mit Worten das Idealbild [e] des guten Staates gezeichnet zu haben?«[94]

»Gewiss.«

»Glaubst du nun, unsere Darstellung sei deshalb weniger wert, wenn wir nicht nachweisen können, dass ein solcher Staat, wie wir ihn beschrieben haben, verwirklicht werden kann?«[95]

»Keineswegs«, sagte er.

»Wahrlich, so ist es also«, entgegnete ich. Wenn ich aber dir zuliebe doch den Nachweis erbringen sollte, wie und in welcher Beziehung er doch am ehesten möglich wäre, dann musst du mir zu diesem Nachweis noch einmal dasselbe Zugeständnis machen.«

»Welches?«

[473a] »Kann man etwas genauso durchführen, wie man es sich vorgenommen hat, oder liegt es eben in der Natur der Sache, dass die Durchführung hinter der Beschreibung der Wahrheit zurückbleibt, auch wenn es einem zunächst nicht so erscheint?[96] Stimmst du dem zu oder nicht?«

Ὁμολογῶ, ἔφη.

Τοῦτο μὲν δὴ μὴ ἀνάγκαζέ με, οἷα τῷ λόγῳ διήλθομεν, τοιαῦτα παντάπασι καὶ τῷ ἔργῳ δεῖν γιγνόμενα ⟨ἂν⟩ ἀποφαίνειν· ἀλλ᾽, ἐὰν οἷοί τε γενώμεθα εὑρεῖν ὡς ἂν ἐγγύτατα τῶν εἰρημένων πόλις οἰκήσειεν, φάναι ἡμᾶς [b] ἐξηυρηκέναι ὡς δυνατὰ ταῦτα γίγνεσθαι ἃ σὺ ἐπιτάττεις. ἢ οὐκ ἀγαπήσεις τούτων τυγχάνων; ἐγὼ μὲν γὰρ ἂν ἀγαπῴην.

Καὶ γὰρ ἐγώ, ἔφη.

18 Τὸ δὲ δὴ μετὰ τοῦτο, ὡς ἔοικε, πειρώμεθα ζητεῖν τε καὶ ἀποδεικνύναι τί ποτε νῦν κακῶς ἐν ταῖς πόλεσι πράττεται δι᾽ ὃ οὐχ οὕτως οἰκοῦνται, καὶ τίνος ἂν σμικροτάτου μεταβαλόντος ἔλθοι εἰς τοῦτον τὸν τρόπον τῆς πολιτείας πόλις, μάλιστα μὲν ἑνός, εἰ δὲ μή, δυοῖν, εἰ δὲ μή, ὅτι ὀλιγίστων τὸν ἀριθμὸν καὶ σμικροτάτων τὴν δύναμιν.

[c] Παντάπασι μὲν οὖν, ἔφη.

Ἑνὸς μὲν τοίνυν, ἦν δ᾽ ἐγώ, μεταβαλόντος δοκοῦμέν μοι ἔχειν δεῖξαι ὅτι μεταπέσοι ἄν, οὐ μέντοι σμικροῦ γε οὐδὲ ῥᾳδίου, δυνατοῦ δέ.

Τίνος; ἔφη.

Ἐπ᾽ αὐτῷ δή, ἦν δ᾽ ἐγώ, εἰμὶ ὃ τῷ μεγίστῳ προσῃκάζομεν κύματι. εἰρήσεται δ᾽ οὖν, εἰ καὶ μέλλει γέλωτί τε ἀτεχνῶς ὥσπερ κῦμα ἐκγελῶν καὶ ἀδοξίᾳ κατακλύσειν. σκόπει δὲ ὃ μέλλω λέγειν.

Λέγε, ἔφη.

Ἐὰν μή, ἦν δ᾽ ἐγώ, ἢ οἱ φιλόσοφοι βασιλεύσωσιν ἐν [d] ταῖς πόλεσιν ἢ οἱ βασιλῆς τε νῦν λεγόμενοι καὶ δυνάσται φιλοσοφήσωσι γνησίως τε καὶ ἱκανῶς, καὶ τοῦτο εἰς ταὐτὸν συμπέσῃ, δύναμίς τε πολιτικὴ καὶ φιλοσοφία, τῶν δὲ νῦν πορευομένων χωρὶς ἐφ᾽ ἑκά-

»Dem stimme ich zu«, sagte er.

»Dann nötige mich nicht zu beweisen, dass all das, was wir mit Worten beschrieben haben, auch gänzlich so verwirklicht werden muss. Wenn wir aber herausfinden können, wie man einen Staat gründet, der unserer Beschreibung möglichst nahekommt, dann wollen wir sagen, wir hätten [b] die Möglichkeit, ihn zu verwirklichen, gefunden; denn das ist es ja, was du von mir verlangst.[97] Oder bist du damit nicht zufrieden? Ich wäre es.«

»Auch ich bin es«, sagte er.

18 »Als Nächstes sollten wir, wie ich meine, versuchen, herauszufinden und aufzuzeigen, was in den heutigen Staaten schlecht gemacht wird, so dass sie nicht so[98] verwaltet werden, und welche kleine Veränderung man vornehmen muss, damit der Staat zu einer solchen Verfassung kommt; es werden höchstens ein oder zwei Veränderungen sein, jedenfalls so wenige und so geringfügige wie möglich.«

[c] »Ja gewiss«, sagte er.

»Von einer Veränderung glaube ich zeigen zu können, dass sie einen solchen Wandel bewirken könnte; sie ist allerdings weder klein noch leicht, aber sie ist immerhin möglich.«

»Welche ist das?«, fragte er.

»Jetzt bin ich bei dem«, antwortete ich, »was wir im Bild die größte Woge genannt haben. Es sei also ausgesprochen, auch wenn mich gleichsam eine Welle von Gelächter und Unglauben geradewegs hinwegspülen wird. Gib also acht, was ich sagen will.«

»Sprich nur«, sagte er.

»Wenn nicht«, so fuhr ich fort, »die Philosophen Könige in [d] den Staaten werden oder die Könige, wie sie heute heißen, und Herrscher echte und tüchtige Philosophen und wenn nicht politische Macht und Philosophie in eins zusammenfallen[99] und die große Zahl derer, die heutzutage aufgrund ihrer natür-

τερον αἱ πολλαὶ φύσεις ἐξ ἀνάγκης ἀποκλεισθῶσιν, οὐκ ἔστι κακῶν παῦλα, ὦ φίλε Γλαύκων, ταῖς πόλεσι, δοκῶ δ᾽ οὐδὲ τῷ ἀνθρωπίνῳ γένει, [e] οὐδὲ αὕτη ἡ πολιτεία μή ποτε πρότερον φυῇ τε εἰς τὸ δυνατὸν καὶ φῶς ἡλίου ἴδῃ, ἣν νῦν λόγῳ διεληλύθαμεν. ἀλλὰ τοῦτό ἐστιν ὃ ἐμοὶ πάλαι ὄκνον ἐντίθησι λέγειν, ὁρῶντι ὡς πολὺ παρὰ δόξαν ῥηθήσεται· χαλεπὸν γὰρ ἰδεῖν ὅτι οὐκ ἂν ἄλλη τις εὐδαιμονήσειεν οὔτε ἰδίᾳ οὔτε δημοσίᾳ.

Καὶ ὅς, Ὦ Σώκρατες, ἔφη, τοιοῦτον ἐκβέβληκας ῥῆμά τε καὶ λόγον, ὃν εἰπὼν ἡγοῦ ἐπὶ σὲ πάνυ πολλούς τε καὶ [474a] οὐ φαύλους νῦν οὕτως, οἷον ῥίψαντας τὰ ἱμάτια, γυμνοὺς λαβόντας ὅτι ἑκάστῳ παρέτυχεν ὅπλον, θεῖν διατεταμένους ὡς θαυμάσια ἐργασομένους· οὓς εἰ μὴ ἀμυνῇ τῷ λόγῳ καὶ ἐκφεύξῃ, τῷ ὄντι τωθαζόμενος δώσεις δίκην.

Οὐκοῦν σύ μοι, ἦν δ᾽ ἐγώ, τούτων αἴτιος;

Καλῶς γ᾽, ἔφη, ἐγὼ ποιῶν. ἀλλά τοί σε οὐ προδώσω, ἀλλ᾽ ἀμυνῶ οἷς δύναμαι· δύναμαι δὲ εὐνοίᾳ τε καὶ τῷ παρακελεύεσθαι, καὶ ἴσως ἂν ἄλλου του ἐμμελέστερόν σοι [b] ἀποκρινοίμην. ἀλλ᾽ ὡς ἔχων τοιοῦτον βοηθὸν πειρῶ τοῖς ἀπιστοῦσιν ἐνδείξασθαι ὅτι ἔχει ᾗ σὺ λέγεις.

Πειρατέον, ἦν δ᾽ ἐγώ, ἐπειδὴ καὶ σὺ οὕτω μεγάλην συμμαχίαν παρέχῃ. ἀναγκαῖον οὖν μοι δοκεῖ, εἰ μέλλομέν πῃ ἐκφεύξεσθαι οὓς λέγεις, διορίσασθαι πρὸς αὐτοὺς τοὺς φιλοσόφους τίνας λέγοντες

lichen Veranlagung nur den einen der beiden Wege beschreiten, gewaltsam davon ausgeschlossen wird, dann gibt es, mein lieber Glaukon, kein Ende des Unheils für die Staaten, ja, ich glaube auch nicht, für das ganze Menschengeschlecht, [e] und diese Verfassung, die wir eben mit Worten beschrieben haben, wird, wenn es überhaupt möglich ist, nicht früher verwirklicht und das Sonnenlicht erblicken. Das ist es eben, weshalb ich mich so lange nicht entschließen konnte, darüber zu sprechen, da ich sah, wie vieles da zur Sprache kommen würde, was der allgemeinen Meinung zuwiderläuft. Denn es ist schwer einzusehen, dass es keinen anderen Weg zum Glück gibt, weder für den Einzelnen noch für den ganzen Staat.«

Da rief er: »Mein Sokrates, was für ein Wort hast du da fallen lassen, was für einen Gedanken! Nachdem du das gesagt hast, kannst du damit rechnen, dass gar viele – und [474a] nicht die Schlechtesten – auf der Stelle ihre Kleider abwerfen und nackt, die nächstbeste Waffe in Händen, mit aller Gewalt gegen dich losstürmen werden, um dir Wunder was anzutun. Wenn du sie nicht mit Worten abwehrst und ihnen entrinnst, dann wirst du in der Tat von ihnen mit Spott und Hohn bestraft werden.«

»Bist nicht du schuld daran?«, fragte ich.[100]

»Und ich habe gut daran getan«, sagte er. »Aber ich werde dich nicht im Stich lassen, sondern dir beistehen, womit ich nur kann. Das kann ich mit Wohlwollen und Ermunterung und vielleicht dadurch, dass ich dir geschickter antworte als ein anderer. [b] Versuche nun, mit einem solchen Helfer an der Seite den Ungläubigen zu beweisen, dass es so ist, wie du sagst.«

»Man muss es wohl versuchen«, entgegnete ich, »zumal du ja deinen starken Beistand anbietest. Wenn wir den von dir genannten Leuten entrinnen wollen, scheint es mir notwendig, ihnen gegenüber genau zu definieren, was wir unter diesen Philosophen verstehen, die, wie wir zu behaupten wagen, re-

τολμῶμεν φάναι δεῖν ἄρχειν, ἵνα διαδήλων γενομένων δύνηταί τις ἀμύνεσθαι, ἐνδεικνύμενος [c] ὅτι τοῖς μὲν προσήκει φύσει ἅπτεσθαί τε φιλοσοφίας ἡγεμονεύειν τ᾽ ἐν πόλει, τοῖς δ᾽ ἄλλοις μήτε ἅπτεσθαι ἀκολουθεῖν τε τῷ ἡγουμένῳ.

Ὥρα ἂν εἴη, ἔφη, ὁρίζεσθαι.

Ἴθι δή, ἀκολούθησόν μοι τῇδε, ἐὰν αὐτὸ ἁμῇ γέ πῃ ἱκανῶς ἐξηγησώμεθα.

Ἄγε, ἔφη.

19 [d] Ἀναμιμνῄσκειν οὖν σε, ἦν δ᾽ ἐγώ, δεήσει, ἢ μέμνησαι ὅτι ὃν ἂν φῶμεν φιλεῖν τι, δεῖ φανῆναι αὐτόν, ἐὰν ὀρθῶς λέγηται, οὐ τὸ μὲν φιλοῦντα ἐκείνου, τὸ δὲ μή, ἀλλὰ πᾶν στέργοντα;

Ἀναμιμνῄσκειν, ἔφη, ὡς ἔοικεν, δεῖ· οὐ γὰρ πάνυ γε ἐννοῶ.

Ἄλλῳ, εἶπον, ἔπρεπεν, ὦ Γλαύκων, λέγειν ἃ λέγεις· ἀνδρὶ δ᾽ ἐρωτικῷ οὐ πρέπει ἀμνημονεῖν ὅτι πάντες οἱ ἐν ὥρᾳ τὸν φιλόπαιδα καὶ ἐρωτικὸν ἁμῇ γέ πῃ δάκνουσί τε καὶ κινοῦσι, δοκοῦντες ἄξιοι εἶναι ἐπιμελείας τε καὶ τοῦ ἀσπάζεσθαι. ἢ οὐχ οὕτω ποιεῖτε πρὸς τοὺς καλούς; ὁ μέν, ὅτι σιμός, ἐπίχαρις κληθεὶς ἐπαινεθήσεται ὑφ᾽ ὑμῶν, τοῦ δὲ τὸ γρυπὸν βασιλικόν φατε εἶναι, τὸν δὲ δὴ διὰ [e] μέσου τούτων ἐμμετρώτατα ἔχειν, μέλανας δὲ ἀνδρικοὺς ἰδεῖν, λευκοὺς δὲ θεῶν παῖδας εἶναι· μελιχλώρους δὲ καὶ τοὔνομα οἴει τινὸς ἄλλου ποίημα εἶναι ἢ ἐραστοῦ ὑποκοριζομένου τε καὶ εὐχερῶς φέροντος τὴν ὠχρότητα, ἐὰν ἐπὶ ὥρᾳ ᾖ; καὶ ἑνὶ λόγῳ πά-

gieren sollen; erst wenn das klargestellt ist, kann man sich wehren, indem man den Nachweis erbringt, [c] dass es den einen von Natur aus zukommt, sich mit Philosophie und der Führung im Staat zu befassen, die anderen aber die Finger davon lassen und nur dem Führer folgen sollen.«

»Es wäre wohl an der Zeit«, sagte er, »das klarzustellen.«

»Wohlan, dann folge mir hier in der Frage, ob wir so irgendwie zu einer befriedigenden Erklärung kommen.«

»Fang nur an«, sagte er.

»Muss ich dich daran erinnern«, begann ich, »oder erinnerst du dich selbst daran, dass einer, von dem wir sagen, er liebe etwas, wenn man das von ihm mit Recht sagen kann, offenbar nicht nur einen Teil davon liebt, den anderen aber nicht, sondern dass er das Ganze liebt?«[101]

19 [d] »Wie es scheint, musst du mich daran erinnern«, sagte er, »denn es ist mir nicht mehr ganz bewusst.«

»Einem anderen«, erwiderte ich, »stünde es eher an, zu sprechen, wie du sprichst. Aber ein liebeskundiger Mann wie du, Glaukon, sollte doch wissen, dass alle Knaben in der Blüte ihrer Jahre einen leidenschaftlichen Liebhaber der Knaben irgendwie reizen und erregen, weil sie seiner Aufmerksamkeit und Liebe wert scheinen. Oder ergeht es euch mit den Schönen nicht so? Den einen nennt ihr reizend und preist ihn, weil er ein stumpfes Näschen hat, die krumme Nase des anderen nennt ihr königlich, von der Nase des Dritten, [e] die in der Mitte zwischen beidem liegt, sagt ihr, sie hätte genau das richtige Maß; Knaben mit dunklem Haar sähen männlich aus, die blonden aber seien Söhne der Götter. Wenn einer honigfarben genannt wird, glaubst du, dass diese Bezeichnung von einem anderen stammen könnte als von einem schmeichelnden Liebhaber, der die Blässe des Geliebten gerne in Kauf nimmt, wenn dieser nur in der Blüte seiner Jugend steht? Kurz gesagt: Euch ist jeder Vorwand recht, [475a] und ihr habt für alles ein wohl-

σας προφάσεις προφασίζεσθέ τε [475a] καὶ πάσας φωνὰς ἀφίετε, ὥστε μηδένα ἀποβάλλειν τῶν ἀνθούντων ἐν ὥρᾳ.

Εἰ βούλει, ἔφη, ἐπ᾽ ἐμοῦ λέγειν περὶ τῶν ἐρωτικῶν ὅτι οὕτω ποιοῦσι, συγχωρῶ τοῦ λόγου χάριν.

Τί δέ; ἦν δ᾽ ἐγώ· τοὺς φιλοίνους οὐ τὰ αὐτὰ ταῦτα ποιοῦντας ὁρᾷς; πάντα οἶνον ἐπὶ πάσης προφάσεως ἀσπαζομένους;

Καὶ μάλα.

Καὶ μὴν φιλοτίμους γε, ὡς ἐγᾦμαι, καθορᾷς ὅτι, ἂν μὴ στρατηγῆσαι δύνωνται, τριττυαρχοῦσιν, κἂν μὴ ὑπὸ μειζόνων [b] καὶ σεμνοτέρων τιμᾶσθαι, ὑπὸ σμικροτέρων καὶ φαυλοτέρων τιμώμενοι ἀγαπῶσιν, ὡς ὅλως τιμῆς ἐπιθυμηταὶ ὄντες.

Κομιδῇ μὲν οὖν.

Τοῦτο δὴ φάθι ἢ μή· ἆρα ὃν ἄν τινος ἐπιθυμητικὸν λέγωμεν, παντὸς τοῦ εἴδους τούτου φήσομεν ἐπιθυμεῖν, ἢ τοῦ μέν, τοῦ δὲ οὔ;

Παντός, ἔφη.

Οὐκοῦν καὶ τὸν φιλόσοφον σοφίας φήσομεν ἐπιθυμητὴν εἶναι, οὐ τῆς μέν, τῆς δ᾽ οὔ, ἀλλὰ πάσης;

Ἀληθῆ.

Τὸν ἄρα περὶ τὰ μαθήματα δυσχεραίνοντα, ἄλλως τε [c] καὶ νέον ὄντα καὶ μήπω λόγον ἔχοντα τί τε χρηστὸν καὶ μή, οὐ φήσομεν φιλομαθῆ οὐδὲ φιλόσοφον εἶναι, ὥσπερ τὸν περὶ τὰ σιτία δυσχερῆ οὔτε πεινῆν φαμεν οὔτ᾽ ἐπιθυμεῖν σιτίων, οὐδὲ φιλόσιτον ἀλλὰ κακόσιτον εἶναι.

Καὶ ὀρθῶς γε φήσομεν.

klingendes Wort, um nur ja keinen zurückzuweisen, der in der Blüte seiner Jugend steht.«

»Wenn du anhand meines Beispiels von den Liebenden sagen willst, dass sie sich so verhalten, so bin ich der Untersuchung wegen damit einverstanden.«

»Wie nun?«, fuhr ich fort. »Siehst du nicht, dass die Weinliebhaber genau dasselbe tun? Und dass ihnen jeder Wein unter jedem nur möglichen Vorwand liebenswert ist?«

»Ja, gewiss.«

»Und dasselbe siehst du, wie ich meine, auch bei den Ehrliebenden: Können sie nicht Feldherren sein, begnügen sie sich mit einem kleineren Kommando[102]; und wenn sie bei den Größeren [b] und Höheren keine Ehre finden, dann sind sie damit zufrieden, wenn sie von den Kleineren und Geringeren geehrt werden, denn sie sind einzig und allein auf Ehre aus.«

»Ganz richtig.«

»Entscheide dich nun auch bei folgender Frage: Wenn wir von jemandem sagen, er begehre etwas, meinen wir dann, er begehre jede Art davon oder nur die eine Art, die andere aber nicht?«

»Jede Art davon«, sagte er.

»Werden wir daher nicht auch sagen, der Philosoph strebe nach der ganzen Philosophie[103] und nicht nach der einen Art schon, nach der anderen aber nicht?«

»Richtig, nach der ganzen.«

»Wer also eine Abneigung gegen die Wissenschaften hat, besonders wenn [c] er noch jung ist und noch kein Verständnis dafür hat, was nützlich ist und was nicht, den werden wir nicht als lernbegierig und weisheitsliebend bezeichnen, so wie wir ja auch von einem, der nur mit Widerwillen isst, weder sagen, er hungere oder verlange nach Speise, noch er sei ein Freund des Essens, sondern er sei ein schlechter Esser.«

»Und mit Recht werden wir das sagen.«

Τὸν δὲ δὴ εὐχερῶς ἐθέλοντα παντὸς μαθήματος γεύεσθαι καὶ ἁσμένως ἐπὶ τὸ μανθάνειν ἰόντα καὶ ἀπλήστως ἔχοντα, τοῦτον δ᾽ ἐν δίκῃ φήσομεν φιλόσοφον· ἦ γάρ;

[d] Καὶ ὁ Γλαύκων ἔφη· Πολλοὶ ἄρα καὶ ἄτοποι ἔσονταί σοι τοιοῦτοι. οἵ τε γὰρ φιλοθεάμονες πάντες ἔμοιγε δοκοῦσι τῷ καταμανθάνειν χαίροντες τοιοῦτοι εἶναι, οἵ τε φιλήκοοι ἀτοπώτατοί τινές εἰσιν ὥς γ᾽ ἐν φιλοσόφοις τιθέναι, οἳ πρὸς μὲν λόγους καὶ τοιαύτην διατριβὴν ἑκόντες οὐκ ἂν ἐθέλοιεν ἐλθεῖν, ὥσπερ δὲ ἀπομεμισθωκότες τὰ ὦτα ἐπακοῦσαι πάντων χορῶν περιθέουσι τοῖς Διονυσίοις οὔτε τῶν κατὰ πόλεις οὔτε τῶν κατὰ κώμας ἀπολειπόμενοι. τούτους οὖν πάντας καὶ ἄλλους τοιούτων τινῶν [e] μαθητικοὺς καὶ τοὺς τῶν τεχνυδρίων φιλοσόφους φήσομεν;

Οὐδαμῶς, εἶπον, ἀλλ᾽ ὁμοίους μὲν φιλοσόφοις.

20 Τοὺς δὲ ἀληθινούς, ἔφη, τίνας λέγεις;

Τοὺς τῆς ἀληθείας, ἦν δ᾽ ἐγώ, φιλοθεάμονας.

Καὶ τοῦτο μέν γ᾽, ἔφη, ὀρθῶς· ἀλλὰ πῶς αὐτὸ λέγεις;

Οὐδαμῶς, ἦν δ᾽ ἐγώ, ῥᾳδίως πρός γε ἄλλον· σὲ δὲ οἶμαι ὁμολογήσειν μοι τὸ τοιόνδε.

Τὸ ποῖον;

Ἐπειδή ἐστιν ἐναντίον καλὸν αἰσχρῷ, δύο αὐτὼ εἶναι.

[476a] Πῶς δ᾽ οὔ;

Οὐκοῦν ἐπειδὴ δύο, καὶ ἓν ἑκάτερον;

Καὶ τοῦτο.

Καὶ περὶ δὴ δικαίου καὶ ἀδίκου καὶ ἀγαθοῦ καὶ κακοῦ καὶ πάν-

»Doch wer gerne von jeder Wissenschaft kosten will, mit Freude ans Lernen geht und davon nicht genug bekommen kann, den werden wir mit Fug und Recht einen Philosophen nennen, nicht wahr?«

[d] Da sagte Glaukon: »Derartige Menschen wird es viele geben, und zwar recht sonderbare. Ich glaube nämlich, dass alle Schaulustigen hierher gehören, weil sie Freude daran haben, etwas zu erfahren; die Hörbegierigen sind die absonderlichsten Menschen, wenn man sie unter die Philosophen rechnen will; sie wollen zwar freiwillig nicht zu Vorträgen und Gesprächen ernster Art gehen, laufen aber bei den Dionysosfesten herum, als ob sie ihre Ohren vermietet hätten, um nur ja alle Chorgesänge zu hören, und versäumen dabei weder die städtischen Dionysien[104] noch die in den Dörfern.[105] Sollen wir nun diese alle und auch noch andere, die in solchen Dingen [e] und kleinlichen Künsten ihren Lerneifer zeigen, Philosophen nennen?«

»Keineswegs«, erwiderte ich, »sie sind nur ähnlich den Philosophen.«

20 »Welche nennst du dann die wahren Philosophen?«, fragte er.

»Diejenigen, die gerne die Wahrheit schauen«, antwortete ich.

»Schön und gut«, sagte er, »aber was meinst du damit?«

»Ein anderer würde das nicht leicht verstehen«, fuhr ich fort, »du aber wirst mir, glaube ich, bei Folgendem zustimmen.«

»Wobei?«

»Da das Schöne das Gegenteil vom Hässlichen ist, so sind das doch wohl zwei verschiedene Dinge.«

[476a] »Natürlich.«

»Und da es zwei sind, so ist jedes davon eines?«

»Auch das ist richtig.«

»Dasselbe gilt auch für das Gerechte und Ungerechte, für das

των τῶν εἰδῶν πέρι ὁ αὐτὸς λόγος, αὐτὸ μὲν ἓν ἕκαστον εἶναι, τῇ δὲ τῶν πράξεων καὶ σωμάτων καὶ ἀλλήλων κοινωνίᾳ πανταχοῦ φανταζόμενα πολλὰ φαίνεσθαι ἕκαστον.

Ὀρθῶς, ἔφη, λέγεις.

Ταύτῃ τοίνυν, ἦν δ᾽ ἐγώ, διαιρῶ, χωρὶς μὲν οὓς νυνδὴ ἔλεγες φιλοθεάμονάς τε καὶ φιλοτέχνους καὶ πρακτικούς, [b] καὶ χωρὶς αὖ περὶ ὧν ὁ λόγος, οὓς μόνους ἄν τις ὀρθῶς προσείποι φιλοσόφους.

Πῶς, ἔφη, λέγεις;

Οἱ μέν που, ἦν δ᾽ ἐγώ, φιλήκοοι καὶ φιλοθεάμονες τάς τε καλὰς φωνὰς ἀσπάζονται καὶ χρόας καὶ σχήματα καὶ πάντα τὰ ἐκ τῶν τοιούτων δημιουργούμενα, αὐτοῦ δὲ τοῦ καλοῦ ἀδύνατος αὐτῶν ἡ διάνοια τὴν φύσιν ἰδεῖν τε καὶ ἀσπάσασθαι.

Ἔχει γὰρ οὖν δή, ἔφη, οὕτως.

Οἱ δὲ δὴ ἐπ᾽ αὐτὸ τὸ καλὸν δυνατοὶ ἰέναι τε καὶ ὁρᾶν καθ᾽ αὑτὸ ἆρα οὐ σπάνιοι ἂν εἶεν;

[c] Καὶ μάλα.

Ὁ οὖν καλὰ μὲν πράγματα νομίζων, αὐτὸ δὲ κάλλος μήτε νομίζων μήτε, ἄν τις ἡγῆται ἐπὶ τὴν γνῶσιν αὐτοῦ, δυνάμενος ἕπεσθαι, ὄναρ ἢ ὕπαρ δοκεῖ σοι ζῆν; σκόπει δέ. τὸ ὀνειρώττειν ἆρα οὐ τόδε ἐστίν, ἐάντε ἐν ὕπνῳ τις ἐάντ᾽ ἐγρηγορὼς τὸ ὅμοιόν τῳ μὴ ὅμοιον ἀλλ᾽ αὐτὸ ἡγῆται εἶναι ᾧ ἔοικεν;

Ἐγὼ γοῦν ἄν, ἦ δ᾽ ὅς, φαίην ὀνειρώττειν τὸν τοιοῦτον.

Τί δέ; ὁ τἀναντία τούτων ἡγούμενός τέ τι αὐτὸ καλὸν [d] καὶ δυνάμενος καθορᾶν καὶ αὐτὸ καὶ τὰ ἐκείνου μετέχοντα, καὶ οὔτε τὰ μετέχοντα αὐτὸ οὔτε αὐτὸ τὰ μετέχοντα ἡγούμενος, ὕπαρ ἢ ὄναρ αὖ καὶ οὗτος δοκεῖ σοι ζῆν;

Καὶ μάλα, ἔφη, ὕπαρ.

Gute und Schlechte, kurz für alle Begriffe dieser Art; an sich sind sie eins, aber durch ihre Verbindung mit Handlungen, Menschen[106] und untereinander werden sie überall sichtbar und es erscheint jedes als eine Vielheit.«[107]

»Da hast du recht«, sagte er.

»Somit«, fuhr ich fort, »unterscheide ich also die von dir eben genannten Schaulustigen, Kunstfreunde und Praktiker [b] von denen, um die es hier geht und die man einzig und allein mit Recht als Philosophen bezeichnen könnte.«

»Wie meinst du das?«, fragte er.

»Die Hörbegierigen und die Schaulustigen«, antwortete ich, »haben ihre Freude an schönen Stimmen, Farben und Gestalten und allem, was daraus geschaffen wird;[108] doch ihr Geist ist nicht imstande, die Natur des Schönen an sich zu sehen und sich daran zu erfreuen.«

»So ist es wohl«, sagte er.

»Diejenigen aber, die imstande sind, sich dem Schönen an sich zu nähern und es seinem Wesen nach zu betrachten, dürften das nicht nur wenige sein?«

[c] »Sehr wenige.«

»Wer also an schöne Dinge glaubt, aber an die Schönheit selbst nicht glaubt, noch folgen kann, wenn man ihn an ihre Erkenntnis heranführt, ist dessen Leben deiner Meinung nach Traum oder Wirklichkeit? Überlege nur: Heißt das nicht Träumen, wenn jemand im Schlafen oder Wachen ein Abbild nicht für ein Abbild hält, sondern für die Sache selbst, der es gleicht?«

»Ich würde freilich sagen«, entgegnete er, »dass ein solcher Mensch träumt.«[109]

»Wie nun? Wer im Gegensatz dazu an das Schöne an sich glaubt [d] und wer es selbst und, was an ihm teilhat, zu schauen vermag, ohne dass er beides miteinander verwechselt, lebt der deiner Meinung nach in der Wirklichkeit oder im Traum?«

»Natürlich in der Wirklichkeit«, sagte er.

Οὐκοῦν τούτου μὲν τὴν διάνοιαν ὡς γιγνώσκοντος γνώμην ἂν ὀρθῶς φαῖμεν εἶναι, τοῦ δὲ δόξαν ὡς δοξάζοντος;

Πάνυ μὲν οὖν.

Τί οὖν ἐὰν ἡμῖν χαλεπαίνῃ οὗτος, ὅν φαμεν δοξάζειν ἀλλ᾽ οὐ γιγνώσκειν, καὶ ἀμφισβητῇ ὡς οὐκ ἀληθῆ λέγομεν; [e] ἕξομέν τι παραμυθεῖσθαι αὐτὸν καὶ πείθειν ἠρέμα, ἐπικρυπτόμενοι ὅτι οὐχ ὑγιαίνει;

Δεῖ γέ τοι δή, ἔφη.

Ἴθι δή, σκόπει τί ἐροῦμεν πρὸς αὐτόν. ἢ βούλει ὧδε πυνθανώμεθα παρ᾽ αὐτοῦ, λέγοντες ὡς εἴ τι οἶδεν οὐδεὶς αὐτῷ φθόνος, ἀλλ᾽ ἄσμενοι ἂν ἴδοιμεν εἰδότα τι. ἀλλ᾽ ἡμῖν εἰπὲ τόδε· ὁ γιγνώσκων γιγνώσκει τὶ ἢ οὐδέν; σὺ οὖν μοι ὑπὲρ ἐκείνου ἀποκρίνου.

Ἀποκρινοῦμαι, ἔφη, ὅτι γιγνώσκει τί.

Πότερον ὂν ἢ οὐκ ὄν;

[477a] Ὄν· πῶς γὰρ ἂν μὴ ὄν γέ τι γνωσθείη;

Ἱκανῶς οὖν τοῦτο ἔχομεν, κἂν εἰ πλεοναχῇ σκοποῖμεν, ὅτι τὸ μὲν παντελῶς ὂν παντελῶς γνωστόν, μὴ ὂν δὲ μηδαμῇ πάντῃ ἄγνωστον;

Ἱκανώτατα.

Εἶεν· εἰ δὲ δή τι οὕτως ἔχει ὡς εἶναί τε καὶ μὴ εἶναι, οὐ μεταξὺ ἂν κέοιτο τοῦ εἰλικρινῶς ὄντος καὶ τοῦ αὖ μηδαμῇ ὄντος;

Μεταξύ.

Οὐκοῦν ἐπὶ μὲν τῷ ὄντι γνῶσις ἦν, ἀγνωσία δ᾽ ἐξ ἀνάγκης ἐπὶ μὴ ὄντι, ἐπὶ δὲ τῷ μεταξὺ τούτῳ μεταξύ τι καὶ ζητητέον [b] ἀγνοίας τε καὶ ἐπιστήμης, εἴ τι τυγχάνει ὂν τοιοῦτον;

»Nennen wir nicht das Denken eines solchen Menschen mit Recht Erkennen, weil er ja etwas erkennt, das des anderen aber Meinen, weil er ja nur etwas meint?«

»Gewiss.«

»Wie, wenn nun dieser Mensch, von dem wir sagen, er meine bloß, aber erkenne nicht, uns zürnte und die Richtigkeit unserer Behauptung bestreiten wollte? [e] Könnten wir ihn dann beschwichtigen und ihn in aller Ruhe überzeugen, ohne ihn merken zu lassen, dass er nicht ganz bei Trost ist?«

»Das muss wohl gehen«, sagte er.

»Wohlan, überlege nun, was wir ihm sagen werden. Oder sollen wir ihn lieber fragen und ihm vorher versichern, niemand neide es ihm, wenn er etwas wüsste, im Gegenteil, wir würden es gerne erfahren? Sage uns doch: Erkennt der Erkennende etwas oder nichts? Antworte du mir an seiner Stelle.«

»Ich würde antworten, er erkennt etwas«, sagte er.

»Etwas Seiendes oder etwas Nichtseiendes?«

[477a] »Etwas Seiendes; denn wie könnte er etwas erkennen, das nicht ist?«

»Für uns steht also hinreichend fest, auch wenn wir es von mehreren Seiten betrachten wollten: Was durchaus existiert, ist durchaus auch erkennbar, was aber nicht existiert, ist überhaupt nicht erkennbar?«

»Das steht ganz sicher fest.«

»Gut. Wenn etwas zugleich ist und nicht ist, liegt es dann nicht in der Mitte zwischen dem sicher Existierenden und dem überhaupt nicht Existierenden?«[110]

»Ja, in der Mitte.«

»Da sich nun das Erkennen auf das Seiende bezieht, das Nichterkennen aber notwendigerweise auf das Nichtseiende, müssen wir dann für das in der Mitte Liegende etwas suchen, das zwischen [b] Nichtwissen und Wissen liegt, wenn es so etwas überhaupt gibt?«

Πάνυ μὲν οὖν.

Ἆρ᾽ οὖν λέγομέν τι δόξαν εἶναι;

Πῶς γὰρ οὔ;

Πότερον ἄλλην δύναμιν ἐπιστήμης ἢ τὴν αὐτήν;

Ἄλλην.

Ἐπ᾽ ἄλλῳ ἄρα τέτακται δόξα καὶ ἐπ᾽ ἄλλῳ ἐπιστήμη, κατὰ τὴν δύναμιν ἑκατέρα τὴν αὑτῆς.

Οὕτω.

Οὐκοῦν ἐπιστήμη μὲν ἐπὶ τῷ ὄντι πέφυκε, γνῶναι ὡς ἔστι τὸ ὄν; – μᾶλλον δὲ ὧδέ μοι δοκεῖ πρότερον ἀναγκαῖον εἶναι διελέσθαι.

Πῶς;

21 [c] Φήσομεν δυνάμεις εἶναι γένος τι τῶν ὄντων, αἷς δὴ καὶ ἡμεῖς δυνάμεθα ἃ δυνάμεθα καὶ ἄλλο πᾶν ὅτι περ ἂν δύνηται, οἷον λέγω ὄψιν καὶ ἀκοὴν τῶν δυνάμεων εἶναι, εἰ ἄρα μανθάνεις ὃ βούλομαι λέγειν τὸ εἶδος.

Ἀλλὰ μανθάνω, ἔφη.

Ἄκουσον δὴ ὅ μοι φαίνεται περὶ αὐτῶν. δυνάμεως γὰρ ἐγὼ οὔτε τινὰ χρόαν ὁρῶ οὔτε σχῆμα οὔτε τι τῶν τοιούτων οἷον καὶ ἄλλων πολλῶν, πρὸς ἃ ἀποβλέπων ἔνια διορίζομαι παρ᾽ ἐμαυτῷ τὰ μὲν ἄλλα εἶναι, τὰ δὲ ἄλλα· δυνάμεως [d] δ᾽ εἰς ἐκεῖνο μόνον βλέπω ἐφ᾽ ᾧ τε ἔστι καὶ ὃ ἀπεργάζεται, καὶ ταύτῃ ἑκάστην αὐτῶν δύναμιν ἐκάλεσα, καὶ τὴν μὲν ἐπὶ τῷ αὐτῷ τεταγμένην καὶ τὸ αὐτὸ ἀπεργαζομένην τὴν αὐτὴν καλῶ, τὴν δὲ ἐπὶ ἑτέρῳ καὶ ἕτερον ἀπεργαζομένην ἄλλην. τί δὲ σύ; πῶς ποιεῖς;

Οὕτως, ἔφη.

Δεῦρο δὴ πάλιν, ἦν δ᾽ ἐγώ, ὦ ἄριστε. ἐπιστήμην πότερον δύναμίν τινα φῂς εἶναι αὐτήν, ἢ εἰς τί γένος τιθεῖς;

»Gewiss.«

»Sagen wir nun, dass Meinen so etwas ist?«

»Allerdings.«

»Ist Meinen dasselbe Vermögen wie Wissen oder ein anderes?«

»Ein anderes.«

»Meinen bezieht sich also auf etwas anderes als Wissen, beides entsprechend seinem speziellen Vermögen.«

»So ist es.«

»Wissen bezieht sich doch von Natur aus auf das Seiende, um zu erkennen, wie das Seiende ist?[111] Zuerst müssen wir aber, glaube ich, noch folgende Überlegung anstellen.«

»Welche?«

21 [c] »Zuerst wollen wir feststellen, dass Vermögen eine Art des Seienden ist, durch das wir vermögen, was wir vermögen; das gilt auch für alles andere, was etwas vermag; dazu zähle ich zum Beispiel auch das Vermögen des Gesichts- und Gehörsinnes, wenn du verstehst, was ich mit diesem Begriff ›Vermögen‹ sagen will.«

»Freilich verstehe ich das«, sagte er.

»Höre also meine Ansicht darüber: An einem Vermögen sehe ich weder eine Farbe noch eine Gestalt oder Ähnliches, wie auch an vielen anderen Dingen, worauf ich schaue, um diese Dinge voneinander zu unterscheiden. Beim Vermögen [d] schaue ich nur darauf, wozu es dient und was es bewirkt und danach benenne ich jedes Vermögen; wenn ein Vermögen den gleichen Zweck und die gleiche Wirkung hat, dann benenne ich es mit demselben Namen, wenn nicht, dann mit einem anderen. Und du? Wie machst du das?«

»Genauso«, sagte er.

»Doch noch einmal zurück, mein Bester«, fuhr ich fort. »Bezeichnest du das Wissen als ein Vermögen, oder zu welcher Gattung rechnest du es?«

Εἰς τοῦτο, ἔφη, πασῶν γε δυνάμεων ἐρρωμενεστάτην.

[e] Τί δέ, δόξαν εἰς δύναμιν ἢ εἰς ἄλλο εἶδος οἴσομεν;

Οὐδαμῶς, ἔφη· ᾧ γὰρ δοξάζειν δυνάμεθα, οὐκ ἄλλο τι ἢ δόξα ἐστίν.

Ἀλλὰ μὲν δὴ ὀλίγον γε πρότερον ὡμολόγεις μὴ τὸ αὐτὸ εἶναι ἐπιστήμην τε καὶ δόξαν.

Πῶς γὰρ ἄν, ἔφη, τό γε ἀναμάρτητον τῷ μὴ ἀναμαρτήτῳ ταὐτόν τις νοῦν ἔχων τιθείη;

Καλῶς, ἦν δ᾽ ἐγώ, καὶ δῆλον ὅτι ἕτερον ἐπιστήμης δόξα [478a] ὁμολογεῖται ἡμῖν.

Ἕτερον.

Ἐφ᾽ ἑτέρῳ ἄρα ἕτερόν τι δυναμένη ἑκατέρα αὐτῶν πέφυκεν;

Ἀνάγκη.

Ἐπιστήμη μέν γέ που ἐπὶ τῷ ὄντι, τὸ ὂν γνῶναι ὡς ἔχει;

Ναί.

Δόξα δέ, φαμέν, δοξάζειν;

Ναί.

Ἦ ταὐτὸν ὅπερ ἐπιστήμη γιγνώσκει; καὶ ἔσται γνωστόν τε καὶ δοξαστὸν τὸ αὐτό; ἢ ἀδύνατον;

Ἀδύνατον, ἔφη, ἐκ τῶν ὡμολογημένων· εἴπερ ἐπ᾽ ἄλλῳ ἄλλη δύναμις πέφυκεν, δυνάμεις δὲ ἀμφότεραί ἐστον, δόξα τε [b] καὶ ἐπιστήμη, ἄλλη δὲ ἑκατέρα, ὥς φαμεν, ἐκ τούτων δὴ οὐκ ἐγχωρεῖ γνωστὸν καὶ δοξαστὸν ταὐτὸν εἶναι.

Οὐκοῦν εἰ τὸ ὂν γνωστόν, ἄλλο τι ἂν δοξαστὸν ἢ τὸ ὂν εἴη;

»Zu eben dieser«, sagte er. »Es ist unter allen Vermögen das stärkste.«

[e] »Und wie steht's mit dem Meinen? Wollen wir es zu den Vermögen zählen oder zu einer anderen Gattung?«

»Keineswegs«, sagte er. »Denn Meinen ist nichts anderes als das Vermögen, womit wir unsere Meinung bilden können.«

»Aber eben hast du noch zugegeben, dass Wissen und Meinen nicht dasselbe sind.«

»Wie könnte jemand, der Verstand hat«, entgegnete er, »das Unfehlbare und das Nicht-Unfehlbare gleichsetzen?«

»Gut«, sagte ich, »[478a] wir sind uns also offenbar einig, dass Meinen etwas anderes ist als Wissen.«[112]

»Ja.«

»Jedes hat seiner Natur nach einen anderen Zweck und ein anderes Vermögen?«

»Notwendigerweise.«

»Wissen zielt auf das Seiende ab, auf das Erkennen, wie es sich verhält.«

»Ja.«

»Die Meinung aber, sagen wir, ist ein bloßes Meinen?«

»Ja.«

»Ein Meinen etwa über dasselbe, was das Wissen erkennt? Und wird dann der Gegenstand des Erkennens und des Meinens derselbe sein? Oder ist das unmöglich?«

»Nach dem, was wir gemeinsam festgestellt haben, ist das nicht möglich«, sagte er. »Wenn es für jeden Gegenstand von Natur aus ein anderes Vermögen gibt und Meinen und Wissen, [b] wie wir gesagt haben, zwei verschiedene Vermögen sind, dann folgt daraus, dass der Gegenstand des Erkennens und des Meinens nicht derselbe sein kann.«

»Wenn nun das Seiende Gegenstand des Erkennens ist, dann müsste wohl der Gegenstand des Meinens etwas anderes sein als das Seiende?«

Ἄλλο.

Ἆρ᾽ οὖν τὸ μὴ ὂν δοξάζει; ἢ ἀδύνατον καὶ δοξάσαι τό γε μὴ ὄν; ἐννόει δέ. οὐχ ὁ δοξάζων ἐπὶ τὶ φέρει τὴν δόξαν; ἢ οἷόν τε αὖ δοξάζειν μέν, δοξάζειν δὲ μηδέν;

Ἀδύνατον.

Ἀλλ᾽ ἕν γέ τι δοξάζει ὁ δοξάζων;

Ναί.

Ἀλλὰ μὴν μὴ ὄν γε οὐχ ἕν τι ἀλλὰ μηδὲν ὀρθότατ᾽ ἂν [c] προσαγορεύοιτο;

Πάνυ γε.

Μὴ ὄντι μὴν ἄγνοιαν ἐξ ἀνάγκης ἀπέδομεν, ὄντι δὲ γνῶσιν;

Ὀρθῶς, ἔφη.

Οὐκ ἄρα ὂν οὐδὲ μὴ ὂν δοξάζει;

Οὐ γάρ.

Οὔτε ἄρα ἄγνοια οὔτε γνῶσις δόξα ἂν εἴη;

Οὐκ ἔοικεν.

Ἆρ᾽ οὖν ἐκτὸς τούτων ἐστίν, ὑπερβαίνουσα ἢ γνῶσιν σαφηνείᾳ ἢ ἄγνοιαν ἀσαφείᾳ;

Οὐδέτερα.

Ἀλλ᾽ ἆρα, ἦν δ᾽ ἐγώ, γνώσεως μέν σοι φαίνεται δόξα σκοτωδέστερον, ἀγνοίας δὲ φανότερον;

Καὶ πολύ γε, ἔφη.

[d] Ἐντὸς δ᾽ ἀμφοῖν κεῖται;

Ναί.

Μεταξὺ ἄρα ἂν εἴη τούτοιν δόξα.

Κομιδῇ μὲν οὖν.

Οὐκοῦν ἔφαμεν ἐν τοῖς πρόσθεν, εἴ τι φανείη οἷον ἅμα ὄν τε καὶ μὴ ὄν, τὸ τοιοῦτον μεταξὺ κεῖσθαι τοῦ εἰλικρινῶς ὄντος τε καὶ τοῦ

»Ja, etwas anderes.«

»Etwa das Nichtseiende? Oder ist es unmöglich, das Nichtseiende auch nur durch Meinen zu erfassen? Überlege nur: Der Meinende bezieht doch sein Meinen auf etwas? Ist es nun möglich, zu meinen und zugleich nichts zu meinen?«[113]

»Das ist nicht möglich.«

»Also meint der Meinende ein einzelnes Etwas?«

»Ja.«

»Ein Nichtseiendes kann man doch nicht als ein einzelnes Etwas [c] bezeichnen, sondern am besten als ein Nichts?«

»Gewiss.«

»Das Nichtseiende haben wir notgedrungen mit Nichtwissen in Verbindung gebracht, das Seiende aber mit Wissen?«

»Richtig«, sagte er.

»Somit richtet sich das Meinen weder auf das Seiende noch auf das Nichtseiende?«

»Freilich nicht.«

»So wäre also Meinen weder ein Nichtwissen noch ein Wissen?«

»Offenbar.«

»So liegt es also außerhalb von beidem und übertrifft das Erkennen an Klarheit oder das Nichterkennen an Unklarheit?«

»Keines von beidem.«

»Scheint dir also«, fuhr ich fort, »das Meinen dunkler als das Erkennen, aber klarer als das Nichterkennen?«[114]

»Und das bei Weitem«, sagte er.

[d] »Und es liegt innerhalb der beiden?«

»Ja.«

»Also liegt das Meinen zwischen beidem?«

»Natürlich.«

»Sagten wir nicht vorhin,[115] wenn etwas zugleich als seiend und nichtseiend erscheint, dann liege so etwas in der Mitte zwischen dem sicher Seienden und dem sicher nicht Seienden

πάντως μὴ ὄντος, καὶ οὔτε ἐπιστήμην οὔτε ἄγνοιαν ἐπ᾿ αὐτῷ ἔσεσθαι, ἀλλὰ τὸ μεταξὺ αὖ φανὲν ἀγνοίας καὶ ἐπιστήμης;

Ὀρθῶς.

Νῦν δέ γε πέφανται μεταξὺ τούτοιν ὃ δὴ καλοῦμεν δόξαν;

Πέφανται.

22 [e] Ἐκεῖνο δὴ λείποιτ᾿ ἂν ἡμῖν εὑρεῖν, ὡς ἔοικε, τὸ ἀμφοτέρων μετέχον, τοῦ εἶναί τε καὶ μὴ εἶναι, καὶ οὐδέτερον εἰλικρινὲς ὀρθῶς ἂν προσαγορευόμενον, ἵνα, ἐὰν φανῇ, δοξαστὸν αὐτὸ εἶναι ἐν δίκῃ προσαγορεύωμεν, τοῖς μὲν ἄκροις τὰ ἄκρα, τοῖς δὲ μεταξὺ τὰ μεταξὺ ἀποδιδόντες. ἢ οὐχ οὕτως;

Οὕτω.

Τούτων δὴ ὑποκειμένων λεγέτω μοι, φήσω, καὶ ἀποκρινέσθω [479a] ὁ χρηστὸς ὃς αὐτὸ μὲν καλὸν καὶ ἰδέαν τινὰ αὐτοῦ κάλλους μηδεμίαν ἡγεῖται ἀεὶ μὲν κατὰ ταὐτὰ ὡσαύτως ἔχουσαν, πολλὰ δὲ τὰ καλὰ νομίζει, ἐκεῖνος ὁ φιλοθεάμων καὶ οὐδαμῇ ἀνεχόμενος ἄν τις ἓν τὸ καλὸν φῇ εἶναι καὶ δίκαιον καὶ τἆλλα οὕτω. »Τούτων γὰρ δή, ὦ ἄριστε, φή σομεν, τῶν πολλῶν καλῶν μῶν τι ἔστιν ὃ οὐκ αἰσχρὸν φανήσεται; καὶ τῶν δικαίων, ὃ οὐκ ἄδικον; καὶ τῶν ὁσίων, ὃ οὐκ ἀνόσιον;«

[b] Οὔκ, ἀλλ᾿ ἀνάγκη, ἔφη, καὶ καλά πως αὐτὰ καὶ αἰσχρὰ φανῆναι, καὶ ὅσα ἄλλα ἐρωτᾷς.

Τί δὲ τὰ πολλὰ διπλάσια; ἧττόν τι ἡμίσεα ἢ διπλάσια φαίνεται;

Οὐδέν.

Καὶ μεγάλα δὴ καὶ σμικρὰ καὶ κοῦφα καὶ βαρέα μή τι μᾶλλον ἃ ἂν φήσωμεν, ταῦτα προσρηθήσεται ἢ τἀναντία;

und ihm entspreche weder Wissen noch Nichtwissen, sondern das, was sich als Mittelding zwischen beidem erweise?«

»Richtig.«

»Nun hat sich aber als Mittelding zwischen diesen beiden das erwiesen, was wir Meinen nennen?«

»Ja.«

22 [e] »Es bliebe uns offenbar nur noch das herauszufinden, was an beidem teilhat, am Sein und am Nichtsein, jedoch ohne dass man es richtigerweise eindeutig als das eine oder das andere bezeichnen könnte. Wenn sich dieses herausstellt, dann könnten wir es mit Recht als den Gegenstand des Meinens ansprechen, indem wir den Extremen und dem Mittelding die entsprechenden Vermögen zuweisen. Ist es nicht so?«

»So ist es.«

»Auf dieser Grundlage, werde ich sagen, soll er mir Rede und Antwort stehen, [479a] unser trefflicher Freund, der nicht an das Schöne an sich und an eine Idee des Schönen glaubt, die sich immer gleich und unverändert bleibt,[116] während er doch an die vielen schönen Dinge glaubt, jener Schaulustige, und es nicht ertragen will, wenn jemand das Schöne und Gerechte als Einheit bezeichnet und alles Übrige ebenso. ›Mein lieber Freund‹, werden wir sagen, ›gibt es unter den vielen schönen Dingen nicht auch eines, das sich als hässlich erweisen könnte? Und unter den gerechten eines, das sich als ungerecht, und unter den frommen, das sich als unfromm erweist?‹«

[b] »Nein«, sagte er, »notwendigerweise müssen auch die schönen Dinge in gewisser Weise hässlich erscheinen, und dasselbe gilt auch von dem anderen, nach dem du fragst.«

»Und wie ist es mit dem vielen Doppelten? Erscheint es nicht ebensogut als Halbes wie als Doppeltes?«[117]

»Gewiss.«

»Und das Große und Kleine, das Leichte und Schwere, werden sie mit größerem Recht so bezeichnet als das Gegenteil?«[118]

Οὔκ, ἀλλ᾽ ἀεί, ἔφη, ἕκαστον ἀμφοτέρων ἕξεται.

Πότερον οὖν ἔστι μᾶλλον ἢ οὐκ ἔστιν ἕκαστον τῶν πολλῶν τοῦτο ὃ ἄν τις φῇ αὐτὸ εἶναι;

Τοῖς ἐν ταῖς ἑστιάσεσιν, ἔφη, ἐπαμφοτερίζουσιν ἔοικεν, [c] καὶ τῷ τῶν παίδων αἰνίγματι τῷ περὶ τοῦ εὐνούχου, τῆς βολῆς πέρι τῆς νυκτερίδος, ᾧ καὶ ἐφ᾽ οὗ αὐτὸν αὐτὴν αἰνίττονται βαλεῖν· καὶ γὰρ ταῦτα ἐπαμφοτερίζειν, καὶ οὔτ᾽ εἶναι οὔτε μὴ εἶναι οὐδὲν αὐτῶν δυνατὸν παγίως νοῆσαι, οὔτε ἀμφότερα οὔτε οὐδέτερον.

Ἔχεις οὖν αὐτοῖς, ἦν δ᾽ ἐγώ, ὅτι χρήσῃ, ἢ ὅποι θήσεις καλλίω θέσιν τῆς μεταξὺ οὐσίας τε καὶ τοῦ μὴ εἶναι; οὔτε γάρ που σκοτωδέστερα μὴ ὄντος πρὸς τὸ μᾶλλον μὴ εἶναι [d] φανήσεται, οὔτε φανότερα ὄντος πρὸς τὸ μᾶλλον εἶναι.

Ἀληθέστατα, ἔφη.

Ηὑρήκαμεν ἄρα, ὡς ἔοικεν, ὅτι τὰ τῶν πολλῶν πολλὰ νόμιμα καλοῦ τε πέρι καὶ τῶν ἄλλων μεταξύ που κυλινδεῖται τοῦ τε μὴ ὄντος καὶ τοῦ ὄντος εἰλικρινῶς.

Ηὑρήκαμεν.

Προωμολογήσαμεν δέ γε, εἴ τι τοιοῦτον φανείη, δοξαστὸν αὐτὸ ἀλλ᾽ οὐ γνωστὸν δεῖν λέγεσθαι, τῇ μεταξὺ δυνάμει τὸ μεταξὺ πλανητὸν ἁλισκόμενον.

Ὡμολογήκαμεν.

[e] Τοὺς ἄρα πολλὰ καλὰ θεωμένους, αὐτὸ δὲ τὸ καλὸν μὴ ὁρῶντας μηδ᾽ ἄλλῳ ἐπ᾽ αὐτὸ ἄγοντι δυναμένους ἕπεσθαι, καὶ πολλὰ δίκαια, αὐτὸ δὲ τὸ δίκαιον μή, καὶ πάντα οὕτω, δοξάζειν φήσομεν ἅπαντα, γιγνώσκειν δὲ ὧν δοξάζουσιν οὐδέν.

»Nein«, sagte er, »jedes hat immer an beidem Anteil.«

»Ist nun jedes von diesen vielen Dingen eher so, wie man es bezeichnet,[119] als dass es das nicht ist?«

»Das gleicht«, sagte er, »den doppeldeutigen Wortspielen, wie man sie bei Gastmählern macht, [c] und dem Kinderrätsel vom Wurf des Eunuchen nach einer Fledermaus, bei dem man erraten muss, womit er sie traf und worauf sie dabei saß.[120] Auch diese Dinge sind doppeldeutig, und bei keinem kann man mit Bestimmtheit erkennen, ob es ist oder nicht ist, ob es beides zugleich ist oder keines von beidem.«

»Kannst du mit ihnen etwas anfangen«, fuhr ich fort, »oder weißt du einen besseren Platz, wo du sie einordnen könntest, als zwischen Sein und Nichtsein? Denn sie erweisen sich weder dunkler als das Nichtseiende in Bezug auf ein Mehr an Nichtsein, [d] noch heller als das Seiende in Bezug auf ein Mehr an Sein.«[121]

»Ganz richtig«, sagte er.

»So haben wir, wie es scheint, herausgefunden, dass die vielen Dinge, die die Menge für schön oder sonst etwas hält, irgendwo sich in der Mitte zwischen dem Nichtseienden und dem wirklich Seienden herumtreiben[122].«

»Ja, das haben wir.«

»Schon vorher[123] haben wir uns darauf geeinigt: Sollte sich uns etwas Derartiges zeigen, dann müssten wir das den Gegenstand des Meinens und nicht des Erkennens nennen, denn was in der Mitte herumirrt, wird mit dem Vermögen der Mitte erfasst.«

»Darauf haben wir uns geeinigt.«

[e] »Wer also viel Schönes sieht, das Schöne an sich aber nicht und auch einem, der ihn dorthin führen will, nicht folgen kann, wer viel Gerechtes sieht, das Gerechte an sich aber nicht, und so fort, von dem werden wir sagen, dass er von allem eine Meinung hat, aber keine Erkenntnis von dem, was er meint.«

Ἀνάγκη, ἔφη.

Τί δὲ αὖ τοὺς αὐτὰ ἕκαστα θεωμένους καὶ ἀεὶ κατὰ ταὐτὰ ὡσαύτως ὄντα; ἆρ᾽ οὐ γιγνώσκειν ἀλλ᾽ οὐ δοξάζειν;

Ἀνάγκη καὶ ταῦτα.

Οὐκοῦν καὶ ἀσπάζεσθαί τε καὶ φιλεῖν τούτους μὲν ταῦτα
[480a] φήσομεν ἐφ᾽ οἷς γνῶσίς ἐστιν, ἐκείνους δὲ ἐφ᾽ οἷς δόξα; ἢ οὐ μνημονεύομεν ὅτι φωνάς τε καὶ χρόας καλὰς καὶ τὰ τοιαῦτ᾽ ἔφαμεν τούτους φιλεῖν τε καὶ θεᾶσθαι, αὐτὸ δὲ τὸ καλὸν οὐδ᾽ ἀνέχεσθαι ὥς τι ὄν;

Μεμνήμεθα.

Μὴ οὖν τι πλημμελήσομεν φιλοδόξους καλοῦντες αὐτοὺς μᾶλλον ἢ φιλοσόφους; καὶ ἆρα ἡμῖν σφόδρα χαλεπανοῦσιν ἂν οὕτω λέγωμεν;

Οὔκ, ἄν γέ μοι πείθωνται, ἔφη· τῷ γὰρ ἀληθεῖ χαλεπαίνειν οὐ θέμις.

Τοὺς αὐτὸ ἄρα ἕκαστον τὸ ὂν ἀσπαζομένους φιλοσόφους ἀλλ᾽ οὐ φιλοδόξους κλητέον;

Παντάπασι μὲν οὖν.

»Notwendigerweise«, sagte er.

»Wie aber steht es mit jenen, die alles und jedes an sich betrachten, und zwar so, wie es sich immer selbst gleichbleibt? Die haben doch wohl eine Erkenntnis davon und nicht bloß eine Meinung?«

»Auch das ergibt sich notwendig.«

»Sagten wir nicht, dass die einen [480a] an den Gegenständen ihrer Erkenntnis, andere aber an den Gegenständen ihrer Meinung Freude hätten und sie liebten? Oder denken wir nicht mehr daran, dass wir sagten, sie würden schöne Stimmen, schöne Farben und dergleichen lieben und bestaunen, während sie das Schöne an sich aber nicht als etwas Seiendes gelten lassen?«[124]

»Natürlich denken wir daran.«

»Wir werden also nicht fehlgehen, wenn wir sie eher als Philodoxe[125], Freunde des Meinens, aber nicht als Philosophen, Freunde des Erkennens, bezeichnen? Und werden sie uns zürnen, wenn wir sie so nennen?«

»Nicht, wenn sie auf mich hören«, sagte er, »denn der Wahrheit zu zürnen ist nicht statthaft.«

»Wer also das Seiende an sich liebt, den muss man einen Philosophen und nicht einen Philodoxen nennen?«

»Ganz recht.«

ς

1 [484a] Οἱ μὲν δὴ φιλόσοφοι, ἦν δ᾽ ἐγώ, ὦ Γλαύκων, καὶ οἱ μὴ διὰ μακροῦ τινος διεξελθόντες λόγου μόγις πως ἀνεφάνησαν οἵ εἰσιν ἑκάτεροι.

Ἴσως γάρ, ἔφη, διὰ βραχέος οὐ ῥᾴδιον.

Οὐ φαίνεται, εἶπον· ἐμοὶ γοῦν ἔτι δοκεῖ ἂν βελτιόνως φανῆναι εἰ περὶ τούτου μόνου ἔδει ῥηθῆναι, καὶ μὴ πολλὰ τὰ λοιπὰ διελθεῖν μέλλοντι κατόψεσθαι τί διαφέρει βίος [b] δίκαιος ἀδίκου.

Τί οὖν, ἔφη, τὸ μετὰ τοῦτο ἡμῖν;

Τί δ᾽ ἄλλο, ἦν δ᾽ ἐγώ, ἢ τὸ ἑξῆς; ἐπειδὴ φιλόσοφοι μὲν οἱ τοῦ ἀεὶ κατὰ ταὐτὰ ὡσαύτως ἔχοντος δυνάμενοι ἐφάπτεσθαι, οἱ δὲ μὴ ἀλλ᾽ ἐν πολλοῖς καὶ παντοίως ἴσχουσιν πλανώμενοι οὐ φιλόσοφοι, ποτέρους δὴ δεῖ πόλεως ἡγεμόνας εἶναι;

Πῶς οὖν λέγοντες ἂν αὐτό, ἔφη, μετρίως λέγοιμεν;

Ὁπότεροι ἄν, ἦν δ᾽ ἐγώ, δυνατοὶ φαίνωνται φυλάξαι νόμους τε καὶ ἐπιτηδεύματα πόλεων, τούτους καθιστάναι [c] φύλακας.

Ὀρθῶς, ἔφη.

Τόδε δέ, ἦν δ᾽ ἐγώ, ἆρα δῆλον, εἴτε τυφλὸν εἴτε ὀξὺ ὁρῶντα χρὴ φύλακα τηρεῖν ὁτιοῦν;

Καὶ πῶς, ἔφη, οὐ δῆλον;

Ἦ οὖν δοκοῦσί τι τυφλῶν διαφέρειν οἱ τῷ ὄντι τοῦ ὄντος ἑκάστου ἐστερημένοι τῆς γνώσεως, καὶ μηδὲν ἐναργὲς ἐν τῇ ψυχῇ ἔχοντες παράδειγμα, μηδὲ δυνάμενοι ὥσπερ γραφῆς εἰς τὸ ἀληθέστατον ἀποβλέποντες κἀκεῖσε ἀεὶ ἀναφέροντές τε [d] καὶ θεώμε-

Sechstes Buch

1 [484a] »Wer also ein Philosoph ist und wer nicht«, so fuhr ich fort, »beides ist uns nun, mein Glaukon, durch eine langwierige und mühsame Untersuchung[1] klar geworden.«

»In einer kurzen Untersuchung«, sagte er, »wäre es vermutlich nicht leicht gegangen.«

»Offenbar nicht«, erwiderte ich. »Besser hätte es sich, glaube ich, noch gezeigt, wenn wir nur dieses Thema allein hätten besprechen müssen und uns nicht noch gar manches zu behandeln übrig wäre, wollen wir doch den Unterschied zwischen einem [b] gerechten und einem ungerechten Leben erkennen.«[2]

»Also«, fragte er, »was kommt danach für uns?«

»Was sonst«, antwortete ich, »als das, was sich daran anschließt? Da diejenigen Philosophen sind, die das ewig Gleiche und Unveränderliche erfassen können,[3] während die, die in der Vielheit und Mannigfaltigkeit herumirren, keine Philosophen sind, welche von beiden sollen also Führer des Staates sein?«

»Was wäre wohl eine angemessene Antwort darauf?«, fragte er.

»Welche von beiden sich als fähig erweisen«, entgegnete ich, »über die Gesetze und Obliegenheiten des Staates zu wachen, die soll man [c] als Wächter einsetzen.«

»Richtig«, sagte er.

»Kann darüber ein Zweifel bestehen«, fuhr ich fort, »ob ein Blinder oder einer, der gut sieht, als Wächter irgendetwas bewachen soll?«

»Nein«, sagte er, »darüber besteht kein Zweifel.«

»Doch unterscheiden sich nun Leute von den Blinden, wenn sie tatsächlich der Erkenntnis von jeglichem Seienden beraubt sind? Wenn sie in ihrer Seele kein klares Muster haben, können sie nicht wie die Maler auf das wirklich Wahre hinblicken, immer darauf Bezug nehmen [d] und es aufs Genaueste im

νοι ὡς οἷόν τε ἀκριβέστατα, οὕτω δὴ καὶ τὰ ἐνθάδε νόμιμα καλῶν τε πέρι καὶ δικαίων καὶ ἀγαθῶν τίθεσθαί τε, ἐὰν δέῃ τίθεσθαι, καὶ τὰ κείμενα φυλάττοντες σῴζειν;

Οὐ μὰ τὸν Δία, ἦ δ᾽ ὅς, οὐ πολύ τι διαφέρει.

Τούτους οὖν μᾶλλον φύλακας στησόμεθα ἢ τοὺς ἐγνωκότας μὲν ἕκαστον τὸ ὄν, ἐμπειρίᾳ δὲ μηδὲν ἐκείνων ἐλλείποντας μηδ᾽ ἐν ἄλλῳ μηδενὶ μέρει ἀρετῆς ὑστεροῦντας;

Ἄτοπον μεντἄν, ἔφη, εἴη ἄλλους αἱρεῖσθαι, εἴ γε τἆλλα μὴ ἐλλείποιντο· τούτῳ γὰρ αὐτῷ σχεδόν τι τῷ μεγίστῳ ἂν προέχοιεν.

[485a] Οὐκοῦν τοῦτο δὴ λέγωμεν, τίνα τρόπον οἷοί τ᾽ ἔσονται οἱ αὐτοὶ κἀκεῖνα καὶ ταῦτα ἔχειν;

Πάνυ μὲν οὖν.

Ὃ τοίνυν ἀρχόμενοι τούτου τοῦ λόγου ἐλέγομεν, τὴν φύσιν αὐτῶν πρῶτον δεῖ καταμαθεῖν· καὶ οἶμαι, ἐὰν ἐκείνην ἱκανῶς ὁμολογήσωμεν, ὁμολογήσειν καὶ ὅτι οἷοί τε ταῦτα ἔχειν οἱ αὐτοί, ὅτι τε οὐκ ἄλλους πόλεων ἡγεμόνας δεῖ εἶναι ἢ τούτους.

Πῶς;

2 Τοῦτο μὲν δὴ τῶν φιλοσόφων φύσεων πέρι ὡμολογήσθω [b] ἡμῖν ὅτι μαθήματός γε ἀεὶ ἐρῶσιν ὃ ἂν αὐτοῖς δηλοῖ ἐκείνης τῆς οὐσίας τῆς ἀεὶ οὔσης καὶ μὴ πλανωμένης ὑπὸ γενέσεως καὶ φθορᾶς.

Ὡμολογήσθω.

Καὶ μήν, ἦν δ᾽ ἐγώ, καὶ ὅτι πάσης αὐτῆς, καὶ οὔτε σμικροῦ οὔτε μείζονος οὔτε τιμιωτέρου οὔτε ἀτιμοτέρου μέρους ἑκόντες ἀφίενται, ὥσπερ ἐν τοῖς πρόσθεν περί τε τῶν φιλοτίμων καὶ ἐρωτικῶν διήλθομεν.

Auge behalten, um hier auf Erden nötigenfalls die Gesetze für das Schöne, Gute und Gerechte zu geben und die bereits bestehenden zu bewahren und zu erhalten?«

»Nein, beim Zeus«, sagte er, »da besteht kein großer Unterschied mehr.«

»Werden wir nun eher diese zu Wächtern einsetzen oder jene, die das jeweils Seiende erkannt haben, ohne dass sie dabei an praktischer Erfahrung hinter diesen zurückzustehen oder sonst von ihnen durch irgendeine andere Art von Tüchtigkeit übertroffen werden?«

»Es wäre töricht, andere zu wählen«, sagte er, »sofern sie diesen in anderen Dingen nicht nachstehen; denn in diesem einen wohl wichtigsten Punkt sind sie ihnen ja überlegen.«

[485a] »Sollen wir jetzt nicht erörtern, wie ein und dieselben Menschen sowohl dieses als auch jenes[4] besitzen können?«

»Ja, gewiss.«

»Wie wir schon zu Beginn unserer Betrachtung sagten,[5] müssen wir zuerst ihr Wesen erkennen. Wenn wir uns darüber hinlänglich geeinigt haben, werden wir, glaube ich, auch darin einig werden, dass dieselben Menschen beides besitzen können, und dass nur sie Führer von Staaten sein dürfen.«

»Wie das?«

2 »Darüber müssen wir uns jedenfalls einig sein, dass die philosophischen Naturen [b] ohne Unterlass leidenschaftlich nach einem Wissen streben, das ihnen etwas von jenem Sein offenbart, das ewig ist und nicht dem Wandel durch Werden und Vergehen unterliegt.«

»Zugegeben.«

»Ferner«, fuhr ich fort, »dass sie nach dem gesamten Sein streben und freiwillig weder auf einen kleineren noch auf einen größeren Teil davon, mag er nun wertvoll sein oder auch nicht, verzichten, genau so, wie wir es vorher von den Ehrgeizigen und Verliebten gesagt haben.«[6]

Ὀρθῶς, ἔφη, λέγεις.

Τόδε τοίνυν μετὰ τοῦτο σκόπει εἰ ἀνάγκη ἔχειν πρὸς [c] τούτῳ ἐν τῇ φύσει οἳ ἂν μέλλωσιν ἔσεσθαι οἵους ἐλέγομεν.

Τὸ ποῖον;

Τὴν ἀψεύδειαν καὶ τὸ ἑκόντας εἶναι μηδαμῇ προσδέχεσθαι τὸ ψεῦδος ἀλλὰ μισεῖν, τὴν δ' ἀλήθειαν στέργειν.

Εἰκός γ', ἔφη.

Οὐ μόνον γε, ὦ φίλε, εἰκός, ἀλλὰ καὶ πᾶσα ἀνάγκη τὸν ἐρωτικῶς του φύσει ἔχοντα πᾶν τὸ συγγενές τε καὶ οἰκεῖον τῶν παιδικῶν ἀγαπᾶν.

Ὀρθῶς, ἔφη.

Ἦ οὖν οἰκειότερον σοφίᾳ τι ἀληθείας ἂν εὕροις;

Καὶ πῶς; ἦ δ' ὅς.

Ἦ οὖν δυνατὸν εἶναι τὴν αὐτὴν φύσιν φιλόσοφόν τε καὶ [d] φιλοψευδῆ;

Οὐδαμῶς γε.

Τὸν ἄρα τῷ ὄντι φιλομαθῆ πάσης ἀληθείας δεῖ εὐθὺς ἐκ νέου ὅτι μάλιστα ὀρέγεσθαι.

Παντελῶς γε.

Ἀλλὰ μὴν ὅτῳ γε εἰς ἕν τι αἱ ἐπιθυμίαι σφόδρα ῥέπουσιν, ἴσμεν που ὅτι εἰς τἆλλα τούτῳ ἀσθενέστεραι, ὥσπερ ῥεῦμα ἐκεῖσε ἀπωχετευμένον.

Τί μήν;

Ὧι δὴ πρὸς τὰ μαθήματα καὶ πᾶν τὸ τοιοῦτον ἐρρυήκασιν, περὶ τὴν τῆς ψυχῆς οἶμαι ἡδονὴν αὐτῆς καθ' αὑτὴν εἶεν ἄν, τὰς δὲ διὰ τοῦ σώματος ἐκλείποιεν, εἰ μὴ πεπλασμένως ἀλλ' [e] ἀληθῶς φιλόσοφός τις εἴη.

Μεγάλη ἀνάγκη.

»Da hast du recht«, sagte er.

»Überlege nun, ob sie außerdem auch noch folgende Eigenschaft [c] in ihrem Wesen haben müssen, wenn sie so sein sollen, wie wir sie beschrieben haben.«

»Welche denn?«

»Wahrhaftigkeit und dass sie sich freiwillig nie auf eine Lüge einlassen, sondern sie hassen und die Wahrheit lieben.«

»Es scheint so«, sagte er.

»Es scheint nicht nur so, mein Freund, sondern es ist unbedingt nötig, dass derjenige, der mit seinem Wesen jemanden liebt, alles liebt, was zu dem Geliebten[7] dazugehört und ihm eigen ist.«

»Richtig«, sagte er.

»Kannst du wohl etwas finden, was mehr zum Wissen gehört als die Wahrheit?«

»Wie sollte ich?«, fragte er.

»Ist es demnach möglich, dass ein und dasselbe Wesen das Wissen und [d] die Unwahrheit liebt?«

»Gewiss nicht.«

»Der wahrhaft Lernbegierige muss daher schon von klein auf ganz besonders nach der ganzen Wahrheit streben.«[8]

»Durchaus.«

»Bei wem aber die Begierden sich mit aller Gewalt auf einen Gegenstand hin ausrichten, da wissen wir, dass sie in anderer Hinsicht sich abschwächen, als wäre die Strömung gleichsam in diese Richtung abgelenkt.«[9]

»Freilich.«

»Bei wem sich aber der Strom der Begierden auf die Wissenschaften und dergleichen hin ergossen hat, dort richten sie sich wohl, denke ich, auf die reine Lust der Seele selbst, während sie die sinnlichen Lüste beiseite lassen, wenn einer nicht nur zum Schein, sondern [e] ein wahrer Philosoph ist.«[10]

»Notwendigerweise.«

Σώφρων μὴν ὅ γε τοιοῦτος καὶ οὐδαμῇ φιλοχρήματος· ὧν γὰρ ἕνεκα χρήματα μετὰ πολλῆς δαπάνης σπουδάζεται, ἄλλῳ τινὶ μᾶλλον ἢ τούτῳ προσήκει σπουδάζειν.

Οὕτω.

[486a] Καὶ μὴν που καὶ τόδε δεῖ σκοπεῖν, ὅταν κρίνειν μέλλῃς φύσιν φιλόσοφόν τε καὶ μή.

Τὸ ποῖον;

Μή σε λάθῃ μετέχουσα ἀνελευθερίας· ἐναντιώτατον γάρ που σμικρολογία ψυχῇ μελλούσῃ τοῦ ὅλου καὶ παντὸς ἀεὶ ἐπορέξεσθαι θείου τε καὶ ἀνθρωπίνου.

Ἀληθέστατα, ἔφη.

Ἧι οὖν ὑπάρχει διανοίᾳ μεγαλοπρέπεια καὶ θεωρία παντὸς μὲν χρόνου, πάσης δὲ οὐσίας, οἷόν τε οἴει τούτῳ μέγα τι δοκεῖν εἶναι τὸν ἀνθρώπινον βίον;

Ἀδύνατον, ἦ δ᾽ ὅς.

[b] Οὐκοῦν καὶ θάνατον οὐ δεινόν τι ἡγήσεται ὁ τοιοῦτος;

Ἥκιστά γε.

Δειλῇ δὴ καὶ ἀνελευθέρῳ φύσει φιλοσοφίας ἀληθινῆς, ὡς ἔοικεν, οὐκ ἂν μετείη.

Οὔ μοι δοκεῖ.

Τί οὖν; ὁ κόσμιος καὶ μὴ φιλοχρήματος μηδ᾽ ἀνελεύθερος μηδ᾽ ἀλαζὼν μηδὲ δειλὸς ἔσθ᾽ ὅπῃ ἂν δυσσύμβολος ἢ ἄδικος γένοιτο;

Οὐκ ἔστιν.

Καὶ τοῦτο δὴ ψυχὴν σκοπῶν φιλόσοφον καὶ μὴ εὐθὺς νέου ὄντος ἐπισκέψῃ, εἰ ἄρα δικαία τε καὶ ἥμερος ἢ δυσκοινώνητος καὶ ἀγρία.

Πάνυ μὲν οὖν.

[c] Οὐ μὴν οὐδὲ τόδε παραλείψεις, ὡς ἐγῷμαι.

»Ein solcher Mensch ist besonnen und niemals geldgierig;[11] denn die Gründe, weswegen man sich mit großem Aufwand um Geld bemüht, stehen jedem anderen besser an als ihm.«

»So ist es.«

[486a] »Aber auch das Folgende muss man beachten, wenn du das Wesen eines Philosophen von dem, der keiner ist, unterscheiden willst.«

»Und zwar?«

»Dass dir nicht entgeht, wenn es an knechtischer Gesinnung teilhat; denn kleinlicher Sinn steht im schärfsten Widerspruch zu einer Seele, die immer nach dem einheitlichen Ganzen des Göttlichen und Menschlichen strebt.«

»Sehr richtig«, sagte er.

»Glaubst du, einer Denkweise, die großzügig ist und die ganze Zeit und alles Sein im Blick hat, könnte das menschliche Leben als etwas Großartiges erscheinen?«[12]

»Unmöglich«, erwiderte er.

[b] »Ein solcher Mensch wird also auch den Tod für nichts Furchtbares halten?«[13]

»Durchaus nicht.«

»Eine feige und knechtische Natur hat somit offenbar keinen Anteil an der wahren Philosophie.«

»Ich glaube nicht.«

»Wie nun? Kann ein Mensch, der anständig, nicht geldgierig noch knechtisch gesinnt, weder prahlerisch noch feig ist, unverträglich oder ungerecht sein?«

»Nein.«

»Wenn du also prüfen willst, ob eine Seele philosophisch ist oder nicht, dann wirst du darauf achten, ob sie schon von klein auf gerecht und sanftmütig oder unverträglich und wild ist.«[14]

»Gewiss.«

[c] »Aber auch das Folgende wirst du, denke ich, nicht außer Acht lassen.«

Τὸ ποῖον;

Εὐμαθὴς ἢ δυσμαθής. ἢ προσδοκᾷς ποτέ τινά τι ἱκανῶς ἂν στέρξαι, ὃ πράττων ἂν ἀλγῶν τε πράττοι καὶ μόγις σμικρὸν ἀνύτων;

Οὐκ ἂν γένοιτο.

Τί δ᾽ εἰ μηδὲν ὧν μάθοι σῴζειν δύναιτο, λήθης ὢν πλέως; ἆρ᾽ ἂν οἷός τ᾽ εἴη ἐπιστήμης μὴ κενὸς εἶναι;

Καὶ πῶς;

Ἀνόνητα δὴ πονῶν οὐκ οἴει ἀναγκασθήσεται τελευτῶν αὑτόν τε μισεῖν καὶ τὴν τοιαύτην πρᾶξιν;

Πῶς δ᾽ οὔ;

[d] Ἐπιλήσμονα ἄρα ψυχὴν ἐν ταῖς ἱκανῶς φιλοσόφοις μή ποτε ἐγκρίνωμεν, ἀλλὰ μνημονικὴν αὐτὴν ζητῶμεν δεῖν εἶναι.

Παντάπασι μὲν οὖν.

Ἀλλ᾽ οὐ μὴν τό γε τῆς ἀμούσου τε καὶ ἀσχήμονος φύσεως ἄλλοσέ ποι ἂν φαῖμεν ἕλκειν ἢ εἰς ἀμετρίαν.

Τί μήν;

Ἀλήθειαν δ᾽ ἀμετρίᾳ ἡγῇ συγγενῆ εἶναι ἢ ἐμμετρίᾳ;

Ἐμμετρίᾳ.

Ἔμμετρον ἄρα καὶ εὔχαριν ζητῶμεν πρὸς τοῖς ἄλλοις διάνοιαν φύσει, ἣν ἐπὶ τὴν τοῦ ὄντος ἰδέαν ἑκάστου τὸ αὐτοφυὲς εὐάγωγον παρέξει.

Πῶς δ᾽ οὔ;

[e] Τί οὖν; μή πῃ δοκοῦμέν σοι οὐκ ἀναγκαῖα ἕκαστα διεληλυθέναι καὶ ἑπόμενα ἀλλήλοις τῇ μελλούσῃ τοῦ ὄντος ἱκανῶς τε καὶ τελέως ψυχῇ μεταλήψεσθαι;

»Was denn?«

»Ob sie leicht lernt oder schwer. Oder erwartest du, dass einer etwas von Herzen liebt, das er nur unter Schmerzen und ohne rechten Erfolg zustande bringt?«

»Kaum.«

»Wie, wenn er nun von dem Gelernten nichts behalten kann und alles vergisst? Muss er da nicht ohne alles Wissen bleiben?«

»Natürlich.«

»Wenn er sich also ohne Erfolg abmüht, glaubst du nicht, dass er zu guter Letzt zwangsläufig sich selbst und sein ganzes Tun hassen wird?«

»Natürlich.«

[d] »Eine vergessliche Seele werden wir also nie zu den wirklich philosophischen rechnen, vielmehr verlangen wir, dass Letztere ein gutes Gedächtnis[15] haben müssen.«

»Durchaus.«

»Ferner könnten wir wohl sagen, eine Natur ohne Bildung und Anstand habe einen Hang zu nichts anderem als zur Maßlosigkeit.«

»Wozu sonst?«

»Ist die Wahrheit deiner Meinung nach mit Maßlosigkeit verwandt oder mit Maßhalten?«

»Mit Letzterem.«

»Wir müssen also eine Denkungsart suchen, die nebst allem anderen maßvoll und anmutig ist und sich aufgrund ihrer natürlichen Eigentümlichkeit mühelos zur Schau jedes Seienden hinführen lässt.«

»Natürlich.«

[e] »Wie nun? Was glaubst du: Haben wir nicht alle Eigenschaften der Reihe nach genannt, die jede Seele besitzen muss, um sich das Seiende hinreichend und ganz zu eigen zu machen?«

[487a] Ἀναγκαιότατα μὲν οὖν, ἔφη.

Ἔστιν οὖν ὅπῃ μέμψῃ τοιοῦτον ἐπιτήδευμα, ὃ μή ποτ' ἄν τις οἷός τε γένοιτο ἱκανῶς ἐπιτηδεῦσαι, εἰ μὴ φύσει εἴη μνήμων, εὐμαθής, μεγαλοπρεπής, εὔχαρις, φίλος τε καὶ συγγενὴς ἀληθείας, δικαιοσύνης, ἀνδρείας, σωφροσύνης;

Οὐδ' ἂν ὁ Μῶμος, ἔφη, τό γε τοιοῦτον μέμψαιτο.

Ἀλλ', ἦν δ' ἐγώ, τελειωθεῖσι τοῖς τοιούτοις παιδείᾳ τε καὶ ἡλικίᾳ ἆρα οὐ μόνοις ἂν τὴν πόλιν ἐπιτρέποις;

3 [b] Καὶ ὁ Ἀδείμαντος, Ὦ Σώκρατες, ἔφη, πρὸς μὲν ταῦτά σοι οὐδεὶς ἂν οἷός τ' εἴη ἀντειπεῖν. ἀλλὰ γὰρ τοιόνδε τι πάσχουσιν οἱ ἀκούοντες ἑκάστοτε ἃ νῦν λέγεις· ἡγοῦνται δι' ἀπειρίαν τοῦ ἐρωτᾶν καὶ ἀποκρίνεσθαι ὑπὸ τοῦ λόγου παρ' ἕκαστον τὸ ἐρώτημα σμικρὸν παραγόμενοι, ἀθροισθέντων τῶν σμικρῶν ἐπὶ τελευτῆς τῶν λόγων μέγα τὸ σφάλμα καὶ ἐναντίον τοῖς πρώτοις ἀναφαίνεσθαι, καὶ ὥσπερ ὑπὸ τῶν πεττεύειν δεινῶν οἱ μὴ τελευτῶντες ἀποκλείονται καὶ οὐκ ἔχουσιν ὅτι [c] φέρωσιν, οὕτω καὶ σφεῖς τελευτῶντες ἀποκλείεσθαι καὶ οὐκ ἔχειν ὅτι λέγωσιν ὑπὸ πεττείας αὖ ταύτης τινὸς ἑτέρας, οὐκ ἐν ψήφοις ἀλλ' ἐν λόγοις· ἐπεὶ τό γε ἀληθὲς οὐδέν τι μᾶλλον ταύτῃ ἔχειν. λέγω δ' εἰς τὸ παρὸν ἀποβλέψας. νῦν γὰρ φαίη ἄν τίς σοι λόγῳ μὲν οὐκ ἔχειν καθ' ἕκαστον τὸ ἐρωτώμενον ἐναντιοῦσθαι, ἔργῳ δὲ ὁρᾶν, ὅσοι ἂν ἐπὶ φιλοσοφίαν ὁρμήσαντες μὴ τοῦ πεπαιδεῦσθαι ἕνεκα ἁψάμενοι νέοι ὄντες [d] ἀπαλλάττωνται, ἀλλὰ μακρότερον ἐνδιατρίψωσιν, τοὺς μὲν

[487a] »Ja, sie alle sind unbedingt notwendig«, entgegnete er.

»Könnte man nun eine solche Lebensweise tadeln, der sich nur der wirklich hingeben kann, der von Natur aus ein gutes Gedächtnis hat, leicht lernt, großmütig und edel ist, ein enger Freund der Wahrheit, Gerechtigkeit, Tapferkeit und Besonnenheit?«

»Nicht einmal Momos[16]«, sagte er, »könnte das tadeln.«

»Einzig und allein solchen Menschen«, fuhr ich fort, »vollendet in Erziehung und gereift an Alter, würdest du wohl den Staat anvertrauen, oder nicht?«

3 [b] Da sagte Adeimantos: »Da kann dir wohl niemand widersprechen, Sokrates. Denn wer deinen Ausführungen lauscht, dem ergeht es jeweils etwa so: Weil er beim Fragen und Antworten nicht so bewandert ist, fühlt er sich bei jeder Frage deiner Beweisführung ein klein wenig vom eigentlichen Ziel abgelenkt;[17] wenn man nun am Ende der Untersuchung diese Kleinigkeiten summiert, dann zeigt sich ein ganz falsches Ergebnis, das mit den Ausgangspunkten in Widerspruch steht. Und wie beim Brettspiel die Anfänger von den guten Spielern in die Zange genommen werden und nicht mehr wissen, wohin sie ziehen sollen, [c] so fühlen sich auch deine Zuhörer zu guter Letzt in die Zange genommen und wissen nicht mehr, was sie sagen sollen, bei diesem freilich ganz anders gearteten Brettspiel, bei dem man nicht mit Steinen, sondern mit Worten spielt. An der Wahrheit aber ändert das nichts. Das sage ich im Hinblick auf unser Gespräch. Denn so mancher müsste jetzt zugeben, er könne dir mit Worten bei deinen jeweiligen Fragen nicht widersprechen, in Wirklichkeit aber sehe er es ganz anders: Alle, die sich der Philosophie zuwenden und sich nicht nur wegen ihrer Bildung in der Jugend mit ihr beschäftigen, um sich dann wieder von ihr [d] abzuwenden, sondern die länger bei ihr verweilen, wären doch größtenteils ganz wun-

πλείστους καὶ πάνυ ἀλλοκότους γιγνομένους, ἵνα μὴ παμπονήρους εἴπωμεν, τοὺς δ᾽ ἐπιεικεστάτους δοκοῦντας ὅμως τοῦτό γε ὑπὸ τοῦ ἐπιτηδεύματος οὗ σὺ ἐπαινεῖς πάσχοντας, ἀχρήστους ταῖς πόλεσι γιγνομένους.

Καὶ ἐγὼ ἀκούσας, Οἴει οὖν, εἶπον, τοὺς ταῦτα λέγοντας ψεύδεσθαι;

Οὐκ οἶδα, ἧ δ᾽ ὅς, ἀλλὰ τὸ σοὶ δοκοῦν ἡδέως ἂν ἀκούοιμι.

Ἀκούοις ἂν ὅτι ἔμοιγε φαίνονται τἀληθῆ λέγειν.

[e] Πῶς οὖν, ἔφη, εὖ ἔχει λέγειν ὅτι οὐ πρότερον κακῶν παύσονται αἱ πόλεις, πρὶν ἂν ἐν αὐταῖς οἱ φιλόσοφοι ἄρξωσιν, οὓς ἀχρήστους ὁμολογοῦμεν αὐταῖς εἶναι;

Ἐρωτᾷς, ἦν δ᾽ ἐγώ, ἐρώτημα δεόμενον ἀποκρίσεως δι᾽ εἰκόνος λεγομένης.

Σὺ δέ γε, ἔφη, οἶμαι οὐκ εἴωθας δι᾽ εἰκόνων λέγειν.

4 Εἶεν, εἶπον· σκώπτεις ἐμβεβληκώς με εἰς λόγον οὕτω [488a] δυσαπόδεικτον; ἄκουε δ᾽ οὖν τῆς εἰκόνος, ἵν᾽ ἔτι μᾶλλον ἴδῃς ὡς γλίσχρως εἰκάζω. οὕτω γὰρ χαλεπὸν τὸ πάθος τῶν ἐπιεικεστάτων, ὃ πρὸς τὰς πόλεις πεπόνθασιν, ὥστε οὐδ᾽ ἔστιν ἓν οὐδὲν ἄλλο τοιοῦτον πεπονθός, ἀλλὰ δεῖ ἐκ πολλῶν αὐτὸ συναγαγεῖν εἰκάζοντα καὶ ἀπολογούμενον ὑπὲρ αὐτῶν, οἷον οἱ γραφῆς τραγελάφους καὶ τὰ τοιαῦτα μειγνύντες γράφουσιν. νόησον γὰρ τοιουτονὶ γενόμενον εἴτε πολλῶν νεῶν πέρι εἴτε μιᾶς· ναύκληρον μεγέθει μὲν καὶ [b] ῥώμῃ ὑπὲρ τοὺς ἐν τῇ νηὶ πάντας, ὑπόκωφον δὲ καὶ ὁρῶντα ὡσαύτως βραχύ τι καὶ γιγνώσκοντα περὶ ναυτικῶν ἕτερα τοιαῦτα, τοὺς δὲ ναύτας στασιάζοντας πρὸς ἀλλήλους περὶ τῆς

derliche, um nicht zu sagen durch und durch verdorbene Menschen, und auch die scheinbar Tüchtigsten unter ihnen würden sich durch die Beschäftigung mit der Philosophie, die du so lobst, in einer Lage befinden, die sie für den Staat unbrauchbar macht.«[18]

Als ich das hörte, fragte ich: »Glaubst du, dass die Leute, die so reden, im Irrtum sind?«

»Ich weiß es nicht«, sagte er, »ich würde aber gerne deine Meinung dazu hören.«

»Dann höre sie: Sie scheinen mir die Wahrheit zu sagen.«

[e] »Aber wie kannst du dann mit Recht behaupten, das Unheil würde in den Staaten kein Ende finden, ehe nicht die Philosophen in ihnen die Herrschaft übernehmen würden,[19] deren Unbrauchbarkeit dafür wir eben zugegeben haben?«

»Auf die Frage, die du stellst«, sagte ich, »muss man mit einem Gleichnis antworten.«

»Als ob du nicht auch sonst in Gleichnissen zu sprechen pflegtest«, sagte er.

4 »Nun gut«, sagte ich, »du spottest noch, nachdem du mich in eine so schwierige Untersuchung verwickelt hast? [488a] So höre nun das Gleichnis, dann wirst du besser verstehen, warum ich so beharrlich auf Gleichnisse aus bin.[20] Denn das Übel, das gerade die Tüchtigsten vonseiten des Staates erleiden, ist so schlimm, dass es kein einzelnes Leid gibt, das man damit vergleichen könnte; vielmehr muss man es aus vielen Einzelheiten zusammenfügen, wenn man diese Männer in einem Gleichnis verteidigen will, ähnlich den Malern, die Bockhirsche und dergleichen Mischwesen darstellen. Stell dir also vor, es würde sich auf mehreren Schiffen oder auch nur auf einem Folgendes ereignen: Der Schiffsherr übertrifft die ganze Mannschaft an Größe und Stärke, [b] er ist aber schwerhörig und kurzsichtig und versteht nicht gerade viel von der Seefahrt; die Matrosen streiten nun untereinander, wer das Steuer überneh-

κυβερνήσεως, ἕκαστον οἰόμενον δεῖν κυβερνᾶν, μήτε μαθόντα πώποτε τὴν τέχνην μέτε ἔχοντα ἀποδεῖξαι διδάσκαλον ἑαυτοῦ μηδὲ χρόνον ἐν ᾧ ἐμάνθανεν, πρὸς δὲ τούτοις φάσκοντας μηδὲ διδακτὸν εἶναι, ἀλλὰ καὶ τὸν λέγοντα ὡς διδακτὸν ἑτοίμους κατατέμνειν, αὐτοὺς δὲ αὐτῷ ἀεὶ τῷ [c] ναυκλήρῳ περικεχύσθαι δεομένους καὶ πάντα ποιοῦντας ὅπως ἂν σφίσι τὸ πηδάλιον ἐπιτρέψῃ, ἐνίοτε δ' ἂν μὴ πείθωσιν ἀλλὰ ἄλλοι μᾶλλον, τοὺς μὲν ἄλλους ἢ ἀποκτεινύντας ἢ ἐκβάλλοντας ἐκ τῆς νεώς, τὸν δὲ γενναῖον ναύκληρον μανδραγόρᾳ ἢ μέθῃ ἤ τινι ἄλλῳ συμποδίσαντας τῆς νεὼς ἄρχειν χρωμένους τοῖς ἐνοῦσι, καὶ πίνοντάς τε καὶ εὐωχουμένους πλεῖν ὡς τὸ εἰκὸς τοὺς τοιούτους, πρὸς δὲ τούτοις ἐπαινοῦντας [d] ναυτικὸν μὲν καλοῦντας καὶ κυβερνητικὸν καὶ ἐπιστάμενον τὰ κατὰ ναῦν, ὃς ἂν συλλαμβάνειν δεινὸς ᾖ ὅπως ἄρξουσιν ἢ πείθοντες ἢ βιαζόμενοι τὸν ναύκληρον, τὸν δὲ μὴ τοιοῦτον ψέγοντας ὡς ἄχρηστον, τοῦ δὲ ἀληθινοῦ κυβερνήτου πέρι μηδ' ἐπαΐοντες, ὅτι ἀνάγκη αὐτῷ τὴν ἐπιμέλειαν ποιεῖσθαι ἐνιαυτοῦ καὶ ὡρῶν καὶ οὐρανοῦ καὶ ἄστρων καὶ πνευμάτων καὶ πάντων τῶν τῇ τέχνῃ προσηκόντων, εἰ μέλλει τῷ ὄντι νεὼς ἀρχικὸς ἔσεσθαι, ὅπως δὲ κυβερνήσει [e] ἐάντε τινες βούλωνται ἐάντε μή, μήτε τέχνην τούτου μήτε μελέτην οἰόμενοι δυνατὸν εἶναι λαβεῖν ἅμα καὶ τὴν κυβερνητικήν. τοιούτων δὴ περὶ τὰς ναῦς γιγνομένων τὸν ὡς ἀληθῶς κυβερνητικὸν οὐχ ἡγῇ ἂν τῷ ὄντι μετεωροσκόπον [489a] τε καὶ ἀδολέσχην καὶ ἄχρηστόν σφισι καλεῖσθαι ὑπὸ τῶν ἐν ταῖς οὕτω κατεσκευασμέναις ναυσὶ πλωτήρων;

Καὶ μάλα, ἔφη ὁ Ἀδείμαντος.

Οὐ δή, ἦν δ' ἐγώ, οἶμαι δεῖσθαί σε ἐξεταζομένην τὴν εἰκόνα

men soll, weil jeder meint, er müsse es sein, obwohl keiner von ihnen diese Kunst je erlernt hat und weder seinen Lehrmeister darin noch eine Lehrzeit vorweisen kann; dazu erklären sie noch, diese Kunst sei gar nicht lehrbar,[21] und wer das Gegenteil behauptet, den wären sie gewillt niederzuschlagen. So [c] bedrängen sie ständig den Schiffsherrn, bitten und bearbeiten ihn mit allen Mitteln, er möge ihnen das Steuer überlassen; wenn ihnen das nicht gelingt, sondern einem anderen, dann töten sie den oder werfen ihn kurzerhand über Bord; dann setzen sie den guten[22] Schiffsherrn mit einem Schlaftrunk, mit Wein oder sonst etwas, außer Gefecht und schalten und walten über das Schiff samt seinen Vorräten; zechend und schmausend, wie es bei solchen Leuten ja zu erwarten ist, segeln sie so dahin und loben und nennen [d] den einen geschickten Seemann, Steuermann und Kenner des Seewesens, der ihnen bei der Übernahme des Kommandos geschickt behilflich war, sei es, dass sie den Schiffsherrn dazu überreden konnten oder ihn mit Gewalt zwingen mussten. Wer aber kein Geschick dazu hatte, den tadeln sie als unbrauchbar; was aber ein richtiger Steuermann ist, davon haben sie nicht die geringste Ahnung, dass er sich um die Jahres- und Tageszeiten, um den Himmel, die Sterne, die Winde und, was sonst noch alles zu dieser Kunst gehört, kümmern muss, wenn er wirklich der Lenker eines Schiffes sein will. Um aber [e] mit oder ohne Zustimmung der Mannschaft ans Steuer zu kommen, dazu bedürfe es, wie sie glauben, neben dem eigentlichen Steuern nicht auch noch des Erlernens dieser Kunst und der Übung darin. Wenn sich solche Dinge auf den Schiffen abspielen, dann wird wohl der wahre Steuermann von der Besatzung in der Tat als Sterngucker,[23] [489a] Schwätzer und Taugenichts bezeichnet, glaubst du nicht?«

»Ganz sicher«, sagte Adeimantos.

»Ich glaube«, fuhr ich fort, »du brauchst keine nähere Deu-

ἰδεῖν, ὅτι ταῖς πόλεσι πρὸς τοὺς ἀληθινοὺς φιλοσόφους τὴν διάθεσιν ἔοικεν, ἀλλὰ μανθάνειν ὃ λέγω.

Καὶ μάλ', ἔφη.

Πρῶτον μὲν τοίνυν ἐκεῖνον τὸν θαυμάζοντα ὅτι οἱ φιλόσοφοι οὐ τιμῶνται ἐν ταῖς πόλεσι δίδασκέ τε τὴν εἰκόνα καὶ πειρῶ πείθειν ὅτι πολὺ ἂν θαυμαστότερον ἦν [b] εἰ ἐτιμῶντο.

Ἀλλὰ διδάξω, ἔφη.

Καὶ ὅτι τοίνυν τἀληθῆ λέγεις, ὡς ἄχρηστοι τοῖς πολλοῖς οἱ ἐπιεικέστατοι τῶν ἐν φιλοσοφίᾳ· τῆς μέντοι ἀχρηστίας τοὺς μὴ χρωμένους κέλευε αἰτιᾶσθαι, ἀλλὰ μὴ τοὺς ἐπιεικεῖς. οὐ γὰρ ἔχει φύσιν κυβερνήτην ναυτῶν δεῖσθαι ἄρχεσθαι ὑφ' αὑτοῦ οὐδὲ τοὺς σοφοὺς ἐπὶ τὰς τῶν πλουσίων θύρας ἰέναι, ἀλλ' ὁ τοῦτο κομψευσάμενος ἐψεύσατο, τὸ δὲ ἀληθὲς πέφυκεν, ἐάντε πλούσιος ἐάντε πένης κάμνῃ, ἀναγκαῖον [c] εἶναι ἐπὶ ἰατρῶν θύρας ἰέναι καὶ πάντα τὸν ἄρχεσθαι δεόμενον ἐπὶ τὰς τοῦ ἄρχειν δυναμένου, οὐ τὸν ἄρχοντα δεῖσθαι τῶν ἀρχομένων ἄρχεσθαι, οὗ ἂν τῇ ἀληθείᾳ τι ὄφελος ᾖ. ἀλλὰ τοὺς νῦν πολιτικοὺς ἄρχοντας ἀπεικάζων οἷς ἄρτι ἐλέγομεν ναύταις οὐχ ἁμαρτήσῃ, καὶ τοὺς ὑπὸ τούτων ἀχρήστους λεγομένους καὶ μετεωρολέσχας τοῖς ὡς ἀληθῶς κυβερνήταις.

Ὀρθότατα, ἔφη.

Ἔκ τε τοίνυν τούτων καὶ ἐν τούτοις οὐ ῥᾴδιον εὐδοκιμεῖν τὸ βέλτιστον ἐπιτήδευμα ὑπὸ τῶν τἀναντία ἐπιτηδευόντων· [d] πολὺ δὲ μεγίστη καὶ ἰσχυροτάτη διαβολὴ γίγνεται φιλοσοφίᾳ διὰ τοὺς

tung des Gleichnisses, um zu sehen, dass damit das Verhalten der Staaten gegenüber den wahren Philosophen gemeint ist, sondern du hast schon verstanden, was ich meine.«

»Ja, gewiss«, sagte er.

»Wer sich über das mangelnde Ansehen der Philosophen in den Staaten wundert, dem setze dieses Gleichnis auseinander und versuche ihn davon zu überzeugen, dass es noch viel verwunderlicher wäre, [b] würde man sie ehren.«

»Ja, das will ich«, sagte er.

»Und auch dass du recht hast mit der Behauptung, gerade die Tüchtigsten in der Philosophie seien in den Augen der breiten Masse unbrauchbar.[24] Doch sage ihm auch, er solle die Schuld an ihrer Unbrauchbarkeit denen geben, die mit der Philosophie nichts anfangen können, und nicht den tüchtigen Philosophen. Denn es ist unnatürlich, wenn ein Steuermann die Matrosen bitten müsste, sie sollten sich von ihm lenken lassen, oder wenn die Weisen zu den Türen der Reichen gingen. Wer dieses Wort im Scherz gesagt hat,[25] hat sich geirrt. Wahr ist vielmehr: Der Kranke, egal ob reich oder arm, muss [c] zu den Türen der Ärzte gehen, und jeder, der eine Führung braucht, muss zu den Türen dessen gehen, der führen kann; nicht wird der Herrscher die Untertanen bitten, sich führen zu lassen, sofern er wirklich etwas wert ist. Wenn du also die politischen Führer heute mit den eben geschilderten Seeleuten vergleichst und jene, die von diesen als unbrauchbare Himmelsgucker bezeichnet werden, mit den wahren Steuermännern, so wirst du nicht fehlgehen.«

»Ganz richtig«, sagte er.

»Aus diesen Gründen und unter solchen Umständen ist es nicht leicht möglich, dass die edelste Beschäftigung bei denen in hohem Ansehen steht, die das Gegenteil davon treiben. [d] Die weitaus größte und schwerwiegendste Verleumdung jedoch verdankt die Philosophie denen, die nur vorgeben,

τὰ τοιαῦτα φάσκοντας ἐπιτηδεύειν, οὓς δὴ σὺ φῂς τὸν ἐγκαλοῦντα τῇ φιλοσοφίᾳ λέγειν ὡς παμπόνηροι οἱ πλεῖστοι τῶν ἰόντων ἐπ᾽ αὐτήν, οἱ δὲ ἐπιεικέστατοι ἄχρηστοι, καὶ ἐγὼ συνεχώρησα ἀληθῆ σε λέγειν. ἦ γάρ;

Ναί.

5 Οὐκοῦν τῆς μὲν τῶν ἐπιεικῶν ἀχρηστίας τὴν αἰτίαν διεληλύθαμεν;

Καὶ μάλα.

Τῆς δὲ τῶν πολλῶν πονηρίας τὴν ἀνάγκην βούλει τὸ μετὰ τοῦτο διέλθωμεν, καὶ ὅτι οὐδὲ τούτου φιλοσοφία αἰτία, [e] ἂν δυνώμεθα, πειραθῶμεν δεῖξαι;

Πάνυ μὲν οὖν.

Ἀκούωμεν δὴ καὶ λέγωμεν ἐκεῖθεν ἀναμνησθέντες, ὅθεν διῇμεν τὴν φύσιν οἷον ἀνάγκη φῦναι τὸν καλόν τε κἀγαθὸν [490a] ἐσόμενον. ἡγεῖτο δ᾽ αὐτῷ, εἰ νῷ ἔχεις, πρῶτον μὲν ἀλήθεια, ἣν διώκειν αὐτὸν πάντως καὶ πάντῃ ἔδει ἢ ἀλαζόνι ὄντι μηδαμῇ μετεῖναι φιλοσοφίας ἀληθινῆς.

Ἦν γὰρ οὕτω λεγόμενον.

Οὐκοῦν ἓν μὲν τοῦτο σφόδρα οὕτω παρὰ δόξαν τοῖς νῦν δοκουμένοις περὶ αὐτοῦ;

Καὶ μάλα, ἔφη.

Ἆρ᾽ οὖν δὴ οὐ μετρίως ἀπολογησόμεθα ὅτι πρὸς τὸ ὂν πεφυκὼς εἴη ἁμιλλᾶσθαι ὅ γε ὄντως φιλομαθής, καὶ οὐκ [b] ἐπιμένοι ἐπὶ τοῖς δοξαζομένοις εἶναι πολλοῖς ἑκάστοις, ἀλλ᾽ ἴοι καὶ οὐκ ἀμβλύνοιτο οὐδ᾽ ἀπολήγοι τοῦ ἔρωτος, πρὶν αὐτοῦ ὃ ἔστιν ἑκάστου τῆς φύσεως ἅψασθαι ᾧ προσήκει ψυχῆς ἐφάπτεσθαι τοῦ τοιούτου – προσ-

sich mit ihr zu beschäftigen; sie meint ja auch dein Ankläger der Philosophie, wenn er sagt, die meisten derer, die auf Philosophie aus sind, seien ganz schlecht, die tüchtigsten aber unnütz; und das habe ich dir als richtig zugegeben, nicht wahr?«[26]

»Ja.«

5 »Warum also die tüchtigen Philosophen nicht zu brauchen sind, das haben wir doch erörtert?«

»Ja, hinreichend.«

»Sollen wir jetzt noch erörtern, warum die meisten der angeblichen Philosophen zwangsläufig verdorben sind, und sollen wir, wenn möglich, [e] zu zeigen versuchen, dass auch daran die Philosophie selbst nicht schuld ist?«

»Ja, gewiss.«

»Hören wir also und erinnern wir uns bei unserer Erörterung an die Stelle[27], wo wir das Wesen schilderten, das ein Mensch haben muss, der gut und edel[28] [490a] sein will. An erster Stelle stand, wenn du dich erinnerst, die Wahrheit,[29] der er immer und überall folgen muss, sonst wäre er ein eitler Schwätzer und hätte keinerlei Anteil an der wahren Philosophie.«[30]

»So sagten wir.«

»Steht nicht schon diese eine Behauptung in schärfstem Gegensatz zu der heute geltenden Meinung über ihn?«

»Sehr sogar«, sagte er.

»Könnten wir uns dann nicht billigerweise damit verteidigen: Der wahrhaft Lernbegierige ringt von Natur aus um das Seiende und [b] bleibt nicht stehen bei den vielen Einzeldingen, die nur ein scheinbares Sein haben, vielmehr geht er unermüdlich weiter,[31] ohne von seinem liebevollen Streben abzulassen, bis er das Wesen eines jeden Dinges mit dem Seelenteil in den Griff bekommen hat, dem dies zukommt, weil er damit verwandt ist; hat er sich dem wahrhaft Seienden genähert, sich

ήκει δὲ συγγενεῖ – ᾧ πλησιάσας καὶ μιγεὶς τῷ ὄντι ὄντως, γεννήσας νοῦν καὶ ἀλήθειαν, γνοίη τε καὶ ἀληθῶς ζῴη καὶ τρέφοιτο καὶ οὕτω λήγοι ὠδῖνος, πρὶν δ᾽ οὔ;

Ὡς οἷόν τ᾽, ἔφη, μετριώτατα.

Τί οὖν; τούτῳ τι μετέσται ψεῦδος ἀγαπᾶν ἢ πᾶν τοὐναντίον μισεῖν;

[c] Μισεῖν, ἔφη.

Ἡγουμένης δὴ ἀληθείας οὐκ ἄν ποτε οἶμαι φαμὲν αὐτῇ χορὸν κακῶν ἀκολουθῆσαι.

Πῶς γάρ;

Ἀλλ᾽ ὑγιές τε καὶ δίκαιον ἦθος, ᾧ καὶ σωφροσύνην ἕπεσθαι.

Ὀρθῶς, ἔφη.

Καὶ δὴ τὸν ἄλλον τῆς φιλοσόφου φύσεως χορὸν τί δεῖ πάλιν ἐξ ἀρχῆς ἀναγκάζοντα τάττειν; μέμνησαι γάρ που ὅτι συνέβη προσῆκον τούτοις ἀνδρεία, μεγαλοπρέπεια, εὐμάθεια, μνήμη· καὶ σοῦ ἐπιλαβομένου ὅτι πᾶς μὲν ἀναγκασθήσεται [d] ὁμολογεῖν οἷς λέγομεν, ἐάσας δὲ τοὺς λόγους, εἰς αὐτοὺς ἀποβλέψας περὶ ὧν ὁ λόγος, φαίη ὁρᾶν αὐτῶν τοὺς μὲν ἀχρήστους, τοὺς δὲ πολλοὺς κακοὺς πᾶσαν κακίαν, τῆς διαβολῆς τὴν αἰτίαν ἐπισκοποῦντες ἐπὶ τούτῳ νῦν γεγόναμεν, τί ποθ᾽ οἱ πολλοὶ κακοί, καὶ τούτου δὴ ἕνεκα πάλιν ἀνειλήφαμεν τὴν τῶν ἀληθῶς φιλοσόφων φύσιν καὶ ἐξ ἀνάγκης ὡρισάμεθα.

[e] Ἔστιν, ἔφη, ταῦτα.

6 Ταύτης δή, ἦν δ᾽ ἐγώ, τῆς φύσεως δεῖ θεάσασθαι τὰς φθοράς, ὡς διόλλυται ἐν πολλοῖς, σμικρὸν δέ τι ἐκφεύγει, οὓς δὴ καὶ οὐ πο-

mit ihm vermählt und Vernunft und Wahrheit gezeugt, so kann er zur wahren Einsicht gelangen, in Wahrheit leben und wachsen, und das schmerzliche Gebären[32] hört endlich auf, aber nicht eher?«

»Das wäre wohl die beste Antwort darauf«, sagte er.

»Wie nun, wird ein solcher Mensch die Lüge lieben oder ganz im Gegenteil hassen?«

[c] »Natürlich hassen«, sagte er.

»Wenn die Wahrheit die Führung übernimmt, dann können wir, denke ich, nicht sagen, dass ihr ein ganzer Chor von Lastern folgt.«

»Wie sollte das möglich sein?«

»Vielmehr wird ihr ein gesunder und gerechter Charakter folgen, dem sich dann auch die Besonnenheit anschließt.«

»Richtig«, sagte er.

»Und dann auch der übrige Chor der natürlichen Anlagen des Philosophen. Doch wozu sollen wir sie nochmals von vorne auftreten lassen? Du erinnerst dich doch wohl, zu ihnen gehörten, wie sich ergab, Tapferkeit, erhabene Gesinnung, gute Auffassungsgabe und gutes Gedächtnis. Damals unterbrachst du und sagtest, ein jeder müsse unseren Ausführungen [d] zustimmen; wenn man aber von ihnen absehe und auf die Menschen selbst blicke, von denen hier die Rede ist, dann könnte man feststellen, dass die einen von ihnen unbrauchbar, die Mehrzahl aber in jeder Hinsicht verdorben sei; als wir dann nach der Ursache dieser Verleumdung suchten, sind wir jetzt bei der Frage angelangt, warum denn die Mehrzahl schlecht ist; und deshalb sind wir wieder auf die Natur der wahren Philosophen zurückgekommen und haben diese in ihrer Notwendigkeit genau bestimmt.«

[e] »So ist es«, sagte er.

6 »Jetzt gilt es«, fuhr ich fort, »zu betrachten, warum diese Naturanlage bei so vielen zerstört wird, während nur wenige

νηρούς, ἀχρήστους δὲ καλοῦσι· καὶ μετὰ [491a] τοῦτο αὖ τὰς μιμουμένας ταύτην καὶ εἰς τὸ ἐπιτήδευμα καθισταμένας αὐτῆς, οἷαι οὖσαι φύσεις ψυχῶν εἰς ἀνάξιον καὶ μεῖζον ἑαυτῶν ἀφικνούμεναι ἐπιτήδευμα, πολλαχῇ πλημμελοῦσαι, πανταχῇ καὶ ἐπὶ πάντας δόξαν οἵαν λέγεις φιλοσοφίᾳ προσῆψαν.

Τίνας δέ, ἔφη, τὰς διαφθορὰς λέγεις;

Ἐγώ σοι, εἶπον, ἂν οἷός τε γένωμαι, πειράσομαι διελθεῖν. τόδε μὲν οὖν οἶμαι πᾶς ἡμῖν ὁμολογήσει, τοιαύτην φύσιν καὶ πάντα ἔχουσαν ὅσα προσετάξαμεν νυνδή, εἰ τελέως [b] μέλλοι φιλόσοφος γενέσθαι, ὀλιγάκις ἐν ἀνθρώποις φύεσθαι καὶ ὀλίγας. ἢ οὐκ οἴει;

Σφόδρα γε.

Τούτων δὴ τῶν ὀλίγων σκόπει ὡς πολλοὶ ὄλεθροι καὶ μεγάλοι.

Τίνες δή;

Ὃ μὲν πάντων θαυμαστότατον ἀκοῦσαι, ὅτι ἓν ἕκαστον ὧν ἐπῃνέσαμεν τῆς φύσεως ἀπόλλυσι τὴν ἔχουσαν ψυχὴν καὶ ἀποσπᾷ φιλοσοφίας. λέγω δὲ ἀνδρείαν, σωφροσύνην καὶ πάντα ἃ διήλθομεν.

Ἄτοπον, ἔφη, ἀκοῦσαι.

[c] Ἔτι τοίνυν, ἦν δ᾽ ἐγώ, πρὸς τούτοις τὰ λεγόμενα ἀγαθὰ πάντα φθείρει καὶ ἀποσπᾷ, κάλλος καὶ πλοῦτος καὶ ἰσχὺς σώματος καὶ συγγένεια ἐρρωμένη ἐν πόλει καὶ πάντα τὰ τούτων οἰκεῖα· ἔχεις γὰρ τὸν τύπον ὧν λέγω.

Ἔχω, ἔφη· καὶ ἡδέως γ᾽ ἂν ἀκριβέστερον ἃ λέγεις πυθοίμην.

der Zerstörung entgehen, die man dann zwar nicht als verdorben, aber als unbrauchbar bezeichnet. Hernach [491a] müssen wir noch jene betrachten, die das Wesen der wahren Philosophen nachahmen und sich ihre Lebensweise nur anmaßen; diese kommen zu einer Betätigung, die ihrer seelischen Veranlagung nicht zusteht und der sie nicht gewachsen sind. Mit den Fehlern, die sie dabei ständig begehen, bringen sie überall und bei allen Menschen die Philosophie in den üblen Ruf, von dem du redest.«

»An welche Zerstörungen denkst du dabei?«, fragte er.

»Ich will sie dir«, fuhr ich fort, »so gut ich kann, zu beschreiben versuchen. Zunächst wird uns jeder zugeben, dass eine solche Natur, die über alle Eigenschaften verfügt, die wir soeben von einem [b] vollkommenen Philosophen verlangt haben, nur selten und in geringer Zahl unter Menschen vorkommt. Glaubst du nicht?«

»Ja, ganz selten.«

»Sieh nun, wie viele und große Gefahren auf diese wenigen lauern.«

»Welche denn?«

»Am allermerkwürdigsten ist,[33] dass jede einzelne dieser Eigenschaften, die wir am Wesen des Philosophen gerühmt haben, die eigene Seele verdirbt und von der Philosophie abzieht. Ich meine damit die Tapferkeit, die Besonnenheit und alles andere, was wir aufgezählt haben.«

»Das ist wirklich merkwürdig«, sagte er.

[c] »Außerdem«, so setzte ich fort, »haben die gleiche Wirkung alle sogenannten Güter wie Schönheit, Reichtum, Leibeskraft, Verwandtschaft, die im Staat großen Einfluss hat, und dergleichen mehr.[34] Damit weißt du in groben Zügen, was ich meine.«

»Jawohl«, sagte er, »ich würde es aber gerne noch genauer erfahren.«

Λαβοῦ τοίνυν, ἦν δ' ἐγώ, ὅλου αὐτοῦ ὀρθῶς, καί σοι εὔδηλόν τε φανεῖται καὶ οὐκ ἄτοπα δόξει τὰ προειρημένα περὶ αὐτῶν.

Πῶς οὖν, ἔφη, κελεύεις;

[d] Παντός, ἦν δ' ἐγώ, σπέρματος πέρι ἢ φυτοῦ, εἴτε ἐγγείων εἴτε τῶν ζῴων, ἴσμεν ὅτι τὸ μὴ τυχὸν τροφῆς ἧς προσήκει ἑκάστῳ μηδ' ὥρας μηδὲ τόπου, ὅσῳ ἂν ἐρρωμενέστερον ᾖ, τοσούτῳ πλειόνων ἐνδεῖ τῶν πρεπόντων· ἀγαθῷ γάρ που κακὸν ἐναντιώτερον ἢ τῷ μὴ ἀγαθῷ.

Πῶς δ' οὔ;

Ἔχει δὴ οἶμαι λόγον τὴν ἀρίστην φύσιν ἐν ἀλλοτριωτέρᾳ οὖσαν τροφῇ κάκιον ἀπαλλάττειν τῆς φαύλης.

Ἔχει.

[e] Οὐκοῦν, ἦν δ' ἐγώ, ὦ Ἀδείμαντε, καὶ τὰς ψυχὰς οὕτω φῶμεν τὰς εὐφυεστάτας κακῆς παιδαγωγίας τυχούσας διαφερόντως κακὰς γίγνεσθαι; ἢ οἴει τὰ μεγάλα ἀδικήματα καὶ τὴν ἄκρατον πονηρίαν ἐκ φαύλης ἀλλ' οὐκ ἐκ νεανικῆς φύσεως τροφῇ διολομένης γίγνεσθαι, ἀσθενῆ δὲ φύσιν μεγάλων οὔτε ἀγαθῶν οὔτε κακῶν αἰτίαν ποτὲ ἔσεσθαι;

Οὔκ, ἀλλά, ἦ δ' ὅς, οὕτως.

[492a] Ἣν τοίνυν ἔθεμεν τοῦ φιλοσόφου φύσιν, ἂν μὲν οἶμαι μαθήσεως προσηκούσης τύχῃ, εἰς πᾶσαν ἀρετὴν ἀνάγκη αὐξανομένην ἀφικνεῖσθαι, ἐὰν δὲ μὴ ἐν προσηκούσῃ σπαρεῖσά τε καὶ φυτευθεῖσα τρέφηται, εἰς πάντα τἀναντία αὖ, ἐὰν μή τις αὐτῇ βοηθήσας θεῶν τύχῃ. ἢ καὶ σὺ ἡγῇ, ὥσπερ οἱ πολλοί, διαφθειρομένους τινὰς εἶναι ὑπὸ σοφιστῶν νέους, διαφθείροντας δέ τινας σοφιστὰς ἰδιωτικούς, ὅτι καὶ ἄξιον λόγου, ἀλλ' οὐκ αὐτοὺς τοὺς ταῦτα λέ-

»Erfasse die Sache nur im Ganzen richtig«, entgegnete ich, »dann wird es dir klar werden, und alles vorher darüber Gesagte wird dir nicht mehr abwegig erscheinen.«

»Wie soll ich das tun?«, fragte er.

[d] »Von jedem Samen oder Gewächs, sei es von Pflanzen oder von Tieren, wissen wir, dass ein jedes, wenn es nicht das an Nahrung, Witterung und Boden findet, was ihm zuträglich ist, umso stärker die ihm angemessenen Eigenschaften vermissen lässt, je kräftiger es ist. Denn das Schlechte steht zu dem Guten in einem schärferen Gegensatz als zu dem bloß Nichtguten.«

»Natürlich.«

»Es ist also, denke ich, logisch, dass die edelste Natur bei einer unzukömmlichen Ernährung schlechter davonkommt als eine unedle.«

»Das ist logisch.«

[e] »Können wir also, mein lieber Adeimantos«, sprach ich, »sagen, die am besten veranlagten Seelen werden bei schlechter Erziehung besonders schlecht? Oder glaubst du, die großen Verbrechen und zügellosen Schandtaten gingen von schwachen Menschen aus und nicht von einer kraftvollen Natur, die durch Erziehung verdorben wurde? Eine schwächliche Natur wird nie zu etwas Großem fähig sein, weder im Guten noch im Bösen.«

»Nein, es ist, wie du sagst«, sprach er.

[492a] »Wenn nun die Natur des Philosophen, wie wir sie festlegten, die ihr gebührende Erziehung erfährt, wird sie, glaube ich, zwangsläufig zu jeder Tugend heranwachsen; wenn sie aber nicht im richtigen Boden gesät, gepflanzt und großgezogen wird, so wird sie sich genau in die entgegengesetzte Richtung entwickeln, wenn ihr nicht ein Gott zu Hilfe kommt.[35] Oder glaubst auch du so wie die breite Masse, dass nur einige junge Leute von den Sophisten verdorben werden und dass die Verderber, soweit überhaupt erwähnenswert, nur einige So-

γοντας μεγίστους [b] μὲν εἶναι σοφιστάς, παιδεύειν δὲ τελεώτατα καὶ ἀπεργάζεσθαι οἵους βούλονται εἶναι καὶ νέους καὶ πρεσβυτέρους καὶ ἄνδρας καὶ γυναῖκας;

Πότε δή; ἦ δ᾽ ὅς.

Ὅταν, εἶπον, συγκαθεζόμενοι ἁθρόοι πολλοὶ εἰς ἐκκλησίας ἢ εἰς δικαστήρια ἢ θέατρα ἢ στρατόπεδα ἤ τινα ἄλλον κοινὸν πλήθους σύλλογον σὺν πολλῷ θορύβῳ τὰ μὲν ψέγωσι τῶν λεγομένων ἢ πραττομένων, τὰ δὲ ἐπαινῶσιν, ὑπερβαλλόντως ἑκάτερα, καὶ ἐκβοῶντες καὶ κροτοῦντες, πρὸς δ᾽ [c] αὐτοῖς αἵ τε πέτραι καὶ ὁ τόπος ἐν ᾧ ἂν ὦσιν ἐπηχοῦντες διπλάσιον θόρυβον παρέχωσι τοῦ ψόγου καὶ ἐπαίνου. ἐν δὴ τῷ τοιούτῳ τὸν νέον, τὸ λεγόμενον, τίνα οἴει καρδίαν ἴσχειν; ἢ ποίαν [ἂν] αὐτῷ παιδείαν ἰδιωτικὴν ἀνθέξειν, ἣν οὐ κατακλυσθεῖσαν ὑπὸ τοῦ τοιούτου ψόγου ἢ ἐπαίνου οἰχήσεσθαι φερομένην κατὰ ῥοῦν ᾗ ἂν οὗτος φέρῃ, καὶ φήσειν τε τὰ αὐτὰ τούτοις καλὰ καὶ αἰσχρὰ εἶναι, καὶ ἐπιτηδεύσειν ἅπερ ἂν οὗτοι, καὶ ἔσεσθαι τοιοῦτον;

[d] Πολλή, ἦ δ᾽ ὅς, ὦ Σώκρατες, ἀνάγκη.

7 Καὶ μήν, ἦν δ᾽ ἐγώ, οὔπω τὴν μεγίστην ἀνάγκην εἰρήκαμεν.

Ποίαν; ἔφη.

Ἣν ἔργῳ προστιθέασι λόγῳ μὴ πείθοντες οὗτοι οἱ παιδευταί τε καὶ σοφισταί. ἢ οὐκ οἶσθα ὅτι τὸν μὴ πειθόμενον ἀτιμίαις τε καὶ χρήμασι καὶ θανάτοις κολάζουσι;

Καὶ μάλα, ἔφη, σφόδρα.

Τίνα οὖν ἄλλον σοφιστὴν οἴει ἢ ποίους ἰδιωτικοὺς λόγους ἐναντία τούτοις τείνοντας κρατήσειν;

[e] Οἶμαι μὲν οὐδένα, ἦ δ᾽ ὅς.

Οὐ γάρ, ἦν δ᾽ ἐγώ, ἀλλὰ καὶ τὸ ἐπιχειρεῖν πολλὴ ἄνοια. οὔτε γὰρ

phisten als Privatlehrer sind? Oder sind nicht gerade die, die so reden, die größten [b] Sophisten, die als vollkommene Erzieher aus Jung und Alt, aus Männern und Frauen das machen, was sie wollen?«

»Wann denn?«, fragte er.

»Wenn sie«, antwortete ich, »in großer Zahl in der Volksversammlung, bei Gericht, im Theater, im Feldlager oder bei sonst einer Massenveranstaltung beisammensitzen und unter viel Lärm Worte und Taten tadeln oder loben, bei beidem unmäßig mit ihrem Schreien und Klatschen; und dabei verdoppeln noch [c] die Felsen und Plätze, wo sie sich versammeln, mit ihrem Echo den Lärm des Tadels und des Beifalls.[36] Was glaubst du, wie es da mittendrin einem Jüngling wohl zumute sein muss, wie man so schön sagt? Und welche private Erziehung wird sich dem widersetzen können, ohne von solchem Tadel oder Lob fortgespült und mitgerissen zu werden, wohin der Strom sie trägt? Wird der Jüngling da nicht dasselbe schön und hässlich finden wie die Masse, wird er nicht dasselbe erstreben wie die Masse und genauso werden wie sie?«

[d] »Ja, unausweichlich, Sokrates«, sagte er.

7 »Und doch«, fuhr ich fort, »haben wir den größten Zwang noch gar nicht genannt.«

»Welchen?«, fragte er.

»Den diese Erzieher und Sophisten durch die Tat hinzufügen, wenn sie mit Worten nicht überzeugen können. Oder weißt du nicht, dass sie denjenigen, der ihnen nicht folgt, mit dem Verlust der bürgerlichen Rechte, mit Geld oder Tod bestrafen?«

»Das weiß ich nur zu gut«, sagte er.

»Welche anderen Lehrer oder welche privaten Belehrungen könnten deiner Meinung nach wohl dagegen ankommen?«

[e] »Ich glaube, keine«, sagte er.

»Nein«, sagte ich, »allein schon der Versuch wäre ein großer

γίγνεται οὔτε γέγονεν οὐδὲ οὖν μὴ γένηται ἀλλοῖον ἦθος πρὸς ἀρετὴν παρὰ τὴν τούτων παιδείαν πεπαιδευμένον, ἀνθρώπειον, ὦ ἑταῖρε – θεῖον μέντοι κατὰ τὴν παροιμίαν ἐξαιρῶμεν λόγου· εὖ γὰρ χρὴ εἰδέναι, ὅτιπερ ἂν σωθῇ τε [493a] καὶ γένηται οἷον δεῖ ἐν τοιαύτῃ καταστάσει πολιτειῶν, θεοῦ μοῖραν αὐτὸ σῶσαι λέγων οὐ κακῶς ἐρεῖς.

Οὐδ᾽ ἐμοὶ ἄλλως, ἔφη, δοκεῖ.

Ἔτι τοίνυν σοι, ἦν δ᾽ ἐγώ, πρὸς τούτοις καὶ τόδε δοξάτω.

Τὸ ποῖον;

Ἕκαστος τῶν μισθαρνούντων ἰδιωτῶν, οὓς δὴ οὗτοι σοφιστὰς καλοῦσι καὶ ἀντιτέχνους ἡγοῦνται, μὴ ἄλλα παιδεύειν ἢ ταῦτα τὰ τῶν πολλῶν δόγματα, ἃ δοξάζουσιν ὅταν ἀθροισθῶσιν, καὶ σοφίαν ταύτην καλεῖν· οἷόνπερ ἂν εἰ θρέμματος μεγάλου καὶ ἰσχυροῦ τρεφομένου τὰς ὀργάς τις καὶ [b] ἐπιθυμίας κατεμάνθανεν, ὅπῃ τε προσελθεῖν χρὴ καὶ ὅπῃ ἅψασθαι αὐτοῦ, καὶ ὁπότε χαλεπώτατον ἢ πρᾳότατον καὶ ἐκ τίνων γίγνεται, καὶ φωνὰς δὴ ἐφ᾽ οἷς ἑκάστας εἴωθεν φθέγγεσθαι, καὶ οἵας αὖ ἄλλου φθεγγομένου ἡμεροῦταί τε καὶ ἀγριαίνει, καταμαθὼν δὲ ταῦτα πάντα συνουσίᾳ τε καὶ χρόνου τριβῇ σοφίαν τε καλέσειεν καὶ ὡς τέχνην συστησάμενος ἐπὶ διδασκαλίαν τρέποιτο, μηδὲν εἰδὼς τῇ ἀληθείᾳ τούτων τῶν δογμάτων τε καὶ ἐπιθυμιῶν ὅτι καλὸν ἢ αἰσχρὸν [c] ἢ ἀγαθὸν ἢ κακὸν ἢ δίκαιον ἢ ἄδικον, ὀνομάζοι δὲ πάντα ταῦτα ἐπὶ ταῖς τοῦ μεγάλου ζῴου δόξαις, οἷς μὲν χαίροι ἐκεῖνο ἀγαθὰ καλῶν, οἷς δὲ ἄχθοιτο κακά, ἄλλον δὲ μηδένα ἔχοι λόγον περὶ αὐτῶν, ἀλλὰ τἀναγκαῖα δίκαια

Unsinn. Denn eine Gesinnungsänderung hin zur Tugend, die der Erziehung dieser Leute zuwiderläuft, gibt es nicht, hat es nie gegeben und wird es auch nicht geben, zumindest nicht beim Menschen, lieber Freund. Den göttlichen Bereich wollen wir getreu der Redewendung[37] ausnehmen. Das musst du nämlich wohl wissen: Was in einer solchen Staatsverfassung gerettet wird [493a] und so ist, wie es sein soll, von dem kannst du getrost sagen, dass es seine Rettung dem göttlichen Schicksal verdankt.«

»Ich bin ganz deiner Meinung«, sagte er.

»Außerdem«, fuhr ich fort, »sollst du mir noch in Folgendem zustimmen.«

»Worin denn?«

»Jeder dieser bezahlten Privatlehrer, die man hier Sophisten nennt[38] und für Konkurrenten hält, lehrt nichts anderes als die Meinung, die die breite Masse in ihren Versammlungen hegt; und das nennt er dann Weisheit. Das ist gerade so, wie wenn jemand ein gewaltiges und starkes Tier aufgezogen und dessen Zorn und [b] Begierden kennengelernt hat, jemand, der weiß, wie man sich ihm nähern muss und wie man es berühren darf, wann es am heftigsten und wann am zahmsten ist, aus welchem Anlass es jeweils die verschiedenen Laute von sich gibt und durch welche fremden Töne es besänftigt oder wild wird; das alles hatte er im Lauf der Zeit durch den Umgang mit diesem Tier gelernt, und jetzt würde er es Weisheit nennen, würde daraus gleichsam eine Kunst machen und sich anschicken, diese zu lehren; im Grunde aber versteht er nichts von seinen Lehren über die tierischen Triebe, er weiß nicht, ob etwas schön oder hässlich, [c] gut oder schlecht, gerecht oder ungerecht ist, doch er gebraucht alle diese Bezeichnungen aufgrund des Eindrucks, den er von der wilden Bestie hat: Worüber sie sich freut, das nennt er gut, worüber sie unwillig ist, schlecht; einen anderen Maßstab dafür hat er nicht; das Not-

καλοῖ καὶ καλά, τὴν δὲ τοῦ ἀναγκαίου καὶ ἀγαθοῦ φύσιν, ὅσον διαφέρει τῷ ὄντι, μήτε ἑωρακὼς εἴη μήτε ἄλλῳ δυνατὸς δεῖξαι. τοιοῦτος δὴ ὢν πρὸς Διὸς οὐκ ἄτοπος ἄν σοι δοκεῖ εἶναι παιδευτής;

Ἔμοιγ', ἔφη.

Ἦ οὖν τι τούτου δοκεῖ διαφέρειν ὁ τὴν τῶν πολλῶν καὶ [d] παντοδαπῶν συνιόντων ὀργὴν καὶ ἡδονὰς κατανενοηκέναι σοφίαν ἡγούμενος, εἴτ' ἐν γραφικῇ εἴτ' ἐν μουσικῇ εἴτε δὴ ἐν πολιτικῇ; ὅτι μὲν γὰρ ἄν τις τούτοις ὁμιλῇ ἐπιδεικνύμενος, ἢ ποίησιν ἤ τινα ἄλλην δημιουργίαν ἢ πόλει διακονίαν, κυρίους αὑτοῦ ποιῶν τοὺς πολλούς, πέρα τῶν ἀναγκαίων, ἡ Διομηδεία λεγομένη ἀνάγκη ποιεῖν αὐτῷ ταῦτα ἃ ἂν οὗτοι ἐπαινῶσιν· ὡς δὲ καὶ ἀγαθὰ καὶ καλὰ ταῦτα τῇ ἀληθείᾳ, ἤδη πώποτέ του ἤκουσας αὐτῶν λόγον διδόντος οὐ καταγέλαστον;

[e] Οἶμαι δέ γε, ἦ δ' ὅς, οὐδ' ἀκούσομαι.

8 Ταῦτα τοίνυν πάντα ἐννοήσας ἐκεῖνο ἀναμνήσθητι· αὐτὸ τὸ καλὸν ἀλλὰ μὴ τὰ πολλὰ καλά, ἢ αὐτό τι ἕκαστον καὶ [494a] μὴ τὰ πολλὰ ἕκαστα, ἔσθ' ὅπως πλῆθος ἀνέξεται ἢ ἡγήσεαι εἶναι;

Ἥκιστά γ', ἔφη.

Φιλόσοφον μὲν ἄρα, ἦν δ' ἐγώ, πλῆθος ἀδύνατον εἶναι.

Ἀδύνατον.

Καὶ τοὺς φιλοσοφοῦντας ἄρα ἀνάγκη ψέγεσθαι ὑπ' αὐτῶν.

Ἀνάγκη.

Καὶ ὑπὸ τούτων δὴ τῶν ἰδιωτῶν, ὅσοι προσομιλοῦντες ὄχλῳ ἀρέσκειν αὐτῷ ἐπιθυμοῦσι.

Δῆλον.

Ἐκ δὴ τούτων τίνα ὁρᾷς σωτηρίαν φιλοσόφῳ φύσει, ὥστ' ἐν τῷ

wendige bezeichnet er als gerecht und schön, ohne das Wesen des Notwendigen und Schönen und den tatsächlichen Unterschied erkannt zu haben, geschweige denn imstande zu sein, ihn einem anderen zu erklären. Scheint dir das, beim Zeus, nicht ein sonderbarer Lehrer zu sein?«

»Allerdings«, sagte er.

»Kannst du einen Unterschied feststellen zwischen ihm und jenem, der es für Weisheit hält, den Zorn und die Lustgefühle eines [d] bunt zusammengewürfelten großen Haufens erkannt zu haben, egal ob es sich dabei um Malerei, Musik oder Politik handelt? Wenn sich nämlich jemand mit der Masse gemein macht und mit seiner Dichtung, einem anderen Kunstwerk oder auch mit seiner Dienstleistung für den Staat vor ihr auftritt und sich von ihr mehr als notwendig beherrschen lässt, dann wird ihn die sogenannte Notwendigkeit des Diomedes[39] zwingen, das zu tun, was die Masse für gut hält. Aber hast du dafür, dass das in Wahrheit auch gut und schön ist, von jemandem je ein Argument gehört, das nicht lächerlich wäre?«

[e] »Nein«, sagte er, »und ich werde wohl auch keines hören.«

8 »Wenn du all das bedenkst, so erinnere dich daran:[40] Ist es möglich, dass die breite Masse das Schöne an sich [494a] anerkennt und an seine Existenz glaubt und nicht nur die schönen Einzeldinge oder jedes einzelne Schöne selbst anerkennt?«

»Keineswegs«, erwiderte er.

»Also ist die Masse unmöglich philosophisch«,[41] fuhr ich fort.

»Unmöglich.«

»So müssen also die Philosophen von ihr getadelt werden.«

»Das müssen sie.«

»Und ebenso von den Privatlehrern[42], die sich mit der Masse gemein machen und ihr gefallen wollen.«

»Klar.«

»Wo siehst du unter solchen Umständen eine Rettung für eine philosophische Natur, damit sie ihrem Bestreben treu

ἐπιτηδεύματι μείνασαν πρὸς τέλος ἐλθεῖν; ἐννόει δ' [b] ἐκ τῶν ἔμπροσθεν. ὡμολόγηται γὰρ δὴ ἡμῖν εὐμάθεια καὶ μνήμη καὶ ἀνδρεία καὶ μεγαλοπρέπεια ταύτης εἶναι τῆς φύσεως.

Ναί.

Οὐκοῦν εὐθὺς ἐν παισὶν ὁ τοιοῦτος πρῶτος ἔσται ἐν ἅπασιν, ἄλλως τε καὶ ἐὰν τὸ σῶμα φυῇ προσφερὴς τῇ ψυχῇ;

Τί δ' οὐ μέλλει; ἔφη.

Βουλήσονται δὴ οἶμαι αὐτῷ χρῆσθαι, ἐπειδὰν πρεσβύτερος γίγνηται, ἐπὶ τὰ αὑτῶν πράγματα οἵ τε οἰκεῖοι καὶ οἱ πολῖται.

Πῶς δ' οὔ;

[c] Ὑποκείσονται ἄρα δεόμενοι καὶ τιμῶντες, προκαταλαμβάνοντες καὶ προκολακεύοντες τὴν μέλλουσαν αὐτοῦ δύναμιν.

Φιλεῖ γοῦν, ἔφη, οὕτω γίγνεσθαι.

Τί οὖν οἴει, ἦν δ' ἐγώ, τὸν τοιοῦτον ἐν τοῖς τοιούτοις ποιήσειν, ἄλλως τε καὶ ἐὰν τύχῃ μεγάλης πόλεως ὢν καὶ ἐν ταύτῃ πλούσιός τε καὶ γενναῖος, καὶ ἔτι εὐειδὴς καὶ μέγας; ἆρ' οὐ πληρωθήσεσθαι ἀμηχάνου ἐλπίδος, ἡγούμενον καὶ τὰ τῶν Ἑλλήνων καὶ τὰ τῶν βαρβάρων ἱκανὸν ἔσεσθαι [d] πράττειν, καὶ ἐπὶ τούτοις ὑψηλὸν ἐξαρεῖν αὑτόν, σχηματισμοῦ καὶ φρονήματος κενοῦ ἄνευ νοῦ ἐμπιμπλάμενον;

Καὶ μάλ', ἔφη.

Τῷ δὴ οὕτω διατιθεμένῳ ἐάν τις ἠρέμα προσελθὼν τἀληθῆ λέγῃ, ὅτι νοῦς οὐκ ἔνεστιν αὐτῷ, δεῖται δέ, τὸ δὲ οὐ κτητὸν μὴ δουλεύσαντι τῇ κτήσει αὐτοῦ, ἆρ' εὐπετὲς οἴει εἶναι εἰσακοῦσαι διὰ τοσούτων κακῶν;

bleiben und ans Ziel gelangen kann? Bedenke dabei auch [b] das zuvor Gesagte. Wir waren uns ja einig, dass leichte Auffassungsgabe, gutes Gedächtnis, Tapferkeit und erhabene Gesinnung zu einer solchen Natur gehören.«[43]

»Ja.«

»Wird also ein solcher Mensch schon unter den Knaben in allem der Erste sein, zumal wenn sein Körper von Natur der Seele entspricht?«[44]

»Natürlich«, sagte er.

»Und wenn er dann älter ist, werden ihn, glaube ich, seine Angehörigen und Mitbürger für ihre Zwecke ausnützen wollen.«

»Natürlich.«

[c] »Sie werden vor ihm buckeln, ihn bitten und ehren, um schon im Voraus mit ihren Schmeicheleien seine künftige Macht für sich zu gewinnen.«

»So geschieht es gewöhnlich«, sagte er.

»Was glaubst du«, fuhr ich fort, »wird ein solcher Mensch unter diesen Umständen tun, besonders wenn er in einem mächtigen Staat lebt, reich und edel von Geburt und dazu noch schön und von hohem Wuchs ist? Wird er nicht von maßloser Hoffnung erfüllt sein und glauben, er sei dazu berufen, das Schicksal der Griechen und Barbaren in die Hand zu nehmen? [d] Und wird er sich darüber nicht allzu stolz emporrecken, erfüllt von eitlem Gehabe und leerem Dünkel ohne jeden Verstand?«

»Gewiss«, sagte er.

»Wenn nun an ihn, der in solcher Verfassung ist, jemand sachte heranträte und ihm die Wahrheit sagte, dass er keine Vernunft besitze, sie aber dringend bräuchte und dass er sie nur erwerben könnte, wenn er sich ganz ihrem Erwerb hingäbe, glaubst du, er würde, umgeben von so viel Schlechtigkeit, leicht darauf hören?«

Πολλοῦ γε δεῖ, ἦ δ᾽ ὅς.

Ἐὰν δ᾽ οὖν, ἦν δ᾽ ἐγώ, διὰ τὸ εὖ πεφυκέναι καὶ τὸ συγγενὲς [e] τῶν λόγων εἰσαισθάνηταί τέ πῃ καὶ κάμπτηται καὶ ἕλκηται πρὸς φιλοσοφίαν, τί οἰόμεθα δράσειν ἐκείνους τοὺς ἡγουμένους ἀπολλύναι αὐτοῦ τὴν χρείαν τε καὶ ἑταιρίαν; οὐ πᾶν μὲν ἔργον, πᾶν δ᾽ ἔπος λέγοντάς τε καὶ πράττοντας καὶ περὶ αὐτόν, ὅπως ἂν μὴ πεισθῇ, καὶ περὶ τὸν πείθοντα, ὅπως ἂν μὴ οἷός τ᾽ ᾖ, καὶ ἰδίᾳ ἐπιβουλεύοντας καὶ δημοσίᾳ εἰς ἀγῶνας καθιστάντας;

[495a] Πολλή, ἦ δ᾽ ὅς, ἀνάγκη.

Ἔστιν οὖν ὅπως ὁ τοιοῦτος φιλοσοφήσει;

Οὐ πάνυ.

9 Ὁρᾷς οὖν, ἦν δ᾽ ἐγώ, ὅτι οὐ κακῶς ἐλέγομεν ὡς ἄρα καὶ αὐτὰ τὰ τῆς φιλοσόφου φύσεως μέρη, ὅταν ἐν κακῇ τροφῇ γένηται, αἴτια τρόπον τινὰ τοῦ ἐκπεσεῖν ἐκ τοῦ ἐπιτηδεύματος, καὶ τὰ λεγόμενα ἀγαθά, πλοῦτοί τε καὶ πᾶσα ἡ τοιαύτη παρασκευή;

Οὐ γάρ, ἀλλ᾽ ὀρθῶς, ἔφη, ἐλέχθη.

Οὗτος δή, εἶπον, ὦ θαυμάσιε, ὄλεθρός τε καὶ διαφθορὰ [b] τοσαύτη τε καὶ τοιαύτη τῆς βελτίστης φύσεως εἰς τὸ ἄριστον ἐπιτήδευμα, ὀλίγης καὶ ἄλλως γιγνομένης, ὡς ἡμεῖς φαμεν. καὶ ἐκ τούτων δὴ τῶν ἀνδρῶν καὶ οἱ τὰ μέγιστα κακὰ ἐργαζόμενοι τὰς πόλεις γίγνονται καὶ τοὺς ἰδιώτας, καὶ οἱ τἀγαθά, οἳ ἂν ταύτῃ τύχωσι ῥυέντες· σμικρὰ δὲ φύσις οὐδὲν μέγα οὐδέποτε οὐδένα οὔτε ἰδιώτην οὔτε πόλιν δρᾷ.

Ἀληθέστατα, ἦ δ᾽ ὅς.

Οὗτοι μὲν δὴ οὕτως ἐκπίπτοντες, οἷς μάλιστα προσήκει, [c] ἔρη-

»Nicht leicht«, sagte er.

»Wenn nun einer«, so fuhr ich fort, »doch darauf achtete, weil er dank seiner guten Veranlagung sich solchen Worten innerlich verwandt fühlt, [e] und umgestimmt und von der Philosophie angezogen wird, was glauben wir, werden dann jene Leute machen, die nun fürchten, seine nützliche Freundschaft[45] zu verlieren? Werden sie nicht mit Worten und Taten alles daransetzen, einmal, dass er sich nicht umstimmen lässt, dann aber auch dass der Mahner keinen Erfolg hat, indem sie ihm privat nachstellen oder ihn öffentlich vor Gericht zerren?«[46]

[495a] »Notwendigerweise«, sagte er.

»Kann ein solcher Mann Philosoph werden?«

»Gewiss nicht.«

9 »Du siehst also«, setzte ich fort, »unsere Behauptung[47] war nicht falsch, dass die einzelnen Eigenschaften der philosophischen Natur, wenn sie nicht in die richtigen Bahnen gelenkt werden, in gewisser Weise selbst schuld sind, dass einer diese Beschäftigung aufgibt; und dazu kommen noch die sogenannten Güter wie Reichtum und die ganze Herrlichkeit der Welt.«

»Unsere Behauptung war also richtig«, sagte er.

»Das also, mein Bester«, erwiderte ich, »sind die Gefahren, denen die beste Natur ausgesetzt ist, [b] wenn sie sich der besten Beschäftigung hingeben will; so leicht und auf so vielfache Weise kann sie verdorben werden, noch dazu, wo es sie nur so selten gibt, wie wir sagten. Und aus solchen Männern werden dann die größten Verbrecher an den Staaten und den Bürgern, aber auch die größten Wohltäter, wenn sie der Zufall in diese Richtung schwemmt.[48] Eine geringe Natur hingegen schafft nie etwas Großes, weder für den einzelnen Bürger noch für den Staat.«

»Sehr richtig«, sagte er.

»Wenn aber jene, denen die Philosophie am ehesten zu-

μον καὶ ἀτελῆ φιλοσοφίαν λείποντες αὐτοί τε βίον οὐ προσήκοντα οὐδ᾽ ἀληθῆ ζῶσιν, τὴν δέ, ὥσπερ ὀρφανὴν συγγενῶν, ἄλλοι ἐπεισελθόντες ἀνάξιοι ᾔσχυνάν τε καὶ ὀνείδη περιῆψαν, οἷα καὶ σὺ φῂς ὀνειδίζειν τοὺς ὀνειδίζοντας, ὡς οἱ συνόντες αὐτῇ οἱ μὲν οὐδενός, οἱ δὲ πολλοὶ πολλῶν κακῶν ἄξιοί εἰσιν.

Καὶ γὰρ οὖν, ἔφη, τά γε λεγόμενα ταῦτα.

Εἰκότως γε, ἦν δ᾽ ἐγώ, λεγόμενα. καθορῶντες γὰρ ἄλλοι ἀνθρωπίσκοι κενὴν τὴν χώραν ταύτην γιγνομένην, καλῶν [d] δὲ ὀνομάτων καὶ προσχημάτων μεστήν, ὥσπερ οἱ ἐκ τῶν εἱργμῶν εἰς τὰ ἱερὰ ἀποδιδράσκοντες, ἄσμενοι καὶ οὗτοι ἐκ τῶν τεχνῶν ἐκπηδῶσιν εἰς τὴν φιλοσοφίαν, οἳ ἂν κομψότατοι ὄντες τυγχάνωσι περὶ τὸ αὑτῶν τεχνίον. ὅμως γὰρ δὴ πρός γε τὰς ἄλλας τέχνας καίπερ οὕτω πραττούσης φιλοσοφίας τὸ ἀξίωμα μεγαλοπρεπέστερον λείπεται, οὗ δὴ ἐφιέμενοι πολλοὶ ἀτελεῖς μὲν τὰς φύσεις, ὑπὸ δὲ τῶν τεχνῶν τε καὶ δημιουργιῶν ὥσπερ τὰ σώματα λελώβηνται, οὕτω [e] καὶ τὰς ψυχὰς συγκεκλασμένοι τε καὶ ἀποτεθρυμμένοι διὰ τὰς βαναυσίας τυγχάνουσιν – ἢ οὐκ ἀνάγκη;

Καὶ μάλα, ἔφη.

Δοκεῖς οὖν τι, ἦν δ᾽ ἐγώ, διαφέρειν αὐτοὺς ἰδεῖν ἀργύριον κτησαμένου χαλκέως φαλακροῦ καὶ σμικροῦ, νεωστὶ μὲν ἐκ δεσμῶν λελυμένου, ἐν βαλανείῳ δὲ λελουμένου, νεουργὸν ἱμάτιον ἔχοντος, ὡς νυμφίου παρεσκευασμένου, διὰ πενίαν καὶ ἐρημίαν τοῦ δεσπότου τὴν θυγατέρα μέλλοντος γαμεῖν;

[496a] Οὐ πάνυ, ἔφη, διαφέρει.

Ποῖ᾽ ἄττα οὖν εἰκὸς γεννᾶν τοὺς τοιούτους; οὐ νόθα καὶ φαῦλα;

käme, ihr untreu werden, sie im Stich lassen und vernachlässigen, [c] dann führen sie ein unwürdiges Leben ohne Wahrheit; an die Philosophie aber, die nun gleichsam von allen Verwandten verlassen und verwaist ist, machen sich andere heran, Unwürdige, die sie schänden und in Verruf bringen, worauf dann ihre Verleumder, wie du selbst festgestellt hast, sagen, wer sich mit ihr befasse, sei nichts wert, die meisten aber seien schuld an vielen Übeln.«

»Ja, genau das sagt man«, entgegnete er.

»Und das mit Recht«, fuhr ich fort. »Denn wenn andere Menschenwichte den Platz dort, der doch so voll von guten [d] Namen und schönen Aussichten ist, leer sehen, machen sie es wie Häftlinge, die aus dem Gefängnis entspringen und sich in einen Tempel flüchten; auch sie springen freudig aus ihrem Beruf hinüber in die Philosophie; und das sind gerade solche, die in ihrem bescheidenen Beruf besonders schlau waren. Denn mag es ihr auch sonst schlecht gehen, so bleibt doch der Philosophie im Vergleich zu den anderen Künsten ein glänzenderes Ansehen, nach dem es viele unbegabte Naturen gelüstet, die durch ihre handwerkliche Tätigkeit ebenso körperlich geschädigt wie [e] seelisch gebrochen und durch ihre stumpfsinnige Arbeit aufgerieben sind.[49] Oder muss das nicht so kommen?«

»Ganz gewiss«, sagte er.

»Kannst du«, fuhr ich fort, »einen Unterschied erkennen[50] zwischen ihnen und einem kahlköpfigen, kleinen Schmied, der zu Geld gekommen ist und dem erst jüngst die Fesseln abgenommen wurden,[51] der jetzt frisch gebadet und neu eingekleidet und wie ein Bräutigam ausstaffiert die Tochter seines Meisters, die verarmt und verwaist ist, heiraten will?«

[496a] »Da ist kein großer Unterschied«, sagte er.

»Was für Kinder sind von solchen Leuten zu erwarten? Doch wohl Bastarde und missratene Kreaturen?«

Πολλὴ ἀνάγκη.

Τί δέ; τοὺς ἀναξίους παιδεύσεως, ὅταν αὐτῇ πλησιάζοντες ὁμιλῶσι μὴ κατ᾽ ἀξίαν, ποῖ᾽ ἄττα φῶμεν γεννᾶν διανοήματά τε καὶ δόξας; ἆρ᾽ οὐχ ὡς ἀληθῶς προσήκοντα ἀκοῦσαι σοφίσματα, καὶ οὐδὲν γνήσιον οὐδὲ φρονήσεως [ἄξιον] ἀληθινῆς ἐχόμενον;

Παντελῶς μὲν οὖν, ἔφη.

10 Πάνσμικρον δή τι, ἔφην ἐγώ, ὦ Ἀδείμαντε, λείπεται τῶν [b] κατ᾽ ἀξίαν ὁμιλούντων φιλοσοφίᾳ, ἤ που ὑπὸ φυγῆς καταληφθὲν γενναῖον καὶ εὖ τεθραμμένον ἦθος, ἀπορίᾳ τῶν διαφθερούντων κατὰ φύσιν μεῖναν ἐπ᾽ αὐτῇ, ἢ ἐν σμικρᾷ πόλει ὅταν μεγάλη ψυχὴ φυῇ καὶ ἀτιμάσασα τὰ τῆς πόλεως ὑπερίδῃ· βραχὺ δέ πού τι καὶ ἀπ᾽ ἄλλης τέχνης δικαίως ἀτιμάσαν εὐφυὲς ἐπ᾽ αὐτὴν ἂν ἔλθοι. εἴη δ᾽ ἂν καὶ ὁ τοῦ ἡμετέρου ἑταίρου Θεάγους χαλινὸς οἷος κατασχεῖν· καὶ γὰρ [c] Θεάγει τὰ μὲν ἄλλα πάντα παρεσκεύασται πρὸς τὸ ἐκπεσεῖν φιλοσοφίας, ἡ δὲ τοῦ σώματος νοσοτροφία ἀπείργουσα αὐτὸν τῶν πολιτικῶν κατέχει. τὸ δ᾽ ἡμέτερον οὐκ ἄξιον λέγειν, τὸ δαιμόνιον σημεῖον· ἢ γάρ πού τινι ἄλλῳ ἢ οὐδενὶ τῶν ἔμπροσθεν γέγονεν. καὶ τούτων δὴ τῶν ὀλίγων οἱ γενόμενοι καὶ γευσάμενοι ὡς ἡδὺ καὶ μακάριον τὸ κτῆμα, καὶ τῶν πολλῶν αὖ ἱκανῶς ἰδόντες τὴν μανίαν, καὶ ὅτι οὐδεὶς οὐδὲν ὑγιὲς ὡς ἔπος εἰπεῖν περὶ τὰ τῶν πόλεων πράττει οὐδ᾽ ἔστι [d] σύμμαχος μεθ᾽ ὅτου τις ἰὼν ἐπὶ τὴν τῷ δικαίῳ βοήθειαν σῴζοιτ᾽ ἄν, ἀλλ᾽ ὥσπερ εἰς θηρία ἄνθρωπος ἐμπεσών, οὔτε συναδικεῖν ἐθέλων οὔτε ἱκανὸς ὢν

»Zwangsläufig.«

»Wie nun, wenn sich Leute, die einer höheren Bildung unwürdig sind, der Philosophie nähern und einen unwürdigen Umgang mit ihr haben, was für Gedanken und Meinungen werden sie wohl in die Welt setzen? Doch wohl solche, die zu Recht Sophismen heißen, jedoch nichts Echtes und nichts, was mit wahrer Einsicht zu tun hat.«

»Ganz richtig«, sagte er.

10 »Von denen, mein Adeimantos«, so setzte ich fort, »die sich [b] auf würdige Weise mit Philosophie beschäftigen, bleibt also nur eine ganz geringe Zahl übrig. Darunter etwa irgendwo in der Verbannung ein edler, wohlgebildeter Charakter, der seiner Veranlagung nach der Philosophie treu bleibt, zumal ja dort auch alle verderblichen Einflüsse fehlen. Oder es wächst in einem kleinen Staat eine große Seele heran, die die kleinlichen politischen Verhältnisse dort missachtet und auf sie herabblickt. Klein ist auch die Zahl derer, die von einem anderen Beruf, den sie wegen ihrer edlen Anlage mit Recht geringschätzen, zur Philosophie kommen. Manchen könnten auch die Zügel, wie unseren Freund Theages[52], bei der Stange halten. Denn auch [c] bei Theages deutete schon alles auf den Abfall von der Philosophie hin, doch die Pflege seines kranken Körpers hinderte ihn daran und hält ihn von der Politik fern. Von mir selbst brauchen wir nicht zu reden, von der Stimme meines Daimonions,[53] denn sie wurde vor mir so gut wie keinem zuteil. Wer nun zu dieser kleinen Schar gehört und von der Süße und Glückseligkeit dieses Besitzes[54] gekostet hat, andererseits aber den Wahnsinn der breiten Masse zur Genüge durchschaut hat, der erkennt,[55] dass in der Politik sozusagen niemand etwas Vernünftiges zustande bringt, dass es auch keinen Bundesgenossen gibt, [d] mit dem man ausziehen könnte, um der Gerechtigkeit zu helfen, ohne selbst zugrunde zu gehen; er ist wie ein Mensch, der unter wilde Bestien gefallen ist, weder will er

εἰς πᾶσιν ἀγρίοις ἀντέχειν, πρίν τι τὴν πόλιν ἢ φίλους ὀνῆσαι προαπολόμενος ἀνωφελὴς αὑτῷ τε καὶ τοῖς ἄλλοις ἂν γένοιτο – ταῦτα πάντα λογισμῷ λαβών, ἡσυχίαν ἔχων καὶ τὰ αὑτοῦ πράττων, οἷον ἐν χειμῶνι κονιορτοῦ καὶ ζάλης ὑπὸ πνεύματος φερομένου ὑπὸ τειχίον ἀποστάς, ὁρῶν τοὺς ἄλλους καταπιμπλαμένους ἀνομίας, ἀγαπᾷ εἴ πῃ αὐτὸς καθαρὸς ἀδικίας τε καὶ ἀνοσίων [e] ἔργων τόν τε ἐνθάδε βίον βιώσεται καὶ τὴν ἀπαλλαγὴν αὐτοῦ μετὰ καλῆς ἐλπίδος ἵλεώς τε καὶ εὐμενὴς ἀπαλλάξεται.

[497a] Ἀλλά τοι, ἦ δ᾽ ὅς, οὐ τὰ ἐλάχιστα ἂν διαπραξάμενος ἀπαλλάττοιτο.

Οὐδέ γε, εἶπον, τὰ μέγιστα, μὴ τυχὼν πολιτείας προσηκούσης· ἐν γὰρ προσηκούσῃ αὐτός τε μᾶλλον αὐξήσεται καὶ μετὰ τῶν ἰδίων τὰ κοινὰ σώσει.

11 Τὸ μὲν οὖν τῆς φιλοσοφίας ὧν ἕνεκα διαβολὴν εἴληφεν καὶ ὅτι οὐ δικαίως, ἐμοὶ μὲν δοκεῖ μετρίως εἰρῆσθαι, εἰ μὴ ἔτ᾽ ἄλλο λέγεις τι σύ.

Ἀλλ᾽ οὐδέν, ἦ δ᾽ ὅς, ἔτι λέγω περὶ τούτου· ἀλλὰ τὴν προσήκουσαν αὐτῇ τίνα τῶν νῦν λέγεις πολιτειῶν;

[b] Οὐδ᾽ ἥντινοῦν, εἶπον, ἀλλὰ τοῦτο καὶ ἐπαιτιῶμαι, μηδεμίαν ἀξίαν εἶναι τῶν νῦν κατάστασιν πόλεως φιλοσόφου φύσεως· διὸ καὶ στρέφεσθαί τε καὶ ἀλλοιοῦσθαι αὐτήν, ὥσπερ ξενικὸν σπέρμα ἐν γῇ ἄλλῃ σπειρόμενον ἐξίτηλον εἰς τὸ ἐπιχώριον φιλεῖ κρατούμενον ἰέναι, οὕτω καὶ τοῦτο τὸ γένος νῦν μὲν οὐκ ἴσχειν τὴν αὑτοῦ δύναμιν, ἀλλ᾽ εἰς ἀλλότριον ἦθος ἐκπίπτειν· εἰ δὲ λήψεται τὴν ἀρίστην πολιτείαν, ὥσπερ [c] καὶ αὐτὸ ἄριστόν ἐστιν, τότε δηλώσει

sich am Unrecht beteiligen, noch ist er imstande, allein all den Wilden Widerstand zu leisten, und wäre, ehe er dem Staat oder den Freunden helfen könnte, verloren, ohne Nutzen für sich selbst und für die anderen; wer all dies bedenkt, hält sich ruhig zurück und tut nur noch das Seine, wie wenn er bei einem Sandsturm oder Platzregen vor dem peitschenden Wind unter einem Mäuerchen Schutz sucht; und wenn er nun sieht, wie die anderen voll Ungesetzlichkeit sind, schätzt er sich glücklich, wenn er nur frei von Ungerechtigkeit und gottlosen [e] Werken sein Leben hier verbringen und mit guter Hoffnung ruhig und heiter aus ihm scheiden kann.«[56]

[497a] »Und doch hat er nichts Geringes erreicht, wenn er so aus dem Leben scheidet«, sagte er.

»Aber auch nicht das Größte«, entgegnete ich, »da er keinen Staat gefunden hat, der ihm entspricht;[57] denn nur in einem solchen würde er selbst mehr wachsen und neben seinen eigenen Interessen auch die der Allgemeinheit wahren.«

11 »Die Gründe«, (fuhr ich fort,) »weshalb die Philosophie, und zwar zu Unrecht, in Verruf geraten ist, habe ich, scheint's, hinreichend erklärt. Oder hast du noch etwas dazu zu sagen?«

»Keineswegs«, erwiderte er. »Aber welche von den heutigen Staatsverfassungen entspricht deiner Meinung nach der Philosophie?«

[b] »Keine einzige«, antwortete ich. »Gerade darüber beklage ich mich ja, dass keine einzige unter den heutigen Staatsverfassungen der Natur eines Philosophen würdig ist, weshalb sich diese auch immer wandelt und ändert. Wie ein exotischer Samen, der in einem ihm fremden Erdreich ausgesät wird, seine Eigenart verliert und sich zwangsläufig den Bedingungen des neuen Bodens anzupassen pflegt, so kann auch das Geschlecht der Philosophen heutzutage die ihm eigene Kraft nicht bewahren, sondern schlägt in eine andere Wesensart um. Wenn es aber dereinst der besten Verfassung begegnet, so wie [c] es

ὅτι τοῦτο μὲν τῷ ὄντι θεῖον ἦν, τὰ δὲ ἄλλα ἀνθρώπινα, τά τε τῶν φύσεων καὶ τῶν ἐπιτηδευμάτων. δῆλος δὴ οὖν εἶ ὅτι μετὰ τοῦτο ἐρήσῃ τίς αὕτη ἡ πολιτεία.

Οὐκ ἔγνως, ἔφη· οὐ γὰρ τοῦτο ἔμελλον, ἀλλ᾽ εἰ αὐτὴ ἣν ἡμεῖς διεληλύθαμεν οἰκίζοντες τὴν πόλιν ἢ ἄλλη.

Τὰ μὲν ἄλλα, ἦν δ᾽ ἐγώ, αὕτη· τοῦτο δὲ αὐτὸ ἐρρήθη μὲν καὶ τότε, ὅτι δεήσοι τι ἀεὶ ἐνεῖναι ἐν τῇ πόλει λόγον [d] ἔχον τῆς πολιτείας τὸν αὐτὸν ὅνπερ καὶ σὺ ὁ νομοθέτης ἔχων τοὺς νόμους ἐτίθεις.

Ἐρρήθη γάρ, ἔφη.

Ἀλλ᾽ οὐχ ἱκανῶς, εἶπον, ἐδηλώθη, φόβῳ ὧν ὑμεῖς ἀντιλαμβανόμενοι δεδηλώκατε μακρὰν καὶ χαλεπὴν αὐτοῦ τὴν ἀπόδειξιν· ἐπεὶ καὶ τὸ λοιπὸν οὐ πάντων ῥᾷστον διελθεῖν.

Τὸ ποῖον;

Τίνα τρόπον μεταχειριζομένη πόλις φιλοσοφίαν οὐ διολεῖται. τὰ γὰρ δὴ μεγάλα πάντα ἐπισφαλῆ, καὶ τὸ λεγόμενον τὰ καλὰ τῷ ὄντι χαλεπά.

[e] Ἀλλ᾽ ὅμως, ἔφη, λαβέτω τέλος ἡ ἀπόδειξις τούτου φανεροῦ γενομένου.

Οὐ τὸ μὴ βούλεσθαι, ἦν δ᾽ ἐγώ, ἀλλ᾽ εἴπερ, τὸ μὴ δύνασθαι διακωλύσει· παρὼν δὲ τήν γ᾽ ἐμὴν προθυμίαν εἴσῃ. σκόπει δὲ καὶ νῦν ὡς προθύμως καὶ παρακινδυνευτικῶς μέλλω λέγειν, ὅτι τοὐναντίον ἢ νῦν δεῖ τοῦ ἐπιτηδεύματος τούτου πόλιν ἅπτεσθαι.

Πῶς;

Νῦν μέν, ἦν δ᾽ ἐγώ, οἱ καὶ ἁπτόμενοι μειράκια ὄντα ἄρτι [498a] ἐκ παίδων τὸ μεταξὺ οἰκονομίας καὶ χρηματισμοῦ πλησιά-

selbst ja auch das Beste ist, dann wird sich zeigen, dass es in Wahrheit göttlich ist, alles andere aber bloß menschlich in seinem Wesen und Streben. Offenbar wirst du gleich fragen, welche Verfassung das ist.«

»Da irrst du dich«, sagte er. »Nicht das wollte ich fragen, sondern ob es eben jene Verfassung ist, die wir bei der Gründung unseres Staates besprochen haben, oder eine andere.«

»Ja, im Großen und Ganzen ist es diese«, entgegnete ich. »Das eine wurde aber auch damals schon gesagt,[58] dass es in dem Staat jederzeit etwas geben müsse, das denselben Geist der Verfassung besitzt [d] wie du, der Gesetzgeber, als du die Gesetze aufstelltest.«

»Das wurde gesagt«, erwiderte er.

»Aber die Erklärung dazu genügte nicht«, fuhr ich fort, »fürchtete ich doch eure Einwendungen, durch die ihr mir zeigen würdet, wie lang und mühsam der Beweis dafür sein würde. Denn auch das Übrige ist keineswegs leicht zu behandeln.«

»Und was ist das?«

»Auf welche Weise der Staat die Philosophie handhaben soll, ohne dabei zugrunde zu gehen. Denn alles Große ist hinfällig, und das Schöne ist in der Tat schwer, wie man sagt.«[59]

[e] »Gleichwohl«, sagte er, »soll unsere Untersuchung erst ihr Ende finden, wenn auch das geklärt ist.«

»Am guten Willen soll's nicht liegen«, erwiderte ich, »wenn uns etwas daran hindert, dann ist es unser Unvermögen. Meine Bereitschaft wirst du gleich sehen. Sieh nur, wie entschlossen ich bereit bin, die gewagte Ansicht zu vertreten, dass der Staat diese Sache nicht wie jetzt, sondern gerade umgekehrt anpacken muss.«

»Wie denn?«

»Heute«, antwortete ich, »befassen sich die Jünglinge, eben erst dem Knabenalter entwachsen, mit der Philosophie; [498a] mitten zwischen den häuslichen Geschäften und der Be-

σαντες αὐτοῦ τῷ χαλεπωτάτῳ ἀπαλλάττονται, οἱ φιλοσοφώτατοι ποιούμενοι – λέγω δὲ χαλεπώτατον τὸ περὶ τοὺς λόγους – ἐν δὲ τῷ ἔπειτα, ἐὰν καὶ ἄλλων τοῦτο πραττόντων παρακαλούμενοι ἐθέλωσιν ἀκροαταὶ γίγνεσθαι, μεγάλα ἡγοῦνται, πάρεργον οἰόμενοι αὐτὸ δεῖν πράττειν· πρὸς δὲ τὸ γῆρας ἐκτὸς δή τινων ὀλίγων ἀποσβέννυνται πολὺ μᾶλλον τοῦ [b] Ἡρακλειτείου ἡλίου, ὅσον αὖθις οὐκ ἐξάπτονται.

Δεῖ δὲ πῶς; ἔφη.

Πᾶν τοὐναντίον· μειράκια μὲν ὄντα καὶ παῖδας μειρακιώδη παιδείαν καὶ φιλοσοφίαν μεταχειρίζεσθαι, τῶν τε σωμάτων, ἐν ᾧ βλαστάνει τε καὶ ἀνδροῦται, εὖ μάλα ἐπιμελεῖσθαι, ὑπηρεσίαν φιλοσοφίᾳ κτωμένους· προϊούσης δὲ τῆς ἡλικίας, ἐν ᾗ ἡ ψυχὴ τελεοῦσθαι ἄρχεται, ἐπιτείνειν τὰ ἐκείνης γυμνάσια· ὅταν δὲ λήγῃ μὲν ἡ ῥώμη, πολιτικῶν δὲ καὶ [c] στρατειῶν ἐκτὸς γίγνηται, τότε ἤδη ἀφέτους νέμεσθαι καὶ μηδὲν ἄλλο πράττειν, ὅτι μὴ πάρεργον, τοὺς μέλλοντας εὐδαιμόνως βιώσεσθαι καὶ τελευτήσαντας τῷ βίῳ τῷ βεβιωμένῳ τὴν ἐκεῖ μοῖραν ἐπιστήσειν πρέπουσαν.

12 Ὡς ἀληθῶς μοι δοκεῖς, ἔφη, λέγειν γε προθύμως, ὦ Σώκρατες· οἶμαι μέντοι τοὺς πολλοὺς τῶν ἀκουόντων προθυμότερον ἔτι ἀντιτείνειν οὐδ᾽ ὁπωστιοῦν πεισομένους, ἀπὸ Θρασυμάχου ἀρξαμένους.

Μὴ διάβαλλε, ἦν δ᾽ ἐγώ, ἐμὲ καὶ Θρασύμαχον ἄρτι [d] φίλους γεγονότας, οὐδὲ πρὸ τοῦ ἐχθροὺς ὄντας. πεῖρας γὰρ οὐδὲν ἀνήσομεν, ἕως ἂν ἢ πείσωμεν καὶ τοῦτον καὶ τοὺς ἄλλους, ἤ προὔργου τι

rufsarbeit gehen sie an den schwierigsten Teil der Philosophie heran und lassen dann wieder von ihr ab;[60] und sie gelten noch als die besten Philosophen. Mit dem schwierigsten Teil aber meine ich die Dialektik. Wenn sie dann später, weil andere das auch tun, sich veranlasst sehen, philosophische Vorträge zu hören, so halten sie das schon für eine besondere Leistung und glauben, man müsse das nur so nebenbei betreiben. Im Alter aber erlischt ihr Eifer, mit Ausnahme von ganz wenigen, noch viel mehr als die [b] Sonne des Heraklit,[61] nur entzündet er sich nicht mehr wieder.«

»Wie sollte es aber sein?«, fragte er.

»Gerade umgekehrt. Jünglinge und Knaben sollten eine Erziehung und philosophische Bildung erhalten, die ihrem jugendlichen Alter entspricht; daher sollen sie sich um ihren Körper, während sie wachsen und mannbar werden, besonders bemühen, um in ihm eine Stütze für die Philosophie zu bekommen. Wenn dann ihre Seele mit fortschreitendem Alter vollkommen zu werden beginnt, dann sollen sie ihre Übungen auf die Philosophie verlegen.[62] Lässt dann ihre Spannkraft nach und reicht sie für die Politik und den Kriegsdienst nicht mehr aus, [c] dann erst sollen sie frei[63] von Tagesgeschäften leben und nichts anderes, außer vielleicht so nebenbei, betreiben als Philosophie; so werden sie glücklich leben und im Tod ihr hier vollbrachtes Leben dort mit dem gebührenden Los krönen.«[64]

12 »Wirklich, an bereitwilligem Eifer fehlt es in deiner Rede nicht, wie mir scheint, Sokrates«, sagte er. »Ich fürchte nur, die meisten deiner Zuhörer werden, angefangen von Thrasymachos, noch mehr Eifer an den Tag legen, um dir zu widersprechen, und werden sich keineswegs überzeugen lassen.«

»Treib keinen Keil zwischen mich und Thrasymachos«, erwiderte ich, »sind wir doch eben erst [d] Freunde geworden und waren auch vorher keine Feinde. Wir wollen aber nichts unversucht lassen, bis wir ihn und die anderen überzeugt oder

ποιήσωμεν εἰς ἐκεῖνον τὸν βίον, ὅταν αὖθις γενόμενοι τοῖς τοιούτοις ἐντύχωσι λόγοις.

Εἰς μικρόν γ', ἔφη, χρόνον εἴρηκας.

Εἰς οὐδὲν μὲν οὖν, ἔφην, ὥς γε πρὸς τὸν ἅπαντα. τὸ μέντοι μὴ πείθεσθαι τοῖς λεγομένοις τοὺς πολλοὺς θαῦμα οὐδέν· οὐ γὰρ πώποτε εἶδον γενόμενον τὸ νῦν λεγόμενον, [e] ἀλλὰ πολὺ μᾶλλον τοιαῦτ' ἄττα ῥήματα ἐξεπίτηδες ἀλλήλοις ὡμοιωμένα, ἀλλ' οὐκ ἀπὸ τοῦ αὐτομάτου ὥσπερ νῦν συμπεσόντα. ἄνδρα δὲ ἀρετῇ παρισωμένον καὶ ὡμοιωμένον μέχρι τοῦ δυνατοῦ τελέως ἔργῳ τε καὶ λόγῳ, δυναστεύοντα [499a] ἐν πόλει ἑτέρᾳ τοιαύτῃ, οὐ πώποτε ἑωράκασιν, οὔτε ἕνα οὔτε πλείους. ἢ οἴει;

Οὐδαμῶς γε.

Οὐδέ γε αὖ λόγων, ὦ μακάριε, καλῶν τε καὶ ἐλευθέρων ἱκανῶς ἐπήκοοι γεγόνασιν, οἵων ζητεῖν μὲν τὸ ἀληθὲς συντεταμένως ἐκ παντὸς τρόπου τοῦ γνῶναι χάριν, τὰ δὲ κομψά τε καὶ ἐριστικὰ καὶ μηδαμόσε ἄλλοσε τείνοντα ἢ πρὸς δόξαν καὶ ἔριν καὶ ἐν δίκαις καὶ ἐν ἰδίαις συνουσίαις πόρρωθεν ἀσπαζομένων.

Οὐδὲ τούτων, ἔφη.

Τούτων τοι χάριν, ἦν δ' ἐγώ, καὶ ταῦτα προορώμενοι [b] ἡμεῖς τότε καὶ δεδιότες ὅμως ἐλέγομεν, ὑπὸ τἀληθοῦς ἠναγκασμένοι, ὅτι οὔτε πόλις οὔτε πολιτεία οὐδέ γ' ἀνὴρ ὁμοίως μή ποτε γένηται τέλεος, πρὶν ἂν τοῖς φιλοσόφοις τούτοις τοῖς ὀλίγοις καὶ οὐ πονηροῖς, ἀχρήστοις δὲ νῦν κεκλημένοις, ἀνάγκη τις ἐκ τύχης περιβάλῃ, εἴτε βούλονται εἴτε μή, πόλεως ἐπιμεληθῆναι, καὶ τῇ πόλει

wenigstens ein Stück Vorarbeit für ihr nächstes Leben geleistet haben, wenn sie, wiedergeboren, an solchen Gesprächen teilnehmen sollten.«[65]

»Da sprichst du für eine gar kurze Zeit«, sagte er.

»Für fast gar keine, verglichen mit der Ewigkeit«, entgegnete ich. »Wenn freilich die meisten Menschen meinen Worten keinen Glauben schenken wollen, so ist das kein Wunder, haben sie doch, was hier ausgesprochen wurde, noch nie ausgeführt[66] gesehen. [e] Vielmehr sahen sie nur, wie solche Phrasen geflissentlich in Einklang gebracht wurden, sich aber nicht wie hier ganz von selbst zu einem Ganzen fügten. Einen Mann aber, der bis zur möglichen Vollkommenheit in Wort und Tat mit der Tugend in Einklang steht und ihr gleicht,[67] haben sie noch nie als Herrscher [499a] in einem anderen[68] ebenso vollkommenen Staat erlebt, weder einen noch mehrere. Oder was meinst du?«

»Gewiss nicht.«

»Sie haben auch nicht genügend schöne und edle Reden gehört, mein Bester, solche also, die mit aller Macht und mit allen Mitteln der Erkenntnis wegen nach der Wahrheit suchen und die Spitzfindigkeit und rhetorische Zänkerei, die ja nur auf Schein und Rechthaberei vor Gericht und bei privaten Unterhaltungen abzielen, weit von sich weisen.«

»Freilich nicht«, sagte er.

»Deshalb also«, fuhr ich fort, »und weil wir es schon vorhersahen, [b] sagten wir damals,[69] gleichwohl von der Wahrheit genötigt, wenn auch mit einigem Bedenken, dass kein Staat, keine Verfassung, ja nicht einmal ein einzelner Mensch je vollkommen sein wird, solange nicht diese wenigen Philosophen, die man, wenn schon nicht als schlecht, so doch als unbrauchbar bezeichnet, ob sie nun wollen oder nicht, vom Schicksal irgendwie dazu gezwungen werden, sich um den Staat zu kümmern, und solange nicht der Staat gezwungen wird, ihnen zu

κατηκόῳ γενέσθαι, ἢ τῶν νῦν ἐν δυναστείαις ἢ βασιλείαις ὄντων ὑέσιν ἢ αὐτοῖς [c] ἔκ τινος θείας ἐπιπνοίας ἀληθινῆς φιλοσοφίας ἀληθινὸς ἔρως ἐμπέσῃ. τούτων δὲ πότερα γενέσθαι ἢ ἀμφότερα ὡς ἄρα ἐστὶν ἀδύνατον, ἐγὼ μὲν οὐδένα φημὶ ἔχειν λόγον. οὕτω γὰρ ἂν ἡμεῖς δικαίως καταγελῴμεθα, ὡς ἄλλως εὐχαῖς ὅμοια λέγοντες. ἢ οὐχ οὕτως;

Οὕτως.

Εἰ τοίνυν ἄκροις εἰς φιλοσοφίαν πόλεώς τις ἀνάγκη ἐπιμεληθῆναι ἢ γέγονεν ἐν τῷ ἀπείρῳ τῷ παρεληλυθότι χρόνῳ ἢ καὶ νῦν ἔστιν ἔν τινι βαρβαρικῷ τόπῳ, πόρρω που [d] ἐκτὸς ὄντι τῆς ἡμετέρας ἐπόψεως, ἢ καὶ ἔπειτα γενήσεται, περὶ τούτου ἕτοιμοι τῷ λόγῳ διαμάχεσθαι, ὡς γέγονεν ἡ εἰρημένη πολιτεία καὶ ἔστιν καὶ γενήσεταί γε, ὅταν αὕτη ἡ Μοῦσα πόλεως ἐγκρατὴς γένηται. οὐ γὰρ ἀδύνατος γενέσθαι, οὐδ᾽ ἡμεῖς ἀδύνατα λέγομεν· χαλεπὰ δὲ καὶ παρ᾽ ἡμῶν ὁμολογεῖται.

Καὶ ἐμοί, ἔφη, οὕτω δοκεῖ.

Τοῖς δὲ πολλοῖς, ἦν δ᾽ ἐγώ, ὅτι οὐκ αὖ δοκεῖ, ἐρεῖς;

Ἴσως, ἔφη.

Ὦ μακάριε, ἦν δ᾽ ἐγώ, μὴ πάνυ οὕτω τῶν πολλῶν κατηγόρει. [e] ἀλλοίαν τοι δόξαν ἕξουσιν, ἐὰν αὐτοῖς μὴ φιλονικῶν ἀλλὰ παραμυθούμενος καὶ ἀπολυόμενος τὴν τῆς φιλομαθείας διαβολὴν ἐνδεικνύῃ οὓς λέγεις τοὺς φιλοσόφους, καὶ διορίζῃ [500a] ὥσπερ ἄρτι τήν τε φύσιν αὐτῶν καὶ τὴν ἐπιτήδευσιν, ἵνα μὴ ἡγῶνταί σε λέγειν οὓς αὐτοὶ οἴονται. [ἢ καὶ ἐὰν οὕτω θεῶνται, ἀλλοίαν τοι φήσεις αὐτοὺς δόξαν λήψεσθαι καὶ ἄλλα ἀποκρινεῖσθαι.] ἢ οἴει τινὰ

gehorchen,[70] oder solange nicht die Söhne der jetzigen Machthaber und Könige oder sie selbst [c] durch göttliche Eingebung[71] die wahre Liebe[72] zur wahren Philosophie überkommt. Dass einer der beiden Fälle oder auch beide unmöglich sein sollten, dafür wüsste ich keinen vernünftigen Grund.[73] Sonst würde man uns mit Recht auslachen, weil unsere Reden nichts als fromme Wünsche wären.[74] Ist es nicht so?«

»Gewiss, so ist es.«

»Haben sich also die Spitzenvertreter der Philosophie in der unendlichen Zeit der Vergangenheit gezwungen gesehen, sich um den Staat zu kümmern, oder sollte das auch heute noch in einem Barbarenland, fernab von [d] unserem Gesichtskreis, vorkommen oder auch in Zukunft einmal geschehen, dann sind wir bereit, die Meinung zu verfechten, dass es die von uns beschriebene Verfassung gegeben hat, gibt oder noch geben wird, sobald die Muse[75] die Herrschaft über den Staat übernimmt. Denn unmöglich ist das nicht; wir behaupten ja nichts Unmögliches. Dass es aber schwierig ist, geben wir freilich zu.«

»Auch ich bin dieser Meinung«, sagte er.

»Die breite Masse«, entgegnete ich, »wird wohl nicht deiner Meinung sein?«

»Vielleicht«, sagte er.

»Mein Liebster«, fuhr ich fort, »mach doch nicht die breite Masse so schlecht. [e] Sie werden ihre Meinung schon ändern, wenn du nicht rechthaberisch, sondern mit freundlichem Zureden das wissenschaftliche Bestreben von seiner Verleumdung befreist und zeigst, was du unter Philosophen verstehst, und wenn du, wie soeben, [500a] ihr Wesen und ihre Beschäftigung genau bestimmst, damit sie merken, dass du nicht dieselben meinst wie sie. [Oder wenn sie es dann so betrachten, werden sie, das wirst du zugeben, ihre Meinung ändern und anders reden.][76] Oder glaubst du, jemand, der selbst neidlos und sanft

χαλεπαίνειν τῷ μὴ χαλεπῷ ἢ φθονεῖν τῷ μὴ φθονερῷ ἄφθονόν τε καὶ πρᾷον ὄντα; ἐγὼ μὲν γάρ σε προφθάσας λέγω ὅτι ἐν ὀλίγοις τισὶν ἡγοῦμαι, ἀλλ᾽ οὐκ ἐν τῷ πλήθει, χαλεπὴν οὕτω φύσιν γίγνεσθαι.

Καὶ ἐγὼ ἀμέλει, ἔφη, συνοίομαι.

[b] Οὐκοῦν καὶ αὐτὸ τοῦτο συνοίει, τοῦ χαλεπῶς πρὸς φιλοσοφίαν τοὺς πολλοὺς διακεῖσθαι ἐκείνους αἰτίους εἶναι τοὺς ἔξωθεν οὐ προσῆκον ἐπεισκεκωμακότας, λοιδορουμένους τε αὑτοῖς καὶ φιλαπεχθημόνως ἔχοντας καὶ ἀεὶ περὶ ἀνθρώπων τοὺς λόγους ποιουμένους, ἥκιστα φιλοσοφίᾳ πρέπον ποιοῦντας;

Πολύ γ᾽, ἔφη.

13 Οὐδὲ γάρ που, ὦ Ἀδείμαντε, σχολὴ τῷ γε ὡς ἀληθῶς πρὸς τοῖς οὖσι τὴν διάνοιαν ἔχοντι κάτω βλέπειν εἰς ἀνθρώπων [c] πραγματείας, καὶ μαχόμενον αὐτοῖς φθόνου τε καὶ δυσμενείας ἐμπίμπλασθαι, ἀλλ᾽ εἰς τεταγμένα ἄττα καὶ κατὰ ταὐτὰ ἀεὶ ἔχοντα ὁρῶντας καὶ θεωμένους οὔτ᾽ ἀδικοῦντα οὔτ᾽ ἀδικούμενα ὑπ᾽ ἀλλήλων, κόσμῳ δὲ πάντα καὶ κατὰ λόγον ἔχοντα, ταῦτα μιμεῖσθαί τε καὶ ὅτι μάλιστα ἀφομοιοῦσθαι. ἢ οἴει τινὰ μηχανὴν εἶναι, ὅτῳ τις ὁμιλεῖ ἀγάμενος, μὴ μιμεῖσθαι ἐκεῖνο;

Ἀδύνατον, ἔφη.

Θείῳ δὴ καὶ κοσμίῳ ὅ γε φιλόσοφος ὁμιλῶν κόσμιός τε [d] καὶ θεῖος εἰς τὸ δυνατὸν ἀνθρώπῳ γίγνεται· διαβολὴ δ᾽ ἐν πᾶσι πολλή.

Παντάπασι μὲν οὖν.

Ἂν οὖν τις, εἶπον, αὐτῷ ἀνάγκη γένηται ἃ ἐκεῖ ὁρᾷ μελετῆσαι εἰς ἀνθρώπων ἤθη καὶ ἰδίᾳ καὶ δημοσίᾳ τιθέναι καὶ μὴ μόνον

ist, sei einem anderen böse, der selbst nicht böse ist, oder beneide ihn, der selbst keinen Neid kennt? Ich will deine Antwort vorwegnehmen und behaupten: Nur bei ganz wenigen findet sich eine so widerspenstige Natur, aber nicht bei der breiten Masse.«

»Sei unbesorgt«, sagte er, »ich bin ganz deiner Meinung.«

[b] »Dann stimmst du mir auch zu, dass an der feindlichen Haltung der Menge gegenüber der Philosophie jene schuld sind, die sich von außen unberechtigterweise in sie hineingedrängt haben und die Philosophen schmähen und beleidigen und immer nur von Menschen reden, womit sie gerade das tun, was am wenigsten im Sinne der Philosophie ist?«

»Ja, durchaus«, sagte er.

13 »Wer seine Gedanken, mein Adeimantos, wirklich auf das Seiende richtet, hat keine Zeit, hinabzublicken auf das Treiben der Menschen, [c] sich mit ihnen herumzuschlagen und sich mit Neid und Missgunst zu erfüllen; vielmehr schaut und blickt er auf Geordnetes, ewig Gleichbleibendes, bei dem es kein gegenseitiges Unrechttun und kein Unrechtleiden gibt, wo sich alles in einer vernünftigen Ordnung befindet; das wird er nachahmen, ihm will er möglichst ähnlich werden. Oder meinst du, man könne voll Bewunderung bei etwas verweilen, ohne es nachzuahmen?«

»Unmöglich«, antwortete er.

»Wenn der Philosoph mit dem Göttlichen und Geordneten Umgang pflegt, wird er selbst, [d] soweit das für einen Menschen möglich ist,[77] geordnet und göttlich. Verleumdung aber gibt es überall viel.«

»Ganz richtig«, sagte er.

»Wenn er sich nun genötigt sieht«, fuhr ich fort, »dafür zu sorgen, dass all das, was er dort sieht, nicht nur seiner eigenen Vervollkommnung dient, sondern auf den Charakter der Menschen im privaten und öffentlichen Leben übertragen wird,

ἑαυτὸν πλάττειν, ἆρα κακὸν δημιουργὸν αὐτὸν οἴει γενήσεσθαι σωφροσύνης τε καὶ δικαιοσύνης καὶ συμπάσης τῆς δημοτικῆς ἀρετῆς;

Ἥκιστά γε, ἦ δ' ὅς.

Ἀλλ' ἐὰν δὴ αἴσθωνται οἱ πολλοὶ ὅτι ἀληθῆ περὶ αὐτοῦ [e] λέγομεν, χαλεπανοῦσι δὴ τοῖς φιλοσόφοις καὶ ἀπιστήσουσιν ἡμῖν λέγουσιν ὡς οὐκ ἄν ποτε ἄλλως εὐδαιμονήσειε πόλις, εἰ μὴ αὐτὴν διαγράψειαν οἱ τῷ θείῳ παραδείγματι χρώμενοι ζωγράφοι;

Οὐ χαλεπανοῦσιν, ἦ δ' ὅς, ἐάνπερ αἴσθωνται. ἀλλὰ δὴ [501a] τίνα λέγεις τρόπον τῆς διαγραφῆς;

Λαβόντες, ἦν δ' ἐγώ, ὥσπερ πίνακα πόλιν τε καὶ ἤθη ἀνθρώπων, πρῶτον μὲν καθαρὰν ποιήσειαν ἄν, ὃ οὐ πάνυ ῥᾴδιον· ἀλλ' οὖν οἶσθ' ὅτι τούτῳ ἂν εὐθὺς τῶν ἄλλων διενέγκοιεν, τῷ μήτε ἰδιώτου μήτε πόλεως ἐθελῆσαι ἂν ἅψασθαι μηδὲ γράφειν νόμους, πρὶν ἢ παραλαβεῖν καθαρὰν ἢ αὐτοὶ ποιῆσαι.

Καὶ ὀρθῶς γ', ἔφη.

Οὐκοῦν μετὰ ταῦτα οἴει ὑπογράψασθαι ἂν τὸ σχῆμα τῆς πολιτείας;

Τί μήν;

[b] Ἔπειτα οἶμαι ἀπεργαζόμενοι πυκνὰ ἂν ἑκατέρωσ' ἀποβλέποιεν, πρός τε τὸ φύσει δίκαιον καὶ καλὸν καὶ σῶφρον καὶ πάντα τὰ τοιαῦτα, καὶ πρὸς ἐκεῖν' αὖ τὸ ἐν τοῖς ἀνθρώποις ἐμποιοῖεν, συμμειγνύντες τε καὶ κεραννύντες ἐκ τῶν ἐπιτηδευμάτων τὸ ἀνδρείκελον, ἀπ' ἐκείνου τεκμαιρόμενοι, ὃ δὴ καὶ Ὅμηρος ἐκάλεσεν ἐν τοῖς ἀνθρώποις ἐγγιγνόμενον θεοειδές τε καὶ θεοείκελον.

Ὀρθῶς, ἔφη.

wird er dann deiner Meinung nach ein schlechter Meister der Besonnenheit, Gerechtigkeit[78] und aller bürgerlichen Tugenden sein?«

»Sicher nicht«, sagte er.

»Wenn nun die Menge sieht, dass wir die Wahrheit über ihn sagen, [e] wird sie dann den Philosophen weiterhin grollen und uns keinen Glauben schenken, wenn wir sagen, ein Staat könne nur glücklich werden, wenn ihn Maler nach einem göttlichen Vorbild entworfen hätten?«

»Nein, sie werden ihnen nicht grollen, wenn sie das merken«, sagte er. [501a] »Aber wie meinst du das mit dem Entwurf?«

»Sie könnten zunächst«, so begann ich, »Staat und Charakter der Menschen hernehmen und sie wie eine Tafel reinigen, was gewiss nicht leicht ist. Aber gerade dadurch unterscheiden sie sich ja, wie du weißt, von den anderen Staatsmännern, dass sie sich weder mit dem einzelnen Bürger noch mit dem Staat befassen und auch keine Gesetze niederschreiben wollen, ehe sie ihn nicht rein übernommen oder selbst gereinigt haben.«

»Und das mit Recht«, sagte er.

»Dann werden sie, wie du dir wohl denken kannst, die Skizze der Staatsverfassung entwerfen[79].«

»Natürlich.«

[b] »Hierauf, glaube ich, gehen sie an die Ausarbeitung, wobei sie immer wieder ihren Blick auf beide Seiten richten: auf das von Natur Gerechte, Schöne, Besonnene und alles Ähnliche und dann wieder auf das, was sie den Menschen als solches zuschreiben, indem sie in ihren philosophischen Bestrebungen durch Vermengen und Mischen das menschliche Ideal herstellen. Dabei berufen sie sich auf das, was schon Homer[80] als das Gottähnliche und Gottgleiche im Menschen bezeichnet hat.«

»Richtig«, sagte er.

Καὶ τὸ μὲν ἂν οἶμαι ἐξαλείφοιεν, τὸ δὲ πάλιν ἐγγράφοιεν, [c] ἕως ὅτι μάλιστα ἀνθρώπεια ἤθη εἰς ὅσον ἐνδέχεται θεοφιλῆ ποιήσειαν.

Καλλίστη γοῦν ἄν, ἔφη, ἡ γραφὴ γένοιτο.

Ἆρ᾽ οὖν, ἦν δ᾽ ἐγώ, πείθομέν πῃ ἐκείνους, οὓς διατεταμένους ἐφ᾽ ἡμᾶς ἔφησθα ἰέναι, ὡς τοιοῦτός ἐστι πολιτειῶν ζωγράφος ὃν τότ᾽ ἐπῃνοῦμεν πρὸς αὐτούς, δι᾽ ὃν ἐκεῖνοι ἐχαλέπαινον ὅτι τὰς πόλεις αὐτῷ παρεδίδομεν, καί τι μᾶλλον αὐτὸ νῦν ἀκούοντες πραΰνονται;

Καὶ πολύ γε, ἦ δ᾽ ὅς, εἰ σωφρονοῦσιν.

[d] Πῇ γὰρ δὴ ἕξουσιν ἀμφισβητῆσαι; πότερον μὴ τοῦ ὄντος τε καὶ ἀληθείας ἐραστὰς εἶναι τοὺς φιλοσόφους;

Ἄτοπον μεντἄν, ἔφη, εἴη.

Ἀλλὰ μὴ τὴν φύσιν αὐτῶν οἰκείαν εἶναι τοῦ ἀρίστου, ἣν ἡμεῖς διήλθομεν;

Οὐδὲ τοῦτο.

Τί δέ; τὴν τοιαύτην τυχοῦσαν τῶν προσηκόντων ἐπιτηδευμάτων οὐκ ἀγαθὴν τελέως ἔσεσθαι καὶ φιλόσοφον, εἴπερ τινὰ ἄλλην; ἢ ἐκείνους φήσει μᾶλλον, οὓς ἡμεῖς ἀφωρίσαμεν;

[e] Οὐ δήπου.

Ἔτι οὖν ἀγριανοῦσι λεγόντων ἡμῶν ὅτι πρὶν ἂν πόλεως τὸ φιλόσοφον γένος ἐγκρατὲς γένηται, οὔτε πόλει οὔτε πολίταις κακῶν παῦλα ἔσται, οὐδὲ ἡ πολιτεία ἣν μυθολογοῦμεν λόγῳ ἔργῳ τέλος λήψεται;

Ἴσως, ἔφη, ἧττον.

Βούλει οὖν, ἦν δ᾽ ἐγώ, μὴ ἧττον φῶμεν αὐτοὺς ἀλλὰ [502a] παν-

»Und hier, denke ich, wischen sie wieder etwas weg, dort zeichnen sie etwas dazu, [c] bis sie schließlich den menschlichen Charakter, soweit dies möglich ist, gottgefällig gemacht haben.«

»So würde wohl das schönste Bild entstehen«, sagte er.

»Können wir nun«, fragte ich, »jene Gegner, die, wie du sagtest,[81] mit aller Gewalt gegen uns heranrücken, davon überzeugen, dass der Mann, den wir damals ihnen gegenüber gelobt haben, ein solcher Maler von Staatsverfassungen ist? Seinetwegen zürnten uns jene ja, weil wir ihm die Staaten anvertrauen wollten. Werden sie jetzt, wenn sie das hören, milder gestimmt sein?«

»Viel milder, wenn sie vernünftig sind«, sagte er.

[d] »Was sollten sie auch dagegen einzuwenden haben? Etwa, dass die Philosophen das Seiende und die Wahrheit nicht lieben?«

»Das wäre ja widersinnig«, sagte er.

»Oder dass ihre Natur, so wie wir sie dargestellt haben, nicht mit dem Besten verwandt sei?«

»Auch das nicht.«

»Wie nun? Sollte eine solche Natur bei entsprechender Beschäftigung nicht vollkommen gut und weisheitsliebend sein, wenn überhaupt eine? Oder wird man das eher von jenen sagen, die wir ausgeschlossen haben?«

[e] »Sicher nicht.«

»Werden sie sich noch weiter darüber entrüsten, wenn wir sagen: Solange nicht der Stand der Philosophen Herr über den Staat wird, wird es weder für den Staat noch für die Bürger ein Ende des Elends geben,[82] noch wird die Verfassung, die wir uns in Gedanken ausgemalt haben, tatsächlich verwirklicht werden?«

»Vielleicht schon etwas weniger«, sagte er.

»Wenn du damit einverstanden bist«, fuhr ich fort, »wollen

τάπασι πρᾴους γεγονέναι καὶ πεπεῖσθαι, ἵνα, εἰ μή τι, ἀλλὰ αἰσχυνθέντες ὁμολογήσωσιν;

Πάνυ μὲν οὖν, ἔφη.

14 Οὗτοι μὲν τοίνυν, ἦν δ᾽ ἐγώ, τοῦτο πεπεισμένοι ἔστων· τοῦδε δὲ πέρι τις ἀμφισβητήσει, ὡς οὐκ ἂν τύχοιεν γενόμενοι βασιλέων ἔκγονοι ἢ δυναστῶν τὰς φύσεις φιλόσοφοι;

Οὐδ᾽ ἂν εἷς, ἔφη.

Τοιούτους δὲ γενομένους ὡς πολλὴ ἀνάγκη διαφθαρῆναι, ἔχει τις λέγειν; ὡς μὲν γὰρ χαλεπὸν σωθῆναι, καὶ ἡμεῖς [b] συγχωροῦμεν· ὡς δὲ ἐν παντὶ τῷ χρόνῳ τῶν πάντων οὐδέποτε οὐδ᾽ ἂν εἷς σωθείη, ἔσθ᾽ ὅστις ἀμφισβητήσειε;

Καὶ πῶς;

Ἀλλὰ μήν, ἦν δ᾽ ἐγώ, εἷς ἱκανὸς γενόμενος, πόλιν ἔχων πειθομένην, πάντ᾽ ἐπιτελέσαι τὰ νῦν ἀπιστούμενα.

Ἱκανὸς γάρ, ἔφη.

Ἄρχοντος γάρ που, ἦν δ᾽ ἐγώ, τιθέντος τοὺς νόμους καὶ τὰ ἐπιτηδεύματα ἃ διεληλύθαμεν, οὐ δήπου ἀδύνατον ἐθέλειν ποιεῖν τοὺς πολίτας.

Οὐδ᾽ ὁπωστιοῦν.

Ἀλλὰ δή, ἅπερ ἡμῖν δοκεῖ, δόξαι καὶ ἄλλοις θαυμαστόν τι καὶ ἀδύνατον;

[c] Οὐκ οἶμαι ἔγωγε, ἦ δ᾽ ὅς.

Καὶ μὴν ὅτι γε βέλτιστα, εἴπερ δυνατά, ἱκανῶς ἐν τοῖς ἔμπροσθεν, ὡς ἐγῷμαι, διήλθομεν.

Ἱκανῶς γάρ.

Νῦν δή, ὡς ἔοικεν, συμβαίνει ἡμῖν περὶ τῆς νομοθεσίας ἄριστα

wir nicht ›etwas weniger‹ sagen, sondern dass sie [502a] schon ganz beschwichtigt und überzeugt sind und uns, wenn schon nicht anders, wenigstens aus Scham zustimmen.«

»Gewiss«, sagte er.

14 »Lassen wir sie also davon überzeugt sein«, erwiderte ich. »Kann aber jemand bestreiten, dass nicht auch Söhne von Königen und Herrschern ihrer Anlage nach als Philosophen geboren werden können?«

»Wohl niemand«, versetzte er.

»Kann man behaupten, dass diese, die so geboren wurden, unbedingt verdorben werden müssten? Es ist sicherlich schwer, sie unverdorben zu bewahren, das geben auch wir zu. [b] Dass aber zu allen Zeiten kein Einziger von all diesen unverdorben geblieben sein soll, das dürfte wohl kaum jemand behaupten?«

»Wie könnte man.«

»Es genügte ja schon«, fuhr ich fort, »wenn ein Einziger einen Staat hätte, der ihm folgt, um all das zu verwirklichen, woran man jetzt nicht glaubt.«

»Ja, das würde genügen«, sagte er.

»Wenn er als Herrscher«, sprach ich weiter, »Gesetze gibt und die Lebensweise einführt, die wir besprochen haben, dann wäre es doch nicht unmöglich, dass ihm die Bürger gehorchen wollten.«

»Durchaus nicht.«

»Aber dass auch die anderen unsere Meinung für richtig hielten, wäre das ein Wunder und unmöglich?«

[c] »Ich glaube nicht«, erwiderte er.

»Dass sie[83] aber, wenn sie sich verwirklichen lässt, am besten ist, das haben wir, wie ich meine, im Vorigen zur Genüge bewiesen.«

»Ja, zur Genüge.«

»Daraus ergibt sich nun, dass unsere Vorschläge für die Ge-

μὲν εἶναι ἃ λέγομεν, εἰ γένοιτο, χαλεπὰ δὲ γενέσθαι, οὐ μέντοι ἀδύνατά γε.

Συμβαίνει γάρ, ἔφη.

15 Οὐκοῦν ἐπειδὴ τοῦτο μόγις τέλος ἔσχεν, τὰ ἐπίλοιπα δὴ μετὰ τοῦτο λεκτέον, τίνα τρόπον ἡμῖν καὶ ἐκ τίνων μαθημάτων [d] τε καὶ ἐπιτηδευμάτων οἱ σωτῆρες ἐνέσονται τῆς πολιτείας, καὶ κατὰ ποίας ἡλικίας ἕκαστοι ἑκάστων ἁπτόμενοι;

Λεκτέον μέντοι, ἔφη.

Οὐδέν, ἦν δ᾽ ἐγώ, τὸ σοφόν μοι ἐγένετο τήν τε τῶν γυναικῶν τῆς κτήσεως δυσχέρειαν ἐν τῷ πρόσθεν παραλιπόντι καὶ παιδογονίαν καὶ τὴν τῶν ἀρχόντων κατάστασιν, εἰδότι ὡς ἐπίφθονός τε καὶ χαλεπὴ γίγνεσθαι ἡ παντελῶς ἀληθής· νῦν γὰρ οὐδὲν ἧττον ἦλθεν τὸ δεῖν αὐτὰ διελθεῖν. [e] καὶ τὰ μὲν δὴ τῶν γυναικῶν τε καὶ παίδων πεπέρανται, τὸ δὲ τῶν ἀρχόντων ὥσπερ ἐξ ἀρχῆς μετελθεῖν δεῖ. ἐλέγομεν [503a] δ᾽, εἰ μνημονεύεις, δεῖν αὐτοὺς φιλοπόλιδάς τε φαίνεσθαι, βασανιζομένους ἐν ἡδοναῖς τε καὶ λύπαις, καὶ τὸ δόγμα τοῦτο μήτ᾽ ἐν πόνοις μήτ᾽ ἐν φόβοις μήτ᾽ ἐν ἄλλῃ μηδεμιᾷ μεταβολῇ φαίνεσθαι ἐκβάλλοντας, ἢ τὸν ἀδυνατοῦντα ἀποκριτέον, τὸν δὲ πανταχοῦ ἀκήρατον ἐκβαίνοντα ὥσπερ χρυσὸν ἐν πυρὶ βασανιζόμενον, στατέον ἄρχοντα καὶ γέρα δοτέον καὶ ζῶντι καὶ τελευτήσαντι καὶ ἆθλα. τοιαῦτ᾽ ἄττα ἦν τὰ λεγόμενα παρεξιόντος καὶ παρακαλυπτομένου τοῦ [b] λόγου, πεφοβημένου κινεῖν τὸ νῦν παρόν.

Ἀληθέστατα, ἔφη, λέγεις· μέμνημαι γάρ.

Ὄκνος γάρ, ἔφην, ὦ φίλε, ἐγώ, εἰπεῖν τὰ νῦν ἀποτετολμημένα·

setzgebung die besten sind, sofern sie sich verwirklichen lassen; ihre Verwirklichung ist zwar schwer, aber nicht unmöglich.«

»Ja, so lautet das Ergebnis«, sagte er.

15 »Nachdem wir nun diesen Teil[84] mit viel Mühe zu einem Ende gebracht haben, müssen wir nun noch die übrigen Fragen behandeln, nämlich auf welche Weise, durch welche Lehren und [d] Betätigungen die Retter dem Staat entstehen[85] und in welchem Alter sie sich mit den jeweiligen Aufgaben befassen sollen.«

»Ja, das müssen wir«, sagte er.

»Mein schlauer Einfall«, fuhr ich fort, »hat mir also nichts gebracht, dass ich vorhin die heikle Frage der Eheschließung und der Kinderzeugung sowie der Einsetzung der Herrscher übergehen wollte, weil ich wusste, auf wie viel Widerspruch und Schwierigkeiten die volle Wahrheit stoßen würde.[86] Denn jetzt komme ich nicht um die Notwendigkeit herum, das zu erörtern. [e] Das Problem mit den Frauen und Kindern ist wohl erledigt,[87] aber das mit den Herrschern müssen wir nun gleichsam von Anfang an angehen. Wenn du dich erinnerst, wir sagten,[88] [503a] sie müssten sich als Freunde des Staates erweisen, erprobt in Freud und Leid, und dürften diesen Grundsatz nie, weder in Mühen und Gefahren noch in anderen Wechselfällen, über Bord werfen. Wer dazu nicht imstande sei, der müsse ausscheiden; wer aber aus allem rein hervorgeht wie im Feuer geläutertes Gold, den müsse man als Herrscher einsetzen und ehren und als Sieger preisen im Leben und im Tod.[89] So und ähnlich lauteten unsere Worte, bis wir mit unserer Untersuchung auswichen und uns bedeckt hielten[90], [b] aus Angst, an das zu rühren, was jetzt zur Sprache kommen soll.«

»Du hast ganz recht; ich erinnere mich«, sagte er.

»Damals hatte ich Bedenken, mein Freund«, setzte ich fort, »das auszusprechen, was ich jetzt doch wage; es sei also jetzt

νῦν δὲ τοῦτο μὲν τετολμήσθω εἰπεῖν, ὅτι τοὺς ἀκριβεστάτους φύλακας φιλοσόφους δεῖ καθιστάναι.

Εἰρήσθω γάρ, ἔφη.

Νόησον δὴ ὡς εἰκότως ὀλίγοι ἔσονταί σοι· ἣν γὰρ διήλθομεν φύσιν δεῖν ὑπάρχειν αὐτοῖς, εἰς ταὐτὸν συμφύεσθαι αὐτῆς τὰ μέρη ὀλιγάκις ἐθέλει, τὰ πολλὰ δὲ διεσπασμένη φύεται.

[c] Πῶς, ἔφη, λέγεις;

Εὐμαθεῖς καὶ μνήμονες καὶ ἀγχίνοι καὶ ὀξεῖς καὶ ὅσα ἄλλα τούτοις ἕπεται οἶσθ᾽ ὅτι οὐκ ἐθέλουσιν ἅμα φύεσθαι καὶ νεανικοί τε καὶ μεγαλοπρεπεῖς τὰς διανοίας οἷοι κοσμίως μετὰ ἡσυχίας καὶ βεβαιότητος ἐθέλειν ζῆν, ἀλλ᾽ οἱ τοιοῦτοι ὑπὸ ὀξύτητος φέρονται ὅπῃ ἂν τύχωσιν, καὶ τὸ βέβαιον ἅπαν αὐτῶν ἐξοίχεται.

Ἀληθῆ, ἔφη, λέγεις.

Οὐκοῦν τὰ βέβαια αὖ ταῦτα ἤθη καὶ οὐκ εὐμετάβολα, οἷς [d] ἄν τις μᾶλλον ὡς πιστοῖς χρήσαιτο, καὶ ἐν τῷ πολέμῳ πρὸς τοὺς φόβους δυσκίνητα ὄντα, πρὸς τὰς μαθήσεις αὖ ποιεῖ ταὐτόν· δυσκινήτως ἔχει καὶ δυσμαθῶς ὥσπερ ἀπονεναρκωμένα, καὶ ὕπνου τε καὶ χάσμης ἐμπίμπλανται, ὅταν τι δέῃ τοιοῦτον διαπονεῖν.

Ἔστι ταῦτα, ἔφη.

Ἡμεῖς δέ γ᾽ ἔφαμεν ἀμφοτέρων δεῖν εὖ τε καὶ καλῶς μετέχειν, ἢ μήτε παιδείας τῆς ἀκριβεστάτης δεῖν αὐτῷ μεταδιδόναι μήτε τιμῆς μήτε ἀρχῆς.

Ὀρθῶς, ἦ δ᾽ ὅς.

Οὐκοῦν σπάνιον αὐτὸ οἴει ἔσεσθαι;

Πῶς δ᾽ οὔ;

gewagt, zu sagen, dass man die strengsten Wächter zu Philosophen machen müsse.«

»Ja, sagen wir es nur«, entgegnete er.

»Bedenke nur, wie wenige es wahrscheinlich sein werden. Denn bei der Naturanlage, die wir für sie als notwendig beschrieben haben, wollen die einzelnen Teile nur selten zu einer Einheit zusammenwachsen, meistens wachsen sie getrennt heran.«

[c] »Wie meinst du das?«, fragte er.

»Menschen, die gelehrig sind, ein gutes Gedächtnis, schnelle Auffassungsgabe, einen scharfen Geist und was sonst noch dazugehört, haben, die dazu noch voll von jugendlichem Elan und hochfliegenden Plänen sind, pflegen, wie du weißt, zugleich nicht so veranlagt zu sein, dass sie ein geordnetes Leben in Ruhe und Sicherheit führen wollen; vielmehr lassen sich solche Menschen von ihrer Heftigkeit fortreißen, wie's gerade kommt, und schon ist's mit ihrer ganzen Festigkeit vorbei.«

»Da hast du recht«, sagte er.

»Feste und schwerbewegliche Charaktere dagegen, auf deren [d] Zuverlässigkeit man eher bauen könnte, die auch im Krieg Gefahren gegenüber unerschütterlich sind, zeigen diese Eigenschaft dann auch in geistigen Belangen: Sie sind schwerfällig, langsam im Begreifen, gleichsam betäubt und ganz erfüllt von Schlafen und Gähnen, sobald es gilt, eine geistige Leistung zu vollbringen.«

»So ist es«, sagte er.

»Wir sagten aber,[91] es müsste einer an beiden Charakteren schön und gut Anteil haben, oder man dürfte ihn nicht teilhaben lassen an der höchsten Bildung, an Ehren und an der Herrschaft.«

»Richtig«, sagte er.

»Glaubst du nicht, dass das nur selten vorkommen wird?«

»Sicher.«

[e] Βασανιστέον δὴ ἔν τε οἷς τότε ἐλέγομεν πόνοις τε καὶ φόβοις καὶ ἡδοναῖς, καὶ ἔτι δὴ ὃ τότε παρεῖμεν νῦν λέγομεν, ὅτι καὶ ἐν μαθήμασι πολλοῖς γυμνάζειν δεῖ, σκοποῦντας εἰ καὶ τὰ μέγιστα μαθήματα δυνατὴ ἔσται ἐνεγκεῖν εἴτε καὶ [504a] ἀποδειλιάσει, ὥσπερ οἱ ἐν τοῖς ἄλλοις ἀποδειλιῶντες.

Πρέπει γέ τοι δή, ἔφη, οὕτω σκοπεῖν. ἀλλὰ ποῖα δὴ λέγεις μαθήματα μέγιστα;

16 Μνημονεύεις μέν που, ἦν δ᾽ ἐγώ, ὅτι τριττὰ εἴδη ψυχῆς διαστησάμενοι συνεβιβάζομεν δικαιοσύνης τε πέρι καὶ σωφροσύνης καὶ ἀνδρείας καὶ σοφίας ὃ ἕκαστον εἴη.

Μὴ γὰρ μνημονεύων, ἔφη, τὰ λοιπὰ ἂν εἴην δίκαιος μὴ ἀκούειν.

Ἦ καὶ τὸ προρρηθὲν αὐτῶν;

Τὸ ποῖον δή;

[b] Ἐλέγομέν που ὅτι ὡς μὲν δυνατὸν ἦν κάλλιστα αὐτὰ κατιδεῖν ἄλλη μακροτέρα εἴη περίοδος, ἣν περιελθόντι καταφανῆ γίγνοιτο, τῶν μέντοι ἔμπροσθεν προειρημένων ἑπομένας ἀποδείξεις οἷόν τ᾽ εἴη προσάψαι. καὶ ὑμεῖς ἐξαρκεῖν ἔφατε, καὶ οὕτω δὴ ἐρρήθη τὰ τότε τῆς μὲν ἀκριβείας, ὡς ἐμοὶ ἐφαίνετο, ἐλλιπῆ, εἰ δὲ ὑμῖν ἀρεσκόντως, ὑμεῖς ἂν τοῦτο εἴποιτε.

Ἀλλ᾽ ἔμοιγε, ἔφη, μετρίως· ἐφαίνετο μὴν καὶ τοῖς ἄλλοις.

[c] Ἀλλ᾽, ὦ φίλε, ἦν δ᾽ ἐγώ, μέτρον τῶν τοιούτων ἀπολεῖπον καὶ ὁτιοῦν τοῦ ὄντος οὐ πάνυ μετρίως γίγνεται· ἀτελὲς γὰρ οὐδὲν οὐδενὸς μέτρον. δοκεῖ δ᾽ ἐνίοτέ τισιν ἱκανῶς ἤδη ἔχειν καὶ οὐδὲν δεῖν περαιτέρω ζητεῖν.

Καὶ μάλ᾽, ἔφη, συχνοὶ πάσχουσιν αὐτὸ διὰ ῥᾳθυμίαν.

[e] »Man muss sie also in all den zuvor[92] genannten Mühen und Gefahren, aber auch in den Genüssen prüfen; jetzt fügen wir noch hinzu, was wir damals beiseite gelassen haben: Man muss sie auch in vielen Wissenschaften üben und dann darauf achten, ob ihre Natur auch den höchsten Wissenschaften gewachsen ist oder ob sie [504a] verzagt sind, wie ein mutloser Wettkämpfer.«

»Darauf muss man achten«, sagte er. »Aber was meinst du mit den höchsten Wissenschaften?«

16 »Du erinnerst dich doch«, antwortete ich, »dass wir drei Teile der Seele unterschieden und daraus jeweils das Wesen der Gerechtigkeit, Tapferkeit und Weisheit erschlossen haben.«[93]

»Wenn ich mich nicht daran erinnerte«, sagte er, »verdiente ich nicht, das Weitere zu hören.«

»Erinnerst du dich auch an das, was dem vorausging?«

»Was denn?«

[b] »Wir sagten doch, um diese Dinge[94] völlig klar zu erkennen, gebe es noch einen anderen, längeren Umweg; wer ihn beschreite, dem würden sie völlig klar werden; freilich sei es auch möglich, die Untersuchung im Anschluss an das vorher Gesagte zu führen. Ihr sagtet, das würde euch genügen,[95] und so wurde das damals ohne die mir notwendige Genauigkeit besprochen; wenn ihr euch damit begnügen wollt, so sagt es nur.«

»Mir scheint, es war angemessen«, sagte er, »und den anderen offenbar auch.«

[c] »Mein Freund«, entgegnete ich, »ein Maß, das in so wichtigen Dingen auch nur ein wenig hinter der Wahrheit zurückbleibt, ist durchaus nicht angemessen; denn das Unvollkommene kann nie für etwas der Maßstab sein. Manche glauben bisweilen, das genüge schon und es bedürfe keiner weiteren Untersuchung.«

»Ja«, sagte er, »viele verhalten sich aus Leichtsinn so.«

Τούτου δέ γε, ἦν δ᾽ ἐγώ, τοῦ παθήματος ἥκιστα προσδεῖ φύλακι πόλεώς τε καὶ νόμων.

Εἰκός, ἦ δ᾽ ὅς.

Τὴν μακροτέραν τοίνυν, ὦ ἑταῖρε, ἔφην, περιιτέον τῷ [d] τοιούτῳ, καὶ οὐχ ἧττον μανθάνοντι πονητέον ἢ γυμναζομένῳ· ἤ, ὃ νυνδὴ ἐλέγομεν, τοῦ μεγίστου τε καὶ μάλιστα προσήκοντος μαθήματος ἐπὶ τέλος οὔποτε ἥξει.

Οὐ γὰρ ταῦτα, ἔφη, μέγιστα, ἀλλ᾽ ἔτι τι μεῖζον δικαιοσύνης τε καὶ ὧν διήλθομεν;

Καὶ μεῖζον, ἦν δ᾽ ἐγώ, καὶ αὐτῶν τούτων οὐχ ὑπογραφὴν δεῖ ὥσπερ νῦν θεάσασθαι, ἀλλὰ τὴν τελεωτάτην ἀπεργασίαν μὴ παριέναι. ἢ οὐ γελοῖον ἐπὶ μὲν ἄλλοις σμικροῦ ἀξίοις [e] πᾶν ποιεῖν συντεινομένους ὅπως ὅτι ἀκριβέστατα καὶ καθαρώτατα ἕξει, τῶν δὲ μεγίστων μὴ μεγίστας ἀξιοῦν εἶναι καὶ τὰς ἀκριβείας;

Καὶ μάλα, ἔφη, [ἄξιον τὸ διανόημα]· ὃ μέντοι μέγιστον μάθημα καὶ περὶ ὅτι αὐτὸ λέγεις, οἴει τιν᾽ ἄν σε, ἔφη, ἀφεῖναι μὴ ἐρωτήσαντα τί ἐστιν;

Οὐ πάνυ, ἦν δ᾽ ἐγώ, ἀλλὰ καὶ σὺ ἐρώτα. πάντως αὐτὸ οὐκ ὀλιγάκις ἀκήκοας, νῦν δὲ ἢ οὐκ ἐννοεῖς ἢ αὖ διανοῇ [505a] ἐμοὶ πράγματα παρέχειν ἀντιλαμβανόμενος. οἶμαι δὲ τοῦτο μᾶλλον· ἐπεὶ ὅτι γε ἡ τοῦ ἀγαθοῦ ἰδέα μέγιστον μάθημα, πολλάκις ἀκήκοας, ᾗ δὴ καὶ δίκαια καὶ τἆλλα προσχρησάμενα χρήσιμα καὶ ὠφέλιμα γίγνεται. καὶ νῦν σχεδὸν οἶσθ᾽ ὅτι μέλλω τοῦτο λέγειν, καὶ πρὸς τούτῳ ὅτι αὐτὴν οὐχ ἱκανῶς ἴσμεν· εἰ δὲ μὴ ἴσμεν, ἄνευ δὲ ταύτης εἰ ὅτι

»Eine solche Einstellung«, erwiderte ich, »darf ein Wächter des Staates und der Gesetze am allerwenigsten haben.«

»Natürlich«, sagte er.

»So muss also, mein Freund«, fuhr ich fort, »ein solcher Mann den längeren Umweg gehen [d] und sich beim Lernen nicht weniger anstrengen als bei den Leibesübungen. Oder er wird, wie wir soeben sagten, nie ans Ziel der größten Wissenschaft gelangen, die gerade ihm am meisten zukommt.«

»Sind jene Dinge nicht die größten«, fragte er, »oder gibt es noch etwas Größeres als die Gerechtigkeit und was wir sonst noch behandelt haben?«

»Ja, es gibt noch Größeres«, antwortete ich, »und man darf all diese Dinge nicht bloß im Umriss sehen, wie wir es bisher taten,[96] sondern darf auf die vollendete Ausführung nicht verzichten. Oder wäre es nicht lächerlich, bei anderen minderwertigen Dingen sich anzustrengen und [e] alles dranzusetzen, um sie möglichst genau und klar zu erkennen, bei den größten aber keinen Wert auf größte Genauigkeit zu legen?«

»Ganz gewiss [, ein wertvoller Gedanke][97]«, sagte er. »Was ist das aber«, fuhr er fort, »was du als höchste Wissenschaft bezeichnest, und womit beschäftigt sie sich? Glaubst du, man ließe dich so ohne Weiteres gehen,[98] ohne dich zu fragen, was das ist?«

»Gewiss nicht«, entgegnete ich, »auch du kannst mich nun fragen. Du hast das sicher schon oft genug gehört, jetzt aber denkst du nicht mehr daran, oder du möchtest mir mit deinem Einwand wieder [505a] Schwierigkeiten bereiten. Ich glaube, dass eher Letzteres der Fall ist. Denn dass die Idee des Guten das höchste Wissen darstellt, hast du oft gehört;[99] durch sie erst wird das Gerechte und alles sonst brauchbar und nützlich. Du weißt auch jetzt ganz gut, dass ich davon spreche, und außerdem, dass wir sie noch nicht genügend kennen. Wenn wir aber, ohne sie zu kennen, möglichst alles andere verstehen

μάλιστα τἄλλα ἐπισταίμεθα, οἶσθ᾽ ὅτι οὐδὲν ἡμῖν ὄφελος, ὥσπερ οὐδ᾽ εἰ [b] κεκτῄμεθά τι ἄνευ τοῦ ἀγαθοῦ. ἢ οἴει τι πλέον εἶναι πᾶσαν κτῆσιν ἐκτῆσθαι, μὴ μέντοι ἀγαθήν; ἢ πάντα τἄλλα φρονεῖν ἄνευ τοῦ ἀγαθοῦ, καλὸν δὲ καὶ ἀγαθὸν μηδὲν φρονεῖν;

Μὰ Δί᾽ οὐκ ἔγωγ᾽, ἔφη.

17 Ἀλλὰ μὴν καὶ τόδε γε οἶσθα, ὅτι τοῖς μὲν πολλοῖς ἡδονὴ δοκεῖ εἶναι τὸ ἀγαθόν, τοῖς δὲ κομψοτέροις φρόνησις.

Πῶς δ᾽ οὔ;

Καὶ ὅτι γε, ὦ φίλε, οἱ τοῦτο ἡγούμενοι οὐκ ἔχουσι δεῖξαι ἥτις φρόνησις, ἀλλ᾽ ἀναγκάζονται τελευτῶντες τὴν τοῦ ἀγαθοῦ φάναι.

Καὶ μάλα, ἔφη, γελοίως.

[c] Πῶς γὰρ οὐχί, ἦν δ᾽ ἐγώ, εἰ ὀνειδίζοντές γε ὅτι οὐκ ἴσμεν τὸ ἀγαθὸν λέγουσι πάλιν ὡς εἰδόσιν; φρόνησιν γὰρ αὐτό φασιν εἶναι ἀγαθοῦ, ὡς αὖ συνιέντων ἡμῶν ὅτι λέγουσιν, ἐπειδὰν τὸ τοῦ ἀγαθοῦ φθέγξωνται ὄνομα.

Ἀληθέστατα, ἔφη.

Τί δὲ οἱ τὴν ἡδονὴν ἀγαθὸν ὁριζόμενοι; μῶν μή τι ἐλάττονος πλάνης ἔμπλεῳ τῶν ἑτέρων; ἢ οὐ καὶ οὗτοι ἀναγκάζονται ὁμολογεῖν ἡδονὰς εἶναι κακάς;

Σφόδρα γε.

Συμβαίνει δὴ αὐτοῖς οἶμαι ὁμολογεῖν ἀγαθὰ εἶναι καὶ κακὰ ταὐτά. ἢ γάρ;

[d] Τί μήν;

Οὐκοῦν ὅτι μὲν μεγάλαι καὶ πολλαὶ ἀμφισβητήσεις περὶ αὐτοῦ, φανερόν;

Πῶς γὰρ οὔ;

Τί δέ; τόδε οὐ φανερόν, ὡς δίκαια μὲν καὶ καλὰ πολλοὶ ἂν ἕλοιντο τὰ δοκοῦντα, κἂν ⟨εἰ⟩ μὴ εἴη, ὅμως ταῦτα πράττειν καὶ

wollten, so bringt uns das, wie du weißt, gar nichts, wie uns auch irgendein Besitz ohne das Gute nichts nützt.[100] [b] Oder meinst du, es sei ein Gewinn, alles Mögliche zu besitzen, nicht aber das Gute? Oder außer von dem Guten von allem anderen Kenntnis zu haben, nicht aber vom Schönen und Guten?«[101]

»Beim Zeus, nein«, sagte er.

17 »Du weißt ja auch, dass für die breite Masse die Lust das Gute ist, für die feineren Leute aber die Einsicht.«

»Zweifellos.«

»Und auch, mein Freund«, fuhr ich fort, »dass diese Leute nicht klarmachen können, was für eine Einsicht das ist, sondern schließlich sagen müssen, es sei eben die Einsicht in das Gute.«

»Ja«, sagte er, »geradezu lächerlich ist das.«

[c] »Wie sollte es das nicht sein«, erwiderte ich, »wenn sie uns einerseits vorwerfen, wir wüssten nicht, was das Gute ist, und dann doch wieder so mit uns redeten, als wüssten wir es? Sagen sie doch, es handle sich dabei um die Einsicht in das Gute, als ob wir wüssten, was sie mit dem Wort ›gut‹ meinen.«[102]

»Ganz richtig«, sagte er.

»Und nun jene, die das Gute als Lust definieren: Sind sie in einem geringeren Irrtum befangen als die anderen? Müssen nicht auch sie zugeben, dass es auch schlechte Lüste gibt?«

»Natürlich.«

»Somit müssen sie, denke ich, zugeben, dass das Gute dasselbe ist wie das Schlechte. Nicht wahr?«

[d] »Sicher.«

»Daraus ergeben sich offensichtlich viele und erhebliche Meinungsverschiedenheiten?«

»Wie denn nicht?«

»Wie nun? Zeigt sich da nicht deutlich, dass viele Leute sich für das nur scheinbar Gerechte und Schöne entscheiden? Auch wenn das in Wahrheit gar nicht so ist, wollen sie es doch tun,

κεκτῆσθαι καὶ δοκεῖν, ἀγαθὰ δὲ οὐδενὶ ἔτι ἀρκεῖ τὰ δοκοῦντα κτᾶσθαι, ἀλλὰ τὰ ὄντα ζητοῦσιν, τὴν δὲ δόξαν ἐνταῦθα ἤδη πᾶς ἀτιμάζει;

Καὶ μάλα, ἔφη.

Ὃ δὴ διώκει μὲν ἅπασα ψυχὴ καὶ τούτου ἕνεκα πάντα [e] πράττει, ἀπομαντευομένη τι εἶναι, ἀποροῦσα δὲ καὶ οὐκ ἔχουσα λαβεῖν ἱκανῶς τί ποτ᾽ ἐστὶν οὐδὲ πίστει χρήσασθαι μονίμῳ οἵᾳ καὶ περὶ τἆλλα, διὰ τοῦτο δὲ ἀποτυγχάνει καὶ τῶν ἄλλων εἴ τι ὄφελος ἦν, περὶ δὴ τὸ τοιοῦτον καὶ τοσοῦτον [506a] οὕτω φῶμεν δεῖν ἐσκοτῶσθαι καὶ ἐκείνους τοὺς βελτίστους ἐν τῇ πόλει, οἷς πάντα ἐγχειριοῦμεν;

Ἥκιστά γ᾽, ἔφη.

Οἶμαι γοῦν, εἶπον, δίκαιά τε καὶ καλὰ ἀγνοούμενα ὅπῃ ποτὲ ἀγαθά ἐστιν, οὐ πολλοῦ τινος ἄξιον φύλακα κεκτῆσθαι ἂν ἑαυτῶν τὸν τοῦτο ἀγνοοῦντα· μαντεύομαι δὲ μηδένα αὐτὰ πρότερον γνώσεσθαι ἱκανῶς.

Καλῶς γάρ, ἔφη, μαντεύῃ.

Οὐκοῦν ἡμῖν ἡ πολιτεία τελέως κεκοσμήσεται, ἐὰν ὁ [b] τοιοῦτος αὐτὴν ἐπισκοπῇ φύλαξ, ὁ τούτων ἐπιστήμων;

18 Ἀνάγκη, ἔφη. ἀλλὰ σὺ δή, ὦ Σώκρατες, πότερον ἐπιστήμην τὸ ἀγαθὸν φῂς εἶναι ἢ ἡδονήν, ἢ ἄλλο τι παρὰ ταῦτα;

Οὗτος, ἦν δ᾽ ἐγώ, ἀνήρ, καλῶς ἦσθα καὶ πάλαι καταφανὴς ὅτι σοι οὐκ ἀποχρήσοι τὸ τοῖς ἄλλοις δοκοῦν περὶ αὐτῶν.

Οὐδὲ γὰρ δίκαιόν μοι, ἔφη, ὦ Σώκρατες, φαίνεται τὰ τῶν ἄλλων μὲν ἔχειν εἰπεῖν δόγματα, τὸ δ᾽ αὑτοῦ μή, τοσοῦτον [c] χρόνον περὶ ταῦτα πραγματευόμενον.

besitzen und nur den Anschein erwecken; beim Erwerb des Guten aber begnügt sich niemand nur mit dem Schein, sondern man sucht das wahrhaft Gute, den Schein aber missachtet hier jeder?«

»Ja, gewiss«, sagte er.

»Nach dem Guten also strebt jede Seele, und um seinetwillen tut sie alles,[103] [e] weil sie hier etwas Großes vermutet; sie fühlt sich aber unsicher, kann nicht recht erfassen, was sein Wesen ist, noch kann sie eine feste Überzeugung davon gewinnen, wie bei den anderen Dingen, weshalb sie sich auch um manch anderes bringt, was ihr vielleicht nützlich sein könnte. Sollten wir also in einer so bedeutenden und wichtigen Sache [506a] jene besten Männer im Staat, denen wir alle Macht anvertrauen, im Finstern herumtappen lassen?«

»Keineswegs«, sagte er.

»Ich wenigstens glaube«, fuhr ich fort, »das Gerechte und Schöne hat in einem, der nicht weiß, wozu es eigentlich gut ist, einen ganz schlechten Wächter gefunden; ich vermute aber, niemand wird vorher[104] das hinlänglich verstehen.«

»Deine Vermutung ist ganz richtig«, sagte er.

»Unsere Verfassung wird also erst dann ihre richtige Ordnung erlangen, wenn sie [b] ein Wächter beaufsichtigt, der diese Erkenntnis besitzt.«

18 »Zwangsläufig«, entgegnete er. »Aber was verstehst du, Sokrates, unter dem Guten, ein Wissen oder eine Lust oder etwas ganz anderes?«

»Du bist mir einer«, rief ich aus. »Nur gut, dass mir schon längst klar wurde, dass du dich nicht mit dem begnügen würdest, was die anderen darüber meinen.«

»Es scheint mir ja auch nicht richtig, mein Sokrates«, sagte er, »nur die Meinungen anderer darlegen zu können, die eigene aber nicht, [c] noch dazu, wenn man sich schon so lange damit beschäftigt.«

Τί δέ; ἦν δ' ἐγώ· δοκεῖ σοι δίκαιον εἶναι περὶ ὧν τις μὴ οἶδεν λέγειν ὡς εἰδότα;

Οὐδαμῶς γ', ἔφη, ὡς εἰδότα, ὡς μέντοι οἰόμενον ταῦθ' ἃ οἴεται ἐθέλειν λέγειν.

Τί δέ; εἶπον· οὐκ ᾔσθησαι τὰς ἄνευ ἐπιστήμης δόξας, ὡς πᾶσαι αἰσχραί; ὧν αἱ βέλτισται τυφλαί – ἢ δοκοῦσί τί σοι τυφλῶν διαφέρειν ὁδὸν ὀρθῶς πορευομένων οἱ ἄνευ νοῦ ἀληθές τι δοξάζοντες;

Οὐδέν, ἔφη.

Βούλει οὖν αἰσχρὰ θεάσασθαι, τυφλά τε καὶ σκολιά, ἐξὸν [d] παρ' ἄλλων ἀκούειν φανά τε καὶ καλά;

Μὴ πρὸς Διός, ἦ δ' ὅς, ὦ Σώκρατες, ὁ Γλαύκων, ὥσπερ ἐπὶ τέλει ὢν ἀποστῇς. ἀρκέσει γὰρ ἡμῖν, κἂν ὥσπερ δικαιοσύνης πέρι καὶ σωφροσύνης καὶ τῶν ἄλλων διῆλθες, οὕτω καὶ περὶ τοῦ ἀγαθοῦ διέλθῃς.

Καὶ γὰρ ἐμοί, ἦν δ' ἐγώ, ὦ ἑταῖρε, καὶ μάλα ἀρκέσει· ἀλλ' ὅπως μὴ οὐχ οἷός τ' ἔσομαι, προθυμούμενος δὲ ἀσχημονῶν γέλωτα ὀφλήσω. ἀλλ', ὦ μακάριοι, αὐτὸ μὲν τί ποτ' [e] ἐστὶ τἀγαθὸν ἐάσωμεν τὸ νῦν εἶναι – πλέον γάρ μοι φαίνεται ἢ κατὰ τὴν παροῦσαν ὁρμὴν ἐφικέσθαι τοῦ γε δοκοῦντος ἐμοὶ τὰ νῦν – ὃς δὲ ἔκγονός τε τοῦ ἀγαθοῦ φαίνεται καὶ ὁμοιότατος ἐκείνῳ, λέγειν ἐθέλω, εἰ καὶ ὑμῖν φίλον, εἰ δὲ μή, ἐᾶν.

Ἀλλ', ἔφη, λέγε· εἰς αὖθις γὰρ τοῦ πατρὸς ἀποτείσεις τὴν διήγησιν.

[507a] Βουλοίμην ἄν, εἶπον, ἐμέ τε δύνασθαι αὐτὴν ἀποδοῦναι καὶ ὑμᾶς κομίσασθαι, ἀλλὰ μὴ ὥσπερ νῦν τοὺς τόκους μόνον. τοῦτον δὲ δὴ οὖν τὸν τόκον τε καὶ ἔκγονον αὐτοῦ τοῦ ἀγαθοῦ κο-

»Wie nun«, fuhr ich fort, »scheint es dir richtig, über etwas, das man nicht weiß, so zu sprechen, als wüsste man es?«

»Auf keinen Fall«, versetzte er, »wohl aber soll man bereitwillig das, was man meint, als seine Meinung vorbringen.«

»Wie nun«, entgegnete ich, »merkst du nicht, dass Meinungen ohne Wissen allesamt hässlich sind? Sogar die besten unter ihnen sind blind; oder glaubst du, es unterscheiden sich diejenigen, die ohne Einsicht etwas Wahres meinen, von den Blinden, die zufällig den richtigen Weg gehen?«[105]

»Nein«, sagte er.

»Möchtest du nun Hässliches anschauen, Blindes und Krummes, wo es doch die Möglichkeit gibt, [d] von anderen Klares und Schönes zu hören?«

»Beim Zeus, Sokrates«, rief Glaukon, »ziehe dich jetzt nicht zurück, als ob du schon am Ende wärst. Es wird uns schon genügen, wenn du dir jetzt das Gute genauso vornimmst wie zuvor die Gerechtigkeit, die Besonnenheit und das Übrige.«

»Auch mir, mein Freund«, erwiderte ich, »würde das durchaus genügen. Aber ich fürchte, ich kann das nicht; wenn ich zwar dazu bereit bin, mich aber als ungeschickt erweise, dann mache ich mich nur lächerlich. Darum, ihr Lieben, wollen wir die Frage nach dem Wesen des Guten jetzt beiseite lassen;[106] [e] denn es scheint mir zu viel, als dass ich im gegenwärtigen Anlauf auch nur das erreichen könnte, was ich jetzt darüber meine; was mir aber als ein Kind des Guten erscheint und ihm sehr ähnlich ist, will ich euch sagen, wenn's euch beliebt; wenn nicht, dann lassen wir es.«

»Sprich nur«, sagte er. »Die Beschreibung des Vaters wirst du uns dann ein andermal liefern, das bist du uns schuldig.«

[507a] »Ich wollte, ich könnte diese Schuld begleichen, und ihr könntet sie mit euch nehmen, und nicht nur, wie jetzt, die Zinsen. So nehmt denn diese Zinsen und das Kind des Guten

μίσασθε. εὐλαβεῖσθε μέντοι μή πῃ ἐξαπατήσω ὑμᾶς ἄκων, κίβδηλον ἀποδιδοὺς τὸν λόγον τοῦ τόκου.

Εὐλαβησόμεθα, ἔφη, κατὰ δύναμιν· ἀλλὰ μόνον λέγε.

Διομολογησάμενός γ᾽ ἔφην ἐγώ, καὶ ἀναμνήσας ὑμᾶς τά τ᾽ ἐν τοῖς ἔμπροσθεν ῥηθέντα καὶ ἄλλοτε ἤδη πολλάκις εἰρημένα.

[b] Τὰ ποῖα; ἦ δ᾽ ὅς.

Πολλὰ καλά, ἦν δ᾽ ἐγώ, καὶ πολλὰ ἀγαθὰ καὶ ἕκαστα οὕτως εἶναί φαμέν τε καὶ διορίζομεν τῷ λόγῳ.

Φαμὲν γάρ.

Καὶ αὐτὸ δὴ καλὸν καὶ αὐτὸ ἀγαθόν, καὶ οὕτω περὶ πάντων ἃ τότε ὡς πολλὰ ἐτίθεμεν, πάλιν αὖ κατ᾽ ἰδέαν μίαν ἑκάστου ὡς μιᾶς οὔσης τιθέντες, »ὃ ἔστιν« ἕκαστον προσαγορεύομεν.

Ἔστι ταῦτα.

Καὶ τὰ μὲν δὴ ὁρᾶσθαί φαμεν, νοεῖσθαι δ᾽ οὔ, τὰς δ᾽ αὖ ἰδέας νοεῖσθαι μέν, ὁρᾶσθαι δ᾽ οὔ.

Παντάπασι μὲν οὖν.

[c] Τῷ οὖν ὁρῶμεν ἡμῶν αὐτῶν τὰ ὁρώμενα;

Τῇ ὄψει, ἔφη.

Οὐκοῦν, ἦν δ᾽ ἐγώ, καὶ ἀκοῇ τὰ ἀκουόμενα, καὶ ταῖς ἄλλαις αἰσθήσεσι πάντα τὰ αἰσθητά;

Τί μήν;

Ἆρ᾽ οὖν, ἦν δ᾽ ἐγώ, ἐννενόηκας τὸν τῶν αἰσθήσεων δημιουργὸν ὅσῳ πολυτελεστάτην τὴν τοῦ ὁρᾶν τε καὶ ὁρᾶσθαι δύναμιν ἐδημιούργησεν;

Οὐ πάνυ, ἔφη.

Ἀλλ᾽ ὧδε σκόπει. ἔστιν ὅτι προσδεῖ ἀκοῇ καὶ φωνῇ γένους ἄλ-

selbst entgegen. Doch seht euch vor, dass ich euch nicht unabsichtlich täusche und eine falsche Rechnung über die Zinsen[107] vorlege.«

»Das werden wir, so gut wir können, tun«, sagte er. »Sprich nur.«

»Zuerst«, fuhr ich fort, »muss ich mich mit euch verständigen und euch daran erinnern, was wir vorhin[108] und auch sonst öfter[109] gesagt haben.«

[b] »Und das wäre?«, fragte er.

»Wir sagen doch«, antwortete ich, »es gebe viel Schönes, viel Gutes und so weiter, und unterscheiden das auch in unserer Rede.«[110]

»Das sagen wir.«

»Und ebenso sprechen wir vom Schönen an sich und vom Guten an sich, und so setzen wir wiederum bei allem, was wir eben noch als Vielheit auffassten, eine Einheit im Sinne einer einzigen Idee von jedem an und bezeichnen jedes als ›das, was es seinem Wesen nach ist‹.«[111]

»So ist es.«

»Ersteres[112], so sagen wir, könne man sehen, aber nicht denken, die Ideen jedoch kann man denken, aber nicht sehen.«[113]

»Auf alle Fälle.«

[c] »Womit sehen wir nun, was wir sehen?«

»Mit dem Gesichtssinn«, sagte er.

»Und ebenso mit dem Gehörsinn«, fuhr ich fort, »was wir hören, und mit den anderen Sinnen alles, was wir wahrnehmen?«

»Gewiss.«

»Hast du schon bemerkt«, so setzte ich fort, »dass der Schöpfer der Sinne bei der Erschaffung der Fähigkeit des Sehens und Gesehenwerdens den größten Aufwand getrieben hat?«

»Nicht ganz«, sagte er.

»Überlege nur Folgendes: Brauchen Gehör und Stimme

λου εἰς τὸ τὴν μὲν ἀκούειν, τὴν δὲ ἀκούεσθαι, ὃ [d] ἐὰν μὴ παραγένηται τρίτον, ἡ μὲν οὐκ ἀκούσεται, ἡ δὲ οὐκ ἀκουσθήσεται;

Οὐδενός, ἔφη.

Οἶμαι δέ γε, ἦν δ᾽ ἐγώ, οὐδ᾽ ἄλλαις πολλαῖς, ἵνα μὴ εἴπω ὅτι οὐδεμιᾷ, τοιούτου προσδεῖ οὐδενός. ἢ σύ τινα ἔχεις εἰπεῖν;

Οὐκ ἔγωγε, ἦ δ᾽ ὅς.

Τὴν δὲ τῆς ὄψεως καὶ τοῦ ὁρατοῦ οὐκ ἐννοεῖς ὅτι προσδεῖται;

Πῶς;

Ἐνούσης που ἐν ὄμμασιν ὄψεως καὶ ἐπιχειροῦντος τοῦ ἔχοντος χρῆσθαι αὐτῇ, παρούσης δὲ χρόας ἐν αὐτοῖς, ἐὰν μὴ [e] παραγένηται γένος τρίτον ἰδίᾳ ἐπ᾽ αὐτὸ τοῦτο πεφυκός, οἶσθα ὅτι ἥ τε ὄψις οὐδὲν ὄψεται, τά τε χρώματα ἔσται ἀόρατα.

Τίνος δὴ λέγεις, ἔφη, τούτου;

Ὃ δὴ σὺ καλεῖς, ἦν δ᾽ ἐγώ, φῶς.

Ἀληθῆ, ἔφη, λέγεις.

Οὐ σμικρᾷ ἄρα ἰδέᾳ ἡ τοῦ ὁρᾶν αἴσθησις καὶ ἡ τοῦ ὁρᾶσθαι [508a] δύναμις τῶν ἄλλων συζεύξεων τιμιωτέρῳ ζυγῷ ἐζύγησαν, εἴπερ μὴ ἄτιμον τὸ φῶς.

Ἀλλὰ μήν, ἔφη, πολλοῦ γε δεῖ ἄτιμον εἶναι.

19 Τίνα οὖν ἔχεις αἰτιάσασθαι τῶν ἐν οὐρανῷ θεῶν τούτου κύριον, οὗ ἡμῖν τὸ φῶς ὄψιν τε ποιεῖ ὁρᾶν ὅτι κάλλιστα καὶ τὰ ὁρώμενα ὁρᾶσθαι;

Ὅνπερ καὶ σύ, ἔφη, καὶ οἱ ἄλλοι· τὸν ἥλιον γὰρ δῆλον ὅτι ἐρωτᾷς.

Ἆρ᾽ οὖν ὧδε πέφυκεν ὄψις πρὸς τοῦτον τὸν θεόν;

Πῶς;

noch etwas anderes, damit sie hören und gehört werden, so dass, [d] wenn dieses Dritte nicht hinzukommt, das eine nicht hört, das andere aber nicht gehört wird?«

»Nein.«

»Auch viele andere, um nicht zu sagen alle anderen Vermögen«, fuhr ich fort, »brauchen etwas Derartiges nicht. Oder kannst du eines nennen, das es braucht?«

»Ich weiß keines«, sagte er.

»Indes, der Gesichtssinn und das Sichtbare brauchen noch etwas; siehst du das nicht ein?«

»Wieso?«

»Wenn Sehvermögen in unseren Augen ist und wir es anwenden wollen und wenn Farbe darin ist, dann wird, wie du weißt, das Auge nichts sehen und die Farben werden unsichtbar bleiben, wenn nicht [e] noch ein Drittes hinzukommt, das eigens dafür geschaffen ist.«

»Was meinst du damit?«, fragte er.

»Was du das Licht nennst«, antwortete ich.

»Da hast du recht«, sagte er.

»Durch kein geringes Phänomen sind also der Gesichtssinn und das Vermögen gesehen zu werden verbunden, [508a] durch ein Band, das noch kostbarer ist als die anderen Bindungen, da doch das Licht etwas besonders Kostbares ist.«

»Ja, bei Weitem das Kostbarste«, sagte er.

19 »Wen von den himmlischen Göttern kannst du als Urheber bezeichnen, als Herrn dieses Lichts, das unseren Augen dazu verhilft, alles aufs Herrlichste zu sehen und dass das Sichtbare gesehen wird?«

»Denselben wie du und alle anderen«, antwortete er. »Klarerweise ist es Helios, nach dem du fragst.«

»Ist nun das Verhältnis des Gesichtssinns zu diesem Gott nicht so?«

»Wie?«

Οὐκ ἔστιν ἥλιος ἡ ὄψις οὔτε αὐτὴ οὔτ᾽ ἐν ᾧ ἐγγίγνεται, ὃ [b] δὴ καλοῦμεν ὄμμα.

Οὐ γὰρ οὖν.

Ἀλλ᾽ ἡλιοειδέστατόν γε οἶμαι τῶν περὶ τὰς αἰσθήσεις ὀργάνων.

Πολύ γε.

Οὐκοῦν καὶ τὴν δύναμιν ἣν ἔχει ἐκ τούτου ταμιευομένην ὥσπερ ἐπίρρυτον κέκτηται;

Πάνυ μὲν οὖν.

Ἆρ᾽ οὖν οὐ καὶ ὁ ἥλιος ὄψις μὲν οὐκ ἔστιν, αἴτιος δ᾽ ὢν αὐτῆς ὁρᾶται ὑπ᾽ αὐτῆς ταύτης;

Οὕτως, ἦ δ᾽ ὅς.

Τοῦτον τοίνυν, ἦν δ᾽ ἐγώ, φάναι με λέγειν τὸν τοῦ ἀγαθοῦ ἔκγονον, ὃν τἀγαθὸν ἐγέννησεν ἀνάλογον ἑαυτῷ, ὅτιπερ αὐτὸ [c] ἐν τῷ νοητῷ τόπῳ πρός τε νοῦν καὶ τὰ νοούμενα, τοῦτο τοῦτον ἐν τῷ ὁρατῷ πρός τε ὄψιν καὶ τὰ ὁρώμενα.

Πῶς; ἔφη· ἔτι δίελθέ μοι.

Ὀφθαλμοί, ἦν δ᾽ ἐγώ, οἶσθ᾽ ὅτι, ὅταν μηκέτι ἐπ᾽ ἐκεῖνά τις αὐτοὺς τρέπῃ ὧν ἂν τὰς χρόας τὸ ἡμερινὸν φῶς ἐπέχῃ, ἀλλὰ ὧν νυκτερινὰ φέγγη, ἀμβλυώττουσί τε καὶ ἐγγὺς φαίνονται τυφλῶν, ὥσπερ οὐκ ἐνούσης καθαρᾶς ὄψεως;

Καὶ μάλα, ἔφη.

[d] Ὅταν δέ γ᾽ οἶμαι ὧν ὁ ἥλιος καταλάμπει, σαφῶς ὁρῶσι, καὶ τοῖς αὐτοῖς τούτοις ὄμμασιν ἐνοῦσα φαίνεται.

Τί μήν;

Οὕτω τοίνυν καὶ τὸ τῆς ψυχῆς ὧδε νόει· ὅταν μὲν οὗ καταλάμπει ἀλήθειά τε καὶ τὸ ὄν, εἰς τοῦτο ἀπερείσηται, ἐνόησέν τε καὶ

»Weder die Sehkraft selbst, noch das Organ, in dem sie wohnt und das wir Auge nennen, ist Helios?«

[b] »Nein.«

»Aber das Auge ist doch, glaube ich, das sonnenhafteste unter den Sinnesorganen.«[114]

»Bei Weitem.«

»Hat es nicht sein Vermögen von der Sonne verliehen bekommen wie etwas, das ihr von dort zufließt?«

»Gewiss.«

»Und doch ist die Sonne nicht der Gesichtssinn, wohl aber seine Ursache, die von ihm geschaut wird?«

»So ist es«, sagte er.

»Sag also«, fuhr ich fort, »dass diese Sonne meiner Ansicht nach das Kind des Guten ist, gezeugt vom Guten als sein Ebenbild;[115] und wie sich ebendieses [c] in der Welt der Gedanken zum Verstand und Gedachten verhält, so verhält sich die Sonne in der Welt des Sichtbaren zum Gesichtssinn und zum Gesehenen.«

»Wie meinst du das?«, fragte er; »erkläre mir das noch genauer.«

»Du weißt doch«, antwortete ich, »wenn man seine Augen nicht mehr auf die Dinge richtet, deren Farben das Tageslicht beleuchtet, sondern auf die, die im Dämmerschein der Nacht liegen, dann werden sie stumpf und scheinen fast blind, als ob keine klare Sehkraft mehr in ihnen wäre.«

»Ja, gewiss«, sagte er.

[d] »Wenn man sie aber auf das richtet, was die Sonne beleuchtet, dann, denke ich, sehen sie ganz scharf, und denselben Augen wohnt jetzt offenbar doch wieder die Sehkraft inne.«

»Ohne Frage.«

»Ebenso musst du es dir bei der Seele vorstellen. Wenn sie sich auf das stützt, worauf die Wahrheit und das Seiende

ἔγνω αὐτὸ καὶ νοῦν ἔχειν φαίνεται· ὅταν δὲ εἰς τὸ τῷ σκότῳ κεκραμένον, τὸ γιγνόμενόν τε καὶ ἀπολλύμενον, δοξάζει τε καὶ ἀμβλυώττει ἄνω καὶ κάτω τὰς δόξας μεταβάλλον, καὶ ἔοικεν αὖ νοῦν οὐκ ἔχοντι.

Ἔοικε γάρ.

[e] Τοῦτο τοίνυν τὸ τὴν ἀλήθειαν παρέχον τοῖς γιγνωσκομένοις καὶ τῷ γιγνώσκοντι τὴν δύναμιν ἀποδιδὸν τὴν τοῦ ἀγαθοῦ ἰδέαν φάθι εἶναι· αἰτίαν δ᾿ ἐπιστήμης οὖσαν καὶ ἀληθείας, ὡς γιγνωσκομένης μὲν διανοοῦ, οὕτω δὲ καλῶν ἀμφοτέρων ὄντων, γνώσεώς τε καὶ ἀληθείας, ἄλλο καὶ κάλλιον ἔτι τούτων ἡγούμενος αὐτὸ ὀρθῶς ἡγήσῃ· ἐπιστήμην [509a] δὲ καὶ ἀλήθειαν, ὥσπερ ἐκεῖ φῶς τε καὶ ὄψιν ἡλιοειδῆ μὲν νομίζειν ὀρθόν, ἥλιον δ᾿ ἡγεῖσθαι οὐκ ὀρθῶς ἔχει, οὕτω καὶ ἐνταῦθα ἀγαθοειδῆ μὲν νομίζειν ταῦτ᾿ ἀμφότερα ὀρθόν, ἀγαθὸν δὲ ἡγεῖσθαι ὁπότερον αὐτῶν οὐκ ὀρθόν, ἀλλ᾿ ἔτι μειζόνως τιμητέον τὴν τοῦ ἀγαθοῦ ἕξιν.

Ἀμήχανον κάλλος, ἔφη, λέγεις, εἰ ἐπιστήμην μὲν καὶ ἀλήθειαν παρέχει, αὐτὸ δ᾿ ὑπὲρ ταῦτα κάλλει ἐστίν· οὐ γὰρ δήπου σύ γε ἡδονὴν αὐτὸ λέγεις.

Εὐφήμει, ἦν δ᾿ ἐγώ· ἀλλ᾿ ὧδε μᾶλλον τὴν εἰκόνα αὐτοῦ ἔτι ἐπισκόπει.

[b] Πῶς;

Τὸν ἥλιον τοῖς ὁρωμένοις οὐ μόνον οἶμαι τὴν τοῦ ὁρᾶσθαι δύναμιν παρέχειν φήσεις, ἀλλὰ καὶ τὴν γένεσιν καὶ αὔξην καὶ τροφήν, οὐ γένεσιν αὐτὸν ὄντα.

Πῶς γάρ;

Καὶ τοῖς γιγνωσκομένοις τοίνυν μὴ μόνον τὸ γιγνώσκεσθαι φάναι ὑπὸ τοῦ ἀγαθοῦ παρεῖναι, ἀλλὰ καὶ τὸ εἶναί τε καὶ τὴν οὐ-

leuchten, dann denkt sie und erkennt und besitzt offensichtlich Denkkraft. Wenn sie aber ihren Blick auf das richtet, was mit Finsternis vermischt ist, auf das, was wird und vergeht, dann kommt sie bloß zu Meinungen und wird stumpf, ändert ihre Meinungen hin und her und gleicht einem, der keinerlei Verstand hat.«

»Ja, offenbar.«

[e] »Nenne also das, was den Gegenständen der Erkenntnis Wahrheit und dem Erkennenden das Vermögen der Erkenntnis verleiht, die Idee des Guten. Denke sie dir als Quelle des Wissens und der Wahrheit, die wir erkennen; so schön auch diese beiden, Erkenntnis und Wahrheit, sind, so wirst du dennoch richtig liegen, wenn du die Idee des Guten für etwas anderes und noch Schöneres hältst als sie. [509a] Wie es dort richtig war, Licht und Sehkraft für sonnenhaft, nicht aber für die Sonne selbst zu halten, so ist es auch hier richtig, Erkenntnis und Wahrheit für ›guthaft‹[116] zu halten, keines von beidem aber für das Gute selbst; noch höher aber muss man seinem Wesen nach das Gute einschätzen.«

»Von einer unfassbaren Schönheit sprichst du da«, sagte er, »die uns Erkenntnis und Wahrheit verleiht und diese beiden an Schönheit noch übertrifft. Die Sinnenlust meinst du ja wohl nicht damit.«

»Gott bewahre«,[117] entgegnete ich. »Betrachte das Abbild des Guten noch genauer.«

[b] »Wie denn?«

»Die Sonne gibt, so glaube ich, wirst du sagen, dem Sichtbaren nicht nur das Vermögen gesehen zu werden, sondern auch Werden, Wachstum und Nahrung, ohne selbst ein Werden zu sein.«

»Wie sollte sie es sein?«

»Dann sage auch, dass die Gegenstände der Erkenntnis dem Guten nicht nur ihre Erkennbarkeit, sondern auch ihre Exis-

σίαν ὑπ᾽ ἐκείνου αὐτοῖς προσεῖναι, οὐκ οὐσίας ὄντος τοῦ ἀγαθοῦ, ἀλλ᾽ ἔτι ἐπέκεινα τῆς οὐσίας πρεσβείᾳ καὶ δυνάμει ὑπερέχοντος.

20 [c] Καὶ ὁ Γλαύκων μάλα γελοίως, Ἄπολλον, ἔφη, δαιμονίας ὑπερβολῆς.

Σὺ γάρ, ἦν δ᾽ ἐγώ, αἴτιος, ἀναγκάζων τὰ ἐμοὶ δοκοῦντα περὶ αὐτοῦ λέγειν.

Καὶ μηδαμῶς γ᾽, ἔφη, παύσῃ, εἰ μή τι, ἀλλὰ τὴν περὶ τὸν ἥλιον ὁμοιότητα αὖ διεξιών, εἴ πῃ ἀπολείπεις.

Ἀλλὰ μήν, εἶπον, συχνά γε ἀπολείπω.

Μηδὲ σμικρὸν τοίνυν, ἔφη, παραλίπῃς.

Οἶμαι μέν, ἦν δ᾽ ἐγώ, καὶ πολύ· ὅμως δέ, ὅσα γ᾽ ἐν τῷ παρόντι δυνατόν, ἑκὼν οὐκ ἀπολείψω.

Μὴ γάρ, ἔφη.

[d] Νόησον τοίνυν, ἦν δ᾽ ἐγώ, ὥσπερ λέγομεν, δύο αὐτὼ εἶναι, καὶ βασιλεύειν τὸ μὲν νοητοῦ γένους τε καὶ τόπου, τὸ δ᾽ αὖ ὁρατοῦ, ἵνα μὴ οὐρανοῦ εἰπὼν δόξω σοι σοφίζεσθαι περὶ τὸ ὄνομα. ἀλλ᾽ οὖν ἔχεις ταῦτα διττὰ εἴδη, ὁρατόν, νοητόν;

Ἔχω.

Ὥσπερ τοίνυν γραμμὴν δίχα τετμημένην λαβὼν ἄνισα τμήματα, πάλιν τέμνε ἑκάτερον τὸ τμῆμα ἀνὰ τὸν αὐτὸν λόγον, τό τε τοῦ ὁρωμένου γένους καὶ τὸ τοῦ νοουμένου, καί σοι ἔσται σαφηνείᾳ καὶ ἀσαφείᾳ πρὸς ἄλληλα ἐν μὲν τῷ ὁρωμένῳ [e] τὸ μὲν ἕτερον τμῆμα εἰκόνες – λέγω δὲ τὰς εἰκόνας πρῶτον [510a] μὲν τὰς σκιάς, ἔπειτα τὰ ἐν τοῖς ὕδασι φαντάσματα καὶ ἐν τοῖς ὅσα πυκνά τε καὶ λεῖα καὶ φανὰ συνέστηκεν, καὶ πᾶν τὸ τοιοῦτον, εἰ κατανοεῖς.

Ἀλλὰ κατανοῶ.

tenz und ihr Wesen verdanken und dass das Gute selbst nichts Seiendes ist, sondern noch jenseits des Seins und es an Erhabenheit und Macht übertrifft.«[118]

20 [c] Da erregte Glaukon Lachen, als er ausrief: »Apollon, welch göttliche Überlegenheit!«[119]

»Daran bist du schuld«, erwiderte ich, »hast du mich doch genötigt, meine Meinung darüber zu sagen.«

»Mach nur weiter«, sagte er, »führe wenigstens den Vergleich mit der Sonne noch aus, wenn du noch etwas dazu zu sagen hast.«

»Allerdings«, versetzte ich, »noch ziemlich viel.«

»Dann lass aber jetzt nicht das Geringste aus«, sagte er.

»Ich fürchte, dass das nicht geht«, entgegnete ich, »gleichwohl will ich, soweit das im Augenblick möglich ist, euch wissentlich nichts vorenthalten.«

»Tu das ja nicht«, sagte er.

[d] »Bedenke also«, fuhr ich fort, »dass dies, wie wir sagten, zwei verschiedene Mächte sind: Die eine herrscht über die Welt des Erkennbaren, die andere über die des Sichtbaren – Himmel[120] will ich nicht sagen, sonst denkst du, ich spiele wie die Sophisten mit den Worten. Sind sie dir jetzt klar, die beiden Welten, die des Sichtbaren und die des Erkennbaren?«

»Ja.«

»Stelle sie dir nun wie eine Linie vor, geteilt in zwei ungleiche Abschnitte; teile dann jeden von beiden nochmals in demselben Verhältnis; der eine ist die Welt des Sichtbaren, der andere die des Erkennbaren; dann wirst du im sichtbaren Teil, nach ihrer relativen Klarheit und Unklarheit [e] als den einen Abschnitt die Abbilder haben; ich verstehe darunter zuerst [510a] die Schatten, dann die Spiegelbilder im Wasser und auf allem, was fest, glatt, glänzend und so weiter ist, wenn du verstehst, was ich meine.«

»Ich verstehe.«

Τὸ τοίνυν ἕτερον τίθει ᾧ τοῦτο ἔοικεν, τά τε περὶ ἡμᾶς ζῷς καὶ πᾶν τὸ φυτευτὸν καὶ τὸ σκευαστὸν ὅλον γένος.

Τίθημι, ἔφη.

Ἦ καὶ ἐθέλοις ἂν αὐτὸ φάναι, ἦν δ᾽ ἐγώ, διῃρῆσθαι ἀληθείᾳ τε καὶ μή, ὡς τὸ δοξαστὸν πρὸς τὸ γνωστόν, οὕτω τὸ ὁμοιωθὲν πρὸς τὸ ᾧ ὡμοιώθη;

[b] Ἔγωγ᾽, ἔφη, καὶ μάλα.

Σκόπει δὴ αὖ καὶ τὴν τοῦ νοητοῦ τομὴν ᾗ τμητέον.

Πῇ;

Ἧι τὸ μὲν αὐτοῦ τοῖς τότε μιμηθεῖσιν ὡς εἰκόσιν χρωμένη ψυχὴ ζητεῖν ἀναγκάζεται ἐξ ὑποθέσεων, οὐκ ἐπ᾽ ἀρχὴν πορευομένη ἀλλ᾽ ἐπὶ τελευτήν, τὸ δ᾽ αὖ ἕτερον – τὸ ἐπ᾽ ἀρχὴν ἀνυπόθετον – ἐξ ὑποθέσεως ἰοῦσα καὶ ἄνευ τῶν περὶ ἐκεῖνο εἰκόνων, αὐτοῖς εἴδεσι δι᾽ αὐτῶν τὴν μέθοδον ποιουμένη.

Ταῦτ᾽, ἔφη, ἃ λέγεις, οὐχ ἱκανῶς ἔμαθον.

[c] Ἀλλ᾽ αὖθις, ἦν δ᾽ ἐγώ· ῥᾶον γὰρ τούτων προειρημένων μαθήσῃ. οἶμαι γάρ σε εἰδέναι ὅτι οἱ περὶ τὰς γεωμετρίας τε καὶ λογισμοὺς καὶ τὰ τοιαῦτα πραγματευόμενοι, ὑποθέμενοι τό τε περιττὸν καὶ τὸ ἄρτιον καὶ τὰ σχήματα καὶ γωνιῶν τριττὰ εἴδη καὶ ἄλλα τούτων ἀδελφὰ καθ᾽ ἑκάστην μέθοδον, ταῦτα μὲν ὡς εἰδότες, ποιησάμενοι ὑποθέσεις αὐτά, οὐδένα λόγον οὔτε αὑτοῖς οὔτε ἄλλοις ἔτι ἀξιοῦσι περὶ αὐτῶν διδόναι [d] ὡς παντὶ φανερῶν, ἐκ τούτων δ᾽ ἀρχόμενοι τὰ λοιπὰ ἤδη διεξιόντες τελευτῶσιν ὁμολογουμένως ἐπὶ τοῦτο οὗ ἂν ἐπὶ σκέψιν ὁρμήσωσι.

»Den anderen Abschnitt nimm für das, dem die Bilder gleichen, also für die Lebewesen um uns, die ganze Pflanzenwelt und für jede Art von Geräten.«

»Gut«, sagte er.

»Bist du auch bereit zu sagen«, fuhr ich fort, »dass sich, getrennt nach Wahrheit und Unwahrheit, das Abbild zum Original so verhält wie die Meinung zum Wissen?«[121]

[b] »Ja, durchaus«, sagte er.

»Überlege nun, wie man den Abschnitt des Erkennbaren teilen soll.«

»Wie denn?«

»Folgendermaßen: Die Seele ist gezwungen, den einen Teil von gewissen Voraussetzungen aus zu suchen, indem sie, was vorher nachgeahmt wurde, wie Abbilder benutzt; dabei geht sie nicht auf den Anfang zurück, sondern vorwärts auf das Endziel; den anderen Teil sucht sie, indem sie wiederum von einer Annahme ausgeht, aber in Richtung auf den voraussetzungslosen Anfang hin, und so ohne die Bilder von vorhin nur mithilfe der Ideen den Weg dorthin schafft.«[122]

»Was du da sagst«, entgegnete er, »habe ich nicht ganz verstanden.«

[c] »Also noch einmal«, fuhr ich fort. »Du wirst es leichter verstehen, wenn ich Folgendes vorausschicke: Ich denke, du weißt, dass Leute, die sich mit Geometrie, Rechnen und Ähnlichem beschäftigen, sich gewisser Voraussetzungen bedienen, je nach Methode des Ungeraden und Geraden, der Figuren, der drei Arten von Winkeln und derlei mehr, was damit verwandt ist; diese Voraussetzungen machen sie, als ob sie darüber genau Bescheid wüssten, und halten es weiter nicht für notwendig, sich und anderen darüber Rechenschaft zu geben, da diese Dinge ohnehin jedem klar seien. [d] Von diesen Voraussetzungen gehen sie also aus, leiten davon das Weitere ab und gelangen so folgerichtig[123] zu dem, was ja das Ziel ihrer Untersuchungen war.«

Πάνυ μὲν οὖν, ἔφη, τοῦτό γε οἶδα.

Οὐκοῦν καὶ ὅτι τοῖς ὁρωμένοις εἴδεσι προσχρῶνται καὶ τοὺς λόγους περὶ αὐτῶν ποιοῦνται, οὐ περὶ τούτων διανοούμενοι, ἀλλ' ἐκείνων πέρι οἷς ταῦτα ἔοικε, τοῦ τετραγώνου αὐτοῦ ἕνεκα τοὺς λόγους ποιούμενοι καὶ διαμέτρου αὐτῆς, ἀλλ' οὐ [e] ταύτης ἣν γράφουσιν, καὶ τἆλλα οὕτως, αὐτὰ μὲν ταῦτα ἃ πλάττουσίν τε καὶ γράφουσιν, ὧν καὶ σκιαὶ καὶ ἐν ὕδασιν εἰκόνες εἰσίν, τούτοις μὲν ὡς εἰκόσιν αὖ χρώμενοι, ζητοῦντες [511a] δὲ αὐτὰ ἐκεῖνα ἰδεῖν ἃ οὐκ ἂν ἄλλως ἴδοι τις ἢ τῇ διανοίᾳ.

Ἀληθῆ, ἔφη, λέγεις.

21 Τοῦτο τοίνυν νοητὸν μὲν τὸ εἶδος ἔλεγον, ὑποθέσεσι δ' ἀναγκαζομένην ψυχὴν χρῆσθαι περὶ τὴν ζήτησιν αὐτοῦ, οὐκ ἐπ' ἀρχὴν ἰοῦσαν, ὡς οὐ δυναμένην τῶν ὑποθέσεων ἀνωτέρω ἐκβαίνειν, εἰκόσι δὲ χρωμένην αὐτοῖς τοῖς ὑπὸ τῶν κάτω ἀπεικασθεῖσιν καὶ ἐκείνοις πρὸς ἐκεῖνα ὡς ἐναργέσι δεδοξασμένοις τε καὶ τετιμημένοις.

[b] Μανθάνω, ἔφη, ὅτι τὸ ὑπὸ ταῖς γεωμετρίαις τε καὶ ταῖς ταύτης ἀδελφαῖς τέχναις λέγεις.

Τὸ τοίνυν ἕτερον μάνθανε τμῆμα τοῦ νοητοῦ λέγοντά με τοῦτο οὗ αὐτὸς ὁ λόγος ἅπτεται τῇ τοῦ διαλέγεσθαι δυνάμει, τὰς ὑποθέσεις ποιούμενος οὐκ ἀρχὰς ἀλλὰ τῷ ὄντι ὑποθέσεις, οἷον ἐπιβάσεις τε καὶ ὁρμάς, ἵνα μέχρι τοῦ ἀνυποθέτου ἐπὶ τὴν τοῦ παντὸς ἀρχὴν ἰών, ἁψάμενος αὐτῆς, πάλιν αὖ ἐχόμενος τῶν ἐκείνης ἐχομένων, οὕτως ἐπὶ τελευτὴν καταβαίνῃ, [c] παντάπασιν οὐδενὶ προσχρώμενος, ἀλλ' εἴδεσιν αὐτοῖς δι' αὐτῶν εἰς αὐτά, καὶ τελευτᾷ εἰς εἴδη.

»Gewiss, das verstehe ich nun«, sagte er.

»Du weißt auch, dass sie sich dabei sichtbarer Figuren bedienen, anhand deren sie ihre Beweise durchführen; sie denken aber dabei nicht an die konkreten Figuren, sondern haben deren Urbilder im Sinn; bei ihren Untersuchungen geht es ihnen um das Viereck an sich und um dessen Diagonale an sich und nicht um diejenige, die sie gerade zeichnen, und ähnlich ist es auch bei allem anderen; [e] die Figuren, die sie formen und zeichnen, von denen es auch wieder Schatten und Spiegelbilder im Wasser gibt, die gebrauchen sie nur als Abbilder und suchen die Urbilder an sich zu erkennen, [511a] die man ausschließlich im Geist schauen kann.«

»Damit hast du recht«, sagte er.

21 »Das nenne ich also seiner Art nach erkennbar, jedoch muss sich die Seele bei ihrer Untersuchung auf Voraussetzungen stützen; dabei geht sie nicht auf den Urgrund zurück, weil sie nicht imstande ist, über diese Voraussetzungen hinauszugehen, sondern sie benützt dabei Abbilder, die der niederen Körperwelt entnommen sind, und zwar solche, die im Vergleich zu jenen[124] aufgrund ihrer Deutlichkeit besonders geachtet und geschätzt sind.«

[b] »Ich verstehe«, sagte er, »du sprichst von Geometrie und von verwandten Gebieten.«[125]

»So verstehe auch, was ich über den anderen Abschnitt des Erkennbaren sage; diesen erfasst der Geist selbst mit der Kraft der Dialektik;[126] er macht die Voraussetzungen nicht zu Ursprüngen, sondern zu echten Hypothesen, wie Stufen und Antriebspunkte, um so bis zum voraussetzungslosen Urgrund des Ganzen zu kommen;[127] ihn ergreift er und hält sich wieder an dem, was von ihm abhängt, fest, und steigt so herab bis ans Ende, [c] ohne dazu das Sichtbare überhaupt nur heranzuziehen; so schreitet er nur mithilfe der Ideen selbst von Idee zu Idee und endet schließlich bei den Ideen.«

Μανθάνω, ἔφη, ἱκανῶς μὲν οὔ – δοκεῖς γάρ μοι συχνὸν ἔργον λέγειν – ὅτι μέντοι βούλει διορίζειν σαφέστερον εἶναι τὸ ὑπὸ τῆς τοῦ διαλέγεσθαι ἐπιστήμης τοῦ ὄντος τε καὶ νοητοῦ θεωρούμενον ἢ τὸ ὑπὸ τῶν τεχνῶν καλουμένων, αἷς αἱ ὑποθέσεις ἀρχαὶ καὶ διανοίᾳ μὲν ἀναγκάζονται ἀλλὰ μὴ αἰσθήσεσιν αὐτὰ θεᾶσθαι οἱ θεώμενοι, διὰ δὲ τὸ μὴ ἐπ᾽ ἀρχὴν [d] ἀνελθόντες σκοπεῖν ἀλλ᾽ ἐξ ὑποθέσεων, νοῦν οὐκ ἴσχειν περὶ αὐτὰ δοκοῦσί σοι, καίτοι νοητῶν ὄντων μετὰ ἀρχῆς. διάνοιαν δὲ καλεῖν μοι δοκεῖς τὴν τῶν γεωμετρικῶν τε καὶ τὴν τῶν τοιούτων ἕξιν ἀλλ᾽ οὐ νοῦν, ὡς μεταξύ τι δόξης τε καὶ νοῦ τὴν διάνοιαν οὖσαν.

Ἱκανώτατα, ἦν δ᾽ ἐγώ, ἀπεδέξω. καί μοι ἐπὶ τοῖς τέτταρσι τμήμασι τέτταρα ταῦτα παθήματα ἐν τῇ ψυχῇ γιγνόμενα λαβέ, νόησιν μὲν ἐπὶ τῷ ἀνωτάτω, διάνοιαν [e] δὲ ἐπὶ τῷ δευτέρῳ, τῷ τρίτῳ δὲ πίστιν ἀπόδος καὶ τῷ τελευταίῳ εἰκασίαν, καὶ τάξον αὐτὰ ἀνὰ λόγον, ὥσπερ ἐφ᾽ οἷς ἐστιν ἀληθείας μετέχει, οὕτω ταῦτα σαφηνείας ἡγησάμενος μετέχειν.

Μανθάνω, ἔφη, καὶ συγχωρῶ καὶ τάττω ὡς λέγεις.

»Ich verstehe es immer noch nicht ganz«, sagte er. »Wie mir scheint, sprichst du von einer gewaltigen Aufgabe. Du möchtest klarlegen, dass das, was vom Seienden und Erkennbaren durch die Dialektik geschaut wird, klarer ist als das, was die sogenannten Einzelwissenschaften betrachten; für sie sind ja schon die Hypothesen Urgründe; auch hier werden die Betrachter genötigt, ihre Gegenstände mit Überlegung und nicht nur mit den Sinnen zu betrachten; weil sie aber bei ihren Untersuchungen nicht bis zum Urgrund [d] hinaufsteigen, sondern von den Hypothesen ausgehen, haben sie deiner Meinung nach keine Erkenntnis von den Dingen, obwohl diese erkennbar wären, wenn man den Urgrund hinzunähme. Du nennst also offenbar die Methode der Geometrie und ähnlicher Fächer nicht eigentliche Erkenntnis, sondern nur ein Nachdenken, das ein Zwischending zwischen bloßer Meinung und wirklicher Erkenntnis ist.«

»Das hast du ausgezeichnet verstanden«, sagte ich. Nach diesen vier Abschnitten nimm auch vier Vorgänge in der Seele an: Erkenntnis beim höchsten, Nachdenken [e] beim zweiten, dem dritten ordne das Meinen zu und dem letzten das Vermuten, und ordne sie in der entsprechenden Reihenfolge, indem du annimmst, wie die Dinge, auf die sie sich beziehen, an Wahrheit teilhaben, so haben sie an Klarheit teil.«

»Jetzt verstehe ich es«, sagte er, »ich bin damit einverstanden und ordne sie so, wie du sagst.«

Z

1 [514a] Μετὰ ταῦτα δή, εἶπον, ἀπείκασον τοιούτῳ πάθει τὴν ἡμετέραν φύσιν παιδείας τε πέρι καὶ ἀπαιδευσίας. ἰδὲ γὰρ ἀνθρώπους οἷον ἐν καταγείῳ οἰκήσει σπηλαιώδει, ἀναπεπταμένην πρὸς τὸ φῶς τὴν εἴσοδον ἐχούσῃ μακρὰν παρὰ πᾶν τὸ σπήλαιον, ἐν ταύτῃ ἐκ παίδων ὄντας ἐν δεσμοῖς καὶ τὰ σκέλη καὶ τοὺς αὐχένας, ὥστε μένειν τε αὐτοὺς εἴς τε τὸ [b] πρόσθεν μόνον ὁρᾶν, κύκλῳ δὲ τὰς κεφαλὰς ὑπὸ τοῦ δεσμοῦ ἀδυνάτους περιάγειν, φῶς δὲ αὐτοῖς πυρὸς ἄνωθεν καὶ πόρρωθεν καόμενον ὄπισθεν αὐτῶν, μεταξὺ δὲ τοῦ πυρὸς καὶ τῶν δεσμωτῶν ἐπάνω ὁδόν, παρ᾽ ἣν ἰδὲ τειχίον παρῳκοδομημένον, ὥσπερ τοῖς θαυματοποιοῖς πρὸ τῶν ἀνθρώπων πρόκειται τὰ παραφράγματα, ὑπὲρ ὧν τὰ θαύματα δεικνύασιν.

Ὁρῶ, ἔφη.

Ὅρα τοίνυν παρὰ τοῦτο τὸ τειχίον φέροντας ἀνθρώπους [c] σκεύη τε παντοδαπὰ ὑπερέχοντα τοῦ τειχίου καὶ ἀνδριάντας [515a] καὶ ἄλλα ζῷα λίθινά τε καὶ ξύλινα καὶ παντοῖα εἰργασμένα, οἷον εἰκὸς τοὺς μὲν φθεγγομένους, τοὺς δὲ σιγῶντας τῶν παραφερόντων.

Ἄτοπον, ἔφη, λέγεις εἰκόνα καὶ δεσμώτας ἀτόπους.

Ὁμοίους ἡμῖν, ἦν δ᾽ ἐγώ· τοὺς γὰρ τοιούτους πρῶτον μὲν ἑαυτῶν τε καὶ ἀλλήλων οἴει ἄν τι ἑωρακέναι ἄλλο πλὴν τὰς σκιὰς τὰς ὑπὸ τοῦ πυρὸς εἰς τὸ καταντικρὺ αὐτῶν τοῦ σπηλαίου προσπιπτούσας;

Πῶς γάρ, ἔφη, εἰ ἀκινήτους γε τὰς κεφαλὰς ἔχειν ἠναγκασμένοι [b] εἶεν διὰ βίου;

Τί δὲ τῶν παραφερομένων; οὐ ταὐτὸν τοῦτο;

Siebentes Buch

1 [514a] »Und nun«, fuhr ich fort, »vergleiche unsere Natur hinsichtlich Bildung und Unbildung mit folgendem Zustand: Stelle dir Menschen vor, etwa in einer unterirdischen, höhlenartigen Behausung mit einem Ausgang, der sich über die ganze Breite der Höhle zum Tageslicht hin öffnet; in dieser Höhle sind sie von Kindheit an, gefesselt an Schenkeln und Nacken, so dass sie an Ort und Stelle bleiben müssen und [b] nur geradeaus schauen können; den Kopf können sie wegen der Fesseln nicht herumdrehen; Licht erhalten sie durch ein Feuer, das hinter ihnen weit oben in der Ferne brennt; zwischen diesem Feuer und den Gefesselten führt oben ein Weg; an ihm entlang stelle dir einen niedrigen Maueraufbau vor, ähnlich wie Schranken bei den Gauklern vor den Zuschauern errichtet werden, über die hinweg sie ihre Kunststücke zeigen.«[1]

»Ich sehe es vor mir«, sagte er.

»Stelle dir nun längs dieser Mauer Menschen vor, die allerlei Geräte vorbeitragen, [c] die über diese Mauer hinausragen, Statuen von Menschen [515a] und anderen Lebewesen aus Holz und Stein und alle möglichen Erzeugnisse menschlicher Arbeit, wobei die Vorbeitragenden, wie es ja natürlich ist, teils reden, teils schweigen.«

»Ein seltsames Gleichnis und seltsame Gefesselte, von denen du da sprichst«, sagte er.

»Ein Ebenbild von uns«, erwiderte ich. »Denn haben diese Leute von sich und den anderen je etwas anderes gesehen als die Schatten, die das Feuer auf die gegenüberliegende Wand der Höhle wirft?«

»Wie denn«, sagte er, »wenn sie [b] zeitlebens gezwungen sind, ihre Köpfe unbeweglich zu halten?«

»Gilt nicht dasselbe auch von den Gegenständen, die vorbeigetragen werden?«

Τί μήν;

Εἰ οὖν διαλέγεσθαι οἷοί τ᾽ εἶεν πρὸς ἀλλήλους, οὐ ταῦτα ἡγῇ ἂν τὰ ὄντα αὐτοὺς νομίζειν ἅπερ ὁρῷεν;

Ἀνάγκη.

Τί δ᾽ εἰ καὶ ἠχὼ τὸ δεσμωτήριον ἐκ τοῦ καταντικρὺ ἔχοι; ὁπότε τις τῶν παριόντων φθέγξαιτο, οἴει ἂν ἄλλο τι αὐτοὺς ἡγεῖσθαι τὸ φθεγγόμενον ἢ τὴν παριοῦσαν σκιάν;

Μὰ Δί᾽ οὐκ ἔγωγ᾽, ἔφη.

[c] Παντάπασι δή, ἦν δ᾽ ἐγώ, οἱ τοιοῦτοι οὐκ ἂν ἄλλο τι νομίζοιεν τὸ ἀληθὲς ἢ τὰς τῶν σκευαστῶν σκιάς.

Πολλὴ ἀνάγκη, ἔφη.

Σκόπει δή, ἦν δ᾽ ἐγώ, αὐτῶν λύσιν τε καὶ ἴασιν τῶν τε δεσμῶν καὶ τῆς ἀφροσύνης, οἵα τις ἂν εἴη, εἰ φύσει τοιάδε συμβαίνοι αὐτοῖς· ὁπότε τις λυθείη καὶ ἀναγκάζοιτο ἐξαίφνης ἀνίστασθαί τε καὶ περιάγειν τὸν αὐχένα καὶ βαδίζειν καὶ πρὸς τὸ φῶς ἀναβλέπειν, πάντα δὲ ταῦτα ποιῶν ἀλγοῖ τε καὶ διὰ τὰς μαρμαρυγὰς ἀδυνατοῖ καθορᾶν ἐκεῖνα ὧν [d] τότε τὰς σκιὰς ἑώρα, τί ἂν οἴει αὐτὸν εἰπεῖν, εἴ τις αὐτῷ λέγοι ὅτι τότε μὲν ἑώρα φλυαρίας, νῦν δὲ μᾶλλόν τι ἐγγυτέρω τοῦ ὄντος καὶ πρὸς μᾶλλον ὄντα τετραμμένος ὀρθότερον βλέποι, καὶ δὴ καὶ ἕκαστον τῶν παριόντων δεικνὺς αὐτῷ ἀναγκάζοι ἐρωτῶν ἀποκρίνεσθαι ὅτι ἔστιν; οὐκ οἴει αὐτὸν ἀπορεῖν τε ἂν καὶ ἡγεῖσθαι τὰ τότε ὁρώμενα ἀληθέστερα ἢ τὰ νῦν δεικνύμενα;

Πολύ γ᾽, ἔφη.

»Gewiss.«

»Wenn sie nun miteinander sprechen könnten, glaubst du nicht, sie würden das, was sie da sehen, für die wahren Dinge halten?«

»Notwendigerweise.«

»Wie aber, wenn das Gefängnis auch noch einen Widerhall von der gegenüberliegenden Wand her hätte? Wenn dann einer der Vorübergehenden spräche, glaubst du, sie würden meinen, dass etwas anderes spräche als der vorbeiziehende Schatten?«

»Nein, beim Zeus«, sagte er.

[c] »Überhaupt werden sie«, fuhr ich fort, »nichts anderes für wahr halten als die Schatten der verfertigten Gegenstände.«

»Unbedingt«, sagte er.

»Überlege nun, wie es wäre, wenn sie von ihren Fesseln befreit und von ihrer Unwissenheit geheilt würden, wie immer das geschehen mag, da würde es ihnen doch naturgemäß wie folgt ergehen: Wenn einer von den Fesseln befreit und gezwungen würde, plötzlich aufzustehen, seinen Nacken zu wenden, zu gehen und zum Licht[2] emporzuschauen und wenn er bei all diesem Tun Schmerzen empfände und wegen des gleißenden Lichts jene Gegenstände nicht anschauen könnte, von denen [d] er vorher nur den Schatten gesehen hat, was glaubst du würde er wohl antworten, wenn ihm jemand sagte, er hätte vorher nur eitlen Schein gesehen, nun aber sei er dem Seienden viel näher und sehe richtiger, weil er sich dem Seienden mehr zugewandt habe? Und wenn man ihm dann jeden der vorüberziehenden Gegenstände zeigte und ihn nötigte, auf die Frage zu antworten, was denn das sei, meinst du nicht, er wäre in Verlegenheit[3] und würde die zuvor geschauten Schatten für wirklicher halten als das, was man ihm jetzt zeigte?«

»Gewiss würde er das«, sagte er.

2 [e] Οὐκοῦν κἂν εἰ πρὸς αὐτὸ τὸ φῶς ἀναγκάζοι αὐτὸν βλέπειν, ἀλγεῖν τε ἂν τὰ ὄμματα καὶ φεύγειν ἀποστρεφόμενον πρὸς ἐκεῖνα ἃ δύναται καθορᾶν, καὶ νομίζειν ταῦτα τῷ ὄντι σαφέστερα τῶν δεικνυμένων;

Οὕτως, ἔφη.

Εἰ δέ, ἦν δ᾽ ἐγώ, ἐντεῦθεν ἕλκοι τις αὐτὸν βίᾳ διὰ τραχείας τῆς ἀναβάσεως καὶ ἀνάντους, καὶ μὴ ἀνείη πρὶν ἐξελκύσειεν εἰς τὸ τοῦ ἡλίου φῶς, ἆρα οὐχὶ ὀδυνᾶσθαί τε [516a] ἂν καὶ ἀγανακτεῖν ἑλκόμενον, καὶ ἐπειδὴ πρὸς τὸ φῶς ἔλθοι, αὐγῆς ἂν ἔχοντα τὰ ὄμματα μεστὰ ὁρᾶν οὐδ᾽ ἂν ἓν δύνασθαι τῶν νῦν λεγομένων ἀληθῶν;

Οὐ γὰρ ἄν, ἔφη, ἐξαίφνης γε.

Συνηθείας δὴ οἶμαι δέοιτ᾽ ἄν, εἰ μέλλοι τὰ ἄνω ὄψεσθαι. καὶ πρῶτον μὲν τὰς σκιὰς ἂν ῥᾷστα καθορῷ, καὶ μετὰ τοῦτο ἐν τοῖς ὕδασι τά τε τῶν ἀνθρώπων καὶ τὰ τῶν ἄλλων εἴδωλα, ὕστερον δὲ αὐτά· ἐκ δὲ τούτων τὰ ἐν τῷ οὐρανῷ καὶ αὐτὸν τὸν οὐρανὸν νύκτωρ ἂν ῥᾷον θεάσαιτο, προσβλέπων τὸ τῶν [b] ἄστρων τε καὶ σελήνης φῶς, ἢ μεθ᾽ ἡμέραν τὸν ἥλιόν τε καὶ τὸ τοῦ ἡλίου.

Πῶς δ᾽ οὔ;

Τελευταῖον δὴ οἶμαι τὸν ἥλιον, οὐκ ἐν ὕδασιν οὐδ᾽ ἐν ἀλλοτρίᾳ ἕδρᾳ φαντάσματα αὐτοῦ, ἀλλ᾽ αὐτὸν καθ᾽ αὑτὸν ἐν τῇ αὑτοῦ χώρᾳ δύναιτ᾽ ἂν κατιδεῖν καὶ θεάσασθαι οἷός ἐστιν.

Ἀναγκαῖον, ἔφη.

Καὶ μετὰ ταῦτ᾽ ἂν ἤδη συλλογίζοιτο περὶ αὐτοῦ ὅτι οὗτος ὁ τάς τε ὥρας παρέχων καὶ ἐνιαυτοὺς καὶ πάντα ἐπιτροπεύων [c] τὰ ἐν τῷ ὁρωμένῳ τόπῳ, καὶ ἐκείνων ὧν σφεῖς ἑώρων τρόπον τινὰ πάντων αἴτιος.

2 [e] »Und wenn man ihn dann noch nötigte, direkt ins Licht zu schauen, dann würden ihn doch wohl seine Augen schmerzen und er würde sich fluchtartig dem zuwenden, was er anzuschauen vermag, und das würde er dann in der Tat für klarer halten als das soeben Gezeigte?«

»So ist es«, sagte er.

»Wenn man ihn dann«, fuhr ich fort, »mit Gewalt von dort wegschleppte, den steilen und schwierigen Anstieg hinauf und ihn erst losließe, wenn man ihn ans Licht der Sonne gebracht hätte, würde er da nicht leiden und [516a] unwillig werden, weil man ihn hinaufgeschleppt hat? Und wenn er dann ans Sonnenlicht käme, wären seine Augen ganz vom gleißenden Licht erfüllt, und er könnte kein einziges von den Dingen erkennen, die man ihm jetzt als die wirklichen bezeichnet?«

»Nein, wenigstens nicht gleich«, sagte er.

»Er müsste sich also, denke ich, erst daran gewöhnen, wenn er die Dinge dort oben sehen wollte. Zuerst würde er wohl am leichtesten die Schatten erkennen und dann die Spiegelbilder der Menschen und der anderen Dinge im Wasser[4] und später erst sie selbst; hierauf könnte er das, was am Himmel ist, und diesen selbst betrachten, und zwar leichter [b] das Licht der Sterne und des Mondes bei Nacht als bei Tag die Sonne und ihr Licht.«

»Natürlich.«

»Zuletzt aber könnte er, denke ich, die Sonne, nicht ihr Spiegelbild im Wasser und anderswo, sondern sie selbst in ihrer richtigen Gestalt und an ihrem richtigen Platz schauen und sie so betrachten, wie sie wirklich ist.«

»Unbedingt«, sagte er.

»Und noch später würde er zu dem Schluss kommen, dass sie es ist, die die Jahreszeiten und Jahre hervorbringt und über allem [c] in der sichtbaren Welt waltet und in gewissem Sinne die Urheberin ist von allem, was sie gesehen haben.«

Δῆλον, ἔφη, ὅτι ἐπὶ ταῦτα ἂν μετ᾽ ἐκεῖνα ἔλθοι.

Τί οὖν; ἀναμιμνῃσκόμενον αὐτὸν τῆς πρώτης οἰκήσεως καὶ τῆς ἐκεῖ σοφίας καὶ τῶν τότε συνδεσμωτῶν οὐκ ἂν οἴει αὐτὸν μὲν εὐδαιμονίζειν τῆς μεταβολῆς, τοὺς δὲ ἐλεεῖν;

Καὶ μάλα.

Τιμαὶ δὲ καὶ ἔπαινοι εἴ τινες αὐτοῖς ἦσαν τότε παρ᾽ ἀλλήλων καὶ γέρα τῷ ὀξύτατα καθορῶντι τὰ παριόντα, καὶ μνημονεύοντι μάλιστα ὅσα τε πρότερα αὐτῶν καὶ ὕστερα [d] εἰώθει καὶ ἅμα πορεύεσθαι, καὶ ἐκ τούτων δὴ δυνατώτατα ἀπομαντευομένῳ τὸ μέλλον ἥξειν, δοκεῖς ἂν αὐτὸν ἐπιθυμητικῶς αὐτῶν ἔχειν καὶ ζηλοῦν τοὺς παρ᾽ ἐκείνοις τιμωμένους τε καὶ ἐνδυναστεύοντας, ἢ τὸ τοῦ Ὁμήρου ἂν πεπονθέναι καὶ σφόδρα βούλεσθαι »ἐπάρουρον ἐόντα θητευέμεν ἄλλῳ ἀνδρὶ παρ᾽ ἀκλήρῳ« καὶ ὁτιοῦν ἂν πεπονθέναι μᾶλλον ἢ ᾽κεῖνά τε δοξάζειν καὶ ἐκείνως ζῆν;

[e] Οὕτως, ἔφη, ἔγωγε οἶμαι, πᾶν μᾶλλον πεπονθέναι ἂν δέξασθαι ἢ ζῆν ἐκείνως.

Καὶ τόδε δὴ ἐννόησον, ἦν δ᾽ ἐγώ. εἰ πάλιν ὁ τοιοῦτος καταβὰς εἰς τὸν αὐτὸν θᾶκον καθίζοιτο, ἆρ᾽ οὐ σκότους ⟨ἂν⟩ ἀνάπλεως σχοίη τοὺς ὀφθαλμούς, ἐξαίφνης ἥκων ἐκ τοῦ ἡλίου;

Καὶ μάλα γ᾽, ἔφη.

Τὰς δὲ δὴ σκιὰς ἐκείνας πάλιν εἰ δέοι αὐτὸν γνωματεύοντα διαμιλλᾶσθαι τοῖς ἀεὶ δεσμώταις ἐκείνοις, ἐν ᾧ ἀμβλυώττει, [517a] πρὶν καταστῆναι τὰ ὄμματα, οὗτος δ᾽ ὁ χρόνος μὴ πάνυ ὀλίγος εἴη τῆς συνηθείας, ἆρ᾽ οὐ γέλωτ᾽ ἂν παράσχοι, καὶ λέγοιτο ἂν περὶ αὐτοῦ ὡς ἀναβὰς ἄνω διεφθαρμένος ἥκει τὰ ὄμματα, καὶ ὅτι οὐκ ἄξιον

»Klar«, sagte er, »so weit würde er nach all dem kommen.«

»Wie nun? Wenn er jetzt an seine erste Behausung, an sein dortiges Wissen und an seine damaligen Mitgefangenen zurückdenkt, glaubst du, er würde sich nicht wegen seines Ortswechsels glücklich preisen und die anderen bedauern?«

»Ja, gewiss.«

»Und wenn es damals Ehrungen und Lob bei ihnen gab und einen Preis für denjenigen, der die vorbeiziehenden Gegenstände am schärfsten erkannt hat und sich am besten daran erinnerte, welche von ihnen zuerst, welche später und welche [d] gleichzeitig vorbeizukommen pflegten, und daher am besten vorhersagen konnte, was als Nächstes kommen würde, glaubst du, es sehne sich dieser Mann nach solchem Lob und beneide diejenigen, die bei jenen dort geehrt und mächtig sind? Oder wird es ihm so gehen, wie Homer[5] sagt, dass er gern ›bei einem armen Mann als Taglöhner auf dem Land arbeiten‹ und alles Mögliche eher erdulden würde, als wieder nur jene bloßen Meinungen zu haben und jenes Leben zu führen?«

[e] »Ja, das glaube ich«, sagte er, »lieber wird er alles über sich ergehen lassen, als zu jenem Leben zurückzukehren.«

»Überlege nun noch Folgendes«, fuhr ich fort. »Wenn so ein Mensch wieder hinabsteigt[6] und sich an seinen früheren Platz setzt, wären dann seine Augen nicht voll von Finsternis, da er ja so unvermittelt aus der Sonne gekommen ist?«

»Ja, gewiss«, erwiderte er.

»Wenn er dort wieder mit jenen stets Gefesselten im Beurteilen der Schatten in Wettstreit treten müsste, während seine Augen noch geblendet sind und sich noch nicht [517a] umgestellt haben – diese Zeit der Umgewöhnung dürfte ziemlich lange dauern –, würde er da nicht zum Gespött werden und zu hören bekommen, er sei von seinem Aufstieg mit verdorbenen Augen zurückgekehrt und dass es sich nicht lohne, den Aufstieg auch nur zu versuchen? Und wer versuchen wollte, sie

οὐδὲ πειρᾶσθαι ἄνω ἰέναι; καὶ τὸν ἐπιχειροῦντα λύειν τε καὶ ἀνάγειν, εἴ πως ἐν ταῖς χερσὶ δύναιντο λαβεῖν καὶ ἀποκτείνειν, ἀποκτεινύναι ἄν;

Σφόδρα γ', ἔφη.

3 Ταύτην τοίνυν, ἦν δ' ἐγώ, τὴν εἰκόνα, ὦ φίλε Γλαύκων, [b] προσαπτέον ἅπασαν τοῖς ἔμπροσθεν λεγομένοις, τὴν μὲν δι' ὄψεως φαινομένην ἕδραν τῇ τοῦ δεσμωτηρίου οἰκήσει ἀφομοιοῦντα, τὸ δὲ τοῦ πυρὸς ἐν αὐτῇ φῶς τῇ τοῦ ἡλίου δυνάμει· τὴν δὲ ἄνω ἀνάβασιν καὶ θέαν τῶν ἄνω τὴν εἰς τὸν νοητὸν τόπον τῆς ψυχῆς ἄνοδον τιθεὶς οὐχ ἁμαρτήσῃ τῆς γ' ἐμῆς ἐλπίδος, ἐπειδὴ ταύτης ἐπιθυμεῖς ἀκούειν. θεὸς δέ που οἶδεν εἰ ἀληθὴς οὖσα τυγχάνει. τὰ δ' οὖν ἐμοὶ φαινόμενα οὕτω φαίνεται, ἐν τῷ γνωστῷ τελευταία ἡ τοῦ [c] ἀγαθοῦ ἰδέα καὶ μόγις ὁρᾶσθαι, ὀφθεῖσα δὲ συλλογιστέα εἶναι ὡς ἄρα πᾶσι πάντων αὕτη ὀρθῶν τε καὶ καλῶν αἰτία, ἔν τε ὁρατῷ φῶς καὶ τὸν τούτου κύριον τεκοῦσα, ἔν τε νοητῷ αὐτὴ κυρία ἀλήθειαν καὶ νοῦν παρασχομένη, καὶ ὅτι δεῖ ταύτην ἰδεῖν τὸν μέλλοντα ἐμφρόνως πράξειν ἢ ἰδίᾳ ἢ δημοσίᾳ.

Συνοίομαι, ἔφη, καὶ ἐγώ, ὅν γε δὴ τρόπον δύναμαι.

Ἴθι τοίνυν, ἦν δ' ἐγώ, καὶ τόδε συνοιήθητι καὶ μὴ θαυμάσῃς ὅτι οἱ ἐνταῦθα ἐλθόντες οὐκ ἐθέλουσιν τὰ τῶν ἀνθρώπων πράττειν, ἀλλ' ἄνω ἀεὶ ἐπείγονται αὐτῶν αἱ ψυχαὶ διατρίβειν· [d] εἰκὸς γάρ που οὕτως, εἴπερ αὖ κατὰ τὴν προειρημένην εἰκόνα τοῦτ' ἔχει.

Εἰκὸς μέντοι, ἔφη.

Τί δέ; τόδε οἴει τι θαυμαστόν, εἰ ἀπὸ θείων, ἦν δ' ἐγώ, θεωριῶν ἐπὶ τὰ ἀνθρώπειά τις ἐλθὼν κακὰ ἀσχημονεῖ τε καὶ φαίνεται σφό-

von ihren Fesseln zu befreien und hinaufzuführen, den würden sie töten,[7] wenn sie seiner habhaft würden und dazu imstande wären?«

»Sicherlich«, sagte er.

3 »Dieses Gleichnis, lieber Glaukon«, fuhr ich fort, »musst du nun [b] als Ganzes mit unseren früheren Ausführungen in Zusammenhang bringen; du musst die Welt des Sichtbaren mit der Wohnung im Gefängnis vergleichen und den Schein des Feuers dort mit der Macht der Sonne. Wenn du dann den Weg hinauf und die Schau der Dinge dort oben als den Aufstieg der Seele in die Welt des Denkbaren nimmst, dann triffst du genau meine Meinung, die du ja zu hören wünschtest. Nur Gott weiß, ob sie auch richtig ist.[8] Meine Meinung ist es jedenfalls: In der Welt des Erkennbaren ist die [c] Idee des Guten die höchste, und sie kann man nur mit Mühe schauen; hat man sie einmal geschaut, so muss man daraus folgern, dass sie für die ganze Welt die Ursache alles Rechten und Schönen ist; in der sichtbaren Welt bringt sie das Licht und dessen Herrn[9] hervor, in der Welt des Erkennbaren ist sie selbst Herrin und verschafft uns Wahrheit und Einsicht, und jeder muss sie schauen, der im privaten oder öffentlichen Leben vernünftig handeln will.«

»Ich stimme dir zu«, sagte er, »soweit ich dir folgen kann.«

»Wohlan«, fuhr ich fort, »so stimme mir auch bei Folgendem zu und wundere dich nicht, dass die Menschen, die einmal dorthin[10] gelangt sind, sich nicht mehr am Treiben der Menschen beteiligen wollen; vielmehr streben ihre Seelen nach oben, um immer dort zu verweilen. [d] Denn das ist ja ganz natürlich, wenn es dem soeben geschilderten Gleichnis entsprechen soll.«

»Ja, freilich«, sagte er.

»Wie nun? Findest du es dann verwunderlich«, fuhr ich fort, »wenn einer nach der Rückkehr von dieser göttlichen Schau ins menschliche Elend sich recht ungeschickt benimmt und lächer-

δρα γελοῖος ἔτι ἀμβλυώττων καὶ πρὶν ἱκανῶς συνήθης γενέσθαι τῷ παρόντι σκότῳ ἀναγκαζόμενος ἐν δικαστηρίοις ἢ ἄλλοθί που ἀγωνίζεσθαι περὶ τῶν τοῦ δικαίου σκιῶν ἢ ἀγαλμάτων ὧν αἱ σκιαί, καὶ διαμιλλᾶσθαι [e] περὶ τούτου, ὅπῃ ποτὲ ὑπολαμβάνεται ταῦτα ὑπὸ τῶν αὐτὴν δικαιοσύνην μὴ πώποτε ἰδόντων;

Οὐδ᾿ ὁπωστιοῦν θαυμαστόν, ἔφη.

[518a] Ἀλλ᾿ εἰ νοῦν γε ἔχοι τις, ἦν δ᾿ ἐγώ, μεμνῇτ᾿ ἂν ὅτι διτταὶ καὶ ἀπὸ διττῶν γίγνονται ἐπιταράξεις ὄμμασιν, ἔκ τε φωτὸς εἰς σκότος μεθισταμένων καὶ ἐκ σκότους εἰς φῶς. ταὐτὰ δὲ ταῦτα νομίσας γίγνεσθαι καὶ περὶ ψυχήν, ὁπότε ἴδοι θορυβουμένην τινὰ καὶ ἀδυνατοῦσάν τι καθορᾶν, οὐκ ἂν ἀλογίστως γελῷ, ἀλλ᾿ ἐπισκοποῖ ἂν πότερον ἐκ φανοτέρου βίου ἥκουσα ὑπὸ ἀηθείας ἐσκότωται, ἢ ἐξ ἀμαθίας πλείονος εἰς φανότερον ἰοῦσα ὑπὸ λαμπροτέρου μαρμαρυγῆς [b] ἐμπέπλησται, καὶ οὕτω δὴ τὴν μὲν εὐδαιμονίσειεν ἂν τοῦ πάθους τε καὶ βίου, τὴν δὲ ἐλεήσειεν, καὶ εἰ γελᾶν ἐπ᾿ αὐτῇ βούλοιτο, ἧττον ἂν καταγέλαστος ὁ γέλως αὐτῷ εἴη ἢ ὁ ἐπὶ τῇ ἄνωθεν ἐκ φωτὸς ἡκούσῃ.

Καὶ μάλα, ἔφη, μετρίως λέγεις.

4 Δεῖ δή, εἶπον, ἡμᾶς τοιόνδε νομίσαι περὶ αὐτῶν, εἰ ταῦτ᾿ ἀληθῆ· τὴν παιδείαν οὐχ οἵαν τινὲς ἐπαγγελλόμενοί φασιν εἶναι τοιαύτην καὶ εἶναι. φασὶ δέ που οὐκ ἐνούσης ἐν τῇ [c] ψυχῇ ἐπιστήμης σφεῖς ἐντιθέναι, οἷον τυφλοῖς ὀφθαλμοῖς ὄψιν ἐντιθέντες.

Φασὶ γὰρ οὖν, ἔφη.

Ὁ δέ γε νῦν λόγος, ἦν δ᾿ ἐγώ, σημαίνει ταύτην τὴν ἐνοῦσαν

lich macht, da er, noch geblendet und noch nicht an die Dunkelheit da unten gewöhnt, sich gezwungen sieht, vor Gericht oder anderswo über die Schatten des Gerechten oder über die Bildwerke, von denen die Schatten herrühren, herumzustreiten und sich mit den [e] Vermutungen von Menschen herumzuschlagen, die die Gerechtigkeit an sich noch nie zu Gesicht bekommen haben?«

»Nein, darüber braucht man sich nicht wundern«, sagte er.

[518a] »Wer vernünftig ist«, fuhr ich fort, »muss immer bedenken, dass es für die Augen zwei Arten und zwei Ursachen von Sehstörungen gibt, die eine beim Wechsel vom Licht ins Dunkel, die andere beim Wechsel vom Dunkel ins Licht. Erkennt er nun, dass es der Seele ebenso ergeht, dann wird er nicht unüberlegt darüber lachen, wenn er sie verwirrt und unfähig sieht, etwas zu erkennen, vielmehr wird er überlegen, ob sie aus einem lichterfüllteren Leben kommt und sich an die Finsternis noch nicht gewöhnt hat, oder ob sie aus größerer Unwissenheit ins hellere Licht emporsteigt und nun vom strahlenderen Glanz [b] geblendet ist; und so wird er die eine Seele wegen ihres Zustands und wegen ihres Lebens glücklich preisen, die andere aber bedauern, und wenn er über die Letztere lachen wollte, so wäre sein Lachen hier weniger lächerlich, als wenn er über diejenige lachte, die von oben aus dem Licht kommt.«[11]

»Was du sagst, ist vollkommen richtig«, erwiderte er.

4 »Wenn das richtig ist«, fuhr ich fort, »dann müssen wir zu folgender Überzeugung kommen: Erziehung ist nicht das, was manche großspurig von ihr verkünden.[12] Sie behaupten ja, sie würden der Seele ein Wissen einpflanzen, das vorher nicht in ihr war, [c] wie wenn sie blinden Augen Sehkraft einpflanzen könnten.«

»Ja, das behaupten sie«, sagte er.

»Unsere Überlegung zeigt aber«, fuhr ich fort, »dass der

ἑκάστου δύναμιν ἐν τῇ ψυχῇ καὶ τὸ ὄργανον ᾧ καταμανθάνει ἕκαστος, οἷον εἰ ὄμμα μὴ δυνατὸν ἦν ἄλλως ἢ σὺν ὅλῳ τῷ σώματι στρέφειν πρὸς τὸ φανὸν ἐκ τοῦ σκοτώδους, οὕτω σὺν ὅλῃ τῇ ψυχῇ ἐκ τοῦ γιγνομένου περιακτέον εἶναι, ἕως ἂν εἰς τὸ ὂν καὶ τοῦ ὄντος τὸ φανότατον δυνατὴ γένηται ἀνασχέσθαι θεωμένη· τοῦτο δ᾽ εἶναί φαμεν [d] τἀγαθόν. ἦ γάρ;

Ναί.

Τούτου τοίνυν, ἦν δ᾽ ἐγώ, αὐτοῦ τέχνη ἂν εἴη, τῆς περιαγωγῆς, τίνα τρόπον ὡς ῥᾷστά τε καὶ ἀνυσιμώτατα μεταστραφήσεται, οὐ τοῦ ἐμποιῆσαι αὐτῷ τὸ ὁρᾶν, ἀλλ᾽ ὡς ἔχοντι μὲν αὐτό, οὐκ ὀρθῶς δὲ τετραμμένῳ οὐδὲ βλέποντι οἷ ἔδει, τοῦτο διαμηχανήσασθαι.

Ἔοικεν γάρ, ἔφη.

Αἱ μὲν τοίνυν ἄλλαι ἀρεταὶ καλούμεναι ψυχῆς κινδυνεύουσιν ἐγγύς τι εἶναι τῶν τοῦ σώματος – τῷ ὄντι γὰρ [e] οὐκ ἐνοῦσαι πρότερον ὕστερον ἐμποιεῖσθαι ἔθεσι καὶ ἀσκήσεσιν – ἡ δὲ τοῦ φρονῆσαι παντὸς μᾶλλον θειοτέρου τινὸς τυγχάνει, ὡς ἔοικεν, οὖσα, ὃ τὴν μὲν δύναμιν οὐδέποτε ἀπόλλυσιν, ὑπὸ δὲ τῆς περιαγωγῆς χρήσιμόν τε καὶ ὠφέλιμον [519a] καὶ ἄχρηστον αὖ καὶ βλαβερὸν γίγνεται. ἢ οὔπω ἐννενόηκας, τῶν λεγομένων πονηρῶν μέν, σοφῶν δέ, ὡς δριμὺ μὲν βλέπει τὸ ψυχάριον καὶ ὀξέως διορᾷ ταῦτα ἐφ᾽ ἃ τέτραπται, ὡς οὐ φαύλην ἔχον τὴν ὄψιν, κακίᾳ δ᾽ ἠναγκασμένον ὑπηρετεῖν, ὥστε ὅσῳ ἂν ὀξύτερον βλέπῃ, τοσούτῳ πλείω κακὰ ἐργαζόμενον;

Πάνυ μὲν οὖν, ἔφη.

Τοῦτο μέντοι, ἦν δ᾽ ἐγώ, τὸ τῆς τοιαύτης φύσεως εἰ ἐκ παιδὸς εὐθὺς κοπτόμενον περιεκόπη τὰς τῆς γενέσεως [b] συγγενεῖς

Seele eines jeden Menschen die Fähigkeit und das Organ, mit dem jeder lernen kann, innewohnt; wie aber das Auge, das sich nur mit dem ganzen Körper vom Dunkel zum Licht wenden kann, so muss sich auch dieses Organ mit der ganzen Seele von der Welt des Werdens abwenden, bis diese imstande ist, den Blick auf das Seiende und das Hellste des Seienden zu ertragen. Letzteres aber ist, wie wir sagen, [d] das Gute; nicht wahr?«

»Ja.«

»Die Erziehung«, setzte ich fort, »wäre also eine Kunst, wie dieses Organ am leichtesten und erfolgreichsten umgewendet werden kann, und nicht die Kunst, ihm das Sehen einzupflanzen; da dieses Organ die Fähigkeit zu sehen ja schon besitzt und nur nicht richtig gewendet ist und nicht dorthin blickt, wohin es sollte, soll die Erziehung ihm bei dieser Umwendung behilflich sein.«

»So scheint es«, sagte er.

»Die anderen sogenannten Fähigkeiten der Seele scheinen mit denen des Körpers eng verwandt zu sein; sie sind nämlich tatsächlich [e] zunächst nicht vorhanden und werden erst später durch Gewöhnung und Übung ausgebildet;[13] die Fähigkeit des Denkens betrifft anscheinend mehr als alles andere etwas Göttliches, das seine Kraft nie verliert und durch die Umwendung brauchbar und nützlich [519a] oder unbrauchbar und schädlich wird. Oder hast du nicht bemerkt, wie stechend die arme Seele der Menschen, die man böse, aber schlau nennt, dreinblickt und alles, dem sie sich zuwendet, scharfsichtig durchschaut, da ja ihre Sehkraft nicht schlecht, aber gezwungen ist, der Schlechtigkeit zu dienen, so dass sie, je schärfer sie blickt, umso größeres Unheil anrichtet?«

»Ganz gewiss«, sagte er.

»Wenn jedoch«, fuhr ich fort, »dieses Organ einer solchen Natur gleich von Kindheit an unterdrückt worden wäre und

ὥσπερ μολυβδίδας, αἳ δὴ ἐδωδαῖς τε καὶ τοιούτων ἡδοναῖς τε καὶ λιχνείαις προσφυεῖς γιγνόμεναι [περὶ] κάτω στρέφουσι τὴν τῆς ψυχῆς ὄψιν· ὧν εἰ ἀπαλλαγὲν περιεστρέφετο εἰς τὰ ἀληθῆ, καὶ ἐκεῖνα ἂν τὸ αὐτὸ τοῦτο τῶν αὐτῶν ἀνθρώπων ὀξύτατα ἑώρα, ὥσπερ καὶ ἐφ᾽ ἃ νῦν τέτραπται.

Εἰκός γε, ἔφη.

Τί δέ; τόδε οὐκ εἰκός, ἦν δ᾽ ἐγώ, καὶ ἀνάγκη ἐκ τῶν προειρημένων, μήτε τοὺς ἀπαιδεύτους καὶ ἀληθείας ἀπείρους [c] ἱκανῶς ἄν ποτε πόλιν ἐπιτροπεῦσαι, μήτε τοὺς ἐν παιδείᾳ ἐωμένους διατρίβειν διὰ τέλους, τοὺς μὲν ὅτι σκοπὸν ἐν τῷ βίῳ οὐκ ἔχουσιν ἕνα, οὗ στοχαζομένους δεῖ ἅπαντα πράττειν ἃ ἂν πράττωσιν ἰδίᾳ τε καὶ δημοσίᾳ, τοὺς δὲ ὅτι ἑκόντες εἶναι οὐ πράξουσιν, ἡγούμενοι ἐν μακάρων νήσοις ζῶντες ἔτι ἀπῳκίσθαι;

Ἀληθῆ, ἔφη.

Ἡμέτερον δὴ ἔργον, ἦν δ᾽ ἐγώ, τῶν οἰκιστῶν τάς τε βελτίστας φύσεις ἀναγκάσαι ἀφικέσθαι πρὸς τὸ μάθημα ὃ ἐν τῷ πρόσθεν ἔφαμεν εἶναι μέγιστον, ἰδεῖν τε τὸ ἀγαθὸν [d] καὶ ἀναβῆναι ἐκείνην τὴν ἀνάβασιν, καὶ ἐπειδὰν ἀναβάντες ἱκανῶς ἴδωσι, μὴ ἐπιτρέπειν αὐτοῖς ὃ νῦν ἐπιτρέπεται.

Τὸ ποῖον δή;

Τὸ αὐτοῦ, ἦν δ᾽ ἐγώ, καταμένειν καὶ μὴ ἐθέλειν πάλιν καταβαίνειν παρ᾽ ἐκείνους τοὺς δεσμώτας μηδὲ μετέχειν τῶν παρ᾽ ἐκείνοις πόνων τε καὶ τιμῶν, εἴτε φαυλότεραι εἴτε σπουδαιότεραι.

man ihm wie Bleigewichte[14] die dem Werden [b] verwandten Eigenschaften abgeschnitten hätte, die durch Völlerei und ähnliche Lüste mit ihm verwachsen sind, die Sehkraft der Seele jedoch nach unten ziehen – wenn es also davon befreit sich dem Wahren zuwendete, dann würde eben dieses Organ derselben Menschen jene höheren Dinge ebenso scharf sehen wie das, worauf sein Blick jetzt gerichtet ist.«[15]

»Wahrscheinlich«, sagte er.

»Wie nun?«, fuhr ich fort. »Ist nicht auch das wahrscheinlich, ja nach dem, was wir bisher gesagt haben, sogar zwingend, dass weder die Ungebildeten und mit der Wahrheit nicht Vertrauten fähig sind, [c] einen Staat ordentlich zu verwalten, noch diejenigen, denen man gestattet, sich bis an ihr Lebensende mit Bildung zu beschäftigen, die einen, weil sie kein bestimmtes Ziel in ihrem Leben haben, nach dem sie alle ihre Handlungen im privaten wie im öffentlichen Leben auszurichten haben, die anderen, weil sie freiwillig überhaupt nicht handeln wollen, glauben sie doch, schon bei Lebzeiten fernab auf den Inseln der Seligen zu wohnen?«[16]

»Richtig«, sagte er.

»Unsere Aufgabe als Staatengründer«, so setzte ich fort, »ist es somit, die besten Naturen zu zwingen, zu jenem Wissen zu gelangen, das wir vorhin[17] als das höchste bezeichnet haben, nämlich das Gute zu schauen [d] und auf jenem Weg hinaufzusteigen;[18] wenn sie dann dort oben angelangt sind und das Gute zur Genüge geschaut haben, dürfen wir ihnen nicht mehr erlauben, was ihnen jetzt erlaubt ist.«

»Und was ist das?«

»Dass sie dort oben bleiben«, antwortete ich, »und nicht wieder zu jenen Gefesselten hinabsteigen wollen und dass sie nicht mehr teilhaben wollen an deren Mühen und Ehrungen, ob diese nun mehr oder weniger bedeutungslos oder ernst zu nehmen sind.«

Ἔπειτ᾽, ἔφη, ἀδικήσομεν αὐτούς, καὶ ποιήσομεν χεῖρον ζῆν, δυνατὸν αὐτοῖς ὂν ἄμεινον;

[e] Ἐπελάθου, ἦν δ᾽ ἐγώ, πάλιν, ὦ φίλε, ὅτι νόμῳ οὐ τοῦτο μέλει, ὅπως ἕν τι γένος ἐν πόλει διαφερόντως εὖ πράξει, ἀλλ᾽ ἐν ὅλῃ τῇ πόλει τοῦτο μηχανᾶται ἐγγενέσθαι, συναρμόττων τοὺς πολίτας πειθοῖ τε καὶ ἀνάγκῃ, ποιῶν μεταδιδόναι [520a] ἀλλήλοις τῆς ὠφελίας ἣν ἂν ἕκαστοι τὸ κοινὸν δυνατοὶ ὦσιν ὠφελεῖν καὶ αὐτὸς ἐμποιῶν τοιούτους ἄνδρας ἐν τῇ πόλει, οὐχ ἵνα ἀφιῇ τρέπεσθαι ὅπῃ ἕκαστος βούλεται, ἀλλ᾽ ἵνα καταχρῆται αὐτὸς αὐτοῖς ἐπὶ τὸν σύνδεσμον τῆς πόλεως.

Ἀληθῆ, ἔφη· ἐπελαθόμην γάρ.

Σκέψαι τοίνυν, εἶπον, ὦ Γλαύκων, ὅτι οὐδ᾽ ἀδικήσομεν τοὺς παρ᾽ ἡμῖν φιλοσόφους γιγνομένους, ἀλλὰ δίκαια πρὸς αὐτοὺς ἐροῦμεν, προσαναγκάζοντες τῶν ἄλλων ἐπιμελεῖσθαί τε καὶ φυλάττειν. ἐροῦμεν γὰρ ὅτι οἱ μὲν ἐν ταῖς ἄλλαις [b] πόλεσι τοιοῦτοι γιγνόμενοι εἰκότως οὐ μετέχουσι τῶν ἐν αὐταῖς πόνων· αὐτόματοι γὰρ ἐμφύονται ἀκούσης τῆς ἐν ἑκάστῃ πολιτείας, δίκην δ᾽ ἔχει τό γε αὐτοφυὲς μηδενὶ τροφὴν ὀφεῖλον μηδ᾽ ἐκτίνειν τῳ προθυμεῖσθαι τὰ τροφεῖα· ὑμᾶς δ᾽ ἡμεῖς ὑμῖν τε αὐτοῖς τῇ τε ἄλλῃ πόλει ὥσπερ ἐν σμήνεσιν ἡγεμόνας τε καὶ βασιλέας ἐγεννήσαμεν, ἄμεινόν τε καὶ τελεώτερον ἐκείνων πεπαιδευμένους καὶ μᾶλλον δυνατοὺς [c] ἀμφοτέρων μετέχειν. καταβατέον οὖν ἐν μέρει ἑκάστῳ εἰς τὴν τῶν ἄλλων συνοίκησιν καὶ συνεθιστέον τὰ σκοτεινὰ θεάσασθαι· συνεθιζόμενοι γὰρ μυρίῳ βέλτιον ὄψεσθε τῶν ἐκεῖ καὶ γνώσεσθε ἕκαστα τὰ εἴδωλα ἄττα ἐστὶ καὶ ὧν, διὰ τὸ τἀληθῆ ἑωρακέ-

»Dann werden wir ihnen«, sagte er, »also Unrecht tun und sie zu einem schlechteren Leben verdammen, obwohl sie ein besseres führen könnten?«

5 [e] »Mein lieber Freund«, erwiderte ich, »du hast schon wieder vergessen, dass dem Gesetz nichts daran liegt, dass es einem einzelnen Stand im Staat gut geht, sondern dass es dies für den ganzen Staat bewirken will, indem es die Bürger durch Überredung und Zwang zu einer Einheit zusammenführt, sie [520a] untereinander an dem Nutzen teilhaben lässt, den ein jeder dem Gemeinwesen erweisen kann, und selbst solche Männer im Staat heranbildet, nicht um jeden gehen zu lassen, wohin er will, sondern um sich ihrer für den Zusammenhalt des Staates zu bedienen.«

»Richtig, daran habe ich nicht gedacht«, sagte er.

»Überlege also, mein Glaukon«, fuhr ich fort, »dass wir den Philosophen bei uns kein Unrecht antun, sondern im Recht sind, wenn wir sie zwingen, sich um die anderen zu kümmern und sie zu bewachen. Denn wir werden sagen: Philosophen in anderen Staaten [b] nehmen mit guten Gründen an den öffentlichen Mühen keinen Anteil. Denn sie wachsen ganz von selbst heran, sogar gegen den Willen der jeweiligen Staatsverfassung, und was von selbst gewachsen ist und niemandem seine Ernährung verdankt, will auch mit vollem Recht niemandem ein Kostgeld bezahlen. Euch aber haben wir zu eurem eigenen und des übrigen Staates Nutzen wie in einem Bienenstock zu Weiseln und Königen herangezogen; wir haben euch besser und vollkommener erzogen als die anderen und in höherem Maße befähigt, [c] an beidem[19] teilzunehmen. Es muss also jetzt ein jeder der Reihe nach hinabsteigen in die Behausung der anderen und sich an die Dunkelheit gewöhnen. Denn habt ihr euch einmal daran gewöhnt, werdet ihr tausendmal besser sehen als die dort unten, und ihr werdet erkennen, was das Wesen der einzelnen Schattenbilder ist und wozu sie gehören, weil

ναι καλῶν τε καὶ δικαίων καὶ ἀγαθῶν πέρι. καὶ οὕτω ὕπαρ ἡμῖν καὶ ὑμῖν ἡ πόλις οἰκήσεται ἀλλ᾽ οὐκ ὄναρ, ὡς νῦν αἱ πολλαὶ ὑπὸ σκιαμαχούντων τε πρὸς ἀλλήλους καὶ στασιαζόντων περὶ τοῦ ἄρχειν [d] οἰκοῦνται, ὡς μεγάλου τινὸς ἀγαθοῦ ὄντος. τὸ δέ που ἀληθὲς ὧδ᾽ ἔχει· ἐν πόλει ᾗ ἥκιστα πρόθυμοι ἄρχειν οἱ μέλλοντες ἄρξειν, ταύτην ἄριστα καὶ ἀστασιαστότατα ἀνάγκη οἰκεῖσθαι, τὴν δ᾽ ἐναντίους ἄρχοντας σχοῦσαν ἐναντίως.

Πάνυ μὲν οὖν, ἔφη.

Ἀπειθήσουσιν οὖν ἡμῖν οἴει οἱ τρόφιμοι ταῦτ᾽ ἀκούοντες, καὶ οὐκ ἐθελήσουσιν συμπονεῖν ἐν τῇ πόλει ἕκαστοι ἐν μέρει, τὸν δὲ πολὺν χρόνον μετ᾽ ἀλλήλων οἰκεῖν ἐν τῷ καθαρῷ;

[e] Ἀδύνατον, ἔφη· δίκαια γὰρ δὴ δικαίοις ἐπιτάξομεν. παντὸς μὴν μᾶλλον ὡς ἐπ᾽ ἀναγκαῖον αὐτῶν ἕκαστος εἶσι τὸ ἄρχειν, τοὐναντίον τῶν νῦν ἐν ἑκάστῃ πόλει ἀρχόντων.

Οὕτω γὰρ ἔχει, ἦν δ᾽ ἐγώ, ὦ ἑταῖρε· εἰ μὲν βίον ἐξευρήσεις [521a] ἀμείνω τοῦ ἄρχειν τοῖς μέλλουσιν ἄρξειν, ἔστι σοι δυνατὴ γενέσθαι πόλις εὖ οἰκουμένη· ἐν μόνῃ γὰρ αὐτῇ ἄρξουσιν οἱ τῷ ὄντι πλούσιοι, οὐ χρυσίου ἀλλ᾽ οὗ δεῖ τὸν εὐδαίμονα πλουτεῖν, ζωῆς ἀγαθῆς τε καὶ ἔμφρονος. εἰ δὲ πτωχοὶ καὶ πεινῶντες ἀγαθῶν ἰδίων ἐπὶ τὰ δημόσια ἴασιν, ἐντεῦθεν οἰόμενοι τἀγαθὸν δεῖν ἁρπάζειν, οὐκ ἔστι· περιμάχητον γὰρ τὸ ἄρχειν γιγνόμενον, οἰκεῖος ὢν καὶ ἔνδον ὁ τοιοῦτος πόλεμος αὐτούς τε ἀπόλλυσι καὶ τὴν ἄλλην πόλιν.

ihr vom Schönen, Gerechten und Guten die Wahrheit geschaut habt. Und so wird von uns und von euch der Staat im Wachen verwaltet werden, und nicht im Traum, wie jetzt die meisten Staaten von Leuten gelenkt werden, die Schattenkämpfe untereinander ausführen und um die Herrschaft streiten, [d] als ob sie ein großes Gut wäre. In Wahrheit aber verhält es sich so: Ein Staat, in dem die zur Herrschaft Berufenen am wenigsten nach der Herrschaft trachten, wird notwendigerweise am besten und ohne jeden inneren Zwist verwaltet; umgekehrt aber verhält es sich, wenn die Herrscher gegenteiliger Meinung sind.«

»Ja, gewiss«, sagte er.

»Glaubst du nun, unsere Zöglinge werden uns nicht gehorchen, wenn sie das hören, und nicht im Staat mitarbeiten wollen, ein jeder, soweit es ihn betrifft, und die meiste Zeit miteinander im Reinen[20] leben?«

[e] »Ganz gewiss werden sie das wollen«, sagte er, »denn wir verlangen ja nur Gerechtes von Gerechten. Vielmehr wird ein jeder die Herrschaft auf sich nehmen wie eine notwendige Pflicht, im Gegensatz zu denen, die heute in den einzelnen Staaten regieren.«[21]

»So ist es, mein Freund«, sagte ich. »Wenn du für die, die herrschen wollen, eine bessere Lebensform als die Politik[22] ausfindig machen kannst, [521a] dann hast du die Möglichkeit, dass ein gut verwalteter Staat entsteht. Denn einzig und allein in diesem werden die wahrhaft Reichen regieren, reich nicht an Gold, sondern an dem, woran der Glückliche reich sein muss, an einem guten und vernünftigen Leben. Wenn sich aber Bettler und nach eigenem Besitz Hungernde den Staatsgeschäften zuwenden, im Glauben, sie müssten sich ihren Besitz von dort holen, dann ist es nichts mit dem gut verwalteten Staat. Denn wo um die Herrschaft gestritten wird, da vernichtet der interne Kampf im eigenen Land sowohl die Bürger als auch den ganzen Staat.«[23]

Ἀληθέστατα, ἔφη.

[b] Ἔχεις οὖν, ἦν δ᾽ ἐγώ, βίον ἄλλον τινὰ πολιτικῶν ἀρχῶν καταφρονοῦντα ἢ τὸν τῆς ἀληθινῆς φιλοσοφίας;

Οὐ μὰ τὸν Δία, ἦ δ᾽ ὅς.

Ἀλλὰ μέντοι δεῖ γε μὴ ἐραστὰς τοῦ ἄρχειν ἰέναι ἐπ᾽ αὐτό· εἰ δὲ μή, οἵ γε ἀντερασταὶ μαχοῦνται.

Πῶς δ᾽ οὔ;

Τίνας οὖν ἄλλους ἀναγκάσεις ἰέναι ἐπὶ φυλακὴν τῆς πόλεως ἢ οἳ περὶ τούτων τε φρονιμώτατοι δι᾽ ὧν ἄριστα πόλις οἰκεῖται, ἔχουσί τε τιμὰς ἄλλας καὶ βίον ἀμείνω τοῦ πολιτικοῦ;

Οὐδένας ἄλλους, ἔφη.

6 [c] Βούλει οὖν τοῦτ᾽ ἤδη σκοπῶμεν, τίνα τρόπον οἱ τοιοῦτοι ἐγγενήσονται, καὶ πῶς τις ἀνάξει αὐτοὺς εἰς φῶς, ὥσπερ ἐξ Ἅιδου λέγονται δή τινες εἰς θεοὺς ἀνελθεῖν;

Πῶς γὰρ οὐ βούλομαι; ἔφη.

Τοῦτο δή, ὡς ἔοικεν, οὐκ ὀστράκου ἂν εἴη περιστροφή, ἀλλὰ ψυχῆς περιαγωγὴ ἐκ νυκτερινῆς τινος ἡμέρας εἰς ἀληθινήν, τοῦ ὄντος οὖσαν ἐπάνοδον, ἣν δὴ φιλοσοφίαν ἀληθῆ φήσομεν εἶναι.

Πάνυ μὲν οὖν.

Οὐκοῦν δεῖ σκοπεῖσθαι τί τῶν μαθημάτων ἔχει τοιαύτην [d] δύναμιν;

Πῶς γὰρ οὔ;

Τί ἂν οὖν εἴη, ὦ Γλαύκων, μάθημα ψυχῆς ὁλκὸν ἀπὸ τοῦ γιγνομένου ἐπὶ τὸ ὄν; τόδε δ᾽ ἐννοῶ λέγων ἅμα· οὐκ ἀθλητὰς μέντοι πολέμου ἔφαμεν τούτους ἀναγκαῖον εἶναι νέους ὄντας;

Ἔφαμεν γάρ.

»Sehr richtig«, sagte er.

[b] »Kennst du also eine andere Lebensform«, fuhr ich fort, »die die politische Macht verachtet, außer jener der wahren Philosophie?«

»Nein, beim Zeus«, sagte er.

»Also dürfen Leute, die ehrgeizig nach der Macht streben, nicht zur Herrschaft gelangen; andernfalls kommt es zum Streit mit ihren Nebenbuhlern.«

»Natürlich.«

»Doch wen wolltest du sonst zur Bewachung des Staates nötigen, wenn nicht die, die die größte Einsicht haben, wie ein Staat am besten verwaltet wird, und auch noch andere Ehren und ein besseres Leben kennen als das eines Politikers?«

»Niemanden sonst«, antwortete er.

6 [c] »Wenn du willst, so untersuchen wir noch, wie man zu solchen Männern kommt und wie man sie ans Licht hinaufführt, so wie es von einigen heißt, sie seien aus dem Hades zu den Göttern emporgestiegen?«[24]

»Natürlich will ich das«, erwiderte er.

»Doch das wäre offenbar nicht nur ein Umkehren der Scheibe beim Spiel,[25] sondern das Umkehren der Seele aus einem gleichsam nächtlichen Tag zum wirklichen Tag, zum Aufstieg[26] zum Seienden, den wir die wahre Philosophie nennen werden.«

»Gewiss.«

»Also müssen wir untersuchen, welche Wissenschaft [d] diese Macht besitzt?«

»Natürlich.«

»Welche Wissenschaft, mein Glaukon, könnte nun die Seele vom Werdenden zum Seienden ziehen? Doch bei diesen Worten fällt mir eben ein: Sagten wir nicht, solche Leute müssten schon in ihrer Jugend geübte Krieger sein?«[27]

»Ja, das sagten wir.«

Δεῖ ἄρα καὶ τοῦτο προσέχειν τὸ μάθημα ὃ ζητοῦμεν πρὸς ἐκείνῳ.

Τὸ ποῖον;

Μὴ ἄχρηστον πολεμικοῖς ἀνδράσιν εἶναι.

Δεῖ μέντοι, ἔφη, εἴπερ οἷόν τε.

Γυμναστικῇ μὴν καὶ μουσικῇ ἔν γε τῷ πρόσθεν ἐπαιδεύοντο [e] ἡμῖν.

Ἦν ταῦτα, ἔφη.

Καὶ γυμναστικὴ μέν που περὶ γιγνόμενον καὶ ἀπολλύμενον τετεύτακεν· σώματος γὰρ αὔξης καὶ φθίσεως. ἐπιστατεῖ.

Φαίνεται.

Τοῦτο μὲν δὴ οὐκ ἂν εἴη ὃ ζητοῦμεν μάθημα.

[522a] Οὐ γάρ.

Ἀλλ᾽ ἆρα μουσικὴ ὅσην τὸ πρότερον διήλθομεν;

Ἀλλ᾽ ἦν ἐκείνη γ᾽, ἔφη, ἀντίστροφος τῆς γυμναστικῆς, εἰ μέμνησαι, ἔθεσι παιδεύουσα τοὺς φύλακας, κατά τε ἁρμονίαν εὐαρμοστίαν τινά, οὐκ ἐπιστήμην, παραδιδοῦσα, καὶ κατὰ ῥυθμὸν εὐρυθμίαν, ἔν τε τοῖς λόγοις ἕτερα τούτων ἀδελφὰ ἔθη ἄττα ἔχουσα, καὶ ὅσοι μυθώδεις τῶν λόγων καὶ ὅσοι ἀληθινώτεροι ἦσαν· μάθημα δὲ πρὸς τοιοῦτόν τι [b] ἄγον, οἷον σὺ νῦν ζητεῖς, οὐδὲν ἦν ἐν αὐτῇ.

Ἀκριβέστατα, ἦν δ᾽ ἐγώ, ἀναμιμνῄσκεις με· τῷ γὰρ ὄντι τοιοῦτον οὐδὲν εἶχεν. ἀλλ᾽, ὦ δαιμόνιε Γλαύκων, τί ἂν εἴη τοιοῦτον; αἵ τε γὰρ τέχναι βάναυσοί που ἅπασαι ἔδοξαν εἶναι –

Πῶς δ᾽ οὔ; καὶ μὴν τί ἔτ᾽ ἄλλο λείπεται μάθημα, μουσικῆς καὶ γυμναστικῆς καὶ τῶν τεχνῶν κεχωρισμένον;

»Die von uns gesuchte Wissenschaft muss sich also auch noch darauf beziehen?«

»Worauf?«

»Dass sie für kriegerische Männer nicht ohne Nutzen ist.«

»Ja, wenn das möglich ist«, sagte er.

»In Gymnastik und Musenkunst [e] haben wir sie ja schon früher unterrichtet.«

»So ist es«, sagte er.

»Auch die Gymnastik hat doch irgendwie mit Werden und Vergehen zu tun. Denn sie überwacht Wachsen und Schwinden des Körpers.«

»Offenbar.«

»Das wäre also nicht die Wissenschaft, die wir suchen.«

[522a] »Nein.«

»Dann vielleicht die Musenkunst, wie wir sie vorher besprochen haben?«

»Sie war doch«, entgegnete er, »wenn du dich recht erinnerst, nur ein Gegenstück der Gymnastik; sie erzieht die Wächter durch Gewöhnung, indem sie ihnen durch Wohlklang ein harmonisches Wesen verschafft, aber kein Wissen, und durch den Rhythmus ein inneres Ebenmaß verleiht; in ihren Erzählungen, sowohl in den mythenhaften als auch in den wahrheitsgetreueren, barg sie andere, diesen aber verwandte Gewohnheiten. Eine Wissenschaft aber, die zu dem [b] führte, was du suchst, lag nicht in ihr.«

»Ganz genau«, erwiderte ich, »rufst du mir das in Erinnerung. Denn in der Tat, ein solches Wissen besaß sie nicht. Aber, mein lieber Glaukon, was wäre dann eine solche Wissenschaft? Denn auch die Künste scheinen uns alle nur handwerksmäßige Arbeit zu sein.«[28]

»Sicher. Aber welche Wissenschaft bleibt uns dann noch übrig, wenn wir Musik, Gymnastik und die Künste ausgeschlossen haben?«

Φέρε, ἦν δ᾽ ἐγώ, εἰ μηδὲν ἔτι ἐκτὸς τούτων ἔχομεν λαβεῖν, τῶν ἐπὶ πάντα τεινόντων τι λάβωμεν.

Τὸ ποῖον;

[c] Οἷον τοῦτο τὸ κοινόν, ᾧ πᾶσαι προσχρῶνται τέχναι τε καὶ διάνοιαι καὶ ἐπιστῆμαι – ὃ καὶ παντὶ ἐν πρώτοις ἀνάγκη μανθάνειν.

Τὸ ποῖον; ἔφη.

Τὸ φαῦλον τοῦτο, ἦν δ᾽ ἐγώ, τὸ ἕν τε καὶ τὰ δύο καὶ τὰ τρία διαγιγνώσκειν· λέγω δὲ αὐτὸ ἐν κεφαλαίῳ ἀριθμόν τε καὶ λογισμόν. ἢ οὐχ οὕτω περὶ τούτων ἔχει, ὡς πᾶσα τέχνη τε καὶ ἐπιστήμη ἀναγκάζεται αὐτῶν μέτοχος γίγνεσθαι;

Καὶ μάλα, ἔφη.

Οὐκοῦν, ἦν δ᾽ ἐγώ, καὶ ἡ πολεμική;

Πολλή, ἔφη, ἀνάγκη.

[d] Παγγέλοιον γοῦν, ἔφην, στρατηγὸν Ἀγαμέμνονα ἐν ταῖς τραγῳδίαις Παλαμήδης ἑκάστοτε ἀποφαίνει. ἢ οὐκ ἐννενόηκας ὅτι φησὶν ἀριθμὸν εὑρὼν τάς τε τάξεις τῷ στρατοπέδῳ καταστῆσαι ἐν Ἰλίῳ καὶ ἐξαριθμῆσαι ναῦς τε καὶ τἆλλα πάντα, ὡς πρὸ τοῦ ἀναριθμήτων ὄντων καὶ τοῦ Ἀγαμέμνονος, ὡς ἔοικεν, οὐδ᾽ ὅσους πόδας εἶχεν εἰδότος, εἴπερ ἀριθμεῖν μὴ ἠπίστατο; καίτοι ποῖόν τιν᾽ αὐτὸν οἴει στρατηγὸν εἶναι;

Ἄτοπόν τιν᾽, ἔφη, ἔγωγε, εἰ ἦν τοῦτ᾽ ἀληθές.

7 [e] Ἄλλο τι οὖν, ἦν δ᾽ ἐγώ, μάθημα ἀναγκαῖον πολεμικῷ ἀνδρὶ θήσομεν λογίζεσθαί τε καὶ ἀριθμεῖν δύνασθαι;

Πάντων γ᾽, ἔφη, μάλιστα, εἰ καὶ ὁτιοῦν μέλλει τάξεων ἐπαΐειν, μᾶλλον δ᾽ εἰ καὶ ἄνθρωπος ἔσεσθαι.

Ἐννοεῖς οὖν, εἶπον, περὶ τοῦτο τὸ μάθημα ὅπερ ἐγώ;

»Wohlan, wenn wir außer diesen nichts mehr finden können, dann nehmen wir etwas, das sich auf alle bezieht.«

»Und was wäre das?«

[c] »Etwas, das allen gemeinsam ist und wovon alle Künste, Erwägungen und Wissenschaften Gebrauch machen, was jeder zuerst erlernen muss.«

»Was nun?«, fragte er.

»Etwas ganz Einfaches«, erwiderte ich, »dass man eins, zwei und drei unterscheiden kann. Ich nenne das, kurz gesagt, Zählen und Rechnen. Oder ist es damit nicht so, dass jede Kunst und Wissenschaft notwendigerweise daran teilhat?«[29]

»Gewiss«, antwortete er.

»Also auch die Kriegskunst?«, fragte ich.

»Sie ganz besonders«, sagte er.

[d] »Palamedes stellt doch«, fuhr ich fort, »Agamemnon in den Tragödien jeweils als einen ganz lächerlichen Feldherrn hin.[30] Oder weißt du nicht, dass er sagt, er habe die Zahlen erfunden und mit deren Hilfe die Schlachtreihen des Heeres vor Ilion aufgestellt und die Schiffe und alles Übrige zahlenmäßig erfasst, als ob sie vorher ungezählt gewesen wären und Agamemnon offenbar nicht einmal gewusst hätte, wie viele Füße er habe, da er ja nicht zählen konnte? Was muss das wohl für ein Feldherr gewesen sein?«

»Ein sonderbarer, wenn das wirklich wahr wäre«, sagte er.

7 [e] »Also werden wir«, fuhr ich fort, »das Rechnen und Zählen als eine notwendige Kenntnis für einen Krieger annehmen?«

»Mehr als alles andere«, erwiderte er, »wenn er auch nur etwas von der Aufstellung der Truppen verstehen, ja wenn er überhaupt nur ein Mensch sein will.«[31]

»Du denkst also über dieses Wissen genauso wie ich«, sagte ich.

Τὸ ποῖον;

[523a] Κινδυνεύει τῶν πρὸς τὴν νόησιν ἀγόντων φύσει εἶναι ὧν ζητοῦμεν, χρῆσθαι δ᾽ οὐδεὶς αὐτῷ ὀρθῶς, ἑλκτικῷ ὄντι παντάπασι πρὸς οὐσίαν.

Πῶς, ἔφη, λέγεις;

Ἐγὼ πειράσομαι, ἦν δ᾽ ἐγώ, τό γ᾽ ἐμοὶ δοκοῦν δηλῶσαι. ἃ γὰρ διαιροῦμαι παρ᾽ ἐμαυτῷ ἀγωγά τε εἶναι οἷ λέγομεν καὶ μή, συνθεατὴς γενόμενος σύμφαθι ἢ ἄπειπε, ἵνα καὶ τοῦτο σαφέστερον ἴδωμεν εἰ ἔστιν οἷον μαντεύομαι.

Δείκνυ᾽, ἔφη.

Δείκνυμι δή, εἶπον, εἰ καθορᾷς, τὰ μὲν ἐν ταῖς αἰσθήσεσιν [b] οὐ παρακαλοῦντα τὴν νόησιν εἰς ἐπίσκεψιν, ὡς ἱκανῶς ὑπὸ τῆς αἰσθήσεως κρινόμενα, τὰ δὲ παντάπασι διακελευόμενα ἐκείνην ἐπισκέψασθαι, ὡς τῆς αἰσθήσεως οὐδὲν ὑγιὲς ποιούσης.

Τὰ πόρρωθεν, ἔφη, φαινόμενα δῆλον ὅτι λέγεις καὶ τὰ ἐσκιαγραφημένα.

Οὐ πάνυ, ἦν δ᾽ ἐγώ, ἔτυχες οὗ λέγω.

Ποῖα μήν, ἔφη, λέγεις;

Τὰ μὲν οὐ παρακαλοῦντα, ἦν δ᾽ ἐγώ, ὅσα μὴ ἐκβαίνει [c] εἰς ἐναντίαν αἴσθησιν ἅμα· τὰ δ᾽ ἐκβαίνοντα ὡς παρακαλοῦντα τίθημι, ἐπειδὰν ἡ αἴσθησις μηδὲν μᾶλλον τοῦτο ἢ τὸ ἐναντίον δηλοῖ, εἴτ᾽ ἐγγύθεν προσπίπτουσα εἴτε πόρρωθεν. ὧδε δὲ ἃ λέγω σαφέστερον

»Nämlich was?«

[523a] »Seinem Wesen nach gehört es wahrscheinlich zu den Wissenschaften, die zur Erkenntnis führen und die wir suchen, nur dass es niemand richtig anwendet, obwohl es durchaus zum wahren Sein hinführt.«

»Wie meinst du das?«, fragte er.

»Ich will versuchen, dir meine Meinung davon zu erklären«, entgegnete ich. »Für mich unterscheide ich nämlich zwischen dem, was uns dorthin führt, wovon wir reden, und dem, was nicht dorthin führt; als Mitbetrachter musst du dem zustimmen oder es ablehnen, damit wir deutlicher sehen, ob meine Vermutung zutrifft.«

»Sprich deine Meinung nur aus«, sagte er.

»Das will ich tun«, erwiderte ich. »Du siehst ja, es gibt in der Wahrnehmung Gegenstände, [b] die das Denken nicht zur genaueren Untersuchung herausfordern, da sie durch die Wahrnehmung schon hinreichend beurteilt sind; andererseits gibt es aber auch solche, die das Denken durchaus zu einer genaueren Untersuchung antreiben, weil auf die Wahrnehmung kein Verlass ist.«

»Du meinst offenbar Dinge«, sagte er, »die man nur von ferne sieht oder als Schattenrisse.«[32]

»Nein, du hast nicht ganz getroffen, was ich meine«, sagte ich.

»Was meinst du dann?«, fragte er.

»Unter dem, was das Denken nicht zu weiteren Untersuchungen herausfordert«, antwortete ich, »verstehe ich alles, was nicht zugleich entgegengesetzte Wahrnehmungen hervorruft. [c] Jenes aber, wo das der Fall ist, das nehme ich als das an, was das Denken herausfordert, weil die Wahrnehmung sowohl dieses selbst als auch sein Gegenteil offenbart, gleichgültig ob sie aus der Nähe oder aus der Ferne erfolgt. Auf folgende Weise wirst du besser verstehen, was ich meine:[33] Das,

εἴση. οὗτοί φαμεν τρεῖς ἂν εἶεν δάκτυλοι, ὅ τε σμικρότατος καὶ ὁ δεύτερος καὶ ὁ μέσος.

Πάνυ γ᾽, ἔφη.

Ὡς ἐγγύθεν τοίνυν ὁρωμένους λέγοντός μου διανοοῦ. ἀλλά μοι περὶ αὐτῶν τόδε σκόπει.

Τὸ ποῖον;

Δάκτυλος μέν που αὐτῶν φαίνεται ὁμοίως ἕκαστος, καὶ [d] ταύτῃ γε οὐδὲν διαφέρει, ἐάντε ἐν μέσῳ ὁρᾶται ἐάντ᾽ ἐπ᾽ ἐσχάτῳ, ἐάντε λευκὸς ἐάντε μέλας, ἐάντε παχὺς ἐάντε λεπτός, καὶ πᾶν ὅτι τοιοῦτον. ἐν πᾶσι γὰρ τούτοις οὐκ ἀναγκάζεται τῶν πολλῶν ἡ ψυχὴ τὴν νόησιν ἐπερέσθαι τί ποτ᾽ ἐστὶ δάκτυλος· οὐδαμοῦ γὰρ ἡ ὄψις αὐτῇ ἅμα ἐσήμηνεν τὸ δάκτυλον τοὐναντίον ἢ δάκτυλον εἶναι.

Οὐ γὰρ οὖν, ἔφη.

Οὐκοῦν, ἦν δ᾽ ἐγώ, εἰκότως τό γε τοιοῦτον νοήσεως οὐκ [e] ἂν παρακλητικὸν οὐδ᾽ ἐγερτικὸν εἴη.

Εἰκότως.

Τί δὲ δή; τὸ μέγεθος αὐτῶν καὶ τὴν σμικρότητα ἡ ὄψις ἆρα ἱκανῶς ὁρᾷ, καὶ οὐδὲν αὐτῇ διαφέρει ἐν μέσῳ τινὰ αὐτῶν κεῖσθαι ἢ ἐπ᾽ ἐσχάτῳ; καὶ ὡσαύτως πάχος καὶ λεπτότητα ἢ μαλακότητα καὶ σκληρότητα ἡ ἁφή; καὶ αἱ ἄλλαι αἰσθήσεις ἆρ᾽ οὐκ ἐνδεῶς τὰ τοιαῦτα δηλοῦσιν; ἢ [524a] ὧδε ποιεῖ ἑκάστη αὐτῶν· πρῶτον μὲν ἡ ἐπὶ τῷ σκληρῷ τεταγμένη αἴσθησις ἠνάγκασται καὶ ἐπὶ τῷ μαλακῷ τετάχθαι, καὶ παραγγέλλει τῇ ψυχῇ ὡς ταὐτὸν σκληρόν τε καὶ μαλακὸν αἰσθανομένη;

Οὕτως, ἔφη.

Οὐκοῦν, ἦν δ᾽ ἐγώ, ἀναγκαῖον ἐν γε τοῖς τοιούτοις αὖ τὴν ψυχὴν ἀπορεῖν τί ποτε σημαίνει αὕτη ἡ αἴσθησις τὸ σκληρόν, εἴπερ τὸ αὐτὸ καὶ μαλακὸν λέγει, καὶ ἡ τοῦ κούφου καὶ ἡ τοῦ βαρέος, τί τὸ

sagen wir, sind drei Finger, der kleinste, der zweite und der mittlere.«

»Gut«, sagte er.

»Nimm an, ich spräche von ihnen, indem ich sie aus der Nähe betrachte. Aber achte mir dabei auf Folgendes.«

»Worauf?«

»Jeder von ihnen erscheint in gleicher Weise als Finger, und es macht [d] insofern keinen Unterschied, ob er in der Mitte oder am Ende gesehen wird, egal ob er weiß oder schwarz, ob er dick oder dünn ist, und so weiter. In all diesen Fällen sieht sich die Seele der Meisten nicht genötigt, den Verstand zu fragen, was denn ein Finger sei. Denn nirgends hat ihr der Gesichtssinn angedeutet, dass der Finger zugleich sein Gegenteil sei.«

»Allerdings nicht«, sagte er.

»Eine solche Wahrnehmung«, fuhr ich fort, »würde wahrscheinlich das Denken nicht [e] auf den Plan rufen oder erwecken.«

»Wahrscheinlich nicht.«

»Wie nun? Sieht der Gesichtssinn ihre Größe und Kleinheit deutlich genug? Und macht es ihm nichts aus, ob einer in der Mitte liegt oder am Ende? Und erkennt der Tastsinn ebenso die Dicke und Dünnheit, die Weichheit und Härte? Und zeigen nicht auch alle anderen Sinne dergleichen nur mangelhaft an? Oder [524a] ist es bei jedem von ihnen so: Zunächst muss der für das Harte vorgesehene Sinn auch für das Weiche vorgesehen sein und meldet der Seele, dass er zugleich Hartes und Weiches wahrnimmt?«[34]

»So ist es«, sagte er.

»Muss also die Seele«, fuhr ich fort, »in solchen Fällen notwendigerweise in Verlegenheit geraten, was denn eigentlich die Wahrnehmung als das Harte bezeichnet, wenn sie ebendas auch weich nennt, und ebenso auch beim Schweren und Leich-

κοῦφον καὶ βαρύ, εἰ τό τε βαρὺ κοῦφον καὶ τὸ κοῦφον βαρὺ σημαίνει;

[b] Καὶ γάρ, ἔφη, αὗταί γε ἄτοποι τῇ ψυχῇ αἱ ἑρμηνεῖαι καὶ ἐπισκέψεως δεόμεναι.

Εἰκότως ἄρα, ἦν δ᾽ ἐγώ, ἐν τοῖς τοιούτοις πρῶτον μὲν πειρᾶται λογισμόν τε καὶ νόησιν ψυχὴ παρακαλοῦσα ἐπισκοπεῖν εἴτε ἓν εἴτε δύο ἐστὶν ἕκαστα τῶν εἰσαγγελλομένων.

Πῶς δ᾽ οὔ;

Οὐκοῦν ἐὰν δύο φαίνηται, ἕτερόν τε καὶ ἓν ἑκάτερον φαίνεται;

Ναί.

Εἰ ἄρα ἓν ἑκάτερον, ἀμφότερα δὲ δύο, τά γε δύο κεχωρισμένα [c] νοήσει· οὐ γὰρ ἂν ἀχώριστά γε δύο ἐνόει, ἀλλ᾽ ἕν.

Ὀρθῶς.

Μέγα μὴν καὶ ὄψις καὶ σμικρὸν ἑώρα, φαμέν, ἀλλ᾽ οὐ κεχωρισμένον ἀλλὰ συγκεχυμένον τι. ἦ γάρ;

Ναί.

Διὰ δὲ τὴν τούτου σαφήνειαν μέγα αὖ καὶ σμικρὸν ἡ νόησις ἠναγκάσθη ἰδεῖν, οὐ συγκεχυμένα ἀλλὰ διωρισμένα, τοὐναντίον ἢ ᾽κείνη.

Ἀληθῆ.

Οὐκοῦν ἐντεῦθέν ποθεν πρῶτον ἐπέρχεται ἐρέσθαι ἡμῖν τί οὖν ποτ᾽ ἐστὶ τὸ μέγα αὖ καὶ τὸ σμικρόν;

Παντάπασι μὲν οὖν.

Καὶ οὕτω δὴ τὸ μὲν νοητόν, τὸ δ᾽ ὁρατὸν ἐκαλέσαμεν.

[d] Ὀρθότατ᾽, ἔφη.

8 Ταῦτα τοίνυν καὶ ἄρτι ἐπεχείρουν λέγειν, ὡς τὰ μὲν παρακλη-

ten, was die Wahrnehmung als das Leichte und als das Schwere bezeichnet, wenn sie das Schwere leicht und das Leichte schwer nennt?«

[b] »Das sind freilich sonderbare Auslegungen für die Seele, die einer genaueren Überprüfung bedürfen«, sagte er.

»Natürlich ruft in solchen Fällen«, fuhr ich fort, »die Seele zunächst rechnerische Überlegung und Verstand zu Hilfe und versucht festzustellen, ob die jeweils gemeldete Empfindung von einem oder von zwei Gegenständen herrührt.«

»Natürlich.«

»Zeigt sich, dass es zwei sind, dann ist doch jeder einer und zugleich ein anderer?«

»Ja.«

»Wenn also jeder von beiden einer ist und beide zusammen zwei sind, dann wird sie diese zwei als getrennte Gegenstände [c] erkennen. Denn ungetrennt würde sie nicht zwei Gegenstände erkennen, sondern nur einen.«

»Richtig.«

»Der Gesichtssinn, so sagten wir, hat zwar das Große und das Kleine gesehen, aber nicht getrennt, sondern vermischt; nicht wahr?«

»Ja.«

»Um darüber Klarheit zu gewinnen, war das Denken gezwungen, Großes und Kleines zu sehen, aber im Gegensatz zur Wahrnehmung nicht vermischt, sondern getrennt.«

»Richtig.«

»Von hier aus stellt sich uns doch zuerst die Frage, was denn das Große und das Kleine eigentlich ist.«

»Allerdings.«

»Und so nannten wir das eine das Denkbare, das andere das Sichtbare.«

[d] »Ganz richtig«, sagte er.

8 »Das wollte ich ja soeben sagen, dass die einen Wahrneh-

τικὰ τῆς διανοίας ἐστί, τὰ δ᾽ οὔ, ἃ μὲν εἰς τὴν αἴσθησιν ἅμα τοῖς ἐναντίοις ἑαυτοῖς ἐμπίπτει, παρακλητικὰ ὁριζόμενος, ὅσα δὲ μή, οὐκ ἐγερτικὰ τῆς νοήσεως.

Μανθάνω τοίνυν ἤδη, ἔφη, καὶ δοκεῖ μοι οὕτω.

Τί οὖν; ἀριθμός τε καὶ τὸ ἓν ποτέρων δοκεῖ εἶναι;

Οὐ συννοῶ, ἔφη.

Ἀλλ᾽ ἐκ τῶν προειρημένων, ἔφην, ἀναλογίζου. εἰ μὲν γὰρ ἱκανῶς αὐτὸ καθ᾽ αὑτὸ ὁρᾶται ἢ ἄλλῃ τινὶ αἰσθήσει [e] λαμβάνεται τὸ ἕν, οὐκ ἂν ὁλκὸν εἴη ἐπὶ τὴν οὐσίαν, ὥσπερ ἐπὶ τοῦ δακτύλου ἐλέγομεν· εἰ δ᾽ ἀεί τι αὐτῷ ἅμα ὁρᾶται ἐναντίωμα, ὥστε μηδὲν μᾶλλον ἓν ἢ καὶ τοὐναντίον φαίνεσθαι, τοῦ ἐπικρινοῦντος δὴ δέοι ἂν ἤδη καὶ ἀναγκάζοιτ᾽ ἂν ἐν αὐτῷ ψυχὴ ἀπορεῖν καὶ ζητεῖν, κινοῦσα ἐν ἑαυτῇ τὴν ἔννοιαν, καὶ ἀνερωτᾶν τί ποτέ ἐστιν αὐτὸ τὸ ἕν, καὶ οὕτω τῶν [525a] ἀγωγῶν ἂν εἴη καὶ μεταστρεπτικῶν ἐπὶ τὴν τοῦ ὄντος θέαν ἡ περὶ τὸ ἓν μάθησις.

Ἀλλὰ μέντοι, ἔφη, τοῦτό γ᾽ ἔχει οὐχ ἥκιστα ἡ περὶ αὐτὸ ὄψις· ἅμα γὰρ ταὐτὸν ὡς ἕν τε ὁρῶμεν καὶ ὡς ἄπειρα τὸ πλῆθος.

Οὐκοῦν εἴπερ τὸ ἕν, ἦν δ᾽ ἐγώ, καὶ σύμπας ἀριθμὸς ταὐτὸν πέπονθε τοῦτο;

Πῶς δ᾽ οὔ;

Ἀλλὰ μὴν λογιστική τε καὶ ἀριθμητικὴ περὶ ἀριθμὸν πᾶσα.

Καὶ μάλα.

[b] Ταῦτα δέ γε φαίνεται ἀγωγὰ πρὸς ἀλήθειαν.

mungen unser Denken herausfordern, die anderen aber nicht; was nun zugleich mit seinem Gegenteil zur Wahrnehmung gelangt, das bestimmte ich als auffordernd, was aber nicht, als den Verstand nicht weckend.«

»Nun verstehe ich es und bin damit einverstanden«, sagte er.

»Wie nun? Die Zahl und die Eins, zu welchen von beiden gehören sie deiner Meinung nach?«

»Ich weiß es nicht«, entgegnete er.

»Ziehe doch die Schlussfolgerung aus dem, was wir vorhin gesagt haben«, fuhr ich fort. »Wenn nämlich die Eins für sich selbst hinreichend gesehen oder mit einem anderen Sinn erfasst wird, [e] dann zieht sie nicht zum Sein empor, wie wir es an dem Finger zu erklären versuchten. Wird aber mit ihr zugleich auch ihr Gegensatz gesehen, so dass sie als Eins und ebenso auch als ihr Gegenteil erscheint, so bedürfte es schon eines Richters, und die Seele müsste zwangsläufig in Verlegenheit geraten und, indem sie das ihr innewohnende Denkvermögen in Bewegung setzt, nachforschen und fragen, was denn die Eins an sich überhaupt ist; so würde [525a] dann das Wissen um die Eins zu dem gehören, was uns umwendet und hinführt zur Schau des Seienden.«

»Aber dieses Phänomen ist freilich«, sagte er, »der Sinneswahrnehmung gerade dabei[35] im höchsten Maße eigen. Denn wir sehen ein und dasselbe zugleich als Eins und als unendlich Vieles.«

»Wenn es nun bei der Eins so ist, ist es dann nicht bei jeder Zahl ebenso?«, fragte ich.

»Natürlich.«

»Hat aber das ganze Rechnen und Zählen[36] mit den Zahlen zu tun?«

»Gewiss.«

[b] »Demnach sind beide Wege zur Wahrheit.«

Ὑπερφυῶς μὲν οὖν.

Ὧν ζητοῦμεν ἄρα, ὡς ἔοικε, μαθημάτων ἂν εἴη· πολεμικῷ μὲν γὰρ διὰ τὰς τάξεις ἀναγκαῖον μαθεῖν ταῦτα, φιλοσόφῳ δὲ διὰ τὸ τῆς οὐσίας ἁπτέον εἶναι γενέσεως ἐξαναδύντι, ἢ μηδέποτε λογιστικῷ γενέσθαι.

Ἔστι ταῦτ᾽, ἔφη.

Ὁ δέ γε ἡμέτερος φύλαξ πολεμικός τε καὶ φιλόσοφος τυγχάνει ὤν.

Τί μήν;

Προσῆκον δὴ τὸ μάθημα ἂν εἴη, ὦ Γλαύκων, νομοθετῆσαι καὶ πείθειν τοὺς μέλλοντας ἐν τῇ πόλει τῶν μεγίστων [c] μεθέξειν ἐπὶ λογιστικὴν ἰέναι καὶ ἀνθάπτεσθαι αὐτῆς μὴ ἰδιωτικῶς, ἀλλ᾽ ἕως ἂν ἐπὶ θέαν τῆς τῶν ἀριθμῶν φύσεως ἀφίκωνται τῇ νοήσει αὐτῇ, οὐκ ὠνῆς οὐδὲ πράσεως χάριν ὡς ἐμπόρους ἢ καπήλους μελετῶντας, ἀλλ᾽ ἕνεκα πολέμου τε καὶ αὐτῆς τῆς ψυχῆς ῥᾳστώνης μεταστροφῆς ἀπὸ γενέσεως ἐπ᾽ ἀλήθειάν τε καὶ οὐσίαν.

Κάλλιστ᾽, ἔφη, λέγεις.

Καὶ μήν, ἦν δ᾽ ἐγώ, νῦν καὶ ἐννοῶ, ῥηθέντος τοῦ περὶ [d] τοὺς λογισμοὺς μαθήματος, ὡς κομψόν ἐστι καὶ πολλαχῇ χρήσιμον ἡμῖν πρὸς ὃ βουλόμεθα, ἐὰν τοῦ γνωρίζειν ἕνεκά τις αὐτὸ ἐπιτηδεύῃ ἀλλὰ μὴ τοῦ καπηλεύειν.

Πῇ δή; ἔφη.

Τοῦτό γε, ὃ νυνδὴ ἐλέγομεν, ὡς σφόδρα ἄνω ποι ἄγει τὴν ψυχὴν καὶ περὶ αὐτῶν τῶν ἀριθμῶν ἀναγκάζει διαλέγεσθαι, οὐδαμῇ ἀποδεχόμενον ἐάν τις αὐτῇ ὁρατὰ ἢ ἁπτὰ σώματα ἔχοντας ἀριθμοὺς προτεινόμενος διαλέγηται. οἶσθα γάρ που τοὺς περὶ ταῦτα δει-

»Ja, im höchsten Maße.«

»Allem Anschein nach gehören sie also zu den Wissenschaften, die wir suchen. Der Krieger muss sie ja der Taktik wegen erlernen, der Philosoph aber, weil er aus der Welt des Werdens emportauchen und mit der Welt des wahren Seins in Berührung kommen muss; sonst wird er nie ein wirklicher Rechner.«

»So ist es«, sagte er.

»Unser Wächter ist zugleich Krieger und Philosoph.«

»Natürlich.«

»Also wäre es in Ordnung, mein lieber Glaukon, dass man diese Wissenschaft gesetzlich vorschreibt und die künftigen Träger der höchsten Ämter im Staat veranlasst, [c] sich der Rechenkunst zuzuwenden und sich mit ihr zu befassen, aber nicht bloß in laienhafter Art, sondern so lange, bis sie durch das Denken selbst zur Wesensschau der Zahlen gelangen, und das nicht, um sich aus kommerziellen Gründen wie Kaufleute und Händler damit zu beschäftigen, sondern wegen des Krieges und damit die Seele sich leichter vom Werden zur Wahrheit und zum Sein wende.«

»Sehr schön hast du das gesagt«, entgegnete er.

»Und jetzt«, fuhr ich fort, »nachdem wir von der Wissenschaft des Rechnens gesprochen haben, [d] erkenne ich erst, wie fein sie ist und wie nützlich zu dem, was wir wollen, wenn man sie um der Erkenntnis willen betreibt und nicht aus kommerziellen Gründen.«

»Wieso?«, fragte er.

»So, wie wir eben sagten: Sie führt die Seele mit Macht empor und zwingt sie, sich mit den Zahlen an sich auseinanderzusetzen; sie lässt es keineswegs zu, wenn einer Zahlen vorweist und damit operiert, die mit sichtbaren oder greifbaren Körpern verbunden sind. Du weißt ja, wie die Fachleute[37] auf diesem Gebiet es hohnlachend zurückweisen, wenn einer die Eins an

νοὺς ὡς, ἐάν τις αὐτὸ τὸ [e] ἓν ἐπιχειρῇ τῷ λόγῳ τέμνειν, καταγελῶσί τε καὶ οὐκ ἀποδέχονται, ἀλλ᾽ ἐὰν σὺ κερματίζῃς αὐτό, ἐκεῖνοι πολλαπλασιοῦσιν, εὐλαβούμενοι μή ποτε φανῇ τὸ ἓν μὴ ἓν ἀλλὰ πολλὰ μόρια.

Ἀληθέστατα, ἔφη, λέγεις.

[526a] Τί οὖν οἴει, ὦ Γλαύκων, εἴ τις ἔροιτο αὐτούς· »Ὦ θαυμάσιοι, περὶ ποίων ἀριθμῶν διαλέγεσθε, ἐν οἷς τὸ ἓν οἷον ὑμεῖς ἀξιοῦτέ ἐστιν, ἴσον τε ἕκαστον πᾶν παντὶ καὶ οὐδὲ σμικρὸν διαφέρον, μόριόν τε ἔχον ἐν ἑαυτῷ οὐδέν;« τί ἂν οἴει αὐτοὺς ἀποκρίνασθαι;

Τοῦτο ἔγωγε, ὅτι περὶ τούτων λέγουσιν ὧν διανοηθῆναι μόνον ἐγχωρεῖ, ἄλλως δ᾽ οὐδαμῶς μεταχειρίζεσθαι δυνατόν.

Ὁρᾷς οὖν, ἦν δ᾽ ἐγώ, ὦ φίλε, ὅτι τῷ ὄντι ἀναγκαῖον [b] ἡμῖν κινδυνεύει εἶναι τὸ μάθημα, ἐπειδὴ φαίνεταί γε προσαναγκάζον αὐτῇ τῇ νοήσει χρῆσθαι τὴν ψυχὴν ἐπ᾽ αὐτὴν τὴν ἀλήθειαν;

Καὶ μὲν δή, ἔφη, σφόδρα γε ποιεῖ αὐτό.

Τί δέ; τόδε ἤδη ἐπεσκέψω, ὡς οἵ τε φύσει λογιστικοὶ εἰς πάντα τὰ μαθήματα ὡς ἔπος εἰπεῖν ὀξεῖς φύονται, οἵ τε βραδεῖς, ἂν ἐν τούτῳ παιδευθῶσιν καὶ γυμνάσωνται, κἂν μηδὲν ἄλλο ὠφεληθῶσιν, ὅμως εἴς γε τὸ ὀξύτεροι αὐτοὶ αὑτῶν γίγνεσθαι πάντες ἐπιδιδόασιν;

Ἔστιν, ἔφη, οὕτω.

[c] Καὶ μήν, ὡς ἐγᾦμαι, ἅ γε μείζω πόνον παρέχει μανθάνοντι καὶ μελετῶντι, οὐκ ἂν ῥᾳδίως οὐδὲ πολλὰ ἂν εὕροις ὡς τοῦτο.

Οὐ γὰρ οὖν.

Πάντων δὴ ἕνεκα τούτων οὐκ ἀφετέον τὸ μάθημα, ἀλλ᾽ οἱ ἄριστοι τὰς φύσεις παιδευτέοι ἐν αὐτῷ.

Σύμφημι, ἦ δ᾽ ὅς.

sich [e] in Gedanken teilen wollte; während du jedoch die Eins zerstückelst, vervielfältigen sie jene und hüten sich davor, dass die Eins einmal nicht als Eines, sondern als viele Teile erscheinen könnte.«

»Sehr richtig, was du da sagst«, erwiderte er.

[526a] »Was meinst du nun, Glaukon, wenn jemand sie fragte: ›Ihr wunderlichen Leute, von welchen Zahlen sprecht ihr denn, bei denen die Eins so ist, wie ihr glaubt: jede ganz gleich wie die andere, ohne den geringsten Unterschied, und ohne Teilungsmöglichkeit in sich?‹ Was glaubst du, würden sie darauf antworten?«

»Ich glaube, sie würden sagen, dass sie von Zahlen sprechen, die man nur denken, anders aber nicht erfassen kann.«[38]

»Du siehst also, mein Freund«, fuhr ich fort, »dass diese Wissenschaft für uns in der Tat notwendig ist, [b] da sie offensichtlich die Seele dazu zwingt, die Vernunft zu gebrauchen, um zur Wahrheit selbst zu gelangen.«[39]

»Das bewirkt sie mit aller Macht«, sagte er.

»Wie nun? Hast du auch bedacht, dass die rechnerischen Begabungen auch in sozusagen allen Wissenschaften eine schnelle Auffassungsgabe besitzen? Ja selbst die Schwerfälligen werden insgesamt durch Erziehung und Übung auf diesem Gebiet, wenn sie schon sonst keinen Nutzen haben, in ihrer Auffassungsgabe schneller, als sie es vorher waren.«

»So ist es«, sagte er.

[c] »Du könntest, glaube ich, nicht leicht und nicht viele Fächer finden, die einem eifrigen Schüler mehr Mühe bereiten als dieses.«

»Gewiss nicht.«

»Aus all diesen Gründen darf man diese Wissenschaft nicht beiseite lassen, sondern muss die begabtesten Schüler darin unterrichten.«

»Da stimme ich dir zu«, sagte er.

9 Τοῦτο μὲν τοίνυν, εἶπον, ἓν ἡμῖν κείσθω· δεύτερον δὲ τὸ ἐχόμενον τούτου σκεψώμεθα ἆρά τι προσήκει ἡμῖν.

Τὸ ποῖον; ἢ γεωμετρίαν, ἔφη, λέγεις;

Αὐτὸ τοῦτο, ἦν δ᾽ ἐγώ.

[d] Ὅσον μέν, ἔφη, πρὸς τὰ πολεμικὰ αὐτοῦ τείνει, δῆλον ὅτι προσήκει· πρὸς γὰρ τὰς στρατοπεδεύσεις καὶ καταλήψεις χωρίων καὶ συναγωγὰς καὶ ἐκτάσεις στρατιᾶς καὶ ὅσα δὴ ἄλλα σχηματίζουσι τὰ στρατόπεδα ἐν αὐταῖς τε ταῖς μάχαις καὶ πορείαις διαφέροι ἂν αὐτὸς αὑτοῦ γεωμετρικός τε καὶ μὴ ὤν.

Ἀλλ᾽ οὖν δή, εἶπον, πρὸς μὲν τὰ τοιαῦτα καὶ βραχύ τι ἂν ἐξαρκοῖ γεωμετρίας τε καὶ λογισμῶν μόριον· τὸ δὲ πολὺ αὐτῆς καὶ πορρωτέρω προϊὸν σκοπεῖσθαι δεῖ εἴ τι πρὸς ἐκεῖνο [e] τείνει, πρὸς τὸ ποιεῖν κατιδεῖν ῥᾷον τὴν τοῦ ἀγαθοῦ ἰδέαν. τείνει δέ, φαμέν, πάντα αὐτόσε, ὅσα ἀναγκάζει ψυχὴν εἰς ἐκεῖνον τὸν τόπον μεταστρέφεσθαι ἐν ᾧ ἐστι τὸ εὐδαιμονέστατον τοῦ ὄντος, ὃ δεῖ αὐτὴν παντὶ τρόπῳ ἰδεῖν.

Ὀρθῶς, ἔφη, λέγεις.

Οὐκοῦν εἰ μὲν οὐσίαν ἀναγκάζει θεάσασθαι, προσήκει, εἰ δὲ γένεσιν, οὐ προσήκει.

Φαμέν γε δή.

[527a] Οὐ τοίνυν τοῦτό γε, ἦν δ᾽ ἐγώ, ἀμφισβητήσουσιν ἡμῖν ὅσοι καὶ σμικρὰ γεωμετρίας ἔμπειροι, ὅτι αὕτη ἡ ἐπιστήμη πᾶν τοὐναντίον ἔχει τοῖς ἐν αὐτῇ λόγοις λεγομένοις ὑπὸ τῶν μεταχειριζομένων.

Πῶς; ἔφη.

Λέγουσι μέν που μάλα γελοίως τε καὶ ἀναγκαίως· ὡς γὰρ πράττοντές τε καὶ πράξεως ἕνεκα πάντας τοὺς λόγους ποιούμενοι λέγουσιν τετραγωνίζειν τε καὶ παρατείνειν καὶ προστιθέναι καὶ πάν-

9 »Damit steht ein Fach für uns jetzt fest«, fuhr ich fort. »Nun wollen wir ein zweites betrachten, das mit diesem zusammenhängt, und sehen, ob es für uns nützlich ist.«

»Welches? Meinst du etwa die Geometrie?«, fragte er.

»Genau diese«, antwortete ich.

[d] »Soweit sie sich auf das Kriegswesen bezieht«, sagte er, »ist sie für uns natürlich von Nutzen; denn für das Anlegen eines Lagers, für das Besetzen fester Plätze, das Sammeln und Entfalten des Heeres und was es sonst noch an Heeresformationen auf dem Schlachtfeld und auf dem Marsch gibt, in all dem macht es viel aus, ob man von der Geometrie etwas versteht oder nicht.«[40]

»Allerdings«, entgegnete ich, »dürfte dafür wohl auch ein bisschen Geometrie und Rechnen genügen. Beim größeren und weiter reichenden Teil davon muss man überlegen, ob er unserem Ziel dient, [e] die Idee des Guten leichter zu erkennen. Das ist, wie wir sagen, bei allem der Fall, was die Seele zwingt, sich dorthin zu wenden, wo das Glückseligste des Seienden ist, das sie unbedingt schauen muss.«

»Da hast du recht«, sagte er.

»Wenn also die Geometrie dazu zwingt, das Sein zu schauen, ist sie nützlich; wenn sie uns nur nötigt, das Werden zu schauen, dann nicht.«

»Ja, so behaupten wir es.«

[527a] »Wer auch nur ein wenig von Geometrie versteht, wird uns darin nicht widersprechen, dass diese Wissenschaft genau das Gegenteil von dem ist, was die berufsmäßigen Geometriker von ihr behaupten.«

»Wieso?«, fragte er.

»Ihre Worte klingen doch höchst lächerlich und gezwungen. Denn als ob sie Praktiker wären und es um ein praktisches Ziel ginge, gebrauchen sie all diese Ausdrücke wie Quadrieren, Konstruieren, Addieren und alles Mögliche; und doch wird

τα οὕτω φθεγγόμενοι, τὸ δ᾽ ἔστι που [b] πᾶν τὸ μάθημα γνώσεως ἕνεκα ἐπιτηδευόμενον.

Παντάπασι μὲν οὖν, ἔφη.

Οὐκοῦν τοῦτο ἔτι διομολογητέον;

Τὸ ποῖον;

Ὡς τοῦ ἀεὶ ὄντος γνώσεως, ἀλλὰ οὐ τοῦ ποτέ τι γιγνομένου καὶ ἀπολλυμένου.

Εὐομολόγητον, ἔφη· τοῦ γὰρ ἀεὶ ὄντος ἡ γεωμετρικὴ γνῶσίς ἐστιν.

Ὁλκὸν ἄρα, ὦ γενναῖε, ψυχῆς πρὸς ἀλήθειαν εἴη ἂν καὶ ἀπεργαστικὸν φιλοσόφου διανοίας πρὸς τὸ ἄνω σχεῖν ἃ νῦν κάτω οὐ δέον ἔχομεν.

Ὡς οἷόν τε μάλιστα, ἔφη.

[c] Ὡς οἷόν τ᾽ ἄρα, ἦν δ᾽ ἐγώ, μάλιστα προστακτέον ὅπως οἱ ἐν τῇ καλλιπόλει σοι μηδενὶ τρόπῳ γεωμετρίας ἀφέξονται. καὶ γὰρ τὰ πάρεργα αὐτοῦ οὐ σμικρά.

Ποῖα; ἦ δ᾽ ὅς.

Ἅ τε δὴ σὺ εἶπες, ἦν δ᾽ ἐγώ, τὰ περὶ τὸν πόλεμον, καὶ δὴ καὶ πρὸς πάσας μαθήσεις, ὥστε κάλλιον ἀποδέχεσθαι, ἴσμεν που ὅτι τῷ ὅλῳ καὶ παντὶ διοίσει ἡμμένος τε γεωμετρίας καὶ μή.

Τῷ παντὶ μέντοι νὴ Δί᾽, ἔφη.

Δεύτερον δὴ τοῦτο τιθῶμεν μάθημα τοῖς νέοις;

Τιθῶμεν, ἔφη.

10 [d] Τί δέ; τρίτον θῶμεν ἀστρονομίαν; ἢ οὐ δοκεῖ;

Ἐμοὶ γοῦν, ἔφη· τὸ γὰρ περὶ ὥρας εὐαισθητοτέρως ἔχειν καὶ μηνῶν καὶ ἐνιαυτῶν οὐ μόνον γεωργίᾳ οὐδὲ ναυτιλίᾳ προσήκει, ἀλλὰ καὶ στρατηγίᾳ οὐχ ἧττον.

diese [b] ganze Wissenschaft nur um der Erkenntnis willen betrieben.«

»Durchaus«, sagte er.

»Auch darüber müssen wir uns noch einigen.«

»Worüber denn?«

»Dass es dabei um die Erkenntnis des ewig Seienden geht, und nicht um das Werdende und Vergehende.«

»Darüber können wir uns leicht einigen«, sagte er. »Die Geometrie ist ja die Erkenntnis des ewig Seienden.«

»Sie zieht also, mein Bester, die Seele zur Wahrheit und bewirkt ein philosophisches Denken, welches das nach oben hebt, was wir jetzt, obwohl es nicht so sein sollte, nach unten richten.«

»Ja, das tut sie im höchsten Maße«, sagte er.

[c] »Also muss man auch im höchsten Maße darauf dringen«, fuhr ich fort, »dass die Bürger deines Musterstaates[41] auf keinen Fall die Geometrie vernachlässigen dürfen. Denn auch die Vorteile, die sich so nebenher ergeben, sind nicht gering.«

»Und welche sind das?«, fragte er.

»Die für den Krieg hast du ja schon erwähnt«, antwortete ich. »Aber auch bei allen anderen Wissenschaften, so dass man sie leichter erfassen kann; wir wissen ja, wie sehr sich bei allem und jedem jemand, der sich mit Geometrie befasst hat, von dem unterscheidet, der das nicht getan hat.«

»Ja, beim Zeus, bei allem«, sagte er.

»Damit haben wir also das zweite Lehrfach für die Jugend.«

»So ist es«, sagte er.

10 [d] »Wie nun? Wollen wir als drittes die Astronomie annehmen? Meinst du nicht?«

»Doch«, sagte er, »denn die Monats- und Jahreszeiten genauer zu kennen, ist nicht nur für die Landwirtschaft und für die Seefahrt von Vorteil, sondern auch nicht weniger für die Kriegsführung.«[42]

Ἡδὺς εἶ, ἦν δ᾽ ἐγώ, ὅτι ἔοικας δεδιότι τοὺς πολλούς, μὴ δοκῇς ἄχρηστα μαθήματα προστάττειν. τὸ δ᾽ ἔστιν οὐ πάνυ φαῦλον ἀλλὰ χαλεπὸν πιστεῦσαι ὅτι ἐν τούτοις τοῖς μαθήμασιν ἑκάστου ὄργανόν τι ψυχῆς ἐκκαθαίρεταί τε καὶ [e] ἀναζωπυρεῖται ἀπολλύμενον καὶ τυφλούμενον ὑπὸ τῶν ἄλλων ἐπιτηδευμάτων, κρεῖττον ὂν σωθῆναι μυρίων ὀμμάτων· μόνῳ γὰρ αὐτῷ ἀλήθεια ὁρᾶται. οἷς μὲν οὖν ταῦτα συνδοκεῖ ἀμηχάνως ὡς εὖ δόξεις λέγειν, ὅσοι δὲ τούτου μηδαμῇ ᾐσθημένοι εἰσὶν εἰκότως ἡγήσονταί σε λέγειν οὐδέν· ἄλλην γὰρ ἀπ᾽ αὐτῶν οὐχ ὁρῶσιν ἀξίαν λόγου ὠφελίαν. σκόπει [528a] οὖν αὐτόθεν πρὸς ποτέρους διαλέγῃ· ἢ οὐδὲ πρὸς ἑτέρους, ἀλλὰ σαυτοῦ ἕνεκα τὸ μέγιστον ποιῇ τοὺς λόγους, φθονοῖς μὴν οὐδ᾽ ἂν ἄλλῳ, εἴ τίς τι δύναιτο ἀπ᾽ αὐτῶν ὄνασθαι.

Οὕτως, ἔφη, αἱροῦμαι, ἐμαυτοῦ ἕνεκα τὸ πλεῖστον λέγειν τε καὶ ἐρωτᾶν καὶ ἀποκρίνεσθαι.

Ἄναγε τοίνυν, ἦν δ᾽ ἐγώ, εἰς τοὐπίσω· νυνδὴ γὰρ οὐκ ὀρθῶς τὸ ἑξῆς ἐλάβομεν τῇ γεωμετρίᾳ.

Πῶς λαβόντες; ἔφη.

Μετὰ ἐπίπεδον, ἦν δ᾽ ἐγώ, ἐν περιφορᾷ ὂν ἤδη στερεὸν [b] λαβόντες, πρὶν αὐτὸ καθ᾽ αὑτὸ λαβεῖν· ὀρθῶς δὲ ἔχει ἑξῆς μετὰ δευτέραν αὔξην τρίτην λαμβάνειν. ἔστι δέ που τοῦτο περὶ τὴν τῶν κύβων αὔξην καὶ τὸ βάθους μετέχον.

Ἔστι γάρ, ἔφη· ἀλλὰ ταῦτά γε, ὦ Σώκρατες, δοκεῖ οὔπω ηὑρῆσθαι.

Διττὰ γάρ, ἦν δ᾽ ἐγώ, τὰ αἴτια· ὅτι τε οὐδεμία πόλις ἐντίμως αὐτὰ ἔχει, ἀσθενῶς ζητεῖται χαλεπὰ ὄντα, ἐπιστάτου τε δέονται οἱ

»Köstlich«, entgegnete ich, »wie du offenbar aus Angst vor der breiten Masse nur ja kein Lehrfach ohne praktischen Nutzen vorschreiben willst. Es ist in der Tat nur schwer zu glauben, dass mit diesen Wissensgebieten in jedem Einzelnen ein bestimmtes Seelenorgan gereinigt und [e] neu belebt wird, das durch andere Beschäftigungen verdorben und abgestumpft wird; und doch wäre seine Rettung mehr wert als die von tausend Augen, denn mit ihm allein kann man die Wahrheit schauen. Wer nun auch deiner Meinung ist, dem wird deine Rede unglaublich schön erscheinen; wer aber davon noch nie gehört hat, der wird mit Recht glauben, es stecke nichts dahinter; denn er sieht darin keinen anderen nennenswerten Nutzen. Überlege also, [528a] an wen von ihnen du deine Worte richten willst. Oder an keinen von beiden – dann aber stellst du deine Untersuchungen in erster Linie deinetwegen an, ohne es freilich einem anderen zu missgönnen, wenn auch er daraus einen Nutzen ziehen kann.«

»Gut, so will ich mich entscheiden«, sagte er, »und will vor allem meinetwegen sprechen, fragen und antworten.«

»Kommen wir noch einmal auf das Vorige zurück«, fuhr ich fort. »Wir haben ja die Wissenschaft, die auf die Geometrie folgt, nicht richtig gewählt.«

»Wieso nicht?«, fragte er.

»Wir haben uns nach der Fläche«, antwortete ich, »gleich die bewegten Körper[43] vorgenommen, [b] statt diese Körper an sich. Die richtige Reihenfolge wäre aber, nach der zweiten Dimension die dritte zu behandeln; diese bezieht sich auf die Ausdehnung der Würfel und auf alles, was Tiefe hat.«

»Das ist richtig«, sagte er, »jedoch scheint man das noch nicht entdeckt zu haben, mein Sokrates.«

»Dafür gibt es zwei Gründe«, fuhr ich fort. »Weil kein Staat Wert auf solche Dinge legt, wird ihre Erforschung, noch dazu wegen ihrer großen Schwierigkeiten, ohne großen Nachdruck

ζητοῦντες, ἄνευ οὗ οὐκ ἂν εὕροιεν, ὃν πρῶτον μὲν γενέσθαι χαλεπόν, ἔπειτα καὶ γενομένου, ὡς νῦν ἔχει, [c] οὐκ ἂν πείθοιντο οἱ περὶ ταῦτα ζητητικοὶ μεγαλοφρονούμενοι. εἰ δὲ πόλις ὅλη συνεπιστατοῖ ἐντίμως ἄγουσα αὐτά, οὗτοί τε ἂν πείθοιντο καὶ συνεχῶς τε ἂν καὶ ἐντόνως ζητούμενα ἐκφανῆ γένοιτο ὅπῃ ἔχει· ἐπεὶ καὶ νῦν ὑπὸ τῶν πολλῶν ἀτιμαζόμενα καὶ κολουόμενα, ὑπὸ δὲ τῶν ζητούντων λόγον οὐκ ἐχόντων καθ' ὅτι χρήσιμα, ὅμως πρὸς ἅπαντα ταῦτα βίᾳ ὑπὸ χάριτος αὐξάνεται, καὶ οὐδὲν θαυμαστὸν αὐτὰ φανῆναι.

[d] Καὶ μὲν δή, ἔφη, τό γε ἐπίχαρι καὶ διαφερόντως ἔχει. ἀλλά μοι σαφέστερον εἰπὲ ἃ νυνδὴ ἔλεγες. τὴν μὲν γάρ που τοῦ ἐπιπέδου πραγματείαν γεωμετρίαν ἐτίθεις.

Ναί, ἦν δ' ἐγώ.

Εἶτά γ', ἔφη, τὸ μὲν πρῶτον ἀστρονομίαν μετὰ ταύτην, ὕστερον δ' ἀνεχώρησας.

Σπεύδων γάρ, ἔφην, ταχὺ πάντα διεξελθεῖν μᾶλλον βραδύνω· ἑξῆς γὰρ οὖσαν τὴν βάθους αὔξης μέθοδον, ὅτι τῇ ζητήσει γελοίως ἔχει, ὑπερβὰς αὐτὴν μετὰ γεωμετρίαν [e] ἀστρονομίαν ἔλεγον, φορὰν οὖσαν βάθους.

Ὀρθῶς, ἔφη, λέγεις.

Τέταρτον τοίνυν, ἦν δ' ἐγώ, τιθῶμεν μάθημα ἀστρονομίαν, ὡς ὑπαρχούσης τῆς νῦν παραλειπομένης, ἐὰν αὐτὴν πόλις μετίῃ.

betrieben; auch brauchen die Forscher eine Führungskraft, ohne die sie zu keinem Ergebnis kommen können; eine solche lässt sich erstens nur schwer finden; und wenn es sie doch gibt, so würden ihr zweitens, so wie die Dinge heute liegen, [c] die Forscher auf diesem Gebiet in ihrem Eigendünkel nicht folgen. Wenn aber der ganze Staat, weil er auf diese Dinge Wert legt, die Führung übernähme, dann würden sie ihm gehorchen, und nach beständiger und angestrengter Forschung käme dann ans Licht, wie es sich damit wirklich verhält. Denn obwohl diese Forschung von der breiten Masse missachtet und unterdrückt wird und die Forscher keinen Grund für ihren Nutzen angeben können, gedeiht sie gleichwohl trotz aller Widerstände schon heute wegen ihres Reizes ganz ordentlich, weshalb man sich auch nicht zu wundern braucht, wenn sie sich tatsächlich als Wissenschaft etablierte.«

[d] »Ja, gewiss hat sie einen ganz besonderen Reiz«, sagte er. »Doch erkläre mir noch deutlicher, was du soeben meintest. Die Behandlung der Ebene war doch für dich Geometrie.«

»Ja«, erwiderte ich.

»Auf sie«, sagte er, »ließest du zunächst die Astronomie folgen, dann zogst du sie wieder zurück.«

»In meinem Eifer, alles rasch zu behandeln«, entgegnete ich, »habe ich die Sache eher aufgehalten. Denn obwohl die Behandlung der Tiefendimension an der Reihe gewesen wäre, übersprang ich sie, weil es um ihre Erforschung so lächerlich schlecht bestellt ist, und nannte nach der Geometrie gleich die Astronomie, [e] die ja schon eine Bewegung in der Tiefendimension ist.«

»Richtig«, sagte er.

»Als vierte Wissenschaft«, fuhr ich fort, »wollen wir also die Astronomie ansetzen; denn die von uns jetzt übergangene dritte[44] wird sich einstellen, sobald sich der Staat mit ihr befasst.«

Εἰκός, ἦ δ' ὅς. καὶ ὅ γε νυνδή μοι, ὦ Σώκρατες, ἐπέπληξας περὶ ἀστρονομίας ὡς φορτικῶς ἐπαινοῦντι, νῦν ᾗ σὺ μετέρχῃ [529a] ἐπαινῶ· παντὶ γάρ μοι δοκεῖ δῆλον ὅτι αὕτη γε ἀναγκάζει ψυχὴν εἰς τὸ ἄνω ὁρᾶν καὶ ἀπὸ τῶν ἐνθένδε ἐκεῖσε ἄγει.

Ἴσως, ἦν δ' ἐγώ, παντὶ δῆλον πλὴν ἐμοί· ἐμοὶ γὰρ οὐ δοκεῖ οὕτως.

Ἀλλὰ πῶς; ἔφη.

Ὡς μὲν νῦν αὐτὴν μεταχειρίζονται οἱ εἰς φιλοσοφίαν ἀνάγοντες, πάνυ ποιεῖν κάτω βλέπειν.

Πῶς, ἔφη, λέγεις;

Οὐκ ἀγεννῶς μοι δοκεῖς, ἦν δ' ἐγώ, τὴν περὶ τὰ ἄνω μάθησιν λαμβάνειν παρὰ σαυτῷ ἥ ἐστι· κινδυνεύεις γὰρ [b] καὶ εἴ τις ἐν ὀροφῇ ποικίλματα θεώμενος ἀνακύπτων καταμανθάνοι τι, ἡγεῖσθαι ἂν αὐτὸν νοήσει ἀλλ' οὐκ ὄμμασι θεωρεῖν. ἴσως οὖν καλῶς ἡγῇ, ἐγὼ δ' εὐηθικῶς. ἐγὼ γὰρ αὖ οὐ δύναμαι ἄλλο τι νομίσαι ἄνω ποιοῦν ψυχὴν βλέπειν μάθημα ἢ ἐκεῖνο ὃ ἂν περὶ τὸ ὄν τε ᾖ καὶ τὸ ἀόρατον, ἐάν τέ τις ἄνω κεχηνὼς ἢ κάτω συμμεμυκὼς τῶν αἰσθητῶν τι ἐπιχειρῇ μανθάνειν, οὔτε μαθεῖν ἄν ποτέ φημι αὐτόν – ἐπιστήμην [c] γὰρ οὐδὲν ἔχειν τῶν τοιούτων – οὔτε ἄνω ἀλλὰ κάτω αὐτοῦ βλέπειν τὴν ψυχήν, κἂν ἐξ ὑπτίας νέων ἐν γῇ ἢ ἐν θαλάττῃ μανθάνῃ.

11 Δίκην, ἔφη, ἔχω· ὀρθῶς γάρ μοι ἐπέπληξας. ἀλλὰ πῶς δὴ ἔλεγες δεῖν ἀστρονομίαν μανθάνειν παρὰ ἃ νῦν μανθάνουσιν, εἰ μέλλοιεν ὠφελίμως πρὸς ἃ λέγομεν μαθήσεσθαι;

»Natürlich«, sagte er. »Und weil du mich soeben[45] getadelt hast, mein Sokrates, weil ich die Astronomie wie das gemeine Volk gepriesen habe, will ich sie jetzt auf deine Art [529a] loben. Denn jedem ist, glaube ich, klar, dass sie die Seele zwingt, nach oben zu schauen, und dass sie sie von hier weg hinaufhebt.«

»Vielleicht ist das jedem klar«, entgegnete ich, »außer mir; ich denke da ganz anders.«

»Ja, wie denn?«, fragte er.

»Wie sie heutzutage diejenigen behandeln, die zur Philosophie hinführen wollen, bewirkt sie ganz und gar, dass man den Blick nach unten richtet.«

»Wie meinst du das?«, fragte er.

»Ich glaube«, antwortete ich, »du hast von der Wissenschaft der Dinge dort oben und ihrem Wesen eine allzu edle Meinung. Denn [b] wenn jemand an der Decke Gemälde betrachtet, sich zurückbeugt, um etwas zu erkennen, dann meinst du offenbar, er schaue mit seinem Geist und nicht mit seinen Augen. Vielleicht ist deine Meinung richtig und meine einfältig. Denn ich kann nicht glauben, dass irgendeine andere Wissenschaft die Seele nach oben blicken lässt als jene, die dem wahren und unsichtbaren Sein gilt; und wenn einer mit offenem Mund nach oben oder mit geschlossenem Mund nach unten gafft und dabei etwas Wahrnehmbares erkennen möchte,[46] dann lernt er, so behaupte ich, nie und nimmer etwas – denn dergleichen [c] hat nichts mit Wissenschaft zu tun –, und seine Seele schaut nicht nach oben, sondern nach unten, auch wenn er auf dem Rücken im Meer schwimmend[47] oder am Land auf dem Rücken liegend lernen wollte.«

11 »Da habe ich nun meine Strafe«, sagte er. »Du hast mich zu Recht gescholten. Aber wie muss man deiner Meinung nach Astronomie lernen, und zwar anders, als es heute der Fall ist, wenn dieses Lernen für unsere Zwecke nützlich sein soll?«

Ὧδε, ἦν δ᾽ ἐγώ. ταῦτα μὲν τὰ ἐν τῷ οὐρανῷ ποικίλματα, ἐπείπερ ἐν ὁρατῷ πεποίκιλται, κάλλιστα μὲν ἡγεῖσθαι καὶ [d] ἀκριβέστατα τῶν τοιούτων ἔχειν, τῶν δὲ ἀληθινῶν πολὺ ἐνδεῖν, ἃς τὸ ὂν τάχος καὶ ἡ οὖσα βραδυτὴς ἐν τῷ ἀληθινῷ ἀριθμῷ καὶ πᾶσι τοῖς ἀληθέσι σχήμασι φοράς τε πρὸς ἄλληλα φέρεται καὶ τὰ ἐνόντα φέρει, ἃ δὴ λόγῳ μὲν καὶ διανοίᾳ ληπτά, ὄψει δ᾽ οὔ· ἢ σὺ οἴει;

Οὐδαμῶς γε, ἔφη.

Οὐκοῦν, εἶπον, τῇ περὶ τὸν οὐρανὸν ποικιλίᾳ παραδείγμασι χρηστέον τῆς πρὸς ἐκεῖνα μαθήσεως ἕνεκα, ὁμοίως ὥσπερ ἂν [e] εἴ τις ἐντύχοι ὑπὸ Δαιδάλου ἤ τινος ἄλλου δημιουργοῦ ἢ γραφέως διαφερόντως γεγραμμένοις καὶ ἐκπεπονημένοις διαγράμμασιν. ἡγήσαιτο γὰρ ἄν πού τις ἔμπειρος γεωμετρίας, ἰδὼν τὰ τοιαῦτα, κάλλιστα μὲν ἔχειν ἀπεργασίᾳ, γελοῖον μὴν ἐπισκοπεῖν αὐτὰ σπουδῇ ὡς τὴν ἀλήθειαν ἐν αὐτοῖς ληψόμενον [530a] ἴσων ἢ διπλασίων ἢ ἄλλης τινὸς συμμετρίας.

Τί δ᾽ οὐ μέλλει γελοῖον εἶναι; ἔφη.

Τῷ ὄντι δὴ ἀστρονομικόν, ἦν δ᾽ ἐγώ, ὄντα οὐκ οἴει ταὐτὸν πείσεσθαι εἰς τὰς τῶν ἄστρων φορὰς ἀποβλέποντα; νομιεῖν μὲν ὡς οἷόν τε κάλλιστα τὰ τοιαῦτα ἔργα συστήσασθαι, οὕτω συνεστάναι τῷ τοῦ οὐρανοῦ δημιουργῷ αὐτόν τε καὶ τὰ ἐν αὐτῷ· τὴν δὲ νυκτὸς πρὸς ἡμέραν συμμετρίαν καὶ τούτων πρὸς μῆνα καὶ μηνὸς πρὸς ἐνιαυτὸν καὶ τῶν ἄλλων ἄστρων [b] πρός τε ταῦτα καὶ πρὸς ἄλληλα, οὐκ ἄτοπον, οἴει, ἡγήσεται τὸν νομίζοντα γίγνεσθαί τε ταῦτα ἀεὶ ὡσαύτως καὶ οὐδαμῇ οὐδὲν παραλλάττειν, σῶμά τε ἔχοντα καὶ ὁρώμενα, καὶ ζητεῖν παντὶ τρόπῳ τὴν ἀλήθειαν αὐτῶν λαβεῖν;

»Auf folgende Art und Weise«, sagte ich. »Man mag die mannigfaltigen Sternbilder am Himmel der sichtbaren Welt für das Schönste und [d] Genaueste dieser Art halten, und doch bleiben sie hinter den wahren Bildern und jenen Bewegungen weit zurück, die durch die wirkliche Geschwindigkeit und wirkliche Langsamkeit in der Welt der wahren Zahl und aller wahren Figuren gegeneinander hervorgerufen werden und die alles, was darin ist,[48] bewegen, was man nur durch Überlegung und Denken, nicht aber mit dem Auge erfassen kann. Oder was meinst du?«

»Auf keinen Fall«, sagte er.

»Das Bildwerk am Himmel«, fuhr ich fort, »soll man nun nur als Beispiel heranziehen für das Wissen, das zu jener (höheren) Erkenntnis führt, ähnlich wie wenn einer [e] auf hervorragende Bilder stößt, die von Daidalos oder einem anderen Künstler und Maler gezeichnet und ausgearbeitet wurden. Wer etwas von Geometrie versteht, würde bei ihrem Anblick meinen, dass sie sehr schön ausgeführt seien, dass es aber lächerlich wäre, sie allen Ernstes dazu zu betrachten, um in ihnen die Wahrheit über das [530a] Gleiche, das Doppelte oder andere symmetrische Verhältnisse zu finden.«

»Natürlich wäre das lächerlich«, sagte er.

»Meinst du nicht«, setzte ich fort, »es würde einem wahren Astronomen genauso ergehen, wenn er auf die Bewegungen der Sterne blickt? Er wird zwar glauben, der Himmel und was in ihm ist, sei von seinem Schöpfer so schön gestaltet worden, wie es bei solchen Werken nur möglich sei; aber das Verhältnis der Nacht zum Tag und das von ihnen zum Monat und das des Monats zum Jahr und das der übrigen Gestirne [b] zu ihnen und untereinander – glaubst du, er würde den nicht für töricht halten, der meint, das alles geschehe ewig auf die gleiche Weise und ändere sich nie, da es doch körperliche und sichtbare Gebilde sind, und man müsse an ihnen auf jeden Fall die Wahrheit zu erfassen suchen?«[49]

Ἐμοὶ γοῦν δοκεῖ, ἔφη, σοῦ νῦν ἀκούοντι.

Προβλήμασιν ἄρα, ἦν δ' ἐγώ, χρώμενοι ὥσπερ γεωμετρίαν οὕτω καὶ ἀστρονομίαν μέτιμεν, τὰ δ' ἐν τῷ οὐρανῷ ἐάσομεν, εἰ μέλλομεν ὄντως ἀστρονομίας μεταλαμβάνοντες χρήσιμον [c] τὸ φύσει φρόνιμον ἐν τῇ ψυχῇ ἐξ ἀχρήστου ποιήσειν.

Ἦ πολλαπλάσιον, ἔφη, τὸ ἔργον ἢ ὡς νῦν ἀστρονομεῖται προστάττεις.

Οἶμαι δέ γε, εἶπον, καὶ τἆλλα κατὰ τὸν αὐτὸν τρόπον προστάξειν ἡμᾶς, ἐάν τι ἡμῶν ὡς νομοθετῶν ὄφελος ᾖ.

12 ἀλλὰ γάρ τι ἔχεις ὑπομνῆσαι τῶν προσηκόντων μαθημάτων;

Οὐκ ἔχω, ἔφη, νῦν γ' οὑτωσί.

Οὐ μὴν ἕν, ἀλλὰ πλείω, ἦν δ' ἐγώ, εἴδη παρέχεται ἡ φορά, [d] ὡς ἐγῷμαι. τὰ μὲν οὖν πάντα ἴσως ὅστις σοφὸς ἕξει εἰπεῖν· ἃ δὲ καὶ ἡμῖν προφανῆ, δύο.

Ποῖα δή;

Πρὸς τούτῳ, ἦν δ' ἐγώ, ἀντίστροφον αὐτοῦ.

Τὸ ποῖον;

Κινδυνεύει, ἔφην, ὡς πρὸς ἀστρονομίαν ὄμματα πέπηγεν, ὣς πρὸς ἐναρμόνιον φορὰν ὦτα παγῆναι, καὶ αὗται ἀλλήλων ἀδελφαί τινες αἱ ἐπιστῆμαι εἶναι, ὡς οἵ τε Πυθαγόρειοί φασι καὶ ἡμεῖς, ὦ Γλαύκων, συγχωροῦμεν. ἢ πῶς ποιοῦμεν;

Οὕτως, ἔφη.

[e] Οὐκοῦν, ἦν δ' ἐγώ, ἐπειδὴ πολὺ τὸ ἔργον, ἐκείνων πευσόμεθα πῶς λέγουσι περὶ αὐτῶν καὶ εἴ τι ἄλλο πρὸς τούτοις· ἡμεῖς δὲ παρὰ πάντα ταῦτα φυλάξομεν τὸ ἡμέτερον.

Ποῖον;

»Wenn ich das jetzt so von dir höre, glaube ich es auch«, sagte er.

»So werden wir die Astronomie wie vorher schon die Geometrie nur als Denkanstoß gebrauchen und ihr nachgehen«, fuhr ich fort, »die Himmelserscheinungen aber beiseite lassen, wenn wir uns wirklich mit der Astronomie beschäftigen wollen, um das [c] von Natur aus in unserer Seele Vernünftige nutzbar zu machen, das vorher brachgelegen hat.«

»Du verlangst freilich ein Vielfaches von dem, was die Astronomen heute leisten«, sagte er.

»Ich denke«, entgegnete ich, »wir werden das auch bei allem anderen so verlangen, wenn wir als Gesetzgeber nützlich sein wollen.

12 Aber hast du sonst noch ein Lehrfach anzuführen, das sich für unsere Zwecke eignet?«

»Nein, im Augenblick nicht«, antwortete er.

»Es gibt«, fuhr ich fort, »denke ich, nicht nur eine, sondern mehrere Arten der Bewegung. [d] Sie alle könnte wohl ein Fachkundiger aufzählen. Zwei davon sind auch uns klar.«

»Welche denn?«

»Außer der genannten«, antwortete ich, »auch noch ihr Gegenteil.«

»Und zwar welches?«

»Wie die Augen für die Astronomie geschaffen sind, so sind es die Ohren für die harmonische Bewegung, und diese beiden Wissenschaften sind miteinander verwandt, wie die Pythagoreer sagen;[50] dem werden auch wir, mein Glaukon, zustimmen. Oder wie halten wir es damit?«

»Ebenso«, sagte er.

[e] »Und da uns das zu weit führen würde, wollen wir sie um ihre Meinung darüber und manch anderes befragen; demgegenüber wollen wir aber an unserem Standpunkt festhalten.«

»An welchem?«

Μή ποτ᾿ αὐτῶν τι ἀτελὲς ἐπιχειρῶσιν ἡμῖν μανθάνειν οὓς θρέψομεν, καὶ οὐκ ἐξῆκον ἐκεῖσε ἀεί, οἷ πάντα δεῖ ἀφήκειν, οἷον ἄρτι περὶ τῆς ἀστρονομίας ἐλέγομεν. ἢ οὐκ οἶσθ᾿ ὅτι [531a] καὶ περὶ ἁρμονίας ἕτερον τοιοῦτον ποιοῦσι; τὰς γὰρ ἀκουομένας αὖ συμφωνίας καὶ φθόγγους ἀλλήλοις ἀναμετροῦντες ἀνήνυτα, ὥσπερ οἱ ἀστρονόμοι, πονοῦσιν.

Νὴ τοὺς θεούς, ἔφη, καὶ γελοίως γε, πυκνώματ᾿ ἄττα ὀνομάζοντες καὶ παραβάλλοντες τὰ ὦτα, οἷον ἐκ γειτόνων φωνὴν θηρευόμενοι, οἱ μέν φασιν ἔτι κατακούειν ἐν μέσῳ τινὰ ἠχὴν καὶ σμικρότατον εἶναι τοῦτο διάστημα, ᾧ μετρητέον, οἱ δὲ ἀμφισβητοῦντες ὡς ὅμοιον ἤδη φθεγγομένων, ἀμφότεροι [b] ὦτα τοῦ νοῦ προστησάμενοι.

Σὺ μέν, ἦν δ᾿ ἐγώ, τοὺς χρηστοὺς λέγεις τοὺς ταῖς χορδαῖς πράγματα παρέχοντας καὶ βασανίζοντας, ἐπὶ τῶν κολλόπων στρεβλοῦντας· ἵνα δὲ μὴ μακροτέρα ἡ εἰκὼν γίγνηται πλήκτρῳ τε πληγῶν γιγνομένων καὶ κατηγορίας πέρι καὶ ἐξαρνήσεως καὶ ἀλαζονείας χορδῶν, παύομαι τῆς εἰκόνος καὶ οὔ φημι τούτους λέγειν, ἀλλ᾿ ἐκείνους οὓς ἔφαμεν νυνδὴ περὶ ἁρμονίας ἐρήσεσθαι. ταὐτὸν γὰρ ποιοῦσι τοῖς ἐν τῇ [c] ἀστρονομίᾳ· τοὺς γὰρ ἐν ταύταις ταῖς συμφωνίαις ταῖς ἀκουομέναις ἀριθμοὺς ζητοῦσιν, ἀλλ᾿ οὐκ εἰς προβλήματα ἀνίασιν, ἐπισκοπεῖν τίνες σύμφωνοι ἀριθμοὶ καὶ τίνες οὔ, καὶ διὰ τί ἑκάτεροι.

Δαιμόνιον γάρ, ἔφη, πρᾶγμα λέγεις.

Χρήσιμον μὲν οὖν, ἦν δ᾿ ἐγώ, πρὸς τὴν τοῦ καλοῦ τε καὶ ἀγαθοῦ ζήτησιν, ἄλλως δὲ μεταδιωκόμενον ἄχρηστον.

Εἰκός γ᾿, ἔφη.

»Dass sich unsere Schüler nur ja nichts Unvollkommenes von ihnen aneignen und solches, das nicht immer zu dem Ziel führt, zu dem alles führen muss, wie wir eben am Beispiel der Astronomie gezeigt haben. Oder weißt du nicht, dass sie [531a] die Harmonie ebenso behandeln? Sie messen die Akkorde und Töne, die sie hören, und mühen sich dabei wie die Astronomen sinnlos ab.«

»Bei den Göttern«, sagte er, »wie lächerlich; sie sprechen dabei von irgendwelchen Verdichtungen und neigen ihr Ohr hin, als wollten sie aus der Nähe noch einen Ton erhaschen; die einen behaupten, sie würden in der Mitte noch einen Ton hören und dies sei das kleinste Intervall, das man als Maß hernehmen müsse; andere wieder bestreiten das mit dem Argument, die Töne seien bereits einander gleich. Jedenfalls aber ziehen beide [b] die Ohren dem Verstand vor.«

»Du sprichst da wohl von den braven Leuten«, erwiderte ich, »die die Saiten quälen und foltern, indem sie sie auf die Wirbel spannen. Damit aber mein Vergleich nicht zu weit geht und wir dabei auch noch von den Schlägen mit dem Plektron und von Anklagen, vom Leugnen und der prahlerischen Verteidigung der Saiten sprechen, will ich es dabei bewenden lassen;[51] ich meine ja damit nicht diese Leute, sondern jene Pythagoreer, die wir, wie gesagt, über die Harmonie befragen wollen. Sie machen ja dasselbe wie die Astronomen. [c] Sie suchen nach Zahlen in den Akkorden, die sie hören, gehen dabei aber nicht auf die eigentlichen Probleme ein, nämlich zu untersuchen, welche Zahlen harmonisch sind und welche nicht und warum jeweils.«

»Du sprichst von einer göttlichen Sache«, sagte er.

»Jedenfalls von einer«, entgegnete ich, »die zur Erforschung des Schönen und Guten nützlich ist, für andere Zwecke aber unnütz.«

»Natürlich«, sagte er.

13 Οἶμαι δέ γε, ἦν δ᾽ ἐγώ, καὶ ἡ τούτων πάντων ὧν διεληλύθαμεν [d] μέθοδος ἐὰν μὲν ἐπὶ τὴν ἀλλήλων κοινωνίαν ἀφίκηται καὶ συγγένειαν, καὶ συλλογισθῇ ταῦτα ᾗ ἐστὶν ἀλλήλοις οἰκεῖα, φέρειν τι αὐτῶν εἰς ἃ βουλόμεθα τὴν πραγματείαν καὶ οὐκ ἀνόνητα πονεῖσθαι, εἰ δὲ μή, ἀνόνητα.

Καὶ ἐγώ, ἔφη, οὕτω μαντεύομαι. ἀλλὰ πάμπολυ ἔργον λέγεις, ὦ Σώκρατες.

Τοῦ προοιμίου, ἦν δ᾽ ἐγώ, ἢ τίνος λέγεις; ἢ οὐκ ἴσμεν ὅτι πάντα ταῦτα προοίμιά ἐστιν αὐτοῦ τοῦ νόμου ὃν δεῖ μαθεῖν; οὐ γάρ που δοκοῦσί γέ σοι οἱ ταῦτα δεινοὶ διαλεκτικοὶ [e] εἶναι.

Οὐ μὰ τὸν Δί᾽, ἔφη, εἰ μὴ μάλα γέ τινες ὀλίγοι ὧν ἐγὼ ἐντετύχηκα.

Ἀλλὰ δή, εἶπον, μὴ δυνατοὶ οἵτινες δοῦναί τε καὶ ἀποδέξασθαι λόγον εἴσεσθαί ποτέ τι ὧν φαμεν δεῖν εἰδέναι;

Οὐδ᾽ αὖ, ἔφη, τοῦτό γε.

[532a] Οὐκοῦν, εἶπον, ὦ Γλαύκων, οὗτος ἤδη αὐτός ἐστιν ὁ νόμος ὃν τὸ διαλέγεσθαι περαίνει; ὃν καὶ ὄντα νοητὸν μιμοῖτ᾽ ἂν ἡ τῆς ὄψεως δύναμις, ἣν ἐλέγομεν πρὸς αὐτὰ ἤδη τὰ ζῷα ἐπιχειρεῖν ἀποβλέπειν καὶ πρὸς αὐτὰ ⟨τὰ⟩ ἄστρα τε καὶ τελευταῖον δὴ πρὸς αὐτὸν τὸν ἥλιον. οὕτω καὶ ὅταν τις τῷ διαλέγεσθαι ἐπιχειρῇ ἄνευ πασῶν τῶν αἰσθήσεων διὰ τοῦ λόγου ἐπ᾽ αὐτὸ ὃ ἔστιν ἕκαστον ὁρμᾶν, καὶ μὴ ἀποστῇ πρὶν [b] ἂν αὐτὸ ὃ ἔστιν ἀγαθὸν αὐτῇ νοήσει λάβῃ, ἐπ᾽ αὐτῷ γίγνεται τῷ τοῦ νοητοῦ τέλει, ὥσπερ ἐκεῖνος τότε ἐπὶ τῷ τοῦ ὁρατοῦ.

Παντάπασι μὲν οὖν, ἔφη.

Τί οὖν; οὐ διαλεκτικὴν ταύτην τὴν πορείαν καλεῖς;

13 »Wenn man nun«, sprach ich weiter, »bei der methodischen Betrachtung all der besprochenen Wissenschaften [d] zu einer Gemeinsamkeit und Verwandtschaft untereinander kommt und wenn man erkennt, worin diese Verwandtschaft eigentlich besteht, dann führt, glaube ich, die Beschäftigung mit ihnen zu dem gewünschten Ziel, und die Mühe dabei ist nicht umsonst, andernfalls aber schon.«

»Auch ich vermute das«, sagte er. »Aber du sprichst da von einer gewaltigen Aufgabe, Sokrates.«

»Von der gewaltigen Aufgabe des Vorspiels«, entgegnete ich, »oder wovon meinst du? Wissen wir nicht, dass das alles nur ein Vorspiel ist zu der Weise[52], die wir erlernen müssen? Du glaubst doch nicht, dass die in diesen Wissenschaften Kundigen schon Dialektiker [e] sind?«

»Nein, beim Zeus«, rief er, »außer ganz wenigen, auf die ich zufällig gestoßen bin.«

»Aber Leute, die nicht imstande sind, Rede und Antwort zu stehen, werden die je etwas von dem wissen, was wir für notwendig erachten?«

»Nein, auch das glaube ich nicht«, sagte er.

[532a] »Ist das nicht schon das Lied, mein Glaukon«, fuhr ich fort, »das die Dialektik zustande bringt? Dieses Lied, das nur durch Denken erfasst werden kann, wird wohl durch die Sehkraft nachgeahmt, die, wie wir sagten, die Lebewesen selbst und außerdem auch noch die Sterne und zuletzt die Sonne selbst zu schauen sucht.[53] Genauso ist's, wenn einer versucht, mit der Dialektik ohne jede Wahrnehmung, nur mit dem Geist an das wahre Sein der jeweiligen Dinge heranzukommen, und nicht eher davon ablässt, bis er [b] mit reinem Denken das Wesen des Guten erfasst hat; dann gelangt er damit ebenso an das Ziel des Denkbaren, wie jener vorhin an das Ziel des Sichtbaren.«

»Ganz richtig«, sagte er.

»Wie nun, nennst du diesen Weg nicht Dialektik?«

Τί μήν;

Ἡ δέ γε, ἦν δ᾽ ἐγώ, λύσις τε ἀπὸ τῶν δεσμῶν καὶ μεταστροφὴ ἀπὸ τῶν σκιῶν ἐπὶ τὰ εἴδωλα καὶ τὸ φῶς καὶ ἐκ τοῦ καταγείου εἰς τὸν ἥλιον ἐπάνοδος, καὶ ἐκεῖ πρὸς μὲν τὰ ζῷά τε καὶ φυτὰ καὶ τὸ τοῦ ἡλίου φῶς ἔτι ἀδυναμία [c] βλέπειν, πρὸς δὲ τὰ ἐν ὕδασι φαντάσματα θεῖα καὶ σκιὰς τῶν ὄντων, ἀλλ᾽ οὐκ εἰδώλων σκιὰς δι᾽ ἑτέρου τοιούτου φωτὸς ὡς πρὸς ἥλιον κρίνειν ἀποσκιαζομένας – πᾶσα αὕτη ἡ πραγματεία τῶν τεχνῶν ἃς διήλθομεν ταύτην ἔχει τὴν δύναμιν καὶ ἐπαναγωγὴν τοῦ βελτίστου ἐν ψυχῇ πρὸς τὴν τοῦ ἀρίστου ἐν τοῖς οὖσι θέαν, ὥσπερ τότε τοῦ σαφεστάτου ἐν σώματι πρὸς τὴν τοῦ φανοτάτου ἐν τῷ σωματοειδεῖ τε καὶ [d] ὁρατῷ τόπῳ.

Ἐγὼ μέν, ἔφη, ἀποδέχομαι οὕτω. καίτοι παντάπασί γέ μοι δοκεῖ χαλεπὰ μὲν ἀποδέχεσθαι εἶναι, ἄλλον δ᾽ αὖ τρόπον χαλεπὰ μὴ ἀποδέχεσθαι. ὅμως δέ – οὐ γὰρ ἐν τῷ νῦν παρόντι μόνον ἀκουστέα, ἀλλὰ καὶ αὖθις πολλάκις ἐπανιτέον – ταῦτα θέντες ἔχειν ὡς νῦν λέγεται, ἐπ᾽ αὐτὸν δὴ τὸν νόμον ἴωμεν, καὶ διέλθωμεν οὕτως ὥσπερ τὸ προοίμιον διήλθομεν. λέγε οὖν τίς ὁ τρόπος τῆς τοῦ διαλέγεσθαι δυνάμεως, καὶ [e] κατὰ ποῖα δὴ εἴδη διέστηκεν, καὶ τίνες αὖ ὁδοί· αὗται γὰρ ἂν ἤδη, ὡς ἔοικεν, αἱ πρὸς αὐτὸ ἄγουσαι εἶεν, οἷ ἀφικομένῳ ὥσπερ ὁδοῦ ἀνάπαυλα ἂν εἴη καὶ τέλος τῆς πορείας.

[533a] Οὐκέτ᾽, ἦν δ᾽ ἐγώ, ὦ φίλε Γλαύκων, οἷός τ᾽ ἔσῃ ἀκολουθεῖν – ἐπεὶ τό γ᾽ ἐμὸν οὐδὲν ἂν προθυμίας ἀπολίποι – οὐδ᾽ εἰκόνα ἂν ἔτι οὗ λέγομεν ἴδοις, ἀλλ᾽ αὐτὸ τὸ ἀληθές, ὅ γε δή μοι φαίνεται – εἰ δ᾽ ὄντως ἢ μή, οὐκέτ᾽ ἄξιον τοῦτο διισχυρίζεσθαι· ἀλλ᾽ ὅτι μὲν δὴ τοιοῦτόν τι ἰδεῖν, ἰσχυριστέον. ἦ γάρ;

»Gewiss.«

»Die Befreiung von den Fesseln«, fuhr ich fort, »und die Abkehr von den Schatten hin zu den Bildwerken selbst und zum Licht und der Aufstieg aus der Höhle zur Sonne und dort zunächst das Unvermögen, die Lebewesen, Pflanzen und das Licht der Sonne [c] anzuschauen, dafür aber der Blick[54] auf die Spiegelbilder im Wasser und die Schatten des Seienden, aber nicht die Schatten der Bildwerke, die durch ein anderes, mit der Sonne einigermaßen vergleichbares Licht geworfen werden, – diese ganze Beschäftigung mit den von uns besprochenen Wissenschaften besitzt die Macht, den besten Teil unserer Seele hinaufzuführen zur Schau des Besten unter dem Seienden, so wie sich dort der klarste Teil des Körpers zur Schau des hellsten Teiles im körperhaften und [d] sichtbaren Raum erhob.«

»Damit bin ich einverstanden«, sagte er, »wiewohl mir das nicht leicht fällt; andererseits ist es aber auch nicht leicht, nicht einverstanden zu sein. Dennoch – wir hören das ja nicht nur jetzt, sondern müssen auch noch öfter darauf zurückkommen – wollen wir es jetzt so annehmen, wie es behauptet wird, und damit zum Lied selbst kommen und es so behandeln, wie wir das Vorspiel behandelt haben. Sag nun, worin besteht die Macht der Dialektik, [e] in welche Teile zerfällt sie und welche Wege führen zu ihr hin. Denn diese führen uns doch offenbar dorthin, wo es für den Angekommenen gleichsam ein Ausruhen vom Weg und ein Ende der Reise[55] gibt.«

[533a] »Du wirst mir nicht mehr folgen können, mein lieber Glaukon«, fuhr ich fort. »Soweit es mich betrifft, soll es an Bereitschaft nicht fehlen; auch wirst du das, worüber wir sprechen, nicht mehr bildhaft sehen, sondern als das Wahre selbst, wenigstens so, wie es sich mir zeigt. Ob es tatsächlich so ist oder nicht, das fest zu behaupten steht mir nicht zu, wohl aber, dass es ganz danach aussieht. Nicht wahr?«

Τί μήν;

Οὐκοῦν καὶ ὅτι ἡ τοῦ διαλέγεσθαι δύναμις μόνη ἂν φήνειεν ἐμπείρῳ ὄντι ὧν νυνδὴ διήλθομεν, ἄλλῃ δὲ οὐδαμῇ δυνατόν;

Καὶ τοῦτ᾽, ἔφη, ἄξιον διισχυρίζεσθαι.

[b] Τόδε γοῦν, ἦν δ᾽ ἐγώ, οὐδεὶς ἡμῖν ἀμφισβητήσει λέγουσιν, ὡς αὐτοῦ γε ἑκάστου πέρι ὃ ἔστιν ἕκαστον ἄλλη τις ἐπιχειρεῖ μέθοδος ὁδῷ περὶ παντὸς λαμβάνειν. ἀλλ᾽ αἱ μὲν ἄλλαι πᾶσαι τέχναι ἢ πρὸς δόξας ἀνθρώπων καὶ ἐπιθυμίας εἰσὶν ἢ πρὸς γενέσεις τε καὶ συνθέσεις, ἢ πρὸς θεραπείαν τῶν φυομένων τε καὶ συντιθεμένων ἅπασαι τετράφαται· αἱ δὲ λοιπαί, ἃς τοῦ ὄντος τι ἔφαμεν ἐπιλαμβάνεσθαι, γεωμετρίας τε καὶ τὰς ταύτῃ ἑπομένας, ὁρῶμεν ὡς ὀνειρώττουσι μὲν [c] περὶ τὸ ὄν, ὕπαρ δὲ ἀδύνατον αὐταῖς ἰδεῖν, ἕως ἂν ὑποθέσεσι χρώμεναι ταύτας ἀκινήτους ἐῶσι, μὴ δυνάμεναι λόγον διδόναι αὐτῶν. ᾧ γὰρ ἀρχὴ μὲν ὃ μὴ οἶδε, τελευτὴ δὲ καὶ τὰ μεταξὺ ἐξ οὗ μὴ οἶδεν συμπέπλεκται, τίς μηχανὴ τὴν τοιαύτην ὁμολογίαν ποτὲ ἐπιστήμην γενέσθαι;

Οὐδεμία, ἦ δ᾽ ὅς.

14 Οὐκοῦν, ἦν δ᾽ ἐγώ, ἡ διαλεκτικὴ μέθοδος μόνη ταύτῃ πορεύεται, τὰς ὑποθέσεις ἀναιροῦσα, ἐπ᾽ αὐτὴν τὴν ἀρχὴν [d] ἵνα βεβαιώσηται, καὶ τῷ ὄντι ἐν βορβόρῳ βαρβαρικῷ τινι τὸ τῆς ψυχῆς ὄμμα κατορωρυγμένον ἠρέμα ἕλκει καὶ ἀνάγει ἄνω, συνερίθοις καὶ συμπεριαγωγοῖς χρωμένη αἷς διήλθομεν τέχναις· ἃς ἐπιστήμας μὲν πολλάκις προσείπομεν διὰ τὸ ἔθος, δέονται δὲ ὀνόματος ἄλ-

»Natürlich.«

»Auch dass die Macht der Dialektik dies[56] allein einem Mann, der in dem bewandert ist, was wir soeben besprochen haben, zeigen kann, und dass das auf einem anderen Weg nicht möglich ist?«

»Auch das kann man fest behaupten«, sagte er.

[b] »Wenigstens das wird uns niemand in Abrede stellen«, fuhr ich fort, »wenn wir behaupten, dass es kein anderes Verfahren gibt auf dem Weg, das Wesen jedes Einzeldings im Ganzen zu erfassen. Alle anderen Künste haben es entweder mit Meinungen und Begierden der Menschen zu tun, mit dem Werden und Zusammensetzen, oder sind allesamt auf die Betreuung des natürlich Gewordenen oder des Zusammengesetzten ausgerichtet. Die restlichen Wissenschaften, die, wie wir behaupteten, irgendwie das Seiende berühren, wie die Geometrie und was mit ihr zusammenhängt, träumen, wie wir sehen, nur vom Seienden;[57] [c] sind sie aber wach, können sie es nicht sehen, solange sie nur Hypothesen verwenden und diese auf sich beruhen lassen, weil sie keine Rechenschaft davon geben können. Denn wo der Anfang etwas ist, das man nicht kennt, und das Ende und die Mitte wiederum aus dem zusammengeflochten sind, was man nicht kennt, wie sollte aus einem solchen Machwerk von Zugeständnissen je eine Wissenschaft werden?«

»Das ist völlig unmöglich«, sagte er.

14 »Einzig die dialektische Methode«, setzte ich fort, »hebt die Hypothesen auf und geht auf den Anfang zurück, [d] um ihn fest zu begründen; sie zieht das Auge der Seele, das in der Tat in barbarischem Schlamm begraben war,[58] allmählich heraus und führt es hinauf, wobei sie sich der eben behandelten Lehrfächer als Mitarbeiter und Gehilfen bedient. Aus Gewohnheit haben wir diese oft Wissenschaften genannt, doch sollten sie eigentlich einen anderen Namen haben, der etwas

λου, ἐναργεστέρου μὲν ἢ δόξης, ἀμυδροτέρου δὲ ἢ ἐπιστήμης – διάνοιαν δὲ αὐτὴν ἔν γε τῷ πρόσθεν που ὡρισάμεθα – ἔστι δ', ὡς ἐμοὶ δοκεῖ, οὐ περὶ [e] ὀνόματος ἀμφισβήτησις, οἷς τοσούτων πέρι σκέψις ὅσων ἡμῖν πρόκειται.

Οὐ γὰρ οὖν, ἔφη.

Ἀλλ' ὃ ἂν μόνον δηλοῖ πως τὴν ἕξιν σαφηνείᾳ λέγειν ἐν ψυχῇ ⟨ἀρκέσει;

Ναί.⟩

Ἀρκέσει οὖν, ἦν δ' ἐγώ, ὥσπερ τὸ πρότερον, τὴν μὲν πρώτην μοῖραν ἐπιστήμην καλεῖν, δευτέραν δὲ διάνοιαν, τρίτην [534a] δὲ πίστιν καὶ εἰκασίαν τετάρτην· καὶ συναμφότερα μὲν ταῦτα δόξαν, συναμφότερα δ' ἐκεῖνα νόησιν· καὶ δόξαν μὲν περὶ γένεσιν, νόησιν δὲ περὶ οὐσίαν· καὶ ὅτι οὐσία πρὸς γένεσιν, νόησιν πρὸς δόξαν, καὶ ὅτι νόησις πρὸς δόξαν, ἐπιστήμην πρὸς πίστιν καὶ διάνοιαν πρὸς εἰκασίαν· τὴν δ' ἐφ' οἷς ταῦτα ἀναλογίαν καὶ διαίρεσιν διχῇ ἑκατέρου, δοξαστοῦ τε καὶ νοητοῦ, ἐῶμεν, ὦ Γλαύκων, ἵνα μὴ ἡμᾶς πολλαπλασίων λόγων ἐμπλήσῃ ἢ ὅσων οἱ παρεληλυθότες.

[b] Ἀλλὰ μὴν ἔμοιγ', ἔφη, τά γε ἄλλα, καθ' ὅσον δύναμαι ἕπεσθαι, συνδοκεῖ.

Ἦ καὶ διαλεκτικὸν καλεῖς τὸν λόγον ἑκάστου λαμβάνοντα τῆς οὐσίας; καὶ τὸν μὴ ἔχοντα, καθ' ὅσον ἂν μὴ ἔχῃ λόγον αὑτῷ τε καὶ ἄλλῳ διδόναι, κατὰ τοσοῦτον νοῦν περὶ τούτου οὐ φήσεις ἔχειν;

Πῶς γὰρ ἄν, ἦ δ' ὅς, φαίην;

Οὐκοῦν καὶ περὶ τοῦ ἀγαθοῦ ὡσαύτως· ὃς ἂν μὴ ἔχῃ διορίσασθαι τῷ λόγῳ ἀπὸ τῶν ἄλλων πάντων ἀφελὼν τὴν [c] τοῦ ἀγαθοῦ

bezeichnet,[59] das deutlicher ist als bloße Meinung und dunkler als Wissenschaft. Wir haben es vorher[60] als Nachdenken bestimmt. Doch sollte man, wie mir scheint, nicht über [e] Namen streiten, wenn einem die Untersuchung so wichtiger Dinge obliegt wie uns.«[61]

»Gewiss nicht«, sagte er.

»Wird es nicht genügen, die Gedanken der Seele mit klaren Worten auszudrücken?«

»Ja.«[62]

»Dann bleiben wir also«, fuhr ich fort, »bei den früheren Bezeichnungen: Wir nennen den ersten Abschnitt Erkenntnis, den zweiten Nachdenken, den dritten [534a] Glauben und Vermuten den vierten; die beiden Letzteren zusammen nennen wir Meinung, die beiden Ersteren zusammen Denken. Die Meinung bezieht sich auf das Werden, das Denken aber auf das Sein. Und wie sich das Sein zum Werden verhält, so verhält sich das Denken zur Meinung, und wie Denken zur Meinung, so verhält sich Erkenntnis zum Glauben und Nachdenken zum Vermuten. Das Verhältnis und die zweifache Teilung beider, des Meinens und des Denkens, wollen wir beiseite lassen, mein Glaukon; sonst geraten wir in eine noch viel weitläufigere Untersuchung als bisher.«

[b] »Was mich betrifft«, entgegnete er, »so bin ich mit allem Übrigen einverstanden, soweit ich folgen kann.«

»Und einen Dialektiker nennst du denjenigen, der das Wesen jedes Dinges begrifflich erfasst? Wer das nicht kann, von dem wirst du doch nicht behaupten, dass er, soweit er weder sich selbst noch einem anderen davon Rechenschaft ablegen kann, eine Einsicht davon besitzt?«

»Wie könnte ich das behaupten?«, sagte er.

»Und ebenso verhält es sich auch beim Guten. Wer es nicht versteht, die Idee des Guten von allem anderen abzusondern und begrifflich zu bestimmen, und wer nicht, [c] gleichsam

ἰδέαν, καὶ ὥσπερ ἐν μάχῃ διὰ πάντων ἐλέγχων διεξιών, μὴ κατὰ δόξαν ἀλλὰ κατ᾽ οὐσίαν προθυμούμενος ἐλέγχειν, ἐν πᾶσι τούτοις ἀπτῶτι τῷ λόγῳ διαπορεύηται, οὔτε αὐτὸ τὸ ἀγαθὸν φήσεις εἰδέναι τὸν οὕτως ἔχοντα οὔτε ἄλλο ἀγαθὸν οὐδέν, ἀλλ᾽ εἴ πῃ εἰδώλου τινὸς ἐφάπτεται, δόξῃ, οὐκ ἐπιστήμῃ ἐφάπτεσθαι, καὶ τὸν νῦν βίον ὀνειροπολοῦντα καὶ ὑπνώττοντα, πρὶν ἐνθάδ᾽ ἐξεγρέσθαι, εἰς Ἅιδου [d] πρότερον ἀφικόμενον τελέως ἐπικαταδαρθεῖν;

Νὴ τὸν Δία, ἦ δ᾽ ὅς, σφόδρα γε πάντα ταῦτα φήσω.

Ἀλλὰ μὴν τούς γε σαυτοῦ παῖδας, οὓς τῷ λόγῳ τρέφεις τε καὶ παιδεύεις, εἴ ποτε ἔργῳ τρέφοις, οὐκ ἂν ἐάσαις, ὡς ἐγῷμαι, ἀλόγους ὄντας ὥσπερ γραμμάς, ἄρχοντας ἐν τῇ πόλει κυρίους τῶν μεγίστων εἶναι.

Οὐ γὰρ οὖν, ἔφη.

Νομοθετήσεις δὴ αὐτοῖς ταύτης μάλιστα τῆς παιδείας ἀντιλαμβάνεσθαι, ἐξ ἧς ἐρωτᾶν τε καὶ ἀποκρίνεσθαι ἐπιστημονέστατα οἷοί τ᾽ ἔσονται;

[e] Νομοθετήσω, ἔφη, μετά γε σοῦ.

Ἆρ᾽ οὖν δοκεῖ σοι, ἔφην ἐγώ, ὥσπερ θριγκὸς τοῖς μαθήμασιν ἡ διαλεκτικὴ ἡμῖν ἐπάνω κεῖσθαι, καὶ οὐκέτ᾽ ἄλλο τούτου μάθημα ἀνωτέρω ὀρθῶς ἂν ἐπιτίθεσθαι, ἀλλ᾽ ἔχειν [535a] ἤδη τέλος τὰ τῶν μαθημάτων;

Ἔμοιγ᾽, ἔφη.

15 Διανομὴ τοίνυν, ἦν δ᾽ ἐγώ, τὸ λοιπόν σοι, τίσιν ταῦτα τὰ μαθήματα δώσομεν καὶ τίνα τρόπον.

Δῆλον, ἔφη.

Μέμνησαι οὖν τὴν προτέραν ἐκλογὴν τῶν ἀρχόντων, οἵους ἐξελέξαμεν;

kämpfend, alle Beweise durchfechten kann und dabei nicht gewillt ist, auf den Schein, sondern auf das Sein zu achten, wer also durch all das nicht mit unumstößlicher[63] Begründung hindurchkommt, von dem wirst du nicht behaupten, er kenne das Gute an sich oder sonst etwas Gutes; wenn er irgendwie ein Scheinbild davon erfasst, dann nur mit seiner Meinung und nicht mit seiner Erkenntnis, und er verträumt und verschläft sein jetziges Leben und kommt, ehe er hier noch aufwacht, in den Hades [d] und versinkt dort endgültig in Schlaf.«

»Ja, beim Zeus«, entgegnete er, »ich bin ganz entschieden deiner Meinung.«

»Aber wenn du eines Tages deine Kinder, die du jetzt nur in Gedanken aufziehst und unterrichtest, tatsächlich aufziehen solltest, dann würdest du es, denke ich, nicht dulden, dass sie wie geistlose Figuren im Staat als Herren über die wichtigsten Dinge gebieten.«

»Gewiss nicht«, erwiderte er.

»Du würdest sie doch durch gesetzliche Bestimmungen vor allem an jener Erziehung teilhaben lassen, die sie befähigt, als wahrhaft Wissende zu fragen und zu antworten?«[64]

[e] »Das würde ich gemeinsam mit dir tun«, antwortete er.

»Du bist also der Meinung«, fuhr ich fort, »dass die Dialektik für uns wie ein Schlussstein[65] oben auf den Wissenschaften liegt und dass man zu Recht kein anderes Lehrfach darüber setzen kann, sondern dass sie selbst [535a] schon Ziel und Ende aller Wissenschaften ist?«

»Ja«, sagte er.

15 »Es bleibt dir also nur noch die Entscheidung«, setzte ich fort, »wem wir diese Wissenschaften vermitteln wollen und wie.«

»Offenbar«, sagte er.

»Du erinnerst dich doch noch, wen wir bei der ersten Auswahl[66] als Regenten ausgesucht haben?«

Πῶς γάρ, ἦ δ' ὅς, οὔ;

Τὰ μὲν ἄλλα τοίνυν, ἦν δ' ἐγώ, ἐκείνας τὰς φύσεις οἵου δεῖν ἐκλεκτέας εἶναι· τούς τε γὰρ βεβαιοτάτους καὶ τοὺς ἀνδρειοτάτους προαιρετέον, καὶ κατὰ δύναμιν τοὺς εὐειδεστάτους· [b] πρὸς δὲ τούτοις ζητητέον μὴ μόνον γενναίους τε καὶ βλοσυροὺς τὰ ἤθη, ἀλλὰ καὶ ἃ τῇδε τῇ παιδείᾳ τῆς φύσεως πρόσφορα ἑκτέον αὐτοῖς.

Ποῖα δὴ διαστέλλῃ;

Δριμύτητα, ὦ μακάριε, ἔφην, δεῖ αὐτοῖς πρὸς τὰ μαθήματα ὑπάρχειν, καὶ μὴ χαλεπῶς μανθάνειν. πολὺ γάρ τοι μᾶλλον ἀποδειλιῶσι ψυχαὶ ἐν ἰσχυροῖς μαθήμασιν ἢ ἐν γυμνασίοις· οἰκειότερος γὰρ αὐταῖς ὁ πόνος, ἴδιος ἀλλ' οὐ κοινὸς ὢν μετὰ τοῦ σώματος.

Ἀληθῆ, ἔφη.

[c] Καὶ μνήμονα δὴ καὶ ἄρρατον καὶ πάντῃ φιλόπονον ζητητέον. ἢ τίνι τρόπῳ οἴει τά τε τοῦ σώματος ἐθελήσειν τινὰ διαπονεῖν καὶ τοσαύτην μάθησίν τε καὶ μελέτην ἐπιτελεῖν;

Οὐδένα, ἦ δ' ὅς, ἐὰν μὴ παντάπασί γ' ᾖ εὐφυής.

Τὸ γοῦν νῦν ἁμάρτημα, ἦν δ' ἐγώ, καὶ ἡ ἀτιμία φιλοσοφίᾳ διὰ ταῦτα προσπέπτωκεν, ὃ καὶ πρότερον εἴπομεν, ὅτι οὐ κατ' ἀξίαν αὐτῆς ἅπτονται· οὐ γὰρ νόθους ἔδει ἅπτεσθαι, ἀλλὰ γνησίους.

Πῶς; ἔφη.

[d] Πρῶτον μέν, εἶπον, φιλοπονίᾳ οὐ χωλὸν δεῖ εἶναι τὸν ἁψόμενον, τὰ μὲν ἡμίσεα φιλόπονον ὄντα, τὰ δ' ἡμίσεα ἄπονον. ἔστι δὲ τοῦτο, ὅταν τις φιλογυμναστὴς μὲν καὶ φιλόθηρος ᾖ καὶ πάντα τὰ διὰ τοῦ σώματος φιλοπονῇ, φιλομαθὴς δὲ μή, μηδὲ φιλήκοος μηδὲ

»Ja, natürlich«, antwortete er.

»Übrigens warst du der Meinung«, fuhr ich fort, »es dürften nur jene[67] Naturen ausgewählt werden; denn die zuverlässigsten und tapfersten Männer sollen den Vorzug haben, und wenn möglich auch die schönsten.[68] [b] Außerdem darf man nicht nur die edlen und mannhaften Charaktere aussuchen, sondern auch solche, die die natürlichen Anlagen besitzen, die sich für unsere Erziehung eignen.«

»Und welche meinst du da im Besonderen?«

»Scharfe Urteilskraft in wissenschaftlichen Fragen, mein Bester«, antwortete ich, »und Leichtigkeit im Lernen; denn bei den komplizierten Wissenschaften ermattet die Seele viel leichter als bei der Gymnastik.[69] Betrifft doch diese Anstrengung allein die Seele und nicht zugleich auch den Körper.«

»Richtig«, sagte er.

[c] »Weitere Auswahlkriterien sind ein gutes Gedächtnis, Standhaftigkeit und allseitiger Arbeitseifer. Wie, glaubst du, würde einer sonst neben den körperlichen Strapazen auch noch so viel Lernen und Üben bewältigen wollen?«

»Keiner wird das schaffen«, antwortete er, »wenn er nicht in jeder Hinsicht vorzügliche Anlagen hat.«

»Der Fehler unserer Zeit«, so fuhr ich fort, »ist, dass man sich auf unwürdige Weise mit der Philosophie befasst; und darum ist sie auch, wie wir schon vorher festgestellt haben,[70] in Misskredit geraten. Nicht Bastarde sollen sich mit ihr abgeben, sondern nur rechtmäßige Philosophen.«

»Wie meinst du das?«, fragte er.

[d] »Fürs Erste«, sagte ich, »darf, wer sich mit der Philosophie beschäftigen will, in seinem Arbeitseifer nicht hinken, indem er halb arbeitsfreudig und halb arbeitsscheu ist. Das ist dann der Fall, wenn jemand an der Gymnastik und an der Jagd seine Freude hat und alle körperlichen Anstrengungen liebt, nicht aber das Lernen, wenn er nicht gerne zuhört und forscht, son-

ζητητικός, ἀλλ᾽ ἐν πᾶσι τούτοις μισοπονῇ· χωλὸς δὲ καὶ ὁ τἀναντία τούτου μεταβεβληκὼς τὴν φιλοπονίαν.

Ἀληθέστατα, ἔφη, λέγεις.

Οὐκοῦν καὶ πρὸς ἀλήθειαν, ἦν δ᾽ ἐγώ, ταὐτὸν τοῦτο ἀνάπηρον [e] ψυχὴν θήσομεν, ἣ ἂν τὸ μὲν ἑκούσιον ψεῦδος μισῇ καὶ χαλεπῶς φέρῃ αὐτή τε καὶ ἑτέρων ψευδομένων ὑπεραγανακτῇ, τὸ δ᾽ ἀκούσιον εὐκόλως προσδέχηται καὶ ἀμαθαίνουσά που ἁλισκομένη μὴ ἀγανακτῇ, ἀλλ᾽ εὐχερῶς ὥσπερ θηρίον ὕειον ἐν ἀμαθίᾳ μολύνηται;

[536a] Παντάπασι μὲν οὖν, ἔφη.

Καὶ πρὸς σωφροσύνην, ἦν δ᾽ ἐγώ, καὶ ἀνδρείαν καὶ μεγαλοπρέπειαν καὶ πάντα τὰ τῆς ἀρετῆς μέρη οὐχ ἥκιστα δεῖ φυλάττειν τὸν νόθον τε καὶ τὸν γνήσιον. ὅταν γάρ τις μὴ ἐπίστηται πάντῃ τὰ τοιαῦτα σκοπεῖν καὶ ἰδιώτης καὶ πόλις, λανθάνουσι χωλοῖς τε καὶ νόθοις χρώμενοι πρὸς ὅτι ἂν τύχωσι τούτων, οἱ μὲν φίλοις, οἱ δὲ ἄρχουσι.

Καὶ μάλα, ἔφη, οὕτως ἔχει.

Ἡμῖν δή, ἦν δ᾽ ἐγώ, πάντα τὰ τοιαῦτα διευλαβητέον· [b] ὡς ἐὰν μὲν ἀρτιμελεῖς τε καὶ ἀρτίφρονας ἐπὶ τοσαύτην μάθησιν καὶ τοσαύτην ἄσκησιν κομίσαντες παιδεύωμεν, ἥ τε δίκη ἡμῖν οὐ μέμψεται αὐτή, τήν τε πόλιν καὶ πολιτείαν σώσομεν, ἀλλοίους δὲ ἄγοντες ἐπὶ ταῦτα τἀναντία πάντα καὶ πράξομεν καὶ φιλοσοφίας ἔτι πλείω γέλωτα καταντλήσομεν.

Αἰσχρὸν μεντἂν εἴη, ἦ δ᾽ ὅς.

Πάνυ μὲν οὖν, εἶπον· γελοῖον δ᾽ ἔγωγε καὶ ἐν τῷ παρόντι ⟨τι⟩ ἔοικα παθεῖν.

Τὸ ποῖον; ἔφη.

dern bei all dem jede Mühe scheut. Es hinkt aber auch der, dessen Arbeitseifer in die entgegengesetzte Richtung umschlägt.«

»Da hast du ganz recht«, sagte er.

»Auch in Bezug auf Wahrheit«, fuhr ich fort, »gilt genau das Gleiche; wir werden eine Seele für verkrüppelt halten, [e] die zwar eine absichtliche Lüge hasst, bei sich selbst nur schwer erträgt und sich, wenn andere lügen, darüber entrüstet; eine unabsichtliche Lüge aber nimmt sie ruhig in Kauf und empört sich nicht, wenn sie bei einer Unwissenheit ertappt wird, sondern wälzt sich wie ein Schwein voll Behagen in ihrer Unwissenheit.«[71]

[536a] »Genau so ist's«, sagte er.

»Auch bei der Besonnenheit«, setzte ich fort, »Tapferkeit, Großzügigkeit und bei allen anderen Arten der Tugend muss man nicht minder darauf achten, wer ein Bastard und wer ein edler Mensch ist. Denn wer das nicht überall zu durchschauen weiß, sei es als einzelner Bürger oder als ganzer Staat, der macht sich unversehens Hinkende und Bastarde, je nachdem wozu er sie gerade braucht, zu Freunden oder zu Herrschern.«

»Gerade so verhält es sich«, sagte er.

»Vor all dem«, fuhr ich fort, »müssen wir uns hüten. [b] Denn wenn wir Männer mit geraden Gliedern und geradem Sinn zu Studium und Übung von solcher Bedeutung bringen und sie darin ausbilden, dann wird uns die Gerechtigkeit selbst nicht tadeln, und wir werden den Staat und die Verfassung unversehrt bewahren;[72] führen wir aber andersgeartete Männer zu diesem Studium, werden wir genau das Gegenteil davon erreichen und die Philosophie noch größerem Gelächter aussetzen.«

»Das wäre schlimm«, sagte er.

»Gewiss«, entgegnete ich. »Doch etwas Lächerliches, glaube ich, ist mir selbst gerade widerfahren.«

»Und zwar was?«, fragte er.

[c] Ἐπελαθόμην, ἦν δ᾽ ἐγώ, ὅτι ἐπαίζομεν, καὶ μᾶλλον ἐντεινάμενος εἶπον. λέγων γὰρ ἅμα ἔβλεψα πρὸς φιλοσοφίαν, καὶ ἰδὼν προπεπηλακισμένην ἀναξίως ἀγανακτήσας μοι δοκῶ καὶ ὥσπερ θυμωθεὶς τοῖς αἰτίοις σπουδαιότερον εἰπεῖν ἃ εἶπον.

Οὐ μὰ τὸν Δί᾽, ἔφη, οὔκουν ὥς γ᾽ ἐμοὶ ἀκροατῇ.

Ἀλλ᾽ ὡς ἐμοί, ἦν δ᾽ ἐγώ, ῥήτορι. τόδε δὲ μὴ ἐπιλανθανώμεθα, ὅτι ἐν μὲν τῇ προτέρᾳ ἐκλογῇ πρεσβύτας ἐξελέγομεν, [d] ἐν δὲ ταύτῃ οὐκ ἐγχωρήσει· Σόλωνι γὰρ οὐ πειστέον ὡς γηράσκων τις πολλὰ δυνατὸς μανθάνειν, ἀλλ᾽ ἧττον ἢ τρέχειν, νέων δὲ πάντες οἱ μεγάλοι καὶ οἱ πολλοὶ πόνοι.

Ἀνάγκη, ἔφη.

16 Τὰ μὲν τοίνυν λογισμῶν τε καὶ γεωμετριῶν καὶ πάσης τῆς προπαιδείας, ἣν τῆς διαλεκτικῆς δεῖ προπαιδευθῆναι, παισὶν οὖσι χρὴ προβάλλειν, οὐχ ὡς ἐπάναγκες μαθεῖν τὸ σχῆμα τῆς διδαχῆς ποιουμένους.

Τί δή;

[e] Ὅτι, ἦν δ᾽ ἐγώ, οὐδὲν μάθημα μετὰ δουλείας τὸν ἐλεύθερον χρὴ μανθάνειν. οἱ μὲν γὰρ τοῦ σώματος πόνοι βίᾳ πονούμενοι χεῖρον οὐδὲν τὸ σῶμα ἀπεργάζονται, ψυχῇ δὲ βίαιον οὐδὲν ἔμμονον μάθημα.

Ἀληθῆ, ἔφη.

Μὴ τοίνυν βίᾳ, εἶπον, ὦ ἄριστε, τοὺς παῖδας ἐν τοῖς [537a] μαθήμασιν ἀλλὰ παίζοντας τρέφε, ἵνα καὶ μᾶλλον οἷός τ᾽ ᾖς καθορᾶν ἐφ᾽ ὃ ἕκαστος πέφυκεν.

Ἔχει ὃ λέγεις, ἔφη, λόγον.

Οὐκοῦν μνημονεύεις, ἦν δ᾽ ἐγώ, ὅτι καὶ εἰς τὸν πόλεμον ἔφαμεν

[c] »Ich vergaß«, antwortete ich, »dass wir nur im Scherz sprachen, und dabei sind meine Worte allzu erregt ausgefallen.[73] Ich hatte beim Reden die Philosophie im Auge, und als ich sie zu Unrecht so verunglimpft sah, geriet ich außer mir und habe mich im Zorn offenbar allzu heftig gegen die Schuldigen ereifert.«

»Nein, beim Zeus«, sagte er, »für mich als Zuhörer jedenfalls nicht.«

»Aber für mich als Sprecher«, erwiderte ich. »Wir wollen aber nicht vergessen, dass wir bei unserer ersten Auswahl[74] ältere Leute ausgesucht haben; [d] das wird jetzt nicht mehr gehen. Denn dem Solon dürfen wir nicht glauben, wenn er sagt, dass man im Alter noch viel lernen könne.[75] Weniger noch als laufen, denn alle großen und häufigen Mühen sind Sache der Jugend.«

»Ja, notwendigerweise«, sagte er.

16 »Das Rechnen also und die Geometrie und die ganze Propädeutik der Dialektik soll man den Knaben beibringen, ohne jedoch den Lernzwang zur Gestaltung des Unterrichts heranzuziehen.«

»Warum nicht?«

[e] »Weil ein freier Mensch«, entgegnete ich, »kein Lehrfach unter Zwang lernen soll. Die körperlichen Anstrengungen, die unter Zwang geleistet werden, machen den Körper nicht schlechter; in der Seele jedoch ist erzwungenes Wissen nicht von Bestand.«

»Richtig«, sagte er.

»Erziehe daher, mein Bester«, fuhr ich fort, »die Knaben in den Wissenschaften nicht mit Gewalt, [537a] sondern spielerisch, damit du die natürlichen Anlagen eines jeden besser erkennen kannst.«

»Was du sagst, hat wohl Sinn«, entgegnete er.

»Du erinnerst dich doch«, sprach ich weiter, »dass wir sag-

τοὺς παῖδας εἶναι ἀκτέον ἐπὶ τῶν ἵππων θεωρούς, καὶ ἐάν που ἀσφαλὲς ᾖ, προσακτέον ἐγγὺς καὶ γευστέον αἵματος, ὥσπερ τοὺς σκύλακας;

Μέμνημαι, ἔφη.

Ἐν πᾶσι δὴ τούτοις, ἦν δ' ἐγώ, τοῖς τε πόνοις καὶ μαθήμασι καὶ φόβοις ὃς ἂν ἐντρεχέστατος ἀεὶ φαίνηται, εἰς ἀριθμόν τινα ἐγκριτέον.

[b] Ἐν τίνι, ἔφη, ἡλικίᾳ;

Ἡνίκα, ἦν δ' ἐγώ, τῶν ἀναγκαίων γυμνασίων μεθίενται· οὗτος γὰρ ὁ χρόνος, ἐάντε δύο ἐάντε τρία ἔτη γίγνηται, ἀδύνατός τι ἄλλο πρᾶξαι· κόποι γὰρ καὶ ὕπνοι μαθήμασι πολέμιοι. καὶ ἅμα μία καὶ αὕτη τῶν βασάνων οὐκ ἐλαχίστη, τίς ἕκαστος ἐν τοῖς γυμνασίοις φανεῖται.

Πῶς γὰρ οὔκ; ἔφη.

Μετὰ δὴ τοῦτον τὸν χρόνον, ἦν δ' ἐγώ, ἐκ τῶν εἰκοσιετῶν οἱ προκριθέντες τιμάς τε μείζους τῶν ἄλλων οἴσονται, [c] τά τε χύδην μαθήματα παισὶν ἐν τῇ παιδείᾳ γενόμενα τούτοις συνακτέον εἰς σύνοψιν οἰκειότητός τε ἀλλήλων τῶν μαθημάτων καὶ τῆς τοῦ ὄντος φύσεως.

Μόνη γοῦν, εἶπεν, ἡ τοιαύτη μάθησις βέβαιος, ἐν οἷς ἂν ἐγγένηται.

Καὶ μεγίστη γε, ἦν δ' ἐγώ, πεῖρα διαλεκτικῆς φύσεως καὶ μή· ὁ μὲν γὰρ συνοπτικὸς διαλεκτικός, ὁ δὲ μὴ οὔ.

Συνοίομαι, ἦ δ' ὅς.

Ταῦτα τοίνυν, ἦν δ' ἐγώ, δεήσει σε ἐπισκοποῦντα οἳ ἂν [d] μάλιστα τοιοῦτοι ἐν αὐτοῖς ὦσι καὶ μόνιμοι μὲν ἐν μαθήμασι, μόνιμοι

ten, man solle die Knaben auch als Zuschauer zu Pferd in den Krieg mitnehmen und, wenn es nicht zu gefährlich ist, nahe an das Kampfgeschehen heranführen und sie Blut schmecken lassen wie junge Hunde?«[76]

»Ich erinnere mich«, sagte er.

»Wer sich bei all diesen Anstrengungen, beim Studium und bei Gefahren stets am gewandtesten erweist, den muss man in eine besondere Gruppe aufnehmen.«

[b] »In welchem Alter?«, fragte er.

»Sobald sie die notwendigen Leibesübungen hinter sich gebracht haben«, antwortete ich. »Denn während dieser zwei oder drei Jahre können sie unmöglich auch noch etwas anderes machen; Ermüdung und Schlaf sind die Feinde der geistigen Betätigung; und zugleich ist es eine nicht unwesentliche Prüfung, wie sich ein jeder in den Leibesübungen bewährt.«

»Ohne Zweifel«, sagte er.

»Nach dieser Zeit«, fuhr ich fort, »also ab dem zwanzigsten Lebensjahr, werden den Auserwählten größere Ehren zuteil als den anderen, [c] und die den Knaben in der Erziehung zusammenhanglos dargebotenen Kenntnisse müssen für sie jetzt systematisch geordnet werden, damit sie deren Verwandtschaft untereinander und mit dem Wesen des Seienden überblicken können.«

»Nur ein solches Lernen«, erwiderte er, »ist für die Schüler nachhaltig.«

»Und zugleich der beste Beweis«, setzte ich fort, »ob einer dialektisch veranlagt ist oder nicht. Wer nämlich die Zusammenhänge überblicken kann, ist ein Dialektiker, andernfalls eben nicht.«

»Da bin ich derselben Meinung«, sagte er.

»Darauf wirst du also achten müssen«, sprach ich weiter. »Wer von ihnen [d] am meisten diesen Forderungen entspricht und wer ausdauernd beim Studium und ausdauernd im Krieg

δ᾽ ἐν πολέμῳ καὶ τοῖς ἄλλοις νομίμοις, τούτους αὖ, ἐπειδὰν τὰ τριάκοντα ἔτη ἐκβαίνωσιν, ἐκ τῶν προκρίτων προκρινάμενον εἰς μείζους τε τιμὰς καθιστάναι καὶ σκοπεῖν, τῇ τοῦ διαλέγεσθαι δυνάμει βασανίζοντα τίς ὀμμάτων καὶ τῆς ἄλλης αἰσθήσεως δυνατὸς μεθιέμενος ἐπ᾽ αὐτὸ τὸ ὂν μετ᾽ ἀληθείας ἰέναι. καὶ ἐνταῦθα δὴ πολλῆς φυλακῆς ἔργον, ὦ ἑταῖρε.

Τί μάλιστα; ἦ δ᾽ ὅς.

[e] Οὐκ ἐννοεῖς, ἦν δ᾽ ἐγώ, τὸ νῦν περὶ τὸ διαλέγεσθαι κακὸν γιγνόμενον ὅσον γίγνεται;

Τὸ ποῖον; ἔφη.

Παρανομίας που, ἔφην ἐγώ, ἐμπίμπλανται.

Καὶ μάλα, ἔφη.

Θαυμαστὸν οὖν τι οἴει, εἶπον, πάσχειν αὐτούς, καὶ οὐ συγγιγνώσκεις;

Πῇ μάλιστα; ἔφη.

Οἷον, ἦν δ᾽ ἐγώ, εἴ τις ὑποβολιμαῖος τραφείη ἐν πολλοῖς [538a] μὲν χρήμασι, πολλῷ δὲ καὶ μεγάλῳ γένει καὶ κόλαξι πολλοῖς, ἀνὴρ δὲ γενόμενος αἴσθοιτο ὅτι οὐ τούτων ἐστὶ τῶν φασκόντων γονέων, τοὺς δὲ τῷ ὄντι γεννήσαντας μὴ εὕροι, τοῦτον ἔχεις μαντεύσασθαι πῶς ἂν διατεθείη πρός τε τοὺς κόλακας καὶ πρὸς τοὺς ὑποβαλομένους ἐν ἐκείνῳ τε τῷ χρόνῳ ᾧ οὐκ ᾔδει τὰ περὶ τῆς ὑποβολῆς, καὶ ἐν ᾧ αὖ ᾔδει; ἢ βούλει ἐμοῦ μαντευομένου ἀκοῦσαι;

Βούλομαι, ἔφη.

17 Μαντεύομαι τοίνυν, εἶπον, μᾶλλον αὐτὸν τιμᾶν ἂν τὸν [b] πατέρα καὶ τὴν μητέρα καὶ τοὺς ἄλλους οἰκείους δοκοῦντας ἢ τοὺς κολακεύοντας, καὶ ἧττον μὲν ἂν περιιδεῖν ἐνδεεῖς τινος, ἧττον δὲ παράνομόν τι δρᾶσαι ἢ εἰπεῖν εἰς αὐτούς, ἧττον δὲ ἀπει-

ist und in allem, was die Gesetze vorschreiben, den wirst du, sobald er das dreißigste Lebensjahr überschritten hat, aus der Zahl der Auserwählten nochmals auswählen, ihn zu noch höheren Ehren erheben und durch die Kraft der Dialektik prüfen und feststellen, wer unter Verzicht auf die Augen und anderen Sinne imstande ist, zum Seienden an sich und zur Wahrheit zu gelangen. Und hier bedarf es nun größter Achtsamkeit.«

»Wieso das?«, fragte er.

[e] »Siehst du nicht«, erwiderte ich, »welch großes Unheil der Dialektik droht, so wie sie heute betrieben wird?«

»Welches denn?«, fragte er weiter.

»Ihre Anhänger sind voll von Ungesetzlichkeit«, antwortete ich.

»Allerdings«, sagte er.

»Wunderst du dich darüber«, fuhr ich fort, »dass es ihnen so ergeht, und hast du kein Verständnis dafür?«

»Wie sollte ich?«, fragte er.

»Wie wenn einer«, sagte ich, »als untergeschobenes Kind[77] in großem [538a] Reichtum in einer großen und zahlreichen Familie unter vielen Schmeichlern aufgezogen würde und er dann, herangewachsen, erfahren würde, dass er nicht das Kind derer sei, die sich als seine Eltern ausgeben, und er seine tatsächlichen Eltern nicht finden könnte, kannst du dir da vorstellen, wie sich dieser Mensch gegenüber den Schmeichlern und seinen angeblichen Eltern verhalten würde, zuerst in der Zeit, da er von seiner Unterschiebung noch nichts wusste, und dann, da er es wusste? Oder möchtest du hören, was ich da vermute?«

»Ja, gerne«, sagte er.

17 »Ich vermute Folgendes«, sprach ich: »Er wird [b] Vater und Mutter und die anderen vermeintlichen Verwandten mehr ehren als die Schmeichler und über ihre Bedürfnisse weniger hinwegsehen, ihnen gegenüber weniger rechtswidrig handeln

θεῖν τὰ μεγάλα ἐκείνοις ἢ τοῖς κόλαξιν, ἐν ᾧ χρόνῳ τὸ ἀληθὲς μὴ εἰδείη.

Εἰκός, ἔφη.

Αἰσθόμενον τοίνυν τὸ ὂν μαντεύομαι αὖ περὶ μὲν τούτους ἀνεῖναι ἂν τὸ τιμᾶν τε καὶ σπουδάζειν, περὶ δὲ τοὺς κόλακας ἐπιτεῖναι, καὶ πείθεσθαί τε αὐτοῖς διαφερόντως ἢ πρότερον [c] καὶ ζῆν ἂν ἤδη κατ᾽ ἐκείνους, συνόντα αὐτοῖς ἀπαρακαλύπτως, πατρὸς δὲ ἐκείνου καὶ τῶν ἄλλων ποιουμένων οἰκείων, εἰ μὴ πάνυ εἴη φύσει ἐπιεικής, μέλειν τὸ μηδέν.

Πάντ᾽, ἔφη, λέγεις οἷά περ ἂν γένοιτο. ἀλλὰ πῇ πρὸς τοὺς ἁπτομένους τῶν λόγων αὕτη φέρει ἡ εἰκών;

Τῇδε. ἔστι που ἡμῖν δόγματα ἐκ παίδων περὶ δικαίων καὶ καλῶν, ἐν οἷς ἐκτεθράμμεθα ὥσπερ ὑπὸ γονεῦσι, πειθαρχοῦντές τε καὶ τιμῶντες αὐτά.

Ἔστι γάρ.

[d] Οὐκοῦν καὶ ἄλλα ἐναντία τούτων ἐπιτηδεύματα ἡδονὰς ἔχοντα, ἃ κολακεύει μὲν ἡμῶν τὴν ψυχὴν καὶ ἕλκει ἐφ᾽ αὑτά, πείθει δ᾽ οὐ τοὺς καὶ ὁπῃοῦν μετρίους· ἀλλ᾽ ἐκεῖνα τιμῶσι τὰ πάτρια καὶ ἐκείνοις πειθαρχοῦσιν.

Ἔστι ταῦτα.

Τί οὖν; ἦν δ᾽ ἐγώ· ὅταν τὸν οὕτως ἔχοντα ἐλθὸν ἐρώτημα ἔρηται· Τί ἐστι τὸ καλόν, καὶ ἀποκριναμένου ὃ τοῦ νομοθέτου ἤκουεν ἐξελέγχῃ ὁ λόγος, καὶ πολλάκις καὶ πολλαχῇ ἐλέγχων εἰς δόξαν καταβάλῃ ὡς τοῦτο οὐδὲν μᾶλλον [e] καλὸν ἢ αἰσχρόν, καὶ περὶ δικαίου ὡσαύτως καὶ ἀγαθοῦ καὶ ἃ μάλιστα ἦγεν ἐν τιμῇ, μετὰ τοῦτο τί οἴει ποιήσειν αὐτὸν πρὸς αὐτὰ τιμῆς τε πέρι καὶ πειθαρχίας;

oder sprechen und ihnen in wichtigen Dingen weniger ungehorsam sein als den Schmeichlern, solange er die Wahrheit nicht kennt.«

»Wahrscheinlich«, sagte er.

»Erfährt er aber die Wahrheit, dann wird er, vermute ich, in seiner Ehrfurcht und in seinem Eifer ihnen gegenüber nachlassen, er wird sich den Schmeichlern zuwenden, ihnen, im Gegensatz zu früher, besonders willfährig sein [c] und bald so leben wie sie und sich in aller Öffentlichkeit mit ihnen zeigen; um seinen Vater und die anderen angeblichen Verwandten würde er sich gar nicht mehr kümmern, er müsste denn von Natur aus ein besonders anständiger Mensch sein.«

»So könnte alles geschehen«, sagte er. »Aber was hat dieses Gleichnis mit den Anhängern der Dialektik zu tun?«

»Es ist doch so: Wir haben von Kindheit an gewisse Vorstellungen vom Gerechten und Schönen, in denen wir in ehrfurchtsvollem Gehorsam von den Eltern aufgezogen wurden.«

»Gewiss.«

[d]«Es gibt aber auch andere Bestrebungen, die diesen entgegengesetzt und lustbetont sind; diese schmeicheln unserer Seele und ziehen sie an, können aber die einigermaßen redlichen Menschen nicht verführen. Diese behalten vielmehr die väterlichen Grundsätze in Ehren und folgen ihnen.«

»So ist es.«

»Wie nun?«, sagte ich. »Wenn an einen solchen Menschen die Frage herantritt ›Was ist das Schöne?‹, und er darauf antwortet, was er vom Gesetzgeber gehört hat, wenn ihn aber die Vernunft widerlegt und ihn, weil sie das immer und immer wieder tut, zu der Meinung bekehrt, das Schöne sei ebenso schön wie hässlich [e] und ebenso sei es mit dem Gerechten, dem Guten und mit allem, was er besonders in Ehren gehalten hat, wie, glaubst du, wird es dann mit seiner Ehrfurcht und mit seinem Gehorsam all diesen Grundsätzen gegenüber stehen?«

Ἀνάγκη, ἔφη, μήτε τιμᾶν ἔτι ὁμοίως μήτε πείθεσθαι.

Ὅταν οὖν, ἦν δ᾽ ἐγώ, μήτε ταῦτα ἡγῆται τίμαι καὶ οἰκεῖα ὥσπερ πρὸ τοῦ, τά τε ἀληθῆ μὴ εὑρίσκῃ, ἔστι πρὸς ὁποῖον [539a] βίον ἄλλον ἢ τὸν κολακεύοντα εἰκότως προσχωρήσεται;

Οὐκ ἔστιν, ἔφη.

Παράνομος δὴ οἶμαι δόξει γεγονέναι ἐκ νομίμου.

Ἀνάγκη.

Οὐκοῦν, ἔφην, εἰκὸς τὸ πάθος τῶν οὕτω λόγων ἁπτομένων καί, ὃ ἄρτι ἔλεγον, πολλῆς συγγνώμης ἄξιον;

Καὶ ἐλέου γ᾽, ἔφη.

Οὐκοῦν ἵνα μὴ γίγνηται ὁ ἔλεος οὗτος περὶ τοὺς τριακοντούτας σοι, εὐλαβουμένῳ παντὶ τρόπῳ τῶν λόγων ἁπτέον;

Καὶ μάλ᾽, ἦ δ᾽ ὅς.

[b] Ἆρ᾽ οὖν οὐ μία μὲν εὐλάβεια αὕτη συχνή, τὸ μὴ νέους ὄντας αὐτῶν γεύεσθαι; οἶμαι γάρ σε οὐ λεληθέναι ὅτι οἱ μειρακίσκοι, ὅταν τὸ πρῶτον λόγων γεύωνται, ὡς παιδιᾷ αὐτοῖς καταχρῶνται, ἀεὶ εἰς ἀντιλογίαν χρώμενοι, καὶ μιμούμενοι τοὺς ἐξελέγχοντας αὐτοὶ ἄλλους ἐλέγχουσι, χαίροντες ὥσπερ σκυλάκια τῷ ἕλκειν τε καὶ σπαράττειν τῷ λόγῳ τοὺς πλησίον ἀεί.

Ὑπερφυῶς μὲν οὖν, ἔφη.

Οὐκοῦν ὅταν δὴ πολλοὺς μὲν αὐτοὶ ἐλέγξωσιν, ὑπὸ πολλῶν [c] δὲ ἐλεγχθῶσι, σφόδρα καὶ ταχὺ ἐμπίπτουσιν εἰς τὸ μηδὲν

»Zwangsläufig wird er sie nicht mehr gleichermaßen ehren und ihnen nicht mehr so folgen«, sagte er.

»Wenn er sie nun«, fuhr ich fort, »nicht mehr für ehrwürdig und seinem Wesen entsprechend hält, wie früher, er aber auch die wahren Grundsätze nicht finden kann, wird er sich dann einem anderen [539a] Leben zuwenden als dem des Schmeichlers?«

»Nein«, sagte er.

»So wird, glaube ich, aus einem rechtschaffenen Menschen ein gesetzloser.«

»Notwendigerweise.«

»So mag es also«, sagte ich, »den Anhängern der Dialektik ergehen; sollte man dafür nicht, wie schon gesagt, durchaus Verständnis haben?«

»Und auch Mitleid«, entgegnete er.

»Damit du nicht mit den Dreißigjährigen dieses Mitleid haben musst, muss man sie da nicht mit größter Vorsicht mit der Dialektik vertraut machen?«

»Durchaus«, sagte er.

[b] »Ist nicht schon das eine wichtige Vorsichtsmaßnahme, dass sie nicht zu jung damit in Berührung kommen sollen? Ich glaube, es ist dir ja nicht entgangen, dass die jungen Burschen mit der Dialektik, wenn sie das erste Mal mit ihr in Berührung kommen, wie mit einem Spielzeug umgehen; sie benützen sie stets als Mittel zum Widerspruch, ahmen die nach, die sie widerlegen, und widerlegen ihrerseits wieder andere und freuen sich dabei wie junge Hunde, jeden in ihrer Umgebung mit ihren Argumenten hin- und herzuzerren.«[78]

»Und wie sie sich freuen«, sagte er.

»Wenn sie nun viele Menschen widerlegen und ihrerseits von vielen [c] widerlegt werden, dann geraten sie schnell und ganz unvermittelt in den Zustand, nicht mehr zu glauben, was sie früher geglaubt haben. Und darum sind sie selbst und die

ἡγεῖσθαι ὧνπερ πρότερον· καὶ ἐκ τούτων δὴ αὐτοί τε καὶ τὸ ὅλον φιλοσοφίας πέρι εἰς τοὺς ἄλλους διαβέβληνται.

Ἀληθέστατα, ἔφη.

Ὁ δὲ δὴ πρεσβύτερος, ἦν δ᾽ ἐγώ, τῆς μὲν τοιαύτης μανίας οὐκ ἂν ἐθέλοι μετέχειν, τὸν δὲ διαλέγεσθαι ἐθέλοντα καὶ σκοπεῖν τἀληθὲς μᾶλλον μιμήσεται ἢ τὸν παιδιᾶς χάριν παίζοντα καὶ ἀντιλέγοντα, καὶ αὐτός τε μετριώτερος ἔσται [d] καὶ τὸ ἐπιτήδευμα τιμιώτερον ἀντὶ ἀτιμοτέρου ποιήσει.

Ὀρθῶς, ἔφη.

Οὐκοῦν καὶ τὰ προειρημένα τούτου ἐπ᾽ εὐλαβείᾳ πάντα προείρηται, τὸ τὰς φύσεις κοσμίους εἶναι καὶ στασίμους οἷς τις μεταδώσει τῶν λόγων, καὶ μὴ ὡς νῦν ὁ τυχὼν καὶ οὐδὲν προσήκων ἔρχεται ἐπ᾽ αὐτό;

Πάνυ μὲν οὖν, ἔφη.

18 Ἀρκεῖ δὴ ἐπὶ λόγων μεταλήψει μεῖναι ἐνδελεχῶς καὶ συντόνως μηδὲν ἄλλο πράττοντι, ἀλλ᾽ ἀντιστρόφως γυμναζομένῳ τοῖς περὶ τὸ σῶμα γυμνασίοις, ἔτη διπλάσια ἢ τότε;

[e] Ἓξ, ἔφη, ἢ τέτταρα λέγεις;

Ἀμέλει, εἶπον, πέντε θές. μετὰ γὰρ τοῦτο καταβιβαστέοι ἔσονταί σοι εἰς τὸ σπήλαιον πάλιν ἐκεῖνο, καὶ ἀναγκαστέοι ἄρχειν τά τε περὶ τὸν πόλεμον καὶ ὅσαι νέων ἀρχαί, ἵνα μηδ᾽ ἐμπειρίᾳ ὑστερῶσι τῶν ἄλλων· καὶ ἔτι καὶ ἐν τούτοις [540a] βασανιστέοι εἰ ἐμμενοῦσιν ἑλκόμενοι πανταχόσε ἤ τι καὶ παρακινήσουσι.

Χρόνον δέ, ἦ δ᾽ ὅς, πόσον τοῦτον τιθεῖς;

Πεντεκαίδεκα ἔτη, ἦν δ᾽ ἐγώ. γενομένων δὲ πεντηκοντουτῶν τοὺς διασωθέντας καὶ ἀριστεύσαντας πάντα πάντῃ ἐν ἔργοις τε

ganze Philosophie bei den übrigen Menschen in Verruf geraten.«

»Sehr richtig«, sagte er.

»Wer aber schon älter ist«, fuhr ich fort, »wird bei solchem Wahnsinn nicht mitmachen wollen; er wird hingegen eher den nachahmen wollen, der mithilfe der Dialektik die Wahrheit zu erforschen sucht, als den, der mit seinem Widerspruch nur zum Vergnügen spielt; er selbst wird maßvoller sein und wird seinem [d] dialektischen Treiben eher Ehre verschaffen, als es in Verruf bringen.«

»Richtig«, sagte er.

»Dienen nicht auch alle unsere früheren Vorschläge der Vorsicht? Dass man nur ordentliche und gefestigte Naturen zur Dialektik zulassen soll und dass nicht wie jetzt jeder Beliebige, dem es gar nicht zusteht, Zutritt zu ihr haben darf?«

»Durchaus«, sagte er.

18 »Genügen für die Beschäftigung mit der Dialektik, wenn man andauernd und angestrengt dabeibleibt und sonst nichts anderes tut, entsprechend der körperlichen Gymnastik, doppelt so viele Jahre wie dort?«

[e] »Meinst du sechs oder vier Jahre?«, fragte er.

»Ganz egal; nimm einmal fünf Jahre an. Nachher wirst du sie wieder in jene Höhle hinabsteigen lassen und sie zwingen, die Führung im Krieg und andere leitende Funktionen zu übernehmen, die jüngeren Menschen vorbehalten sind, damit sie an Erfahrung nicht hinter den anderen zurückstehen.[79] Auch dabei muss man sie nochmals [540a] prüfen, ob sie den Verlockungen von allen Seiten standhalten oder ins Wanken geraten.«

»Wie viel Zeit rechnest du dafür?«, fragte er.

»Fünfzehn Jahre«, erwiderte ich. »Sind sie dann fünfzig Jahre alt geworden, dann müssen die, die durchgehalten und sich in jeder Hinsicht, in ihren Taten und in den Wissenschaften, aus-

καὶ ἐπιστήμαις πρὸς τέλος ἤδη ἀκτέον, καὶ ἀναγκαστέον ἀνακλίναντας τὴν τῆς ψυχῆς αὐγὴν εἰς αὐτὸ ἀποβλέψαι τὸ πᾶσι φῶς παρέχον, καὶ ἰδόντας τὸ ἀγαθὸν αὐτό, παραδείγματι χρωμένους ἐκείνῳ, καὶ πόλιν καὶ ἰδιώτας [b] καὶ ἑαυτοὺς κοσμεῖν τὸν ἐπίλοιπον βίον ἐν μέρει ἑκάστους, τὸ μὲν πολὺ πρὸς φιλοσοφίᾳ διατρίβοντας, ὅταν δὲ τὸ μέρος ἥκῃ, πρὸς πολιτικοῖς ἐπιταλαιπωροῦντας καὶ ἄρχοντας ἑκάστους τῆς πόλεως ἕνεκα, οὐχ ὡς καλόν τι ἀλλ᾽ ὡς ἀναγκαῖον πράττοντας, καὶ οὕτως ἄλλους ἀεὶ παιδεύσαντας τοιούτους, ἀντικαταλιπόντας τῆς πόλεως φύλακας, εἰς μακάρων νήσους ἀπιόντας οἰκεῖν· μνημεῖα δ᾽ αὐτοῖς καὶ θυσίας [c] τὴν πόλιν δημοσίᾳ ποιεῖν, ἐὰν καὶ ἡ Πυθία συναναιρῇ, ὡς δαίμοσιν, εἰ δὲ μή, ὡς εὐδαίμοσί τε καὶ θείοις.

Παγκάλους, ἔφη, τοὺς ἄρχοντας, ὦ Σώκρατες, ὥσπερ ἀνδριαντοποιὸς ἀπείργασαι.

Καὶ τὰς ἀρχούσας γε, ἦν δ᾽ ἐγώ, ὦ Γλαύκων· μηδὲν γάρ τι οἴου με περὶ ἀνδρῶν εἰρηκέναι μᾶλλον ἃ εἴρηκα ἢ περὶ γυναικῶν, ὅσαι ἂν αὐτῶν ἱκαναὶ τὰς φύσεις ἐγγίγνωνται.

Ὀρθῶς, ἔφη, εἴπερ ἴσα γε πάντα τοῖς ἀνδράσι κοινωνήσουσιν, ὡς διήλθομεν.

[d] Τί οὖν; ἔφην· συγχωρεῖτε περὶ τῆς πόλεώς τε καὶ πολιτείας μὴ παντάπασιν ἡμᾶς εὐχὰς εἰρηκέναι, ἀλλὰ χαλεπὰ μέν, δυνατὰ δέ πῃ, καὶ οὐκ ἄλλῃ ἢ εἴρηται, ὅταν οἱ ὡς ἀληθῶς φιλόσοφοι δυνάσται, ἢ πλείους ἢ εἷς, ἐν πόλει γενόμενοι τῶν μὲν νῦν τιμῶν καταφρονήσωσιν, ἡγησάμενοι ἀνελευθέρους εἶναι καὶ οὐδενὸς ἀξίας,

gezeichnet haben, nunmehr ans Ziel geführt werden; sie müssen gezwungen werden, die Augen ihrer Seele emporzuheben und auf das zu schauen, was allem Licht verleiht; und wenn sie das Gute an sich geschaut haben, dann sollen sie sich dieses als Leitbild nehmen und danach ihr übriges Leben lang der Reihe nach den Staat, die Bürger und [b] ein jeder sich selbst in Ordnung bringen; zwar werden sie sich die meiste Zeit der Philosophie widmen, wenn aber die Reihe an ihm ist, dann soll ein jeder die Mühen der Politik auf sich nehmen und um des Staates willen die Herrschaft übernehmen, nicht als ob das Herrschen etwas Schönes wäre, sondern weil es notwendig ist;[80] und so erziehen sie auch stets andere zu ihresgleichen, lassen sie als Wächter des Staates zurück und begeben sich auf die Inseln der Seligen, wo sie ihren Wohnsitz haben. Der Staat wird ihnen aus öffentlichen Mitteln Denkmäler und Opfer weihen wie für Götter, [c] wenn Pythia es mit ihrem Orakelspruch bestätigt, andernfalls wie für selige und göttliche[81] Menschen.«

»Sehr schön hast du, Sokrates, die Herrscher da herausgearbeitet, wie ein Bildhauer seine Statuen«,[82] sagte er.

»Und auch die Herrscherinnen, mein Glaukon«, entgegnete ich. »Denn glaube ja nicht, ich hätte mehr von den Männern gesprochen, als von den Frauen, soweit sie ihrer Natur nach dazu geeignet sind.«

»Richtig«, sagte er, »wo sie doch, wie wir dargelegt haben,[83] an allem den gleichen Anteil haben wie die Männer.«

[d] »Wie nun?«, fuhr ich fort. »Gebt ihr also zu, dass wir über den Staat und über die Verfassung keineswegs nur fromme Wünsche vorgetragen haben? Das alles ist zwar schwer,[84] aber doch irgendwie möglich und nicht anders, als wir es sagten: Wenn die wahren Philosophen Herrscher werden im Staat, mögen es mehrere sein oder auch nur einer,[85] und das, was man heute so ehrt, gering achten, weil sie glauben, dass es eines freien Mannes nicht würdig und wertlos sei, hingegen das

τὸ δὲ ὀρθὸν περὶ [e] πλείστου ποιησάμενοι καὶ τὰς ἀπὸ τούτου τιμάς, μέγιστον δὲ καὶ ἀναγκαιότατον τὸ δίκαιον, καὶ τούτῳ δὴ ὑπηρετοῦντές τε καὶ αὔξοντες αὐτὸ διασκευωρήσωνται τὴν ἑαυτῶν πόλιν;

Πῶς; ἔφη.

Ὅσοι μὲν ἄν, ἦν δ᾽ ἐγώ, πρεσβύτεροι τυγχάνωσι δεκετῶν [541a] ἐν τῇ πόλει, πάντας ἐκπέμψωσιν εἰς τοὺς ἀγρούς, τοὺς δὲ παῖδας αὐτῶν παραλαβόντες ἐκτὸς τῶν νῦν ἠθῶν, ἃ καὶ οἱ γονῆς ἔχουσι, θρέψωνται ἐν τοῖς σφετέροις τρόποισι καὶ νόμοις, οὖσιν οἵοις διεληλύθαμεν τότε· καὶ οὕτω τάχιστά τε καὶ ῥᾷστα πόλιν τε καὶ πολιτείαν, ἣν ἐλέγομεν, καταστᾶσαν αὐτήν τε εὐδαιμονήσειν καὶ τὸ ἔθνος ἐν ᾧ ἂν ἐγγένηται πλεῖστα ὀνήσειν;

Πολύ γ᾽, ἔφη· καὶ ὡς ἂν γένοιτο, εἴπερ ποτὲ γίγνοιτο, [b] δοκεῖς μοι, ὦ Σώκρατες, εὖ εἰρηκέναι.

Οὐκοῦν ἅδην ἤδη, εἶπον ἐγώ, ἔχουσιν ἡμῖν οἱ λόγοι περί τε τῆς πόλεως ταύτης καὶ τοῦ ὁμοίου ταύτῃ ἀνδρός; δῆλος γάρ που καὶ οὗτος οἷον φήσομεν δεῖν αὐτὸν εἶναι.

Δῆλος, ἔφη· καὶ ὅπερ ἐρωτᾷς, δοκεῖ μοι τέλος ἔχειν.

Richtige und die Ehren, die von ihm ausgehen, [e] über alles schätzen, vor allem aber das Gerechte für das Größte und Notwendigste erachten und ihm dienen und es fördern und so ihren Staat einrichten.«

»Wie soll das gehen?«, fragte er.

»Indem sie alle im Staat«, antwortete ich, »die älter sind als zehn Jahre, [541a] aufs Land hinausschicken, während sie ihre Jüngsten zu sich nehmen und sie jenseits der heutigen Sitten, die auch ihre Eltern haben, in ihrer eigenen Sinnesart und nach ihren Gesetzen, wie wir sie eben besprochen haben, erziehen. So werden am schnellsten und am einfachsten jener Staat und jene Verfassung verwirklicht, die wir beschrieben haben; und so wird der Staat selbst glücklich sein, und das Volk, in dem er zustande kommt, wird den meisten Nutzen davon haben.«

»Sicher«, sagte er. »Die Entwicklung des Staates, sollte er je zustande kommen, [b] hast du, Sokrates, glaube ich, schön dargestellt.«

»Also genügen uns jetzt«, so fuhr ich fort, »unsere Untersuchungen über diesen Staat und über den Menschen, der ihm entspricht? Denn auch dieser steht deutlich vor uns, wie er unserer Meinung nach sein soll.«

»Ganz deutlich«, sagte er. »Und deine Frage scheint mir damit erledigt.«

Η

1 [543a] Εἶεν· ταῦτα μὲν δὴ ὡμολόγηται, ὦ Γλαύκων, τῇ μελλούσῃ ἄκρως οἰκεῖν πόλει κοινὰς μὲν γυναῖκας, κοινοὺς δὲ παῖδας εἶναι καὶ πᾶσαν παιδείαν, ὡσαύτως δὲ τὰ ἐπιτηδεύματα κοινὰ ἐν πολέμῳ τε καὶ εἰρήνῃ, βασιλέας δὲ αὐτῶν εἶναι τοὺς ἐν φιλοσοφίᾳ τε καὶ πρὸς τὸν πόλεμον γεγονότας ἀρίστους.

Ὡμολόγηται, ἔφη.

[b] Καὶ μὴν καὶ τάδε συνεχωρήσαμεν, ὡς, ὅταν δὴ καταστῶσιν οἱ ἄρχοντες, ἄγοντες τοὺς στρατιώτας κατοικιοῦσιν εἰς οἰκήσεις οἵας προείπομεν, ἴδιον μὲν οὐδὲν οὐδενὶ ἐχούσας, κοινὰς δὲ πᾶσι· πρὸς δὲ ταῖς τοιαύταις οἰκήσεσι, καὶ τὰς κτήσεις, εἰ μνημονεύεις, διωμολογησάμεθά που οἷαι ἔσονται αὐτοῖς.

Ἀλλὰ μνημονεύω, ἔφη, ὅτι γε οὐδὲν οὐδένα ᾠόμεθα δεῖν κεκτῆσθαι ὧν νῦν οἱ ἄλλοι, ὥσπερ δὲ ἀθλητάς τε πολέμου [c] καὶ φύλακας, μισθὸν τῆς φυλακῆς δεχομένους εἰς ἐνιαυτὸν τὴν εἰς ταῦτα τροφὴν παρὰ τῶν ἄλλων, αὐτῶν τε δεῖν καὶ τῆς ἄλλης πόλεως ἐπιμελεῖσθαι.

Ὀρθῶς, ἔφην, λέγεις. ἀλλ᾽ ἄγ᾽, ἐπειδὴ τοῦτ᾽ ἀπετελέσαμεν, ἀναμνησθῶμεν πόθεν δεῦρο ἐξετραπόμεθα, ἵνα πάλιν τὴν αὐτὴν ἴωμεν.

Οὐ χαλεπόν, ἔφη. σχεδὸν γάρ, καθάπερ νῦν, ὡς διεληλυθὼς περὶ τῆς πόλεως τοὺς λόγους ἐποιοῦ, λέγων ὡς ἀγαθὴν μὲν τὴν τοιαύτην, οἵαν τότε διῆλθες, τιθείης πόλιν, [d] καὶ ἄνδρα τὸν ἐκείνῃ ὅμοιον, καὶ ταῦτα, ὡς ἔοικας, καλλίω [544a] ἔτι ἔχων εἰπεῖν πόλιν τε καὶ ἄνδρα. ἀλλ᾽ οὖν δὴ τὰς ἄλλας ἡμαρτημένας ἔλεγες, εἰ

Achtes Buch

1 [543a] »Nun gut. Darüber sind wir uns also einig, Glaukon: In dem Staat, der vollkommen verwaltet sein will, sind Frauen, Kinder und die ganze Erziehung gemeinsam, ebenso aber auch alle Tätigkeiten im Krieg und im Frieden;[1] ihre Könige aber sind diejenigen, die sich in der Philosophie und im Krieg als die Besten erwiesen haben.«

»Da sind wir uns einig«, sagte er.

[b] »Ebenso auch darüber: Sobald die Herrscher ihr Amt angetreten haben, führen sie die Krieger in Behausungen, wie wir sie oben[2] beschrieben haben, und lassen sie dort wohnen; diese gehören unter Ausschluss privaten Eigentums allen gemeinsam. Aber nicht nur über diese Wohnungen waren wir uns, wenn du dich entsinnst, einig, sondern auch über die Art ihres sonstigen Besitzes.«

»Ich erinnere mich sehr wohl«, sagte er. »Keiner darf, wie wir meinten, etwas besitzen, wie es heute üblich ist; hingegen sollen sie als Kämpfer[3] [c] und Wächter zum Lohn für ihren Wachdienst Jahr für Jahr von den anderen den Lebensunterhalt erhalten; so müssen sie sich nur um sich selbst und um den Staat kümmern.«[4]

»Ganz recht«, entgegnete ich. »Nun, da wir damit fertig sind, wollen wir uns daran erinnern, von welchem Punkt aus wir hierher abgeschweift sind, um wieder auf denselben Weg zurückzukommen.«[5]

»Das ist nicht schwer«, sagte er. »Denn gerade wie jetzt tatest du, als wärst du mit deiner Beschreibung des Staates am Ende, und sagtest, dass du einen solchen Staat, wie du ihn damals beschrieben hast, für gut halten würdest und ebenso [d] den Menschen, der diesem gleicht, und das, wiewohl es den Anschein hatte, du könntest [544a] einen noch besseren Staat und einen noch besseren Menschen nennen.[6] Wenn das der richti-

αὕτη ὀρθή. τῶν δὲ λοιπῶν πολιτειῶν ἔφησθα, ὡς μνημονεύω, τέτταρα εἴδη εἶναι, ὧν καὶ πέρι λόγον ἄξιον εἴη ἔχειν καὶ ἰδεῖν αὐτῶν τὰ ἁμαρτήματα καὶ τοὺς ἐκείναις αὖ ὁμοίους, ἵνα πάντας αὐτοὺς ἰδόντες, καὶ ὁμολογησάμενοι τὸν ἄριστον καὶ τὸν κάκιστον ἄνδρα, ἐπισκεψαίμεθα εἰ ὁ ἄριστος εὐδαιμονέστατος καὶ ὁ κάκιστος ἀθλιώτατος, ἢ ἄλλως ἔχοι· καὶ ἐμοῦ ἐρομένου τίνας λέγοις [b] τὰς τέτταρας πολιτείας, ἐν τούτῳ ὑπέλαβε Πολέμαρχός τε καὶ Ἀδείμαντος, καὶ οὕτω δὴ σὺ ἀναλαβὼν τὸν λόγον δεῦρ᾽ ἀφῖξαι.

Ὀρθότατα, εἶπον, ἐμνημόνευσας.

Πάλιν τοίνυν, ὥσπερ παλαιστής, τὴν αὐτὴν λαβὴν πάρεχε, καὶ τὸ αὐτὸ ἐμοῦ ἐρομένου πειρῶ εἰπεῖν ἅπερ τότε ἔμελλες λέγειν.

Ἐάνπερ, ἦν δ᾽ ἐγώ, δύνωμαι.

Καὶ μήν, ἦ δ᾽ ὅς, ἐπιθυμῶ γε καὶ αὐτὸς ἀκοῦσαι τίνας ἔλεγες τὰς τέτταρας πολιτείας.

[c] Οὐ χαλεπῶς, ἦν δ᾽ ἐγώ, ἀκούσῃ. εἰσὶ γὰρ ἃς λέγω, αἵπερ καὶ ὀνόματα ἔχουσιν, ἥ τε ὑπὸ τῶν πολλῶν ἐπαινουμένη, ἡ Κρητική τε καὶ Λακωνικὴ αὕτη· καὶ δευτέρα καὶ δευτέρως ἐπαινουμένη, καλουμένη δ᾽ ὀλιγαρχία, συχνῶν γέμουσα κακῶν πολιτεία· ἥ τε ταύτῃ διάφορος καὶ ἐφεξῆς γιγνομένη δημοκρατία, καὶ ἡ γενναία δὴ τυραννὶς καὶ πασῶν τούτων διαφέρουσα, τέταρτόν τε καὶ ἔσχατον πόλεως νόσημα. ἤ τινα ἄλλην ἔχεις ἰδέαν πολιτείας, ἥτις καὶ ἐν εἴδει διαφανεῖ [d] τινι κεῖται; δυναστεῖαι γὰρ καὶ ὠνηταὶ βασιλεῖαι καὶ τοιαῦταί τινες πολιτεῖαι μεταξύ τι τούτων πού εἰσιν, εὕροι δ᾽ ἂν τις αὐτὰς οὐκ ἐλάττους περὶ τοὺς βαρβάρους ἢ τοὺς Ἕλληνας.

ge Staat sei, dann seien alle anderen, wie du meintest, verfehlt. Von den übrigen Verfassungen aber, sagtest du, wie ich mich erinnere, gebe es vier Arten, die zu beschreiben sich lohne, um ihre Fehler zu erkennen und auch die Fehler derer, die ihnen gleichen, damit wir, wenn wir sie alle betrachtet und uns über den besten und schlechtesten Menschen geeinigt haben, überlegen könnten, ob der beste denn auch der glücklichste und der schlechteste der unglücklichste sei, oder ob es sich anders verhält. Und als ich dich fragte, welche [b] vier Verfassungen du meinst, da unterbrachen mich Polemarchos und Adeimantos; du aber nahmst ihren Einwand auf, und so bist du hier gelandet.«

»Du erinnerst dich ganz recht«, sagte ich.

»Biete mir wie ein Ringer noch einmal denselben Griff an[7] und versuche, auf meine Frage dasselbe zu antworten, was du damals sagen wolltest.«

»Ja, wenn ich es kann«, erwiderte ich.

»Ich bin fürwahr auch selbst gespannt zu hören, welche vier Verfassungen du meintest«, sagte er.

[c] »Das kannst du ohne Weiteres hören«, entgegnete ich. »Die, welche ich meine, haben ja einen bestimmten Namen; es sind die allseits gepriesene kretische und lakonische Verfassung.[8] Als zweite und an zweiter Stelle gepriesen die sogenannte Oligarchie, eine Verfassung, die voller Fehler ist. Sodann ihre Gegenspielerin und Nachfolgerin, die Demokratie, und schließlich noch die edle Tyrannis, die diese alle übertrifft[9] und die vierte und schwerste Krankheit des Staates ist. Oder kennst du sonst noch eine Staatsform, die eine klar bestimmbare Gestalt aufweist? [d] Denn erbliche Gewaltherrschaften[10], käufliche Königswürden und ähnliche Regierungsformen nehmen ja nur irgendeine Zwischenstellung ein, die man ebenso bei den Barbaren wie bei den Griechen finden kann.«[11]

Πολλαὶ γοῦν καὶ ἄτοποι, ἔφη, λέγονται.

2 Οἶσθ᾽ οὖν, ἦν δ᾽ ἐγώ, ὅτι καὶ ἀνθρώπων εἴδη τοσαῦτα ἀνάγκη τρόπων εἶναι, ὅσαπερ καὶ πολιτειῶν; ἢ οἴει ἐκ δρυός ποθεν ἢ ἐκ πέτρας τὰς πολιτείας γίγνεσθαι, ἀλλ᾽ [e] οὐχὶ ἐκ τῶν ἠθῶν τῶν ἐν ταῖς πόλεσιν, ἃ ἂν ὥσπερ ῥέψαντα τἆλλα ἐφελκύσηται;

Οὐδαμῶς ἔγωγ᾽, ἔφη, ἄλλοθεν ἢ ἐντεῦθεν.

Οὐκοῦν εἰ τὰ τῶν πόλεων πέντε, καὶ αἱ τῶν ἰδιωτῶν κατασκευαὶ τῆς ψυχῆς πέντε ἂν εἶεν.

Τί μήν;

Τὸν μὲν δὴ τῇ ἀριστοκρατίᾳ ὅμοιον διεληλύθαμεν ἤδη, ὃν ἀγαθόν τε καὶ δίκαιον ὀρθῶς φαμεν εἶναι.

[545a] Διεληλύθαμεν.

Ἆρ᾽ οὖν τὸ μετὰ τοῦτο διιτέον τοὺς χείρους, τὸν φιλόνικόν τε καὶ φιλότιμον, κατὰ τὴν Λακωνικὴν ἑστῶτα πολιτείαν, καὶ ὀλιγαρχικὸν αὖ καὶ δημοκρατικὸν καὶ τὸν τυραννικόν, ἵνα τὸν ἀδικώτατον ἰδόντες ἀντιθῶμεν τῷ δικαιοτάτῳ καὶ ἡμῖν τελέα ἡ σκέψις ᾖ, πῶς ποτε ἡ ἄκρατος δικαιοσύνη πρὸς ἀδικίαν τὴν ἄκρατον ἔχει εὐδαιμονίας τε πέρι τοῦ ἔχοντος καὶ ἀθλιότητος, ἵνα ἢ Θρασυμάχῳ πειθόμενοι [b] διώκωμεν ἀδικίαν ἢ τῷ νῦν προφαινομένῳ λόγῳ δικαιοσύνην;

Παντάπασι μὲν οὖν, ἔφη, οὕτω ποιητέον.

Ἆρ᾽ οὖν, ὥσπερ ἠρξάμεθα ἐν ταῖς πολιτείαις πρότερον σκοπεῖν τὰ ἤθη ἢ ἐν τοῖς ἰδιώταις, ὡς ἐναργέστερον ὄν, καὶ νῦν οὕτω

»Ja, man hört allerdings von vielen und sonderbaren Verfassungen«, sagte er.

2 »Weißt du«, fuhr ich fort, »dass es ebenso viele Arten menschlicher Charaktere geben muss wie Verfassungen? Oder glaubst du, diese entspringen irgendwie aus einer Eiche oder aus einem Felsen,[12] aber [e] nicht aus den Charakteren der Bürger, die gleichsam wie bei einer Waage den Ausschlag geben und alles andere nach sich ziehen?«

»Nur daraus entspringen sie«, sagte er.

»Wenn es also fünf Staatsformen gibt, dann wird es wohl auch bei den einzelnen Menschen fünf seelische Verfassungen geben.«

»Gewiss.«

»Den Menschen, der der Aristokratie entspricht, haben wir schon besprochen und von ihm mit Recht gesagt, dass er gut und gerecht ist.«

[545a] »Ja, das haben wir.«

»Im Anschluss daran müssen wir auch die Schlechteren behandeln, den Streitsüchtigen und Ehrgeizigen, der der lakonischen Verfassung entspricht, und dann den oligarchischen, den demokratischen und den tyrannischen Menschen, damit wir den ungerechtesten herausfinden und ihn dem gerechtesten gegenüberstellen können; und so kämen wir dann zum Ende unserer Untersuchung, wie sich die reine Gerechtigkeit zur reinen Ungerechtigkeit verhält in Bezug auf Glück und Unglück ihres Besitzers. Dann können wir entweder dem Thrasymachos folgen und [b] nach Ungerechtigkeit streben[13] oder, indem wir uns an das Ergebnis halten, das sich jetzt schon zeigt, nach Gerechtigkeit. Nicht?«

»Ja, gerade so müssen wir es machen«, sagte er.

»Sollen wir nun auch jetzt so, wie wir begonnen haben, zuerst die Charaktereigenschaften bei den Verfassungen untersuchen und dann erst bei den Einzelnen, weil es so klarer ist[14],

πρῶτον μὲν τὴν φιλότιμον σκεπτέον πολιτείαν – ὄνομα γὰρ οὐκ ἔχω λεγόμενον ἄλλο· ἢ τιμοκρατίαν ἢ τιμαρχίαν αὐτὴν κλητέον – πρὸς δὲ ταύτην τὸν τοιοῦτον [c] ἄνδρα σκεψόμεθα, ἔπειτα ὀλιγαρχίαν καὶ ἄνδρα ὀλιγαρχικόν, αὖθις δὲ εἰς δημοκρατίαν ἀποβλέψαντες θεασόμεθα ἄνδρα δημοκρατικόν, τὸ δὲ τέταρτον εἰς τυραννουμένην πόλιν ἐλθόντες καὶ ἰδόντες, πάλιν εἰς τυραννικὴν ψυχὴν βλέποντες, πειρασόμεθα περὶ ὧν προυθέμεθα ἱκανοὶ κριταὶ γενέσθαι;

Κατὰ λόγον γέ τοι ἄν, ἔφη, οὕτω γίγνοιτο ἥ τε θέα καὶ ἡ κρίσις.

3 Φέρε τοίνυν, ἦν δ᾽ ἐγώ, πειρώμεθα λέγειν τίνα τρόπον τιμοκρατία γένοιτ᾽ ἂν ἐξ ἀριστοκρατίας. ἢ τόδε μὲν ἁπλοῦν, [d] ὅτι πᾶσα πολιτεία μεταβάλλει ἐξ αὐτοῦ τοῦ ἔχοντος τὰς ἀρχάς, ὅταν ἐν αὐτῷ τούτῳ στάσις ἐγγένηται· ὁμονοοῦντος δέ, κἂν πάνυ ὀλίγον ᾖ, ἀδύνατον κινηθῆναι;

Ἔστι γὰρ οὕτω.

Πῶς οὖν δή, εἶπον, ὦ Γλαύκων, ἡ πόλις ἡμῖν κινηθήσεται, καὶ πῇ στασιάσουσιν οἱ ἐπίκουροι καὶ οἱ ἄρχοντες πρὸς ἀλλήλους τε καὶ πρὸς ἑαυτούς; ἢ βούλει, ὥσπερ Ὅμηρος, εὐχώμεθα ταῖς Μούσαις εἰπεῖν ἡμῖν ὅπως δὴ [e] πρῶτον στάσις ἔμπεσε, καὶ φῶμεν αὐτὰς τραγικῶς ὡς πρὸς παῖδας ἡμᾶς παιζούσας καὶ ἐρεσχηλούσας, ὡς δὴ σπουδῇ λεγούσας, ὑψηλολογουμένας λέγειν;

Πῶς;

[546a] Ὧδέ πως. χαλεπὸν μὲν κινηθῆναι πόλιν οὕτω συστᾶσαν· ἀλλ᾽ ἐπεὶ γενομένῳ παντὶ φθορά ἐστιν, οὐδ᾽ ἡ τοιαύτη σύστασις τὸν ἅπαντα μενεῖ χρόνον, ἀλλὰ λυθήσεται. λύσις δὲ ἥδε· οὐ μόνον φυτοῖς ἐγγείοις, ἀλλὰ καὶ ἐν ἐπιγείοις ζῴοις φορὰ καὶ ἀφορία ψυ-

und zuerst die ehrsüchtige Verfassung betrachten? Denn einen anderen gebräuchlichen Namen für sie habe ich nicht, man müsste sie denn Timokratie oder Timarchie nennen. Im Anschluss daran wollen wir den ihr entsprechenden [c] Menschen betrachten, dann die Oligarchie und den oligarchischen Menschen, dann wieder im Hinblick auf die Demokratie den demokratischen; viertens kommen wir in unserer Betrachtung zur Tyrannis und schauen uns wieder die tyrannische Seele an. Und so wollen wir versuchen in den Fragen, die wir uns stellen, zu einem wohlbegründeten Urteil zu gelangen.«

»So würden unsere Betrachtung und unser Urteil wohl vernünftig sein«, sagte er.

3 »Wohlan denn«, sagte ich, »versuchen wir zu erklären, wie aus einer Aristokratie eine Timokratie wird. Oder ist es einfach so, [d] dass jede Änderung der Verfassung von dem Teil der Bürger ausgeht, der die Ämter innehat, sobald hier ein Zwist entsteht? Bleibt hingegen dieser Teil, mag er auch noch so klein sein, einig, ist ein Umsturz ausgeschlossen.«[15]

»So ist es.«

»Wie wird nun, mein Glaukon«, fragte ich, »unser Staat in Bewegung geraten und wie werden die Helfer und Herrscher sich mit- und untereinander entzweien? Oder willst du, dass wir wie Homer die Musen bitten, uns zu sagen, wie denn [e] der Streit zum ersten Mal sich erhob?[16] Und sollen wir sagen, sie sprächen zu uns im hochtrabenden Ton der Tragödie[17] wie zu Kindern voll Scherz und Spott, als meinten sie es ernst?«[18]

»In welcher Weise denn?«

[546a] »Etwa so: Schwer nur wird ein Staat mit einer solchen Verfassung ins Wanken geraten. Da aber alles, was entsteht, auch zugrunde geht, so wird auch diese Verfassung nicht ewig bestehen, sondern in Auflösung geraten. Dies aber geschieht so: Nicht nur die Pflanzen im Erdreich, sondern auch die Lebewesen auf der Erde haben Zeiten der Fruchtbarkeit und Zeiten

χῆς τε καὶ σωμάτων γίγνονται, ὅταν περιτροπαὶ ἑκάστοις κύκλων περιφορὰς συνάπτωσι, βραχυβίοις μὲν βραχυπόρους, ἐναντίοις δὲ ἐναντίας. γένους δὲ ὑμετέρου εὐγονίας τε καὶ ἀφορίας, καίπερ ὄντες σοφοί, [b] οὓς ἡγεμόνας πόλεως ἐπαιδεύσασθε, οὐδὲν μᾶλλον λογισμῷ μετ᾽ αἰσθήσεως τεύξονται, ἀλλὰ πάρεισιν αὐτοὺς καὶ γεννήσουσι παῖδάς ποτε οὐ δέον. ἔστι δὲ θείῳ μὲν γεννητῷ περίοδος ἣν ἀριθμὸς περιλαμβάνει τέλειος, ἀνθρωπείῳ δὲ ἐν ᾧ πρώτῳ αὐξήσεις δυνάμεναί τε καὶ δυναστευόμεναι, τρεῖς ἀποστάσεις, τέτταρας δὲ ὅρους λαβοῦσαι ὁμοιούντων τε καὶ ἀνομοιούντων καὶ αὐξόντων καὶ φθινόντων, πάντα προσήγορα [c] καὶ ῥητὰ πρὸς ἄλληλα ἀπέφηναν· ὧν ἐπίτριτος πυθμὴν πεμπάδι συζυγεὶς δύο ἁρμονίας παρέχεται τρὶς αὐξηθείς, τὴν μὲν ἴσην ἰσάκις, ἑκατὸν τοσαυτάκις, τὴν δὲ ἰσομήκη μὲν τῇ, προμήκη δέ, ἑκατὸν μὲν ἀριθμῶν ἀπὸ διαμέτρων ῥητῶν πεμπάδος, δεομένων ἑνὸς ἑκάστων, ἀρρήτων δὲ δυοῖν, ἑκατὸν δὲ κύβων τριάδος. σύμπας δὲ οὗτος ἀριθμὸς γεωμετρικός, τοιούτου κύριος, ἀμεινόνων τε καὶ χειρόνων γενέσεων, [d] ἃς ὅταν ἀγνοήσαντες ὑμῖν οἱ φύλακες συνοικίζωσιν νύμφας νυμφίοις παρὰ καιρόν, οὐκ εὐφυεῖς οὐδ᾽ εὐτυχεῖς παῖδες ἔσονται· ὧν καταστήσουσι μὲν τοὺς ἀρίστους οἱ πρότεροι, ὅμως δὲ ὄντες ἀνάξιοι, εἰς τὰς τῶν πατέρων αὖ δυνάμεις ἐλθόντες, ἡμῶν πρῶτον ἄρξονται ἀμελεῖν φύλακες ὄντες, παρ᾽ ἔλαττον τοῦ δέοντος ἡγησάμενοι τὰ μουσικῆς, δεύτερον δὲ τὰ γυμναστικῆς, ὅθεν ἀμουσότεροι γενήσονται ὑμῖν οἱ νέοι. ἐκ δὲ τούτων ἄρχοντες οὐ

der Unfruchtbarkeit der Seele und des Körpers, sobald für jeden die Lebensperiode ihren Kreislauf schließt; bei den kurzlebigen ist dies früher, bei den langlebigen später. Die Männer, die ihr zu Führern des Staates erzogen habt, werden, ungeachtet ihrer Weisheit, die Zeiten der günstigen Zeugung und die der Unfruchtbarkeit bei eurem Geschlecht [b] weder mit ihrem Verstand noch aus Erfahrung richtig treffen; vielmehr werden sie den richtigen Zeitpunkt vorbeigehen lassen und die Kinder zur Unzeit zeugen. Für das göttlich Gezeugte gibt es eine Periode, die eine vollkommene Zahl erfasst,[19] für das sterblich Gezeugte hingegen eine Zahl, in der als der ersten [Zahl] Vervielfältigungen – durch Quadrieren oder Wurzelziehen – drei Abstände und vier Grenzen von teils gleicher, teils ungleicher Vermehrung und Verminderung erhalten und so alles in Übereinstimmung bringen und rational erweisen.[20] [c] Ihr Grundverhältnis drei zu vier ergibt in Verbindung mit fünf, dreimal vermehrt, zwei Harmonien: die eine quadratisch, hundertmal ebenso viel, die andere von gleicher Seitenlänge in der einen Richtung, aber länger in der anderen, bei bestimmbaren Zahlen einerseits hundertmal die Diagonale der Fünf, jedes Mal minus eins, bei unbestimmbaren Zahlen aber jeweils minus zwei, andererseits hundert Kuben der Drei. Diese ganze geometrische Zahl ist ausschlaggebend für gute und schlechte Zeugungen; [d] wenn eure Wächter darauf nicht achten, führen sie zur Unzeit Bräute mit jungen Männern zusammen, und ihre Kinder werden nicht edel noch glücklich sein. Zwar werden die Vorgänger die Besten von diesen wieder zu Wächtern machen; dennoch sind diese aber unwürdig, und wenn sie dann in die Machtposition ihrer Väter gekommen sind, werden sie zunächst, ungeachtet ihres Wächteramtes, damit beginnen, uns[21] zu vernachlässigen und die musische Bildung geringer zu achten, als sie sollten,[22] und dann auch die Gymnastik; und so wird eure Jugend den Musen immer mehr entfremdet. Daher

πάνυ φυλακικοὶ [e] καταστήσονται πρὸς τὸ δοκιμάζειν τὰ Ἡσιόδου τε καὶ τὰ παρ' [547a] ὑμῖν γένη, χρυσοῦν τε καὶ ἀργυροῦν καὶ χαλκοῦν καὶ σιδηροῦν· ὁμοῦ δὲ μιγέντος σιδηροῦ ἀργυρῷ καὶ χαλκοῦ χρυσῷ ἀνομοιότης ἐγγενήσεται καὶ ἀνωμαλία ἀνάρμοστος, ἃ γενόμενα, οὗ ἂν ἐγγένηται, ἀεὶ τίκτει πόλεμον καὶ ἔχθραν. ταύτης τοι γενεῆς χρὴ φάναι εἶναι στάσιν, ὅπου ἂν γίγνηται ἀεί.

Καὶ ὀρθῶς γ', ἔφη, αὐτὰς ἀποκρίνεσθαι φήσομεν.

Καὶ γάρ, ἦν δ' ἐγώ, ἀνάγκη Μούσας γε οὔσας.

[b] Τί οὖν, ἦ δ' ὅς, τὸ μετὰ τοῦτο λέγουσιν αἱ Μοῦσαι;

Στάσεως, ἦν δ' ἐγώ, γενομένης εἱλκέτην ἄρα ἑκατέρω τὼ γένει, τὸ μὲν σιδηροῦν καὶ χαλκοῦν ἐπὶ χρηματισμὸν καὶ γῆς κτῆσιν καὶ οἰκίας χρυσίου τε καὶ ἀργύρου, τὼ δ' αὖ, τὸ χρυσοῦν τε καὶ ἀργυροῦν, ἅτε οὐ πενομένω ἀλλὰ φύσει ὄντε πλουσίω, τὰς ψυχὰς ἐπὶ τὴν ἀρετὴν καὶ τὴν ἀρχαίαν κατάστασιν ἠγέτην· βιαζομένων δὲ καὶ ἀντιτεινόντων ἀλλήλοις, εἰς μέσον ὡμολόγησαν γῆν μὲν καὶ οἰκίας κατανειμαμένους [c] ἰδιώσασθαι, τοὺς δὲ πρὶν φυλαττομένους ὑπ' αὐτῶν ὡς ἐλευθέρους φίλους τε καὶ τροφέας, δουλωσάμενοι τότε περιοίκους τε καὶ οἰκέτας ἔχοντες, αὐτοὶ πολέμου τε καὶ φυλακῆς αὐτῶν ἐπιμελεῖσθαι.

Δοκεῖ μοι, ἔφη, αὕτη ἡ μετάβασις ἐντεῦθεν γίγνεσθαι.

Οὐκοῦν, ἦν δ' ἐγώ, ἐν μέσῳ τις ἂν εἴη ἀριστοκρατίας τε καὶ ὀλιγαρχίας αὕτη ἡ πολιτεία;

Πάνυ μὲν οὖν.

4 Μεταβήσεται μὲν δὴ οὕτω· μεταβᾶσα δὲ πῶς οἰκήσει; ἢ [d] φα-

werden Herrscher eingesetzt werden, die keineswegs mehr Wächter sind, [e] um auf die Geschlechter des Hesiod zu achten, die ja auch bei euch Geltung haben, [547a] auf das goldene, das silberne, das eherne und das eiserne.[23] Wenn aber Eisen mit Silber und Erz mit Gold vermischt wird, entsteht zugleich Unähnlichkeit und Ungleichheit ohne Harmonie;[24] wo das geschieht, kommt es stets zu Krieg und Feindschaft. Solcher Herkunft, muss man sagen, ist der Zwist, wo auch immer er entsteht.«[25]

»Die Musen, werden wir sagen, geben uns die richtige Antwort«, erwiderte er.

»Das muss wohl so sein«, entgegnete ich, »sind sie doch die Musen.«

[b] »Und was sagen die Musen dann noch?«, fragte er.

»Da der Zwist einmal entstanden war«, antwortete ich, »zog es jene beiden Geschlechter, das eiserne und das eherne, zum Gelderwerb und zum Besitz von Land und Haus und von Gold und Silber; die beiden anderen wieder, das goldene und silberne, die ja nicht arm sind, sondern von Natur aus reich,[26] führten ihre Seele zur Tugend und zum alten Zustand. Indem sie nun mit Gewalt einander entgegenarbeiteten, einigten sie sich auf einen Kompromiss: Sie teilten Land und Häuser [c] als privates Eigentum auf; jene aber, die sie früher als freie Männer, als ihre Freunde und Ernährer beschützt hatten, die unterjochten sie jetzt und hielten sie als Dienstleute[27] und Knechte, während sie sich selbst um den Krieg und um deren Bewachung kümmerten.«

»Daher rührt«, sagte er, »offenbar der Umschwung.«

»Also ist diese Verfassung«, fuhr ich fort, »ein Mittelding zwischen Aristokratie und Oligarchie?«[28]

»Gewiss.«

4 »So wird sich also der Umschwung vollziehen. Doch wie wird dann der Staat verwaltet werden? [d] Offenbar wird er

νερὸν ὅτι τὰ μὲν μιμήσεται τὴν προτέραν πολιτείαν, τὰ δὲ τὴν ὀλιγαρχίαν, ἅτ᾽ ἐν μέσῳ οὖσα, τὸ δέ τι καὶ αὐτῆς ἕξει ἴδιον;

Οὕτως, ἔφη.

Οὐκοῦν τῷ μὲν τιμᾶν τοὺς ἄρχοντας καὶ γεωργιῶν ἀπέχεσθαι τὸ προπολεμοῦν αὐτῆς καὶ χειροτεχνιῶν καὶ τοῦ ἄλλου χρηματισμοῦ, συσσίτια δὲ κατεσκευάσθαι καὶ γυμναστικῆς τε καὶ τῆς τοῦ πολέμου ἀγωνίας ἐπιμελεῖσθαι, πᾶσι τοῖς τοιούτοις τὴν προτέραν μιμήσεται;

Ναί.

[e] Τῷ δέ γε φοβεῖσθαι τοὺς σοφοὺς ἐπὶ τὰς ἀρχὰς ἄγειν, ἅτε οὐκέτι κεκτημένην ἁπλοῦς τε καὶ ἀτενεῖς τοὺς τοιούτους ἄνδρας ἀλλὰ μεικτούς, ἐπὶ δὲ θυμοειδεῖς τε καὶ ἁπλουστέρους ἀποκλίνειν, τοὺς πρὸς πόλεμον μᾶλλον πεφυκότας ἢ πρὸς [548a] εἰρήνην, καὶ τοὺς περὶ ταῦτα δόλους τε καὶ μηχανὰς ἐντίμως ἔχειν, καὶ πολεμοῦσα τὸν ἀεὶ χρόνον διάγειν, αὐτὴ ἑαυτῆς αὖ τὰ πολλὰ τῶν τοιούτων ἴδια ἕξει;

Ναί.

Ἐπιθυμηταὶ δέ γε, ἦν δ᾽ ἐγώ, χρημάτων οἱ τοιοῦτοι ἔσονται, ὥσπερ οἱ ἐν ταῖς ὀλιγαρχίαις, καὶ τιμῶντες ἀγρίως ὑπὸ σκότου χρυσόν τε καὶ ἄργυρον, ἅτε κεκτημένοι ταμιεῖα καὶ οἰκείους θησαυρούς, οἷ θέμενοι ἂν αὐτὰ κρύψειαν, καὶ αὖ περιβόλους οἰκήσεων, ἀτεχνῶς νεοττιὰς ἰδίας, ἐν αἷς [b] ἀναλίσκοντες γυναιξί τε καὶ οἷς ἐθέλοιεν ἄλλοις πολλὰ ἂν δαπανῷντο.

Ἀληθέστατα, ἔφη.

Οὐκοῦν καὶ φειδωλοὶ χρημάτων, ἅτε τιμῶντες καὶ οὐ φανερῶς κτώμενοι, φιλαναλωταὶ δὲ ἀλλοτρίων δι᾽ ἐπιθυμίαν, καὶ λάθρᾳ τὰς ἡδονὰς καρπούμενοι, ὥσπερ παῖδες πατέρα τὸν νόμον ἀποδιδράσκοντες, οὐχ ὑπὸ πειθοῦς ἀλλ᾽ ὑπὸ βίας πεπαιδευμένοι διὰ τὸ

teils die frühere Verfassung nachahmen, teils aber auch die Oligarchie, da er ja ein Mittelding ist; er wird aber auch manches Eigene an sich haben.«

»So ist es«, sagte er.

»Wenn er die Herrscher ehrt und seinen Kriegerstand von Ackerbau, Handwerk und sonstigem Gelderwerb fernhält,[29] wenn er gemeinsame Mahlzeiten[30] einrichtet,[31] sich um körperliche Ertüchtigung und kriegerische Wettkämpfe kümmert, mit all diesen Dingen wird er doch die frühere Verfassung nachahmen?«

»Ja.«

[e] »Wenn er sich aber scheut, den Philosophen die Herrschaft zu überlassen, weil er keine einfachen und standfeste Männer dieser Art besitzt, sondern nur noch gemischte Charaktere, wenn er sich stattdessen verwegenen und einfacheren Naturen zuneigt, die mehr für den Krieg als für den Frieden geschaffen sind, [548a] und wenn er Listen und Ränke liebt[32] und ständig Krieg führt, so wird das alles ihm selbst zugehören, oder?«

»Ja.«

»Solche Männer«, fuhr ich fort, »werden nach Geld gieren gleich den Oligarchen; sie lieben im Geheimen leidenschaftlich Gold und Silber, denn sie besitzen ja eigene Kammern und Schatzhäuser, wo sie es aufbewahren und verbergen können, und sie umgeben ihre Häuser mit Mauern, geradezu wie eigene Nester, in denen sie es [b] für ihre Frauen und für wen sie sonst noch wollen, aufbrauchen und reichlich verschwenden.«

»Ganz richtig«, sagte er.

»Sparsam mit dem eigenen Geld,[33] weil sie es lieben und nicht offen erwerben dürfen, aber verschwenderisch mit dem fremden, um ihre Gelüste zu befriedigen, genießen sie im Stillen ihre Freuden und flüchten vor dem Gesetz wie Kinder vor dem Vater,[34] sind sie doch nicht durch die Kraft der Überzeu-

τῆς ἀληθινῆς Μούσης τῆς μετὰ λόγων [c] τε καὶ φιλοσοφίας ἠμεληκέναι καὶ πρεσβυτέρως γυμναστικὴν μουσικῆς τετιμηκέναι.

Παντάπασιν, ἔφη, λέγεις μεμειγμένην πολιτείαν ἐκ κακοῦ τε καὶ ἀγαθοῦ.

Μέμεικται γάρ, ἦν δ᾽ ἐγώ· διαφανέστατον δ᾽ ἐν αὐτῇ ἐστὶν ἕν τι μόνον ὑπὸ τοῦ θυμοειδοῦς κρατοῦντος, φιλονικίαι καὶ φιλοτιμίαι.

Σφόδρα γε, ἦ δ᾽ ὅς.

Οὐκοῦν, ἦν δ᾽ ἐγώ, αὕτη μὲν ἡ πολιτεία οὕτω γεγονυῖα καὶ τοιαύτη ἄν τις εἴη, ὡς λόγῳ σχῆμα πολιτείας ὑπογράψαντα [d] μὴ ἀκριβῶς ἀπεργάσασθαι διὰ τὸ ἐξαρκεῖν μὲν ἰδεῖν καὶ ἐκ τῆς ὑπογραφῆς τόν τε δικαιότατον καὶ τὸν ἀδικώτατον, ἀμήχανον δὲ μήκει ἔργον εἶναι πάσας μὲν πολιτείας, πάντα δὲ ἤθη μηδὲν παραλιπόντα διελθεῖν.

Καὶ ὀρθῶς, ἔφη.

5 Τίς οὖν ὁ κατὰ ταύτην τὴν πολιτείαν ἀνήρ; πῶς τε γενόμενος ποῖός τέ τις ὤν;

Οἶμαι μέν, ἔφη ὁ Ἀδείμαντος, ἐγγύς τι αὐτὸν Γλαύκωνος τουτουὶ τείνειν ἕνεκά γε φιλονικίας.

[e] Ἴσως, ἦν δ᾽ ἐγώ, τοῦτό γε· ἀλλά μοι δοκεῖ τάδε οὐ κατὰ τοῦτον πεφυκέναι.

Τὰ ποῖα;

Αὐθαδέστερόν τε δεῖ αὐτόν, ἦν δ᾽ ἐγώ, εἶναι καὶ ὑποαμουσότερον, φιλόμουσον δέ, καὶ φιλήκοον μέν, ῥητορικὸν δ᾽ [549a] οὐδαμῶς. καὶ δούλοις μέν τις ἂν ἄγριος εἴη ὁ τοιοῦτος, οὐ καταφρονῶν δούλων, ὥσπερ ὁ ἱκανῶς πεπαιδευμένος, ἐλευθέροις δὲ ἥμερος, ἀρχόντων δὲ σφόδρα ὑπήκοος, φίλαρχος δὲ καὶ φιλότιμος, οὐκ ἀπὸ τοῦ λέγειν ἀξιῶν ἄρχειν οὐδ᾽ ἀπὸ τοιούτου οὐδενός, ἀλλ᾽

gung, sondern mit Gewalt erzogen worden, weil sie sich um die wahre Muse, die von vernünftiger Rede [c] und Philosophie begleitet wird, nicht gekümmert haben und die körperliche Ertüchtigung höher geschätzt haben als die Musenkunst.«[35]

»Du schilderst da eine Verfassung, die durchaus aus Schlechtem und Gutem gemischt ist«, sagte er.

»In der Tat ist sie eine Mischung«, entgegnete ich. »Am auffälligsten an ihr ist aber ein Merkmal: die Freude an Sieg und Ehren,[36] weil das Mutvolle vorherrscht.«

»Ja, ganz besonders«, sagte er.

»Das wäre also die Entstehung und das Wesen dieser Staatsform«, fuhr ich fort, »sofern man nur ihre äußere Gestalt mit Worten umreißt, [d] aber nicht genau ausführen will; allein diese Skizze reicht schon aus zu sehen, wer der Gerechteste und wer der Ungerechteste ist, wäre es doch ein unabsehbar weitläufiges Unterfangen, wollte man alle Verfassungen und alle Charaktere behandeln, ohne etwas auszulassen.«

»Ganz recht«, sagte er.

5 »Wer ist also der Mann, der dieser Verfassung entspricht? Wie entsteht er, und was sind seine Eigenschaften?«

»Meiner Meinung nach«, warf Adeimantos ein, »kommt er unserem Glaukon ganz nahe, wegen seiner Streitlust.«[37]

[e] »Ja, vielleicht in dieser Beziehung«, entgegnete ich, »nicht aber in Folgendem, wie mir scheint.«

»Worin?«

»Er muss selbstbewusster sein«, antwortete ich, »und etwas ungebildeter; er ist zwar ein Freund der Musen und hört gerne zu, ist aber durchaus kein begabter Redner. [549a] Sklaven gegenüber ist er zwar hart,[38] ohne sie deshalb zu verachten, wie es der wirklich Gebildete tut; zu Freien ist er freundlich, den Herrschern gegenüber sehr unterwürfig, er ist herrschsüchtig und ehrgeizig, beansprucht die Herrschaft aber nicht wegen seiner Redebegabung oder Ähnlichem, sondern wegen seiner

ἀπὸ ἔργων τῶν τε πολεμικῶν καὶ τῶν περὶ τὰ πολεμικά, φιλογυμναστής τέ τις ὢν καὶ φιλόθηρος.

Ἔστι γάρ, ἔφη, τοῦτο τὸ ἦθος ἐκείνης τῆς πολιτείας.

Οὐκοῦν καὶ χρημάτων, ἦν δ' ἐγώ, ὁ τοιοῦτος νέος μὲν ὢν [b] καταφρονοῖ ἄν, ὅσῳ δὲ πρεσβύτερος γίγνοιτο, μᾶλλον ἀεὶ ἀσπάζοιτο ἂν τῷ τε μετέχειν τῆς τοῦ φιλοχρημάτου φύσεως καὶ μὴ εἶναι εἰλικρινὴς πρὸς ἀρετὴν διὰ τὸ ἀπολειφθῆναι τοῦ ἀρίστου φύλακος;

Τίνος; ἦ δ' ὃς ὁ Ἀδείμαντος.

Λόγου, ἦν δ' ἐγώ, μουσικῇ κεκραμένου· ὃς μόνος ἐγγενόμενος σωτὴρ ἀρετῆς διὰ βίου ἐνοικεῖ τῷ ἔχοντι.

Καλῶς, ἔφη, λέγεις.

Καὶ ἔστι μέν γ', ἦν δ' ἐγώ, τοιοῦτος ὁ τιμοκρατικὸς νεανίας, τῇ τοιαύτῃ πόλει ἐοικώς.

[c] Πάνυ μὲν οὖν.

Γίγνεται δέ γ', εἶπον, οὗτος ὧδέ πως· ἐνίοτε πατρὸς ἀγαθοῦ ὢν νέος ὑὸς ἐν πόλει οἰκοῦντος οὐκ εὖ πολιτευομένῃ, φεύγοντος τάς τε τιμὰς καὶ ἀρχὰς καὶ δίκας καὶ τὴν τοιαύτην πᾶσαν φιλοπραγμοσύνην καὶ ἐθέλοντος ἐλαττοῦσθαι ὥστε πράγματα μὴ ἔχειν –

Πῇ δή, ἔφη, γίγνεται;

Ὅταν, ἦν δ' ἐγώ, πρῶτον μὲν τῆς μητρὸς ἀκούῃ ἀχθομένης ὅτι οὐ τῶν ἀρχόντων αὐτῇ ὁ ἀνήρ ἐστιν, καὶ ἐλαττουμένης διὰ [d] ταῦτα ἐν ταῖς ἄλλαις γυναιξίν, ἔπειτα ὁρώσης μὴ σφόδρα περὶ χρήματα σπουδάζοντα μηδὲ μαχόμενον καὶ λοιδορούμενον ἰδίᾳ τε ἐν δικαστηρίοις καὶ δημοσίᾳ, ἀλλὰ ῥᾳθύμως πάντα τὰ τοιαῦτα φέροντα, καὶ ἑαυτῷ μὲν τὸν νοῦν προσέχοντα ἀεὶ αἰσθάνηται, ἑαυτὴν δὲ μήτε πάνυ τιμῶντα μήτε ἀτιμάζοντα, ἐξ ἁπάντων τού-

Kriegstaten und alles dessen, was dazu gehört, und liebt Gymnastik und die Jagd.«[39]

»Das ist ja auch der Charakter, der dieser Verfassung entspricht«, sagte er.

»Ein solcher Mann«, fuhr ich fort, »wird in seiner Jugend das Geld [b] verachten; je älter er aber wird, desto mehr wird er es lieben, weil er etwas von der Natur des Habsüchtigen in sich hat und nicht rein auf die Tugend aus ist, hat ihn doch der beste Wächter im Stich gelassen.«

»Welcher denn?«, fragte Adeimantos.

»Der Verstand gepaart mit musischer Bildung«, sagte ich. »Er allein bewahrt jedem, dem er innewohnt, lebenslang die Tugend.«

»Das hast du schön gesagt«, erwiderte er.

»So ist also«, sagte ich, »der timokratische Jüngling, der dem timokratischen Staat gleicht.«[40]

[c] »Gewiss.«

»Er entsteht aber etwa auf folgende Weise«, fuhr ich fort. »Er ist bisweilen der Sohn eines trefflichen Vaters, der in einem schlecht verwalteten Staat wohnt, deshalb die Ehren und Ämter, das Gerichtswesen und all diese Geschäftigkeiten[41] meidet und es vorzieht, überall zu kurz zu kommen, um nur ja keine Schwierigkeiten zu haben.«

»Wie entsteht er also?«, fragte er.

»Zuerst«, sagte ich, »hört er, wie seine Mutter sich darüber ärgert, dass ihr Gatte nicht zu den Herrschenden gehört und sie [d] deshalb hinter den anderen Frauen zurückstehen muss; ferner sieht sie, dass ihr Mann sich nicht besonders ums Geld kümmert, weder in eigenen noch in öffentlichen Angelegenheiten bei Gericht streitet und lästert, sondern all das gelassen hinnimmt; sie merkt, dass er immer nur auf sich selbst bedacht ist, ihr gegenüber aber weder besondere Hochachtung noch Missachtung an den Tag legt; über all das ärgert sie sich und

των ἀχθομένης τε καὶ λεγούσης ὡς ἄνανδρός τε αὐτῷ ὁ πατὴρ καὶ λίαν ἀνειμένος, καὶ ἄλλα δὴ ὅσα καὶ [e] οἷα φιλοῦσιν αἱ γυναῖκες περὶ τῶν τοιούτων ὑμνεῖν.

Καὶ μάλ᾽, ἔφη ὁ Ἀδείμαντος, πολλά τε καὶ ὅμοια ἑαυταῖς.

Οἶσθα οὖν, ἦν δ᾽ ἐγώ, ὅτι καὶ οἱ οἰκέται τῶν τοιούτων ἐνίοτε λάθρᾳ πρὸς τοὺς ὑεῖς τοιαῦτα λέγουσιν, οἱ δοκοῦντες εὖνοι εἶναι, καὶ ἐάν τινα ἴδωσιν ἢ ὀφείλοντα χρήματα, ᾧ μὴ ἐπεξέρχεται ὁ πατήρ, ἤ τι ἄλλο ἀδικοῦντα, διακελεύονται ὅπως, ἐπειδὰν ἀνὴρ γένηται, τιμωρήσεται πάντας τοὺς τοιούτους [550a] καὶ ἀνὴρ μᾶλλον ἔσται τοῦ πατρός. καὶ ἐξιὼν ἕτερα τοιαῦτα ἀκούει καὶ ὁρᾷ, τοὺς μὲν τὰ αὑτῶν πράττοντας ἐν τῇ πόλει ἠλιθίους τε καλουμένους καὶ ἐν σμικρῷ λόγῳ ὄντας, τοὺς δὲ μὴ τὰ αὑτῶν τιμωμένους τε καὶ ἐπαινουμένους. τότε δὴ ὁ νέος πάντα τὰ τοιαῦτα ἀκούων τε καὶ ὁρῶν, καὶ αὖ τοὺς τοῦ πατρὸς λόγους ἀκούων τε καὶ ὁρῶν τὰ ἐπιτηδεύματα αὐτοῦ ἐγγύθεν παρὰ τὰ τῶν ἄλλων, ἑλκόμενος ὑπ᾽ ἀμφοτέρων [b] τούτων, τοῦ μὲν πατρὸς αὐτοῦ τὸ λογιστικὸν ἐν τῇ ψυχῇ ἄρδοντός τε καὶ αὔξοντος, τῶν δὲ ἄλλων τό τε ἐπιθυμητικὸν καὶ τὸ θυμοειδές, διὰ τὸ μὴ κακοῦ ἀνδρὸς εἶναι τὴν φύσιν, ὁμιλίαις δὲ ταῖς τῶν ἄλλων κακαῖς κεχρῆσθαι, εἰς τὸ μέσον ἑλκόμενος ὑπ᾽ ἀμφοτέρων τούτων ἦλθε, καὶ τὴν ἐν ἑαυτῷ ἀρχὴν παρέδωκε τῷ μέσῳ τε καὶ φιλονίκῳ καὶ θυμοειδεῖ, καὶ ἐγένετο ὑψηλόφρων τε καὶ φιλότιμος ἀνήρ.

Κομιδῇ μοι, ἔφη, δοκεῖς τὴν τούτου γένεσιν διεληλυθέναι.

[c] Ἔχομεν ἄρα, ἦν δ᾽ ἐγώ, τήν τε δευτέραν πολιτείαν καὶ τὸν δεύτερον ἄνδρα.

Ἔχομεν, ἔφη.

6 Οὐκοῦν μετὰ τοῦτο, τὸ τοῦ Αἰσχύλου, λέγωμεν, »ἄλλον ἄλλῃ

sagt, der Vater sei kein Mann[42] und allzu weich und was sonst noch [e] die Frauen über solche Männer von sich zu geben belieben.«

»Ja, derlei gibt es viel, was den Frauen ähnlich sieht«, sagte Adeimantos.

»Und wie du weißt«, fuhr ich fort, »machen auch die Diener solcher Leute bisweilen heimlich derartige Bemerkungen zu den Söhnen, und das offenbar gar nicht in schlechter Absicht; und wenn sie einen Schuldner sehen, dem der Vater nicht so recht zusetzt, oder einen, der an ihm ein Unrecht begangen hat, dann fordern sie den Sohn auf, er möge sich, wenn er einmal ein Mann geworden sei, an all diesen rächen und [550a] mehr Mann sein als sein Vater. Und außer Haus hört und sieht er noch anderes dieser Art: Wer nur für sich selbst lebt, gilt im Staat als Dummkopf und werde gering geachtet; wer das aber nicht tut, wird geehrt und gepriesen. Wenn der Jüngling das alles hört und sieht, andererseits aber die Worte des Vaters vernimmt und dessen Tun und Treiben aus der Nähe neben dem der anderen beobachtet, da fühlt er sich von beiden Seiten hin- und hergezogen: [b] hier vom Vater, der den vernünftigen Teil seiner Seele nährt und fördert, dort von den anderen, die das begehrende und mutvolle Element in ihm zu stärken suchen; weil er aber von Natur aus nicht schlecht ist, sondern nur schlechten Umgang mit anderen hat, so kommt er, von beiden angezogen, auf einen Mittelweg und überlässt die Herrschaft über sich dem mittleren Element, dem Streithaften und Mutvollen, und wird so ein hochmütiger[43] und ehrgeiziger Mann.«

»Wie mir scheint, hast du die Entwicklung eines solchen Menschen trefflich geschildert«, sagte er.

[c] »Somit haben wir«, entgegnete ich, »die zweite Staatsverfassung und den zweiten Menschentyp.«

»Ja«, sagte er.

6 »Wollen wir danach, um mit Aischylos zu sprechen, ›den

πρὸς πόλει τεταγμένον«, μᾶλλον δὲ κατὰ τὴν ὑπόθεσιν προτέραν τὴν πόλιν;

Πάνυ μὲν οὖν, ἔφη.

Εἴη δέ γ᾽ ἄν, ὡς ἐγῷμαι, ὀλιγαρχία ἡ μετὰ τὴν τοιαύτην πολιτείαν.

Λέγεις δέ, ἦ δ᾽ ὅς, τὴν ποίαν κατάστασιν ὀλιγαρχίαν;

Τὴν ἀπὸ τιμημάτων, ἦν δ᾽ ἐγώ, πολιτείαν, ἐν ᾗ οἱ μὲν [d] πλούσιοι ἄρχουσιν, πένητι δὲ οὐ μέτεστιν ἀρχῆς.

Μανθάνω, ἦ δ᾽ ὅς.

Οὐκοῦν ὡς μεταβαίνει πρῶτον ἐκ τῆς τιμαρχίας εἰς τὴν ὀλιγαρχίαν, ῥητέον;

Ναί.

Καὶ μήν, ἦν δ᾽ ἐγώ, καὶ τυφλῷ γε δῆλον ὡς μεταβαίνει.

Πῶς;

Τὸ ταμιεῖον, ἦν δ᾽ ἐγώ, ἐκεῖνο ἑκάστῳ χρυσίου πληρούμενον ἀπόλλυσι τὴν τοιαύτην πολιτείαν. πρῶτον μὲν γὰρ δαπάνας αὑτοῖς ἐξευρίσκουσιν, καὶ τοὺς νόμους ἐπὶ τοῦτο παράγουσιν, ἀπειθοῦντες αὐτοί τε καὶ γυναῖκες αὐτῶν.

Εἰκός, ἔφη.

[e] Ἔπειτά γε οἶμαι ἄλλος ἄλλον ὁρῶν καὶ εἰς ζῆλον ἰὼν τὸ πλῆθος τοιοῦτον αὑτῶν ἀπηργάσαντο.

Εἰκός.

Τοὐντεῦθεν τοίνυν, εἶπον, προϊόντες εἰς τὸ πρόσθεν τοῦ χρηματίζεσθαι, ὅσῳ ἂν τοῦτο τιμιώτερον ἡγῶνται, τοσούτῳ ἀρετὴν ἀτιμοτέραν. ἢ οὐχ οὕτω πλούτου ἀρετὴ διέστηκεν, ὥσπερ ἐν πλάστιγγι ζυγοῦ κειμένου ἑκατέρου, ἀεὶ τοὐναντίον ῥέποντε;

nächsten Mann, zugeordnet dem nächsten Staat‹,[44] behandeln oder eher, wie es unserem Vorhaben entspricht,[45] zuerst den Staat?«

»Zuerst den Staat«, sagte er.

»Das wäre dann, glaube ich, die Oligarchie, die als nächste Verfassung an der Reihe ist.«

»Welche Verfassung nennst du Oligarchie?«, fragte er.

»Die Verfassung«, antwortete ich, »die auf Vermögensschätzung beruht, in der die [d] Reichen herrschen und die Armen keinen Anteil an der Macht haben.«[46]

»Ich verstehe«, sagte er.

»Zuerst muss man wohl den Übergang von der Timarchie zur Oligarchie behandeln?«

»Ja.«

»Es müsste selbst einem Blinden klar sein, wie sich der vollzieht«, erwiderte ich.

»Wie denn?«

»Jene Schatzkammer«, antwortete ich, »die sich ein jeder mit Gold gefüllt hat,[47] verdirbt diesen Staat. Zuerst erfinden sie Anlässe, um Aufwand zu treiben, und biegen sich danach die Gesetze zurecht und verstoßen gegen sie, sowohl die Männer selbst als auch ihre Frauen.«

»Ja, wahrscheinlich«, sagte er.

[e] »Dann schaut, glaube ich, einer auf den anderen, und jeder will es dem anderen gleichtun, und so verderben sie das ganze Volk nach ihrem Vorbild.«

»Offenbar.«

»Hierauf«, fuhr ich fort, »schreiten sie immer weiter voran, sich zu bereichern, und je ehrenvoller ihnen das erscheint, umso weniger achten sie die Tugend. Oder verhalten sich nicht Tugend und Reichtum zueinander ebenso, als lägen beide auf den Schalen einer Waage, deren eine immer sinkt, wenn die andere emporsteigt?«[48]

Καὶ μάλ᾽, ἔφη.

[551a] Τιμωμένου δὴ πλούτου ἐν πόλει καὶ τῶν πλουσίων ἀτιμοτέρα ἀρετή τε καὶ οἱ ἀγαθοί.

Δῆλον.

Ἀσκεῖται δὴ τὸ ἀεὶ τιμώμενον, ἀμελεῖται δὲ τὸ ἀτιμαζόμενον.

Οὕτω.

Ἀντὶ δὴ φιλονίκων καὶ φιλοτίμων ἀνδρῶν φιλοχρηματισταὶ καὶ φιλοχρήματοι τελευτῶντες ἐγένοντο, καὶ τὸν μὲν πλούσιον ἐπαινοῦσίν τε καὶ θαυμάζουσι καὶ εἰς τὰς ἀρχὰς ἄγουσι, τὸν δὲ πένητα ἀτιμάζουσι.

Πάνυ γε.

Οὐκοῦν τότε δὴ νόμον τίθενται ὅρον πολιτείας ὀλιγαρχικῆς [b] ταξάμενοι πλῆθος χρημάτων, οὗ μὲν μᾶλλον ὀλιγαρχία, πλέον, οὗ δ᾽ ἧττον, ἔλαττον, προειπόντες ἀρχῶν μὴ μετέχειν ᾧ ἂν μὴ ᾖ οὐσία εἰς τὸ ταχθὲν τίμημα, ταῦτα δὲ ἢ βίᾳ μεθ᾽ ὅπλων διαπράττονται, ἢ καὶ πρὸ τούτου φοβήσαντες κατεστήσαντο τὴν τοιαύτην πολιτείαν. ἢ οὐχ οὕτως;

Οὕτω μὲν οὖν.

Ἡ μὲν δὴ κατάστασις ὡς ἔπος εἰπεῖν αὕτη.

Ναί, ἔφη· ἀλλὰ τίς δὴ ὁ τρόπος τῆς πολιτείας; καὶ ποῖά [c] ἐστιν ἃ ἔφαμεν αὐτὴν ἁμαρτήματα ἔχειν;

7 Πρῶτον μέν, ἔφην, τοῦτο αὐτό, ὅρος αὐτῆς οἷός ἐστιν. ἄθρει γάρ, εἰ νεῶν οὕτω τις ποιοῖτο κυβερνήτας, ἀπὸ τιμημάτων, τῷ δὲ πένητι, εἰ καὶ κυβερνητικώτερος εἴη, μὴ ἐπιτρέποι –

Πονηράν, ἦ δ᾽ ὅς, τὴν ναυτιλίαν αὐτοὺς ναυτίλλεσθαι.

»Sehr richtig«, sagte er.

[551a] »Wo in einem Staat der Reichtum und die Reichen geschätzt werden, dort sind die Tugend und die Guten weniger geachtet.«

»Klar.«

»Was allenthalben geachtet wird, betreibt man, was missachtet wird, vernachlässigt man.«

»So ist es.«

»So wurden aus siegliebenden und ehrgeizigen Männern schließlich gewinnsüchtige und geldgierige; sie rühmen und bewundern den Reichtum und bringen ihn zur Herrschaft, Armut aber missachten sie.«[49]

»Ja, gewiss.«

»Dann erlassen sie ein Gesetz als Maßstab der oligarchischen Verfassung und [b] bestimmen eine Geldsumme; je größer diese ist, umso rigoroser ist die Oligarchie, je kleiner aber, umso schwächer; und sie bestimmen, dass niemand an der Herrschaft teilhaben soll, dessen Vermögen die festgesetzte Summe nicht erreicht; das setzten sie dann mit Waffengewalt durch, wenn sie nicht schon vorher durch Einschüchterung der Bürger eine solche Verfassung eingeführt haben. Ist es nicht so?«

»Allerdings.«

»So also kommt es, um es kurz und bündig zu sagen, zur Einführung dieser Verfassung.«

»Ja«, sagte er. »Was aber ist nun das Wesen der Oligarchie und was [c] sind ihre Fehler, von denen wir sprachen?«[50]

7 »Der erste«, erwiderte ich, »ist eben diese Vermögensgrenze. Sieh nur, wie wäre es, wenn man so, nach der Einschätzung des Vermögens, den Steuermann eines Schiffes einsetzen wollte und den Armen, auch wenn er der bessere Steuermann wäre, nicht zuließe?«

»Dann hätten sie eine schlimme Fahrt«, sagte er.

Οὐκοῦν καὶ περὶ ἄλλου οὕτως ὁτουτοῦν [ἤ τινος] ἀρχῆς;

Οἶμαι ἔγωγε.

Πλὴν πόλεως; ἦν δ᾽ ἐγώ· ἢ καὶ πόλεως πέρι;

Πολύ γ᾽, ἔφη, μάλιστα, ὅσῳ χαλεπωτάτη καὶ μεγίστη ἡ ἀρχή.

[d] Ἓν μὲν δὴ τοῦτο τοσοῦτον ὀλιγαρχία ἂν ἔχοι ἁμάρτημα.

Φαίνεται.

Τί δέ; τόδε ἆρά τι τούτου ἔλαττον;

Τὸ ποῖον;

Τὸ μὴ μίαν ἀλλὰ δύο ἀνάγκῃ εἶναι τὴν τοιαύτην πόλιν, τὴν μὲν πενήτων, τὴν δὲ πλουσίων, οἰκοῦντας ἐν τῷ αὐτῷ, ἀεὶ ἐπιβουλεύοντας ἀλλήλοις.

Οὐδὲν μὰ Δί᾽, ἔφη, ἔλαττον.

Ἀλλὰ μὴν οὐδὲ τόδε καλόν, τὸ ἀδυνάτους εἶναι ἴσως πόλεμόν τινα πολεμεῖν διὰ τὸ ἀναγκάζεσθαι ἢ χρωμένους [e] τῷ πλήθει ὡπλισμένῳ δεδιέναι μᾶλλον ἢ τοὺς πολεμίους, ἢ μὴ χρωμένους ὡς ἀληθῶς ὀλιγαρχικοὺς φανῆναι ἐν αὐτῷ τῷ μάχεσθαι, καὶ ἅμα χρήματα μὴ ἐθέλειν εἰσφέρειν, ἅτε φιλοχρημάτους.

Οὐ καλόν.

Τί δέ; ὃ πάλαι ἐλοιδοροῦμεν, τὸ πολυπραγμονεῖν γεωργοῦντας [552a] καὶ χρηματιζομένους καὶ πολεμοῦντας ἅμα τοὺς αὐτοὺς ἐν τῇ τοιαύτῃ πολιτείᾳ, ἦ δοκεῖ ὀρθῶς ἔχειν;

Οὐδ᾽ ὁπωστιοῦν.

Ὅρα δή, τούτων πάντων τῶν κακῶν εἰ τόδε μέγιστον αὕτη πρώτη παραδέχεται.

Τὸ ποῖον;

Τὸ ἐξεῖναι πάντα τὰ αὑτοῦ ἀποδόσθαι, καὶ ἄλλῳ κτήσασθαι τὰ τούτου, καὶ ἀποδόμενον οἰκεῖν ἐν τῇ πόλει μηδὲν ὄντα τῶν τῆς

»Dasselbe gilt doch auch für jede andere leitende Stellung?«

»Ich glaube schon.«

»Außer im Staat oder auch in ihm?«, fragte ich.

»Da ganz besonders, da seine Leitung ja die schwierigste und wichtigste Aufgabe ist«, entgegnete er.

[d] »Das also wäre der eine bedeutende Fehler der Oligarchie.«

»Offenbar.«

»Wie nun? Ist der folgende etwa geringer als dieser?«

»Welcher?«

»Dass ein solcher Staat keine Einheit ist, sondern notwendigerweise in zwei Teile auseinanderbricht, in den der Armen und in den der Reichen, die, obwohl sie in einem Staat leben, einander doch ständig auflauern.«

»Beim Zeus«, sagte er, »dieser Fehler ist nicht geringer.«

»Aber auch das Folgende ist nicht schön: Sie sind vermutlich gar nicht imstande, einen Krieg zu führen, weil sie genötigt sind, entweder die breite [e] Masse in Waffen zu benützen, die sie dann mehr fürchten als die Feinde,[51] oder ohne sie als wahre ›Oligarchen‹ im Kampf zu erscheinen;[52] zudem sind sie aufgrund ihres Geizes nicht gewillt, Geld für den Krieg aufzubringen.«

»Das ist wirklich nicht schön.«

»Und dann noch die vielseitige Beschäftigung[53], gegen die wir schon längst gewettert haben. Glaubst du, es sei richtig, dass in einem solchen Staat ein und dieselben Leute Landwirte, [552a] Geschäftsleute und Krieger sind?«[54]

»Keineswegs.«

»Sieh zu, ob nicht von all diesen Übeln das folgende das größte ist, das zuerst in der Oligarchie auftritt.«

»Welches denn?«

»Dass einer seinen ganzen Besitz veräußern und ein anderer ihn erwerben kann und dass er dann weiter in dem Staat lebt, ohne ein Teil dieses Staates zu sein, nicht als Geschäftsmann,

πόλεως μερῶν, μήτε χρηματιστὴν μήτε δημιουργὸν μήτε ἱππέα μήτε ὁπλίτην, ἀλλὰ πένητα καὶ ἄπορον κεκλημένον.

[b] Πρώτη, ἔφη.

Οὔκουν διακωλύεταί γε ἐν ταῖς ὀλιγαρχουμέναις τὸ τοιοῦτον· οὐ γὰρ ἂν οἱ μὲν ὑπέρπλουτοι ἦσαν, οἱ δὲ παντάπασι πένητες.

Ὀρθῶς.

Τόδε δὲ ἄθρει· ἆρα ὅτε πλούσιος ὢν ἀνήλισκεν ὁ τοιοῦτος, μᾶλλόν τι τότ᾿ ἦν ὄφελος τῇ πόλει εἰς ἃ νυνδὴ ἐλέγομεν; ἢ ἐδόκει μὲν τῶν ἀρχόντων εἶναι, τῇ δὲ ἀληθείᾳ οὔτε ἄρχων οὔτε ὑπηρέτης ἦν αὐτῆς, ἀλλὰ τῶν ἑτοίμων ἀναλωτής;

[c] Οὕτως, ἔφη· ἐδόκει, ἦν δὲ οὐδὲν ἄλλο ἢ ἀναλωτής.

Βούλει οὖν, ἦν δ᾿ ἐγώ, φῶμεν αὐτόν, ὡς ἐν κηρίῳ κηφὴν ἐγγίγνεται, σμήνους νόσημα, οὕτω καὶ τὸν τοιοῦτον ἐν οἰκίᾳ κηφῆνα ἐγγίγνεσθαι, νόσημα πόλεως;

Πάνυ μὲν οὖν, ἔφη, ὦ Σώκρατες.

Οὐκοῦν, ὦ Ἀδείμαντε, τοὺς μὲν πτηνοὺς κηφῆνας πάντας ἀκέντρους ὁ θεὸς πεποίηκεν, τοὺς δὲ πεζοὺς τούτους ἐνίους μὲν αὐτῶν ἀκέντρους, ἐνίους δὲ δεινὰ κέντρα ἔχοντας; καὶ ἐκ μὲν τῶν ἀκέντρων πτωχοὶ πρὸς τὸ γῆρας τελευτῶσιν, ἐκ δὲ [d] τῶν κεκεντρωμένων πάντες ὅσοι κέκληνται κακοῦργοι;

Ἀληθέστατα, ἔφη.

Δῆλον ἄρα, ἦν δ᾿ ἐγώ, ἐν πόλει οὗ ἂν ἴδῃς πτωχούς, ὅτι εἰσί που ἐν τούτῳ τῷ τόπῳ ἀποκεκρυμμένοι κλέπται τε καὶ βαλλαντιατόμοι καὶ ἱερόσυλοι καὶ πάντων τῶν τοιούτων κακῶν δημιουργοί.

Δῆλον, ἔφη.

Τί οὖν; ἐν ταῖς ὀλιγαρχουμέναις πόλεσι πτωχοὺς οὐχ ὁρᾷς ἐνόντας;

Handwerker, Reiter oder Hoplit, sondern nur mehr armer Schlucker genannt wird.«

[b] »In der Oligarchie tritt das zum ersten Mal ein«, sagte er.

»So etwas wird in den Oligarchien ja nicht verhindert; sonst wären die einen nicht übermäßig reich, die anderen aber völlig mittellos.«

»Richtig.«

»Und sieh nur: Als so ein Mann noch reich war und sein Geld verschwendete, war er da dem Staat in dem eben erwähnten Sinne[55] von Nutzen? Oder gehörte er nur scheinbar zu den Herrschenden, war aber in Wahrheit weder Herr noch Diener des Staates, sondern nur ein Verschwender dessen, was ihm zu Gebote stand?«

[c] »So ist es«, sagte er, »er schien nur ein Herr zu sein, war aber nichts anderes als ein Verschwender.«

»Sollen wir nun von ihm dasselbe sagen«, fuhr ich fort, »wie von der Drohne, die in der Wabe als Plage des Bienenschwarms heranwächst? Wächst auch er genauso heran als Schmarotzer im Haus, eine Krankheit des Staates?«[56]

»Ganz genauso, Sokrates«, erwiderte er.

»Hat nicht, mein Adeimantos, Gott alle geflügelten Drohnen ohne Stachel geschaffen, von den Drohnen auf zwei Beinen aber manche ohne, manche mit einem furchtbaren Stachel? Aus denen ohne Stachel werden im Alter zuletzt Bettler, während die [d] mit Stachel ausnahmslos Verbrecher genannt werden.«

»Sehr richtig«, sagte er.

»Wo du in einem Staat«, setzte ich fort, »einen Bettler siehst, dort gibt es offenbar auch Diebe im Verborgenen und Beutelschneider, Tempelräuber und alle derartigen Übeltäter.«

»Klar«, entgegnete er.

»Wie nun? Findest du in den oligarchischen Staaten keine Bettler?«

Ὀλίγου γ᾽, ἔφη, πάντας τοὺς ἐκτὸς τῶν ἀρχόντων.

[e] Μὴ οὖν οἰόμεθα, ἔφην ἐγώ, καὶ κακούργους πολλοὺς ἐν αὐταῖς εἶναι κέντρα ἔχοντας, οὓς ἐπιμελείᾳ βίᾳ κατέχουσιν αἱ ἀρχαί;

Οἰόμεθα μὲν οὖν, ἔφη.

Ἆρ᾽ οὖν οὐ δι᾽ ἀπαιδευσίαν καὶ κακὴν τροφὴν καὶ κατάστασιν τῆς πολιτείας φήσομεν τοὺς τοιούτους αὐτόθι ἐγγίγνεσθαι;

Φήσομεν.

Ἀλλ᾽ οὖν δὴ τοιαύτη γέ τις ἂν εἴη ἡ ὀλιγαρχουμένη πόλις καὶ τοσαῦτα κακὰ ἔχουσα, ἴσως δὲ καὶ πλείω.

Σχεδόν τι, ἔφη.

[553a] Ἀπειργάσθω δὴ ἡμῖν καὶ αὕτη, ἦν δ᾽ ἐγώ, ἡ πολιτεία, ἣν ὀλιγαρχίαν καλοῦσιν, ἐκ τιμημάτων ἔχουσα τοὺς ἄρχοντας· τὸν δὲ ταύτῃ ὅμοιον μετὰ ταῦτα σκοπῶμεν, ὥς τε γίγνεται οἷός τε γενόμενός ἐστιν.

Πάνυ μὲν οὖν, ἔφη.

8 Ἆρ᾽ οὖν ὧδε μάλιστα εἰς ὀλιγαρχικὸν ἐκ τοῦ τιμοκρατικοῦ ἐκείνου μεταβάλλει;

Πῶς;

Ὅταν αὐτοῦ παῖς γενόμενος τὸ μὲν πρῶτον ζηλοῖ τε τὸν πατέρα καὶ τὰ ἐκείνου ἴχνη διώκῃ, ἔπειτα αὐτὸν ἴδῃ ἐξαίφνης [b] πταίσαντα ὥσπερ πρὸς ἕρματι πρὸς τῇ πόλει, καὶ ἐκχέαντα τά τε αὑτοῦ καὶ ἑαυτόν, ἢ στρατηγήσαντα ἤ τιν᾽ ἄλλην μεγάλην ἀρχὴν ἄρξαντα, εἶτα εἰς δικαστήριον ἐμπεσόντα [βλαπτόμενον] ὑπὸ συκοφαντῶν ἢ ἀποθανόντα ἢ ἐκπεσόντα ἢ ἀτιμωθέντα καὶ τὴν οὐσίαν ἅπασαν ἀποβαλόντα.

Εἰκός γ᾽, ἔφη.

Ἰδὼν δέ γε, ὦ φίλε, ταῦτα καὶ παθὼν καὶ ἀπολέσας τὰ ὄντα, δεί-

»Fast alle sind Bettler, außer den Herrschenden«, antwortete er.

[e] »Müssen wir nicht annehmen«, fragte ich, »dass es dort auch viele Verbrecher mit Stacheln gibt, die von den Behörden geflissentlich mit Gewalt niedergehalten werden?«

»Ja, das müssen wir annehmen«, sagte er.

»Werden wir nicht sagen, ihr Auftreten dort sei auf mangelnde Bildung, schlechte Erziehung und auf die Verfassung des Staates zurückzuführen?«

»Ja, das werden wir sagen.«

»Das also ist die oligarchische Staatsform mit ihren zahlreichen Fehlern; vielleicht sind es sogar noch mehr.«

»Ja, so steht es etwa mit ihr«, sagte er.

[553a] »Damit haben wir«, fuhr ich fort, »auch diese Verfassung behandelt, die man Oligarchie nennt und die ihre Herrscher aufgrund der Einschätzung ihres Vermögens erhält. Danach wollen wir den ihr entsprechenden Mann betrachten, seine Entstehung und sein Wesen.«

»Gewiss«, sprach er.

8 »Geht der Wandel vom timokratischen zum oligarchischen Menschen nicht etwa so vor sich?«

»Wie?«

»Etwa wenn der Sohn zunächst seinem Vater nacheifert und seinen Fußspuren folgt, dann aber plötzlich sieht, [b] wie dieser am Staat wie an einer Klippe scheitert, seine Habe und sich selbst aufgibt, nachdem er das Amt eines Strategen oder sonst ein höheren Amt bekleidet hat, dann aber von Denunzianten[57] vor Gericht gezerrt und zum Tod oder zu Verbannung und Ehrverlust verurteilt wird und sein ganzes Vermögen verliert.«

»Ja, so etwas kann vorkommen«, sagte er.

»Wenn er das sieht und miterlebt und sein Vermögen verliert, dann, mein Lieber, glaube ich, stürzt er aus lauter Angst

σας οἶμαι εὐθὺς ἐπὶ κεφαλὴν ὠθεῖ ἐκ τοῦ θρόνου [c] τοῦ ἐν τῇ ἑαυτοῦ ψυχῇ φιλοτιμίαν τε καὶ τὸ θυμοειδὲς ἐκεῖνο, καὶ ταπεινωθεὶς ὑπὸ πενίας πρὸς χρηματισμὸν τραπόμενος γλίσχρως καὶ κατὰ σμικρὸν φειδόμενος καὶ ἐργαζόμενος χρήματα συλλέγεται. ἆρ' οὐκ οἴει τὸν τοιοῦτον τότε εἰς μὲν τὸν θρόνον ἐκεῖνον τὸ ἐπιθυμητικόν τε καὶ φιλοχρήματον ἐγκαθίζειν καὶ μέγαν βασιλέα ποιεῖν ἐν ἑαυτῷ, τιάρας τε καὶ στρεπτοὺς καὶ ἀκινάκας παραζωννύντα;

Ἔγωγ', ἔφη.

[d] Τὸ δέ γε οἶμαι λογιστικόν τε καὶ θυμοειδὲς χαμαὶ ἔνθεν καὶ ἔνθεν παρακαθίσας ὑπ' ἐκείνῳ καὶ καταδουλωσάμενος, τὸ μὲν οὐδὲν ἄλλο ἐᾷ λογίζεσθαι οὐδὲ σκοπεῖν ἀλλ' ἢ ὁπόθεν ἐξ ἐλαττόνων χρημάτων πλείω ἔσται, τὸ δὲ αὖ θαυμάζειν καὶ τιμᾶν μηδὲν ἄλλο ἢ πλοῦτόν τε καὶ πλουσίους, καὶ φιλοτιμεῖσθαι μηδ' ἐφ' ἑνὶ ἄλλῳ ἢ ἐπὶ χρημάτων κτήσει καὶ ἐάν τι ἄλλο εἰς τοῦτο φέρῃ.

Οὐκ ἔστ' ἄλλη, ἔφη, μεταβολὴ οὕτω ταχεῖά τε καὶ ἰσχυρὰ ἐκ φιλοτίμου νέου εἰς φιλοχρήματον.

[e] Ἆρ' οὖν οὗτος, ἦν δ' ἐγώ, ὀλιγαρχικός ἐστιν;

Ἡ γοῦν μεταβολὴ αὐτοῦ ἐξ ὁμοίου ἀνδρός ἐστι τῇ πολιτείᾳ, ἐξ ἧς ἡ ὀλιγαρχία μετέστη.

Σκοπῶμεν δὴ εἰ ὅμοιος ἂν εἴη.

[554a] Σκοπῶμεν.

9 Οὐκοῦν πρῶτον μὲν τῷ χρήματα περὶ πλείστου ποιεῖσθαι ὅμοιος ἂν εἴη;

Πῶς δ' οὔ;

Καὶ μὴν τῷ γε φειδωλὸς εἶναι καὶ ἐργάτης, τὰς ἀναγκαίους ἐπιθυμίας μόνον τῶν παρ' αὑτῷ ἀποπιμπλάς, τὰ δὲ ἄλλα ἀναλώματα μὴ παρεχόμενος, ἀλλὰ δουλούμενος τὰς ἄλλας ἐπιθυμίας ὡς ματαίους.

sogleich seinen früheren Ehrgeiz und das Mutvolle Hals über Kopf vom Thron [c] seiner Seele; von Armut erniedrigt, verlegt er sich auf den Gelderwerb, und zäh und sparsam im Kleinen müht er sich ab, um wieder zu Geld zu kommen. Glaubst du nicht, dass ein solcher Mensch dann das Begehrende und Geldgierige auf jenen Thron setzt und zu seinem Großkönig macht und mit der Tiara, mit Halsketten und Prunksäbeln schmückt?«[58]

»Ja, das glaube ich«, erwiderte er.

[d] »Das Vernünftige und das Muthafte setzt er zu beiden Seiten des Thrones auf den Boden und macht sie zu Sklaven; das eine aber lässt er nur noch daran denken und nur danach trachten, wie aus wenig Geld mehr werden könnte, das andere wieder nichts anderes bewundern und verehren als den Reichtum und reiche Leute, und sein Ehrgeiz richtet sich nur auf den Gelderwerb und auf das, was dazu führt.«

»Es gibt«, sagte er, »keine schnellere und gründlichere Verwandlung eines ehrliebenden Jünglings zu einem geldgierigen.«

[e] »Und dieser ist doch wohl der oligarchische Mensch?«, fragte ich.

»Wenigstens vollzieht sich sein Wandel aus einem Menschen, der derjenigen Staatsform entspricht, aus der sich die Oligarchie entwickelt hat.«

»Untersuchen wir nun, ob auch er dieser jetzt entspricht.«

[554a] »Ja, einverstanden.«

9 »Entspricht er ihr nicht vor allem darin, dass er das Geld am höchsten schätzt?«

»Gewiss.«

»Dann auch darin, dass er sparsam[59] und fleißig ist, sich selbst nur die notwendigen Bedürfnisse[60] erfüllt und sich keinen weiteren Aufwand gönnt, sondern alle weiteren Wünsche als eitel unterdrückt.«

Πάνυ μὲν οὖν.

Αὐχμηρός γέ τις, ἦν δ᾿ ἐγώ, ὢν καὶ ἀπὸ παντὸς περιουσίαν ποιούμενος, θησαυροποιὸς ἀνήρ – οὓς δὴ καὶ ἐπαινεῖ τὸ πλῆθος [b] – ἦ οὐχ οὗτος ἂν εἴη ὁ τῇ τοιαύτῃ πολιτείᾳ ὅμοιος;

Ἐμοὶ γοῦν, ἔφη, δοκεῖ· χρήματα γοῦν μάλιστα ἔντιμα τῇ τε πόλει καὶ παρὰ τῷ τοιούτῳ.

Οὐ γὰρ οἶμαι, ἦν δ᾿ ἐγώ, παιδείᾳ ὁ τοιοῦτος προσέσχηκεν.

Οὐ δοκῶ, ἔφη· οὐ γὰρ ἂν τυφλὸν ἡγεμόνα τοῦ χοροῦ ἐστήσατο καὶ ἐτί⟨μα⟩ μάλιστα.

Εὖ, ἦν δ᾿ ἐγώ. τόδε δὲ σκόπει· κηφηνώδεις ἐπιθυμίας ἐν αὐτῷ διὰ τὴν ἀπαιδευσίαν μὴ φῶμεν ἐγγίγνεσθαι, τὰς μὲν [c] πτωχικάς, τὰς δὲ κακούργους, κατεχομένας βίᾳ ὑπὸ τῆς ἄλλης ἐπιμελείας;

Καὶ μάλ᾿, ἔφη.

Οἶσθ᾿ οὖν, εἶπον, οἷ ἀποβλέψας κατόψει αὐτῶν τὰς κακουργίας;

Ποῖ; ἔφη.

Εἰς τὰς τῶν ὀρφανῶν ἐπιτροπεύσεις, καὶ εἴ πού τι αὐτοῖς τοιοῦτον συμβαίνει, ὥστε πολλῆς ἐξουσίας λαβέσθαι τοῦ ἀδικεῖν.

Ἀληθῆ.

Ἆρ᾿ οὖν οὐ τούτῳ δῆλον ὅτι ἐν τοῖς ἄλλοις συμβολαίοις ὁ τοιοῦτος, ἐν οἷς εὐδοκιμεῖ δοκῶν δίκαιος εἶναι, ἐπιεικεῖ [d] τινὶ ἑαυτοῦ βίᾳ κατέχει ἄλλας κακὰς ἐπιθυμίας ἐνούσας, οὐ πείθων ὅτι οὐκ ἄμεινον, οὐδ᾿ ἡμερῶν λόγῳ, ἀλλ᾿ ἀνάγκῃ καὶ φόβῳ, περὶ τῆς ἄλλης οὐσίας τρέμων;

»Genauso ist es.«

»Er ist ein schmutziger Mensch«, fuhr ich fort, »der aus allem und jedem seinen Profit schlägt und Geld zusammenrafft – solche Menschen lobt ja auch die breite Masse. [b] Entspricht der nicht der oligarchischen Verfassung?«

»Mir scheint, ja«, erwiderte er. »Geld ist wenigstens für eine solche Staatsverfassung und für einen solchen Menschen das Höchste.«

»Auf Geistesbildung, glaube ich, hat er keinen Wert gelegt«, fuhr ich fort.

»Ich glaube nicht«, entgegnete er, »sonst hätte er nicht einen Blinden zum Chorführer gemacht und ihn aufs Höchste geehrt.«[61]

»Gut«, sagte ich, »bedenke nun Folgendes: Sollen wir nicht sagen, dass aufgrund seiner mangelnden Bildung drohnenhafte Begierden in ihm entstanden sind, die einen [c] wie bei einem Bettler, die anderen wie bei einem Verbrecher, gewaltsam niedergehalten nur aus Sorge um anderes?«

»Ja, gewiss«, sagte er.

»Weißt du nun auch«, fuhr ich fort, »worauf du schauen musst, um die Verbrechen dieser Menschen wahrzunehmen?«

»Worauf?«, fragte er.

»Auf die Vormundschaft über Waisen und auf Ähnliches, wo sie reichlich Gelegenheit finden, Unrecht zu tun.«[62]

»Da hast du recht.«

»Geht daraus nicht klar hervor, wie sich ein solcher Mensch bei seinen übrigen Geschäften verhält? Wo es auf seinen guten Ruf als scheinbar rechtschaffener Mensch ankommt, da unterdrückt er mit einer gewissen löblichen [d] Selbstbeherrschung die anderen schlechten Begierden in seinem Inneren, aber nicht, indem er sie davon überzeugt, es sei so besser, oder indem er sie mit Vernunft beschwichtigt, sondern mit Zwang und Schrecken, weil er um sein übriges Vermögen zittert.«

Καὶ πάνυ γ᾽, ἔφη.

Καὶ νὴ Δία, ἦν δ᾽ ἐγώ, ὦ φίλε, τοῖς πολλοῖς γε αὐτῶν ἐνευρήσεις, ὅταν δέῃ τἀλλότρια ἀναλίσκειν, τὰς τοῦ κηφῆνος συγγενεῖς ἐνούσας ἐπιθυμίας.

Καὶ μάλα, ἦ δ᾽ ὅς, σφόδρα.

Οὐκ ἄρ᾽ ἂν εἴη ἀστασίαστος ὁ τοιοῦτος ἐν ἑαυτῷ, οὐδὲ εἷς ἀλλὰ διπλοῦς τις, ἐπιθυμίας δὲ ἐπιθυμιῶν ὡς τὸ πολὺ [e] κρατούσας ἂν ἔχοι βελτίους χειρόνων.

Ἔστιν οὕτω.

Διὰ ταῦτα δὴ οἶμαι εὐσχημονέστερος ἂν πολλῶν ὁ τοιοῦτος εἴη· ὁμονοητικῆς δὲ καὶ ἡρμοσμένης τῆς ψυχῆς ἀληθὴς ἀρετὴ πόρρω ποι ἐκφεύγοι ἂν αὐτόν.

Δοκεῖ μοι.

Καὶ μὴν ἀνταγωνιστής γε ἰδίᾳ ἐν πόλει ὁ φειδωλὸς [555a] φαῦλος ἤ τινος νίκης ἢ ἄλλης φιλοτιμίας τῶν καλῶν, χρήματά τε οὐκ ἐθέλων εὐδοξίας ἕνεκα καὶ τῶν τοιούτων ἀγώνων ἀναλίσκειν, δεδιὼς τὰς ἐπιθυμίας τὰς ἀναλωτικὰς ἐγείρειν καὶ συμπαρακαλεῖν ἐπὶ συμμαχίαν τε καὶ φιλονικίαν, ὀλίγοις τισὶν ἑαυτοῦ πολεμῶν ὀλιγαρχικῶς τὰ πολλὰ ἡττᾶται καὶ πλουτεῖ.

Καὶ μάλα, ἔφη.

Ἔτι οὖν, ἦν δ᾽ ἐγώ, ἀπιστοῦμεν μὴ κατὰ τὴν ὀλιγαρχουμένην πόλιν ὁμοιότητι τὸν φειδωλόν τε καὶ χρηματιστὴν [b] τετάχθαι;

Οὐδαμῶς, ἔφη.

10 Δημοκρατίαν δή, ὡς ἔοικε, μετὰ τοῦτο σκεπτέον, τίνα τε γίγνεται τρόπον, γενομένη τε ποῖόν τινα ἔχει, ἵν᾽ αὖ τὸν τοῦ τοιούτου ἀνδρὸς τρόπον γνόντες παραστησώμεθ᾽ αὐτὸν εἰς κρίσιν.

»Jawohl«, sagte er.

»Und beim Zeus, mein Lieber«, fuhr ich fort, »wenn es gilt, fremdes Gut zu verbrauchen, dann wirst du bei den meisten von ihnen drohnenhafte Begierden finden.«

»Ja, ganz gewiss«, sagte er.

»Demnach wäre ein solcher Mensch nicht ohne inneren Zwiespalt, kein einheitliches Wesen, sondern gewissermaßen ein doppeltes, doch werden bei ihm meistens [e] die besseren Begierden über die schlechteren siegen.«[63]

»So ist es.«

»Aus diesem Grund, glaube ich, wird so ein Mensch anständiger erscheinen als manch anderer. Doch von der wahren Tugend einer ausgeglichenen und harmonischen Seele ist er wohl weit entfernt.«

»Das glaube ich auch.«

»Und im Staat ist der Sparsame, was ihn selbst betrifft, ein schlechter Mitbewerber, wenn es um einen [555a] Sieg oder sonst einen ehrenvollen Wettstreit geht, weil er nicht gewillt ist, für den Ruhm und für derartige Wettkämpfe Geld auszugeben, fürchtet er doch, die Lust an Ausgaben zu wecken und sie zum Beistand des Strebens nach dem Sieg aufzurufen; da er, wie es für einen Oligarchen typisch ist, nur mit einem kleinen Teil seiner Mittel kämpft,[64] unterliegt er meistens und bleibt reich.«

»Ja, freilich«, sagte er.

»Können wir jetzt noch zweifeln«, fuhr ich fort, »dass dieser sparsame und geldsüchtige Mensch dem oligarchischen Staat [b] entspricht?«

»Keineswegs«, sagte er.

10 »Danach müssen wir offenbar noch die Demokratie behandeln, wie sie entsteht und wie sie sich dann verhält, damit wir wieder den Charakter des ihr entsprechenden Menschen erkennen und beurteilen können.«[65]

Ὁμοίως γοῦν ἄν, ἔφη, ἡμῖν αὐτοῖς πορευοίμεθα.

Οὐκοῦν, ἦν δ' ἐγώ, μεταβάλλει μὲν τρόπον τινὰ τοιόνδε ἐξ ὀλιγαρχίας εἰς δημοκρατίαν, δι' ἀπληστίαν τοῦ προκειμένου ἀγαθοῦ, τοῦ ὡς πλουσιώτατον δεῖν γίγνεσθαι;

Πῶς δή;

[c] Ἅτε οἶμαι ἄρχοντες ἐν αὐτῇ οἱ ἄρχοντες διὰ τὸ πολλὰ κεκτῆσθαι, οὐκ ἐθέλουσιν εἴργειν νόμῳ τῶν νέων ὅσοι ἂν ἀκόλαστοι γίγνωνται, μὴ ἐξεῖναι αὐτοῖς ἀναλίσκειν τε καὶ ἀπολλύναι τὰ αὐτῶν, ἵνα ὠνούμενοι τὰ τῶν τοιούτων καὶ εἰσδανείζοντες ἔτι πλουσιώτεροι καὶ ἐντιμότεροι γίγνωνται.

Παντός γε μᾶλλον.

Οὐκοῦν δῆλον ἤδη τοῦτο ἐν πόλει, ὅτι πλοῦτον τιμᾶν καὶ σωφροσύνην ἅμα ἱκανῶς κτᾶσθαι ἐν τοῖς πολίταις [d] ἀδύνατον, ἀλλ' ἀνάγκη ἢ τοῦ ἑτέρου ἀμελεῖν ἢ τοῦ ἑτέρου;

Ἐπιεικῶς, ἔφη, δῆλον.

Παραμελοῦντες δὴ ἐν ταῖς ὀλιγαρχίαις καὶ ἐφιέντες ἀκολασταίνειν οὐκ ἀγεννεῖς ἐνίοτε ἀνθρώπους πένητας ἠνάγκασαν γενέσθαι.

Μάλα γε.

Κάθηνται δὴ οἶμαι οὗτοι ἐν τῇ πόλει κεκεντρωμένοι τε καὶ ἐξωπλισμένοι, οἱ μὲν ὀφείλοντες χρέα, οἱ δὲ ἄτιμοι γεγονότες, οἱ δὲ ἀμφότερα, μισοῦντές τε καὶ ἐπιβουλεύοντες τοῖς κτησαμένοις τὰ αὐτῶν καὶ τοῖς ἄλλοις, νεωτερισμοῦ [e] ἐρῶντες.

Ἔστι ταῦτα.

Οἱ δὲ δὴ χρηματισταὶ ἐγκύψαντες, οὐδὲ δοκοῦντες τούτους

»So würden wir wenigstens gleich vorgehen wie bisher«, sagte er.

»Der Wandel von der Oligarchie zur Demokratie«, so setzte ich fort, »vollzieht sich doch aus der ungestillten Begierde nach dem Guten, das man sich zum Ziel gesetzt hat, nämlich dass man möglichst reich werden soll?«

»Wieso?«

[c] »Weil meines Erachtens die Herrschenden in der Oligarchie nur aufgrund ihres großen Vermögens an der Macht sind, wollen sie die jungen Leute in ihrer zügellosen Verschwendungssucht nicht durch ein Gesetz in Schranken weisen, damit sie ihr Hab und Gut nicht verschwenden und zugrunde richten; sie selbst möchten ja den Besitz solcher Leute aufkaufen und durch Wucherzinsen an sich bringen, um noch reicher und angesehener zu werden.«

»Allerdings.«

»Das ist doch wohl klar: Die Bürger eines Staates können unmöglich zugleich den Reichtum schätzen und hinreichend Besonnenheit besitzen; [d] eines von beiden werden sie wohl zwangsläufig vernachlässigen?«

»Das ist ziemlich klar«, antwortete er.

»Da man sich also in der Oligarchie um die Zügellosigkeit nicht kümmert, sondern sie einreißen lässt, drängt man mitunter auch treffliche Leute in die Armut.«

»Ja, gewiss.«

»Da sitzen sie dann, denke ich, mit Stacheln und Waffen bewehrt, im Staat herum, die einen haben Schulden, die anderen haben ihre Ehre verloren, die dritten aber haben beides, und verfolgen mit ihrem Hass nicht nur die, welche ihren Besitz erworben haben, sondern auch all die anderen, und [e] sehnen sich nach einem Umsturz.«[66]

»So ist es.«

»Die Geldmenschen aber ducken sich und scheinen jene gar

ὁρᾶν, τῶν λοιπῶν τὸν ἀεὶ ὑπείκοντα ἐνιέντες ἀργύριον τιτρώσκοντες, καὶ τοῦ πατρὸς ἐκγόνους τόκους πολλαπλασίους [556a] κομιζόμενοι, πολὺν τὸν κηφῆνα καὶ πτωχὸν ἐμποιοῦσι τῇ πόλει.

Πῶς γάρ, ἔφη, οὐ πολύν;

Καὶ οὔτε γ᾽ ἐκείνῃ, ἦν δ᾽ ἐγώ, τὸ τοιοῦτον κακὸν ἐκκαόμενον ἐθέλουσιν ἀποσβεννύναι, εἴργοντες τὰ αὑτοῦ ὅπῃ τις βούλεται τρέπειν, οὔτε τῇδε, ᾗ αὖ κατὰ ἕτερον νόμον τὰ τοιαῦτα λύεται.

Κατὰ δὴ τίνα;

Ὃς μετ᾽ ἐκεῖνόν ἐστι δεύτερος καὶ ἀναγκάζων ἀρετῆς ἐπιμελεῖσθαι τοὺς πολίτας. ἐὰν γὰρ ἐπὶ τῷ αὑτοῦ κινδύνῳ [b] τὰ πολλά τις τῶν ἑκουσίων συμβολαίων προστάττῃ συμβάλλειν, χρηματίζοιντο μὲν ἂν ἧττον ἀναιδῶς ἐν τῇ πόλει, ἐλάττω δ᾽ ἐν αὐτῇ φύοιτο τῶν τοιούτων κακῶν οἵων νυνδὴ εἴπομεν.

Καὶ πολύ γε, ἦ δ᾽ ὅς.

Νῦν δέ γ᾽, ἔφην ἐγώ, διὰ πάντα τὰ τοιαῦτα τοὺς μὲν δὴ ἀρχομένους οὕτω διατιθέασιν ἐν τῇ πόλει οἱ ἄρχοντες· σφᾶς δὲ αὐτοὺς καὶ τοὺς αὑτῶν – ἆρ᾽ οὐ τρυφῶντας μὲν τοὺς νέους καὶ ἀπόνους καὶ πρὸς τὰ τοῦ σώματος καὶ πρὸς [c] τὰ τῆς ψυχῆς, μαλακοὺς δὲ καρτερεῖν πρὸς ἡδονάς τε καὶ λύπας καὶ ἀργούς;

Τί μήν;

Αὐτοὺς δὲ πλὴν χρηματισμοῦ τῶν ἄλλων ἠμεληκότας, καὶ οὐδὲν πλείω ἐπιμέλειαν πεποιημένους ἀρετῆς ἢ τοὺς πένητας;

Οὐ γὰρ οὖν.

Οὕτω δὴ παρεσκευασμένοι ὅταν παραβάλλωσιν ἀλλήλοις οἵ τε ἄρχοντες καὶ οἱ ἀρχόμενοι ἢ ἐν ὁδῶν πορείαις ἢ ἐν ἄλλαις τισὶ κοι-

nicht zu bemerken; von den übrigen jungen Leuten schädigen sie jeden, der sich mit ihnen einlässt, indem sie ihm Darlehen gewähren und Zinsen einstreichen, die ein Vielfaches vom verliehenen Kapital ausmachen[67]; [556a] so vermehren sie die Zahl der Drohnen und Bettler im Staat.«

»Natürlich werden sie so immer mehr«, sagte er.

»Und dieses Unheil, das dem Staat da emporlodert, wollen sie nicht eindämmen«, fuhr ich fort, »weder so, dass sie durch jenes Gesetz die beliebige Verschwendung des Vermögens verhindern, noch, dass sie durch ein anderes Gesetz derlei Missstände beseitigen.«

»Durch welches denn?«

»Durch das Gesetz, welches jenem folgen und die Bürger zwingen sollte, sich darum zu bemühen, gut zu sein. Denn wenn ein Gesetz festlegte, dass man [b] normalerweise diese freiwilligen Schuldverträge auf eigene Gefahr[68] abschließen müsse, dann gäbe es im Staat weniger so schamlose Geldgeschäfte, und es käme dort auch zu weniger derartigen Missständen, wie wir sie eben besprochen haben.«

»Sicherlich«, sagte er.

»Nun aber«, fuhr ich fort, »bringen die Herrschenden aus all diesen Gründen die Beherrschten im Staat in eine solche Lage. Und gewöhnen sie nicht sich selbst und die Ihren schon in der Jugend an Schwelgerei und machen sie unfähig, körperliche und geistige Mühen zu ertragen, [c] weichlich im Widerstand gegen Lust und Schmerz und dazu noch faul?«

»Gewiss.«

»Sie selbst aber kümmern sich nur um den Gelderwerb und machen sich aus der Tugend ebenso wenig wie die Armen?«

»Richtig.«

»Wenn nun beide, Herrschende und Beherrschte, in diesem Zustand aufeinandertreffen, sei es auf Reisen, sei es sonst bei gemeinsamen Anlässen, bei Festgesandtschaften, auf Feld-

νωνίαις, ἢ κατὰ θεωρίας ἢ κατὰ στρατείας, ἢ σύμπλοι γιγνόμενοι ἢ συστρατιῶται, ἢ καὶ ἐν αὐτοῖς τοῖς [d] κινδύνοις ἀλλήλους θεώμενοι μηδαμῇ ταύτῃ καταφρονῶνται οἱ πένητες ὑπὸ τῶν πλουσίων, ἀλλὰ πολλάκις ἰσχνὸς ἀνὴρ πένης, ἡλιωμένος, παραταχθεὶς ἐν μάχῃ πλουσίῳ ἐσκιατροφηκότι, πολλὰς ἔχοντι σάρκας ἀλλοτρίας, ἴδῃ ἄσθματός τε καὶ ἀπορίας μεστόν, ἆρ᾽ οἴει αὐτὸν οὐχ ἡγεῖσθαι κακίᾳ τῇ σφετέρᾳ πλουτεῖν τοὺς τοιούτους, καὶ ἄλλον ἄλλῳ παραγγέλλειν, ὅταν ἰδίᾳ συγγίγνωνται, ὅτι »Ἄνδρες ἡμέτεροι· [e] εἰσὶ γὰρ οὐδέν«;

Εὖ οἶδα μὲν οὖν, ἔφη, ἔγωγε, ὅτι οὕτω ποιοῦσιν.

Οὐκοῦν ὥσπερ σῶμα νοσῶδες μικρᾶς ῥοπῆς ἔξωθεν δεῖται προσλαβέσθαι πρὸς τὸ κάμνειν, ἐνίοτε δὲ καὶ ἄνευ τῶν ἔξω στασιάζει αὐτὸ αὑτῷ, οὕτω δὴ καὶ ἡ κατὰ ταὐτὰ ἐκείνῳ διακειμένη πόλις ἀπὸ σμικρᾶς προφάσεως, ἔξωθεν ἐπαγομένων ἢ τῶν ἑτέρων ἐξ ὀλιγαρχουμένης πόλεως συμμαχίαν ἢ τῶν ἑτέρων ἐκ δημοκρατουμένης, νοσεῖ τε καὶ αὐτὴ αὑτῇ μάχεται, ἐνίοτε δὲ καὶ ἄνευ τῶν ἔξω στασιάζει;

[557a] Καὶ σφόδρα γε.

Δημοκρατία δὴ οἶμαι γίγνεται ὅταν οἱ πένητες νικήσαντες τοὺς μὲν ἀποκτείνωσι τῶν ἑτέρων, τοὺς δὲ ἐκβάλωσι, τοῖς δὲ λοιποῖς ἐξ ἴσου μεταδῶσι πολιτείας τε καὶ ἀρχῶν, καὶ ὡς τὸ πολὺ ἀπὸ κλήρων αἱ ἀρχαὶ ἐν αὐτῇ γίγνονται.

Ἔστι γάρ, ἔφη, αὕτη ἡ κατάστασις δημοκρατίας, ἐάντε καὶ δι᾽ ὅπλων γένηται ἐάντε καὶ διὰ φόβον ὑπεξελθόντων τῶν ἑτέρων.

11 Τίνα δὴ οὖν, ἦν δ᾽ ἐγώ, οὗτοι τρόπον οἰκοῦσι; καὶ ποία [b] τις

zügen, bei einer gemeinsamen Schiffsreise, als Kriegskameraden, oder wenn sie gar in [d] Gefahren sich gegenseitig beobachten, dann werden die Armen von den Reichen keineswegs verachtet; wenn dann oftmals so ein armer Schlucker, hager und sonnenverbrannt in der Schlacht neben einem reichen Stubenhocker steht, der viel überflüssiges Fett an sich trägt, und sieht, wie er keucht und völlig hilflos ist, glaubst du nicht, dass er sich dann denkt, dass diese Leute ihren Reichtum nur der Unfähigkeit der Armen verdanken? Und dass sie dann, wenn sie unter sich sind, einer den anderen auffordern: ›Diese Männer sind in unserer Hand, [e] denn sie taugen nichts‹?«[69]

»Ich weiß wohl, dass sie das tun«, sagte er.

»Und wie ein kränklicher Körper nur eines schwachen Anstoßes von außen bedarf, um in eine schwere Krankheit zu fallen, ja mitunter sogar ohne äußeren Anlass in sich zerfällt, so ergeht es auch dem Staat, der sich in einem ähnlichen Zustand befindet;[70] aus einem geringen Anlass, wenn etwa die eine Partei aus einem oligarchischen Staat fremde Hilfe herbeiholt, oder die andere aus einem demokratischen Staat, wird er krank und kämpft mit sich selbst, mitunter gerät er aber auch ohne äußeren Anlass in Zerfall.«

[557a] »Sicherlich.«

»Meiner Meinung nach entsteht die Demokratie, wenn die Armen siegen und ihre Gegner töten oder in die Verbannung schicken, alle Übrigen aber gleichermaßen am Staat und an der Herrschaft teilhaben lassen, wobei die Ämter in der Regel durch das Los vergeben werden.«

»So also kommt die Demokratie zustande«, sagte er, »mag das nun mit Waffengewalt geschehen oder durch Flucht der anderen Partei aus Angst.«

11 »Wie lebt man nun in einer Demokratie«, fuhr ich fort, »und wie steht es [b] mit einer solchen Verfassung? Denn of-

ἡ τοιαύτη αὖ πολιτεία; δῆλον γὰρ ὅτι ὁ τοιοῦτος ἀνὴρ δημοκρατικός τις ἀναφανήσεται.

Δῆλον, ἔφη.

Οὐκοῦν πρῶτον μὲν δὴ ἐλεύθεροι, καὶ ἐλευθερίας ἡ πόλις μεστὴ καὶ παρρησίας γίγνεται, καὶ ἐξουσία ἐν αὐτῇ ποιεῖν ὅτι τις βούλεται;

Λέγεταί γε δή, ἔφη.

Ὅπου δέ γε ἐξουσία, δῆλον ὅτι ἰδίαν ἕκαστος ἂν κατασκευὴν τοῦ αὑτοῦ βίου κατασκευάζοιτο ἐν αὐτῇ, ἥτις ἕκαστον ἀρέσκοι.

Δῆλον.

[c] Παντοδαποὶ δὴ ἂν οἶμαι ἐν ταύτῃ τῇ πολιτείᾳ μάλιστ' ἐγγίγνοιντο ἄνθρωποι.

Πῶς γὰρ οὔ;

Κινδυνεύει, ἦν δ' ἐγώ, καλλίστη αὕτη τῶν πολιτειῶν εἶναι· ὥσπερ ἱμάτιον ποικίλον πᾶσιν ἄνθεσι πεποικιλμένον, οὕτω καὶ αὕτη πᾶσιν ἤθεσιν πεποικιλμένη καλλίστη ἂν φαίνοιτο. καὶ ἴσως μέν, ἦν δ' ἐγώ, καὶ ταύτην, ὥσπερ οἱ παῖδές τε καὶ αἱ γυναῖκες τὰ ποικίλα θεώμενοι, καλλίστην ἂν πολλοὶ κρίνειαν.

Καὶ μάλ', ἔφη.

[d] Καὶ ἔστιν γε, ὦ μακάριε, ἦν δ' ἐγώ, ἐπιτήδειον ζητεῖν ἐν αὐτῇ πολιτείαν.

Τί δή;

Ὅτι πάντα γένη πολιτειῶν ἔχει διὰ τὴν ἐξουσίαν, καὶ κινδυνεύει τῷ βουλομένῳ πόλιν κατασκευάζειν, ὃ νυνδὴ ἡμεῖς ἐποιοῦμεν, ἀναγκαῖον εἶναι εἰς δημοκρατουμένην ἐλθόντι πόλιν, ὃς ἂν αὐτὸν ἀρέσκῃ τρόπος, τοῦτον ἐκλέξασθαι, ὥσπερ εἰς παντοπώλιον ἀφικομένῳ πολιτειῶν, καὶ ἐκλεξαμένῳ οὕτω κατοικίζειν.

[e] Ἴσως γοῦν, ἔφη, οὐκ ἂν ἀποροῖ παραδειγμάτων.

Τὸ δὲ μηδεμίαν ἀνάγκην, εἶπον, εἶναι ἄρχειν ἐν ταύτῃ τῇ πόλει,

fenbar wird sich der Mensch, der ihr entspricht, als Demokrat erweisen.«

»Offenbar«, erwiderte er.

»Vor allem sind die Menschen in ihr frei, und der Staat ist voll von Freiheit, Freiheit auch im Reden, und jeder kann dort tun, was er will?«[71]

»So sagt man wenigstens«, entgegnete er.

»Wo es aber erlaubt ist, da wird sich offensichtlich jeder sein Leben so gestalten, wie es ihm gerade gefällt.«[72]

»Klar.«

[c] »In einem solchen Staat wird es wohl auch die verschiedensten Menschentypen geben.«

»Natürlich.«

»Es scheint also«, fuhr ich fort, »dass diese Verfassung die schönste von allen ist. Wie ein buntes Kleid, das mit Blumen in allen Farben geschmückt ist, so mag auch sie, mit allen Charakteren bunt geschmückt, als die schönste erscheinen. Und vermutlich«, sagte ich, »werden sie auch die meisten für die schönste halten, wie es auch die Kinder und Frauen tun, wenn sie bunte Farben sehen.«

»Gewiss«, sagte er.

[d] »Auch ist es leicht, mein Bester«, sprach ich, »sich in einem solchen Staat eine Verfassung auszusuchen.«

»Wieso denn?«

»Weil er dank jener Freiheit alle Arten von Verfassungen in sich birgt; wer also einen Staat aufbauen will, wie wir es eben taten, muss sich in einen demokratisch regierten Staat begeben und sich dort wie in einem Laden für Verfassungen diejenige aussuchen, die ihm zusagt, und dann nach der Wahl die Gründung vornehmen.«

[e] »Wahrscheinlich wird es ihm so an Mustern nicht fehlen«, sagte er.

»Dass aber«, so fuhr ich fort, »in einem solchen Staat kein

μηδ᾿ ἂν ᾖς ἱκανὸς ἄρχειν, μηδὲ αὖ ἄρχεσθαι, ἐὰν μὴ βούλῃ, μηδὲ πολεμεῖν πολεμούντων, μηδὲ εἰρήνην ἄγειν τῶν ἄλλων ἀγόντων, ἐὰν μὴ ἐπιθυμῇς εἰρήνης, μηδὲ αὖ, ἐάν τις ἄρχειν νόμος σε διακωλύῃ ἢ δικάζειν, μηδὲν ἧττον καὶ [558a] ἄρχειν καὶ δικάζειν, ἐὰν αὐτῷ σοι ἐπίῃ, ἆρ᾿ οὐ θεσπεσία καὶ ἡδεῖα ἡ τοιαύτη διαγωγὴ ἐν τῷ παραυτίκα;

Ἴσως, ἔφη, ἔν γε τούτῳ.

Τί δέ; ἡ πρᾳότης ἐνίων τῶν δικασθέντων οὐ κομψή; ἢ οὔπω εἶδες, ἐν τοιαύτῃ πολιτείᾳ [ἀνθρώπων] καταψηφισθέντων θανάτου ἢ φυγῆς, οὐδὲν ἧττον αὐτῶν μενόντων τε καὶ ἀναστρεφομένων ἐν μέσῳ, [καὶ] ὡς οὔτε φροντίζοντος οὔτε ὁρῶντος οὐδενὸς περινοστεῖ ὥσπερ ἥρως;

Καὶ πολλούς γ᾿, ἔφη.

[b] Ἡ δὲ συγγνώμη καὶ οὐδ᾿ ὁπωστιοῦν σμικρολογία αὐτῆς, ἀλλὰ καταφρόνησις ὧν ἡμεῖς ἐλέγομεν σεμνύνοντες, ὅτε τὴν πόλιν ᾠκίζομεν, ὡς εἰ μή τις ὑπερβεβλημένην φύσιν ἔχοι, οὔποτ᾿ ἂν γένοιτο ἀνὴρ ἀγαθός, εἰ μὴ παῖς ὢν εὐθὺς παίζοι ἐν καλοῖς καὶ ἐπιτηδεύοι τὰ τοιαῦτα πάντα, ὡς μεγαλοπρεπῶς καταπατήσασ᾿ ἅπαντ᾿ αὐτὰ οὐδὲν φροντίζει ἐξ ὁποίων ἄν τις ἐπιτηδευμάτων ἐπὶ τὰ πολιτικὰ ἰὼν πράττῃ, ἀλλὰ τιμᾷ, [c] ἐὰν φῇ μόνον εὔνους εἶναι τῷ πλήθει;

Πάνυ γ᾿, ἔφη, γενναία.

Ταῦτά τε δή, ἔφην, ἔχοι ἂν καὶ τούτων ἄλλα ἀδελφὰ δημοκρατία, καὶ εἴη, ὡς ἔοικεν, ἡδεῖα πολιτεία καὶ ἄναρχος καὶ ποικίλη, ἰσότητά τινα ὁμοίως ἴσοις τε καὶ ἀνίσοις διανέμουσα.

Zwang besteht, ein Amt zu übernehmen, auch nicht, wenn du dazu geeignet bist, kein Zwang zur Unterwerfung, wenn du nicht willst, oder in den Kampf zu ziehen, wenn Krieg herrscht,[73] und Frieden zu halten, wenn es die anderen tun, dir aber nicht danach ist, und andererseits, wenn dir ein Gesetz verbietet, ein Amt auszuüben oder Richter zu sein, nichtsdestoweniger [558a] dieses Amt zu übernehmen und Recht zu sprechen, wenn dich die Lust dazu überkommt, ist ein solches Leben nicht für den Augenblick göttlich und angenehm?«

»Für den Augenblick vielleicht«, sagte er.

»Wie nun? Ist nicht die Milde[74] gegenüber den Verurteilten etwas Köstliches? Oder hast du noch nicht gesehen, dass in einem solchen Staat Menschen, die zum Tod oder zur Verbannung verurteilt wurden, ruhig dableiben, in aller Öffentlichkeit herumspazieren und wie Helden einherstolzieren, als ob sich kein Mensch um sie kümmern oder sie beachten würde?«

»Gar viele habe ich schon gesehen«, sagte er.

[b] »Der Staat verzeiht es, ist er doch nicht kleinlich; vielmehr verachtet er all das, wovon wir bei der Staatsgründung so feierlich gesprochen haben, dass nämlich nur derjenige, der eine ganz überragende Natur hat, je ein tüchtiger Mann werden könne; ferner müsse er sich gleich von Kindheit an spielerisch im Schönen üben und sich dem ganz hingeben. Wie großzügig tritt diese Verfassung all das mit Füßen und fragt nicht danach, aus welchen Verhältnissen ein Politiker kommt, sondern heißt jeden willkommen, [c] wenn er nur sagt, er sei dem Volk wohlgesinnt.«

»Allerdings, sehr großzügig von ihr«, sagte er.

»Diese und andere damit verwandte Vorzüge hat die Demokratie, und somit wäre sie, wie es scheint, eine angenehme, herrscherlose und bunte Verfassung, die ohne Unterschied Gleichen und Ungleichen dieselbe Gleichheit gewährt.«[75]

Καὶ μάλ᾽, ἔφη, γνώριμα λέγεις.

12 Ἄθρει δή, ἦν δ᾽ ἐγώ, τίς ὁ τοιοῦτος ἰδίᾳ. ἢ πρῶτον σκεπτέον, ὥσπερ τὴν πολιτείαν ἐσκεψάμεθα, τίνα τρόπον γίγνεται;

Ναί, ἔφη.

Ἀρ᾽ οὖν οὐχ ὧδε; τοῦ φειδωλοῦ ἐκείνου καὶ ὀλιγαρχικοῦ [d] γένοιτ᾽ ἂν οἶμαι ὑὸς ὑπὸ τῷ πατρὶ τεθραμμένος ἐν τοῖς ἐκείνου ἤθεσι;

Τί γὰρ οὔ;

Βίᾳ δὴ καὶ οὗτος ἄρχων τῶν ἐν αὐτῷ ἡδονῶν, ὅσαι ἀναλωτικαὶ μέν, χρηματιστικαὶ δὲ μή· αἳ δὴ οὐκ ἀναγκαῖαι κέκληνται –

Δῆλον, ἔφη.

Βούλει οὖν, ἦν δ᾽ ἐγώ, ἵνα μὴ σκοτεινῶς διαλεγώμεθα, πρῶτον ὁρισώμεθα τάς τε ἀναγκαίους ἐπιθυμίας καὶ τὰς μή;

Βούλομαι, ἦ δ᾽ ὅς.

Οὐκοῦν ἅς τε οὐκ ἂν οἷοί τ᾽ εἶμεν ἀποτρέψαι, δικαίως [e] ἂν ἀναγκαῖαι καλοῖντο, καὶ ὅσαι ἀποτελούμεναι ὠφελοῦσιν ἡμᾶς; τούτων γὰρ ἀμφοτέρων ἐφίεσθαι ἡμῶν τῇ φύσει ἀνάγκη. ἢ οὔ;

Καὶ μάλα.

[559a] Δικαίως δὴ τοῦτο ἐπ᾽ αὐταῖς ἐροῦμεν, τὸ ἀναγκαῖον.

Δικαίως.

Τί δέ; ἅς γέ τις ἀπαλλάξειεν ἄν, εἰ μελετῷ ἐκ νέου, καὶ πρὸς οὐδὲν ἀγαθὸν ἐνοῦσαι δρῶσιν, αἱ δὲ καὶ τοὐναντίον, πάσας ταύτας εἰ μὴ ἀναγκαίους φαῖμεν εἶναι, ἆρ᾽ οὐ καλῶς ἂν λέγοιμεν;

Καλῶς μὲν οὖν.

Προελώμεθα δή τι παράδειγμα ἑκατέρων αἵ εἰσιν, ἵνα τύπῳ λάβωμεν αὐτάς;

»Was du sagst, ist allseits bekannt«, erwiderte er.

12 »Betrachte nun«, fuhr ich fort, »das Wesen des einzelnen Demokraten. Oder müssen wir zuerst, wie beim Staat, überlegen, wie er entsteht?«

»Ja«, antwortete er.

»Das geht doch wohl so vor sich? Ich nehme einmal an, jener sparsame und oligarchische Mann [d] hat einen Sohn, der vom Vater in seiner Sinnesart erzogen worden ist.«

»Ja, warum nicht?«

»Mit Gewalt unterdrückt auch dieser die Begierden in seinem Inneren, die ihn zur Verschwendung veranlassen, ihm aber nichts einbringen, und die man als unnötig bezeichnet.«

»Klar«, sagte er.

»Sollen wir nun«, fragte ich, »um bei unserem Gespräch nicht im Dunkeln zu tappen, zunächst die notwendigen Begierden bestimmen und die, welche es nicht sind?«

»Ja, einverstanden«, antwortete er.

»Begierden, denen wir uns nicht entziehen können, [e] und solche, deren Befriedigung uns einen Nutzen bringt, nennt man doch wohl mit Recht notwendig? Denn diesen beiden nachzugeben, zwingt uns unsere Natur, oder nicht?«

»Ja, gewiss.«

[559a] »Mit Recht werden wir also bei ihnen von einer Notwendigkeit sprechen.«

»Ja, mit Recht.«

»Wie steht es nun mit jenen, von denen man sich befreien kann, wenn man sich von Jugend auf bemüht, und deren Vorhandensein nichts Gutes bewirkt, sondern sogar das Gegenteil davon? Hätten wir nicht recht, wenn wir all diese als unnötig bezeichnen?«

»Damit hätten wir recht.«

»Wollen wir nun von beiden ein Beispiel hernehmen, um einen allgemeinen Eindruck von ihnen zu gewinnen?«

Οὐκοῦν χρή.

Ἆρ᾽ οὖν οὐχ ἡ τοῦ φαγεῖν μέχρι ὑγιείας τε καὶ εὐεξίας [b] καὶ αὐτοῦ σίτου τε καὶ ὄψου ἀναγκαῖος ἂν εἴη;

Οἶμαι.

Ἡ μέν γέ που τοῦ σίτου κατ᾽ ἀμφότερα ἀναγκαία, ᾗ τε ὠφέλιμος ᾗ τε ⟨μὴ⟩ παῦσαι ζῶντα δυνατή.

Ναί.

Ἡ δὲ ὄψου, εἴ πῄ τινα ὠφελίαν πρὸς εὐεξίαν παρέχεται,

Πάνυ μὲν οὖν.

Τί δὲ ἡ πέρα τούτων καὶ ἀλλοίων ἐδεσμάτων ἢ τοιούτων ἐπιθυμία, δυνατὴ δὲ κολαζομένη ἐκ νέων καὶ παιδευομένη ἐκ τῶν πολλῶν ἀπαλλάττεσθαι, καὶ βλαβερὰ μὲν σώματι, βλαβερὰ δὲ ψυχῇ πρός τε φρόνησιν καὶ τὸ σωφρονεῖν; ἆρά [c] γε ὀρθῶς οὐκ ἀναγκαία ἂν καλοῖτο;

Ὀρθότατα μὲν οὖν.

Οὐκοῦν καὶ ἀναλωτικὰς φῶμεν εἶναι ταύτας, ἐκείνας δὲ χρηματιστικὰς διὰ τὸ χρησίμους πρὸς τὰ ἔργα εἶναι;

Τί μήν;

Οὕτω δὴ καὶ περὶ ἀφροδισίων καὶ τῶν ἄλλων φήσομεν;

Οὕτω.

Ἆρ᾽ οὖν καὶ ὃν νυνδὴ κηφῆνα ὠνομάζομεν, τοῦτον ἐλέγομεν τὸν τῶν τοιούτων ἡδονῶν καὶ ἐπιθυμιῶν γέμοντα καὶ [d] ἀρχόμενον ὑπὸ τῶν μὴ ἀναγκαίων, τὸν δὲ ὑπὸ τῶν ἀναγκαίων φειδωλόν τε καὶ ὀλιγαρχικόν;

Ἀλλὰ τί μήν;

»Das wird wohl notwendig sein.«

»Wäre nicht das Verlangen zu essen, also das Verlangen nach Brot und Fleisch,[76] soweit es der Gesundheit und dem Wohlbefinden zuträglich ist, [b] so eine notwendige Begierde?«

»Ich meine schon.«

»Das Verlangen nach Brot ist in zweierlei Hinsicht notwendig, einerseits ist es nützlich, andererseits kann seine Nichtbefriedigung zum Tod führen.«

»Ja.«

»Das Verlangen nach Fleisch aber ist nur so weit notwendig, als es unserem Wohlbefinden dient.«

»Gewiss.«

»Wie steht es aber mit dem Verlangen, das darüber hinausgeht und sich auf andere Speisen als diese richtet und das man durch strenge Zucht von Jugend an und durch gute Erziehung den meisten Menschen austreiben kann, das außerdem für den Körper, aber auch für die Seele schädlich ist im Hinblick auf das Denken und auf die Besonnenheit? [c] Würde man das nicht mit Recht als unnötig bezeichnen?«

»Ja, mit vollem Recht.«

»Also können wir diese Begierden verschwenderisch nennen, jene aber gewinnbringend, weil sie für unsere Leistungen nützlich sind?«

»Gewiss.«

»Ähnlich steht es auch mit den erotischen Begierden[77] und den anderen?«

»Ja.«

»Unter Drohnen verstanden wir doch Menschen, die von solchen Lüsten und Begierden voll sind und [d] sich von entbehrlichen Trieben beherrschen lassen, sparsam und oligarchisch hingegen nannten wir die, die sich von den notwendigen Trieben leiten lassen?«

»Allerdings.«

13 Πάλιν τοίνυν, ἦν δ᾽ ἐγώ, λέγωμεν ὡς ἐξ ὀλιγαρχικοῦ δημοκρατικὸς γίγνεται. φαίνεται δέ μοι τά γε πολλὰ ὧδε γίγνεσθαι.

Πῶς;

Ὅταν νέος, τεθραμμένος ὡς νυνδὴ ἐλέγομεν, ἀπαιδεύτως τε καὶ φειδωλῶς, γεύσηται κηφὴν ὢν μέλιτος, καὶ συγγένηται αἴθωσι θηρσὶ καὶ δεινοῖς, παντοδαπὰς ἡδονὰς καὶ ποικίλας καὶ παντοίως ἐχούσας δυναμένοις σκευάζειν, ἐνταῦθά που [e] οἴου εἶναι ἀρχὴν αὐτῷ μεταβολῆς ⟨πολιτείας⟩ ὀλιγαρχικῆς τῆς ἑαυτῷ εἰς δημοκρατικήν.

Πολλὴ ἀνάγκη, ἔφη.

Ἆρ᾽ οὖν, ὥσπερ ἡ πόλις μετέβαλλε βοηθησάσης τῷ ἑτέρῳ μέρει συμμαχίας ἔξωθεν, ὁμοίας ὁμοίῳ, οὕτω καὶ ὁ νεανίας μεταβάλλει βοηθοῦντος αὖ εἴδους ἐπιθυμιῶν ἔξωθεν τῷ ἑτέρῳ τῶν παρ᾽ ἐκείνῳ, συγγενοῦς τε καὶ ὁμοίου;

Παντάπασιν μὲν οὖν.

Καὶ ἐὰν μέν γε οἶμαι ἀντιβοηθήσῃ τις τῷ ἐν ἑαυτῷ ὀλιγαρχικῷ συμμαχία, ἤ ποθεν παρὰ τοῦ πατρὸς ἢ καὶ τῶν [560a] ἄλλων οἰκείων νουθετούντων τε καὶ κακιζόντων, στάσις δὴ καὶ ἀντίστασις καὶ μάχη ἐν αὐτῷ πρὸς αὑτὸν τότε γίγνεται.

Τί μήν;

Καὶ ποτὲ μὲν οἶμαι τὸ δημοκρατικὸν ὑπεχώρησε τῷ ὀλιγαρχικῷ, καί τινες τῶν ἐπιθυμιῶν αἱ μὲν διεφθάρησαν, αἱ δὲ καὶ ἐξέπεσον, αἰδοῦς τινος ἐγγενομένης ἐν τῇ τοῦ νέου ψυχῇ, καὶ κατεκοσμήθη πάλιν.

Γίγνεται γὰρ ἐνίοτε, ἔφη.

Αὖθις δὲ οἶμαι τῶν ἐκπεσουσῶν ἐπιθυμιῶν ἄλλαι ὑποτρεφόμε-

13 »Nun wollen wir darauf zurückkommen«, fuhr ich fort, »wie aus einem oligarchischen Menschen ein Demokrat wird. Das geht normalerweise offenbar so vor sich.«

»Wie denn?«

»Wenn ein junger Mensch, der, wie eben geschildert, ohne Bildung in Sparsamkeit aufgewachsen ist, als Drohne[78] vom Honig kostet und mit funkelnden und gefährlichen Tieren in Berührung kommt, die ihm alle möglichen abwechslungsreichen Freuden verschaffen können, dann, [e] glaube mir, ist das für ihn der Beginn des Wandels von seiner oligarchischen Haltung zur demokratischen.«

»Zwangsläufig«, sagte er.

»Und wie sich die Staatsverfassung wandelte, als dem einen Teil der Bürger Hilfe von außen kam – Hilfe von Gleichgesinnten für Gleichgesinnte –, so wandelt sich auch dieser junge Mann, wenn der einen Art von Begierden in ihm die andere, mit ihr verwandte und ähnliche, von außen zu Hilfe kommt.«

»Ganz richtig.«

»Und wenn dann die oligarchische Seite in ihm irgendeine Hilfe bekommt, sei es vom Vater oder auch von [560a] anderen Verwandten, die ihn zurechtweisen und schelten, dann kommt es in ihm zu Streit und Widerstreit und zum Kampf gegen sich selbst.«

»Gewiss.«

»Und manchmal, denke ich, ist dann wohl das demokratische Element dem oligarchischen gewichen, und einige der Begierden sind vernichtet, andere vertrieben worden, da in der Seele des Jünglings noch ein gewisses Schamgefühl[79] vorhanden war und die Ordnung wiederhergestellt wurde.«

»Das kommt mitunter vor«, sagte er.

»Dann aber, glaube ich, sind wieder andere Begierden nachgewachsen, die mit den vertriebenen [b] verwandt sind, wur-

ναι [b] συγγενεῖς δι᾽ ἀνεπιστημοσύνην τροφῆς πατρὸς πολλαί τε καὶ ἰσχυραὶ ἐγένοντο.

Φιλεῖ γοῦν, ἔφη, οὕτω γίγνεσθαι.

Οὐκοῦν εἵλκυσάν τε πρὸς τὰς αὐτὰς ὁμιλίας, καὶ λάθρᾳ συγγιγνόμεναι πλῆθος ἐνέτεκον.

Τί μήν;

Τελευτῶσαι δὴ οἶμαι κατέλαβον τὴν τοῦ νέου τῆς ψυχῆς ἀκρόπολιν, αἰσθόμεναι κενὴν μαθημάτων τε καὶ ἐπιτηδευμάτων καλῶν καὶ λόγων ἀληθῶν, οἳ δὴ ἄριστοι φρουροί τε καὶ φύλακες ἐν ἀνδρῶν θεοφιλῶν εἰσι διανοίαις.

[c] Καὶ πολύ γ᾽, ἔφη.

Ψευδεῖς δὴ καὶ ἀλαζόνες οἶμαι λόγοι τε καὶ δόξαι ἀντ᾽ ἐκείνων ἀναδραμόντες κατέσχον τὸν αὐτὸν τόπον τοῦ τοιούτου.

Σφόδρα γ᾽, ἔφη.

Ἆρ᾽ οὖν οὐ πάλιν τε εἰς ἐκείνους τοὺς Λωτοφάγους ἐλθὼν φανερῶς κατοικεῖ, καὶ ἐὰν παρ᾽ οἰκείων τις βοήθεια τῷ φειδωλῷ αὐτοῦ τῆς ψυχῆς ἀφικνῆται, κλῄσαντες οἱ ἀλαζόνες λόγοι ἐκεῖνοι τὰς τοῦ βασιλικοῦ τείχους ἐν αὐτῷ πύλας οὔτε αὐτὴν τὴν συμμαχίαν παριᾶσιν, οὔτε πρέσβεις πρεσβυτέρων [d] λόγους ἰδιωτῶν εἰσδέχονται, αὐτοί τε κρατοῦσι μαχόμενοι, καὶ τὴν μὲν αἰδῶ ἠλιθιότητα ὀνομάζοντες ὠθοῦσιν ἔξω ἀτίμως φυγάδα, σωφροσύνην δὲ ἀνανδρίαν καλοῦντές τε καὶ προπηλακίζοντες ἐκβάλλουσι, μετριότητα δὲ καὶ κοσμίαν δαπάνην ὡς ἀγροικίαν καὶ ἀνελευθερίαν οὖσαν πείθοντες ὑπερορίζουσι μετὰ πολλῶν καὶ ἀνωφελῶν ἐπιθυμιῶν;

Σφόδρα γε.

Τούτων δέ γέ που κενώσαντες καὶ καθήραντες τὴν τοῦ [e] κατεχομένου τε ὑπ᾽ αὐτῶν καὶ τελουμένου ψυχὴν μεγάλοισι τέλεσι,

den zahlreich und stark infolge der Unwissenheit des Vaters in Fragen der Erziehung.«

»So pflegt es zu geschehen«, erwiderte er.

»Diese zogen den jungen Mann wieder zu den alten Freunden und zeugten im heimlichen Verkehr eine Menge von Nachkommen.«

»Gewiss.«

»Zuletzt, so denke ich, eroberten sie die Hochburg der Seele[80] des Jünglings, weil sie sie unbewacht finden von schönen Kenntnissen und Bestrebungen und wahren Lehren, die ja die besten Aufseher und Wächter im Denken der gottgeliebten Männer sind.«

[c] »Das sind sie bei Weitem«, sagte er.

»An ihrer Stelle sind falsche und prahlerische Gedanken und Meinungen emporgestürmt und haben deren Platz bei einem solchen Menschen eingenommen.«

»Jawohl«, sagte er.

»Ist er nun nicht wieder zu jenen Lotophagen zurückgekehrt[81] und lebt ganz offen mit ihnen? Und wenn seine Verwandten dem sparsamen Teil seiner Seele irgendwie zu Hilfe kommen wollen, schließen dann nicht jene prahlerischen Gedanken die Tore der königlichen Festung in ihm und lassen diese Hilfstruppen nicht ein, noch empfangen sie als Gesandte die [d] Ratschläge älterer Bürger? Sie selbst gewinnen die Schlacht und jagen die Scham, die sie Einfalt nennen, mit Schimpf und Schande in die Verbannung; die Besonnenheit, die ihnen als unmännlich gilt,[82] treten sie mit Füßen und jagen auch sie davon, Bescheidenheit und Maßhalten beim Aufwand stellen sie als spießig und knickerig hin und verweisen sie mithilfe der zahlreichen unnötigen Begierden des Landes. Oder?«

»Sicher.«

»Wenn sie dann die Seele des Menschen, der von ihnen [e] ergriffen und in ihre großen Mysterien eingeweiht ist, von

τὸ μετὰ τοῦτο ἤδη ὕβριν καὶ ἀναρχίαν καὶ ἀσωτίαν καὶ ἀναίδειαν λαμπρὰς μετὰ πολλοῦ χοροῦ κατάγουσιν ἐστεφανωμένας, ἐγκωμιάζοντες καὶ ὑποκοριζόμενοι, ὕβριν μὲν εὐπαιδευσίαν καλοῦντες, ἀναρχίαν δὲ ἐλευθερίαν, ἀσωτίαν [561a] δὲ μεγαλοπρέπειαν, ἀναίδειαν δὲ ἀνδρείαν. ἆρ᾽ οὐχ οὕτω πως, ἦν δ᾽ ἐγώ, νέος ὢν μεταβάλλει ἐκ τοῦ ἐν ἀναγκαίοις ἐπιθυμίαις τρεφομένου τὴν τῶν μὴ ἀναγκαίων καὶ ἀνωφελῶν ἡδονῶν ἐλευθέρωσίν τε καὶ ἄνεσιν;

Καὶ μάλα γ᾽, ἦ δ᾽ ὅς, ἐναργῶς.

Ζῇ δὴ οἶμαι μετὰ ταῦτα ὁ τοιοῦτος οὐδὲν μᾶλλον εἰς ἀναγκαίους ἢ μὴ ἀναγκαίους ἡδονὰς ἀναλίσκων καὶ χρήματα καὶ πόνους καὶ διατριβάς· ἀλλ᾽ ἐὰν εὐτυχὴς ᾖ καὶ μὴ πέρα ἐκβακχευθῇ, ἀλλά τι καὶ πρεσβύτερος γενόμενος τοῦ πολλοῦ [b] θορύβου παρελθόντος μέρη τε καταδέξηται τῶν ἐκπεσόντων καὶ τοῖς ἐπεισελθοῦσι μὴ ὅλον ἑαυτὸν ἐνδῷ, εἰς ἴσον δή τι καταστήσας τὰς ἡδονὰς διάγει, τῇ παραπιπτούσῃ ἀεὶ ὥσπερ λαχούσῃ τὴν ἑαυτοῦ ἀρχὴν παραδιδοὺς ἕως ἂν πληρωθῇ, καὶ αὖθις ἄλλῃ, οὐδεμίαν ἀτιμάζων ἀλλ᾽ ἐξ ἴσου τρέφων.

Πάνυ μὲν οὖν.

Καὶ λόγον γε, ἦν δ᾽ ἐγώ, ἀληθῆ οὐ προσδεχόμενος οὐδὲ παριεὶς εἰς τὸ φρούριον, ἐάν τις λέγῃ ὡς αἱ μέν εἰσι τῶν [c] καλῶν τε καὶ ἀγαθῶν ἐπιθυμιῶν ἡδοναί, αἱ δὲ τῶν πονηρῶν, καὶ τὰς μὲν χρὴ ἐπιτηδεύειν καὶ τιμᾶν, τὰς δὲ κολάζειν τε καὶ δουλοῦσθαι· ἀλλ᾽ ἐν πᾶσι τούτοις ἀνανεύει τε καὶ ὁμοίας φησὶν ἁπάσας εἶναι καὶ τιμητέας ἐξ ἴσου.

Σφόδρα γάρ, ἔφη, οὕτω διακείμενος τοῦτο δρᾷ.

Οὐκοῦν, ἦν δ᾽ ἐγώ, καὶ διαζῇ τὸ καθ᾽ ἡμέραν οὕτω χαριζόμενος τῇ προσπιπτούσῃ ἐπιθυμίᾳ, τοτὲ μὲν μεθύων καὶ καταυλούμενος,

diesen guten Eigenschaften leer gemacht und gereinigt haben, dann holen sie gleich wieder Hochmut, Willkür, Verschwendung und Schamlosigkeit, prächtig bekränzt im großen Reigen,[83] zurück, preisen sie und schmeicheln ihnen, indem sie Hochmut jetzt gute Erziehung, Willkür Freiheit, Verschwendung [561a] Großmut und Schamlosigkeit Tapferkeit nennen. Vollzieht sich etwa nicht so«, sprach ich weiter, »der Wandel eines jungen Mannes, der in den notwendigen Begierden erzogen worden ist, hin zur Befreiung und Entfesselung der überflüssigen und nutzlosen Freuden?«

»Ganz klar«, sagte er.

»Hierauf, denke ich, lebt ein solcher Mensch, indem er sein Geld, seine Mühen und seine Zeit mehr für die unnötigen Freuden als für die notwendigen aufwendet. Wenn er aber Glück hat und es nicht allzu arg treibt, nimmt er, wenn er etwas älter geworden ist und der große [b] Sturm sich gelegt hat, einen Teil der verbannten Neigungen wieder auf und gibt sich den neu eingedrungenen nicht mehr völlig hin; so lebt er in einem gewissen Gleichgewicht seiner Freuden und überlässt sich der Lust, die ihn zufällig gerade befällt, bis sie gesättigt ist, und dann wieder einer anderen; denn er verschmäht keine, sondern hegt sie alle gleichermaßen.«

»Ganz richtig.«

»Und dem Wort der Wahrheit«, fuhr ich fort, »schenkt er kein Gehör und lässt keinen in seine Burg, der sagt, dass die Lüste teils [c] den schönen und guten Begierden entspringen, teils den schlechten[84] und dass man sich um jene bemühen und sie ehren soll, diese aber züchtigen und unterdrücken. Bei all dem schüttelt er nur den Kopf und behauptet, sie alle seien gleich und in gleicher Weise zu ehren.«

»Durchaus so ist er, und so handelt er«, entgegnete er.

»So lebt er also in den Tag hinein«, sprach ich weiter, »und befriedigt die Begierde, die ihn gerade überkommt; bald

αὖθις δὲ ὑδροποτῶν καὶ κατισχναινόμενος, [d] τοτὲ δ᾽ αὖ γυμναζόμενος, ἔστιν δ᾽ ὅτε ἀργῶν καὶ πάντων ἀμελῶν, τοτὲ δ᾽ ὡς ἐν φιλοσοφίᾳ διατρίβων. πολλάκις δὲ πολιτεύεται, καὶ ἀναπηδῶν ὅτι ἂν τύχῃ λέγει τε καὶ πράττει· κἄν ποτέ τινας πολεμικοὺς ζηλώσῃ, ταύτῃ φέρεται, ἢ χρηματιστικούς, ἐπὶ τοῦτ᾽ αὖ. καὶ οὔτε τις τάξις οὔτε ἀνάγκη ἔπεστιν αὐτοῦ τῷ βίῳ, ἀλλ᾽ ἡδύν τε δὴ καὶ ἐλευθέριον καὶ μακάριον καλῶν τὸν βίον τοῦτον χρῆται αὐτῷ διὰ παντός.

[e] Παντάπασιν, ἦ δ᾽ ὅς, διελήλυθας βίον ἰσονομικοῦ τινος ἀνδρός.

Οἶμαι δέ γε, ἦν δ᾽ ἐγώ, καὶ παντοδαπόν τε καὶ πλείστων ἠθῶν μεστόν, καὶ τὸν καλόν τε καὶ ποικίλον, ὥσπερ ἐκείνην τὴν πόλιν, τοῦτον τὸν ἄνδρα εἶναι· ὃν πολλοὶ ἂν καὶ πολλαὶ ζηλώσειαν τοῦ βίου, παραδείγματα πολιτειῶν τε καὶ τρόπων πλεῖστα ἐν αὑτῷ ἔχοντα.

Οὗτος γάρ, ἔφη, ἔστιν.

[562a] Τί οὖν; τετάχθω ἡμῖν κατὰ δημοκρατίαν ὁ τοιοῦτος ἀνήρ, ὡς δημοκρατικὸς ὀρθῶς ἂν προσαγορευόμενος;

Τετάχθω, ἔφη.

14 Ἡ καλλίστη δή, ἦν δ᾽ ἐγώ, πολιτεία τε καὶ ὁ κάλλιστος ἀνὴρ λοιπὰ ἂν ἡμῖν εἴη διελθεῖν, τυραννίς τε καὶ τύραννος.

Κομιδῇ γ᾽, ἔφη.

Φέρε δή, τίς τρόπος τυραννίδος, ὦ φίλε ἑταῖρε, γίγνεται; ὅτι μὲν γὰρ ἐκ δημοκρατίας μεταβάλλει σχεδὸν δῆλον.

Δῆλον.

Ἆρ᾽ οὖν τρόπον τινὰ τὸν αὐτὸν ἔκ τε ὀλιγαρχίας δημοκρατία [b] γίγνεται καὶ ἐκ δημοκρατίας τυραννίς;

Πῶς;

berauscht er sich an Wein und Flötenspiel, dann trinkt er wieder nur Wasser und hungert sich schlank; [d] bald treibt er Gymnastik, zuweilen tut er gar nichts und kümmert sich um nichts, bald spielt er den Philosophen, oft auch den Politiker, springt auf, hält Reden und setzt Taten, wie es ihm gerade einfällt. Packt ihn der kriegerische Ehrgeiz, so stürzt er sich in den Kampf, oder ins Geschäft, wenn er Geschäftsleute beneidet. Keine Ordnung, keinen Zwang gibt es in seinem Leben; ein solches Leben nennt er angenehm, frei und glücklich und genießt es bis an sein Ende.«

[e] »Du hast das Leben eines Bürgers gleichen Rechts[85] ganz genau geschildert«, sagte er.

»Meiner Meinung nach«, fuhr ich fort, »ist ein solcher Mann vielseitig und voll von vielen verschiedenen Charakterzügen; er ist schön und bunt wie jener Staat.[86] Viele Männer und Frauen bewundern ihn wegen seines Lebens, trägt er doch die meisten Muster von Verfassungen und Lebensweisen in sich.«

»So ist es«, sagte er.

[562a] »Wie nun, soll uns dieser Mann als Repräsentant der Demokratie gelten, und sollen wir ihn mit Recht als Demokraten bezeichnen?«

»Gewiss«, sagte er.

14 »Somit bliebe uns nur noch«, fuhr ich fort, »die Schilderung der schönsten Verfassungsform und des schönsten Menschen übrig, nämlich der Tyrannis und des Tyrannen.«[87]

»Freilich«, sagte er.

»Wohlan, lieber Freund, was ist nun das Wesen der Tyrannis? Dass sie nämlich aus der Demokratie entsteht, ist wohl klar.«

»Ja, das ist klar.«

»Sie entsteht doch aus der Demokratie auf die gleiche Art und Weise [b] wie die Demokratie aus der Oligarchie?«

»Nämlich wie?«

῝Ο προύθεντο, ἦν δ᾽ ἐγώ, ἀγαθόν, καὶ δι᾽ ὃ ἡ ὀλιγαρχία καθίστατο – τοῦτο δ᾽ ἦν [ὑπερ]πλοῦτος· ἦ γάρ; –

Ναί.

Ἡ πλούτου τοίνυν ἀπληστία καὶ ἡ τῶν ἄλλων ἀμέλεια διὰ χρηματισμὸν αὐτὴν ἀπώλλυ.

Ἀληθῆ, ἔφη.

Ἆρ᾽ οὖν καὶ ὃ δημοκρατία ὁρίζεται ἀγαθόν, ἡ τούτου ἀπληστία καὶ ταύτην καταλύει;

Λέγεις δ᾽ αὐτὴν τί ὁρίζεσθαι;

Τὴν ἐλευθερίαν, εἶπον. τοῦτο γάρ που ἐν δημοκρατουμένῃ [c] πόλει ἀκούσαις ἂν ὡς ἔχει τε κάλλιστον καὶ διὰ ταῦτα ἐν μόνῃ ταύτῃ ἄξιον οἰκεῖν ὅστις φύσει ἐλεύθερος.

Λέγεται γὰρ δή, ἔφη, καὶ πολὺ τοῦτο τὸ ῥῆμα.

Ἆρ᾽ οὖν, ἦν δ᾽ ἐγώ, ὅπερ ᾖα νυνδὴ ἐρῶν, ἡ τοῦ τοιούτου ἀπληστία καὶ ἡ τῶν ἄλλων ἀμέλεια καὶ ταύτην τὴν πολιτείαν μεθίστησίν τε καὶ παρασκευάζει τυραννίδος δεηθῆναι;

Πῶς; ἔφη.

Ὅταν οἶμαι δημοκρατουμένη πόλις ἐλευθερίας διψήσασα [d] κακῶν οἰνοχόων προστατούντων τύχῃ, καὶ πορρωτέρω τοῦ δέοντος ἀκράτου αὐτῆς μεθυσθῇ, τοὺς ἄρχοντας δή, ἂν μὴ πάνυ πρᾶοι ὦσι καὶ πολλὴν παρέχωσι τὴν ἐλευθερίαν, κολάζει αἰτιωμένη ὡς μιαρούς τε καὶ ὀλιγαρχικούς.

Δρῶσιν γάρ, ἔφη, τοῦτο.

Τοὺς δέ γε, εἶπον, τῶν ἀρχόντων κατηκόους προπηλακίζει ὡς ἐθελοδούλους τε καὶ οὐδὲν ὄντας, τοὺς δὲ ἄρχοντας μὲν ἀρχομένοις, ἀρχομένους δὲ ἄρχουσιν ὁμοίους ἰδίᾳ τε καὶ δημοσίᾳ ἐπαινεῖ

»Das Gut«, sagte ich, »das sich die Oligarchie zum Ziel gesetzt hat und wodurch sie auch entstanden ist, das war doch der Reichtum, oder?«

»Ja.«

»Der unersättliche Hunger nach Reichtum und die Vernachlässigung von allem anderen zugunsten des Gelderwerbs, das war doch ihr Untergang?«

»Richtig«, entgegnete er.

»Geht nun auch die Demokratie an der unersättlichen Gier nach dem, was sie als ihr Gut bestimmt, zugrunde?«

»Welches Gut meinst du?«

»Die Freiheit«, antwortete ich. »Du kannst ja in einem demokratischen [c] Staat hören, diese sei der schönste Besitz, und deshalb sei es für einen von Natur aus freien Mann einzig und allein angemessen, hier zu leben.«

»Ja, das kann man immer wieder hören«, sagte er.

»Verändern nun – diese Frage wollte ich ja eben stellen –«, so setzte ich fort, »die Unersättlichkeit nach diesem Gut und die Vernachlässigung von allem anderen auch diese Staatsform und bewirken den Ruf nach einem Tyrannen?«

»Wieso?«, fragte er.

»Ich denke, wenn ein demokratischer Staat nach Freiheit dürstet, aber [d] schlechte Mundschenke als Vorsteher hat und sich mehr als notwendig an der ungemischten Freiheit berauscht, dann bestraft er die Regierenden, wenn sie nicht völlig fügsam sind und ihm bei allem und jedem Freiheit gewähren, und beschuldigt sie einer verbrecherischen und oligarchischen Gesinnung.«

»Ja, so behandelt man sie«, sagte er.

»Diejenigen aber«, sagte ich, »die den Regierenden untertan sind, beschimpft die Demokratie als freiwillige Sklaven und Nichtsnutze; Regierende aber, die sich wie Untertanen, und Untertanen, die sich wie Regierende aufführen, lobt und ehrt

τε καὶ τιμᾷ. ἆρ᾽ οὐκ ἀνάγκη ἐν τοιαύτῃ [e] πόλει ἐπὶ πᾶν τὸ τῆς ἐλευθερίας ἰέναι;

Πῶς γὰρ οὔ;

Καὶ καταδύεσθαί γε, ἦν δ᾽ ἐγώ, ὦ φίλε, εἴς τε τὰς ἰδίας οἰκίας καὶ τελευτᾶν μέχρι τῶν θηρίων τὴν ἀναρχίαν ἐμφυομένην.

Πῶς, ἦ δ᾽ ὅς, τὸ τοιοῦτον λέγομεν;

Οἷον, ἔφην, πατέρα μὲν ἐθίζεσθαι παιδὶ ὅμοιον γίγνεσθαι καὶ φοβεῖσθαι τοὺς ὑεῖς, ὑὸν δὲ πατρί, καὶ μήτε αἰσχύνεσθαι μήτε δεδιέναι τοὺς γονέας, ἵνα δὴ ἐλεύθερος ᾖ· μέτοικον δὲ [563a] ἀστῷ καὶ ἀστὸν μετοίκῳ ἐξισοῦσθαι, καὶ ξένον ὡσαύτως.

Γίγνεται γὰρ οὕτως, ἔφη.

Ταῦτά τε, ἦν δ᾽ ἐγώ, καὶ σμικρὰ τοιάδε ἄλλα γίγνεται· διδάσκαλός τε ἐν τῷ τοιούτῳ φοιτητὰς φοβεῖται καὶ θωπεύει, φοιτηταί τε διδασκάλων ὀλιγωροῦσιν, οὕτω δὲ καὶ παιδαγωγῶν· καὶ ὅλως οἱ μὲν νέοι πρεσβυτέροις ἀπεικάζονται καὶ διαμιλλῶνται καὶ ἐν λόγοις καὶ ἐν ἔργοις, οἱ δὲ γέροντες συγκαθιέντες τοῖς νέοις εὐτραπελίας τε καὶ χαριεντισμοῦ [b] ἐμπίμπλανται, μιμούμενοι τοὺς νέους, ἵνα δὴ μὴ δοκῶσιν ἀηδεῖς εἶναι μηδὲ δεσποτικοί.

Πάνυ μὲν οὖν, ἔφη.

Τὸ δέ γε, ἦν δ᾽ ἐγώ, ἔσχατον, ὦ φίλε, τῆς ἐλευθερίας τοῦ πλήθους, ὅσον γίγνεται ἐν τῇ τοιαύτῃ πόλει, ὅταν δὴ οἱ ἐωνημένοι καὶ αἱ ἐωνημέναι μηδὲν ἧττον ἐλεύθεροι ὦσι τῶν πριαμένων. ἐν γυναιξὶ δὲ πρὸς ἄνδρας καὶ ἀνδράσι πρὸς γυναῖκας ὅση ἡ ἰσονομία καὶ ἐλευθερία γίγνεται, ὀλίγου ἐπελαθόμεθ᾽ εἰπεῖν.

[c] Οὐκοῦν κατ᾽ Αἰσχύλον, ἔφη, »ἐροῦμεν ὅτι νῦν ἦλθ᾽ ἐπὶ στόμα;«

sie im privaten und öffentlichen Leben. Wird sich nicht in einem solchen Staat der Freiheitsdrang zwangsläufig [e] auf alles erstrecken?«[88]

»Natürlich.«

»Er wird sogar, mein Lieber«, fuhr ich fort, »in die einzelnen Häuser eindringen, bis die Anarchie zu guter Letzt sogar die Tiere ergreift.«

»Wie sollen wir das verstehen?«, fragte er.

»Etwa so«, erwiderte ich: »Der Vater gewöhnt sich daran, dem Sohn zu gleichen und sich vor den Söhnen zu fürchten; der Sohn stellt sich dem Vater gleich, achtet und fürchtet seine Eltern nicht, will er doch frei sein; der Metöke will dem [563a] Bürger gleich sein und der Bürger dem Metöken, und der Fremde ebenso.«[89]

»Ja, so geschieht es«, sagte er.

»Solches und weitere Kleinigkeiten dieser Art kommen da vor«, sprach ich weiter. »Der Lehrer fürchtet sich in einer solchen Situation vor den Schülern und schmeichelt ihnen, die Schüler schätzen ihre Lehrer gering und ebenso auch die Knabenaufseher[90]; und überhaupt stellen sich die Jungen den Älteren gleich und wetteifern mit ihnen in Wort und Tat; die Alten lassen sich zu den Jungen herab, geben sich voll Witz und Scherz [b] und ahmen die Jungen nach, um nur ja nicht mürrisch und herrisch zu erscheinen.«

»Ja, gewiss«, sagte er.

»Das Höchste aber, mein Freund«, fuhr ich fort, »was die Fülle der Freiheit in einem solchen Staat zu bieten hat, ist, wenn die gekauften Sklaven und Sklavinnen ebenso frei sind wie ihre Käufer.[91] Wie groß aber die Gleichberechtigung und Freiheit zwischen Männern und Frauen ist, das hätte ich beinahe zu erwähnen vergessen.«

[c] »Wollen wir nicht«, bemerkte er, »wie Aischylos sagt, das aussprechen, was uns eben auf der Zunge liegt?«[92]

Πάνυ γε, εἶπον· καὶ ἔγωγε οὕτω λέγω· τὸ μὲν γὰρ τῶν θηρίων τῶν ὑπὸ τοῖς ἀνθρώποις ὅσῳ ἐλευθερώτερά ἐστιν ἐνταῦθα ἢ ἐν ἄλλῃ, οὐκ ἄν τις πείθοιτο ἄπειρος. ἀτεχνῶς γὰρ αἵ τε κύνες κατὰ τὴν παροιμίαν οἷαίπερ αἱ δέσποιναι γίγνονταί τε δὴ καὶ ἵπποι καὶ ὄνοι, πάνυ ἐλευθέρως καὶ σεμνῶς εἰθισμένοι πορεύεσθαι, κατὰ τὰς ὁδοὺς ἐμβάλλοντες τῷ ἀεὶ ἀπαντῶντι, ἐὰν μὴ ἐξίστηται, καὶ τἆλλα πάντα οὕτω [d] μεστὰ ἐλευθερίας γίγνεται.

Τὸ ἐμόν γ᾿, ἔφη, ἐμοὶ λέγεις ὄναρ· αὐτὸς γὰρ εἰς ἀγρὸν πορευόμενος θαμὰ αὐτὸ πάσχω.

Τὸ δὲ δὴ κεφάλαιον, ἦν δ᾿ ἐγώ, πάντων τούτων συνηθροισμένων, ἐννοεῖς ὡς ἁπαλὴν τὴν ψυχὴν τῶν πολιτῶν ποιεῖ, ὥστε κἂν ὁτιοῦν δουλείας τις προσφέρηται, ἀγανακτεῖν καὶ μὴ ἀνέχεσθαι; τελευτῶντες γάρ που οἶσθ᾿ ὅτι οὐδὲ τῶν νόμων φροντίζουσιν γεγραμμένων ἢ ἀγράφων, ἵνα δὴ μηδαμῇ [e] μηδεὶς αὐτοῖς ᾖ δεσπότης.

Καὶ μάλ᾿, ἔφη, οἶδα.

15 Αὕτη μὲν τοίνυν, ἦν δ᾿ ἐγώ, ὦ φίλε, ἡ ἀρχὴ οὑτωσὶ καλὴ καὶ νεανική, ὅθεν τυραννὶς φύεται, ὡς ἐμοὶ δοκεῖ.

Νεανικὴ δῆτα, ἔφη· ἀλλὰ τί τὸ μετὰ τοῦτο;

Ταὐτόν, ἦν δ᾿ ἐγώ, ὅπερ ἐν τῇ ὀλιγαρχίᾳ νόσημα ἐγγενόμενον ἀπώλεσεν αὐτήν, τοῦτο καὶ ἐν ταύτῃ πλέον τε καὶ ἰσχυρότερον ἐκ τῆς ἐξουσίας ἐγγενόμενον καταδουλοῦται δημοκρατίαν. καὶ τῷ ὄντι τὸ ἄγαν τι ποιεῖν μεγάλην φιλεῖ εἰς τοὐναντίον μεταβολὴν ἀνταποδιδόναι, ἐν ὥραις τε καὶ ἐν [564a] φυτοῖς καὶ ἐν σώμασιν, καὶ δὴ καὶ ἐν πολιτείαις οὐχ ἥκιστα.

Εἰκός, ἔφη.

Ἡ γὰρ ἄγαν ἐλευθερία ἔοικεν οὐκ εἰς ἄλλο τι ἢ εἰς ἄγαν δουλείαν μεταβάλλειν καὶ ἰδιώτῃ καὶ πόλει.

»Gewiss«, antwortete ich. »Und so sage ich noch Folgendes: Um wie viel freier hier das Leben der Haustiere ist als anderswo, das würde niemand glauben, der es nicht gesehen hat; sind doch die Hunde, wie das Sprichwort[93] sagt, geradezu wie die Herrinnen und die Pferde und Esel es gewohnt, ganz frei und stolz einherzuschreiten und auf der Straße jeden, der ihnen begegnet und nicht ausweicht, anzurempeln; und so ist auch alles andere [d] voll von Freiheit.«

»Du erzählst mir«, erwiderte er, »wovon ich schon träumte; denn wenn ich übers Land gehe, widerfährt mir das oft.«

»Doch, was die Hauptsache ist«, fuhr ich fort, »wenn man es zusammenfasst, dann kannst du sehen, wie empfindsam all das die Seele der Bürger macht, so dass sie schon beim geringsten Zwang, den man ihnen auferlegt, unwillig werden und es nicht ertragen können. Schließlich kümmern sie sich, wie du weißt, nicht mehr um die Gesetze, weder um die geschriebenen noch um die ungeschriebenen,[94] um nur ja [e] keinen Herrn über sich zu haben.«

»Das weiß ich nur zu gut«, sagte er.

15 »Das also, mein Freund«, so sprach ich weiter, »ist der schöne und kraftvolle Anfang, aus dem, wie ich glaube, die Tyrannis erwächst.«

»Kraftvoll gewiss«, sagte er, »aber was kommt dann?«

»Dieselbe Krankheit«,[95] antwortete ich, »die auch in der Oligarchie ausbrach und sie zugrunde richtete, entsteht auch hier, nur heftiger und stärker infolge der Freiheit, und unterjocht die Demokratie. Tatsächlich bewirkt jedes Übermaß gern einen heftigen Umschwung ins Gegenteil; das ist so bei den Jahreszeiten, bei den [564a] Pflanzen und Körpern und nicht zuletzt auch bei den Verfassungsformen.«

»Es scheint so«, sagte er.

»Ein Übermaß an Freiheit schlägt offenbar beim Einzelnen wie beim Staat in ein Übermaß an Knechtschaft um.«

Εἰκὸς γάρ.

Εἰκότως τοίνυν, εἶπον, οὐκ ἐξ ἄλλης πολιτείας τυραννὶς καθίσταται ἢ ἐκ δημοκρατίας, ἐξ οἶμαι τῆς ἀκροτάτης ἐλευθερίας δουλεία πλείστη τε καὶ ἀγριωτάτη.

Ἔχει γάρ, ἔφη, λόγον.

Ἀλλ᾽ οὐ τοῦτ᾽ οἶμαι, ἦν δ᾽ ἐγώ, ἠρώτας, ἀλλὰ ποῖον [b] νόσημα ἐν ὀλιγαρχίᾳ τε φυόμενον ταὐτὸν καὶ ἐν δημοκρατίᾳ δουλοῦται αὐτήν.

Ἀληθῆ, ἔφη, λέγεις.

Ἐκεῖνο τοίνυν, ἔφην, ἔλεγον τὸ τῶν ἀργῶν τε καὶ δαπανηρῶν ἀνδρῶν γένος, τὸ μὲν ἀνδρειότατον ἡγούμενον αὐτῶν, τὸ δ᾽ ἀνανδρότερον ἑπόμενον· οὓς δὴ ἀφομοιοῦμεν κηφῆσι, τοὺς μὲν κέντρα ἔχουσι, τοὺς δὲ ἀκέντροις.

Καὶ ὀρθῶς γ᾽, ἔφη.

Τούτω τοίνυν, ἦν δ᾽ ἐγώ, ταράττετον ἐν πάσῃ πολιτείᾳ ἐγγιγνομένω, οἷον περὶ σῶμα φλέγμα τε καὶ χολή· ὣ δὴ καὶ [c] δεῖ τὸν ἀγαθὸν ἰατρόν τε καὶ νομοθέτην πόλεως μὴ ἧττον ἢ σοφὸν μελιττουργὸν πόρρωθεν εὐλαβεῖσθαι, μάλιστα μὲν ὅπως μὴ ἐγγενήσεσθον, ἂν δὲ ἐγγένησθον, ὅπως ὅτι τάχιστα σὺν αὐτοῖσι τοῖς κηρίοις ἐκτετμήσεσθον.

Ναὶ μὰ Δία, ἦ δ᾽ ὅς, παντάπασί γε.

Ὧδε τοίνυν, ἦν δ᾽ ἐγώ, λάβωμεν, ἵν᾽ εὐκρινέστερον ἴδωμεν ὃ βουλόμεθα.

Πῶς;

Τριχῇ διαστησώμεθα τῷ λόγῳ δημοκρατουμένην πόλιν, [d] ὥσπερ οὖν καὶ ἔχει. ἓν μὲν γάρ που τὸ τοιοῦτον γένος ἐν αὐτῇ ἐμφύεται δι᾽ ἐξουσίαν οὐκ ἔλαττον ἢ ἐν τῇ ὀλιγαρχουμένῃ.

»Offenbar.«

»Begreiflicherweise«, fuhr ich fort, »entsteht die Tyrannis aus keiner anderen Staatsform als aus der Demokratie; aus der höchsten Freiheit also, meine ich, wird die größte und härteste Knechtschaft.«

»Das ist logisch«, sagte er.

»Doch wie ich glaube«, sprach ich weiter, »fragtest du nicht danach,[96] sondern nach der Art der [b] Krankheit, die in gleicher Weise in Oligarchie und Demokratie auftritt und sie unterjocht.«

»Da hast du recht«, sagte er.

»Ich meinte also«, erwiderte ich, »jene Art von faulen Verschwendern, unter denen die Tapfersten die Führung übernehmen, während die Feigeren nur das Gefolge bilden. Sie haben wir mit den Drohnen verglichen, von denen die einen Stachel haben, die anderen aber nicht.«[97]

»Und das mit Recht«, sagte er.

»Diese beiden«, fuhr ich fort, »zerstören die Ordnung in jedem Staat, in dem sie auftreten, so wie Schleim und Galle[98] beim Körper. Bei ihnen [c] müssen der gute Arzt und Gesetzgeber des Staates, nicht weniger als der kluge Bienenzüchter, rechtzeitig Vorsorge treffen, dass sie sich gar nicht einnisten; sollte das aber doch der Fall sein, muss er möglichst rasch dafür sorgen, dass sie mitsamt den Waben herausgeschnitten werden.«

»Ja, beim Zeus«, sagte er, »das ist auf jeden Fall nötig.«

»Damit wir unser Ziel genauer in den Blick bekommen«, sprach ich, »wollen wir Folgendes annehmen.«

»Was denn?«

»Zerlegen wir den demokratischen Staat gedanklich in drei Teile, [d] aus denen er ja wirklich besteht.[99] Den einen bildet eben dieses Geschlecht der Drohnen, das infolge der Freiheit hier nicht weniger gedeiht als in der Oligarchie.«

Ἔστιν οὕτω.

Πολὺ δέ γε δριμύτερον ἐν ταύτῃ ἢ ἐν ἐκείνῃ.

Πῶς;

Ἐκεῖ μὲν διὰ τὸ μὴ ἔντιμον εἶναι, ἀλλ᾽ ἀπελαύνεσθαι τῶν ἀρχῶν, ἀγύμναστον καὶ οὐκ ἐρρωμένον γίγνεται· ἐν δημοκρατίᾳ δὲ τοῦτό που τὸ προεστὸς αὐτῆς, ἐκτὸς ὀλίγων, καὶ τὸ μὲν δριμύτατον αὐτοῦ λέγει τε καὶ πράττει, τὸ δ᾽ ἄλλο περὶ τὰ βήματα προσίζον βομβεῖ τε καὶ οὐκ ἀνέχεται τοῦ [e] ἄλλα λέγοντος, ὥστε πάντα ὑπὸ τοῦ τοιούτου διοικεῖται ἐν τῇ τοιαύτῃ πολιτείᾳ χωρίς τινων ὀλίγων.

Μάλα γε, ἦ δ᾽ ὅς.

Ἄλλο τοίνυν τοιόνδε ἀεὶ ἀποκρίνεται ἐκ τοῦ πλήθους.

Τὸ ποῖον;

Χρηματιζομένων που πάντων, οἱ κοσμιώτατοι φύσει ὡς τὸ πολὺ πλουσιώτατοι γίγνονται.

Εἰκός.

Πλεῖστον δὴ οἶμαι τοῖς κηφῆσι μέλι καὶ εὐπορώτατον ἐντεῦθεν βλίττει.

Πῶς γὰρ ἄν, ἔφη, παρά γε τῶν σμικρὰ ἐχόντων τις βλίσειεν;

Πλούσιοι δὴ οἶμαι οἱ τοιοῦτοι καλοῦνται κηφήνων βοτάνη.

Σχεδόν τι, ἔφη.

16 [565a] Δῆμος δ᾽ ἂν εἴη τρίτον γένος, ὅσοι αὐτουργοί τε καὶ ἀπράγμονες, οὐ πάνυ πολλὰ κεκτημένοι· ὃ δὴ πλεῖστόν τε καὶ κυριώτατον ἐν δημοκρατίᾳ ὅτανπερ ἀθροισθῇ.

Ἔστιν γάρ, ἔφη· ἀλλ᾽ οὐ θαμὰ ἐθέλει ποιεῖν τοῦτο, ἐὰν μὴ μέλιτός τι μεταλαμβάνῃ.

Οὐκοῦν μεταλαμβάνει, ἦν δ᾽ ἐγώ, ἀεί, καθ᾽ ὅσον δύνανται οἱ

»So ist es.«

»Nur tritt es hier viel entschiedener auf als dort.«

»Wieso das?«

»Weil es dort keine Achtung genießt und von den Ämtern ausgeschlossen ist, bleibt es ungeübt und schwach. In der Demokratie aber steht es mit wenigen Ausnahmen an der Spitze; die Scharfmacher unter ihnen haben das Sagen und handeln, der Rest umlagert die Rednerbühne und lässt mit seinem Getöse keine [e] andere Meinung aufkommen, so dass die ganze Verwaltung in einem solchen Staat fast ausnahmslos bei diesen Drohnen liegt.«

»Ja, gewiss«, sagte er.

»Doch auch die folgende Gruppe sondert sich stets von der Volksmenge ab.«

»Welche denn?«

»Von all denen, die auf Gelderwerb aus sind, werden die ordentlichsten Naturen meist am reichsten.«

»Wahrscheinlich.«

»Von diesen lässt sich, denke ich, für die Drohnen am meisten und am leichtesten Honig gewinnen.«

»Ja, denn wie könnte man ihn«, sagte er, »von denen holen, die nur wenig haben?«

»Daher bezeichnet man, glaube ich, diese Reichen auch als ›Weide für die Drohnen‹.«

»Ja, so ungefähr«, erwiderte er.

16 [565a] »Die dritte Gruppe wäre dann das Volk, also alle, die von ihrer Hände Arbeit leben, sich sonst um nichts kümmern[100] und kein großes Vermögen haben. Dieser Teil ist der größte in der Demokratie und gibt auch den Ausschlag, wenn er sich einmal zur Volksversammlung einfindet.«

»So ist es«, sagte er. »Doch will das Volk das nicht zu oft tun, wenn es nicht auch Anteil am Honig bekommt.«[101]

»Den bekommt es immer«, fuhr ich fort, »soweit die an der

προεστῶτες, τοὺς ἔχοντας τὴν οὐσίαν ἀφαιρούμενοι, διανέμοντες τῷ δήμῳ, τὸ πλεῖστον αὐτοὶ ἔχειν.

[b] Μεταλαμβάνει γὰρ οὖν, ἦ δ' ὅς, οὕτως.

Ἀναγκάζονται δὴ οἶμαι ἀμύνεσθαι, λέγοντές τε ἐν τῷ δήμῳ καὶ πράττοντες ὅπῃ δύνανται, οὗτοι ὧν ἀφαιροῦνται.

Πῶς γὰρ οὔ;

Αἰτίαν δὴ ἔσχον ὑπὸ τῶν ἑτέρων, κἂν μὴ ἐπιθυμῶσι νεωτερίζειν, ὡς ἐπιβουλεύουσι τῷ δήμῳ καί εἰσιν ὀλιγαρχικοί.

Τί μήν;

Οὐκοῦν καὶ τελευτῶντες, ἐπειδὰν ὁρῶσι τὸν δῆμον, οὐχ ἑκόντα ἀλλ' ἀγνοήσαντά τε καὶ ἐξαπατηθέντα ὑπὸ τῶν [c] διαβαλλόντων, ἐπιχειροῦντα σφᾶς ἀδικεῖν, τότ' ἤδη, εἴτε βούλονται εἴτε μή, ὡς ἀληθῶς ὀλιγαρχικοὶ γίγνονται, οὐχ ἑκόντες, ἀλλὰ καὶ τοῦτο τὸ κακὸν ἐκεῖνος ὁ κηφὴν ἐντίκτει κεντῶν αὐτούς.

Κομιδῇ μὲν οὖν.

Εἰσαγγελίαι δὴ καὶ κρίσεις καὶ ἀγῶνες περὶ ἀλλήλων γίγνονται.

Καὶ μάλα.

Οὐκοῦν ἕνα τινὰ ἀεὶ δῆμος εἴωθεν διαφερόντως προΐστασθαι ἑαυτοῦ, καὶ τοῦτον τρέφειν τε καὶ αὔξειν μέγαν;

Εἴωθε γάρ.

[d] Τοῦτο μὲν ἄρα, ἦν δ' ἐγώ, δῆλον, ὅτι, ὅτανπερ φύηται τύραννος, ἐκ προστατικῆς ῥίζης καὶ οὐκ ἄλλοθεν ἐκβλαστάνει.

Καὶ μάλα δῆλον.

Τίς ἀρχὴ οὖν μεταβολῆς ἐκ προστάτου ἐπὶ τύραννον; ἢ δῆλον

Spitze den Besitzenden ihre Habe wegnehmen und ans Volk verteilen, das meiste aber für sich behalten können.«

[b] »So erhält also auch das Volk seinen Anteil«, sagte er.

»Die Leute, denen man ihr Vermögen weggenommen hat, sind, denke ich, dazu gezwungen, sich dagegen zu wehren, indem sie vor dem Volk das Wort ergreifen und Taten setzen, so gut sie nur können.«

»Natürlich.«

»Auch wenn sie nicht auf einen Umsturz aus sind, so werden sie doch von den anderen beschuldigt, dass sie etwas gegen das Volk planten und eine oligarchische Gesinnung hätten.«

»Sicher.«

»Und wenn sie schließlich sehen, wie sich das Volk, zwar nicht aus eigenem Antrieb, sondern aus Unwissenheit und betrogen von den [c] Verleumdern, an ihnen vergreifen will, dann erst werden sie, ob sie es wollen oder nicht, in Wahrheit zu Oligarchen, nicht aus freien Stücken, sondern weil jene Drohne mit ihren Stichen auch dieses Übel hervorruft.«

»Ganz klar.«

»Daraus entstehen dann öffentliche Anklagen, Urteile und Prozesse gegeneinander.«

»Ja, gewiss.«

»Pflegt dann nicht immer das Volk mit Vorliebe einen einzelnen Mann an seine Spitze zu stellen,[102] den es hegt und stark macht?«

»Ja, das tut es gewöhnlich.«

[d] »Das aber ist klar«, fuhr ich fort: »Wenn ein Tyrann heranwächst, dann entsprießt er aus der Wurzel des Beschützers und nirgends sonst.«

»Das ist ganz klar.«

»Wie beginnt nun der Wandel vom Beschützer zum Tyrannen? Offenbar doch dann, wenn der Beschützer anfängt, das-

ὅτι ἐπειδὰν ταὐτὸν ἄρξηται δρᾶν ὁ προστάτης τῷ ἐν τῷ μύθῳ ὃς περὶ τὸ ἐν Ἀρκαδίᾳ τὸ τοῦ Διὸς τοῦ Λυκαίου ἱερὸν λέγεται;

Τίς; ἔφη.

Ὡς ἄρα ὁ γευσάμενος τοῦ ἀνθρωπίνου σπλάγχνου, ἐν ἄλλοις ἄλλων ἱερείων ἑνὸς ἐγκατατετμημένου, ἀνάγκη δὴ [e] τούτῳ λύκῳ γενέσθαι. ἢ οὐκ ἀκήκοας τὸν λόγον;

Ἔγωγε.

Ἆρ᾽ οὖν οὕτω καὶ ὃς ἂν δήμου προεστώς, λαβὼν σφόδρα πειθόμενον ὄχλον, μὴ ἀπόσχηται ἐμφυλίου αἵματος, ἀλλ᾽ ἀδίκως ἐπαιτιώμενος, οἷα δὴ φιλοῦσιν, εἰς δικαστήρια ἄγων μιαιφονῇ, βίον ἀνδρὸς ἀφανίζων, γλώττῃ τε καὶ στόματι ἀνοσίῳ γευόμενος φόνου συγγενοῦς, καὶ ἀνδρηλατῇ καὶ [566a] ἀποκτεινύῃ καὶ ὑποσημαίνῃ χρεῶν τε ἀποκοπὰς καὶ γῆς ἀναδασμόν, ἆρα τῷ τοιούτῳ ἀνάγκη δὴ τὸ μετὰ τοῦτο καὶ εἵμαρται ἢ ἀπολωλέναι ὑπὸ τῶν ἐχθρῶν ἢ τυραννεῖν καὶ λύκῳ ἐξ ἀνθρώπου γενέσθαι;

Πολλὴ ἀνάγκη, ἔφη.

Οὗτος δή, ἔφην, ὁ στασιάζων γίγνεται πρὸς τοὺς ἔχοντας τὰς οὐσίας.

Οὗτος.

Ἆρ᾽ οὖν ἐκπεσὼν μὲν καὶ κατελθὼν βίᾳ τῶν ἐχθρῶν τύραννος ἀπειργασμένος κατέρχεται;

Δῆλον.

[b] Ἐὰν δὲ ἀδύνατοι ἐκβάλλειν αὐτὸν ὦσιν ἢ ἀποκτεῖναι διαβάλλοντες τῇ πόλει, βιαίῳ δὴ θανάτῳ ἐπιβουλεύουσιν ἀποκτεινύναι λάθρᾳ.

Φιλεῖ γοῦν, ἦ δ᾽ ὅς, οὕτω γίγνεσθαι.

Τὸ δὴ τυραννικὸν αἴτημα τὸ πολυθρύλητον ἐπὶ τούτῳ πάντες οἱ

selbe zu tun wie jener Mann im Mythos, den man sich vom Tempel des Zeus Lykaios[103] in Arkadien erzählt?«

»Was ist das für ein Mythos?«, fragte er.

»Wer von menschlichen Eingeweiden gekostet hat, der wird, auch wenn nur ein Stück unter das Fleisch anderer Opfertiere hineingeschnitten wurde, notwendigerweise [e] zum Wolf. Hast du die Geschichte noch nicht gehört?«

»Doch.«

»Geht es nicht dem Beschützer des Volkes ebenso? Wenn er über eine ihm völlig ergebene Schar verfügt und sich nicht freihält vom Blut seiner Stammesgenossen, sondern sie, was ja oft vorkommt, mit ungerechtfertigten Anschuldigungen vor Gericht zieht und sich mit ihrem Blut befleckt, weil er ein Menschenleben vernichten und mit ruchloser Zunge und Mund verwandtes Mordblut kosten will, und wenn er Menschen in die Verbannung schickt oder [566a] tötet und dabei von Schuldentilgung und Landaufteilung[104] spricht, muss es einem solchen Menschen dann nicht beschieden sein, entweder seinen Feinden zum Opfer zu fallen oder ein Tyrann, also aus einem Menschen zu einem Wolf zu werden?«[105]

»Das kann gar nicht anders sein«, sagte er.

»Und dieser«, fuhr ich fort, »ruft zum Aufstand gegen die Besitzenden auf.«

»Jawohl.«

»Wenn er nun verbannt wird und seinen Gegnern zum Trotz zurückkehrt, dann kommt er doch als vollendeter Tyrann zurück?«[106]

»Offenbar.«

[b] »Wenn sie ihn aber nicht vertreiben oder durch Verleumdung beim Volk beseitigen können, dann trachten sie heimlich danach, ihn gewaltsam zu töten.«

»So geschieht es gewöhnlich«, sagte er.

»Wenn es mit ihnen so weit gekommen ist, verfallen alle auf

εἰς τοῦτο προβεβηκότες ἐξευρίσκουσιν, αἰτεῖν τὸν δῆμον φύλακάς τινας τοῦ σώματος, ἵνα σῶς αὐτοῖς ᾖ ὁ τοῦ δήμου βοηθός.

[c] Καὶ μάλ', ἔφη.

Διδόασι δὴ οἶμαι δείσαντες μὲν ὑπὲρ ἐκείνου, θαρρήσαντες δὲ ὑπὲρ ἑαυτῶν.

Καὶ μάλα.

Οὐκοῦν τοῦτο ὅταν ἴδῃ ἀνὴρ χρήματα ἔχων καὶ μετὰ τῶν χρημάτων αἰτίαν μισόδημος εἶναι, τότε δὴ οὗτος, ὦ ἑταῖρε, κατὰ τὸν Κροίσῳ γενόμενον χρησμὸν

πολυψήφιδα παρ' Ἕρμον
Φεύγει, οὐδὲ μένει, οὐδ' αἰδεῖται κακὸς εἶναι.

Οὐ γὰρ ἄν, ἔφη, δεύτερον αὖθις αἰδεσθείη.

Ὁ δέ γε οἶμαι, ἦν δ' ἐγώ, καταληφθεὶς θανάτῳ δίδοται.

Ἀνάγκη.

Ὁ δὲ δὴ προστάτης ἐκεῖνος αὐτὸς δῆλον δὴ ὅτι μέγας [d] μεγαλωστὶ οὐ κεῖται, ἀλλὰ καταβαλὼν ἄλλους πολλοὺς ἕστηκεν ἐν τῷ δίφρῳ τῆς πόλεως, τύραννος ἀντὶ προστάτου ἀποτετελεσμένος.

Τί δ' οὐ μέλλει; ἔφη.

17 Διέλθωμεν δὴ τὴν εὐδαιμονίαν, ἦν δ' ἐγώ, τοῦ τε ἀνδρὸς καὶ τῆς πόλεως, ἐν ᾗ ἂν ὁ τοιοῦτος βροτὸς ἐγγένηται;

Πάνυ μὲν οὖν, ἔφη, διέλθωμεν.

Ἆρ' οὖν, εἶπον, οὐ ταῖς μὲν πρώταις ἡμέραις τε καὶ χρόνῳ προσγελᾷ τε καὶ ἀσπάζεται πάντας, ᾧ ἂν περιτυγχάνῃ, καὶ [e] οὔτε τύραννός φησιν εἶναι ὑπισχνεῖταί τε πολλὰ καὶ ἰδίᾳ καὶ δημοσίᾳ,

den altbekannten Wunsch der Tyrannen, das Volk um eine Leibwache[107] zu bitten, damit ihnen der Helfer des Volkes unbehelligt bleibe.«

[c] »Gewiss«, sagte er.

»Und sie geben sie ihm, denke ich, aus Angst um sein Leben, ohne Sorge um sich selbst.«

»Ja, sicher.«

»Sieht das nun ein reicher Mann, der wegen seines Reichtums im Verdacht steht, ein Volksfeind zu sein, dann wird er, mein Freund, gemäß dem Orakelspruch des Kroisos

> hin zum steinigen Hermos
> fliehn; er bleibt nicht hier und schämt sich auch nicht, ein
> Feigling zu heißen.«[108]

»Ein zweites Mal hätte er auch keine Gelegenheit mehr, sich zu schämen«, sagte er.

»Denn wer sich dann noch ergreifen lässt«, sprach ich, »wird, denke ich, dem Tod überantwortet.«

»Zwangsläufig.«

»Jener Schirmherr liegt nun offenbar nicht am Boden, groß [d] und lang hingestreckt,[109] sondern steht auf dem »Wagen des Staates«[110], von dem er zuvor viele andere hinabgestoßen hat; so ist er schließlich vom Beschützer zum Tyrannen geworden.«

»Wie sollte es anders sein?«, sagte er.

17 »Sollen wir nun«, fragte ich, »das Glück dieses Mannes schildern und des Staates, in dem ein solcher Sterblicher emporgekommen ist?«

»Ja, tun wir das«, antwortete er.

»Wird er nicht«, so fuhr ich fort, »in den ersten Tagen und in der ersten Zeit allen zulächeln und jeden begrüßen, dem er begegnet? [e] Er leugnet ja, ein Tyrann zu sein, und macht privat und in der Öffentlichkeit allerlei Versprechungen; er tilgt

χρεῶν τε ἠλευθέρωσε καὶ γῆν διένειμε δήμῳ τε καὶ τοῖς περὶ ἑαυτὸν καὶ πᾶσιν ἵλεώς τε καὶ πρᾷος εἶναι προσποιεῖται;

Ἀνάγκη, ἔφη.

Ὅταν δέ γε οἶμαι πρὸς τοὺς ἔξω ἐχθροὺς τοῖς μὲν καταλλαγῇ, τοὺς δὲ καὶ διαφθείρῃ, καὶ ἡσυχία ἐκείνων γένηται, πρῶτον μὲν πολέμους τινὰς ἀεὶ κινεῖ, ἵν᾽ ἐν χρείᾳ ἡγεμόνος ὁ δῆμος ᾖ.

Εἰκός γε.

[567a] Οὐκοῦν καὶ ἵνα χρήματα εἰσφέροντες πένητες γιγνόμενοι πρὸς τῷ καθ᾽ ἡμέραν ἀναγκάζωνται εἶναι καὶ ἧττον αὐτῷ ἐπιβουλεύωσι;

Δῆλον.

Καὶ ἄν γέ τινας οἶμαι ὑποπτεύῃ ἐλεύθερα φρονήματα ἔχοντας μὴ ἐπιτρέψειν αὐτῷ ἄρχειν, ὅπως ἂν τούτους μετὰ προφάσεως ἀπολλύῃ ἐνδοὺς τοῖς πολεμίοις; τούτων πάντων ἕνεκα τυράννῳ ἀεὶ ἀνάγκη πόλεμον ταράττειν;

Ἀνάγκη.

Ταῦτα δὴ ποιοῦντα ἕτοιμον μᾶλλον ἀπεχθάνεσθαι τοῖς [b] πολίταις;

Πῶς γὰρ οὔ;

Οὐκοῦν καί τινας τῶν συγκαταστησάντων καὶ ἐν δυνάμει ὄντων παρρησιάζεσθαι καὶ πρὸς αὐτὸν καὶ πρὸς ἀλλήλους, ἐπιπλήττοντας τοῖς γιγνομένοις, οἳ ἂν τυγχάνωσιν ἀνδρικώτατοι ὄντες;

Εἰκός γε.

Ὑπεξαιρεῖν δὴ τούτους πάντας δεῖ τὸν τύραννον, εἰ μέλλει ἄρξειν, ἕως ἂν μήτε φίλων μήτ᾽ ἐχθρῶν λίπῃ μηδένα ὅτου τι ὄφελος.

die Schulden und verteilt Land unter dem Volk und spielt vor seinen Anhängern und der Menge den milden und gnädigen Herrn.«

»Zwangsläufig«, sagte er.

»Hat er sich aber, so denke ich, mit seinen auswärtigen Gegnern versöhnt oder sie vernichtet, so dass er jetzt Ruhe vor ihnen hat, so zettelt er doch gleich immer wieder irgendwelche neuen Kriege an, damit das Volk einen Feldherrn braucht.«[111]

»Ja, wahrscheinlich.«

[567a] »Wohl aber auch, damit die Leute durch die Kriegssteuern verarmen und gezwungen sind, nur an ihre täglichen Sorgen zu denken, und weniger Böses gegen ihn planen können.«[112]

»Klar.«

»Und wenn er den Verdacht hat, dass einige freiheitliche Gedanken hegen und ihn als Herrscher wieder los sein wollen, dann hat er so eine gute Gelegenheit, sich ihrer zu entledigen, indem er sie den Feinden in die Hände fallen lässt. All das zwingt den Tyrannen, immerwährend Krieg zu führen.«

»Sicherlich.«

»Ein solches Verhalten führt dazu, dass er den [b] Bürgern immer mehr verhasst wird.«

»Natürlich.«

»Werden sich dann nicht einige von denen, die ihm zur Macht verholfen haben und jetzt selbst in einflussreichen Stellungen sind, freimütig ihm gegenüber und untereinander äußern, wenn sie missbilligen, was da vor sich geht, zumindest doch die Mutigsten unter ihnen?«

»Wahrscheinlich.«

»Diese alle muss der Tyrann aus dem Weg räumen, wenn er herrschen will, bis er weder Freund noch Feind hat, der etwas taugt.«

Δῆλον.

Ὀξέως ἄρα δεῖ ὁρᾶν αὐτὸν τίς ἀνδρεῖος, τίς μεγαλόφρων, [c] τίς φρόνιμος, τίς πλούσιος· καὶ οὕτως εὐδαίμων ἐστίν, ὥστε τούτοις ἅπασιν ἀνάγκη αὐτῷ, εἴτε βούλεται εἴτε μή, πολεμίῳ εἶναι καὶ ἐπιβουλεύειν, ἕως ἂν καθήρῃ τὴν πόλιν.

Καλόν γε, ἔφη, καθαρμόν.

Ναί, ἦν δ᾽ ἐγώ, τὸν ἐναντίον ἢ οἱ ἰατροὶ τὰ σώματα· οἱ μὲν γὰρ τὸ χείριστον ἀφαιροῦντες λείπουσι τὸ βέλτιστον, ὁ δὲ τοὐναντίον.

Ὡς ἔοικε γάρ, αὐτῷ, ἔφη, ἀνάγκη, εἴπερ ἄρξει.

18 [d] Ἐν μακαρίᾳ ἄρα, εἶπον ἐγώ, ἀνάγκῃ δέδεται, ἣ προστάττει αὐτῷ ἢ μετὰ φαύλων τῶν πολλῶν οἰκεῖν, καὶ ὑπὸ τούτων μισούμενον, ἢ μὴ ζῆν.

Ἐν τοιαύτῃ, ἦ δ᾽ ὅς.

Ἆρ᾽ οὖν οὐχὶ ὅσῳ ἂν μᾶλλον τοῖς πολίταις ἀπεχθάνηται ταῦτα δρῶν, τοσούτῳ πλειόνων καὶ πιστοτέρων δορυφόρων δεήσεται;

Πῶς γὰρ οὔ;

Τίνες οὖν οἱ πιστοί; καὶ πόθεν αὐτοὺς μεταπέμψεται;

Αὐτόματοι, ἔφη, πολλοὶ ἥξουσι πετόμενοι, ἐὰν τὸν μισθὸν διδῷ.

Κηφῆνας, ἦν δ᾽ ἐγώ, νὴ τὸν κύνα, δοκεῖς αὖ τινάς μοι [e] λέγειν ξενικούς τε καὶ παντοδαπούς.

Ἀληθῆ γάρ, ἔφη, δοκῶ σοι.

Τίς δὲ αὐτόθεν; ἆρ᾽ οὐκ ἂν ἐθελήσειεν –

Πῶς;

Τοὺς δούλους ἀφελόμενος τοὺς πολίτας, ἐλευθερώσας, τῶν περὶ ἑαυτὸν δορυφόρων ποιήσασθαι.

»Klar.«

»Er muss also scharf darauf sehen, wer tapfer, wer großzügig, [c] wer klug und wer reich ist. Und darin besteht sein Glück, dass er all diesen Menschen, ob er will oder nicht, Feind sein und ihnen nachstellen muss, bis er den Staat von ihnen gesäubert hat.«

»Eine schöne Säuberung«, sagte er.

»Ja«, fuhr ich fort, »genau das Gegenteil von dem, was die Ärzte tun; wenn diese den Leib säubern,[113] beseitigen sie das Schlechte und lassen das Gute zurück; er aber macht das Gegenteil.«

»Offenbar muss er so handeln, wenn er an der Herrschaft bleiben will«, sagte er.

18 [d] »Ein seliger Zwang, in den er da verstrickt ist und der ihm gebietet, entweder mit vielen Minderwertigen zusammenzuleben und von ihnen gehasst zu werden oder gar nicht zu leben.«

»So ist es«, sagte er.

»Je mehr er sich nun mit seinen Taten den Bürgern verhasst macht, umso mehr und treuere Leibwächter wird er wohl brauchen?«

»Natürlich.«

»Wer sind nun diese Getreuen und woher soll er sie holen?«

»Sie werden ganz von selbst in Scharen angeflogen kommen, wenn er ihnen einen ordentlichen Sold zahlt«, sagte er.

»Beim Hund«,[114] entgegnete ich, »du sprichst offenbar wieder von Drohnen, [e] von fremdem und allerhand buntgemischtem Gesindel.«

»Richtig, das meinte ich«, sagte er.

»Und aus dem eigenen Land, möchte er da nicht …«

»Was?«[115]

»Den Bürgern die Sklaven wegnehmen, ihnen die Freiheit schenken und sie zu seinen Leibwächtern machen?«

Σφόδρα γ', ἔφη· ἐπεί τοι καὶ πιστότατοι αὐτῷ οὗτοί εἰσιν.

Ἦ μακάριον, ἦν δ' ἐγώ, λέγεις τυράννου χρῆμα, εἰ τοιούτοις [568a] φίλοις τε καὶ πιστοῖς ἀνδράσι χρῆται, τοὺς προτέρους ἐκείνους ἀπολέσας.

Ἀλλὰ μήν, ἔφη, τοιούτοις γε χρῆται.

Καὶ θαυμάζουσι δή, εἶπον, οὗτοι οἱ ἑταῖροι αὐτὸν καὶ σύνεισιν οἱ νέοι πολῖται, οἱ δ' ἐπιεικεῖς μισοῦσί τε καὶ φεύγουσι;

Τί δ' οὐ μέλλουσιν;

Οὐκ ἐτός, ἦν δ' ἐγώ, ἥ τε τραγῳδία ὅλως σοφὸν δοκεῖ εἶναι καὶ ὁ Εὐριπίδης διαφέρων ἐν αὐτῇ.

Τί δή;

Ὅτι καὶ τοῦτο πυκνῆς διανοίας ἐχόμενον ἐφθέγξατο, ὡς [b] ἄρα »σοφοὶ τύραννοί« εἰσι »τῶν σοφῶν συνουσίᾳ.« καὶ ἔλεγε δῆλον ὅτι τούτους εἶναι τοὺς σοφοὺς οἷς σύνεστιν.

Καὶ ὡς ἰσόθεόν γ', ἔφη, τὴν τυραννίδα ἐγκωμιάζει, καὶ ἕτερα πολλά, καὶ οὗτος καὶ οἱ ἄλλοι ποιηταί.

Τοιγάρτοι, ἔφην, ἅτε σοφοὶ ὄντες οἱ τῆς τραγῳδίας ποιηταὶ συγγιγνώσκουσιν ἡμῖν τε καὶ ἐκείνοις ὅσοι ἡμῶν ἐγγὺς πολιτεύονται, ὅτι αὐτοὺς εἰς τὴν πολιτείαν οὐ παραδεξόμεθα ἅτε τυραννίδος ὑμνητάς.

Οἶμαι ἔγωγ', ἔφη, συγγιγνώσκουσιν ὅσοιπέρ γε αὐτῶν [c] κομψοί.

Εἰς δέ γε οἶμαι τὰς ἄλλας περιιόντες πόλεις, συλλέγοντες τοὺς ὄχλους, καλὰς φωνὰς καὶ μεγάλας καὶ πιθανὰς μισθωσάμενοι, εἰς τυραννίδας τε καὶ δημοκρατίας ἕλκουσι τὰς πολιτείας.

Μάλα γε.

Οὐκοῦν καὶ προσέτι τούτων μισθοὺς λαμβάνουσι καὶ τιμῶνται, μάλιστα μέν, ὥσπερ τὸ εἰκός, ὑπὸ τυράννων, δεύτερον δὲ ὑπὸ δη-

»Gewiss«, sagte er. »Sie werden ihm sicher die Treuesten sein.«

»Wie selig muss doch dein Tyrann sein«, rief ich aus, »wenn er solche [568a] Freunde und Getreue hat, nachdem er die früheren vernichtet hat.«

»Aber er braucht sie doch«, sagte er.

»Und diese Freunde und neuen Bürger«, fuhr ich fort, »bewundern ihn und bilden seinen Umgang, die anständigen Leute aber hassen und meiden ihn.«

»Gewiss werden sie das tun.«

»Nicht ohne Grund«, sagte ich, »hält man die Tragödie ganz allgemein für weise, und ganz besonders den Tragödiendichter Euripides.«

»Wieso?«

»Weil er diesen tiefsinnigen Ausspruch getan hat: [b] ›der Umgang mit Weisen macht die Tyrannen weise.‹[116] Und offenbar meinte er, dass die Leute ihrer Umgebung die Weisen sind.«

»Und er preist«, sagte er, »den Tyrannen als gottgleich[117] und Ähnliches mehr, er und die anderen Dichter.«

»Weil also die Tragödiendichter«, fuhr ich fort, »weise sind, werden sie es uns und all jenen, die ähnlich über den Staat denken wie wir, verzeihen, dass wir sie als Lobredner der Tyrannis nicht in unseren Staat aufnehmen.«

»Ich glaube«, sagte er, »sie werden es uns verzeihen, wenigstens [c] die Schlauen unter ihnen.«

»Sie werden, denke ich, in den anderen Staaten umherziehen, den Pöbel um sich versammeln, Schauspieler mit schöner, lauter und überzeugender Stimme anheuern und so die Staaten zur Tyrannis und zur Demokratie verführen.«

»O ja.«

»Und dafür bekommen sie obendrein noch Geld und Ehren, am meisten natürlich von den Tyrannen, in zweiter Linie

μοκρατίας· ὅσῳ δ᾽ ἂν ἀνωτέρω ἴωσιν πρὸς [d] τὸ ἄναντες τῶν πολιτειῶν, μᾶλλον ἀπαγορεύει αὐτῶν ἡ τιμή, ὥσπερ ὑπὸ ἄσθματος ἀδυνατοῦσα πορεύεσθαι.

Πάνυ μὲν οὖν.

19 Ἀλλὰ δή, εἶπον, ἐνταῦθα μὲν ἐξέβημεν· λέγωμεν δὲ πάλιν ἐκεῖνο τὸ τοῦ τυράννου στρατόπεδον, τὸ καλόν τε καὶ πολὺ καὶ ποικίλον καὶ οὐδέποτε ταὐτόν, πόθεν θρέψεται.

Δῆλον, ἔφη, ὅτι, ἐάν τε ἱερὰ χρήματα ᾖ ἐν τῇ πόλει, ταῦτα ἀναλώσει, ὅποι ποτὲ ἂν ἀεὶ ἐξαρκῇ τὰ τῶν ἀποδομένων, ἐλάττους εἰσφορὰς ἀναγκάζων τὸν δῆμον εἰσφέρειν.

[e] Τί δ᾽ ὅταν δὴ ταῦτα ἐπιλίπῃ;

Δῆλον, ἔφη, ὅτι ἐκ τῶν πατρῴων θρέψεται αὐτός τε καὶ οἱ συμπόται τε καὶ ἑταῖροι καὶ ἑταῖραι.

Μανθάνω, ἦν δ᾽ ἐγώ· ὅτι ὁ δῆμος ὁ γεννήσας τὸν τύραννον θρέψει αὐτόν τε καὶ ἑταίρους.

Πολλὴ αὐτῷ, ἔφη, ἀνάγκη.

Πῶς [δὲ] λέγεις; εἶπον· ἐὰν δὲ ἀγανακτῇ τε καὶ λέγῃ ὁ δῆμος ὅτι οὔτε δίκαιον τρέφεσθαι ὑπὸ πατρὸς ὑὸν ἡβῶντα, ἀλλὰ τοὐναντίον ὑπὸ ὑέος πατέρα, οὔτε τούτου αὐτὸν ἕνεκα [569a] ἐγέννησέν τε καὶ κατέστησεν, ἵνα, ἐπειδὴ μέγας γένοιτο, τότε αὐτὸς δουλεύων τοῖς αὑτοῦ δούλοις τρέφοι ἐκεῖνόν τε καὶ τοὺς δούλους μετὰ συγκλύδων ἄλλων, ἀλλ᾽ ἵνα ἀπὸ τῶν πλουσίων τε καὶ καλῶν κἀγαθῶν λεγομένων ἐν τῇ πόλει ἐλευθερωθείη ἐκείνου προστάντος, καὶ νῦν κελεύει ἀπιέναι ἐκ τῆς πόλεως αὐτόν τε καὶ τοὺς ἑταίρους, ὥσπερ πατὴρ ὑὸν ἐξ οἰκίας μετὰ ὀχληρῶν συμποτῶν ἐξελαύνων;

Γνώσεταί γε, νὴ Δία, ἦ δ᾽ ὅς, τότ᾽ ἤδη ὁ δῆμος οἷος οἷον

auch von den Demokraten;[118] je weiter sie aber zu den [d] Gipfeln der Verfassungen emporgelangen, umso mehr versagt ihr Ruhm, als ob er aus Atemnot nicht Schritt halten könnte.«

»Genauso ist's.«

19 »Doch wir sind nun abgeschweift«, warf ich ein. »Reden wir wieder von jenem Heer des Tyrannen und davon, wie er diese schöne, große, bunte und stets wechselnde Truppe unterhalten wird.«

»Eines ist klar«, sagte er: »Wenn es Tempelschätze im Staat gibt, wird er sie dafür verwenden und, solange der dafür erzielte Verkaufserlös[119] ausreicht, muss er dem Volk nicht so viel Steuern auferlegen.«

[e] »Was, wenn auch der nicht reicht?«

»Dann«, sagte er, »wird er offenbar vom väterlichen Vermögen leben, er, seine Zechbrüder, Freunde und Freundinnen.«

»Ich verstehe«, erwiderte ich, »das Volk, das den Tyrannen hervorgebracht hat, wird ihn und seine Freunde ernähren.«

»Ja, das muss es«, sagte er.

»Was sagst du dazu«, fragte ich, »wenn das Volk unzufrieden wird und sagt, es sei nicht recht, dass ein erwachsener Sohn vom Vater ernährt wird, sondern das Gegenteil sei richtig, nicht deshalb habe es ihn ja [569a] gezeugt und zum Tyrannen gemacht, damit es dann, wenn er groß geworden sei, selbst Sklave seiner eigenen Sklaven werde und ihn und die Sklaven samt dem übrigen zusammengelaufenen Gesindel ernähre, vielmehr habe es unter dessen Führung von den Reichen und den sogenannten Edlen[120] im Staat befreit werden wollen, und wenn das Volk ihm jetzt befehle, er solle zusammen mit seinen Genossen den Staat verlassen, so wie der Vater seinen Sohn samt dessen lästigen Zechbrüdern aus dem Haus jagt?«

»Dann beim Zeus«, antwortete er, »wird das Volk schon erkennen, was für einen [b] Sohn es gezeugt, gehegt und großge-

[b] θρέμμα γεννῶν ἠσπάζετό τε καὶ ηὖξεν, καὶ ὅτι ἀσθενέστερος ὢν ἰσχυροτέρους ἐξελαύνει.

Πῶς, ἦν δ' ἐγώ, λέγεις; τολμήσει τὸν πατέρα βιάζεσθαι, κἂν μὴ πείθηται, τύπτειν ὁ τύραννος;

Ναί, ἔφη, ἀφελόμενός γε τὰ ὅπλα.

Πατραλοίαν, ἦν δ' ἐγώ, λέγεις τύραννον καὶ χαλεπὸν γηροτρόφον, καὶ ὡς ἔοικε τοῦτο δὴ ὁμολογουμένη ἂν ἤδη τυραννὶς εἴη, καί, τὸ λεγόμενον, ὁ δῆμος φεύγων ἂν καπνὸν [c] δουλείας ἐλευθέρων εἰς πῦρ δούλων δεσποτείας ἂν ἐμπεπτωκὼς εἴη, ἀντὶ τῆς πολλῆς ἐκείνης καὶ ἀκαίρου ἐλευθερίας τὴν χαλεπωτάτην τε καὶ πικροτάτην δούλων δουλείαν μεταμπισχόμενος.

Καὶ μάλα, ἔφη, ταῦτα οὕτω γίγνεται.

Τί οὖν; εἶπον· οὐκ ἐμμελῶς ἡμῖν εἰρήσεται, ἐὰν φῶμεν ἱκανῶς διεληλυθέναι ὡς μεταβαίνει τυραννὶς ἐκ δημοκρατίας, γενομένη τε οἵα ἐστίν;

Πάνυ μὲν οὖν ἱκανῶς, ἔφη.

zogen hat und dass es jetzt als Schwächerer den Stärkeren vertreiben will.«

»Wie meinst du?«, fragte ich. »Wird der Tyrann es wagen, Gewalt gegen den Vater anzuwenden und ihn zu schlagen, wenn er sich widersetzt?«

»Ja«, sagte er, »sobald er ihm die Waffen entrissen hat.«

»Deiner Meinung nach«, fuhr ich fort, »ist der Tyrann ein Vatermörder und ein böser Pfleger im Alter.[121] Das wäre also nach unserer übereinstimmenden Meinung die Tyrannis, und das Volk wäre, wie man sagt,[122] vor dem Rauch [c] der Dienstbarkeit unter Freien geflohen und in das Feuer der Knechtschaft unter Sklaven gefallen und hätte sich statt jener großen und unzeitgemäßen Freiheit das Gewand der übelsten und bittersten Knechtschaft der Sklaven umgehängt.«

»Ja, gerade so geht es«, sagte er.

»Wie nun?«, sprach ich. »Stimmt es also, wenn wir sagen, wir hätten zur Genüge dargelegt, wie die Tyrannis sich aus der Demokratie entwickelt und was ihr Wesen ist?«

»Ja, das genügt durchaus«, sagte er.

Θ

1 [571a] Αὐτὸς δὴ λοιπός, ἦν δ᾽ ἐγώ, ὁ τυραννικὸς ἀνὴρ σκέψασθαι, πῶς τε μεθίσταται ἐκ δημοκρατικοῦ, γενόμενός τε ποῖός τίς ἐστιν καὶ τίνα τρόπον ζῇ, ἄθλιον ἢ μακάριον.

Λοιπὸς γὰρ οὖν ἔτι οὗτος, ἔφη.

Οἶσθ᾽ οὖν, ἦν δ᾽ ἐγώ, ὃ ποθῶ ἔτι;

Τὸ ποῖον;

Τὸ τῶν ἐπιθυμιῶν, οἷαί τε καὶ ὅσαι εἰσίν, οὔ μοι δοκοῦμεν ἱκανῶς διῃρῆσθαι. τούτου δὴ ἐνδεῶς ἔχοντος, ἀσαφεστέρα [b] ἔσται ἡ ζήτησις οὗ ζητοῦμεν.

Οὐκοῦν, ἦ δ᾽ ὅς, ἔτ᾽ ἐν καλῷ;

Πάνυ μὲν οὖν· καὶ σκόπει γε ὃ ἐν αὐταῖς βούλομαι ἰδεῖν. ἔστιν δὲ τόδε. τῶν μὴ ἀναγκαίων ἡδονῶν τε καὶ ἐπιθυμιῶν δοκοῦσί τινές μοι εἶναι παράνομοι, αἳ κινδυνεύουσι μὲν ἐγγίγνεσθαι παντί, κολαζόμεναι δὲ ὑπό τε τῶν νόμων καὶ τῶν βελτιόνων ἐπιθυμιῶν μετὰ λόγου ἐνίων μὲν ἀνθρώπων ἢ παντάπασιν ἀπαλλάττεσθαι ἢ ὀλίγαι λείπεσθαι καὶ ἀσθενεῖς, [c] τῶν δὲ ἰσχυρότεραι καὶ πλείους.

Λέγεις δὲ καὶ τίνας, ἔφη, ταύτας;

Τὰς περὶ τὸν ὕπνον, ἦν δ᾽ ἐγώ, ἐγειρομένας, ὅταν τὸ μὲν ἄλλο τῆς ψυχῆς εὕδῃ, ὅσον λογιστικὸν καὶ ἥμερον καὶ ἄρχον ἐκείνου, τὸ δὲ θηριῶδές τε καὶ ἄγριον, ἢ σίτων ἢ μέθης πλησθέν, σκιρτᾷ τε καὶ ἀπωσάμενον τὸν ὕπνον ζητῇ ἰέναι καὶ ἀποπιμπλάναι τὰ αὑτοῦ ἤθη· οἶσθ᾽ ὅτι πάντα ἐν τῷ τοιούτῳ τολμᾷ ποιεῖν, ὡς ἀπὸ πάσης λελυμένον τε καὶ ἀπηλλαγμένον αἰσχύνης καὶ φρονήσεως. μητρί τε γὰρ ἐπιχειρεῖν [d] μείγνυσθαι, ὡς οἴεται, οὐδὲν ὀκνεῖ, ἄλλῳ τε ὁτῳοῦν ἀνθρώπων καὶ θεῶν καὶ θηρίων, μιαιφονεῖν τε ὁτιοῦν,

Neuntes Buch

1 [571a] »Es bleibt uns also«, fuhr ich fort, »nur noch die Betrachtung des tyrannischen Menschen übrig, wie er sich aus dem demokratischen entwickelt, wie beschaffen er ist und wie er lebt, ob unglücklich oder glücklich.«

»Ja, das allein bleibt noch übrig«, sagte er.

»Doch weißt du«, fragte ich, »was ich noch vermisse?«

»Was denn?«

»Die Art und Zahl der Begierden haben wir, glaube ich, noch nicht hinreichend erörtert.[1] Solange das noch mangelhaft ist, [b] wird es unserer Untersuchung an Klarheit fehlen.«

»Können wir das nicht jetzt noch nachholen?«, fragte er.

»Gewiss. Prüfe, was ich bei ihnen noch überlegen will. Es ist Folgendes: Unter den entbehrlichen Lüsten und Begierden gibt es, glaube ich, einige gesetzwidrige; sie scheinen zwar jedem Menschen angeboren zu sein, wenn sie aber von den Gesetzen und den besseren Begierden zusammen mit dem Verstand in Zaum gehalten werden, verschwinden sie bei manchen Menschen entweder völlig oder es bleiben nur wenige schwache zurück, [c] bei anderen aber sind sie stärker und zahlreicher.«

»Welche Begierden meinst du da?«, fragte er.

»Ich meine die, die sich im Schlaf regen«,[2] antwortete ich, »wenn der eine Teil der Seele schläft, nämlich der vernünftige und ruhige, der den anderen Teil beherrscht, und wenn der tierhafte und wilde, voll von Speise und Trank, aufspringt, den Schlaf abschüttelt und fort will, um seine Triebe zu befriedigen. In einem solchen Zustand ist er, wie du weißt, zu allem fähig, als ob er von aller Scham und Einsicht gelöst und befreit wäre. Er schreckt nicht davor zurück, der eigenen Mutter [d] in Gedanken beizuwohnen,[3] oder sonst einem Menschen, Gott oder Tier; er besudelt sich mit jedem Mordblut und enthält sich

βρώματός τε ἀπέχεσθαι μηδενός· καὶ ἑνὶ λόγῳ οὔτε ἀνοίας οὐδὲν ἐλλείπει οὔτ᾽ ἀναισχυντίας.

Ἀληθέστατα, ἔφη, λέγεις.

Ὅταν δέ γε οἶμαι ὑγιεινῶς τις ἔχῃ αὐτὸς αὑτοῦ καὶ σωφρόνως, καὶ εἰς τὸν ὕπνον ἴῃ τὸ λογιστικὸν μὲν ἐγείρας ἑαυτοῦ καὶ ἑστιάσας λόγων καλῶν καὶ σκέψεων, εἰς σύννοιαν [e] αὐτὸς αὑτῷ ἀφικόμενος, τὸ ἐπιθυμητικὸν δὲ μήτε ἐνδείᾳ δοὺς μήτε πλησμονῇ, ὅπως ἂν κοιμηθῇ καὶ μὴ παρέχῃ θόρυβον [572a] τῷ βελτίστῳ χαῖρον ἢ λυπούμενον, ἀλλ᾽ ἐᾷ αὐτὸ καθ᾽ αὑτὸ μόνον καθαρὸν σκοπεῖν καὶ ὀρέγεσθαί του αἰσθάνεσθαι ὃ μὴ οἶδεν, ἤ τι τῶν γεγονότων ἢ ὄντων ἢ καὶ μελλόντων, ὡσαύτως δὲ καὶ τὸ θυμοειδὲς πραΰνας καὶ μή τισιν εἰς ὀργὰς ἐλθὼν κεκινημένῳ τῷ θυμῷ καθεύδῃ, ἀλλ᾽ ἡσυχάσας μὲν τὼ δύο εἴδη, τὸ τρίτον δὲ κινήσας ἐν ᾧ τὸ φρονεῖν ἐγγίγνεται, οὕτως ἀναπαύηται, οἶσθ᾽ ὅτι τῆς τ᾽ ἀληθείας ἐν τῷ τοιούτῳ μάλιστα ἅπτεται καὶ ἥκιστα παράνομοι τότε αἱ ὄψεις [b] φαντάζονται τῶν ἐνυπνίων.

Παντελῶς μὲν οὖν, ἔφη, οἶμαι οὕτως.

Ταῦτα μὲν τοίνυν ἐπὶ πλέον ἐξήχθημεν εἰπεῖν· ὃ δὲ βουλόμεθα γνῶναι τόδ᾽ ἐστίν, ὡς ἄρα δεινόν τι καὶ ἄγριον καὶ ἄνομον ἐπιθυμιῶν εἶδος ἑκάστῳ ἔνεστι, καὶ πάνυ δοκοῦσιν ἡμῶν ἐνίοις μετρίοις εἶναι· τοῦτο δὲ ἄρα ἐν τοῖς ὕπνοις γίγνεται ἔνδηλον. εἰ οὖν τι δοκῶ λέγειν καὶ συγχωρεῖς, ἄθρει.

Ἀλλὰ συγχωρῶ.

2 Τὸν τοίνυν δημοτικὸν ἀναμνήσθητι οἷον ἔφαμεν εἶναι. [c] ἦν δέ που γεγονὼς ἐκ νέου ὑπὸ φειδωλῷ πατρὶ τεθραμμένος, τὰς χρη-

keiner Speise; kurz gesagt, er lässt keine Torheit noch Schandtat aus.«

»Ganz richtig, was du da sagst«, entgegnete er.

»Anders ist es, wenn einer innerlich gesund und vernünftig ist und sich erst zur Ruhe begibt, wenn er den vernünftigen Teil in sich geweckt und mit schönen Gedanken und Überlegungen gespeist hat; so ist er zur Selbstbesinnung gekommen, [e] während er seinen begehrenden Teil weder hungern ließ noch übersättigte, damit er zur Ruhe kommen kann und dem besten Teil der Seele durch Lust oder Schmerz keine Unruhe bereitet, [572a] sondern ihm erlaubt, für sich allein und rein nachzudenken und nach der Erkenntnis dessen zu streben, was er noch nicht weiß, ob das nun etwas Vergangenes, Gegenwärtiges oder Zukünftiges ist; wenn er aber, nachdem er ebenso den muthaften Seelenteil besänftigt hat, eingeschlafen ist, ohne sein Gemüt durch Zornesausbrüche gegen andere erregt zu haben, und dann, nachdem er diese beiden Seelenteile zur Ruhe gebracht hat, den dritten, in dem sich die Vernunft befindet, in Bewegung setzt und so schläft, dann weißt du doch, dass er in einem solchen Zustand am ehesten an die Wahrheit rührt und dass ihn dann am wenigsten verbrecherische [b] Traumgesichte heimsuchen.«

»Da bin ich ganz deiner Meinung«, sagte er.

»Mit diesen Worten freilich sind wir nur allzu weit von unserem Ziel abgekommen. Was wir erkennen wollen, ist nur, dass in jedem Menschen eine furchtbare, wilde und gesetzlose Art von Begierden steckt, auch in manchen von uns, die durchaus maßvoll erscheinen. Das aber zeigt sich erst in unseren Träumen. Überlege nun, ob ich damit recht habe und ob du einverstanden bist.«

»Ja, ich bin damit einverstanden.«

2 »Erinnere dich nun an unsere Beschreibung des demokratischen Menschen.[4] [c] Er war von Kindheit an von einem

ματιστικὰς ἐπιθυμίας τιμῶντι μόνας, τὰς δὲ μὴ ἀναγκαίους ἀλλὰ παιδιᾶς τε καὶ καλλωπισμοῦ ἕνεκα γιγνομένας ἀτιμάζοντι. ἦ γάρ;

Ναί.

Συγγενόμενος δὲ κομψοτέροις ἀνδράσι καὶ μεστοῖς ὧν ἄρτι διήλθομεν ἐπιθυμιῶν, ὁρμήσας εἰς ὕβριν τε πᾶσαν καὶ τὸ ἐκείνων εἶδος μίσει τῆς τοῦ πατρὸς φειδωλίας, φύσιν δὲ τῶν διαφθειρόντων βελτίω ἔχων, ἀγόμενος ἀμφοτέρωσε [d] κατέστη εἰς μέσον ἀμφοῖν τοῖν τρόποιν, καὶ μετρίως δή, ὡς ᾤετο, ἑκάστων ἀπολαύων οὔτε ἀνελεύθερον οὔτε παράνομον βίον ζῇ, δημοτικὸς ἐξ ὀλιγαρχικοῦ γεγονώς.

Ἦν γάρ, ἔφη, καὶ ἔστιν αὕτη ἡ δόξα περὶ τὸν τοιοῦτον.

Θὲς τοίνυν, ἦν δ᾽ ἐγώ, πάλιν τοῦ τοιούτου ἤδη πρεσβυτέρου γεγονότος νέον ὑὸν ἐν τοῖς τούτου αὖ ἤθεσιν τεθραμμένον.

Τίθημι.

Τίθει τοίνυν καὶ τὰ αὐτὰ ἐκεῖνα περὶ αὐτὸν γιγνόμενα ἅπερ καὶ περὶ τὸν πατέρα αὐτοῦ, ἀγόμενόν τε εἰς πᾶσαν [e] παρανομίαν, ὀνομαζομένην δ᾽ ὑπὸ τῶν ἀγόντων ἐλευθερίαν ἅπασαν, βοηθοῦντά τε ταῖς ἐν μέσῳ ταύταις ἐπιθυμίαις πατέρα τε καὶ τοὺς ἄλλους οἰκείους, τοὺς δ᾽ αὖ παραβοηθοῦντας· ὅταν δ᾽ ἐλπίσωσιν οἱ δεινοὶ μάγοι τε καὶ τυραννοποιοὶ οὗτοι μὴ ἄλλως τὸν νέον καθέξειν, ἔρωτά τινα αὐτῷ μηχανωμένους ἐμποιῆσαι προστάτην τῶν ἀργῶν καὶ τὰ [573a] ἕτοιμα διανεμομένων ἐπιθυμιῶν, ὑπόπτερον καὶ μέγαν κηφῆνά τινα – ἢ τί ἄλλο οἴει εἶναι τὸν τῶν τοιούτων ἔρωτα; –

Οὐδὲν ἔγωγε, ἦ δ᾽ ὅς, ἀλλ᾽ ἢ τοῦτο.

sparsamen Vater erzogen, der nur die finanziellen Begierden schätzte, die unnötigen aber, die nur auf Spiel und auf ein schönes Äußeres aus sind, verachtete. Nicht wahr?«

»Ja.«

»Als er aber dann mit feineren Leuten zusammenkam, die von den oben beschriebenen Begierden erfüllt waren, da geriet er aus Hass gegen die Knauserei des Vaters in jeden nur erdenklichen Übermut und in die Lebensweise jener Menschen; da aber seine Natur besser war als die seiner Verführer, zog es ihn nach beiden Seiten hin und her, und er [d] gelangte schließlich in die Mitte zwischen beiden Lebensweisen; maßvoll, wie er glaubt, genießt er nun beide und führt ein weder unfreies noch gesetzwidriges Leben; so ist aus dem oligarchischen der demokratische Mensch geworden.«

»Das war und ist unsere Meinung von einem solchen Menschen«,[5] sagte er.

»Nimm nun an«, fuhr ich fort, »dieser sei schon älter geworden und habe wieder einen jungen Sohn, der gleichfalls in den Anschauungen seines Vaters aufgewachsen ist.«

»Ja, gut.«

»Und stelle dir vor, mit ihm gehe es genauso wie mit seinem Vater: Er lässt sich zu jeder Art von Gesetzwidrigkeit verleiten, [e] die seine Verführer vollkommene Freiheit nennen; sein Vater und die übrigen Angehörigen unterstützen die Begierden, die in der Mitte liegen, während die anderen dagegen Widerstand leisten. Wenn diese schlimmen Zauberer[6] und Tyrannenmacher glauben, sie könnten den Jungen nicht anders in ihren Bann schlagen, so flößen sie ihm listig, wie sie nun einmal sind, irgendeine Leidenschaft ein, die zur Anführerin der Begierden des Müßigganges und [573a] der Prasserei wird, also eine geflügelte, mächtige Drohne. Oder glaubst du, dass die Leidenschaft solcher Leute etwas anderes ist?«

»Nein«, sagte er, »gerade das ist es.«

Οὐκοῦν ὅταν δὴ περὶ αὐτὸν βομβοῦσαι αἱ ἄλλαι ἐπιθυμίαι, θυμιαμάτων τε γέμουσαι καὶ μύρων καὶ στεφάνων καὶ οἴνων καὶ τῶν ἐν ταῖς τοιαύταις συνουσίαις ἡδονῶν ἀνειμένων, ἐπὶ τὸ ἔσχατον αὔξουσαί τε καὶ τρέφουσαι πόθου κέντρον ἐμποιήσωσι τῷ κηφῆνι, τότε δὴ δορυφορεῖταί τε ὑπὸ μανίας καὶ [b] οἰστρᾷ οὗτος ὁ προστάτης τῆς ψυχῆς, καὶ ἐάν τινας ἐν αὐτῷ δόξας ἢ ἐπιθυμίας λάβῃ ποιουμένας χρηστὰς καὶ ἔτι ἐπαισχυνομένας, ἀποκτείνει τε καὶ ἔξω ὠθεῖ παρ᾽ αὐτοῦ, ἕως ἂν καθήρῃ σωφροσύνης, μανίας δὲ πληρώσῃ ἐπακτοῦ.

Παντελῶς, ἔφη, τυραννικοῦ ἀνδρὸς λέγεις γένεσιν.

Ἆρ᾽ οὖν, ἦν δ᾽ ἐγώ, καὶ τὸ πάλαι διὰ τὸ τοιοῦτον τύραννος ὁ Ἔρως λέγεται;

Κινδυνεύει, ἔφη.

Οὐκοῦν, ὦ φίλε, εἶπον, καὶ μεθυσθεὶς ἀνὴρ τυραννικόν τι [c] φρόνημα ἴσχει;

Ἴσχει γάρ.

Καὶ μὴν ὅ γε μαινόμενος καὶ ὑποκεκινηκὼς οὐ μόνον ἀνθρώπων ἀλλὰ καὶ θεῶν ἐπιχειρεῖ τε καὶ ἐλπίζει δυνατὸς εἶναι ἄρχειν.

Καὶ μάλ᾽, ἔφη.

Τυραννικὸς δέ, ἦν δ᾽ ἐγώ, ὦ δαιμόνιε, ἀνὴρ ἀκριβῶς γίγνεται, ὅταν ἢ φύσει ἢ ἐπιτηδεύμασιν ἢ ἀμφοτέροις μεθυστικός τε καὶ ἐρωτικὸς καὶ μελαγχολικὸς γένηται.

Παντελῶς μὲν οὖν.

3 Γίγνεται μέν, ὡς ἔοικεν, οὕτω καὶ τοιοῦτος ἀνήρ· ζῇ δὲ δὴ πῶς;

[d] Τὸ τῶν παιζόντων, ἔφη, τοῦτο σὺ καὶ ἐμοὶ ἐρεῖς.

Λέγω δή, ἔφην. οἶμαι γὰρ τὸ μετὰ τοῦτο ἑορταὶ γίγνονται παρ᾽

»Wenn dann um diese Leidenschaft die anderen Begierden herumsummen, voll von Räucherwerk, Salben, Kränzen, Wein und den ungezügelten Genüssen bei solchen Zusammenkünften, und sie mehren und nähren und der Drohne den Stachel der Sehnsucht[7] ansetzen, dann schafft sich [b] dieser Anführer der Seele[8] eine Leibwache aus Wahnsinn und gerät vollends außer sich; und falls er in sich noch irgendwelche Meinungen und Begierden ertappt, die rechtschaffen und sogar noch schamvoll sind, dann bringt er sie um oder verstößt sie aus seinem Inneren, bis er bar jeder Besonnenheit gänzlich erfüllt ist von dem von außen an ihn herangetragenen Wahnsinn.«

»Genauso, wie du es beschreibst, kommt es zum tyrannischen Menschen«, sagte er.

»Heißt nicht schon deswegen«, fragte ich, »von alters her diese Leidenschaft, der Eros,[9] ein Tyrann?«

»Es scheint so«, antwortete er.

»Hat nicht auch, mein lieber Freund«, so fuhr ich fort, »der Betrunkene eine tyrannische [c] Gesinnung?«

»Gewiss.«

»Auch der Wahnsinnige und Verrückte versucht doch und hofft, nicht nur über Menschen, sondern auch über Götter herrschen zu können.«

»Sicherlich«, sagte er.

»Zu einem tyrannischen Menschen, mein Bester«, fuhr ich fort, »wird ein Mann genau dann, wenn er sich durch seine Anlage oder durch Gewohnheit, oder aber auch durch beides, zum Trinker, zum Lüstling oder zum Wahnsinnigen entwickelt hat.«

»Genauso ist es.«

3 »So entsteht also, wie es scheint, ein solcher Mensch. Wie aber lebt er?«

[d] »Du musst es mir selber sagen«, erwiderte er, »wie es scherzhaft heißt.«[10]

»Also gut«, entgegnete ich. »Es gibt dann, denke ich, bei

αὐτοῖς καὶ κῶμοι καὶ θάλειαι καὶ ἑταῖραι καὶ τὰ τοιαῦτα πάντα, ὧν ἂν Ἔρως τύραννος ἔνδον οἰκῶν διακυβερνᾷ τὰ τῆς ψυχῆς ἅπαντα.

Ἀνάγκη, ἔφη.

Ἆρ᾽ οὖν οὐ πολλαὶ καὶ δειναὶ παραβλαστάνουσιν ἐπιθυμίαι ἡμέρας τε καὶ νυκτὸς ἑκάστης, πολλῶν δεόμεναι;

Πολλαὶ μέντοι.

Ταχὺ ἄρα ἀναλίσκονται ἐάν τινες ὦσι πρόσοδοι.

Πῶς δ᾽ οὔ;

[e] Καὶ μετὰ τοῦτο δὴ δανεισμοὶ καὶ τῆς οὐσίας παραιρέσεις.

Τί μήν;

Ὅταν δὲ δὴ πάντ᾽ ἐπιλείπῃ, ἆρα οὐκ ἀνάγκη μὲν τὰς ἐπιθυμίας βοᾶν πυκνάς τε καὶ σφοδρὰς ἐννενεοττευμένας, τοὺς δ᾽ ὥσπερ ὑπὸ κέντρων ἐλαυνομένους τῶν τε ἄλλων ἐπιθυμιῶν καὶ διαφερόντως ὑπ᾽ αὐτοῦ τοῦ Ἔρωτος, πάσαις ταῖς ἄλλαις ὥσπερ δορυφόροις ἡγουμένου, οἰστρᾶν καὶ σκοπεῖν τίς τι ἔχει, ὃν δυνατὸν ἀφελέσθαι ἀπατήσαντα ἢ [574a] βιασάμενον;

Σφόδρα γ᾽, ἔφη.

Ἀναγκαῖον δὴ πανταχόθεν φέρειν, ἢ μεγάλαις ὠδῖσί τε καὶ ὀδύναις συνέχεσθαι.

Ἀναγκαῖον.

Ἆρ᾽ οὖν, ὥσπερ αἱ ἐν αὐτῷ ἡδοναὶ ἐπιγιγνόμεναι τῶν ἀρχαίων πλέον εἶχον καὶ τὰ ἐκείνων ἀφῃροῦντο, οὕτω καὶ αὐτὸς ἀξιώσει νεώτερος ὢν πατρός τε καὶ μητρὸς πλέον ἔχειν, καὶ ἀφαιρεῖσθαι, ἐὰν τὸ αὑτοῦ μέρος ἀναλώσῃ, ἀπονειμάμενος τῶν πατρῴων;

Ἀλλὰ τί μήν; ἔφη.

[b] Ἂν δὲ δὴ αὐτῷ μὴ ἐπιτρέπωσιν, ἆρ᾽ οὐ τὸ μὲν πρῶτον ἐπιχειροῖ ἂν κλέπτειν καὶ ἀπατᾶν τοὺς γονέας;

denen, in deren Innerem Eros als Tyrann wohnt und die ganze Seele steuert, Feste, Umzüge, Gelage und Hetären und all diese Dinge.«[11]

»Notwendigerweise«, sagte er.

»Schießen da nicht viele böse Begierden Tag und Nacht in ihnen empor, die gar viel verlangen?«

»Gewiss, viele.«

»Und sind Einkünfte vorhanden, werden sie schnell aufgezehrt.«

»Natürlich.«

[e] »Dann werden Schulden gemacht und der Besitz wird veräußert.«

»Zweifellos.«

»Ist aber alles dahin, müssen da nicht die zahlreichen Begierden, die sich so fest eingenistet haben, aufschreien? Müssen dann nicht diese Menschen, gleichsam angetrieben vom Stachel der übrigen Begierden und besonders von Eros selbst, der alle anderen wie seine Leibwache anführt, wild werden und danach Ausschau halten, wer noch etwas besitzt, dem sie es mit List oder [574a] Gewalt wegnehmen könnten?«

»Ja, durchaus«, sagte er.

»Notgedrungen rauben sie dann zusammen, was nur geht, oder sie werden von großen Schmerzen und Qualen gepeinigt.«

»Ja, notgedrungen.«

»Und wie bei ihm die später hinzugekommenen Lüste über die alten Herr wurden und ihnen das Ihre wegnahmen, so wird auch er, der ja jünger ist als Vater und Mutter, mehr haben und sie berauben wollen, indem er sich das väterliche Vermögen aneignet, nachdem er sein eigenes Gut verprasst hat.«[12]

»Zweifellos«, sagte er.

[b] »Wenn ihm seine Eltern den Zugriff auf ihr Vermögen nicht gestatten, wird er dann nicht versuchen, sie zu bestehlen und zu betrügen?«

Πάντως.

Ὁπότε δὲ μὴ δύναιτο, ἁρπάζοι ἂν καὶ βιάζοιτο μετὰ τοῦτο;

Οἶμαι, ἔφη.

Ἀντεχομένων δὴ καὶ μαχομένων, ὦ θαυμάσιε, γέροντός τε καὶ γραός, ἆρ᾽ εὐλαβηθείη ἂν καὶ φείσαιτο μή τι δρᾶσαι τῶν τυραννικῶν;

Οὐ πάνυ, ἦ δ᾽ ὅς, ἔγωγε θαρρῶ περὶ τῶν γονέων τοῦ τοιούτου.

Ἀλλ᾽, ὦ Ἀδείμαντε, πρὸς Διός, ἕνεκα νεωστὶ φίλης καὶ οὐκ ἀναγκαίας ἑταίρας γεγονυίας τὴν πάλαι φίλην καὶ ἀναγκαίαν [c] μητέρα, ἢ ἕνεκα ὡραίου νεωστὶ φίλου γεγονότος οὐκ ἀναγκαίου τὸν ἄωρόν τε καὶ ἀναγκαῖον πρεσβύτην πατέρα καὶ τῶν φίλων ἀρχαιότατον δοκεῖ ἄν σοι ὁ τοιοῦτος πληγαῖς τε δοῦναι καὶ καταδουλώσασθαι ἂν αὐτοὺς ὑπ᾽ ἐκείνοις, εἰ εἰς τὴν αὐτὴν οἰκίαν ἀγάγοιτο;

Ναὶ μὰ Δία, ἦ δ᾽ ὅς.

Σφόδρα γε μακάριον, ἦν δ᾽ ἐγώ, ἔοικεν εἶναι τὸ τυραννικὸν ὑὸν τεκεῖν.

Πάνυ γ᾽, ἔφη.

[d] Τί δ᾽, ὅταν δὴ τὰ πατρὸς καὶ μητρὸς ἐπιλείπῃ τὸν τοιοῦτον, πολὺ δὲ ἤδη συνειλεγμένον ἐν αὐτῷ ᾖ τὸ τῶν ἡδονῶν σμῆνος, οὐ πρῶτον μὲν οἰκίας τινὸς ἐφάψεται τοίχου ἤ τινος ὀψὲ νύκτωρ ἰόντος τοῦ ἱματίου, μετὰ δὲ ταῦτα ἱερόν τι νεωκορήσει; καὶ ἐν τούτοις δὴ πᾶσιν, ἃς πάλαι εἶχεν δόξας ἐκ παιδὸς περὶ καλῶν τε καὶ αἰσχρῶν, τὰς δικαίας ποιουμένας, αἱ νεωστὶ ἐκ δουλείας λελυμέναι, δορυφοροῦσαι τὸν Ἔρωτα, κρατήσουσι μετ᾽ ἐκείνου, αἳ πρότερον μὲν ὄναρ [e] ἐλύοντο ἐν ὕπνῳ, ὅτε ἦν αὐτὸς ἔτι ὑπὸ νόμοις

»Gewiss.«

»Kann er das nicht, dann wird er sie wohl mit Gewalt berauben?«

»Ich glaube, ja«, sagte er.

»Wenn aber, mein Bester, der alte Mann und die alte Frau Widerstand leisten und sich wehren, würde er sich dann hüten und davor zurückschrecken, sie wie ein Tyrann zu behandeln?«

»Nein«, sagte er, »für die Eltern eines solchen Mannes habe ich wenig Hoffnung.«

»Aber beim Zeus, mein Adeimantos, wird er, glaubst du, wegen einer erst kürzlich liebgewonnenen Freundin, die er nicht nötig hat, seine ihm seit Langem liebe und unentbehrliche [c] Mutter oder wegen eines erst neu erworbenen, jugendlich schönen Freundes, den er nicht braucht, seinen gebrechlichen, aber unentbehrlichen greisen Vater, seinen ältesten Freund, misshandeln und sie zu Sklaven jener Menschen machen, wenn er sie in dasselbe Haus bringt?«[13]

»Ja, beim Zeus das tut er«, erwiderte er.

»Es ist offenbar ein großes Glück«, sagte ich, »der Vater eines tyrannischen Sohnes zu sein.«

»Allerdings«, erwiderte er.

[d] »Was nun, wenn einem solchen Menschen das Vermögen des Vaters und der Mutter ausgeht, während sich in ihm ein gewaltiger Schwarm von Lüsten angesammelt hat? Wird er da nicht zuerst einmal in ein Haus einbrechen[14] oder einem späten Nachtschwärmer in den Mantel greifen, später dann sogar irgendeinen Tempel ausrauben?[15] Und bei all dem werden die alten Vorstellungen seiner Kindheit vom Schönen und Schändlichen, die ihm damals als gerecht galten, von den erst jüngst aus der Knechtschaft entlassenen Begierden mithilfe des Eros, dessen Leibwache sie ja sind, besiegt, von jenen Begierden also, die früher nur im Schlaf [e] als Träume freigelassen wurden, als

τε καὶ πατρὶ δημοκρατούμενος ἐν ἑαυτῷ· τυραννευθεὶς δὲ ὑπὸ Ἔρωτος, οἷος ὀλιγάκις ἐγίγνετο ὄναρ, ὕπαρ τοιοῦτος ἀεὶ γενόμενος, οὔτε τινὸς φόνου δεινοῦ ἀφέξεται οὔτε βρώματος οὔτ᾽ ἔργου, [575a] ἀλλὰ τυραννικῶς ἐν αὐτῷ ὁ Ἔρως ἐν πάσῃ ἀναρχίᾳ καὶ ἀνομίᾳ ζῶν, ἅτε αὐτὸς ὢν μόναρχος, τὸν ἔχοντά τε αὐτὸν ὥσπερ πόλιν ἄξει ἐπὶ πᾶσαν τόλμαν, ὅθεν αὑτόν τε καὶ τὸν περὶ αὑτὸν θόρυβον θρέψει, τὸν μὲν ἔξωθεν εἰσεληλυθότα ἀπὸ κακῆς ὁμιλίας, τὸν δ᾽ ἔνδοθεν ὑπὸ τῶν αὐτῶν τρόπων καὶ ἑαυτοῦ ἀνεθέντα καὶ ἐλευθερωθέντα· ἢ οὐχ οὗτος ὁ βίος τοῦ τοιούτου;

Οὗτος μὲν οὖν, ἔφη.

Καὶ ἂν μέν γε, ἦν δ᾽ ἐγώ, ὀλίγοι οἱ τοιοῦτοι ἐν πόλει [b] ὦσι καὶ τὸ ἄλλο πλῆθος σωφρονῇ, ἐξελθόντες ἄλλον τινὰ δορυφοροῦσι τύραννον ἢ μισθοῦ ἐπικουροῦσιν, ἐάν που πόλεμος ᾖ· ἐὰν δ᾽ ἐν εἰρήνῃ τε καὶ ἡσυχίᾳ γένωνται, αὐτοῦ δὴ ἐν τῇ πόλει κακὰ δρῶσι σμικρὰ πολλά.

Τὰ ποῖα δὴ λέγεις;

Οἷα κλέπτουσι, τοιχωρυχοῦσι, βαλλαντιοτομοῦσι, λωποδυτοῦσιν, ἱεροσυλοῦσιν, ἀνδραποδίζονται· ἔστι δ᾽ ὅτε συκοφαντοῦσιν, ἐὰν δυνατοὶ ὦσι λέγειν, καὶ ψευδομαρτυροῦσι καὶ δωροδοκοῦσιν.

[c] Σμικρά γ᾽, ἔφη, κακὰ λέγεις, ἐὰν ὀλίγοι ὦσιν οἱ τοιοῦτοι.

Τὰ γὰρ σμικρά, ἦν δ᾽ ἐγώ, πρὸς τὰ μεγάλα σμικρά ἐστιν, καὶ ταῦτα δὴ πάντα πρὸς τύραννον πονηρίᾳ τε καὶ ἀθλιότητι πόλεως,

er selbst noch unter dem Einfluss der Gesetze und des Vaters stand und in seinem Innersten noch ein Demokrat war. Jetzt aber, wo der Eros sein Tyrann ist, zeigt er sich auch im Wachzustand unablässig so, wie er sich zuvor manchmal im Traum gab; er schreckt vor keiner noch so furchtbaren Mordtat zurück, enthält sich keiner Speise, keiner Untat, [575a] sondern der Eros, der in ihm wie ein Tyrann mit aller Willkür und Gesetzlosigkeit lebt, wird als Alleinherrscher den Menschen, von dem er Besitz ergriffen hat, wie einen Staat zu jedem Wagnis treiben; denn nur dadurch kann er sich und den Haufen, der ihn umgibt, erhalten, jenen Haufen von Lüsten nämlich, der teils durch schlechten Umgang von außen in ihn eingedrungen ist, teils in seinem Innern durch dieselbe Sinnesart von ihm entfesselt und befreit wurde. Ist nicht so das Leben eines solchen Menschen?«

»Ja, so ist es«, sagte er.

»Gibt es in einem Staat«, fuhr ich fort, »nur wenige solche Leute, [b] während die Mehrzahl sonst vernünftig ist, so wandern sie aus und dienen einem anderen Tyrannen als Leibwächter oder verdingen sich als Söldner, wenn es irgendwo Krieg gibt. Wenn aber überall Frieden und Ruhe herrscht, dann richten sie dort im Staat mancherlei kleinere Schäden an.«

»Welche meinst du?«

»Nun, sie betätigen sich etwa als Diebe, Einbrecher, Beutelschneider, Kleiderdiebe und Tempelräuber oder treiben Menschenraub.[16] Manchmal treten sie, wenn sie redegewandt sind, auch als Denunzianten und als falsche Zeugen auf und lassen sich bestechen.«[17]

[c] »Solange das nur wenige tun, kannst du es kleinere Schäden nennen«,[18] entgegnete er.

»Das Kleine«, fuhr ich fort, »ist nur im Vergleich zum Großen klein, und im Vergleich zu dem, was ein Tyrann dem Staat an Verderben und Unheil antut, fällt all das, wie man so sagt, gar

τὸ λεγόμενον, οὐδ' ἴκταρ βάλλει. ὅταν γὰρ δὴ πολλοὶ ἐν πόλει γένωνται οἱ τοιοῦτοι καὶ ἄλλοι οἱ συνεπόμενοι αὐτοῖς, καὶ αἴσθωνται ἑαυτῶν τὸ πλῆθος, τότε οὗτοί εἰσιν οἱ τὸν τύραννον γεννῶντες μετὰ δήμου ἀνοίας ἐκεῖνον, ὃς ἂν αὐτῶν μάλιστα αὐτὸς ἐν αὑτῷ μέγιστον καὶ πλεῖστον [d] ἐν τῇ ψυχῇ τύραννον ἔχῃ.

Εἰκότως γ', ἔφη· τυραννικώτατος γὰρ ἂν εἴη.

Οὐκοῦν ἐὰν μὲν ἑκόντες ὑπείκωσιν· ἐὰν δὲ μὴ ἐπιτρέπῃ ἡ πόλις, ὥσπερ τότε μητέρα καὶ πατέρα ἐκόλαζεν, οὕτω πάλιν τὴν πατρίδα, ἐὰν οἷός τ' ᾖ, κολάσεται ἐπεισαγόμενος νέους ἑταίρους, καὶ ὑπὸ τούτοις δὴ δουλεύουσαν τὴν πάλαι φίλην μητρίδα τε, Κρῆτές φασι, καὶ πατρίδα ἕξει τε καὶ θρέψει. καὶ τοῦτο δὴ τὸ τέλος ἂν εἴη τῆς ἐπιθυμίας τοῦ τοιούτου ἀνδρός.

[e] Τοῦτο, ἦ δ' ὅς, παντάπασί γε.

Οὐκοῦν, ἦν δ' ἐγώ, οὗτοί γε τοιοίδε γίγνονται ἰδίᾳ καὶ πρὶν ἄρχειν· πρῶτον μὲν οἷς ἂν συνῶσιν, ἢ κόλαξιν ἑαυτῶν συνόντες καὶ πᾶν ἑτοίμοις ὑπηρετεῖν, ἢ ἐάν τού τι δέωνται, [576a] αὐτοὶ ὑποπεσόντες, πάντα σχήματα τολμῶντες ποιεῖν ὡς οἰκεῖοι, διαπραξάμενοι δὲ ἀλλότριοι;

Καὶ σφόδρα γε.

Ἐν παντὶ ἄρα τῷ βίῳ ζῶσι φίλοι μὲν οὐδέποτε οὐδενί, ἀεὶ δέ του δεσπόζοντες ἢ δουλεύοντες ἄλλῳ, ἐλευθερίας δὲ καὶ φιλίας ἀληθοῦς τυραννικὴ φύσις ἀεὶ ἄγευστος.

Πάνυ μὲν οὖν.

Ἆρ' οὖν οὐκ ὀρθῶς ἂν τοὺς τοιούτους ἀπίστους καλοῖμεν;

nicht ins Gewicht. Denn erst, wenn die Zahl solcher Leute und ihres übrigen Gefolges im Staat zunimmt und sie sich ihrer eigenen Masse bewusst werden, dann sind sie es, die mithilfe des törichten Pöbels den Tyrannen hervorbringen, und zwar jeweils den unter ihnen, der selbst den größten und mächtigsten Tyrannen [d] in seiner Seele birgt.«

»Natürlich«, erwiderte er, »denn er eignet sich wohl am besten zum Tyrannen.«

»Vorausgesetzt, sie geben ihm aus freien Stücken nach. Wenn es aber der Staat nicht zulässt, dann wird der Tyrann so, wie er früher Mutter und Vater misshandelt hat, jetzt wieder das Vaterland misshandeln, wenn er nur dazu imstande ist; dazu holt er sich neue Freunde herbei, und mit ihrer Hilfe wird er dann das ihm einst so liebe Mutterland, wie die Kreter sagen, und das Vaterland in Knechtschaft nehmen und halten. Und damit hätte dann die Begierde eines solchen Mannes ihr Ziel erreicht.«

[e] »Jawohl, durchaus«, entgegnete er.

»Diese Leute«, so fuhr ich fort, »zeigen sich im Privatleben, ehe sie noch an die Macht gekommen sind, wie folgt: Zunächst verkehren sie nur mit Menschen, die ihnen schmeicheln und zu jedem Dienst bereit sind; wenn sie aber selbst etwas brauchen, so zeigen sie sich ihrerseits [576a] unterwürfig und tun alles, um den Anschein zu erwecken, Freunde zu sein; ist aber ihr Zweck erreicht, tun sie wieder ganz fremd. Ist es nicht so?«

»Ganz genau so ist es.«

»Ihr ganzes Leben lang sind sie niemandes Freund, immer sind sie Herr oder Knecht eines anderen; wahre Freiheit und Freundschaft kennt eine tyrannische Natur nicht.«[19]

»Gewiss.«

»Solche Menschen werden wir wohl mit Recht treulos nennen?«

Πῶς δ᾽ οὔ;

Καὶ μὴν ἀδίκους γε ὡς οἷόν τε μάλιστα, εἴπερ ὀρθῶς [b] ἐν τοῖς πρόσθεν ὡμολογήσαμεν περὶ δικαιοσύνης οἷόν ἐστιν.

Ἀλλὰ μήν, ἦ δ᾽ ὅς, ὀρθῶς γε.

Κεφαλαιωσώμεθα τοίνυν, ἦν δ᾽ ἐγώ, τὸν κάκιστον. ἔστιν δέ που, οἷον ὄναρ διήλθομεν, ὃς ἂν ὕπαρ τοιοῦτος ᾖ.

Πάνυ μὲν οὖν.

Οὐκοῦν οὗτος γίγνεται ὃς ἂν τυραννικώτατος φύσει ὢν μοναρχήσῃ, καὶ ὅσῳ ἂν πλείω χρόνον ἐν τυραννίδι βιῷ, τοσούτῳ μᾶλλον τοιοῦτος.

Ἀνάγκη, ἔφη διαδεξάμενος τὸν λόγον ὁ Γλαύκων.

4 Ἆρ᾽ οὖν, ἦν δ᾽ ἐγώ, ὃς ἂν φαίνηται πονηρότατος, καὶ [c] ἀθλιώτατος φανήσεται; καὶ ὃς ἂν πλεῖστον χρόνον καὶ μάλιστα τυραννεύσῃ, μάλιστά τε καὶ πλεῖστον χρόνον τοιοῦτος γεγονὼς τῇ ἀληθείᾳ; τοῖς δὲ πολλοῖς πολλὰ καὶ δοκεῖ.

Ἀνάγκη, ἔφη, ταῦτα γοῦν οὕτως ἔχειν.

Ἄλλο τι οὖν, ἦν δ᾽ ἐγώ, ὅ γε τυραννικὸς κατὰ τὴν τυραννουμένην πόλιν ἂν εἴη ὁμοιότητι, δημοτικὸς δὲ κατὰ δημοκρατουμένην, καὶ οἱ ἄλλοι οὕτω;

Τί μήν;

Οὐκοῦν, ὅτι πόλις πρὸς πόλιν ἀρετῇ καὶ εὐδαιμονίᾳ, τοῦτο καὶ ἀνὴρ πρὸς ἄνδρα;

[d] Πῶς γὰρ οὔ;

Τί οὖν ἀρετῇ τυραννουμένη πόλις πρὸς βασιλευομένην οἵαν τὸ πρῶτον διήλθομεν;

»Natürlich.«

»Und auch höchst ungerecht, wenn das richtig ist, [b] was wir vorher gemeinsam über das Wesen der Gerechtigkeit festgehalten haben.«

»Gewiss war es richtig«, sagte er.

»Fassen wir also zusammen«, fuhr ich fort: »Der schlechteste Mensch ist derjenige, der im Wachen so ist, wie wir ihn in seinen Träumen geschildert haben.«[20]

»Sehr richtig.«

»Zu einem solchen Menschen aber entwickelt sich einer, der schon von Natur besonders tyrannisch veranlagt ist und daher nach der Alleinherrschaft strebt; und je länger er seine Tyrannei auslebt, umso ärger wird er.«

»Zwangsläufig«, sagte Glaukon, der damit wieder das Wort ergriff.[21]

4 »Wird sich nun aber«, fragte ich, »dieser schlechteste Mensch auch [c] als der Unglücklichste erweisen? Und wer die längste Zeit im höchsten Maße als Tyrann geherrscht hat, wird der auch tatsächlich am meisten und die längste Zeit unglücklich sein?[22] Die breite Masse hat darüber freilich ganz unterschiedliche Meinungen.«

»Das muss wohl so sein«, antwortete er.

»Der tyrannische Mensch«, setzte ich fort, »steht doch zum tyrannisch regierten Staat in einem ähnlichen Verhältnis wie der Demokrat zur Demokratie, und ebenso die anderen?«[23]

»Zweifellos.«

»Und wie sich ein Staat zum anderen hinsichtlich seiner Tugend und seines Glücks verhält, ebenso verhält sich doch auch ein Mensch zum anderen?«

[d] »Natürlich.«

»Wie verhält sich nun aber in Bezug auf seine Tugend ein tyrannisch regierter Staat zu einer Königsherrschaft, wie wir sie zuerst geschildert haben?«[24]

Πᾶν τοὐναντίον, ἔφη· ἡ μὲν γὰρ ἀρίστη, ἡ δὲ κακίστη.

Οὐκ ἐρήσομαι, εἶπον, ὁποτέραν λέγεις· δῆλον γάρ. ἀλλ᾽ εὐδαιμονίας τε αὖ καὶ ἀθλιότητος ὡσαύτως ἢ ἄλλως κρίνεις; καὶ μὴ ἐκπληττώμεθα πρὸς τὸν τύραννον ἕνα ὄντα βλέποντες, μηδ᾽ εἴ τινες ὀλίγοι περὶ ἐκεῖνον, ἀλλ᾽ ὡς χρὴ ὅλην [e] τὴν πόλιν εἰσελθόντας θεάσασθαι, καταδύντες εἰς ἅπασαν καὶ ἰδόντες, οὕτω δόξαν ἀποφαινώμεθα.

Ἀλλ᾽ ὀρθῶς, ἔφη, προκαλῇ· καὶ δῆλον παντὶ ὅτι τυραννουμένης μὲν οὐκ ἔστιν ἀθλιωτέρα, βασιλευομένης δὲ οὐκ εὐδαιμονεστέρα.

Ἆρ᾽ οὖν, ἦν δ᾽ ἐγώ, καὶ περὶ τῶν ἀνδρῶν τὰ αὐτὰ ταῦτα [577a] προκαλούμενος ὀρθῶς ἂν προκαλοίμην, ἀξιῶν κρίνειν περὶ αὐτῶν ἐκεῖνον, ὃς δύναται τῇ διανοίᾳ εἰς ἀνδρὸς ἦθος ἐνδὺς διιδεῖν καὶ μὴ καθάπερ παῖς ἔξωθεν ὁρῶν ἐκπλήττεται ὑπὸ τῆς τῶν τυραννικῶν προστάσεως ἣν πρὸς τοὺς ἔξω σχηματίζονται, ἀλλ᾽ ἱκανῶς διορᾷ; εἰ οὖν οἰοίμην δεῖν ἐκείνου πάντας ἡμᾶς ἀκούειν, τοῦ δυνατοῦ μὲν κρῖναι, συνῳκηκότος δὲ ἐν τῷ αὐτῷ καὶ παραγεγονότος ἔν τε ταῖς κατ᾽ οἰκίαν πράξεσιν, ὡς πρὸς ἑκάστους τοὺς οἰκείους ἔχει, ἐν οἷς [b] μάλιστα γυμνὸς ἂν ὀφθείη τῆς τραγικῆς σκευῆς, καὶ ἐν αὖ τοῖς δημοσίοις κινδύνοις, καὶ ταῦτα πάντα ἰδόντα κελεύοιμεν ἐξαγγέλλειν πῶς ἔχει εὐδαιμονίας καὶ ἀθλιότητος ὁ τύραννος πρὸς τοὺς ἄλλους;

Ὀρθότατ᾽ ἄν, ἔφη, καὶ ταῦτα προκαλοῖο.

Βούλει οὖν, ἦν δ᾽ ἐγώ, προσποιησώμεθα ἡμεῖς εἶναι τῶν δυνα-

»Völlig gegensätzlich«, sagte er. »Der eine Staat ist der beste, der andere der schlechteste.«

»Ich will nicht fragen«, sagte ich, »welchen du jeweils meinst, denn das ist klar. Urteilst du aber über ihr Glück und ihr Unglück ebenso oder anders? Lassen wir uns aber dadurch nicht irre machen, indem wir nur auf den einen Tyrannen schauen oder auf die Wenigen seines Gefolges; vielmehr wollen wir unser Urteil erst abgeben, wenn wir, wie es notwendig ist, in den ganzen [e] Staat hineingehen und dort Nachschau halten, also in den ganzen Staat eintauchen und uns überall umsehen.«

»Deine Aufforderung ist durchaus berechtigt«, sagte er. »Es ist ja jedem klar, dass es keinen unglücklicheren Staat gibt als die Tyrannis und keinen glücklicheren als die Königsherrschaft.«

»Hätte ich nicht recht«, fragte ich weiter, »wenn ich nun auch für die Menschen dasselbe [577a] forderte, nämlich dass nur der über sie urteilen dürfe, der scharfen Sinnes in den Charakter des Menschen einzudringen und ihn zu durchschauen vermag und nicht wie ein Kind nur auf das Äußere sieht und sich irremachen lässt durch den Prunk, den die Tyrannen nach außen hin zur Schau tragen, sondern genügend Durchblick hat? Wenn ich nun der Meinung war, wir alle müssten auf den hören, der zu einem solchen Urteil fähig wäre, weil er mit dem Tyrannen zusammengelebt und sein häusliches Treiben und sein Verhalten den Angehörigen gegenüber gesehen hat,[25] wo er [b] seine schauspielerische Pose abgelegt hat, und ferner in den Gefahren des Staates – wenn wir dann einen, der dies alles miterlebt hat, auffordern wollten, uns zu sagen, wie sich der Tyrann in Glück und Unglück anderen gegenüber verhält?«

»Mit dieser Aufforderung hättest du vollkommen recht«, sagte er.

»Willst du«, fuhr ich fort, »dass wir so tun, als würden wir zu denen gehören, die zu einem solchen Urteil fähig sind und

τῶν ἂν κρῖναι καὶ ἤδη ἐντυχόντων τοιούτοις, ἵνα ἔχωμεν ὅστις ἀποκρινεῖται ἃ ἐρωτῶμεν;

Πάνυ γε.

[c] Ἴθι δή μοι, ἔφην, ὧδε σκόπει. τὴν ὁμοιότητα ἀναμιμνῃσκόμενος τῆς τε πόλεως καὶ τοῦ ἀνδρός, οὕτω καθ᾽ ἕκαστον ἐν μέρει ἀθρῶν, τὰ παθήματα ἑκατέρου λέγε.

Τὰ ποῖα; ἔφη.

Πρῶτον μέν, ἦν δ᾽ ἐγώ, ὡς πόλιν εἰπεῖν, ἐλευθέραν ἢ δούλην τὴν τυραννουμένην ἐρεῖς;

Ὡς οἷόν τ᾽, ἔφη, μάλιστα δούλην.

Καὶ μὴν ὁρᾷς γε ἐν αὐτῇ δεσπότας καὶ ἐλευθέρους.

Ὁρῶ, ἔφη, σμικρόν γέ τι τοῦτο· τὸ δὲ ὅλον, ὡς ἔπος εἰπεῖν, ἐν αὐτῇ καὶ τὸ ἐπιεικέστατον ἀτίμως τε καὶ ἀθλίως δοῦλον.

[d] Εἰ οὖν, εἶπον, ὅμοιος ἀνὴρ τῇ πόλει, οὐ καὶ ἐν ἐκείνῳ ἀνάγκη τὴν αὐτὴν τάξιν ἐνεῖναι, καὶ πολλῆς μὲν δουλείας τε καὶ ἀνελευθερίας γέμειν τὴν ψυχὴν αὐτοῦ, καὶ ταῦτα αὐτῆς τὰ μέρη δουλεύειν, ἅπερ ἦν ἐπιεικέστατα, μικρὸν δὲ καὶ τὸ μοχθηρότατον καὶ μανικώτατον δεσπόζειν;

Ἀνάγκη, ἔφη.

Τί οὖν; δούλην ἢ ἐλευθέραν τὴν τοιαύτην φήσεις εἶναι ψυχήν;

Δούλην δήπου ἔγωγε.

Οὐκοῦν ἥ γε αὖ δούλη καὶ τυραννουμένη πόλις ἥκιστα ποιεῖ ἃ βούλεται;

Πολύ γε.

[e] Καὶ ἡ τυραννουμένη ἄρα ψυχὴ ἥκιστα ποιήσει ἃ ἂν βουληθῇ, ὡς περὶ ὅλης εἰπεῖν ψυχῆς· ὑπὸ δὲ οἴστρου ἀεὶ ἑλκομένη βίᾳ ταραχῆς καὶ μεταμελείας μεστὴ ἔσται.

Πῶς γὰρ οὔ;

auch schon mit solchen zusammengekommen sind, damit wir jemanden haben, der unsere Fragen beantworten kann?«

»Ja.«

5 [c] »Wohlan«, sagte ich, »dann stelle folgende Überlegung an: Erinnere dich an die Übereinstimmung zwischen Staat und Mensch, betrachte beide Punkt für Punkt und nenne mir die Zustände beider.«

»Welche denn?«, fragte er.

»Reden wir zuerst vom Staat«, erwiderte ich. »Nennst du einen tyrannisch regierten Staat frei oder geknechtet?«

»Im höchsten Maße geknechtet«, antwortete er.

»Und doch kannst du in ihm Herren und Freie finden.«

»Ja«, sagte er, »aber nur ganz wenige. Der Großteil, und das, kann man sagen, sind gerade die Tüchtigsten in ihm, lebt in ehrloser und unglücklicher Knechtschaft.«

[d] »Wenn nun der Mensch«, entgegnete ich, »dem Staat ähnlich ist, muss nicht auch in ihm derselbe Zustand herrschen? Und muss nicht auch seine Seele voll sein von Knechtschaft und Unfreiheit? Und müssen nicht gerade die tüchtigsten Teile in ihr geknechtet sein, während nur ein kleiner Teil, und zwar der übelste und wahnsinnigste, herrscht?«

»Notwendigerweise«, sagte er.

»Wie nun, wirst du eine solche Seele geknechtet oder frei nennen?«

»Geknechtet natürlich.«

»Ein geknechteter und ein tyrannisch regierter Staat kann doch am wenigsten das tun, was er will?«

»Gewiss.«

[e] »So wird auch eine tyrannische Seele am wenigsten das tun, was sie will,[26] um von der Seele als Ganzem zu sprechen. Denn immer wird sie gewaltsam von einem Stachel angetrieben, sie ist voller Unruhe und ändert ständig ihren Entschluss.«

»Natürlich.«

Πλουσίαν δὲ ἢ πενομένην ἀνάγκη τὴν τυραννουμένην πόλιν εἶναι;

Πενομένην.

[578a] Καὶ ψυχὴν ἄρα τυραννικὴν πενιχρὰν καὶ ἄπληστον ἀνάγκη ἀεὶ εἶναι.

Οὕτως, ἦ δ' ὅς.

Τί δέ; φόβου γέμειν ἆρ' οὐκ ἀνάγκη τήν τε τοιαύτην πόλιν τόν τε τοιοῦτον ἄνδρα;

Πολλή γε.

Ὀδυρμούς τε καὶ στεναγμοὺς καὶ θρήνους καὶ ἀλγηδόνας οἴει ἔν τινι ἄλλῃ πλείους εὑρήσειν;

Οὐδαμῶς.

Ἐν ἀνδρὶ δὲ ἡγῇ τὰ τοιαῦτα ἐν ἄλλῳ τινὶ πλείω εἶναι ἢ ἐν τῷ μαινομένῳ ὑπὸ ἐπιθυμιῶν τε καὶ ἐρώτων τούτῳ τῷ τυραννικῷ;

Πῶς γὰρ ἄν; ἔφη.

[b] Εἰς πάντα δὴ οἶμαι ταῦτά τε καὶ ἄλλα τοιαῦτα ἀποβλέψας τήν τε πόλιν τῶν πόλεων ἀθλιωτάτην ἔκρινας –

Οὐκοῦν ὀρθῶς; ἔφη.

Καὶ μάλα, ἦν δ' ἐγώ. ἀλλὰ περὶ τοῦ ἀνδρὸς αὖ τοῦ τυραννικοῦ τί λέγεις εἰς ταὐτὰ ταῦτα ἀποβλέπων;

Μακρῷ, ἔφη, ἀθλιώτατον εἶναι τῶν ἄλλων ἁπάντων.

Τοῦτο, ἦν δ' ἐγώ, οὐκέτ' ὀρθῶς λέγεις.

Πῶς; ἦ δ' ὅς.

Οὔπω, ἔφην, οἶμαι, οὗτός ἐστιν ὁ τοιοῦτος μάλιστα.

Ἀλλὰ τίς μήν;

Ὅδε ἴσως σοι ἔτι δόξει εἶναι τούτου ἀθλιώτερος.

Ποῖος;

[c] Ὃς ἄν, ἦν δ' ἐγώ, τυραννικὸς ὢν μὴ ἰδιώτην βίον καταβιῷ,

»Muss ein tyrannisch regierter Staat reich oder arm sein?«

»Arm.«

[578a] »Also muss auch eine tyrannische Seele stets arm und unersättlich[27] sein.«

»So ist es«, sagte er.

»Wie nun, müssen nicht ein solcher Staat und ein solcher Mensch voller Angst sein?«

»Unbedingt.«

»Glaubst du, man findet in einem anderen Staat mehr Jammer und Seufzer, Tränen und Leiden?«

»Keineswegs.«

»Meinst du nun, Derartiges könne bei irgendjemandem anderen in einem höheren Maße vorkommen als eben bei diesem tyrannischen Menschen, den seine Begierden und Lüste rasend gemacht haben?«

»Gewiss nicht«, entgegnete er.

[b] »Weil du all das und anderes mehr berücksichtigt hast, hast du, glaube ich, diesen Staat für den unglücklichsten von allen gehalten.«

»Doch wohl zu Recht?«, fragte er.

»Gewiss«, erwiderte ich. »Aber was sagst du nun über den tyrannischen Menschen, wieder in eben dieser Hinsicht?«

»Dass er bei Weitem der unglücklichste unter allen ist«, antwortete er.

»Damit hast du nun nicht mehr recht«, versetzte ich.

»Wieso das?«, fragte er.

»Er ist, glaube ich, noch nicht der unglücklichste«, sprach ich.

»Sondern wer?«

»Vielleicht wird dir der folgende noch unglücklicher erscheinen als dieser.«

»Und wer soll das sein?«

[c] »Wer«, antwortete ich, »tyrannisch ist, aber sein Leben nicht als einfacher Bürger leben kann, sondern das Unglück

ἀλλὰ δυστυχὴς ᾖ καὶ αὐτῷ ὑπό τινος συμφορᾶς ἐκπορισθῇ ὥστε τυράννῳ γενέσθαι.

Τεκμαίρομαί σε, ἔφη, ἐκ τῶν προειρημένων ἀληθῆ λέγειν.

Ναί, ἦν δ᾽ ἐγώ, ἀλλ᾽ οὐκ οἴεσθαι χρὴ τὰ τοιαῦτα, ἀλλ᾽ εὖ μάλα τῷ τοιούτῳ λόγῳ σκοπεῖν· περὶ γάρ τοι τοῦ μεγίστου ἡ σκέψις, ἀγαθοῦ τε βίου καὶ κακοῦ.

Ὀρθότατα, ἦ δ᾽ ὅς.

Σκόπει δὴ εἰ ἄρα τι λέγω. δοκεῖ γάρ μοι δεῖν ἐννοῆσαι [d] ἐκ τῶνδε περὶ αὐτοῦ σκοποῦντας.

Ἐκ τίνων;

Ἐξ ἑνὸς ἑκάστου τῶν ἰδιωτῶν, ὅσοι πλούσιοι ἐν πόλεσιν ἀνδράποδα πολλὰ κέκτηνται. οὗτοι γὰρ τοῦτό γε προσόμοιον ἔχουσιν τοῖς τυράννοις, τὸ πολλῶν ἄρχειν· διαφέρει δὲ τὸ ἐκείνου πλῆθος.

Διαφέρει γάρ.

Οἶσθ᾽ οὖν ὅτι οὗτοι ἀδεῶς ἔχουσιν καὶ οὐ φοβοῦνται τοὺς οἰκέτας;

Τί γὰρ ἂν φοβοῖντο;

Οὐδέν, εἶπον· ἀλλὰ τὸ αἴτιον ἐννοεῖς;

Ναί, ὅτι γε πᾶσα ἡ πόλις ἑνὶ ἑκάστῳ βοηθεῖ τῶν ἰδιωτῶν.

[e] Καλῶς, ἦν δ᾽ ἐγώ, λέγεις. τί δέ; εἴ τις θεῶν ἄνδρα ἕνα, ὅτῳ ἔστιν ἀνδράποδα πεντήκοντα ἢ καὶ πλείω, ἄρας ἐκ τῆς πόλεως αὐτόν τε καὶ γυναῖκα καὶ παῖδας θείη εἰς ἐρημίαν μετὰ τῆς ἄλλης οὐσίας τε καὶ τῶν οἰκετῶν, ὅπου αὐτῷ μηδεὶς τῶν ἐλευθέρων μέλλοι βοηθήσειν, ἐν ποίῳ ἄν τινι καὶ ὁπόσῳ φόβῳ οἴει γενέσθαι αὐτὸν περί τε αὑτοῦ καὶ παίδων καὶ γυναικός, μὴ ἀπόλοιντο ὑπὸ τῶν οἰκετῶν;

hat, vom Schicksal dazu auserkoren zu sein, Tyrann zu werden.«

»Aus dem zuvor[28] Gesagten, vermute ich, dass du recht hast«, entgegnete er.

»Ja«, sagte ich, »aber über solche Dinge darf man nicht nur eine Meinung haben, sondern man muss sie, wie folgt, ganz genau logisch überprüfen. Schließlich geht es dabei um das Wichtigste, um die Frage nach einem guten oder schlechten Leben.«[29]

»Ganz richtig«, erwiderte er.

»Überlege also, ob an meinen Worten etwas dran ist. Ich glaube nämlich, wir müssen bei unseren diesbezüglichen Überlegungen [d] von folgendem Punkt ausgehen.«

»Von welchem?«

»Von der Lage jedes Einzelnen der reichen Privatleute, die in den Staaten viele Sklaven besitzen. Sie sind nämlich darin den Tyrannen ähnlich, dass sie über viele herrschen. Der Unterschied liegt nur in der Zahl.«

»Gewiss.«

»Diese Leute leben doch, wie du weißt, ohne Angst und fürchten sich vor ihren Haussklaven nicht.«

»Was sollten sie schon befürchten?«

»Nichts«, sagte ich, »aber weißt du auch den Grund?«

»Ja, weil der ganze Staat jedem Einzelnen dieser Privatleute hilft.«

[e] »Sehr schön«, erwiderte ich. »Wie nun, wenn ein Gott einen einzelnen Mann, der fünfzig oder mehr Sklaven besitzt, aus dem Staat entrückte und ihn mit Frau und Kindern und seiner übrigen Habe samt seinen Haussklaven in eine einsame Gegend versetzte, wo ihm kein Freier zu Hilfe kommen kann, in welch großer Angst um sich selbst, um seine Frau und Kinder würde er, glaubst du, da geraten, dass sie von den Sklaven umgebracht werden könnten?«

Ἐν παντί, ἦ δ᾽ ὅς, ἔγωγε.

[579a] Οὐκοῦν ἀναγκάζοιτο ἄν τινας ἤδη θωπεύειν αὐτῶν τῶν δούλων καὶ ὑπισχνεῖσθαι πολλὰ καὶ ἐλευθεροῦν οὐδὲν δεόμενος, καὶ κόλαξ αὐτὸς ἂν θεραπόντων ἀναφανείη;

Πολλὴ ἀνάγκη, ἔφη, αὐτῷ, ἢ ἀπολωλέναι.

Τί δ᾽, εἰ καὶ ἄλλους, ἦν δ᾽ ἐγώ, ὁ θεὸς κύκλῳ κατοικίσειεν γείτονας πολλοὺς αὐτῷ, οἳ μὴ ἀνέχοιντο εἴ τις ἄλλος ἄλλου δεσπόζειν ἀξιοῖ, ἀλλ᾽ εἴ πού τινα τοιοῦτον λαμβάνοιεν, ταῖς ἐσχάταις τιμωροῖντο τιμωρίαις;

[b] Ἔτι ἄν, ἔφη, οἶμαι, μᾶλλον ἐν παντὶ κακοῦ εἴη, κύκλῳ φρουρούμενος ὑπὸ πάντων πολεμίων.

Ἆρ᾽ οὖν οὐκ ἐν τοιούτῳ μὲν δεσμωτηρίῳ δέδεται ὁ τύραννος, φύσει ὢν οἷον διεληλύθαμεν, πολλῶν καὶ παντοδαπῶν φόβων καὶ ἐρώτων μεστός· λίχνῳ δὲ ὄντι αὐτῷ τὴν ψυχὴν μόνῳ τῶν ἐν τῇ πόλει οὔτε ἀποδημῆσαι ἔξεστιν οὐδαμόσε, οὔτε θεωρῆσαι ὅσων δὴ καὶ οἱ ἄλλοι ἐλεύθεροι ἐπιθυμηταί εἰσιν, καταδεδυκὼς δὲ ἐν τῇ οἰκίᾳ τὰ πολλὰ ὡς γυνὴ ζῇ, [c] φθονῶν καὶ τοῖς ἄλλοις πολίταις, ἐάν τις ἔξω ἀποδημῇ καί τι ἀγαθὸν ὁρᾷ;

Παντάπασιν μὲν οὖν, ἔφη.

6 Οὐκοῦν τοῖς τοιούτοις κακοῖς πλείω καρποῦται ἀνὴρ ὃς ἂν κακῶς ἐν ἑαυτῷ πολιτευόμενος, ὃν νυνδὴ σὺ ἀθλιώτατον ἔκρινας, τὸν τυραννικόν, ὡς μὴ ἰδιώτης καταβιῷ, ἀλλὰ ἀναγκασθῇ ὑπό τινος τύχης τυραννεῦσαι καὶ ἑαυτοῦ ὢν ἀκράτωρ ἄλλων ἐπιχειρήσῃ ἄρχειν, ὥσπερ εἴ τις κάμνοντι σώματι καὶ ἀκράτορι ἑαυτοῦ μὴ ἰδιωτεύων ἀλλ᾽ ἀγωνιζόμενος [d] πρὸς ἄλλα σώματα καὶ μαχόμενος ἀναγκάζοιτο διάγειν τὸν βίον.

»Er würde sich wohl sehr fürchten«, antwortete er.

[579a] »Wäre er da nicht gezwungen, einigen Sklaven freundlich zu begegnen, ihnen allerlei zu versprechen, sie ohne Weiteres freizulassen und sich so als Schmeichler seiner eigenen Sklaven zu erweisen?«

»Dazu wäre er gezwungen oder er würde zugrunde gehen«, sagte er.

»Wie aber«, fuhr ich fort, »wenn der Gott noch andere Nachbarn in großer Zahl rings um ihn ansiedelte, die nicht ruhig mit ansehen wollten, wenn sich einer zum Herrn des anderen aufspielte, sondern ihn aufs Schwerste bestraften, wenn sie seiner habhaft würden?«

[b] »Ich glaube, dann befände er sich erst recht im Unglück, da er von lauter Feinden umzingelt ist.«

»Ist dann nicht der Tyrann gefesselt in einem solchen Gefängnis, wenn sein Wesen so ist, wie wir es beschrieben haben, erfüllt von vielerlei Ängsten und Lüsten? Genusssüchtig, wie er ist, darf er als Einziger unter den Bürgern im Staat nirgendwohin reisen noch Festspiele besuchen, wie es doch die freien Bürger so gerne tun; vergraben in seinem Haus lebt er die meiste Zeit wie eine Frau und [c] beneidet die anderen Bürger, wenn einer ins Ausland reist und sich etwas Schönes ansieht.«[30]

»Genauso ist es«, erwiderte er.

6 »Der tyrannisch gesinnte Mann, den du eben wegen seiner schlechten seelischen Verfassung als den unseligsten bezeichnet hast,[31] fügt zu diesem Unglück noch mehr hinzu, wenn er nicht als Privatmann lebt, sondern, vom Schicksal gezwungen,[32] Tyrann wird, und versucht, über andere zu herrschen, wo er doch sich selbst nicht beherrschen kann, so wie einer, der mit einem kranken und seiner selbst nicht mächtigen Körper nicht als Privatmann leben dürfte, sondern gezwungen wäre, im Wettstreit und Kampf [d] mit anderen Körpern sein Leben zu verbringen.«

Παντάπασιν, ἔφη, ὁμοιότατά τε καὶ ἀληθέστατα λέγεις, ὦ Σώκρατες.

Οὐκοῦν, ἦν δ' ἐγώ, ὦ φίλε Γλαύκων, παντελῶς τὸ πάθος ἄθλιον, καὶ τοῦ ὑπὸ σοῦ κριθέντος χαλεπώτατα ζῆν χαλεπώτερον ἔτι ζῇ ὁ τυραννῶν;

Κομιδῇ γ', ἔφη.

Ἔστιν ἄρα τῇ ἀληθείᾳ, κἂν εἰ μή τῳ δοκεῖ, ὁ τῷ ὄντι τύραννος τῷ ὄντι δοῦλος τὰς μεγίστας θωπείας καὶ δουλείας [e] καὶ κόλαξ τῶν πονηροτάτων, καὶ τὰς ἐπιθυμίας οὐδ' ὁπωστιοῦν ἀποπιμπλάς, ἀλλὰ πλείστων ἐπιδεέστατος καὶ πένης τῇ ἀληθείᾳ φαίνεται, ἐάν τις ὅλην ψυχὴν ἐπίστηται θεάσασθαι, καὶ φόβου γέμων διὰ παντὸς τοῦ βίου, σφαδᾳσμῶν τε καὶ ὀδυνῶν πλήρης, εἴπερ τῇ τῆς πόλεως διαθέσει ἧς ἄρχει ἔοικεν. ἔοικεν δέ· ἦ γάρ;

Καὶ μάλα, ἔφη.

[580a] Οὐκοῦν καὶ πρὸς τούτοις ἔτι ἀποδώσομεν τῷ ἀνδρὶ καὶ ἃ τὸ πρότερον εἴπομεν, ὅτι ἀνάγκη καὶ εἶναι καὶ ἔτι μᾶλλον γίγνεσθαι αὐτῷ ἢ πρότερον διὰ τὴν ἀρχὴν φθονερῷ, ἀπίστῳ, ἀδίκῳ, ἀφίλῳ, ἀνοσίῳ καὶ πάσης κακίας πανδοκεῖ τε καὶ τροφεῖ, καὶ ἐξ ἁπάντων τούτων μάλιστα μὲν αὐτῷ δυστυχεῖ εἶναι, ἔπειτα δὲ καὶ τοὺς πλησίον αὐτῷ τοιούτους ἀπεργάζεσθαι.

Οὐδείς σοι, ἔφη, τῶν νοῦν ἐχόντων ἀντερεῖ.

Ἴθι δή μοι, ἔφην ἐγώ, νῦν ἤδη ὥσπερ ὁ διὰ πάντων [b] κριτὴς ἀποφαίνεται, καὶ σὺ οὕτω, τίς πρῶτος κατὰ τὴν σὴν δόξαν εὐδαιμονίᾳ καὶ τίς δεύτερος, καὶ τοὺς ἄλλους ἑξῆς πέντε ὄντας κρῖνε, βασιλικόν, τιμοκρατικόν, ὀλιγαρχικόν, δημοκρατικόν, τυραννικόν.

»Dein Vergleich, Sokrates, ist durchaus zutreffend und richtig«, sagte er.

»Ist nicht, mein lieber Glaukon«, fuhr ich fort, »dieser Zustand ganz und gar elend, und lebt nicht der Tyrann noch unseliger als der, dessen Leben du als das unseligste bezeichnet hast?«

»Ja gewiss«, sagte er.

»Es ist also in Wirklichkeit, auch wenn es manchem nicht so scheinen mag, der wahre Tyrann ein wahrer Sklave von äußerster Unterwürfigkeit und Dienstbarkeit [e] und ein Schmeichler der verworfensten Menschen, der seine Begierden nie befriedigen kann; vielmehr fehlt es ihm an den meisten Dingen, und er erweist sich in Wahrheit als armer Mensch, wenn man nur seine Seele als Ganzes zu betrachten versteht; er ist sein ganzes Leben lang voll von Furcht, voll von Schmerzen und Qualen, vorausgesetzt, dass er dem Zustand des Staates gleicht, über den er herrscht. Und dem gleicht er doch, oder?«

»Natürlich.«

[580a] »Außerdem müssen wir ihm noch die früher[33] genannten Eigenschaften zusprechen: Er ist und wird zwangsläufig durch seine Herrschaft immer mehr noch, als er es schon früher war, neidisch, treulos, ungerecht, unbeliebt und gottlos, ein Heger und Pfleger jeder Schlechtigkeit; und so wird er in der Folge von all dem unglücklich sein und dann auch noch die Menschen seiner Umgebung unglücklich machen.«

»Kein Vernünftiger wird dir widersprechen«, sagte er.

»Wohlan«, fuhr ich fort, »mach es wie der oberste [b] Schiedsrichter[34] und gib auch du jetzt dein Urteil ab: Wer ist deiner Meinung nach der Erste an Glück, wer der Zweite, und beurteile der Reihe nach alle fünf, den königlichen, den timokratischen, den oligarchischen, den demokratischen und den tyrannischen Menschen.«

Ἀλλὰ ῥᾳδία, ἔφη, ἡ κρίσις. καθάπερ γὰρ εἰσῆλθον ἔγωγε ὥσπερ χοροὺς κρίνω ἀρετῇ καὶ κακίᾳ καὶ εὐδαιμονίᾳ καὶ τῷ ἐναντίῳ.

Μισθωσώμεθα οὖν κήρυκα, ἦν δ᾽ ἐγώ, ἢ αὐτὸς ἀνείπω ὅτι ὁ Ἀρίστωνος ὑὸς τὸν ἄριστόν τε καὶ δικαιότατον εὐδαιμονέστατον [c] ἔκρινε, τοῦτον δ᾽ εἶναι τὸν βασιλικώτατον καὶ βασιλεύοντα αὑτοῦ, τὸν δὲ κάκιστόν τε καὶ ἀδικώτατον ἀθλιώτατον, τοῦτον δὲ αὖ τυγχάνειν ὄντα ὃς ἂν τυραννικώτατος ὢν ἑαυτοῦ τε ὅτι μάλιστα τυραννῇ καὶ τῆς πόλεως;

Ἀνειρήσθω σοι, ἔφη.

Ἦ οὖν προσαναγορεύω, εἶπον, ἐάντε λανθάνωσιν τοιοῦτοι ὄντες ἐάντε μὴ πάντας ἀνθρώπους τε καὶ θεούς;

Προσαναγόρευε, ἔφη.

7 Εἶεν δή, εἶπον· αὕτη μὲν ἡμῖν ἡ ἀπόδειξις μία ἂν εἴη, [d] δευτέραν δὲ ἰδὲ τήνδε, ἐάν τι δόξῃ εἶναι.

Τίς αὕτη;

Ἐπειδή, ὥσπερ πόλις, ἦν δ᾽ ἐγώ, διῄρηται κατὰ τρία εἴδη, οὕτω καὶ ψυχὴ ἑνὸς ἑκάστου τριχῇ, [λογιστικὸν] δέξεται, ὡς ἐμοὶ δοκεῖ, καὶ ἑτέραν ἀπόδειξιν.

Τίνα ταύτην;

Τήνδε. τριῶν ὄντων τριτταὶ καὶ ἡδοναί μοι φαίνονται, ἑνὸς ἑκάστου μία ἰδία· ἐπιθυμίαι τε ὡσαύτως καὶ ἀρχαί.

Πῶς λέγεις; ἔφη.

Τὸ μέν, φαμέν, ἦν ᾧ μανθάνει ἄνθρωπος, τὸ δὲ ᾧ θυμοῦται, τὸ δὲ τρίτον διὰ πολυειδίαν ἑνὶ οὐκ ἔσχομεν ὀνόματι προσειπεῖν [e] ἰδίῳ αὐτοῦ, ἀλλὰ ὃ μέγιστον καὶ ἰσχυρότατον εἶχεν ἐν αὐτῷ,

»Die Entscheidung ist nicht schwer«, sagte er. »In der Reihenfolge, wie sie aufgetreten sind, so ordne ich sie wie Chöre nach Tugend, Schlechtigkeit, Glück und Unglück.«

»Sollen wir uns einen Herold mieten«, fragte ich, »oder soll ich es selbst verkünden? Der Sohn des Ariston hat entschieden: Der Beste[35] und Gerechteste ist der Glücklichste; [c] das aber ist der Königlichste, der sich selbst wie ein König beherrscht; der Schlechteste und Ungerechteste aber ist der Unglücklichste; das wiederum ist der Tyrannischste, der sowohl sich selbst als auch den Staat am meisten knechtet.«

»So sei es von dir verkündet«, sprach er.

»Soll ich noch hinzufügen«, sagte ich: »einerlei, ob es nun allen Menschen und Göttern entgeht oder nicht, dass sie so sind?«[36]

»Füge auch das noch hinzu«, erwiderte er.

7 »Nun gut«, fuhr ich fort, »das wäre also der erste Beweis; [d] jetzt betrachte noch den zweiten, ob an ihm etwas dran ist.«

»Welcher ist das?«

»Da auch die Seele jedes einzelnen Menschen«, sprach ich weiter, »entsprechend den drei Ständen im Staat dreifach geteilt ist, so wird dies, wie mir scheint, auch einen weiteren Beweis zulassen.«[37]

»Welchen denn?«

»Den folgenden: Da es drei Seelenteile gibt, zeigen sich auch drei Arten von Lust, für jeden eine, und ebenso drei Arten von Begierden und von Herrschaftsformen.«

»Wie meinst du das?«, fragte er.

»Der eine Teil, sagten wir,[38] ist der, mit dem der Mensch lernt, der zweite, mit dem er mutvoll ist, den dritten aber konnten wir wegen seiner Vielseitigkeit nicht mit einem einzigen Namen, der ihm eigentümlich wäre, bezeichnen, [e] sondern wir nannten ihn nach dem Größten und Mächtigsten, das

τούτῳ ἐπωνομάσαμεν· ἐπιθυμητικὸν γὰρ αὐτὸ κεκλήκαμεν διὰ σφοδρότητα τῶν τε περὶ τὴν ἐδωδὴν ἐπιθυμιῶν καὶ πόσιν καὶ ἀφροδίσια καὶ ὅσα ἄλλα τούτοις ἀκόλουθα, καὶ φιλοχρήματον δή, ὅτι διὰ χρημάτων μάλιστα ἀποτελοῦνται [581a] αἱ τοιαῦται ἐπιθυμίαι.

Καὶ ὀρθῶς γ', ἔφη.

Ἆρ' οὖν καὶ τὴν ἡδονὴν αὐτοῦ καὶ φιλίαν εἰ φαῖμεν εἶναι τοῦ κέρδους, μάλιστ' ἂν εἰς ἓν κεφάλαιον ἀπερειδοίμεθα τῷ λόγῳ, ὥστε τι ἡμῖν αὐτοῖς δηλοῦν, ὁπότε τοῦτο τῆς ψυχῆς τὸ μέρος λέγοιμεν, καὶ καλοῦντες αὐτὸ φιλοχρήματον καὶ φιλοκερδὲς ὀρθῶς ἂν καλοῖμεν;

Ἐμοὶ γοῦν δοκεῖ, ἔφη.

Τί δέ; τὸ θυμοειδὲς οὐ πρὸς τὸ κρατεῖν μέντοι φαμὲν καὶ νικᾶν καὶ εὐδοκιμεῖν ἀεὶ ὅλον ὡρμῆσθαι;

[b] Καὶ μάλα.

Εἰ οὖν φιλόνικον αὐτὸ καὶ φιλότιμον προσαγορεύοιμεν, ἦ ἐμμελῶς ἂν ἔχοι;

Ἐμμελέστατα μὲν οὖν.

Ἀλλὰ μὴν ᾧ γε μανθάνομεν, παντὶ δῆλον ὅτι πρὸς τὸ εἰδέναι τὴν ἀλήθειαν ὅπῃ ἔχει πᾶν ἀεὶ τέταται, καὶ χρημάτων τε καὶ δόξης ἥκιστα τούτων τούτῳ μέλει.

Πολύ γε.

Φιλομαθὲς δὴ καὶ φιλόσοφον καλοῦντες αὐτὸ κατὰ τρόπον ἂν καλοῖμεν;

Πῶς γὰρ οὔ;

Οὐκοῦν, ἦν δ' ἐγώ, καὶ ἄρχει ἐν ταῖς ψυχαῖς τῶν μὲν [c] τοῦτο, τῶν δὲ τὸ ἕτερον ἐκείνων, ὁπότερον ἂν τύχῃ;

Οὕτως, ἔφη.

Διὰ ταῦτα δὴ καὶ ἀνθρώπων λέγομεν τὰ πρῶτα τριττὰ γένη εἶναι, φιλόσοφον, φιλόνικον, φιλοκερδές;

er in sich birgt; so nannten wir ihn den begehrenden Teil wegen der Heftigkeit seiner Begierden nach Speise und Trank, nach Liebe und all dem, was damit zusammenhängt, und auch den geldliebenden,[39] weil [581a] diese Begierden am ehesten mit Geld zu befriedigen sind.«

»Ganz richtig«, sagte er.

»Wenn wir nun sagten, auch Lust und Liebe dieses Seelenteiles seien auf Gewinn aus, dann stützen wir uns mit dieser Aussage auf seine Haupteigenschaft, so dass wir für uns eine klare Vorstellung bekommen, sooft wir von diesem Seelenteil sprechen. So könnten wir ihn wohl mit Fug und Recht geld- und gewinnliebend nennen, oder?«

»Ich glaube schon«, sagte er.

»Wie nun? Behaupten wir nicht, das Mutvolle strebe immer als Ganzes nach Macht, Sieg und Ruhm?«

[b] »Gewiss.«

»Wenn wir es nun sieg- und ehrliebend nennen,[40] dann wäre das wohl zutreffend?«

»Sogar sehr.«

»Der Teil, mit dem wir lernen, ist, wie jedem klar ist, immer auf die Erkenntnis der Wahrheit von allen Dingen ausgerichtet und kümmert sich am wenigsten von allen Seelenteilen um Geld und Ruhm.«

»Ganz recht.«

»Daher könnten wir ihn seinem Wesen nach als lernbegierig und weisheitsliebend bezeichnen?«

»Natürlich.«

»So herrscht also in den Seelen«, fuhr ich fort, »bald [c] dieser und bald ein anderer Teil, wie es sich gerade ergibt?«

»So ist es«, sagte er.

»Daher, sagen wir, gibt es vor allem drei Arten von Menschen: den weisheitsliebenden, den sieg- und den gewinnliebenden?«[41]

Κομιδῇ γε.

Καὶ ἡδονῶν δὴ τρία εἴδη, ὑποκείμενον ἓν ἑκάστῳ τούτων;

Πάνυ γε.

Οἶσθ᾽ οὖν, ἦν δ᾽ ἐγώ, ὅτι εἰ ᾽θέλοις τρεῖς τοιούτους ἀνθρώπους ἐν μέρει ἕκαστον ἀνερωτᾶν τίς τούτων τῶν βίων ἥδιστος, τὸν ἑαυτοῦ ἕκαστος μάλιστα ἐγκωμιάσεται; ὅ τε [d] χρηματιστικὸς πρὸς τὸ κερδαίνειν τὴν τοῦ τιμᾶσθαι ἡδονὴν ἢ τὴν τοῦ μανθάνειν οὐδενὸς ἀξίαν φήσει εἶναι, εἰ μὴ εἴ τι αὐτῶν ἀργύριον ποιεῖ;

Ἀληθῆ, ἔφη.

Τί δὲ ὁ φιλότιμος; ἦν δ᾽ ἐγώ· οὐ τὴν μὲν ἀπὸ τῶν χρημάτων ἡδονὴν φορτικήν τινα ἡγεῖται, καὶ αὖ τὴν ἀπὸ τοῦ μανθάνειν, ὅτι μὴ μάθημα τιμὴν φέρει, καπνὸν καὶ φλυαρίαν;

Οὕτως, ἔφη, ἔχει.

Τὸν δὲ φιλόσοφον, ἦν δ᾽ ἐγώ, τί οἰώμεθα τὰς ἄλλας [e] ἡδονὰς νομίζειν πρὸς τὴν τοῦ εἰδέναι τἀληθὲς ὅπῃ ἔχει καὶ ἐν τοιούτῳ τινὶ ἀεὶ εἶναι μανθάνοντα; [τῆς ἡδονῆς] οὐ πάνυ πόρρω; καὶ καλεῖν τῷ ὄντι ἀναγκαίας, ὡς οὐδὲν τῶν ἄλλων δεόμενον, εἰ μὴ ἀνάγκη ἦν;

Εὖ, ἔφη, δεῖ εἰδέναι;

8 Ὅτε δὴ οὖν, εἶπον, ἀμφισβητοῦνται ἑκάστου τοῦ εἴδους αἱ ἡδοναὶ καὶ αὐτὸς ὁ βίος, μὴ ὅτι πρὸς τὸ κάλλιον καὶ αἴσχιον ζῆν μηδὲ τὸ χεῖρον καὶ ἄμεινον, ἀλλὰ πρὸς αὐτὸ τὸ [582a] ἥδιον καὶ ἀλυπότερον, πῶς ἂν εἰδεῖμεν τίς αὐτῶν ἀληθέστατα λέγει;

Οὐ πάνυ, ἔφη, ἔγωγε ἔχω εἰπεῖν.

Ἀλλ᾽ ὧδε σκόπει· τίνι χρὴ κρίνεσθαι τὰ μέλλοντα καλῶς κριθή-

»Ja, freilich.«

»Und ebenso auch drei Arten von Lust, für jede dieser Menschenklassen eine?«

»Gewiss.«

»Wenn du nun drei solche Menschen der Reihe nach fragen wolltest, welche dieser Lebensweisen die angenehmste ist, so weißt du doch, ein jeder wird seine eigene am meisten loben?[42] Der [d] Geschäftsmann wird sagen, im Vergleich zum Gewinn sei die Lust an der Ehre oder am Lernen gar nichts wert, es sei denn, man könnte auch damit Geld machen.«

»Richtig«, sagte er.

»Und der Ehrliebende?«, fuhr ich fort. »Hält er nicht die Lust am Geld für infam und die Lust am Lernen für Schall und Rauch, weil Wissen keine Ehre einbringt?«

»So ist es«, entgegnete er.

»Und der Weisheitsliebende?«, fragte ich weiter. »Wie wird er unserer Meinung nach die anderen [e] Lüste einschätzen im Vergleich zur Lust, zu wissen, wie es um die Wahrheit steht, und dabei immer lernend zu verweilen? Doch wohl, dass sie von der wahren Lust weit entfernt[43] sind? Er wird diese anderen Lüste im eigentlichen Sinne als nötig bezeichnen, weil er ihrer nur in der Not bedarf?«[44]

»Sicher, das sollte einem bewusst sein«, sagte er.

8 »Solange aber die jeweilige Lust dieser Menschenklassen und somit auch ihr Leben selbst umstritten ist, nicht etwa hinsichtlich der Frage, wer schöner oder schimpflicher, wer schlechter oder besser, sondern wer [582a] angenehmer und schmerzloser lebt, wie sollten wir da nun wissen, wer von ihnen der Wahrheit am nächsten kommt?«

»Das kann ich wirklich nicht sagen«, erwiderte er.

»Überlege noch Folgendes: Wie gelangt man zu einem richtigen Urteil? Doch wohl durch Erfahrung, durch Einsicht und

σεσθαι; ἆρ᾽ οὐκ ἐμπειρίᾳ τε καὶ φρονήσει καὶ λόγῳ; ἢ τούτων ἔχοι ἄν τις βέλτιον κριτήριον;

Καὶ πῶς ἄν; ἔφη.

Σκόπει δή· τριῶν ὄντων τῶν ἀνδρῶν τίς ἐμπειρότατος πασῶν ὧν εἴπομεν ἡδονῶν; πότερον ὁ φιλοκερδής, μανθάνων αὐτὴν τὴν ἀλήθειαν οἷόν ἐστιν, ἐμπειρότερος δοκεῖ σοι εἶναι τῆς [b] ἀπὸ τοῦ εἰδέναι ἡδονῆς, ἢ ὁ φιλόσοφος τῆς ἀπὸ τοῦ κερδαίνειν;

Πολύ, ἔφη, διαφέρει. τῷ μὲν γὰρ ἀνάγκη γεύεσθαι τῶν ἑτέρων ἐκ παιδὸς ἀρξαμένῳ· τῷ δὲ φιλοκερδεῖ, ὅπῃ πέφυκε τὰ ὄντα μανθάνοντι, τῆς ἡδονῆς ταύτης, ὡς γλυκεῖά ἐστιν, οὐκ ἀνάγκη γεύεσθαι οὐδ᾽ ἐμπείρῳ γίγνεσθαι, μᾶλλον δὲ καὶ προθυμουμένῳ οὐ ῥᾴδιον.

Πολὺ ἄρα, ἦν δ᾽ ἐγώ, διαφέρει τοῦ γε φιλοκερδοῦς ὁ φιλόσοφος ἐμπειρίᾳ ἀμφοτέρων τῶν ἡδονῶν.

[c] Πολὺ μέντοι.

Τί δὲ τοῦ φιλοτίμου; ἆρα μᾶλλον ἄπειρός ἐστι τῆς ἀπὸ τοῦ τιμᾶσθαι ἡδονῆς ἢ ἐκεῖνος τῆς ἀπὸ τοῦ φρονεῖν;

Ἀλλὰ τιμὴ μέν, ἔφη, ἐάνπερ ἐξεργάζωνται ἐπὶ ὃ ἕκαστος ὥρμηκε, πᾶσιν αὐτοῖς ἕπεται – καὶ γὰρ ὁ πλούσιος ὑπὸ πολλῶν τιμᾶται καὶ ὁ ἀνδρεῖος καὶ σοφός – ὥστε ἀπό γε τοῦ τιμᾶσθαι, οἷόν ἐστιν, πάντες τῆς ἡδονῆς ἔμπειροι· τῆς δὲ τοῦ ὄντος θέας, οἵαν ἡδονὴν ἔχει, ἀδύνατον ἄλλῳ γεγεῦσθαι πλὴν τῷ φιλοσόφῳ.

[d] Ἐμπειρίας μὲν ἄρα, εἶπον, ἕνεκα κάλλιστα τῶν ἀνδρῶν κρίνει οὗτος.

Πολύ γε.

Καὶ μὴν μετά γε φρονήσεως μόνος ἔμπειρος γεγονὼς ἔσται.

Τί μήν;

Logik? Oder wüsste jemand ein besseres Mittel zur Urteilsbildung als diese?«

»Gewiss nicht«, entgegnete er.

»Bedenke nun: Wer von diesen drei Menschen hat die größte Erfahrung in all den genannten Lüsten? Wenn der Gewinnsüchtige das Wesen der Wahrheit erkennen will, hat er dann deiner Meinung nach größere Erfahrung [b] in der Lust des Wissens als der Weisheitsliebende in der des Gewinnmachens?«

»Nein, ganz bestimmt nicht«, sagte er. »Denn der Weisheitsliebende muss schon von klein auf auch die anderen Arten der Lust kosten; wenn aber der Gewinnliebende das Wesen des Seienden kennenlernen will, muss er die Süße dieser Lust nicht kosten und darin keine Erfahrungen sammeln; selbst wenn er sich eifrig darum bemühte, wäre das für ihn nicht leicht.«

»Der Weisheitsliebende«, fuhr ich fort, »übertrifft also bei Weitem den Gewinnliebenden an Erfahrung in diesen beiden Arten der Lust.«

[c] »Freilich, bei Weitem.«

»Auch den Ehrliebenden? Ist er weniger erfahren in der Lust, geehrt zu werden, als jener in der des Denkens?«

»Ehre wird jedem zuteil, wenn er erreicht, wonach er strebt; so wird auch der Reiche von vielen geehrt, genauso wie der Tapfere und der Weise, so dass alle die Erfahrung machen können, welche Lust es bedeutet, geehrt zu werden. Welche Lust aber die Schau des Seienden bietet, das kann unmöglich ein anderer erfahren haben als der Weisheitsliebende.«

[d] »Seiner Erfahrung wegen«, sagte ich, »hat dieser also das beste Urteil unter allen Menschen.«

»Bei Weitem.«

»Er allein hat mit seiner vernünftigen Überlegung auch Erfahrung gewonnen.«

»Natürlich.«

Ἀλλὰ μὴν καὶ δι᾽ οὗ γε δεῖ ὀργάνου κρίνεσθαι, οὐ τοῦ φιλοκερδοῦς τοῦτο ὄργανον οὐδὲ τοῦ φιλοτίμου, ἀλλὰ τοῦ φιλοσόφου.

Τὸ ποῖον;

Διὰ λόγων που ἔφαμεν δεῖν κρίνεσθαι. ἢ γάρ;

Ναί.

Λόγοι δὲ τούτου μάλιστα ὄργανον.

Πῶς δ᾽ οὔ;

Οὐκοῦν εἰ μὲν πλούτῳ καὶ κέρδει ἄριστα ἐκρίνετο τὰ [e] κρινόμενα, ἃ ἐπῄνει ὁ φιλοκερδὴς καὶ ἔψεγεν, ἀνάγκη ἂν ἦν ταῦτα ἀληθέστατα εἶναι.

Πολλή γε.

Εἰ δὲ τιμῇ τε καὶ νίκῃ καὶ ἀνδρείᾳ, ἆρ᾽ οὐχ ἃ ὁ φιλότιμός τε καὶ φιλόνικος;

Δῆλον.

Ἐπειδὴ δ᾽ ἐμπειρίᾳ καὶ φρονήσει καὶ λόγῳ;

Ἀνάγκη, ἔφη, ἃ ὁ φιλόσοφός τε καὶ ὁ φιλόλογος ἐπαινεῖ, ἀληθέστατα εἶναι.

[583a] Τριῶν ἄρ᾽ οὐσῶν τῶν ἡδονῶν ἡ τούτου τοῦ μέρους τῆς ψυχῆς ᾧ μανθάνομεν ἡδίστη ἂν εἴη, καὶ ἐν ᾧ ἡμῶν τοῦτο ἄρχει, ὁ τούτου βίος ἥδιστος;

Πῶς δ᾽ οὐ μέλλει; ἔφη· κύριος γοῦν ἐπαινέτης ὢν ἐπαινεῖ τὸν ἑαυτοῦ βίον ὁ φρόνιμος.

Τίνα δὲ δεύτερον, εἶπον, βίον καὶ τίνα δευτέραν ἡδονήν φησιν ὁ κριτὴς εἶναι;

Δῆλον ὅτι τὴν τοῦ πολεμικοῦ τε καὶ φιλοτίμου· ἐγγυτέρω γὰρ αὐτοῦ ἐστιν ἢ ἡ τοῦ χρηματιστοῦ.

Ὑστάτην δὴ τὴν τοῦ φιλοκερδοῦς, ὡς ἔοικεν.

»Somit ist auch das Werkzeug, mit dem man urteilen muss, nicht das des Gewinnsüchtigen oder Ehrliebenden, sondern das des Weisheitsliebenden.«

»Und welches ist das?«

»Wir sagten es doch: Man müsse mithilfe der Logik urteilen. Oder?«

»Ja.«

»Logische Überlegungen sind vor allem das Werkzeug des Weisheitsliebenden.«

»Ohne Zweifel.«

»Wären Reichtum und Gewinn die besten Mittel, die Dinge zu beurteilen, [e] dann müssten Lob und Tadel des Gewinnsüchtigen als höchste Wahrheit gelten.«

»Unbedingt.«

»Wenn es aber Ehre, Sieg und Tapferkeit wären, dann wäre doch das Urteil des Ehrgeizigen und das des Siegliebenden die höchste Wahrheit?«

»Offenbar.«

»Da es aber Erfahrung, Einsicht und Logik sind?«

»So muss zwangsläufig«, sagte er, »das als die höchste Wahrheit gelten, was der Freund der Weisheit und der Logik[45] lobt.«

[583a] »Von den drei Arten der Lust wäre dann die jenes Seelenteils, mit dem wir lernen, die angenehmste, und ebenso wäre auch das Leben dessen, in dem dieser Seelenteil herrscht, das angenehmste?«

»Wie sollte es anders sein«, sagte er, »wo doch der vernünftig Denkende als maßgeblicher Lobredner sein eigenes Leben lobt?«

»Doch welchem Leben und welcher Lust«, so setzte ich fort, »räumt der Schiedsrichter den zweiten Rang ein?«

»Klarerweise der Lust des Kriegers und des Ehrliebenden; denn diese steht ihm näher als die des Geschäftsmannes.«

»So stellt er offenbar die Lust des Gewinnsüchtigen an die letzte Stelle.«

Τί μήν; ἦ δ᾽ ὅς.

9 [b] Ταῦτα μὲν τοίνυν οὕτω δύ᾽ ἐφεξῆς ἂν εἴη καὶ δὶς νενικηκὼς ὁ δίκαιος τὸν ἄδικον· τὸ δὲ τρίτον ὀλυμπικῶς τῷ σωτῆρί τε καὶ τῷ Ὀλυμπίῳ Διί, ἄθρει ὅτι οὐδὲ παναληθής ἐστιν ἡ τῶν ἄλλων ἡδονὴ πλὴν τῆς τοῦ φρονίμου οὐδὲ καθαρά, ἀλλ᾽ ἐσκιαγραφημένη τις, ὡς ἐγὼ δοκῶ μοι τῶν σοφῶν τινος ἀκηκοέναι. καίτοι τοῦτ᾽ ἂν εἴη μέγιστόν τε καὶ κυριώτατον τῶν πτωμάτων.

Πολύ γε· ἀλλὰ πῶς λέγεις;

[c] Ὧδ᾽, εἶπον, ἐξευρήσω, σοῦ ἀποκρινομένου ζητῶν ἅμα.

Ἐρώτα δή, ἔφη.

Λέγε δή, ἦν δ᾽ ἐγώ· οὐκ ἐναντίον φαμὲν λύπην ἡδονῇ;

Καὶ μάλα.

Οὐκοῦν καὶ τὸ μήτε χαίρειν μήτε λυπεῖσθαι εἶναί τι;

Εἶναι μέντοι.

Μεταξὺ τούτοιν ἀμφοῖν ἐν μέσῳ ὂν ἡσυχίαν τινὰ περὶ ταῦτα τῆς ψυχῆς; ἢ οὐχ οὕτως αὐτὸ λέγεις;

Οὕτως, ἦ δ᾽ ὅς.

Ἆρ᾽ οὖν μνημονεύεις, ἦν δ᾽ ἐγώ, τοὺς τῶν καμνόντων λόγους, οὓς λέγουσιν ὅταν κάμνωσιν;

Ποίους;

Ὡς οὐδὲν ἄρα ἐστὶν ἥδιον τοῦ ὑγιαίνειν, ἀλλὰ σφᾶς [d] ἐλελήθει, πρὶν κάμνειν, ἥδιστον ὄν.

Μέμνημαι, ἔφη.

Οὐκοῦν καὶ τῶν περιωδυνίᾳ τινὶ ἐχομένων ἀκούεις λεγόντων ὡς οὐδὲν ἥδιον τοῦ παύσασθαι ὀδυνώμενον;

»Natürlich«, sagte er.

9 [b] »Das wären also der Reihe nach zwei Beweise, und zweimal siegte der Gerechte über den Ungerechten.[46] Der dritte aber sei wie bei den Olympischen Spielen dem Retter und olympischen Zeus geweiht. Bedenke, dass nur die Lust des vernünftig Denkenden vollkommen wahr und rein ist; die der anderen ist nur ein Schattenbild, wie ich von einem der Weisen gehört zu haben glaube.[47] Das wäre dann die größte und entscheidendste Niederlage.«

»Sicher, aber wie meinst du das?«

[c] »Ich werde es herausfinden, wenn du mir mit deinen Antworten bei der Suche hilfst«, antwortete ich.

»So frage nur!«, sagte er.

»Sag also«, fuhr ich fort: »Nannten wir nicht den Schmerz das Gegenteil der Lust?«

»Ja, gewiss.«

»Kommt es nicht auch vor, dass man weder Lust noch Schmerz empfindet?«[48]

»Gewiss, das gibt es.«

»In der Mitte zwischen diesen beiden liegt doch eine gewisse Ruhe der Seele bezüglich dieser Gefühle?[49] Meinst du das nicht auch so?«

»Doch«, erwiderte er.

»Erinnerst du dich«, setzte ich fort, »der Worte der Kranken während ihrer Krankheit?«

»Welche meinst du?«

»Dass es nichts Angenehmeres gebe, als gesund zu sein; aber [d] vor ihrer Erkrankung sei ihnen nicht bewusst gewesen, dass das das Angenehmste sei.«

»Ja, ich erinnere mich«, sagte er.

»Hörst du nicht auch von Menschen, die unter schweren Schmerzen leiden, es gebe nichts Angenehmeres als ein Ende dieser Schmerzen?«

Ἀκούω.

Καὶ ἐν ἄλλοις γε οἶμαι πολλοῖς τοιούτοις αἰσθάνῃ γιγνομένους τοὺς ἀνθρώπους, ἐν οἷς, ὅταν λυπῶνται, τὸ μὴ λυπεῖσθαι καὶ τὴν ἡσυχίαν τοῦ τοιούτου ἐγκωμιάζουσιν ὡς ἥδιστον, οὐ τὸ χαίρειν.

Τοῦτο γάρ, ἔφη, τότε ἡδὺ ἴσως καὶ ἀγαπητὸν γίγνεται, ἡσυχία.

[e] Καὶ ὅταν παύσηται ἄρα, εἶπον, χαίρων τις, ἡ τῆς ἡδονῆς ἡσυχία λυπηρὸν ἔσται.

Ἴσως, ἔφη.

Ὃ μεταξὺ ἄρα νυνδὴ ἀμφοτέρων ἔφαμεν εἶναι, τὴν ἡσυχίαν, τοῦτό ποτε ἀμφότερα ἔσται, λύπη τε καὶ ἡδονή.

Ἔοικεν.

Ἦ καὶ δυνατὸν τὸ μηδέτερα ὂν ἀμφότερα γίγνεσθαι;

Οὔ μοι δοκεῖ.

Καὶ μὴν τό γε ἡδὺ ἐν ψυχῇ γιγνόμενον καὶ τὸ λυπηρὸν κίνησίς τις ἀμφοτέρω ἐστόν· ἢ οὔ;

Ναί.

[584a] Τὸ δὲ μήτε λυπηρὸν μήτε ἡδὺ οὐχὶ ἡσυχία μέντοι καὶ ἐν μέσῳ τούτοιν ἐφάνη ἄρτι;

Ἐφάνη γάρ.

Πῶς οὖν ὀρθῶς ἔστι τὸ μὴ ἀλγεῖν ἡδὺ ἡγεῖσθαι ἢ τὸ μὴ χαίρειν ἀνιαρόν;

Οὐδαμῶς.

Οὐκ ἔστιν ἄρα τοῦτο, ἀλλὰ φαίνεται, ἦν δ᾽ ἐγώ, παρὰ τὸ ἀλγεινὸν ἡδὺ καὶ παρὰ τὸ ἡδὺ ἀλγεινὸν τότε ἡ ἡσυχία, καὶ οὐδὲν ὑγιὲς τούτων τῶν φαντασμάτων πρὸς ἡδονῆς ἀλήθειαν, ἀλλὰ γοητεία τις.

Ὡς γοῦν ὁ λόγος, ἔφη, σημαίνει.

»Gewiss.«

»Auch in vielen ähnlichen Fällen kannst du bemerken, dass Menschen, wenn sie leiden, das Freisein von Leid und die Ruhe davor als das Angenehmste loben und nicht die Lust.«

»Ja, dann empfinden sie den Zustand der Ruhe wohl als angenehm und erwünscht«, erwiderte er.

[e] »Und wenn einer aufhört, Lust zu empfinden«, sagte ich, »dann wird ihm die Ruhe von der Lust doch zum Schmerz.«

»Vielleicht«, entgegnete er.

»So wird also die Ruhe, von der wir eben sagten, sie liege in der Mitte zwischen beiden Gefühlen, beides sein: Schmerz und Lust.«

»Es scheint so.«

»Kann etwas, was keines von beidem ist, zugleich beides sein?«

»Ich glaube nicht.«

»Wenn Lust und Schmerz in der Seele entstehen, so sind sie doch beide eine Art von Bewegung,[50] oder nicht?«

»Ja.«

[584a] »Soeben[51] hat sich doch gezeigt, dass der Zustand, der weder Leid noch Lust ist, Ruhe bedeutet und in der Mitte zwischen beidem liegt?«

»Ja.«

»Wie kann es dann richtig sein, wenn man das Freisein von Schmerz für lustvoll, das Freisein von Lust aber für schmerzlich hält?«

»Gar nicht.«

»Es ist also nicht so, sondern scheint bloß so«, fuhr ich fort. »Wenn man gegenüber dem Schmerz die Ruhe als angenehm, gegenüber der Lust aber als schmerzvoll empfindet, dann drücken diese Empfindungen über die wahre Lust nichts aus, sondern sind bloß Schwindelei.«[52]

»Was ja auch unsere Überlegung zeigt«, sagte er.

[b] Ἰδὲ τοίνυν, ἔφην ἐγώ, ἡδονάς, αἳ οὐκ ἐκ λυπῶν εἰσίν, ἵνα μὴ πολλάκις οἰηθῇς ἐν τῷ παρόντι οὕτω τοῦτο πεφυκέναι, ἡδονὴν μὲν παῦλαν λύπης εἶναι, λύπην δὲ ἡδονῆς.

Ποῦ δή, ἔφη, καὶ ποίας λέγεις;

Πολλαὶ μέν, εἶπον, καὶ ἄλλαι, μάλιστα δ᾽ εἰ ᾽θέλεις ἐννοῆσαι τὰς περὶ τὰς ὀσμὰς ἡδονάς. αὗται γὰρ οὐ προλυπηθέντι ἐξαίφνης ἀμήχανοι τὸ μέγεθος γίγνονται, παυσάμεναί τε λύπην οὐδεμίαν καταλείπουσιν.

Ἀληθέστατα, ἔφη.

[c] Μὴ ἄρα πειθώμεθα καθαρὰν ἡδονὴν εἶναι τὴν λύπης ἀπαλλαγήν, μηδὲ λύπην τὴν ἡδονῆς.

Μὴ γάρ.

Ἀλλὰ μέντοι, εἶπον, αἵ γε διὰ τοῦ σώματος ἐπὶ τὴν ψυχὴν τείνουσαι καὶ λεγόμεναι ἡδοναί, σχεδὸν αἱ πλεῖσταί τε καὶ μέγισται, τούτου τοῦ εἴδους εἰσί, λυπῶν τινες ἀπαλλαγαί.

Εἰσὶ γάρ.

Οὐκοῦν καὶ αἱ πρὸ μελλόντων τούτων ἐκ προσδοκίας γιγνόμεναι προησθήσεις τε καὶ προλυπήσεις κατὰ ταὐτὰ ἔχουσιν;

Κατὰ ταὐτά.

10 [d] Οἶσθ᾽ οὖν, ἦν δ᾽ ἐγώ, οἷαί εἰσιν καὶ ᾧ μάλιστα ἐοίκασιν;

Τῷ; ἔφη.

Νομίζεις τι, εἶπον, ἐν τῇ φύσει εἶναι τὸ μὲν ἄνω, τὸ δὲ κάτω, τὸ δὲ μέσον;

Ἔγωγε.

Οἴει οὖν ἄν τινα ἐκ τοῦ κάτω φερόμενον πρὸς μέσον ἄλλο τι οἴεσθαι ἢ ἄνω φέρεσθαι; καὶ ἐν μέσῳ στάντα, ἀφορῶντα ὅθεν ἐνή-

[b] »Betrachte nun«, setzte ich fort, »die Arten der Lust, die nicht aus Schmerzen erwachsen, damit du beim gegenwärtigen Stand der Untersuchung nicht glaubst, Lust sei oftmals nur das Nachlassen des Schmerzes und Schmerz das Nachlassen der Lust.«

»Wo gibt es solche Arten der Lust und welche meinst du?«, fragte er.

»Neben vielen anderen«, antwortete ich, »magst du besonders an die Lustgefühle des Riechens denken.[53] Diese entstehen ganz plötzlich ohne vorausgegangenen Schmerz mit großer Heftigkeit und hinterlassen, wenn sie aufhören, kein Schmerzgefühl.«

»Sehr wahr.«

[c] »Glauben wir also nicht, dass reine Lust die Befreiung von Schmerz und Schmerz eine Befreiung von Lust sei.«

»Nein.«

»Und doch«, sprach ich, »sind die sogenannten Lustgefühle, die über den Körper in die Seele kommen, fast alle, und gerade die stärksten, von der Art, dass sie irgendwie eine Befreiung von Schmerzen sind.«[54]

»So ist es.«

»Und genauso verhält es sich mit den Vorfreuden und Vorschmerzen, die in der Erwartung solcher Empfindungen für die Zukunft entstehen.«[55]

»Ja, ganz genauso.«

10 [d] »Weißt du nun«, fragte ich, »welcher Art diese Lüste sind und womit man sie am ehesten vergleichen kann?«

»Womit denn?«

»Es gibt«, antwortete ich, »in der Natur ein Oben, ein Unten und eine Mitte, das glaubst du doch auch?«

»Gewiss.«

»Wenn sich nun jemand von unten zur Mitte hin bewegt, meint er dann, sich nach oben zu bewegen? Und wenn er dann

νεκται, ἄλλοθί που ἂν ἡγεῖσθαι εἶναι ἢ ἐν τῷ ἄνω, μὴ ἑωρακότα τὸ ἀληθῶς ἄνω;

Μὰ Δί', οὐκ ἔγωγε, ἔφη, ἄλλως οἶμαι οἰηθῆναι ἂν τὸν τοιοῦτον.

[e] Ἀλλ' εἰ πάλιν γ', ἔφην, φέροιτο, κάτω τ' ἂν οἴοιτο φέρεσθαι καὶ ἀληθῆ οἴοιτο;

Πῶς γὰρ οὔ;

Οὐκοῦν ταῦτα πάσχοι ἂν πάντα διὰ τὸ μὴ ἔμπειρος εἶναι τοῦ ἀληθινῶς ἄνω τε ὄντος καὶ ἐν μέσῳ καὶ κάτω;

Δῆλον δή.

Θαυμάζοις ἂν οὖν εἰ καὶ οἱ ἄπειροι ἀληθείας περὶ πολλῶν τε ἄλλων μὴ ὑγιεῖς δόξας ἔχουσιν, πρός τε ἡδονὴν καὶ λύπην καὶ τὸ μεταξὺ τούτων οὕτω διάκεινται, ὥστε, ὅταν μὲν ἐπὶ τὸ [585a] λυπηρὸν φέρωνται, ἀληθῆ τε οἴονται καὶ τῷ ὄντι λυποῦνται, ὅταν δὲ ἀπὸ λύπης ἐπὶ τὸ μεταξύ, σφόδρα μὲν οἴονται πρὸς πληρώσει τε καὶ ἡδονῇ γίγνεσθαι, ὥσπερ πρὸς μέλαν φαιὸν ἀποσκοποῦντες ἀπειρίᾳ λευκοῦ, καὶ πρὸς τὸ ἄλυπον οὕτω λύπην ἀφορῶντες ἀπειρίᾳ ἡδονῆς ἀπατῶνται;

Μὰ Δία, ἦ δ' ὅς, οὐκ ἂν θαυμάσαιμι, ἀλλὰ πολὺ μᾶλλον, εἰ μὴ οὕτως ἔχει.

Ὧδέ γ' οὖν, εἶπον, ἐννόει· οὐχὶ πεῖνα καὶ δίψα καὶ τὰ [b] τοιαῦτα κενώσεις τινές εἰσιν τῆς περὶ τὸ σῶμα ἕξεως;

Τί μήν;

Ἄγνοια δὲ καὶ ἀφροσύνη ἆρ' οὐ κενότης ἐστὶ γῆς περὶ ψυχὴν αὖ ἕξεως;

Μάλα γε.

in der Mitte steht und dorthin zurückblickt, von wo er hergekommen ist, glaubt er dann, sich nirgends anders zu befinden als oben, da er ja das wirkliche Oben noch nicht gesehen hat?«[56]

»Beim Zeus«, antwortete er, »genau das wird er glauben.«

[e] »Bewegt er sich nun wieder zurück«, fuhr ich fort, »wird er doch wohl meinen, sich nach unten zu bewegen, und hätte damit recht?«

»Natürlich.«

»Und das alles trifft bei ihm zu, weil er nicht aus Erfahrung weiß, was wirklich oben, in der Mitte und unten ist?«

»Klar.«

»Darfst du dich also wundern, wenn Menschen, die die Wahrheit in vielen Dingen nicht kennen, auch von Lust und Schmerz und was zwischen beiden liegt, keine vernünftige Vorstellung haben? Es ergeht ihnen dabei so, dass sie, wenn sie sich auf das [585a] Schmerzhafte zu bewegen, tatsächlich und wahrhaftig Schmerz zu empfinden glauben; wenn sie sich aber vom Schmerz zur Mitte hin bewegen, dann glauben sie ernsthaft, von Lust erfüllt zu werden; es geht ihnen also genauso, wie wenn jemand aus Unkenntnis des Weißen Grau für das Gegenteil von Schwarz hält; und so täuschen sie sich auch hier, wenn sie aus Unkenntnis der Lust den Schmerz für das Gegenteil von Schmerzlosigkeit halten.«

»Beim Zeus«, entgegnete er, »das wundert mich nicht, vielmehr würde es mich wundern, wenn es nicht so wäre.«

»Überlege nun Folgendes«, fuhr ich fort. »Deuten nicht auch Hunger, Durst und [b] ähnliche Gefühle auf eine gewisse Leere im Zustand des Körpers hin?«

»Natürlich.«

»Sind dann nicht auch Unwissenheit und Unvernunft eine gewisse Leere im Zustand unserer Seele?«

»Gewiss.«

Οὐκοῦν πληροῖτ᾽ ἂν ὅ τε τροφῆς μεταλαμβάνων καὶ ὁ νοῦν ἴσχων;

Πῶς δ᾽ οὔ;

Πλήρωσις δὲ ἀληθεστέρα τοῦ ἧττον ἢ τοῦ μᾶλλον ὄντος;

Δῆλον ὅτι τοῦ μᾶλλον.

Πότερα οὖν ἡγῇ τὰ γένη μᾶλλον καθαρᾶς οὐσίας μετέχειν, τὰ οἷον σίτου τε καὶ ποτοῦ καὶ ὄψου καὶ συμπάσης τροφῆς, ἢ τὸ δόξης τε ἀληθοῦς εἶδος καὶ ἐπιστήμης καὶ νοῦ καὶ [c] συλλήβδην αὖ πάσης ἀρετῆς; ὧδε δὲ κρῖνε· τὸ τοῦ ἀεὶ ὁμοίου ἐχόμενον καὶ ἀθανάτου καὶ ἀληθείας, καὶ αὐτὸ τοιοῦτον ὂν καὶ ἐν τοιούτῳ γιγνόμενον, μᾶλλον εἶναί σοι δοκεῖ, ἢ τὸ μηδέποτε ὁμοίου καὶ θνητοῦ, καὶ αὐτὸ τοιοῦτον καὶ ἐν τοιούτῳ γιγνόμενον;

Πολύ, ἔφη, διαφέρει τὸ τοῦ ἀεὶ ὁμοίου.

Ἡ οὖν ἀεὶ ἀνομοίου αὐσία οὐσίας τι μᾶλλον ἢ ἐπιστήμης μετέχει;

Οὐδαμῶς.

Τί δ᾽; ἀληθείας;

Οὐδὲ τοῦτο.

Εἰ δὲ ἀληθείας ἧττον, οὐ καὶ οὐσίας;

Ἀνάγκη.

[d] Οὐκοῦν ὅλως τὰ περὶ τὴν τοῦ σώματος θεραπείαν γένη γῶν γενῶν αὖ τῶν περὶ τὴν τῆς ψυχῆς θεραπείαν ἧττον ἀληθείας τε καὶ οὐσίας μετέχει;

Πολύ γε.

Σῶμα δὲ αὐτὸ ψυχῆς οὐκ οἴει οὕτως;

Ἔγωγε.

»Wer Nahrung zu sich nimmt und zu Erkenntnis kommt, füllt der nicht diese Leere aus?«

»Ohne Zweifel.«

»Welches Anfüllen ist nun das wahre, das mit Seiendem von niederer oder von höherer Art?«

»Klar, mit Letzterem.«

»Welche Art, glaubst du, hat mehr Anteil am reinen Sein, Dinge wie Speise und Trank, Fleisch und alle mögliche Nahrung oder solche wie wahre Vorstellung, Erkenntnis und Vernunft, [c] kurz, jeder Art von geistiger Tüchtigkeit? Bilde dir dein Urteil so: Was mit dem ewig Gleichen, dem Unsterblichen und mit der Wahrheit zusammenhängt und selbst diese Eigenschaften besitzt und aus ihnen entsteht, hat das deiner Meinung nach ein höheres Sein als das, was mit dem ewig Veränderlichen und dem Sterblichen zusammenhängt und selbst diese Eigenschaften hat und daraus entsteht?«[57]

»Natürlich übertrifft das mit dem ewig Gleichen Zusammenhängende das andere bei Weitem«, sagte er.

»Hat nun das Sein des Ungleichen mehr Anteil am Sein als an der Erkenntnis?«[58]

»Nein, nichts.«

»Und an der Wahrheit?«

»Auch nichts.«

»Wenn nicht an der Wahrheit, dann auch nicht am Sein.«

»Notwendigerweise.«

[d] »Also haben, aufs Ganze gesehen, die Dinge, die dem Körper dienen, weniger Anteil an der Wahrheit und am Sein als jene, die der Seele dienen?«

»Weitaus weniger.«

»Und meinst du nicht, dass auch der Körper weniger Anteil daran hat als die Seele?«

»Doch.«

Οὐκοῦν τὸ τῶν μᾶλλον ὄντων πληρούμενον καὶ αὐτὸ μᾶλλον ὂν ὄντως μᾶλλον πληροῦται ἢ τὸ τῶν ἧττον ὄντων καὶ αὐτὸ ἧττον ὄν;

Πῶς γὰρ οὔ;

Εἰ ἄρα τὸ πληροῦσθαι τῶν φύσει προσηκόντων ἡδύ ἐστι, τὸ τῷ ὄντι καὶ τῶν ὄντων πληρούμενον μᾶλλον μᾶλλον [e] ὄντως τε καὶ ἀληθεστέρως χαίρειν ἂν ποιοῖ ἡδονῇ ἀληθεῖ, τὸ δὲ τῶν ἧττον ὄντων μεταλαμβάνον ἧττόν τε ἂν ἀληθῶς καὶ βεβαίως πληροῖτο καὶ ἀπιστοτέρας ἂν ἡδονῆς καὶ ἧττον ἀληθοῦς μεταλαμβάνοι.

Ἀναγκαιότατα, ἔφη.

[586a] Οἱ ἄρα φρονήσεως καὶ ἀρετῆς ἄπειροι, εὐωχίαις δὲ καὶ τοῖς τοιούτοις ἀεὶ συνόντες, κάτω, ὡς ἔοικεν, καὶ μέχρι πάλιν πρὸς τὸ μεταξὺ φέρονταί τε καὶ ταύτῃ πλανῶνται διὰ βίου, ὑπερβάντες δὲ τοῦτο πρὸς τὸ ἀληθῶς ἄνω οὔτε ἀνέβλεψαν πώποτε οὔτε ἠνέχθησαν, οὐδὲ τοῦ ὄντος τῷ ὄντι ἐπληρώθησαν, οὐδὲ βεβαίου τε καὶ καθαρᾶς ἡδονῆς ἐγεύσαντο, ἀλλὰ βοσκημάτων δίκην κάτω ἀεὶ βλέποντες καὶ κεκυφότες εἰς γῆν καὶ εἰς τραπέζας βόσκονται χορταζόμενοι καὶ ὀχεύοντες, [b] καὶ ἕνεκα τῆς τούτων πλεονεξίας λακτίζοντες καὶ κυρίττοντες ἀλλήλους σιδηροῖς κέρασί τε καὶ ὁπλαῖς ἀποκτεινύασι δι᾽ ἀπληστίαν, ἅτε οὐχὶ τοῖς οὖσιν οὐδὲ τὸ ὂν οὐδὲ τὸ στέγον ἑαυτῶν πιμπλάντες.

Παντελῶς, ἔφη ὁ Γλαύκων, τὸν τῶν πολλῶν, ὦ Σώκρατες, χρησμῳδεῖς βίον.

Ἆρ᾽ οὖν οὐκ ἀνάγκη καὶ ἡδοναῖς συνεῖναι μεμειγμέναις λύπαις, εἰδώλοις τῆς ἀληθοῦς ἡδονῆς καὶ ἐσκιαγραφημέναις, [c] ὑπὸ τῆς παρ᾽ ἀλλήλας θέσεως ἀποχραινομέναις, ὥστε σφοδροὺς ἑκατέ-

»Was also von einem höher Seienden erfüllt und selbst ein Sein ist, das hat doch einen höheren Grad an Erfüllung als das, was von einem geringer Seienden erfüllt und selbst weniger Sein ist?«

»Natürlich.«

»Wenn es nun angenehm ist, mit dem erfüllt zu werden, was einem von Natur aus zukommt, dann bewirkt doch das, was in Wahrheit mit dem Seienden mehr erfüllt ist, [e] eine echtere und wahrhaftigere Freude durch wahre Lust; was aber an Dingen von geringerem Sein teilhat, erfüllt sich weniger wahrhaft und weniger dauerhaft und hat nur an einer zweifelhafteren und weniger wahren Lust teil.«

»Durchaus zwingend«, sagte er.

[586a] »Menschen, denen Einsicht und Tugend fremd sind und die sich stets nur der Schlemmerei und ähnlichen Genüssen hingeben, bewegen sich, wie es scheint, nach unten und dann wieder bis zur Mitte hin und taumeln so durchs Leben, ohne je darüber hinausgekommen zu sein und das wahre Oben erblickt oder erreicht zu haben; sie sind nie vom wahren Sein erfüllt worden, noch haben sie je eine sichere und reine Lust gekostet, sondern sie schauen wie das liebe Vieh immer nur nach unten; zur Erde und über die Tische gebeugt,[59] weiden, mästen und begatten sie sich, [b] und weil sie davon nicht genug bekommen können, stoßen und schlagen sie die anderen mit eisernen Hufen und Hörnern, und töten sie, unersättlich wie sie sind, da sie das Gefäß des Seins in sich nicht mit Seiendem anfüllen.«

»Ganz wie ein Orakel«, rief Glaukon, »schilderst du das Leben der breiten Masse, mein Sokrates.«

»Müssen solche Menschen nicht in Lüsten leben, die mit Schmerzen durchmischt sind, in bloßen Schein- und Schattenbildern[60] der wahren Lust, [c] die ihre Farbe nur durch das Nebeneinander von Lust und Schmerz bekommen, so dass sie je-

ρας φαίνεσθαι, καὶ ἔρωτας ἑαυτῶν λυττῶντας τοῖς ἄφροσιν ἐντίκτειν καὶ περιμαχήτους εἶναι, ὥσπερ τὸ τῆς Ἑλένης εἴδωλον ὑπὸ τῶν ἐν Τροίᾳ Στησίχορός φησι γενέσθαι περιμάχητον ἀγνοίᾳ τοῦ ἀληθοῦς;

Πολλὴ ἀνάγκη, ἔφη, τοιοῦτόν τι αὐτὸ εἶναι.

11 Τί δέ; περὶ τὸ θυμοειδὲς οὐχ ἕτερα τοιαῦτα ἀνάγκη γίγνεσθαι, ὃς ἂν αὐτὸ τοῦτο διαπράττηται ἢ φθόνῳ διὰ φιλοτιμίαν ἢ βίᾳ διὰ φιλονικίαν ἢ θυμῷ διὰ δυσκολίαν, [d] πλησμονὴν τιμῆς τε καὶ νίκης καὶ θυμοῦ διώκων ἄνευ λογισμοῦ τε καὶ νοῦ;

Τοιαῦτα, ἦ δ᾽ ὅς, ἀνάγκη καὶ περὶ τοῦτο εἶναι.

Τί οὖν, ἦν δ᾽ ἐγώ· θαρροῦντες λέγωμεν ὅτι καὶ περὶ τὸ φιλοκερδὲς καὶ τὸ φιλόνικον ὅσαι ἐπιθυμίαι εἰσίν, αἳ μὲν ἂν τῇ ἐπιστήμῃ καὶ λόγῳ ἑπόμεναι καὶ μετὰ τούτων τὰς ἡδονὰς διώκουσαι, ἃς ἂν τὸ φρόνιμον ἐξηγῆται, λαμβάνωσι, τὰς ἀληθεστάτας τε λήψονται, ὡς οἷόν τε αὐταῖς ἀληθεῖς [e] λαβεῖν, ἅτε ἀληθείᾳ ἑπομένων, καὶ τὰς ἑαυτῶν οἰκείας, εἴπερ τὸ βέλτιστον ἑκάστῳ, τοῦτο καὶ οἰκειότατον;

Ἀλλὰ μήν, ἔφη, οἰκειότατόν γε.

Τῷ φιλοσόφῳ ἄρα ἑπομένης ἁπάσης τῆς ψυχῆς καὶ μὴ στασιαζούσης ἑκάστῳ τῷ μέρει ὑπάρχει εἴς τε τἆλλα τὰ ἑαυτοῦ πράττειν καὶ δικαίῳ εἶναι, καὶ δὴ καὶ τὰς ἡδονὰς τὰς ἑαυτοῦ ἕκαστον καὶ τὰς βελτίστας καὶ εἰς τὸ δυνατὸν τὰς [587a] ἀληθεστάτας καρποῦσθαι.

Κομιδῇ μὲν οὖν.

Ὅταν δὲ ἄρα τῶν ἑτέρων τι κρατήσῃ, ὑπάρχει αὐτῷ μήτε τὴν ἑαυτοῦ ἡδονὴν ἐξευρίσκειν, τά τε ἄλλ᾽ ἀναγκάζειν ἀλλοτρίαν καὶ μὴ ἀληθῆ ἡδονὴν διώκειν.

weils kräftig erscheinen und in den Unvernünftigen ein rasendes Verlangen nach ihnen erzeugen und heiß umkämpft sind, wie nach der Erzählung des Stesichoros die Männer vor Troja um das Trugbild der Helena kämpften, weil sie die Wahrheit nicht kannten.«[61]

»Unbedingt, so etwa muss es sein«, sagte er.

11 »Wie nun? Muss nicht auch beim Muthaften etwas Ähnliches geschehen, wenn ein Mensch sich nur mit diesem durchsetzen will? Der also aus Ehrliebe neidisch ist, gewalttätig, weil er siegen will, und aufbrausend, weil er ein heftiges Gemüt hat? [d] So strebt er nach Befriedigung seiner Ehre, seines Siegeswillens und seines Zornes ohne Überlegung und Vernunft.«

»Ja, auch hier muss es so sein«, sagte er.

»Und weiter«, fuhr ich fort. »Können wir also getrost sagen, dass auch alle Begierden, die sich auf Gewinnsucht und Siegesfreude beziehen, soweit sie der Einsicht und dem Verstand folgen und mit ihnen nur jene Genüsse erstreben und auch erlangen, die ihnen die Vernunft vorgibt, die wahrsten Lüste erlangen werden, soweit sie überhaupt dazu imstande sind, weil sie der Wahrheit gefolgt sind? [e] Und das werden auch diejenigen Lüste sein, die ihnen eigentümlich sind, weil ja das für jeden das Beste ist, was seinem Wesen am meisten entspricht.«

»Ja«, sagte er, »das entspricht ihnen am meisten.«

»Wenn nun die ganze Seele dem weisheitsliebenden Teil folgt und sich nicht gegen ihn auflehnt, dann gelingt es jedem Teil, den anderen gegenüber seine Aufgabe zu erfüllen[62] und gerecht zu sein, ebenso aber auch seine Freuden, also die besten und nach Möglichkeit [587a] wahrhaftigsten, zu genießen.«

»Ganz gewiss.«

»Wenn aber ein anderer Teil die Herrschaft übernimmt, kann er die ihm eigene Lust nicht finden und zwingt die anderen, nach einer fremden und unwahren Lust zu streben.«

Οὕτως, ἔφη.

Οὐκοῦν ἃ πλεῖστον φιλοσοφίας τε καὶ λόγου ἀφέστηκεν, μάλιστ᾽ ἂν τοιαῦτα ἐξεργάζοιτο;

Πολύ γε.

Πλεῖστον δὲ λόγου ἀφίσταται οὐχ ὅπερ νόμου τε καὶ τάξεως;

Δῆλον δή.

Ἐφάνησαν δὲ πλεῖστον ἀφεστῶσαι οὐχ αἱ ἐρωτικαί τε [b] καὶ τυραννικαὶ ἐπιθυμίαι;

Πολύ γε.

Ἐλάχιστον δὲ αἱ βασιλικαί τε καὶ κόσμιαι;

Ναί.

Πλεῖστον δὴ οἶμαι ἀληθοῦς ἡδονῆς καὶ οἰκείας ὁ τύραννος ἀφεστήξει, ὁ δὲ ὀλίγιστον.

Ἀνάγκη.

Καὶ ἀηδέστατα ἄρα, εἶπον, ὁ τύραννος βιώσεται, ὁ δὲ βασιλεὺς ἥδιστα.

Πολλὴ ἀνάγκη.

Οἶσθ᾽ οὖν, ἦν δ᾽ ἐγώ, ὅσῳ ἀηδέστερον ζῇ τύραννος βασιλέως;

Ἂν εἴπῃς, ἔφη.

Τριῶν ἡδονῶν, ὡς ἔοικεν, οὐσῶν, μιᾶς μὲν γνησίας, δυοῖν [c] δὲ νόθαιν, τῶν νόθων εἰς τὸ ἐπέκεινα ὑπερβὰς ὁ τύραννος, φυγὼν νόμον τε καὶ λόγον, δούλαις τισὶ δορυφόροις ἡδοναῖς συνοικεῖ, καὶ ὁπόσῳ ἐλαττοῦται οὐδὲ πάνυ ῥᾴδιον εἰπεῖν, πλὴν ἴσως ὧδε.

Πῶς; ἔφη.

Ἀπὸ τοῦ ὀλιγαρχικοῦ τρίτος που ὁ τύραννος ἀφειστήκει· ἐν μέσῳ γὰρ αὐτῶν ὁ δημοτικὸς ἦν.

»So ist es«, sagte er.

»Je weiter etwas von Weisheitsliebe und Vernunft entfernt ist, umso eher wird es das bewirken, oder?«

»Gewiss.«

»Am weitesten entfernt von der Vernunft ist doch wohl das, was auch am weitesten von Gesetz und Ordnung entfernt ist?«

»Klar.«

»Sagten wir nicht, dass die erotischen und [b] tyrannischen Begierden am weitesten entfernt sind?«

»Ja, bei Weitem.«

»Am nächsten stehen dem Gesetz die königlichen und wohlgeordneten Begierden?«

»Ja.«

»Daher, glaube ich, ist der Tyrann am weitesten von der wahren und eigentlichen Lust entfernt, der königliche Mann aber steht ihr am nächsten.«

»Notwendigerweise.«

»Also wird auch der Tyrann am freudlosesten leben, der König aber am angenehmsten?«

»Zwangsläufig.«

»Weißt du«, fragte ich, »um wie viel freudloser der Tyrann lebt als ein König?«

»Wenn du es mir sagst«, antwortete er.

»Es gibt offensichtlich drei Arten von Freuden, eine echte und zwei unechte; [c] der Tyrann, der über die beiden unechten noch weit hinausgeht, indem er vor dem Gesetz und der Vernunft flieht, lebt zusammen mit den knechtischen Lüsten seiner Leibwache;[63] um wie viel er dabei zu kurz kommt, ist nicht leicht zu sagen, höchstens vielleicht so.«

»Wie?«, fragte er.

»Vom oligarchischen Menschen her gerechnet, stand der Tyrann als dritter da. In der Mitte zwischen ihnen war noch der Demokrat.«[64]

Ναί.

Οὐκοῦν καὶ ἡδονῆς τρίτῳ εἰδώλῳ πρὸς ἀλήθειαν ἀπ᾽ ἐκείνου συνοικοῖ ἄν, εἰ τὰ πρόσθεν ἀληθῆ;

Οὕτω.

Ὁ δέ γε ὀλιγαρχικὸς ἀπὸ τοῦ βασιλικοῦ αὖ τρίτος, ἐὰν [d] εἰς ταὐτὸν ἀριστοκρατικὸν καὶ βασιλικὸν τιθῶμεν.

Τρίτος γάρ.

Τριπλασίου ἄρα, ἦν δ᾽ ἐγώ, τριπλάσιον ἀριθμῷ ἀληθοῦς ἡδονῆς ἀφέστηκεν τύραννος.

Φαίνεται.

Ἐπίπεδον ἄρ᾽, ἔφην, ὡς ἔοικεν, τὸ εἴδωλον κατὰ τὸν τοῦ μήκους ἀριθμὸν ἡδονῆς τυραννικῆς ἂν εἴη.

Κομιδῇ γε.

Κατὰ δὲ δύναμιν καὶ τρίτην αὔξην δῆλον δὴ ἀπόστασιν ὅσην ἀφεστηκὼς γίγνεται.

Δῆλον, ἔφη, τῷ γε λογιστικῷ.

Οὐκοῦν ἐάν τις μεταστρέψας ἀληθείᾳ ἡδονῆς τὸν βασιλέα [e] τοῦ τυράννου ἀφεστηκότα λέγῃ ὅσον ἀφέστηκεν, ἐννεακαιεικοσικαιεπτακοσιοπλασιάκις ἥδιον αὐτὸν ζῶντα εὑρήσει τελειωθείσῃ τῇ πολλαπλασιώσει, τὸν δὲ τύραννον ἀνιαρότερον τῇ αὐτῇ ταύτῃ ἀποστάσει.

Ἀμήχανον, ἔφη, λογισμὸν καταπεφόρηκας τῆς διαφορότητος [588a] τοῖν ἀνδροῖν, τοῦ τε δικαίου καὶ τοῦ ἀδίκου, πρὸς ἡδονήν τε καὶ λύπην.

Καὶ μέντοι καὶ ἀληθῆ καὶ προσήκοντά γε, ἦν δ᾽ ἐγώ, βίοις ἀριθμόν, εἴπερ αὐτοῖς προσήκουσιν ἡμέραι καὶ νύκτες καὶ μῆνες καὶ ἐνιαυτοί.

Ἀλλὰ μήν, ἔφη, προσήκουσιν.

Οὐκοῦν εἰ τοσοῦτον ἡδονῇ νικᾷ ὁ ἀγαθός τε καὶ δίκαιος τὸν κα-

»Ja.«

»Also lebt er wohl mit einem Abbild der Freude, das im Verhältnis zur Wahrheit das dritte ist, gerechnet von jenem des Oligarchen, wenn das richtig ist, was wir vorher gesagt haben?«

»So ist es.«

»Der oligarchische Mensch aber ist, vom königlichen her gerechnet, wiederum der dritte, wenn [d] wir den aristokratischen und königlichen Menschen auf eine Stufe stellen.«

»Ja, der dritte.«

»Also ist der Tyrann«, fuhr ich fort, »um das dreimal Dreifache an Zahl von der wahren Lust entfernt.«

»Es scheint so.«

»Das Bild der tyrannischen Lust«, sagte ich, »wäre dann offensichtlich ein Quadrat mit der Seitenlänge der Entfernungszahl.«

»Ja, freilich.«

»Aus der Wurzel und aus deren dritter Potenz ergibt sich nun klar die Größe des Abstands.«

»Klar, wenn man rechnen kann«, sagte er.

»Wenn man nun umgekehrt angeben wollte, wie groß der Abstand des Königs in der wahren Lust [e] vom Tyrannen ist, dann wird man am Ende der Multiplikation herausfinden, dass der König siebenhundertneunundzwanzigmal angenehmer lebt, der Tyrann aber ebenso vielmal unglücklicher.«[65]

»Unglaublich«, rief er aus, »wie du da den Unterschied in Lust und Schmerz [588a] zwischen den beiden Männern, dem Gerechten und dem Ungerechten, berechnet hast.«

»Und doch«, entgegnete ich, »ist die Zahl richtig und entspricht ihrem Leben, weil ja auch die Zahl der Tage und Nächte, der Monate und Jahre diesem entspricht.«

»In der Tat, so ist es«, sagte er.

»Wenn also der Gute und Gerechte den Schlechten und Ungerechten so vielmal an Lust übertrifft, muss er ihn dann nicht

κόν τε καὶ ἄδικον, ἀμηχάνῳ δὴ ὅσῳ πλείονι νικήσει εὐσχημοσύνῃ τε βίου καὶ κάλλει καὶ ἀρετῇ;

Ἀμηχάνῳ μέντοι νὴ Δία, ἔφη.

12 [b] Εἶεν δή, εἶπον· ἐπειδὴ ἐνταῦθα λόγου γεγόναμεν, ἀναλάβωμεν τὰ πρῶτα λεχθέντα, δι᾽ ἃ δεῦρ᾽ ἥκομεν. ἦν δέ πουλεγόμενον λυσιτελεῖν ἀδικεῖν τῷ τελέως μὲν ἀδίκῳ, δοξαζομένῳ δὲ δικαίῳ· ἢ οὐχ οὕτως ἐλέχθη;

Οὕτω μὲν οὖν.

Νῦν δή, ἔφην, αὐτῷ διαλεγώμεθα, ἐπειδὴ διωμολογησάμεθα τό τε ἀδικεῖν καὶ τὸ δίκαια πράττειν ἣν ἑκάτερον ἔχει δύναμιν.

Πῶς; ἔφη.

Εἰκόνα πλάσαντες τῆς ψυχῆς λόγῳ, ἵνα εἰδῇ ὁ ἐκεῖνα λέγων οἷα ἔλεγεν.

[c] Ποίαν τινά; ἦ δ᾽ ὅς.

Τῶν τοιούτων τινά, ἦν δ᾽ ἐγώ, οἷαι μυθολογοῦνται παλαιαὶ γενέσθαι φύσεις, ἥ τε Χιμαίρας καὶ ἡ Σκύλλης καὶ Κερβέρου, καὶ ἄλλαι τινὲς συχναὶ λέγονται συμπεφυκυῖαι ἰδέαι πολλαὶ εἰς ἓν γενέσθαι.

Λέγονται γάρ, ἔφη.

Πλάττε τοίνυν μίαν μὲν ἰδέαν θηρίου ποικίλου καὶ πολυκεφάλου, ἡμέρων δὲ θηρίων ἔχοντος κεφαλὰς κύκλῳ καὶ ἀγρίων, καὶ δυνατοῦ μεταβάλλειν καὶ φύειν ἐξ αὑτοῦ πάντα ταῦτα.

[d] Δεινοῦ πλάστου, ἔφη, τὸ ἔργον· ὅμως δέ, ἐπειδὴ εὐπλαστότερον κηροῦ καὶ τῶν τοιούτων λόγος, πεπλάσθω.

Μίαν δὴ τοίνυν ἄλλην ἰδέαν λέοντος, μίαν δὲ ἀνθρώπου· πολὺ δὲ μέγιστον ἔστω τὸ πρῶτον καὶ δεύτερον τὸ δεύτερον.

unendlich vielmal mehr an edler Lebensführung, Schönheit und Tugend übertreffen?«

»Sicherlich, beim Zeus«, sagte er.

12 [b] »Also gut«, setzte ich fort. »Da wir in unserer Untersuchung so weit gekommen sind, wollen wir das eingangs Gesagte wieder aufnehmen, das uns ja hierhergeführt hat. Damals wurde ja behauptet, Unrechttun nütze dem vollkommen Ungerechten, wenn er als gerecht gelte. Hieß es nicht so?«[66]

»Ja, so hieß es.«

»Jetzt aber wollen wir uns«, fuhr ich fort, »mit dem Vertreter dieser Meinung auseinandersetzen, da wir uns über den Wert des gerechten und ungerechten Handelns geeinigt haben.«

»Wie willst du das tun?«, fragte er.

»Indem wir uns in Gedanken ein Bild der Seele machen, [c] damit jener erkennt, was er da gesagt hat.«

»Doch was für ein Bild?«, fragte er.

»Ein solches«, antwortete ich, »wie das von jenen uralten Wesen, von denen uns die Mythen berichten, wie die Chimaira, die Skylla, der Kerberos[67] und viele andere mehr,[68] in denen, wie es heißt, mehrere Gestalten zusammengewachsen und eins geworden sind.«

»Ja, von solchen erzählt man sich«, sagte er.

»Forme ein verschiedenartiges und vielköpfiges Tier in einer einzigen Gestalt, mit einem Kranz von Köpfen zahmer und wilder Tiere, in die es sich verwandeln und die es alle aus sich selbst hervorbringen kann.«

[d] »Das Werk eines gewaltigen Künstlers«, sagte er. »Da sich gleichwohl so etwas in Gedanken leichter formen lässt als in Wachs und ähnlichen Stoffen, so sei dieses Wesen gebildet.«

»Und jetzt bilde noch eine andere Gestalt, die eines Löwen, und dann die eines Menschen; jene erste aber sei weitaus am größten, die folgende dann am zweitgrößten.«

Ταῦτα, ἔφη, ῥᾴω, καὶ πέπλασται.

Σύναπτε τοίνυν αὐτὰ εἰς ἓν τρία ὄντα, ὥστε πῃ συμπεφυκέναι ἀλλήλοις.

Συνῆπται, ἔφη.

Περίπλασον δὴ αὐτοῖς ἔξωθεν ἑνὸς εἰκόνα, τὴν τοῦ ἀνθρώπου, ὥστε τῷ μὴ δυναμένῳ τὰ ἐντὸς ὁρᾶν, ἀλλὰ τὸ [e] ἔξω μόνον ἔλυτρον ὁρῶντι, ἓν ζῷον φαίνεσθαι, ἄνθρωπον.

Περιπέπλασται, ἔφη.

Λέγωμεν δὴ τῷ λέγοντι ὡς λυσιτελεῖ τούτῳ ἀδικεῖν τῷ ἀνθρώπῳ, δίκαια δὲ πράττειν οὐ συμφέρει, ὅτι οὐδὲν ἄλλο φησὶν ἢ λυσιτελεῖν αὐτῷ τὸ παντοδαπὸν θηρίον εὐωχοῦντι ποιεῖν ἰσχυρὸν καὶ τὸν λέοντα καὶ τὰ περὶ τὸν λέοντα, τὸν [589a] δὲ ἄνθρωπον λιμοκτονεῖν καὶ ποιεῖν ἀσθενῆ, ὥστε ἕλκεσθαι ὅπῃ ἂν ἐκείνων ὁπότερον ἄγῃ, καὶ μηδὲν ἕτερον ἑτέρῳ συνεθίζειν μηδὲ φίλον ποιεῖν, ἀλλ᾽ ἐᾶν αὐτὰ ἐν αὑτοῖς δάκνεσθαί τε καὶ μαχόμενα ἐσθίειν ἄλληλα.

Παντάπασι γάρ, ἔφη, ταῦτ᾽ ἂν λέγοι ὁ τὸ ἀδικεῖν ἐπαινῶν.

Οὐκοῦν αὖ ὁ τὰ δίκαια λέγων λυσιτελεῖν φαίη ἂν δεῖν ταῦτα πράττειν καὶ ταῦτα λέγειν, ὅθεν τοῦ ἀνθρώπου ὁ ἐντὸς [b] ἄνθρωπος ἔσται ἐγκρατέστατος, καὶ τοῦ πολυκεφάλου θρέμματος ἐπιμελήσεται ὥσπερ γεωργός, τὰ μὲν ἥμερα τρέφων καὶ τιθασεύων, τὰ δὲ ἄγρια ἀποκωλύων φύεσθαι, σύμμαχον ποιησάμενος τὴν τοῦ λέοντος φύσιν, καὶ κοινῇ πάντων κηδόμενος, φίλα ποιησάμενος ἀλλήλοις τε καὶ αὑτῷ, οὕτω θρέψει;

Κομιδῇ γὰρ αὖ λέγει ταῦτα ὁ τὸ δίκαιον ἐπαινῶν.

Κατὰ πάντα τρόπον δὴ ὁ μὲν τὰ δίκαια ἐγκωμιάζων ἀληθῆ [c] ἂν

»Das ist leichter«, sagte er, »beide sind schon fertig.«

»Nun füge diese drei zu einer einzigen Gestalt zusammen, so dass sie irgendwie zusammengewachsen erscheinen.«

»Auch damit bin ich schon fertig«, sagte er.

»Und nun forme außen herum die Gestalt eines einzigen Wesens, nämlich die eines Menschen, so dass, wer das Innere nicht sehen kann, sondern nur die [e] äußere Hülle erblickt, ein einziges Lebewesen, nämlich einen Menschen, zu sehen vermeint.«

»Auch die Umhüllung ist fertig«, sagte er.

»Wer nun behauptet, Unrechttun nütze einem solchen Menschen, während gerechtes Handeln ihm schade, dem wollen wir erklären, er behaupte damit nichts anderes, als dass es ihm von Vorteil sei, das vielgestaltige Ungetüm und dazu noch den Löwen und was zu ihm gehört, durch reichliches Füttern stark zu machen, den [589a] Menschen aber verhungern zu lassen und zu schwächen, so dass er sich von beiden Tieren nach Belieben hin- und herzerren lassen muss; und anstatt sie aneinander zu gewöhnen und sie miteinander anzufreunden, lässt er zu, dass sie übereinander herfallen, sich zerfleischen und auffressen.«[69]

»Gerade das behauptet, wer das Unrechttun lobt«, sagte er.

»Wer dagegen sagt, gerechtes Handeln sei von Nutzen, der behauptet doch wohl, man müsse das tun und sagen, wodurch der innere Mensch [b] die Macht über den Menschen gewinnt und sich um die Pflege des vielköpfigen Ungetüms kümmern kann, wie ein Landmann, der das Zahme nährt und großzieht, das Wilde aber am Wachsen hindert; er soll sich dabei mit der Natur des Löwen verbünden und für alle Teile gemeinsam sorgen, sie untereinander und auch sich selbst zum Freund machen und sie so aufziehen.«

»Ja, gerade so spricht, wer die Gerechtigkeit lobt.«

»Wer das Gerechte lobt, spricht wohl in jeder Hinsicht die

λέγοι, ὁ δὲ τὰ ἄδικα ψεύδοιτο. πρός τε γὰρ ἡδονὴν καὶ πρὸς εὐδοξίαν καὶ ὠφελίαν σκοπουμένῳ ὁ μὲν ἐπαινέτης τοῦ δικαίου ἀληθεύει, ὁ δὲ ψέκτης οὐδὲν ὑγιὲς οὐδ᾿ εἰδὼς ψέγει ὅτι ψέγει.

Οὔ μοι δοκεῖ, ἦ δ᾿ ὅς, οὐδαμῇ γε.

Πείθωμεν τοίνυν αὐτὸν πρᾴως – οὐ γὰρ ἑκὼν ἁμαρτάνει – ἐρωτῶντες· Ὦ μακάριε, οὐ καὶ τὰ καλὰ καὶ αἰσχρὰ νόμιμα διὰ τὰ τοιαῦτ᾿ ἂν φαῖμεν γεγονέναι· τὰ μὲν καλὰ τὰ ὑπὸ [d] τῷ ἀνθρώπῳ, μᾶλλον δὲ ἴσως τὰ ὑπὸ τῷ θείῳ τὰ θηριώδη ποιοῦντα τῆς φύσεως, αἰσχρὰ δὲ τὰ ὑπὸ τῷ ἀγρίῳ τὸ ἥμερον δουλούμενα; συμφήσει· ἢ πῶς;

Ἐάν μοι, ἔφη, πείθηται.

Ἔστιν οὖν, εἶπον, ὅτῳ λυσιτελεῖ ἐκ τούτου τοῦ λόγου χρυσίον λαμβάνειν ἀδίκως, εἴπερ τοιόνδε τι γίγνεται, λαμβάνων τὸ χρυσίον ἅμα καταδουλοῦται τὸ βέλτιστον ἑαυτοῦ [e] τῷ μοχθηροτάτῳ; ἢ εἰ μὲν λαβὼν χρυσίον ὑὸν ἢ θυγατέρα ἐδουλοῦτο, καὶ ταῦτ᾿ εἰς ἀγρίων τε καὶ κακῶν ἀνδρῶν, οὐκ ἂν αὐτῷ ἐλυσιτέλει οὐδ᾿ ἂν πάμπολυ ἐπὶ τούτῳ λαμβάνειν, εἰ δὲ τὸ ἑαυτοῦ θειότατον ὑπὸ τῷ ἀθεωτάτῳ τε καὶ μιαρωτάτῳ δουλοῦται καὶ μηδὲν ἐλεεῖ, οὐκ ἄρα ἄθλιός ἐστι καὶ πολὺ [590a] ἐπὶ δεινοτέρῳ ὀλέθρῳ χρυσὸν δωροδοκεῖ ἢ Ἐριφύλη ἐπὶ τῇ τοῦ ἀνδρὸς ψυχῇ τὸν ὅρμον δεξαμένη;

Πολὺ μέντοι, ἦ δ᾿ ὃς ὁ Γλαύκων· ἐγὼ γάρ σοι ὑπὲρ ἐκείνου ἀποκρινοῦμαι.

13 Οὐκοῦν καὶ τὸ ἀκολασταίνειν οἴει διὰ τοιαῦτα πάλαι ψέγεσθαι, ὅτι ἀνίεται ἐν τῷ τοιούτῳ τὸ δεινόν, τὸ μέγα ἐκεῖνο καὶ πολυειδὲς θρέμμα, πέρα τοῦ δέοντος;

Δῆλον, ἔφη.

Wahrheit, [c] wer aber das Ungerechte lobt, der täuscht sich. Ob man nun die Lust, den Ruhm oder den Nutzen im Auge hat, der Lobredner des Gerechten spricht immer die Wahrheit; wer das Gerechte aber tadelt, tadelt es grundlos, ohne zu wissen, was er tadelt.«

»Er hat, denke ich, keine Ahnung davon«, sagte er.

»Versuchen wir, ihn gütlich zu überzeugen – denn er fehlt ja nicht absichtlich –, und fragen wir ihn: ›Mein Bester, sollen wir nicht sagen, dass auch die herkömmlichen Begriffe des Schönen und Hässlichen auf diesem Weg entstanden sind? Das Schöne ist das, was das Tierische der Natur [d] dem Menschen, oder vielleicht besser dem Göttlichen, unterordnet, das Hässliche hingegen das, was das Sanfte dem Tierischen unterwirft?‹ Wird er dem zustimmen oder nicht?«

»Ja, er wird, wenn er mir folgt«, sagte er.

»Kann es nach diesen Überlegungen für irgendjemanden nützlich sein, auf ungerechte Weise zu Geld zu kommen, wenn er zugleich mit dem Empfang des Geldes den besten Teil von sich dem schlechtesten unterwirft? [e] Wenn er für Geld seinen Sohn oder seine Tochter in die Sklaverei verkaufte, noch dazu zu wilden und schlechten Menschen, dann wäre das für ihn kein Gewinn, auch dann nicht, wenn er sehr viel dafür bekäme. Wenn er seinen göttlichsten Teil dem gottlosesten und verruchtesten erbarmungslos unterwirft, ist er dann nicht unglücklich? Lässt er sich da nicht durch Geld zu einer Schandtat bestechen, [590a] weit furchtbarer noch als die der Eriphyle, die das Leben ihres Gatten gegen eine Halskette eintauschte?«[70]

»Viel schlimmer noch wäre das«, entgegnete Glaukon, »wenn ich dir an seiner statt antworten soll.«

13 »Glaubst du nicht auch, dass man deswegen die Zügellosigkeit seit jeher tadelt, weil durch sie jenes furchtbare, mächtige und vielgestaltige Tier mehr Freiheit erhält, als es sollte?«

»Das ist klar«, sagte er.

Ἡ δ᾽ αὐθάδεια καὶ δυσκολία ψέγεται οὐχ ὅταν τὸ λεοντῶδές [b] τε καὶ ὀφεῶδες αὔξηται καὶ συντείνηται ἀναρμόστως;

Πάνυ μὲν οὖν.

Τρυφὴ δὲ καὶ μαλθακία οὐκ ἐπὶ τῇ αὐτοῦ τούτου χαλάσει τε καὶ ἀνέσει ψέγεται, ὅταν ἐν αὐτῷ δειλίαν ἐμποιῇ;

Τί μήν;

Κολακεία δὲ καὶ ἀνελευθερία οὐχ ὅταν τις τὸ αὐτὸ τοῦτο, τὸ θυμοειδές, ὑπὸ τῷ ὀχλώδει θηρίῳ ποιῇ καὶ ἕνεκα χρημάτων καὶ τῆς ἐκείνου ἀπληστίας προπηλακιζόμενον ἐθίζῃ ἐκ νέου ἀντὶ λέοντος πίθηκον γίγνεσθαι;

[c] Καὶ μάλα, ἔφη.

Βαναυσία δὲ καὶ χειροτεχνία διὰ τί οἴει ὄνειδος φέρει; ἢ δι᾽ ἄλλο τι φήσομεν ἢ ὅταν τις ἀσθενὲς φύσει ἔχῃ τὸ τοῦ βελτίστου εἶδος, ὥστε μὴ ἂν δύνασθαι ἄρχειν τῶν ἐν αὑτῷ θρεμμάτων, ἀλλὰ θεραπεύειν ἐκεῖνα, καὶ τὰ θωπεύματα αὐτῶν μόνον δύνηται μανθάνειν;

Ἔοικεν, ἔφη.

Οὐκοῦν ἵνα καὶ ὁ τοιοῦτος ὑπὸ ὁμοίου ἄρχηται οἵουπερ ὁ βέλτιστος, δοῦλον αὐτόν φαμεν δεῖν εἶναι ἐκείνου τοῦ βελτίστου [d] καὶ ἔχοντος ἐν αὑτῷ τὸ θεῖον ἄρχον, οὐκ ἐπὶ βλάβῃ τῇ τοῦ δούλου οἰόμενοι δεῖν ἄρχεσθαι αὐτόν, ὥσπερ Θρασύμαχος ᾤετο τοὺς ἀρχομένους, ἀλλ᾽ ὡς ἄμεινον ὂν παντὶ ὑπὸ θείου καὶ φρονίμου ἄρχεσθαι, μάλιστα μὲν οἰκεῖον ἔχοντος ἐν αὑτῷ, εἰ δὲ μή, ἔξωθεν ἐφεστῶτος, ἵνα εἰς δύναμιν πάντες ὅμοιοι ὦμεν καὶ φίλοι, τῷ αὐτῷ κυβερνώμενοι;

»Anmaßung und Unverträglichkeit tadelt man doch, wenn der löwen- [b] und schlangenartige Teil sich übermäßig vermehrt und ausbreitet?«

»Gewiss.«

»Werden Luxus und Verweichlichung, wenn sie Feigheit bewirken, nicht gerade deshalb getadelt, weil sie eben diesen Seelenteil schlaff und weich machen?«

»Natürlich.«

»Werden nicht Schmeichelei und Unterwürfigkeit getadelt, wenn jemand den entsprechenden Seelenteil, nämlich das Muthafte, dem ungeschlachten Tier unterwirft, ihn aus unersättlicher Geldgier misshandelt und von Kindesbeinen an daran gewöhnt, statt ein Löwe ein Affe zu sein?«[71]

[c] »Ja, gewiss«, sagte er.

»Warum meinst du, dass niedrige Erwerbstätigkeit und Handwerk Schande bringen? Doch wohl deshalb, werden wir sagen, weil diese Leute in ihrem besten Seelenteil von Natur aus so schwach sind, dass sie nicht imstande sind, die Tiere in ihrer Seele zu beherrschen, sondern ihnen nur dienen können und lernen, wie man ihnen schmeichelt?«[72]

»Es scheint so«, sagte er.

»Damit nun auch ein solcher Mensch von dem gleichen Herrn beherrscht wird wie der Beste, muss er, sagen wir, jenem Besten dienen, [d] der das Göttliche als herrschendes Prinzip in sich trägt; aber nicht weil wir glauben, der Dienende müsse zu seinem eigenen Schaden beherrscht werden, wie das Thrasymachos von den Beherrschten meinte,[73] sondern weil es für jeden besser ist, unter der Herrschaft des Göttlichen und Vernünftigen zu stehen, am besten freilich, wenn man dieses als festen Besitz in sich trägt; andernfalls aber muss es von außen her die Leitung übernehmen, damit wir nach Möglichkeit alle einander gleich werden und Freunde, geleitet von ein und demselben Prinzip.«

Καὶ ὀρθῶς γ', ἔφη.

[e] Δηλοῖ δέ γε, ἦν δ' ἐγώ, καὶ ὁ νόμος ὅτι τοιοῦτον βούλεται, πᾶσι τοῖς ἐν τῇ πόλει σύμμαχος ὤν· καὶ ἡ τῶν παίδων ἀρχή, τὸ μὴ ἐᾶν ἐλευθέρους εἶναι, ἕως ἂν ἐν αὐτοῖς ὥσπερ ἐν πόλει πολιτείαν καταστήσωμεν, καὶ τὸ βέλτιστον [591a] θεραπεύσαντες τῷ παρ' ἡμῖν τοιούτῳ ἀντικαταστήσωμεν φύλακα ὅμοιον καὶ ἄρχοντα ἐν αὐτῷ, καὶ τότε δὴ ἐλεύθερον ἀφίεμεν.

Δηλοῖ γάρ, ἦ δ' ὅς.

Πῇ δὴ οὖν φήσομεν, ὦ Γλαύκων, καὶ κατὰ τίνα λόγον λυσιτελεῖν ἀδικεῖν, ἢ ἀκολασταίνειν ἤ τι αἰσχρὸν ποιεῖν, ἐξ ὧν πονηρότερος μὲν ἔσται, πλείω δὲ χρήματα ἢ ἄλλην τινὰ δύναμιν κεκτήσεται;

Οὐδαμῇ, ἦ δ' ὅς.

Πῇ δ' ἀδικοῦντα λανθάνειν καὶ μὴ διδόναι δίκην λυσιτελεῖν; [b] ἢ οὐχὶ ὁ μὲν λανθάνων ἔτι πονηρότερος γίγνεται, τοῦ δὲ μὴ λανθάνοντος καὶ κολαζομένου τὸ μὲν θηριῶδες κοιμίζεται καὶ ἡμεροῦται, τὸ δὲ ἥμερον ἐλευθεροῦται, καὶ ὅλη ἡ ψυχὴ εἰς τὴν βελτίστην φύσιν καθισταμένη τιμιωτέραν ἕξιν λαμβάνει, σωφροσύνην τε καὶ δικαιοσύνην μετὰ φρονήσεως κτωμένη, ἢ σῶμα ἰσχύν τε καὶ κάλλος μετὰ ὑγιείας λαμβάνον, τοσούτῳ ὅσῳπερ ψυχὴ σώματος τιμιωτέρα;

Παντάπασιν μὲν οὖν, ἔφη.

[c] Οὐκοῦν ὅ γε νοῦν ἔχων πάντα τὰ αὑτοῦ εἰς τοῦτο συντείνας βιώσεται, πρῶτον μὲν τὰ μαθήματα τιμῶν, ἃ τοιαύτην αὐτοῦ τὴν ψυχὴν ἀπεργάσεται, τὰ δὲ ἄλλα ἀτιμάζων;

Δῆλον, ἔφη.

»Ganz richtig«, sagte er.

[e] »Auch das Gesetz«, fuhr ich fort, »zeigt eine ähnliche Absicht, indem es allen Bürgern beisteht; und ebenso die Aufsicht über die Kinder: Wir lassen sie nicht frei, ehe wir ihnen nicht eine Art Verfassung wie im Staat gegeben haben und den besten Teil ihrer Seele [591a] mit dem in uns diesem entsprechenden betreut und ihn in ähnlicher Weise in ihnen als Wächter und Herrscher aufgestellt haben; erst dann lassen wir sie frei.«

»Klar«, sagte er.

»Wie und mit welchem Grund, mein Glaukon, können wir nun behaupten, dass Unrechttun, Zügellosigkeit oder schimpfliches Handeln einen Vorteil bringe, wenn man dadurch doch nur schlechter wird, mag man dabei auch mehr Geld oder sonstiges Vermögen gewinnen?«

»Überhaupt nicht«, sagte er.

»Wie kann man von einem Vorteil sprechen, wenn man bei einer ungerechten Handlung unentdeckt und unbestraft bleibt? [b] Wird nicht, wer dabei unentdeckt bleibt, noch schlechter? Wenn einer dagegen entdeckt und bestraft wird, dann wird das Tierische in ihm besänftigt und gezähmt, während das Sanfte in ihm befreit wird. Ist die ganze Seele aber in den besten Zustand ihrer Natur versetzt, nimmt sie eine wertvollere Beschaffenheit an, da sie mit der Einsicht zugleich Besonnenheit und Gerechtigkeit erworben hat, wertvoller als der Leib, mit all seiner Kraft, Schönheit und Gesundheit, um so viel wertvoller, wie eben die Seele wertvoller ist als der Leib.«[74]

»Ganz richtig«, entgegnete er.

[c] »Wird also der Vernünftige sein ganzes Leben auf dieses Ziel hin ausrichten und vor allem jene Lehrfächer in Ehren halten, die seine Seele dahingehend ausbilden, die anderen aber gering achten?«

»Offenbar«, sagte er.

Ἔπειτά γ᾽, εἶπον, τὴν τοῦ σώματος ἕξιν καὶ τροφὴν οὐχ ὅπως τῇ θηριώδει καὶ ἀλόγῳ ἡδονῇ ἐπιτρέψας ἐνταῦθα τετραμμένος ζήσει, ἀλλ᾽ οὐδὲ πρὸς ὑγίειαν βλέπων, οὐδὲ τοῦτο πρεσβεύων, ὅπως ἰσχυρὸς ἢ ὑγιὴς ἢ καλὸς ἔσται, ἐὰν μὴ [d] καὶ σωφρονήσειν μέλλῃ ἀπ᾽ αὐτῶν, ἀλλ᾽ ἀεὶ τὴν ἐν τῷ σώματι ἁρμονίαν τῆς ἐν τῇ ψυχῇ ἕνεκα συμφωνίας ἁρμοττόμενος φανεῖται.

Παντάπασι μὲν οὖν, ἔφη, ἐάνπερ μέλλῃ τῇ ἀληθείᾳ μουσικὸς εἶναι.

Οὐκοῦν, εἶπον, καὶ τὴν ἐν τῇ τῶν χρημάτων κτήσει σύνταξίν τε καὶ συμφωνίαν; καὶ τὸν ὄγκον τοῦ πλήθους οὐκ ἐκπληττόμενος ὑπὸ τοῦ τῶν πολλῶν μακαρισμοῦ ἄπειρον αὐξήσει, ἀπέραντα κακὰ ἔχων;

Οὐκ οἴομαι, ἔφη.

[e] Ἀλλ᾽ ἀποβλέπων γε, εἶπον, πρὸς τὴν ἐν αὑτῷ πολιτείαν, καὶ φυλάττων μή τι παρακινῇ αὑτοῦ τῶν ἐκεῖ διὰ πλῆθος οὐσίας ἢ δι᾽ ὀλιγότητα, οὕτως κυβερνῶν προσθήσει καὶ ἀναλώσει τῆς οὐσίας καθ᾽ ὅσον ἂν οἷός τ᾽ ᾖ.

Κομιδῇ μὲν οὖν, ἔφη.

[592a] Ἀλλὰ μὴν καὶ τιμάς γε, εἰς ταὐτὸν ἀποβλέπων, τῶν μὲν μεθέξει καὶ γεύσεται ἑκών, ἃς ἂν ἡγῆται ἀμείνω αὑτὸν ποιήσειν, ἃς δ᾽ ἂν λύσειν τὴν ὑπάρχουσαν ἕξιν, φεύξεται ἰδίᾳ καὶ δημοσίᾳ.

Οὐκ ἄρα, ἔφη, τά γε πολιτικὰ ἐθελήσει πράττειν, ἐάνπερ τούτου κήδηται.

Νὴ τὸν κύνα, ἦν δ᾽ ἐγώ, ἔν γε τῇ ἑαυτοῦ πόλει καὶ μάλα, οὐ μέντοι ἴσως ἔν γε τῇ πατρίδι, ἐὰν μὴ θεία τις συμβῇ τύχη.

»Ferner«, fuhr ich fort, »wird er Verfassung und Pflege des Körpers nicht der tierischen und unvernünftigen Lust überlassen und seinem Leben diese Richtung geben; er wird auch nicht nur auf seine Gesundheit schauen und sich nur darum kümmern, möglichst stark, gesund und schön zu sein, wenn er dadurch nicht [d] auch Besonnenheit erlangt, sondern er wird, wie sich zeigt, stets die Harmonie in seinem Körper an die in seiner Seele anpassen.«[75]

»Ganz gewiss«, erwiderte er, »wenn er ein wahrhaft musischer Mensch sein will.«[76]

»Wird er nicht ebenso«, sprach ich weiter, »beim Gelderwerb auf Ordnung und Einklang achten? Und wird er unter dem Eindruck der Lobpreisungen der breiten Masse die Anhäufung seines Geldes ins Unermessliche steigern und sich dafür nur unendliches Leid einhandeln?«

»Ich glaube nicht«, entgegnete er.

[e] »Vielmehr wird er«, setzte ich fort, »auf die Verfassung in sich selbst schauen und sich hüten, sie irgendwie durch Überfluss oder Mangel an Besitz in Unordnung zu bringen; so wird er durchs Leben steuern und seine Habe vermehren oder verbrauchen, wie er es eben kann.«

»Ganz richtig«, sagte er.

[592a] »Auch bei den Ehren wird er nach demselben Gesichtspunkt an den einen teilhaben und sie gerne genießen, wenn er glaubt, sie wären für ihn förderlich; andere wird er im privaten wie im öffentlichen Leben meiden, wenn sie seiner bestehenden seelischen Verfassung schaden.«

»Also wird er keine politischen Ämter ausüben wollen, wenn er diesem Grundsatz treu bleibt«, sagte er.

»Beim Hund«,[77] erwiderte ich, »in seinem eigenen Staat wird er das wohl tun, vielleicht aber nicht in seiner gegenwärtigen Heimat, wenn ihm nicht eine göttliche Fügung dazu verhilft.«

Μανθάνω, ἔφη· ἐν ᾗ νῦν διήλθομεν οἰκίζοντες πόλει λέγεις, τῇ ἐν λόγοις κειμένῃ, ἐπεὶ γῆς γε οὐδαμοῦ οἶμαι [b] αὐτὴν εἶναι.

Ἀλλ᾽, ἦν δ᾽ ἐγώ, ἐν οὐρανῷ ἴσως παράδειγμα ἀνάκειται τῷ βουλομένῳ ὁρᾶν καὶ ὁρῶντι ἑαυτὸν κατοικίζειν. διαφέρει δὲ οὐδὲν εἴτε που ἔστιν εἴτε ἔσται· τὰ γὰρ ταύτης μόνης ἂν πράξειεν, ἄλλης δὲ οὐδεμιᾶς.

Εἰκός γ᾽, ἔφη.

»Ich verstehe«, sagte er. »Du meinst in dem Staat, dessen Gründung, wenn auch nur im Geiste, wir soeben besprochen haben, denn auf Erden [b] gibt es ihn, glaube ich, nirgends.«[78]

»Doch vielleicht«, fuhr ich fort, »gibt es ihn im Himmel als Musterbeispiel für den, der ihn betrachten und danach sein eigenes Leben einrichten will. Es kommt gar nicht darauf an, ob er jetzt oder in Zukunft irgendwo existiert; denn mit ihm allein und mit keinem anderen wird er sich wohl beschäftigen.«

»Natürlich«, sagte er.

I

1 [595a] Καὶ μήν, ἦν δ᾽ ἐγώ, πολλὰ μὲν καὶ ἄλλα περὶ αὐτῆς ἐννοῶ, ὡς παντὸς ἄρα μᾶλλον ὀρθῶς ᾠκίζομεν τὴν πόλιν, οὐχ ἥκιστα δὲ ἐνθυμηθεὶς περὶ ποιήσεως λέγω.

Τὸ ποῖον; ἔφη.

Τὸ μηδαμῇ παραδέχεσθαι αὐτῆς ὅση μιμητική· παντὸς γὰρ μᾶλλον οὐ παραδεκτέα νῦν καὶ ἐναργέστερον, ὡς ἐμοὶ δοκεῖ, φαίνεται, ἐπειδὴ χωρὶς ἕκαστα διῄρηται τὰ τῆς ψυχῆς [b] εἴδη.

Πῶς λέγεις;

Ὡς μὲν πρὸς ὑμᾶς εἰρῆσθαι – οὐ γάρ μου κατερεῖτε πρὸς τοὺς τῆς τραγῳδίας ποιητὰς καὶ τοὺς ἄλλους ἅπαντας τοὺς μιμητικούς – λώβη ἔοικεν εἶναι πάντα τὰ τοιαῦτα τῆς τῶν ἀκουόντων διανοίας, ὅσοι μὴ ἔχουσι φάρμακον τὸ εἰδέναι αὐτὰ οἷα τυγχάνει ὄντα.

Πῇ δή, ἔφη, διανοούμενος λέγεις;

Ῥητέον, ἦν δ᾽ ἐγώ· καίτοι φιλία γέ τίς με καὶ αἰδὼς ἐκ παιδὸς ἔχουσα περὶ Ὁμήρου ἀποκωλύει λέγειν. ἔοικε μὲν [c] γὰρ τῶν καλῶν ἁπάντων τούτων τῶν τραγικῶν πρῶτος διδάσκαλός τε καὶ ἡγεμὼν γενέσθαι. ἀλλ᾽ οὐ γὰρ πρό γε τῆς ἀληθείας τιμητέος ἀνήρ, ἀλλ᾽, ὃ λέγω, ῥητέον.

Πάνυ μὲν οὖν, ἔφη.

Ἄκουε δή, μᾶλλον δὲ ἀποκρίνου.

Ἐρώτα.

Μίμησιν ὅλως ἔχοις ἄν μοι εἰπεῖν ὅτι ποτ᾽ ἐστίν; οὐδὲ γάρ τοι αὐτὸς πάνυ τι συννοῶ τί βούλεται εἶναι.

Ἦ που ἄρ᾽, ἔφη, ἐγὼ συννοήσω.

Zehntes Buch

1 [595a] »Wie überaus richtig wir diesen Staat gegründet haben, erkenne ich nebst manchen anderen Überlegungen nicht zuletzt an unseren Bestimmungen bezüglich der Dichtkunst.«

»Wieso?«, fragte er.

»Weil wir sie auf keinen Fall zulassen wollten, soweit sie nachahmend ist. Denn dass wir sie keineswegs übernehmen dürfen, zeigt sich jetzt, wie mir scheint, noch deutlicher, wo wir die menschliche Seele in ihre einzelnen Teile zerlegt haben.«

[b] »Wie meinst du das?«

»Unter uns gesagt – ihr werdet mich ja nicht bei den Tragödiendichtern und all den anderen nachahmenden Dichtern anklagen –, scheint mir jede derartige Dichtung ein Verderben für das Denken der Zuhörer zu sein, sofern diese nicht ein Heilmittel dagegen haben, nämlich das Wissen, wie die Dinge wirklich liegen.«

»In welcher Hinsicht meinst du das?«, fragte er.

»Ich muss es jetzt wohl sagen«, entgegnete ich, »obgleich mich Liebe und Ehrfurcht, die ich seit meiner Kindheit für Homer empfinde, am Sprechen hindern wollen. Denn er ist doch wohl, wie es scheint, [c] der erste Lehrer und Anführer all dieser schönen Tragödiendichter geworden.[1] Allerdings darf man einen Menschen nicht höher schätzen als die Wahrheit,[2] und daher muss ich sagen, was ich denke.«

»Gewiss«, sagte er.

»So höre also, oder vielmehr, antworte mir!«

»Frage nur!«

»Kannst du mir ganz allgemein sagen, was Nachahmung ist? Ich bin mir nämlich selbst darüber nicht ganz im Klaren.«

»Und da soll ich mir im Klaren darüber sein?«, sagte er.

Οὐδέν γε, ἦν δ᾽ ἐγώ, ἄτοπον, ἐπεὶ πολλά τοι ὀξύτερον [596a] βλεπόντων ἀμβλύτερον ὁρῶντες πρότεροι εἶδον.

Ἔστιν, ἔφη, οὕτως· ἀλλὰ σοῦ παρόντος οὐδ᾽ ἂν προθυμηθῆναι οἷός τε εἴην εἰπεῖν, εἴ τί μοι καταφαίνεται, ἀλλ᾽ αὐτὸς ὅρα.

Βούλει οὖν ἐνθένδε ἀρξώμεθα ἐπισκοποῦντες, ἐκ τῆς εἰωθυίας μεθόδου; εἶδος γάρ πού τι ἓν ἕκαστον εἰώθαμεν τίθεσθαι περὶ ἕκαστα τὰ πολλά, οἷς ταὐτὸν ὄνομα ἐπιφέρομεν. ἢ οὐ μανθάνεις;

Μανθάνω.

Θῶμεν δὴ καὶ νῦν ὅτι βούλει τῶν πολλῶν. οἷον, εἰ [b] 'θέλεις, πολλαί πού εἰσι κλῖναι καὶ τράπεζαι.

Πῶς δ᾽ οὔ;

Ἀλλὰ ἰδέαι γέ που περὶ ταῦτα τὰ σκεύη δύο, μία μὲν κλίνης, μία δὲ τραπέζης.

Ναί.

Οὐκοῦν καὶ εἰώθαμεν λέγειν ὅτι ὁ δημιουργὸς ἑκατέρου τοῦ σκεύους πρὸς τὴν ἰδέαν βλέπων οὕτω ποιεῖ ὁ μὲν τὰς κλίνας, ὁ δὲ τὰς τραπέζας, αἷς ἡμεῖς χρώμεθα, καὶ τἆλλα κατὰ ταὐτά; οὐ γάρ που τήν γε ἰδέαν αὐτὴν δημιουργεῖ οὐδεὶς τῶν δημιουργῶν· πῶς γάρ;

Οὐδαμῶς.

Ἀλλ᾽ ὅρα δὴ καὶ τόνδε τίνα καλεῖς τὸν δημιουργόν.

[c] Τὸν ποῖον;

Ὃς πάντα ποιεῖ, ὅσαπερ εἷς ἕκαστος τῶν χειροτεχνῶν.

Δεινόν τινα λέγεις καὶ θαυμαστὸν ἄνδρα.

Οὔπω γε, ἀλλὰ τάχα μᾶλλον φήσεις. ὁ αὐτὸς γὰρ οὗτος χειρο-

»Das wäre ja nicht weiter verwunderlich«, erwiderte ich, »denn oft [596a] nehmen schwächere Augen etwas früher wahr als schärfere.«

»So ist es«, sagte er. »Aber in deiner Gegenwart bin ich nicht imstande, frei heraus zu sagen, was mir scheint; darum sieh du selber zu!«

»Sollen wir also bei unserer Untersuchung nach der gewohnten Methode verfahren und von Folgendem ausgehen? Wir pflegen doch allen Einzeldingen, denen wir denselben Namen geben, jeweils eine einzige Idee zugrunde zu legen, verstehst du?«

»Ja.«

»Greifen wir also auch jetzt nach Belieben etwas von den vielen Einzeldingen heraus; so gibt es doch, wenn du [b] so willst, zum Beispiel eine Vielzahl von Stühlen und Tischen.«

»Gewiss.«

»Aber Ideen gibt es für diese Gegenstände nur zwei: eine für den Stuhl und eine für den Tisch.«

»Ja.«

»Pflegen wir nicht zu sagen, der Handwerker schaut auf die Idee von einem dieser Gegenstände, und so verfertigt der eine die Stühle, der andere aber die Tische, die wir benützen, und bei allen anderen Dingen ist es ganz genauso? Die Idee selbst aber verfertigt keiner der Handwerker, oder?«

»Keineswegs.«

»Nun sieh, wie nennst du diesen Handwerker?«

[c] »Welchen?«

»Der all das macht, was ein jeder der Handwerker verfertigt?«

»Von einem gewaltigen und bewundernswerten Mann redest du da.«

»Warte nur, bald wirst du ihn noch bewundernswerter nennen. Denn ebendieser Handwerker ist nicht nur imstande,

τέχνης οὐ μόνον πάντα οἷός τε σκεύη ποιῆσαι, ἀλλὰ καὶ τὰ ἐκ τῆς γῆς φυόμενα ἅπαντα ποιεῖ καὶ ζῷα πάντα ἐργάζεται, τά τε ἄλλα καὶ ἑαυτόν, καὶ πρὸς τούτοις γῆν καὶ οὐρανὸν καὶ θεοὺς καὶ πάντα τὰ ἐν οὐρανῷ καὶ τὰ ἐν Ἅιδου ὑπὸ γῆς ἅπαντα ἐργάζεται.

[d] Πάνυ θαυμαστόν, ἔφη, λέγεις σοφιστήν.

Ἀπιστεῖς; ἦν δ᾽ ἐγώ. καί μοι εἰπέ, τὸ παράπαν οὐκ ἄν σοι δοκεῖ εἶναι τοιοῦτος δημιουργός, ἢ τινὶ μὲν τρόπῳ γενέσθαι ἂν τούτων ἁπάντων ποιητής, τινὶ δὲ οὐκ ἄν; ἢ οὐκ αἰσθάνῃ ὅτι κἂν αὐτὸς οἷός τ᾽ εἴης πάντα ταῦτα ποιῆσαι τρόπῳ γέ τινι;

Καὶ τίς, ἔφη, ὁ τρόπος οὗτος;

Οὐ χαλεπός, ἦν δ᾽ ἐγώ, ἀλλὰ πολλαχῇ καὶ ταχὺ δημιουργούμενος, τάχιστα δέ που, εἰ ᾽θέλεις λαβὼν κάτοπτρον [e] περιφέρειν πανταχῇ· ταχὺ μὲν ἥλιον ποιήσεις καὶ τὰ ἐν τῷ οὐρανῷ, ταχὺ δὲ γῆν, ταχὺ δὲ σαυτόν τε καὶ τἆλλα ζῷα καὶ σκεύη καὶ φυτὰ καὶ πάντα ὅσα νυνδὴ ἐλέγετο.

Ναί, ἔφη, φαινόμενα, οὐ μέντοι ὄντα γέ που τῇ ἀληθείᾳ.

Καλῶς, ἦν δ᾽ ἐγώ, καὶ εἰς δέον ἔρχῃ τῷ λόγῳ. τῶν τοιούτων γὰρ οἶμαι δημιουργῶν καὶ ὁ ζωγράφος ἐστίν. ἦ γάρ;

Πῶς γὰρ οὔ;

Ἀλλὰ φήσεις οὐκ ἀληθῆ οἶμαι αὐτὸν ποιεῖν ἃ ποιεῖ. καίτοι τρόπῳ γέ τινι καὶ ὁ ζωγράφος κλίνην ποιεῖ· ἢ οὔ;

Ναί, ἔφη, φαινομένην γε καὶ οὗτος.

2 [597a] Τί δὲ ὁ κλινοποιός; οὐκ ἄρτι μέντοι ἔλεγες ὅτι οὐ τὸ εἶδος ποιεῖ, ὃ δή φαμεν εἶναι ὃ ἔστι κλίνη, ἀλλὰ κλίνην τινά;

alle Geräte herzustellen, sondern er macht auch alles, was aus der Erde emporwächst, und schafft alle Lebewesen, sowohl die anderen als auch sich selbst, und dazu noch Erde, Himmel und Götter und alles im Himmel und im Hades unter der Erde; all das erschafft er.«

[d] »Von einem ganz wunderbaren Meister sprichst du da«, sagte er.

»Zweifelst du etwa?«, entgegnete ich. »Doch sage mir: Meinst du, ein solcher Meister sei überhaupt unmöglich, oder er sei nur in gewissem Sinne Schöpfer all dieser Dinge, in einem anderen aber nicht? Oder merkst du nicht, dass auch du selbst in gewissem Sinne imstande bist, all das zu schaffen?«

»In welchem Sinne wäre das?«, fragte er.

»Das wäre ganz leicht«, antwortete ich, »und kommt auch oft und schnell zur Anwendung, am schnellsten wohl, wenn du einen Spiegel zur Hand nehmen und ihn [e] überall herumtragen wolltest. Rasch hast du dann die Sonne geschaffen und was am Himmel ist, rasch auch die Erde und dich selbst samt allen übrigen Lebewesen, Gerätschaften und Pflanzen und allem, wovon wir eben sprachen.«

»Ja, aber nur als Abbilder und nicht als wahrhaft Seiendes«, sagte er.

»Sehr gut«, erwiderte ich, »für unsere Untersuchung kommt deine Antwort wie gerufen. Zu den Meistern dieser Art gehört, denke ich, auch der Maler, nicht wahr?«

»Natürlich.«

»Du wirst vermutlich einwenden, dass das, was er macht, nicht die Wahrheit ist. Und doch schafft auch der Maler in gewisser Weise einen Stuhl, oder nicht?«

»Ja«, antwortete er, »wenn auch nur als Abbild.«

2 [597a] »Und der Tischler? Hast du nicht eben gesagt, er schaffe nicht die Idee von dem, was wir Stuhl nennen, sondern nur irgendeinen Stuhl?«

Ἔλεγον γάρ.

Οὐκοῦν εἰ μὴ ὃ ἔστιν ποιεῖ, οὐκ ἂν τὸ ὂν ποιοῖ, ἀλλά τι τοιοῦτον οἷον τὸ ὄν, ὂν δὲ οὔ· τελέως δὲ εἶναι ὂν τὸ τοῦ κλινουργοῦ ἔργον ἢ ἄλλου τινὸς χειροτέχνου εἴ τις φαίη, κινδυνεύει οὐκ ἂν ἀληθῆ λέγειν;

Οὔκουν, ἔφη, ὥς γ᾽ ἂν δόξειεν τοῖς περὶ τοὺς τοιούσδε λόγους διατρίβουσιν.

Μηδὲν ἄρα θαυμάζωμεν εἰ καὶ τοῦτο ἀμυδρόν τι τυγχάνει ὂν πρὸς ἀλήθειαν.

[b] Μὴ γάρ.

Βούλει οὖν, ἔφην, ἐπ᾽ αὐτῶν τούτων ζητήσωμεν τὸν μιμητὴν τοῦτον, τίς ποτ᾽ ἐστίν;

Εἰ βούλει, ἔφη.

Οὐκοῦν τριτταί τινες κλῖναι αὗται γίγνονται· μία μὲν ἡ ἐν τῇ φύσει οὖσα, ἣν φαῖμεν ἄν, ὡς ἐγῷμαι, θεὸν ἐργάσασθαι. ἢ τίν᾽ ἄλλον;

Οὐδένα, οἶμαι.

Μία δέ γε ἣν ὁ τέκτων.

Ναί, ἔφη.

Μία δὲ ἣν ὁ ζωγράφος. ἦ γάρ;

Ἔστω.

Ζωγράφος δή, κλινοποιός, θεός, τρεῖς οὗτοι ἐπιστάται τρισὶν εἴδεσι κλινῶν.

Ναὶ τρεῖς.

[c] Ὁ μὲν δὴ θεός, εἴτε οὐκ ἐβούλετο, εἴτε τις ἀνάγκη ἐπῆν μὴ πλέον ἢ μίαν ἐν τῇ φύσει ἀπεργάσασθαι αὐτὸν κλίνην, οὕτως ἐποίησεν μίαν μόνον αὐτὴν ἐκείνην ὃ ἔστιν κλίνη· δύο δὲ τοιαῦται ἢ πλείους οὔτε ἐφυτεύθησαν ὑπὸ τοῦ θεοῦ οὔτε μὴ φυῶσιν.

Πῶς δή; ἔφη.

»Ja, das habe ich gesagt.«

»Wenn er also nicht das macht, was wirklich ist, dann schafft er wohl kein Seiendes, sondern nur etwas, was diesem gleicht, ohne es wirklich zu sein. Wollte aber jemand behaupten, das Werk des Tischlers oder eines anderen Handwerkers sei ein vollendet Seiendes, dann läuft er doch Gefahr, nicht die Wahrheit zu sagen?«

»Gewiss«, sagte er, »wenigstens nach Meinung derjenigen, die sich mit diesen Fragen genauer beschäftigen.«

»Darum wollen wir uns auch nicht wundern, dass ein solches Werk gemessen an der Wahrheit dürftig ist.«

[b] »Freilich nicht.«

»Lass uns nun anhand ebendieser Beispiele das Wesen dieses Nachahmers untersuchen.«

»Ja, wenn du willst«, erwiderte er.

»Es gibt also dreierlei Stühle. Der eine ist der in Wahrheit seiende; ihn, so könnten wir, glaube ich, sagen, hat Gott erschaffen.[3] Oder wer sonst?«

»Niemand anderer, denke ich.«

»Dann einer, den der Tischler geschaffen hat.«

»Ja«, sagte er.

»Und ein weiterer, den der Maler gemacht hat, nicht wahr?«

»Gut.«

»Maler, Tischler und Gott, diese drei sind also die Meister für die drei Arten von Stühlen.«

»Ja, diese drei.«

[c] »Mag sein, dass es Gott selbst nicht wollte, mag sein, dass es dafür eine zwingende Notwendigkeit gab, nicht mehr als nur einen wahren Stuhl zu machen, jedenfalls schuf er nur einen Stuhl, und das ist eben der wahre Stuhl. Zwei oder mehr Stühle dieser Art hat Gott nicht geschaffen und wird es auch nicht tun.«

»Wieso?«, fragte er.

Ὅτι, ἦν δ᾽ ἐγώ, εἰ δύο μόνας ποιήσειεν, πάλιν ἂν μία ἀναφανείη ἧς ἐκεῖναι ἂν αὖ ἀμφότεραι τὸ εἶδος ἔχοιεν, καὶ εἴη ἂν ὃ ἔστιν κλίνη ἐκείνη ἀλλ᾽ οὐχ αἱ δύο.

Ὀρθῶς, ἔφη.

[d] Ταῦτα δὴ οἶμαι εἰδὼς ὁ θεός, βουλόμενος εἶναι ὄντως κλίνης ποιητὴς ὄντως οὔσης, ἀλλὰ μὴ κλίνης τινὸς μηδὲ κλινοποιός τις, μίαν φύσει αὐτὴν ἔφυσεν.

Ἔοικεν.

Βούλει οὖν τοῦτον μὲν φυτουργὸν τούτου προσαγορεύωμεν, ἤ τι τοιοῦτον;

Δίκαιον γοῦν, ἔφη, ἐπειδήπερ φύσει γε καὶ τοῦτο καὶ τἆλλα πάντα πεποίηκεν.

Τί δὲ τὸν τέκτονα; ἆρ᾽ οὐ δημιουργὸν κλίνης;

Ναί.

Ἦ καὶ τὸν ζωγράφον δημιουργὸν καὶ ποιητὴν τοῦ τοιούτου;

Οὐδαμῶς.

Ἀλλὰ τί αὐτὸν κλίνης φήσεις εἶναι;

[e] Τοῦτο, ἦ δ᾽ ὅς, ἔμοιγε δοκεῖ μετριώτατ᾽ ἂν προσαγορεύεσθαι, μιμητὴς οὗ ἐκεῖνοι δημιουργοί.

Εἶεν, ἦν δ᾽ ἐγώ· τὸν τοῦ τρίτου ἄρα γεννήματος ἀπὸ τῆς φύσεως μιμητὴν καλεῖς;

Πάνυ μὲν οὖν, ἔφη.

Τοῦτ᾽ ἄρα ἔσται καὶ ὁ τραγῳδοποιός, εἴπερ μιμητής ἐστι, τρίτος τις ἀπὸ βασιλέως καὶ τῆς ἀληθείας πεφυκώς, καὶ πάντες οἱ ἄλλοι μιμηταί.

Κινδυνεύει.

Τὸν μὲν δὴ μιμητὴν ὡμολογήκαμεν. εἰπὲ δέ μοι περὶ [598a] τοῦ

»Weil es«, antwortete ich, »wenn er nur zwei hätte machen wollen, offensichtlich wieder nur einer wäre, von dem jene beiden ihre Gestalt hätten, und so wäre das nun der wahre Stuhl und nicht die beiden.«

»Richtig«, sagte er.

[d] »Ich denke, Gott wusste das, und weil er der Schöpfer des wahrhaft seienden und nicht eines beliebigen Stuhles und nicht irgendein Tischler sein wollte, deshalb schuf er diesen einen wahren Stuhl.«

»Es scheint so.«

»Willst du, dass wir ihn jetzt als Wahrheitsschöpfer bezeichnen oder so ähnlich?«

»Das wäre nur recht und billig«, entgegnete er, »weil er ja das und alles andere in Wahrheit erschaffen hat.«

»Und wie nennen wir den Tischler? Etwa den Handwerker des Stuhles?«

»Ja.«

»Und den Maler? Nennen wir ihn den Werkmeister und Schöpfer derartiger Dinge?«

»Keineswegs.«

»Wie wirst du sein Verhältnis zum Stuhl ausdrücken?«

[e] »Am angemessensten scheint mir«, sagte er, »wenn wir ihn als Nachahmer dessen bezeichnen, wovon jene die Werkmeister sind.«

»Also gut«, entgegnete ich. »Den Schöpfer des dritten Erzeugnisses von der Wahrheit her gerechnet nennst du also Nachahmer?«

»Gewiss«, sagte er.

»Dann ist auch der Tragödiendichter, sofern er ein Nachahmer ist, der Dritte vom König[4] und von der Wahrheit her gerechnet und ebenso alle anderen Nachahmer.«

»Es scheint so.«

»Über den Nachahmer sind wir uns also einig. Nun sage mir

ζωγράφου τόδε· πότερα ἐκεῖνο αὐτὸ τὸ ἐν τῇ φύσει ἕκαστον δοκεῖ σοι ἐπιχειρεῖν μιμεῖσθαι ἢ τὰ τῶν δημιουργῶν ἔργα;

Τὰ τῶν δημιουργῶν, ἔφη.

Ἆρα οἷα ἔστιν ἢ οἷα φαίνεται; τοῦτο γὰρ ἔτι διόρισον.

Πῶς λέγεις; ἔφη.

Ὧδε· κλίνη, ἐάντε ἐκ πλαγίου αὐτὴν θεᾷ ἐάντε καταντικρὺ ἢ ὁπῃοῦν, μή τι διαφέρει αὐτὴ ἑαυτῆς, ἢ διαφέρει μὲν οὐδέν, φαίνεται δὲ ἀλλοία; καὶ τἆλλα ὡσαύτως;

Οὕτως, ἔφη· φαίνεται, διαφέρει δ᾽ οὐδέν.

[b] Τοῦτο δὴ αὐτὸ σκόπει· πρὸς πότερον ἡ γραφικὴ πεποίηται περὶ ἕκαστον; πότερα πρὸς τὸ ὄν, ὡς ἔχει, μιμήσασθαι, ἢ πρὸς τὸ φαινόμενον, ὡς φαίνεται, φαντάσματος ἢ ἀληθείας οὖσα μίμησις;

Φαντάσματος, ἔφη.

Πόρρω ἄρα που τοῦ ἀληθοῦς ἡ μιμητική ἐστιν καί, ὡς ἔοικεν, διὰ τοῦτο πάντα ἀπεργάζεται, ὅτι σμικρόν τι ἑκάστου ἐφάπτεται, καὶ τοῦτο εἴδωλον. οἷον ὁ ζωγράφος, φαμέν, ζωγραφήσει ἡμῖν σκυτοτόμον, τέκτονα, τοὺς ἄλλους δημιουργούς, [c] περὶ οὐδενὸς τούτων ἐπαΐων τῶν τεχνῶν· ἀλλ᾽ ὅμως παῖδάς γε καὶ ἄφρονας ἀνθρώπους, εἰ ἀγαθὸς εἴη ζωγράφος, γράψας ἂν τέκτονα καὶ πόρρωθεν ἐπιδεικνὺς ἐξαπατῷ ἂν τῷ δοκεῖν ὡς ἀληθῶς τέκτονα εἶναι.

Τί δ᾽ οὔ;

Ἀλλὰ γὰρ οἶμαι ὦ φίλε, τόδε δεῖ περὶ πάντων τῶν τοιούτων διανοεῖσθαι· ἐπειδάν τις ἡμῖν ἀπαγγέλλῃ περί του, ὡς ἐνέτυχεν ἀνθρώπῳ πάσας ἐπισταμένῳ τὰς δημιουργίας καὶ τἆλλα πάντα ὅσα

noch Folgendes: [598a] Meinst du, der Maler versuche jeweils das, was in Wahrheit ist,[5] nachzuahmen oder die Erzeugnisse der Handwerker?«

»Die Erzeugnisse der Handwerker«, sagte er.

»Wie sie wirklich sind, oder wie sie ihm erscheinen? Das musst du noch genau bestimmen.«

»Wie meinst du das?«, fragte er.

»So: Wenn du einen Stuhl von der Seite oder von oben oder sonst wie ansiehst, dann bleibt er sich doch immer gleich und ändert sich nicht, er erscheint aber jeweils anders? Und ebenso ist es auch bei allem anderen?«

»So ist es«, sagte er, »er erscheint anders, ändert sich aber nicht.«

[b] »Bedenke nun Folgendes: Wie verfährt die Malerei mit den jeweiligen Gegenständen? Ahmt sie das Seiende nach, wie es wirklich ist, oder nur ein Abbild, wie es erscheint, ist sie also die Nachahmung der Wahrheit oder eines Scheinbildes?«

»Des Scheinbildes«, sagte er.

»Also ist die Kunst der Nachahmung weit entfernt von der Wahrheit, und darum kann sie offenbar auch alles Mögliche darstellen, weil sie nur wenig von jedem Gegenstand berührt und dann nur dessen Abbild ist. So malt uns ein Maler, sagen wir etwa einen Schuster, einen Tischler oder sonst einen Handwerker, [c] ohne auch nur das Geringste von ihren Künsten zu verstehen. Gleichwohl wird er, vorausgesetzt, er ist ein guter Maler, Kinder und einfältige Leute mit dem Bild eines Tischlers täuschen, wenn er es ihnen von Ferne zeigt und sie glauben macht, es sei ein wirklicher Tischler.«

»Natürlich.«

»Das, glaube ich, mein Freund, muss man bei alledem bedenken. Wenn uns jemand verkündet, er habe einen Menschen getroffen, der sich auf alle Handwerkskünste und auf all das,

εἷς ἕκαστος οἶδεν, οὐδὲν ὅτι οὐχὶ [d] ἀκριβέστερον ὁτουοῦν ἐπισταμένῳ, ὑπολαμβάνειν δεῖ τῷ τοιούτῳ ὅτι εὐήθης τις ἄνθρωπος, καί, ὡς ἔοικεν, ἐντυχὼν γόητί τινι καὶ μιμητῇ ἐξηπατήθη, ὥστε ἔδοξεν αὐτῷ πάσσοφος εἶναι, διὰ τὸ αὐτὸς μὴ οἷός τ' εἶναι ἐπιστήμην καὶ ἀνεπιστημοσύνην καὶ μίμησιν ἐξετάσαι.

Ἀληθέστατα, ἔφη.

3 Οὐκοῦν, ἦν δ' ἐγώ, μετὰ τοῦτο ἐπισκεπτέον τήν τε τραγῳδίαν καὶ τὸν ἡγεμόνα αὐτῆς Ὅμηρον, ἐπειδή τινων [e] ἀκούομεν ὅτι οὗτοι πάσας μὲν τέχνας ἐπίστανται, πάντα δὲ τὰ ἀνθρώπεια τὰ πρὸς ἀρετὴν καὶ κακίαν, καὶ τά γε θεῖα· ἀνάγκη γὰρ τὸν ἀγαθὸν ποιητήν, εἰ μέλλει περὶ ὧν ἂν ποιῇ καλῶς ποιήσειν, εἰδότα ἄρα ποιεῖν, ἢ μὴ οἷόν τε εἶναι ποιεῖν. δεῖ δὴ ἐπισκέψασθαι πότερον μιμηταῖς τούτοις οὗτοι ἐντυχόντες ἐξηπάτηνται καὶ τὰ ἔργα αὐτῶν ὁρῶντες [599a] οὐκ αἰσθάνονται τριττὰ ἀπέχοντα τοῦ ὄντος καὶ ῥᾴδια ποιεῖν μὴ εἰδότι τὴν ἀλήθειαν – φαντάσματα γὰρ ἀλλ' οὐκ ὄντα ποιοῦσιν – ἤ τι καὶ λέγουσιν καὶ τῷ ὄντι οἱ ἀγαθοὶ ποιηταὶ ἴσασιν περὶ ὧν δοκοῦσιν τοῖς πολλοῖς εὖ λέγειν.

Πάνυ μὲν οὖν, ἔφη, ἐξεταστέον.

Οἴει οὖν, εἴ τις ἀμφότερα δύναιτο ποιεῖν, τό τε μιμηθησόμενον καὶ τὸ εἴδωλον, ἐπὶ τῇ τῶν εἰδώλων δημιουργίᾳ ἑαυτὸν ἀφεῖναι ἂν σπουδάζειν καὶ τοῦτο προστήσασθαι τοῦ [b] ἑαυτοῦ βίου ὡς βέλτιστον ἔχοντα;

Οὐκ ἔγωγε.

Ἀλλ' εἴπερ γε οἶμαι ἐπιστήμων εἴη τῇ ἀληθείᾳ τούτων πέρι ἅπερ καὶ μιμεῖται, πολὺ πρότερον ἐν τοῖς ἔργοις ἂν σπουδάσειεν ἢ ἐπὶ

was jeder einzelne Handwerker weiß, [d] noch viel besser versteht, dann müssen wir ihm ins Wort fallen und sagen, er sei ein Tor und offenbar einem Gaukler und Nachahmer aufgesessen, der ihn glauben machen wollte, er sei allwissend, zumal er selbst nicht imstande sei, zwischen Wissen und Unwissen und Nachahmung zu unterscheiden.«[6]

»Ganz richtig«, sagte er.

3 »Nunmehr«, so fuhr ich fort, »müssen wir die Tragödie und ihren Anführer Homer näher betrachten, da wir ja von gewissen Leuten [e] hören, dass die Dichter sich auf alle Künste verstehen, auf alles Menschliche, soweit es Tugend und Schlechtigkeit betrifft, und auch auf alles Göttliche. Denn wenn der gute Dichter ein schönes Werk schaffen will, dann muss er auch etwas von dem verstehen, was er dichtet, andernfalls wird er dazu nicht in der Lage sein. Wir müssen also untersuchen, ob diese Leute nicht an Nachahmer geraten sind, von denen sie sich täuschen ließen, und ob sie bei der Betrachtung ihrer Werke [599a] nicht bemerkten, dass diese drei Stufen vom wahren Sein entfernt sind und dass sie auch von einem, der die Wahrheit nicht kennt, leicht herzustellen sind – denn diese Werke sind bloße Scheinbilder und nichts wahrhaft Seiendes – oder ob sie recht haben und die guten Dichter in der Tat auch verstehen, wovon sie nach Ansicht der breiten Masse so trefflich sprechen.«

»Ja gewiss«, sagte er, »das müssen wir prüfen.«

»Wenn nun einer imstande wäre, beides zu schaffen, das Nachzuahmende und das Scheinbild, glaubst du, er würde sich dann ernsthaft um die Verfertigung von Scheinbildern bemühen und darin sein Lebensziel erblicken, [b] als ob er damit schon das Beste erreicht hätte?«

»Das glaube ich nicht.«

»Wenn er von dem, was er nachahmt, die Wahrheit wüsste, dann würde er sich doch viel eher um die Dinge selbst

τοῖς μιμήμασι, καὶ πειρῷτο ἂν πολλὰ καὶ καλὰ ἔργα ἑαυτοῦ καταλιπεῖν μνημεῖα, καὶ εἶναι προθυμοῖτ᾽ ἂν μᾶλλον ὁ ἐγκωμιαζόμενος ἢ ὁ ἐγκωμιάζων.

Οἶμαι, ἔφη· οὐ γὰρ ἐξ ἴσου ἥ τε τιμὴ καὶ ἡ ὠφελία.

Τῶν μὲν τοίνυν ἄλλων πέρι μὴ ἀπαιτῶμεν λόγον Ὅμηρον [c] ἢ ἄλλον ὁντινοῦν τῶν ποιητῶν, ἐρωτῶντες εἰ ἰατρικὸς ἦν τις αὐτῶν ἀλλὰ μὴ μιμητὴς μόνον ἰατρικῶν λόγων, τίνας ὑγιεῖς ποιητής τις τῶν παλαιῶν ἢ τῶν νέων λέγεται πεποιηκέναι, ὥσπερ Ἀσκληπιός, ἢ τίνας μαθητὰς ἰατρικῆς κατελίπετο, ὥσπερ ἐκεῖνος τοὺς ἐκγόνους, μηδ᾽ αὖ περὶ τὰς ἄλλας τέχνας αὐτοὺς ἐρωτῶμεν, ἀλλ᾽ ἐῶμεν· περὶ δὲ ὧν μεγίστων τε καὶ καλλίστων ἐπιχειρεῖ λέγειν Ὅμηρος, πολέμων τε πέρι καὶ στρατηγιῶν καὶ διοικήσεων πόλεων, καὶ [d] παιδείας πέρι ἀνθρώπου, δίκαιόν που ἐρωτᾶν αὐτὸν πυνθανομένους· Ὦ φίλε Ὅμηρε, εἴπερ μὴ τρίτος ἀπὸ τῆς ἀληθείας εἶ ἀρετῆς πέρι, εἰδώλου δημιουργός, ὃν δὴ μιμητὴν ὡρισάμεθα, ἀλλὰ καὶ δεύτερος, καὶ οἷός τε ἦσθα γιγνώσκειν ποῖα ἐπιτηδεύματα βελτίους ἢ χείρους ἀνθρώπους ποιεῖ ἰδίᾳ καὶ δημοσίᾳ, λέγε ἡμῖν τίς τῶν πόλεων διὰ σὲ βέλτιον ᾤκησεν, ὥσπερ διὰ Λυκοῦργον Λακεδαίμων καὶ δι᾽ ἄλλους πολλοὺς [e] πολλαὶ μεγάλαι τε καὶ σμικραί; σὲ δὲ τίς αἰτιᾶται πόλις νομοθέτην ἀγαθὸν γεγονέναι καὶ σφᾶς ὠφεληκέναι; Χαρώνδαν μὲν γὰρ Ἰταλία καὶ Σικελία, καὶ ἡμεῖς Σόλωνα· σὲ δὲ τίς; ἕξει τινὰ εἰπεῖν;

Οὐκ οἶμαι, ἔφη ὁ Γλαύκων· οὔκουν λέγεταί γε οὐδ᾽ ὑπ᾽ αὐτῶν Ὁμηριδῶν.

kümmern als um deren Nachahmung und versuchen, viele schöne Werke zur Erinnerung an sich selbst zu hinterlassen, und es vorziehen, eher der Gepriesene als der Preisende zu sein.«

»Ich denke schon«, sagte er, »denn Ruhm und Nutzen sind dabei ungleich größer.«

»Was nun die anderen Dinge betrifft, so wollen wir weder von Homer [c] noch von irgendeinem anderen Dichter Rechenschaft verlangen, und wir wollen nicht fragen, wenn einer unter ihnen wirklich heilkundig und nicht bloß Nachahmer ärztlicher Worte war, wen denn ein alter oder neuerer Dichter geheilt haben soll, wie es Asklepios tat, oder welche Schüler der Heilkunst er hinterlassen hat, wie jener[7] seine Nachkommen; auch über die anderen Künste wollen wir sie nicht befragen, sondern das lieber bleiben lassen. Doch über das Größte und Schönste, worüber ja Homer zu reden unternimmt, nämlich über Kriege, Feldzüge, Verwaltung von Staaten und über [d] die Erziehung des Menschen, da ist es wohl angebracht, ihn zu fragen: ›Mein lieber Homer, wenn du hinsichtlich der Vollkommenheit nicht bloß der Dritte von der Wahrheit aus gesehen bist, also nur Schöpfer eines Scheinbildes, wie wir den Nachahmer definiert haben, sondern der Zweite und somit erkennen konntest, welche Bestrebungen den Menschen im privaten und im öffentlichen Leben besser machen, dann sage uns, welcher Staat hat durch dich eine bessere Verwaltung bekommen, so wie Lakedaimon durch Lykurgos[8] [e] und eine Menge großer und kleiner Staaten durch viele andere Gesetzgeber? Welcher Staat rühmt dich als guten Gesetzgeber und Förderer? Italien und Sizilien rühmen Charondas[9] und wir hier in Athen Solon. Wer aber rühmt dich?‹ Wird Homer da einen Staat nennen können?«

»Ich glaube nicht«, erwiderte Glaukon, »und auch von den Nachfolgern Homers[10] erzählt man sich solches nicht.«

[600a] Ἀλλὰ δή τις πόλεμος ἐπὶ Ὁμήρου ὑπ᾽ ἐκείνου ἄρχοντος ἢ συμβουλεύοντος εὖ πολεμηθεὶς μνημονεύεται;

Οὐδείς.

Ἀλλ᾽ οἷα δὴ εἰς τὰ ἔργα σοφοῦ ἀνδρὸς πολλαὶ ἐπίνοιαι καὶ εὐμήχανοι εἰς τέχνας ἤ τινας ἄλλας πράξεις λέγονται, ὥσπερ αὖ Θάλεώ τε πέρι τοῦ Μιλησίου καὶ Ἀναχάρσιος τοῦ Σκύθου;

Οὐδαμῶς τοιοῦτον οὐδέν.

Ἀλλὰ δὴ εἰ μὴ δημοσίᾳ, ἰδίᾳ τισὶν ἡγεμὼν παιδείας αὐτὸς ζῶν λέγεται Ὅμηρος γενέσθαι, οἳ ἐκεῖνον ἠγάπων ἐπὶ [b] συνουσίᾳ καὶ τοῖς ὑστέροις ὁδόν τινα παρέδοσαν βίου Ὁμηρικήν, ὥσπερ Πυθαγόρας αὐτός τε διαφερόντως ἐπὶ τούτῳ ἠγαπήθη, καὶ οἱ ὕστεροι ἔτι καὶ νῦν Πυθαγόρειον τρόπον ἐπονομάζοντες τοῦ βίου διαφανεῖς πῃ δοκοῦσιν εἶναι ἐν τοῖς ἄλλοις;

Οὐδ᾽ αὖ, ἔφη, τοιοῦτον οὐδὲν λέγεται. ὁ γὰρ Κρεώφυλος, ὦ Σώκρατες, ἴσως, ὁ τοῦ Ὁμήρου ἑταῖρος, τοῦ ὀνόματος ἂν γελοιότερος ἔτι πρὸς παιδείαν φανείη, εἰ τὰ λεγόμενα περὶ Ὁμήρου ἀληθῆ. λέγεται γὰρ ὡς πολλή τις ἀμέλεια περὶ [c] αὐτὸν ἦν ἐπ᾽ αὐτοῦ ἐκείνου, ὅτε ἔζη.

4 Λέγεται γὰρ οὖν, ἦν δ᾽ ἐγώ. ἀλλ᾽ οἴει, ὦ Γλαύκων, εἰ τῷ ὄντι οἷός τ᾽ ἦν παιδεύειν ἀνθρώπους καὶ βελτίους ἀπεργάζεσθαι Ὅμηρος, ἅτε περὶ τούτων οὐ μιμεῖσθαι ἀλλὰ γιγνώσκειν δυνάμενος, οὐκ ἄρ᾽ ἂν πολλοὺς ἑταίρους ἐποιήσατο καὶ ἐτιμᾶτο καὶ ἠγαπᾶτο ὑπ᾽ αὐτῶν, ἀλλὰ Πρωταγόρας μὲν ἄρα ὁ Ἀβδηρίτης καὶ Πρόδικος

[600a] »Aber weiß man von einem Krieg zur Zeit Homers, der unter seiner Führung oder nach seinem Rat erfolgreich geführt wurde?«

»Nein, von keinem.«

»Oder werden von ihm zahlreiche wohldurchdachte Erfindungen auf dem Gebiet der Künste oder sonstige Taten erwähnt, die ihn als einen fähigen Praktiker ausweisen, wie das bei Thales aus Milet[11] oder dem Skythen Anacharsis[12] der Fall ist?«

»Nichts von alldem.«

»Wenn sich Homer schon nicht im öffentlichen Leben hervortat, so heißt es vielleicht von ihm, er sei als Privatmann durch seine Lebensführung zum Wegweiser in der Erziehung für andere geworden, die den Umgang mit ihm hoch schätzten [b] und der Nachwelt eine Art homerische Lebensweise überliefert hätten, wie ja auch Pythagoras persönlich dafür hoch verehrt wurde und seine Nachfolger selbst jetzt noch von einer pythagoreischen Lebensweise sprechen und sich ganz offensichtlich dadurch vor allen anderen Menschen auszeichnen?«[13]

»Auch davon ist nirgends die Rede«, sagte er. »Denn, mein lieber Sokrates, Kreophylos[14], der Freund Homers, würde wohl wegen seiner Bildung noch viel lächerlicher erscheinen als wegen seines Namens,[15] wenn es stimmt, was man von Homer erzählt. Es heißt nämlich, er sei von diesem Freund [c] zu Lebzeiten schmählich vernachlässigt worden.«

4 »Ja, das behauptet man«, erwiderte ich. »Aber glaubst du nicht, mein Glaukon, dass sich Homer viele Freunde erworben hätte, die ihn verehrten und liebten, wenn er tatsächlich imstande gewesen wäre, Menschen zu erziehen und sie besser zu machen, weil er in dieser Hinsicht nicht nur zur Nachahmung, sondern auch zur Erkenntnis befähigt war? Können doch ein Protagoras von Abdera, ein Prodikos aus Keos und zahlreiche

ὁ Κεῖος καὶ ἄλλοι πάμπολλοι δύνανται τοῖς ἐφ᾽ ἑαυτῶν παριστάναι ἰδίᾳ συγγιγνόμενοι [d] ὡς οὔτε οἰκίαν οὔτε πόλιν τὴν αὑτῶν διοικεῖν οἷοί τ᾽ ἔσονται, ἐὰν μὴ σφεῖς αὐτῶν ἐπιστατήσωσιν τῆς παιδείας, καὶ ἐπὶ ταύτῃ τῇ σοφίᾳ οὕτω σφόδρα φιλοῦνται, ὥστε μόνον οὐκ ἐπὶ ταῖς κεφαλαῖς περιφέρουσιν αὐτοὺς οἱ ἑταῖροι· Ὅμηρον δ᾽ ἄρα οἱ ἐπ᾽ ἐκείνου, εἴπερ οἷός τ᾽ ἦν πρὸς ἀρετὴν ὀνῆσαι ἀνθρώπους, ἢ Ἡσίοδον ῥαψῳδεῖν ἂν περιιόντας εἴων, καὶ οὐχὶ μᾶλλον ἂν αὐτῶν ἀντείχοντο ἢ τοῦ χρυσοῦ καὶ [e] ἠνάγκαζον παρὰ σφίσιν οἴκοι εἶναι, ἢ εἰ μὴ ἔπειθον, αὐτοὶ ἂν ἐπαιδαγώγουν ὅπῃ ἦσαν, ἕως ἱκανῶς παιδείας μεταλάβοιεν;

Παντάπασιν, ἔφη, δοκεῖς μοι, ὦ Σώκρατες, ἀληθῆ λέγειν.

Οὐκοῦν τιθῶμεν ἀπὸ Ὁμήρου ἀρξαμένους πάντας τοὺς ποιητικοὺς μιμητὰς εἰδώλων ἀρετῆς εἶναι καὶ τῶν ἄλλων περὶ ὧν ποιοῦσιν, τῆς δὲ ἀληθείας οὐχ ἅπτεσθαι, ἀλλ᾽ ὥσπερ νυνδὴ ἐλέγομεν, ὁ ζωγράφος σκυτοτόμον ποιήσει δοκοῦντα [601a] εἶναι, αὐτός τε οὐκ ἐπαΐων περὶ σκυτοτομίας καὶ τοῖς μὴ ἐπαΐουσιν, ἐκ τῶν χρωμάτων δὲ καὶ σχημάτων θεωροῦσιν;

Πάνυ μὲν οὖν.

Οὕτω δὴ οἶμαι καὶ τὸν ποιητικὸν φήσομεν χρώματα ἄττα ἑκάστων τῶν τεχνῶν τοῖς ὀνόμασι καὶ ῥήμασιν ἐπιχρωματίζειν αὐτὸν οὐκ ἐπαΐοντα ἀλλ᾽ ἢ μιμεῖσθαι, ὥστε ἑτέροις τοιούτοις ἐκ τῶν λόγων θεωροῦσι δοκεῖν, ἐάντε περὶ σκυτοτομίας τις λέγῃ ἐν μέτρῳ καὶ ῥυθμῷ καὶ ἁρμονίᾳ, πάνυ εὖ δοκεῖν λέγεσθαι, ἐάντε περὶ στρατηγίας ἐάντε περὶ ἄλλου [b] ὁτουοῦν· οὕτω φύσει αὐτὰ ταῦτα με-

andere durch ihren persönlichen Umgang ihre Zeitgenossen davon überzeugen, [d] dass sie weder ihr Haus noch ihren Staat zu verwalten imstande wären, wenn sie nicht bei ihnen in die Lehre gingen; und aufgrund dieser ihrer Weisheit werden sie so heiß geliebt, dass ihre Anhänger sie beinahe auf ihren Schultern herumtragen.[16] Und einen Homer oder auch einen Hesiod hätten ihre Zeitgenossen als Rhapsoden herumziehen lassen, wenn er wirklich fähig gewesen wäre, den Menschen in ihrer Vollkommenheit zu nützen? Hätten sie sich nicht mehr noch an sie als an ihr Geld geklammert und sie [e] genötigt, in ihrem Haus zu wohnen? Und wenn sie das nicht erreichen konnten, wären sie ihnen dann nicht als Begleiter überallhin gefolgt, bis sie genügend Bildung erlangt hätten?«

»Wie ich glaube, hast du durchaus recht, mein Sokrates«, sagte er.

»Wir wollen also festhalten: Von Homer an sind alle Dichter nur Nachahmer der Scheinbilder der Vollkommenheit und der übrigen Dinge ihrer Dichtung, die Wahrheit aber bekommen sie nicht in den Griff; vielmehr sind sie wie der Maler, von dem wir sprachen; auch er malt, ohne selbst etwas vom Schusterhandwerk zu verstehen, einen Schuster [601a] täuschend ähnlich[17] für die, die auch nichts davon verstehen und nur auf die Farben und den Umriss achten.«

»Genauso ist es.«

»So können wir, glaube ich, sagen: Auch der Dichter trägt mit seinen Worten und Redensarten alle möglichen Farben der verschiedensten Künste auf, ohne selbst etwas von diesen zu verstehen, eben nur als Nachahmer, so dass er den anderen ebenso unverständigen Menschen, die auch nur auf die Worte achten, ausgezeichnet zu sprechen scheint, wenn er etwas über das Schusterhandwerk in Vers, Rhythmus und Wohlklang sagt; dasselbe gilt von der Feldherrnkunst und allem anderen [b] sonst. So groß ist der Zauber, den die Sprache von Natur aus

γάλην τινὰ κήλησιν ἔχειν. ἐπεὶ γυμνωθέντα γε τῶν τῆς μουσικῆς χρωμάτων τὰ τῶν ποιητῶν, αὐτὰ ἐφ᾽ αὑτῶν λεγόμενα, οἶμαί σε εἰδέναι οἷα φαίνεται. τεθέασαι γάρ που.

Ἔγωγ᾽, ἔφη.

Οὐκοῦν, ἦν δ᾽ ἐγώ, ἔοικεν τοῖς τῶν ὡραίων προσώποις, καλῶν δὲ μή, οἷα γίγνεται ἰδεῖν ὅταν αὐτὰ τὸ ἄνθος προλίπῃ;

Παντάπασιν, ἦ δ᾽ ὅς.

Ἴθι δή, τόδε ἄθρει· ὁ τοῦ εἰδώλου ποιητής, ὁ μιμητής, φαμέν, τοῦ μὲν ὄντος οὐδὲν ἐπαΐει, τοῦ δὲ φαινομένου· οὐχ [c] οὕτως;

Ναί.

Μὴ τοίνυν ἡμίσεως αὐτὸ καταλίπωμεν ῥηθέν, ἀλλ᾽ ἱκανῶς ἴδωμεν.

Λέγε, ἔφη.

Ζωγράφος, φαμέν, ἡνίας τε γράψει καὶ χαλινόν;

Ναί.

Ποιήσει δέ γε σκυτοτόμος καὶ χαλκεύς;

Πάνυ γε.

Ἆρ᾽ οὖν ἐπαΐει οἵας δεῖ τὰς ἡνίας εἶναι καὶ τὸν χαλινὸν ὁ γραφεύς; ἢ οὐδ᾽ ὁ ποιήσας, ὅ τε χαλκεὺς καὶ ὁ σκυτεύς, ἀλλ᾽ ἐκεῖνος ὅσπερ τούτοις ἐπίσταται χρῆσθαι, μόνος ὁ ἱππικός;

Ἀληθέστατα.

Ἆρ᾽ οὖν οὐ περὶ πάντα οὕτω φήσομεν ἔχειν;

Πῶς;

[d] Περὶ ἕκαστον ταύτας τινὰς τρεῖς τέχνας εἶναι, χρησομένην, ποιήσουσαν, μιμησομένην;

Ναί.

Οὐκοῦν ἀρετὴ καὶ κάλλος καὶ ὀρθότης ἑκάστου σκεύους καὶ

ausübt. Entblößt man die Werke der Dichter ihres künstlerischen Anstrichs und lässt sie nur für sich sprechen, dann, glaube ich, weißt du wohl, wie sie sich zeigen. Du hast es ja selbst gesehen.«[18]

»Ja«, sagte er.

»Sehen sie dann nicht aus«, fuhr ich fort, »wie die Gesichter von jugendlichen Menschen, die aber nicht schön sind, was man erst erkennen kann, wenn ihre Jugendblüte vorbei ist?«[19]

»Durchaus«, sagte er.

»Nun bedenke Folgendes: Der Schöpfer des Scheinbildes, der Nachahmer also, versteht, so sagen wir, vom wahrhaft Seienden nichts; er versteht nur das, was sich zeigt. Ist es nicht [c] so?«

»Ja.«

»Wir wollen uns aber bei diesem Satz nicht mit Halbheiten begnügen, sondern ihn gründlich prüfen.«

»Sprich also«, entgegnete er.

»Ein Maler, nehmen wir an, wird doch Zügel und Trense malen können?«[20]

»Ja.«

»Verfertigen werden sie aber der Sattler und der Schmied?«

»Natürlich.«

»Versteht nun der Maler, wie Zügel und Trense beschaffen sein müssen? Oder versteht das nicht einmal der, der sie herstellt, nämlich der Sattler und der Schmied, sondern nur jener, der sie auch zu gebrauchen weiß, also der Reiter?«

»Sehr richtig, nur dieser.«

»Können wir nun nicht sagen, dass es bei allem so ist?«

»Wie?«

[d] »Dass es für jedes Ding drei Künste gibt: die der Anwendung, die der Herstellung und die der Nachahmung?«[21]

»Ja.«

»Beziehen sich nicht Vollkommenheit, Schönheit und Rich-

ζῴου καὶ πράξεως οὐ πρὸς ἄλλο τι ἢ τὴν χρείαν ἐστίν, πρὸς ἣν ἂν ἕκαστον ᾖ πεποιημένον ἢ πεφυκός;

Οὕτως.

Πολλὴ ἄρα ἀνάγκη τὸν χρώμενον ἑκάστῳ ἐμπειρότατόν τε εἶναι καὶ ἄγγελον γίγνεσθαι τῷ ποιητῇ οἷα ἀγαθὰ ἢ κακὰ ποιεῖ ἐν τῇ χρείᾳ ᾧ χρῆται· οἷον αὐλητής που αὐλοποιῷ [e] ἐξαγγέλλει περὶ τῶν αὐλῶν, οἳ ἂν ὑπηρετῶσιν ἐν τῷ αὐλεῖν, καὶ ἐπιτάξει οἵους δεῖ ποιεῖν, ὁ δ᾽ ὑπηρετήσει.

Πῶς δ᾽ οὔ;

Οὐκοῦν ὁ μὲν εἰδὼς ἐξαγγέλλει περὶ χρηστῶν καὶ πονηρῶν αὐλῶν, ὁ δὲ πιστεύων ποιήσει;

Ναί.

Τοῦ αὐτοῦ ἄρα σκεύους ὁ μὲν ποιητὴς πίστιν ὀρθὴν ἕξει περὶ κάλλους τε καὶ πονηρίας, συνὼν τῷ εἰδότι καὶ ἀναγκαζόμενος [602a] ἀκούειν παρὰ τοῦ εἰδότος, ὁ δὲ χρώμενος ἐπιστήμην.

Πάνυ γε.

Ὁ δὲ μιμητὴς πότερον ἐκ τοῦ χρῆσθαι ἐπιστήμην ἕξει περὶ ὧν ἂν γράφῃ, εἴτε καλὰ καὶ ὀρθὰ εἴτε μή, ἢ δόξαν ὀρθὴν διὰ τὸ ἐξ ἀνάγκης συνεῖναι τῷ εἰδότι καὶ ἐπιτάττεσθαι οἷα χρὴ γράφειν;

Οὐδέτερα.

Οὔτε ἄρα εἴσεται οὔτε ὀρθὰ δοξάσει ὁ μιμητὴς περὶ ὧν ἂν μιμῆται πρὸς κάλλος ἢ πονηρίαν.

tigkeit jedes Gerätes und Lebewesens und jeder Handlung einzig und allein auf den Gebrauch, zu dem es jeweils verfertigt oder von Natur geworden ist?«

»So ist es.«

»So muss auch zwangsläufig der Benützer eines jeden Dinges darin die größte Erfahrung haben und aufgrund des praktischen Gebrauchs dem Hersteller vermitteln können, was er dabei gut oder schlecht macht. So sagt etwa auch der Flötenspieler dem Flötenbauer, [e] welche Flöten ihm beim Spielen gute Dienste leisten, und wird ihm vorschreiben, wie er sie zu bauen habe, dieser aber wird seinen Anweisungen Folge leisten.«

»Natürlich.«

»Also erklärt der Wissende, was gute und was schlechte Flöten sind, der andere aber vertraut ihm und richtet sich danach?«

»Ja.«

»Bei ein und demselben Gerät hat also der Hersteller die richtige Vorstellung von Brauchbarkeit und Unbrauchbarkeit, weil er sich mit dem Wissenden ausgetauscht hat und nicht umhinkam, [602a] auf sein Urteil zu hören; das Wissen davon aber hat der Benutzer.«

»Ja, gewiss.«

»Und der Nachahmer? Wird auch er durch den Gebrauch ein Wissen davon bekommen, ob das, was er malt, schön und richtig ist oder nicht? Oder hat er nur eine richtige Vorstellung, weil er gezwungen ist, sich mit einem Wissenden zusammenzutun und sich von ihm Anweisungen geben zu lassen, wie er malen soll?«

»Keines von beidem.«

»Der Nachahmer hat also von dem, was er nachahmt, weder ein Wissen noch eine richtige Meinung, was Schönheit oder Hässlichkeit betrifft.«

Οὐκ ἔοικεν.

Χαρίεις ἂν εἴη ὁ ἐν τῇ ποιήσει μιμητικὸς πρὸς σοφίαν περὶ ὧν ἂν ποιῇ.

Οὐ πάνυ.

[b] Ἀλλ᾽ οὖν δὴ ὅμως γε μιμήσεται, οὐκ εἰδὼς περὶ ἑκάστου ὅπῃ πονηρὸν ἢ χρηστόν· ἀλλ᾽, ὡς ἔοικεν, οἷον φαίνεται καλὸν εἶναι τοῖς πολλοῖς τε καὶ μηδὲν εἰδόσιν, τοῦτο μιμήσεται.

Τί γὰρ ἄλλο;

Ταῦτα μὲν δή, ὥς γε φαίνεται, ἐπιεικῶς ἡμῖν διωμολόγηται, τόν τε μιμητικὸν μηδὲν εἰδέναι ἄξιον λόγου περὶ ὧν μιμεῖται, ἀλλ᾽ εἶναι παιδιάν τινα καὶ οὐ σπουδὴν τὴν μίμησιν, τούς τε τῆς τραγικῆς ποιήσεως ἁπτομένους ἐν ἰαμβείοις καὶ ἐν ἔπεσι πάντας εἶναι μιμητικοὺς ὡς οἷόν τε μάλιστα.

Πάνυ μὲν οὖν.

5 [c] Πρὸς Διός, ἦν δ᾽ ἐγώ, τὸ δὲ δὴ μιμεῖσθαι τοῦτο οὐ περὶ τρίτον μέν τί ἐστιν ἀπὸ τῆς ἀληθείας; ἢ γάρ;

Ναί.

Πρὸς δὲ δὴ ποῖόν τί ἐστιν τῶν τοῦ ἀνθρώπου ἔχον τὴν δύναμιν ἣν ἔχει; Τοῦ ποίου τινὸς πέρι λέγεις;

Τοῦ τοιοῦδε· ταὐτόν που ἡμῖν μέγεθος ἐγγύθεν τε καὶ πόρρωθεν διὰ τῆς ὄψεως οὐκ ἴσον φαίνεται.

Οὐ γάρ.

Καὶ ταὐτὰ καμπύλα τε καὶ εὐθέα ἐν ὕδατί τε θεωμένοις καὶ ἔξω, καὶ κοῖλά τε δὴ καὶ ἐξέχοντα διὰ τὴν περὶ τὰ χρώματα αὖ πλάνην τῆς ὄψεως, καὶ πᾶσά τις ταραχὴ δήλη [d] ἡμῖν ἐνοῦσα αὕτη ἐν τῇ ψυχῇ· ᾧ δὴ ἡμῶν τῷ παθήματι τῆς φύσεως ἡ σκιαγραφία ἐπιθεμέ-

»Offenbar nicht.«

»Wer in der Dichtung ein geschickter Nachahmer ist, dürfte wohl ganz schön dastehen mit seinem Wissen von dem, was er schafft.«

»Durchaus nicht.«

[b] »Aber dennoch wird er weiterhin nachahmen, auch wenn er im Einzelfall nicht weiß, wieso etwas schlecht oder gut ist. Er wird jedoch offenbar das nachahmen, was der breiten Masse, die nichts davon versteht, als schön erscheint.«

»Was denn sonst?«

»Darüber sind wir uns also, wie es scheint, so ziemlich einig: Der Nachahmer weiß nichts Nennenswertes von dem, was er nachahmt; seine Nachahmung ist vielmehr bloße Spielerei und nichts Ernsthaftes, und diejenigen, die sich mit der tragischen Dichtung, seien es nun Tragiker oder auch Epiker[22], befassen, sind ausnahmslos ausgesprochene Nachahmer.«

»Allerdings.«

5 [c] »Beim Zeus«, fuhr ich fort, »bezieht sich diese Nachahmung[23] nicht auf etwas, das im Abstand von der Wahrheit das Dritte ist? Nicht wahr?«

»Ja.«

»Auf welchen Teil des Menschen übt sie ihre Wirkung aus?«

»Wovon sprichst du jetzt?«

»Über Folgendes: Es liegt doch an unserem Gesichtssinn, wenn uns ein und dasselbe Ding aus der Nähe groß, aus der Ferne aber klein erscheint.«

»Natürlich.«

»Und dieselben Dinge erscheinen uns krumm oder gerade, je nachdem, ob wir sie im Wasser oder außerhalb sehen; oder sie erscheinen uns vertieft oder erhaben, weil unser Gesichtssinn durch die Farben getäuscht wird; und diese ganze Verwirrung spielt sich offenbar [d] in unserer Seele ab. Auf diese Schwäche unserer Natur stützt sich die perspektivische Male-

νη γοητείας οὐδὲν ἀπολείπει, καὶ ἡ θαυματοποιία καὶ αἱ ἄλλαι πολλαὶ τοιαῦται μηχαναί.

Ἀληθῆ.

Ἆρ᾽ οὖν οὐ τὸ μετρεῖν καὶ ἀριθμεῖν καὶ ἱστάναι βοήθειαι χαριέσταται πρὸς αὐτὰ ἐφάνησαν, ὥστε μὴ ἄρχειν ἐν ἡμῖν τὸ φαινόμενον μεῖζον ἢ ἔλαττον ἢ πλέον ἢ βαρύτερον, ἀλλὰ τὸ λογισάμενον καὶ μετρῆσαν ἢ καὶ στῆσαν;

Πῶς γὰρ οὔ;

[e] Ἀλλὰ μὴν τοῦτό γε τοῦ λογιστικοῦ ἂν εἴη τοῦ ἐν ψυχῇ ἔργον.

Τούτου γὰρ οὖν.

Τούτῳ δὲ πολλάκις μετρήσαντι καὶ σημαίνοντι μείζω ἄττα εἶναι ἢ ἐλάττω ἕτερα ἑτέρων ἢ ἴσα τἀναντία φαίνεται ἅμα περὶ ταὐτά.

Ναί.

Οὐκοῦν ἔφαμεν τῷ αὐτῷ ἅμα περὶ ταὐτὰ ἐναντία δοξάζειν ἀδύνατον εἶναι;

Καὶ ὀρθῶς γ᾽ ἔφαμεν.

[603a] Τὸ παρὰ τὰ μέτρα ἄρα δοξάζον τῆς ψυχῆς τῷ κατὰ τὰ μέτρα οὐκ ἂν εἴη ταὐτόν.

Οὐ γὰρ οὖν.

Ἀλλὰ μὴν τὸ μέτρῳ γε καὶ λογισμῷ πιστεῦον βέλτιστον ἂν εἴη τῆς ψυχῆς.

Τί μήν;

Τὸ ἄρα τούτῳ ἐναντιούμενον τῶν φαύλων ἄν τι εἴη ἐν ἡμῖν.

Ἀνάγκη.

Τοῦτο τοίνυν διομολογήσασθαι βουλόμενος ἔλεγον ὅτι ἡ γραφικὴ καὶ ὅλως ἡ μιμητικὴ πόρρω μὲν τῆς ἀληθείας ὂν τὸ αὑτῆς ἔρ-

rei, die es an keiner Gaukelei fehlen lässt, und ebenso die Kunst der Taschenspieler und zahlreiche andere derartige Künste.«

»Richtig.«

»Haben sich nicht Messen, Zählen und Wägen als sinnvollste Mittel dagegen erwiesen, so dass für uns nicht das scheinbar Größere oder Kleinere, das scheinbar Zahlreichere oder Schwerere maßgebend ist, sondern das, was man tatsächlich berechnet und misst oder wiegt?«

»Natürlich.«

[e] »Und das wäre doch wohl die Aufgabe des vernünftigen Teiles in unserer Seele.«

»Ohne Frage.«

»Und obwohl dieser immer wieder misst und feststellt, dass gewisse Dinge größer oder kleiner sind als andere oder gleich groß, so sagen unsere Sinneswahrnehmungen doch oft das Gegenteil davon.«

»Ja.«

»Haben wir nicht gesagt,[24] es sei unmöglich, dass ein und derselbe Seelenteil von ein und derselben Sache zugleich eine gegenteilige Meinung habe?«

»Mit Recht haben wir das gesagt.«

[603a] »Der Teil der Seele, dessen Vorstellung dem Messergebnis widerspricht, kann also nicht derselbe sein wie jener, der damit übereinstimmt.«

»Keineswegs.«

»Der Teil aber, der auf Maß und Berechnung vertraut, wäre wohl der beste Teil der Seele.«

»Natürlich.«

»Und was ihm widerspricht, wäre dann etwas Schlechtes in uns.«

»Notwendigerweise.«

»Darüber wollte ich mich mit dir einigen, als ich sagte,[25] die Malerei und überhaupt jede nachahmende Kunst verrichte ihr

γον ἀπεργάζεται, πόρρω δ᾽ αὖ φρονήσεως ὄντι τῷ [b] ἐν ἡμῖν προσομιλεῖ τε καὶ ἑταίρα καὶ φίλη ἐστὶν ἐπ᾽ οὐδενὶ ὑγιεῖ οὐδ᾽ ἀληθεῖ.

Παντάπασιν, ἦ δ᾽ ὅς.

Φαύλη ἄρα φαύλῳ συγγιγνομένη φαῦλα γεννᾷ ἡ μιμητική.

Ἔοικεν.

Πότερον, ἦν δ᾽ ἐγώ, ἡ κατὰ τὴν ὄψιν μόνον, ἢ καὶ κατὰ τὴν ἀκοήν, ἣν δὴ ποίησιν ὀνομάζομεν;

Εἰκός γ᾽, ἔφη, καὶ ταύτην.

Μὴ τοίνυν, ἦν δ᾽ ἐγώ, τῷ εἰκότι μόνον πιστεύσωμεν ἐκ τῆς γραφικῆς, ἀλλὰ καὶ ἐπ᾽ αὐτὸ αὖ ἔλθωμεν τῆς διανοίας [c] τοῦτο ᾧ προσομιλεῖ ἡ τῆς ποιήσεως μιμητική, καὶ ἴδωμεν φαῦλον ἢ σπουδαῖόν ἐστιν.

Ἀλλὰ χρή.

Ὧδε δὴ προθώμεθα· πράττοντας, φαμέν, ἀνθρώπους μιμεῖται ἡ μιμητικὴ βιαίους ἢ ἑκουσίας πράξεις, καὶ ἐκ τοῦ πράττειν ἢ εὖ οἰομένους ἢ κακῶς πεπραγέναι, καὶ ἐν τούτοις δὴ πᾶσιν ἢ λυπουμένους ἢ χαίροντας. μή τι ἄλλο ἦν παρὰ ταῦτα;

Οὐδέν.

Ἆρ᾽ οὖν ἐν ἅπασι τούτοις ὁμονοητικῶς ἄνθρωπος διάκειται; [d] ἢ ὥσπερ κατὰ τὴν ὄψιν ἐστασίαζεν καὶ ἐναντίας εἶχεν ἐν ἑαυτῷ δόξας ἅμα περὶ τῶν αὐτῶν, οὕτω καὶ ἐν ταῖς πράξεσι στασιάζει τε καὶ μάχεται αὐτὸς αὑτῷ; ἀναμιμνῄσκομαι δὲ ὅτι τοῦτό γε νῦν οὐδὲν δεῖ ἡμᾶς διομολογεῖσθαι· ἐν γὰρ τοῖς ἄνω λόγοις ἱκανῶς

Werk weitab von der Wahrheit und [b] verkehre in trauter Freundschaft mit dem Teil in uns, der in der Tat weit entfernt ist von jeder Vernunft, was weder gesund ist noch der Wahrheit entspricht.«

»Allerdings«, sagte er.

»Selbst schlecht, verbündet sich die nachahmende Kunst mit Schlechtem und zeugt Schlechtes.«

»Offenbar.«

»Gilt das nur für die Kunst«, fuhr ich fort, »die unseren Gesichtssinn betrifft, oder auch für die, die sich an unser Gehör richtet und die wir Dichtung nennen?«

»Wahrscheinlich auch für diese«, sagte er.

»Wir wollen daher nicht auf die Wahrscheinlichkeit, die sich aus der Malerei ergibt, vertrauen, sondern wiederum an jenen Teil unseres Denkens herantreten, [c] mit dem die nachahmende Dichtkunst zu tun hat, und sehen, ob er schlecht oder ernst zu nehmen ist.«

»Ja, das müssen wir.«

»Gehen wir also folgendermaßen vor: Die nachahmende Dichtkunst, sagen wir, ahmt Menschen bei ihren erzwungenen oder freiwilligen Handlungen nach, die durch ihr Handeln glücklich oder unglücklich geworden zu sein glauben und bei all dem Leid oder Freude empfinden. Oder sollte es daneben noch weitere Möglichkeiten geben?«[26]

»Nein, keine.«

»Ist nun in allen diesen Fällen der Mensch mit sich selbst in Übereinstimmung? [d] Oder ist er, wie er beim Gesichtssinn mit sich uneins war und gleichzeitig einander widersprechende Vorstellungen über ein und dieselben Dinge in sich trug, so auch bei den Handlungen mit sich uneins und liegt so im Kampf mit sich selbst? Indessen fällt mir ein, dass wir uns jetzt darüber nicht mehr zu einigen brauchen, haben wir uns doch über all das schon in den früheren Untersuchungen[27] hinläng-

πάντα ταῦτα διωμολογησάμεθα, ὅτι μυρίων τοιούτων ἐναντιωμάτων ἅμα γιγνομένων ἡ ψυχὴ γέμει ἡμῶν.

Ὀρθῶς, ἔφη.

Ὀρθῶς γάρ, ἦν δ᾽ ἐγώ· ἀλλ᾽ ὃ τότε ἀπελίπομεν, νῦν μοι [e] δοκεῖ ἀναγκαῖον εἶναι διεξελθεῖν.

Τὸ ποῖον; ἔφη.

Ἀνήρ, ἦν δ᾽ ἐγώ, ἐπιεικὴς τοιᾶσδε τύχης μετασχών, ὑὸν ἀπολέσας ἤ τι ἄλλο ὧν περὶ πλείστου ποιεῖται, ἐλέγομέν που καὶ τότε ὅτι ῥᾷστα οἴσει τῶν ἄλλων.

Πάνυ γε.

Νῦν δέ γε τόδ᾽ ἐπισκεψώμεθα, πότερον οὐδὲν ἀχθέσεται, ἢ τοῦτο μὲν ἀδύνατον, μετριάσει δέ πως πρὸς λύπην.

Οὕτω μᾶλλον, ἔφη, τό γε ἀληθές.

[604a] Τόδε νῦν μοι περὶ αὐτοῦ εἰπέ· πότερον μᾶλλον αὐτὸν οἴει τῇ λύπῃ μαχεῖσθαί τε καὶ ἀντιτείνειν, ὅταν ὁρᾶται ὑπὸ τῶν ὁμοίων, ἢ ὅταν ἐν ἐρημίᾳ μόνος αὐτὸς καθ᾽ αὑτὸν γίγνηται;

Πολύ που, ἔφη, διοίσει, ὅταν ὁρᾶται.

Μονωθεὶς δέ γε οἶμαι πολλὰ μὲν τολμήσει φθέγξασθαι, ἃ εἴ τις αὐτοῦ ἀκούοι αἰσχύνοιτ᾽ ἄν, πολλὰ δὲ ποιήσει, ἃ οὐκ ἂν δέξαιτό τινα ἰδεῖν δρῶντα.

Οὕτως ἔχει, ἔφη.

6 Οὐκοῦν τὸ μὲν ἀντιτείνειν διακελευόμενον λόγος καὶ νόμος [b] ἐστίν, τὸ δὲ ἕλκον ἐπὶ τὰς λύπας αὐτὸ τὸ πάθος;

Ἀληθῆ.

Ἐναντίας δὲ ἀγωγῆς γιγνομένης ἐν τῷ ἀνθρώπῳ περὶ τὸ αὐτὸ ἅμα, δύο φαμὲν αὐτῷ ἀναγκαῖον εἶναι.

Πῶς δ᾽ οὔ;

lich geeinigt, dass unsere Seele von Tausenden solcher Widersprüche, die nebeneinander in uns auftreten, erfüllt ist.«

»Richtig«, sagte er.

»Ja, richtig«, entgegnete ich, »doch müssen wir, [e] glaube ich, jetzt noch behandeln, was wir dort übergangen haben.«

»Und was wäre das?«, fragte er.

»Wir sagten doch damals«,[28] antwortete ich, »ein rechtschaffener Mensch, dem das Unglück widerfährt, einen Sohn oder, was ihm sonst über alles teuer ist, zu verlieren, würde so etwas leichter ertragen als alle anderen.«

»Gewiss.«

»Nun wollen wir aber noch überlegen, ob er überhaupt keinen Schmerz empfinden wird oder ob er sich, weil das ja unmöglich ist, nur in seinem Leid irgendwie mäßigen wird.«

»Letzteres ist wohl wahrscheinlicher«, sagte er.

[604a] »Nun sage mir noch Folgendes über ihn: Wann, glaubst du, wird er gegen den Schmerz heftiger ankämpfen und sich ihm widersetzen: wenn er von seinesgleichen gesehen wird oder wenn er in der Einsamkeit für sich alleine ist?«

»Viel mehr«, antwortete er, »wenn er gesehen wird.«

»Allein aber wird er sich, denke ich, nicht scheuen, manche Klage zu erheben, deren er sich schämen würde, wenn ihm jemand zuhörte, und er wird so manches tun, wobei er lieber nicht gesehen werden möchte.«

»So ist es«, sagte er.

6 »Was ihn zum Widerstand ermuntert, das sind Vernunft und Sitte, [b] während das Leiden selbst ihn zur Trauer hinzieht.«

»Richtig.«

»Wenn nun im Menschen bei derselben Sache gleichzeitig entgegengesetzte Triebe auftreten,[29] dann sagen wir, es müssen zwei verschiedene Vermögen in ihm sein.«[30]

»Natürlich.«

Οὐκοῦν τὸ μὲν ἕτερον τῷ νόμῳ ἕτοιμον πείθεσθαι, ᾗ ὁ νόμος ἐξηγεῖται;

Πῶς;

Λέγει που ὁ νόμος ὅτι κάλλιστον ὅτι μάλιστα ἡσυχίαν ἄγειν ἐν ταῖς συμφοραῖς καὶ μὴ ἀγανακτεῖν, ὡς οὔτε δήλου ὄντος τοῦ ἀγαθοῦ τε καὶ κακοῦ τῶν τοιούτων, οὔτε εἰς τὸ πρόσθεν οὐδὲν προβαῖνον τῷ χαλεπῶς φέροντι, οὔτε τι τῶν [c] ἀνθρωπίνων ἄξιον ὂν μεγάλης σπουδῆς, ὅ τε δεῖ ἐν αὐτοῖς ὅτι τάχιστα παραγίγνεσθαι ἡμῖν, τούτῳ ἐμποδὼν γιγνόμενον τὸ λυπεῖσθαι.

Τίνι, ἦ δ᾽ ὅς, λέγεις;

Τῷ βουλεύεσθαι, ἦν δ᾽ ἐγώ, περὶ τὸ γεγονὸς καὶ ὥσπερ ἐν πτώσει κύβων πρὸς τὰ πεπτωκότα τίθεσθαι τὰ αὑτοῦ πράγματα, ὅπῃ ὁ λόγος αἱρεῖ βέλτιστ᾽ ἂν ἔχειν, ἀλλὰ μὴ προσπταίσαντας καθάπερ παῖδας ἐχομένους τοῦ πληγέντος ἐν τῷ βοᾶν διατρίβειν, ἀλλ᾽ ἀεὶ ἐθίζειν τὴν ψυχὴν ὅτι [d] τάχιστα γίγνεσθαι πρὸς τὸ ἰᾶσθαί τε καὶ ἐπανορθοῦν τὸ πεσόν τε καὶ νοσῆσαν, ἰατρικῇ θρηνῳδίαν ἀφανίζοντα.

Ὀρθότατα γοῦν ἄν τις, ἔφη, πρὸς τὰς τύχας οὕτω προσφέροιτο.

Οὐκοῦν, φαμέν, τὸ μὲν βέλτιστον τούτῳ τῷ λογισμῷ ἐθέλει ἕπεσθαι.

Δῆλον δή.

Τὸ δὲ πρὸς τὰς ἀναμνήσεις τε τοῦ πάθους καὶ πρὸς τοὺς ὀδυρμοὺς ἄγον καὶ ἀπλήστως ἔχον αὐτῶν ἆρ᾽ οὐκ ἀλόγιστόν τε φήσομεν εἶναι καὶ ἀργὸν καὶ δειλίας φίλον;

Φήσομεν μὲν οὖν.

[e] Οὐκοῦν τὸ μὲν πολλὴν μίμησιν καὶ ποικίλην ἔχει, τὸ ἀγανακτητικόν, τὸ δὲ φρόνιμόν τε καὶ ἡσύχιον ἦθος, παραπλήσιον ὂν ἀεὶ αὐτὸ αὑτῷ, οὔτε ῥᾴδιον μιμήσασθαι οὔτε μιμουμένου εὐπετὲς

»Das eine Vermögen ist bereit, der Sitte zu folgen, wohin diese es führt.«

»Wieso?«

»Das Gesetz[31] sagt, es ist am schönsten, im Unglück möglichst Ruhe zu bewahren und sich nicht aufzuregen; es sei ja nicht klar, was daran gut oder schlecht sei, auch bringe es den Menschen, wenn er die Sache schwernimmt, in Zukunft nicht weiter; schließlich sei nichts [c] Menschliches wert, allzu ernst genommen zu werden,[32] und Trauer sei dem, was wir in einer solchen Lage am dringendsten nötig haben, nur hinderlich.«

»Was meinst du damit?«, fragte er.

»Dass wir über das Geschehene ruhig nachdenken und uns wie beim Würfelspiel auf den vorhergehenden Wurf einstellen sollen, wie es die Vernunft am besten empfiehlt, und dass wir es nicht so machen sollen wie die Kinder, die sich irgendwo angestoßen haben und nun die schmerzhafte Stelle halten und ununterbrochen schreien; vielmehr müssen wir die Seele stets daran gewöhnen, was gefallen und krank ist, möglichst [d] schnell zu heilen und wiederherzustellen und das Wehklagen durch die Heilkunst zum Verstummen zu bringen.«

»So könnte man wohl den Schicksalsschlägen am richtigsten begegnen«, sagte er.

»Wir sagen doch, der beste Teil in uns sollte gewillt sein, dieser Überlegung zu folgen.«

»Klar.«

»Den Teil aber, der uns zur Erinnerung an Leid und Klagen verleitet und darin unersättlich ist, den werden wir doch als unvernünftig, tatenlos und Freund der Feigheit bezeichnen?«

»Ja, das werden wir.«

[e] »Dieser für die Erregung empfängliche Teil bietet viel Stoff für mannigfaltige Nachahmung; ein besonnener und ruhiger Charakter, der sich stets gleich bleibt, ist nicht leicht nachzuahmen, noch erschließt sich seine Nachahmung leicht

καταμαθεῖν, ἄλλως τε καὶ πανηγύρει καὶ παντοδαποῖς ἀνθρώποις εἰς θέατρα συλλεγομένοις· ἀλλοτρίου γάρ που πάθους ἡ μίμησις αὐτοῖς γίγνεται.

[605a] Παντάπασι μὲν οὖν.

Ὁ δὴ μιμητικὸς ποιητὴς δῆλον ὅτι οὐ πρὸς τὸ τοιοῦτον τῆς ψυχῆς πέφυκέ τε καὶ ἡ σοφία αὐτοῦ τούτῳ ἀρέσκειν πέπηγεν, εἰ μέλλει εὐδοκιμήσειν ἐν τοῖς πολλοῖς, ἀλλὰ πρὸς τὸ ἀγανακτητικόν τε καὶ ποικίλον ἦθος διὰ τὸ εὐμίμητον εἶναι.

Δῆλον.

Οὐκοῦν δικαίως ἂν αὐτοῦ ἤδη ἐπιλαμβανοίμεθα, καὶ τιθεῖμεν ἀντίστροφον αὐτὸν τῷ ζωγράφῳ· καὶ γὰρ τῷ φαῦλα ποιεῖν πρὸς ἀλήθειαν ἔοικεν αὐτῷ, καὶ τῷ πρὸς ἕτερον τοιοῦτον [b] ὁμιλεῖν τῆς ψυχῆς ἀλλὰ μὴ πρὸς τὸ βέλτιστον, καὶ ταύτῃ ὡμοίωται. καὶ οὕτως ἤδη ἂν ἐν δίκῃ οὐ παραδεχοίμεθα εἰς μέλλουσαν εὐνομεῖσθαι πόλιν, ὅτι τοῦτο ἐγείρει τῆς ψυχῆς καὶ τρέφει καὶ ἰσχυρὸν ποιῶν ἀπόλλυσι τὸ λογιστικόν, ὥσπερ ἐν πόλει ὅταν τις μοχθηροὺς ἐγκρατεῖς ποιῶν παραδιδῷ τὴν πόλιν, τοὺς δὲ χαριεστέρους φθείρῃ· ταὐτὸν καὶ τὸν μιμητικὸν ποιητὴν φήσομεν κακὴν πολιτείαν ἰδίᾳ ἑκάστου τῇ ψυχῇ ἐμποιεῖν, τῷ ἀνοήτῳ αὐτῆς [c] χαριζόμενον καὶ οὔτε τὰ μείζω οὔτε τὰ ἐλάττω διαγιγνώσκοντι, ἀλλὰ τὰ αὐτὰ τοτὲ μὲν μεγάλα ἡγουμένῳ, τοτὲ δὲ σμικρά, εἴδωλα εἰδωλοποιοῦντα, τοῦ δὲ ἀληθοῦς πόρρω πάνυ ἀφεστῶτα.

Πάνυ μὲν οὖν.

7 Οὐ μέντοι πω τό γε μέγιστον κατηγορήκαμεν αὐτῆς. τὸ γὰρ καὶ τοὺς ἐπιεικεῖς ἱκανὴν εἶναι λωβᾶσθαι, ἐκτὸς πάνυ τινῶν ὀλίγων, πάνδεινόν που.

dem Verständnis, zumal in einer Volksversammlung oder einer bunt zusammengewürfelten Menge wie im Theater, wird doch hier ein ihnen völlig fremder Zustand nachgeahmt.«

[605a] »Ganz gewiss.«

»Es ist also klar, dass der nachahmende Dichter nicht für diesen Seelenteil geschaffen ist und dass seine Kunst nicht geeignet ist, diesem zu gefallen, wenn er bei der breiten Masse berühmt sein will; vielmehr ist er für einen für die Erregung empfänglichen und buntschillernden Charakter geschaffen, weil dieser leicht nachzuahmen ist.«

»Klar.«

»So können wir ihn schon jetzt mit Fug und Recht tadeln und dem Maler zur Seite stellen. Denn er gleicht ihm darin, dass er etwas schafft, was gemessen an der Wahrheit wertlos ist, und er ist ihm auch darin ähnlich, dass er sich an diesen anderen Teil [b] der Seele wendet und nicht an den besten. Und so werden wir ihn mit Recht nicht in den künftigen Musterstaat aufnehmen, weil er den schlechten Teil der Seele weckt, nährt und kräftigt, den vernünftigen aber zugrunde richtet, wie wenn einer den schlechten Menschen Macht verleiht und ihnen den Staat überantwortet, die anständigeren aber vernichtet. Ebenso, werden wir sagen, schafft auch der nachahmende Dichter in der Seele jedes Einzelnen eine schlechte Verfassung, indem er sich dem unvernünftigen Teil in ihr gefällig erweist, [c] der Großes und Kleines nicht unterscheiden kann, sondern ein und dasselbe bald für groß und bald für klein hält; so schafft der Dichter nur Bilder von Abbildern, weit entfernt von der Wahrheit.«

»Allerdings.«

7 »Und doch haben wir noch nicht die schwerste Anklage gegen die Dichtung erhoben. Denn dass sie fähig ist, mit wenigen Ausnahmen selbst die anständigen Menschen zu schädigen, das ist doch etwas ganz Schlimmes.«

Τί δ᾽ οὐ μέλλει, εἴπερ γε δρᾷ αὐτό;

Ἀκούων σκόπει. οἱ γάρ που βέλτιστοι ἡμῶν ἀκροώμενοι Ὁμήρου ἢ ἄλλου τινὸς τῶν τραγῳδοποιῶν μιμουμένου [d] τινὰ τῶν ἡρώων ἐν πένθει ὄντα καὶ μακρὰν ῥῆσιν ἀποτείνοντα ἐν τοῖς ὀδυρμοῖς ἢ καὶ ᾄδοντάς τε καὶ κοπτομένους, οἶσθ᾽ ὅτι χαίρομέν τε καὶ ἐνδόντες ἡμᾶς αὐτοὺς ἑπόμεθα συμπάσχοντες καὶ σπουδάζοντες ἐπαινοῦμεν ὡς ἀγαθὸν ποιητήν, ὃς ἂν ἡμᾶς ὅτι μάλιστα οὕτω διαθῇ.

Οἶδα· πῶς δ᾽ οὔ;

Ὅταν δὲ οἰκεῖόν τινι ἡμῶν κῆδος γένηται, ἐννοεῖς αὖ ὅτι ἐπὶ τῷ ἐναντίῳ καλλωπιζόμεθα, ἂν δυνώμεθα ἡσυχίαν ἄγειν [e] καὶ καρτερεῖν, ὡς τοῦτο μὲν ἀνδρὸς ὄν, ἐκεῖνο δὲ γυναικός, ὃ τότε ἐπῃνοῦμεν.

Ἐννοῶ, ἔφη.

Ἦ καλῶς οὖν, ἦν δ᾽ ἐγώ, οὗτος ὁ ἔπαινος ἔχει, τὸ ὁρῶντα τοιοῦτον ἄνδρα, οἷον ἑαυτόν τις μὴ ἀξιοῖ εἶναι ἀλλ᾽ αἰσχύνοιτο ἄν, μὴ βδελύττεσθαι ἀλλὰ χαίρειν τε καὶ ἐπαινεῖν;

Οὐ μὰ τὸν Δί᾽, ἔφη, οὐκ εὐλόγῳ ἔοικεν.

[606a] Ναί, ἦν δ᾽ ἐγώ, εἰ ἐκείνῃ γ᾽ αὐτὸ σκοποίης.

Πῇ;

Εἰ ἐνθυμοῖο ὅτι τὸ βίᾳ κατεχόμενον τότε ἐν ταῖς οἰκείαις συμφοραῖς καὶ πεπεινηκὸς τοῦ δακρῦσαί τε καὶ ἀποδύρασθαι ἱκανῶς καὶ ἀποπλησθῆναι, φύσει ὂν τοιοῦτον οἷον τούτων ἐπιθυμεῖν, τότ᾽ ἐστὶν τοῦτο τὸ ὑπὸ τῶν ποιητῶν πιμπλάμενον καὶ χαῖρον· τὸ δὲ φύσει βέλτιστον ἡμῶν, ἅτε οὐχ ἱκανῶς πεπαιδευμένον λόγῳ οὐδὲ

»Allerdings, vorausgesetzt, sie tut das wirklich.«

»So höre denn und überlege. Wenn die Besten von uns einen Homer oder einen anderen tragischen Dichter hören, der einen Helden nachahmt, [d] wie er in seinem Leid eine lange Klagerede hält, oder wie Helden singen und sich die Brust schlagen, dann freuen wir uns, wie du weißt, und geben uns ganz dem hin; wir folgen ihm voll Mitleid und loben allen Ernstes den als guten Dichter, der uns am meisten in eine solche Stimmung versetzt.«

»Das weiß ich allerdings.«

»Widerfährt uns hingegen ein persönliches Leid, dann kannst du bemerken, wie wir uns ganz im Gegenteil damit brüsten, wenn wir ruhig [e] und standhaft bleiben, wie es sich für einen Mann geziemt, während das andere, das wir im ersteren Fall lobten, weibisch ist.«

»Ich verstehe«, sagte er.

»Hat es nun seine Berechtigung mit dem Lob«, fragte ich, »wenn man einen Menschen sieht, wie man selbst vor lauter Scham nicht sein wollte, und ihn, statt Abscheu zu empfinden, noch voll Freude lobt?«

»Nein, beim Zeus«, antwortete er, »das scheint mir nicht vernünftig.«

[606a] »Jedenfalls nicht«, versetzte ich, »wenn du es noch auf folgende Weise betrachtest.«

»Wie?«

»Wenn du bedenkst, dass jener Seelenteil, den wir vorhin bei den persönlichen Schicksalsschlägen gewaltsam unterdrückt haben und der danach hungerte, weil seine Natur es so verlangt, sich an Tränen und Jammern zu sättigen, dass also gerade dieser Seelenteil es ist, der von den Dichtern befriedigt und ergötzt wird. Unser von Natur aus bester Seelenteil vernachlässigt aber seine Wächterfunktion gegenüber jenem tränenreichen Teil, weil er nicht hinreichend durch Vernunft und

ἔθει, ἀνίησιν τὴν φυλακὴν τοῦ [b] θρηνώδους τούτου, ἅτε ἀλλότρια πάθη θεωροῦν καὶ ἑαυτῷ οὐδὲν αἰσχρὸν ὂν εἰ ἄλλος ἀνὴρ ἀγαθὸς φάσκων εἶναι ἀκαίρως πενθεῖ, τοῦτον ἐπαινεῖν καὶ ἐλεεῖν, ἀλλ᾽ ἐκεῖνο κερδαίνειν ἡγεῖται, τὴν ἡδονήν, καὶ οὐκ ἂν δέξαιτο αὐτῆς στερηθῆναι καταφρονήσας ὅλου τοῦ ποιήματος. λογίζεσθαι γὰρ οἶμαι ὀλίγοις τισὶν μέτεστιν ὅτι ἀπολαύειν ἀνάγκη ἀπὸ τῶν ἀλλοτρίων εἰς τὰ οἰκεῖα· θρέψαντα γὰρ ἐν ἐκείνοις ἰσχυρὸν τὸ ἐλεινὸν οὐ ῥᾴδιον ἐν τοῖς αὑτοῦ πάθεσι κατέχειν.

[c] Ἀληθέστατα, ἔφη.

Ἆρ᾽ οὖν οὐχ ὁ αὐτὸς λόγος καὶ περὶ τοῦ γελοίου; ὅτι, ἂν αὐτὸς αἰσχύνοιο γελωτοποιῶν, ἐν μιμήσει δὲ κωμῳδικῇ ἢ καὶ ἰδίᾳ ἀκούων σφόδρα χαρῇς καὶ μὴ μισῇς ὡς πονηρά, ταὐτὸν ποιεῖς ὅπερ ἐν τοῖς ἐλέοις; ὃ γὰρ τῷ λόγῳ αὖ κατεῖχες ἐν σαυτῷ βουλόμενον γελωτοποιεῖν, φοβούμενος δόξαν βωμολοχίας, τότ᾽ αὖ ἀνιεῖς, καὶ ἐκεῖ νεανικὸν ποιήσας ἔλαθες πολλάκις ἐν τοῖς οἰκείοις ἐξενεχθεὶς ὥστε κωμῳδοποιὸς γενέσθαι.

Καὶ μάλα, ἔφη.

[d] Καὶ περὶ ἀφροδισίων δὴ καὶ θυμοῦ καὶ περὶ πάντων τῶν ἐπιθυμητικῶν τε καὶ λυπηρῶν καὶ ἡδέων ἐν τῇ ψυχῇ, ἃ δή φαμεν πάσῃ πράξει ἡμῖν ἕπεσθαι, ὅτι τοιαῦτα ἡμᾶς ἡ ποιητικὴ μίμησις ἐργάζεται· τρέφει γὰρ ταῦτα ἄρδουσα, δέον αὐχμεῖν, καὶ ἄρχοντα ἡμῖν καθίστησιν, δέον ἄρχεσθαι αὐτὰ ἵνα βελτίους τε καὶ εὐδαιμονέστεροι ἀντὶ χειρόνων καὶ ἀθλιωτέρων γιγνώμεθα.

Οὐκ ἔχω ἄλλως φάναι, ἦ δ᾽ ὅς.

[e] Οὐκοῦν, εἶπον, ὦ Γλαύκων, ὅταν Ὁμήρου ἐπαινέταις ἐντύ-

Gewöhnung erzogen wurde; [b] er sieht ja nur fremdes Leid und empfindet es keineswegs als Schande, einen anderen Menschen, der sich für trefflich hält, zu loben und zu bemitleiden, wenn dieser unangemessen jammert, vielmehr hält er die Lust daran für einen Gewinn und möchte nicht darauf verzichten, indem er das ganze Dichtwerk verurteilt. Denn nur wenigen, glaube ich, ist es bewusst, dass das Genießen des fremden Schicksals zwangsläufig auf das eigene abfärbt. Wer solcherart sein Mitleid großgezogen und stark gemacht hat, kann es beim eigenen Leid nur schwerlich unterdrücken.«[33]

[c] »Sehr richtig«, sagte er.

»Gilt nicht dieselbe Überlegung auch für das Komische? Denn während man sich schämt, selbst den Possenreißer zu spielen, freut man sich ungemein über die Späße, die man in der Komödie oder in privaten Kreisen hört, und verabscheut sie nicht als etwas Schlechtes. Tut man dann nicht dasselbe wie beim Mitleid? Während man den Wunsch, Gelächter zu erregen, vernünftigerweise in sich unterdrückt hat, weil man den Ruf eines Possenreißers fürchtete, lässt man dem Komischen hier wieder freien Lauf; und hat man es erst einmal stark werden lassen, dann wird man oft unvermerkt im eigenen Freundeskreis zum Komödianten.«

»Ganz richtig«, sagte er.

[d] »Und so ist es auch in der Liebe, beim Zorn und bei allen seelischen Erregungen, den leidvollen gleich wie den freudigen, die unserer Ansicht nach jede unserer Handlungen begleiten;[34] auch hier wirkt die dichterische Nachahmung in gleicher Weise auf uns. Denn sie nährt und tränkt, was verdorren sollte, und setzt zum Herrscher über uns ein, was beherrscht werden sollte, damit wir besser und glücklicher statt schlechter und unglücklicher werden.«

»Dem kann ich nur zustimmen«, sagte er.

[e] »Wenn du also, mein Glaukon«, fuhr ich fort, »auf Lobred-

χης λέγουσιν ὡς τὴν Ἑλλάδα πεπαίδευκεν οὗτος ὁ ποιητὴς καὶ πρὸς διοίκησίν τε καὶ παιδείαν τῶν ἀνθρωπίνων πραγμάτων ἄξιος ἀναλαβόντι μανθάνειν τε καὶ κατὰ τοῦτον τὸν ποιητὴν πάντα τὸν αὑτοῦ βίον κατασκευασάμενον ζῆν, [607a] φιλεῖν μὲν χρὴ καὶ ἀσπάζεσθαι ὡς ὄντας βελτίστους εἰς ὅσον δύνανται, καὶ συγχωρεῖν Ὅμηρον ποιητικώτατον εἶναι καὶ πρῶτον τῶν τραγῳδοποιῶν, εἰδέναι δὲ ὅτι ὅσον μόνον ὕμνους θεοῖς καὶ ἐγκώμια τοῖς ἀγαθοῖς ποιήσεως παραδεκτέον εἰς πόλιν· εἰ δὲ τὴν ἡδυσμένην Μοῦσαν παραδέξῃ ἐν μέλεσιν ἢ ἔπεσιν, ἡδονή σοι καὶ λύπη ἐν τῇ πόλει βασιλεύσετον ἀντὶ νόμου τε καὶ τοῦ κοινῇ ἀεὶ δόξαντος εἶναι βελτίστου λόγου.

Ἀληθέστατα, ἔφη.

8 [b] Ταῦτα δή, ἔφην, ἀπολελογήσθω ἡμῖν ἀναμνησθεῖσιν περὶ ποιήσεως, ὅτι εἰκότως ἄρα τότε αὐτὴν ἐκ τῆς πόλεως ἀπεστέλλομεν τοιαύτην οὖσαν· ὁ γὰρ λόγος ἡμᾶς ᾑρει. προσείπωμεν δὲ αὐτῇ, μὴ καί τινα σκληρότητα ἡμῶν καὶ ἀγροικίαν καταγνῷ, ὅτι παλαιὰ μέν τις διαφορὰ φιλοσοφίᾳ τε καὶ ποιητικῇ· καὶ γὰρ ἡ »λακέρυζα πρὸς δεσπόταν κύων« ἐκείνη »κραυγάζουσα« καὶ »μέγας ἐν ἀφρόνων κενεαγορίαισι« [c] καὶ ὁ »τῶν διασόφων ὄχλος κρατῶν« καὶ οἱ »λεπτῶς μεριμνῶντες«, ὅτι ἄρα »πένονται«, καὶ ἄλλα μυρία σημεῖα παλαιᾶς ἐναντιώσεως τούτων. ὅμως δὲ εἰρήσθω ὅτι ἡμεῖς γε, εἴ τινα ἔχοι λόγον εἰπεῖν ἡ πρὸς ἡδονὴν ποιητικὴ καὶ ἡ μίμησις, ὡς χρὴ αὐτὴν εἶναι ἐν πόλει εὐνομουμένῃ, ἄσμενοι ἂν καταδεχοίμεθα, ὡς σύνισμέν γε ἡμῖν αὐτοῖς κηλουμένοις ὑπ᾽ αὐτῆς· ἀλλὰ γὰρ τὸ δοκοῦν ἀληθὲς οὐχ ὅσιον προδιδόναι. ἦ γάρ, ὦ φίλε, οὐ κη-

ner des Homer triffst, die sagen, dieser Dichter sei der Erzieher Griechenlands gewesen[35] und verdiene es, dass man ihn bei allen Fragen der menschlichen Lebensführung und Erziehung heranziehe und von ihm lerne, und dass man sein ganzes Leben nach ihm ausrichten solle, [607a] dann begegne diesen Menschen freundlich und höflich, denn sie sind so gut, wie sie nur sein können;[36] gestehe ihnen ruhig zu, dass Homer der größte Dichter und der Erste unter den Tragödiendichtern ist[37], wisse aber, dass von der ganzen Dichtung nur die Götterhymnen und die Loblieder auf gute Menschen in unserem Staat Aufnahme finden sollen. Nimmst du aber auch die heitere Muse in Lyrik oder Epik auf, dann werden Lust und Leid in deinem Staat herrschen und nicht Gesetz und Vernunft, die sich doch überall und immer als das Beste erwiesen haben.«

»Sehr richtig«, sagte er.

8 [b] »Das also«, sagte ich, »sei zu unserer Rechtfertigung gesagt, nachdem wir wieder auf die Dichtung zu sprechen gekommen sind, dafür also, dass wir sie damals billigerweise aus unserem Staat verbannt haben, weil sie eben so beschaffen ist. Denn die Vernunft hat uns ja dazu gezwungen. Damit sie uns aber nicht Härte und Rohheit vorwirft, wollen wir ihr noch sagen, dass es schon einen alten Streit zwischen Philosophie und Dichtkunst gibt. Aussprüche wie ›Die Hündin, die mit heiserem Gebell den eigenen Herrn ankläfft‹ und ›Groß im Geschwätz der Toren‹ [c] und ›Der mächtige Haufe der Übergescheiten‹ und ›Die scharf darüber grübeln, warum sie arm sind‹ und tausend andere sind ein Beweis der alten Gegnerschaft.[38] Gleichwohl sei gesagt, wir würden die unterhaltende Dichtung und Nachahmung gerne wieder aufnehmen, wenn sie uns den Beweis liefern könnte, dass sie in einem wohlgeordneten Staat unentbehrlich ist, sind wir uns doch ihrer bezaubernden Wirkung auch auf uns bewusst. Es wäre aber frevelhaft, das preiszugeben, was offenkundig wahr ist. Fühlst nicht auch du, mein

λῇ ὑπ᾽ αὐτῆς [d] καὶ σύ, καὶ μάλιστα ὅταν δι᾽ Ὁμήρου θεωρῇς αὐτήν;

Πολύ γε.

Οὐκοῦν δικαία ἐστὶν οὕτω κατιέναι, ἀπολογησαμένη ἐν μέλει ἤ τινι ἄλλῳ μέτρῳ;

Πάνυ μὲν οὖν.

Δοῖμεν δέ γέ που ἂν καὶ τοῖς προστάταις αὐτῆς, ὅσοι μὴ ποιητικοί, φιλοποιηταὶ δέ, ἄνευ μέτρου λόγον ὑπὲρ αὐτῆς εἰπεῖν, ὡς οὐ μόνον ἡδεῖα ἀλλὰ καὶ ὠφελίμη πρὸς τὰς πολιτείας καὶ τὸν βίον τὸν ἀνθρώπινόν ἐστιν· καὶ εὐμενῶς ἀκουσόμεθα. [e] κερδανοῦμεν γάρ που ἐὰν μὴ μόνον ἡδεῖα φανῇ ἀλλὰ καὶ ὠφελίμη.

Πῶς δ᾽ οὐ μέλλομεν, ἔφη, κερδαίνειν;

Εἰ δέ γε μή, ὦ φίλε ἑταῖρε, ὥσπερ οἱ ποτέ του ἐρασθέντες, ἐὰν ἡγήσωνται μὴ ὠφέλιμον εἶναι τὸν ἔρωτα, βίᾳ μέν, ὅμως δὲ ἀπέχονται, καὶ ἡμεῖς οὕτως, διὰ τὸν ἐγγεγονότα μὲν ἔρωτα τῆς τοιαύτης ποιήσεως ὑπὸ τῆς τῶν καλῶν πολιτειῶν [608a] τροφῆς, εὖνοι μὲν ἐσόμεθα φανῆναι αὐτὴν ὡς βελτίστην καὶ ἀληθεστάτην, ἕως δ᾽ ἂν μὴ οἵα τ᾽ ᾖ ἀπολογήσασθαι, ἀκροασόμεθ᾽ αὐτῆς ἐπᾴδοντες ἡμῖν αὐτοῖς τοῦτον τὸν λόγον, ὃν λέγομεν, καὶ ταύτην τὴν ἐπῳδήν, εὐλαβούμενοι πάλιν ἐμπεσεῖν εἰς τὸν παιδικόν τε καὶ τὸν τῶν πολλῶν ἔρωτα. ᾀσόμεθα δ᾽ οὖν ὡς οὐ σπουδαστέον ἐπὶ τῇ τοιαύτῃ ποιήσει ὡς ἀληθείας τε ἁπτομένῃ καὶ σπουδαίᾳ, ἀλλ᾽ εὐλαβητέον [b] αὐτὴν ὂν τῷ ἀκροωμένῳ, περὶ τῆς ἐν αὐτῷ πολιτείας δεδιότι, καὶ νομιστέα ἅπερ εἰρήκαμεν περὶ ποιήσεως.

Freund, dich von ihr bezaubert, [d] vor allem wie sie dir bei Homer begegnet?«

»Ja, hauptsächlich da.«

»Also ist sie berechtigt, aus ihrer Verbannung heimzukehren, wenn sie sich im Lied oder sonst einer Versform rechtfertigt?«

»Gewiss.«

»Auch ihren Schutzherren, die ja keine Dichter, sondern nur Dichterfreunde sind, könnten wir gestatten, für sie in Prosa den Nachweis zu erbringen, dass sie nicht nur angenehm, sondern auch nützlich für den Staat und das menschliche Leben ist. Und gerne werden wir ihnen zuhören. [e] Denn es wird uns ja nur zum Vorteil gereichen, wenn sie sich nicht nur als angenehm, sondern auch als nützlich erweist.«

»Wie sollte uns das nicht zum Vorteil gereichen?«, sagte er.

»Sollte ihnen der Nachweis nicht gelingen, mein lieber Freund, werden wir es machen wie die, die einmal verliebt waren, sich aber gewaltsam voneinander trennten, weil sie in ihrer Liebe keinen Nutzen mehr sahen; so werden auch wir aus Liebe zu dieser Dichtung, die uns durch die Erziehung in unseren schönen Staaten eingepflanzt worden ist, [608a] ihr wohlwollend zugestehen, dass sie einen ganz hervorragenden und wahren Eindruck macht; solange sie sich aber nicht zu rechtfertigen weiß, wollen wir, wenn wir sie anhören, uns den besagten Grundsatz als Beschwörungsformel vorsagen[39] und uns hüten, wieder in die Liebe unserer Kindheit und in die Liebe der breiten Masse zurückzufallen. Wir werden uns also immer wieder sagen, dass man eine solche Dichtung nicht ernst nehmen darf, so als ob sie etwas mit Wahrheit zu tun hätte und bedeutend wäre; vielmehr muss sich jeder [b] Zuhörer, der um die eigene Seelenverfassung besorgt ist,[40] vor ihr in Acht nehmen und sollte unserem Urteil über die Dichtung Glauben schenken.«

Παντάπασιν, ἦ δ᾽ ὅς, σύμφημι.

Μέγας γάρ, ἔφην, ὁ ἀγών, ὦ φίλε Γλαύκων, μέγας, οὐχ ὅσος δοκεῖ, τὸ χρηστὸν ἢ κακὸν γενέσθαι, ὥστε οὔτε τιμῇ ἐπαρθέντα οὔτε χρήμασιν οὔτε ἀρχῇ οὐδεμιᾷ οὐδέ γε ποιητικῇ ἄξιον ἀμελῆσαι δικαιοσύνης τε καὶ τῆς ἄλλης ἀρετῆς.

Σύμφημί σοι, ἔφη, ἐξ ὧν διεληλύθαμεν· οἶμαι δὲ καὶ ἄλλον ὁντινοῦν.

9 [c] Καὶ μήν, ἦν δ᾽ ἐγώ, τά γε μέγιστα ἐπίχειρα ἀρετῆς καὶ προκείμενα ἆθλα οὐ διεληλύθαμεν.

Ἀμήχανόν τι, ἔφη, λέγεις μέγεθος, εἰ τῶν εἰρημένων μείζω ἐστὶν ἄλλα.

Τί δ᾽ ἄν, ἦν δ᾽ ἐγώ, ἔν γε ὀλίγῳ χρόνῳ μέγα γένοιτο; πᾶς γὰρ οὗτός γε ὁ ἐκ παιδὸς μέχρι πρεσβύτου χρόνος πρὸς πάντα ὀλίγος πού τις ἂν εἴη.

Οὐδὲν μὲν οὖν, ἔφη.

Τί οὖν; οἴει ἀθανάτῳ πράγματι ὑπὲρ τοσούτου δεῖν [d] χρόνου ἐσπουδακέναι, ἀλλ᾽ οὐχ ὑπὲρ τοῦ παντός;

Οἶμαι ἔγωγ᾽, ἔφη· ἀλλὰ τί τοῦτο λέγεις;

Οὐκ ᾔσθησαι, ἦν δ᾽ ἐγώ, ὅτι ἀθάνατος ἡμῶν ἡ ψυχὴ καὶ οὐδέποτε ἀπόλλυται;

Καὶ ὃς ἐμβλέψας μοι καὶ θαυμάσας εἶπε· Μὰ Δί᾽, οὐκ ἔγωγε· σὺ δὲ τοῦτ᾽ ἔχεις λέγειν;

Εἰ μὴ ἀδικῶ γ᾽, ἔφην. οἶμαι δὲ καὶ σύ· οὐδὲν γὰρ χαλεπόν.

Ἔμοιγ᾽, ἔφη· σοῦ δ᾽ ἂν ἡδέως ἀκούσαιμι τὸ οὐ χαλεπὸν τοῦτο.

Ἀκούοις ἄν, ἦν δ᾽ ἐγώ.

»Da gebe ich dir ganz recht«, sagte er.

»Groß ist der Kampf, mein lieber Glaukon«, fuhr ich fort, »größer, als man meinen möchte, der Kampf darum, ob man gut oder schlecht wird; darum lohnt es sich auch nicht, dass man sich durch Ehre oder Geld, durch irgendeine Macht oder durch die Dichtkunst dazu verleiten lässt, die Gerechtigkeit oder sonst eine Tugend zu vernachlässigen.«

»Nach dem, was wir besprochen haben, stimme ich dir zu, und ich glaube, auch jeder andere würde das tun«, sagte er.

9 [c] »Und doch«, fuhr ich fort, »haben wir den größten Lohn der Tugend und den für sie ausgesetzten Preis noch gar nicht besprochen.«

»Du meinst wohl«, sagte er, »etwas unermesslich Großes, wenn es noch etwas Größeres gibt als das, wovon wir eben sprachen.«

»Was könnte denn in so kurzer Zeit schon Großes entstehen?«, entgegnete ich. »Ist doch die ganze Zeit von der Kindheit bis zum Alter nur sehr kurz, gemessen an der Ewigkeit.«

»Nur ein Nichts«, sagte er.

»Wie nun, glaubst du, ein unsterbliches Wesen sollte sich nur um diese so kurze Zeit [d] gekümmert haben, nicht aber um die Ewigkeit?«

»Ich denke, um die Ewigkeit«, antwortete er, »aber worauf willst du hinaus?«

»Ist dir denn nicht bewusst«, erwiderte ich, »dass unsere Seele unsterblich ist und nie zugrunde geht?«

Da blickte er mich verwundert an und sprach: »Beim Zeus, nein, mir nicht. Kannst du das erklären?«

»Wenn ich mich nicht irre, ja«, sagte ich. »Ich glaube, auch du kannst es, es ist ja nicht schwer.«

»Für mich schon«, entgegnete er. »Ich möchte gern von dir diese nicht schwierige Sache hören.«

»So höre also«, versetzte ich, und er:

Λέγε μόνον, ἔφη.

Ἀγαθόν τι, εἶπον, καὶ κακὸν καλεῖς;

Ἔγωγε.

[e] Ἆρ᾽ οὖν ὥσπερ ἐγὼ περὶ αὐτῶν διανοῇ;

Τὸ ποῖον;

Τὸ μὲν ἀπολλύον καὶ διαφθεῖρον πᾶν τὸ κακὸν εἶναι, τὸ δὲ σῷζον καὶ ὠφελοῦν τὸ ἀγαθόν.

Ἔγωγ᾽, ἔφη.

Τί δέ; κακὸν ἑκάστῳ τι καὶ ἀγαθὸν λέγεις; οἷον ὀφθαλμοῖς [609a] ὀφθαλμίαν καὶ σύμπαντι τῷ σώματι νόσον, σίτῳ τε ἐρυσίβην, σηπεδόνα τε ξύλοις, χαλκῷ δὲ καὶ σιδήρῳ ἰόν, καί, ὅπερ λέγω, σχεδὸν πᾶσι σύμφυτον ἑκάστῳ κακόν τε καὶ νόσημα;

Ἔγωγ᾽, ἔφη.

Οὐκοῦν ὅταν τῴ τι τούτων προσγένηται, πονηρόν τε ποιεῖ ᾧ προσεγένετο, καὶ τελευτῶν ὅλον διέλυσεν καὶ ἀπώλεσεν;

Πῶς γὰρ οὔ;

Τὸ σύμφυτον ἄρα κακὸν ἑκάστου καὶ ἡ πονηρία ἕκαστον ἀπόλλυσιν, ἢ εἰ μὴ τοῦτο ἀπολεῖ, οὐκ ἂν ἄλλο γε αὐτὸ ἔτι [b] διαφθείρειεν. οὐ γὰρ τό γε ἀγαθὸν μή ποτέ τι ἀπολέσῃ, οὐδὲ αὖ τὸ μήτε κακὸν μήτε ἀγαθόν.

Πῶς γὰρ ἄν; ἔφη.

Ἐὰν ἄρα τι εὑρίσκωμεν τῶν ὄντων, ᾧ ἔστι μὲν κακὸν ὃ ποιεῖ αὐτὸ μοχθηρόν, τοῦτο μέντοι οὐχ οἷόν τε αὐτὸ λύειν ἀπολλύον, οὐκ ἤδη εἰσόμεθα ὅτι τοῦ πεφυκότος οὕτως ὄλεθρος οὐκ ἦν;

Οὕτως, ἔφη, εἰκός.

Τί οὖν; ἦν δ᾽ ἐγώ· ψυχῇ ἆρ᾽ οὐκ ἔστιν ὃ ποιεῖ αὐτὴν αὐτὴν κακήν;

»Sprich nur!«

»Du sprichst doch von etwas Gutem und etwas Schlechtem?«, fuhr ich fort.

»Ja.«

[e] »Denkst du darüber so wie ich?«

»Inwiefern?«

»Das Schlechte ist das, was zugrunde richtet und zerstört, das Gute aber das, was bewahrt und nützlich ist.«

»Ja«, sagte er.

»Wie nun, nimmst du an, dass jedes Ding etwas Schlechtes und etwas Gutes hat? So etwa die Augen [609a] die Augenentzündung und der Körper insgesamt die Krankheit, das Getreide den Mehltau, das Holz die Fäulnis, Erz und Eisen den Rost, kurz gesagt, fast jedes Ding hat ein Übel und eine Krankheit, die ihm von Natur aus eigen ist.«[41]

»Ja«, sagte er.

»Wenn ihm nun etwas von dem zustößt, so wird es schlecht, löst sich schließlich gänzlich auf und geht zugrunde?«

»Natürlich.«

»Das Übel und die Schlechtigkeit, die jedem Ding von Natur aus eigen sind, vernichten dieses, und nichts anderes außer ihnen könnte es zerstören. [b] Denn das Gute wird nie etwas zugrunde richten, ebenso wenig wie das, was weder schlecht noch gut ist.«

»Wie sollte es auch«, sagte er.

»Wenn wir also unter dem Seienden etwas finden, das ein Übel hat, das es zwar schlecht macht, aber doch nicht imstande ist, es zu vernichten und aufzulösen, werden wir dann nicht wissen, dass es für dieses Wesen keinen Untergang gibt?«

»Ja, aller Wahrscheinlichkeit nach«, antwortete er.

»Wie ist es nun mit der Seele?«, fragte ich. »Gibt es für sie etwas, das sie schlecht macht?«

Καὶ μάλα, ἔφη· ἃ νυνδὴ διῇμεν πάντα, ἀδικία τε καὶ [c] ἀκολασία καὶ δειλία καὶ ἀμαθία.

Ἦ οὖν τι τούτων αὐτὴν διαλύει τε καὶ ἀπόλλυσι; καὶ ἐννόει μὴ ἐξαπατηθῶμεν οἰηθέντες τὸν ἄδικον ἄνθρωπον καὶ ἀνόητον, ὅταν ληφθῇ ἀδικῶν, τότε ἀπολωλέναι ὑπὸ τῆς ἀδικίας, πονηρίας οὔσης ψυχῆς. ἀλλ᾽ ὧδε ποίει· ὥσπερ σῶμα ἡ σώματος πονηρία νόσος οὖσα τήκει καὶ διόλλυσι καὶ ἄγει εἰς τὸ μηδὲ σῶμα εἶναι, καὶ ἃ νυνδὴ ἐλέγομεν [d] ἅπαντα ὑπὸ τῆς οἰκείας κακίας, τῷ προσκαθῆσθαι καὶ ἐνεῖναι διαφθειρούσης, εἰς τὸ μὴ εἶναι ἀφικνεῖται – οὐχ οὕτω;

Ναί.

Ἴθι δή, καὶ ψυχὴν κατὰ τὸν αὐτὸν τρόπον σκόπει. ἆρα ἐνοῦσα ἐν αὐτῇ ἀδικία καὶ ἡ ἄλλη κακία τῷ ἐνεῖναι καὶ προσκαθῆσθαι φθείρει αὐτὴν καὶ μαραίνει, ἕως ἂν εἰς θάνατον ἀγαγοῦσα τοῦ σώματος χωρίσῃ;

Οὐδαμῶς, ἔφη, τοῦτό γε.

Ἀλλὰ μέντοι ἐκεῖνό γε ἄλογον, ἦν δ᾽ ἐγώ, τὴν μὲν ἄλλου πονηρίαν ἀπολλύναι τι, τὴν δὲ αὑτοῦ μή.

Ἄλογον.

[e] Ἐννόει γάρ, ἦν δ᾽ ἐγώ, ὦ Γλαύκων, ὅτι οὐδ᾽ ὑπὸ τῆς τῶν σιτίων πονηρίας, ἣ ἂν ᾖ αὐτῶν ἐκείνων, εἴτε παλαιότης εἴτε σαπρότης εἴτε ἡτισοῦν οὖσα, οὐκ οἰόμεθα δεῖν σῶμα ἀπόλλυσθαι· ἀλλ᾽ ἐὰν μὲν ἐμποιῇ ἡ αὐτῶν πονηρία τῶν σιτίων τῷ σώματι σώματος μοχθηρίαν, φήσομεν αὐτὸ δι᾽ ἐκεῖνα ὑπὸ τῆς αὑτοῦ κακίας νόσου οὔσης ἀπολωλέναι· ὑπὸ [610a] δὲ σιτίων πονηρίας ἄλλων ὄντων

»Sicher«, erwiderte er, »und zwar alles, was wir vorhin besprochen haben, die Ungerechtigkeit, [c] Zügellosigkeit, Feigheit und Unwissenheit.«[42]

»Zerstört und vernichtet nun eines dieser Übel die Seele? Doch gib acht, dass wir uns nicht täuschen lassen und glauben, am Untergang eines ungerechten und unvernünftigen Menschen, der beim Unrechttun ertappt wird, sei die Ungerechtigkeit schuld, die eben die Schlechtigkeit seiner Seele sei. Denke vielmehr so: Wie den Körper seine Schlechtigkeit, also die Krankheit, hinsiechen lässt und vernichtet und schließlich so weit bringt, dass er gar kein Körper mehr ist, so gelangt auch alles, wovon wir eben gesprochen haben, [d] durch seine eigene Schlechtigkeit, die sich in ihm dauerhaft festgesetzt und es dadurch zerstört hat, in den Zustand des Nichtseins. Ist es nicht so?«

»Ja.«

»Wohlan, wende diese Überlegung in gleicher Weise auf die Seele an. Vernichtet und verzehrt die ihr innewohnende Ungerechtigkeit und sonstige Schlechtigkeit die Seele dadurch, dass sie sich dauerhaft in ihr festgesetzt hat, bis sie sie schließlich zum Tod bringt und vom Körper trennt?«[43]

»Das auf keinen Fall«, sagte er.

»Es wäre doch wider alle Vernunft«, fuhr ich fort, »wenn fremde Schlechtigkeit etwas zugrunde richten sollte, die eigene aber nicht.«

»Ja, das wäre gegen die Vernunft.«

[e] »Bedenke nur, mein Glaukon«, sprach ich, »dass wir ja auch nicht glauben, der Körper müsse durch die Schlechtigkeit des Brotes, sei es, dass es alt, schimmlig oder sonst etwas ist, zugrunde gehen. Erst wenn die Schlechtigkeit der Speisen einen Schaden für den Körper anrichtet, werden wir sagen, er sei infolge der Speisen durch seine eigene Schlechtigkeit, die ja die Krankheit ist, zugrunde gegangen. Doch dass der Körper durch

ἄλλο ὂν τὸ σῶμα, ὑπ᾽ ἀλλοτρίου κακοῦ μὴ ἐμποιήσαντος τὸ ἔμφυτον κακόν, οὐδέποτε ἀξιώσομεν διαφθείρεσθαι.

Ὀρθότατ᾽ αὖ, ἔφη, λέγεις.

10 Κατὰ τὸν αὐτὸν τοίνυν λόγον, ἦν δ᾽ ἐγώ, ἐὰν μὴ σώματος πονηρία ψυχῇ ψυχῆς πονηρίαν ἐμποιῇ, μή ποτε ἀξιῶμεν ὑπὸ ἀλλοτρίου κακοῦ ἄνευ τῆς ἰδίας πονηρίας ψυχὴν ἀπόλλυσθαι, τῷ ἑτέρου κακῷ ἕτερον.

Ἔχει γάρ, ἔφη, λόγον.

Ἢ τοίνυν ταῦτα ἐξελέγξωμεν ὅτι οὐ καλῶς λέγομεν, ἢ [b] ἕως ἂν ᾖ ἀνέλεγκτα, μή ποτε φῶμεν ὑπὸ πυρετοῦ μηδ᾽ αὖ ὑπ᾽ ἄλλης νόσου μηδ᾽ αὖ ὑπὸ σφαγῆς, μηδ᾽ εἴ τις ὅτι σμικρότατα ὅλον τὸ σῶμα κατατέμοι, ἕνεκα τούτων μηδὲν μᾶλλόν ποτε ψυχὴν ἀπόλλυσθαι, πρὶν ἄν τις ἀποδείξῃ ὡς διὰ ταῦτα τὰ παθήματα τοῦ σώματος αὐτὴ ἐκείνη ἀδικωτέρα καὶ ἀνοσιωτέρα γίγνεται· ἀλλοτρίου δὲ κακοῦ ἐν ἄλλῳ γιγνομένου, τοῦ δὲ ἰδίου ἑκάστῳ μὴ ἐγγιγνομένου, [c] μήτε ψυχὴν μήτε ἄλλο μηδὲν ἐῶμεν φάναι τινὰ ἀπόλλυσθαι.

Ἀλλὰ μέντοι, ἔφη, τοῦτό γε οὐδείς ποτε δείξει, ὡς τῶν ἀποθνῃσκόντων ἀδικώτεραι αἱ ψυχαὶ διὰ τὸν θάνατον γίγνονται.

Ἐὰν δέ γέ τις, ἔφην ἐγώ, ὁμόσε τῷ λόγῳ τολμᾷ ἰέναι καὶ λέγειν ὡς πονηρότερος καὶ ἀδικώτερος γίγνεται ὁ ἀποθνῄσκων, ἵνα δὴ μὴ ἀναγκάζηται ἀθανάτους τὰς ψυχὰς ὁμολογεῖν, ἀξιώσομέν που, εἰ ἀληθῆ λέγει ὁ ταῦτα λέγων, τὴν ἀδικίαν εἶναι θανάσιμον τῷ ἔχοντι ὥσπερ νόσον, καὶ ὑπ᾽ [d] αὐτοῦ, τοῦ ἀποκτεινύντος τῇ

die [610a] Schlechtigkeit der Speise, die ja mit ihm gar nichts zu tun hat, also durch ein fremdes Übel zugrunde geht, ohne dass dieses das ihm eigene Übel beigebracht hätte, das werden wir niemals glauben.«

»Ganz richtig, was du da sagst«, erwiderte er.

10 »Dieselbe Überlegung gilt auch für die Seele«, fuhr ich fort. »Wenn nicht die Schlechtigkeit des Körpers eine Schlechtigkeit in der Seele bewirkt, dann wollen wir niemals glauben, dass die Seele durch ein fremdes Übel ohne ihre eigene Schlechtigkeit zugrunde gehe, also durch das Übel eines anderen, das ja von ihr verschieden ist.«[44]

»Ja, das hat Sinn«, sagte er.

»Darum wollen wir entweder die Richtigkeit dieser Behauptung widerlegen, oder wir dürfen, [b] solange sie nicht widerlegt ist, nicht behaupten, die Seele gehe durch Fieber, durch eine andere Krankheit, Abschlachtung oder Zerstückelung des ganzen Körpers in kleinste Teile zugrunde, es sei denn, man könnte uns vorher beweisen, dass durch diese Leiden des Körpers die Seele selbst ungerechter und gottloser wird. Denn wenn ein fremdes Übel in einem anderen Wesen entsteht, ohne dass in ihm dadurch das eigene Übel hervorgerufen wird, [c] dann können wir die Behauptung nicht gelten lassen, die Seele oder sonst etwas gehe daran zugrunde.«

»Freilich wird niemand beweisen können«, erwiderte er, »dass die Seelen der Sterbenden durch den Tod ungerechter werden.«

»Falls aber doch«, so fuhr ich fort, »jemand wagen sollte, gegen unseren Beweis anzutreten, und – um nur ja nicht die Unsterblichkeit der Seelen zugeben zu müssen – behauptet, der Sterbende werde schlechter und ungerechter, dann werden wir, wenn er mit seiner Behauptung recht hat, annehmen müssen, dass die Ungerechtigkeit für ihren Besitzer tödlich wirkt wie eine Krankheit und dass die Menschen durch sie, [d] die

ἑαυτοῦ φύσει, ἀποθνῄσκειν τοὺς λαμβάνοντας αὐτό, τοὺς μὲν μάλιστα θᾶττον, τοὺς δ᾽ ἧττον σχολαίτερον, ἀλλὰ μὴ ὥσπερ νῦν διὰ τοῦτο ὑπ᾽ ἄλλων δίκην ἐπιτιθέντων ἀποθνῄσκουσιν οἱ ἄδικοι.

Μὰ Δί᾽, ἦ δ᾽ ὅς, οὐκ ἄρα πάνδεινον φανεῖται ἡ ἀδικία, εἰ θανάσιμον ἔσται τῷ λαμβάνοντι – ἀπαλλαγὴ γὰρ ἂν εἴη κακῶν – ἀλλὰ μᾶλλον οἶμαι αὐτὴν φανήσεσθαι πᾶν τοὐναντίον [e] τοὺς ἄλλους ἀποκτεινῦσαν, εἴπερ οἷόν τε, τὸν δ᾽ ἔχοντα καὶ μάλα ζωτικὸν παρέχουσαν, καὶ πρός γ᾽ ἔτι τῷ ζωτικῷ ἄγρυπνον· οὕτω πόρρω που, ὡς ἔοικεν, ἐσκήνηται τοῦ θανάσιμος εἶναι.

Καλῶς, ἦν δ᾽ ἐγώ, λέγεις. ὁπότε γὰρ δὴ μὴ ἱκανὴ ἥ γε οἰκεία πονηρία καὶ τὸ οἰκεῖον κακὸν ἀποκτεῖναι καὶ ἀπολέσαι ψυχήν, σχολῇ τό γε ἐπ᾽ ἄλλου ὀλέθρῳ τεταγμένον κακὸν ψυχὴν ἤ τι ἄλλο ἀπολεῖ, πλὴν ἐφ᾽ ᾧ τέτακται.

Σχολῇ γ᾽, ἔφη, ὥς γε τὸ εἰκός.

Οὐκοῦν ὁπότε μηδ᾽ ὑφ᾽ ἑνὸς ἀπόλλυται κακοῦ, μήτε [611a] οἰκείου μήτε ἀλλοτρίου, δῆλον ὅτι ἀνάγκη αὐτὸ ἀεὶ ὂν εἶναι· εἰ δ᾽ ἀεὶ ὄν, ἀθάνατον.

Ἀνάγκη, ἔφη.

11 Τοῦτο μὲν τοίνυν, ἦν δ᾽ ἐγώ, οὕτως ἐχέτω· εἰ δ᾽ ἔχει, ἐννοεῖς ὅτι ἀεὶ ἂν εἶεν αἱ αὐταί. οὔτε γὰρ ἄν που ἐλάττους γένοιντο μηδεμιᾶς ἀπολλυμένης, οὔτε αὖ πλείους· εἰ γὰρ ὁτιοῦν τῶν ἀθανάτων πλέον γίγνοιτο, οἶσθ᾽ ὅτι ἐκ τοῦ θνητοῦ ἂν γίγνοιτο καὶ πάντα ἂν εἴη τελευτῶντα ἀθάνατα.

Ἀληθῆ λέγεις.

Ἀλλ᾽, ἦν δ᾽ ἐγώ, μήτε τοῦτο οἰώμεθα – ὁ γὰρ λόγος οὐκ [b] ἐά-

ihrer Natur nach todbringend ist, sterben, wenn sie sich auf sie einlassen, die sich mehr auf sie einlassen, schneller, die weniger aber langsamer, freilich nicht so wie heute die Ungerechten sterben, weil ihnen von anderen wegen ihrer Ungerechtigkeit diese Strafe auferlegt wird.«

»Beim Zeus«, sagte er, »dann erweist sich die Ungerechtigkeit als gar nicht so furchtbar, wenn sie für den, der sich auf sie einlässt, todbringend wirkt; sie wäre ja dann eine Befreiung von den Übeln.[45] Ich glaube aber eher, dass sich gerade das Gegenteil herausstellen wird, [e] bringt sie doch, wenn sie kann, zwar anderen Menschen den Tod, ihrem Besitzer aber verleiht sie ein recht kräftiges Leben und lässt ihn darüber hinaus gar nicht an Schlaf denken. So weit ist sie offenbar davon entfernt, todbringend zu sein.«

»Du hast recht«, erwiderte ich. »Wenn nun die eigene Schlechtigkeit und das eigene Übel die Seele nicht töten und vernichten können, dann wird wohl kaum ein auf das Verderben eines anderen ausgerichtetes Übel die Seele oder sonst etwas vernichten, wenn es nicht darauf angelegt ist.«

»Wohl kaum, wie es scheint«, sagte er.

»Wenn die Seele nun von keinem Übel vernichtet wird, weder [611a] von einem eigenen noch von einem fremden, dann ist doch klar, dass sie ewig sein muss; wenn sie aber ewig ist, dann ist sie unsterblich.«

»Notwendigerweise«, sagte er.

11 »Das muss sich so verhalten«, fuhr ich fort. »Wenn dem aber so ist, dann wird es, das siehst du wohl ein, immer dieselben Seelen geben. Denn wenn keine zugrunde geht, können es nicht weniger oder mehr werden. Wenn nämlich etwas Unsterbliches mehr würde, müsste es, wie du weißt, aus Sterblichem entstehen, und damit wäre schließlich alles unsterblich.«

»Da hast du recht.«

»Das wollen wir aber nicht annehmen«, versetzte ich, »auch

σει – μήτε γε αὖ τῇ ἀληθεστάτῃ φύσει τοιοῦτον εἶναι ψυχήν, ὥστε πολλῆς ποικιλίας καὶ ἀνομοιότητός τε καὶ διαφορᾶς γέμειν αὐτὸ πρὸς αὐτό.

Πῶς λέγεις; ἔφη.

Οὐ ῥᾴδιον, ἦν δ᾽ ἐγώ, ἀίδιον εἶναι σύνθετόν τε ἐκ πολλῶν καὶ μὴ τῇ καλλίστῃ κεχρημένον συνθέσει, ὡς νῦν ἡμῖν ἐφάνη ἡ ψυχή.

Οὔκουν εἰκός γε.

Ὅτι μὲν τοίνυν ἀθάνατον ψυχή, καὶ ὁ ἄρτι λόγος καὶ οἱ ἄλλοι ἀναγκάσειαν ἄν· οἷον δ᾽ ἐστὶν τῇ ἀληθείᾳ, οὐ λελωβημένον [c] δεῖ αὐτὸ θεάσασθαι ὑπό τε τῆς τοῦ σώματος κοινωνίας καὶ ἄλλων κακῶν, ὥσπερ νῦν ἡμεῖς θεώμεθα, ἀλλ᾽ οἷόν ἐστιν καθαρὸν γιγνόμενον, τοιοῦτον ἱκανῶς λογισμῷ διαθεατέον, καὶ πολύ γε κάλλιον αὐτὸ εὑρήσει καὶ ἐναργέστερον δικαιοσύνας τε καὶ ἀδικίας διόψεται καὶ πάντα ἃ νῦν διήλθομεν. νῦν δὲ εἴπομεν μὲν ἀληθῆ περὶ αὐτοῦ, οἷον ἐν τῷ παρόντι φαίνεται· τεθεάμεθα μέντοι διακείμενον αὐτό, ὥσπερ οἱ τὸν [d] θαλάττιον Γλαῦκον ὁρῶντες οὐκ ἂν ἔτι ῥᾳδίως αὐτοῦ ἴδοιεν τὴν ἀρχαίαν φύσιν, ὑπὸ τοῦ τά τε παλαιὰ τοῦ σώματος μέρη τὰ μὲν ἐκκεκλάσθαι, τὰ δὲ συντετρῖφθαι καὶ πάντως λελωβῆσθαι ὑπὸ τῶν κυμάτων, ἄλλα δὲ προσπεφυκέναι, ὄστρεά τε καὶ φυκία καὶ πέτρας, ὥστε παντὶ μᾶλλον θηρίῳ ἐοικέναι ἢ οἷος ἦν φύσει, οὕτω καὶ τὴν ψυχὴν ἡμεῖς θεώμεθα διακειμένην ὑπὸ μυρίων κακῶν. ἀλλὰ δεῖ, ὦ Γλαύκων, ἐκεῖσε βλέπειν.

Ποῖ; ἦ δ᾽ ὅς.

[e] Εἰς τὴν φιλοσοφίαν αὐτῆς, καὶ ἐννοεῖν ὧν ἅπτεται καὶ οἵων ἐφίεται ὁμιλιῶν, ὡς συγγενὴς οὖσα τῷ τε θείῳ καὶ ἀθανάτῳ καὶ τῷ ἀεὶ ὄντι, καὶ οἵα ἂν γένοιτο τῷ τοιούτῳ πᾶσα ἐπισπομένη καὶ ὑπὸ

lässt es unsere Vernunft nicht zu; [b] ebenso wenig, dass die Seele ihrer wahren Natur nach erfüllt sei von reichlicher Buntheit, Ungleichheit und Gegensätzlichkeit zu sich selbst.«

»Wie meinst du das?«, fragte er.

»Es kann nicht leicht etwas Ewiges sein«, sagte ich, »was aus vielem und noch dazu nicht in schönster Harmonie, so wie es sich eben für unsere Seele gezeigt hat, zusammengesetzt ist.«

»Das ist freilich nicht wahrscheinlich.«

»Dass also die Seele unsterblich ist, das geht aus dieser Untersuchung ebenso zwingend hervor wie auch aus früheren. Will man aber wissen, wie sie in Wahrheit ist, darf man sie nicht so sehen, wie wir sie jetzt sehen, verunstaltet [c] durch die Gemeinschaft mit dem Körper und durch andere Übel, sondern wir müssen mit unserem Geist ganz genau das betrachten, was sie in ihrem reinen Zustand ist; dann wird man sie viel schöner finden und wird Gerechtigkeit und Ungerechtigkeit klarer durchschauen und alles, was wir eben besprochen haben. Jetzt haben wir die Wahrheit über sie gesagt, wie sie uns gegenwärtig erscheint. Wir haben sie freilich nur in dem Zustand gesehen wie den [d] Meeresgott Glaukos; denn wenn man ihn sieht, kann man sein ursprüngliches Wesen kaum erkennen, weil seine alten Gliedmaßen teils abgebrochen, teils zerschunden und von den Wellen völlig entstellt sind; anderes aber ist an ihm festgewachsen, Muscheln, Meerestang und Steine, so dass er eher einem Ungetüm gleicht als seinem eigentlichen Wesen. In einem solchen Zustand sehen wir auch die Seele, entstellt von tausenderlei Übeln. Darum, mein Glaukon, müssen wir unseren Blick dorthin richten.«

»Wohin?«, fragte er.

[e] »Auf ihre Liebe zur Weisheit. Und wir müssen schauen, womit sie sich beschäftigt und womit sie Umgang haben möchte, da sie ja mit dem Göttlichen, dem Unsterblichen und dem ewig Seienden verwandt ist; und wie sie wird, wenn sie

ταύτης τῆς ὁρμῆς ἐκκομισθεῖσα ἐκ τοῦ πόντου ἐν ᾧ νῦν ἐστίν, καὶ περικρουσθεῖσα πέτρας [612a] τε καὶ ὄστρεα ἃ νῦν αὐτῇ, ἅτε γῆν ἑστιωμένῃ, γεηρὰ καὶ πετρώδη πολλὰ καὶ ἄγρια περιπέφυκεν ὑπὸ τῶν εὐδαιμόνων λεγομένων ἑστιάσεων. καὶ τότ᾽ ἄν τις ἴδοι αὐτῆς τὴν ἀληθῆ φύσιν, εἴτε πολυειδὴς εἴτε μονοειδής, εἴτε ὅπῃ ἔχει καὶ ὅπως· νῦν δὲ τὰ ἐν τῷ ἀνθρωπίνῳ βίῳ πάθη τε καὶ εἴδη, ὡς ἐγῷμαι, ἐπιεικῶς αὐτῆς διεληλύθαμεν.

Παντάπασι μὲν οὖν, ἔφη.

12 Οὐκοῦν, ἦν δ᾽ ἐγώ, τά τε ἄλλα ἀπελυσάμεθα ἐν τῷ λόγῳ, [b] καὶ οὐ τοὺς μισθοὺς οὐδὲ τὰς δόξας δικαιοσύνης ἐπῃνέκαμεν, ὥσπερ Ἡσίοδόν τε καὶ Ὅμηρον ὑμεῖς ἔφατε, ἀλλ᾽ αὐτὸ δικαιοσύνην αὐτῇ ψυχῇ ἄριστον ηὕρομεν, καὶ ποιητέον εἶναι αὐτῇ τὰ δίκαια, ἐάντ᾽ ἔχῃ τὸν Γύγου δακτύλιον, ἐάντε μή, καὶ πρὸς τοιούτῳ δακτυλίῳ τὴν Ἄιδος κυνῆν;

Ἀληθέστατα, ἔφη, λέγεις.

Ἆρ᾽ οὖν, ἦν δ᾽ ἐγώ, ὦ Γλαύκων, νῦν ἤδη ἀνεπίφθονόν ἐστιν πρὸς ἐκείνοις καὶ τοὺς μισθοὺς τῇ δικαιοσύνῃ καὶ τῇ [c] ἄλλῃ ἀρετῇ ἀποδοῦναι, ὅσους τε καὶ οἵους τῇ ψυχῇ παρέχει παρ᾽ ἀνθρώπων τε καὶ θεῶν, ζῶντός τε ἔτι τοῦ ἀνθρώπου καὶ ἐπειδὰν τελευτήσῃ;

Παντάπασι μὲν οὖν, ἦ δ᾽ ὅς.

Ἆρ᾽ οὖν ἀποδώσετέ μοι ἃ ἐδανείσασθε ἐν τῷ λόγῳ;

Τί μάλιστα;

Ἔδωκα ὑμῖν τὸν δίκαιον δοκεῖν ἄδικον εἶναι καὶ τὸν ἄδικον δίκαιον· ὑμεῖς γὰρ ᾐτεῖσθε, κἂν εἰ μὴ δυνατὸν εἴη ταῦτα λανθάνειν

völlig diesem Drang nachgehen könnte und durch diesen Schwung aus dem Meer emporgehoben würde, in dem sie sich jetzt befindet, befreit von den Steinen und Muscheln, die ihr nun anhaften, [612a] weil sie ja ein Gast der Erde ist; jetzt freilich ist sie noch rings umwachsen von der schweren und hässlichen Last aus Erde und Gestein als Folge der, wie man sagt, glücklichen Festmähler. Dann erst wird man ihre wahre Natur sehen können, ob sie nun vielgestaltig oder einheitlich ist, ob sie so oder so beschaffen ist. Für jetzt aber, denke ich, haben wir ihre Zustände und Erscheinungsformen im irdischen Leben zur Genüge besprochen.«[46]

»Ja, gewiss«, sagte er.

12 »In unserem Gespräch über die Gerechtigkeit«, so fuhr ich fort, »haben wir alles andere beiseite gelassen [b] und nichts von ihrem Lohn und Ansehen angeführt, wie ihr es von Hesiod und Homer behauptet habt;[47] vielmehr haben wir gefunden, dass die Gerechtigkeit an sich das höchste Gut für die Seele ist und dass sie daher das Gerechte tun muss, mag sie nun den Ring des Gyges[48] besitzen oder nicht und zu diesem Ring dazu noch den Helm des Hades[49].«

»Damit hast du völlig recht«, sagte er.

»Jetzt aber, mein lieber Glaukon«, setzte ich fort, »wird uns niemand einen Vorwurf machen, wenn wir darüber hinaus noch der Gerechtigkeit und der sonstigen Tugend auch den Lohn erstatten, [c] den sie bei Menschen und Göttern so reichlich und mannigfaltig der Seele verschafft, sowohl noch im irdischen Leben als auch nach dem Tod.«

»Gewiss nicht«, sagte er.

»Werdet ihr mir nun zurückerstatten, was ihr bei unserer Untersuchung als Darlehen empfangen habt?«

»Was denn?«

»Ich räumte euch ein, dass der Gerechte ungerecht erscheine und der Ungerechte gerecht. Denn ihr fordertet, auch wenn es

καὶ θεοὺς καὶ ἀνθρώπους, ὅμως δοτέον εἶναι τοῦ λόγου ἕνεκα, ἵνα αὐτὴ δικαιοσύνη πρὸς ἀδικίαν αὐτὴν [d] κριθείη. ἢ οὐ μνημονεύεις;

Ἀδικοίην μεντἄν, ἔφη, εἰ μή.

Ἐπειδὴ τοίνυν, ἦν δ' ἐγώ, κεκριμέναι εἰσί, πάλιν ἀπαιτῶ ὑπὲρ δικαιοσύνης, ὥσπερ ἔχει δόξης καὶ παρὰ θεῶν καὶ παρ' ἀνθρώπων, καὶ ἡμᾶς ὁμολογεῖν περὶ αὐτῆς δοκεῖσθαι οὕτω, ἵνα καὶ τὰ νικητήρια κομίσηται, ἀπὸ τοῦ δοκεῖν κτωμένη ἃ δίδωσι τοῖς ἔχουσιν αὐτήν, ἐπειδὴ καὶ τὰ ἀπὸ τοῦ εἶναι ἀγαθὰ διδοῦσα ἐφάνη καὶ οὐκ ἐξαπατῶσα τοὺς τῷ ὄντι λαμβάνοντας αὐτήν.

[e] Δίκαια, ἔφη, αἰτῇ.

Οὐκοῦν, ἦν δ' ἐγώ, πρῶτον μὲν τοῦτο ἀποδώσετε, ὅτι θεούς γε οὐ λανθάνει ἑκάτερος αὐτῶν οἷός ἐστιν;

Ἀποδώσομεν, ἔφη.

Εἰ δὲ μὴ λανθάνετον, ὁ μὲν θεοφιλὴς ἂν εἴη, ὁ δὲ θεομισής, ὥσπερ καὶ κατ' ἀρχὰς ὡμολογοῦμεν.

Ἔστι ταῦτα.

Τῷ δὲ θεοφιλεῖ οὐχ ὁμολογήσομεν, ὅσα γε ἀπὸ θεῶν [613a] γίγνεται, πάντα γίγνεσθαι ὡς οἷόν τε ἄριστα, εἰ μή τι ἀναγκαῖον αὐτῷ κακὸν ἐκ προτέρας ἁμαρτίας ὑπῆρχεν;

Πάνυ μὲν οὖν.

Οὕτως ἄρα ὑποληπτέον περὶ τοῦ δικαίου ἀνδρός, ἐάντ' ἐν πενίᾳ γίγνηται ἐάντ' ἐν νόσοις ἤ τινι ἄλλῳ τῶν δοκούντων κακῶν, ὡς τούτῳ ταῦτα εἰς ἀγαθόν τι τελευτήσει ζῶντι ἢ καὶ ἀποθανόντι.

unmöglich wäre, dass solches den Göttern und Menschen verborgen bleibe, so müsse man es doch der Untersuchung wegen zugestehen, damit die Gerechtigkeit an sich gegenüber der Ungerechtigkeit als solcher [d] beurteilt werden könne. Oder weißt du das nicht mehr?«[50]

»Es wäre nicht recht von mir, wollte ich mich nicht daran erinnern«, sagte er.

»Da nun«, fuhr ich fort, »beide beurteilt sind, fordere ich im Namen der Gerechtigkeit das wieder zurück: Das Ansehen, das sie bei den Göttern und Menschen genießt, soll ihr auch von uns in gleicher Weise zugestanden werden; dann wird sie auch die Siegespreise davontragen, die sie sich durch ihre äußere Anerkennung erwirbt und an die weitergibt, die sie besitzen;[51] denn es hat sich klar erwiesen, dass sie ihnen die Güter, die aus ihrem wahren Sein entspringen, verleiht und diejenigen nicht betrügt, die sie wirklich in sich aufnehmen.«

[e] »Deine Forderung ist berechtigt«, sagte er.

»Ihr werdet also zuerst Folgendes zurückerstatten: Vor den Göttern bleibt weder der Gerechte noch der Ungerechte in seinem Wesen verborgen.«

»Das werden wir abstatten«, erwiderte er.

»Da sie nun nicht verborgen bleiben, wird wohl der eine gottgeliebt, der andere aber gottverhasst sein, wie wir gleich zu Beginn[52] zugegeben haben.«

»So ist es.«

»Wir werden doch zugeben, dass dem Gottgeliebten von den Göttern nur das Beste zukommt, [613a] wenn nicht aufgrund einer früheren Schuld ein unentrinnbares Übel auf ihm lastet?«[53]

»Gewiss.«

»Wenn ein gerechter Mann also in Armut, in Krankheit oder sonst einem offensichtlichen Unglück lebt, so müssen wir doch annehmen, dass ihm das im Leben oder im Tod zum

οὐ γὰρ δὴ ὑπό γε θεῶν ποτε ἀμελεῖται ὃς ἂν προθυμεῖσθαι ἐθέλῃ δίκαιος γίγνεσθαι καὶ ἐπιτηδεύων [b] ἀρετὴν εἰς ὅσον δυνατὸν ἀνθρώπῳ ὁμοιοῦσθαι θεῷ.

Εἰκός γ', ἔφη, τὸν τοιοῦτον μὴ ἀμελεῖσθαι ὑπὸ τοῦ ὁμοίου.

Οὐκοῦν περὶ τοῦ ἀδίκου τἀναντία τούτων δεῖ διανοεῖσθαι;

Σφόδρα γε.

Τὰ μὲν δὴ παρὰ θεῶν τοιαῦτ' ἄττ' ἂν εἴη νικητήρια τῷ δικαίῳ.

Κατὰ γοῦν ἐμὴν δόξαν, ἔφη.

Τί δέ, ἦν δ' ἐγώ, παρ' ἀνθρώπων; ἆρ' οὐχ ὧδε ἔχει, εἰ δεῖ τὸ ὂν τιθέναι; οὐχ οἱ μὲν δεινοί τε καὶ ἄδικοι δρῶσιν ὅπερ οἱ δρομῆς ὅσοι ἂν θέωσιν εὖ ἀπὸ τῶν κάτω, ἀπὸ δὲ τῶν ἄνω μή; τὸ μὲν πρῶτον ὀξέως ἀποπηδῶσιν, τελευτῶντες [c] δὲ καταγέλαστοι γίγνονται, τὰ ὦτα ἐπὶ τῶν ὤμων ἔχοντες καὶ ἀστεφάνωτοι ἀποτρέχοντες· οἱ δὲ τῇ ἀληθείᾳ δρομικοὶ εἰς τέλος ἐλθόντες τά τε ἆθλα λαμβάνουσιν καὶ στεφανοῦνται. οὐχ οὕτω καὶ περὶ τῶν δικαίων τὸ πολὺ συμβαίνει; πρὸς τὸ τέλος ἑκάστης πράξεως καὶ ὁμιλίας καὶ τοῦ βίου εὐδοκιμοῦσί τε καὶ τὰ ἆθλα παρὰ τῶν ἀνθρώπων φέρονται;

Καὶ μάλα.

Ἀνέξῃ ἄρα λέγοντος ἐμοῦ περὶ τούτων ἅπερ αὐτὸς ἔλεγες [d] περὶ τῶν ἀδίκων; ἐρῶ γὰρ δὴ ὅτι οἱ μὲν δίκαιοι, ἐπειδὰν πρεσβύτεροι γένωνται, ἐν τῇ αὐτῶν πόλει ἄρχουσί τε ἂν βούλωνται τὰς ἀρχάς, γαμοῦσί τε ὁπόθεν ἂν βούλωνται, ἐκδιδόασί τε εἰς οὓς ἂν ἐθέλωσι· καὶ πάντα ἃ σὺ περὶ ἐκείνων, ἐγὼ νῦν λέγω περὶ τῶν-

Guten ausschlagen wird. Denn niemals lassen die Götter den im Stich, der sich eifrig darum bemüht, gerecht und in Ausübung [b] der Tugend Gott ähnlich zu werden, soweit es einem Menschen eben möglich ist.«[54]

»Wahrscheinlich«, sagte er, »wird ein solcher Mensch von dem, der ihm gleicht, nicht vernachlässigt werden.«

»Müssen wir nicht vom Ungerechten das Gegenteil davon annehmen?«

»Natürlich.«

»So sind also die Siegespreise, die die Götter dem Gerechten verleihen.«

»Meiner Meinung nach ja«, sagte er.

»Und welche verleihen die Menschen?«, fragte ich. »Verhält es sich dabei nicht folgendermaßen, wenn man sagen soll, wie es wirklich ist? Machen es die Gewalttätigen und Ungerechten nicht wie die Läufer, die vom Start weg gut laufen, nach der Wende aber schlecht?[55] Zu Beginn laufen sie in scharfem Tempo, am Ende aber [c] lacht man sie aus, wenn sie die Ohren bis zu den Schultern hängen lassen und sich ohne Siegeskranz aus dem Staub machen. Die wahren Läufer aber nehmen, wenn sie ans Ziel gelangt sind, den Kampfpreis entgegen und werden bekränzt. Geht es nicht meistens auch den Gerechten so? Am Ziel jeder Handlung und Unterredung oder überhaupt des Lebens stehen sie in hohem Ansehen und werden von den Menschen mit dem Kampfpreis belohnt.«

»Ja, gewiss.«

»Willst du es also hinnehmen, wenn ich von ihnen das sage, was du [d] von den Ungerechten sagtest?[56] Ich behaupte nämlich, wenn die Gerechten älter geworden sind, dann übernehmen sie in ihrem Staat, wenn sie nur wollen, die Herrschaft, heiraten, wen sie wollen, und verheiraten ihre Töchter, mit wem sie wollen. Und alles, was du über die Ungerechten gesagt hast, sage ich nun von ihnen. Andererseits behaupte ich von

δε. καὶ αὖ καὶ περὶ τῶν ἀδίκων, ὅτι οἱ πολλοὶ αὐτῶν, καὶ ἐὰν νέοι ὄντες λάθωσιν, ἐπὶ τέλους τοῦ δρόμου αἱρεθέντες καταγέλαστοί εἰσιν καὶ γέροντες γιγνόμενοι ἄθλιοι προπηλακίζονται ὑπὸ ξένων τε [e] καὶ ἀστῶν, μαστιγούμενοι καὶ ἃ ἄγροικα ἔφησθα σὺ εἶναι, ἀληθῆ λέγων – εἶτα στρεβλώσονται καὶ ἐκκαυθήσονται – πάντα ἐκεῖνα οἴου καὶ ἐμοῦ ἀκηκοέναι ὡς πάσχουσιν. ἀλλ᾽ ὃ λέγω, ὅρα εἰ ἀνέξῃ.

Καὶ πάνυ, ἔφη· δίκαια γὰρ λέγεις.

13 Ἃ μὲν τοίνυν, ἦν δ᾽ ἐγώ, ζῶντι τῷ δικαίῳ παρὰ θεῶν τε [614a] καὶ ἀνθρώπων ἆθλά τε καὶ μισθοὶ καὶ δῶρα γίγνεται πρὸς ἐκείνοις τοῖς ἀγαθοῖς οἷς αὐτὴ παρείχετο ἡ δικαιοσύνη, τοιαῦτ᾽ ἂν εἴη.

Καὶ μάλ᾽, ἔφη, καλά τε καὶ βέβαια.

Ταῦτα τοίνυν, ἦν δ᾽ ἐγώ, οὐδέν ἐστι πλήθει οὐδὲ μεγέθει πρὸς ἐκεῖνα ἃ τελευτήσαντα ἑκάτερον περιμένει· χρὴ δ᾽ αὐτὰ ἀκοῦσαι, ἵνα τελέως ἑκάτερος αὐτῶν ἀπειλήφῃ τὰ ὑπὸ τοῦ λόγου ὀφειλόμενα ἀκοῦσαι.

[b] Λέγοις ἄν, ἔφη, ὡς οὐ πολλὰ ἄλλ᾽ ἥδιον ἀκούοντι.

Ἀλλ᾽ οὐ μέντοι σοι, ἦν δ᾽ ἐγώ, Ἀλκίνου γε ἀπόλογον ἐρῶ, ἀλλ᾽ ἀλκίμου μὲν ἀνδρός, Ἠρὸς τοῦ Ἀρμενίου, τὸ γένος Παμφύλου· ὅς ποτε ἐν πολέμῳ τελευτήσας, ἀναιρεθέντων δεκαταίων τῶν νεκρῶν ἤδη διεφθαρμένων, ὑγιὴς μὲν ἀνῃρέθη, κομισθεὶς δ᾽ οἴκαδε μέλλων θάπτεσθαι δωδεκαταῖος ἐπὶ τῇ πυρᾷ κείμενος ἀνεβίω, ἀναβιοὺς δ᾽ ἔλεγεν ἃ ἐκεῖ ἴδοι. ἔφη δέ, ἐπειδὴ οὗ ἐκβῆναι, τὴν ψυχὴν πορεύεσθαι [c] μετὰ πολλῶν, καὶ ἀφικνεῖσθαι σφᾶς εἰς τόπον

den Ungerechten, dass die meisten von ihnen, auch wenn sie in ihrer Jugend unentdeckt bleiben, am Ende ihres Laufes doch ertappt und verlacht werden; im Alter dann leben sie elend und werden von Fremden [e] und Mitbürgern schmählich behandelt und gegeißelt und müssen alles erleiden, was du mit Recht als Grausamkeiten bezeichnet hast;[57] man wird sie auch foltern und blenden. Nimm an, du habest all das auch aus meinem Munde gehört. Sieh also zu, ob du mit meinen Worten einverstanden bist.«

»Gewiss, denn du hast recht«, sagte er.

13 »Das sind also«, fuhr ich fort, »die Kampfpreise, Belohnungen und Geschenke, [614a] die dem Gerechten schon bei Lebzeiten von Göttern und Menschen verliehen werden, und dazu kommen noch jene Güter, die die Gerechtigkeit selbst schon gewährt hat.«

»Das sind schöne und dauerhafte Gaben«, erwiderte er.

»Und doch«, setzte ich fort, »ist das nichts an Größe und Menge im Vergleich zu dem, was beide nach ihrem Tod erwartet. Man muss auch das noch vernehmen, damit beide vollständig zu hören bekommen, was ihnen unsere Untersuchung schuldig ist.«[58]

[b] »Sprich nur«, sagte er, »denn es gibt kaum etwas, das ich lieber hören möchte.«

»Ich werde dir«, fuhr ich fort, »keine Geschichte erzählen, wie sie Alkinoos zu hören bekam,[59] sondern die eines tapferen Mannes, des Er, der ein Sohn des Armenios war und aus Pamphylien stammte. Er war im Krieg gefallen. Als man nach zehn Tagen die schon verwesten Leichen zur Bestattung einsammelte, fand man ihn noch unversehrt und brachte ihn nach Hause; und als er am zwölften Tag bestattet werden sollte und schon auf dem Scheiterhaufen lag, da wachte er wieder auf und erzählte, was er im Jenseits gesehen hatte. Nachdem ihn seine Seele verlassen hatte, sagte er, zog sie [c] mit vielen anderen von

τινὰ δαιμόνιον, ἐν ᾧ τῆς τε γῆς δύ' εἶναι χάσματα ἐχομένω ἀλλήλοιν καὶ τοῦ οὐρανοῦ αὖ ἐν τῷ ἄνω ἄλλα καταντικρύ. δικαστὰς δὲ μεταξὺ τούτων καθῆσθαι, οὕς, ἐπειδὴ διαδικάσειαν, τοὺς μὲν δικαίους κελεύειν πορεύεσθαι τὴν εἰς δεξιάν τε καὶ ἄνω διὰ τοῦ οὐρανοῦ, σημεῖα περιάψαντας τῶν δεδικασμένων ἐν τῷ πρόσθεν, τοὺς δὲ ἀδίκους τὴν εἰς ἀριστεράν τε καὶ κάτω, ἔχοντας καὶ τούτους ἐν τῷ ὄπισθεν σημεῖα πάντων ὧν [d] ἔπραξαν. ἑαυτοῦ δὲ προσελθόντος εἰπεῖν ὅτι δέοι αὐτὸν ἄγγελον ἀνθρώποις γενέσθαι τῶν ἐκεῖ καὶ διακελεύοιντό οἱ ἀκούειν τε καὶ θεᾶσθαι πάντα τὰ ἐν τῷ τόπῳ. ὁρᾶν δὴ ταύτῃ μὲν καθ' ἑκάτερον τὸ χάσμα τοῦ οὐρανοῦ τε καὶ τῆς γῆς ἀπιούσας τὰς ψυχάς, ἐπειδὴ αὐταῖς δικασθείη, κατὰ δὲ τὼ ἑτέρω ἐκ μὲν τοῦ ἀνιέναι ἐκ τῆς γῆς μεστὰς αὐχμοῦ τε καὶ κόνεως, ἐκ δὲ τοῦ ἑτέρου καταβαίνειν ἑτέρας ἐκ τοῦ [e] οὐρανοῦ καθαράς. καὶ τὰς ἀεὶ ἀφικνουμένας ὥσπερ ἐκ πολλῆς πορείας φαίνεσθαι ἥκειν, καὶ ἀσμένας εἰς τὸν λειμῶνα ἀπιούσας οἷον ἐν πανηγύρει κατασκηνᾶσθαι, καὶ ἀσπάζεσθαί τε ἀλλήλας ὅσαι γνώριμαι, καὶ πυνθάνεσθαι τάς τε ἐκ τῆς γῆς ἡκούσας παρὰ τῶν ἑτέρων τὰ ἐκεῖ καὶ τὰς ἐκ τοῦ οὐρανοῦ τὰ παρ' ἐκείναις. διηγεῖσθαι δὲ ἀλλήλαις τὰς [615a] μὲν ὀδυρομένας τε καὶ κλαούσας, ἀναμιμνῃσκομένας ὅσα τε καὶ οἷα πάθοιεν καὶ ἴδοιεν ἐν τῇ ὑπὸ γῆς πορείᾳ – εἶναι δὲ τὴν πορείαν χιλιέτη – τὰς δ' αὖ ἐκ τοῦ οὐρανοῦ εὐπαθείας διηγεῖσθαι καὶ θέας ἀμηχάνους τὸ κάλλος. τὰ μὲν οὖν πολλά, ὦ Γλαύκων, πολλοῦ χρόνου διηγήσασθαι· τὸ δ' οὖν κεφάλαιον ἔφη τόδε εἶναι, ὅσα πώποτέ τινα ἠδίκησαν καὶ ὅσους ἕκαστοι, ὑπὲρ ἁπάντων δίκην δεδωκέναι ἐν μέρει, ὑπὲρ ἑκάστου δεκάκις – τοῦτο

dannen;[60] sie kamen an einen wundersamen Ort,[61] wo sich nahe beieinander zwei Öffnungen in der Erde auftaten und zwei weitere am Himmel oben gegenüber. Zwischen ihnen saßen Richter, die, nachdem sie Recht gesprochen und ihnen die Zeichen ihres Urteilspruches vorn an die Brust geheftet hatten, den Gerechten befahlen, den Weg zur Rechten und hinauf durch den Himmel zu gehen; die Ungerechten aber schickten sie nach links und nach unten; auch sie trugen die Zeichen all ihrer Taten, aber hinten auf dem Rücken.[62] [d] Als er nun selbst hinzutrat, sagten sie ihm, er solle den Menschen Botschaft bringen von den Dingen im Jenseits, und befahlen ihm, auf alles an diesem Ort zu hören und zu achten. Da sah er, wie die Seelen, nachdem sie ihr Urteil empfangen hatten, jeweils durch die eine Öffnung des Himmels oder der Erde entschwanden; durch die beiden anderen Öffnungen aber kehrten die Seelen zurück; die aus der einen von der Erde herauskamen, voll Schmutz und Staub, die aus der anderen vom Himmel aber voll Reinheit. [e] Alle Ankommenden erweckten den Eindruck, von einer langen Reise zu kommen; sie traten voll Freude auf die Wiese hinaus, lagerten sich dort wie bei einem Volksfest und begrüßten einander, soweit sie sich kannten; die aus der Erde kamen, fragten die anderen, wie es im Himmel sei, und die aus dem Himmel kamen, wie es bei jenen gewesen sei. Und so erzählten sie einander, die einen [615a] unter Jammern und Wehklagen, wenn sie daran dachten, was sie alles erlitten und auf ihrer Wanderung unter der Erde, die ja tausend Jahre dauerte,[63] gesehen hatten, während die anderen aus dem Himmel von ihrem Wohlergehen und der unermesslichen Pracht des Geschauten berichteten. Das alles zu erzählen würde zu lange dauern, mein Glaukon. Das Wichtigste, sagte er, sei Folgendes: Für jede Ungerechtigkeit und für jeden Menschen, an dem sie ein Unrecht begangen haben, wurden sie der Reihe nach bestraft, und zwar für jedes Vergehen zehnmal, das heißt

δ' εἶναι κατὰ ἑκατονταετηρίδα [b] ἑκάστην, ὡς βίου ὄντος τοσούτου τοῦ ἀνθρωπίνου – ἵνα δεκαπλάσιον τὸ ἔκτεισμα τοῦ ἀδικήματος ἐκτίνοιεν, καὶ οἷον εἴ τινες πολλοῖς θανάτων ἦσαν αἴτιοι, ἢ πόλεις προδόντες ἢ στρατόπεδα, καὶ εἰς δουλείας ἐμβεβληκότες ἤ τινος ἄλλης κακουχίας μεταίτιοι, πάντων τούτων δεκαπλασίας ἀλγηδόνας ὑπὲρ ἑκάστου κομίσαιντο, καὶ αὖ εἴ τινας εὐεργεσίας εὐεργετηκότες καὶ δίκαιοι καὶ ὅσιοι γεγονότες εἶεν, κατὰ ταὐτὰ [c] τὴν ἀξίαν κομίζοιντο. τῶν δὲ εὐθὺς γενομένων καὶ ὀλίγον χρόνον βιούντων πέρι ἄλλα ἔλεγεν οὐκ ἄξια μνήμης. εἰς δὲ θεοὺς ἀσεβείας τε καὶ εὐσεβείας καὶ γονέας καὶ αὐτόχειρος φόνου μείζους ἔτι τοὺς μισθοὺς διηγεῖτο.

Ἔφη γὰρ δὴ παραγενέσθαι ἐρωτωμένῳ ἑτέρῳ ὑπὸ ἑτέρου ὅπου εἴη Ἀρδιαῖος ὁ μέγας. ὁ δὲ Ἀρδιαῖος οὗτος τῆς Παμφυλίας ἔν τινι πόλει τύραννος ἐγεγόνει, ἤδη χιλιοστὸν ἔτος εἰς ἐκεῖνον τὸν χρόνον, γέροντά τε πατέρα ἀποκτείνας [d] καὶ πρεσβύτερον ἀδελφόν, καὶ ἄλλα δὴ πολλά τε καὶ ἀνόσια εἰργασμένος, ὡς ἐλέγετο. ἔφη οὖν τὸν ἐρωτώμενον εἰπεῖν, »Οὐχ ἥκει«, φάναι, »οὐδ' ἂν ἥξει δεῦρο.

14 ἐθεασάμεθα γὰρ οὖν δὴ καὶ τοῦτο τῶν δεινῶν θεαμάτων· ἐπειδὴ ἐγγὺς τοῦ στομίου ἦμεν μέλλοντες ἀνιέναι καὶ τἆλλα πάντα πεπονθότες, ἐκεῖνόν τε κατείδομεν ἐξαίφνης καὶ ἄλλους – σχεδόν τι αὐτῶν τοὺς πλείστους τυράννους· ἦσαν δὲ καὶ ἰδιῶταί τινες τῶν [e] μεγάλα ἡμαρτηκότων – οὓς οἰομένους ἤδη ἀναβήσεσθαι οὐκ ἐδέχετο τὸ στόμιον, ἀλλ' ἐμυκᾶτο ὁπότε τις τῶν οὕτως ἀνιάτως ἐχόντων εἰς πονηρίαν ἢ μὴ ἱκανῶς δεδωκὼς δίκην ἐπιχειροῖ ἀνιέναι. ἐνταῦθα δὴ ἄνδρες, ἔφη, ἄγριοι, διάπυροι ἰδεῖν, παρεστῶτες καὶ καταμανθάνοντες τὸ φθέγμα, τοὺς μὲν διαλαβόντες

jede Strafe dauerte hundert Jahre, [b] weil das der Zeitraum eines menschlichen Lebens ist,[64] womit sie also zehnfache Strafe für ihr Unrecht verbüßten; wer zum Beispiel am Tod vieler Menschen schuld war, weil er ganze Städte oder Heere verraten und sie in die Sklaverei verkauft hatte, oder sonst an einem Verbrechen mitschuldig war, der erlitt für all diese Vergehen zehnfache Qualen; wer dagegen Gutes getan und gerecht und gottesfürchtig gewesen war, erhielt im gleichen Maße den gebührenden Lohn. [c] Von denen, die gleich nach der Geburt starben und nur kurze Zeit gelebt hatten, erzählte er wieder anderes, was nicht der Erwähnung wert ist. Für Frevel oder Ehrfurcht gegen die Götter und Eltern und für eigenhändigen Mord, so erzählte er, gab es noch höhere Strafen und Belohnungen.[65]

Er war dabei, wie einer den anderen fragte, wo denn der große Ardiaios sei.[66] Dieser Ardiaios war vor damals schon tausend Jahren in einer Stadt Pamphyliens Tyrann gewesen; er hatte seinen greisen Vater und seinen älteren Bruder ermordet [d] und, wie es heißt, auch zahlreiche andere Gräueltaten begangen. Da antwortete der Gefragte: ›Er kommt nicht und wird auch nicht hierherkommen.

14 Denn unter anderem Schrecklichen, das wir zu sehen bekamen, sahen wir auch Folgendes: Als wir schon nahe der Öffnung standen und eben im Begriff waren – wir hatten ja schon all die anderen Leiden hinter uns – wieder hinaufzusteigen, da sahen wir ihn plötzlich zusammen mit anderen, meist gleichfalls Tyrannen; es waren aber auch gewöhnliche Bürger darunter, die schwere Verbrechen begangen hatten; [e] sie glaubten schon, sie könnten hinaufsteigen, aber der Schlund nahm sie nicht auf, sondern heulte laut auf, sobald einer der unheilbaren Frevler oder einer, der noch nicht genug gebüßt hatte, den Aufstieg in Angriff nahm. Da standen nun, sagte er, wilde Männer, feurig anzusehen, die wussten, was das Gebrüll zu bedeuten

ἦγον, τὸν δὲ Ἀρδιαῖον καὶ ἄλλους συμποδίσαντες [616a] χεῖράς τε καὶ πόδας καὶ κεφαλήν, καταβαλόντες καὶ ἐκδείραντες, εἷλκον παρὰ τὴν ὁδὸν ἐκτὸς ἐπ' ἀσπαλάθων κνάμπτοντες, καὶ τοῖς ἀεὶ παριοῦσι σημαίνοντες ὧν ἕνεκά τε καὶ ὅτι εἰς τὸν Τάρταρον ἐμπεσούμενοι ἄγοιντο.« ἔνθα δὴ φόβων, ἔφη, πολλῶν καὶ παντοδαπῶν σφίσι γεγονότων, τοῦτον ὑπερβάλλειν, μὴ γένοιτο ἑκάστῳ τὸ φθέγμα ὅτε ἀναβαίνοι, καὶ ἁσμενέστατα ἕκαστον σιγήσαντος ἀναβῆναι. καὶ τὰς μὲν δὴ δίκας τε καὶ τιμωρίας τοιαύτας τινὰς [b] εἶναι, καὶ αὖ τὰς εὐεργεσίας ταύταις ἀντιστρόφους. ἐπειδὴ δὲ τοῖς ἐν τῷ λειμῶνι ἑκάστοις ἑπτὰ ἡμέραι γένοιντο, ἀναστάντας ἐντεῦθεν δεῖν τῇ ὀγδόῃ πορεύεσθαι, καὶ ἀφικνεῖσθαι τεταρταίους ὅθεν καθορᾶν ἄνωθεν διὰ παντὸς τοῦ οὐρανοῦ καὶ γῆς τεταμένον φῶς εὐθύ, οἷον κίονα, μάλιστα τῇ ἴριδι προσφερῆ, λαμπρότερον δὲ καὶ καθαρώτερον· εἰς ὃ ἀφικέσθαι προελθόντες ἡμερησίαν ὁδόν, καὶ ἰδεῖν αὐτόθι κατὰ [c] μέσον τὸ φῶς ἐκ τοῦ οὐρανοῦ τὰ ἄκρα αὐτοῦ τῶν δεσμῶν τεταμένα – εἶναι γὰρ τοῦτο τὸ φῶς σύνδεσμον τοῦ οὐρανοῦ, οἷον τὰ ὑποζώματα τῶν τριήρων, οὕτω πᾶσαν συνέχον τὴν περιφοράν – ἐκ δὲ τῶν ἄκρων τεταμένον Ἀνάγκης ἄτρακτον, δι' οὗ πάσας ἐπιστρέφεσθαι τὰς περιφοράς· οὗ τὴν μὲν ἠλακάτην τε καὶ τὸ ἄγκιστρον εἶναι ἐξ ἀδάμαντος, τὸν δὲ σφόνδυλον μεικτὸν ἔκ τε τούτου καὶ ἄλλων γενῶν. τὴν δὲ [d] τοῦ σφονδύλου φύσιν εἶναι τοιάνδε· τὸ μὲν σχῆμα οἵαπερ ἡ τοῦ ἐνθάδε, νοῆσαι δὲ δεῖ ἐξ ὧν ἔλεγεν τοιόνδε αὐτὸν εἶναι, ὥσπερ ἂν εἰ ἐν ἑνὶ μεγάλῳ σφονδύλῳ κοίλῳ καὶ ἐξεγλυμμένῳ διαμπερὲς ἄλλος τοιοῦτος ἐλάττων ἐγκέοιτο ἁρμόττων, καθάπερ οἱ κάδοι οἱ εἰς ἀλλήλους ἁρμόττοντες, καὶ οὕτω δὴ τρίτον ἄλλον καὶ τέταρτον καὶ ἄλλους τέτταρας. ὀκτὼ γὰρ εἶναι τοὺς σύμπαντας σφονδύλους, ἐν ἀλλήλοις ἐγκειμένους, [e] κύκλους ἄνωθεν τὰ χείλη φαίνοντας, νῶτον

hatte; sie ergriffen die einen und schleppten sie fort, den Ardiaios aber und andere fesselten sie an [616a] Händen, Füßen und am Kopf, warfen sie zu Boden und zogen ihnen die Haut ab; sie zerrten sie vom Weg herab und zerkratzten sie am Dorngestrüpp, und denen, die vorbeikamen, erklärten sie, weswegen das geschehe und dass sie in den Tartaros geschleudert würden.‹ Unter den zahlreichen und mannigfaltigen Schrecken dort, so sagte er, war das Schlimmste die Angst, es könnte das Gebrüll ertönen, wenn man hinaufsteigen wollte; blieb es aber still, so stieg jeder voll Freude hinauf. Solcher Art also sind die Strafen und Bußen, [b] andererseits gibt es aber auch die entsprechenden Belohnungen. Sieben Tage durfte, wer sich auf der Wiese befand, hier verweilen; am achten Tag aber mussten sie von dort aufbrechen und sich auf den Weg machen; nach weiteren vier Tagen kamen sie an einen Ort, von dem aus sie ein Licht erblickten, das sich, gerade wie eine Säule, von oben durch den ganzen Himmel und die Erde ausbreitete, ganz ähnlich einem Regenbogen, nur glänzender und reiner. Tags darauf kamen sie zu diesem Licht und sahen dort in seiner Mitte [c] die Enden der Bänder, mit denen es am Himmel befestigt war; dieses Licht ist nämlich das Band des Himmels, das wie die Gurte einer Triere den ganzen Weltkreis zusammenhält; an diesen Enden ist die Spindel der Notwendigkeit, durch die alle Umdrehungen geschehen. Schaft und Spindelhaken sind aus Stahl, der Wirtel aber aus einem Gemisch von Stahl und anderen Metallen. Die Beschaffenheit des Wirtels aber ist folgende: [d] Seine äußere Form ist wie die der unseren, doch muss man sich jenen nach seinen Worten so vorstellen, wie wenn in einem großen und völlig ausgehöhlten Wirtel ein anderer ebensolcher, nur kleinerer eingepasst liege, wie Eimer, die ineinander passen, und so noch ein dritter und vierter und vier weitere. Im Ganzen sind es acht Wirtel, die ineinander stecken und deren Ränder von oben gesehen [e] als Kreise erscheinen, um

συνεχὲς ἑνὸς σφονδύλου ἀπεργαζομένους περὶ τὴν ἠλακάτην· ἐκείνην δὲ διὰ μέσου τοῦ ὀγδόου διαμπερὲς ἐληλάσθαι. τὸν μὲν οὖν πρῶτόν τε καὶ ἐξωτάτω σφόνδυλον πλατύτατον τὸν τοῦ χείλους κύκλον ἔχειν, τὸν δὲ τοῦ ἕκτου δεύτερον, τρίτον δὲ τὸν τοῦ τετάρτου, τέταρτον δὲ τὸν τοῦ ὀγδόου, πέμπτον δὲ τὸν τοῦ ἑβδόμου, ἕκτον δὲ τὸν τοῦ πέμπτου, ἕβδομον δὲ τὸν τοῦ τρίτου, ὄγδοον δὲ τὸν τοῦ δευτέρου. καὶ τὸν μὲν τοῦ μεγίστου ποικίλον, τὸν δὲ τοῦ ἑβδόμου λαμπρότατον, τὸν δὲ [617a] τοῦ ὀγδόου τὸ χρῶμα ἀπὸ τοῦ ἑβδόμου ἔχειν προσλάμποντος, τὸν δὲ τοῦ δευτέρου καὶ πέμπτου παραπλήσια ἀλλήλοις, ξανθότερα ἐκείνων, τρίτον δὲ λευκότατον χρῶμα ἔχειν, τέταρτον δὲ ὑπέρυθρον, δεύτερον δὲ λευκότητι τὸν ἕκτον. κυκλεῖσθαι δὲ δὴ στρεφόμενον τὸν ἄτρακτον ὅλον μὲν τὴν αὐτὴν φοράν, ἐν δὲ τῷ ὅλῳ περιφερομένῳ τοὺς μὲν ἐντὸς ἑπτὰ κύκλους τὴν ἐναντίαν τῷ ὅλῳ ἠρέμα περιφέρεσθαι, αὐτῶν δὲ τούτων τάχιστα μὲν ἰέναι τὸν ὄγδοον, δευτέρους δὲ καὶ ἅμα [b] ἀλλήλοις τόν τε ἕβδομον καὶ ἕκτον καὶ πέμπτον· [τὸν] τρίτον δὲ φορᾷ ἰέναι, ὡς σφίσι φαίνεσθαι, ἐπανακυκλούμενον τὸν τέταρτον, τέταρτον δὲ τὸν τρίτον καὶ πέμπτον τὸν δεύτερον. στρέφεσθαι δὲ αὐτὸν ἐν τοῖς τῆς Ἀνάγκης γόνασιν. ἐπὶ δὲ τῶν κύκλων αὐτοῦ ἄνωθεν ἐφ᾽ ἑκάστου βεβηκέναι Σειρῆνα συμπεριφερομένην, φωνὴν μίαν ἱεῖσαν, ἕνα τόνον· ἐκ πασῶν δὲ ὀκτὼ οὐσῶν μίαν ἁρμονίαν συμφωνεῖν. ἄλλας δὲ καθημένας [c] πέριξ δι᾽ ἴσου τρεῖς, ἐν θρόνῳ ἑκάστην, θυγατέρας τῆς Ἀνάγκης, Μοίρας, λευχειμονούσας, στέμματα ἐπὶ τῶν κεφαλῶν ἐχούσας, Λάχεσίν τε καὶ Κλωθὼ καὶ Ἄτροπον, ὑμνεῖν πρὸς τὴν τῶν Σειρήνων ἁρμονίαν, Λάχεσιν μὲν τὰ γεγονότα, Κλωθὼ δὲ τὰ ὄντα, Ἄτροπον δὲ τὰ μέλλοντα. καὶ τὴν μὲν Κλωθὼ τῇ δεξιᾷ χειρὶ ἐφαπτομένην συνεπιστρέφειν τοῦ ἀτράκτου τὴν ἔξω περιφοράν, διαλείπουσαν χρόνον,

den Schaft aber die zusammenhängende Oberfläche eines einzigen Wirtels bilden. Der Wirtelschaft aber ist mitten durch den achten Wirtel hindurchgetrieben. Der erste und äußerste Wirtel hat den breitesten Randkreis, an zweiter Stelle folgt der des sechsten Wirtels, an dritter der des vierten, an vierter der des achten, an fünfter der des siebenten, an sechster der des fünften, an siebenter der des dritten und an achter Stelle schließlich der des zweiten Wirtels. Der Kreis des größten Wirtels ist bunt, der des siebenten der hellste, [617a] der achte hat seine Farbe vom siebenten, der ihn beleuchtet; die Kreise des zweiten und fünften sind einander ähnlich, aber gelber als jene, der dritte hat die weißeste Farbe, der vierte ist rötlich und der sechste am zweithellsten. Die ganze Spindel aber dreht sich in gleichmäßiger Bewegung im Kreis, und während sich das Ganze dreht, bewegen sich die inneren sieben Kreise langsam in einer dem Ganzen entgegengesetzten Richtung; am schnellsten von ihnen bewegt sich der achte Kreis, am zweitschnellsten und zugleich [b] miteinander der siebente, der sechste und der fünfte. Am drittschnellsten war, wie ihnen schien, die Kreisbewegung des vierten, an vierter Stelle folgte dann der dritte und an fünfter der zweite. Die ganze Spindel aber dreht sich im Schoße der Notwendigkeit. Oben auf jedem Kreis steht eine Sirene, die sich mitdreht und ihre Stimme ertönen lässt, jede einen einzigen Ton. Alle acht Töne aber erklingen zusammen zu einer einzigen Harmonie.[67] Drei andere weibliche Gestalten sitzen [c] ringsum in gleichen Abständen, jede auf einem Thron; es sind dies die Moiren, die Töchter der Notwendigkeit, Lachesis, Klotho und Atropos, in weißem Gewand und mit Binden um das Haupt;[68] sie singen zur Harmonie der Sirenen, Lachesis von der Vergangenheit, Klotho von der Gegenwart und Atropos von der Zukunft. Klotho greift von Zeit zu Zeit mit der Rechten nach der Spindel und hilft der äußeren Drehung nach, während Atropos dasselbe mit der

τὴν δὲ Ἄτροπον τῇ ἀριστερᾷ τὰς ἐντὸς αὖ ὡσαύτως· τὴν δὲ Λάχεσιν [d] ἐν μέρει ἑκατέρας ἑκατέρᾳ τῇ χειρὶ ἐφάπτεσθαι.

15 σφᾶς οὖν, ἐπειδὴ ἀφικέσθαι, εὐθὺς δεῖν ἰέναι πρὸς τὴν Λάχεσιν. προφήτην οὖν τινα σφᾶς πρῶτον μὲν ἐν τάξει διαστῆσαι, ἔπειτα λαβόντα ἐκ τῶν τῆς Λαχέσεως γονάτων κλήρους τε καὶ βίων παραδείγματα, ἀναβάντα ἐπί τι βῆμα ὑψηλὸν εἰπεῖν –

»Ἀνάγκης θυγατρὸς κόρης Λαχέσεως λόγος. Ψυχαὶ ἐφήμεροι, ἀρχὴ ἄλλης περιόδου θνητοῦ γένους θανατηφόρου. [e] οὐχ ὑμᾶς δαίμων λήξεται, ἀλλ᾽ ὑμεῖς δαίμονα αἱρήσεσθε. πρῶτος δ᾽ ὁ λαχὼν πρῶτος αἱρείσθω βίον ᾧ συνέσται ἐξ ἀνάγκης. ἀρετὴ δὲ ἀδέσποτον, ἣν τιμῶν καὶ ἀτιμάζων πλέον καὶ ἔλαττον αὐτῆς ἕκαστος ἕξει. αἰτία ἑλομένου· θεὸς ἀναίτιος.«

Ταῦτα εἰπόντα ῥῖψαι ἐπὶ πάντας τοὺς κλήρους, τὸν δὲ παρ᾽ αὑτὸν πεσόντα ἕκαστον ἀναιρεῖσθαι πλὴν οὗ, ἓ δὲ οὐκ ἐᾶν· τῷ δὲ ἀνελομένῳ δῆλον εἶναι ὁπόστος εἰλήχει. [618a] μετὰ δὲ τοῦτο αὖθις τὰ τῶν βίων παραδείγματα εἰς τὸ πρόσθεν σφῶν θεῖναι ἐπὶ τὴν γῆν, πολὺ πλείω τῶν παρόντων. εἶναι δὲ παντοδαπά· ζῴων τε γὰρ πάντων βίους καὶ δὴ καὶ τοὺς ἀνθρωπίνους ἅπαντας. τυραννίδας τε γὰρ ἐν αὐτοῖς εἶναι, τὰς μὲν διατελεῖς, τὰς δὲ καὶ μεταξὺ διαφθειρομένας καὶ εἰς πενίας τε καὶ φυγὰς καὶ εἰς πτωχείας τελευτώσας· εἶναι δὲ καὶ δοκίμων ἀνδρῶν βίους, τοὺς μὲν ἐπὶ εἴδεσιν καὶ κατὰ κάλλη καὶ τὴν ἄλλην ἰσχὺν [b] τε καὶ ἀγωνίαν, τοὺς δ᾽ ἐπὶ γένεσιν καὶ προγόνων ἀρεταῖς, καὶ ἀδοκίμων κατὰ ταῦτα, ὡσαύ-

linken Hand bei der inneren Drehung macht. Lachesis wieder [d] greift abwechselnd mit beiden Händen in beide Drehungen ein.

15 Als sie dort angekommen waren, mussten sie sofort vor Lachesis hintreten. Ein Herold ließ sie zunächst in Reih und Glied antreten, dann nahm er vom Schoß der Lachesis Lose und Lebensmuster, bestieg eine hohe Rednerbühne und sprach:

›Das ist das Wort der Jungfrau Lachesis, der Tochter der Notwendigkeit. Ihr Eintagsseelen, es beginnt ein neuer todbringender Umlauf des sterblichen Geschlechts. [e] Nicht ein Daimon wird euch erlosen, sondern ihr werdet euch den Daimon wählen.[69] Wer das erste Los gezogen hat, soll als Erster seinen Lebenslauf wählen,[70] mit dem er dann mit Notwendigkeit zusammenbleiben wird. Die Tugend aber ist niemandem zu eigen; wer sie ehrt oder verachtet, wird jeweils mehr oder weniger von ihr haben. Die Schuld liegt beim Wählenden, Gott ist schuldlos.‹

Nach diesen Worten warf er allen die Lose zu, und ein jeder hob das Los auf, das vor ihn hingefallen war, nur er[71] selbst nicht, denn ihm erlaubte er[72] es nicht. Jetzt wusste jeder, der sein Los aufhob, welchen Platz in der Reihenfolge er erlost hatte. [618a] Dann wiederum stellte der Herold die Lebensmuster vor sie hin auf die Erde, und zwar in größerer Zahl als die Anwesenden. Sie waren von ganz unterschiedlicher Art: Lebensläufe von sämtlichen Tieren[73] und natürlich auch alle menschlichen. Darunter waren solche von Tyrannen, teils das ganze Leben andauernd, teils mittendrin abgebrochen und in Armut, Verbannung und Bettelei endend. Es waren auch Lebensläufe von Männern dabei, die durch Gestalt und Schönheit, Stärke [b] und Kampfkraft, andere wieder durch Herkunft und die Verdienste ihrer Vorfahren angesehen waren, aber auch solche von Männern, die in dieser Hinsicht völlig unbedeutend wa-

τως δὲ καὶ γυναικῶν. ψυχῆς δὲ τάξιν οὐκ ἐνεῖναι διὰ τὸ ἀναγκαίως ἔχειν ἄλλον ἑλομένην βίον ἀλλοίαν γίγνεσθαι· τὰ δ' ἄλλα ἀλλήλοις τε καὶ πλούτοις καὶ πενίαις, τὰ δὲ νόσοις, τὰ δ' ὑγιείαις μεμεῖχθαι, τὰ δὲ καὶ μεσοῦν τούτων. ἔνθα δή, ὡς ἔοικεν, ὦ φίλε Γλαύκων, ὁ πᾶς κίνδυνος ἀνθρώπῳ, καὶ διὰ ταῦτα μάλιστα [c] ἐπιμελητέον ὅπως ἕκαστος ἡμῶν τῶν ἄλλων μαθημάτων ἀμελήσας τούτου τοῦ μαθήματος καὶ ζητητὴς καὶ μαθητὴς ἔσται, ἐάν ποθεν οἷός τ' ᾖ μαθεῖν καὶ ἐξευρεῖν τίς αὐτὸν ποιήσει δυνατὸν καὶ ἐπιστήμονα, βίον καὶ χρηστὸν καὶ πονηρὸν διαγιγνώσκοντα, τὸν βελτίω ἐκ τῶν δυνατῶν ἀεὶ πανταχοῦ αἱρεῖσθαι· ἀναλογιζόμενον πάντα τὰ νυνδὴ ῥηθέντα καὶ συντιθέμενα ἀλλήλοις καὶ διαιρούμενα πρὸς ἀρετὴν βίου πῶς ἔχει, εἰδέναι τί κάλλος πενίᾳ ἢ πλούτῳ κραθὲν καὶ [d] μετὰ ποίας τινὸς ψυχῆς ἕξεως κακὸν ἢ ἀγαθὸν ἐργάζεται, καὶ τί εὐγένειαι καὶ δυσγένειαι καὶ ἰδιωτεῖαι καὶ ἀρχαὶ καὶ ἰσχύες καὶ ἀσθένειαι καὶ εὐμαθίαι καὶ δυσμαθίαι καὶ πάντα τὰ τοιαῦτα τῶν φύσει περὶ ψυχὴν ὄντων καὶ τῶν ἐπικτήτων τί συγκεραννύμενα πρὸς ἄλληλα ἐργάζεται, ὥστε ἐξ ἁπάντων αὐτῶν δυνατὸν εἶναι συλλογισάμενον αἱρεῖσθαι, πρὸς τὴν τῆς ψυχῆς φύσιν ἀποβλέποντα, τόν τε χείρω καὶ τὸν ἀμείνω [e] βίον, χείρω μὲν καλοῦντα ὃς αὐτὴν ἐκεῖσε ἄξει, εἰς τὸ ἀδικωτέραν γίγνεσθαι, ἀμείνω δὲ ὅστις εἰς τὸ δικαιοτέραν. τὰ δὲ ἄλλα πάντα χαίρειν ἐάσει· ἑωράκαμεν γὰρ ὅτι ζῶντί τε καὶ τελευτήσαντι αὕτη κρατίστη αἵρεσις. ἀδαμαντίνως δὴ [619a] δεῖ ταύτην τὴν δόξαν ἔχοντα εἰς Ἅιδου ἰέναι, ὅπως ἂν ᾖ καὶ ἐκεῖ ἀνέκπληκτος ὑπὸ πλούτων τε καὶ τῶν τοιούτων κακῶν, καὶ μὴ ἐμπεσὼν εἰς τυραννίδας καὶ ἄλλας τοιαύτας

ren, und ebenso Lebensläufe von Frauen. Eine bestimmte Rangordnung der Seelen gab es dabei nicht, weil jede Seele, die eine andere Lebensform wählte, ja sowieso eine andere werden musste. Im Übrigen aber war alles wild durcheinandergemischt; da gab es Reich neben Arm, Gesundes neben Krankem und solches, das in der Mitte zwischen beidem lag. Hier, mein lieber Glaukon, liegt für den Menschen offenbar die größte Gefahr, und deshalb muss sich [c] ein jeder von uns am meisten darum sorgen, dass er alle anderen Wissenschaften beiseite lässt und nur in dieser ein Schüler und Forscher sein wird, wenn er überhaupt imstande ist, durch Lernen herauszufinden, welche Wissenschaft ihm die Fähigkeit und das Wissen vermittelt, die gute Lebensweise von der schlechten zu unterscheiden und nach Möglichkeit immer und überall die bessere zu wählen; er muss bei sich überlegen, wie sich alles, was wir nun gesagt, zusammengestellt und unterschieden haben, auf die Tüchtigkeit des Lebens auswirkt, und muss wissen, was Schönheit, gepaart mit Armut oder Reichtum, bewirkt und [d] in Verbindung mit welcher Haltung der Seele sie Schlechtes oder Gutes schafft; ferner was edle und unedle Herkunft, was Privatleben und Regieren, was Körperkraft und Schwäche, was Leichtigkeit beim Lernen und Ungelehrigkeit, kurz was all die natürlichen Anlagen und erworbenen Fähigkeiten der Seele in ihrer Vermischung miteinander bewirken, so dass er aus alledem seine Schlüsse ziehen und im Hinblick auf das Wesen seiner Seele das bessere oder schlechtere Leben wählen kann; [e] schlechter nennt er jenes, welches die Seele zur Ungerechtigkeit führt, besser aber das, welches sie gerechter macht. Alles andere aber wird er außer Acht lassen. Denn diese Wahl ist für ihn, wie wir gesehen haben, im Leben wie im Tod die beste. An dieser Meinung eisern festhaltend, [619a] muss er in den Hades hinabsteigen, damit er auch dort unbeeindruckt ist von Reichtum und anderen derartigen Übeln und nicht in ein Tyrannen-

πράξεις πολλὰ μὲν ἐργάσηται καὶ ἀνήκεστα κακά, ἔτι δὲ αὐτὸς μείζω πάθη, ἀλλὰ γνῷ τὸν μέσον ἀεὶ τῶν τοιούτων βίον αἱρεῖσθαι καὶ φεύγειν τὰ ὑπερβάλλοντα ἑκατέρωσε καὶ ἐν τῷδε τῷ βίῳ κατὰ τὸ δυνατὸν καὶ ἐν παντὶ τῷ ἔπειτα· οὕτω γὰρ [b] εὐδαιμονέστατος γίγνεται ἄνθρωπος.

16 Καὶ δὴ οὖν καὶ τότε ὁ ἐκεῖθεν ἄγγελος ἤγγελλε τὸν μὲν προφήτην οὕτως εἰπεῖν· »Καὶ τελευταίῳ ἐπιόντι, ξὺν νῷ ἑλομένῳ, συντόνως ζῶντι κεῖται βίος ἀγαπητός, οὐ κακός. μήτε ὁ ἄρχων αἱρέσεως ἀμελείτω μήτε ὁ τελευτῶν ἀθυμείτω.«

Εἰπόντος δὲ ταῦτα τὸν πρῶτον λαχόντα ἔφη εὐθὺς ἐπιόντα τὴν μεγίστην τυραννίδα ἑλέσθαι, καὶ ὑπὸ ἀφροσύνης τε καὶ λαιμαργίας οὐ πάντα ἱκανῶς ἀνασκεψάμενον ἑλέσθαι, ἀλλ᾽ [c] αὐτὸν λαθεῖν ἐνοῦσαν εἱμαρμένην παίδων αὐτοῦ βρώσεις καὶ ἄλλα κακά· ἐπειδὴ δὲ κατὰ σχολὴν σκέψασθαι, κόπτεσθαί τε καὶ ὀδύρεσθαι τὴν αἵρεσιν, οὐκ ἐμμένοντα τοῖς προρρηθεῖσιν ὑπὸ τοῦ προφήτου· οὐ γὰρ ἑαυτὸν αἰτιᾶσθαι τῶν κακῶν, ἀλλὰ τύχην τε καὶ δαίμονας καὶ πάντα μᾶλλον ἀνθ᾽ ἑαυτοῦ. εἶναι δὲ αὐτὸν τῶν ἐκ τοῦ οὐρανοῦ ἡκόντων, ἐν τεταγμένῃ πολιτείᾳ ἐν τῷ προτέρῳ βίῳ βεβιωκότα, ἔθει [d] ἄνευ φιλοσοφίας ἀρετῆς μετειληφότα. ὡς δὲ καὶ εἰπεῖν, οὐκ ἐλάττους εἶναι ἐν τοῖς τοιούτοις ἁλισκομένους τοὺς ἐκ τοῦ οὐρανοῦ ἥκοντας, ἅτε πόνων ἀγυμνάστους· τῶν δ᾽ ἐκ τῆς γῆς τοὺς πολλούς, ἅτε αὐτούς τε πεπονηκότας ἄλλους τε ἑωρακότας, οὐκ ἐξ ἐπιδρομῆς τὰς αἱρέσεις ποιεῖσθαι. διὸ δὴ καὶ μεταβολὴν τῶν

leben und ähnliche Handlungen verfällt, viel unheilvolle Übel anrichtet und dann selbst noch Schlimmeres zu erleiden hat; vielmehr soll er es verstehen, unter diesen Lebenswegen immer den mittleren zu wählen und ein Übermaß nach beiden Seiten hin, so gut es geht, in diesem Leben und im ganzen jenseitigen zu vermeiden. Denn so [b] wird der Mensch am glücklichsten.[74]

16 Und daher habe, nach dem Bericht des Boten aus dem Jenseits, der Herold Folgendes gesagt: ›Auch für den, der als Letzter herantritt, seine Wahl mit Vernunft trifft und sich streng daran hält, liegt ein wünschenswertes, keinesfalls schlimmes Lebenslos bereit. Weder soll der Erste bei der Wahl sorglos sein, noch der Letzte mutlos.‹

Nach diesen Worten, so berichtete er, trat der, der das erste Los gezogen hatte, sofort vor und wählte die größte Tyrannis; er traf seine Wahl aus Unvernunft und Gier, ohne hinreichende Überlegung, dabei [c] entging ihm aber, dass ihm vom Schicksal der Verzehr der eigenen Kinder[75] und anderes Grässliches mitbestimmt war. Doch als er dann in Ruhe überlegte, schlug er sich an die Brust und beklagte seine Wahl, da er die früheren Mahnungen des Herolds in den Wind geschlagen hatte. Nicht sich selbst gab er die Schuld an diesem Unglück, sondern dem Schicksal und den Dämonen und allem anderen eher als sich selbst. Er gehörte aber zu denen, die vom Himmel zurückgekehrt waren, da er sein früheres Leben in wohlgeordneter Verfassung verbracht und aus Gewohnheit, jedoch [d] ohne Liebe zur Weisheit, an der Tugend teilgehabt hatte. Überhaupt könnte man sagen, nicht wenige von denen, die vom Himmel herabgekommen sind, lassen sich bei dieser Torheit ertappen, weil sie keinerlei Erfahrung mit Leiden haben, während die meisten, die aus der Erde heraufkommen, bei ihrer Wahl nicht so stürmisch vorgehen, da sie ja das Leid selbst erfahren und an anderen gesehen haben. Daraus und auch aus der

κακῶν καὶ τῶν ἀγαθῶν ταῖς πολλαῖς τῶν ψυχῶν γίγνεσθαι καὶ διὰ τὴν τοῦ κλήρου τύχην· ἐπεὶ εἴ τις ἀεί, ὁπότε εἰς τὸν ἐνθάδε βίον ἀφικνοῖτο, ὑγιῶς φιλοσοφοῖ [e] καὶ ὁ κλῆρος αὐτῷ τῆς αἱρέσεως μὴ ἐν τελευταίοις πίπτοι, κινδυνεύει ἐκ τῶν ἐκεῖθεν ἀπαγγελλομένων οὐ μόνον ἐνθάδε εὐδαιμονεῖν ἄν, ἀλλὰ καὶ τὴν ἐνθένδε ἐκεῖσε καὶ δεῦρο πάλιν πορείαν οὐκ ἂν χθονίαν καὶ τραχεῖαν πορεύεσθαι, ἀλλὰ λείαν τε καὶ οὐρανίαν.

Ταύτην γὰρ δὴ ἔφη τὴν θέαν ἀξίαν εἶναι ἰδεῖν, ὡς ἕκασται [620a] αἱ ψυχαὶ ᾑροῦντο τοὺς βίους· ἐλεινήν τε γὰρ ἰδεῖν εἶναι καὶ γελοίαν καὶ θαυμασίαν. κατὰ συνήθειαν γὰρ τοῦ προτέρου βίου τὰ πολλὰ αἱρεῖσθαι. ἰδεῖν μὲν γὰρ ψυχὴν ἔφη τήν ποτε Ὀρφέως γενομένην κύκνου βίον αἱρουμένην, μίσει τοῦ γυναικείου γένους διὰ τὸν ὑπ᾽ ἐκείνων θάνατον οὐκ ἐθέλουσαν ἐν γυναικὶ γεννηθεῖσαν γενέσθαι· ἰδεῖν δὲ τὴν Θαμύρου ἀηδόνος ἑλομένην· ἰδεῖν δὲ καὶ κύκνον μεταβάλλοντα εἰς ἀνθρωπίνου βίου αἵρεσιν, καὶ ἄλλα ζῷα μουσικὰ ὡσαύτως. [b] εἰκοστὴν δὲ λαχοῦσαν ψυχὴν ἑλέσθαι λέοντος βίον· εἶναι δὲ τὴν Αἴαντος τοῦ Τελαμωνίου, φεύγουσαν ἄνθρωπον γενέσθαι, μεμνημένην τῆς τῶν ὅπλων κρίσεως. τὴν δ᾽ ἐπὶ τούτῳ Ἀγαμέμνονος· ἔχθρᾳ δὲ καὶ ταύτην τοῦ ἀνθρωπίνου γένους διὰ τὰ πάθη ἀετοῦ διαλλάξαι βίον. ἐν μέσοις δὲ λαχοῦσαν τὴν Ἀταλάντης ψυχήν, κατιδοῦσαν μεγάλας τιμὰς ἀθλητοῦ ἀνδρός, οὐ δύνασθαι παρελθεῖν, ἀλλὰ λαβεῖν. μετὰ [c] δὲ ταύτην ἰδεῖν τὴν Ἐπειοῦ τοῦ Πανοπέως εἰς τεχνικῆς γυναικὸς ἰοῦσαν φύσιν· πόρρω δ᾽ ἐν ὑστάτοις ἰδεῖν τὴν τοῦ γελωτοποιοῦ Θερσίτου πίθηκον ἐν-

Zufälligkeit des Loses erwachse den meisten Seelen der Wechsel zwischen Unglück und Glück. Denn wenn jemand nach dem Eintritt in das irdische Leben sich stets der wahren Philosophie hingibt [e] und wenn ihm das Los der Wahl nicht unter den Letzten zufällt, dann lebt er nach den Berichten aus dem Jenseits offenbar nicht nur hier glücklich, sondern er wird auch seine Wanderung von hier nach drüben und wieder zurück nicht auf einem irdischen und rauen Weg zurücklegen, sondern auf einem glatten und himmlischen.

Es war ein sehenswertes Schauspiel, sagte er, wie die einzelnen [620a] Seelen ihren Lebenslauf wählten, zugleich erbarmenswert, lächerlich und wunderbar anzusehen. Meist folgten sie bei ihrer Wahl den Gewohnheiten ihres früheren Lebens.[76] Er sah, so berichtete er, wie die Seele, die einst dem Orpheus gehört hatte, aus Hass gegen das weibliche Geschlecht das Leben eines Schwans wählte;[77] denn weil Weiber ihn umgebracht hatten, wollte sie nicht wieder von einer Frau geboren werden. Auch die Seele des Thamyras[78] sah er, wie sie das Leben einer Nachtigall wählte. Ein Schwan wieder wählte, wie er sah, das Leben eines Menschen und andere musische Tiere ebenso. [b] Die Seele, die als Zwanzigste durch das Los bestimmt war, wählte das Leben eines Löwen[79]; es war dies die Seele des Telamoniers Aias, die es ablehnte, ein Mensch zu werden, da sie sich an das Urteil im Waffenstreit erinnerte.[80] Auf sie folgte dann die Seele des Agamemnon; auch sie vertauschte ihr Leben aus Hass gegen das Menschengeschlecht wegen ihrer früheren Leiden mit dem eines Adlers.[81] In der Mitte unter den Losenden war die Seele der Atalante[82]; als sie die großen Ehrungen eines Wettkämpfers sah, konnte sie nicht widerstehen und wählte dieses Leben. Nach [c] dieser sah er die Seele des Epeios[83], des Sohnes des Panopeus, die in das Wesen einer kunstfertigen Frau einging. Ferner erblickte er unter den Letzten die Seele des Possenreißers Thersites, wie sie in einen

δυομένην. κατὰ τύχην δὲ τὴν Ὀδυσσέως λαχοῦσαν πασῶν ὑστάτην αἱρησομένην ἰέναι, μνήμῃ δὲ τῶν προτέρων πόνων φιλοτιμίας λελωφηκυῖαν ζητεῖν περιιοῦσαν χρόνον πολὺν βίον ἀνδρὸς ἰδιώτου ἀπράγμονος, καὶ μόγις εὑρεῖν κείμενόν που καὶ παρημελημένον [d] ὑπὸ τῶν ἄλλων, καὶ εἰπεῖν ἰδοῦσαν ὅτι τὰ αὐτὰ ἂν ἔπραξεν καὶ πρώτη λαχοῦσα, καὶ ἁσμένην ἑλέσθαι. καὶ ἐκ τῶν ἄλλων δὴ θηρίων ὡσαύτως εἰς ἀνθρώπους ἰέναι καὶ εἰς ἄλληλα, τὰ μὲν ἄδικα εἰς τὰ ἄγρια, τὰ δὲ δίκαια εἰς τὰ ἥμερα μεταβάλλοντα, καὶ πάσας μείξεις μείγνυσθαι.

Ἐπειδὴ δ' οὖν πάσας τὰς ψυχὰς τοὺς βίους ᾑρῆσθαι, ὥσπερ ἔλαχον ἐν τάξει προσιέναι πρὸς τὴν Λάχεσιν· ἐκείνην δ' ἑκάστῳ ὃν εἵλετο δαίμονα, τοῦτον φύλακα συμπέμπειν [e] τοῦ βίου καὶ ἀποπληρωτὴν τῶν αἱρεθέντων. ὃν πρῶτον μὲν ἄγειν αὐτὴν πρὸς τὴν Κλωθὼ ὑπὸ τὴν ἐκείνης χεῖρά τε καὶ ἐπιστροφὴν τῆς τοῦ ἀτράκτου δίνης, κυροῦντα ἣν λαχὼν εἵλετο μοῖραν· ταύτης δ' ἐφαψάμενον αὖθις ἐπὶ τὴν τῆς Ἀτρόπου ἄγειν νῆσιν, ἀμετάστροφα τὰ ἐπικλωσθέντα ποιοῦντα· ἐντεῦθεν δὲ δὴ ἀμεταστρεπτὶ ὑπὸ τὸν τῆς [621a] Ἀνάγκης ἰέναι θρόνον, καὶ δι' ἐκείνου διεξελθόντα, ἐπειδὴ καὶ οἱ ἄλλοι διῆλθον, πορεύεσθαι ἅπαντας εἰς τὸ τῆς Λήθης πεδίον διὰ καύματός τε καὶ πνίγους δεινοῦ· καὶ γὰρ εἶναι αὐτὸ κενὸν δένδρων τε καὶ ὅσα γῆ φύει. σκηνᾶσθαι οὖν σφᾶς ἤδη ἑσπέρας γιγνομένης παρὰ τὸν Ἀμέλητα ποταμόν, οὗ τὸ ὕδωρ ἀγγεῖον οὐδὲν στέγειν. μέτρον μὲν οὖν τι τοῦ ὕδατος πᾶσιν ἀναγκαῖον εἶναι πιεῖν, τοὺς δὲ φρονήσει μὴ σῳζομένους πλέον πίνειν τοῦ μέτρου· τὸν δὲ ἀεὶ πιόντα [b] πάντων ἐπιλανθάνεσθαι. ἐπειδὴ δὲ κοιμηθῆναι καὶ μέσας νύκτας γενέσθαι, βροντήν τε καὶ σεισμὸν γενέσθαι, καὶ ἐντεῦθεν ἐξαπίνης ἄλλον ἄλλῃ φέρεσθαι ἄνω εἰς τὴν γένεσιν, ᾄτ-

Affen hineinschlüpfte.[84] Zufällig aber hatte die Seele des Odysseus als Allerletzte das Los gezogen; so schritt sie jetzt zur Wahl und ging, durch die Erinnerung an die früheren Leiden von ihrem Ehrgeiz befreit, lange herum und suchte das Leben eines geruhsamen Privatmannes; nur mit Mühe fand sie es, denn es lag irgendwo unbeachtet [d] von den anderen; als sie es entdeckt hatte, sagte sie, sie hätte nicht anders gehandelt, auch wenn sie das erste Los erhalten hätte, und erfreut wählte sie es. Auch sonst sind manche Tiere zu Menschen oder auch zu anderen Tieren geworden, ungerechte verwandelten sich in wilde, gerechte in zahme, auch allerlei Mischungen kamen so zustande.

Als nun alle Seelen ihr Leben gewählt hatten, traten sie in der Reihenfolge, die sie erlost hatten, vor Lachesis. Diese teilte jedem den Daimon zu, den er sich erwählt hatte, als Wächter [e] des Lebens und als Vollstrecker seiner Wahl. Dieser wieder führte die Seele zunächst zu Klotho, unter ihre Hand und unter die Drehung der kreisenden Spindel, um das erloste Geschick zu bestätigen. Dann fasste er sie wieder an und brachte sie zum Spinnrocken der Atropos, um das zugesponnene Schicksal unabänderlich zu machen. Von dort trat er unverwandt unter den [621a] Thron der Notwendigkeit und ging unter ihm hindurch; wenn auch die anderen hindurchgegangen waren, zogen sie alle durch furchtbare Hitze und Glut auf die Ebene der Lethe[85]; diese ist nämlich leer von Bäumen und allem, was die Erde wachsen lässt. Da es Abend wurde, lagerten sie am Fluss Ameles[86], dessen Wasser kein Gefäß zu halten vermag. Von diesem Wasser müssen alle ein gewisses Maß trinken, die Unbesonnenen aber trinken mehr. Wer davon trinkt, [b] vergisst alles. Als sie sich zur Ruhe begeben hatten und es Mitternacht wurde, begann es zu donnern, die Erde erbebte, und dann wurden sie plötzlich durcheinandergewirbelt, hinauf zur Geburt, in rasender Geschwindigkeit wie Sternschnuppen. Er selbst aber hatte

τοντας ὥσπερ ἀστέρας. αὐτὸς δὲ τοῦ μὲν ὕδατος κωλυθῆναι πιεῖν· ὅπῃ μέντοι καὶ ὅπως εἰς τὸ σῶμα ἀφίκοιτο, οὐκ εἰδέναι, ἀλλ᾽ ἐξαίφνης ἀναβλέψας ἰδεῖν ἕωθεν αὐτὸν κείμενον ἐπὶ τῇ πυρᾷ.

Καὶ οὕτως, ὦ Γλαύκων, μῦθος ἐσώθη καὶ οὐκ ἀπώλετο, [c] καὶ ἡμᾶς ἂν σώσειεν, ἂν πειθώμεθα αὐτῷ, καὶ τὸν τῆς Λήθης ποταμὸν εὖ διαβησόμεθα καὶ τὴν ψυχὴν οὐ μιανθησόμεθα. ἀλλ᾽ ἂν ἐμοὶ πειθώμεθα, νομίζοντες ἀθάνατον ψυχὴν καὶ δυνατὴν πάντα μὲν κακὰ ἀνέχεσθαι, πάντα δὲ ἀγαθά, τῆς ἄνω ὁδοῦ ἀεὶ ἑξόμεθα καὶ δικαιοσύνην μετὰ φρονήσεως παντὶ τρόπῳ ἐπιτηδεύσομεν, ἵνα καὶ ἡμῖν αὐτοῖς φίλοι ὦμεν καὶ τοῖς θεοῖς, αὐτοῦ τε μένοντες ἐνθάδε, καὶ ἐπειδὰν τὰ ἆθλα [d] αὐτῆς κομιζώμεθα, ὥσπερ οἱ νικηφόροι περιαγειρόμενοι, καὶ ἐνθάδε καὶ ἐν τῇ χιλιέτει πορείᾳ, ἣν διεληλύθαμεν, εὖ πράττωμεν.

nicht von dem Wasser trinken dürfen; wie und auf welchem Weg er wieder in seinen Körper gelangt sei, wisse er nicht, sondern nur, dass er plötzlich am Morgen[87] die Augen aufgeschlagen habe und sah, wie er auf dem Scheiterhaufen lag.

Und so, mein Glaukon, ist dieser Mythos erhalten geblieben[88] und ging nicht verloren; [c] und er wird auch uns retten, [c] wenn wir uns an ihn halten und den Lethefluss glücklich überschreiten und unsere Seele nicht beflecken. Wenn wir uns alle von mir überzeugen lassen und daran glauben, dass die Seele unsterblich ist und die Kraft besitzt, alles Schlechte und Gute zu ertragen, dann werden wir uns immer an den Weg nach oben halten und immerdar Gerechtigkeit und Einsicht üben, damit wir uns selbst und den Göttern lieb sind, solange wir hier auf Erden weilen und auch nachher, wenn wir die Siegespreise dafür davontragen, [d] die wir wie Sieger bei den Kampfspielen ringsum einsammeln, und damit es uns wohl ergeht, hier und auf der tausendjährigen Wanderschaft, von der wir erzählt haben.«

Anhang

Zu dieser Ausgabe

Der griechische Text folgt Band IV der Ausgabe von John Burnet (*Platonis Opera*, Oxford 1902 [u. ö.]). Textvarianten, bei denen ich lediglich einer anderen Überlieferung folge als Burnet, sind nicht mit Angabe der jeweiligen Handschriften gekennzeichnet; Konjekturen jedoch sind mit dem Namen ihres Urhebers versehen. Änderungen bei der Zeichensetzung werden nur in sinnrelevanten Einzelfällen angeführt:

	Burnet	*Krapinger*
III, 388a 9	πλωΐζοντ᾽	πλάζοντ᾽
III, 396e 6	ἄλλης	ἁπλῆς (Adam)
IV, 420d 5	ποιοῦμεν·	ποιοῦμεν·«
IV, 421a 8	ἔχουσιν.« εἰ	ἔχουσιν. εἰ
IV, 425e 6	διατελοῦσιν	διατελέσουσιν
IV, 434d 7	πρότερον ⟨ἥ⟩; ἐκεῖ	πρότερον ἐκεῖ
VI, 503d 7	γέ φαμεν	γ᾽ ἔφαμεν
VII, 525d 9	δεινοὺς αὖ ὡς	δεινοὺς ὡς
VII, 532c 1	θεῖα	θέα (Ast, Apelt)
VIII, 559d 8	κηφήνων	κηφὴν ὢν (Naber, Slings)
VIII, 559e 1	μεταβολῆς … ὀλιγαρχικῆς	μεταβολῆς ⟨πολιτείας⟩ ὀλιγαρχικῆς
IX, 585c 7	ὁμοίου	ἀνομοίου (Adam)
X, 604b 4	αὐτω	αὐτῷ

In der Übersetzung wurde die sog. Stephanus-Paginierung (d. h. die Angabe der in fünf Abschnitte a–e unterteilten Seite bzw. Spalte in der Ausgabe von Henricus Stephanus, Genf 1578), damit sie den Lesefluss möglichst wenig stört, mitunter etwas freier positioniert – oft in natürlichen Satzpausen, z. B. zwischen zwei Satzgliedern.

In den Anmerkungen ist hinter der Stephanus-Angabe bisweilen sogar die Zeile in der Oxford-Ausgabe angegeben, um eine möglichst große Genauigkeit zu erzielen.

Allen Leserinnen und Lesern der *Politeia*, die zuverlässige und ausführliche Informationen zu Platon insgesamt suchen, seien Manfred Erler

2007 und Horn/Müller/Söder 2009 ans Herz gelegt, eine profunde philosophische Einführung in die zeitgenössischen metaphysischen und ethischen Debatten zu unserer Schrift bietet Becker 2017. Fast alle Facetten des vielschichtigen Staatsdialogs beleuchtet der umfangreichste Kommentar zur *Politeia*, der in italienischer Sprache verfasst und von Mario Vegetti in sieben Bänden herausgegeben wurde (Neapel 1998–2007).

Die Anmerkungen im vorliegenden Band sollen in der Hauptsache Verweise und Belege zu Dichterzitaten und Sachaussagen liefern, Bezüge zu Platons denkerischen Vorläufern sowie zu dessen sonstigen Schriften offenlegen, Literaturangaben zu Einzelfragen darreichen oder auch nur einfach zum besseren Textverständnis beitragen. Griechische Begriffe, die für ein Zielpublikum über Altphilologen hinaus von Interesse sein könnten, sind in Umschrift angegeben, solche, die nur in einem philologischen Kontext von Interesse schienen, hingegen nicht.

Auf einzelne Deutungskontroversen konnte nur wenig eingegangen werden. Auch hier sei auf die angeführte Forschungsliteratur verwiesen. Auf die Rezeptionsgeschichte wirft das Nachwort aus Platzgründen nur einen flüchtigen Blick.

Für unermüdlichen philologischen Beistand danke ich meinem Freund und Lehrmeister Herbert Wurm.

Abkürzungen

Antike Autoren

Bei manchen angeführten Werken ist die Verfasserfrage umstritten (beispielsweise werden in der modernen Forschung der *Theages* Platon, die *Athenaion politeia* Xenophon häufig abgesprochen); dies wird im Abkürzungsverzeichnis (und in den Zitaten im Anmerkungsteil) nicht berücksichtigt.

Platon

Im Anmerkungsteil wird aus dem Platonicum nur mit dem Werktitel (d. h. ohne »Plat.«) zitiert.

Alk. 1: *Alkibiades 1*
apol.: *Apologia*
Axioch.: *Axiochos*
Charm.: *Charmides*
epin.: *Epinomis*
epist.: *Epistulae*
Euthyd.: *Euthydemos*
Euthyphr.: *Euthyphron*
Gorg.: *Gorgias*
Hipp. mai.: *Hippias maior*
Hipp. min.: *Hippias minor*
Krat.: *Kratylos*
Krit.: *Kriton*
Lach.: *Laches*
leg.: *Leges*
Lys.: *Lysis*
Men.: *Menon*
Min.: *Minos*
Mx.: *Menexenos*

Parm.: *Parmenides*
Phaid.: *Phaidon*
Phaidr.: *Phaidros*
Phil.: *Philebos*
polit.: *Politikos*
Prot.: *Protagoras*
rep.: *De re publica / Politeia*
soph.: *Sophista*
symp.: *Symposium*
Theag.: *Theages*
Tht.: *Theaitetos*
Tim.: *Timaios*

Übrige Autoren

Ail. nat.: Ailianos, *De natura animalium*
Aischin. or.: Aischines, *Orationes*
Aischyl.: Aischylos
Ag.: *Agamemnon*
Choeph.: *Choephoroi*
Pers.: *Persae*
Prom.: *Prometheus*
Sept.: *Septem adversus Thebas*
Suppl.: *Supplices*
Anakr.: Anakreon
Antiph.: Antiphon, *Orationes*
Apoll. Rhod.: Apollonios Rhodios
Apollod.: Apollodoros, *Bibliotheke*
Aristoph.: Aristophanes
Ach.: *Acharnenses*
Av.: *Aves*
Eccl.: *Ecclesiazusae*
Equ.: *Equites*
Nub.: *Nubes*
Plut.: *Plutos*

Ran.: *Ranae*
Thesm.: *Thesmophoriazusae*
Vesp.: *Vespae*

Aristot.: Aristoteles
Ath. pol.: *Athenaion politeia*
eth. Eud.: *Ethica Eudemia*
eth. Nic.: *Ethica Nicomachea*
hist. an.: *Historia animalium*
int.: *De interpretatione*
meteor.: *Meteorologica*
poet.: *Poetica*
pol.: *Politica*
probl.: *Problemata*
protr.: *Protrepticus*
rhet.: *Rhetorica*

Arr. an.: Arrianos, *Anabasis*

Athen.: Athenaios, *Deipnosophistae*

Cic.: Cicero
Att.: *Epistulae ad Atticum*
leg.: *De legibus*
off.: *De officiis*

Demosth. or.: Demosthenes, *Orationes*

Diod.: Diodorus Siculus

Diog. Laert.: Diogenes Laertios

Erasm. adag. chil.: Erasmus, *Adagiorum chiliades*

Eur.: Euripides
Alc.: *Alcestis*
Andr.: *Andromache*
Bacch.: *Bacchae*
El.: *Electra*
Hel.: *Helena*
Herc.: *Hercules*
Hipp.: *Hippolytus*
Iph. A.: *Iphigenia Aulidensis*
Med.: *Medea*
Or.: *Orestes*

Phoen.: *Phoenissae*
Rhes.: *Rhesus*
Suppl.: *Supplices*
Tro.: *Troiades*

Gell.: Aulus Gellius, *Noctes Atticae*
Hdt.: Herodotos
Hes.: Hesiodos
erg.: *Opera et dies*
scut.: *Scutum*
theog.: *Theogonia*

Hippokr.: Hippokrates
art.: *De articulis*
morb.: *De morbis*
mul.: *De mulierum affectibus*
VM: *De vetere medicina*

Hom.: Homeros
Il.: *Ilias*
Od.: *Odyssee*

Hyg. fab.: Hyginus, *Fabulae*
Iambl. v. Pyth.: Iamblichos, *De vita Pythagorica*
Ibyk.: Ibykos
Isokr. or.: Isokrates, *Orationes*
Lucr.: Lucretius, *De rerum natura*
Lys. or.: Lysias, *Orationes*
Mimn.: Mimnermos
Ov. met.: Ovidius, *Metamorphoses*
Paus.: Pausanias
Pind.: Pindar
I.: *Isthmien*
N.: *Nemeen*
O.: *Olympien*
P.: *Pythien*

Plut.: Plutarchos
Alc.: *Alcibiades*
amat.: *Amatorius* (*Moralia* 748e–771e)
Phoc.: *Phokion*

Sol.: *Solon*
symp.: *Quaestiones convivales*
Thes.: *Theseus*

Polyb.: Polybios

Porph. v. Pyth.: Porphyrios, *De vita Pythagorae*

Ps. Eratosth. cat.: Pseudo-Eratosthenes, *Katasterismoi* [ed. A. Olivieri, Leipzig 1897]

Quint. inst.: Quintilianus, *Institutio oratoria*

Sim.: Simonides

Sol.: Solon

Soph.: Sophocles
Ai.: *Aias*
Ant.: *Antigone*
Oid. K.: *Oedipus Coloneus*
Oid. T.: *Oedipus Rex*
Trach.: *Trachiniae*

Strab.: Strabon

Tac. ann.: Tacitus, *Annales*

Theokr.: Theokritos

Theop.: Theopompos

Thgn.: Theognis

Thuk.: Thukydides

Tyrt.: Tyrtaios

Verg.: Vergilius
ecl.: *Eclogae*
georg.: Georgica

Xen.: Xenophon
apol.: *Apologia*
Ath. pol.: *Athenaion politeia*
hell.: *Hellenica*
Hier.: *Hieron*
kyn.: *Cynegeticus*
Kyr.: *Cyrupaideia*
mem.: *Memorabilia*
oik.: *Oeconomicus*
symp.: *Symposium*

Textsammlungen

Adler Adler, A. (Hrsg.): Suidae lexicon. 5 Bde. Leipzig 1928–38. [Nachdruck Leipzig 1994–2001.]

CPG Leutsch, E. L. / Schneidewin, F. W. (Hrsg.): Corpus paroemiographorum Graecorum. 2 Bde. Göttingen 1831–51. [Nachdruck Hildesheim 1958.]

Diehl Diehl, E. (Hrsg.): Anthologia lyrica Graeca. 3 Bde. Leipzig ^{3}1949–54.

DK Diels, H. / Kranz, W. (Hrsg.): Fragmente der Vorsokratiker. 3 Bde. Zürich 1974. [Unveränderter Nachdruck der 6. Aufl.]

DNP Cancik, H. / Schneider, H. (Hrsg.): Der Neue Pauly. Enzyklopädie der Antike. Stuttgart/Weimar 1996–2002.

Düring Düring, I. (Hrsg.): Der Protreptikos des Aristoteles. Einleitung, Text, Übersetzung und Kommentar. Frankfurt a. M. 1969.

FGrH Jacoby, F. (Hrsg.): Die Fragmente der griechischen Historiker. 3 Teile in 14 Bänden. 1923–58.

Gigon Aristotelis opera ex recensione Immanuelis Bekkeri edidit Academia regia Borussica, editio altera, curavit O. Gigon, vol. III: Librorum deperditorum Fragmenta. Berlin 1987.

Kühner/Gerth Kühner, R. / Gerth, B.: Ausführliche Grammatik der griechischen Sprache. Teil 2: Satzlehre. 2 Bde. Hannover/Leipzig ^{3}1898–1904. [Nachdruck Hannover 1976.]

Littré Littré, E. (Hrsg.): Œuvres complètes d'Hippocrate. 10 Bde. Paris 1839–61. [Nachdruck 1973–82.]

LSJ Liddell, H. G. / Scott, R. / Jones, H. St.: A Greek-English Lexicon. Oxford ^{9}1940.

Maehler Maehler, H. (Hrsg.): Pindari Carmina cum fragmentis pars II. Fragmenta. Indices. Leipzig 1989.

Martina Martina, A. (Hrsg.): Solon, Testimonia veterum. Rom 1968.

Merkelbach/West Merkelbach, R. / West, M. L. (Hrsg.): Fragmenta Hesiodea. Oxford 1967.

OF Kern, O. (Hrsg.): Orphicorum Fragmenta. Berlin ^{3}1972.

PCG Kassel, R. / Austin, C. (Hrsg.): Poetae comici Graeci. 8 Bde. Berlin 1983–2001.

PMG Page, D. L.: Poetae melici graeci. Oxford 1962.

SSR Giannantoni, G. (Hrsg.): Socratis et Socraticorum Reliquiae I–IV. Neapel 1990.

SVF Arnim, J. v. (Hrsg.): Stoicorum veterum fragmenta. 3 Bde. Leipzig 1903–05. [Index 1924. Nachdruck München/Leipzig 2004.]

TGF Nauck, A. (Hrsg.): Tragicorum Graecorum Fragmenta. Leipzig [2]1889. [Nachdruck Hildesheim 1983.]

TrGF Snell, B. / Kannicht, R. / Radt, St. (Hrsg.): Tragicorum graecorum fragmenta. Bd. I: Göttingen [2]1986. Bde. II–IV: Göttingen 1977–85.

West West, M. L. (Hrsg.): Iambi et elegi Graeci ante Alexandrum cantati. Bd. I: Archilochus, Hipponax, Theognidea. Bd. II: Callinus, Mimnermus, Semonides, Solon, Tyrtaeus, Minora, Adespota. Oxford [2]1992.

West, M. L. (Hrsg.): Theognidis et Phocylidis fragmenta et adespota quaedam gnomica, Berlin/New York 1978.

Sonstige Abkürzungen

D. h.	das heißt
ebd.	ebenda
et pass.	et passim (an verschiedenen Stellen)
fr.	Fragment
m. E.	meines Erachtens
s.	siehe
S.	Seite
s. v.	sub voce (unter dem Ausdruck)
V.	Vers
Z.	Zeile
z. St.	zur Stelle

Anmerkungen

Πολιτεία – Der Staat

1 Zum Titel s. Erler 2007, S. 202. Einige Handschriften geben als Untertitel *ē perì toû dikaíou* (*oder über Gerechtigkeit*) an; inhaltlich ist das durchaus zutreffend, ob der Zusatz aber auf Platon zurückgeht, ist zweifelhaft.

Erstes Buch

1 *katébēn* steht bedeutungsvoll am Anfang; es kann nicht nur auf die örtlichen Gegebenheiten der Eingangsszene bezogen werden, sondern weist auch auf »Ab- und Aufstiege« im übertragenen Sinn voraus, vgl. II, 359d; VI, 511b 8; X, 614d 7, s. Szlezák 1985, S. 271 ff. und in aller Ausführlichkeit Vegetti 1998c.

2 Einer der beiden Brüder Platons; er war auch Gesprächspartner des Sokrates in Xenophons Schrift *Memorabilia* (*Erinnerungen an Sokrates*).

3 Gemeint ist die thrakische Mondgöttin Bendis, deren Fest, die sog. Bendideen, seit 430 v. Chr. am 19. oder 20. Thargelion im Piräus gefeiert wurde; zu Sokrates als treuem Bewahrer der herkömmlichen Kulte vgl. symp. 176a, 220d; Euthyd. 302b–303a, Mx. 243d–244b, Phaid. 61b, Phaidr. 229e, Xen. apol. 10–12; mem. I, 1, 1–2; 19; 2, 64; IV, 8, 11.

4 Polemarchos war der Bruder des Redners Lysias; er wurde unter der Herrschaft der Dreißig Tyrannen 404/403 getötet.

5 Im Griechischen steht: αὐτὸς – er selbst.

6 Sohn des Strategen Nikias, vgl. Lach. 200c–d; Xen. symp. 3, 4; 4, 6; auch er wurde unter der Herrschaft der Dreißig Tyrannen hingerichtet.

7 Zum Motiv der Nötigung zum Gespräch und des auf Sokrates ausgeübten Zwanges zum Gespräch, das sich als Strukturelement durch das ganze Werk zieht (und dadurch für dessen Einheitlichkeit und gegen einen Sonderstatus des ersten Buches spricht), vgl. II, 368c; IV, 427d–e; V, 449b; VI, 504e; s. Szlezák 1985, S. 274 ff.

8 Vgl. Hdt. VIII, 98 und die platonische Metapher in leg. VI, 776b.

9 Zu Sokrates' Anziehungskraft auf junge Leute vgl. apol. 23c.

10 Ein Sophist, der in dem nach ihm benannten Dialog als fanatischer Vertreter der Eristik dargestellt wird.

11 Nach diesem Schüler des Sokrates ist ein – wahrscheinlich pseudoplatonischer – Dialog benannt; vgl. auch 340a–b.

12 Ein Syrakusaner, der als Metöke in Athen lebte, er war auch der Vater des Rhetors Lysias und ein Freund des Perikles.

13 Kephalos' Begrüßung erinnert an Hom. Od. V, 88; Il. XVIII, 385; vgl. auch Lach. 181c 1 ff.

14 Zu den Begriffen *epithymía* (Verlangen) und *hēdonḗ* (Freude, Lust), die bei Platon oft »eine innere Einheit« (Frede 1997, S. 236, Anm. 29) bilden, vgl. noch IV, 429d; Gorg. 484d; Krat. 404a.

15 Gemeint sind die Söhne des Kephalos und die anderen Anwesenden im Haus des Polemarchos.

16 Zum Bild des beschwerlichen Lebenspfades vgl. auch Hes. erg. 288–292 und Xen. mem. II, 1, 21–28.

17 Gemeint ist nicht der Übergang von der Lebensmitte zum Alter, sondern die Schwelle zum Tod, vgl. etwa Hom. Il. XXII, 60; XXIV, 487; Od. XV, 246; 348; XXIII, 212; Hdt. III, 14; Hes. erg. 331.

18 In der Antike gibt es viele Varianten unseres Sprichworts »Gleich und Gleich gesellt sich gern«; vgl. Hom. Od. XVII, 217; symp. 195b und Phaidr. 240c; leg. IV, 716c; Gorg. 510b; Lys. 212b.

19 Zu diesem Topos vgl. Mimn. fr. 1 West; zu den Charakter- und Gemütsunterschieden zwischen Jung und Alt vgl. auch ausführlich Aristot. rhet. II, 12–13, 1388b 31 – 1390a 24; Sim. fr. 520 PMG und Soph. Oid. K. 1235 ff.

20 Bei Platon wird der Ausdruck εὐφήμει – eigentlich ein Imperativ, geäußert bei rituellen Handlungen (»Schweige!«) – öfter gebraucht zur Abmilderung einer (vermeintlich oder vorgeblich) schockierenden Äußerung, vgl. VI, 509a; Euthyd. 301a 7; Gorg. 469a 2; Men. 91c 1; Prot. 330d 7; symp. 214d.

21 Zur Vorstellung, dass der Mensch ein Sklave seiner Begierden ist, vgl. IX, 577d 2; 589d 3; Phaidr. 238e 3; leg. VIII, 838d 5; IX, 863e 8; Xen. oik. 1, 22; Aischin. or. 1, 42.

22 Zum Bild vgl. Ibyk. fr. 287 PMG; Anakr. fr. 358 PMG.

23 Diese Anekdote überliefert – mit geringfügigen Abweichungen – auch Hdt. VIII, 125; auffallend ist, wie Vegetti 1998a, S. 43, Anm. 7, z. St. bemerkt, die große Vertrautheit des aus Syrakus in Sizilien stammenden Metöken Kephalos mit der athenischen Geschichte und Literatur; die Kykladeninsel Seriphos galt als besonders arm und politisch unbedeutend, vgl. Aristoph. Ach. 541 ff.; Isokr. or. 19, 9.

24 Vgl. zu diesem Gedanken auch leg. V, 743e und Diog. Laert. VI, 51.

25 Zur Liebe der Eltern und Dichter zu ihrem »Werk« vgl. auch Aristot. eth. Nic. IV, 2, 1120b 12–14; IX, 7, 1168a 1–3.

26 Vgl. Hom. Od. XI, 576–600; Pind. fr. 214 Maehler; Gorg. 523 ff.; Phaid. 107d ff.; ferner rep. X, 614a ff.

27 Gemeint ist die Hoffnung auf ein glückliches Los nach dem Tod; vgl. zu diesem Gedanken auch VI, 496e 2.

28 D. h., in diesem Fall dürfte man auch lügen und etwa sagen, man habe die Waffen nicht mehr – ein Paradebeispiel sokratischer Elenktik; zu diesem Gedanken vgl. auch II, 382c; III, 389b und Xen. mem. IV, 2, 17–18.

29 Sartori 2011, S. 12 f. kommt mit der minimalen Textveränderung, nämlich ἔφην ἐγώ statt ἔφη, ἐγώ, zu einer m. E. sinnvolleren Übersetzung, er macht also Sokrates zum Sprecher, der bemerkt hat, dass Polemarchos in Z. d 4 f. schon begierig ist, ins Gespräch einzutreten.

30 Vgl. die ähnliche Schilderung der Ablöse zweier Gesprächsteilnehmer in Lach. 189c–d und Cic. Att. IV, 16, 3.

31 Vgl. IV, 420d 4.

32 Das Zitat des Simonides, eines Dichters des 6./5. Jh.s, ist sonst unbekannt; in der (meist ironischen) Darstellung Platons stehen Dichter häufig unter göttlichem Einfluss und sprechen in Rätseln, vgl. apol. 22a–c, Ion 542a; Prot. 315e; Men. 99c; als »göttlich« wird nur der wahre Philosoph bezeichnet, vgl. rep. VI, 500d 1; soph. 216b 8 – c 1.

33 Vgl. auch Gorg. 507b 2.

34 Zu diesem Grundsatz der alten Adelsethik vgl. Men. 71e; Xen. mem. II, 3, 14; man beachte aber auch dessen Überwindung in Krit. 49d–e.

35 Zu dieser Ambivalenz der Medizin vgl. polit. 297a–b; Hippokr. art. 47 (IV, 210 Littré) und Aristot. pol. III, 16, 1287a 39 f.

36 Zum Begriff κοινώνημα vgl. auch leg. V, 738a 6 und Aristot. pol. III, 9, 1280b 17.

37 Das Brettspiel gilt als *téchnē* (Kunst), vgl. auch VI, 487b–c; Charm. 174b; Min. 316c; Gorg. 450d.

38 Er ist der Vater der Antikleia, der Mutter des Odysseus, vgl. Hom. Od. XIX, 394 ff.; von seinem Vater Hermes hat er die Gabe des Stehlens geerbt.

39 Gemeint sind die angeblichen Freunde.

40 Ἀρετή (*aretḗ*) kommt nicht nur Menschen, sondern etwa auch Tieren (Hdt. III, 88, 3), Staaten (Aristot. pol. I, 13, 1260b 14–18), Körperorganen (Aristot. eth. Nic. II, 5, 1106a 15–20) und Werkzeugen (wie dem Winzermesser, 353a) zu.

41 Vgl. auch Xen. mem. II, 3, 14.

42 Vgl. II, 379b, wo der Gedanke wiederaufgenommen wird.

43 Bias und Pittakos waren Herrscher des 6. Jh.s, die zu den Sieben Weisen gezählt wurden, vgl. Prot. 343a 2; Hipp. mai. 281c 4–6; Diod. IX, 11; Diog. Laert. I, 75; 77.

44 Periander war 40 Jahre lang König von Korinth (627–587 v. Chr., vgl. Aristot. pol. V, 12, 1315b 29) und der Inbegriff eines grausamen Tyrannen (vgl. Hdt. V, 92); dennoch wird auch er öfters zu den Sieben Weisen gezählt, vgl. Diog. Laert. I, 13; 41 f.; 94–100, ferner Theag. 124c–e; auch Perdikkas (um 450–413) wird als gewissenloser Herrscher von Makedonien gezeichnet; Ismenias von Theben war ein für seinen Reichtum berühmter Politiker (Men. 90a) und zeitweise Bündnispartner Athens; schließlich wurde er wegen perserfreundlicher Gesinnung durch ein Sondergericht des Peloponnesischen Bundes zum Tod verurteilt (Xen. hell. V, 2, 35 f.).

45 Dabei schätzen die Tyrannen nach Gorg. 468c–d die Wirkung ihrer Gewalttaten falsch ein und schaden sich damit nur selbst.

46 Zur Vorbereitung auf Thrasymachos, »das Raubtier«, als neuen Gesprächspartner wird das Gesprächsklima mit homerischem Kolorit angeheizt, vgl. Hom. Il. XVI, 352 ff.; Od. XVIII, 340.

47 Diesen Vorwurf muss sich der platonische Sokrates öfters gefallen lassen, vgl. apol. 19c; Hipp. mai. 304b, Euthyd. 295c; Gorg. 486c; 489b; 490c–e; 492c.

48 Zu diesem Vorwurf vgl. noch 337a und e, Tht. 150c.

49 Sokrates spielt wohl auf einen Volksglauben an, wonach man, wenn ein Wolf einen ansieht, bevor man selbst ihn erblickt, verstummt; vgl. Theokr. 14, 22; Verg. ecl. 9, 53 f.

50 Gemeint ist Polemarchos.

51 Denn niemand verfehlt nach dem platonischen Sokrates mit Absicht das, was er sich zum Ziel gesetzt hat, vgl. II, 368a ff.; apol. 25d ff.; Prot. 345e 1 f.; 589c 6; ferner Soph. Oid. K. 962 ff.; Aristot. eth. Nic. III, 1–3.

52 Zur *eironeía* als listiger Verstellung vgl. Aristoph. Vesp. 169–174; Av. 1208–1211; Nub. 444–451; hier meint Thrasymachos damit Sokrates' Vortäuschen von Unwissenheit und die Zurückhaltung in der Mitteilung seiner Meinung oder seines Wissens, vgl. Vlastos 1991, S. 24 f.; in apol. 37e–38a verwahrt sich Sokrates gegen diesen Vorwurf; in Men. 83d; Prot. 319a; Gorg. 486e ff. fordert er seinerseits vehement seine Gesprächspartner dazu auf, zu sagen, was sie denken; s. dazu Horn/Müller/Söder 2009, S. 297 f.

53 Gemeint ist: »Welche Strafe beantragst du dann?« Die Kommentatoren verweisen auf das attische Prozesswesen, in dem der Angeklagte, wenn er für schuldig befunden wurde und der Kläger seinen Strafantrag gestellt hatte, selbst einen Gegenantrag für die Bestrafung stellen konnte (vgl. apol. 36b).

54 Zur steten Bereitschaft der Freunde, Sokrates zu helfen, vgl. apol. 38b, Krit. 45b.

55 Thrasymachos aus Chalkedon war Redner und Verfasser von theoretischen Schriften zur Rhetorik. Bis heute jedoch bekannt und berühmt geblieben ist er durch seinen hier einsetzenden Disput mit Sokrates über die Gerechtigkeit. Es ist hier nicht der Ort, die Position des Sophisten zu analysieren und zu erörtern, welche Thesen von ihm selbst stammen und welche ihm Platon in den Mund gelegt hat. Die neueste Forschung geht überwiegend von Letzterem aus. Platon lässt Thrasymachos »wie ein wildes Tier« (336b 5) auftreten und sowohl die Ungerechtigkeit als auch die diese am ehesten umsetzende Staatsform der Tyrannis überschwänglich preisen und zeichnet damit wohl ganz bewusst ein Gegenbild zu Sokrates, s. dazu Kerferd/Flashar 1998, S. 54–57; Waechter 2002, S. 104–128.

56 Ein zur Zeit Platons bekannter Ringer, der als Olympiasieger im Jahr 408 mit einer Statue Lysipps geehrt wurde.

57 Vgl. zur richtigen Sportlerdiät, einem auch im 5. und 4. Jh. v. Chr. wichtigen Thema, Hippokr. VM 7–8 Littré und Aristot. eth. Nic. II, 5, 1106b 3.

58 Die Dreiteilung der Verfasssungstypen findet sich auch bei Hdt. III, 80 und Pind. P. 2, 86 f.; Platon selbst wird in den Büchern VIII–IX der *Politeia* zu fünf Grundtypen kommen.

59 Vgl. zu diesem Gedanken leg. IV, 714b ff.; zur Relativität des Rechts vgl. auch Tht. 172a–c und Antiphon, DK 87 B 44.

60 Vgl. VIII, 553b 4; IX, 575b 8; die Bedeutung des etymologisch ungeklärten Begriffs *sykophántēs* ist vielschichtig und überwiegend negativ konnotiert; in der attischen Komödie und bei den attischen Rednern bezeichnet er jemanden, der Unschuldige aus finanziellen Gründen vor Gericht bringt, was oft mit Erpressung, Drohungen und ungerechtfertigten Geldforderungen einhergeht. Das Sykophantenunwesen wurde durch die attische Gerichtsordnung, die keinen öffentlichen Ankläger vorsah und nach der jeder für jeden, der in seinen Rechten verletzt wurde, Klage einbringen konnte, gefördert.

61 Vgl. zu diesem Gedanken Gorg. 490a.

62 Dies geht wohl auf ein Sprichwort zurück: Einen Löwen scheren heißt so viel wie Unmögliches versuchen; vgl. Erasm. adag. chil. 2, 5, 11.

63 Zum häufigen Arzt- und zum Steuermannvergleich im politisch-philosophischen Kontext vgl. Phil. 56b; Gorg. 512b; leg. IV, 709b; X, 902d 2 – e 2; XII, 961e.

64 D. h.: weil er in einem Schiff fährt, so wie die einfachen Seeleute.

65 Platon meint die Richtung der Medizin, die mit Herodikos, dem Lehrer des Hippokrates (vgl. III, 406a), eingeschlagen wurde; Herodikos hat erstmals gefordert, dass zwischen der Aktivität des Körpers und der diesem zugeführten Nahrung ein maßvolles Verhältnis eingehalten werden müsse.

66 Gemeint ist: von dem wir eben sprachen.

67 Die Analogie zwischen Herrschern und Hirten geht zurück auf Hom. Il. II, 243; vgl. ferner rep. I, 345c; III, 416a; IV, 440d; Gorg.

516a; Kritias 109b; leg. III, 694e; IV, 713d 3–5; V, 735b; VII, 808d; X, 906a; Tht. 174d; polit. 267c ff.; 271d; Aischyl. Pers. 74; 241; Xen. Kyr. VIII, 2, 14; Sokrates verwendet sie auch bei Xen. mem. III, 2, 1; vgl. auch Aristot. eth. Nic. VIII, 13, 1161a 14 f.

68 Zur athenischen Beamtenaufsicht vgl. Aristot. Ath. pol. 61, 2; s. auch Vegetti 1998a, S. 71, Anm. 44, z. St.

69 Vgl. 349b ff.; Gorg. 508a; leg. X, 906c.

70 Eigentlich: (bis) zur vollkommensten Ungerechtigkeit gehst.

71 Zu diesem Argument s. Stemmer 1988.

72 Dass die Mehrzahl der Menschen insgeheim den Wunsch hege, Tyrann zu sein, sagt schon Sol. fr. 32 und 33 West; aber auch im Platonicum wird es häufig behauptet, vgl. II, 359b; Theag. 125e; Gorg. 468e–469a; 469d; 470d; 483c–484b.

73 Der Bademeister ist eine leicht anrüchige Figur der Komödie; mit ihm verglichen zu werden, ist also nicht schmeichelhaft; vgl. Aristoph. Equ. 1403; zum bildlichen verbalen »Anschütten« vgl. Aristoph. Vesp. 483.

74 Denn Thrasymachos macht als Sophist nichts umsonst, vgl. 337d 6.

75 Zu diesem Bild vgl. Aristoph. Equ. 716 ff.

76 Ein Vorgriff auf 347c 7 – d 2.

77 Vgl. 347a; III, 416d–e.

78 Vgl. dazu Szlezák 1985, S. 288: »Die Untersuchung ist möglich und nötig, aber nicht für diesen Partner bestimmt«; s. auch ebd., Anm. 42.

79 Zur Zurückweisung eines förmlichen Diskussionsleiters vgl. Prot. 338b–e.

80 Vgl. Prot. 333c; Charm. 161c.

81 Zum schamhaften Erröten der Gesprächspartner des Sokrates, das hier nicht ohne Ironie der Hitze zugeschrieben wird, vgl. Charm. 158b; Lys. 213d; Prot. 312a; Euthyd. 297a.

82 Zu diesem Gedanken vgl. Tim. 86d–e; leg. V, 731c–d und IX, 860d.

83 Zur semantischen Vielfalt von *éthnos* s. Nesselrath 2006, S. 173 f.

84 Zur *philía* (Freundschaft / Liebe) vgl. auch IX, 581a 3 f.; X, 595b 9 f.

85 Zur These, dass es unter Schlechten keine Freundschaft geben kann, vgl. auch Aristot. eth. Nic. VIII, 5, 1157a 16–20.

86 Ob der Gerechte glücklich ist, ist das Kernthema der *Politeia*; zum allgemeinen Glücksstreben vgl. auch IV, 419a–421c; leg. I, 631b; V, 743c; Gorg. 500c; Men. 78a; Lys. 207e.

87 Der Ton wird ernster, und man spricht mit der in der *Politeia* zentralen Frage der richtigen Lebensführung auch ein Hauptthema des platonischen Sokrates an, vgl. IX, 578c; apol. 38a, Krit. 48b; Gorg. 492d; 500c–d; leg. VII, 806d.

88 Der folgende (352d–354b) Gedanke geht davon aus, dass, ebenso wie jede Sache, jedes Lebewesen, Organ oder Werkzeug, auch die Seele eine Aufgabe, ein *érgon* habe; zum *érgon* der Seele gehöre es, das zu tun, was eben nur diese tun könne, so etwa zu herrschen, aber auch zu leben (vgl. 353d 3–10); wenn die Seele ihre spezifische Tugend besitzt, wird sie ihr *érgon* gut ausführen, besitzt sie diese nicht, führt sie ihr *érgon* schlecht aus (353d 11 – e 6). Die gerechte Seele wird gut leben und glücklich sein (353e 7 – 354a 29); sehr bekannt ist dieses Argument aus der Ethik des Aristoteles, wo das menschliche Glück aus der Vernunftbegabung des Menschen bestimmt wird, vgl. eth. Nic. 1097b 22 – 1098a 20 und eth. Eud. 1218b 32 – 1219a 39.

89 Zur Polyvalenz des Begriffes *eû práttein* (gut handeln / glücklich sein) vgl. auch X, 621d und Gorg. 507c.

90 Vgl. V, 458a.

91 Gemeint ist die Frage, ob das Gerechte Schlechtigkeit und Unwissenheit etc. sei.

92 Vgl. dazu das berühmte Bekenntnis des Sokrates nach apol. 21d–22a: Ich weiß, dass ich nicht weiß.

Zweites Buch

1 Sokrates' Gesprächspartner des ersten Buches treten in den Hintergrund, und Glaukon übernimmt jetzt eine tragende Rolle; zur Person Glaukons s. Vegetti 1998d.

2 Zu Kriterien der Bestimmung eines »Gutes« vgl. auch 367c–d; Aristot. protr. B 42 Düring, eth. Nic. I, 4, 1096b 5 – 1097a 14; s. auch Cross/Woozley 1964, S. 66 f.

3 Vgl. aber I, 346a ff., wo die Heilkunst nachdrücklich nicht den Erwerbsberufen zugerechnet wird.

4 Vgl. auch die unter Prot. 354a 4–6 angeführten Beispiele.

5 Zu dieser Rolle des Beschwörers für Sokrates vgl. Charm. 155e ff.; 175e ff.; Men. 80a–b; symp. 215c–d; Tht. 157c; vgl. auch Prot. 328d 4 f., wo Sokrates seinerseits – durch Protagoras' Rede – bezaubert wird.

6 D. h. des Gerechten und des Ungerechten.

7 Vgl. 366e 5–6; 367b 4–5; d 3–4; e 3.

8 So z. B. Kallikles in Gorg. 483a ff.; vgl. auch leg. IV, 714c 6.

9 Vgl. zur Formulierung Krit. 54d.

10 Zur Vertragstheorie bei der Entstehung der staatlichen Gemeinschaft und zur Nomos-Physis-Antithese, zentralen Themen des politischen Denkens der Sophistik, s. Kerferd/Flashar 1998, S. 11–19 mit umfangreichem Belegmaterial.

11 Gyges ist der sagenumwobene und vor allem wegen seines Reichtums berühmte König der Lyder (7. Jh. v. Chr.); vgl. auch Hdt. I, 8–14.

12 Zu (für den Gesamtzusammenhang unerheblichen) Textproblemen s. Vegetti 1998b, S. 30, Anm. 13, z. St.

13 Vgl. I, 327a, Anm. z. St.

14 In der Schilderung Glaukons ist, anders als bei Herodot (I, 11), Gyges völlig frei von moralischen Skrupeln; auch dass der Ring die Unsichtbarkeit auslöst, wird bei Herodot nicht erwähnt, s. Reinhardt 1966 und Calabi 1998.

15 Zu diesem typisch tyrannischen Gebaren vgl. IX, 576c ff.; Gorg. 469c ff.

16 Eine Umkehrung der bekannten sokratischen These, dass niemand freiwillig Unrecht tue, vgl. 382a, Anm. z. St.

17 Zur Wortwahl vgl. I, 344a 4.

18 Aischyl. Sept. 592; Platon wandelt das Dichterzitat leicht ab.

19 Vgl. Gorg. 473c; weitere Belege zu den hier genannten Qualen liefert Vegetti 1998b, S. 35, Anm. 25, z. St.

20 Aischyl. Sept. 593 f.

21 Vgl. Hom. Od. XVI, 97 ff.

22 Zur Ringermetapher vgl. Euthyd. 277d.

23 Hes. erg. 233 f.

24 Hom. Od. XIX, 109; 111–113.

25 Musaios (DK I 20–27) war ein mythischer Sänger von Weiheliedern; einige Quellen halten ihn für den Vater des Eumolpos, des sagenhaften Stifters der Eleusinischen Mysterien – Eumolpos war der mythische Stammvater des eleusinischen Geschlechts der Eumolpiden, das die Hierophanten und andere Priester der Eleusinischen Mysterien stellte –, einige schreiben ihm eine enge Beziehung zu Orpheus zu (z. B. Herodoros aus Herakleia, FGrH 31 B 12 = OF T 230).

26 Vgl. zu diesem Gedanken Hom. Il. XX, 308; Tyrt. fr. 12, 29 ff. West; zum sprachlichen Kolorit der Passage s. des Places 1981.

27 Vgl. Phaid. 69c.

28 Zu dieser Strafe der Danaiden für ihren Gattenmord vgl. Gorg. 493b, zum Schlamm, in dem sich die Frevler im Hades aufhalten müssen, vgl. Aristoph. Ran. 143 ff.; vgl. auch Phaid. 69c; zur allegorischen Deutung dieser Strafen Axioch. 371e.

29 Vgl. auch VI, 489b und leg. XII, 953d 1 nebst Schöpsdau 2011, S. 556, wonach hier auf ein Sprichwort angespielt wird, das sowohl auf Simonides als auch auf Eubulos zurückgeführt wird.

30 Vgl. zur Geringschätzung der Mantik auch Euthyphr. 6a ff.; Heraklit, DK 22 B 14 und Aristoph. Av. 959–990; zu dem gegen die traditionelle Frömmigkeit erhobenen Vorwurf, die Menschen im Glauben zu lassen, die Götter seien durch Opfer und Gebete gnädig zu stimmen, vgl. leg. X, 905d–907b.

31 In leg. X, 909b–c wird für solche Leute, genauso wie für Atheisten, lebenslanger Kerker und ein Bestattungsverbot empfohlen, vgl. auch XI, 933a ff.

32 Hes. erg. 287 ff.; auch Prot. 340d und leg. IV, 718e 5 – 719a 2 zitieren diese Verse.

33 Hom. Il. IX, 497; 499–501.

34 Zur Deutung der platonischen Nachrichten über Orpheus und Musaios als »Autoritäten für Jenseitsgedichte« s. Graf 1974, S. 14–22; 94–98.

35 Musaios ist der Sohn der Selene, Orpheus der Sohn der Muse Kalliope.

36 Selene ist die Göttin des Mondes, als solche der Nacht zugehörig, weshalb sie auch mit der Totenwelt in Zusammenhang gebracht wird, vgl. Plut. amat. 766b.

37 Pind. fr. 213 Maehler.

38 Sim. fr. 598 PMG.

39 Ausführlich zu den Nuancen von σκιαγραφία s. Nesselrath 2006, S. 91–96 und Schöpsdau 1994, S. 303, der als Belege, dass für Platon die Schattenmalerei wegen ihrer illusionistischen Wirkung für den Inbegriff täuschenden Blendwerks steht, IX, 583b 5; 586b 8; X, 602d 2; Phaid. 69b 6–7 und Kritias 107d 1 anführt.

40 Als Adressaten der Anspielung kommen die Fragmente 81; 86–89 und 92 Diehl in Frage.

41 Eine Anspielung auf Hetairien, exklusive aristokratische Clubs, deren Aktivitäten häufig den Interessen der Polis zuwiderliefen, vgl. leg. IX, 856b; Tht. 173d; epist. 7, 333e; Thuk. III, 82, 4–6; VIII, 54, 4; s. auch Hansen 1995, S. 292 ff.

42 Gemeint sind die Sophisten; zu Platons Ablehnung der sophistischen Erziehungsarbeit vgl. etwa Gorg. 452e.

43 Vgl. auch 330d–e; agnostische (Protagoras, DK 80, B 4 und B 7) oder atheistische Positionen (Diagoras von Melos, Kritias, DK 88 B 25) waren in Athen im 5. Jh. v. Chr. verbreitet; für Platon ist aber die Ansicht, dass sich die Götter nicht um den Menschen kümmern, »krankhaft« und höchstens bei jüngeren Menschen tolerierbar; vgl. leg. X, 888c; s. Winiarczyk 1984 und 1990; Whitmarsh 2015, S. 125–137 et pass.

44 Vgl. Hom. Il. IX, 499; der Vers wurde auch schon in 364d 7 zitiert.

45 Die Ansicht, dass die Götter durch Opfer beeinflussbar seien, lehnt Platon auch in leg. X, 885b; 888c und 906b–c ab; die Götter können Geschenke von jemandem, der nicht fromm ist, nicht annehmen, und dessen religiöse Handlungen sind vergeblich; grundsätzlich besteht aber die religiöse Verpflichtung, den Göttern zu opfern und diese Opfer mit Festen für das Volk zu verbinden (leg. IV, 716d; VIII, 828a ff.), vgl. auch Euthyphr. 14c–15e; s. Burkert 1977, S. 99–129.

46 Schlechtes wird, wie das Gute (363d 4–5), noch Kindern und Kindeskindern in Rechnung gestellt.

47 Vgl. Men. 81c (= Pind. fr. 133 Maehler).

48 Gemeint sind Eumolpos und Orpheus; nach Apollod. III, 210 ff. ist Eumolpos ein Sohn Poseidons (vgl. aber 363c 4) und Orpheus der Sohn Apollons und der Muse Kalliope.

49 Vegetti 1998b, S. 45, Anm. 56, z. St. erkennt in dieser Stelle das Alkibiades-Bild, das Sokrates in Alk. I, 104a–c entwirft.

50 Zu diesen außergewöhnlich begabten Menschen vgl. Men. 99c–100b.

51 Genauso argumentiert Kallikles in Gorg. 492a–b.

52 Nach Adam 1963a, S. 88, z. St. sind das Orpheus, Musaios und die übrigen in 366b Genannten.

53 Vielleicht Kritias, ein Verwandter Platons, einer der Dreißig Tyrannen und ein vielseitiger Schriftsteller; Platon ist auch sonst nicht zurückhaltend, wenn es darum geht, seine Verwandten zu loben, vgl. Charm. 157e und Tim. 20d–21a.

54 Gemeint ist Thrasymachos, als dessen Söhne Glaukon und Adeimantos hier scherzhaft bezeichnet werden, weil sie als Erben seiner Beweisführung aufgetreten sind (vgl. I, 331d), so Adam 1963a, S. 90, z. St.; anders Emlyn-Jones/Preddy 2013a, S. 156.

55 Wahrscheinlich 409 v. Chr., vgl. Diod. XIII, 65; zur Verwertung dieser Notiz für die Chronologie und das dramatische Datum der *Politeia* s. Adam 1963a, S. 90, z. St. sowie Erler 2007, S. 202 f.

56 Zu diesem Topos des »Nicht Loslassens«, der sich durch das ganze Gespräch zieht, vgl. I, 327c 10–11, Anm. z. St.

57 Vgl. leg. X, 902c.

58 Zu der seit der *Politeia* geläufigen Analogie zwischen Seele und Polis vgl. z. B. auch IV, 435e; 440e f.; 445c; VIII, 543c ff.; 544d; 564; leg. III, 698a 7 – c 2; 702a 8 f.; V, 745b 4; IX, 864a 2; s. Blößner 2007a.

59 Vgl. leg. III, 702d 1 f.

60 Vgl. zu den Überlegungen über den Anfang der staatlichen Gemeinschaft aufgrund des allgemeinen Mangels an notwendigen Dingen des täglichen Lebens Prot. 322b–c.

61 Die Beschaffung von Nahrung, Wohnung und Kleidung steht am Anfang der Kultur, vgl. Prot. 322a 5–8; Eur. Suppl. 201 ff.; Demokrit, DK 68 B 154; Moschion, TrGF 97 F 6, 6 ff.; Diod. I, 8, 5 ff.; Lucr. V, 1011; 1028 ff.

62 Zur Kritik an Platons »Urstaat« vgl. Aristot. pol. IV, 4, 1291a 10–33.

63 Zum Ausdruck τὰ αὑτοῦ πράττειν (»das Seine tun«) vgl. IV, 433a 8 f.; b 4; e 12 – 434a 1; 435b 5; 441a 1 f.; c 10 – d 1; Alk. 1, 127c.

64 S. Campese/Canino 1998.

65 Zum Aufkommen des Handels vgl. auch Aristot. pol. I, 9, 1257a 36 ff.

66 Sklaven werden nicht genannt; daraus zu schließen, Platon hätte diese aus der ersten Polis oder seinem Idealstaat verbannt, ist nicht zulässig, vgl. III, 395e; IV, 433d, Anm. z. St.; V, 469b ff.

67 Zur Deutung s. Vegetti 1998b, S. 75, z. St., ferner Calvert 1987.

68 Diese Frage wird aber eigentlich nicht behandelt, s. Cross/Woozley 1964, S. 84–93.

69 Zum »Vegetarismus« dieser Stelle und der Ernährung im »Schweinestaat« (s. d 5) s. Campese/Canino 1998, S. 307–317.

70 Hetären sind bei einem Gelage unverzichtbar, vgl. Aristoph. Ach. 1090 ff., s. Vegetti 1998b, S. 59 f.

71 Zum Zusammenhang zwischen Wohlstand und Musik vgl. Aristot. pol. VIII, 6, 1341 a 28 ff.

72 Zu Platons Kritik an Musik, Malerei und Theater vgl. II, 376e ff. und Buch III.

73 Zur Rolle der Kinderfrauen vgl. auch V, 460d.

74 Gemeint ist die Gier nach grenzenlosem Erwerb von Gütern.

75 Gemeint ist: Solche Werkzeuge, deren Handhabung man nicht erst erlernen und üben muss, wären ja unbezahlbar.

76 Zur großen Bedeutung der Naturanlage für das Erreichen eines Zieles vgl. auch III, 409e–410a; IV, 433a; V, 455b–c; VI, 485a–487a; 489e–490b; 503b–504a; VII, 535a–c.

77 Schöpsdau 1994, S. 185 verweist zur naturhaften Tapferkeit auf Lach. 197a; Gorg. 463a 7; Men. 88b 3; leg. I, 631d 1; II, 661e 7 ff.; III, 696b 6–10 und VIII, 831e 8 – 832a 2.

78 Vgl. VI, 500a.

79 375a 2.

80 Glaukons treuherzige Zustimmung verrät, dass er gar kein Gespür für den sokratischen Witz hat; vgl. auch 361d 7.

81 Vgl. III, 411d; V, 475c.

82 Die Kalokagathie ist ein aristokratisches Konzept des 5. Jh.s, aber auch Erziehungsziel der *Politeia*; vgl. VI, 505b; VII, 531c.

83 Zur Wortwahl vgl. auch VI, 501e 4; leg. I, 632e 4; VI, 752a 1.

84 Die wörtliche Übersetzung für μουσική (oder μουσικὴ τέχνη) ist eine Verlegenheitslösung, denn *mousikḗ* umfasst die von den Musen verliehenen Fertigkeiten und Künste, die um ihrer selbst willen gepflegt werden, und ist in klassischen Texten primär auf Poesie, Musik und Tanz, dann auf musische Erziehung (401d), auf musikalische Harmonik (Archytas, DK 47 B 1), aber auch auf Philosophie (Phaid. 61a 3 f.) bezogen; zum athenischen Erziehungswesen vgl. Prot. 325c 5 – 326e 1; s. auch Manuwald 1999, S. 217 f. z. St. und zur altathenischen Erziehung Marrou 1957, S. 61–73.

85 Zur Vorstellung von der Erziehung als einem Einprägen von Eindrücken in die Seele vgl. Tht. 191d 6–7; zum Gedanken, dass man mit der Erziehung nicht früh genug beginnen kann, vgl. III, 401d 1–3; IV, 425a 3–6; VI, 485d 3–4; VII, 519a 9 – b 1; VIII, 558b 4–5; Tim. 87b 2–3; leg. I, 643b 5; II, 653c 1; VI, 765e 3 – 766a 4; Protagoras, DK 80 B 3; Antiphon, DK 87 B 60; Aristot. eth. Nic. II, 1, 1103b 23–25; zur gesamten Passage s. Männlein-Robert 2010.

86 In dieser von Sokrates erhobenen Kritik an den Götter- und Heldengeschichten Homers und Hesiods und in seinen gegen diese Dichter als »Schulautoren« für junge Wächter und Wächterinnen vorgebrachten moralischen Vorbehalten steht Platon in der Tradition von jonischen Philosophen wie Xenophanes (DK 21 B 11; B 12) und Heraklit (DK 22 A 22; B 56); vgl. auch leg. VII, 809e 2 – 812b 1; s. Schöpsdau 2003, S. 569–575 über den mutmaßlichen Kanon des athenischen Literaturunterrichts.

87 Zum Malerei-Vergleich vgl. auch VI, 500e; X, 596e–599c; 600a–b; s. Nesselrath 2006, S. 86 f. mit feinen Beobachtungen und zahlreichen Belegen.

88 Thgn. 154–182; 453–506: Uranos verhindert die Geburt der Söhne der Gaia, bis Kronos, von seiner Mutter Gaia ermuntert und mit einer scharfen Sichel ausgestattet, ihn entmannt (Hes. theog. 154–181). Um selbst nicht diesem Schicksal zu erliegen, verschlingt er die ihm von seiner Schwester Rhea geborenen Kinder. Nur Zeus kann ihm entkommen; zum Mann herangewachsen, zwingt dieser seinen Vater, die Kinder wieder von sich zu geben, und stürzt ihn schließlich in den Tartaros.

89 Vgl. leg. VII, 794c: Platon nennt hier als obere Altersgrenze für diese Phase das 6. Lebensjahr.

90 Ein Schwein war das gewöhnliche Opfertier bei den eleusinischen Mysterien, vgl. auch Plut. Phoc. 28, 6.

91 Vgl. leg. X, 886c–d.

92 Zur entlastenden Berufung auf göttliches Verhalten vgl. auch leg. XII, 941b; Euthyphr. 6a ff.

93 Zur Ablehnung von Schilderungen streitender Götter vgl. auch Euthyphr. 5e–6c und Krit. 109b.

94 D.h. den Kindern und Jugendlichen, die ja die angehenden Wächter des Staates sind.

95 Zur Zwangsausübung auf die Dichter vgl. 379a; 383c; X, 607a; leg. II, 660e; 661c.

96 Bei Hom. Il. I, 560–611 kommt Hephaistos seiner Mutter zu Hilfe, als sie von Zeus geschlagen wird. Daraufhin wirft Zeus Hephaistos aus dem Olymp. Dieser landet auf Lemnos und wird von den Bewohnern der Insel aufgenommen. In Il. XVIII, 394 ff. allerdings ist Hera, die sich des von Natur aus missgebildeten Hephaistos schämt, Urheberin des Sturzes: Sie wirft den Neugeborenen ins Meer. Hephaistos rächt sich später, indem er ihr einen Thron aus Gold schenkt, versehen mit Bändern, die Hera dann auf dem Thron fixieren.

97 Vgl. Hom. Il. XX, 1–74; XXI, 358–513.

98 Der Erste, der die Methode der Allegorisierung auf die Geschichten Homers anwandte, scheint Theagenes von Rhegion gegen Ende des 6. Jh.s gewesen zu sein (DK 8 A 2). Durch die Methode der allegorischen Auslegung sollte Homers dichterische Wahrheit gegen die Angriffe der Philosophie verteidigt werden, s. dazu Morgan 2000, S. 62–67.

99 Vgl. 377d 10.

100 Für Platon ist *theología* ein Teilgebiet der Mythologie und hat das mythische Erzählen über die Götter zum Inhalt; s. Goldschmidt 1970.

101 Zur Ansicht, dass nur Gott immer wirklich gut und weise (symp. 204a 1 f.) ist, der Mensch an ihn aber nicht herankommt, vgl. X, 613a 8 f.; Tht. 176b 1 f.; Phaid. 107b 8; symp. 203e–204b; s. auch Szlezák 1993, S. 54; 156 f., vgl. auch leg. X, 887b.

102 Vgl. VI, 505a 2–4; Prot. 333d 9 f.; Gorg. 470a 10 f.; Men. 87e 2; 96e 7; Xen. mem. IV, 6, 8.

103 Hom. Il. XXIV, 527 f. (mit leichter Veränderung in V. 528).

104 Hom. Il. XXIV, 530.

105 Hom. Il. XXIV, 532.

106 Die Quelle für Z. e 2 ist nicht bekannt.

107 Mit dem »Streit der Götter« ist wohl entweder der Zwist der drei Göttinnen um den Preis der Schönheit und das Parisurteil, ein Stoff der verlorenen *Kyprien* und der *Krisis*, eines ebenfalls nicht erhaltenen Satyrspiels des Sophokles, oder die in Hom. Il. XX, 31; 74; 383–514 geschilderte Theomachie gemeint; in Hom. Il. IV, 68–146 lässt sich der Trojaner Pandoros von der in Zeus' Auftrag agierenden Athene dazu verleiten, auf Menelaos zu schießen und dadurch den Vertrag zwischen Griechen und Trojanern zu brechen.

108 Aus *Niobe*, einer verlorenen Tragödie des Aischylos, vgl. TGF fr. 156; 160; Niobes sieben Söhne und sieben Töchter werden von Apollon und Artemis getötet (Hom. Il. XXIV, 602–617), weil Niobe sich aus Stolz auf ihre große Kinderschar über Leto gestellt hatte, die mit Apollon und Artemis nur zwei Kinder zur Welt gebracht hatte.

109 Dies zeigt Aischylos in der *Orestie*.

110 Zur spezialpräventiven Wirkung der Strafe vgl. auch Gorg. 478d–e; 525b; Prot. 324b; leg. IX, 862d 1 – 863a 2.

111 Vgl. Phaid. 78c ff.

112 Vgl. Hom. Od. XI, 485 f.

113 Hom. Od. IV, 455–458.

114 Thetis wechselt mehrmals ihre Gestalt, um der Ehe mit Peleus zu entgehen, vgl. Pind. N. 4, 62–65; Ov. met. XI, 243 ff.; auch der Meergreis Proteus hatte die Fähigkeit, beliebige Gestalten anzunehmen, vgl. Hom. Od. IV, 383 ff.; 455–458.

115 Aischyl. TGF fr. 168.

116 S. Herter 1950, S. 112–143.

117 Zur bekannten sokratischen Ansicht, dass niemand freiwillig Unrecht tue, vgl. III, 413a 6–8; IV, 444a ff.; IX, 589e 1 – 590a 3; apol. 25e; Hipp. min. 376b; leg. V, 731b 3 – d 5; 734b 3–6; IX, 860c–e;

Prot. 345d–e; 352c; 358c – e 3; Gorg. 468c–e; 509e; Men. 77b ff.; soph. 228c; Tim. 86d 7 – e; Phil. 22b.

118 Zu Lügen in guter Absicht, d. h. Lügen, die eingesetzt werden, um Leute, denen die dafür nötige Einsicht fehlt, auf den rechten Weg zu bringen, vgl. I, 331c; 377d 9; 389b–c; III, 414b–c; V, 459c–d; Xen. mem. IV, 2, 17.

119 Gemeint sind die erfundenen Geschichten.

120 Hom. Il. II, 1–34; Zeus sendet Agamemnon den trügerischen Traum, dass er nun die Trojaner besiegen werde.

121 Aus einer verlorenen Tragödie des Aischylos, TGF fr. 350.

122 Vgl. leg. VII, 817d 7; zur Finanzierung des Chores s. auch Pickard-Cambridge 1968, S. 84.

123 Vgl. V, 469a; leg. II, 666d; XII, 951b.

Drittes Buch

1 Das nichtssagende Füllsel ὡς ἔοικε(ν) (»wie es scheint«), das, wie es scheint, hier fast in jedem zweiten Satz vorkommt, lasse ich gelegentlich weg.

2 Vgl. II, 378a–d.

3 Vgl. zu diesem Gedanken auch apol. 40c–41c.

4 Hom. Od. XI, 489 ff.

5 Hom. Il. XX, 64 f.

6 Hom. Il. XXIII, 103 f.

7 Hom. Od. X, 495.

8 Hom. Il. XVI, 855 f.

9 Hom. Il. XXIII, 100 f.

10 Hom. Od. XXIV, 6–9: Die Schatten der Freier, die von Odysseus getötet worden sind, gelangen, von Hermes geleitet, in die Unterwelt.

11 Der Kokytos ist seit Homer einer der Unterweltsflüsse, ebenso wie der Fluss Styx; vgl. Hom. Od. X, 513 f. und Phaid. 113b–c.

12 Im Text steht: ὡς οἴεται, was ich, wie die meisten Herausgeber und Kommentatoren, als korrupt ansehe, s. auch Adam 1963a, S. 133, z. St. und Emlyn-Jones/Preddy 2013a, S. 226, Anm. 2, z. St.

13 Der Tod ist kein Übel, auch nicht für den Verstorbenen, vgl. Phaid. 117c.

14 Vgl. Lys. 215a 6–8 und leg. IV, 716c; ob die Tugend ausreiche zur Glückseligkeit, wird eine von der Stoa und den Kynikern heftig diskutierte Frage, vgl. SVF III, 30, 49; Antisthenes bei Diog. Laert. VI, 10–13 (= SSR V A 134, 3–5).

15 Vgl. auch X, 605d–e; daneben schreibt Platon Frauen in der *Politeia* noch Zänkerei (III, 395d), Leidenschaftlichkeit (IV, 431b 9 – c 2), Ruhmsucht (VIII, 549d) und kleinliche Gesinnung (V, 469d 7) zu; s. zu den Klischees über die Frau bei Platon (und der griechischen Literatur überhaupt) ausführlich Schöpsdau 2003, S. 481; vgl. auch IV, 431b 9 – c 3; X, 605d 7 – e 2.

16 Vgl. Phaid. 117d 1 – e 2.

17 Vgl. Hom. Il. XXIV, 11. Wie Arends 1988, S. 384 scharfsinnig ausführt, ist der Groll gegen Achilleus, der hier aus Sokrates' Worten abzuleiten ist, verständlich, zumal Achilleus, immerhin göttlicher Herkunft (391c 1) und hervorragend erzogen wie ein Wächter, den Mitmenschen und sich selbst gegenüber Besonnenheit (*sōphrosýnē*, 391c 5–6) dennoch vermissen lässt.

18 Vgl. Hom. Il. XXIV, 12; ich lese, entgegen Burnet (πλωΐζοντ', »mit dem Schiff fahrend«), πλάζοντ', s. Adam 1963b, S. 134 f., z. St.

19 Hom. Il. XVIII, 23 f.

20 Gemeint ist Homer.

21 Hom. Il. XXII, 414 f.: Priamos beweint vor dem Heer den toten Hektor.

22 D. h. die Dichter.

23 Hom. Il. XVIII, 54: Thetis klagt über den bevorstehenden frühen Tod ihres Sohnes Achilleus.

24 Hom. Il. XXII, 168 f.: Zeus beobachtet, wie Achilleus den von ihm wegen seiner freigebigen Opfer hochgeschätzten Hektor verfolgt.

25 Hom. Il. XVI, 433 f.: Sarpedon war Sohn des Zeus und der Laodameia, Führer der Lyker im Trojanischen Krieg und bedeutender Gegner der Griechen (Il. V, 628 ff.; XII); nur widerwillig lässt Zeus zu, dass Patroklos ihn erschlägt (435–461).

26 Zumal er ja nur ein Mensch ist und nicht ein Gott, wie in den zitierten Passagen.

27 Vgl. IX, 578a und apol. 38d.
28 387d 4 ff.
29 Ein Übermaß an Freude und Schmerz sind laut Tim. 86b die schwersten Krankeiten der Seele; vgl. X, 605–606c; leg. V, 731c 1–2; 732c; IX, 873c; s. Stewart 1994.
30 Hom. Il. I, 599 f., vgl. auch II, 378d, Anm. z. St.
31 Zur Angewohnheit des Sokrates, seine eigenen Ansichten einem Gesprächspartner unterzuschieben, vgl. I, 354a 11; Euthyphr. 6d 12.
32 Die Passage 389b 2 – d 6 passt nicht ganz harmonisch in den Argumentationsverlauf, weshalb kein Geringerer als Solmsen 1965 sie für einen nachträglichen Einschub gehalten hat, s. auch Vegetti 1998b, S. 92, Anm. 29, z. St.
33 Vgl. 382c.
34 Vgl. zu diesem Gedanken Phaidr. 261c ff.; polit. 303e.
35 Hom. Od. XVII, 383 f., von Platon leicht verändert.
36 Zu dieser Analogie vgl. VI, 488a–489; 551c; Thgn. 671 ff.; ferner leg. I, 639a–b; XII, 945c; 961e; s. Schöpsdaus (2003, S. 394) luzide Ausführungen und wertvolle Belege dazu.
37 Hom. Il. IV, 412: Diomedes wird von Agamemnon getadelt, dass er im Gegensatz zu seinem Vater Tydeus nicht richtig kämpfe. Ihm antwortet nicht Diomedes selbst, sondern sein Begleiter Sthenelos; darauf gebietet ihm Diomedes zu schweigen.
38 Platon verbindet hier Hom. Il. III, 8 und IV, 431.
39 So der entrüstete und gar nicht besonnene Achilleus zu Agamemnon, Hom. Il. I, 225.
40 Hom. Od. IX, 8–10: Odysseus bei den Phäaken; Platon verändert den Text geringfügig.
41 Hom. Od. XII, 342: Um nicht hungers zu sterben, missachten die Gefährten des Odysseus das Verbot, die Rinder des Sonnengottes zu schlachten.
42 Auf welche Weise und aus welchen Beweggründen Hera ihren Gatten verführt, erzählt Homer in Il. XIV, 294–351.
43 Hom. Od. VIII, 266–366.
44 Hom. Od. XX, 17 f., zum platonischen Odysseus-Bild vgl. auch X, 620c–d und Phaid. 94d–e.
45 Hes. fr. 361 Merkelbach/West; dass man Götter durch Geschenke

für sich gewinnen könne, ist ein Irrtum, vgl. auch leg. X, 905d 3–907b 4; Vegetti 1998b, S. 96, Anm. 48, z. St. verweist auf Eur. Med. 964.

46 Sokrates bezieht sich auf die Rede des Phoinix, Hom. Il. IX, 515–605.

47 Nämlich den Leichnam Hektors, vgl. Hom. Il. XXIV, 560–570.

48 Hom. Il. XXII, 15 und 20; Apollon, der in der Ilias auf der Seite der Trojaner steht, nimmt die Gesichtszüge des von Achilleus bedrängten Agenor an und bringt so Achilleus dazu, sich aus der Schlacht zu entfernen.

49 Hom. Il. XXI, 130 ff.; 212–226: Während der Belagerung Trojas stand der Flussgott Skamandros den Troern bei. Rhesos war gewarnt worden, er dürfe seine Rosse nicht am Skamandros tränken, wenn die Griechen siegreich bleiben wollten. Als Achilleus später in seinen Fluten unter den Verteidigern der Stadt wütete, gab Skamandros Asteropaios, dem Anführer der Paionier, neuen Mut; Achilleus aber erschien er in menschlicher Gestalt und befahl ihm, das Flussbett zu verlassen. Dieser gehorchte zunächst; als er aber bald darauf wieder ins Wasser sprang, jagte der Gott den Helden in die Ebene hinaus und verfolgte ihn. Poseidon und Athene aber eilten Achilleus zu Hilfe, woraufhin Skamandros seinen Bruder Simoeis um Beistand bat. Erst der von Hera gesandte Hephaistos konnte mit seinem Feuer den Flussgott in die Schranken weisen.

50 Vgl. Hom. Il. XXIII, 144–151; Phaid. 89b; zum Haupthaar als Opfergabe für einen Flussgott vgl. Aischyl. Choeph. 6; Paus. I, 37, 3; VIII, 41, 3; s. zu Haaropfer und Haarweihe in der Antike nunmehr umfassend Tiedemann 2007, S. 81–88.

51 Hom. Il. XXIV, 14–18.

52 Hom. Il. XXIII, 175 f.

53 Peleus' Vater Aiakos war ein Sohn des Zeus.

54 Vgl. Plut. Thes. 31; dem berühmten Freundespaar Peirithoos und Theseus wird mehrfacher Frauenraub nachgesagt: Beide zusammen versuchten, Helena zu entführen. Peirithoos wollte Persephone für sich gewinnen und stieg deshalb mit Theseus in die Unterwelt hinab; vgl. Hom. Od. XI, 631; Hes. fr. 280 Merkelbach/West; Apoll. Rhod. I, 101 ff.

55 II, 377e–380c.

56 Vgl. leg. XII, 941b–c.

57 Aus der verlorenen Tragödie *Niobe* des Aischylos (fr. 162 TrGF [Radt]).

58 Eine Ansicht, die auch Thrasymachos in I, 343b 1 – 344c 4 vorgebracht hat und der sich Glaukon und Adeimantos II, 358 ff. angeschlossen haben.

59 Vgl. leg. II, 662b 4 – c 2.

60 Hom. Il. I, 15 f.

61 S. Büttner 2000, S. 133–137 mit grundlegenden Ausführungen über Bild und Mimesis bei Platon.

62 Was folgt, ist eine Prosafassung von Hom. Il. I, 22–42.

63 D. h. den Achaiern.

64 Zu den Vorzügen der Spezialisierung vgl. II, 369e–370c.

65 Das Gegenteil behauptet Sokrates in symp. 223d.

66 Ein Rhapsode war ein professioneller Rezitator von (meist epischer) Dichtung.

67 Zur wichtigen Rolle der Gewöhnung in der Erziehung vgl. auch X, 606a–b; leg. II, 656d 8; VII, 802c 7 ff.; Aristot. pol. VIII, 5, 1340a 16.

68 Wohl eine Breitseite vor allem gegen Euripides, s. Vegetti 1998b, S. 105, Anm. 73, z. St.

69 Gemeint sind die angehenden Wächter des Staates.

70 Sokrates denkt wohl an Geräuschimitationen im Theater, vgl. 397a; s. Stanford 1973.

71 Ich lese mit Adam 1963a, S. 152, z. St. ἁπλῆς statt ἄλλης, vgl. auch 394b 1 (ἁπλῇ διήγησις).

72 D. h.: der Dichter der zweiten Art.

73 Stanford 1973 zeigt, dass es hier nicht um *musikalische* Mimesis geht, sondern um mimetische *Sprache*, wie z. B. die Homers, durch welche der, der sie anwendet, selber »vielgestaltig« zu werden droht (vgl. 397e 2; 398a 1).

74 Gemeint ist die Erstere.

75 Ich sehe keinen Grund, hier (und an manchen anderen Stellen), wie Burnet, von einem Fragesatz auszugehen.

76 Zu πολιτεία (*politeía*) als »Verfassung« vgl. Thuk. II, 37, 1; VI, 104, 2;

Hdt. IX, 34, 1; s. zum Begriff und zu den Verfassungsformen bei Platon ausführlich Ricken 2008, S. 180–186.

77 Gegen ein nach Thuk. II, 41, 1 für Athen typisches Ideal.

78 Die erste Gegenüberstellung von »Kriegern« und »Geschäftsmännern«, s. Arends 1988, S. 50 et pass.

79 Zu *sophía* im Sinne von »Schlauheit«, »Besserwisserei« vgl. auch Phaid. 101e 5; epist. 7, 332c 3, leg. III, 690c 1; X, 886d 3; 7; XII, 962e 6.

80 Was man sonst nur Götterbildern angedeihen lässt.

81 Platon lehnt bloße Instrumentalmusik ab, vgl. leg. II, 669e; zur Musik gehören neben *mélos/harmonía* und *rhythmós* stets auch das Wort, vgl. leg. II, 660a 4; 669b 2; VII, 800d 2, s. auch Schöpsdau 1994, S. 276 f. (zu leg. II, 656c 4–6).

82 Vgl. 387e–388d; schon Solon hatte den *thrênos* sehr eingeschränkt, vgl. Plut. Sol. 21, 5.

83 S. eingehend zu den griechischen Tonarten Barker 2007, S. 311–318 et pass.

84 Während Platon mimetische Dichtung den Wächtern sowohl aufgrund des Prinzips der Arbeitsteilung als auch wegen der moralisch bedenklichen Inhalte verbietet, weil das Nachgeahmte zur zweiten Natur zu werden pflegt, ist für ihn die musikalische Mimesis durch Rhythmus und Harmonie ein hervorragendes Instrument der Erziehung der Jugend.

85 Diese eigentlich nicht korrekte Übersetzung von αὐλός mit »Flöte« hat sich eingebürgert; der Aulos ist eigentlich ein Rohrblattinstrument und steht der Klarinette oder Oboe näher als der Flöte.

86 Zu Aufbau und Funktionsweise von Kithara, Lyra und Syrinx s. Neubecker 1977, S. 71 ff.; 82 f. et pass.

87 Apollon besiegt mit seinem Kitharaspiel den ihn zum Wettkampf fordernden den Aulos spielenden Silen Marsyas, vgl. Melanippos, fr. 758 PMG; Aristot. pol. VIII, 6, 1341a–b; Paus. I, 24, 1.

88 Die beim platonischen Sokrates beliebte Eidformel bezieht sich auf den hundeköpfigen ägyptischen Gott Anubis, vgl. VIII, 567d 12; IX, 592a 7; Gorg. 461a; 466c; 482b; apol. 22a; Charm. 172e; Euthyd. 298e; 299e; Hipp. mai. 287e; 298b; Phaidr. 228b; s. Sommerstein/Torrance 2014, S. 122 f.

89 Man muss als Elemente von Rhythmen die Längen und Kürzen unterscheiden und sie in Kombinationen zusammenfassen, z. B. für Iamben und Trochäen 2:1, für Daktylos und Anapäst 2:2, für Päan 3:2; zur Verwandtschaft von Tönen und Rhythmen als geordneter Bewegung vgl. auch leg. II, 665a; 672e–673.

90 Zu Damon s. Anderson 1955, S. 98; 100 und Anderson 1966, S. 88; ferner Manuwald 1999, S. 219 ff. (zu Prot. 324d 2 – 328c 2).

91 Vgl. auch Damon, DK 37 B 6 und Athen. XIV, 628; zu den Beziehungen und Unterschieden zwischen Damon und Platon vgl. Anderson 1955.

92 Ein marschähnlicher Rhythmus des Waffentanzes.

93 Ob damit ein Spondeus oder ein Kretikus gemeint ist, ist ungewiss; s. Vegetti 1998b, S. 115, Anm. 92, z. St.

94 Hier ist, anders als in I, 348c 12, *euḗtheia* in einem positiven Sinne gemeint, also im Sinne von »Wohlgesinntheit«.

95 Vgl. zur Deutung dieser Passage eingehend Pascalau 2012, S. 118–122.

96 Vgl. symp. 209b 5–6.

97 Zu diesem Gedanken vgl. Phaidr. 254b ff.; Prodikos, DK 84 B 7.

98 Gebilligt wird wohl nur eine rein geistige gleichgeschlechtliche Beziehung; s. die synoptischen Betrachtungen zur Sexualmoral der *Nomoi* und der *Politeia* bei Schöpsdau 2011, S. 188–192 mit reichlichen Belegen und ausgiebigen Literaturangaben.

99 Zum Grundsatz des Primats der Seele vor dem Leib vgl. Gorg. 479b–c; Phaid. 106 ff.; Charm. 156d ff.; Tim. 86b ff.

100 Vgl. 390 a und b.

101 D. h. die Wächter.

102 Zum Fischreichtum des Hellesponts vgl. Hom. Il. IX, 360.

103 Zur sprichwörtlichen Üppigkeit sizilischer Tafelfreuden vgl. Gorg. 518b, epist. 7, 326b.

104 Korinth galt im Altertum als Hochburg der Prostitution, vgl. Strab. VIII, 6, 20; Athen. XIII, 573e–574a.

105 Die Besonnenheit ist für die Seele das, was für den Körper die Gesundheit ist, vgl. Charm. 157b.

106 Die Söhne des Asklepios sind Podaleirios und Machaon (Hom. Il. XI, 833); im Folgenden irrt Platon: Nach Homer erhält nicht Eury-

pylos (welcher von Patroklos kuriert wird, vgl. Il. XI, 575 ff.; 822 ff.), sondern Machaon von Hekamede, der Sklavin Nestors, diesen Trank (Il. XI, 613; 624).

107 Zum Wein von Pramnos vgl. Hippokr. mul. I, 52 Littré.

108 Vgl. Hippokr. morb. IV, 35 Littré; vor Käse und Wein warnt Hippokrates auch in VM 20 Littré.

109 Herodikos stammte, wie aus Prot. 316e 1 hervorgeht, aus Megara und wurde dann Bürger der megarischen Gründung Selymbria. Berüchtigt waren seine strengen ärztlichen Anordnungen, vgl. Phaidr. 227d; sein Schüler soll Hippokrates gewesen sein (Suda, s. v. Ἱπποκράτης, II, S. 662, Z. 12 Adler).

110 Vegetti 1998b, S. 126, z. St. sieht hier ein Zitat von Eur. Suppl. 1109–1113.

111 Glaukon bedient sich hier der Homophonie von γῆρας (»hohes Alter«) und γέρας (»Lohn«).

112 Eigentlich »hinauszukotzen« (ἐξεμέσαι); zu diesem medizinischen Terminus vgl. auch leg. I, 628d 2; V, 735d; Tim. 72d2; 83e 1; 86a 7; 89a 5; b 3; Aristot. probl. I, 42, 864a 30 ff.

113 Zu diesen Therapieansätzen vgl. Prot. 354a 4–6; Gorg. 456b 3 f.; 521e 8 – 522a 2.

114 Phokylides, fr. 2 West; wie Snodgrass 1980, S. 175 bemerkt, nimmt hiermit der milesische Dichter aus dem 6. Jh. v. Chr. das berühmte Brecht'sche Diktum »Erst kommt das Fressen, dann kommt die Moral« vorweg.

115 Das Wort νοσοτροφία, das vielleicht Vretska 2015, S. 191 mit »Hätscheln der Gesundheit« am treffendsten übersetzt hat, scheint eine Neubildung Platons zu sein, vgl. auch VI, 496c 2.

116 Das Besinnen auf sich selbst ist ein klassisches sokratisches Thema, vgl. apol. 29d–e; 30a–b; Alk. 1, 129e–130c; 131c.

117 Hom. Il. IV, 218. Der Vers ist allerdings nur auf Machaon bezogen.

118 Wie das bei Eurypylos der Fall war, vgl. 405e–406a. Der κυκεών war ein Getränk, bestehend aus Wein, Käse und Gerstenmehl.

119 Aischyl. Ag. 1022 ff.; Pind. P. 3, 55–58; Eur. Alc. 3–4; Hes. fr. 51 Merkelbach/West.

120 Vgl. 391 d.

121 Diese These ergibt sich aus II, 379 ff.

122 D. h. der Körper des Arztes.

123 Auf die Gemeinsamkeiten von Medizin und Justiz verweist auch Gorg. 474c–479e.

124 So auch X, 613b 12.

125 Zur Auffassung, dass man eine Sache nur kennt, wenn man auch um deren Gegenteil weiß, vgl. Phaid. 97d 1–5; Charm. 166e 7–8; Ion 531d–e; Phaidr. 262a; epist. 7, 344a–b.

126 Zu Platons repressiver Straftheorie vgl. VII, 525a–c, IX, 591a–b; Prot. 322d 4 f.; 324a 3 – c 5; 325a 7 – b 1, ferner Gorg. 476a–479e; leg. V, 735d ff.; IX, 854d–e; 859b ff.; bes. IX, 862c 6 – 863a 2; XI, 933e–934b; zur Analogie von Strafen und Heilkunst vgl. Gorg. 478b ff.; Prot. 322d 5; 325a 8.

127 Daher müssen Körper und Seele gleichermaßen trainiert werden, vgl. Tim. 87e–88e.

128 Eigentlich eine der Handhabung eines Saiteninstruments entnommene metaphorische Ausdrucksweise, wie »freien Lauf lassen« in 410e 2 und »Anspannen und Nachlassen« in 412a 1–2.

129 Vgl. II, 375c 6–8.

130 Nämlich in 398d–e, wo diese Harmonien als der gedeihlichen Wächtererziehung abträglich bezeichnet werden.

131 Wie Apollon Menelaos bei Hom. Il. XVII, 588 nennt; zu demselben Bild vgl. 412a.

132 Zum Begriff *misólogos* vgl. Lach. 188c und Phaid. 89d ff.

133 Zu *mousikós* in dieser Bedeutung vgl. auch leg. V, 729a 6 f. und Lach. 188d 3 f.

134 Vgl. leg. VI, 765d ff. und Schöpsdau 2003, S. 422 f., z. St.

135 Gemeint ist: von den Wächtern; vgl. Z. c 9.

136 Zu Platon als »entschiedenem Verfechter des Primats des Alters« (Schöpsdau 2011, S. 361) vgl. IV, 425b; V, 465a–b; VIII, 560c 9 f.; 563a; leg. II, 659d; 665d; III, 690a; 701b; IV, 712c 8; 714e; 715d 8 f.; 721d 5; VI, 762e 6–7; IX, 855e 2; XI, 917a 4–5; 919c 1 f.; 927b 5.

137 Dazu am besten Vretska 2015, S. 198 und 523, Anm. 74, z. St.

138 Nämlich: ob sie ihre Meinung vergessen und sich täuschen lassen.

139 Die »nützliche Lüge« wird nur den Herrschern erlaubt, vgl. auch

389b und die Kontroverse zwischen Ferguson 1981 und Dombrowski 1985; s. auch Schoffield 2007 und Rowett 2016.

140 II, 382d und 389b.

141 Kadmos, der Sohn des phönikischen Königs Agenor von Tyros (Hdt. II, 49, 3; Eur. Phoen. 639), säte auf Anraten der Athene die Zähne eines von ihm erlegten Drachen aus, woraus bewaffnete Männer (Spartoi, gelegentlich auch Giganten genannt) entstanden; zum Mythos der Erdgeborenen vgl. noch polit. 269b ff.; Prot. 320d; soph. 247c; Kritias 109d 2; 113c 8 – d 1; Mx. 273b–c; Tim. 23e 1; Aischyl. Prom. 90; Empedokles, DK 31 B 62, 2, s. Loraux 1981; Saxonhouse 1986.

142 Zu dem für das athenische Selbstverständnis im 5. und 4. Jh. sehr wichtigen Autochthoniegedanken s. Nesselrath 2006, S. 142.

143 Der folgende Mythos geht auf Hesiod (erg. 106–201) zurück, vgl. 546e, s. auch Gatz 1967, S. 54–58.

144 Zur sozialen Mobilität der Nachkommen des Wächter- und Chrematistenstandes s. Arends 1988, S. 22 f.; 157–160; zur Passage im Allgemeinen s. Döring 1978, S. 20 f.

145 Vgl. VIII, 549b.

146 Vgl. auch IV, 419a; 422d; Tim. 18b; Krit. 112c; leg. IV, 705b; V, 741e–742a; VII, 801b.

Viertes Buch

1 ἄλλοι meint nicht »Leute aus den niederen Ständen«, sondern andere Herrscher, also Herrscher in anderen Staaten; s. Adam 1963a, S. 205, z. St.

2 Zu solchen privaten Opfern vgl. II, 362c und leg. X, 909d.

3 Zu Reiseverboten im klassischen Griechenland s. Schöpsdau 2011, S. 553 f.

4 Vgl. Aristoph. Eccl. 611.

5 Vgl. II, 369a.

6 Damit beginnt Sokrates in IV, 445c, wird aber gleich von Adeimantos und Polemarchos unterbrochen, weshalb dieses Vorhaben erst in den Büchern 8–9 eine Fortsetzung findet.

7 Hier, nicht erst in 421a 8, wie Burnet meint, endet die eingeschobene Rede (beginnend bei 420 d 1).

8 Eigentlich: »anzuheften«.

9 Zu den Gefahren des Reichtums vgl. schon III, 461a ff.

10 Zur insinuierten Antwort vgl. Aristoph. Plut. 510 ff.

11 Platons Ablehnung jeglicher Neuerung liegt darin begründet, dass, wenn einmal die Wahrheit erkannt und umgesetzt worden ist, jede Veränderung nur eine Verschlechterung bedeutet; zur pejorativen Konnotation von νεωτερίζειν und νεωτερισμός vgl. auch 424b; VIII, 555d–e; leg. VII, 797a ff.; Antiph. or. 2, 4, 9; Lys. or. 20, 16; Thuk. I, 115, 2.

12 Vgl. zur *aneleuthería* auch VIII, 560c und Aristot. eth. Nic. 1107b 8 ff.; 1119b ff.

13 Vgl. zum soldatischen Leben der Wächter III, 416d ff.; s. auch Craig 1994 pass.

14 Zur Antithese von magerer Armut und fettem Reichtum vgl. Aristoph. Plut. 560; zur Analogie Wächter–Hunde vgl. II, 375a ff. und III, 416a.

15 Eigentlich »bei den Spielern«; Platon hat hier entweder ein Brettspiel, bei dem jedes Feld einen Staat darstellt (so Vegetti 1998c, S. 53, Anm. 16, z. St.), oder – nach Adam 1963a, S. 211 f., z. St. – ein nicht erhaltenes, damals bekanntes Zitat im Sinn.

16 Vgl. zu diesem Gedanken auch Aristot. pol. II, 2, 1261a 15; 6, 1264a 25; 1265a 9–10; 9, 1270a 31.

17 Vgl. noch 434a–b; VIII, 556a–b und Fuks 1984, S. 104–107.

18 Ironisch wie σμικρότερον in 423d 7.

19 Vgl. III, 415b 3 – c 5.

20 Wie Emlyn-Jones und Preddy (2013a, S. 355, Anm. 12, z. St.) bemerken, ist es für Platon ganz typisch, ein neues Thema einzuführen, indem er es ironisch als eine Trivialität hinstellt.

21 Vgl. V, 450b.

22 Vgl. zum Spruch κοινὰ τὰ τῶν φίλων (»Freundesgut gemeinsam Gut«) auch V, 449c; Lys. 207c 10; leg. V, 739c; Aristot. eth. Nic. VIII, 11, 1159b 31; pol. II, 5, 1263a 30; Phaidr. 279c; Diog. Laert. VIII, 10; Porph. v. Pyth. 33; Iambl. v. Pyth. 92.

23 Vgl. 422a, Anm. z. St.

24 Vgl. Hom. Od. I, 351 f.; entweder variiert Platon den Text Homers, oder dieser wich zur Abfassungszeit der *Politeia* von der heutigen Fassung ab.
25 Vgl. auch leg. VII, 797a ff.
26 Zu Damon vgl. III, 400b, Anm. z. St.
27 In *para-nomía* schwingt wohl auch die »musikalische« Konnotation von νόμος mit, vgl. V, 457b, Anm. z. St.; der *nómos* war nach Schöpsdau 1994, S. 510 ein instrumental begleitetes solistisches Götterlied, gewöhnlich in lydischer Tonart.
28 Vgl. leg. VII, 797a–c.
29 Zur Klage über den Verfall der Musik und den allgemeinen politischen und sozialen Niedergang in Athen vgl. leg. III, 700a–701d.
30 Zum erzieherischen Wert von Spielen vgl. VII, 536e f. und polit. 308d.
31 Diejenigen, die von der neueren Musik verdorben werden.
32 Sokrates vertritt hier die herkömmlichen sozialen Umgangsformen, die vom Komödiendichter Aristophanes in Nub. 961 ff. aufs Korn genommen werden.
33 Zu Varianten dieser Sentenz vgl. Hom. Od. XVII, 218 (zitiert von Platon in Lys. 214a); Empedokles, DK 31 B 22; vgl. B 62; B 90; bei Platon steht der Spruch oft im Zusammenhang mit der Frage der Freundschaft, vgl. Prot. 337d; Gorg. 510b; symp. 195b; leg. IV, 716c; VI, 757a; VIII, 837a.
34 Zur Kalokagathie s. Anm. 82 in Buch 2.
35 Ich sehe nicht recht ein, weshalb man mit Burnet und neuerdings Slings διατελοῦσιν (Präsens) statt, wie Chambry, das überlieferte διατελέσουσιν (Futur) lesen sollte.
36 2,13 Meter.
37 Platon ist wohl der Erste, der diese Metapher verwendet hat.
38 Sokrates stand dem delphischen Apollon besonders nahe, vgl. apol. 21a; Phaid. 60d; s. Delcourt 1981, S. 144 ff.
39 D. h. im Jenseits.
40 Dieser Führer ist in Athen Apollon, vgl. Euthyd. 302d 1; Euthyphr. 4d 4; 9a 6; leg. VI, 759c 6 ff.; s. Reeve 2000, S. 24–39.
41 Vgl. Krat. 400d–e; Tim. 40d; Phaidr. 246c; epin. 985d.
42 Zum Motiv der Nötigung zum Gespräch vgl. I, 327c, Anm. z. St.

43 Vgl. leg. I, 645b 7–8.
44 III, 414b.
45 Zum Vergleich der Tätigkeit der Wächter und Philosophen-Könige mit anderen Künsten vgl. VI, 484c; 500d–501d; s. Kato 1986.
46 Es sind nur sehr wenige, die über Wissen verfügen, vgl. 431c–d; VI, 490e–491b; 493e–494a.
47 Zur Tapferkeit im Kampf gegen Krankheit, Armut, Schmerzen, Ängste, Begierden und Lust vgl. auch Lach. 191d–e und leg. I, 633c 8–d 3.
48 D. h.: der purpurnen.
49 Die Erziehung der Wächter und überhaupt der Aufbau des Staates (430e 6 – 431d 8), nicht zuletzt die Ausmerzung der die Leidenschaften aufstachelnden Dichtungsformen (X, 606d 1–7; 607b 1–3), sind auf die Bekämpfung der Macht der Affekte ausgerichtet.
50 Zur Junktimierung der Begriffe *phýsis* (»Natur«) und *trophḗ* (hier: »Erziehung«) vgl. auch leg. V, 735b 7 – c 1; VI, 740a 1–2; 766a 1–2; IX, 870a 5–6; XI, 934d 7; XII, 961b 2; Tim. 20a 1; zum Gedanken, dass die beste Ausbildung nur in guten natürlichen Anlagen keimen kann, vgl. Protagoras, DK 80 B 3; Prot. 327b 8; 351a–b.
51 Darüber, wie denn eine »genauere Besprechung« ausgesehen haben mag, macht sich Manuwald 1999, S. 431 Gedanken; s. auch Krämer 1959, S. 108–118 und Szlezák 1976, bes. S. 48 f.
52 D. h. die Untersuchung der Tapferkeit.
53 D. h. Weisheit und Tapferkeit, vgl. 427e.
54 Vegetti 1998e, S. 71 f., Anm. 61, z. St. weist darauf hin, dass Platon hier regelrecht eine »sociologia delle passioni« skizziert.
55 Vgl. Phaidr. 237e.
56 Zur Jagdmetapher bei der Illustrierung des Strebens nach philosophischer Erkenntnis vgl. Lach. 194b; leg. I, 627c 9; II, 654e 3; V, 728d 1; XII, 950c 6; 951b 7; Phaid. 66a 3; Phil. 65a 1; polit. 264a 5; Lys. 218c.
57 Denn vor der Jagd wird zu Apollon und Artemis gebetet, vgl. Xen. kyn. 6, 13.
58 Nach einem Scholiasten zu Aristoph. Pax 318 ist ἰοὺ ἰού ein Jagdschrei (Emlyn-Jones/Preddy 2013a, S. 391).
59 D. h. die Gerechtigkeit.

60 Das Verbum κυλινδεῖσθαι beschreibt eine Tätigkeit, die von Aristoph. Nub. 775 dem Sokrates zugeschrieben wird: sich herumtreiben (eigentlich: »sich wälzen«); vgl. auch Tht. 201a und Phaidr. 275e 1, wo es in negativer Konnotation für das schriftliche Philosophieren steht.

61 Vgl. II, 370a–c.

62 Zum Verb πολυπραγμονεῖν vgl. Hdt. III, 15, 2; Aristoph. Plut. 913; das entsprechende Substantiv *polypragmosýnē* bezeichnet nicht nur bloße Gschaftlhuberei oder wichtigtuerische Betriebsamkeit, sondern umfasst einen Tatbestand, der in Athen unter Strafe stand, vgl. zum Begriff auch 434b 6 f.; 444b 2; Charm. 161d; Gorg. 526c; Thuk. VI, 87, 3; s. Adkins 1976.

63 427e–428a.

64 In der Kallipolis, der »guten Polis« der *Politeia*, treten Sklaven (anders als in den *Nomoi*) so wenig in Erscheinung, dass ihr Vorhandensein von manchen Interpreten bestritten worden ist, s. Vlastos 1973, Despotopoulos 1970 und Schütrumpf 2003.

65 Vgl. II, 368c ff.; zum griechischen Text: Mit den meisten Herausgebern, Kommentatoren und Übersetzern halte ich in Z. 434d 7 ⟨ἤ⟩, eine Interpolation Burnets, für unnötig.

66 Zur Feuer- bzw. Lichtmetaphorik vgl. epist. 7, 344b.

67 Zur Isomorphie von Staat und Menschenseele vgl. auch 441c–e.

68 Ironisch wie 423c 5–6.

69 Zur Tripartition der Seele vgl. 435e; 437b; 439e; 440e; 442b–c; VI, 504a; IX, 572a; 580d; 581a; e; X, 595b.

70 Zu diesem Sprichwort vgl. CPG I, S. 172 und 462 sowie II, S. 89 und 717; die dem Reformer Solon zugeschriebene Sentenz (fr. 206c Martina) wird von Platon öfters zitiert, vgl. 497d 10; Hipp. mai. 304e 8; Krat. 384a 9.

71 Eine »Aussparungsstelle«, d. h. eine Stelle, wo sich Sokrates weigert, die Behandlung eines Themas fortzusetzen, entweder weil die Argumentation es gerade nicht verlangt oder er das intellektuelle Niveau der Gesprächspartner für (noch) nicht geeignet hält, s. Szlezák 1993, S. 28 f.; 32; 80; 92–95; 105; 114 und Nachwort S. 1021.

72 Platon wurde in dieser Betrachtung von Hippokrates beeinflusst;

vor allem dessen Schrift *Perì aérōn hydátōn tópōn* (*Über Winde, Wasser und Ortslagen*) entwickelt aus den je verschiedenen geografischen Gegebenheiten eine ganze Völkerpsychologie; vergleichende Beschreibungen von Sitten verschiedener Völker zeugen von Platons ethnographischem Interesse, vgl. auch V, 452c 4 – d 1; symp. 182a 7 – b 7; polit. 290d 6 – e 8; leg. I, 637d 6 – e 7; II, 656d 1 – 657b 1; 659b 5 – c 3; 660b; 674a 3–7; VI, 776c 6 – d 2; 782c; zu Platons Bewunderung für Ägypten vgl. leg. II, 656d 5 – 657a 2; 657a 5; V, 747c 3–6; XII, 953e 2–3, s. McEvoy 1993.

73 Zum hier erstmals formulierten »Satz vom Widerspruch« vgl. Aristot. int. 17a 36–37; meteor. III, 3, 1005b 22.

74 a 7 – b 2.

75 S. Vegetti 1995, S. 23 ff.

76 Vgl. zu diesem Gedanken 441b 7 – c 2; Phaid. 94b–c; Phil. 35c 6–7.

77 Zum Bild des »Ziehens und Gezogenwerdens« im innerseelischen Zwiespalt vgl. auch Ion 536a 1–2; Aristot. eth. Nic. VII, 3, 1145b 24; 5, 1147b 16; s. dazu ausführlich Schöpsdau 1994, S. 231 f. mit weiteren Belegen.

78 Der oberste Seelenteil, das *logistikón*, vgl. 441e 4.

79 Zur Leidenschaft als Krankheit der Seele vgl. Tim. 87b; zum Verhältnis von Leidenschaft und Krankheit in der medizinischen Literatur des 5. Jh.s s. Vegetti 1995.

80 Zur Deutung der Stelle s. Cornford 1912, S. 262 ff.; Penner 1971, S. 111–113 und Annas 1999, S. 118 f.; vgl. auch die Konflikte im Seelenwagen, Phaidr. 253c–255a.

81 Wahrscheinlich eine Figur in einer nicht erhaltenen Komödie Theopomps; wir wissen von Leontios nicht mehr, als uns hier berichtet wird, nämlich dass er wohl eine nekrophile Neigung hatte; vgl. Theop. fr. 25 PCG.

82 Zu den sogenannten Langen Mauern, die Athen mit dem Piräus verbanden, vgl. Thuk. I, 107, 1; 108, 3; II, 13, 7.

83 Zum Bild des Kochens in der Seele vgl. Aristot. an. I, 1, 403a 31.

84 In 375a–376c ist der Hundevergleich auf die Wächter bezogen; zur Diktion vgl. Aristot. eth. Nic. I, 13, 1102b 31; 1103a 3; pol. VII, 14, 1333a 18.

85 Vgl. II, 371e.

86 Vgl. leg. VII, 808d–e.
87 Vgl. III, 390d 5; Hom. Od. XX, 17.
88 Eigentlich »durchgeschwommen« (wie in V, 453d), was zum Bild der dreifachen Woge passt, vgl. V, 457c und 472a.
89 Vgl. III, 411e–412a.
90 Den vernünftigen Seelenteil.
91 Den mutvollen Seelenteil.
92 Zum Imperfekt im griechischen Original s. Adam 1963a, S. 260, z. St. und Kühner/Gerth II, 1, S. 145 f.
93 Ergänze: was furchtbar ist und was nicht.
94 Zur »Freundschaft« unter den Seelenteilen vgl. 443d; IX, 589b.
95 Als ein solcher erscheint der Entwurf des Gesetzgebers auch in leg. XII, 969b 5–6.
96 Vgl. II, 368e f.; IV, 433a.
97 432d–433b.
98 Zur Störung der guten Seelenverfassung durch unrechtes Tun vgl. 444c–d; IX, 589c–590b.
99 Vgl. auch Tim. 42b.
100 Vgl. schon 409a; Gorg. 478b ff.; leg. III, 691d 1; IV, 714a 5; IX, 853d 8; X, 888b 8; XI, 919c 2; zum Verhältnis von Gerechtigkeit bzw. guter Seelenverfassung und körperlicher Gesundheit vgl. Krit. 47d–e; Gorg. 504b–d; 511e–512b; soph. 228a–b; s. auch Vegetti 1983.
101 Vgl. 444e und, fast wörtlich, Aristot. eth. Nic. II, 1, 1103b 1.
102 Zur Bewertung moralischer Defizite als Krankeit der Seele vgl. auch IX, 591b–c; X, 609b ff.; leg. I, 628d–e; IV, 714a 5; IX, 853d 8; X, 888b 8; XI, 919c 2; XII, 961d 1.
103 Zum Nutzen der Strafe vgl. II, 380b und Gorg. 480a–c.
104 Zu dieser Umschreibung des Begriffs der Seele vgl. auch Phaid. 105c 9–11; d 3–4 und rep. I, 353d 9.
105 Nicht das Leben an sich, sondern nur das gute Leben ist von Wert, vgl. apol. 28b ff.; Krit. 48b; Gorg. 512d–e.
106 Vgl. 432c 3–4.

1 In der *Politeia* werden eine gute und richtige Verfassung und vier Verfallsformen unterschieden (vgl. auch VIII, 544a). Das Kriterium der Unterscheidung der Verfassungstypen ist die Anzahl und das Ethos (VIII, 544e 1) derer, die die Herrschaft ausüben. In der idealen Staatsform sind die Guten und Gerechten an der Herrschaft (VIII, 544e 7 f.). Herrscht nur eine Person, so nennt man die Verfassung ein Königtum (*basileía*), herrschen mehrere, eine Aristokratie (*aristokrateía*, vgl. IV, 445d 6). Die Timokratie wird von Herrschsucht und Ehrgeiz geprägt, in der Oligarchie werden die Armen von den Reichen gewaltsam unterjocht (VIII, 550c 11 – d 1) und Besitz gilt mehr als der Charakter. Wenn Arme gewaltsam herrschen, spricht man von Demokratie, in der es als das Höchste gilt, das zu tun, was man will (VIII, 557a–b). Die Tyrannis ist von einem seinen Affekten erlegenen Herrscher bestimmt (IX, 572d–573c); wichtig ist die Beobachtung Blößners (2007b, S. 262), wonach im Verfassungswandel der *Politeia* nicht eine Geschichtsphilosophie oder eine Kritik Platons an den Verfassungen seiner Zeit zu sehen sind, sondern eine »kritische Analyse von Lebensformen und hinter ihnen stehenden falschen Vorstellungen vom Glück«.

2 Sokrates setzt seine Ausführungen nach dieser Unterbrechung erst in VIII, 543c–544b wieder fort; zum Strukturelement des »Nicht-Loslassens« vgl. I, 327c, Anm. z. St.; zum rätselhaften Tuscheln vor einer gewichtigen Äußerung vgl. Phaid. 84c 4; d 4; 85e 3 ff., s. Szlezák 2003, S. 39 f.

3 Vgl. IV, 423e 5 – 424a 2.

4 Vgl. Aristot. pol. II, 1, 1260b 37 ff.; 5, 1264a 11.

5 Zum metaphorischen ψῆφον τίθεσθαι (»seinen Stimmstein [d. h. sein Urteil] abgeben«) vgl. auch Prot. 330c 6; leg. II, 674a 2; Tim. 51d 3.

6 Wohl sprichwörtlich dafür, eine momentane Tätigkeit für eine scheinbar verlockendere aufzugeben; schon in I, 336e 4–9 hat Sokrates die Suche nach Gerechtigkeit mit der Suche nach Gold verglichen.

7 Vgl. VI, 504b–c.

8 Wann genau dieser anzusetzen ist, erfahren wir in der *Politeia* nicht, vgl. leg. VII, 788d–794d.

9 Eine facettenreiche Göttin wohl kleinasiatischen Ursprungs, die in Athen verehrt und mitunter mit Nemesis gleichgesetzt wurde, vgl. Phaidr. 248c–d; Aischyl. Prom. 936.

10 Bei nicht vorsätzlicher Tötung, vgl. leg. IX, 869e.

11 Vgl. 450a 7 – b 3.

12 Vielleicht eine Anspielung auf *Mimoi*, auf quasi-dramatische Dialoge oder Monologe in rhythmischer Prosa, die in »weibliche« und »männliche« unterschieden worden und nicht ohne Einfluss auf Platons Dialoggestaltung gewesen sein sollen, vgl. Athen. III, 89a; VII, 281e f.; 309c–d; Diog. Laert. III, 18; Quint. inst. I, 10, 17, s. Haslam 1972; hier (451b 8 – 457b 6) beginnt eine heftig diskutierte Passage über die Stellung der Frau in Platons Modellstaat, vgl. 455e, Anm. z. St.

13 Vielleicht eine Anspielung auf Aristophanes' *Ekklesiazusen*, eine wahrscheinlich 392 v. Chr. aufgeführte Komödie, in der die politische Misere in Athen der damaligen Zeit durch die Übernahme der politischen Herrschaft durch Frauen und die Einführung einer kommunistischen Güter- und Lebensgemeinschaft behoben werden soll. Die Parallelen dieses utopischen Gesellschaftsmodells mit der *Politeia* sind evident, umstritten ist allerdings, in welchem unmittelbaren oder mittelbaren gegenseitigen Abhängigkeitsverhältnis Platon und Aristophanes zueinander stehen, s. Thesleff 1982, S. 104; Beltrametti 2000 und Canfora 2014, S. 33–37.

14 Nach Hdt. I, 10 ist es Lydern und den meisten fremden Völkern unangenehm, selbst einen Mann nackt zu sehen; nach Thuk. I, 6, 5 waren die ersten, die die Scheu vor der Nacktheit beim Sport überwandten, die Spartaner; s. Compese 2000.

15 Shorey 1982, S. 438, z. St. vermutet hinter dieser Formulierung ein Sprichwort und verweist als Quelle auf Pind. P. I, 33–35.

16 Zur militärischen Metaphorik im philosophischen Diskurs vgl. schon I, 365c 7 ff.; ferner Krit. 50a ff.

17 II, 369e–370c.

18 Der legendäre Sänger und Dichter Arion aus Lesbos gewinnt in Sizilien einen Sängerwettstreit und tritt mit Reichtümern überhäuft

als Passagier eines Schiffes die Heimreise an. Die gierigen Matrosen stellen ihn vor die Wahl, über Bord zu springen oder ermordet zu werden. Als Arion seinem letzten Wunsch gemäß noch einmal »auftreten« und auf dem Schiff singen darf, lockt er mit seiner Kunst Delphine an; der Sänger springt über Bord, und ein Delphin bringt ihn wohlbehalten nach Griechenland; vgl. Hdt. I, 23–24; Gell. XVI, 19; Ail. nat. XII, 45.

19 Platon sagt eigentlich »sie verfolgen«; zur beliebten Jagdmetapher vgl. IV, 432b, Anm. z. St.

20 Sinnvoller erscheinen andere Übersetzungen: so fügt sich etwa Reeves Übertragung (2004, S. 142: »We meant, for example, that a male and female whose souls are suited for medicine have the same nature«) besser in den Kontext (vor allem zu 451d und 455e 6); zwingende sprachliche Gründe, die Slings 2005, S. 82–85 darlegt, lassen uns jedoch zu der gewählten deutschen Fassung kommen.

21 Vgl. 453c 7–9.

22 Seit dem Aufsatz von Annas 1976 wird die Haltung Platons zum rechtlichen Status von Frauen und Männern in der Forschung als inkonsequent dargestellt; Becker 2011 hat sich dagegengestellt; er versucht Platon vor dem Vorwurf der Widersprüchlichkeit in der Frage der prinzipiellen Gleichwertigkeit von Mann und Frau dadurch zu verteidigen, dass er zeigt, dass Annas und ihre Nachfolger und Nachfolgerinnen den Fehler begingen, vorauszusetzen, »dass alles, was im Laufe des Gesprächs gesagt wird, gleichermaßen wörtlich und gleichermaßen als unmittelbare Meinungsäußerung Platons zu verstehen ist« (S. 90); Schöpsdau 2003, S. 555 f. meint, dass in der *Politeia* die Frau dieselbe Natur wie der Mann besitze, aber schwächer sei, und verweist auf die übereinstimmende Überzeugung der Sokratiker (vgl. noch Xen. symp. 2, 9–12 und Antisthenes, SSR V A 134), dass die *Physis* und die Charakteranlagen (*aretê*) von Frau und Mann dieselben seien; s. auch Vlastos 1989, Bluestone 1994.

23 II, 374e 4 ff.

24 Ein abgewandeltes Pindar-Zitat, vgl. Pind. fr. 209 Maehler; s. auch Adam 1963a, S. 357.

25 Vgl. VI, 505a und Hipp. mai. 296e.

26 Das Bild von den drei Wogen wird durch die Schwimmmetapher in

453c 10 – d 7 eingeleitet. Die drei Wogen stehen für (1) die gleiche Erziehung von Männern und Frauen (V, 451c–457c), (2) für die Frauen- und Kindergemeinschaft (V, 457c–471d) und (3) für die Herrschaft und Erziehung der Philosophen (V, 471e–541b).

27 Adam 1963a, S. 293, z. St. erinnert daran, dass γυναικεῖος νόμος auch »Frauengesang« heißen kann, und verweist auf IV, 424d–e, 451c und VII, 532a; s. auch die Anmerkungen zu diesen Stellen.

28 D. h. darüber, ob es möglich ist, aber auch darüber, ob es nützlich ist.

29 Vgl. 450b und 452e.

30 Eine Anspielung auf den *hierás gámos*, die »Heilige Hochzeit« bzw. den ersten Geschlechtsverkehr des Götterpaares Zeus und Hera, s. Burkert 1977, S. 176 ff.

31 Vgl. II, 382c–d und III, 389b; zur »Lüge in edler Absicht« III, 414b 8 ff.

32 Was das genau bedeutet, erscheint unklar: heißt »nicht aufziehen« nun »nicht wie Wächter aufziehen« oder gar »töten«? Vgl. 460c und 461c, Anm. z. St.

33 Das griechische Wort ἀγέλη (»Herde«) betont den metapherreichen Stil Platons; es wird auch für militärische Einheiten junger Männer in Sparta und auf Kreta verwendet, s. LSJ s. v. αγέλη II.

34 Zu dieser Sorge vgl. IV, 423a–b und schon II, 372b–c; ferner VIII, 546a–547a; leg. V, 737d–e und Krit. 112d–e.

35 Zur Ausdrucksweise (im Griechischen steht σπείρωνται, eigentlich: »gesät werden«) s. du Bois 1990, S. 85 ff.

36 Σηκός ist ein Wort Homers und der Tragödie und heißt eigentlich »Stall«, aber auch »(Vogel-)Nest« (Aristot. hist. an. VI, 8, 564a 21).

37 Dass Kindesaussetzung ein Mittel der Familienplanung war, bezeugt Aristot. pol. VII, 1335b; Adam 1963a, S. 299, z. St. und S. 357–360, nimmt an, dass die Formulierungen in 460c 4–5 und 461c 6–7 die Aussetzung oder Tötung von Neugeborenen empfehlen; dies ist allerdings umstritten, s. die Diskussion bei Rankin 1965 und Mulhern 1975; die Aussetzung von Kindern scheint jedenfalls gängige Praxis gewesen zu sein, vgl. etwa Tht. 149d; 151c; 160e–161a; Aristoph. Nub. 530 f.; Eur. Ion 951; s. Wiesehöfer 1999.

38 Vgl. 459b 3.

39 Hinter dieser Formulierung wird allgemein ein Zitat eines nicht

mehr fassbaren Dichters vermutet, das sich auf ein Pferd in der Rennbahn bezieht (δρόμος heißt nicht nur »Lauf«, sondern auch »Rennbahn«), vgl. Adam 1963a, S. 301, z. St.

40 Zu dem für die Fortpflanzung besten Mannesalter vgl. leg. VI, 772d; 785b; Aristot. pol. VII, 16, 1335a 29.

41 Geheiratet wird, wie Schöpsdau 2003, S. 451 treffend bemerkt, bei Platon und den Griechen überhaupt nicht aus einer individuellen Neigung heraus, sondern zur Erfüllung einer Pflicht der Familie und dem Staat gegenüber; vgl. auch leg. VI, 772d 5 – 785b 9; s. ferner Hartmann 2002, S. 99 ff.; 130 ff. et pass.

42 Platon empfiehlt hier die Abtreibung, jedoch, nach Schöpsdau 2003, S. 318, »nicht (wie von Aristot. pol. VII, 16, 1335b 19 ff.) aus demografischen Gründen, sondern im Interesse einer auf die ›Reinheit‹ des Wächterstands (460c) beschränkten Eugenik.«

43 Ob Platon von Kindesaussetzung oder Infantizid spricht, ist umstritten, s. 459d, Anm. z. St.

44 Genau diese Frage wird in Aristoph. Eccl. 636 f. der Anführerin der Frauen Praxagora gestellt; vgl. auch 452b und Aristot. pol. II, 3, 1262a 14 ff.

45 Hier wird der Faden von 458b 5–6 wiederaufgenommen.

46 Vgl. zur Jagdmetapher IV, 432c, Anm. z. St.

47 Zur Metapher der die auseinanderstrebenden Teile der die Polis zusammenhaltenden Bänder vgl. leg. VII, 793b 4 und Schöpsdau 2003, S. 519 f.

48 Ob nun mit πάντες οἱ πολῖται (oder in 461a 8, mit σύμπασα ἡ πόλις: »der ganze Staat«) wirklich immer die Gesamtheit des Gemeinwesens oder nur die Wächter gemeint sind, ist umstritten, s. Vegetti 2000c, S. 130–138; schon Aristot. pol. II, 3, 1261b–1262a hat die unklare Ausdrucksweise Platons an dieser Stelle kritisiert.

49 Hier sind wohl nur die Wächter gemeint, s. Arends 1988, S. 186; 440, Anm. 30 f.

50 Zur Interpretation der Stelle (mit dem Vorschlag einer geringfügigen Textänderung [τεταγμένη anstatt τεταμένη]) s. Provencal 1997.

51 Oder Archonten; s. zu diesen hohen Beamten Hansen 1995, S. 225–245.

52 Zum Ausdruck vgl. Thuk. VI, 25, 2; VIII, 27, 1.

53 Zum Ausdruck vgl. Thuk. V, 80, 3.

54 Zu dieser Antithese vgl. VII, 539a; IX, 586c–587a; man beachte auch die Polyvalenz von οἰκεῖον, das sowohl »verwandt« als auch »eigen« bedeutet.

55 462b 4 – c 9.

56 Vgl. III, 416d–e.

57 Vgl. dazu auch das Lob für die Auflösung der familiären Bande in leg. V, 739c; VII, 807b; zum Verschwinden der Prozesse und Straftaten in der kommunistischen Gesellschaft vgl. auch Aristoph. Eccl. 657–674.

58 Zu Vergleichen mit sportlichen Agonen und zur metaphorischen Rede vom Leben als einem Wettkampf vgl. noch X, 608b 4; leg. V, 729d; VII, 802a 2; 807c 4 – d 1; VIII, 839e–840e; s. Schöpsdau 2003, S. 563.

59 Platon meint: schöner noch als der Sieg bei den panhellenischen Agonen, der mit der lebenslänglichen Speisung im Prytaneion, mit dem Erlass von Abgaben und vielen anderen Begünstigungen belohnt wurde, s. dazu Buhmann 1972, S. 111–114.

60 Vgl. IV, 419a; es war Adeimantos, der den Vorwurf erhob.

61 Gemeint sind die Wächter.

62 IV, 420 b.

63 Den Hesiod-Vers (erg. 40) zitiert Platon auch in leg. III, 690d 7 – e 1; vgl. auch Aristot. eth. Nic. I, 7, 1098b 7.

64 Vgl. 451d.

65 Zur spielerischen Aneignung der Fertigkeiten des Vaters durch den Sohn vgl. auch Prot. 328a und leg. I, 643b–c.

66 Vgl. Xen. Kyr. IV, 3, 2.

67 Vgl. VII, 537a.

68 Zur Bestrafung von Desertion und der Preisgabe der Waffen vgl. auch leg. XII, 943c 8 – 945b 2.

69 Vgl. Aischyl. Ag. 852.

70 Glaukon steht dem Erotischen durchaus aufgeschlossen gegenüber, vgl. 474d, ferner auch die Anspielung in III, 402e.

71 Vgl. symp. 178e–179a; auch Athen. XIII, 561 f. und 602a zeugen von der motivationssteigernden Macht des Eros im Krieg.

72 459d–460b.

73 Hom. Il. VII, 321 f.

74 Vgl. Hom. Il. VIII, 162.

75 Vgl. III, 415a.

76 Hes. Erg. 122; das Zitat findet sich auch in Krat. 397e 12 – 398a 2.

77 Apollo, vgl. IV, 427c 2.

78 Vgl. zu diesem Gedanken auch leg. III, 693a.

79 Gemeint sind die Griechen des neuen Staates.

80 Zu dieser Unterscheidung von Griechen und Barbaren bei der Zulässigkeit der Versklavung vgl. auch Xen. hell. I, 6, 14.

81 Nämlich: seine Seele in den Hades; zum Gedanken, dass die Seele das eigentliche Ich ist, vgl. IX, 588d; leg. V, 726a 3; XII, 959a–b; Phaid. 115c–e; Alk. I, 130c.

82 Wir finden diese Passage auch bei Aristot. rhet. III, 4, 1406b 32 ff. als Beispiel für ein Gleichnis.

83 Vgl. Thuk. III, 114, 1.

84 Vgl. leg. I, 628a–b.

85 Zum Gedanken, dass das einigende Band gemeinsamer Kultur, Sprache und Religion die Griechen von den Barbaren trennt, vgl. Hdt. VIII, 144; Isokr. or. 4, 157.

86 Vgl. zu dieser Analogie III, 414e 1–6, ferner Krit. 50e–51c; Soph. Oid. K. 759 f.; Lys. or. 2, 70.

87 Zu historischen Beispielen für einige der hier genannten Varianten »griechischer Milde« vgl. Thuk. III, 35, 2 ff.; 68, 2; V, 116, 4.

88 Wie »jetzt« zu deuten ist, beantworten die Kommentatoren unterschiedlich, denn die Frage, ob Platon sich auf die Zeit der Abfassung der Passage oder auf das dramatische Datum der Schrift beruft, ist nicht geklärt, s. Vegetti 2000a, S. 84, Anm. 102, z. St.

89 458a–b.

90 Der dialektische Diskurs ist häufig durchsetzt von kriegerischen Ausdrücken und Metaphern, s. Canino 1998.

91 Vgl. 466d.

92 Zur Frage der möglichen Umsetzbarkeit der hier skizzierten Verfassung s. 473b, Anm. z. St.

93 Vgl. auch VI, 484c; 500e–501c; zu den Malervergleichen bei Platon s. ausführlich Schöpsdau 2003, S. 441 ff.

94 So in II, 369a 5 ff.

95 Zur Schwierigkeit der Umsetzung eines Musterentwurfs vgl. auch leg. V, 745e 7 – 746d 2 und Schöpdsdau 1994.

96 Vgl. zu diesem Gedanken Phaid. 100a 1–3.

97 Eine annähernde Verwirklichung der idealen Verfassung schließt Platon also nicht aus; auch Aristot. pol. II, 1, 1260b 32 sieht in ihr, genauso wie in den *Nomoi*, einen realisierbaren Entwurf; dass Platon seinen Staat für umsetzbar gehalten hat, vertreten Burnyeat 1992 und Morrison 2007; für rein utopistisch halten ihn Gadamer (1942 und 1983), Guthrie 1975, S. 483–486 und Flashar 1988.

98 Das heißt: wie es unseren Vorstellungen entspricht.

99 Vgl. die ganz ähnliche Formulierung in epist. 7, 335d 1–2.

100 Vgl. VI, 509c 3–4; Sokrates' Frage ist nicht unberechtigt, zumal Adeimantos und dann Glaukon bei ihm einen »langen Disput« ausgelöst haben (450a 10 ff.).

101 Vgl. IV, 437d 8 – e 8.

102 Eigentlich heißt τριττυαρχεῖν »den dritten Teil (τριττύς) einer Phyle befehligen«; seit Kleisthenes (508/7 v. Chr.) wird die attische Bevölkerung in zehn Phylen, jede Phyle in drei Trittyen und jede Trittys in Demen eingeteilt; deren genaue Anzahl zu jener Zeit ist uns heute nicht bekannt, die Schätzungen gehen von 133–174 aus.

103 Vgl. auch VI, 485b 1; 490b 1 ff.; Phil. 58d 4 f.

104 Feiern zu Ehren des Gottes Dionysos mit Theateraufführungen.

105 Der Chor war Ausgangspunkt und wichtigster Bestandteil aller Gattungen des griechischen Dramas.

106 Zur Übersetzung von σώματα (eigentlich: »die Körper«) s. Ebert 1974, S. 111, Anm. 5.

107 Der wahre Philosoph kann die Ideen jeweils als Einheit erfassen und lässt sich durch ihre Vielheit in den Dingen nicht verwirren; vgl. VII, 533a ff., wonach der Dialektiker alles auf die oberste Einheit zurückzuführen (VII, 533 b–c) und darüber im Disput Rede und Antwort zu stehen (VII, 534c) imstande sein soll; vgl. auch 537c.

108 Dichtung und Malerei; vgl. X, 600e 4 – 601b 4.

109 Zur nicht einheitlichen Auffassung von Träumen bei Platon vgl. Krit. 44a–b; Phaid. 60d–e; Tim. 71e–72a und leg. VII, 800a; s. Gallop 1971.

110 Zu der Vorstellung, dass die sensiblen Dinge eine Mittelstellung zwischen den Ideen und dem Nicht-Seienden einnehmen, vgl. auch 478d 6 f.; 479d 4 f.

111 Zu dieser schwierigen Passage s. Vegetti 2000a, S. 96 f., Anm. 126 z. St.

112 Der Unterschied zwischen richtiger Meinung und Wissen ist für die platonische Philosophie zentral, vgl. Men. 98b 2–5; symp. 202a; Tht. 201c; Tim. 51d–52a.

113 Vgl. zu dieser Frage auch Euthyd. 283a ff. und Gorgias, DK 82 B 3.

114 Zum Verhältnis Licht – Dunkel und Wissen – Unwissen vgl. 479c; s. auch Crystal 1996, S. 557 f.

115 477a 6–8.

116 Zur Formulierung vgl. Phaid. 78c 6; d 2–3; 6; soph. 248a 11–13; Tim. 28a 2.

117 D. h.: Was von dem einen das Doppelte ist, kann von etwas anderem die Hälfte sein.

118 D. h.: Groß, klein, schwer, leicht sind relative Begriffe.

119 Also: groß, klein, schwer, leicht.

120 Den Wortlaut des Rätsels überliefert Athen. X, 452c: »Es gibt ein Rätsel, dass ein Mann und Nichtmann, nach einem Vogel und Nichtvogel, den er auf einem Holz und Nichtholz sitzen sah und nicht sah, mit einem Stein und Nichtstein warf und nicht warf.« Die Lösung lautet: Eunuch (Mann und Nichtmann), Fledermaus (Vogel und Nichtvogel), Narthex (Holz und Nichtholz), Fehlsichtigkeit (Sehen und Nichtsehen), Bimsstein (Stein und Nichtstein), warf und nicht traf (wörtlich »warf und nicht warf«, der Infinitiv βαλεῖν kann »werfen« und »treffen« heißen); s. zur argumentativen Funktion des Rätsels an dieser Stelle Stemmer 1985.

121 Zu dem im Vergleich zu den konkreten Dingen höheren Realitätsgrad der Ideen s. auch VII, 515d; IX, 585b–e; X, 597a; Phaidr. 247c–249c; Tim. 28a; 52c 5–6; soph. 248a 11; Phileb. 58a; 59d.

122 Eigentlich heißt κυλινδεῖσθαι »sich wälzen«; zur Metapher vgl. IV, 432d und Phaidr. 275e; Vegetti 2000a, S. 102, Anm. 136 vernimmt an dieser Stelle »ein Echo« der Diktion des Parmenides in DK B 6, 8–9, s. auch Crystal 1996, S. 357 ff.

123 478d.

124 Die Stelle 476e–480a, wonach es ein Wissen nur von den Ideen geben kann, wird ganz unterschiedlich gedeutet, s. Lafrance 1981; Graeser 1991; Szaif 1998, S. 183–324; Fine 1990; Smith 2000 mit alternativen Interpretationsansätzen.

125 Das Wort φιλόδοξος ist eine platonische Neuprägung, nach dem Vorbild – und als Gegenteil – von *philó-sophos.*

Sechstes Buch

1 474d–480a.

2 Zu diesem ursprünglichen Vorhaben der Gesprächspartner vgl. I, 353e–354a.

3 Vgl. 479a; zur haptischen Metapher 490b 3–4; 511b 7; VII, 534c 6; zum abermaligen parmenideischen Kolorit der folgenden Wendung (πλανώμενοι, »die, die umherirren«) s. Vegetti 2003a, S. 36, Anm. 4, z. St.

4 Gemeint ist: sowohl theoretische Erkenntnis des Seienden als auch praktische Erfahrung.

5 V, 474b 3 – c 3.

6 V, 474d 3 – 475b 2.

7 Vgl. zum Ausdruck Parm. 127b 5.

8 Vgl. symp. 210a 6.

9 Vgl. I, 328d.

10 Zum allen sinnlichen Lüsten abholden Wesen der Philosophen vgl. Phaid. 64c 10 – 67c 3; 82c–83e.

11 Auch der platonische Sokrates war nie auf Geld aus und hat sich mit jedem, der es nur wollte, unterhalten, vgl. apol. 19d ff.; 31b–c; 33a–b; dafür forderte er kein Geld, er nahm sich nur die Freiheit heraus, das Gespräch von sich aus zu beenden, wenn ihm dies angebracht erschien, vgl. Prot. 335c; Xen. mem. I, 6, 5.

12 Zu diesem Gedanken vgl. II, 386b–c; X, 604b 12 – c 1.

13 Zu diesem Gedanken vgl. Phaid. 67d–68b.

14 Vgl. II, 375b.

15 Zum Begriff *mnēmonikḗ* vgl. 487a 4; 490c 11; VII, 503c 2; 535c 1; leg. IV, 709e 7.

16 Momos, der Sohn der Nacht, ist die personifizierte Tadelsucht; vgl. Hes. theog. 214.

17 Zur Formulierung vgl. Phaidr. 262a 2; 5b.

18 Eine Ansicht, die Kallikles in Gorg. 484c–486c teilt und die wohl Ausdruck einer weit verbreiteten Meinung ist, vgl. auch Aristoph. Ran. 1491 ff.

19 Vgl. V, 473c–d.

20 S. zur sokratischen Vorliebe für bildhafte Ausdrucksweise Szlezák 2003, S. 23–38.

21 Zur Frage der Lehrbarkeit der *politikḕ téchnē*, des die Tätigkeiten eines Bürgers betreffenden Fachwissens, vgl. Prot. 319a–320b und Men. 94b ff.

22 Ironisch wie in II, 363a 8 und VIII, 544c 6.

23 Ein Vorwurf, der auch Sokrates gemacht wurde, vgl. Phaidr. 269e–270a; Krat. 401b; polit. 299b–c; zu der Aversion gegen Meteorologie, einem beliebten Topos antiphilosophischer Polemik im 5. Jh., vgl. Aristoph. Nub. 225 ff.; apol. 18b; 19b–c und Tht. 174a–b; s. auch Szlezák 2003, S. 29.

24 Vgl. 487d.

25 Entweder Simonides, wie Aristot. rhet. II, 16, 1391a 11 f. meint, oder, wie manche glauben, der Sokratiker Aristippos, vgl. Diog. Laert. II, 69 f. = Aristipp, SSR IV A 106; ein ähnliches Diktum wird aber auch Antisthenes zugeschrieben (SSR V A 166).

26 487d 10.

27 485a ff.

28 Zur Kalokagathie s. Anm. 82 zu Buch 2.

29 Vgl. 485c 3.

30 Zu diesen Schwindelphilosophen vgl. Aristoph. Nub. 102; 433 ff.; 882 ff.

31 Das gesamte Erziehungsprogramm ist auf den Aufstieg zur Wahrheit ausgerichtet, vgl. auch VII, 519b, 525b 1; 527b 9.

32 Eine von Platon sehr geschätzte Metapher, vgl. Tht. 148e ff.; symp. 206b–207a; 209a–e; 212a. Zu dieser stark erotisch konnotierten Passage s. auch Craig 1994, S. 46–55.

33 Das Verbum ἀκοῦσαι (»hören«) hier und in Z. b 11 habe ich als redundant weggelassen.

34 Vgl. leg. I, 631b–c; II, 660e–661d; V, 730c; 743e; Euthyd. 279a–281e; Mx. 246d–e; s. dazu Schöpsdau 1994, S. 181.

35 Vgl. auch 493a 1; 499c 1; Men. 99d.

36 Zum Lärmen im Theater vgl. auch leg. III, 700e 6 ff. und Pickard-Cambridge 1968, S. 272 f.

37 Adam 1963b, S. 21 f. z. St. verweist auf symp. 176c.

38 Vgl. Prot. 349a 4.

39 Hier wird wohl auf einen Vorfall zwischen Odysseus und Diomedes beim Raub des Palladiums, geschildert in der nicht erhaltenen *Kleinen Ilias*, angespielt, s. Vegetti 2003, S. 215, Anm. 47, z. St.

40 Vgl. V, 476c–d und 507b.

41 Zum Topos, dass Sachverstand in der Masse nicht zu finden ist, vgl. IV, 428e; 431c; 500a; Krit. 44c–d; 47b–48c; Gorg. 455b; 471e–472a; 474a–b; symp. 194b–c; apol. 25b; Alk. I, 107a ff.

42 D. h. den Sophisten.

43 487a.

44 Dahinter steht, so Vegetti 2003, S. 57, Anm. 54, z. St. Alkibiades, vgl. Alk. I, 104a–c und 132a sowie Thuk. VI, 16 ff.

45 Auch hinter dem griechischen Ausdruck *hetaireía* wittert Vegetti 2003a, S. 58, Anm. 55 eine Anspielung auf Alkibiades, mit Verweis auf Thuk. VI, 13, 1.

46 Hier wird man unweigerlich an Sokrates' eigenes Lebensende im Jahr 399 v. Chr. denken müssen.

47 Vgl. 491b–c.

48 Zu dieser Metapher vgl. 485d 7–8.

49 Körperliche Arbeit schädigt nach aristokratischer Ansicht des 4. Jh.s v. Chr. Leib und Seele, vgl. Xen. oik. IV, 2; Aristot. pol. VIII, 2, 1337b 8 ff.

50 Ich lasse das häufige Verbum δοκεῖς (»meinst du«) aus Gründen der besseren Lesbarkeit gelegentlich unübersetzt.

51 Etwa weil er aus der Schuldhaft entlassen wurde.

52 Theages ist der Protagonist eines pseudoplatonischen Dialogs, der vielleicht von dieser Stelle inspiriert worden ist und in dem das Daimonion des Sokrates eine große Rolle spielt.

53 Mit *daimónion* meint Sokrates eine geistig-übermenschliche, göttliche Kraft, die sein Handeln leitet, vgl. etwa apol. 31c–32a.

54 Nämlich der Philosophie.

55 Von mir eingefügt, um dem Anakoluth des griechischen Satzes die Schärfe zu nehmen.

56 Vgl. Phaidr. 67b–c; 114c; apol. 40c.

57 Vgl. zu diesem Gedanken Aristot. eth. Nic. I, 1, 1094b 9–11.

58 III, 412a–b.

59 S. IV, 435c, Anm. z. St.

60 Vgl. 487c und Mx. 234a.

61 Nach Heraklit erlischt die Sonne täglich, um sich am nächsten Tag neu zu entzünden; vgl. DK 22 B 6; B 158 und Aristot. meteor. 355a 13 f.

62 Vgl. VII, 536d–537b; s. auch Vegetti 2003b, S. 603–610.

63 Der Begriff *áphetos* wird hier ironisch gebraucht und bezieht sich eigentlich auf Tiere, die im Eigentum eines Gottes sind und deshalb nicht von Menschen genutzt werden dürfen; vgl. Kritias 119d 7; Arr. an. VII, 20, 4.

64 Gerade die gegenteilige These stellt Kallikles in Gorg. 484c–d auf, wonach die Philosophie nur eine Sache junger Leute sei; vgl. auch VII, 540a–c und X, 621c–d.

65 Gemeint ist das Leben im Jenseits, vgl. apol. 41a–c.

66 Die elegante Paromoiosis (Gleichklang) des griechischen Textes – γενόμενον (»ausgeführt«) / λεγόμενον (»ausgesprochen«) – geht in der Übersetzung verloren; zu dieser Figur vgl. Aristot. rhet. III, 9, 1410a 24 ff.

67 Die Partizipien παρισωμένον (»im Einklang stehend«) und ὡμοιωμένον (»gleichend«) (498e 3), die hier mit der Tugend verknüpft werden, sind eigentlich Termini der Rhetorik, einer Kunst, die Platon, vor allem, wenn sie sich auf rhythmisiertes und gereimtes Wortgeklingel beschränkt, ablehnt.

68 Gemeint ist: in einem anderen Staat, als in dem, der uns vorschwebt.

69 489a.

70 Vgl. V, 473c–e.

71 Zu dem eigentlich aus der Tragödie (Aischyl. Suppl. 577) stammenden Ausdruck (»Anhauch«) vgl. leg. IX, 875c 4.

72 Vgl. leg. IV, 711d 6 und epist. 7, 326b 3.

73 Vgl. V, 472c–d.

74 Vgl. V, 450d 2.

75 Vgl. 548b 8 – c 1; Krat. 406a 3–5; Phaid. 61a 3–4; s. auch zur Philosophie als der größten Musenkunst Schöpsdau 2011, S. 600 mit zahlreichen Belegen.

76 Ich folge hier, wie viele andere Herausgeber und Übersetzer, Burnet, der den Text für korrupt gehalten und in Klammern gesetzt hat.

77 Vgl. X, 613b und Tht. 176c.

78 Besonnenheit und Gerechtigkeit sind bei Platon für die Verwaltung von Haus und Staat (Men. 73a–b) und für das Glück von Mensch und Staat (Gorg. 507d–e) notwendig.

79 Zum Begriff ὑπογραφεῖν vgl. 504d 6; VIII, 548d 1–2; leg. V, 734e 5–6 und 737d 7.

80 Etwa in Hom. Il. I, 131; XIX, 155.

81 V, 474a 2.

82 Vgl. V, 473d.

83 Gemeint ist: unsere Meinung.

84 Nämlich den ersten Teil der »dritten« Woge, in dem Platon die Forderung nach der Philosophenherrschaft aufgestellt und begründet hat (471c–502c). Es fehlt noch die Behandlung der Ausbildung des Philosophen; diese reicht bis zum Ende des siebten Buches; s. zu Platons Disposition Krämer 1959, S. 90, 112, 146 ff.

85 Vgl. 497c 8 f.

86 Vgl. IV, 423e–424a; V, 449c; 450b.

87 V, 451c–469a.

88 III, 412d–413a.

89 Vgl. III, 414a; V, 465d–e; zur Goldmetapher s. Calabi 1998, S. 451–454.

90 Zum Ausdruck παρακαλύπτειν τοῦ λόγου (hier übersetzt mit »sich bedeckt halten«) vgl. Phaidr. 237a 4.

91 III, 410d–e; 484d–487a; ich folge mit vielen Herausgebern und Übersetzern der Lesart γ ἔφαμεν anstatt derjenigen Burnets (γέ φαμεν).

92 Vgl. III, 412c ff.

93 Vgl. bes. IV, 435a und 436b–d.

94 Gemeint sind Gerechtigkeit, Tapferkeit und Weisheit.

95 Vgl. IV, 435c–d.

96 Vgl. IV, 435c–d.

97 Von den meisten Herausgebern wird ἄξιον τὸ διανόημα als Interpolation athetiert.

98 Zu diesem Motiv vgl. I, 327c, Anm. z. St.

99 Ein deutlicher Hinweis auf eine mündliche Diskussion wichtiger philosophischer Prinzipien in der Akademie, s. Szlezák 2003, S. 109–131.

100 Vgl. V, 475e 6–7.

101 Zur Kalokagathie s. Anm. 82 zu Buch 2.

102 Vgl. Euthyd. 280d–e.

103 Vgl. Lys. 216c–d und Aristot. eth. Nic. I, 1, 1094a 3.

104 D. h.: ehe er nicht das Gute erkannt hat.

105 Vgl. auch Men. 97a–98b.

106 Diese Stelle ist, nach Krämer 1996, S. 254, Anm. 30, eine von zwölf »Verschweigungsstellen«, die als Verweise auf Platons ungeschriebene Lehre (s. Nachwort, S. 1021) gelesen werden können, vgl. auch VII, 509c 1–11; Prot. 354e 8 – 357c 1; Men. 76e 3 – 77b 1; Phaid. 107b 4–10; Parm. 136d 3 – e 3; soph. 254b 7 – d 3; polit. 284d 1–2; Tim. 28c; 48c; 53d; leg. X, 894a.

107 Das Wortspiel, das darin liegt, dass τόκος sowohl »Kind« als auch »Zinsen« bedeuten kann, konnte im Deutschen nicht wiedergegeben werden.

108 V, 476a–d.

109 Phaid. 78d–79a; 102b.

110 So etwa in V, 475e.

111 Zu dieser Definition der Idee vgl. auch VII, 532a 7; Phaid. 75d 2; 78d 3 f.; 78d 5; 92d 9; zur Deutung der Passage s. Vegetti 2003a, S. 86, Anm. 126.

112 Gemeint ist die Vielheit der Einzeldinge.

113 Vgl. Phaid. 79a 1–10.

114 Vgl. dazu auch Tim. 45b–46a und soph. 266c.

115 Vgl. zur Passage Krämer 1969 und Ferber/Damschen 2015.

116 Der Begriff ἀγαθοειδής ist nur hier überliefert, s. Emlyn-Jones/Preddy 2013b, S. 93, Anm. 62, z. St.

117 Zum Ausdruck vgl. I, 329c, Anm. z. St.

118 Zur Deutung der Passage s. Ferber 2005 und Strobel 2009, S. 136 et pass. mit weiterer Literatur.

119 S. zum »Scherzhaften« der Passage Ferber 1993 und Schefer 1999; erhellend zu 508e–509b ist Ferber 1989, S. 57–79.

120 Das Wortspiel im Original – ὁρατοῦ (»sichtbar«) / οὐρανοῦ (»Himmel«) – kann im Deutschen nicht wiedergegeben werden; zur Verbindung von οὐρανός (»Himmel«) und ὁρᾶν (»sehen«) vgl. auch Krat. 396b–c.

121 Vgl. auch 534a 6; s. dazu ausführlich Ferber 1989, S. 97–111.

Liniengleichnis

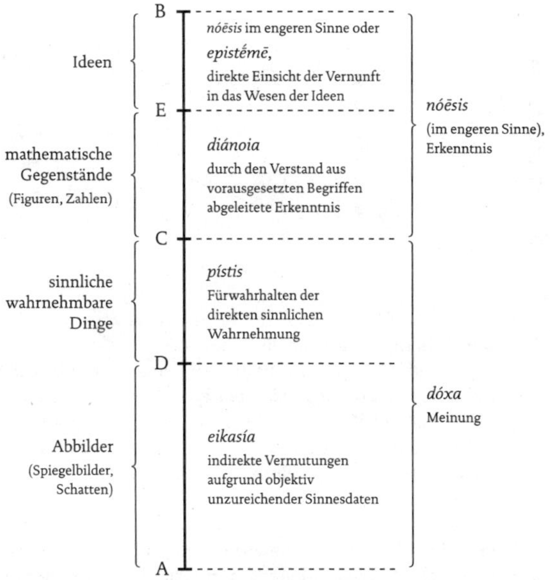

122 Vgl. 511b–c; s. auch Mittelstraß 2011.

123 Zum Begriff ὁμολογουμένως s. auch Ferber 1989, S. 96.

124 Nämlich zu den niederen Dingen der Körperwelt.

125 Vgl. VII, 530d.

126 D. h. ohne Zuhilfenahme von Bildern oder Abbildungen.

127 Zu weiteren »Aufstiegen« in Platons Philosophie vgl. VII, 515c 6 – 516b 7; 517a 8 – c 5; Phaid. 101d 5 – e 1; symp. 211b 5 – d 1; Phaidr. 246d 6 – 248b 5; s. dazu Halfwassen 1992.

Siebentes Buch

1 Skizze zu Platons Höhlengleichnis:

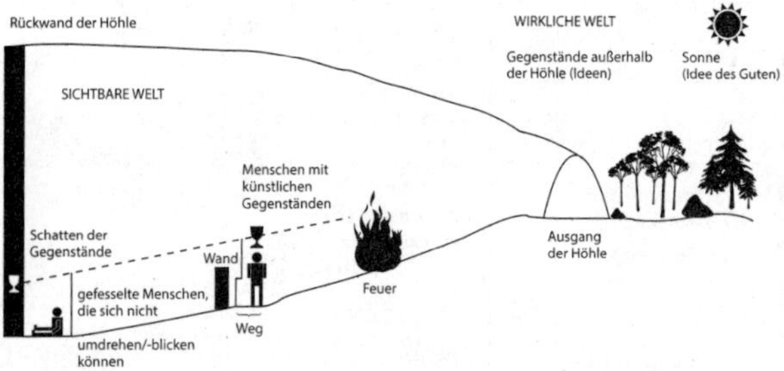

2 Gemeint ist das Licht, das vom Feuer erzeugt wird (514b 3), vom Tageslicht ist erst in 515e 7 die Rede.

3 Eine mentale Disposition, die durch die sokratische Elenktik ausgelöst werden kann, vgl. etwa apol. 23d; Men. 80a; Tht. 149a.

4 Vgl. auch Phaid. 99d 4 – e 1.

5 Hom. Od. XI, 489: Achilleus' Schatten spricht im Hades zu Odysseus; die Gesprächsteilnehmer und die antiken Leser und Leserinnen überhaupt kannten natürlich auch die berühmten folgenden Verse; diese wurden schon in III, 386c 6–8, zitiert, allerdings in einem völlig anderen Kontext und mit völlig anderer Intention.

6 Vgl. I, 327a, Anm. z. St. und 520c 1; zur Pflicht, nach der Ideenschau das Leben der philosophischen Betrachtung gegen ein Leben voll von Regierungspflichten einzutauschen, vgl. 519c; 540b–c.

7 Vielleicht eine Anspielung auf das, was Sokrates selbst noch bevorsteht, vgl. auch Gorg. 521c–d.

8 Zu Gott als dem letzten Wahrheitskriterium vgl. auch Tim. 72d; leg. I, 641d 6 f.

9 D. h. Helios.

10 Gemeint ist: ans Licht der Sonne, bzw. zur Schau der Ideen.

11 Vgl. zum Motiv des in der Alltagswelt überforderten lächerlichen Philosophen VI, 487d; Tht. 174c–175d.

12 Nämlich die Sophisten.

13 So sind etwa auch die Wächter voll Tapferkeit, die ihnen durch Gymnastik und Musik anerzogen wurde, vgl. IV, 430b 2–4; 442b 11 – c 3.

14 Vgl. zur Schiffsmetaphorik auch X, 611e f.; s. auch Keyt 2006.

15 Vgl. Phaid. 80d–81d und Phaidr. 248c.

16 Zur Vorstellung der Inseln der Seligen, eines Ortes der Unterwelt, der denen vorbehalten ist, die ein tugendhaftes Leben geführt haben, vgl. Hes. erg. 170–173; Pind. O. II, 68 ff.; bei Platon vgl. bes. Gorg. 523b; 526c; Phaid. 111a ff.

17 VI, 505a–b.

18 Vgl. X, 621c 5 und I, 327a, Anm. z. St.

19 Gemeint ist: an der philosophisch-theoretischen Erkenntnis und am praktisch-politischen Leben.

20 Platon gleitet ab ins Halbmystische, so Adam 1963b, S. 103, z. St.; Vegetti 2003a, S. 108 f., Anm. 29, z. St. ortet hier pythagoreischen Einfluss.

21 Vgl. I, 347b–c.

22 Das ist hier wohl der Sinn des Verbums ἄρχειν, vgl. b 1.

23 Vgl. zu diesem Gedanken III, 416e–417b; V, 464b–e.

24 Platon könnte Amphiaraos (vgl. Paus. I, 34) oder den schon genannten Asklepios (vgl. III, 406a ff.; 408c) gemeint haben.

25 »Tag und Nacht« war ein Spiel mit einer Scheibe, deren eine Seite weiß, die andere schwarz war; der Übergang von der Nacht zum Tag in der Seele des zur wahren Erkenntnis Strebenden verläuft nicht so schnell wie bei der Scheibe im Spiel, wo durch das bloße Umkehren die Nacht zum Tag wird; s. Adam 1963b, S. 105, z. St. und Cattanei 2003, S. 523 f.

26 Vgl. 517c; I, 327a, Anm. z. St.
27 Vgl. III, 404a; IV, 422b.
28 Vgl. VI, 495d–e.
29 Vgl. polit. 285a 1–4; zu den mathematischen Fächern (Arithmetik, Geometrie, Astronomie, Harmonik) als Bestandteil des für die Philosophen entworfenen Curriculums s. auch Prot. 318d–319a und die Ausführungen Schöpsdaus 2003, S. 503 f. und 600 f.
30 In den erhaltenen Quellen ist das nirgends belegt; zu Palamedes als dem Erfinder schlechthin vgl. Phaidr. 261d; Hyg. fab. 277; Tac. ann. XI, 14; Paus. X, 3, 1; der Sophist Gorgias (um 485–380) hat eine »Verteidigung des Palamedes« verfasst (DK 32 11a).
31 Zum militärischen Nutzen der Mathematik vgl. auch leg. VII, 809c und 819c; nach 819d sinken Menschen ohne mathematische Kenntnisse auf das intellektuelle Niveau von Schweinen.
32 Vgl. II, 365c, Anm. z. St.; X, 602d; Tht. 208e.
33 Zur folgenden Argumentation vgl. Phaid. 101a ff. und Tht. 154c.
34 Vgl. V, 478e–479a.
35 D. h. bei der Wahrnehmung der Eins.
36 Zur Unterscheidung zwischen λογιστική und ἀριθμητική bei Platon s. Schöpsdau 2003, S. 603 f.
37 Vegetti 2003a, S. 118, Anm. 45, bemerkt, dass δεινός bei Platon »con una sfumatura ironica negativa« verwendet wird; mit Slings 2003 halte ich Burnets Konjektur αὖ (»wiederum«) für verzichtbar.
38 Vgl. VI, 510d–511a.
39 Vgl. 527c.
40 Den praktischen Nutzen der Geometrie betont Sokrates auch bei Xen. mem. IV, 7, 2.
41 Kallipolis; alternativ: »deines Prachtstaates«; der Ton ist sehr humorvoll und ironisch, zumal es auch reale Städte gab, die »Kallipolis« hießen, vgl. Hdt. VII, 154, 2; Strab. VI, 2, 6.
42 Vgl. zur praktischen Anwendung der Astronomie auch leg. VII, 809c 6 – d 7; VIII, 828a–d; 834e–835a; 844e 1; Xen. mem. IV, 7, 4; s. auch 522e, Anm. z. St.; hier lässt Platon allerdings, wie Emlyn-Jones und Preddy (2013b, S. 155) richtig bemerken, Glaukon die Astronomie zur Sprache bringen, damit dieser gleich darauf von Sokrates widerlegt wird, eine Vorgangsweise wie in 526d bei der Geometrie.

43 Platon ist gleich von der Geometrie auf die Astronomie zu sprechen gekommen, und hat die dreidimensionalen Körper ›übersprungen‹.
44 Nämlich die Stereometrie (d 8–9).
45 529d.
46 Vgl. Aristoph. Nub. 171–173; 191 f. und apol. 196b–c.
47 Vgl. Phaidr. 264a.
48 Gemeint ist: in der wahren Welt der Ideen.
49 Zur Deutung der Passage vgl. die kontroversen Positionen von Vlastos 1980 und Mourelatos 1980.
50 Zur Sphärenharmonie, die ja auch durch die Bewegung der Planeten hervorgerufen wird, vgl. X, 616b–617c.
51 Zum musiktheoretischen Hintergrund der Stelle s. Adam 1963b, S. 135, z. St. und Meriani 2003.
52 Νόμος heißt nicht nur »Tonweise«, »Melodie«, »Harmonie«, sondern – und vor allem – »Gesetz«; zu diesem bei Platon häufigen Spiel mit dem Doppelsinn des Begriffs vgl. IV, 424d, Anm. z. St.; V, 457b, Anm. z. St.
53 Vgl. 516a ff.
54 Ich lese an dieser von Slings mit einer Crux versehenen problematischen Textstelle statt θεῖα mit Ast und Apelt θέα.
55 Vgl. zur Wegmetapher auch Krit. 106a und 109a; Phaidr. 272c; soph. 218d; 229e; 237b; 242b; Tht. 147c; 208c; eine philosophische Untersuchung hatte schon Parmenides mit einer Reise verglichen (DK 28 B1, B2; vgl. soph. 237a).
56 D. h. das Wahre selbst.
57 Vgl. V, 476c; s. auch Rotondaro 1998, S. 127; 183–186.
58 Vgl. I, 363d 7–8 und zum orphischen Sprachkolorit (βορβόρῳ βαρβαρικῷ) auch II, 363d und X, 600b, Anm. z. St.
59 Von mir des Sinnes wegen eingefügt.
60 VI, 511d.
61 Ein Streit um bloße Begrifflichkeit wird abgelehnt, es geht um die Sache, s. dazu auch Schöpsdau 1994, S. 164 mit zahlreichen Belegen aus dem gesamten Platonicum.
62 Ich halte die Konjektur Burnets an dieser textkritisch heiklen Stelle für plausibel; den Fragesatz davor sehen einige Herausgeber und Kommentatoren aber als Interpolation an; zu dem in dieser Stelle

geäußerten Gedanken vgl. etwa Prot. 358a–b; d–e; Charm. 163d; Men. 75e; Tht. 177e; 199a.

63 Mit dem griechischen Ausdruck ἀπτώς (»nicht fallend«, »fest stehend«) lässt uns Platon wieder an einen Ringkampf denken, vgl. Pind. O. 9, 92.

64 Zu dieser für Dialektiker charakteristischen Fähigkeit vgl. Krat. 390c 10 f.

65 Zum gängigen Vergleich s. auch Pind. O. 6, 1 ff.; Tht. 153c 8; Euthyd. 301e; leg. II, 673d 10.

66 Vgl. III, 412c–414b; VI, 485a–487a; 502d–504a.

67 D. h.: die wir zuvor angeführt haben.

68 Äußere Schönheit verrät innere Güte, vgl. symp. 209b–c.

69 Vgl. VI, 503a–504d.

70 VI, 495b–496a.

71 Zur Unterscheidung der freiwilligen von der unfreiwilligen Lüge vgl. II, 382a–c; zum Schwein als Inbegriff der Dummheit vgl. auch polit. 309a 5–6; leg. VII, 819d 7.

72 Vgl. VI, 497c–d.

73 Zu dieser Ironie vgl. auch VI, 495c–496a.

74 III, 412 c.

75 Sol. fr. 18 West; vgl. auch Lach. 188b; 189a und Eur. TGF fr. 945.

76 Vgl. V, 466e–467e.

77 Vgl. Aristoph. Thesm. 502 ff.; Hdt. I, 137, 2; V, 41, 1 und Demosth. or. 21, 149.

78 Vgl. Phil. 15d–16a; apol. 23c–d.

79 Vgl. VI, 484d.

80 Vgl. I, 346e–347d; 520e–521a.

81 Platon präsentiert uns mit δαίμοσι (»göttliche«) – εὐδαίμοσι (»selige«) wieder ein unübersetzbares Wortspiel.

82 Zum Vergleich s. II, 361d 4–6.

83 V, 451c ff.

84 Vgl. V, 450d 2; 472c–d; VI, 499d; 502c.

85 Vgl. IV, 445d–e, und VI, 499b.

1 Zur umstrittenen Frage, ob sich denn das kommunistische Modell wirklich auf die ganze Polis bezieht, s. Vegetti 2000c, S. 130–138.
2 Vgl. III, 416d ff.
3 Zum Ausdruck ἀθληταί vgl. III, 416d 9 und VII, 521d 5.
4 Vgl. III, 415d 6 – 420a 7.
5 Nämlich auf den Anfang der Digression, V, 449a.
6 S. Craig 1994, S. 23–26 und Ferrari 2003, S. 109.
7 Vgl. zur Metapher aus dem Ringkampf leg. III, 682e 11 und Phaidr. 236b 9.
8 Zur Hochschätzung der kretischen und der spartanischen Verfassung vgl. Hdt. I, 65, Krit. 52e 5–6; Prot. 342a–e; leg. I, 631b; III, 683a; 691e ff.; Aristot. pol. II, 9, 1269a 29 ff.; eth. Nic. I, 13, 1102a 10 f.; protr. fr. 73, § 69 Gigon; s. auch Polyb. VI, 45, der diese Einschätzung kritisiert.
9 Zur Ironie vgl. auch 562a 4–5.
10 Zu dem bei Platon nicht immer klar fassbaren Begriff δυναστεία s. Nesselrath 2006, S. 283 f. und Schöpsdau 1994, S. 367 mit wertvollen Belegen.
11 Vgl. die Aufzählung bei Aristot. pol. IV, 1, 1288b ff.
12 Eine Anspielung auf Hom. Od. XIX, 163.
13 Zu Thrasymachos' Gerechtigkeitsthesen vgl. I, 343b–344c.
14 Vgl. II, 368e ff.
15 Zu dem Gedanken, dass jede politische Veränderung von den Herrschenden initiiert wird, vgl. III, 415c und leg. III, 683e 3–5.
16 Eine Anspielung auf Hom. Il. XVI, 112 f., wo sich allerdings kein Streit, sondern ein Feuer »erhob«.
17 Zum Begriff τραγικῶς s. Blößner 1999, S. 97 ff.
18 Ironisch, vgl. III, 413b 4.
19 Schon für Cicero ist die »platonische Zahl« paradigmatisch für Rätselhaftigkeit (Att. VII, 13, 4: *numero Platonis obscurius*); das hat sich bis heute nicht geändert. Klar scheint Folgendes: Grundlage ist das rechtwinkelige Dreieck mit den Seiten 3, 4 und 5, das kleinste Beispiel für den pythagoreischen Lehrsatz.
Die interessantesten früheren Interpretationen hat in letzter Zeit am

ausführlichsten Blößner 1999 kritisch erläutert; die Textpassage 545c 8 – 547a 7, in der fast jedes Wort erklärungsbedürftig oder syntaktisch mehrdeutig ist, hat er eingehend kommentiert. Es wird nicht klar, ob die Zahl eine Zeitdauer, wie schon Aristoteles in pol. V, 12, 1316a 1 ff. vermutet hat, oder einen Zeitpunkt angeben soll. Man kann mit Blößner 1999, S. 56 zu Recht daran zweifeln, dass ein mathematisch versierter antiker Leser im Text eine verständliche Berechnungs- oder Konstruktionsanleitung sehen konnte, denn schon die antiken Kommentare divergieren sehr und erweisen sich insgesamt als stark spekulativ; das hat sich bis in die Gegenwart nicht geändert. Ein Grundkonsens scheint zumindest darüber zu bestehen, dass die Passage pythagoreisch geprägt ist und die Proportion 3:4:5 von grundlegender Bedeutung ist (Blößner 1999, S. 18 f.). Es ist allerdings mit Blößner 1999, S. 67 festzuhalten, dass die kritisch besprochenen Rekonstruktionsversuche, die hier zu erörtern zu weit führen würde, Mutmaßungen bleiben; s. auch de Callataÿ 2005.

20 Für die Übersetzung dieser rätselhaften Stelle gibt es bislang keine überzeugende Lösung. Der Begriff προσήγορος wird von Blößner als »ganzzahlig« gedeutet, ῥητός ist der mathematische *terminus technicus* für die Kommensurabilität, s. Blößner 1999, S. 36, Anm. 99; die Rätselhaftigkeit der Stelle wird damit allerdings m. E. nicht geringer.

21 Gemeint sind die Musen.

22 Vgl. zum höheren erzieherischen Wert der Musik II, 376e und III, 401d ff.

23 Hes. erg. 109 ff., vgl. auch III, 414c–415c.

24 Vgl. polit. 273c–d.

25 Hom. Il. VI, 211.

26 Ich bleibe – mit Adam – bei Burnets Lesart; andere, darunter neuerdings Slings, setzen das Komma nach ψυχάς, also hinter »reich in der Seele«, und berufen sich auf Phaidr. 279b–c.

27 Der Begriff des Periöken (»Umwohner«) bezeichnet in Sparta kriegspflichtige Bürger »zweiter Klasse«, die nicht zu den gemeinsamen Mahlzeiten zugelassen waren und kein aktives und passives Wahlrecht hatten; vgl. auch Aristot. pol. II, 10, 1271b 30 f. und VII, 10, 1330a 29.

28 Bei der Beschreibung der Timokratie hat Platon besonders Sparta im Auge, s. Aalders 1968, S. 31 f.

29 Vgl. III, 417a 6–7.

30 Sog. Syssitien, wie sie die Verfassungen Kretas und Spartas kannten, s. Schöpsdau 1994, S. 157 mit Belegen und Literatur.

31 Vgl. III, 416e.

32 Wie es die Spartaner tun, vgl. Eur. Andr. 446 f.

33 Zur spartanischen Sparsamkeit (bzw. schlechten Steuermoral) vgl. Alk. 1, 122d–123b; Aristot. pol. II, 9, 1271b 10–19; Aristoph. Pax 622 ff.

34 Vgl. Aristot. pol. II, 9, 1270b 34 f.

35 Zur Geringschätzung des Geistigen bei den Spartanern vgl. 544c und leg. II, 666d–667b, ferner Hipp. mai. 285b–d; nach Phaid. 61a 3–4 ist die größte Musenkunst die Philosophie. Für »richtige« Musik ist nach leg. II, 667b–671a eine über die Kenntnis von Rhythmus und Harmonie hinausgehende Bildung erforderlich (670e).

36 Zur *philotimía* (»Freude an Ehren«) und *philonikía* (»Freude an Siegen«) Spartas vgl. Alk. 1, 122c 7.

37 Über Glaukons *philonikía* berichtet auch Xen. mem. III, 6.

38 Zur (unangemessenen) Behandlung von Sklaven vgl. auch leg. VII, 776d–778a.

39 Vgl. Lach. 188c–e; 194a; zur Verwandtschaft zwischen Krieg und Jagd vgl. leg. VII, 823b und Aristot. pol. I, 8, 1256b 23–27.

40 Zur timokratischen Verfassung vgl. 545b 7.

41 Zum Begriff *philopragmosýnē*, mehr oder weniger einem Synonym von *pragmosýnē*, vgl. IV, 433a–b, Anm. z. St.; 443d–e und 551e 4.

42 Zum Begriff ἄνανδρος vgl. Gorg. 485c–d und 560d.

43 Vegetti 2005, S. 44, Anm. 60, z. St. denkt bei diesem Begriff (ὑψηλόφρων) an Achilleus und verweist auf Eur. Iph. A. 919.

44 Vgl. Aischyl. Sept. 451, wobei Platon πόλει statt πύλαις (Tore) sagt.

45 Zur Reihenfolge der Untersuchungen vgl. auch II, 368c 8 – d 7.

46 Entgegen der Etymologie des Begriffes ist bei der Oligarchie (eigentlich: »Herrschaft der Wenigen«) nicht die Anzahl, sondern der Reichtum der Herrschenden ausschlaggebend, vgl. IV, 423a 1–5; polit. 291d–292a; Aristot. pol. III, 8, 1280a 1 f.; Xen. mem. IV, 6, 12.

47 Vgl. 548a 7–8.

48 Zur Inkompatibilität von Reichtum und »Tugend« vgl. 555c und leg.

V, 742d – 744a 7; Demokrit, DK 68 B 50, 218–222; Xen. symp. IV, 29 ff.; Isokr. or. 7, 4.

49 In der Timokratie ist nur der Besitz von Gebäuden und Land erlaubt, die Anhäufung von Reichtümern geschieht dort höchstens heimlich (548a), während sie in der Oligarchie nicht nur erlaubt, sondern auch eifrig betrieben wird.

50 544c 4–5.

51 Vgl. IV, 422a–423b.

52 Eine Anspielung auf die etymologische Bedeutung von Oligarchie, vgl. 550d, Anm. z. St., ferner 555a.

53 Zu πολυπραγμονεῖν (»vielseitig beschäftigt sein«) vgl. IV, 433a–b, Anm. z. St.

54 Was dem in II, 374b 6 – c 2 entwickelten Prinzip »jedermann macht nur (s)einen Job« widerspricht.

55 552a.

56 Zu den Drohnen als Sinnbild der Faulheit vgl., neben Hes. erg. 304 ff., auch 556a; 559d; 564b; e und 567d.

57 Vgl. I, 340d 1, Anm. z. St.

58 Zum persischen Großkönig als Inbegriff von Macht und Glück vgl. auch IV, 436a; apol. 40d; Euthyd. 274a und Gorg. 470e.

59 Der oligarchische Mensch ist sparsam (vgl. auch 555a 9), während der Demokrat ein Verschwender ist (560e 2–5).

60 Zur Unterscheidung von notwendigen und nicht notwendigen Bedürfnissen vgl. 558d ff.

61 Vgl. Aristoph. Plut. 13 ff.; 90; zur populären Vorstellung vom »blinden Reichtum«, der bei Guten *und* Schlechten einkehrt, vgl. leg. I, 631c; Theokr. 10, 19; Eur. Phaeton 164–167, ed. J. Diggle, Cambridge 1970; Skolion, PMG 890, Hipponax fr. 29 Diehl = fr. 35 West, Timokreon, fr. 731 PMG.

62 Die Waisen gehörten in Athen zu den besonders unterprivilegierten sozialen Randgruppen, vgl. etwa Demosthenes' Reden gegen Aphobos; ferner Hes. erg. 330; s. auch Cudjoe 2010.

63 Vgl. IV, 440b.

64 Vgl. 551d–e.

65 Zu Platons Beurteilung der Demokratie vgl. auch polit. 291d–292b; 302b und leg. III, 698a–701c.

66 Zum Zusammenhang von mangelndem Vermögen und revolutionärer Neigung vgl. IV, 422a und Aristot. pol. V, 6, 1305b 40 ff.

67 Zinseinnahmen sind sowohl bei Platon als auch bei Aristoteles verpönt, vgl. VI, 507a, Anm. z. St.; leg. V, 742c 4–6 und Aristot. pol. I, 10, 1258b 1 ff.

68 Die Verweigerung des Rechtsschutzes soll verhindern, dass Oligarchen durch hohe Zinsforderungen die Bevölkerung ausbeuten, vgl. leg. V, 742c 4–6; 915d 6 – e 9 und Schöpsdau 2011, S. 467 f.

69 Vielleicht ein Bezug auf Aristophanes' Komödie *Pluto*, wo Arm und Reich auf ähnliche Weise kontrastiert werden (V. 599 ff.); zur militärischen Überlegenheit der Armen vgl. IV, 422a–c und Aristot. pol. V, 9, 1310a 24.

70 Zum Vergleich Körper – Staat vgl. auch X, 609a, Anm. z. St.

71 Zur Freiheit als Fundament der Demokratie vgl. Aristot. pol. IV, 4, 1291b 34 f.; V, 9, 1310a 28 ff.; VI, 1, 1317a 40 ff.; zur Parrhesie als Kennzeichen und Vorrecht der athenischen Bürger vgl. Hipp. 421 ff., Gorg. 487a; Lach. 178a; leg. III, 694b 1–5; Hdt. V, 78; Thuk. II, 60, 5; Eur. Ion 670–675; Hipp. 421–423; Phoen. 387–394; Or. 905; Demokrit, DK 68 B 226; [Xen.] Ath. pol. I, 6; Aristoph. Ran. 948–955, Isokr. or. 8, 14; Aristot. eth. Nic. IX, 2, 1165a 25; s. dazu Erler 2009; zur kritischen Haltung Platons gegenüber allen Laissez-faire-Tendenzen bei der Normierung des Privatlebens der Bürger vgl. leg. VI, 780a; Lach. 179a; Lys. 208a ff.; Gorg. 466d ff.

72 Diese Devise entspricht jedoch dem »Lebensgefühl« des klassischen Athen, vgl. Demosth. or. 25, 25; Thuk. II, 37, 2–3; VII, 69, 2; Lys. or. 25, 33; Isokr. or. 12, 131; leg. III, 700a; Aristot. pol. V, 9, 1310a 30 ff.; s. auch Schöpsdau 2003, S. 480.

73 Vegetti 2005, S. 59, Anm. 104 meint, Platon denke hier eventuell an den »Separatfrieden« der Athener mit den Spartanern in den *Acharnern* des Aristophanes (vgl. V. 289 ff.).

74 Vgl. IV, 500a; 502a; zu dieser Milde als Eigenheit der athenischen Demokratie vgl. Mx. 243e; Euthyd. 303d; Aristot. Ath. pol. 22, 19; Demosth. or. 21, 184; 22, 51; 24, 51; Lys. or. 6, 34; Isokr. or. 15, 20; 7, 67 f.; 10, 37.

75 Vgl. zur Gleichheit als Kennzeichen der Demokratie leg. VI, 757b–c; Aristot. pol. VI, 2, 1317b 3 ff.; Plut. symp. 8, 2, 2 (719a–b).

76 Vgl. II, 372c.

77 Vgl. dazu symp. 206c über die zur Erhaltung der menschlichen Spezies notwendigen und von Platon gebilligten Sinnesfreuden; alles, was darüber hinausgeht, wird entweder verdammt oder zumindest strengstens reglementiert; vgl. zur Sexualmoral in der *Politeia* 403a ff.

78 Ich übernehme mit Slings die Konjektur Nabers (Naber 1909: κηφὴν ὢν) und beseitige damit »an entomological absurdity« (nämlich die Lesart Burnets [κηφήνων], was ja »Honig der Drohne« bedeuten würde), s. Slings 2005, S. 148.

79 Zu αἰδώς als einer sittlichen Triebfeder vgl. V, 465b 1.

80 Vgl. zum Ausdruck und zur Vorstellung Tim. 70a 6.

81 Vgl. Hom. Od. IX, 82–104; die Lotophagen ernähren sich von der Lotos-Frucht und vergessen bei diesem Genuss schlichtweg alles andere.

82 Zum Vorwurf der Unmännlichkeit, der häufig gegen Philosophen und besonders gegen Sokrates erhoben wurde, vgl. Gorg. 485d; zur ähnlichen Umkehrung von Wertbegriffen im Krieg vgl. Thuk. III, 82; s. Vegetti 2005, S. 65, Anm. 124, z. St., mit weiterer Literatur.

83 Eine Parodie der Riten der Eleusinischen Mysterien, vgl. II, 363c; s. des Places 1981.

84 Zur Unterscheidung von guten und schlechten Begierden vgl. auch Gorg. 494e ff.

85 Zum Begriff *isonomikós* (»gleichen Rechts«) vgl. 563b; Isokr. or. 7, 20; Hdt. III, 80; Thuk. III, 82, 8; s. dazu ausführlich mit reichen Belegen und einer opulenten Palette maßgeblicher Literatur Schöpsdau 2003, S. 390 f.

86 Vgl. 557d.

87 Beides ist ironisch, vgl. 544c 6.

88 Die Demokratie ist nicht nur durch mangelnden Gehorsam gegenüber den Regierenden, den Eltern (562e) und den Älteren (563a) gekennzeichnet, sondern auch durch die Missachtung der geschriebenen und ungeschriebenen Gesetze (563d 7–8); vgl. auch leg. III, 690a–c und Xen. mem. III, 5, 15 f.

89 Vgl. zu diesem Gedanken auch [Xen.] Ath. pol. 1, 10–12; als Metöke

wird eine frei geborene Person bezeichnet, die in einer fremden Stadt, deren Bürgerrecht sie nicht besitzt, lebt. In Athen musste sich jeder Fremde nach einer bestimmten Zeit als Metöke registrieren lassen, wozu er eines Patrons (*epistátēs*) bedurfte.

90 Das sind Sklaven, die die Knaben zum Unterricht begleiten und sie wieder abholen, vgl. II, 373c 2–3.

91 Vgl. Aristot. Ath. pol. I, 10–11.

92 Aus einer unbekannten Tragödie des Aischylos, vgl. TGF fr. 334.

93 Zu diesem Sprichwort s. Vegetti 2005, S. 71, Anm. 139 z. St.

94 Zu den »ungeschriebenen Gesetzen« s. Schöpsdau 2003, S. 516–520.

95 Platon vergleicht, vielleicht inspiriert von Sol. fr. 3, 17–20 Diehl (= fr. 4, 17–20 West) oder Hdt. V, 28, häufig den Staat mit einem Patienten und den Gesetzgeber mit einem Arzt, vgl. VIII, 556e; leg. I, 628d 2 – e 1; 636a; II, 659e f.; IV, 720a ff.; VII, 797e ff.; IX, 857c 4 ff.; XI, 919b–c; XII, 961e ff.; Gorg. 463e–466a; epist. 7, 330d; vgl. auch die Vorstellung der Reinigung einer Stadt durch das Heilmittel der Gesetze in III, 399e; leg. 735b–736b; polit. 293d; 310a; s. auch Wehrli 1951 und Jouanna 1978.

96 Vgl. 563e 5.

97 Vgl. 552c 2 – e 3 und 555d 7.

98 Zu den hier zugrunde liegenden humoralpathologischen Vorstellungen s. Vegetti 2005, S. 72 f., Anm. 145, z. St., mit zahlreichen Belegen aus dem Corpus Hippocraticum.

99 Adam 1963b, S. 251, z. St. verweist auf Eur. Suppl. 238–245 und Aristot. pol. IV, 11, 1295b 1 ff.

100 S. zum Begriff des ἀπράγμων Carter 1986, S. 76–98 et pass.

101 Zur geringen politischen Partizipation der Bauern vgl. Aristot. pol. IV, 6, 1292b 25; VI, 4, 1318b 9 ff.; VII, 9, 1328b 41 ff.; Eur. Suppl. 420–422; Or. 919 f.

102 Zum Ausdruck vgl. IX, 573b 1, wo mit προστάτης τῆς ψυχῆς (»Anführer der Seele«), der Seele-Staat-Analogie folgend, auf diese Stelle zurückverwiesen wird.

103 Zu dieser arkadischen Legende s. Burkert 1972, S. 98–108.

104 Vgl. aber leg. III, 684d 1 – e 6, wo die beiden Begriffe keine demagogischen Schlagworte sind, sondern Maßnahmen, die um der

Gleichheit willen mitunter vom Gesetzgeber gegen den Willen des Volkes durchzusetzen sind.

105 Vgl. Gorg. 466c.

106 Eventuell eine Anspielung auf Peisistratos (Emlyn-Jones/Preddy 2013b, S. 291) oder Alkibiades (Vegetti 2005, S. 77, Anm. 161, z. St.).

107 Zur Leibwache als typischem Insignium des Tyrannen vgl. Aristot. rhet. I, 2, 1357b 30–36; zu der vom Tyrannen Peisistratos ans Volk gerichteten Bitte um eine Leibwache vgl. Hdt. I, 59, 4–5 und Aristot. Ath. pol. 14, 2.

108 Vgl. Hdt. I, 55; Platon verändert Herodots Text.

109 Hom. Il. XVI, 776.

110 Ein Zitat eines nicht mehr greifbaren Dichters.

111 Vgl. Aristot. pol. V, 11, 1313b 28 f.

112 Vgl. Aristot. pol. V, 11, 1313b 18–21.

113 Vgl. leg. I, 628d 2; V, 735d; Tim. 72d 2; 83e 1; 86a 7; 89a 5; b 3.

114 Zu dieser für Sokrates typischen Formel vgl. III, 399e, Anm. z. St.

115 Slings 2005, S. 153 hält den von den Handschriften angezeigten Sprecherwechsel für ganz »unplatonisch« und liest statt dem interrogativen πῶς (hier mit »Was?« übersetzt) das indefinite Adverb πως, was mit »Und aus dem eigenen Land, möchte er da nicht irgendwie den Bürgern die Sklaven wegnehmen, …« zu übersetzen wäre, eine durchaus erwägenswerte Verbesserung.

116 Das Zitat stammt von Sophokles (fr. 13 TGF = fr. 14 TrGF [Radt]) und findet sich auch in Thg. 125b; s. zu diesem »highly ironical and sarcastic sentence« Adam 1963b, S. 260, z. St.

117 Vgl. zum »gottgleichen Tyrannen« auch Eur. Tro. 1169.

118 Vgl. Lach. 183a–b.

119 Zum Verkauf aus Tempeln geraubter oder sonstiger religiöser Gegenstände durch Dionysios I. vgl. Diod. XIV, 65; 69.

120 Zur Kalokagathie s. Anm. 82 zu Buch 2.

121 Zum poetischen Ausdruck γηροτρόφος (»Pfleger im Alter«) vgl. I, 331a 6.

122 Zu dem folgenden, nicht eindeutig greifbaren Sprichwort s. Shorey 1987, S. 333 f., z. St.

1 Das Thema wurde in VIII, 558d 4 ff. kurz angerissen.
2 Zum Schlaf als einem dem Leben und Denken entgegengesetzten Zustand vgl. III, 404a und Tim. 71b–72b; zur Analyse dieser Stelle s. Rotondaro 1998, S. 123–132.
3 Vgl. Soph. Oed. T. 981.
4 VIII, 558c ff.
5 Vgl. VIII, 559d 7 ff.
6 Zu den »Magiern« vgl. Hdt. III, 61–62.
7 Zum Ausdruck vgl. Phaidr. 253e 6.
8 Vgl. VIII, 565c 9 ff.
9 Vgl. Eur. Hipp. 538.
10 Vgl. Phil. 25b und Adam 1963b, S. 325 f., z. St.
11 Zum Luxusleben, das Alleinherrscher für Ausschweifungen besonders anfällig macht, vgl. die Schilderung der Lebensweise schlechter Monarchen in 573c ff. und in epist. 7, 326b 5 ff.
12 Zum Motiv des Übertreffenwollens als Zeichen des ungerechten Menschen vgl. I, 349b ff.
13 Die Passage hat im Griechischen durch die zwei Bedeutungen von ἀναγκαῖος (»notwendig«/»unentbehrlich« und »verwandt«) einen besonderen Reiz, den man nicht ins Deutsche übertragen kann; zu der von Sokrates hochgehaltenen Pietät gegenüber den Eltern vgl. Krit. 50e–51a; Phaid. 113e–114a; Gorg. 456d–457a; leg. IV, 717b–718a; IX, 869a–b; XI, 931a.
14 Vgl. Aristoph. Plut. 165; Nub. 1327; Aristot. eth. Nic. V, 15, 1138a 25.
15 Zu diesem Verbrechen vgl. I, 344b 2 und VIII, 568d 7.
16 Vgl. die ähnliche Anhäufung von Delikten in Gorg. 508e und Xen. mem. I, 2, 62.
17 Vgl. zu den Sykophanten, I, 340d 1, Anm. z. St.
18 Wohl mit Vegetti 2005, S. 94, Anm. 32, z. St. ironisch aufzufassen, anderer Meinung aber ist Adam 1963b, S. 329, z. St.
19 Zwischen Herren und Sklaven kann es nach leg. VI, 757a keine Freundschaft geben, denn diese entsteht nur unter Gleichen; zum unentrinnbaren Unglück des Tyrannen, dem keine Freude zuteil werden kann, vgl. etwa Xen. Hier. 3.

20 Vgl. 571c–d und 574e.

21 Der Sprecherwechsel erfolgt nicht ohne Grund, häufig wird damit auch ein neues Thema angeschlagen (vgl. etwa 487a–b; 506d); nach der Schilderung des Verfalls der Verfassungen kommt man zur Debatte der seit dem zweiten Buch erwarteten Frage nach dem Glück des Gerechten.

22 Ein Thema, das Sokrates auch in Gorg. 473c–e abhandelt.

23 Zur Seele-Polis-Analogie vgl. X, 609a, Anm. z. St.

24 Eventuell ist der Anfang des achten Buches gemeint; vgl. auch IV, 445d; V, 473c–d.

25 Platon spricht hier vielleicht aus eigener Erfahrung, denn im Jahr 388 v. Chr. lebte er nach epist. 7, 326b ff. kurze Zeit am Hof Dionysios' I. von Syrakus.

26 Vgl. Gorg. 466b–e.

27 Zur Unersättlichkeit der tyrannischen Seele vgl. Gorg. 493b–c.

28 VIII, 566d ff.

29 Es ist diese Frage, wie Emlyn-Jones und Preddy (2013b, S. 335, Anm. 20) treffend bemerken, »the leitmotif of Plato's moral philosophy«, vgl. auch I, 344e 1–3 und 352d 6–7.

30 Zur Isolation des Tyrannen vgl. VIII, 567b; Xen. Hier. 1, 11–32; Aristot. pol. V, 11, 1314b 9–14.

31 Vgl. 578b 6.

32 Zur Formulierung vgl. VI, 499b 5.

33 Vgl. VIII, 567a–c; IX, 576a–c.

34 Adam 1963b, S. 341, z. St. vermutet, dass damit auf den Richter der poetischen Agone angespielt wird, zumal gleich im Anschluss Chöre und Herold (der das Ergebnis des Dichterwettstreits verkündete) genannt werden (b7; b 9).

35 Das Wortspiel zwischen Ariston, dem Namen des Vaters von Platon, und *áristos* (»der Beste«) lässt sich im Deutschen nicht wiedergeben.

36 Vgl. II, 366e, 367e und IV, 427d 5–7.

37 Ich übersetze *logistikón* (»der rationale Seelenteil«) nicht, sondern halte es wie Burnet und die meisten Herausgeber für eine Interpolation.

38 Vgl. IV, 436a ff.

39 Zu *philochrḗmaton* (»geldliebend«) vgl. IV, 436a 1; VIII, 553c 5; s. Vegetti 2005, S. 106, Anm. 65, z. St.

40 Zum Begriff *philónikon* (»siegliebend«) vgl. VIII, 548c–d.

41 Zur Unterscheidung der drei Menschentypen bzw. Lebensformen vgl. Lys. 211e–212a; und Aristot. eth. Nic. I, 3, 1095b – 1096a 10.

42 Es hängt vom Charakter des Menschen ab, woran er Lust empfindet, vgl. leg. II, 655d 7 – e 5; VIII, 837a 6; Aristot. pol. VIII, 7, 1342a 25 f.

43 Ich lese, entgegen Burnet und Slings, τῆς ἡδονῆς als einen von πόρρω abhängigen Genetiv.

44 Vgl. VIII, 559a 1 – b 7.

45 Zum Begriff φιλόλογος (»Freund der Logik«) vgl. auch Lach. 188c 6; 188e 4; Tht. 161a 7; leg. I, 641e 5.

46 Vgl. zum ersten Beweis 577b–580c, zum zweiten 580c–583a.

47 Platon spielt hier wohl auf Phil. 44b–c an, s. Vegetti 2005, S. 112 f., Anm. 80, z. St.; zur illusionistischen Wirkung der Schattenmalerei vgl. II, 365c, Anm. z. St.

48 Vgl. Phil. 32e.

49 Vgl. VII, 533e und Phil. 43d–44b.

50 Zu dieser Art von Bewegung vgl. auch 585a und Phil. 42c–43c.

51 583c 7–8.

52 Zur Kritik an der Lust als Erfüllung der Begierden vgl. Phil. 44c; Gorg. 493b und Phaid. 69b.

53 Vgl. Phil. 51b ff. und Tim. 65a.

54 Zur Schilderung der Beziehung von Körper und Geist vgl. V, 462c.

55 Vgl. Phil. 32b–c.

56 Zu diesem Gedanken vgl. auch Phaid. 109c–e.

57 Vgl. VI, 485b.

58 Der Text Burnets wird vielfach angezweifelt, s. Ferrari 2002 und Vegetti 2005, S. 118 f., Anm. 97, z. St. und neuerdings Aufderheide 2018; auch Slings hält die Textstelle für einen *locus desperatus*, überzeugende Lösungsvorschläge fehlen aber bislang; ich lese statt ὁμοίου mit Adam ἀνομοίου.

59 Vgl. Tim. 91e.

60 Vgl. II, 365c, Anm. z. St.

61 Homer und Stesichoros haben von Helenas Aufenthalt in Troja und ihrem Ehebruch erzählt. Doch einer Göttin – sie war immerhin

Tochter des Zeus – sollte man nichts Schändliches andichten; den beiden Dichtern war wohl die Version entgangen, dass Helena selbst in Ägypten war und dass nur ihr Abbild nach Troja gekommen war. Daher hatte Helena beide zur Strafe geblendet; Stesichoros hat den Grund dafür erkannt und durch die Abfassung einer Palinodie Helenas Zorn besänftigt.

62 Vgl. IV, 441d–e.

63 Vgl. 573d–e.

64 Der Abstand der Lust des Tyrannen von der Lust des Oligarchen beträgt drei, da bei der inklusiven Zählung der Antike der Tyrann an der dritten Stelle auf der Skala der Charaktertypen steht; die gleiche Zahl ergibt sich für den Abstand der Lust des Oligarchen von der des Königs.

65 Platons Rechenschritte sind wohl folgende: Der Abstand der Lust des Tyrannen von der Lust des Oligarchen wird mit der Zahl 3 gemessen. Der Abstand der tyrannischen Lust von der königlichen beläuft sich dann auf »das Dreifache des Dreifachen«, also auf die »Flächen-« oder die Quadratzahl 9. Diese ergibt in der dritten Potenz $9^3 = 729$. Warum Platon gerade diese Rechenschritte vornimmt, ist nicht klar. Die Zahl 729 als Zielpunkt ergibt sich aus dem letzten Satz des Abschnitts: Das Jahr hat 364 ½ Tage und ebensoviele Nächte, das ergibt zusammen 729. 729 Monate sind etwas mehr als 60 Jahre, was man für die Dauer eines durchschnittlichen Menschenlebens ansehen könnte. Für alles Weitere, etwa wie diese Zahl mit den jeweiligen Zuständen der Lust zu verknüpfen ist oder warum sich der Abstand des Tyrannen vom König auf 9 beläuft, gibt es nur Vermutungen: s. de Callataÿ 2005.

66 Vgl. II, 360c 8 – 361d 3, eine Paraphrase von I, 348b 9–10.

67 Vgl. zur Chimaira Hom. Il. VI, 179–182, zu Scylla Hom. Od. XII, 85 ff. und zu Kerberos Hes. theog. 311 f.

68 In Phaidr. 229d werden auch noch Hippokentauren, Gorgonen und Wesen wie Pegasos angeführt.

69 Wir erinnern uns an den Widerstreit zwischen *thymós* (»Mut«) und *epithymía* (»Verlangen«) (IV, 439e ff.).

70 Amphiaraos wollte nicht am Feldzug der Sieben gegen Theben teilnehmen, da er wusste, dass er dabei den Tod finden werde, und ver-

steckte sich; aber Eriphyle verriet ihn, von Polyneikes mit einem Halsband bestochen.

71 Vgl. X, 620c.

72 Zur Geringschätzung manueller Lohnarbeit vgl. VI, 495d–496a.

73 I, 343b–c.

74 Zur Einteilung der Güter in seelische, leibliche und materielle vgl. X, 618c–e; leg. III, 697b 2–6; IV, 717c 2–3; 724a 8; V, 726a–729a; 743e 1–6; IX, 870b; apol. 30a–b; Gorg. 467e; 477c; Men. 78c–d; 87d–89a; Euthyd. 279a–b; Phil. 48e; epist. 8, 355b; ferner Aristot. eth. Nic. I, 8, 1098b 12 ff. und Cic. off. III, 28.

75 Vgl. zu diesem Gedanken III, 400d–e; 411e–412a; zum Verhältnis Körper – Seele VI, 498b; zu der durch Besonnenheit gewährleisteten Harmonie im Staat IV, 432a, zur Harmonie in der Seele IV, 443d–e.

76 Vgl. III, 412a ff.

77 Zu dieser sokratischen Formel vgl. III, 399a, Anm. z. St.

78 Vgl. V, 472c–473a; VII, 540b.

Zehntes Buch

1 Zu Homer als Ahnherrn der Tragödie vgl. auch Tht. 152e; Aristot. poet. 4, 1448b 35 ff.; 5, 1449b 16 ff.

2 Vgl. zu diesem Gedanken Aristot. eth. Nic. I, 6, 1096a 16.

3 Vgl. Tim. 31a 3 – b 2.

4 Damit ist wohl Gott als Schöpfer der Ideen gemeint, s. Vegetti 2007, S. 42, Anm. 21, z. St.

5 Gemeint sind die Ideen.

6 Nach Vegetti 2007, S. 43, Anm. 24, z. St. wohl eine Bezugnahme auf soph. 233a und 234b ff.; vgl. auch Ion 536e; 540b ff.

7 Nämlich Asklepios.

8 Lykurg wird in den Quellen als Schöpfer der Verfassung Spartas bezeichnet, als historische Person ist er nicht fassbar.

9 Charondas war nach Aristot. pol. II, 12, 1274a 22–25 im 6. Jh. v. Chr. der Gesetzgeber Katanes und anderer Städte auf Sizilien.

10 Im Griechischen Ὁμηρίδαι; die Homeriden waren die Mitglieder

einer Rhapsodengemeinschaft auf Chios, die sich als Nachlassverwalter Homers verstanden. Hier wird der Begriff vielleicht in einem weiteren Sinn gebraucht und steht einfach für die Nachfolger Homers.

11 Vgl. etwa Hdt. I, 74 und Diog. Laert. I, 24–27 = DK 11 A 1; manche Quellen allerdings überliefern ein schier konträres Thales-Bild, nämlich das des weltfremden Hans Guck-in-die-Luft, vgl. Tht. 174a 4 – b 6 und Diog. Laert. I, 34.

12 Ein sagenumwobener Skythenprinz, der am Anfang des 6. Jh.s v. Chr. voll Wissbegierde Griechenland bereiste und mit den Großen seiner Zeit zusammentraf; dabei nützte er die Gelegenheit, mit Scharfsinn und Schlagfertigkeit zu glänzen.

13 Vgl. auch VII, 530d; zu inhaltlichen Berührungspunkten zwischen Platon und den orphisch-pythagoreischen Lehren s. Riedweg 2002, S. 120 ff.

14 Ein Homeride, zu dem die Quellenlage nicht einheitlich ist: Entweder stammte er von Samos oder von Ios und war Freund, nach einem Scholion zur *Politeia* gar Schwiegersohn Homers.

15 Kreophylos bedeutet übersetzt »Fleischgeburt«.

16 Vgl. auch Sokrates' witzige Bemerkung in Krat. 384b; zu den Begeisterungsstürmen, die Sophisten auslösen konnten, vgl. Prot. 314b–c und Euthyd. 303b.

17 So trefflich Vretska 2015, S. 439.

18 Vgl. hingegen Aristot. poet. 9, 1451b 29 f.

19 Zu diesem Topos vgl. auch Aristot. rhet. III, 4, 1406b 36 ff.

20 S. dazu eingehend Villari 2001, S. 16; 61 ff.

21 Zu dieser Unterscheidung vgl. auch soph. 219b–d; polit. 258d.

22 Platon rechnet das Epos zur tragischen Dichtung, vgl. auch 595b–c.

23 Ob denn das Wort *mímēsis* eigentlich »Darstellung« oder »Nachahmung« bedeutet, ist umstritten; s. Schöpsdau 1994, S. 272 f. mit geistvollen Beobachtungen und wichtiger Literatur.

24 IV, 436a–c; 439b–d; zur Interpretation der umstrittenen Stelle s. auch Halliwell 1988, S. 133–135.

25 602c.

26 Vgl. III, 399a–c und Aristot. poet. 2, 1448a–c.

27 Hier wird auf IV, 439b ff., auf VII, 523b ff. und auf die Abschnitte

über den Verfall von Staat und Mensch im 8. und 9. Buch Bezug genommen.

28 III, 387d–e.

29 Vgl. IV, 439b, Anm. z. St.

30 Ich lese nicht mit Burnet αὐτὼ, sondern das handschriftlich belegte αὐτῷ.

31 Zur gesetzlichen Beschränkung übertriebener Trauerbekundungen wie Zerkratzen der Haut vgl. Plut. Sol. 12; 21; Cic. leg. II, 59; 64 ff.; ferner III, 387e ff.

32 Vgl. zu diesem Gedanken VI, 486a; leg. VII, 803b und 804b.

33 Vgl. III, 395c–d und leg. II, 656b.

34 Vgl. 603c.

35 Vgl. Prot. 338e–339e; Hdt. II, 49; Xenophanes, DK 21 B 10.

36 Vgl. III, 397d; V, 459e; 468d; leg. VII, 801e.

37 Vgl. 595b–c, Anm. z. St.

38 Es handelt sich hier um Fragmente, über deren Herkunft und Inhalt es nur Vermutungen gibt, s. Adam 1963b, S. 418; 468 f. sowie Schöpsdau 2011, S. 599 (zu leg. XII, 967c 7 – d 1) mit weiterem wertvollen Material zu dem angesprochenen alten Streit zwischen Philosophie und Dichtkunst.

39 Vgl. Phaid. 77e und 114d.

40 Vgl. IX, 591e.

41 Zur Metapher von der Krankheit der als Organismus aufgefassten Polis vgl. VIII, 552c 4; 556e; 563e 6; 564b 1; X, 610a 2; leg. V, 736a 1; Prot. 322d 5; Mx. 243e; aber auch schon Solon fr. 4, 17 West; Soph. Ant. 1015; 1140 f.; Oid. T. 302 f.; 307; 635 f.; Eur. Herc. 273 f.; Phoen. 867; TGF fr. 202; 267; Isokr. or. 4, 114; 6, 101; 10, 34; 12, 99; Aischin. or. 2, 177; Demosth. or. 18, 45.

42 Vgl. Gorg. 477c; soph. 228e.

43 Vgl. Phaid. 67d; 91d; Gorg. 524b.

44 Zum Theorem der Unsterblichkeit der Seele vgl. auch Phaidr. 245b–246a; leg. X, 894e–896d und den Dialog *Phaidon* zur Gänze.

45 Vgl. Phaid. 107c.

46 S. zur Stelle Robinson 1967 und Szlezák 1976.

47 Vgl. II, 363a–c.

48 Vgl. II, 359c–360d.

49 Als Tarnhelm bei Hom. Il. V, 844 f. und Hes. scut. 227 erwähnt.

50 Vgl. II, 361a–d; 367e.

51 Zur Vorstellung eines Wettstreits um die Tugend, in welchem man Ehrgeiz zeigen und nach dem Siegespreis streben soll, vgl. X, 613b, 621d 1; leg. V, 730d 7; 731a 2–3; 731b 1; VII, 807c 4 ff.; VIII, 840b 5 ff.; 845d 1–2; XII, 943c 4–5; 953d 5; 964b 4; c 5–6; Eur. Tro. 223; Ion 863; Hdt. VIII, 26, 3; Thuk. II, 46; Isokr. or. 7, 73; 10, 35; Demosth. or. 18, 20; 25, 97; Aischin. or. 3, 175; Aristot. eth. Nic. IX, 8, 1169a 8.

52 I, 352b.

53 Vgl. zu dieser Vorstellung Empedokles, DK 31 B 115.

54 Damit ist die »Angleichung an Gott« (ὁμοίωσις θεῷ, Tht. 176b 1) angesprochen; Voraussetzung für diese Angleichung ist, dass die Seele des Menschen, zumindest ihr vernünftiger Teil, Unsterblichkeit und Verwandtschaft mit dem Göttlichen besitzt (vgl. 611e 2; Phaidr. 246a 6 – b 1; Tim. 41c; 47b 7 – c 1; 90a 5 – d 1; leg. IV, 713e 8; V, 726a; X, 899d 7–8; 900a 7; 904d 6–7). Die Angleichung an Gott geschieht durch die Pflege der Tugend im Allgemeinen (X, 613a 8 – b 1, leg. X, 904d); s. dazu Merki 1952 und Lavecchia 2006.

55 Zum Vergleich des Lebens mit dem Lauf in einer Rennbahn vgl. leg. VII, 802a 2–3; VIII, 847a und Eur. El. 952 ff.; Benkendorff 1966, S. 118, Anm. 1; 119 ff. und 148 ff.

56 Vgl. 362b–c.

57 II, 361e f.

58 Der nun folgende Mythos des Er hat Ähnlichkeiten mit den anderen eschatologischen Mythen (bei Platon im *Gorgias*, im *Phaidon* und im *Phaidros*), s. dazu eingehend Calabi 2007 und Larivée 2012.

59 Gemeint sind die Bücher IX–XII der *Odyssee*, in denen Odysseus dem Phäakenkönig von seinen Irrfahrten erzählt, darunter auch von seiner Unterweltsfahrt; wer den griechischen Text konsultiert, dem wird die Assonanz von Ἀλκίνου (dem Genitiv von »Alkinoos«) und ἀλκίμου (»tapfer«) auffallen.

60 Zu den platonischen Jenseitsmythen gibt Schöpsdau 2011, S. 440 f. eine präzise Analyse; zum Gesamtkomplex s. auch Collobert/Destrée/Gonzalez 2012 und Janka/Schäfer 2014.

61 Vgl. zu diesem Ort 614e 2; Gorg. 523e–524a; Phaid. 107d; 111c–112d; Phaidr. 248b.

62 Vgl. auch Gorg. 524b–525a.

63 Vgl. aber Phaidr. 249a.

64 S. Vegetti 2007, S. 77, Anm. 101.

65 Zu diesen konstanten Normen der Moral vgl. z. B. Pind. P. 6, 23 ff.; Aischyl. Suppl. 704–709; Eur. TGF fr. 853; Xen. mem. IV, 4, 19.

66 Eine fiktive Gestalt.

67 Zur Sphärenmusik vgl. auch Phaid. 99d; s. auch Riedweg 2002, S. 111.

68 Zu den Moiren vgl. schon Hes. theog. 904 ff. und leg. XII, 960c 5 – d 1.

69 Zur Vorstellung, dass der Daimon die Individualität des Menschen bestimmt, vgl. Heraklit, 22 DK B 119, s. auch Halliwell 1988, S. 184.

70 Vgl. Phaid. 99a–e; leg. IX, 860d ff.; s. Bluck 1958, S. 412; Zander 1999, S. 77.

71 Nämlich Er.

72 Der Herold.

73 Zur Metempsychose bei Platon vgl. Men. 81b–c; Phaid. 81b–82d; 113a; Phaidr. 248c–249b; Tim. 41d–42e; s. auch Calabi 2007, S. 286–292; de Luise 2007, S. 326–341.

74 S. zu 618e 4 – 619b 1 Ferber 2007, S. 37 ff.

75 Zum Kannibalismus des Tyrannen vgl. IX, 571d; Vegetti 2007, S. 84 f., Anm. 118, z. St. vermutet, Platon beziehe sich hier auf eine nicht mehr erhaltene Thyestes-Tragödie.

76 Vgl. Phaid. 81e–82b.

77 Orpheus wurde von thrakischen Mänaden zerrissen, entweder weil er nach dem Verlust seiner geliebten Eurydike von Frauen nichts mehr wissen wollte (Paus. IX, 30, 5; Verg. georg. IV, 520 ff.), oder – nach anderen Quellen (etwa Ps.-Eratosth. cat. 24) – auf Befehl des Dionysos, da er Helios mehr verehrte als ihn selbst.

78 Dieser thrakische Sänger hatte die Musen zu einem künstlerischen Wettstreit herausgefordert und verlor zur Strafe für diese Hybris das Augenlicht, vgl. Hom. Il. II, 594 ff.; Hes. fr. 65 Merkelbach/West; Eur. Rhes. 915 ff.; Paus. IV, 33, 7.

79 Vgl. Empedokles, DK 31 B 127 und Ail. nat. XII, 7.

80 Vgl. Hom. Od. XI, 543 ff.; Aias grollte, da ihm Achilleus' Waffen

nicht zugesprochen wurden; Raserei und Tod dieses Helden sind Gegenstand der sophokleischen Tragödie *Aias*.

81 Vgl. Aischyl. Ag. 115.

82 Eine jungfräuliche Jägerin, die sich nicht an einen Mann binden wollte und alle Freier im Wettkampf besiegte, bis sie schließlich doch von Hippomenes (oder Melanion) durch eine List überwunden wurde.

83 Der Erbauer des trojanischen Pferdes, vgl. Hom. Od. IV, 271 ff.; VIII, 492 ff.; XI, 523 ff.

84 Zu diesem körperlich missgestalteten, feigen und unverschämten Spötter vgl. Hom. Il. II, 212–277; ferner 589b und Lach. 196c ff.

85 Vgl. Aristoph. Ran. 186.

86 »Fluss Sorgenlos«.

87 Nämlich am Morgen des 12. Tages, vgl. 614b.

88 Zum Ausdruck vgl. leg. I, 645b.

Literaturhinweise

Textausgaben, Übersetzungen, Kommentare

Adam 1963a Adam, J. (Hrsg.): The Republic of Plato. Edited with critical notes, commentary and appendices. 2nd edition with an introduction by D. A. Rees. Vol. I (books I–V). Cambridge [u. a.] 1963.

Adam 1963b Adam, J. (Hrsg.): The Republic of Plato. Edited with critical notes, commentary and appendices. 2nd edition with an introduction by D. A. Rees. Vol. II (books VI–X). Cambridge [u. a.] 1963.

Apelt 1916 Apelt. O. (Hrsg.): Platon. Der Staat. Leipzig 1916.

Ast 1804 Ast, F. (Hrsg.): Platonis Politia sive de Republica libri decem. Jena 1804. [Neudr. 1820.]

Ast 1814 Ast, F. (Hrsg.): Platonis Politia sive de Republica libri decem. Leipzig 1814. [2. Aufl.]

Burnet 1902 Burnet, I. (Hrsg.): Platonis Res publica. Oxford 1902 [u. ö.].

Chambry 1932 Platon: Œuvres complètes. Tome VI. La République. Texte établi par E. Chambry. Paris 1932.

Chambry 1934 Platon. Œuvres complètes. Tome VII. La République. Texte établi par E. Chambry. Paris 1934.

Cross/Woozley 1964 Cross, R. C. / Woozley, A. D.: Plato's Republic. A Philosophical Commentary. New York 1964.

Emlyn-Jones/Preddy 2013a Plato. Republic. Ed. and trans. by C. Emlyn-Jones and W. Preddy. Vol. I: books 1–5. Cambridge, Mass. / London 2013.

Emlyn-Jones/Preddy 2013b Plato. Republic. Ed. and trans. by C. Emlyn-Jones and W. Preddy. Vol. II: books 6–10. Cambridge, Mass. / London 2013.

Frede 1997 Frede, D.: Platon. Philebos. Übersetzung und Kommentar. Göttingen 1997.

Halliwell 1988 Halliwell, S.: Plato. Republic 10. With translation and commentary. Warminster 1988.

Kersting 2006 Kersting, W.: Platons »Staat«. Darmstadt 1999. [2., durchges. u. korrigierte Aufl. 2006.]

Manuwald 1999 Manuwald, B.: Platon. Protagoras. Übersetzung und Kommentar. Göttingen 1999.

Nesselrath 2006 Nesselrath, H.-G.: Platon. Kritias. Übersetzung und Kommentar. Göttingen 2006.

Reeve 2004 Reeve, C. D. C.: Plato. Republic. Translated from the New Standard Greek Text. With Introd. Indianapolis/Cambridge 2004.

Ricken 2008 Ricken, F.: Platon. Politikos. Übersetzung und Kommentar. Göttingen 2008.

Sartori 2011 Sartori, F.: Platone. La Repubblica. Traduzione di F. Sartori. Introduzione di M. Vegetti. Note di B. Centrone. Rom/Bari [4]2011. [1. Aufl. 1997.]

Schöpsdau 1994 Schöpsdau, K.: Platon. Nomoi (Gesetze). Übersetzung und Kommentar. Buch I–III. Göttingen 1994.

Schöpsdau 2003 Schöpsdau, K.: Platon. Nomoi (Gesetze). Übersetzung und Kommentar. Buch IV–VII. Göttingen 2003.

Schöpsdau 2011 Schöpsdau, K.: Platon. Nomoi (Gesetze). Übersetzung und Kommentar. Buch VIII–XII. Göttingen 2011.

Shorey 1982 Shorey, P.: Plato. The Republic. With an English Translation. Vol. I: Books I–V. Cambridge, Mass. / London 1982. [1. Aufl. 1935.]

Shorey 1987 Shorey, P.: Plato. The Republic. With an English Translation. Vol. II: Books VI–X. Cambridge, Mass. / London 1987. [1. Aufl. 1935.]

Slings 2003 Slings, S. R.: Platonis Res publica. Oxford 2003.

Vegetti 1998a Vegetti, M. (Hrsg.): Platone. La repubblica. Traduzione e commento. Vol. I. Libro I. Neapel 1998.

Vegetti 1998b Vegetti, M. (Hrsg.): Platone. La repubblica. Traduzione e commento. Vol. II. Libri II e III. Neapel 1998.

Vegetti 1998e Vegetti, M. (Hrsg.): Platone. La repubblica. Traduzione e commento. Vol. III. Libro IV. Neapel 1998.

Vegetti 2000a Vegetti, M. (Hrsg.): Platone. La repubblica. Traduzione e commento. Vol. IV. Libro V. Neapel 2000.

Vegetti 2003a Vegetti, M. (Hrsg.): Platone. La repubblica. Traduzione e commento. Vol. V. Libro VI–VII. Neapel 2003.

Vegetti 2005 Vegetti, M. (Hrsg.): Platone. La repubblica. Traduzione e commento. Vol. VI. Libro VIII–IX. Neapel 2005.

Vegetti 2007 Vegetti, M. (Hrsg.): Platone. La repubblica. Traduzione e commento. Vol. VII. Libro X. Neapel 2007.

Vretska 2015 Vretska, K.: Platon. Der Staat (Politeia). Eingeleitet, übersetzt und erklärt von K. Vretska. Stuttgart 2015. [1. Aufl. 1958.]

Sonstige zitierte Literatur

Aalders 1968 Aalders, G. J. D.: Die Theorie der gemischten Verfassung im Altertum. Amsterdam 1968.

Adkins 1976 Adkins, A. W. H.: *Polypragmosyne* and »Minding one's own business«: A Study in Greek Social and Political Values. In: Classical Philology 71 (1976) S. 301–327.

Anderson 1955 Anderson, W. D.: The Importance of Damonian Theory in Plato's Thought. In: Transactions and Proceedings of the American Philological Association 86 (1955) S. 88–102.

Anderson 1966 Anderson, W. D.: Ethos and Education in Greek Music. Cambridge, Mass. 1966.

Annas 1976 Annas, J.: Plato's *Republic* and Feminism. In: Philosophy 51 (1976) S. 307–321.

Annas 1981 Annas, J.: An Introduction to Plato's *Republic*. Oxford 1981.

Annas 1999 Annas, J.: Platonic ethics. Old and new. Ithaca, NY 1999.

Anton 1980 Anton, J. P. (Hrsg.): Science and Sciences in Plato. New York 1980.

Arends 1988 Arends, J. F. M.: Die Einheit der Polis. Eine Studie über Platons *Staat*. Mnemosyne Suppl. 106. Leiden [u. a.] 1988.

Aufderheide 2018 Aufderheide, J.: Republic 585b–d: Argument and Text. In: Classical Quarterly 68 (2018) S. 53–68.

Barker 2007 Barker, A.: The Science of Harmonics in Classical Greece. Cambridge 2007.

Becker 2011 Becker, A.: Platons Gesprächsdramaturgie und der Leser. Zwei Beispiele aus der *Politeia*. In: Bochumer philosophisches Jahrbuch für Antike und Mittelalter 14 (2011) S. 84–102.

Becker 2017 Becker, A.: Platons *Politeia*. Ein systematischer Kommentar. Stuttgart 2017.

Beltrametti 2000 Beltrametti, A.: L'utopia dalla commedia al dialogo platonico. In: Vegetti 2000a. S. 233–256.

Benkendorff 1966 Benkendorff, K. A.: Untersuchungen zu den platonischen Gleichnissen, Vergleichen und Metaphern aus dem Bereich der Gymnastik und Agonistik. Tübingen 1966.

Blößner 1997 Blößner, N.: Dialogform und Argument. Stuttgart 1997.

Blößner 1999 Blößner, N.: Musenrede und »geometrische Zahl«. Ein Beispiel platonischer Dialoggestaltung (*Politeia* VIII, 545c 8 – 547a 7). Akademie der Wissenschaften und der Literatur Mainz. Abhandlungen der Geistes- und Sozialwissenschaftlichen Klasse. Nr. 7. Stuttgart 1999.

Blößner 2007a Blößner, N.: The City-Soul Analogy. In: Ferrari 2007. S. 345–385.

Blößner 2007b Blößner, N.: Platons missverstandene Ethik. Das neue Bild von Platons *Staat* seit 1988. In: Gymnasium 117 (2007) S. 251–269.

Bluck 1958 Bluck, R. S.: Plato, Pindar and Metempsychosis. In: American Journal of Philology 79 (1958) S. 405–414.

Bluestone 1994 Bluestone, N. H.: Why Women Cannot Rule. Sexism in Plato Scholarship. In: N. Tuana (Hrsg.): Feminist Interpretations of Plato. University Park, Pennsylvania 1994. S. 109–130.

Bois 1990 Bois, P. du: Sowing the Body. Psychoanalysis and Ancient Representations of Women. Chicago/London 1990.

Buhmann 1972 Buhmann, H.: Der Sieg in Olympia und in den anderen panhellenischen Spielen. München 1972.

Burkert 1972 Burkert, W.: Homo necans. Interpretationen altgriechischer Opferriten und Mythen. Berlin / New York 1972.

Burkert 1977 Burkert, W.: Griechische Religion der archaischen und klassischen Epoche. Stuttgart 1977.

Burnyeat 1992 Burnyeat, M. F.: Utopia and Fantasy: The Practicability of Plato's Ideally Just City. In: J. Hopkins / A. Savile: Psychoanalysis. Mind and Art. Perspectives on Richard Wollheim. Oxford/Cambridge 1992. S. 175–187.

Büttner 2000 Büttner, St.: Die Literaturtheorie bei Platon und ihre anthropologische Begründung. Tübingen 2000.

Calabi 1998 Calabi, F.: Gige. In: Vegetti 1998b. S. 173–188.

Calabi 2007 Calabi, F.: Il mito di Er. Le fonti. In: Vegetti 2007. S. 277–310.

Calvert 1987 Calvert, B.: Slavery in Plato's *Republic*. In: Classical Quarterly 37 (1987) S. 367–372.

Campese/Canino 1998 Campese, S. / Canino, L. L.: La genesi della *polis*. In: Vegetti 1998b. S. 285–332.

Canfora 2014 Canfora, L.: La crisi dell'utopia. Aristofane contro Platone. Bari 2014.

Canino 1998 Canino, L.: La battaglia. In: Vegetti 1998a. S. 209–221.

Carter 1986 Carter, L. B.: The Quiet Athenian. Oxford 1986.

Cattanei 2003 Cattanei, E.: Le matematiche al tempo di Platone e la loro riforma. In: Vegetti 2003a. S. 473–539.

Collobert/Destrée/Gonzalez 2012 Collobert, C. / Destrée, P. / Gonzalez, F. J. (Hrsg.): Plato and Myth. Studies on the Use and Status of Platonic Myths. Leiden/Boston 2012.

Compese 2000 Compese, S.: Nudità. In: Vegetti 2000. S. 197–208.

Cornford 1912 Cornford, F. M.: Psychology and Social Structure in the *Republic*. In: Classical Quarterly 6 (1912) S. 246–265.

Craig 1994 Craig, L. H.: The War Lover. A Study of Plato's *Republic*. Toronto/Buffalo/London 1994.

Crystal 1996 Crystal, I.: Parmenidean Allusions in *Republic* V. In: Ancient Philosophy 16,2 (1996) S. 351–365.

Cudjoe 2010 Cudjoe, R. V.: The social and legal position of widows and orphans in classical Athens. Athen 2010.

de Callataÿ 2005 de Callataÿ, G.: Il numero geometrico. In: Vegetti 2005, S. 169–187.

Delcourt 1981 Delcourt, M.: L'oracle de Delphes. Paris 1981. [1. Aufl. 1955.]

De Luise 2007 De Luise, F.: Il mito di Er. Significati morali. In: Vegetti 2007. S. 311–366.

des Places 1981 des Places, É.: Platon et la langue des mystères. In: É. des Places (Hrsg.): Études Platoniciennes (1929–79). Leiden 1981. S. 83–98. [Erstdruck in: Annales de la Faculté des Lettres d'Aix, XXXVIII (1964) S. 9–23.]

Despotopoulos 1970 Despotopoulos, C.: La »Cité parfaite« de Platon et l'esclavage [sur Rép. 433D]. In: Revue des Études Grecques 83 (1970) S. 26–37.

Dombrowski 1985 Dombrowski, D. A.: Plato. *Republic* 414b–c, again. In: Liverpool Classical Monthly 10 (1985) S. 36–38.

Döring 1978 Döring, K.: Antike Theorien über die staatspolitische Notwendigkeit der Götterfurcht. In: Antike und Abendland 24 (1978) S. 43–50. [Zitiert nach: K. Döring: Kleine Schriften zur antiken Philosophie und ihrer Nachwirkung. Stuttgart 2010. S. 11–25.]

Döring 2009 Döring, K.: Zur Biographie Platons. In: Horn/Müller/Söder 2009. S. 1–17.

Ebert 1974 Ebert, Th.: Meinung und Wissen in der Philosophie Platons. Untersuchungen zum Charmides, Menon und Staat. Berlin 1974.

Erler 2007 Erler, M.: Platon. In: M. Erler / H. Flashar (Hrsg.): Grundriss der Geschichte der Philosophie. Die Philosophie der Antike 2, 2. Basel 2007.

Erler 2009 Erler, M.: Parrhesie und Ironie: Platons Sokrates und die epikureische Tradition. In: R. F. Glei (Hrsg.): Ironie. Griechische und lateinische Fallstudien. Trier 2009. S. 59–75.

Ferber 1989 Ferber, R.: Platos Idee des Guten. St. Augustin [2]1989.

Ferber 1993 Ferber, R.: »Da sagte Glaukon in sehr lächerlichem Ton …« (R. 509c 1–2): Ein obszöner Witz Platos? In: Archiv für Geschichte der Philosophie 75 (1993) S. 211 f.

Ferber 2005 Ferber, R.: Ist die Idee des Guten nicht transzendent oder ist sie es doch? Nochmals Platons ΕΠΕΚΕΙΝΑ ΤΗΣ ΟΥΣΙΑΣ. In: D. Barbarič (Hrsg.): Platon über das Gute und die Gerechtigkeit. Würzburg 2005. S. 149–174.

Ferber 2007 Ferber, R.: Was und wie hat Sokrates gewusst? In: Elenchos 27 (2007) S. 5–39.

Ferber/Damschen 2015 Ferber, R. / Damschen, G.: Is the Idea of the Good Beyond Being? Plato's *epekeina tēs ousias* Revisited (Republic 6, 509b 8–10). In: D. Nails / H. Tarrant (Hrsg.): Second sailing. Alternative perspectives on Plato. Helsinki 2015. S. 197–203.

Ferguson 1981 Ferguson, J.: The Ethic of the *gennaion pseudos*. In: Liverpool Classical Monthly 6 (1981) S. 259–267.

Ferrari 2002 Ferrari, G. R. F.: Plato. *Republic* 9, 585c–d. In: Classical Quarterly 52 (2002) S. 383–388.

Ferrari 2003 Ferrari, G. R. F.: City and Soul in Plato's *Republic*. Sankt Augustin 2003.

Ferrari 2007 Ferrari, G. R. F. (Hrsg.): The Cambridge Companion to Plato's *Republic*. Cambridge / New York 2007.

Fine 1990 Fine, G.: Knowledge and Belief in *Republic* V–VII. In: S. Everson (Hrsg.): Epistemology. Cambridge 1990. S. 85–115.

Flashar 1966 Flashar, H.: Melancholie und Melancholiker in den medizinischen Theorien der Antike. Berlin 1966.

Flashar 1988 Flashar, H.: Der platonische Staat als Utopie. In: O. Gigon / M. W. Fischer (Hrsg.): Antike Rechts- und Staatsphilosophie. Frankfurt a. M. 1988. S. 23–36.

Fronterotta 2010 Fronterotta, F.: Plato's *Republic* in the Recent Debate. In: Journal of the History of Philosophy 48 (2010) S. 125–151.

Fuks 1984 Fuks, A.: Social Conflict in Ancient Greece. Jerusalem/Leiden 1984.

Gadamer 1942 Gadamer, H.-G.: Platos Staat und Erziehung. In: H.-G. Gadamer: Gesammelte Werke. Bd. 5 (Griechische Philosophie 1). Tübingen 1985. S. 249–262.

Gadamer 1983 Gadamer, H.-G.: Platons Denken in Utopien. In: H.-G. Gadamer: Gesammelte Werke. Bd. 7 (Griechische Philosophie 3). Tübingen 1991. S. 270–289.

Gaiser 1974 Gaiser, K.: Die Rede der Musen über den Grund von Ordnung und Unordnung. Platon, *Politeia* VIII 545 D – 547 A. In: K. Döring / W. Kullmann (Hrsg.):. Studia Platonica. Festschrift für Hermann Gundert. Amsterdam 1974. S. 49–85. [Zitiert nach: Th. A. Szlezák (Hrsg.): Konrad Gaiser. Gesammelte Schriften. St. Augustin 2004. S. 411–450.]

Gaiser 1980 Gaiser, K.: Plato's Enigmatic Lecture »On the Good«. In: Phronesis 25 (1980) S. 5–37.

Gaiser 1998 Gaiser, K.: Platons ungeschriebene Lehre. Studien zur systematischen und geschichtlichen Begründung der Wissenschaften in der Platonischen Schule. Stuttgart [3]1998. S. 441–557.

Gallop 1971 Gallop, D.: Dreaming and Waking in Plato. In: J. P. Anton / G. I. Kustas (Hrsg.): Essays in Ancient Greek Philosophy. Albany, NY 1971. S. 187–201.

Gatz 1967 Gatz, B.: Weltalter, goldene Zeit und sinnverwandte Vorstellungen. Hildesheim 1967.

Goldschmidt 1970 Goldschmidt, V.: Theologia. In: Questions platoniciennes. Paris 1970. S. 141–172. [Erstdruck in: Revue des Études Grecques 63 (1950) S. 20–42.]

Gonzalez 2012 Gonzalez, F. J.: Combating Oblivion. The Myth of Er as Both Philosophy's Challenge and Inspiration. In: Collobert/Destrée/Gonzalez 2012. S. 259–278.

Graeser 1977 Graeser, A.: Bemerkungen zu Platos *Politeia* und die modernen Antiplatoniker. In: Gymnasium 84 (1977) S. 493–501.

Graeser 1991 Graeser, A.: Platons Auffassung von Wissen und Meinung in *Politeia* V. In: Philosophisches Jahrbuch 98 (1991) S. 365–388.

Graf 1974 Graf, F.: Eleusis und die orphische Dichtung Athens in vorhellenistischer Zeit. Berlin / New York 1974.

Guthrie 1975 Guthrie, W. K. C.: A History of Greek Philosophy. Vol. IV. Plato. The Man and his Dialogues: Earlier Period. Cambridge 1975.

Halfwassen 1992 Halfwassen, J.: Der Aufstieg zum Einen. Untersuchungen zu Platon und Plotin. Tübingen 1992.

Hankins 1994 Hankins, J.: Plato in the Italian Renaissance. Leiden ³1994.

Hansen 1995 Hansen, H. M.: Die Athenische Demokratie im Zeitalter des Demosthenes. Struktur, Prinzipien und Selbstverständnis. Übers. von W. Schuller. Berlin 1995.

Hartmann 2002 Hartmann, E.: Heirat, Hetärentum und Konkubinat im klassischen Athen. Frankfurt a. M. 2002.

Haslam 1972 Haslam, M. W.: Plato, Sophron and the Dramatic Dialogue. In: Bulletin of the Institute of Classical Studies 19 (1972) S. 17–38.

Heimann 2015 Heimann, R.: Die Frage nach der Gerechtigkeit. Platons *Politeia I* und die Gerechtigkeitstheorien von Aristoteles, Hobbes und Nietzsche. Berlin 2015.

Herter 1950 Herter, H.: Böse Dämonen im frühgriechischen Volksglauben. In: Rheinisches Jahrbuch für Volkskunde I (1950) S. 112–143.

Höffe 2011a Höffe, O. (Hrsg.): Platon. Politeia. Berlin ³2011.

Höffe 2011b Höffe, O.: Einführung in Platons *Politeia*. In: Höffe 2011a. S. 1–19.

Horn/Müller/Söder 2009 Horn, C. / Müller, J. / Söder, J. (Hrsg.): Platon-Handbuch. Leben – Werk – Wirkung. Stuttgart/Weimar 2009.

Janka/Schäfer 2014 Janka, M. / Schäfer, Chr. (Hrsg.): Platon als Mythologe. Interpretationen zu den Mythen in Platons Dialogen. Darmstadt ²2014.

Jouanna 1978 Jouanna, J.: Le médecin modèle du législateur dans les *Lois* de Platon. In: Ktema 3 (1978) S. 77–91.

Kastely 2015 Kastely, J. L.: The rhetoric of Plato's *Republic*: democracy and the philosophical problem of persuasion. Chicago/London 2015.

Kato 1986 Kato, M.: *Techne* und Philosophie bei Platon. Frankfurt a. M. / Bern 1986.

Kerferd/Flashar 1998 Kerferd, G. B. / Flashar, H.: Die Sophistik. In: H. Flashar (Hrsg.): Grundriss der Geschichte der Philosophie. Begr. von F. Ueberweg. Die Philosophie der Antike. Bd. 2/1. Basel 1998. S. 1–137.

Keyt 2006 Keyt, D.: Plato and the Ship of State. In: G. Santas (Hrsg.): The Blackwell Guide to Plato's *Republic*. Oxford 2006. S. 189–213.

Krämer 1959 Krämer, H. J.: *Arete* bei Platon und Aristoteles. Zum Wesen und zur Geschichte der platonischen Ontologie. Heidelberg 1959.

Krämer 1969 Krämer, H. J.: ΕΠΕΚΕΙΝΑ ΤΗΣ ΟΥΣΙΑΣ. Zu Platon, *Politeia* 509b. In: Archiv für Geschichte der Philosophie 51 (1969) S. 1–30.

Krämer 1996 Krämer, H.: Platons Ungeschriebene Lehre. In: Th. Kobusch / B. Mojsisch (Hrsg.): Platon. Seine Dialoge in der Sicht neuer Forschung. Darmstadt 1996. S. 249–275.

Kraut 1997 Kraut, R. (Hrsg.): Plato's *Republic*. Critical Essays. Lanham [u. a.] 1997.

Kraut 2011 Kraut, R.: Plato's Comparison of Just and Unjust Lives (Book IX, 576b–592b). In: Höffe 2011a. S. 209–223.

Lafrance 1981 Lafrance, Y.: La théorie platonicienne de la *doxa*. Montréal/Paris 1981.

Lane 2001 Lane, M.: Plato's Progeny. How Socrates and Plato still captivate the modern mind. London 2001.

Larivée 2012 Larivée, A.: Choice of Life and Self-Transformation in the Myth of Er. In: Collobert/Destrée/Gonzalez 2012. S. 235–257.

Lavecchia 2006 Lavecchia, S.: Una via che conduce al divino: la *homoiosis theo* nella filosofia di Platone. Mailand 2006.

Loraux 1981 Loraux, N.: Les enfants d'Athéna. Paris 1981.

Männlein-Robert 2010 Männlein-Robert, I.: Umrisse des Göttlichen. Zur Typologie des idealen Gottes in Platons *Politeia* II. In: D. Koch / I. Männlein-Robert / N. Weidtmann (Hrsg.):. Platon und das Göttliche. Tübingen 2010. S. 112–138.

Marrou 1957 Marrou, H. I.: Geschichte der Erziehung im klassischen Altertum. Freiburg i. Br. [u. a.] 1957.

Mayhew 1997 Mayhew, R.: Aristotle's Criticism of Plato's *Republic*. Lanham 1997.

McEvoy 1993 McEvoy, J.: Platon et la sagesse de l'Égypte. In : Kernos VI (1993) S. 245–275.

Meriani 2003 Meriani, A.: Teoria musicale e la antiempirismo. In: Vegetti 2003a. S. 565–602.

Merki 1952 Merki, H.: Ὁμοίωσις θεῷ. Von der platonischen Angleichung an Gott zur Gottähnlichkeit bei Gregor von Nyssa. Freiburg i. Br. 1952.

Mittelstraß 2011 Mittelstraß, J.: Die Dialektik und ihre wissenschaftlichen Vorübungen (Buch VI 510b–511e und Buch VII 521c–539d). In: Höffe 2011a. S. 193–207.

Morgan 2000 Morgan, K. A.: Myth and Philosophy from the Presocratics to Plato. Cambridge 2000.

Morrison 2007 Morrison, D. R.: The Utopian Character of Plato's Ideal City. In: Ferrari 2007. S. 232–255.

Mourelatos 1980 Mourelatos, A. P. D.: Plato's »real astronomy«: *Republic* 527d–531d. In: Anton 1980. S. 33–73.

Mulhern 1975 Mulhern, J. J.: Population and Plato's *Republic*. In: Arethusa 8 (1975) S. 265–281.

Naber 1909 Naber, S. A.: Platonica. In: Mnemosyne 37 (1909) S. 1–59.

Neschke-Hentschke 1990 Neschke-Hentschke, A.: Carl Morgenstern. *De Platonis republica commentationes tres. Halae 1794*. Der erste moderne Kommentar zu Platos *Staat*. In: Antike und Abendland 36 (1990) S. 152–162.

Neschke-Hentschke 1991 Neschke-Hentschke, A.: Le texte de Platon entre F. A. Wolf et F. D. E. Schleiermacher. In: A. Laks / A. Neschke (Hrsg.): La naissance du paradigme herméneutique. Lille 1991. S. 245–276.

Neschke-Hentschke 2003 Neschke-Hentschke, A.: Platonisme politique et théorie du droit naturel. Bd. 2. Louvain-la-Neuve / Paris 2003.

Neschke-Hentschke 2010 Neschke-Hentschke, A.: Übersicht über die Auslegungsgeschichte der Platonischen Dialoge in der Antike (1. Jh. v. Chr. bis 6. Jh. n. Chr.). In: A. Neschke-Hentschke (Hrsg.):. Argumenta in Dialogos Platonis. Teil 1: Platoninterpretation und ihre Hermeneutik von der Antike bis zum Beginn des 19. Jahrhunderts.

Akten des internationalen Symposions vom 27.–29. April 2006 im Istituto Svizzero di Roma. Basel 2010. S. 23–47.

Neubecker 1977 Neubecker, A. J.: Altgriechische Musik. Eine Einführung. Darmstadt ²1994.

Pascalau 2012 Pascalau, G.: Eros und Musik in *Politeia* III. In: D. Koch / I. Männlein-Robert / N. Weidtmann (Hrsg.): Platon und die *Mousiké*. Tübingen 2012. S. 115–135.

Penner 1971 Penner, T.: Thought and Desire in Plato. In: G. Vlastos (Hrsg.): Plato. A Collection of Critical Essays. Vol. II. New York 1971. S. 96–118.

Perfetti 2005 Perfetti, St.: Immagini della Repubblica nei commenti medievali alla *Politica* di Aristotele: i casi di Alberto Magno e Tommaso d'Aquino. In: M. Vegetti / P. Pissavino (Hrsg.): I Decembrio e la tradizione della Repubblica di Platone tra medioevo e umanesimo. Neapel 2005. S. 83–98.

Pickard-Cambridge 1968 Pickard-Cambridge, A. W.: The Dramatic Festivals of Athens. 2nd ed. rev. by J. Gould and D. M. Levis. Oxford 1968.

Popper 1992 Popper, K. R.: Die offene Gesellschaft und ihre Feinde. Bd. 1. Tübingen ⁷1992.

Provencal 1997 Provencal, V.: Writing the Large Letter Small. The Analogy of State and Individual at *Republic* V 462c–d. In: Apeiron 30 (1997) S. 73–88.

Rankin 1965 Rankin, H. D.: Plato's Eugenic εὐφημία and ἀπόθεσις in *Republic*, Book V. In: Hermes 93 (1965) S. 407–420.

Reemtsma 1992 Reemtsma, J. Ph.: Das Buch vom Ich. Christoph Martin Wielands *Aristipp und seine Zeitgenossen*. Hamburg 1992.

Reeve 2000 Reeve, C. D. C.: Socrates the Apollonian. In: N. D. Smith / B. Woodruff (Hrsg.): Reason and Religion in Socratic Philosophy. Oxford 2000. S. 24–39.

Reinhardt 1966 Reinhardt, K.: Gyges und sein Ring. In: C. Becker (Hrsg.): Karl Reinhardt. Vermächtnis der Antike. Gesammelte Essays zur Philosophie und Geschichtsschreibung. Göttingen 1966. S. 175–183.

Riedweg 2002 Riedweg, J.: Pythagoras. Leben, Lehre, Nachwirkung. Eine Einführung. München ²2002.

Robinson 1967 Robinson, T. M.: Soul and immortality in *Republic* X. In: Phronesis 12 (1967) S. 147–151.

Rotondaro 1998 Rotondaro, S.: Il sogno di Platone. Fisiologia di una metafora. Neapel 1998.

Rowett 2016 Rowett, C.: Why the Philosopher Kings Will Believe the Noble Lie. In: Oxford Studies in Ancient Philosophy 50 (2016) S. 67–100.

Saage 2000 Saage, R.: Politische Utopien der Neuzeit. Bochum ²2000.

Saxonhouse 1986 Saxonhouse, A.: Myths and the Origins of Cities. In: J. P. Euben (Hrsg.): Greek Tragedy and Political Theory. Berkeley 1986. S. 252–273.

Schefer 1999 Schefer, Ch.: Ein neuer Zugang zu Platon? In: Hermes 127 (1999) S. 422–436.

Schlette 2001 Schlette, M.: Der Zauber Poppers. Zur Kritik des Historizismus- und Totalitarismus-Vorwurfs gegenüber Platon in Karl R. Poppers *Die offene Gesellschaft und ihre Feinde.* Duisburg 2001.

Schoffield 2007 Schoffield, M.: The Noble Lie. In: Ferrari 2007. S. 138–164.

Schütrumpf 2003 Schütrumpf, E.: Slaves in Plato's Political Dialogues and the Significance of Plato's Psychology. In: W. Detel / A. Becker / P. Scholz (Hrsg.): Ideal and Culture of Knowledge in Plato. Akten der 4. Tagung der Karl-und-Gertrud-Abel-Stiftung vom 1.–3. September 2000 in Frankfurt. Stuttgart 2003. S. 245–260.

Slings 2005 Slings, S. R.: Critical Notes on Plato's *Politeia.* Ed. by G. Boter and J. van Ophuijsen. Leiden/Boston 2005.

Smith 2000 Smith, N. D.: Plato on Knowledge as a Power. In: Journal of the History of Philosophy 38 (2000) S. 145–168.

Snodgrass 1980 Snodgrass, A.: Archaic Greece. The Age of Experiment. Berkeley / Los Angeles 1980.

Söder 2009 Söder, J.: Zu Platons Werken. In: Horn/Müller/Söder 2009. S. 19–59.

Solmsen 1965 Solmsen, F.: *Republic* III, 389b 2 – d 6: Plato's Draft and the Editor's Mistake. In: Philologus 109 (1965) S. 182–185.

Sommerstein/Torrance 2014 Sommerstein, A. H. / Torrance, I. C.: Oaths and Swearing in Ancient Greece. With Contributions by

A. J. Bayliss, J. Fletcher, K. Konstantinidou and L. A. Kozak. Berlin/ Boston 2014.

Stalley 1999 Stalley, R. F.: Plato and Aristotle on Political Unity. In: M. Vegetti / M. Abbate (Hrsg.): La *Repubblica* di Platone nella tradizione antica. Neapel 1999. S. 29–48.

Stanford 1973 Stanford, W. B.: Onomatopoetic Mimesis in Plato. Republic 396b–397c. In: Journal of Hellenic Studies 93 (1973) S. 185–191.

Stemmer 1985 Stemmer, P.: Das Kinderrätsel vom Eunuchen und der Fledermaus. Platon über Wissen und Meinen in *Politeia* V. In: Philosophisches Jahrbuch 92 (1985) S. 79–97.

Stemmer 1988 Stemmer, P.: Der Grundriss der platonischen Ethik. In: Zeitschrift für philosophische Forschung 42 (1988) S. 529–569.

Stewart 1994 Stewart, Z.: Laughter and the Greek Philosophers. In: S. Jäkel (Hrsg.): Laughter Down the Centuries. Turku 1994. S. 29–37.

Strobel 2009 Strobel, B.: Ontologie. In: Horn/Müller/Söder 2009. S. 131–141.

Szaif 1998 Szaif, J.: Platons Begriff der Wahrheit. Freiburg i. Br. / München 1998.

Szlezák 1976 Szlezák, Th. A.: Unsterblichkeit und Trichotomie der Seele im 10. Buch der *Politeia*. In: Phronesis 21 (1976) S. 31–58.

Szlezák 1985 Szlezák, Th. A.: Platon und die Schriftlichkeit der Philosophie. Interpretationen zu den frühen und mittleren Dialogen. Berlin / New York 1985.

Szlezák 1993 Szlezák, Th. A.: Platon lesen. Stuttgart 1993.

Szlezák 2003 Szlezák, Th. A.: Die Idee des Guten in Platons *Politeia*. Beobachtungen zu den mittleren Büchern. St. Augustin 2003.

Szlezák 2004 Szlezák, Th. A.: Platon und die Schriftlichkeit der Philosophie. Teil II. Das Bild des Dialektikers in Platons späten Dialogen. Berlin [u. a.] 2004.

Thesleff 1982 Thesleff, H.: Studies in Platonic Chronology. Helsinki 1982.

Tiedemann 2007 Tiedemann, N.: Haar-Kunst. Zur Geschichte und Bedeutung eines menschlichen Schmuckstücks. Köln/Wien [u. a.] 2007.

Vegetti 1983 Vegetti, M.: Metafora politica e immagine del corpo negli

scritti ippocratici. In: F. Lasserre / P. Mudry (Hrsg.): Formes de pensée dans la Collection hippocratique. Genf 1983. S. 459–470.

Vegetti 1993 Vegetti, M.: I nervi dell'anima. In: J. Kollesch / D. Nickel: Galen und das hellenistische Erbe (Verhandlungen des IV. Internationalen Galen-Symposions, veranstaltet vom Inst. f. Geschichte der Medizin am Bereich Medizin [Charité] der Humboldt-Univ. zu Berlin, 18.–20. Sept. 1989). Stuttgart 1993. S. 63–78.

Vegetti 1998c Vegetti, M.: Katabasis. In: Vegetti 1998a. S. 93–104.

Vegetti 1998d Vegetti, M.: Glaucone. In: Vegetti 1998b. S. 151–172.

Vegetti 1985 Vegetti, M.: Metafora politica e immagine del corpo nella medicina greca. In: M. Vegetti: Tra Edipe ed Euclide. Forme del sapere antico. Mailand 1985. S. 41–58.

Vegetti 1995 Vegetti, M.: La medicina in Platone. Venedig 1995.

Vegetti 2000b Vegetti, M.: La »razza pura«. In: Vegetti 2000a. S. 295–300.

Vegetti 2000c Vegetti, M.: *Beltista eiper dynata*. Lo statuto dell'utopia nella *Repubblica*. In: Vegetti 2000a. S. 107–147.

Vegetti 2003b Vegetti, M.: I filosofi a scuola e la scuola dei filosofi. In: Vegetti 2003a. S. 603–624.

Vegetti 2004 Vegetti, M.: Protagora autore della *Repubblica*? In: G. Casertano (Hrsg.): Il *Protagora* di Platone: struttura e problematiche. Bd. I. Neapel 2004. S. 145–158.

Villari 2001 Villari, E.: Il morso e il cavalliere. Una metafora della temperanza e del dominio di sè. Genua 2001.

Vlastos 1973 Vlastos, G.: Does Slavery Exist in Plato's *Republic*. In: G. Vlastos (Hrsg.): Platonic Studies. Princeton 1973. S. 140–146. [= Classical Philology 63. S. 291–295.]

Vlastos 1980 Vlastos, G.: The role of observation in Plato's concept of astronomy. In: Anton 1980. S. 1–31.

Vlastos 1989 Vlastos, G.: Was Plato a Feminist? In: Times Literary Supplement 4, 485. Mar. 17 (1989) S. 276; 288–289. [Zitiert nach: Kraut 1997, S. 115–128.]

Vlastos 1991 Vlastos, G.: Socrates. Ironist and Moral Philosopher. Cambridge [u. a.] 1991.

Waechter 2002 Waechter, K.: Thrasymachos und Kallikles – Interpretationen zur sophistischen Rechtsphilosophie. In: S. Kirste /

K. Waechter / M. Walther (Hrsg.): Die Sophistik. Entstehung, Gestalt und Folgeprobleme des Gegensatzes von Naturrecht und positivem Recht. Stuttgart 2002. S. 104–132.

Wehrli 1951 Wehrli, F.: Zum Arztvergleich bei Platon. In: Museum Helveticum 8 (1951) S. 177–184. [Nachdruck in: F. Wehrli: Theoria und Humanitas. Zürich/München 1972. S. 206–214.]

Whitehead 1941 Whitehead, A. N.: Process and Reality. An essay in cosmology. New York 1941.

Whitmarsh 2015 Whitmarsh, T.: Battling the Gods. Atheism in Ancient World. New York 2015.

Wieland 1982 Wieland, W.: Platon und die Formen des Wissens. Göttingen 1982.

Wiesehöfer 1999 Wiesehöfer, J.: Kindesaussetzung. In: DNP 6 (1999) Sp. 468–470.

Wilson 1983 Wilson, N. G.: Scholars of Byzantium. London 1983.

Winiarczyk 1984 Winiarczyk, M.: Wer galt im Altertum als Atheist? In: Philologus 128 (1984) S. 157–183.

Winiarczyk 1990 Winiarczyk, M.: Methodisches zum antiken Atheismus. In: Rheinisches Museum 133 (1990) S. 1–15.

Winter 1978 Winter, M.: Compendium Utopiarum. Typologie und Bibliographie literarischer Utopien. Bd. 1: Von der Antike bis zur deutschen Frühaufklärung. Stuttgart 1978.

Zander 1999 Zander, H.: Geschichte der Seelenwanderung in Europa. Alternative religiöse Traditionen von der Antike bis heute. Darmstadt 1999.

Zimbrich 1991 Zimbrich, U.: »Un Etat étrangement imaginé«. La *République* de Platon d'après Schleiermacher. In: A. Laks / A. Neschke (Hrsg.): La naissance du paradigme herméneutique. Lille 1991. S. 245–276.

Nachwort

Eine kurze Übersicht über Platons Leben und Werk

Platons Leben (428/7–349/8 v. Chr.) fällt in eine Epoche großer politischer Umbrüche. Er wird nach dem Beginn des langwierigen und für Athen fatalen Peloponnesischen Krieges (431–404) geboren, kurz nach dem Tod des großen athenischen Politikers und Bauherrn Perikles (429), und stirbt in den frühen Lebensjahren eines noch Größeren, Alexanders des Großen (356–323). Er stammte aus höchstem athenischen Adel, die Ahnenreihe seines Vaters Ariston wird auf den mythischen König Kodros zurückgeführt, über seine Mutter Periktione war er mit dem berühmten politischen Reformer und Dichter Solon, einem der Sieben Weisen, verwandt. Mit Kritias und Charidemos, zeitweise sehr mächtigen Politikern seiner Zeit, war der wohlhabende Platon, der anfangs selbst mit einer politischen Laufbahn liebäugelte, ebenfalls verwandtschaftlich verbunden. Seit 407 hatte er engen Umgang mit Sokrates; das Todesurteil, das ein Gerichtshof von 50 Laienrichtern nach einem Asebieprozess über seinen Lehrer verhängt hatte, hat Platon gegen das demokratische System Athens eingenommen. Gleich nach Sokrates' Tod begab er sich zu Eukleides nach Megara, danach trat er nach einigen Quellen eine Reise nach Ägypten und Kyrene an. Sicher bezeugt sind Platons drei Reisen nach Sizilien: Die erste erfolgte 388/387. Dabei kam es vermutlich zu engem Kontakt mit unteritalischen Pythagoreern und Archytos von Tarent. Am Hof Dionysios' I. in Syrakus lernte Platon dessen Schwager und Schwiegersohn Dion kennen, der von seinen philosophischen Ideen begeistert und ihm bis zu seinem gewaltsamen Tod im Jahr 354 freundschaftlich verbunden war. Im Jahr 367 wurde Dionysios II. Tyrann von

Syrakus, und Platon reiste wiederum in diese Stadt, diesmal wohl auf Aufforderung Dions, der wollte, dass der Philosoph aus Athen den etwa dreißigjährigen Dionysios II., seinen Neffen, zum Philosophenkönig heranbildete. Dieser Besuch war ein Fiasko, ebenso wie die dritte Sizilienreise, die er 361 auf Bitten des Dionysios unternommen hatte. Einige der platonischen Briefe bemühen sich darum, das Scheitern des Philosophen in den politischen Intrigen in Syrakus zu erklären.

Schon nach der Rückkehr von der ersten Sizilienreise hatte Platon im Nordosten Athens ein Grundstück gekauft, das dem Heros Akademos geweiht war. Deshalb erhielt die Philosophengemeinschaft, die dort von Platon zur Pflege der Philosophie und anderer Wissenschaftszweige wie der Mathematik, der Astronomie, der Botanik und Zoologie, der Logik, Rhetorik, Politik und Ethik gegründet wurde, den Namen »Akademie«. Über den inneren Aufbau dieser Philosophenschule und den Ablauf des Lehrbetriebs gibt es keine zuverlässigen Quellen. Es ist aber wohl anzunehmen, dass Platon die Systematik seines Lehrgebäudes, das weit über seine schriftliche Hinterlassenschaft hinausging, ebendort in direkter Aussage mündlich mitgeteilt und mit anderen »Akademikern« besprochen hat. Die platonische Akademie hatte unter wechselnder philosophischer Ausrichtung und Schwerpunktsetzung ohne Unterbrechung bis zum Jahr 529 n. Chr. Bestand, als der christliche Kaiser Justinian Athens Philosophenschulen schließen ließ.

In den letzten Jahren seines Lebens hielt Platon die vielzitierte Vorlesung »Über das Gute«, nach Aristoxenos öffentlich vor einem laienhaften Publikum.[1]

Mit seinen Werken hat Platon in der Metaphysik und Erkenntnistheorie, in der Ethik, Anthropologie, Staatstheorie,

1 Die Quellen dazu hat Gaiser 1980 gesammelt; zur Biographie Platons s. Erler 2007, S. 15–26 und Döring 2009.

Kosmologie, Kunsttheorie und Sprachphilosophie bis heute Maßstäbe gesetzt. Er veröffentlichte etwa 25 philosophische Dialoge, deren Echtheit z. T. umstritten ist,[2] und die *Apologie* (kein Dialog, sondern die Wiedergabe der Verteidigungsrede des Sokrates in seinem Prozess); sie sind über einen Zeitraum von 50 Jahren entstanden und alle erhalten.

Die chronologische Reihenfolge der Dialoge ist nicht bekannt, doch stilistische Merkmale und die kritische Betrachtung der unterschiedlichen thematischen Gewichtung platonischer Lehren sowie der unterschiedlichen Zeichnung der Person des Sokrates im überlieferten Werk erlauben eine grobe Einteilung in drei Perioden. Das Frühwerk, von dem ungewiss ist, wie bald es nach Sokrates' Tod einsetzte, umfasst demnach die *Apologie*, die Verteidigungsrede des Sokrates sowie die Dialoge *Charmides*, *Kriton*, *Euthyphron*, *Gorgias*, *Hippias Minor*, *Ion*, *Laches*, *Protagoras*, das erste Buch der *Politeia*, *Euthydemos*, *Hippias Maior*, *Lysis*, *Menexenos*, *Menon*; in die mittlere Schaffensperiode gehören *Kratylos*, *Phaidon*, *Symposion*, *Politeia* (Bücher 2–10), *Phaidros*, *Parmenides* und *Theaitetos*. Die dritte Gruppe, das Spätwerk Platons, umfasst *Timaios*, *Kritias* (nur fragmentarisch erhalten), *Sophistes*, *Politikos*, *Philebos* und die *Nomoi*, Platons längstes und letztes Werk, das erst nach seinem Tod publiziert wurde.

Unter Platons Namen sind auch 13 Briefe überliefert. Sie sind an Briefpartner in Sizilien gerichtet und bemühen sich vor allem um die Rechtfertigung Platons im Umgang mit Dion und Dionysios. Vermutlich stammt keiner dieser Briefe von Platon selbst, aber allgemein gilt der siebente Brief, der nach Dions Er-

2 Die Handschriften schreiben gar 43 Werke Platon zu; unter seinem Namen sind auch einige Epigramme überliefert, von denen die meisten mit Sicherheit nicht echt sind; zum Stand der Forschung in Echtheits- und Datierungsfragen s. Söder 2009.

mordung an dessen Freunde gerichtet ist, als ein verlässliches Dokument der Ereignisse in Platons Leben, auch wenn er nicht von seiner Hand sein sollte. Er verteidigt Platons politische Ideale und beklagt leidenschaftlich den Tod seines Freundes Dion.

Zur *Politeia*

Inhalt

Auf der Straße vom Piräus nach Athen wird Sokrates, der mit Platons Bruder Glaukon am Bendis-Fest im Piräus teilgenommen hatte, von Polemarchos, Adeimantos, ebenfalls einem Bruder Platons, und von Nikeratos, dem Sohn des Nikias, angehalten und zu einem Abendessen ins Haus des Polemarchos geladen. Dort trifft Sokrates auf Kephalos, den Vater des Polemarchos und Sohn des Redners Lysias, auf Euthydemos und Lysias, beide Brüder des Polemarchos, sowie auf den Sophisten Thrasymachos und dessen Anhänger Charmantides und Kleitophon.

Das **erste Buch** beginnt mit der Rahmenerzählung (327a) über das Treffen im Haus des Polemarchos. Dort entwickelt sich ein Gespräch über die Bestimmung des Wesens der Gerechtigkeit in drei Stufen, erst mit Kephalos (328b–331d), dann mit Polemarchos (331e–336a) und schließlich mit Thrasymachos (336b–354c). Zunächst entspinnt sich ein Gespräch mit Kephalos über das Nachlassen des Geschlechtstriebes als Segnung des Alters und über den Vorteil des Reichtums; dadurch könne der Vernünftige, an der Schwelle zum Tod angekommen, noch seine Schulden bei Göttern und Menschen abbüßen und dann ohne Furcht sterben. Daraufhin wirft Sokrates die Frage auf, ob denn die Gerechtigkeit in der Wahrheit bestehe

und darin, Empfangenes zurückzugeben (331c). Nach dem Hinweis, es müssten dabei die Umstände beachtet werden – es sei etwa nicht gerecht, einem Freund das geliehene Messer zurückzugeben, wenn dieser dem Wahnsinn verfallen sei –, erinnert Polemarchos daran, dass nach einem Wort des Dichters Simonides Gerechtigkeit darin bestehe, jedem das Schuldige zu geben.

Im Gespräch ergibt sich die Notwendigkeit der Unterscheidung von echten und scheinbaren Freunden: Gerecht ist, den wahren Freunden zu nützen, den wahren Feinden zu schaden, d. h. jedem das ihm Zukommende zu geben, den Freunden Gutes, den Feinden Schlechtes (332b ff). Diese bekannte These griechischer Adelsethik erweist Sokrates als falsch. Durch die Analogie mit verschiedenen Künsten wie der Medizin und der Kunst der Seefahrt zeigt er (332d–333d), dass es nicht Sache eines gerechten Menschen sein kann, jemanden ungerecht zu machen. Hier kann Thrasymachos sich nicht mehr zurückhalten (336b) und bringt sich mit folgender Definition ins Gespräch ein: Das Gerechte ist der Vorteil des Stärkeren (338c), gerecht ist, was für den Stärkeren vorteilhaft ist (339a). Recht kann zu diesem Zweck beliebig geändert werden. Glücklich in dieser Ordnung ist, wer seinem eigenen Vorteil nachgeht und ungerecht ist. Gerechtigkeit ist zugleich Gehorsam gegenüber den Herrschenden (339b). Doch diese sind fehlbar und können auch für sich selbst Nachteiliges befehlen. So wird der Begriff »Herrscher« präzisiert: Ein Herrscher, der seinen Namen verdient (insofern er wirklich ein Herrscher ist), irrt nicht (341a).

Zu fragen bleibt jedoch, was das Vorteilhafte wirklich sei. Sokrates zeigt, dass jede Kunst oder Fertigkeit (τέχνη) auf den Nutzen ihres Objekts abzielt, nicht auf den Nutzen des Handelnden (342e). Der Hirte als Hirte hütet nicht die Schafe, um sie zu essen oder mit ihnen Geld verdienen zu können, wie Thrasymachos behauptet. Zu den Künsten muss die Kunst des

Gelderwerbs hinzutreten, damit der Künstler selbst auch Nutzen von ihnen hat (346c). Denn das eigentliche Ziel der Medizin als Heilkunst ist die Gesundheit des Patienten, nicht das Arzthonorar, und so ist auch die Kunst des Herrschenden immer auf den Nutzen des Schwächeren ausgerichtet. Somit ist die Ausgangsthese des Thrasymachos widerlegt. Hierauf wird Thrasymachos' Behauptung erörtert, dass Ungerechtigkeit gewinnbringender sei als Gerechtigkeit, die nach diesem »gutmütiger Einfalt« gleichkomme (348b). Thrasymachos stellt die provokante These auf, dass Ungerechtigkeit eine Tugend sei, Gerechtigkeit das Gegenteil davon (348e). Sokrates behauptet aber, Gerechtigkeit sei Tugend und Wissen, und entlockt Thrasymachos das Zugeständnis, dass Musiker und Ärzte Fachleute sind und zu den Wissenden und Guten gehören. Diese wollen nicht wissender und besser als andere Fachgenossen sein, sondern beanspruchen diesen Vorrang nur Laien gegenüber. Ebenso verhält es sich bei den Gerechten: Diese wollen nur wissender und besser sein als Ungerechte. Folglich gehören auch die Gerechten zu den Wissenden und Guten.

Nach dem durch eine etwas gewundene Argumentation gewonnenen Ergebnis, dass die Gerechtigkeit Tugend und Wissen ist, kämpft Sokrates gegen Thrasymachos' Behauptung an, die Ungerechtigkeit sei stark (348e). Sokrates widerlegt sie anhand eines Beispiels: Eine Polis, die eine andere Polis unterwerfen will, muss im Inneren gerecht sein, denn Ungerechtigkeit führt zu Streit und zu einer politischen Schwächung. Jeder Ungerechte muss also, wenn er Erfolg haben will, gegenüber Freunden gerecht sein (350d–352c). Schließlich kommt Sokrates auf die Frage, wie man »gut lebe« (347e), zurück und weist gegen den Anspruch, Ungerechtigkeit mache glücklich, darauf hin, dass auch die Seele – wie Pferde, Winzermesser oder Augen und Ohren – eine spezifische Funktion habe, nämlich zu leben, und dass ihre »Tugend« oder optimale Tauglichkeit darin

bestehe, diese Funktion gut, d. h. gerecht, zu erfüllen. Thrasymachos ist von Sokrates' Ausführungen zwar nicht umgestimmt worden, gibt aber auf (354a). Bevor er sich der Frage zuwendet, ob Gerechtigkeit eine Tugend ist, möchte Sokrates das Wesen der Gerechtigkeit an sich bestimmen. Das ist Thema der folgenden Bücher.

Im **zweiten Buch** fordert Glaukon, der trotz des Rückzuges des Thrasymachos beim eingeschlagenen Diskurs der Gerechtigkeit bleiben will, Sokrates auf, zu zeigen, dass diese ein Gut an sich ist, das man nicht um seiner Folgen willen erstrebt (358a), und zu erklären, was Gerechtigkeit bzw. Ungerechtigkeit wesenhaft ist und für die Seele bedeutet (358b). Zunächst trägt Glaukon die populäre Ansicht vor, dass Gerechtes zu tun tatsächlich ein Gut, Unrecht zu erleiden ein Übel bedeute (358b–362c). So seien die Menschen, so Glaukon, wegen ihrer angeborenen Schwäche zur Festlegung gekommen, weder Unrecht zu tun noch zu erleiden. Dies sei der Anfang der Gesetze gewesen, und deren Inhalt habe man als Gerechtigkeit bezeichnet. Dass jeder Mensch ganz und gar nicht freiwillig gerecht handle, sondern nur, weil ihm die Möglichkeit, ohne widrige Folgen ungerecht zu handeln, fehlt, erläutert Glaukon durch ein Gedankenexperiment, die Parabel vom Ring des Gyges (359b ff.). Dieser Ring machte seinen Besitzer Gyges, wenn er an ihm drehte, unsichtbar, so dass er, der sozialen Kontrolle entzogen, Unrecht begehen und es dadurch zu Reichtum, Macht und Ansehen bringen konnte. Schließlich kontrastiert Glaukon die Hilflosigkeit des Gerechten mit den Vorzügen des ungerechten Lebens wie Geld und Prestige. Dieses Leben sei demnach einem gerechten Leben vorzuziehen (360e–362c). Nach diesem Befund, dass man nur aus Schwäche oder göttlicher Veranlagung gerecht ist, wird Sokrates dazu aufgefordert, im Weiteren die Gerechtigkeit an sich, ungeachtet ihrer Folgen, als wirklich stärker denn die Ungerechtigkeit zu erweisen

(366b ff.). Das erfüllt Sokrates allerdings erst im vierten Buch mit Blick auf die Polis (427d–434d) und dann auf die Seele (434d–444e); vorerst wird noch das Werden und Wesen der Polis abgehandelt, weil Gerechtigkeit, so Sokrates, im Großen deutlicher zu erkennen sei als in der Seele des einzelnen Menschen, so wie für einen Kurzsichtigen große Schrift leichter erkennbar ist als eine kleine (368d–e). Zur Entstehung einer Polis hat nach Sokrates die Bedürftigkeit des Menschen geführt. Die erste Polis besteht aus nur wenigen Handwerkern, die durch Arbeitsteilung ihren ökonomischen Grundbedürfnissen abhelfen. Dieser »Schweinestaat« (369e–372d) wird durch Kultur zu einem »üppigen Staat« (372d–373d): Wegen gesteigerter Ansprüche kommen neue Einzelberufe und Künste hinzu, was zu einer Erhöhung der Bevölkerungszahl und zur Verknappung der Nahrungsmittel führt. Daraus resultieren Krieg und die Etablierung eines Wächterstandes (373d–376c). Diese Wächter müssen nicht nur mit der Natur von Wachhunden ausgestattet, begabt und besonders gebildet, sondern auch mutig und von schneller Auffassung sein (376b).

Das umfangreiche und streng vorgegebene Ausbildungsprogramm, das dazu nötig ist, wird überwiegend im **dritten Buch** entwickelt (376c–412b): Grundlegend soll die traditionelle Erziehung durch Musik und Gymnastik sein. Vorsicht ist bei der Dichtung geboten, bei der zunächst der Inhalt auf seine Tauglichkeit zu überprüfen ist (392c). Kindern sollen nur Geschichten und Märchen erzählt werden, bei denen alle schädlichen Inhalte beseitigt sind. Traditionelle Fabeln und Mythen sind für Kinder ungeeignet. Als Richtlinie für die Darstellung von Göttern (379a) gilt: Der Gott muss immer so dargestellt werden, wie er wirklich ist, nämlich als gut, ursächlich für Gutes und unwandelbar, und das gilt für das Epos, für das Lied und ebenso für die dramatische Dichtung (380d–383c). Verboten ist also die Darstellung etwa von Klagen und Lachen, von Lü-

gen, Bestechlichkeit, von Verbrechen, die von Göttern und Heroen verübt werden, sowie von Religionsfrevel; niemand darf wie Thrasymachos behaupten, dass Ungerechtigkeit glücklich mache und Gerechtigkeit ein fremdes Gut sei. Zu preisen sind Götter und Eltern, hochzuhalten Wahrheit, Besonnenheit, Selbstbeherrschung, Charakterfestigkeit und Gerechtigkeit; geradezu das Gegenteil dieser erwünschten Erziehungsziele bewirke Homer mit seinem falschen Bild vom Jenseits und seinen als Vorbilder völlig untauglichen Helden. Bei der Musik (398c–403c) unterscheidet Sokrates zwischen Text, Tonart (Harmonik) und Rhythmus; Ersteres muss den bei der Dichtkunst aufgestellten Kriterien entsprechen. Aber vor allem Rhythmus und Harmonie dringen tief in die Seele ein und sind daher in der Lage, ihr eine edle Haltung zu vermitteln und sie anständig zu machen; entsprechend sind jene Tonarten und Rhythmen zu bevorzugen, die einerseits zu Tapferkeit anspornen, andererseits die Hörer nicht unbesonnen machen. Klagende Tonarten wie die mixo- und syntonolydische oder die bei Symposien üblichen »weicheren« Tonarten wie die jonische und lydische werden abgelehnt, empfohlen solche, die die Zöglinge zu tapferen Menschen erziehen, wie die dorische, und die zu Vernunft und Besonnenheit anregen, wie die phrygische. Unter den Versmaßen erhalten Daktylos, Jambus und Trochaios den Vorzug. Gute Musik in diesem Sinne bewirken Wohlberedtheit (*eulogía*), Wohlklang (*euarmonía*), Wohlgeformtheit (*euschēmosýnē*) und Wohlgemessenheit (*eurythmía*), allesamt Ausfluss einer charakterlich wahrhaften, schönen und guten Denkungsart (*euḗtheia*) (400d). Die jungen Menschen sollen dem Wesen des Schönen und Edlen überall in Kunst und Natur nachspüren (401c), ihre Liebeslust soll sich aber auf das »Geordnete und Schöne« (403a) beschränken; ein Mensch, dessen Seele und Leib zueinander in einem harmonischen Verhältnis stehen, ist schön und liebt andere schöne

Knaben. Diese Liebe habe unkörperlich zu bleiben (402d–403c). Wie Einfachheit der Musik Besonnenheit in der Seele, so bewirkt Einfachheit in der Gymnastik körperliche Gesundheit (404e). Das gymnastische Training muss in einem ausgewogenen Verhältnis betrieben werden und mit dem Verzicht auf Alkohol und der Beachtung diätetischer Vorschriften einhergehen; freilich sei übertriebene Sorge um den Körper verfehlt, zumal auch die Pflege des Körpers letztlich um der Seele willen geschehe. Wenn aber auf Seele und Körper zu wenig geachtet werde, steige der Bedarf an Richtern und Ärzten, ein untrügliches Krisensymptom für die Polis (405a–410a); juristische Schliche sollten die Übeltäter vor den Folgen ihrer Taten bewahren, und die Heilkunst soll die Folgen eines schlechten Lebenswandels beheben. Gute Ärzte könnten durch Erfahrung mit Krankheiten am eigenen Leib lernen; gute Richter hingegen sollten ihr Wissen um menschliche Schlechtigkeit nicht durch eine eigene kriminelle Vergangenheit, sondern durch wissenschaftliches Studium erlangen (409a ff.). Durch eine einseitige Betonung etwa des gymnastischen Elements werden die Zöglinge zu unmusischen »Redefeinden« (μισόλογοι, 411d) erzogen.

Nach den Grundzügen der Bildung wird die Kernfrage der neuen Verfassung behandelt, die Auswahl der Herrscher aus der Reihe der Wächter (412b ff.). Prinzipiell sollen diejenigen, die ihre Eignung durch Charakterfestigkeit und ihre Identifikation mit dem Gemeinwohl über einen längeren Zeitraum hindurch bewiesen haben, zu Herrschern ernannt werden (414b). Die anderen Wächter sind ihre Helfer. Um dies und die Lehre von den drei Ständen – den regierenden Wächtern, ihren Helfern und den Arbeitern und Bauern – bei allen Menschen plausibler zu machen, dürfe man sich, so Sokrates, einer »edlen Lüge« (414b–c) bedienen: Nach einem uralten Mythos seien den Menschen bereits vor ihrer Geburt in der Erde, »ihrer wahren

Mutter«, durch die unterschiedliche Beimengung von Gold, Silber, Eisen und Erz ihre individuellen Eigenschaften und Anlagen festgelegt und so ihre sozialen Rollen vorgegeben worden (415a ff.). Soziale Mobilität aber muss möglich sein: Wenn beispielsweise ein Herrscher sieht, dass sein Sohn eine eiserne Seele hat, muss er ihn in den untersten Stand versetzen. Umgekehrt ist einem Nachkommen von Bauern der Aufstieg in die Oberschicht zu ermöglichen, falls seine Seele die entsprechende Qualität aufweist. Zur besseren Ausübung ihrer polizeilichen Funktionen im Inneren und ihrer militärischen Aufgaben nach außen müssen die Herrscher und Wächter in Lagern leben, auf Privateigentum verzichten und werden von den übrigen Bürgern bei gemeinschaftlichen Mahlzeiten versorgt.

Das **vierte Buch** eröffnet Adeimantos mit dem Einwand, dass die Wächter unglücklich sein würden, etwa, weil sie nicht einmal die Freiheit oder die Mittel besäßen, zu verreisen oder für Mädchen ihres Herzens Geschenke zu kaufen; Sokrates hält dem entgegen, dass nicht individuelles Glück, sondern allein das Glück der Polis anzustreben sei (419a–421c). Deshalb würden die Wächter verhindern, dass sich im Staat Reichtum und Armut ausbreiten (422a), wodurch sowohl die innere Einheit als auch die richtige Größe des Gemeinwesens gewahrt sei. Ferner hätten die Wächter dafür Sorge zu tragen, dass die neugeborenen Kinder der ihnen angemessenen Klasse zugewiesen werden (423c–d), und darauf zu achten, dass die Erziehung unverändert bleibt und es auch in Musik und Gymnastik zu keinen Innnovationen kommt, denn diese würden nur die politische Ordnung unterminieren (424d ff.). Um dies zu vermeiden, müssten die Kinder auch schon im Spiel und in der musischen Erziehung auf Gesetzestreue gedrillt werden, und es sei peinlich auf die Einhaltung von Umgangsformen und Bekleidungsvorschriften zu achten, wenngleich Sokrates eine Normierung jeder Einzelheit in diesen Dingen für verzichtbar

hält (427a). Bei der Gesetzgebung im Sakralwesen sei Apollon um Beistand zu bitten.

Nach dem Aufbau der Polis (427d) erhebt sich die Frage nach Art und Ort der Gerechtigkeit in ihr. Hier bedient sich Sokrates der Analogie von Polis und Einzelseele sowie des Gegensatzes von Gerechtigkeit und Ungerechtigkeit. Erst werden die Tugenden in der Polis (427d–434d), dann in der Einzelseele erörtert (434d–435c, 441c–444e). Zwischen diesen beiden Abschnitten wird die innere Form der Seele (435c–441c) untersucht; Ausgangspunkt ist die These, dass die Polis dann vollkommen sei, wenn in ihr die vier Kardinaltugenden zu finden seien: Weisheit, Tapferkeit, Besonnenheit und Gerechtigkeit. Die Weisheit, die den Herrschenden eigen sein sollte, verkörpert ein Wissen, das das Interesse für die gesamte Polis berücksichtigt. Die Tapferkeit ist in der Kriegerklasse angesiedelt. Durch Erziehung werden die Wächter zu Soldaten. Sie lernen, was für den Staat gefährlich ist, und lassen sich davon weder durch Lust noch Furcht abbringen. Die Besonnenheit manifestiert sich in der durch innere Ausgeglichenheit gelingenden Beherrschung der Lüste und Begierden aller und führt so zu einem harmonischen Zusammenleben von Regierenden und Regierten. So wie in einem besonnenen Menschen das Bessere über das Schlechtere herrsche, Besonnenheit über Begierden, so sei es im Staat: Dieser sei dann gerecht, wenn jeder Stand, Herrscher, Wächter und Erwerbsleute, darin das Seine tue, d. h. das, worauf er sich seiner Natur nach am besten verstehe: die Regierenden regieren, der Rest mache das, was ihm die Natur an Fertigkeiten mitgegeben und was ihm die Klasse der Regierenden aufgetragen habe. Dies sei auch der beste Schutz vor Verfallserscheinungen wie Aufruhr und Bürgerkrieg (432b–434c).

Dass das Gegenteil vom Ideal des Tuns des Eigenen, nämlich »Vielgeschäftigkeit« (434b), oder ein Tausch der Aufgaben un-

ter den Ständen ein Verbrechen am Gesamtstaat sei, soll nun durch einen Blick auf die Einzelseele gezeigt werden: Sokrates führt die Tripartition der Seele ein und formuliert dabei erstmals den Satz vom Widerspruch: Es ist unmöglich, dass etwas zugleich entgegengesetzte Wirkungen im selben Sinn und in Bezug auf dasselbe verursacht. In jedem Menschen lassen sich innerseelische Konflikte beobachten, dass beispielsweise Durst auftritt und dennoch aus einem bestimmten Grund beschlossen wird, nicht zu trinken. Die Instanzen, von denen die betreffenden Impulse ausgehen, müssen also verschieden sein. Der Urheber des Durstes ist das Begehrungsvermögen (*epithymētikón*), während das, was in der Seele überlegt, ob getrunken werden soll, das Überlegungsvermögen (*logistikón*) ist. Ersteres ist voll von Leidenschaften, Letzteres emotionslos. Damit das, was die Überlegung erfordert, in die Tat umgesetzt werden kann, ist noch ein dritter Faktor erforderlich, der dem Begehrungsvermögen nötigenfalls entgegenwirkt und das Überlegungsvermögen im Konfliktfall unterstützt, der dritte Seelenteil, das »Muthafte« (*thymoeidés*), das bei Kindern schon vor der Ausprägung der Vernunft hervortritt und daher kein Teil von ihr sein kann. Wenn nun der Mensch zwar das Verlangen zu trinken verspürt, diesem aber dennoch nicht nachgibt, so kann dies nur durch die Zuschreibung an verschiedene Teile seiner Seele erklärt werden.

Die drei Seelenteile entsprechen den drei Klassen der Polis. Als wohlgeordnet und gerecht gilt eine Seele, in der der vernünftige Teil mithilfe des muthaften über den triebhaften Seelenteil herrscht und die beiden unteren Seelenteile den Anweisungen der Vernunft folgen. Der begehrende Teil sorgt analog zum Nährstand für die Befriedigung der körperlichen Bedürfnisse, der vernünftige Seelenteil achtet analog zu den Herrschern darauf, was der gesamten Seele förderlich ist und regiert nach dieser Maxime; der muthafte Teil der Seele unterstützt im

Konfliktfall zwischen Vernunft und Begehrungsvermögen Erstere nach Kräften, so wie der dritte Stand der Polis den ersten (441e–442b).

Ungerechtigkeit ist eine Seelenkrankheit, ihre Symptome sind Konflikte innerhalb der Seelenteile (444a–444e). Nach diesen Ausführungen muss Glaukon Sokrates nun zugestehen, dass Gerechtigkeit besser als Ungerechtigkeit ist, und Thrasymachos' These lässt sich nicht mehr halten. Es folgt die Untersuchung, ob Gerechtigkeit oder Ungerechtigkeit nützlich ist (444e–445a).

Sokrates will nun im **fünften Buch** die vier Formen der Schlechtigkeit in Polis und Seele untersuchen, da fordert Adeimantos im Namen der Übrigen eingehendere Ausführungen zu der von Sokrates zuvor (IV, 423e–424a) nur beiläufig erwähnten Frauen- und Kindergemeinschaft. Den Ausgangspunkt für Sokrates' Replik bildet der Grundsatz, dass die Tüchtigkeit und Tugendhaftigkeit nicht geschlechtsbezogen ist und es keine spezifisch männlichen oder weiblichen Beschäftigungen gibt. Begabungen und charakterliche Dispositionen sind individuell und geschlechtsindifferent, weshalb es keine spezifisch weiblichen oder männlichen Beschäftigungen gibt. Eine Aufnahme der besten Frauen in die Wächterklasse dient dem Staatswohl (451c–457c), und Sokrates plädiert explizit dafür, wie bei der Züchtung von Hunden auch im Staat bestimmte wünschenswerte Eigenschaften von Menschen durch gezielte Kombination elterlicher Merkmale zu erreichen (457c–461e).

Mit dem Erweis der Gleichwertigkeit von Mann und Frau ist, wie Sokrates sich ausdrückt, die »erste Woge« überwunden. Die Annahme von Frauen als Wächterinnen ist verbunden mit der Begründung der Abschaffung von Heirat und Familie (457c–461e), die »zweite Woge«, mit der Sokrates fertigwerden muss. Die Kinder der Wächter sollen gemeinsam großgezogen werden, daher werden sie gleich nach der Geburt von ihren

Müttern getrennt und von Pflegerinnen betreut. Das Stillen wird von den Müttern gemeinsam besorgt, wobei keine ihr eigenes Kind erkennen soll. Die Funktion der Familie übernimmt die Gemeinschaft. Behinderte und erblich belastete Kinder werden nicht aufgezogen, sondern »an einem geheimen und unbekannten Ort verborgen« (460c), das heißt wohl, nach der Geburt ausgesetzt.

Die Aufhebung des Privateigentums zieht einen Rückgang von Gerichtshändeln und sonstigen Zwistigkeiten nach sich. Das Gemeinschaftsgefühl zwischen den Geschlechtern wird so stark sein, dass sogar der Krieg von Männern und Frauen gemeinschaftlich geführt wird. Der gemeinsame Nachwuchs wird mit ins Feld geführt, um ihn ans Kriegshandwerk zu gewöhnen. Bei Feigheit oder Desertion erfolgt eine Versetzung in den Stand der Bauern und Handwerker. Die, die sich im Kampf auszeichnen, werden geehrt und haben die Pflicht, sich häufiger fortzupflanzen. Im Krieg sind Griechen anders als Barbaren, die natürlichen Feinde, zu behandeln: Sie dürfen als Besiegte nicht versklavt, ihr Eigentum nicht geraubt, ihre Häuser nicht angezündet werden (470a–471c).

Glaukon konfrontiert darauf Sokrates mit der »dritten Woge« (472a), die droht, dessen Vorstellungen vom Idealstaat wegzuspülen: Auf die Frage, ob es denn eine Polis gibt, die dem Idealstaat möglichst nahekommt, muss Sokrates zugeben, dass es zwar keine gut verwalteten Staaten gebe, meint aber, solche mit einer kleinen Korrektur herstellen zu können. Aus Angst, verlacht zu werden, will er vorerst nicht konkret werden, spricht aber schließlich seine Lösung doch unverblümt aus: Die Philosophen müssten Könige in den Staaten werden, oder die Könige müssten echte und tüchtige Philosophen sein; erst wenn politische Macht und Philosophie in Personalunion zusammenfielen, gebe es ein Ende des Unheils für die Staaten und sogar für die ganze Menschheit (471c–473b, vgl. 457b–c).

Um die Frage zu klären, ob es von Natur aus für Philosophie und Herrschaft gleichermaßen geeignete Menschen gibt, holt nun Sokrates weiter aus und unterscheidet die Idee selbst von den mit der Idee verbundenen und von ihr bestimmten Dingen. Im Sinne dieser Unterscheidung müsse man, so Sokrates weiter, die Philosophen, die Wissenslustigen (*philósophoi*) und die Schau- und Hörlustigen (*philotheámones, philēkooi*) strikt auseinanderhalten. Letztere ergötzten sich an schönen Dingen, doch ihre Vernunft sei nicht fähig, die Natur des Schönen selbst von dessen Abbild zu unterscheiden, und so lebten sie wie in einem Traum.

Das **sechste Buch** behandelt die Auswahl und Ausbildung der zur Herrschaft bestimmten Philosophen. Diese vereinigen neben geistigen auch die praktischen Fähigkeiten in sich (484a–485a). Ihre philosophische Seele erweist sich in ihrer Liebe zu den ewigen und gleichbleibenden Dingen als besonnen, tapfer, gerecht und milde. Derartigen Menschen darf und muss man wegen ihrer Kompetenz nach Abschluss der Ausbildung die Lenkung der Polis anvertrauen (487a–b). Die Ansicht, nach der Philosophen als untauglich angesehen werden, ist eine populäre Fehleinschätzung; dies zeigt Sokrates am Bild vom Staatsschiff, dessen Besatzung aus Unkenntnis gegen den Schiffsherrn meutert und sich darum streitet, wer das Ruder übernehmen darf. Der wahre Steuermann, der sich auf die für die Schifffahrt nötige Sternen- und Wetterkunde versteht, wird von der unwissenden Menge als Spinner angesehen, der nicht zu gebrauchen ist. Scheinphilosophen allerdings sind eine Gefahr, weil sie die wahren Philosophen bei der Menge in Misskredit bringen (489d–495b), aber auch wahre Philosophen müssten sich davor hüten, der öffentlichen Meinung hörig zu werden und zu Sophisten herabzusinken (495b–496a). Die treuen Liebhaber der Philosophie ziehen sich vom politischen Leben zurück (496a–497a), es sei denn, sie leben in dem

für den Philosophen geeigneten Idealstaat (497a ff.). Doch wo existiert eine solche ideale Verfassung? Adeimantos' Zweifeln (498c), ob Sokrates' Ausführungen seine Hörer überzeugen werden, begegnet Sokrates mit Optimismus. Man werde auch die Menge, die einen Philosophen-König noch nie gesehen habe, gewinnen können (498c–502c). Der Philosoph, so Sokrates, wird dadurch gerecht, dass er auf die Ideen, also etwas Wohlgeordnetes und Gleichbleibendes, schaut und deren Ordnung imitiert (500c). Dadurch ist er imstande, in seiner Seele Ordnung und Harmonie herzustellen. Mit dieser psychischen Konstitution ist er dann dazu bestimmt, auch in der Polis und in den Seelen der Bürger für Maß und Ordnung zu sorgen. Wer philosophisch begabt ist, muss sich strengen moralischen und intellektuellen Prüfungen unterziehen, damit herausgefunden werden kann, ob er wirklich fähig ist, die höchsten Studien zu betreiben (502c–504a). Für eine vollkommene Erkenntnis müssen die Wächter einen anderen, weiteren und mühevollen Weg (504d) gehen, um zum höchsten Wissen zu gelangen, das noch über den konventionellen Tugenden (*aretaí*) steht (504b). Die Tugenden dürfen nicht nur als Skizze, sondern müssen in vollem Umfang und in Vollkommenheit betrachtet werden. Die Philosophen müssen sich deshalb dem höchsten Erkenntnisbereich zuwenden (505a), dem Wissen um die Idee des Guten (505b–506a). Diese gewährt den Dingen ihre Erkennbarkeit, dem Erkennenden seine Erkenntnisfähigkeit, allem Seienden seine Existenz und allem, auch der Gerechtigkeit, Nutzen, indem sie Ziel und Sinn von allem ist.

Als nach diesen Darlegungen Sokrates nach seiner eigenen Auffassung befragt wird, ziert er sich und gesteht ein, auch selbst nicht zu wissen, was das Gute ist. Er hält es nicht für angebracht, das Gute auf direktem Weg zu bestimmen, und antwortet stattdessen mit einem Gleichnis: Darin stellt er eine Analogie her zwischen der Sonne und der Idee des Guten. Ers-

tere verhält sich zum Sichtbaren und zum Sehvermögen wie die Idee des Guten zum Denkbaren und zum Denkvermögen (508b–c). Wie die Sonne im Bereich des Sichtbaren als Quelle des Lichts die Erkenntnis sinnlich fassbarer Objekte ermöglicht und auch die Ursache für deren Entstehen und Wachstum ist, so ermöglicht die Idee des Guten im Bereich des Denkbaren nicht nur die Erkenntnis intelligibler Objekte, indem sie ihnen »Wahrheit« und dem Erkennenden das Erkenntnisvermögen verleiht (508e), sondern sie ist darüber hinaus auch die Ursache für deren »Existenz« (*eînai*) und »Wesen« (*ousía*) (509a). Die Idee des Guten selbst ist nichts Seiendes, sondern steht jenseits des Seienden, das sie noch an Erhabenheit und Macht übertrifft (509b). Glaukon bittet Sokrates um weitere Erläuterungen, worauf Sokrates ein mathematisches Bild entwirft:

Glaukon soll sich eine vertikale Linie vorstellen, die in zwei ungleiche Hauptabschnitte, einen größeren für die sensiblen und einen kleineren für die intelligiblen Objekte, geteilt ist. Diese beiden Abschnitte sollen nochmals in derselben Proportion geteilt werden, wodurch sich vier Segmente ergeben: (1) das Segment der Abbilder der empirischen Gegenstände, (2) das Segment dieser empirischen Gegenstände selbst, (3) das Segment der Zahlen und logischen Begriffsstrukturen der mathematischen Wissenschaftszweige und schließlich (4) das Segment der Inhalte, die sich nur der Dialektik erschließen.

Im **siebenten Buch** führt Sokrates seine Vorstellungen von der Erziehung des Philosophen durch das Höhlengleichnis näher aus. Dieses schließt insofern an das Liniengleichnis an, als deren Erkenntnisstufen in einen dynamischen Ablauf und in unterschiedliche Phasen eines Bildungsprozesses übertragen werden: Die Menschen sitzen gefesselt in einer schräg abwärts verlaufenden Höhle. Sie können den Ausgang, der sich hinter ihren Rücken befindet, nie erblicken und wissen auch gar nicht, dass es ihn gibt. Alles, was sie sehen können, ist die Höhlen-

wand, der sie aufgrund ihrer Fesselung zugewandt sind. Erhellt wird die Höhle von einem hinter ihnen lodernden Feuer. Zwischen dem Inneren der Höhle und dem Feuer befindet sich eine niedrige Mauer; an ihr entlang tragen Menschen unterschiedliche Gegenstände hin und her, Nachbildungen menschlicher Gestalten und anderer Lebewesen aus Stein und aus Holz. Diese Gegenstände ragen über die Mauer hinaus, ihre Träger aber nicht. Da die bewegten Gegenstände durch das Feuer ihre Schatten auf die Höhlenwand, der die Gefangenen zugewendet sind, werfen, können die Höhlenbewohner diese Gegenstände umrisshaft wahrnehmen. Ihr Kopf ist so fixiert, dass sie immer nur auf diese Wand blicken können. Daher halten sie die Schatten, die sich auf der Wand zeigen, für die Wirklichkeit (517d–e). Erst dann, wenn die Fesseln eines Menschen gelöst würden, er sich umwenden und aus der Höhle hinausgehen könnte, wäre er in der Lage, die Gegenstände, die vorbeigetragen werden, zu erkennen; nach seinem Aufstieg vom Dunkel der Sinnenwelt zur Lichterwelt jedoch müsste er begreifen, dass die Dinge, die er für wirklich gehalten hat, nur Abbilder sind und dass sich die wahren Formen, die Urbilder dessen, was er nur schattenhaft wahrgenommen hat, außerhalb der Höhle befinden. Wenn er sich an das Licht der Sonne gewöhnt hat und nicht mehr geblendet wird, hat der Aufgestiegene kein Bedürfnis, diesen Ort zu verlassen, doch er ist verpflichtet, in die Höhle zurückzukehren (518b–521b). Langsam müssen sich seine lichterfüllten Augen wieder an die schattige Höhle gewöhnen. Die übrigen Höhlenbewohner werden ihn deshalb auslachen und meinen, dass sich das Verlassen der Höhle nicht lohne und nur den Augen schade. Sollte der aus dem Licht Zurückgekehrte versuchen, auch sie nach oben zu führen, würden sie ihn töten, wenn sie könnten. Die gleichnishaft vorgezeichnete Erziehung der Wächter gestaltet sich im Einzelnen folgendermaßen: Die künftigen Philosophen-Könige werden

über die Gymnastik und Musik hinaus von ihrem zwanzigsten Lebensjahr an zehn Jahre in Arithmetik, Geometrie, Stereometrie und Astronomie sowie Harmonik unterrichtet. Diese mathematischen Kenntnisse sind erforderlich, um die Seele vom Werdenden zum Seienden zu ziehen und zur Wahrheit hin zu leiten. Sie fungieren als Propaedeuticum für die Dialektik, welche die einzig wahre Wissenschaft ist, das Auge der Seele vom barbarischen Schlamm (533b) befreien und mithilfe der anderen Künste zur Idee des Guten hinauflenken kann. Wer sich für die dialektische Ausbildung als geeignet erweist, widmet sich ihr fünf Jahre. Dann muss er wieder in jene Höhle hinabsteigen und der Polis fünfzehn Jahre lang dienen (539e). Erst danach wird der Philosoph im Alter von fünfzig Jahren die Herrschaft übernehmen und endlich nach Erfüllung seiner Aufgaben zu den Inseln der Seligen gehen (540a–c). Diese ideale Polis ist kein »frommer Wunsch«, wiederholt Sokrates (540d, vgl. V, 450d), sondern eine Möglichkeit, die sich ergibt, wenn die Philosophen herrschen.

Im Anschluss an die Schilderung des besten Staates, seiner Ordnung und der Erziehung seiner Anführer löst Sokrates im **achten Buch** sein Versprechen vom Ende des vierten Buches (444a–445e) ein, nach der Definition der Gerechtigkeit, der gerechten Verfassung und des gerechten Menschen entsprechend auch die verschiedenen Formen der Ungerechtigkeit durchzugehen, und entwickelt eine Abfolge von vier Staatsformen. Ausgelöst wird die Degeneration der Kallipolis (der »guten Polis«) durch eine Fehlberechnung der in der Tradition als »Hochzeitszahl« bekannten rätselhaften Formel, mit deren Hilfe die Philosophen-Könige die besten Zeiten für die Zeugung des Nachwuchses bestimmen (546a–547a). Die Kallipolis wird in diesem Zusammenhang als Aristokratie bezeichnet (544e). Vier weitere Verfassungsformen, nämlich die Timokratie (547c–550c), die Oligarchie (550c–555b), die Demokratie (555b–562a)

und die Tyrannis (562a–567b) ergeben sich aus ihr gleichsam zwangsläufig als immer dekadentere Verfallsstufen. Die Analogie von Mensch und Polis geht dabei nie verloren, es werden vielmehr die vier genannten dekadenten Staatsformen direkt mit Charakterzuständen von Individuen parallelisiert.

Als Ursache für die Entstehung der Timokratie aus der als Aristokratie bezeichneten Kallipolis gilt der durch die falsche Bestimmung der besten Paarungszeit ausgelöste Zwist in der regierenden Klasse (545c ff.), wodurch es zu einem Wechsel von der Idealverfassung zur Timokratie kommt. Diese steht zwischen Aristokratie und Oligarchie und weist Merkmale von beiden auf (547c–548c). Hauptkennzeichen ist Liebe zum Krieg, Siegeswille und Ehrsucht; der timokratische Mensch giert nach Grundbesitz, Gold und Silber. In der Seele findet dieser Zustand seine Entsprechung darin, dass das Muthafte das Kommando über die anderen Seelenvermögen übernimmt (548d–550c). Der Wechsel zu Oligarchie oder Plutokratie geschieht dadurch, dass in der Timokratie der Reichtum zum alleinigen Kriterium für sozialen Aufstieg und den Zugang zur Regierung geworden ist. In den Seelen herrscht der begehrende Seelenteil, wenngleich die herrschenden Oligarchen den Anschein der Redlichkeit wahren und einen Teil ihrer Begierden unterdrücken (550c–556c). Auf die Oligarchie folgt die Demokratie, nachdem soziale Spannungen durch Luxus die Überhand gewonnen haben und die mächtiger gewordene Gruppe der Armen das Risiko eines Blutvergießens eingeht und den Sturz der Reichen herbeiführt (555b–557a). Die Ämter werden gewöhnlich nicht nach Qualifikation der Bewerber, sondern durch Losentscheid vergeben. Neben der Redefreiheit genießen die Bürger zahlreiche weitere Freiheiten, auch der Kriegsdienst oder die Übernahme eines Amtes geschieht auf freiwilliger Basis. Gesetzliche Vorschriften werden missachtet, verhängte Strafen kaum jemals vollstreckt (557a–562a). Durch

ein Übermaß an Freiheitsdrang und Anarchie ihrer Bürger geht die Demokratie in eine Tyrannis über (562a–563e). Gesetze werden nicht mehr beachtet, weder die geschriebenen noch die ungeschriebenen. Der Machthaber regiert zunächst populistisch, doch wird er dann zum Tyrannen, beseitigt Feinde, hält sich eine Armee und Hofdichter (566d–569c).

Mit der Diskussion des tyrannischen Menschen knüpft das **neunte Buch** an die von Thrasymachos initiierte Debatte des ersten und zweiten Buches an. Einleitend weist Sokrates darauf hin, dass in jedem Menschen tierische Triebe schlummerten, die in Träumen, aber auch, wenn die Hemmung durch die Vernunft wegfalle, unverhüllt hervortreten könnten. Vor allem in jungen, in einer Demokratie orientierungslos aufwachsenden Männern ergäbe die unheilvolle Kombination von Trunksucht, Triebhaftigkeit und der Gemütskrankheit der Melancholie den Stoff, aus dem die Tyrannen sind (571a–573c). Der Versuch, alle unersättlichen Begierden zu erfüllen, macht den Tyrannen zum Verbrecher. Er vergeht sich an Verwandten wie gegen die eigene Polis und ist niemandes Freund (576a). Für ihn gibt es nur Herren und Knechte. Wahre Freundschaft wird die tyrannische Seele niemals kennenlernen, denn wo zwei Menschen in einem hierarchischen Verhältnis zueinanderstehen, gibt es keine wahre Freundschaft, die Gleichheit voraussetzt. Mit Sokrates' Behauptung, dass der Tugendhafte oder Philosoph das lustvollste Leben führe, weil sein an der Erkenntnis orientiertes Leben den höchsten Grad von Lustempfinden mit sich bringe (580d–583d), kehrt hier der Diskurs zur Frage des glücklichen Lebens und zu einer Gegenüberstellung des vollkommen Gerechten und des vollkommen Ungerechten zurück; ferner wird durch eine Betrachtung der Qualitätsgrade verschiedener Vergnügungen »errechnet«, dass der Philosoph eine »729-mal größere Lust« als der Nichtphilosoph empfinde (IX, 583b–588a). Sokrates greift die von Thrasyma-

chos im ersten Buch ins Gespräch geworfene und von Glaukon und Adeimantos im zweiten Buch weiterentwickelte These auf, dass Ungerechtigkeit nützt, wenn es nur gelingt, sie straflos zu begehen. Seiner Meinung nach ist das ein Irrtum, weil schlechtes Verhalten den Menschen schlechter macht, was heißt, dass er sich selbst schadet. Jeder Vernünftige müsste erkennen, dass, wie soeben (587a–588a) durch eine mathematische Formel »nachgewiesen«, der Philosoph der glücklichste Mensch sei. Wenn er sich politisch betätigt, orientiere er sich am Ideal des besten Staates, auch wenn dieses noch nirgends verwirklicht, sondern erst ein »Musterbild im Himmel« sei für den, der es betrachten und danach sein eigenes Leben einrichten will (588b–592b).

Nach Gründung der idealen und gerechten Polis sowie nach der Besprechung der Staatsformen und Charaktertypen kommt Sokrates im **zehnten Buch** auf die Rolle der Dichtung zurück. Im zweiten Buch war die Dichtung aus dem Staat verbannt worden, weil sie durch Nachahmung (*mímēsis*) unerwünschter Verhaltensweisen die Erziehungsziele scheitern lassen könnte. Die Analyse der Seelenteile bestärkt ihn in dieser Überzeugung, dass die Dichtung, soweit sie nachahmende Kunst ist, eine verderbliche Wirkung hat und in einem gut organisierten Staat nicht zugelassen werden darf. Der Begriff der Mimesis wird jetzt erweitert: Als solche gilt nunmehr jedes imitierende Abbilden, mithin jede Art der Dichtung und auch die Malkunst. So ahmt etwa ein Maler, der als Nachbildner das Bild eines Stuhles anfertigt, einen konkreten, sinnlich wahrnehmbaren Gegenstand nach, den ein Werkbildner seinerseits mit Blick auf ein weiteres, als rein geistig gedachtes Urbild hergestellt hat, welches wiederum durch einen göttlichen Wesensbildner geschaffen wurde (597d–e). Die Werke der Maler und Dichter sind demnach Abbilder von Abbildern und ontologisch drittrangig (602c).

Mit dem geringen ontologischen Status der von ihnen hervorgebrachten Abbilder korreliert die epistemische Inferiorität der Dicht- und Malkunst. Auch der Dichter hat kein wirkliches Wissen von den Dingen, mit denen er sich befasst (599b). Weit von der Wahrheit entfernt, täuschen Tragödie und insbesondere Homer nur vor, über allgemeines Wissen zu verfügen. Die Attraktivität der Dichtung besteht im Nachahmen mittels oberflächlicher reizvoller Darstellungsmittel wie der Farbe oder der Dichtersprache.

Auf der Grundlage einer Dreiteilung der Künste in gebrauchende, herstellende und nachahmende wird den Vertretern der ersten ein Wissen (*epistḗmē*), denen der zweiten lediglich eine wahre Meinung (*orthḕ pístis*) und denen der dritten schließlich weder ein Wissen noch eine wahre Meinung zugestanden (601d–602b). Hieraus ist nur ein Schluss zu ziehen: Die nachahmenden Künste sind völlig wertlos. Dichtung und Malerei sind schädlich, insofern sie auf den unvernünftigen Teil der Seele wirken. Die Malerei nutzt die Bereitschaft aus, der Täuschung sinnlicher Wahrnehmung eher zu vertrauen als dem Denken; Dichtung regt die Emotion an und lässt sie über den Verstand regieren (603c–605c). Indem die Dichtung sich an den niederen Seelenteil wendet und zu Sympathie mit dem dargestellten Affekt einlädt, schadet sie auch guten Menschen (605c–607a). Deshalb ist der schon früher (Buch 3) geforderte Ausschluss der Dichter aus der Polis gerechtfertigt, es sei denn, diese könnten sich durch den Nachweis einer ethisch-politischen Nützlichkeit verteidigen (606b–608b).

Hierauf greift Sokrates seine schon im ersten Buch formulierte These wieder auf, wonach der Gerechte glücklich sei, der Ungerechte unglücklich (1, 354a). Im Widerspruch zu der Erfahrung, dass Götter nicht einschreiten, wenn Gerechte unverdient leiden, behauptet er nun, die Götter sorgten dafür, dass es dem Gerechten schon im Leben besser geht als

dem Ungerechten. Die eigentliche Belohnung komme jedoch erst nach dem Tod. Dann kann die Seele des Gerechten aufsteigen zu übermenschlichem Wohlergehen und Wissen (615a 3–4), während die des Ungerechten in der Unterwelt die verdiente Strafe erleidet. Diese Vorstellung beruht auf zwei Voraussetzungen, der Unsterblichkeit der Seele und dem Totengericht. Das Erste will Sokrates beweisen, für das Zweite zitiert er den Bericht eines ins Leben zurückgekehrten Scheintoten. Der Beweis der Unsterblichkeit der Seele geht von der Annahme aus, dass der Körper durch Krankheit zerstört werden kann, die Seele hingegen etwa durch Ungerechtigkeit, Zuchtlosigkeit, Feigheit oder Unwissenheit Schaden nimmt, in ihrer Existenz aber erhalten bleibt. Tugend wird, so Sokrates, stets mit Wohlergehen belohnt, freilich nicht immer schon zu Lebzeiten. Der Lohn im Jenseits wiegt jedoch ungleich schwerer, denn dessen Genuss, die Unsterblichkeit der Seele, währt ewig. Ungerechtigkeit kann die Seele zwar schädigen, aber nicht zerstören, dies beweist deren Unsterblichkeit (608c–611a). Die wahre Natur der Seele zeigt sich allerdings erst, wenn sie von allen körperlichen Überwucherungen befreit ist (611b–612a). Der irdische Lohn für Gerechtigkeit ist, verglichen mit dem jenseitigen, gering. Sokrates illustriert diese Behauptung mit der reich ausgeschmückten Geschichte des pamphylischen Soldaten Er, der nach seinem Tod ins Leben zurückkehrte und über seine Erlebnisse in der anderen Welt berichtete: Er wurde in einer Schlacht verwundet, und seine Seele gelangte mit anderen Seelen Gefallener in die jenseitige Stätte des Totengerichts. Dort wird die Seele des Er nicht nur Zeugin der himmlischen Belohnungen der Gerechten und der Strafe für die Ungerechten, sondern sieht auch, dass die Seelen nach vorgegebener Zeit nach einem Verfahren, das aus der Möglichkeit, unter »Lebensentwürfen« auszuwählen, und einer Zuteilung durch ein Los gemischt ist,

wieder in irdische Körper eintreten und auf die Erde zurückkehren.

Sokrates beschließt die Unterredung mit der Aufforderung, an die Unsterblichkeit der Seele zu glauben und das Leben nach Vernunft und Gerechtigkeit auszurichten (621b–d).

Datierung

Die *Politeia* wird in Platons (428/7–348/7 v. Chr.) mittlere Schaffensperiode datiert. Am wahrscheinlichsten ist eine Abfassungszeit zwischen Platons erster und zweiter Sizilienreise in der Mitte der 70er Jahre des 4. Jh.s v. Chr.; allerdings wird die Einheitlichkeit des Werkes vielfach infrage gestellt, das erste Buch könnte früher verfasst worden sein, da es etwa in der sorgfältigen Rahmengestaltung, in der Hinführung zum Thema der Gerechtigkeit, in den mehrfach ergebnislosen Versuchen einer Begriffsdefinition und der Feststellung der Aporie am Ende an eine Reihe von Frühdialogen wie etwa den *Ion*, den *Laches* oder den *Lysis* erinnert. Die von dem Sophisten Thrasymachos vertretene These von der Gerechtigkeit als dem Recht des Stärkeren erinnert sehr an die Worte des Kallikles im *Gorgias*, der allgemein als Frühwerk angesehen wird. Andererseits ist die die *Politeia* eröffnende Diskussion im ersten Buch auch sorgfältig in das Gesamtgespräch integriert und es gibt inhaltliche Verbindungen zu den folgenden Büchern.[3] Auch dass das zehnte Buch nach dem Rest des Werkes geschrieben wurde, wird mitunter behauptet.[4]

3 S. Erler 2007, S. 204 f. mit vielen Belegen.

4 Hier sind die Argumente m. E. weniger gewichtig, s. Erler 2007, S. 203 f.; s. zur Forschungsdebatte zu den verschiedenen Datierungsansätzen umfassend Söder 2009, S. 24–28; das dramatische Datum

a. Antike

Auch wenn das bekannte Diktum des britischen Mathematikers und Philosophen Whitehead, wonach die Philosophiegeschichte nur aus Fußnoten zu Platon bestehe,[5] eine Übertreibung sein mag, so ist doch die Nachwirkung seiner *Politeia* hier nicht einmal ansatzweise zu beschreiben; wir müssen uns auf einige wenige Stichworte beschränken:

Anders, als der Titel vermuten lässt, behandelt das Werk nicht nur oder gar nicht einmal vornehmlich politische Philosophie oder Verfassungslehre, sondern vertritt neben einer eudämonistischen Ethik eine Pädagogik, Dichtungs- und Musiktheorie, eine Theorie der menschlichen Seele, schließlich mit der Ideenkonzeption eine Ontologie, eine Erkenntnislehre und Metaphysik. Auch handlungstheoretische, naturphilosophische und theologische Ansätze ließen sich aufzeigen.[6]

Wie schon Platons Schüler Aristoteles[7] (384–322 v. Chr.) haben der griechische Geschichtsschreiber Polybius (um 200–120 v. Chr.) und der römische Redner, Politiker und Philosoph Cicero (105–43 v. Chr.) die *Politeia* als ausschließlich politische Schrift gelesen; der für die lateinische Tradition bedeutsame Augustinus (354–430) hat diesen Blickwinkel beibehalten.

Nicht so einseitig betrachtet Proklos (411/2–485) in seinen *Abhandlungen zu Platons Politeia* (Εἰς τὰς πολιτείας Πλάτωνος

wird gegen Ende des 5. Jh.s angesetzt, wobei man – was bei Platon kein Einzelfall ist – bewusste Anachronismen in Kauf nehmen muss, s. Erler 2007, S. 202 f.

5 Whitehead 1941, S. 63.

6 Höffe 2011b, S. 1 spricht deshalb ganz zu Recht von einer »Enzyklopädie der philosophischen Wissenschaften«.

7 Vgl. Aristot. pol. II, 1–6 (1261a–1265a); V, 12 (1316a–b), s. Blößner 1997, S. 139–149; Mayhew 1997 und Stalley 1999.

ὑπομνήματα) den Inhalt unserer Schrift, er würdigt vielmehr mit Nachdruck deren ethischen Gehalt; allerdings ist Proklos' Kommentar ohne Einfluss geblieben.[8]

b. Mittelalter

Während es im byzantinischen und vor allem im arabischsprachigen Kulturkreis eine rege Auseinandersetzung mit der *Politeia* gab,[9] wusste man von dieser in der lateinischsprachigen westlichen Welt nur das, was Aristoteles in seiner *Politik*, die in der lateinischen Übersetzung Wilhelm von Moerbekes seit etwa 1260/65 zugänglich war, davon berichtete.[10]

c. Humanismus, frühe Neuzeit

Auch die beiden folgenden Meilensteine der *Politeia*-Rezeption in der Neuzeit, Marsilio Ficino,[11] von dem die erste gedruckte lateinische Übersetzung (1484) stammt, wodurch das Werk den gebildeten Lesern zugänglich wurde, und die 1578 erschienene maßgebliche Ausgabe des Platonicums durch den französischen Humanisten Henri Etienne (Stephanus)[12], ordnen das Werk der praktisch-politischen Philosophie Platons zu.

In der Folge hat die Politeia eine Reihe von Staatstheoretikern und Juristen wie Jean Bodin, Justus Lipsius, Hermann Conring, Thomas Hobbes, von Philosophiehistorikern wie Aegidius Menagius oder Johann Jacob Brucker sowie von Uto-

8 Vgl. zur Platonrezeption in der (Spät-)Antike überhaupt Neschke-Hentschke 2010.

9 S. Wilson 1983, S. 115.

10 Vgl. Perfetti 2005, S. 83–98.

11 S. Hankins 1994, S. 108–110; zu Ficinos *Politeia*-Rezeption s. Neschke-Hentschke 2003, S. 210–217.

12 Platonis Opera, quae exstant omnia. Ex nova Io. Serrani interpretatione perpetuis eiusdem notis illustrata etc. excudebat H. Stephanus, III vol., in folio, Genf 1578.

pisten wie Thomas Morus, Thomas Campanella, Johann Valentin Andreae oder Gerrard Winstanley zu Staatsschriften und -modellen inspiriert.[13]

Der Übergang zwischen Neuzeit und Moderne ist hinsichtlich der *Politeia*-Rezeption nicht gerade unprominent besetzt: Christoph Martin Wieland setzte sich in seinem letzten großen Roman *Aristipp und einige seiner Zeitgenossen* im vierten Band umfangreich mit dem Werk auseinander und übersetzte einige Passagen selbst.[14]

Zwar hatte schon Carl Morgenstern die ethische Thematik der *Politeia* gegen den so lange bestimmenden Blickwinkel als rein politisches Werk betont, es war aber Friedrich Schleiermacher, der in seiner Einführung zur *Politeia* die Ethik als Hauptthema dieses Werkes nachhaltig festlegte;[15] nicht zuletzt diesem Umschwung ist es zuzuschreiben, dass die Rezeption der *Politeia* die rein politische Sichtweise aufgegeben und als das zentrale Thema des Werkes die Frage nach dem Wesen der Gerechtigkeit und des gerechten bzw. ungerechten Menschen wahrgenommen hat. Damit hat Schleiermacher eine bis heute lebendige, nicht abgeschlossene Diskussion über zentrale Fragen der Platon-Exegese ausgelöst.

d. Moderne

Die massivste Kritik an der *Politeia* ist von den Erfahrungen der Totalitarismen des 20. Jh.s geprägt. Der namhafteste Vertreter derer, die meinten, dass die *Politeia* geradezu eine Streitschrift wider eine antitotalitäre, pluralistische, offene und de-

13 Vgl. Winter 1978; Saage 2000, S. 28–32, 59–124.

14 Ich danke Jan Philipp Reemtsma für diesen Hinweis; s. auch Reemtsma 1992.

15 Vgl. Neschke-Hentschke 1990; Neschke-Hentschke 1991; Zimbrich 1991.

mokratische Gesellschaftsordnung sei, und als Argumente gegen Platon etwa die Forderung nach einer Auflösung der Familie (IV, 424a; V, 457d ff.), nach der Abschaffung des Privateigentums (III, 417a–b; V, 462b ff.) und nach Eugenik (459a–b), die Empfehlung von »Propagandalügen« (III, 414c–415d), von Kindestötung (V, 459d ff.) und von Euthanasie (III, 407d f.; 409e f.), die Verweigerung ärztlicher Hilfe für »seelisch Boshafte und Unheilbare« (III, 409e f.) sowie die Ausweisung aller über zehn Jahre alten Personen aus der Stadt (VII, 540e ff.) ins Treffen führen, ist Karl R. Popper.[16]

Die meisten Vorwürfe wurden von vielen Apologeten Platons als zeitbedingt zurückgewiesen.[17] Die Kontroverse um Platons »politisches Programm« als Wegbereiter des Totalitarismus ist in den letzten Dezennien abgeklungen, wobei auch unbefangenere und differenziertere Sichtweisen sowie viele neue Aspekte der *Politeia*-Exegese in den Vordergrund gerückt wurden. Ob der Hinweis auf das historische Umfeld, auf die literarische Gestaltung, auf die Fiktionalität, auf die Kontextbezogenheit der Argumentation oder schlicht darauf, dass Aussagen in einem Dialog nicht ohne Weiteres dem Autor als dessen persönliche Meinung anzulasten seien, ausreicht, um Platon vom »Totalitarismusverdacht« reinzuwaschen, soll und kann hier nicht entschieden werden; viele Fragen, die die *Politeia* und Platons Werk und Philosophie überhaupt betreffen, werden umstritten bleiben. Ganz unumstritten hingegen sind der immense philosophische Gehalt und die gedankliche Schärfe des Platonicums. Vor allem aber gibt es auch unter den Kritikern des platonischen Staatsideals niemand, der nicht die literarische Qualität, den kunstvollen Aufbau, ja den Charme

16 Popper 1992; vgl. Schlette 2001.

17 S. den Forschungsbericht von Fronterotta 2010, ferner Lane 2001, S. 97–134, und Blößner 2007b.

platonischer oder sokratisch-platonischer Gesprächsführung aufs höchste preisen wollte. Daher ist es – nicht nur für Gräzisten – erfreulich, dass alle Dialoge, die dieser Meister attischer Prosa verfasst hat, tatsächlich auch überliefert sind.

Die ungeschriebene Lehre Platons

Es gibt bedeutende antike Zeugnisse dafür, dass sich Platons Philosophie nicht in dem erschöpft, was er verschriftlicht hat. Schon Aristoteles hatte zwischen dem Sinngehalt philosophischer Begriffe in den Dialogen seines Lehrers einerseits und in den »ungeschriebenen Lehren« (*ágrapha dógmata*) andererseits unterschieden (phys. IV, 2, 209b 11–15); diese esoterische, d.h. für einen inneren Kreis bestimmte, schulinterne Lehre handelt von zwei höchsten Prinzipien, auf die alles zurückgeführt wird, und wurde – so die Vertreter des »Tübinger Paradigmas«[18] – von Platon zwar mündlich dargelegt, aber nicht schriftlich fixiert. Der genannte aristotelische Beleg hat zusammen mit anderen Belegen und Indizien, die hier zu nennen zu weit führen würde,[19] und schließlich mit Platons Schriftkritik (Phaidr. 274a 7 – 278e 4; epist. 7, 342a 7 – 344d 2) zu der Auffassung geführt, dass es jenseits dessen, was in den Dialogen fassbar ist, noch eine andere, »ehrwürdigere« (Phaidr. 278d 8) Philosophie Platons geben könnte.

Auf die ungeschriebene Lehre wird im Kommentarteil zu unserer Übersetzung des Öfteren Bezug genommen, da die

18 Die ersten prominentesten Vertreter, Konrad Gaiser und Hans Krämer, lehrten in Tübingen.

19 Vgl. die Quellentexte bei Gaiser 1998, S. 441–457, s. auch Krämer 1996 und die im Kommentarteil angeführte Literatur von A. Szlezák.

Politeia einige sog. »Aussparungsstellen« aufweist, d. h. Passagen, in denen ein besonders wichtiges Thema zwar angesprochen, aber nicht näher erörtert wird. In manchen Fällen bricht die Diskussion gerade dort ab, wo sie sich dem Kern eines Problems nähert. Dabei geht es um Fragen, die für die Philosophie von grundlegender Bedeutung sind. Die Befürworter des Tübinger Paradigmas deuten diese Aussparungsstellen als Hinweise auf Inhalte der ungeschriebenen Lehre, die in den Dialogen nur angedeutet, aber mit Vorbedacht der literarischen Fixierung entzogen und ausschließlich mündlich weitergegeben worden seien.

Inhalt

Politeia / Der Staat

Anhang